辰一百周年

谭晶演唱歌曲《祖国万岁》（潘泉摄）

蒋大为在灵秀演唱《最美的歌唱给妈妈》（张胜安摄）

中庸卓玛在玉溪一小演唱《国家》（赵向东摄）

李棋街道开展专题文艺汇演（王亚军摄）

纪念聂耳诞辰100周年大型文艺晚会——唱响中国玉溪演唱会，在聂耳音乐广场精彩上演（潘泉 摄）

红塔年鉴

2012

(总第26卷)

HONGTA YEARBOOK

中共玉溪市红塔区委
玉溪市红塔区人民政府 主办

玉溪市红塔区史志编纂办公室 编

德宏民族出版社

《红塔年鉴（2012）》撰稿人员

特约撰稿 夏立洪 张小良 毕继芬 杨德运

撰稿 （以音序排列） 白建云 柏锐 卞云龙 曹宏伟 曹文彪 柴优丽 柴振中
陈钢 陈桂萍 陈国忠 陈红明 陈静 陈坤华 陈兴林 陈秀明 陈燕
陈志文 代玉洁 邓彪 杜有让 范崇磊 方忠明 飞传鹤 冯光祥 冯晓红
伏司琪 高春艳 高洪昌 高连军 高培亮 高世鸿 高秀红 高艳 郜鸿
谷星慧 关吉芸 管湘玲 桂玲 郭沛 郭树华 郭燕波 郭有学 何鹍曙
何晓燕 何馨 侯淑梅 胡鹏 黄柏 黄红波 黄继梅 黄茂华 江媛
姜静 姜宁 姜子寿 蒋红艳 蒋晓霜 解隽 金婵 金超 金世祥
金雪娟 靳玉明 荆文义 景绍伟 巨立群 瞿敏 可红忠 蒯学庆 赖星
雷晓燕 黎婷 李嫒芳 李长有 李翠华 李翠萍（区） 李翠萍（市） 李德生
李贵荣 李红芳 李宏兴 李坚 李江湖 李婧 李琳 李曼 李沫翰
李绍荣 李小平 李晓东 李雪梅 李亚青 李艳红 李艳勤 李燕仙 李宜蓉
李宜颖 李永芳 李永林 李雨衡 李园 李沅洁 李占斌 李政东 李志龙
李忠诚 李竹萍 梁洪 梁金武 梁丽雯 刘建福 刘建祥 刘劲樱 刘蕾
刘丽芬 刘利贤 刘宁宁 刘群 刘燕 刘志梅 龙军 卢云生 陆永麟
陆自平 吕玉东 罗巧玲 马俊明 马涛 马小添 毛红明 毛红有 毛祥
孟惠芝 木子 倪海珊 欧阳伟才 潘红梅 潘旭 潘兆康 彭志强 普利根
普绍金 普文俊 普钰淦 普煜评 齐颖 乔发清 秦乙文 邱雪琴 任德忠
任冬梅 任富林 任佳 阮丽萍 阮平福 阮云艳 沈莉 沈鹏翔 沈艳萍
施凤明 施裕文 石文兴 束毅瑞 孙雪波 孙忠明 唐嘉 陶丽红 陶培武
陶显平 田俊杰 田绍金 田澍门 万忠林 汪媛 王德莉 王汇成 王慧萍
王继红 王继阳 王俪璇 王麒淞 王强鸿 王树金 王文莉 王艳晨 王勇军
魏海荣 吴光连 吴国梅 吴家成 吴磊 吴晓红 武仕强 夏茂楠 向博
向秀红 肖虹 肖云凤 谢光伟 邢俊增 徐红伟 徐志新 徐竹萍 许继玮
许艳 薛宝姝 薛明申 薛荣 严翠仙 严翠仙 严金喜 严巧玲 严志东
杨根秀 杨建宏 杨瑾 杨莉 杨睿 杨思明 杨阳 杨云 杨志晖
姚家文 业伍仙 叶金华 矣莹 殷春丽 殷艳玲 应玉秀 喻明云 袁昭红
曾吉华 曾应宏 翟彩红 翟溪 张成 张成鸿 张翠萍 张翠萍 张海鹏
张海燕 张海英 张红琼 张晖 张建林 张兰珍 张磊 张庆献 张儒顺
张士光 张仕亮 张万发 张雯 张耀国 张永平 张媛媛 赵海燕 赵红
赵龙俭 赵瑞 郑明辉 郑萍 钟正安 周红 周华琼 周华琼 周丽琼
周秀梅 周艳 朱光宏 朱文忠 朱耀萍 朱元付 邹瑾 邹彦

摄影 蒯学庆 方亚军 李先娴 孟惠芝 张雁宏 张成鸿 薛琼英 杨开建 陈红明
夏茂楠 陈兴林 高洪昌 姚家文 叶金华 白雯雯 邓跃明

封面（底）摄影 黄凯 蒯子猷

《红塔年鉴》编辑委员会

《红塔年鉴》编辑部

部类编辑校对

部类	编校
特载	肖振宇
专文	肖振宇
大事记	王德莉
概况	乔发清
政治	张永明
经济	邹瑾 石文兴
云烟之乡	潘红梅
文化	朱耀萍 矣莹
聂耳故乡	朱耀萍 矣莹
社会·生活	王德莉
人物	王德莉
统计资料	朱耀萍 矣莹
附录	肖振宇
彩色图片	蒯学庆
目录	邹瑾
索引	王德莉

红塔区区域图

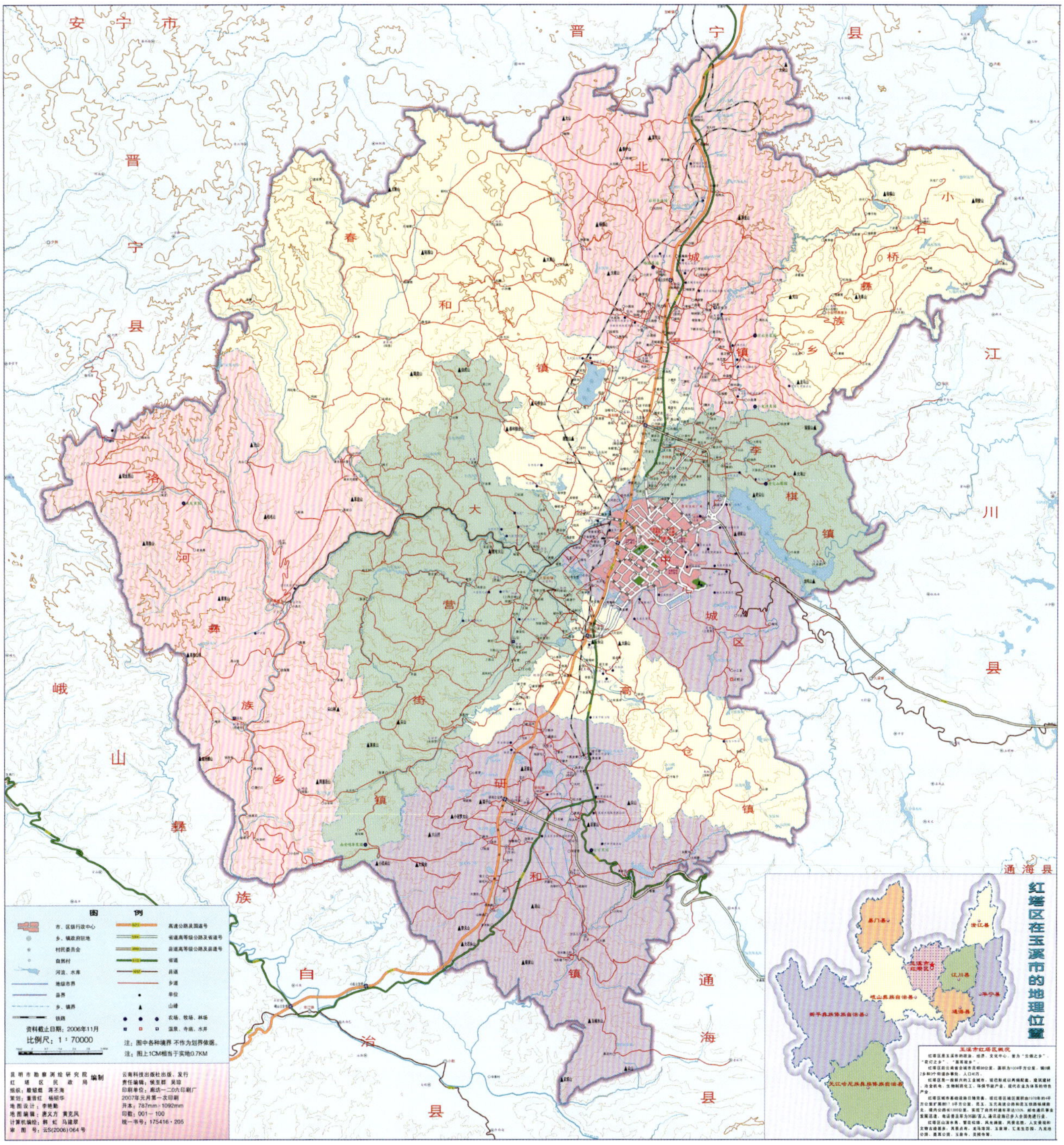
安宁市
晋宁县
晋宁县
江川县
峨山彝族自治县
通海县
通海县
北城镇
小石桥彝族乡
春和镇
李棋镇
大营街镇
洛河彝族乡
玉带城区
高仓镇
研和镇
图例
市、区级行政中心
乡、镇政府驻地
村民委员会
自然村
河流、水库
地级市界
县界
乡、镇界
铁路
高速公路及国道号
省道高等级公路及省道号
县道高等级公路及县道号
省道
县道
乡道
单位
山峰
农场、牧场、林场
温泉、寺庙、水井
资料截止日期：2006年11月
比例尺：1：70000
注：图中各种境界 不作为划界依据。
注：图上1CM相当于实地0.7KM
昆明市勘察测绘研究院
红塔区民政局
编制
组织：殷锡熙 蒋丕海
策划：董晋红 杨绍华
地图设计：李艳勤
地图编辑：唐义方 黄克风
计算机编绘：韩虹 马建翠
审图号：云S(2006)064号
云南科技出版社出版、发行
责任编辑：侯至群 吴琼
印刷单位：廊坊一二0六印刷厂
2007年元月第一次印刷
开本：787mm×1092mm
印数：001－100
统一书号：175416·205
红塔区在玉溪市的地理位置
易门县
澄江县
玉溪市红塔区
江川县
峨山彝族自治县
华宁县
通海县
新平彝族傣族自治县
元江哈尼族彝族傣族自治县
玉溪市红塔区概况

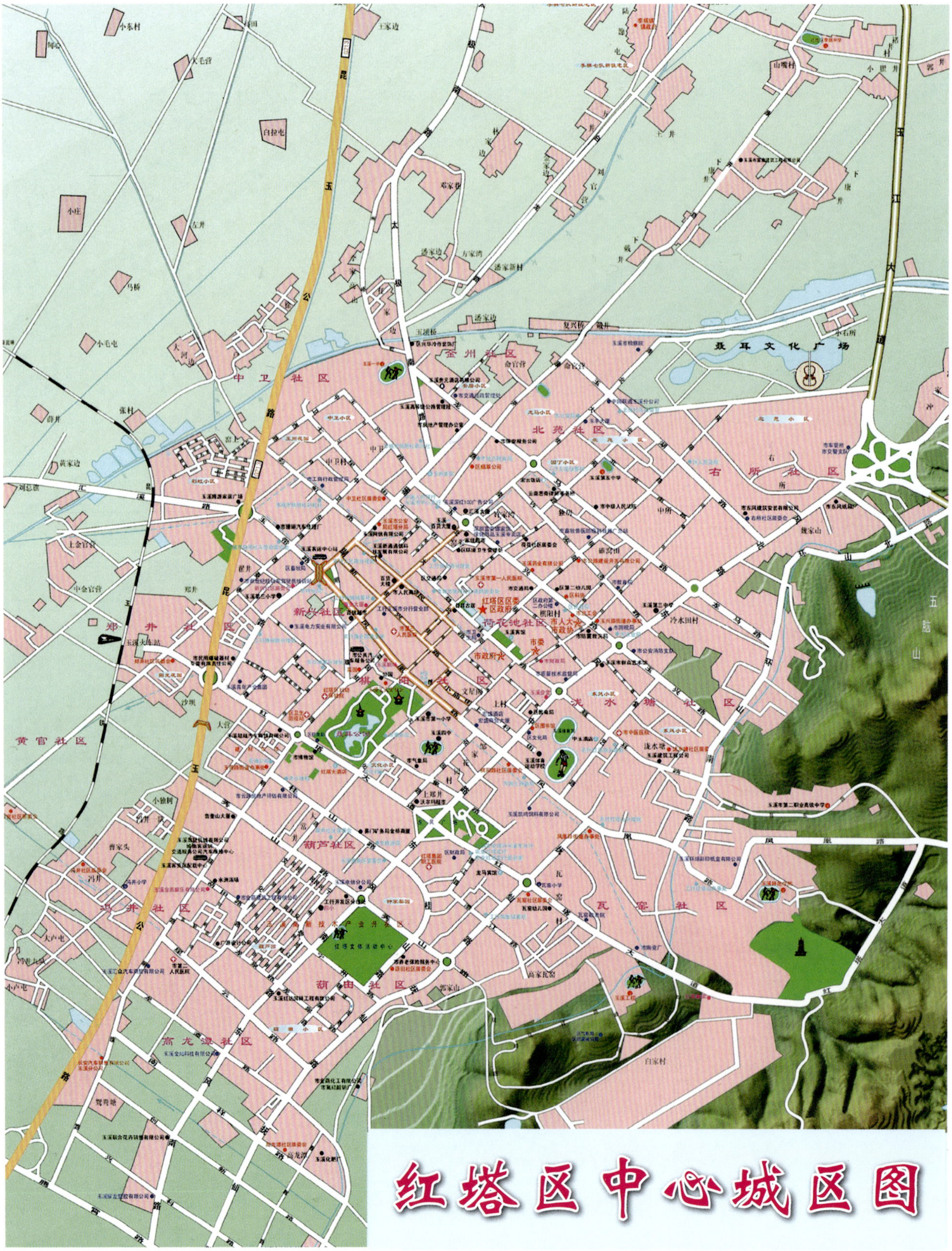
中卫社区
金州社区
北苑社区
右所社区
郑井社区
新兴社区
荷花池社区
龙水塘社区
黄官社区
葫芦社区
瓦窑社区
冯井社区
葫田社区
高龙潭社区
聂耳文化广场
玉江大道
凤凰路
五脑山
红塔区区委
区政府
市政府
市委
市人大
市政协
红塔文体活动中心
小东村
白拉屯
小庄
邓家营
潘家新村
高家瓦窑
白家村

红塔区中心城区图

玉溪市中心城区公交车线路站点分布图

注：
- 公交车站候车亭
- 公 交 车 站
- 一路车
- 二路车
- 三路车
- 四路车
- 五路车
- 七路车
- 八路车
- 九路车
- 十路车
- 十一路车
- 十二路车
- 十三路车
- 十四路车
- 二十一路车
- 二十二路车
- 二十三路车
- 二十四路车

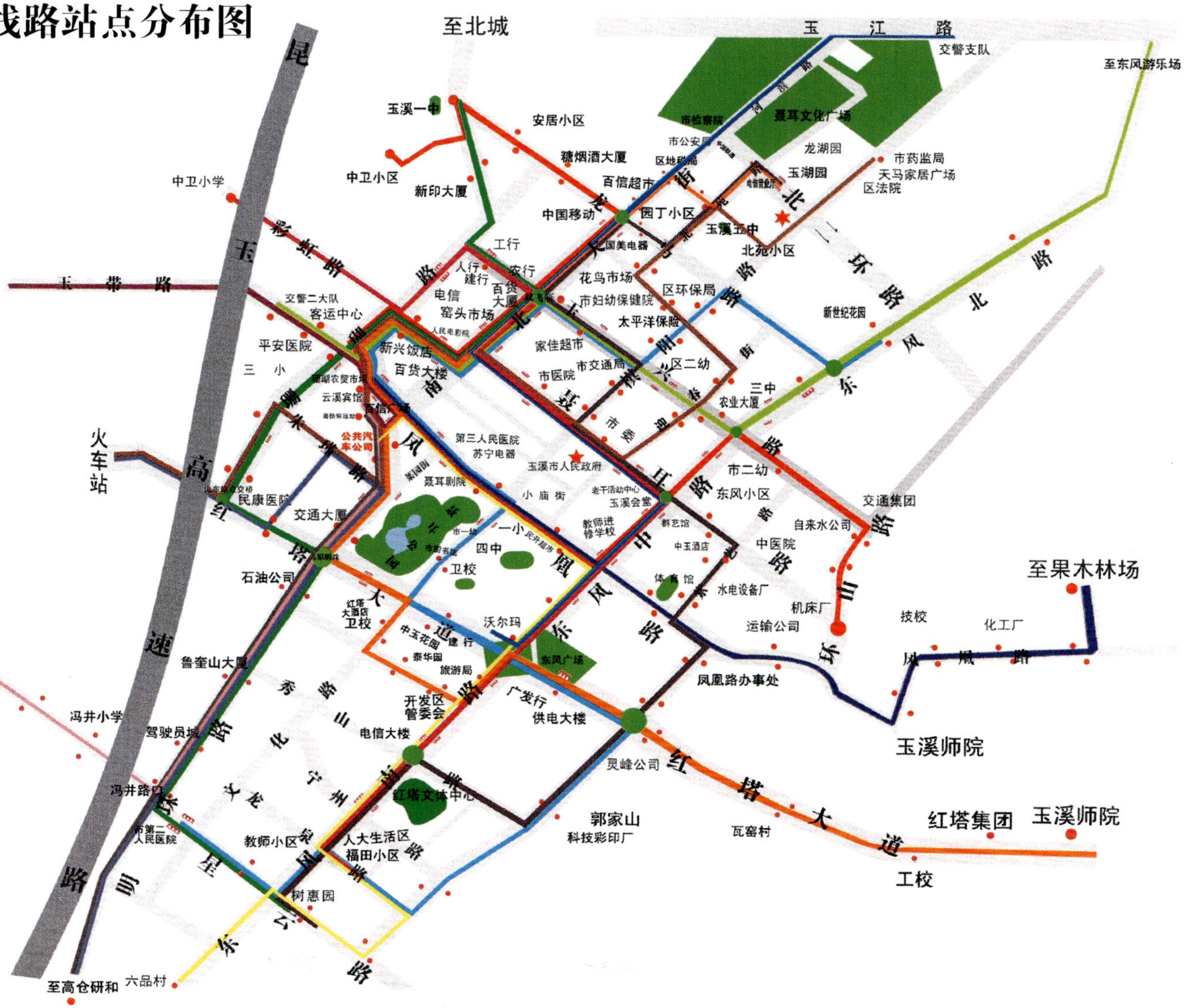

玉溪市公共汽车简明行驶路线

（若有线路变动 请以当天公布为准）

（单位供稿）

线路	线路起讫站点及线路里程	配车数 日班次	发车时间	途经路线	途经站点	备注
1路	中卫⇔机床厂 12.2公里/转	10 242	7：00—21：00 每7分钟一班	中卫路、龙马路、南北大街、凤凰路、东风路、玉兴路、环山路	中卫、一中、矿业医院、糖酒大厦、天信酒店、窑头市场、商业大厦、第三人民医院、小庙街、民升超市、会堂、群艺馆、东风小区、玉交集团、自来水厂、机床厂	国有
2路	玉湖园⇔师院东门 15.6公里/转	9 212	7：00—21：00 每8分钟一班	北二环路、北苑路、南北大街、明珠路、红塔大道、文化路、桂山路、东风路	玉湖园、北苑小区、区地税局、天信酒店、窑头市场、商业大厦、百信购物、公共汽车公司、菜园街口、红塔大酒店、泰华园、开发区管委会、广场、瓦窑环岛、瓦窑村、红塔集团、师院	国有
3路	玉龙花园⇔果木林厂 10.733公里/转	国有1 私营5 30	6：50—20：00 平均45分钟一班	玉带路、凤凰路、玉江高速路入口	玉龙花园、云溪宾馆、第三人民医院、小庙街、体育馆、运输公司、师院、技校、化工厂、地区木材加工厂、果木林场岔口、果木林场	
4路	树惠园⇔玉溪一中 12.6公里/转	6 170	7：00—21：00 每10分钟一班	星云路、明珠路、红塔大道、珊瑚路、人民路、南北大街、玉兴路、龙马路、太极路	树惠园、第二人民医院、冯井、鲁奎山大厦、石油公司、民康医院、火车站立交桥、三小、玉溪宾馆、商业大厦（百货大楼）、窑头市场、市人行、矿业医院、一中	国有
5路	玉龙花园⇔东风游乐场 12.6公里/转	6 156	7：00—20：00 每10分钟一班	玉带路、珊瑚路、人民路、南北大街、玉兴路、东风路、红龙线	玉龙花园、交警一大队、平安医院、商业大厦（百货大楼）、窑头市场、市妇幼保健院、区二幼、农业大厦、三中、新世纪花园、新民康医院、冯家冲、沙头村、东风游乐场	国有
5路专线	玉龙花园⇔白龙潭 22.8公里/转	2 28	7：00—18：30 每30分钟一班	玉带路、珊瑚路、人民路、南北大街、玉兴路、东风路、红龙线	玉龙花园、交警一大队、平安医院、商业大厦（百货大楼）、窑头市场、市妇幼保健院、区二幼、农业大厦、三中、新世纪花园、新民康医院、冯家冲、沙头村、东风游乐场、江川口、下郭井、下山头、铁厂、上山头、白龙潭	国有
6路	百货大厦⇔东方人家别墅区 8.0公里/转	2 120	7：15—22：00 每15分钟一班	南北大街、聂耳路、聂耳东路	百货大厦、窑头市场、市医院、老干中心、中国银行、中玉酒店、中医院、机床厂、环山路口、师院附中、红塔区党校、二职中、东方人家	私营
7路	葫田小区⇔彩虹小区 11.6公里/转	6 170	7：00—21：00 每10分钟一班	龙泉路、东风路、聂耳路、南北大街、玉兴路、珊瑚路、彩虹路	葫田小区、人大生活区、邮电大厦、广场、会堂、老干中心、市医院、窑头市场、市人行、电信大楼、彩虹市场、市工商局、彩虹小区	国有
8路	第二人民医院⇔山水佳园 18.8公里/转	8 142	7：00—21：00 每12分钟一班	星云路、龙泉路、秀山路、抚仙路、红塔大道、文化路、凤凰路、南北大街、玉兴路、棋阳路、龙马路、环山路	市二医院、教师小区、葫田小区、宁州路口、玉景苑、金粮小区、广场、中玉花园、卫校、一小、第三人民医院、商业大厦、窑头市场、市医院、新兴农贸市场、中所、玉溪一小区、尚易佳园、山水佳园	国有
9路	火车站⇔聂耳音乐广场 11.5公里/转	4 110	7：00—20：30 每15分钟一班	棋阳路、许家湾路、迎春街、聂耳路、南北大街、明珠路、朱槿路、珊瑚路、红塔大道	聂耳音乐广场、市药监局、瑞丰小区、新兴农贸市场、区环保局、三中、市统计局、市委会、市医院、商业大厦、百信购物广场、公共汽车公司、诸葛小区、电力服务中心、珊瑚路口、郑井居委会、火车站	国有
10路	聂耳广场⇔葫田二区 16.6公里/转	6 142	7：00—21：00 每12分钟一班	棋阳路、北二环路、北苑路、南北大街、玉兴路、棋阳路、紫艺路、抚仙路、秀山路、东风路、龙潭路	聂耳音乐广场、市药监局、玉湖园、北苑小区、天信酒店、家佳超市、市医院、区政府、老干中心、中玉酒店、体育馆、时代广场、金粮小区、玉景苑、红塔文体中心、四小、葫芦集贸市场、农行生活区、葫田二区	国有
12路	菜园街⇔洪水塘 34公里/转	19 150	5：40—22：30 每12分钟一班	明珠路、易峨高公路	菜园街、高仓、棠梨树、排山营、哨坡、黑龙潭、小龙潭、中村、大梨园、石头村、红土坡、菜园、研和古城、研和街、太标太阳能厂、玉通公路岔口、研和二中、农职院、东山、尹旗屯、南厂、数控机床园、洪水塘	私营
	菜园街⇔秀溪 28公里/转	2 28	6：30—19：00 平均60分钟一班	明珠路、易峨高公路	菜园街、高仓、棠梨树、排山营、哨坡、磨盘山、赖井、下汤井、杨家屯、定古、研和电影院、研和街、可官路口、潘井路口、和乐村、秀溪小学、王井、秀溪	私营
13路	沃尔玛⇔河滨公园 10.05公里/转	6 164	7：30—21：00 每10分钟一班	红塔大道、东风路、聂耳路、南北大街、河滨路	沃尔玛、广场、会堂、老干中心、市医院、窑头市场、天信酒店、区地税局、市公安局、聂耳文化广场、河滨公园	国有
15路	出水口瀑布⇔六品村 14.6公里	6 142	7：00—21：00 每12分钟一班	东风路	出水口瀑布、山水佳园、新民康医院、新世纪花园、三中、群艺馆、会堂、广场、邮电大厦、农行生活区、市统计局、高新区科技园、六品村	国有
21路	三角公园⇔龙子苑温泉 11．5公里/转	7	7：00—21：00 每10分钟一班	玉带路、汇溪路	三角公园、玉带路停车场、窗帘市场、预备役营房、刘总旗、桂井、陈家营、赤马大桥、唐旗营、兰花村、汇溪宾馆、汇溪公园、大营街医院、汇龙公园、师旗、玉溪一中分校、蔡官营、常里、龙子苑温泉	私营
22路	三角公园⇔赵桅 12公里/转	7	7：00—20：00 每15分钟一班	玉带路、杯湖路	三角公园、玉带路停车场、亚太花卉交易中心、金官营、桂井桥、黄官营、赤马大桥、唐旗营、污水处理厂、兰花村、景泰园、景康园、百姓商场、玉泉湖公园、杯湖小学、高埂子、海子营、杯湖加油站、马料河、下桅杆营、上桅杆营、赵桅	私营
23路	高快客运站⇔排山营 21.8公里/转	5 74	6：55—21：10 每20分钟一班	明珠路、易峨高公路、排山营乡村道路	高快客运站、菜园街口、交通大厦、城区加油站、物资大厦、城南客运站、冯井加油站口、二手车市场、高仓镇中心、高仓造纸厂、棠梨树村、桃园村、排山营办事处	私营
24路	高快客运站⇔上牟溪冲村 17．4公里/转	5 69	7：10—20：30 每20分钟一班	明珠路、易峨高公路、牟溪冲乡村道路	高快客运站、菜园街口、交通大厦、城区加油站、物资大厦、城南客运站、冯井加油站口、二手车市场、高仓镇中心、高仓造纸厂、棠梨树村、九中路口、下牟溪村、梁王坝小学、上牟溪冲村	私营

2011年10月17日，省人大常委会副主任杨建甲（前左二）到研和工业园区调研

2011年10月17日，省人大常委会副主任杨建甲（左二）到大营街工业园区调研

（蒯子猷　摄）

2012年5月15日，云南省原副省长梁公卿（右三）到红塔区调研

（张胜安　摄）

2012年1月17日，市委常委、区委书记夏立洪（左二）深入基层和群众交心恳谈

（李先娴　摄）

2011年8月31日，国家烟草专卖局烟叶质量检查组到红塔区检查指导烤烟收购工作

2011年9月16日，省烟草公司副总经理童荣崑（左三）在市长高劲松、副市长李洪云陪同下到红塔区指导烤烟收购工作

2012年4月29日，市委常委、区委书记夏立洪，区委副书记、区长张小良带领相关部门人员到春和街道波依村督导烤烟移栽工作

（方亚军　摄）

2012年1月15日，中共玉溪市委书记孔祥庚深入红塔区春和街道孙井社区小白井村，夜宿农家听民意

孔祥庚书记与联系户朱云涛一家交谈

孔祥庚书记与联系户朱玉祥一家交谈

孔祥庚书记与联系户姚开林一家交谈

（蒯子猷　摄）

孔祥庚书记与联系户姚桂林一家交谈

2011年12月13日，省地方志办公室主任李一是到红塔区史志办调研并为红塔区史志办题写“红塔名区修名志，三乡志鉴春色新，早有佳作在，吾修更能创精品”的赠语。

省志办主任李一是为红塔区史志办题词

座谈交流　　（蒯子猷　摄）

市委常委、区委书记夏立洪作报告

2012年1月7日，中国共产党玉溪市红塔区第四届委员会第二次全体会议在汇龙生态园会议中心召开

会场一角

会场　　（蒯子猷　摄）

主席台

夏立洪书记参加代表团讨论

记者采访

分组讨论　　　（蒯子猷　摄）

记者采访

2012年2月7~10日，玉溪市红塔区第三届人民代表大会第五次会议在汇龙生态园会议中心召开

区人大常委会主任毕继芬作报告

新当选的区长张小良讲话

投票选举

分组讨论

会场　　（蒯子猷　摄）

玉溪市三届人大五次会议红塔区代表团

市委书记孔祥庚参加红区代表团讨论

市委常委、区委书记夏立洪

区人大常委会主任毕继芬

区长张小良

代表讨论

（蒯子猷　摄）

会场

2012年2月6日，中国人民政治协商会议玉溪市红塔区第三届委员会第五次会议在汇龙生态园会议中心召开

区政协主席杨德运作报告

区政协副主席刘永祥作提案工作报告

讨论

会场一角

会场　　（蒯子猷　摄）

2012年2月16日，中共玉溪市红塔区第四届纪律检查委员会第二次全体会议在玉溪会堂召开

市委常委、区委书记夏立洪讲话

会场一角

表决

会场　　（蒯子猷　摄）

市委书记孔祥庚讲话

市委常委、区委书记夏立洪

红塔区2011年推进惩防体系建设暨党风廉政建设责任制工作考核动员大会

2011年12月25日，红塔区2011年推进惩防体系建设暨党风廉政建设责任制工作考核动员大会在玉兴街道会议室召开。

区长张小良主持会议

各有关部门负责人出席

市纪委副书记、监察局局长席佐能

市纪委案件监督管理室主任秦俊杰

会场　（蒯子猷　摄）

2011年10月18日，红塔区干部学习专题辅导会在玉溪会堂召开

市委常委、区委书记夏立洪主持会议

市委组织部副部长陈开翔作辅导

会场一角

会场　　（蒯子猷　摄）

2012年5月7日，红塔工业园区观音山工业区低丘缓坡土地综合开发利用启动仪式

市长高劲松讲话

区长张小良作情况介绍

副区长普云辉主持

开工

奠基

启动仪式

（蒯子猷　摄）

2011年11月25日，宝马4S店玉溪宝远汽车销售服务公司落户玉溪

副市长王跃（左三）和公司高管参加启动仪式

市、区有关领导参加庆典　　　　（蒯子猷　摄）

基础养老金首发仪式

省级文明城市文明出行志愿活动启动仪式　　（李先娴　摄）

红塔区文工团驾驶员段其海几十年与雷锋精神同行。图为段其海与武警支队官兵交流

与雷锋精神同行　　（李先娴　摄）

玉溪米线文化节
2012·中国·玉溪·红塔区

玉溪米线文化节

区委副书记曾敏讲话

副区长马跃武主持

米线文化节开幕仪式

2012年2月3日，中国最具地方特色美食节、世界历时最长的节日——“2012中国·玉溪米线文化节”开幕式在两湖大瀑布出水口生态公园举行。文化节由中共玉溪市红塔区委、红塔区人民政府主办，区委宣传部、区商务局、区文化旅游广电和体育局、玉溪饮食行业协会承办。巨大的红色大碗将出水口公园装点得喜气祥和，吉祥物“玉玉”张开双臂、“溪溪”手托大碗米线，迎接四面八方来

2012’中国·玉溪米线文化节活动日程

活动时间		活动内容	活动地点	承办单位
2月3日	9:00 ～ 10:00	开幕式	玉溪出水口生态公园主会场	
	10:00 ～ 11:30	开幕式文艺演出		
2月3～5日	9:00 ～ 18:00	米线文化精品展示 名特商品展销 文化精品展	米线商贸文化街	区商务局 区文旅广体局
2月3日	15:00 ～ 15:30	文艺表演	玉溪出水口生态公园主会场 米线商贸文化街	乡（街道）文艺队
	16:30 ～ 17:00			
2月4～5日	10:30 ～ 11:00			
	15:00 ～ 15:30			
	16:30 ～ 17:00			
2月3日	15:30 ～ 17:30	体验“聂耳文化游”	相关旅游景点	区文旅广体局
2月4日	9:00 ～ 12:00	体验“红塔工业旅游”	工业旅游点	
	15:00 ～ 18:00	体验“大营街温泉旅游”	大营街汇龙温泉	
2月5日	9:00 ～ 18:00	体验“灵秀、黄草坝乡村生态旅游”	灵秀、黄草坝乡村旅游点	

客。风味米线展销，名特优商品、食品展销，书法、摄影、根雕等展示，吸引了众多游客参观、品尝和选购。

上午10时，开幕式文娱演出拉开序幕。开场舞蹈《春暖花开》绽放舞台，金色的长龙在舞台下方欢快的舞动起来，把节日的喜气带给了现场的每一个人。《五谷丰登庆丰年，七彩米线牵情缘》《聂耳故乡歌飞扬，红塔山下新辉煌》《碧玉清溪映春晓，玉溪花灯崴天下》三个篇章七个节目轮番上演，让现场观众在大饱视听盛宴的同时，了解玉溪米线节深厚的文化底蕴。舞台周围，人山人海，精彩的表演赢得了群众的阵阵掌声。

2月3～6日，米线文化节上，聚集了新兴饭店、青堆米线、桥香园、只卖鳝鱼米线等近30家特色风味米线经营商。炸酱米线、焖肉米线、扒肉米线、鳝鱼米线、肘子米线、凉米线等让市民、游客在品尝到特色风味米线的同时，感受到浓郁节日氛围。

丰富多彩的文艺演出

《碧玉清溪映春晓，玉溪花灯崴天下》

观众

《五谷丰登庆丰年，七彩米线牵情缘》

书法展

迎接“土主”

玉溪米线节又称“灯节”，是玉溪人民的传统风俗节日，是世界纪录协会命名的世界上历时最长的节日。玉溪米线节源于对土主神的崇祀，至今已有700多年历史。每年自农历正月初一至三月二十二日（历时81天），有4堂“土主”和18堂“祖师”分别出巡城乡421个村屯、街道，再加四山49寨祭龙日的米线节，共470个村寨。各村按自然形成的固定日程，轮流迎接“土主”神像，也有并迎“城隍”或“祖师神”的，“土主”神像等迎到之日，就是那个村、那条街的节日。轮到迎接“土主”的村子或街道，除了准备祭品，还要准备锣鼓、花灯、龙灯、狮子灯等前往送“土主”的村子或街道迎接。“土主”迎进村或街道后，除杀牲祭祀外，还要唱戏、唱灯1～3天不等，各家杀鸡、买肉、备酒、煮米线，以款待女婿、女儿和其他亲朋好友。

1949年后，迎送、祭祀“土主”的旧习俗逐渐消失，但在以往迎接“土主”的日子，仍然备米线款

《春暖花开》

待女儿、女婿和亲友的风俗被沿袭下来，节日文艺活动也更加丰富多彩。特别是80年代以来，市群艺馆、乡镇文化站利用“米线节”开展健康有益的群众文化活动，地、市专业表演团体也常应邀下乡作节日演出。1989年2月13日，研和镇率先倡导把每个自然村过1天，改为以村委会为单位过1天，既不误农时，又节约开支。2007年，中国（云南）玉溪米线文化节被世界纪录协会评为世界上历时最长的节日——“世界纪录证书”（2011年3月5日颁发，证书编号：08263-1102-01）。2011年中国品牌节会上，荣获“中国最具地方特色美食节”称号。进入21世纪，米线节的活动方式更加丰富多彩、健康和谐，亲朋好友欢聚一堂，尽享友谊和天伦之乐。

因地域、山脉、水系以及节日属性不同，故各村屯的节期也各异，主要村（居）委会过米线的具体日程大致分为18片。

风味米线展销

非物质文化刺绣剪纸作品展

根雕奇石展

板登龙舞

欢度节日

米线盛宴

玉溪传统民间米线节日程表

序号	日期（农历）	村、社区
1	正月初一至二月十五	下赫、李棋、中所、王大户、孙井、春和、龙池、王旗、黑村、马桥、中卫、刘总旗、郑井、黄官、冯井、杯湖、右所、薛井、康井、任井、古城、东前、团山、夏井、金家边
2	正月初一至二月十四	孙井、团山、夏井、东前、山头、李棋、任井、康井、人民路、新兴路、东风路
3	正月初一至二月十五	孙井、后所、大营、皂角、刺桐关、梅园、莲池、高桥、王棋、北城
4	正月初一至二月初五	薛井、李棋、任井、山头
5	正月初一至二月初七	团山、下赫、李棋、东前、夏井、孙井
6	正月初一至二月初九	黑村、马桥、王大户、春和、中所、孙井、北城、王棋、莲池、龙池、飞井
7	正月初一至二月二十六	赤马、刘总旗、中卫、马桥
8	正月初一至二月二十八	灵秀、龙村、玉屏、可官、大密罗、龙潭、甸苴、把者岱、洛河、双龙、法冲、跨喜、黄草坝、波衣、大石板、响水、玉苗、小石桥（祭龙日即为节期）
9	正月初三至正月十九	后所、皂角、古城、中所
10	正月初六至二月初四	康井、金家边、右所、薛井
11	正月初七至正月十二	郭井、赤马
12	正月十九至正月二十二	大营街、师旗
13	二月初一至三月初六	宋官、东山、玉屏、南厂、秀溪、可官、贾井、中村、妍和
14	二月初十至二月二十八	人民路、棋阳路、新兴路、中卫、金家边、康井
15	二月初十至三月十二	葫芦、郑井、瓦窑、黄官
16	二月三十至三月十一	甸苴、郭井、赤马、大营街、师旗
17	三月初一至三月二十	桃源、赵桅、排山、常里、师旗、大营街、杯湖
18	三月初一至三月初十	梁王坝、桃源、赤马、杯湖、高仓

蚌壳灯队

龙灯队

经过数百年的发展，尤其近代吸收川味、苏味之长，玉溪米线形成体系，烹饪和配置方法千奇百怪，有的仅配料就达几十种，烹调技艺誉满全滇。玉溪米线仅品种就有60多种，在中国风味小吃中首屈一指，堪称一绝，主要有凉米线、凉热米线、热米线、过桥米线等系列。玉溪米线可根据人们的不同口味进行烹饪和调制，这里仅介绍其中部分品种。

凉米线。酸汤凉米线、凉粉米线、什锦凉米线、鸡丝凉米线、肉丝凉米线、鳝鱼凉米线、炸酱凉米线、脆哨凉米线。

润泽民生　兴修水利

米线商贸文化街

节目主持

志愿者

凉热米线。氽肉凉热米线、三鲜凉热米线、肘子凉热米线、鳝鱼凉热米线、焖肉凉热米线。

热米线。豌豆汁米线、豆花米线、扒肉米线、扒鸡米线、大排米线、三六九排骨米线、排骨米线、焖鸭米线、焖鸡米线、焖肉米线、荷包猪肝米线、肠旺米线、三鲜米线、肘子米线、炸酱米线、山珍米线、鳝鱼米线、豆浆米线、水煮肉片米线、水煮牛肉米线等。小锅米线有氽肉小锅米线、焖肉小锅米线、臭豆腐小锅米线、绿豆氽肉小锅米线等。

过桥米线。小三鲜过桥米线、大三鲜过桥米线、山珍过桥米线、海鲜过桥米线、鳝鱼过桥米线等。

文 区文明办 史志办

图 张雁鸿 李先娴 蒯子猷

编辑说明

一、《红塔年鉴》的功能。它是具有政府公报性质的地方综合性年鉴。1987年创刊《玉溪市年鉴》，1998年改刊为《红塔区年鉴》，2003年更名为《红塔年鉴》，每年出版1卷，国内外公开发行。2012年为第26卷，由中共玉溪市红塔区委、区人民政府主办。《红塔年鉴》全面、系统、翔实地记载红塔区社会主义物质文明、政治文明和精神文明建设的历史进程，记述上一年度内的新发展、新成就、新情况和新问题。它具有资料、信息、史料等诸多功能，旨在为海内外有关机关、团体、学校、研究部门、企事业单位和社会各界人士研究及促进红塔区建设提供现实服务。

二、《红塔年鉴》的体例。本年鉴采用条目体，分类编辑法。2012年版全书设部类13个，即《特载》《专文》《大事记》《概况》《政治》《经济》《云烟之乡》《文化》《聂耳故乡》《社会·生活》《人物》《统计资料》《附录》；栏目42个；类目132个。全书1 420千字，收录条目1 379个，卷内插有彩色图片44码，黑白照片49幅，表79个，图12个，信息量大，图文并茂，可读性强。

三、《红塔年鉴》的检索。为方便读者检索资料，卷首有详细目录、英文要目，卷内有书眉，卷末有索引，全书查询信息可由目录、索引、书眉获得。

四、《红塔年鉴》的真实性。本书所用稿件，均由主办单位和驻区的省、市单位专人撰写，单位领导审核签章，最后由红塔区领导按分管类目再审把关，编辑人员反复核对，本年鉴内容真实，体例规范，文字流畅，具有较高的使用价值。

五、《红塔年鉴》的异同性。本年鉴所用统计数据由各供稿单位主管业务部门提供并审核，但由于统计时间、口径不同等原因，反映国民经济和社会发展情况的个别数据在不同稿件中不尽一致，使用时请以红塔区统计局提供的《统计资料》为准。

六、《红塔年鉴》的社会性。本年鉴的编辑出版得到红塔区有关部门和驻区的省、市各有关单位的热情支持和积极协助，在此表示诚挚谢意。殷切希望各界人士提出改进意见，使《红塔年鉴》常办常新，与时俱进，紧跟时代前进的步伐，更好地为全面建设和谐社会服务。

七、《红塔年鉴》出版发行。2012年版《红塔年鉴》纸质版、电子版、网络版同步出版发行。书中若有疏漏差错之处，敬请指正原谅；若有印装质量问题，请与玉溪市红塔区史志编纂办公室联系（地址：云南省玉溪市玉兴路98号　邮编：653100　电话：0877－2016238　2022179）。

目 录
CONTENTS

特 载
Special Carrier

专 文
Special Article

大事记
Important Events

概 况
Overview

乡街道概况

政　治
Politics

中国共产党玉溪市红塔区委员会

经　济
Economy

财政·税务

金融·保险

云烟之乡
The Hometown of Yunnan Tobacco

文 化
Culture

聂耳故乡
The hometown of Nieer

社会·生活

Social · Life

统计资料
Statistical Data

附 录
Appendix

索 引
Index

彩色图片目录
ColorImages Directory

特　载

编辑　肖振宇

推动科学发展和谐发展跨越发展 全力建设幸福美好的现代宜居生态城市

——在中共玉溪市红塔区委四届二次全会上的报告

中共玉溪市委常委、区委书记　夏立洪

（2012 年 1 月 7 日）

同志们：

中共玉溪市红塔区委四届二次全体会议今天召开了！这次大会的主要任务是：认真贯彻落实党的十七届六中全会、中央经济工作会、省第九次党代会和市第四次党代会精神，在新的起点上进一步谋划科学发展、和谐发展、跨越发展，为把红塔区建成幸福美好的现代宜居生态城市而努力奋斗。

现在，我受区委常委会的委托，向全委会报告工作。

2011 年工作回顾

刚刚过去的一年，在市委、市政府的正确领导下，区委团结带领全区广大党员干部和群众，以改革开放和科技进步为动力，积极转变经济发展方式，大力调整优化产业结构，攻坚克难，开拓创新，圆满完成年初确定的各项目标任务，为“十二五”发展开创了良好局面。

一、综合实力在平稳较快中不断增强

全区经济运行良好，主要经济指标实现两位数增长，生产总值突破 500 亿元大关，达 511.85 亿元（其中红塔集团完成 324 亿元），同比增 13.8%；全社会固定资产投资完成 128 亿元，同比增 20.5%；财政总收入完成 25.36 亿元，同比增 23.6%；地方财政收入完成 12.54 亿元，同比增 19.2%；城镇居民人均可支配收入 1.94 万元，同比增 11.1%；农民人均纯收入 7 917 元，同比增 12.9%。区委把抓产业发展放在首位，相继召开工业经济、第三产业、现代农业发展大会，研究出台一系列扶持发展政策，促进三次产业协调快速发展。围绕农村发展、农业增效、农民增收“三大目标”，加快现代农业发展步伐，促进特色农业、精品农业的有效发展，农民收入增幅创历年最高水平。坚持走新型工业化发展道路，依托研和、红塔工业园区和玉溪经济开发区“三大园区”的带动，逐步壮大冶金钢铁、两烟配套、战略性新兴产业“三大支柱产业”的规模和体量，工业总产值突破 400 亿元。坚持不懈抓招商上项目，数控产业园一期建成投产，形成年产 1 万台精密机床的能力，太标、同乐年产 100 万套太阳能热水器项目相继投产，中烟施伟策年产 3 万吨烟草薄片项目开工建设，蓝晶 1 300 万片蓝宝石基片扩建项目顺利推进，为跨越发展奠定了基础。围绕把第三产业培育成支柱产业的目标，大力扶持发展商贸、旅游、文化、餐饮、物流、房地产和现代服务业，龙马山生态主题公园、玉山城旅游休闲康体娱乐、龙潭清溪旅游小镇、民俗文化馆、东盟农产品贸易、林产品加工贸易、车立方汽车商贸物流港等一批有潜力、带动大的文化旅游项目和三产业项目顺利推进，全区社会消费品零售总额达 82 亿元，消费成为拉动经济快速发展的重要力量。

二、生态建设在强力推进中取得突破

全面实施“生态立区”战略，全力建设幸福美好的现代宜居生态城市。配合市级顺利完成玉溪大河二期、路坝合一工程，易峨高公路红塔区段建成通车，完成中卫路、太极路、红塔大道改造工程；配合市级启动高仓立交、棋阳路二期工程，珊瑚路延长线、九龙立交改扩建工程开工建设。城市管理成效明显，中心城区拆临拆违和户外广告综合整治取得实效。环境治理有新进展，首次引进BT模式参与垃圾场项目建设，实行河段长制管水治污，水系污染得到有效控制。继续加大节能减排，拆除炼铁高炉4座，淘汰落后产能54万吨，推广使用节能灯6万多只，全区单位GDP能耗同比下降4.5%。全力开展“四创一建”活动，“国家环境保护模范城市”创建工作全面展开，“省级文明城市”创建得到考评组充分肯定，荣获“国家卫生城市”荣誉称号，被评为“中国十佳优质生活城市”，生态宜居城市品位和形象进一步提升。

三、民生保障在全民参与中共建共享

着力改善农业农村生产生活条件，完成水利工程建设31件，新农村建设项目34件，一事一议财政奖补项目40件，改造中低产田地3.65万亩。积极改善办学条件，切实加强学校管理，有效整合城乡教育资源，乡、街道中心幼儿园建设逐步落实，部分学校实现合并办学，新组建玉溪八中，改扩建玉溪二职中，社会力量参与办学有新突破，教育投入大幅增加，率先实行普通高中学生免费读书和跨村就读学生补助政策，教育事业得到省政府教育评估督导组的充分肯定。稳步推进医药卫生体制综合改革，通过实施基本药物制度，推进基本公共服务均等化，提高新农合筹资标准、门诊补偿封顶线、住院医药费报销比例、住院补偿封顶线、大病医疗二次补偿、65岁以上老年人慢性病定额补偿等一系列政策，城乡居民基本医疗保障得到明显提高。积极落实就业政策，开发和稳定就业岗位，全力保持就业形势稳定，发放创业促就业贷款6 000多万元，开发公益性岗位165个，农村劳动力转移就业5 000多人，城镇登记失业率控制在3.4%。进一步扩大社会保障覆盖面，城乡低保对象实现应保尽保，60岁以上无退休金老年人享受到基础养老金，70岁以上无退休金老年人得到保健长寿补助金。积极推进保障性住房建设，为部分低收入家庭提供廉租房和公租房。

四、社会建设在和谐稳定中不断推进

区委高度重视人大、政协工作，分别召开区委人大工作会和政协工作会，积极为人大、政协依法依章履行职能创造条件。全力支持建设法制政府、责任政府、效能政府、阳光政府，政府执行力、依法行政能力得到提升。加强“平安红塔”建设，妥善处理热难点问题，全区治安、刑事案件发案率明显下降。人民法院、人民检察院工作有效开展，“六五”普法全面启动，依法治区水平明显提高。畅通群众诉求渠道，成立区委群众工作局，有效化解社会矛盾和信访积案，信访总量进一步下降。安全责任制有效落实，杜绝了重特大事故的发生。各项事业协调推进，荣获“全国科技进步先进县区”“全国残疾人工作先进单位”等称号。同时，民族宗教、统一战线、群团组织、人民武装工作进一步加强，文化、广电、体育、人口和计划生育等全面发展，为跨越发展营造了良好的社会环境。

五、党的建设在创先争优中巩固提升

认真落实党建工作责任制，抓好党的思想教育和先进性教育，开展向杨善洲同志学习、庆祝中国共产党建党90周年等活动，表彰一批先进基层党组织、优秀共产党员和优秀党务工作者，把创先争优活动进一步引向深入，获省级“基层党组织建设先进县区”“理论武装工作先进单位”荣誉。顺利完成区、乡党委换届工作。围绕科学发展选干部、配班子、建队伍、聚人才，提高选人用人的公信度。按照人岗相宜的原则，对在同一岗位时间较长的领导干部分期分批进行交流轮岗，调动了干部的工作积极性和创造力。试点创建网上党支部，推进基层党组织创新项目，深入开展“四议两公开”工作法，乡、街道和村、社区为民服务和党员服务体系实现了全覆盖。坚持把反腐倡廉建设摆在突出位置，完善反腐败领导体制和工作机制，严格落实党风廉政建设责任制，认真履行“一岗双责”，党风廉政建设工作水平明显提高，为经济社会又好又快发展提供了坚强有力的政治和纪律保障。

成绩来之不易，发展鼓舞人心。我们深切地感到，红塔区发展取得的每一项成果，都离不开上级党委、政府的正确领导，离不开全区广大党员干部和群众的团结奋斗，离不开社会各界的关心和支持。在此，我代表区委向大家表示衷心的感谢和崇高的敬意！

在肯定成绩的同时，我们更要十分清醒地看到，发展不够、发展不快依然是红塔区最大的难题。对照科学发展的要求，部分领导干部实践科学发展观的意识不强、作风不实、观念滞后的问题仍然存在；对照和谐发展的要求，农民持续增收难、农村整体环境差、农业基础设施弱的问题长期存在，社会事业发展滞后，维稳形势依然严峻；对照跨越发展的要求，土地、环保、供水趋紧，资源环境瓶颈制约仍然突出，资金投入不足，科技人才紧缺，产业层次不高，发展速度和质量与省内外先进地区比仍有一定差距。对于这些问题，我们必须高度重视，采取有力措施，认真加以解决。

2012年工作目标和思路

2012年，我们既面临较好的机遇和条件，又倍感压力和挑战。中央新一轮西部大开发深入实施，云南“桥头堡”战略上升到国家层面，滇中经济圈和昆玉一体化建设明显加快，玉溪“三湖四区双百”城市群框架初步形成。省第九次党代会确定未来五年要实现“四个翻番、两个倍增”的新目标，省委秦光荣书记提出玉溪要快马加鞭，率先发展，建成最具幸福感的城市。面对诸多发展机遇和催人奋进的新形势，面对全省全市科学发展、和谐发展、跨越发展的新要求，红塔区必须与时俱进、顺势而为、调整跟进。在取得“十二五”开门红的同时，要抢抓机遇、争取主动、率先发展。围绕翻番倍增目标，我们要把区第四次党代会提出的发展指标与省市的目标要求衔接起来，做到上下一致，合拍同步。这次全会上，把红塔区今后五年的经济发展指标调整为：在2011年的基础上，到2016年，全区生产总值翻一番，突破1 000亿元（其中红塔集团完成630亿元）；人均生产总值翻一番，超过20万元；财政收入翻一番，总收入突破50亿元，地方财政收入超过25亿元；固定资产投资翻一番，超过200亿元；城镇居民人均可支配收入实现倍增，超过3.85万元；农民人均纯收入实现倍增，超过1.6万元。

围绕上述目标，今年工作总的指导思想是：高举中国特色社会主义伟大旗帜，以邓小平理论和“三个代表”重要思想为指导，深入贯彻落实科学发展观，以加快转变经济发展方式为主线，以五年实现“四个翻番、两个倍增”为目标，坚定不移实施“生态立区、科教兴区、工业强区、农业稳区、文化和区”发展战略，坚持不懈建生态、强产业、重民生、构和谐、保稳定，在保持经济平稳较快发展上有新作为，在深化改革开放上取得新突破，在改善民生上取得新成效，在全省率先跨越发展，努力把红塔区建成滇中经济强区、宜居生态城市、幸福美丽家园，让全区人民更具幸福感、更有安全感。全年主要预期目标是：生产总值增长12%以上，财政总收入和地方财政收入增长15%以上，固定资产投资增长20%以上，城镇居民人均可支配收入增长14%以上，农民人均纯收入增长13%以上。

实现上述目标，我们要充分认识国际国内不断变化的复杂形势，世界经济复苏的不稳定性、不确定性依然存在，转方式调结构的任务依然繁重。要进一步深化区情认识，抓住并用好新一轮战略机遇期，实现经济发展稳中求进、好中求快、变中求新，着力扩大内需，拉动消费，促进就业，增加收入，富民强区。全区各项工作要努力争先进位，在全省全市做到观念领先、发展率先、工作争先，加力提速把红塔区建设得更加富裕、文明、生态、和谐、幸福。

明确“三个定位”

——*滇中经济强区*。坚持转变发展方式，调整优化产业结构，做精农业，做强工业，做优第三产业，实现产业升级、城镇转型、环境再造。把发展的思路和重点进一步调到依靠城市经济发展带动和工业经济领跑上来，集中力量建设“三大园区、七大基地”，突出重点发展“四大产业”，打造园区经济、特色经济、民营经济，加快引导生产要素向产业聚集、优惠政策向产业倾斜、公共服务向产业汇集，推进三次产业协调发展，筑牢发展基石，把红塔区建成现代产业中心和特色产业基地，经济实力位居全省十强县区前列。

——*宜居生态城市*。围绕玉溪“三湖四区”滇中城市群的框架，建设“玉水湖城”生态城市，把中心城区建成70平方千米、70万人口的现代宜居生态城市。按照“南北分工、东城西园”的思路，规划布局定位好城市功能，南片集中发展工业区、北片建设生态区、东边实施城镇上山、西边推进工业上山。围绕玉溪大河轴线，打造十里生态文化长廊和特色经济带，依托绕城高速公路，建设龙马山生态主题公园，把红塔区建成宜居、宜业、宜游的生态城市。

——*幸福美丽家园*。大力实施富民工程，不断增加群众收入，让人民群众过上好日子，增强幸福感。推进城乡一体化，大力提高全社会的文明程度。围绕“三乡文化”，建设滇中文化名城。全面提高社会保障水平，让全区人民学有所教、劳有所得、病有所医、老有所养、住有所居，居有所安，人人共享改革发展成果。全面推进民主法制建设，保持社会和谐稳定，增强人民群众的安全感，让生活在红塔区的人民更加感到幸福和自豪。

做到“三个领先”

——*观念要领先*。要进一步解放思想、更新观念，把学深吃透上级精神作为学习实践科学发展观的具体体现，切实用好现有政策，积极争取新的政策，借鉴发达地区的有效政策。要克服眼界不宽、墨守成规、固步自封的思想观念，以更加宽广的胸怀、更加高远的视野、更加卓越的胆识，敢于摆脱束缚、打破框框，充分发扬红塔区人敢于争先、勇于创新、善于经营的精神，以务实的作风、有力的举措，解决发展中遇到的难题，推动全区各项工作再创新业绩。

——*发展要率先*。要把跨越发展、率先发展作为红塔区实现全面小康目标，建成幸福美好现代宜居生态城市的重要工作和首要任务，提速加力，做到好字当先、快字当头、好中求快。要充分发挥红塔区的区位、产业和生态优势，以大开放来谋划大发展，以环境大改善来促进大发展，以大项目来带动大发展。要充分用好差别化产业政策和差别化土地政策带来的发展先机，用好扩权强县、壮大县域经济的有利政策，大胆突破，先行先试，率先在最具潜力、最有优势、最见成效的领域实现突破，推进红塔区实现率先跨越发展。

——*工作要争先*。要把创先争优活动不断引向深入，在不同领域、不同行业、不同岗位争先进、创佳绩。要在城市支持农村、工业反哺农业，建设社会主义新农村上走出新路子。要在工业上山、城镇上山、农民进城，有效利用山地来搞建设上找到突破口。要在产业发展、园区建设上取得新进展，规划建好园区和基地。要在社会管理创新上大胆探索，解决好发展不平衡的困难和问题。要在民生改善上加大力度，量力而行，积极而为，把发展得来的成果充分惠泽人民群众，依靠发展来富裕人民，依靠全区人民群众来建设我们的美丽家园。

2012年工作重点

2012年是新一轮跨越发展的关键之年。在统筹推进全面工作的基础上，我们要抓住影响发展全局、支撑发展大局的重点工作全力攻坚、率先突破。

一、突出生态抓环境，做美城镇

美丽的城市、优良的环境、高效的服务是现代文明城市的标志。我们要坚定不移实施“生态立区”战略，加快建设现代宜居生态城市。要突出生态、宜居、文明三大特色，塑造有特色、人本化的生态城市，打造全国最适宜人居住的地方之一，让人们在这里获得幸福感和归属感。一要进一步加大基础设施、公共配套、市容市貌等硬件建设，积极配合市级抓好新西河路延长线建设、高仓立交、棋阳路二期改造、昆玉电气化铁路扩能、玉溪大河三期改造等项目建设，加快九龙立交改造，推进政务新区建设。二要围绕做大主城、做特小城镇的思路，依托不同街道所处空间位置、经济形态和产业特色，错位发展各具特色的小城镇，借助钢铁基地打造研和“工业新城”，借助“云南第一村”打造大营街“旅游小镇”，借助北大门打造北城滇中“商埠码头”，推进李棋、高仓、春和三个街道尽快融入中心城区，加快城镇一体化，实现城市组团型发展。三要按照“守住红线、统筹城乡、城镇上山”的要求，完善城镇发展思路，转变建设用地方式，节约用地并严格保护耕地，将坝区80%以上的耕地划为基本农田保护起来，多留一份给子孙后代发展。规划调整城市定位和生产力发展布局，用好用足国家低丘缓坡地综合开发试点差别化土地政策，推进西边工业上山、东边城镇上山，引导城镇、村庄、工业向山地发展，依山就势建设山地城镇。四要树立环境保护“人人有责”的意识，加大污染治理，加强环境和资源保护，倡导节约用水，做好节能减排，减少污染物排放，走可持续发展的道路。进一步巩固园林城市、卫生城市、文明城市创建成果，积极争创国家环境保护模范城市。五要用心经营城市。认真贯彻落实《云南省玉溪城市管理条例》，健全完善两级政府、三级管理、四级网络的城市管理机制，健全数字化管理系统，抓好城市交通、卫生、排水、绿化、亮化、美化等工作，做到精细化、网格化、科学化管理城市。完善城市功能，提升城市形象，搞好住宅和商业网点布局规划，启动泷水塘老工业片区搬迁入园，推进中卫商业区提档升级，盘活开发好冯家冲旅游文化区，高起点、高档次建设居住区、商业区、政务新区，积极发展楼宇经济和总部经济，推进新型城镇化进程。

二、依托园区建基地，做强产业

要牢牢把握转变经济发展方式这根主线，加快建立红塔区现代产业体系，进一步调整优化经济结构，规划建好产业园区，打造产业基地。

构建现代产业体系。产业优则经济强。加快产业优化升级，巩固优势产业，提升传统产业，有效承接先进地区的产业转移，逐步淘汰低端落后产业，促进高端产业发展，加快形成三次产业融合互动、协调推进的现代产业体系。一要咬定工业发展不放松，大力推进新型工业化。紧紧围绕红塔区优势产业“钢铁做强、两烟做优、新兴产业做大”的目标，延伸钢铁产业链，推进整合组建钢铁企业集团。围绕现代烟草产业发展方向，全力支持红塔集团实施“5211工程”，两烟配套企业要紧跟红塔集团发展，实现提档升级。大力推进数控机床、生物制药、光电子、新材料、新能源5个红塔区具有比较优势的新兴产业发展壮大。加大科技创新，推进工业化与信息化融合，增强企业的核心竞争力。鼓励企业“走出去”，积极参与区域间经济发展与合作。坚持抓大不放小，促进中小企业加快成长。二要依托城市发展带动，大力发展第三产业。坚持面向生产、面向民生、面向城乡，着力发展商贸、旅游、文化、餐饮、物流、房地产、公共服务七大行业，壮大规模和实力，提高档次和水平，提高三产对经济增长和财税的贡献率，把第三产业培育成为红塔区最具特色和活力的支柱产业。三要大力发展现代农业。坚持按照优质、高产、高效、生态、安全的要求，促进农业向专业化、标准化、规模化、集约化方向发展，抓好农产品加工流通，扶持发展农业龙头企业，加强特色农业基地建设，大力发展精品农业、节水农业、生态农业。抓好烤烟生产，保证10万亩基本烟田轮作种植，确保种植面积不低于5万亩、收购量不低于600万千克。

规划建好产业园区。园区兴则工业兴。一要抓紧编制红塔工业园区发展规划，按照“高起点、高标准、配套齐”的要求，把西部“观音山—逗牛嘴—卧牛山”一线适宜工业发展的低丘缓坡山地一并纳入红塔工业园区范围，统一规划，集中打造，形成“一园多片”的产业布局，力争把红塔工业园区打造成为最有产业特色、最具产业竞争实力、年产值超500亿元的现代产业园区。二要健全完善园区运行管理机制，组建红塔工业园区管委会，赋予管委会更多的管理职能，用好用活相关产业政策，协调理顺各种关系，大胆探索创新园区管理、服务、投资、建设等工作机制。三要明确园区发展定位，在功能分区和产业规划上错位发展，避免重复建设。研和工业园区以发展钢铁及延伸配套产业为重点，红塔工业园区以发展两烟配套产业和战略性新兴产业为重点，玉溪经济开发区以大营街片区相关产业为重点，努力把三个园区建设成为现代产业中心，形成“三大园区、四大产业、七大基地”联动发展的格局。四要依托园区建立多元化的投融资机制。坚持“多元投入、项目带动、滚动发展”的原则，鼓励和支持各类社会资本通过联营、入股、独资等方式参与园区开发建设，实现由依靠政府投入向自我滚动发展的良性循环，破解基础设施建设筹资难、单纯依靠政府资金搞建设的问题。五要充分发挥园区的聚集提升效应，把“上山”“入园”作为项目落地的一项硬性要求，引导项目上山入园发展，打造产业“环境特区”，用好用活相关政策，促成项目落地。鼓励和组织好中心城区工业企业搬迁入园，形成新型工业化和城市化相互促进、共同发展的新格局。

三、坚持招商抓项目，打牢基础

发展靠投入，投入靠项目，项目靠招商。一个好的项目可以带动一片繁荣，一批好的项目可以撑起一片蓝天。要树立招商引资是经济发展生命线、对外开放是经济发展长青树的认识，坚持走“开放、引进、盘活、争取”的路子，建立招商引资激励机制，鼓励各级向上、向外争取引进更多更好的项目，培育新的经济增长点，夯实壮大发展基础。一要加大力度、创新思路，招商选资引智，确保项目引进数量、投资总量、建设质量有新的突破。要紧紧抓住西部大开发和桥头堡建设的重大机遇，围绕新能源、新材料、生物制药、环保节能等战略性新兴产业和文化旅游产业，谋划一批有潜力、有支撑的大项目，论证储备一批符合国家产业政策，有市场需求、经济效益好、带动能力强的大项目、好项目，争取列入国家和省市投资计划。二要全力推进拟建项目开工、在建项目投产、投产项目达效，推进农产品物流、林产品贸易等项目尽快开工建设，抓好蓝晶科技新材料、数控机床二期等项目尽快建成投产。三要想方设法为投资者营造良好的生产和生活环境，坚持“部门无关卡、一切为客商”的服务理念，开辟项目联合审批绿色通道，实施项目定期联合审批，部门主动跟踪办理，规范行政权力，提升行政效能。实行一个重大项目、一个领导牵头、一个班子服务、一个部门督促、一套办法管理的“五个一”工作机制，进一步明确职责，规范管理，调动干部投身项目建设的积极性，对招商引资和项目建设做出贡献的，将给予奖励，对不按要求落实、不按时限办理、推诿扯皮的责任部门和责任人，将实行问责。

四、围绕聂耳塑品牌，繁荣文化

文化是经济社会发展综合实力的体现。深入实施“文化和区”战略，进一步增强文化软实力，凸显文化在推进经济、政治、社会建设中的重要作用，增强推进文化建设的自觉性、主动性，形成文化事业繁荣、文化产业壮大、文化生活丰富、文明素质提升、人文氛围浓厚的良好局面。一要突出以社会主义核心价值体系为重点的精神文明建设，把文化教育融入到群众喜闻乐见的文化艺术形式中来，借助文化的力量，筑牢全区人民团结奋斗的思想道德基础。二要加快发展文化事业，推进文化惠民工程，改善群众文化基础设施，积极培育群众广泛参与的广场文化、社区文化、校园文化、企业文化、家庭文化。加强地方乡土文化、名人故里等历史文化和民俗文化资源的保护利用，鼓励和支持基层文艺组织开展多形式的文化交流活动，推动形成以文化促沟通，以文化促进和谐的良好局面。三要大力发展文化产业，加快制定文化产业发展规划，探索建设红塔文化产业园区，着力提高文化产业占GDP的比重。要深化文化体制改革，加强文化人才培养，多出文艺精品，立足“三乡文化”，积极推进文化与旅游、商贸的融合，实施大项目带动旅游文化产业大发展，切实提升文化产业发展水平，把文化产业培育成新兴产业。今年是伟大人民音乐家聂耳诞辰100周年，要以此为契机，大力弘扬聂耳精神，打造聂耳文化品牌。办好“中国·玉溪米线文化节”，打造地域民俗文化品牌，宣传“三乡文化”，拉动第三产业发展。

五、全心为民谋福祉，增强幸福感

民生连着民心，民心凝聚民力。牢牢把握人民群众的新期待，全心全意为人民谋利益、添福祉，让人民群众过上好日子，不断增强幸福感。坚持不懈把改善民生作为各级党委、政府最大的任务，大力保障和改善民生，扎扎实实每年办一些改善民生的实事和好事。一要围绕倍增计划，千方百计促进城乡居民增收。推进“创业就业工程”，落实就业政策，改善就业服务，统筹城乡就业，强化就业培训，切实提高劳动者的创业和就业能力；推进“富民增收工程”，培养和造就一大批有文化、懂技术、会经营的新型农民，切实增加农民的经营性收入、工资性收入、财产性收入和转移性收入，不断提高中等收入群体的比重。二要推进教育事业现代化，促进城乡教育协调均衡发展。优化教育资源配置，逐步缩小城乡、区域、校际差距，加快推进各乡（街道）中心幼儿园建设，启动新建1所高中，使城乡学校在办学条件、师资力量、管理水平等方面基本达到均衡。加强教师队伍建设，推进名师名校工程，提升教育教学质量，提升人民群众对教育的满意度。三要提高医疗卫生服务水平，完善基本医疗服务体系建设，为城乡居民提供更加安全、有效、方便、价廉的公共卫生和基本医疗服务，让群众看得上病、看得起病、看得好病。四要加强社会保障体系建设，进一步扩大社会保障覆盖范围，完善城乡基本养老、基本医疗等各种社会保险制度和城乡最低生活保障制度，切实保障困难群众基本生活。五要加强新农村建设，突出抓好以“五小”水利工程为重点的民生水利建设，加强水资源的开发、利用和保护，加大森林防火宣传和资源管护力度，推进中低产田地和中低产林改造，改善农村水、电、路、气等基础设施，推进旧村改造，加快农村文化小广场建设，抓好农村“垃圾清洁工程”和“四旁绿化工程”，逐步把农村建成“产业发展、村容整洁、服务健全、设施配套、农民富裕、文明和谐”的新型社区。六要按照“放宽城镇户籍、同享城乡待遇、自愿有偿转变、分类协调推进”的原则，引导农村人口向城镇有序转移，让农民进得了城，落得了户，读得了书，就业有门路，社保有着落，生活得更好。要坚持“多予、少取、放活”的方针，加大农村社会事业投入，统筹山区民族地区协调发展。

六、促进和谐保稳定，增强安全感

保持社会和谐稳定是实现跨越发展的前提和基础。坚持党委“总揽全局、协调各方”的原则，坚持和完善人民代表大会制度、中国共产党领导的多党合作和政治协商制度，支持人大、政协进一步创新工作思路，提升履职能力，发挥职能作用。支持工会、共青团、妇联、残联、科协、工商联、关工委等群团组织围绕大局，发挥优势，创造性地开展好各项工作。加强武装工作，提升国防后备力量。重视和发挥老干部在改革发展稳定中的积极作用，把各方面的智慧和力量汇集到科学发展、和谐发展、跨越发展中来。

社会稳则民众安。各级领导干部要在抓好发展这个第一要务的同时，切实履行好维护稳定这个第一责任。坚持开展好领导接待日工作，进一步畅通信访渠道。按照“三项重点”工作的要求，加强社会矛盾纠纷排查调处工作，积极抓好“大调解”体系构建和作用发挥，推进社会不稳定因素前端管理、事前防范和源头化解。构建立体化、全方位的综合防控体系，切实提高社会治安综合治理的掌控力和惩治力。加强社会热点、治安难点的管理，严厉打击各种违法犯罪。进一步加强政法工作，促进政法干警公正廉洁执法，提高社会公信力。加强涉及民生事业、社会保障等重点问题的关注和协调，努力构建和谐社会劳动关系，提升和完善突发性事件、群体性事件的应急处理能力。坚持民族团结进步，依法管理宗教事务。高度重视安全生产工作，严格落实安全生产责任制，从严抓好安全隐患整改，加强交通、建筑、消防、工矿企业等领域的安全生产工作，加大食品药品监督和管理等工作，坚决防止重特大安全事故发生，为跨越发展营造和谐、安全、稳定的社会环境。创新社会管理，加强对流动人口、特殊重点人群的管理和服务。推进殡葬改革，倡导树立社会新风尚。推进和谐社区建设，健全社区管理和服务体系，积极为新建社区开展工作创造条件。

七、抓好党建强保障，增强凝聚力

党建强则事业顺。实现跨越发展目标，必须全面推进党的思想、组织、作风、制度和反腐倡廉建设，不断提高党建工作的科学化水平。

坚持用马克思主义中国化最新成果武装党员干部头脑，始终把思想政治建设放在首位，深入推进学习型党组织建设，不断加强政治理论学习，提高理论素养，坚定理想信念，防止精神懈怠的危险。深入开展向杨善洲同志学习，进一步强化党员干部宗旨意识、责任意识和忧患意识，发挥党员先锋模范作用，树立昂扬向上、奋勇争先、干事创业的精神，团结一致向前看，一心一意谋发展。

坚持以德为先、德才兼备的用人导向，培养造就一支有激情、有能力、有贡献的高素质干部队伍，建设执行力强、创新力强、感召力强的领导班子。重视基层、注重实绩选用干部，让能干事者有机会、干成事者有舞台，不让老实人吃亏，不让投机钻营者得利。加大干部交流轮岗力度，推行重点工作岗位顶岗实践锻炼，把更多的优秀干部充实到重大项目建设主阵地，汇聚到产业发展最前沿，选派到民生建设第一线，激发干部队伍活力。深化干部人事制度改革，探索建立干部能上能下、能进能出的管理考核机制，充实干部队伍新生力量，优化领导班子结构。要积极创造条件，搭建干部再教育平台，加大领导干部学习、挂职、培训力度，加强公务员队伍的教育、培训和管理，切实解决能力不足的危险。要重视加强人才资源开发，积极探索建立科学的人才培养、引进、使用制度，逐步引进高层次、高水平的领军人才。

坚持深入基层、深入群众、深入实际，开展群众观点、群众路线、群众利益、群众工作“四群”教育。实行干部直接联系群众制度，完善部门挂钩包村制度，每年从机关部门选派五分之一的干部深入群众，通过领导干部驻村、蹲点、结对等形式，密切党群干群关系，防止和解决脱离群众的危险。认真实施“跨越发展先锋行动”，深化拓展“云岭先锋”工程，充分发挥基层党组织推动发展、服务群众、凝聚人心、促进和谐的作用。推进创先争优活动向纵深发展，形成长效机制。统筹推进农村、机关、社区和非公有制经济组织、社会组织等基层党组织建设，规范运行“四议两公开”工作法，健全村组干部激励保障机制，强化党员教育管理，注重党员人文关怀。继续做好新农村建设指导员选派工作，加强大学生村官和村级后备干部队伍的管理。

坚持标本兼治、综合治理、惩防并举、注重预防的方针，健全完善惩治和预防腐败体系，强化反腐倡廉教育制度、监督制度、预防制度、惩治制度的完善和落实，推进从源头上预防和治理腐败工作。加强对关键环节、重要部位和重点领域的监督检查，加大查办违纪违法案件工作力度，防止和解决消极腐败的危险。加强农村基层党风廉政建设，积极推进惩防体系建设，完善“三资”委托代理服务，深化村（居）务监督委员会规范化建设，构建农村基层决策权、执行权、监督权相互制约、运转协调的体制机制。各级领导干部要以身作则、清正廉洁严守底线；要高效务实、勤政善政力促发展；要艰苦奋斗、无私无畏树立正气，努力营造风清气正、公平正义的发展环境。

同志们，红塔区跨越发展的历史重任落在我们肩上，任务艰巨，时不我待。全区各级党组织和广大党员干部要进一步解放思想，坚定信心，凝心聚力，负重奋进，围绕把红塔区建成滇中经济强区、宜居生态城市、幸福美丽家园的目标，以优异的成绩迎接党的十八大胜利召开！

政府工作报告

——在玉溪市红塔区第三届人民代表大会第五次会议上

代理区长　张小良

（2012 年 2 月 7 日）

各位代表：

现在，我代表区人民政府，向大会报告工作，请予审议。并请区政协委员提出意见。

真抓实干，奋力拼搏，“十二五”经济社会发展实现良好开局

2011 年是“十二五”开局之年。一年来，我们在区委的正确领导下，在区人大、区政协的监督支持下，全面落实科学发展观，努力克服三年连旱带来的各种困难，积极应对经济增长下行和物价上涨压力，团结依靠全区广大干部群众，凝心聚力抓发展、建生态、促和谐、保稳定，圆满完成了区三届人大四次会议确定的各项目标任务。

全区经济高开稳走，主要经济指标快速增长，生产总值完成 511.85 亿元，同比增 13.8%，区属生产总值 185.1 亿元，增 12%；工业总产值 403.1 亿元，增 19.7%；财政总收入 25.36 亿元，增 23.6%，地方财政收入 12.54 亿元，增 19.2%；全社会固定资产投资 128 亿元，增 20.5%；社会消费品零售总额 80.7 亿元，增 18.2%；城市居民人均可支配收入 1.94 万元，增 11.1%；农民人均纯收入 7 917 元，增 12.9%。三次产业比重为 5.1∶46.5∶48.4。人均 GDP 保持全省第一，被评为“云南省县域经济发展十强县”，“十二五”经济社会发展实现良好开局。

一、抓发展，综合实力大幅提升

农业发展基础不断巩固。全面落实强农惠农政策，全年投入“三农”资金 7.65 亿元，实现农业总产值 19.6 亿元，同比增 6.9%。烤烟支柱地位继续巩固，种植烤烟 4.5 万亩，收购烟叶 666 万千克，交售收入 1.4 亿元。种植精品蔬菜 5.7 万亩，花卉 6 197 亩，葡萄 8 950 亩，粮经比例调整为 37.1∶62.9。畜牧业发展态势强劲，出栏肥猪 43.3 万头，家禽 653.7 万只，实现产值 12.4 亿元，34 个养殖场通过出口动物检验检疫备案认证。农业龙头企业带动能力增强，省、市级龙头企业达 27 户，“滇雪”菜油获得绿色食品认证和云南省著名商标，“猫哆哩”酸角糕、“明珠”百合鲜切花通过云南名牌农产品认定。完成中低产田地改造 3.6 万亩，获省政府一等奖。实施水利工程 31 件，完成农村小型水利工程管理体制改革 1.9 万件，完成新农村建设、“一事一议”财政奖补、村容村貌整治、扶贫整村推进、烟叶生产等基础设施项目 113 个，农村生产生活条件持续改善。完成中低产林改造 2 000 亩，森林防火工作成效显著。

工业经济增势强劲。规模以上工业增加值完成 72 亿元，同比增 19.7%，实现主营业务收入 374.2 亿元，增 24.7%，利税总额 29.6 亿元，增 3.2%。非公经济发展迅速，完成增加值 40.75 亿元，增 24.1%。完成非电力工业固定资产投资 38.4 亿元，增 21.9%，新开工 1 000 万元以上工业项目 54 个，竣工 49 个。2 万台数控机床、太标 100 万套太阳能、化肥厂搬迁等项目竣工投产，蓝晶科技 1 300 万片蓝宝石基片、烟草薄片等项目稳步推进，项目支撑工业经济发展的作用更加凸显。企业自主创新能力增强，实施省级科技计划 11 项，汇龙科技、大营街铝箔纸厂等 5 户企业被认定为高新技术企业，开发省级新产品 2 个，被表彰为全国科技进步先进县（区）。园区规划建设加快，冶金钢铁、卷烟配套产业提升壮大，生物制药、光电子、新能源等战略性新兴产业加速发展，工业对国民经济的贡献和拉动作用进一步增强。

三产发展态势良好。全年实现社会消费品零售总额 80.7 亿元，同比增 18.2%。商贸流通体系不断完善，供销社“二次创业”稳步推进，获全省供销合作社系统综合业绩突出贡献奖。全年家电下乡销售总额 1.5 亿元，兑现补贴金额 1 566 万元。彩虹商业广场开业营运，嘉阳商业城等项目加快推进，云兴建材市场被认定为云南省 5A 级诚信市场，对周边县区辐射带动能力进一步增强。物流、餐饮、住宿、零售等服务业强劲发展，年销售收入过亿元的专业市场和连锁超市达 12 家，消费对经济增长的贡献率不断提高。旅游产业健康发展，玉山城项目完成投资 3 亿元，龙潭清溪音乐旅游小镇、龙马山生态主题公园等重大旅游项目前期工作加快推进。全年接待境内外游客 442.7 万人次，增 10%，实现旅游总收入 17.3 亿元，增 19%。

发展后劲更加坚实，全年累计施工项目420个，新开工项目273个，固定资产投资完成市政府下达任务的100%。玉蒙铁路红塔区段铺轨基本完成，昆玉铁路扩能改造25个工点开工建设，安宁—玉溪、昆明—玉溪成品油管道、中国·东盟国际农产品贸易物流中心、林产品加工贸易物流中心等项目前期工作有序推进。招商引资成效显著，储备招商引资重点项目55个，实施市外国内项目47项，合同总投资98.7亿元，实际到位市外国内资金18亿元，增21%。实施外资项目5项，合同投资额5 428万美元，实际到位外资2 921万美元。对外贸易稳步发展，完成进出口总额3 844万美元，其中自营出口2 195万美元，进口1 649万美元。

二、建生态，城乡环境更加优美

东风水库除险加固工程全面竣工。易峨高二级公路红塔区段建成通车。玉溪大河综合整治二期、棋阳路拓宽改造二期工程稳步推进。高仓立交、九龙立交、康井路、珊瑚路延长线和彩虹路中段改扩建工程开工建设。中心城区交通环境综合整治有序开展，中卫路、太极路、红塔大道路面改造全面完工，拆除4个交通环岛，打通南北大街，城市交通环境明显改善。医疗废弃物处理厂、中心城区粪便无害化处理一期工程投入运行，城市生活垃圾综合处理厂建设进展顺利。保障性住房建设加快推进。数字城管方案设计通过专家评审，《云南省玉溪城市管理条例》及相关配套办法启动实施，城乡保洁、河（段）长责任制、“门前三包”等机制有效落实，城市管理水平大幅提升。户外广告综合整治全面完成，中心城区拆临拆违工作深入开展，市容市貌进一步改善。创建国家卫生城市圆满成功，荣膺“国家卫生城市”称号。“创模”工作全面推进，生态文明建设步伐加快，“七彩云南玉溪保护行动”深入实施，污染防治和节能减排工作力度加大，淘汰落后产能54万吨，减排二氧化硫335吨、化学需氧量160吨、氨氮15吨、氮氧化物58吨，预计单位GDP能耗同比下降4.5%，城市环境质量持续改善。东风水库、九龙池水源地保护和地下水资源管理得到加强，大矣资面源污染综合整治取得实效。大力实施“绿色玉溪”植树行动，绿化造林3 500亩，“创园”成果得到巩固，中心城区入选中国“十佳优质生活城市”和“十佳低碳生态城市”。

三、促和谐，发展成果普惠于民

红塔区在全省率先实行高中免费教育。顺利通过省政府教育督导评估。组建玉溪八中，新建玉兴中心幼儿园。完成校舍安全排危1.2万平方米，新建校舍3.7万平方米，教学条件不断改善，学校安全得到保障。二职中改扩建工程进展顺利。社会捐资助学氛围浓厚。医药卫生体制改革深入推进，新农合筹资标准由人均140元提高到310元，参合率达96.5%。卫生应急能力建设、重点疾病预防控制工作不断加强，城乡居民基本医疗卫生保障水平明显提高。文体事业蓬勃发展，新建农家书屋20个，村级文体活动广场、健身工程18个。聂耳故居免费开放。大力实施优生促进工程，全区人口自然增长率控制在4‰以内，被评为全国计划生育协会先进单位。购买公益性岗位165个安置“4050”人员，发放创业促就业小额担保贷款6 240万元，城镇失业人员和农村劳动力转移就业8 557人，城镇登记失业率为3.4%。城镇居民养老保险、新型农村养老保险登记18.6万人，发放“两低保”及各类救助救济金4 330万元，城乡社会保障体系更加完善。流浪未成年人救助保护中心、救灾物资储备库等民政福利设施即将竣工。“三小工程”建设活动全面开展，防灾救助体系更加完善。重视发展残疾人事业，被评为“全国残疾人工作先进单位”。积极创建省级文明城市，精神文明建设全面加强。殡葬改革稳步推进。撤镇设街道和社区划分圆满完成。投入3.9亿元大力实施民生工程，群众生产生活、就医就学条件进一步改善。广大职工、妇女、未成年人和老年人合法权益得到保障。统计、档案、粮食、水库移民、气象、防震减灾、工商、质监、侨务、对台事务、保密、关心下一代等工作全面发展。

四、保稳定，社会管理能力有效提升

依法治区工作深入开展，“平安红塔”创建成果巩固提升，“六五”普法全面启动。依法严厉打击各类犯罪活动，社会治安综合治理全面加强，群众对社会治安的安全感满意率达96.9%。“书记、区长大接访和领导干部大下访”成效明显，办理群众来信来访3 885件；办理区长热线和书记区长电子信箱交办件645件，办结率100%。调解矛盾纠纷1 770件，人民调解作用充分发挥。社区矫正、安置帮教、公证、律师、基层法律服务、法律援助等工作有效开展。民族团结进步示范社区（村）创建工作圆满完成。安全生产“一岗双责”制度全面落实，专项整治行动扎实开展。深入实施食品放心工程，强化食品药品监管，人民群众饮食用药安全进一步得到保障。

五、树形象，政府自身建设全面加强

深入开展向杨善洲同志学习活动，执政为民理念进一步强化提升。自觉接受区人大法律监督、工作监督和区政协民主监督，办理人大代表建议173件，政协委员提案162件，满意率均达100%，当年解决率达33.5%。统筹推进法治政府、责任政府、阳光政府、效能政府建设，组织重大决策听证20项，发布重要事项公示221项，重点工作通报519项，办结服务承诺事项15.5万件，主动公开政务信息5 885条。实施“结合型”绩效审计28项，重点工程、重大建设项目稽查和资金使用绩效评价有效开展。全面推行招商引资重点项目推进联席会议制度，实施项目审批服务联动、协调推进目标责任制，政府部门主动服务意识增强，干部作风明显转变，政务环境更加优化高效。党风廉政建设“一岗双责”、“三重一大”、农村“三资”委托代理服务等制度有效落实，重大问题集体研究决策，政府科学决策、民主决策能力进一步增强。

各位代表，过去的一年，成绩来之不易，发展令人振奋。我们在推进全区经济社会科学发展、和谐发展、跨越发展的进程中迈出了重要一步。这是区委正确领导、科学决策的结果；得益于历届党委、政府矢志不渝抓发展奠定的坚实基础；得益于区人大、区政协的鼎力支持和全体人大代表、政协委员、离退休老领导的关心帮助；更重要的是社会各界和广大干部群众团结奋进、拼搏奉献，为全区经济社会发展注入了强劲的生机与活力。在此，我谨代表红塔区人民政府，向人大代表、政协委员，向全区广大干部群众，向关心红塔区发展的各级领导，驻区部队、武警官兵和中央、省、市驻区单位，致以崇高的敬意和衷心的感谢！

在看到成绩的同时，我们也清醒地认识到，全区经济社会发展还存在一些突出的矛盾和问题：一是经济发展不足，总量不大，质量不高，产业实力不强；二是资源、环境压力进一步增大，特别是建设用地紧缺，供用水矛盾突出，节能减排任务艰巨；三是项目前期工作滞后，大项目开工不足，严重影响固定资产投资规模的扩大；四是刚性增支因素增多，收支矛盾突出，政府债务负担沉重，财政保障基础设施建设和民生建设的压力不断加大；五是新形势下社会群体利益诉求多样化，维护社会稳定的责任更加重大；六是少数部门和干部服务基层、服务项目的意识不强，办事效率不高。对此，我们将高度重视，采取有效措施，认真加以解决。

凝心聚力，奋勇争先，全力推进全区经济社会科学发展和谐发展跨越发展

今年是本届政府履职的最后一年，更是推进全区经济社会科学发展、和谐发展、跨越发展的重要一年。省第九次党代会确定了五年实现“四个翻番、两个倍增”的目标，区委四届二次全会提出，在2011年基础上，到2016年，全区生产总值突破1 000亿元（其中红塔集团完成654亿元）；人均生产总值超过20万元；财政总收入突破50亿元，地方财政收入超过25亿元；固定资产投资超过200亿元；城镇居民人均可支配收入超过3.85万元；农民人均纯收入超过1.6万元，在全省率先跨越发展，努力把红塔区建成滇中经济强区、宜居生态城市、幸福美丽家园，让全区人民更有幸福感、更具安全感。

围绕以上目标任务，我们要把思想和行动切实统一到省、市的决策部署上来，按照区委建设“滇中经济强区、宜居生态城市、幸福美丽家园”的定位和“观念要领先、发展要率先、工作要争先”的工作要求，以更大的胆略和气魄抓发展。把重大项目建设和招商引资作为跨越发展的重要支撑，抓投入，上项目，强产业，好字当头，快字当先，夯实发展基础，增强发展动力，壮大发展实力，努力把红塔区率先建成滇中经济强区；把城镇上山、农民进城作为推进工业化和城镇化的有效举措，坚持走生态建设产业化、产业发展生态化的道路，促进城乡经济社会发展一体化，努力建设现代宜居生态城市；借助滇中城市经济圈和昆玉一体化的深入推进，全面深化区域合作，加大与周边县、市、区的合作交流，围绕水、矿、林、地等要素，加强边界管理，实现资源共享，互利共赢，共同发展；把解放思想、开拓进取、主动服务作为推动工作开展的重要保障，增强加快发展的责任感和使命感，推动各项工作再上新台阶；把社会民生事业放在更加突出的位置，以人为本、民生为重、富民为先，顺应人民群众过上幸福生活的新期盼，努力把红塔区率先建成全省最具幸福感的城市。

今年全区经济社会发展的总体要求是：坚持以邓小平理论和“三个代表”重要思想为指导，全面贯彻落实党的十七大、十七届三中、四中、五中、六中全会、中央经济工作会议、省第九次党代会和市、区党代会精神，深入贯彻落实科学发展观，抓住新一轮西部大开发、桥头堡建设、滇中城市经济圈、昆玉一体化发展的重大机遇，紧扣五年与全省同步实现“四个翻番、两个倍增”和在全省实现“三个率先”的目标，按照区委“生态立区、科教兴区、工业强区、农业稳区、文化和区”发展战略，全力以赴推进全区经济社会科学发展、和谐发展、跨越发展。

围绕总体要求，今年全区国民经济和社会发展主要预期目标建议为：

——区属生产总值215亿元，增12%以上；

——区属工业总产值484亿元，增20%；

——全社会固定资产投资154亿元，增20%；

——地方财政收入14.5亿元，增16%；

——社会消费品零售总额96亿元，增19%；

——城镇居民人均可支配收入21 960元，增14%；

——农民人均纯收入9 000元，增13.7%；

——单位生产总值能耗下降3.5%；

——人口自然增长率控制在5.6‰以内。

为确保上述目标顺利实现，我们必须扎实抓好以下九个方面的工作：

一、继续巩固农业基础地位，加快发展现代农业

按照“抓基础、调结构、建基地、扶生产、活流通、增效益、保增收”的思路，不断加大投入，改善农村基础设施和农业生产条件，加快发展具有红塔区特色的现代农业，千方百计促进农业增效、农民增收，推进农村经济社会全面发展。

提升特色农业发展水平。坚持烤烟支柱地位不动摇，统一规划基本烟田轮作面积10万亩，年内计划种植烤烟5万亩，收购烟叶600万千克，以规模化种植、合理化轮作、标准化生产为导向，扶持引导集中连片规模种植，努力打造特色优质烟叶品牌。抓好10个现代农业科技示范园区建设，加快发展“菜、花、油、药、果”等优特经济作物，种植精品蔬菜5万亩、花卉苗木9 300亩、葡萄1万亩、中药材3 590亩、油菜8万亩。实施中低产林改造3 000亩，新增种植核桃1 000亩。做强做大畜牧业，以凤凰生态、达利园等龙头企业为带动，积极推广“公司+基地+农户”模式，规划引导养殖上山，新建养殖小区2个，新增出口备案养殖场3个，全年出栏肥猪52万头、家禽700万只，肉蛋奶产量7 000万千克。继续发挥各类合作社联动作用，强化科技支撑，促进农业产业化发展。

夯实农业发展基础。高度重视节水抗旱工作，围绕水情做好农业种植结构调整，开源节流并举，着力建设节水型农业。加快龙母箐水库建设，完成农村人畜饮水安全、河道治理、病险水库除险加固及新建小坝塘、抽水站、水保工程、小水窖等10类31件重点水利工程，保障城乡供水和人畜饮水安全。做好东风南大沟水毁治理工程、玉溪大河三期改造和歪者河治理方案上报工作。实施中低产田地改造，积极争取中央农机购机补贴，提高农业机械化水平。加强地质灾害、森林防火、抗旱救灾等防灾减灾体系建设，提高抵御自然灾害的能力。

发挥龙头企业带动作用。围绕“八个万亩工程”，培育壮大“十大龙头企业”，鼓励引导资本、技术、人才等要素进入产业化经营领域，支持凤凰生态、滇雪粮油、甜馨、达利食品等农业产业化龙头企业加快发展，延长生产加工链，提高农产品附加值。加快发展农业合作经济组织，推动农户合作化生产，促进农民持续增收。积极探索土地流转新模式，鼓励龙头企业、种植大户参与土地流转，促进规模化生产，提高农业生产效益。鼓励各类投资主体参与种养基地建设，兴办设施农业和观光休闲农业。

推进新农村建设。完善以工促农、以城带乡长效机制，以“创模”为契机，强化农村生态建设和环境综合整治，改善村容村貌，提升新农村建设水平。整合各级项目资金，实施12个省、市重点建设村项目，完成“一事一议”财政奖补、扶贫整村推进、移民后扶及村容村貌整治项目30个。推进农村民居地震安居工程和农村危房改造，实施农村道路通畅工程，落实加快山区发展的各项政策措施，促进山区经济社会发展。实施农民收入倍增计划，加大农村劳动力转移培训和转移就业力度，拓宽农民增收渠道。

二、坚持工业强区战略不动摇，推进工业经济加速发展

不断优化工业发展环境，转变发展方式，以科技创新为动力，结构调整为主线，努力构建具有红塔区特色和竞争优势的现代工业体系。

发展壮大工业经济总量。把工业项目建设作为壮大经济

规模、提升工业发展质量的重要任务来抓。全力支持红塔、昆钢、云锡、云铜等企业在红塔区加快发展。配合红塔集团推进烟草薄片、打叶复烤项目建设。积极争取和落实各级工业发展扶持政策，加快蓝晶科技 1 300 万片蓝宝石基片、友发 80 万吨焊管、昱鑫 10 万吨铸管、活发 2 万吨铸件等项目建设，进一步挖掘现有企业发展潜力，抓大扶强，鼓励企业技改，扩大产能和规模，形成增量，壮大总量。

增强产业竞争实力。按照“钢铁做强、两烟做优、新兴产业做大”的思路，加快推进钢铁产业升级改造，大力发展特种钢材、冷热轧薄板、高档铸造、五金加工等下游产业，延伸产业链，提高产品附加值。以玉溪数控机床产业园为龙头，全面提升高端装备制造水平，努力打造云南省重要的装备产业基地。围绕红塔集团“5211”发展战略，加快卷烟配套企业技改和新产品、新技术研发，巩固提升卷烟配套产业。以蓝晶科技、汇龙科技、太标太阳能、维和制药为龙头，加快发展战略性新兴产业。加大创新型、高新技术企业培育力度，实施省、市科技计划，积极研发新产品，增强产品竞争力，为产业升级提供科技支撑。支持企业上市发展。

规划建设特色产业园区。结合城市总体规划和土地利用总体规划修编，调整完善红塔工业园区建设规划，理顺园区管理体制。按照“东城西园”的思路，把西边“观音山－逗牛嘴－卧牛山”片区 17 平方千米适宜工业发展的低丘缓坡山地纳入红塔工业园区，加快光电子、生物资源、新能源及电动车、铸造机电五金产业片区规划建设，努力构建“一园多片”的园区经济发展格局，引导企业、项目上山入园发展。积极争取上级政策、资金扶持，探索园区建设多元投入模式，统筹推进园区基础设施建设，优化功能布局，拓展发展空间，培育产业集群，努力把园区建成新型工业化的核心区，全区经济跨越发展的增长极。全力支持高新区、研和工业园区创建国家级园区。

促进中小企业健康发展。认真落实各级扶持中小企业和非公经济发展政策措施。大力实施中小企业成长工程，围绕大集团、大企业，积极发展产业配套和服务配套，支持有市场、有效益、有前景的中小企业通过兼并、联合等方式加快发展。加快中小企业融资担保体系建设，积极向金融部门推介优秀中小企业，缓解中小企业融资难问题，促进中小企业、非公经济做大做强。

落实节能减排任务。严格执行节能减排目标责任制和“一票否决制”，以冶金、化工、机电、建材、造纸等行业为重点，积极开展节能改造和资源综合利用，全面推进清洁生产。严格落实工程减排、结构减排、管理减排等措施，认真做好淘汰落后产能工作，确保单位生产总值能耗、二氧化硫、化学需氧量、氮氧化物、氨氮等主要污染物排放量完成上级下达任务。

三、依托城市和产业支撑，提升第三产业发展水平

充分发挥红塔区地处中心城区，工业化和城市化进程加快的优势，做大城市经济规模，促进第三产业快速发展。

大力发展现代服务业。进一步优化商业布局，完善流通网络，加快发展连锁经营、特许经营和电子商务，提升百信、家佳、美佳华等集购物、休闲、餐饮、娱乐为一体的大型商场商业业态，做大商贸流通业。挖掘地方特色饮食文化，打造餐饮品牌，做强餐饮业。落实国家房地产开发政策，坚持市场化、民生化方向，推动房地产业健康发展。规范发展家政、物业管理、中介服务、科研与信息服务业，提升公共服务与社区服务业发展水平。推进中国·东盟国际农产品贸易物流中心、玉溪林产品加工贸易物流中心等项目建设，加快发展以研和为枢纽，北城、李棋、高仓、春和为重点，集仓储、加工、包装、配送为一体的现代物流业。

扎实推进市场建设。着眼建设大市场、发展大贸易、搞好大流通，积极建设以钢铁、太阳能、农产品为主的大型专业批发市场，扩大相关产业的辐射面和影响力。积极推进高仓五金商贸城、玉溪得胜商业中心等项目建设。加快珊瑚、北城、李棋农贸市场提质改造，新建高仓农贸市场。巩固提升“万村千乡”市场工程建设成果，健全“农超对接”机制，完善城乡消费网络，提高消费对经济增长的贡献率。落实市场监管长效机制，营造诚信、公平、健康、有序的市场环境。

加快发展旅游文化产业。抓住红塔区被列为全省旅游改革与发展土地利用试点县（区）和旅游重大项目建设试点县（区）的机遇，推进玉山城、龙潭清溪音乐旅游小镇、龙马山生态主题公园等重大旅游项目建设，夯实旅游产业发展基础。推进大营街旅游城镇项目规划建设，发展康体休闲温泉度假旅游，提升灵秀省级乡村旅游示范村品牌，开发打造冯家冲旅游文化区。举办“中国·玉溪米线文化节”，完善与“行、游、住、吃、购、娱”相配套的旅游服务体系，开发一批具有红塔区地域特色的旅游文化产品，促进旅游产业与历史文化、音乐文化、烟草文化、饮食文化有效结合，共同发展。

增强城市经济发展活力。发挥中心城区人流、物流、资金流、技术流和信息流聚集优势，以现代宜居生态城市为载体，提升传统商业区，打造中心商贸区，增强对周边县（区）的辐射带动力。结合拆临拆违、城市改造和泷水塘老工业区企业外迁，盘活中心城区闲置低效利用存量土地，规划建设商务区和商务写字楼，增强城市发展活力。积极发展总部经济和楼宇经济，吸引国内外知名企业到红塔区设立分支机构，提升城市综合竞争力。

四、努力扩大投资规模，不断增强发展后劲

把项目建设作为产业发展的重中之重，全力抓大项目、引大项目、上大项目，千方百计确保完成固定资产投资目标任务，打造投资拉动强力引擎，助推全区经济社会持续快速发展。

全力推进重大项目建设。充分发挥大项目对经济发展的支撑和拉动作用，集中力量推进在建项目尽快完工，开工建设一批促进经济增长的产业项目和重大基础设施项目，强化交通、能源、水利等基础设施建设，扩大固定资产投资规模。配合推进玉蒙铁路、昆玉铁路电气化扩能改造等项目建设，做好清水河－玉溪（国道 213 线）改扩建项目前期工作，加快中缅油气管道、成品油管道建设。推进数控机床二期、玉钢钒资源综合利用及配套等项目，增加工业投资，为发展提供支撑。加快玉水金岸、太极名城等项目建设，挖掘房地产项目投资潜力。坚持和完善领导联系重点项目、重大项目协调推进联席会议和专题协调会议制度，为项目推进提供有力保障。

着力优化项目投资结构。坚持扩大投资规模和优化投资结构并举，加大争取中央和省、市项目资金支持力度，以重大项目、优质项目吸引资金。进一步放宽投资领域和范围，增强民间投资主体活力，建立多元化、多层次、多渠道投融资体系，鼓励和调动更多的资金投向产业发展。财政资金主要投向社会民生事业和基础设施建设，引导支持民间资本进入资源开发、基础产业、公用事业、政策性住房建设、商贸流通等领域。力争工业投资比重达 40% 以上，民间投资比重达 60% 以上。

做实做细项目前期工作。推行项目前期工作经费进退机制，提高经费使用效益。高标准做好规划、论证、立项、选址、环评等前期工作，及时跟进土地使用报批。切实增强主动服务意识，落实联动协调、跟踪服务、督查和责任追究等重大项目推进机制，主动与业主对接，帮助指导做好项目建设审批相关报件工作，加快项目申报审批，促使项目早落地、早开工。抓住被列为省土地利用总体规划滚动修编试点县（区）机遇，围绕国家和省、市支持的重点方向，精心挑选一批重点建设项目，加大对上协调汇报力度，努力争取列项支持。

加大项目储备力度。认真研究国家政策趋向、产业结构调整动向和投资导向，围绕全区生产力布局和产业发展规划，加快储备一批产业关联度高、拉动力强且符合国家产业政策的项目。加强项目库建设和动态管理，增加项目储备数量，提高项目储备质量。做到以规划引领产业，以产业配置项目，为促进产业结构调整和加快转变经济发展方式提供项目储备支撑。

五、全面加强招商引资，为经济可持续发展奠定坚实基础

坚持把招商引资作为经济发展的生命线，内引外联，聚集要素，为产业结构优化升级和经济社会跨越发展增添活力。

提高招商引资质量。坚持一、二、三产并举，内外资并重，大力引进科技含量高、资源消耗少、税赋贡献大、用地节约、带动能力强的项目，力争项目引进数量、投资总量实现新突破，促进产业结构优化升级。加快实施车立方汽车商贸物流港、玉溪子墨商贸物流中心等招商引资项目，为经济发展注入新的活力。注重招商引智，促进资本、人才、技术等创新要素向产业发展领域聚集。

创新招商引资方式。加快建设务实高效的政务环境和诚信便捷的商务环境，营造亲商、安商、富商的良好氛围。坚持“走出去”和“引进来”相结合，外引进，内盘活，通过项目招商、产业招商、园区招商、以商招商等方式，不断提升招商引资绩效。探索采取 BT、BOT、TOT 等模式，加快公共事业和产业项目建设。切实抓好储备项目策划、包装、推介，加大对外宣传力度，积极组织企业参加各类经贸洽谈活动。加强对签约项目的跟踪服务，提高项目履约率、开工率和资金到位率。

扩大对外开放合作。围绕桥头堡和昆玉一体化建设，加强与周边县（市）和沿海经济发达地区的交流合作，努力构建大范围、多层次、宽领域、全方位的对外开放格局，以开放促发展。加强农副产品、生物制药、化工等出口基地建设，支持百信、蓝晶等进出口骨干企业提高产品质量，扩大出口规模，增强创汇能力。加快“走出去”步伐，支持有条件的企业向外寻求商机，开展对外经济技术合作。

六、加速推进城市化进程，全力建设宜居生态家园

牢固树立城市政府理念，全面提升城市规划、建设、管理水平，正确处理经济发展、城市发展与环境保护关系，加大生态保护力度，推进生态文明建设。

促进城镇上山农民进城。按照“守住红线、统筹城乡、城镇上山、农民进城”的要求，调整完善土地利用总体规划、城乡总体规划和林地保护利用规划，保护坝区优质耕地。优化城镇、产业布局，促进城镇上山发展。突出规划统领，引导中心城区工业企业向红塔工业园区观音山片区聚集，上山发展。谋划推进泷水塘老工业片区和中卫片区城市改造，盘活土地资源，促进城市经济发展。围绕将中心城区建成 70 平方千米以上、常住人口 70 万人以上的现代宜居生态城市目标，加快市政基础设施和公共服务设施建设，落实“农民进城”各项改革配套措施，畅通城乡要素流转渠道，促进农业转移人口有序向城镇转移。

提升城市建设水平。全力配合市级推进北片生态文化区规划建设，加快玉溪大河综合整治二期、棋阳路拓宽改造二期、西河路二期、康井路改造、高仓立交改扩建等重点城市基础设施建设。配合做好绕城高速公路前期工作。积极推进政务新区建设。加快九龙立交改扩建、珊瑚路延长线、彩虹路中段道路建设。完成中心城区抗旱救灾应急供水工程。继续开展中心城区交通环境综合整治，启动凤凰路、环山路等道路改造工程，开工建设城南汽车客运站。加快城市生活垃圾处理厂建设。完成廉租房建设任务。积极稳妥推进旧城改造。完善配套基础设施建设，推进李棋、高仓融入中心城区，提升城市化发展水平。

加大依法管理城市力度。认真贯彻落实《云南省玉溪城市管理条例》和配套办法，依法加强城市管理。加快数字城管建设，加大监察执法力度，集中整治群众反映强烈的占道经营、以街为市、乱搭乱建、乱停乱放、渣土泼洒等问题。规范市场管理。深入开展中心城区拆临拆违。巩固中心城区户外广告综合整治成果，建立健全长效管理机制。完善“两级政府、三级管理、四级网络”城乡管理体制，理顺关系，强化部门、街道和社区城市管理职能，完善环卫配套设施，规范垃圾投放，落实城乡保洁、“门前三包”目标管理等长效机制，推进城市精细化管理，提升城市文明程度。

建设美好生态环境。坚定不移实施“生态立区”战略，巩固“创园”“创卫”“创文”成果。着力抓好城市环境基础设施建设、生态环境建设、环境监督管理、环境综合整治等重点工作，积极创建国家环境保护模范城市。深入实施“七彩云南玉溪保护行动”，开展农村环境综合整治，推进生态区、生态街道和生态文明村建设。深化城市环境综合整治定量考核，巩固中心城区环境噪声达标区、烟尘控制区创建成果。大力开展污染源和污染隐患排查整治。加快编制东风北大河、红旗河等景观控制性详规。加大森林资源保护和面山绿化力度，完成昆玉高速上坝至梅园立交绿化美化工程。实施村旁、宅旁、水旁、路旁绿化，大力开展植树造林，改善城乡生态环境。继续加强东风水库、九龙池水源地生态保护和地下水资源管理，落实河（段）长责任制，建设玉溪大河生态景观带，努力提升以水为特色的生态、宜居、文明城市形象。

七、提高科学理财水平，切实增强财政保障服务经济社会发展能力

狠抓财源培植，做大财力总量。统筹兼顾，突出重点，为经济社会发展提供有效保障。

积极拓展财政增收渠道。认真贯彻落实省、市加快县域经济发展的各项政策，加大财源培植力度，加快培育优势产业和骨干企业，促进财政收入持续稳定增长。进一步强化税收征管，加大对重点行业、重点企业、重点税源的监控力度，确保应收尽收。强化非税收入管理，积极挖掘非税收入增长潜力，拓宽财政增收空间，增加政府可用财力。

切实增强财政保障能力。加大公共服务领域投入，促进“三农”、教育、就业、社会保障和医疗卫生等各项社会事业稳步发展。进一步优化财政支出结构，为重点工作开展、重大项目建设提供保障。加强国有资产管理，盘活国有闲置资产、土地资源。强化政府债务管理和监督，规范融资平台管理，做好政府性债务化解工作，防范财政风险。强化预算管理，增强预算执行力，提升财政运行质量，努力降低行政成本，最大限度发挥财政资金使用效益。

加强银政银企合作。增进与金融机构协调联系，积极争取金融部门加大对重大项目、重点工作、“三农”、中小企业和县域经济发展的信贷支持力度。推进社会信用体系建设，充分发挥农村合作银行、村镇银行、小额贷款公司、融资担保公司等地方金融机构对经济的支持和带动作用，促进地方经济发展。

八、着力保障和改善民生，促进社会更加和谐

统筹发展各项社会事业，不断加大投入，推进基本公共服务均等化，使广大人民群众共享改革发展成果。

坚持教育事业优先发展。大力发展学前教育，支持有条件的乡、街道建设中心幼儿园。进一步优化教育资源配置，科学合理调整教育布局，启动桃源小学、排山小学合并异地搬迁工作。加快实施二职中改扩建工程，拆除重建一小教学楼。组建玉溪七中，启动1所高中新建工作。加快推进校舍安全排危改造，确保学校和学生出行安全。深化学区建设，建立义务教育阶段学区内优秀教师定期流动制度，促进义务教育均衡发展。

推动文化事业繁荣创新。认真落实中央关于推动文化大发展大繁荣的决定精神，大力实施“文化和区”战略，注重民间民族历史文化传承，繁荣文艺精品创作。挖掘发展玉溪窑陶瓷文化，加大重点文物、名人故居和非物质文化遗产保护开发力度。着力打造聂耳文化品牌和“三乡”特色文化品牌，提升农家书屋、文化信息资源共享工程社会效益，不断满足人民群众精神文化需求。稳步推进文化事业单位体制改革和文化市场综合执法改革。拓展文化产业投资渠道，启动新兴影剧院五星级数字影院改造。加快城乡公共体育设施建设，广泛开展全民健身运动。

加强卫生和人口计生工作。倡导全民健康生活方式，做好国家慢性非传染性疾病综合防控示范区创建工作。继续提高新农合筹资标准，推进公共卫生服务体系项目建设，强化卫生应急、疾病预防控制、妇幼保健和卫生监督。实施基本公共卫生服务信息化、城乡居民电子健康档案建设工程。加快公立医院综合改革，促进城乡居民基本公共卫生服务均等化。巩固“食品安全示范区”成果，加强食品药品监管，推进“药品安全示范区”创建，保障人民群众健康安全。认真做好人口与计划生育工作，推进流动人口均等化服务与管理，稳定低生育水平，提高出生人口素质。

健全完善社会保障体系。认真落实创业促就业、“贷免扶补”等鼓励创业扶持政策，完善服务体系，围绕产业发展和企业用工需求，加快培养技术性人才。统筹做好高校毕业生、城镇就业困难人员就业工作，努力扩大社会就业。继续购买公益性岗位安置“4050”人员就业。健全完善社会保障体系，扩大社会保险覆盖率，努力构建和谐社会劳动关系。加大社会救济救助力度，保障困难群众基本生活。加快老龄和残疾人事业发展。

加强精神文明建设。加大社会主义核心价值体系宣传教育力度，大力弘扬爱国主义精神，提高公民思想道德素质、科学文化素质和健康心理素质，为全区经济社会发展提供精神动力和智力支持。巩固省级文明城市创建成果，深入开展群众性精神文明创建和军（警）民共建活动。移风易俗，稳步推进殡葬改革。

支持工会、共青团、妇联、工商联等群众团体积极开展工作。加强档案、统计、气象、防震减灾、关心下一代、工商、质监、保密、外事、侨务、对台事务工作，推进社会各项事业全面发展。

九、加强和创新社会管理，全力维护社会稳定

围绕经济社会发展大局，提高社会管理科学化水平，最大限度减少不和谐因素，确保人民群众安居乐业、社会和谐稳定。

加强民主法制建设。全面推进“六五”普法和“三五”依法治区，增强群众法制意识，提高社会法治化管理水平。扎实做好社区矫正、安置帮教、公证、律师、基层法律服务、法律援助等工作。加强社区建设，进一步理顺管理体制，完善社区公共事务公开，逐步落实新建社区办公场所，增强社区管理和服务功能，努力建设和谐社区。贯彻落实党和国家的民族宗教政策，依法管理宗教事务，促进民族地区经济社会发展。

注重预防化解社会矛盾。切实增强“四群”意识，重视做好新时期群众工作。严格落实信访工作责任制，坚持和完善领导干部大接访大下访等长效机制，深入开展“矛盾纠纷大排查、信访积案大化解”活动，引导群众依法表达合理诉求。加强人民调解工作，健全社会矛盾纠纷调处和社会利益协调等多元化调解机制，完善社会稳定风险评估和预警制度，提高预防和妥善处置群体性事件的能力。

强化社会治安综合治理。巩固提升“平安红塔”创建成果，加快政法基础设施建设，完善社会治安防控体系，依法打击各类犯罪活动，全力维护治安稳定。加强流动人口管理，对治安问题突出的重点地区和部位开展集中整治，增强群众安全感。完善群防群治网络，健全应急管理体系，积极预防和妥善处置各类突发公共事件。重视国防建设，加强人民武装、民兵预备役和人民防空工作。

重视抓好安全生产。严格落实“一岗双责”安全生产责任制，加大监管力度，强化源头治理，督促企业加强安全生产基础设施建设和教育培训，建立健全安全生产长效机制。深入开展非煤矿山、危险化学品、烟花爆竹、道路交通、建筑施工、消防等重点领域和行业的专项整治，坚决遏制重特大事故发生。

加强政府自身建设，努力提升行政效能，为全区经济社会发展提供有力保障

面对新的发展形势和任务，我们必须大力加强政府自身建设，创新工作举措，强化大局意识、责任意识、忧患意识和服务意识，进一步增强谋全局、解难题、促发展的能力，恪尽职守，不辱使命，努力建设人民满意政府。

加快转变政府工作职能。统筹抓好法治政府、责任政府、阳光政府、效能政府建设，坚持把受群众监督、让群众信任、对群众负责作为政府工作的第一准则，加快转变政府职能，不断提升驾驭经济社会发展的能力。深化行政审批制度改革，减少审批环节，简化办事程序，认真履行公共服务职能，更好地为市场主体服务。强化行政效能监察，不断提升机关行政效能。

强化依法行政能力建设。深入贯彻落实《依法行政实施纲要》，规范行政行为。自觉接受区人大法律监督、工作监督和区政协民主监督，认真办理人大代表议案、建议和政协委员提案。加强“一府两院”协调联系，充分发挥工、青、妇和工商联等人民团体作用。规范行政决策程序，健全公众参与、专家论证和政府决策相结合的行政决策机制，推进依法决策、民主决策、科学决策。完善政务服务中心功能，加强电子政务建设与政务信息公开，自觉接受社会和新闻媒体

舆论监督。增强政府工作人员法制观念，提高依法行政能力和水平。

切实增强主动服务意识。进一步转变工作作风，改进工作方法，下决心解决项目审批中存在的“互为前置”问题，实行全程帮贴服务、保姆式服务，坚决杜绝办事拖拉、推诿扯皮、贻误时机等现象。改进文风、会风，减少不必要的应酬接待，集中精力，狠抓工作落实。践行“一线工作法”，完善为民服务长效机制，积极主动为基层、企业和群众解决实际问题。加强部门联动，完善项目联审等工作机制，不断提高政府执行力和公信力，为全区经济社会发展创造优质高效的政务环境。

大力加强廉政建设。认真落实党风廉政建设“一岗双责”、“三重一大”、农村“三资”委托代理服务等制度。加强对重点领域、重点部门、重点资金和重点项目的廉政监督和经济责任审计。严格规范公务接待和公费出国出境管理。加大反腐倡廉力度，扎实开展纠风工作，完善教育、制度、监督并重的惩治和预防腐败体系，严厉打击腐败行为。

各位代表，保障和改善民生，是政府一切工作的出发点和落脚点，今年政府将投入4.2亿元，大力实施10项民生工程，让发展成果更多地惠及广大群众：一是新建龙母箐水库，完成清水河—飞井水库调水工程，完成红星、小龙箐、团结水库和增产坝、永利二坝除险加固，实施5件农村饮水安全工程；二是推进九龙立交改扩建、珊瑚路延长线、彩虹路中段道路建设；三是实施小响路、玉屏路、跨喜路通畅工程；四是完成30个自然村“一事一议”财政奖补、新农村建设项目，4个村容村貌整治项目，6个整村推进扶贫项目；五是完成中低产田地改造2.49万亩；六是完成劳动力转移培训5 000人，实现转移就业7 700人，购买公益性岗位165个安置就业困难人员就业；七是组建玉溪七中，启动凤凰街道、研和街道、春和街道中心幼儿园建设，完成研和中心小学和金家边小学异地重建，启动1所高中新建工作。完成上级下达的校舍安全排危改造任务，对跨村就读学生给予路费补助，对山区教师给予交通补贴，实施农村义务教育学生营养改善计划；八是建设廉租住房1 000套；九是新型农村合作医疗筹资标准从人均310元提高到360元；十是新建10个“万村千乡”市场工程农家店。

各位代表，红塔区的发展正向着更高的目标迈进，做好今年的各项工作，我们深感责任重大，必须倍加努力。让我们在区委的正确领导下，振奋精神，乘势前行，奋力开创经济社会又好又快发展的新局面，为把红塔区建设成滇中经济强区、宜居生态城市、幸福美丽家园而努力奋斗！

2012年2月7日，玉溪市红塔区第三届人民代表大会第五次会议召开

（蒯学庆　摄）

专 文

编辑 肖振宇

对红塔区镇改街道后村（居）委会管理问题的思考及对策

中共红塔区委政策研究室

随着镇改街道相关工作完成，红塔区城市化发展进入一个全新发展阶段。在此情形下，如何引导各街道准确把握自身发展特点，找准镇改街道后村（居）委会管理工作着力点，探索建立符合红塔区发展需求的村（居）委会管理模式，实现镇改街道后社会管理的平稳过渡，这是保持红塔区经济社会又好又快发展的根基所在。本文试对当前红塔区撤镇设街道后村（居）委会工作中可能面临的问题进行深入剖析，并结合实际，就如何回避不利因素，完善村（居）委会管理工作，促进红塔区社会管理和创新作初步探讨。

一、基本情况

“十一五”期间，红塔区深入实施“产业强区、生态立区、三农兴区”发展战略，带动全区经济社会实现又好又快发展。至2010年末，全区生产总值突破400亿元，不含红塔集团完成158亿元，5年平均增长14%；工业总产值突破600亿元，不含红塔集团完成339亿元，年均增长23.8%；财政总收入突破20亿元，地方财政收入完成10.5亿元，年均增长25%；全社会固定资产投资5年累计完成378.7亿元；社会消费品零售总额完成68.3亿元，年均增长19.5%；城镇居民人均可支配收入17 335元，年均增长12.7%；农民人均纯收入7 011元，年均增长9.6%。乡镇经济实现同步发展，一半的乡镇（街道）财政收入超5 000万元，1个街道过2亿元、2个乡镇过1亿元。正是经济社会的快速发展，带动了红塔区城镇化进程进一步加快，相比2005年，红塔区城镇化率提高了8.9个百分点，达57.7%。在此基础上，区委、区政府实施撤镇设街道的改革，开始探索红塔区城市化发展新的社会管理模式。

二、镇改街道后村（居）委会管理面临的问题

管理体制转变是一个长期过程，一步到位大跃进式的变革不利于管理平稳过渡和工作持续开展。从目前来看，短时期内红塔区将继续在延续原乡镇管理模式的基础上，逐步探索推进街道管理模式。因此，现阶段我们在实施社会管理中所面临的问题将集中体现在“牌子”换了以后政策、法律适用、新社区融合、社会保障及农村基础设施落后等方面。

（一）“村改居”后原有政策不变造成的法律冲突问题

在现阶段“村改居”工作中改居不改制，从当前社会管理来讲，有利于避开改制初期政策衔接、管理机构设置不足等不利因素，而对于“村改居”居民来说，其基本生产生活状况并未发生大变化，有利于推进改制工作，同时有效保证了新设居委会工作有序开展，是改制过程中很多地方普遍采用的一种手段。但是在实行这一管理模式情况下，通过行政手段来实现的“改居不改制”管理在法律上并没有存在依据，从法律层面讲村改居意味着行政管理体制的转变，相应的原先扎根于《村民委员会组织法》上的权利义务也将发生实质改变。目前红塔区根据本区实际情况在改制初期实行暂时保留原有乡镇管理体制的运行模式，保留原有村民集体利益不变，但是从法律上来看，这些方案政策没有强有力的法律支撑。并且值得考量的是在保持实际运行体制不变的情况下，下一步管理中到底应该依据《村民委员会组织法》还是《居民委员会组织法》来实施管理？当这一切矛盾在面对法律的时候，我们将以哪部法律为准？在实践中此类模式已经出现法律冲突问题。以威海某社区为例，该社区部分居民将他们居委会告上了法庭，而法院在审理时，双方当事人的代理律师对该案应当适用《村民委员会组织法》，还是适用《居民委员会组织法》，产生了激烈争论。案情是这样的：该居委会与某水产公司于2009年1月在广大居民不知情的情况下签订了一份租赁合同，水产公司承包租赁居委会集体所有的50亩滩涂，期限30年，而居委会主任就是该水产公司的大股东和董事长。这份合同引起一些居民不满，他们认为自身利益受到侵害，将居委会告上法庭。原告的代理律师提出，该居民委员会是在2004年由村委会改成，到2009年1月签订合同时，该居委会拥有的集体财产和日常运行本质上与村委会相同，其居民与改制前的村民也没有差异。例如，其居民像村民一样有承包地，依然享受国家对每户的粮食直补待遇，他们加入的依然是农村合作医疗。因此，从本质上来讲，他们依然是农民，他们的居委会和城市的居委会也有着本质的不同，依然是村的本质属性，因此该案应当适用《村民委员会组织法》，不应当适用《居民委员会组织法》。而《村民委员会组织法》第十九条明确规定，涉及村民利益的下列事项，村民委员会必须提请村民会议讨论决定，方可办理：村集体经济项目立项、承包方案及村公益事业建设承包方案；村民承包经营方案。据此，该租赁合同在居民不知情的情况下签订属于无效合同。被告的代理律师称，本案应当适用

《居民委员会组织法》，因为签订租赁合同是在“村改居”之后。而《居民委员会组织法》中并没有像《村民委员会组织法》这样详细规定，只是在第十条中规定，“涉及全体居民利益的重要问题，居民委员会必须提请居民会议讨论决定。”而50亩滩涂根本算不上“涉及全体居民利益的重要问题”，因此，由居委会出面签订的租赁合同合法有效。

（二）村改居后土地性质是否转变问题

《宪法》第十条规定：城市的土地属于国家所有。村改居后原来的农村纳入城市范围，成为城市市区组成部分，原农村范围内的土地也就变成城市范围内的土地；既然是城市范围内的土地，根据《宪法》规定，自然就属于国家所有。《土地管理法实施条例》第二条第（一）、（五）项也作出规定：“农村集体经济组织全部成员转为城镇居民，原属于这些成员集体所有的土地属于国家所有。原国家土地管理局《确定土地所有权和使用权的若干规定》第十四条更加明确了“村改居”后未经征用的土地，也归属国家所有。从这些方面来看“村改居”土地性质改变的法律依据是十分充分的，也是非常明确的。但值得注意的是，市区土地的范围，法律上并未作出明确界定，对于农村集体土地转国有的时间要求、转换程序也无明确规定，实践中各地操作也不同。《国务院关于深化改革严格土地管理的决定》明确规定，禁止擅自通过“村改居”等方式将农民集体所有土地转为国有土地。从这一条可以注意到《国务院关于深化改革严格土地管理的决定》对村改居后农民集体土地是否转为国有土地做出了肯定的回答，但同时可以看出国家在肯定村改居后农村集体土地转国有的同时强调保护农民利益不受侵害的执政精神。“村改居”后集体土地转为国有是大势所趋，本次红塔区实施“镇改街道”的6个镇所辖村委会58个，所辖面积669.6平方千米，“村改居”涉及性质转变的土地面广，坚持执政为民的工作理念，紧紧结合红塔区实际，探索制定符合红塔区情况的改革方案将是村改居过程中必须面临的一项重大课题。

（三）“村改居”社区运行体制要不要换的问题

撤村建居必将涉及基层自治组织主体变更，其法定职权也相应而变。“村改居”之前，村委会工作是以发展集体经济为主要目标，社会管理工作大多停留在调解邻里纠纷、检查卫生和计划生育等方面；“村改居”之后，新建社区居委会的主要管理职能是：协助政府或其派出机关，依法维护社会治安，调解民间纠纷，优化社区环境，做好计划生育和优抚救济等工作，涵盖了除发展经济之外的社会事务全方面管理，相比村“两委”管理模式，“村改居”后其职能及机构设置等等都有了巨大改变，社区运行体制转变问题将是关系到社会管理、服务及村改居工作成败的重要因素。但从红塔区实际出发，村改居后社区运行体制转换面临两大难题：一方面，目前红塔区村改居后实行居委会管理体制条件还不成熟，实行运行体制转换不利于工作衔接和科学管理。就目前实际情况来看，部分已经实施“村改居”的街道，改居后社区干部大部分依然沿用原村组干部，据统计他们多数人文化程度偏低，办公手段及文字处理能力差，缺乏城市建设知识和经验，工作方法和管理方式难以适应现代化城市建设需要。撤村建居后村民虽然身份改变，但是长期农村生活形成的行为方式和生活习惯在短时间内难以改变，经了解发现全区目前进行了“村改居”的村委会中，村民干部对改制后各级组织的概念基本都没有改变，依旧停留在原村委会上，传统的家族、宗族、乡里乡亲等关系还在起着主导作用，心理上长期形成的对村委会等村社组织的认同与依赖远远大于社区居委会，例如在称呼上还是称我们村、我们组。另外，目前红塔区大部分村委会都存在农业耕地，新设居委会不可能完全抛开经济管理职能，基层机构设置及职权划分也暂时不能满足居委会管理模式要求。另一方面，保留原有社区运行体制阻碍社区管理工作发展。一是造成管理体制运行不顺畅。目前红塔区从保证行政管理的持续性上保持运行体制不变，但是村改居后法定职权发生改变是一个客观事实，因此在日常管理过程中以村委会管理模式实施的部分管理行为在法律上就可能出现得不到认可的情况。另外此次改制中对职责职能没有进行明确定位，很多新设居委会依然是以原村委会的管理目标、要求来开展工作，对社区长远发展十分不利。二是阻碍社区管理体制探索。延缓了村改居后新社区对于新管理体制、管理方式的探索，不利于提升管理水平，真正体现出现阶段村改居的时代发展需求，并且长久如此形成一种默认定式后，今后要真正实现实质转变将会困难重重。三是易让群众对村改居产生错误认识。群众对政策最直观的了解多少来自周围实际运作情况，原有运行体制不变容易给群众传递一个错误信息：改居等于换牌子，实质上与村委会一致。这一错误认识的确立，将使政府今后在推行一些新政策或者在处理某些问题上触碰到新居民在原先《村民组织法》保护下的利益时处于被动地位。其中尤以涉及村民自治权利及集体利益分配方面的问题为重，正如威海某社区的案例一样，村民并不认同《居民组织法》。而这也将进一步成为影响我们实现居民自我管理，推进城市化进程的一个巨大阻碍。

（四）惠农政策落实及农村政策变化问题

实行街道管理体制后，从中央、省到市都把街道等同于城市，将街道与乡镇对等于城市与农村区分开来。基于此，中央财政转移支付的，以农业项目为主的乡镇卫生院建设、乡村公路建设、乡镇文化中心建设、新农村建设等专项资金，街道将没有资格去争取。这部分资金，恰恰是农村基础设施建设必需的，数量又比较大，缺少这部分资金，对街道是一个巨大损失，严重影响街道所辖农村基础设施建设。同时“村改居”村民转变为居民后，国家针对农村、农民所实施的一些惠农政策将可能因为户口身份的转变而无法落实。就目前来讲，红塔区工业快速发展让大量农民从土地上解放出来，但仍有不少村组依然有很大一部分农民以耕种为业，2010年全区农作物播种面积31.79万亩，农业总产值16.01亿元。惠农政策无法落实，对这部分依靠农耕的农民的利益将造成巨大影响。部分村组在建的一些惠农项目，如水库、灌渠、小水窖等，可能需要国家惠农政策持续扶持，行政体制改变后，可能导致后续政策无法保障，造成项目搁置，对群众利益造成打击。另外，转居后按国家法律规定在计划生育优惠、农村宅基地划拨、社会保险、农村合作医疗等政策方面村改居居民的主体适格性也产生疑问。尤其是农村劳动力转移问题，“村改居”后，散失“农民工”身份又缺乏优势技能的新居民在就业竞争中可能会更加困难。如果仅仅靠“低保”维持生存，那么他们将不可避免沦为新的“城市贫民”，给我们的城市增加沉重的负担。

（五）村民界限打破带来新的社区管理分配矛盾问题

长久以来以村为单位的村民管理模式下村民形成一种集体认同感，对于本村事务管理及利益分配方面有强烈的村民范围界定，对于在本村居住的非农户口实际上一直被排斥在村民自治范围之外，据统计，2010年农村保留户因身份问题导致村民权益得不到保障引发的上访案件占信访局全年上访件的18%。村改居后，农民变成居民，原先的村居身份界限被打破，但基于长期形成的村民认同感，原非农户口群体极有可能依然被排斥在新社区的管理以外，在没有了原来的明显身份界限后，民主权利、利益分配得不到保障将极有可能使此类矛盾及信访问题进一步激增。

三、对红塔区镇改街道后社区管理的几点建议

（一）实事求是，具体分析，合理选择是关键

从全区来看，虽然目前6个镇已经完成镇改街道工作，但是由于实际发展不平衡，各地实施新行政体制的条件不同，短期内完全达到城市化是不可能的。在下一步村改居工作中，应从有利于发展，有利于保护农民根本利益出发，建议根据各村实际情况，本着“宜居则改、宜村则留”的方针，区别生产发展实际，合理选择“村改居”对象，对适合居委会管理模式的果断实施村改居，对暂不适合改居的村委会暂时予以保留。

（二）加大宣传，积极引导，意识转变是重点

大力做好干部群众思想转变工作，从根本上理解镇改街、村改居的意义。政府领导干部要积极转变工作观念、方式，努力适应新行政体制下工作的改变，着力解放、扩大街道社会服务职能。针对村改居后管理依据法律变更，要做好政策法律宣传，从转换群众思维，培育“村改居”居民自治意识及自治能力着手，加大《居组法》宣传，一方面组织新设居委会干部集中培训、学会新法律下组织开展居民自治活动的新方法。另一方面要引导群众对《居组法》树立正确认识，帮助其适应新的民主自治方式，确保其参与民主管理的权利得到落实。同时努力消除群众村组界限思想，促进新社区融合，保障每个居民公平参与社区管理的权利。积极探索鼓励、引导居民参与社区工作的有效措施，逐步构建群众参与社区管理的氛围。可以探索建立居民参与社区服务贡献纳入居民福利分配机制，通过量化居民贡献度，实现社会回报，达到提升群众关注社区、参与社区事业的积极性，逐步培育居民公共服务意识。

（三）深入调研，结合实际，体制完善是保障

一是完善土地管理。虽然相关法律规定村改居后土地性质发生改变，但并未明确规定其转变为自然、无偿转变，对于农村集体土地转国有的时间要求、转换程序也无明确规定，实践中各地操作也不同。应从有利于保护原村集体组织和农民的利益、有利于发展出发，在了解对比外地成功经验基础上，组织深入调研，结合红塔区实际情况对村改居后集体土地转化问题作出成熟规划，有关部门要进一步研究完善政策法规，确保转换工作有理有据，群众利益不受损害。二是完善运行体制。镇改街道、村改居是当前红塔区经济社会发展对行政管理体制提出的要求，盲目的一刀切转换不利于工作衔接及持续开展，但驻足不前也会使改革失去意义。必须本着严谨的推进村改居取得实效的态度，从实际出发，制定具有前瞻性、可操作性强，符合红塔区特点的“村改居”工作实施方案，明确村改居条件，确立改制各个阶段的任务、目标及各个阶段运行条件，为村改居工作做好指引，防止村改居失去实质意义。要尽快针对村改居过程中出现的政策、法律冲突深入调研，研究制定制定较为完备的政策文件或地方性法律法规来弥补两个法律在衔接上的问题，实现两种管理体制良性过渡。三是完善社会保障体制。城市居民相对农村农民的优越性最集中的体现在城市完善的社会保障体系，村改居后要大力完善街道范围的社会保障体系。要加大乡卫生院和村级医务室建设投入，加强乡村两级医务工作人员培训，加大合作医疗监管力度，提高农村合作医疗保障水平。尽快探索实现“村改居”居民基本医疗保险与城市接轨。针对目前基层医疗设施薄弱，农村看病医院主要以二级以下医院为主，农村群众自身对保险费用承担能力问题，为避免转变后新居民负担加重，从其基本利益出发建议继续保留并考虑扩大新型农村合作医疗体系在新设街道的参保范围，将有条件的村级卫生院及民营医院纳入医保定点。同时应加快探索建立城乡医疗保障一体化，逐步消除城乡医疗保障二元问题。加快养老保险制度向街道、农村的推进力度。建立覆盖城乡的统一的社会保障体系，扩大养老保险在农村的覆盖面，首先继续保障实施好失地农民养老保险政策，保证一定财政投入，确保养老金后续流动。

（四）积极引导，政策保证，稳定发展是主题

一是做好农村政策平稳过渡及惠农政策保障工作。村改居后的，对于农村原有的计划生育优惠、农村宅基地划拨、社会保险、农村合作医疗等政策应在广泛宣传教育基础上逐步分阶段调整，以避免改革力度过大造成群众抵触，影响工作正常开展。对从事农业生产的居民或者户口没变的农民，应积极争取、尽量保证其享有原有优惠政策，在其因体制转变而得不到落实的惠农政策方面探索制定新惠农措施给予适当补充，保证其生产积极性，一些能够倾斜的政策，政府也应该酌情考虑。二是在促进街道、农村剩余劳动力转移就业方面要继续加大优惠投入。要加快建立统筹城乡的居民就业培训和就业服务体系，为城乡劳动者提供便捷有效的公共就业服务；对于农转居后，选择自主创业的应给予优惠政策，可以考虑给予下岗创业的优惠政策等等。针对农村居民文化程度低的情况，多渠道创造就业机会，促进就业。

（五）统筹安排，合理布局，基础设施是保证

基础设施落后，布局规划不合理，也是制约村改居向成熟社区靠近的不利因素。目前红塔区大部分村组基础设施落后，不适应村改居后新社区管理需要。在固定资产投资和基础建设投资方面，如管网建设、包括水、电、路等方面进行适当倾斜加大农村基础设施投入力度，加强对农村经济发展的支持，提升农村经济发展水平，早日向城镇化靠拢。针对目前各街道工业产业群发展规划，可以探索鼓励企业加入到街道基础设施建设中来，建立政府主导、社会共同参与，企业文化及街道特色发展相结合的具有红塔区特色的工业产业集群城市。在社会资源方面，如教育、卫生、交通方面应统筹安排、合理布局：加大乡卫生院和村级医务室建设投入，加强乡村两级医务工作人员培训，加大合作医疗监管力度，确保农村合作医疗保障水平得到明显提高；统筹城乡教育资源，探索教育资源均衡发展，保证教育实现均衡发展；大力推进城乡道路建设及交通设施配置，方便城乡流动沟通，推动城市化。

（六）加大培训，积极引入，人才培养是根本

农村社会事业落后的一个重要原因在于农村基层教师、医务人员、文化工作者以及管理人才匮乏，农村留不住人才。虽然现在实施镇改街道工作，但换了牌子并不代表实质发生改变。要改善农村社会事业落后面貌，实现城乡社会事业发展一体化，必须大力引进人才，鼓励更多的人才到农村基层工作，制定城乡共享人才政策。首先要大力引进人才，加大引才引智政策优惠力度；第二要认真做好大中专毕业生就业指导，引导更多的大中专毕业生到农村基层去工作；第三要夯实基层人才队伍，推进建立促进人才城乡合理流动交流制度；第四要加强农村乡土人才队伍培训，加快培养“有文化、懂技术、会经营”的新型人才。

红塔区加强城市社会管理的主要做法和探索

红塔区政府研究室

近年来，随着经济发展和城市化进程步伐加快，特别是在市委、市政府提出“生态立市”战略和建设现代宜居生态城市目标后，中心城区城市发展日新月异，城市形象大幅提升。在加快建设城市的同时，做好新形势下城市社会管理工作也成为区委、区政府的一项重要工作。经过多年努力和实践，中心城区城市社会管理工作正在逐步得到加强，中心城区社会安定，群众安居乐业。

一、固本强基，大力推进城市和谐社区建设

社区是城市细胞，也是开展城市社会管理工作的基础和保障。为着力推进城市社区建设，打牢城市社会管理基础，红塔区自2003年开展社区建设工作以来，始终坚持加强领导、增加投入，以拓宽社区服务领域、提高社区为民服务能力为重点，以硬件建设为突破，大胆探索，努力创建“居民自治、管理有序、治安良好、服务完善、环境优美、文明祥和”的新型和谐社区，走出了一条具有红塔区特色的社区建设工作新路子。

（一）科学合理划分社区

2003年，红塔区在原玉兴路、玉带路、凤凰路街道办事处和李棋镇共设立15个城市社区，通过加强社区建设促进城市社会管理各项工作。2011年初，根据城市发展需要，按照市委、市政府“科学设置街道、合理划分社区”工作要求，红塔区对城市社区重新进行科学合理划分。在划分工作中，根据社区所管辖对象和范围，按照1 000～3 000户规模，宜小则小，宜大则大，对北城、李棋、春和、大营街、高仓、研和6个街道辖区范围内的村，根据城市发育程度不同、村集体经济利益、土地以及人口规模情况等因素，自然过渡到社区。对原有15个城市社区重新划分为28个，新增城市社区23个。划分后，全区有104个社区（村），其中：设置94个社区、10个村；在94个社区中，原有社区15个、村改建社区56个、新增社区23个。最大社区是山水社区，预计居住居民达20 000人，最小社区是大矣资社区，居民696人。对新增的23个社区两委班子，红塔区采取招考的方式进行选拔。

（二）理顺社区建设工作运行机制

红塔区在2003年就成立区委书记为组长、区级领导及各相关部门负责人为成员的社区建设领导小组，每个街道办事处也相应成立由党工委书记负责的社区建设领导小组，指导和加强社区建设。区、街道、社区三级领导机构有机融合在一起，形成“党委政府领导，民政部门牵头，相关部门配合，街道、社区两级创建，社会各界支持，群众广泛参与”的社区建设工作运行机制。初步形成以块为主、资源共享、优势互补、共驻共建、和谐发展、组织动员社区内各方面力量共同推进社区建设的新格局。创新社区党建工作机制，建立健全街道党建工作协调委员会，社区党建工作联席会等党建工作协调议事机构，进一步强化社区党组织在社区工作中的领导核心地位，为党组织在社区工作中发挥作用创造了条件。建立社区后备干部队伍培养机制，出台《红塔区加强村级后备干部队伍建设实施意见》，深化村级后备干部的培养、选拔、培训、考核、使用工作，现全区共有社区后备干部40多名。

（三）建立健全社区建设经费投入机制

区委、区政府高度重视社区建设工作，将社区办公经费列入财政预算。每年对每个社区给予6万元办公经费补助，对每个居民小组给予2 500元办公经费补助。想方设法采取购买、租赁、借用、新建等措施，逐步改善社区办公用房条件。目前，红塔区71个社区建有自己的办公用房，其中，9个社区建有占地1 000平方米以上的办公楼。2011年新增23个社区也按照“量力而建、宜建则建、宜买则买”的原则，积极推进社区办公用房及活动场所建设工作，年内将按照上级要求，力争完成10个社区办公场地建设任务。各级还加大投入力度，积极筹措资金，新建了多处社区文化活动中心、社区广场、社区卫生所、社区室外健身场，设立了20多处便民商业超市。同时，红塔区将社区干部生活补贴纳入区财政统筹，对社区书记、主任、副书记、副主任、专职委员、部门专干给予每月1 800～1 400元不等的生活补贴，稳定了社区干部队伍。

（四）构建为民服务的社区服务体系

红塔区在所有社区推行“一站式”服务模式，实行服务内容、办事程序、申报材料、办理时限、收费标准“五公开”，实行限时服务制、服务首问责任制，尽可能简少办事环节，提高办事效率，真正做到“一个厅”受理、“一站式”办公、“一条龙”服务。健全完善了以扶贫、医疗、就业、养老为主要内容的四大社区互助体系：在扶贫助困方面，完善城低保制度，强化“动态管理”、规范管理，坚持对低保对象入户调查，随时掌握低保对象收入动态，及时调整低保对象和保障标准，严把入口关、审批关，确保低保对象不错、不重、不漏，有进有出，社区低保工作做到“应保尽保”；在医疗保障方面，积极探索居民基本医疗保险试点，真正实现人人享有基本医疗保障目标：在就业援助方面，努力搭建社区再就业服务平台，通过向无业居民提供驻区单位用工信息、举办就业技能培训、向用人单位推荐等方式，帮助无业居民创造就业机会；在养老服务方面，营造敬老、养老、爱老、助老的良好社会氛围，通过组织开展庆祝、学习、慰问、惠老、表彰等活动，社区老年活动丰富多彩。

二、多措并举，全力维护城市社会和谐稳定

社会稳定是城市社会管理工作的一个重要内容，特别是红塔区地处中心城区，是市、区政府所在地，做好城市社会稳定工作尤为重要。为确保城市社会和谐稳定，红塔区采取积极有效措施，全面加强城市社会稳定工作。

（一）建立健全城市人口动态管理机制

在常住人口管理方面。红塔区应用“云南省人口信息管理系统”，对常住人口基本信息和现实居住状况进行登记，常住人口信息基本达到“完整、准确、鲜活”要求。制定《玉溪市公安局红塔分局深化户籍管理制度改革实施细则（试行）》，从便民利民、简化办事程序，引进人才等方面，进行户籍管理制度改革。组织开展了第六次人口普查户口整顿工作，入户核查做到“街不漏房、房不漏户、户不漏人、人不漏项”。在流动人口管理方面。红塔区登记在册的流动人口有9.8万人，在管理当中，红塔区制定《红塔区流动人口服务管理实施方案》，成立16个流动人口综合服务站，以后随着经济社会发展和流动人口情况，中心城区新社区和非中心城区社区（村委会）将根据实际情况成立流动人口综合服务站。流动人口专职协管员按500：1比例招聘，由红塔公安分局牵头负责专职协管员招聘、培训、教育、管理和考核等。另外，红塔区还依托信息化手段，按属地管理原则，由派出所对辖区内流动人口进行管理，流动人口信息全部录入警综平台社区警务，并办理暂住证，做到人来登记，人走注销。

（二）建立健全城市社会治安防控体系

近年来，红塔区努力构建适合红塔区社会治安特点的治安防控体系。目前已初步构建以指挥中心为龙头，巡警为骨干，派出所等其他一线警力为基础，人防、物防、技防相结合，群防群治力量为辅助的统一指挥、快速反应、多警种协同作战的社会治安防控体系，形成“社会面防控网、社区治安防控网、内部单位治安防控网、阵地防控网、农村治安防控网、技术防控网”六张防控网络框架。1. 以城区日常街面巡逻防范为中心，构建社会面防控网络。成立巡防中队和110指挥中心，最大限度地把警力推向社会面，增强街面、路面的有警密度和时间密度，形成“点、线、面”相结合的网格化动态巡逻防范格局。2. 以深入推进社区警务战略为基础，构建社区治安防范网络。按照“一区一警”配齐社区民警，实现警力下沉、警务前移，扎根开展社区防范、管理和服务群众工作；不断挖掘社区治安资源，建立社区治安志愿者队伍，形成由社区民警牵头、以街道、社区干部和群众参与的社区治安防范网络。3. 以人防、物防、技防为依托，构建内部单位安全防控网络。将全区涉危、涉爆、涉毒、金融等单位纳入重点单位范畴进行管理，逐个跟踪建档，督促、指导内部单位加强和完善内部安全保卫和治安防范工作，强化安全保卫人员管理、教育和培训。4. 以控制犯罪渠道为重点，以管助防，构建阵地防控网络。加强对特种行业和违法犯罪行为易发行业排查与管理，使用了“旅馆业治安管理信息系统”，“生产性废旧金属业收购治安管理信息系统”，“网吧治安管理系统”，并将10余个行业信息资料登记纳入“警务综合平台”，基本建成了覆盖各行业的行业管理体系。5. 以科技强警为依托，构建技术防控网。2009年7月1日，由市区两级政府投资300余万元建设的红塔公安分局110指挥中心正式投入使用。初步建成业务支撑平台、综合通信平台、三台合一接处警系统、有/无线合一接处警系统、计算机辅助决策和调度子系统、数字录音系统、信息管理子系统、图象显示系统、电源保障系统等，逐步构建了集接处警、信息管理、信息研判、综合巡逻防范调度的指挥体系。同时加快推进城市视频监控系统、出入城车辆卡口信息采集系统建设，初步实现对中心城区部分主要街道和重点场所全方位视频监控覆盖。6. 以互联网巡查为重点，构建网络安全管理体系。建立舆情分析、舆情引导工作机制及有害信息监控机制，为有效处置相关事件提供重要决策参考。大力加强虚拟社会治安管理体系建设，严格网吧管理，并积极开展网侦工作，严厉打击各类涉网违法犯罪活动。

（三）健全完善社会矛盾化解疏导机制

1. 健全完善群众诉求表达机制。红塔区坚持区级领导接待日制度，区党政领导每月至少安排一天接待群众来访。拓宽了社情民意表达渠道，畅通群众邮政来信、区长热线电话、区长信箱、书记、区长电子邮箱、网上信访等多种渠道，进一步完善政府门户网站，加强信访信息系统建设。2. 健全完善社会矛盾纠纷排查调处机制。按照《关于把矛盾纠纷排查化解工作制度化的意见》要求，在矛盾纠纷排查化解工作方面，红塔区严格落实“四定”“四包”措施，推动实现由单事单议向综合施策转移。严格落实信访责任制，定期开展信访积案专项治理工作。3. 健全完善维护群众权益协调机制。对土地征用、城市拆迁等容易引发大规模集体访和社会热难点问题，红塔区事前抓超前防范，提前介入，从而掌握工作主动权，有效避免矛盾进一步激化。事中抓及时处置，把握“方法得当，措施有力，处置及时”工作原则，依法按程序妥善处理群众集体上访及突发事件。事后抓跟踪督办、回访。4. 健全完善维护群众权益保障机制。区委、区政府充分发挥在调节社会利益中的主导作用，定政策、作决策、上项目、抓工作都千方百计保障群众利益，尊重群众意愿，统筹协调各方面利益关系，公正合理、及时有效地解决好群众利益诉求。

（四）大力加强城市公共安全体系建设

红塔区高度重视城市公共安全体系建设，狠抓工作落实，中心城区公共安全体系正在不断完善和巩固。狠抓安全生产“一岗双责”制度、安全生产责任追究制落实，完善事故应急救援体系建设，成立“红塔区综合应急救援工作领导小组”；以区消防大队为主体，成立综合应急救援队伍。制定《红塔区突发公共事件总体应急预案》、《红塔区危险化学品安全事故应急预案》等22个专项预案。注重源头防治，建立定期专项整治制度，针对性的开展非煤矿山、企业生产、危险化学品等重点行业、领域安全专项整治工作。建立健全道路交通、消防工作日常工作机制，以加强农村食品安全监管、净化药械市场秩序为重点，进一步强化食品安全综合监管体系建设。

三、狠抓整治，全面提升城市管理水平

近年来，为更科学、有效地管理经营好城市，促进城市建设管理协调发展，市、区加大城市管理力度，通过理顺城市管理体制，积极探索加强城市管理的办法措施，中心城区市容市貌发生明显变化，为推进现代宜居生态城市建设提供了有力支撑。

（一）建立健全城市管理机构

城市管理综合行政执法是国务院要求在全国推行的一项重大举措，目的是整合行政执法职能，把行政许可与行政执法有效地区别开来，解决城市管理方面重建设、轻管理，多头执法、相互推诿现象。2010年，根据国务院和省、市统一部署要求，结合中心城区城市化进程和现代宜居生态城市建设快速推进、城市管理任务日益繁重和执法力量分散薄弱的现实，为充分发挥红塔区在城市管理中主体地位，进一步提升“两级政府、三级管理、四级网络”城市管理体系运转效能，市政府决定在中心城区开展相对集中的行政处罚权工作，将城市管理职能下放红塔区。2010年6月23日，红塔区城市管理局、综合行政执法局成立，城市管理局下设清洁中心、路灯处、公园自然管理处等部门，综合行政执法局设综合行政执法大队，下设10个中队，9个中队派驻街道、乡镇开展执法，1个为直属中队。市级还将26项行政处罚权和与城市管理密切相关的市容环境卫生、城市园林绿化、市政公用设施、公共交通客运管理、城市规划管理等方面法律规章确定的259项行政处罚权统一集中由红塔区综合行政执法局行使，相关人员编制和专项经费也下划红塔区，大大增强了城市管理的力量。

（二）建立健全城市管理制度和工作机制

为进一步提高城市管理执法工作水平，建立高效合理的城市管理制度和行政执法体系，切实建立健全权责明确、行为规范、监督有效、保障有力的工作机制。红塔区加强综合执法规范化建设，建立健全行政执法责任制、过错责任追究制、依法赔偿制、行政执法评议考核制、行政执法公示制、行政执法培训考核制、行政执法监督检查制等制度。在制度建设方面，红塔区要求对集中由综合执法机构行使的行政处罚权市区相关部门不得再行使，如果仍然行使已集中的行政处罚权，所作出的行政处罚决定一律无效，并依法追究该部门相关责任人的法律责任。在实际工作中，红塔区要求公安部门积极协助综合执法机构开展行政执法工作，履行公安机关专属执法权，依据相关法律法规，对各类妨碍、阻碍综合行政执法、暴力抗法的行为依法实施处罚，为综合行政执法提供保障。同时利用各种宣传手段，大力宣传城管执法工作职能和市政府《关于加强中心城区市容和环境卫生管理的通告》，做到家喻户晓、人人皆知，教育引导广大市民理解、支持和参与城市管理工作。

（三）大力推进城市管理重点工作

在抓城市管理当中，红塔区针对城市管理中一些重点和难点，充分听取市民意见建议，重点突破，全面推进，城市管理工作不断得到加强。1. 全面加强城市卫生管理。为有效改善城市卫生环境，红塔区不断加强城市环卫设施建设，新建、改造公厕和垃圾转运站。完善清扫保洁长效机制，对中心城区主要街道和步行街实行18小时三班制清扫保洁，外围道路实行12小时两班制清扫保洁。加强绿化管护，在全省率先实施城市园林绿化管护市场化运作。注重加强对市政设施维护管理，确保中心城区市政公用设施正常运行。抓好中心城区15 000多盏路灯、景观灯及相关设施维护管理，亮灯率保持在98%以上。2. 加快数字化城管建设步伐。目前，红塔区先期投入13万元，建成数字化城市管理初级系统平台，2010年11月20日正式开通，初步实现“数字化、网格化、敏捷化”管理。正积极与电信部门对接，准备分步推进数字城管建设，依托“视频监控”、“城管通”、GPS定位等先进技术手段，逐步建立一个分工明确、责任到位、监督有力、运转高效的城市精细化管理体系。3. 整治中心城区游丧。制定治理游丧工作方案并于2011年4月23日起组织实施。从新治理方案实施后，有效制止游丧行为60余起，中心城区游丧行为得到有效治理，城市文明形象得到有效提升。4. 治理违反城市规划行为。依照《城乡规划法》的规定，认真检查门头装修、设置广告牌审批手续。参与建设工程规划验线，清理、查验各类应办理规划许可手续项目。处理擅自挖掘城市道路等行为。5. 治理机动车乱停乱放。从2011年4月6日起，正式启动机动车上人行道乱停乱放非现场处罚平台，对违反机动车停放规定车辆，开具《违章停车告知单》。在经常有机动车乱停乱放的人行道安装隔离桩287个，施划自行车、摩托车停车点300余个。6. 治理渣土运输泼洒。向各施工工地、运输单位和运输人员发放宣传资料，与建设单位、施工单位、运输单位签订《运输协议》，《建筑垃圾和散体物料运输管理责任书》，要求运输车辆在运输过程中必须进行封闭式运输。7. 推进户外广告规范整治工作。制定《玉溪市红塔区户外广告和招牌综合整治工作实施方案》，成立“户外广告综合整治工作领导小组”。对照全国爱卫办提出的整改技术规范、时限等要求，先期启动聂耳路、南北大街、珊瑚路的户外广告整治工作，为中心城区户外广告全面整治提供示范。

四、以人为本，统筹推进城市社会管理各项事业全面发展

在抓城市社会管理工作中，红塔区始终坚持以人为本，关注民生，改善民生，统筹做好城市社会管理各项工作，促进城市社会和谐发展。

（一）抓好城市精神文明建设

近年来，红塔区大力推进“文化和区”战略的实施，弘扬聂耳爱国主义精神和红塔创新精神，着力培育聂耳文化品牌和“三乡一村”特色文化品牌。以宣传贯彻落实《公民道德建设实施纲要》、加强未成年人思想道德建设为主要内容和“公民道德宣传日”活动为契机，组织开展一系列公民道德宣传、教育、实践活动，吸引广大市民积极参与。突出公民思想道德素质建设，开展“红塔区道德模范”、“红塔区好人”、“文明市民”、“爱心慈善企业和爱心慈善人士”评选表彰活动，动员社会各界关心支持道德建设，增强道德意识，争做有社会公德、职业道德、家庭美德的合格公民。以教育引导为平台，倡导科学、健康、文明的生活方式，不断提高市民素质，社会风气文明和谐，城市文明形象进一步树立。

（二）认真落实流动人口子女入学工作

随着城市化、城镇化步伐不断加快，中心城区流动人口子女规模逐年扩大。近年来，红塔区严格执行国家相关政策规定，把流动人口子女教育作为国民教育的一个重要组成部分来抓，按照划片招生、就近入学的原则，对符合入学条件的农民工子女予以积极妥善安排，各公办中小学积极落实农民工子女入学政策，免收借读费，加之民办教育大力发展，有效地缓解了流动人口子女入学难问题。根据全区教育资源布局实际情况，红塔区对流动人口子女入学进行了妥善安排：1. 中心城区流动人口子女入学。居住在玉兴路街道办事处辖区范围的，小学在金家边小学、康井小学和中卫小学，初中在马桥中学；居住在玉带路街道办事处辖区范围的，小学在冯井中心小学和郑井小学，初中在大营街第二中学和高仓中学；居住在凤凰路街道办事处辖区范围的，小学在瓦窑小学，初中在大营街第二中学和高仓中学。2. 乡（街道）流动人口子女入学。居住在各乡、街道办事处的流动人口子女申请入学的，由当地政府、街道按就近、就便原则统筹安排在中心小学（含所属村完小）和初级中学。3. 对“五证”不全的适龄儿童和少年。在条件允许的情况下，可直接到城区民办学校、城区周边或乡（街道）学校申请入学。同时，红塔区还在城市教育费附加中每年安排一部分经费，对民办学校在办学经费、办学场地、师资培训、教育教学等方面给予支持。

（三）大力发展卫生事业

卫生事业发展涉及千家万户，群众关心、社会关注，按照国家和省、市医药卫生体制综合改革整体部署和要求，红塔区在基层医疗机构，乡（街道）卫生院、村卫生所、社区卫生服务机构，全面实施国家基本药物制度，基本药物实行零差率销售。2011年，红塔区通过提高筹资标准、提高门诊补偿封顶线、提高住院医药费报销比例、提高住院医药费报销封顶线、实施大病医疗二次补偿、实施慢性病定额补偿等一系列政策，农村居民基本医疗保障和健康水平得到明显提高，实现了农村居民基本医疗高补偿、老年慢病有保障、大病救助全覆盖的目标。筹资标准由140元提高到310元/人、年，门诊补偿封顶线提高到200元以上；住院医药费报销比例：乡级提高到100%、区级提高到80%、市级及以上提高到55%、民营定点医疗机构提高到55%；住院医药费报销封顶线提高到10万元；对单次住院费用超过1万元的大病患者，最高门诊定额补偿可达16万元。开展65岁以上农民门诊慢性病定额补偿试点，基本实现城乡居民基本医疗保障均等化，有效缓解了群众的看病难、看病贵问题。

（四）注重加强流动人口计划生育服务管理

红塔区认真贯彻落实流动人口计划生育工作服务管理“一盘棋”、“三年三步走”战略部署，不断探索完善流动人口计划生育服务管理途径。1. 制定《红塔区流动人口服务管理的实施意见》。区财政按总人口人均不低于1元、各乡（街道）年均匹配不低于1万元，将流动人口服务管理工作经费纳入财政预算。2. 实行“一站式”办公，“一证式”服务。各乡（街道）均建立“流动人口综合服务站”，按照“整合部门力量、实行联合办公、优化服务环境、完善保障机制、规范运行程序”的要求，开展“一站式”服务管理。3. 率先在全市建立“外来务工人员之家”。由政府出资在流动人口居住集中的地方建立“外来务工人员之家”，聘请一名流动人员每周定期开门服务。如：玉带街道办事处中卫社区把“外来务工人员之家”建在“人口文化大院”里，“计生服务室”“人口文化图书专柜”“0～3岁儿童早教室”为流动人口免费开放，每月15日定期服务，开展免费“三查”等工作。4. 推进计划生育居民自治机制创新。将流动人口计划生育管理制度纳入居规民约，使本社区晚婚晚育、少生优生、自觉实行计划生育的流动人口和村民一样享受优惠政策，并在生产、生活、生育、生殖健康等方面提供服务和帮助。

（五）加大环境保护力度

在加快生态城市建设过程中，公众环保意识进一步增强，对城市环境提出了更高希望和要求。为提升城市环境质量，近年来，红塔区重视加大对新建项目“环评”及“三同时”制度执行情况的监督检查力度，严查违法、违规建设项目。对国控、省控、市控重点排污企业、涉重金属污染和涉危险废物企业，实行每月不少于一次的现场监督检查，对重点排污企业污染治理设施运行情况、污染物排放情况、危险废物处置情况等开展定期检查，严厉打击不正常使用污染治理设施、偷排、超标排放等违法行为。重点加强对化工企业、放射源使用单位和矿山尾矿库专项检查，对危险废物处置、转移联单制度落实、放射源安全管理等进行重点整治，深入开展污染隐患排查工作，确保环境安全。特别在阳宗海砷污染事件以后，红塔区在对全区范围内污染源及污染隐患进行排查整治的基础上，开展环保百日整治专项行动。连续6年在全区范围内开展了整治违法排污企业，对少数违法排污企业实施挂牌督办，制定《红塔区环境污染和生态破坏事故应急预案》，指导辖区范围内26家重点企业制定《环境污染及生态破坏事故应急预案》。同时，红塔区还大力开展“七彩云南玉溪保护行动”、“绿色玉溪”植树行动，对东风水库水源保护区环境污染进行综合整治，落实河段长责任制，辖区河道综合治理成效明显，空气质量在全国169个重点城市中排名第九。

（六）不断完善社会保障体系

在城市社会管理工作中，红塔区进一步完善以“两低保”为基础，城乡医疗救助为后盾，各种临时救济为补充，覆盖广泛、动态管理的城乡社会救助体系。完善农村最低生活保障标准调整机制，保障农村困难群众基本生活。不断健全和完善社会保障体系，扩大社会保险覆盖面。高度重视和积极做好就业工作，进一步完善就业服务体系，按照“政府引导，中介搭桥，市场运作，企业承转，规范管理”的思路，抓好农村劳动力培训转移，建立了农村劳动力信息档案。以市场需求为导向，强化技能培训，促进农村劳动力转移到二、三产业就业。目前，基本形成以区人力资源市场为主体、乡（街道）劳动保障机构（即社会事务管理中心）为依托，最终延伸到村级的城乡统筹的农村劳动力转移就业服务体系。工作中，红塔区还建立农民工工资保证金制度、劳动关系三方协调机制、乡（街道）和企业的劳动关系调处机制以及企业工资集体协商等制度，保证劳动者的合法权益。每年政府都购买公益性岗位，做好就业困难人员的就业安置工作。积极落实鼓励创业扶持措施，积极争取各级创业促就业小额担保、“贷免扶补”贷款，为创业者提供资金支持。扎实做好大中专毕业生就业工作，职业教育发展走在全省前列，未升入普通高中的区籍初中毕业生全部免费就读二职中，从2011年9月开始，红塔区在全省率先实施高中免费教育。

剪 纸　　　　（冯光祥 作品 蒯学庆 摄）

·小资料·

民俗文化源远流长

红塔区是一个多民族杂居的现代化中等城市，境内有30个民族，形成聚居村或混居村，有汉、彝、回、白、哈尼5个世居民族。由于历史条件、自然条件、各民族风俗习惯等因素，汉族、回族多居城镇和坝子；彝族、白族、哈尼族3个少数民族多居山区或半山区，主要集中在洛河、小石桥两个彝族乡和黄草坝、波衣、大石板、龙树、灵秀等自然村；其他民族散居境内各地。在长期的生产生活中，各民族既相互影响、相互融合，同时又保持各自的民族传统，延续着许多独特的生活方式、民俗习惯和文化艺术及方言。生活在红塔区的各民族同胞热情好客，能歌善舞，民风纯朴，无论是其待人接物的礼仪、风味独特的饮食、绚丽多彩的服饰，还是风格各异的民居建筑、妙趣横生的婚嫁习俗，都能使人感受到鲜明的民族特色。

在众多的民族节日中，境内各民族拥有共同的“春节”和汉族的“米线节”（又称“灯节”，是世界上历时最长的节日），彝族的“火把节”、“祭龙节”，回族的“开斋节”、“古尔邦节”、“圣诞节”，白族的“二月初八节”等久负盛名，节日活动丰富多彩。每逢节日，各民族群众都会穿上自己民族特有的盛装，从四面八方汇聚到一起，举行摔跤、斗牛、对歌等活动。按照岁时节令，农历二月十九日的九龙池庙会，三月初一的白龙潭庙会，四月初八的大士庵庙会，以及分布于各村的三宫庙会，参与人数众多，除进行祭祀以外，还有唱花灯等活动。同时还有清明节的扫墓、中元节的祭祖、中秋之夜的赏月、重阳节敬老和元宵节（又称“耗子嫁囡”）、豆康节、端午节、夏至节、冬至节等许多习俗在民间十分流行。红塔区各族人民还较为崇尚农耕文化，就连选种、播种、生长、收成、贮藏等主要农事，以及耕牛、农用工具都有祭祀活动，彰显了农业生产在各民族生活中的重要地位。

红塔区地方文艺种类繁多，花灯、滇剧、民歌小调、民间叙事长诗、民间传说以及彝族的跶啰、烟盒舞、山歌和少数民族剧种等，历经数百年的发展和传颂，为广大人民群众喜闻乐见。红塔区姓氏的产生、发展、演变至今有单姓728个姓，复姓20个姓。同时，随着历史的变迁，时代的发展，构建和谐社会意识的增强，新涌现出了以父母姓氏为姓，新衍生的乾坤姓182个，至2009年境内已有930个姓。

红塔区方言有着浓厚的地方特色，由于有历史、地域的原因，外来汉族与当地少数民族的语言相互影响而形成了如今红塔区独特音系，方言自成系统。红塔区通用汉语，属北方方言区西南次方言云南片区的红塔区话。其语音的特点是喉塞音［ʔ］、［ʔʻ］、喉塞擦音［h］和普通话的舌面后塞音［k］、［kʻ］及舌面后擦音［x］形成规律对应；没有撮口呼韵母，普通话中的［y］韵全部并入［i］韵；普通话中的［uo］韵和［ɤ］韵字红塔区话都归入单韵母［o］。且声母“g、k、h”不分。境内11个乡镇（街道）除研和镇、大营村外，音系大体相同。

红塔区饮食文化源远流长，享誉华夏大地，成为中华民族宝贵的灿烂文化之一。由于地域、物产、风俗的差异，形成了富有民族地方特色的饮食文化。早在20世纪30年代，就在昆明兴起了一条食品街——玉溪街，主要经营小锅卤饵块、小锅米线、膳鱼米线、凉米线、鸡丝蛋面等风味小吃，吸引了许多昆明人。小锅煮品至今已在全省广为流传，甚至还流传到省外。此外还有红烧肘子、卤鸭、烧鸭、卤杂碎、凉鸡、麻辣鸡、龙树羊肉等特色菜肴和“猫哆哩”、芝麻片、水晶蜜饯、洒琪玛、油卤腐等名特产品脍炙人口，誉满三迤。

红塔区各族人民共同创造的民族文化，是中华民族灿烂文化的组成部分，对促进全民族文化繁荣起着不可替代的作用。

（邹　瑾）

花　灯　　（蒯学庆　摄）

大事记

编辑　王德莉

1 月

1 日

●自即日起，红塔区城镇职工医保纳入市级统筹，区内参保的 3 万余名城镇职工，可持社会保障 IC 卡在玉溪市八县一区的任何一家定点医疗机构和定点零售药店就医购药，并享受同等待遇。

7 日

●2011 年元旦、春节环城赛跑活动在聂耳文化广场举行，市、区 80 多个单位 1 000 多名市民参加活动。

13～14 日

●中共玉溪市红塔区委三届八次全体会议召开，市委常委、区委书记夏立洪代表区委常委会作工作报告。会议审议通过了工作报告，一致通过了《中共玉溪市红塔区委关于制定国民经济和社会发展第十二个五年规划的建议》和《中共玉溪市红塔区委三届八次全体会议决议》。

18 日

●“2011 年新春音乐会”在聂耳大剧院举行。全国著名雷琴演奏家、国家一级演奏员张永智与玉溪聂耳民族乐团、聂耳竹乐团一起演奏。

19 日

●中心城区明珠路延长线高仓至哨坡段道路扩建竣工通车。道路全长 3 357 米、路宽 40 米，按城市二级主干道标准建设，工程概算投资 1.68 亿元，设置路灯 187 杆，栽种银杏、重阳等树种 1500 余棵，地被绿化 1.7 万平方米。

●玉溪首家社区红十字服务站在凤凰路泷水塘社区成立。

月内

●由中国城市经济学会和中国劳动学会主办、在北京举行的“首届中国城市民生建设调研成果发布会”上，红塔区获“中国十大最关爱民生县（区）”称号。

2 月

22 日

●以驻滇某工兵团为主组建的第七批赴黎巴嫩维和工兵营第一梯队的 145 名维和官兵圆满完成任务归国，第二梯队的 160 名维和官兵于 3 月上旬回国。

23 日

●红塔区 2011 年“三下乡”和“四进社区”活动在小石桥乡启动。

28 日

●玉溪市首家医疗纠纷人民调解机构——玉溪市医疗纠纷调处中心暨玉溪市医疗纠纷人民调解委员会挂牌成立，引入第三方调处机制参与医疗纠纷处理，保护医患双方合法权益。

3 月

2 日

●全国老龄办到玉溪调研，了解农村老年协会规范化建设、老龄工作存在的问题以及对全国老龄工作的建议，为研究制定促进基层老龄工作发展措施提供参考。

5 日

●中国（云南）玉溪米线文化节获世界纪录协会颁布的“世界纪录证书”，成为世界历时最长的节日。中国（云南）玉溪米线文化节始于清代，沿袭至 2011 年已有数百年的历史，是红塔区的民间传统节日，自每年农历正月初一至三月二十二日止，历时 81 天。

●红塔区纪委三届六次全体会议召开。市委常委、区委书记夏立洪作《全面落实以人为本、执政为民要求，深入推进党风廉政建设和反腐败工作》讲话。

10～16 日

●2011 年全国射箭冠军赛暨第三十届伦敦奥运会射箭项目选拔资格赛在玉溪举行。北京、上海、天津、山西等 27 个省、市、区及解放军专业队伍报名参加，参赛运动员、教练员人数 500 余人。比赛前 16 名将入选国家射箭集训队，备战伦敦奥运会。

11 日

●由红塔集团“玉溪”品牌独家冠名的第 10 届“玉溪杯”中国围棋西南棋王赛决赛在成都结束，四川名将古灵益四膺西南棋王。

17 日

●日本发生地震后，玉溪市出现抢购食盐现象。市政府作出快速响应，近千吨食盐在两天内投入市场。同时，组成综合检查组对中心城区及城郊结合部进行集中检查，对囤积食盐、不执行政府定价、哄抬价格的违法行为坚决予以打击，防止非食用盐流入市场，确保食盐市场价格的稳定。

●红塔区辖区内 6 个乡镇、3 个街道办事处进行了撤销镇、设置街道办事处及街道办事处更名揭牌仪式。撤销北城镇、春和镇、李棋镇、大营街镇、高仓镇、研和镇，新设置相应名称的镇街道办事处，并撤销镇党委、镇纪委，成立新的党工委、纪工委和人大工委；玉兴路街道办事处、玉带路街道办事处、凤凰路街道办事处分别更名为玉兴街道办事处、玉带街道办事处、凤凰街道办事处，其党工委、纪工委和人大工委也进行了相应的更名调整。

21 日

●昆明与玉溪签署推进滇中城市群昆玉一体化发展合作框架协议。省委常委、昆明市委书记仇和，玉溪市委书记孔祥庚出席签字仪式并致辞。昆明市委副书记、市长张祖林与玉溪市委副书记、市长高劲松共同签署《推进滇中城市群昆玉一体化发展合作框架协议》。

25 日

●玉溪市委邀请著名文化学者、知名画家、经济日报研究部副主任曹鹏博士为全市700余名领导干部作文化建设专题讲座。

●共青团红塔区委召开三届四次全委（扩大）会。

30 日

●卢旺达西方省省长塞勒斯坦．卡巴希兹率代表团到玉溪参观访问，考察玉溪乡镇企业和农产品加工等发展情况，寻求交流与合作。

●红塔区召开水利工作及水利普查工作动员大会，对全区水利普查工作和地下水资源整顿工作进行安排部署。省、市水利普查办领导到红塔区督查全区水利普查工作开展情况。

31 日

●红塔区李棋街道办事处下戴井村唐成艳开办的“智多星”幼儿园托管学习的一名幼儿，因被异物阻塞气道，园长唐成艳及员工郭一至唐将幼儿送至玉溪市人民医院抢救无效死亡后，唐成艳和郭一至唐将幼儿尸体带到红塔区李棋街道办事处老尖山坟地挖坑掩埋。

●政协玉溪市红塔区第三届委员会第四会议在大营街汇龙会议中心举行。会议审议通过了政协主席杨德运代表政协第三届委员会常务委员会所作的工作报告和政协副主席刘永祥代表政协第三届委员会常务委员会所作的提案工作情况报告。

月内

●聂耳文化场馆工程（聂耳纪念馆、聂耳图书馆、聂耳大剧院）获中国建筑业工程质量最高荣誉，由住建部、中国建筑业协会颁发的“中国建设工程鲁班奖”。

4 月

1 日

●红塔区依照国家及省市相关规定，对全区生猪屠宰场点进行整合，关停李棋、大营街、高仓、彩虹桥4个生猪定点屠宰场。

●中共红塔区委研究制定下发《印发〈关于建立红塔区党委新闻发言人制度的实施办法〉的通知》，红塔区党委新闻发言人制度正式建立，新闻发言人队伍从政府层面向党委部门延伸。

6～9 日

●红塔区第三届人民代表大会第四次会议在大营街汇龙生态园召开，会议听取和审议了《红塔区人民政府工作报告》《红塔区国民经济和社会发展第十二个五年规划纲要》，审查和批准了《关于玉溪市红塔区2010年国民经济和社会发展计划执行情况与2011年国民经济和社会发展计划草案的报告》《关于玉溪市红塔区2010年地方财政预算执行情况和2011年地方财政预算草案的报告》，听取和审查了《红塔区人民代表大会常务委员会工作报告》《红塔区人民法院工作报告》《红塔区人民检察院工作报告》。

11 日

●中共玉溪市红塔区第三届委员会第九次全体会议召开。市委常委、区委书记夏立洪主持会议。会议表决通过了《中共玉溪市红塔区第三届委员会第九次全体会议关于召开中国共产党玉溪市红塔区第四次代表大会的决议》。

●红塔区召开政府机构改革工作会，政府机构改革进入全面组织实施阶段。

15 日

●红塔区与昆明市晋宁县签订推进“一体化发展合作框架协议”，两地在推进“昆玉一体化”工作中迈出重要一步。

20 日

●全国检察机关惩治和预防渎职侵权犯罪展在玉溪巡展。

29 日

●区政府与北京科林皓华环境科技发展有限责任公司正式签订《玉溪市城市生活垃圾综合处理项目特许经营协议》，盘活国有市政资产，推进市政公用事业改革。

月内

●红塔区首家社区市民文明学校开班仪式暨红塔区道德模范首场宣讲报告会在凤凰街道办事处高龙潭社区举行。红塔区第二届“敬业奉献”道德模范李国鉴、“诚实守信”道德模范可秀萍、“孝老爱亲”道德模范冯亚红为社区居民进行宣讲。

5 月

5 日

●副省长孔垂柱率农业、林业、水利等部门负责人到玉溪市，重点就蔬菜、林果、畜牧等优势特色产业发展进行调研。

6 日

●红塔区各乡（街道）群众工作站成立，红塔区用群众工作理念统领信访工作进入一个新的发展阶段。

10 日

●因涉嫌醉酒驾车被查获的驾驶员古某，被市交警直属大队依法作出吊销驾照、5年内不得重新取得机动车驾驶证的行政处罚，成为因醉驾被吊销驾驶证的“玉溪第一人”。

12 日

●下午2点40分，在红塔区李棋街道办事处通往老尖山的施工道路上，由于突降暴雨，3名老人及2名4岁的小女孩跑到一辆停在路边的拉土货车下躲雨，货车司机没有发觉，突然发动车子，2名小女孩当即被碾压身亡。

●中央电视台一行6人及上海广播电视台副台长、国家一级导演滕俊杰，云南电视台副台长杨慧民等参观了聂耳故居。滕俊杰和杨慧民担当7月“聂耳音乐周”活动的总导演及总策划。

13 日

●红塔区职工工间操比赛在聂耳音乐广场举行，1 000余名职工参加了比赛，以丰富职工文化生活，推动职工积极参与体育锻炼。

13～14 日

●国家国土资源部部长、党组书记、国家土地总督察徐绍史到玉溪，就玉溪市国土资源管理工作进行调研。

15 日

●在第二届中国节庆创新论坛暨2011中国品牌节会颁奖典礼上，中国（云南）玉溪米线文化节荣膺中国最具地方特色美食节、玉溪市红塔区荣膺中国最具发展潜力节会城市称号。

16 日

●红塔区区长热线法律咨询服务所在云南新海天律师事务所正式挂牌成立。

●红塔区粪便处理中心一期工程开始试运行。中心设计的日处理粪便量为100吨，粪便经处理后可作为肥料直接使用，污水则排入污水处理厂，中心的运行结束了中心城区粪便直排的历史。

●红塔区开展“护卫天使行动”，在中心城区车流量较大、交通环境复杂的中小学校、幼儿园门口设立交警护学岗，保障学生上学、放学的交通安全。

17 日

●红塔区出台实施城镇居民大病补充医疗保险制度，将重特大疾病纳入城镇居民医疗保险，自即日起启动登记及缴费工作。

24 日

●辽宁省文联主席郭兴文率采风团到玉溪市采风、调研。市委书记孔祥庚，市委常委、市委秘书长范汝坤陪同调研。

29 日

●中共红塔区第三届委员会第十次全体会议召开。市委常委、区委书记夏立洪主持会议，会议审议通过了区委、区纪委工作报告（草案）。

30 日

●玉溪数控机床产业园一期项目建成投产。原国家机械工业部部长何光远出席投产仪式，市委书记孔祥庚、数控机床联盟体总裁黎筑森为研和数控机床联盟体揭牌，省科学技术厅副厅长关鼎禄授玉溪数控机床产业园“高新技术特色产业基地”牌匾，市人大副主任、市总工会主席范志华为数控机床产业联盟体工会揭牌。

●玉溪数控机床产业发展招商暨项目签约仪式在聂耳大剧院举行，30 余个项目现场签约。国家发改委、国家工信部、中国机床工具工业协会等国家部委、行业领导，省、省级有关部门领导，孔祥庚、高劲松、董诗强等党政领导及其他嘉宾出席了签约仪式。

31 日

●市政府邀请西班牙、德国、日本以及国内知名的企业家、数控机床专家召开政企座谈会，共同探讨玉溪数控机床产业的发展之道。国内外企业家表示，玉溪数控机床联盟体是全球机床行业的一个创举，将择机择时加盟，入驻玉溪。

6 月

7～10 日

●中国共产党红塔区第四次代表大会在汇龙生态园召开，379 名党员代表出席会议。会议审议通过了市委常委、区委书记夏立洪代表第三届区委作的题为《凝心聚力、创新发展，把红塔区建成幸福美好的现代宜居生态城市》的工作报告和区纪委工作报告，选举产生了新一届区委和区纪委。

●国家卫生城市技术评估专家到玉溪对玉溪创建国家卫生城市工作进行全面技术评估。

12 日

●上午，庆祝中国共产党成立 90 周年暨第二届中国聂耳音乐（合唱）周在聂耳音乐广场启动。中国文联党组副书记、副主席李屹，中国音乐家协会主席赵季平，省委常委、宣传部部长张田欣，省人大常委会副主任程映萱，省政协常务副主席管国忠，中国音乐家协会副秘书长韩新安，省委、省政府、省有关部门领导，市委书记孔祥庚，市委副书记、市长高劲松，市委副书记张玲，市人大常委会主任董诗强，市政协主席冷明德等出席启动仪式。第二届中国聂耳音乐（合唱）周由云南省与中国文联、中国音协和上海市共同合作举办。

●《聂耳与田汉》组合雕塑揭幕。雕塑突出表现聂耳与田汉在革命岁月中的友谊，真实再现他们在追求真理的过程中关心国家和民族兴亡，创作大量优秀文艺作品，谱写时代最强音来唤醒民众而共同探讨创作的场景。

●聂耳故乡精品文艺晚会《故乡情》在聂耳大剧院演出。

27 日

●红塔区召开庆祝中国共产党成立 90 周年暨表彰大会，表彰 49 个先进基层党组织、20 家先锋窗口、49 名优秀党组织书记、39 名优秀党务工作者和 105 名优秀共产党员。

●红塔区庆祝中国共产党成立 90 周年《在党的旗帜下》大型专题文艺晚会在聂耳大剧院举办。

29 日

●玉溪市 1 000 多名党员代表在聂耳大剧院隆重集会，庆祝中国共产党成立 90 周年。

月内

●中心城区超市全面清查含塑化剂“染塑”产品。中心城区超市中台湾食品已全部下架，未发现“染塑”产品。

●红塔区召开拆临拆违及户外广告整治工作会，重点对户外广告整治工作进行部署，户外广告整治拉开序幕。

●红塔区召开第三轮禁毒人民战争工作会，安排部署第三轮 5 年禁毒人民战争。

●红塔区被国务院残疾人工作委员会命名表彰为“十一五”期间残疾人工作先进单位。

7 月

5 日

●红塔区举行集中供水水源地水资源保护区区划听证会。

7 日

●云南日报玉溪分社揭牌，云南省政务信息岛玉溪终端开通。

9～12 日

●红塔区庆祝中国共产党成立 90 周年“红心向党，颂歌嘹亮”大型合唱比赛及颁奖晚会在市体育馆举行，全区各乡、街道和各单位、各大系统的 23 家代表队 2 000 多名队员参加了合唱比赛。

●春和街道办事处刘总旗社区的 15 名居民饮用草乌泡酒后中毒，14 人住院治疗，其中 10 人病情危重。经市人民医院抢救，全部脱离危险。

15 日

●红塔区召开户外广告和招牌综合整治工作动员大会，对规范设置、整治户外广告和招牌工作进行统一安排部署，并召开新闻通气会，对全区户外广告和招牌综合整治工作开展情况进行介绍。

17 日

●聂耳故居免费向市民开放。

19～27 日

●受瑞典布莱金厄省的邀请，聂耳竹乐团参加波罗的海音乐节，表演了傣族舞蹈、竹排琴独奏、花灯演唱等 13 个节目。

22 日

●红塔区被云南省人民政府授予“云南省 2010 年度县域经济发展十强县”。

29 日

●玉溪市花灯剧团应韩国世界亲善交流协会和世界华人音

乐舞蹈（戏曲）艺术总会的邀请，花灯剧团团长严伟率团参加中韩联合举办的“韩中国际木槿花艺术大赛”，花灯歌舞戏《冤家亲家》获大赛金奖。

8月

2日

●红塔区召开“云南红土情·光彩进万家——红塔区民企感恩行动”会议，民企结对帮扶少数民族和贫困地区困难群众。

3～7日

●省委副书记李纪恒到玉溪调研工业化、城镇化、农业产业化及新农村建设、扶贫等工作，强调玉溪要努力建设现代宜居生态文明城市。

5日

●新华社云南分社新闻信息报道和内参工作联络员年会在玉溪召开。

●红塔区第五届全民健身体育大会在市体育局举行，全区各乡、街道，区属各部门，企事业单位等2 000余人参加开幕式。

8日

●玉溪在聂耳文化广场举行大众广播操展演比赛，在党政机关、企事业单位推广大众广播操，逐步形成职工“工间操”制度。

●“谢汝翼故居”是具有一定价值的历史文化遗产，红塔区文物管理所对故居进行挂牌保护，成为红塔区第一家挂牌保护单位。

9日

●中央统战部组织部分少数民族全国人大代表、政协委员到玉溪，考察玉溪经济社会发展、产业建设和民族团结进步情况。

21日

●红塔区召开“打四黑除四害”专项行动工作会，公安、农业、质监、工商、卫生等部门联合开展为期3个月的“打四黑除四害”专项行动，严厉打击相关违法犯罪活动。

23日

●云南民族大学文化学院九龙池校区在玉溪市工业产业园区揭牌。

●红塔区被国务院批准为第三批新型农村和城镇居民社会养老保险试点工作县区之一。即日，红塔区召开会议，启动试点工作。

23～24日

●共青团红塔区第四次代表大会在市青少年宫召开，会议选举产生共青团红塔区第四届委员会。

28日

●凌晨0点30分，北城街道办事处北城居委会9组突发火灾，街道两侧的9间商铺被烧毁。

30日

●中共玉溪市红塔区委群众工作局挂牌成立。

●全区新型农村和城镇居民社会养老保险基础养老金首发仪式在聂耳文化广场举行。

●中午12点10分，春和街道刘总旗社区的周某吸食毒品后，无证驾驶租来的本田轿车在玉溪中心城区教师小区附近民富街，先后撞上路边的灯杆、三轮车、微型车及正在路上行走的4名行人，47岁的程某和11岁的李某当场死亡，另外两人受伤。

月内

●玉溪市第八中学挂牌成立。

●中国城市竞争力研究会在香港浸会大学发布“2011中国城市分类优势排行榜，”玉溪市名列“2011中国十佳低碳生态城市”第七名、“2011中国十佳优质生活城市”第八名。

9月

1日

●红塔区区属普通高中玉溪二中、玉溪三中实施免费教育，免学费、免住宿费、对家庭困难学生补助生活费；自2011年1月起，区属普通高中生人均公用经费从100元/年提高到300元/年；对红塔区民办中小学、幼儿园实施以奖代补政策。自此，红塔区在已经实现九年义务教育和免费上职中的基础上，实施高中阶段免费读书，在全省率先实现了从小学到高中阶段12年免费教育。

●红塔区调整提高城乡最低生活保障标准：城市居民最低生活保障标准从原来的每人每月210元提高到250元；农村最低生活保障标准从原来的每人每月75元提高到115元。

●红塔区文化旅游广电和体育局、区公安分局、区工商局联合在全区范围内开展为期3个月的集中打击整治游艺娱乐场所违法犯罪活动专项行动。

3日

●红塔集团在昆明举行高端卷烟产品“玉溪（庄园）”新品品鉴会，以中国第一座烟草庄园有机烟叶为核心配方原料开发的中国第一包有机烟“玉溪（庄园）”正式面市。

5日

●“中国生态城·金柿美玉溪”第二届全国主题摄影展开幕，展出129幅表现玉溪生态城市建设成果的摄影作品。

6日

●全国人大外事委员会调研组在省人大常委会副主任程映萱等领导陪同下到玉溪调研《烟草控制框架公约》履行情况。

8日

●省督察组在省民政厅副巡视员邱常林带领下，到玉溪对红塔区城市社区活动场所办公用房及配套服务等基本设施建设落实情况进行督察。

16日

●1 000套公共租赁住房由玉溪高新技术开发区管委会承担开工建设。项目位于南片区南祥路东段原化肥厂办公区内，占地41.86亩，规划设计总建筑面积10.28万平方米，估算总投资2.5亿元。

19～22日

●省级文明城市考核测评组到玉溪市，对红塔区创建省级文明城市工作进行考核测评验收。

22日

●玉溪市公安局红塔分局召开红塔区办理流动人口“居住证”启动仪式，辖区内10万流动人口将办理“居住证”，“暂住证”成为了历史。

●红塔区召开防灾应急“三小”工程建设工作会，对全区防灾应急“三小”工程建设进行安排部署。

●省政府督察组在省工商局巡视员曾荣基带领下，到玉溪对红塔区食品安全工作进行督察。

24日

●南北大街街心花园拆除，恢复双向通行。

25 日

●第七届全国城市运动会火炬在聂耳音乐广场聂耳铜像前点燃，玉溪市副市长、第七届全国城市运动会玉溪代表团团长杨洋向火炬手授火炬。火炬是由本市火炬手从江西省南昌市举行的火炬传递活动点火起跑仪式后带回的。

29 日

●玉溪市纪念辛亥革命 100 周年文艺晚会在聂耳大剧院演出。

30 日

●玉溪聂耳纪念馆与冼星海纪念馆结为友好兄弟馆。两馆将开展多方面的合作与交流，定期进行学习交流、共同策划开展主题活动或课题研究、在对方展馆内展出展品等。

●玉溪中心城区公共租赁住房项目和研和工业园区公共租赁住房项目开工建设，省政府下达玉溪 1.9 万套公租房建设任务全部开工。

10 月

10 日

●红塔区第八期青年干部培训班在红塔区委党校开班。

14 日

●上午，1 000 余名太极拳爱好者在聂耳文化广场举行千人太极拳展演和武术节目表演，隆重纪念辛亥革命 100 周年。

15 日

●凌晨 2 点，在玉溪中心城区抚仙路发生一起奥迪轿车与比亚迪轿车迎面相撞的交通事故，比亚迪轿车上所载 4 人中前排 2 人当场死亡，后排 2 人受伤。

17～18 日

●省人大常委会副主任杨保建带领执法检查组到玉溪，对玉溪市贯彻实施《中华人民共和国科学技术进步法》《云南省科学技术进步条例》情况进行执法检查。

19 日

●云南首届花灯灯谜大奖赛玉溪赛区初赛举行，全市花灯爱好者以个人和组合两种形式参加比赛。

20 日

●省铁路建设督导组到玉溪，对建设中的玉蒙铁路建设情况进行督促检查。

22～23 日

●云南省党外知识分子联谊会一届四次会议暨“同心聚力·服务社会玉溪行”活动在玉溪举行。

24～26 日

●市委副书记、市长高劲松率队到武汉华中数控股份有限公司、武汉钢铁（集团）公司考察，与华中数控签署协议，在玉溪设立国家数控系统工程技术研究中心玉溪研发中心，派驻技术人员开展研发活动，推动科技成果转化，形成产学研一体化格局。

25 日

●红塔区司法局自即日起相继在辖区内设立 100 余个法律援助标识牌，在标识牌上公布了当地法律援助联络员的姓名、电话、职务等。把法律援助工作和服务网络进一步向村级延伸，实现法律援助“村村通”。

28 日

●红塔区在清水河实施中心城区供水应急工程建设，以应对 3 年干旱、水库坝塘蓄水不足的困境。工程通过建设提水泵站、引水管道，每年可为中心城区输送 1 990 万立方米的清洁水。

29 日

●2011 中国体育舞蹈公开系列赛（玉溪站）暨云南体育舞蹈邀请赛在市体育馆开幕，来自全国 18 个省市的 700 队次 1 200 名选手参加比赛。

31 日

●日本藤泽市聂耳纪念碑保存会事务局长古桥宏造带领友好代表团一行 8 人，到玉溪聂耳故居和聂耳纪念馆参观访问。

11 月

1 日

●红塔区对辖区内的畜禽散养户、规模饲养场（户）、养殖小区、种畜（禽）场、畜禽交易市场等全面启动实施动物产地检疫及免疫标识工作，无动物产地检疫合格证明的畜禽一律不得进入屠宰场屠宰、不准上市交易。

3 日

●红塔区廉政文化主题园在红塔区玉兴路街道办事处北苑社区开园。

9 日

●全国政协副主席白立忱在省政协副主席王学智陪同下到玉溪视察。

12 日

●红塔区召开“质量兴区 ”工作会，对实施“质量兴区 ”战略进行全面动员和部署 。

17 日

●楚雄州委书记张太原率楚雄州党政考察团到玉溪就生态城市和文化建设进行参观考察。

●市委副书记、市长高劲松率队到中国广东核电集团有限公司考察，就加快玉溪风电项目推进及新能源产业开发、风电装备制造与人才培训合作进行商谈，并达成多项共识，双方合作发展迈出了新步伐。

18 日

●东风水库除险加固工程竣工验收。东风水库除险加固工程自 2007 年起历时 4 年完成，工程完工后，东风水库坝顶由原来的 10 米扩宽至 49 米，坝体得到夯实和加宽。

●玉溪青年歌手电视大奖赛在聂耳大剧院举行。

21 日

●红塔区获“2011 年全国县（市）科技进步考核先进县（区）”称号，受得国家科技部表彰。

22 日

●红塔集团 2011 年“红塔山”300 万箱、“玉溪”100 万箱下线。省委、省政府发贺电视贺红塔集团成为云南省首家营业收入超 600 亿元的大型国有企业。

月内

●红塔区开始全面拆除大型立柱广告牌。

12 月

2 日

●“戏墨·墨戏”刘海粟美术馆藏中国水墨戏画作品到玉溪巡展，在聂耳图书馆展出。

3 日

●玉溪市举行《玉溪市城市出租汽车管理办法》（听证稿）

和《玉溪市城市公共汽车管理办法》（听证稿）听证会。

7日

●红塔区政府召开全区第六次全国人口普查总结表彰会，表彰先进集体和先进个人。

9日

●红塔区成立诗联学会。

●红塔区召开中心城区地下水清理整顿封井填埋现场会，地下水清理整顿工作进入实质性填井阶段，对全区621眼自备地下水井陆续进行填封。

12日

●玉溪召开人才工作暨首届玉溪杰出人才表彰会，对9名首届“玉溪杰出人才奖”获得者进行表彰，并给予每人10万元的奖励。他们分别是专业技术人才：李培林、杨绍聪、郝应禄、黄镇，企业经营管理人才：文天福、李穗明，技能人才：杨永生，民族文化人才：冯咏梅、郭智。

●柬埔寨班迭棉吉省省长翁恩率班迭棉吉省政府代表团到玉溪参观考察。

●玉溪市第一所“公助民办”幼儿园——红塔区第二幼儿园分园玉兴中心幼儿园揭牌。

13日

●玉溪在云溪宾馆召开玉溪市第五届“十大孝星”表彰会，对敬老、助老、爱老先进模范王福仙、汪存焕、李建英、杨小会、林兰珍、赵家炜、姚会仙、柏文祥、陶继平、高文清10人授予“孝星”荣誉。

15日

●云南省科技厅与玉溪市在聂耳图书馆举行云南科技创新园合作协议签字暨云南研创投资开发公司揭牌仪式。市委副书记、市长高劲松与省科技厅厅长龙江共同签署《建设云南科技创新园的合作协议》。

17日

●云南生物医药产业发展论坛在玉溪举办。中国医药企业管理协会会长、国家发改委生物医药专家委员会副主任于明德，国务院发展研究中心金融研究所副所长、享受国务院特殊津贴专家巴曙松，玉溪市委副书记、市长高劲松出席论坛。

20日

●玉溪被命名表彰为国家卫生城市。全国爱国卫生运动委员会在北京国家会议中心举行国家卫生城镇命名表彰大会，对2009～2011年度命名为国家卫生城市（区）的包括玉溪市的35个城市（区）进行表彰并授牌。

21日

●高仓立交改扩建工程作为中心城区交通环境综合整治重点项目开工建设。

22日

●50余名全国知名书法家到玉溪参加“送欢乐、下基层”中国书法进万家活动。

●玉溪市政务服务管理局在玉溪宾馆原址上成立，市政务服务大厅正式对外办公。市、区两级政务服务中心分开办公。

23日

●玉溪市民政精神病医院在玉溪市第二人民医院举行奠基仪式。建设项目经国家发改委、民政部批准，2009年开始筹建，项目建设用地6.3亩，建筑面积6 681平方米，设置床位100张，项目总投资1 670万元，其中中央投资1 500万元。

28日

●省人大常委会在玉溪召开新闻发布会，宣布省第十一届人大常委会第二十六次会议通过的《云南省玉溪城市管理条例》自2012年1月1日起施行，玉溪市城市管理纳入法制化轨道。

●2012新春音乐会在聂耳大剧院演出，著名二胡演奏家、中国民族管弦乐学会胡琴专业委员会副秘书长张永智参加演出，并演唱《玉溪高古楼》。

29日

●玉溪首个低丘缓坡土地综合开发利用试点项目在研和工业园区启动，玉溪在实施城镇上山战略、加强耕地保护、转变用地方式、推进山地城镇建设方面迈出了标志性的一步。

月内

●玉溪藉体操运动员郭伟阳在国家体育总局体操运动管理中心举行的新科世界冠军登榜仪式上，榜上有名。

●玉溪中心城区文明交通行为调查问卷结束。调查活动历时三个月，发出调查问卷（印刷品）2万余份，通过《玉溪日报》专版发出问卷3万余份；玉溪新闻网参与问卷调查人数达3 960人；收回问卷15 348份。评选出“十大不文明交通行为”和“十大文明交通行为”。

年内

●红塔区投入资金3.8亿元，实施10项民生工程。

●对民办教育，实行以奖代补，重点扶持义务教育阶段的外来务工子弟小学建设，奖励总金额提高到30万元；同时，对当年新审批、取得办学许可证的民办中小学、幼儿园，给予每所3～10万元不等的建设项目资金补助。

●红塔区藉60周岁以上未参加过基本养老保险，或参加过基本养老保险但无按月领取基本养老保险待遇的城镇职工纳入基本养老保险范畴。全区2 000余名超龄城镇职工办理了养老保险补缴手续后，开始按月领取养老金。

●红塔区中心城区范围内新增23个社区，北城等6个街道的56个村改建为社区。改建后，全区共辖94个社区、10个村委会，其中最大的社区是山水社区。

●把“村财乡管”管理制度改革向农村延伸和拓展，引入“三资”委托代理机构对“三资”使用实施动态监管。

●投资485万元，在辖区各乡（街道）、社区（村）建设指南式窗口式、大厅式等多种形式的“一站式”为民服务平台92个，城乡公共服务体系区、乡、社区（村）三级全覆盖。

●完成辖区241个村庄规划编制，基本实现村庄规划编制全覆盖。

●投入资金4 004万元，实施中低产田改造3.08万亩。

●围绕油菜、蔬菜、葡萄、生猪四大产业的发展，申报2011年全国基层农技推广体系改革与建设示范县项目，打造10个农业科技示范园区。

●实施农业种植业保险试点9.2万亩，保险期限自作物移栽到田成活或播种齐苗期开始，至作物成熟收割时止，基本险责任为暴雨、洪水、内涝、风灾、雪灾、雹灾和冻灾等自然灾害。

●对全区96.09万亩森林纳入政策性森林火灾保险范畴，每亩0.4元的投保额度。

概　况

编辑　乔发清

红塔区概况

【地理位置】　红塔区地处云南省中部，玉溪市西北部，位于北纬24°08′30″~24°32′18″，东经102°17′32″~102°41′37″区间，东与江川县相连，东南与通海县毗邻，西南与峨山县交界，北与晋宁县接壤。距省会昆明88千米。境内交通便利，213国道、昆玉高级公路和昆玉铁路纵贯南北，形成云南省南北交通枢纽，是通往滇南和东南亚邻国的重要通道。

【自然概貌】　红塔区平面形态呈北宽南窄不规则三角形状，四面环山。市区中心——州城海拔1630米，境内最高点（高鲁山）海拔2614米，最低点（红塔区与通海县交界处的曲江河滩）海拔1502米。幅员周边长161千米，土地面积1 004平方千米，森林覆盖率62.6%。土壤酸碱性适中，有机质含量和熟化程度高，宜种性广。境内地层褶皱、断裂构造复杂，水系比较发育，玉溪大河横贯其间，河流的主干和支干流总长350余千米，河网密度0.35，水资源年均总量4.3亿立方米，其中地下水占29%。自然资源丰富，有动物、植物1 500多种。矿藏有铁矿、硅矿、煤等16个矿种，有大、中、小矿床28个，矿点11个。

红塔区为中亚热带半湿润冷冬高原季风气候，冬无严寒，夏无酷暑，气候宜人。2011年，平均气温16.2℃，极端最高气温30.6℃（8月31日），极端最低气温-0.1℃（1月21日）。全年日照时数为2 101.7小时，日照率48%。霜降从2010年12月17日始至2011年3月1日止，共75天；全年降雨117天，降水量599.6毫米。主要气象灾害有旱灾、大风、冰雹等。

【历史沿革】　红塔区历史悠久，开发较早。先秦时属古滇国地。汉武帝元封二年（公元前109年）置益州郡俞元县。蜀汉时为建宁郡俞元县地，两晋时为晋宁郡俞元县地。隋时置宁州，总管府西爨地。唐贞观年间置求州，红塔区即为所属。玄宗时，云南为南诏控制。肃宗上元元年（公元760年），南诏设河阳郡温富州。温富州的设置使红塔区在历史上开始成为州一级的行政单位。宋代大理国为河阳郡休制部。元代至元十三年（公元1276年）设新兴州，隶属澄江府，明清沿袭。辛亥革命后，民国元年（公元1912年），改新兴州为新兴县，管辖范围未变。民国2年，因新兴县与广东肇庆的新兴县同名，更名为休纳县；民国5年，又更名为玉溪县。1950年1月1日，玉溪县人民政府成立。1983年9月9日，更名为玉溪市（县级）；1997年12月13日，更名为玉溪市红塔区。

【人口·民族】　2011年末，全区总人口426 095人，其中：农业人口281 632人，非农业人口144 463人；少数民族人口63 561人，占总人口的14.9%。有汉、彝、回、白、哈尼、傣、壮等30种民族。人口密度424人/平方千米。年内，出生人口4 108人，出生率9.69‰；死亡1 691人，死亡率3.99‰；净增人口2 417人，人口自然增长率5.7‰。

【行政区划】　设玉兴、玉带、凤凰、北城、大营街、研和、李棋、春和、高仓9个街道和洛河、小石桥2个彝族乡；村（社区居）委会104个，其中：社区94个，村委会10个；村（居）民小组1 106个，其中：社区居民小组1 035个，村民小组71个；自然村436个。

区人民政府所在地：玉溪市中心城区聂耳路27号（荷花池北）。

【经济概况】　2011年，全区紧紧围绕“生态立区、科教兴区、工业强区、农业稳区、文化和区”的发展战略，全面采取措施，加快推动发展方式转变和结构调整，全区国民经济运行态势良好，各项社会事业取得新的进展。全区实现生产总值（现价）511.85亿元，按可比价计算，比上年增长13.8%。人均实现生产总值1.03万元。在生产总值中：第一产业增加值9.55亿元，第二产业增加值406.26亿元，第三产业增加值96.04亿元。三次产业在生产总值中的比重分别为：1.9%、79.3%、18.8%。实现生产总值（不含红塔集团）201.92亿元，其中：第一产业增加值为9.55亿元，第二产业增加值99.63亿元，第三产业增加值92.74亿元。不含红塔集团的三次产业在生产总值中的比重分别为：4.7%、49.4%、45.9%。

【农　业】　2011年，全区继续坚持以农业增产增收为目标，以优化产业结构调整为抓手，巩固发展烤烟种植，大力提高畜牧业标准化生产水平，围绕强基础、重民生、保农民增收，实现农业农村平稳发展。全年实现农业总产值（现价，下同）19.64亿元，按可比价计算（下同）比上年增长6.9%。其中：农业产值完成7.18亿元，比上年增长20.9%；林业产值完成0.06亿元，比上年减76.6%；牧业产值12.15亿元，比上年增0.4%；渔业产值0.17亿元，比上年减19.2%；农林牧渔业服务业产值0.08亿元，比上年减10.8%。农业商品产值17.08亿元，农业商品率86.9%，比上年提高2.7个百分点。农民人均纯收入7 917元，比上年增长12.9%，扣除价格因素，实际增长7.5%。

农业结构调整稳步推进，蔬菜、花卉、林果等农特产品种植规模不断扩大。年末，全区常用耕地面积14.01万亩，比上年减少5 295亩；全年农作物播种面积32.32万亩，比上年增长1.6%，复种指数230.69%。全年粮食总产量5711.33万千克，比上年减2.4%。烤烟产量667.15万千克，比上年减7.3%，上等烟比例67.4%，比上年上升7.2个百分点。油料总产1285.99万千克，比上年增长74.7%。蔬菜种植面积5.64万亩，比上年增长39.2%；蔬菜总产8076.71万千克，比上年增长93.4%。花卉种植面积1.11万亩，比上年增长3.7%。粮经作物种植比例由上年的40.5∶59.5调整为37.1∶62.9，经济作物比重比上年上升3.4个百分点。

畜牧业生产保持稳步发展。年内，全区各级党委、政府把畜牧业作为发展农村经济和增加农民收入的重要产业来抓，加强对畜禽生产的宏观管理，疏通经营渠道，稳定市场价格，保障了全区畜牧业生产的稳步发展。全年肉蛋奶总产量7014万千克，比上年增长11.6%。其中：肉类总产量5480万千克，增长7.4%（猪肉产量3825万千克，增长6.9%；牛肉产量155.2万千克，减0.8%；羊肉产量42.3万千克，增长3.7%；家禽肉产量1454.8万千克，增长9.4%）；奶类产量17.4万千克，减15.5%；禽蛋总产量1517.2万千克，增长31.0%。

全年生猪出栏43.3万头，比上年增长5.0%；牛出栏0.74万头，比上年增长6.5%；羊出栏1.23万只，比上年增长3.0%；家禽出栏653.7万只，比上年增长8.5%。

林业生态建设取得新成绩。全区造林面积4035亩，义务植树70.1万株，实施中低产林改造幼林抚育1995亩，实施村庄道路绿化100米，森林覆盖率62.6%。坚持“预防为主，科学防控，依法治理，促进健康”的方针，加强科研防治试验和预测预报，积极采取人工防治、生物防治、化学防治相结合的综合防治措施进行林业有害生物防治。年内，监测覆盖率91.85%。境内发生林业有害生物面积2.9万亩，防治面积2.77万亩，防治率95.51%；无公害防治面积2.37万亩，无公害防治率81.6%。

农业生产条件得到改善。年内，全区完成各类农田水利基本建设工程35件，投入资金8615万元（不含烟草、农开、中低产田改造等其他部门项目），累计完成工程量79.5万方。实现灌溉面积效益13.86万亩，解决了1.35万人饮水困难，治理水土流失面积10.74平方千米，新增和改善灌溉面积1500亩，农田水利化程度达88.6%。水库总库容15673万立方米。年末，蓄水量（含东风水库）4202万立方米。水利工程为全区工农业生产及生活供水7853万立方米。

2011年，渔业生产利用水面养殖面积3354亩，比上年减少609亩；全年实现水产品总产量1308吨，比上年减少0.4%。

农村劳力就业渠道不断拓展。2011年，全区乡村从业人员17.77万人（男劳动力9.16万人，女劳动力8.61万人），其中：从事第一产业7.68万人，占43.2%，比重比上年下降2.3个百分点；从事二产业5.91万人，占33.2%，比重上升1.5个百分点；从事三产业4.18万人，占23.6%，比重上升0.8个百分点。

【工　业】 2011年，工业经济围绕目标，强化措施，加快经济发展方式转变，推动工业结构优化升级，培育发展战略性新兴产业，推动支柱产业和传统优势产业向高端升级，优化企业发展环境，全面提升新型工业化水平，工业经济保持强劲增长的良好态势。全区工业总产值790.98亿元，比上年增长17.4%；不含红塔集团工业总产值403.1亿元，比上年增长19.7%。其中：国有工业产值1.29亿元，比上年增长6.5%；集体工业产值55.49亿元，比上年增长18.7%；外商和港澳台投资企业产值27.76亿元，比上年增长52.2%；股份制企业产值675.14亿元，比上年增长17.0%；其他工业产值31.30亿元，比上年增长1.8%。在工业总产值中，轻工业产值458.46亿元，比上年增长16.6%；重工业产值332.52亿元，比上年增长18.6%。

全区非烟工业产值首超烟草工业。在区委、区政府“工业强区”和新型工业化发展战略指导下，红塔区在产业多元化的道路上稳步前进，并取得突破性进展。非烟工业产值403.1亿元，占全区工业总产值的51.0%，首次超过烟草工业产值所占比重。

工业经济运行的质量和效益稳步提高。2011年，不含红塔集团年主营业务收入2000万元以上独立核算工业企业主营业务收入374.19亿元，比上年增长24.7%。产品销售率99.9%，比上年上升2.5个百分点。实现利税29.63亿元，比上年增长3.2%；实现利润20.01亿元，比上年减少5.5%。企业亏损面26.5%，亏损额1.02亿元，比上年增83.9个百分点。不含红塔集团工业经济效益综合指数273.4%，比上年上升1.1个百分点；总资产贡献率11.1%，比上年下降3个百分点；资产负债率56.9%，比上年下降3.7个百分点；流动资产周转次数3次，与上年持平。

【交通·通信】 2011年，全区公路通车里程1380.11千米，其中：国道56.2千米，省道58.53千米，县道161.74千米；乡村道路1103.64千米。公路网密度137.1千米/百平方千米。自然村通车率100%。

年末，本地电话交换机总容量10.8万门，比上年减少2.2万门。年末，固定电话机9.8万部，比上年减少0.7万部；移动电话用户57.7万户，比上年增加3.1万户；电话普及率136部/百人。互联网宽带用户突破10万户大关，达到10.02万户，比上年增长10.6%。

【商　业】 2011年，全区经济较快发展，城乡居民收入稳步提高，消费品市场保持平稳较快的增长态势。全区实现社会消费品零售总额80.6亿元，比上年增长18%。

从销售行业看：批发零售贸易业零售额71.4亿元，比上年增长18.1%；住宿餐饮业零售额9.2亿元，比上年增长17.5%。从经济成分看：公有制经济零售额25.4亿元，占零售额的31.6%，比上年增长34.7%；非公有制经济零售额55.1亿元，占零售额的68.4%，比上年增长11.7%。

各类主要商品热点频现。吃、穿、用三大类商品零售额比上年分别增长32.8%、20.5%、20.7%。在限额以上企业商品零售额中，增长较快的种类主要有：电子出版物及音像制品类比上年增长141.1%，石油及制品类增长38.1%，建筑及装潢材料类增长36.7%，粮油、食品、饮料、烟酒类增长32.8%，服装鞋帽、针纺织品类增长20.5%，五金、电料类增长18.0%，家用电器和音像器材类增长13.1%，汽车类增长11.0%。

全区居民消费价格总指数（CPI）比上年上涨5%。八大类消费品及服务项目价格呈现“五升三降”的格局。食品类价格上涨12.4%，居住类上涨6.2%，交通及通讯类上涨0.3%（其中燃料及配件上涨12.6%），烟酒及用品类上涨0.8%，衣着类上涨0.1%，娱乐教育文化用品及服务类下降0.1%（其中教育费下降2.1%），家庭设备用品及维修服务类下降0.8%，医疗保健和个人用品类下降1.0%。商品零售价格指数上涨4.7%；农业生产资料价格指数上涨13.7%。

【城建·环保】 2011年，红塔区继续实施“生态立区”战略，积极开展“四创一建”活动，“国家环境保护模范城市”创建工作全面开展，以绿化、美化、亮化、净化生态城市建设为目标，从加强环境基础设施建设入手，加大资金投入，加强城市环境综合整治，加大污染防治力度，大力推进生态建设、城市建设和园林绿化建设。中心城区建成区面积26平方千米，城市拥有道路101条，总长度127千米，面积326万平方米；全年生产自来水2 533万吨，比上年增长7.3%，城市供水综合生产能力6.94万立方米/日，供水管长293千米，自来水普及率99%，水质综合合格率99.4%；全年处理污水2 137万吨。城市绿化率水平不断提高，中心城区有绿化面积943万平方米（其中高新区361.32万平方米），绿地率36.3%、绿化覆盖率40.8%；公园绿地面积258万平方米，人均公共绿地面积15.6平方米。日清扫保洁主要街道38条，道路清扫保洁面积152万平方米，清运生活垃圾181吨；全年累计清运生活垃圾6.59万吨，清运率100%，生活垃圾无害化处理率86.4%。城市绿化水平不断提高，环境质量得到明显改善。年内，中心城区交通环境综合整治成效明显，完成中卫路、太极路、红塔大道路面改造工程；拆除4个交通环岛，打通南北大街，城市交通环境明显改善。

2011年，《云南省玉溪市城市管理条例》获省人大常委会高票通过。加大城市管理综合行政执法力度，强化城市保洁，对中心城区占道经营、以街为市、乱搭乱建、渣土运输等行为进行整治规范。全区开展城市管理专项及综合整治147次，出动5 300人次，车辆480辆次。创建国家卫生城市圆满成功，荣膺“国家卫生城市”称号。“创模”工作全面推进，生态文明建设步伐加快，“七彩云南玉溪保护行动”深入实施，污染防治和节能减排力度加大，关停北城钢铁公司、福玉钢铁公司、刘总旗活发钢铁厂等高能耗练铁高炉4座，淘汰落后产能54万吨，减排二氧化硫335吨，化学需氧量160吨、氨氮15吨、氮氧化物58吨，单位GDP能耗同比下降5.03%，城市环境质量持续改善。全社会能源消耗总量487.65万吨标准煤（等价热值，下同），同比增长8.08%，增幅比上年回落1.77个百分点；全社会用电量31.82亿千瓦时，比上年增长12.11%。东风水库、九龙池水源地保护和地下水资源管理得到加强，大矣资面源污染综合整治取得实效。大力实施“绿色玉溪”植树行动，绿化造林3 495亩；“创园”成果得到巩固，中心城区入选中国“十佳优质生活城市”和“十佳低碳生态城市”。

【招商引资】 2011年，坚持走“开放、引进、盘活、争取”的路子，加大招商引资力度，强势推进玉山城旅游休闲康体娱乐、车立方汽车商贸物流港、子墨商贸（物流）、打叶复烤及烟叶存储仓库、烟草薄片、蓝晶科技外资股权并购等一批重点招商项目。全年实施市外国内招商引资项目47项，合同总投资额98.7亿元，实际到位市外国内资金18.07亿元，同比增长21%，其中到位省外资金15.1亿元。实施外资项目5项，合同投资额5 428万美元，实际到位外资2 286万美元。完成自营进出口总额4 302万美元，其中：自营出口2 359万美元，进口1 943万美元，同比增长193.5%。

【财税·金融】 2011年，红塔区以“调结构、保增长、建生态、惠民生、促和谐”为目标，全面落实各项增收节支措施，努力缓解资金供需矛盾，财政保障能力增强，财政运行质量提升，财政收入连续跨新台阶。全区财政总收入25.36亿元，比上年增长23.6%，其中上划中央“两税”收入6.23亿元，比上年增长6.8%；地方财政收入12.54亿元，比上年增长19.2%。全区地方财政支出18.88亿元，比上年增长13.9%。

认真贯彻中央货币政策，金融市场保持平稳健康运行，为经济发展创造了良好条件。1～12月，全区人民币存款增量实现55.18亿元，贷款增量实现37.61亿元。年末，全区金融机构人民币各项存款余额528.18亿元，比年初增长11.7%，其中储蓄存款余额190.12亿元，比年初增长9.2%；全区金融机构人民币各项贷款余额307.94亿元，比年初增长13.9%。全区金融机构存贷比58.3%，比上年提高1.1个百分点。

【人民生活】 2011年，城乡居民收入稳步增长。全区在岗职工平均工资45 823元，比上年增长33.7%。据城乡住户抽样调查，城市居民人均可支配收入19 258元，比上年增长11.1%，扣除价格因素，实际增长5.8%，其中：工资性收入14 729元，比上年增长14.0%；人均消费性支出13 027元，比上年增长6.1%。农村居民家庭人均纯收入7 917元，比上年增长12.9%，扣除价格因素，实际增长7.5%；其中：工资性收入3 520元，比上年增长14.8%；人均生活消费支出7 617元，比上年增长14.7%。

年末，城市居民人均住房面积48.6平方米，每百户平均拥有家用汽车44辆、电脑76台、钢琴3架、健身器材3套、移动电话241部。农村居民人均生活住房面积74.7平方米，每百户农民家庭拥有彩色电视机138台、电冰箱79台、摄像机3台、电脑30台、家用汽车21辆、摩托车61辆。

【科　技】 2011年，全区组织实施省级科技计划27项，争取上级科技补助资金981万元，科技事业取得新成果。开发省级新产品2个，有5户企业按新办法通过了高新技术企业认定，获省科技进步奖1项，市科学技术奖6项。认定市级工程技术研究中心3个。全区专利申请400件，授权专利270件。11月，红塔区被国家科技部表彰为“全国县（市）科技进步考核先进县（区）”。

【教　育】 2011年，境内有学校109所，其中：高等院校2所，中等专业学校3所，普通中学26所（完全中学4所，高级中学4所，初级中学16所，九年一贯制2所），中等职业学校2所（成人中等专业学校1所、职业高中学校1所），特殊教育学校1所，小学75所。在校学生96 076人，其中：小学生40 206人，普通中学生28 157人（初中18 523人，高中9 634人），中等职业学校学生6 066人，特殊教育学校学生242人；比上年增4.3%。全区有专任教师5 946人，比上年增13.9%。全区高中阶段教育毛入学率93.18%，实现了普及高中阶段教育的目标；全区小学适龄儿童入学率99.99%；初中适龄少年入学率99.66%，辍学率0.56%。残疾儿童入学率98.71%。

坚持教育优先发展，红塔区在全省率先实行高中免费教育，对区属普通高中实行免费教育，即：免学费、免住宿费、对家庭困难学生补助生活费，并将区属普通高中公用经费由100元/年·

生提高到300元/年·生。进一步整合、优化教育资源，组建玉溪八中，新建玉兴中心幼儿园。完成校舍安全排危面积1.2万平方米，新建面积3.7万平方米。二职中改扩建工程进展顺利，玉溪第七中学改扩建及研和中心小学、金家边小学易地搬迁等项目有序推进。

【文　化】　年末，全区有文艺表演团体4个，群众艺术馆2个，博物馆1个，文物管理所2个，公共图书馆2个，藏书54.1万册，其中：市图书馆藏书36.4万册；区图书馆藏书17.7万册。全区乡（街道）文化站11个，文化站藏书12.15万册；全年博物馆、纪念馆活动参观49.2万人次。

文化事业蓬勃发展。2011年，红塔区文化旅游广电和体育局成立，优化整合文化、旅游、广电、体育资源，形成大文化工作格局。文艺创作进一步繁荣，三人舞《崴灯》获第九届全国舞蹈比赛表演三等奖，大型歌舞诗画《哇家玉溪》获云南省滇中南民族艺术节比赛演出综合剧目金奖及21个单项奖。推进农家书屋向大的自然村延伸，完成玉兴街道居民小组农家书屋建设20个点，新增图书2.1万册。推进“文化信息资源共享”工程，完成全区52个村级服务点的安装准备工作。广泛开展群众性文体活动，组织广场活动35次、参加群众1.23万人次，放映农村公益性电影1 054场次，放映故事片107部、科教片37部，观众31万人次。深入开展民族历史文化资源保护和利用，完成可官魁阁的修缮工程，实现聂耳故居对社会免费开放，完成玉溪红塔、北城李家大院、可官魁阁、玉溪郑氏旧居、排山营凤凰观5个文物保护单位的第七批省保申报工作。加强文化市场管理，依法严厉制止和查处文化市场违法经营行为，促进了文化市场繁荣有序发展。

旅游业健康发展。红塔区旅游资源得天独厚，有山青水秀、石美水优的自然景观，丰富的云烟之乡、聂耳故乡、花灯之乡和红塔集团工业园区、“云南第一村”——大营街等人文资源，以及众多的历史文物古迹。列为国家级4A级景区2个：映月潭悠闲文化中心、汇龙生态园；2A级景区1个：九龙池公园。年内，加快推进旅游精品区改造提升、旅游度假设施建设等80个旅游重大项目建设，启动建设50个旅游特色村。加快玉山城生态绿化项目建设，全年完成投资3亿元；全区被列为全省新增旅游重大项目的龙潭清溪音乐旅游小镇项目、玉溪高鼓楼旅游文化小镇项目、龙马山生态主题公园项目前期工作进展顺利。积极推进大营街综合旅游区、中心城区商贸旅游区、红塔工业旅游区、中国玉溪高古楼文化旅游小镇建设。加快发展灵秀乡村旅游、研和生态乡村旅游产品，以“云南第一村”品牌为立足点，发展旅游精品，大力发展红色旅游、商务公务考察游、民俗文化游、工业旅游和美食旅游、乡村旅游等。年末，红塔区有国际旅行社2个，国内旅行社14个，高、中、低档宾馆、饭店、招待所等401家，总床位1.26万张。其中：四星级酒店2家，三星级酒店2家，二星级酒店4家。全年接待国内旅游者438万人次，比上年增长9%；接待海外旅游者684人次，比上年增长11%。实现国内旅游业收入17.2亿元，比上年增长19%；实现旅游外汇收入19万美元，比上年增长19%。8家星级饭店平均床位出租率50%。

广播电视事业不断进步。2011年，全区广播覆盖率和电视覆盖率100%。红塔区电视台1座，有线电视主干线总长830千米，有线电视用户5.28万户，电视人口覆盖率99.99%，数字电视用户1.75万户。红塔区电视台紧紧围绕区委、区政府的中心工作，加大“生态立区、科教兴区、工业强区、农业稳区、文化和区”发展战略和“两个率先”目标宣传力度。全年播出电视新闻1 450条（超任务数250条），被市电视台（含新闻直通车）采用350条，播出“创卫曝光台”舆论监督节目135条；专栏部播出《红塔区辉煌“十一五”》《文明三乡》《健康伴我行》自办专栏节目54期（超任务数14期）；拍摄播出《红色记忆》电视专题片9集，播出大型历史文献纪录片《党史国史》10部59集、经典电影90部、红色歌曲90首，以及《学习杨善洲，造福老百姓》电视节目；播出电视剧68部1 800集，电影365部。宣传标语、各类通告1 087条次，公益广告950条次，政府领导安全月电视讲话1期8次，完成庆祝建党90周年歌咏比赛、“三乡讲坛”文明礼仪等实况录像5场。

体育事业再创佳绩。2011年，加强农村公共体育基础设施建设力度，实施黄草坝村委会体育文化休闲广场项目和秀溪、古城、大密罗等5个村级文化体育活动广场建设试点工程，对农村体育器材给予经费补助，促进了城乡体育设施均衡发展。群众体育活动丰富多彩。年内，红塔区主办、承办和协办“2011年玉溪市、区元旦、春节环城赛”“2011年‘城建杯’市区塑质地掷球邀请赛”“庆‘三八’‘建行财富杯’职工趣味及健身运动会”、庆祝建党90周年华诞的“万众一心跟党走，建功立业奔小康”职工工间操比赛，“红塔区山区、城区小学生田径比赛”，红塔区第五届全民健身体育大会暨老干局第二十三届离退休干部运动会，“安利杯”职工徒步登山活动，红塔区全民健身体育大会，“2011年‘玉溪手机报’杯足球赛”，红塔区第五届全民健身体育大会残疾人田径比赛等各类体育赛事及活动。竞技体育稳步推进。红塔区代表团在玉溪市第四届中小学生运动会上，取得田径、游泳、男子篮球和体育知识竞赛的全胜成绩，团体总名列八县一区榜首，有5人次打破省、市青少年纪录。玉溪四小被国家体育总局和教育部命名为100所国家级体育传统项目学校；红塔区少体校和玉溪一小获玉溪市实施体育“三星”工程第二周期突出贡献奖；红塔区老体协被云南省体育局表彰为“2010年全民健身活动先进单位”；玉溪市第三人民医院获“云南省群众体育先进单位”。

【卫　生】　2011年，全区有医疗卫生机构308个，其中：医院、卫生院37个，急救中心1个，采供血站1个，社区卫生服务中心（站）7个，妇幼保健院2个，卫生疾病预防控制中心2个，卫生监督局2个，村卫生所68个，诊所、医务室188个。卫生技术人员3 985人，医院和卫生院床位4 104张。推进医药卫生体制综合改革，对基层医疗卫生机构按年定额补助公用经费，社区卫生服务中心、中心卫生院11万元；一般乡镇卫生院按9万元、7万元、6万元3个档次补助。山区乡村医生补助由每人每月150元提高到300元、半山区由120元提高到250元、坝区由80元提高到150元。加快推进基本医疗保障制度建设，提高筹资标准和医药费报销比例，实现了农村居民基本医疗补偿、老年人慢性病有保障、大病救助全覆盖的目标。城乡居民基本医疗卫生保障水平明显提高，全区参加新型合作医疗达18.17万人，参合率96.45%，新农合年筹资标准310元/人；城镇居民基本医疗保险参保登记14.2万人。初步建立国家基本药物制度，全区基本药物中标价格平均降幅达13.5%，群众看病药品费用比上年降低751.3万元。加强基层医疗卫生基础设施建设，完成

1个县级医院、2个社区卫生服务中心、2个村卫生所建设。卫生应急能力建设、重点疾病预防控制不断加强，传染病发病率控制在214.6/10万，儿童四苗基础免疫接种率100%，相应传染病得到有效控制。农村公共卫生服务体系不断完善，食品药品安全综合监管得到加强，全区未发生突发公共卫生事件。全区婴儿死亡率7.46‰，孕产妇住院分娩率99.93%，无孕产妇死亡发生。

年末，已婚育龄妇女85 540人，领取独生子女证27 407人。全年施行计划生育手术5 650例，综合节育率90.1%，计划生育率98.54%。全区有6 372户农业人口领取“独生子女父母光荣证”，领证率32.04%。

年末，全区参加医疗保险单位（含市级）1 796个，其中：企业（个体）1 196个，机关及事业单位600个；参保人员105 422人，其中：企业（个体）73 456人，机关及事业31 966人；收缴基本医疗保险金32 496万元。

【社会福利】 2011年，完善城乡低保制度，加大社会保障力度，坚持动态管理、做到“应保尽保”。城低保标准从每月210元提高到250元，农低保标准从每月75元提高到115元。全年为城市低保对象4 616户6 517人发放低保金1 462万元，农村低保对象5 848户6 545人发放低保金571.44万元。切实为城乡困难群众解决实际困难问题，确保其有房住、有饭吃、有衣穿。对受灾和因病、因残致贫的各类困难群众2 152人，实施粮食、衣被、现金等救济，支付救济金55.46万元。全年对各类救助对象实施医疗救助46 179人次，支付救助金113.49万元。

开展创业型城市创建，落实各项优惠扶持政策，促进失业人员再就业。开发公益性岗位安置就业困难人员165人，实施城镇“零就业家庭”就业专项援助，保持动态清零。发放创业促就业小额担保贷款6 240万元；发放“贷免扶补”贷款308万元，扶持55人创业。按照“政府引导、中介搭桥、市场运作、企业承转”的思路，开展农村劳动力转移培训，举办各种培训班33期，培训2 039人，实现转移5 057人。

全区有乡（街道）老龄工作委员会11个，区直机关单位老年协会15个，会员245人；村（社区居）民委员会老年协会78个，老年协会分会663个，会员45 147人；社区老年协会9个，会员5 645人。有门球队20个、218人；地掷球队17个、183人，健身操（舞）队233个、4 359人，其他体育锻炼团队237个、6 887人。老年文艺队467个、7 098人，演出906场、节目3 672个。

年内，全区有敬老院12所，收养老人77人；民间投资兴办敬老院2所，收养老人107人。对399名高龄特困老人实行助医助养，其中：区级助医助养200人，乡（街道）助医助养148人，乡（街道）、村（社区）、村（居）民小组老龄事业发展促进会助医、助养51人。

（周　红）

*　　*　　*　　*

乡街道概况

玉兴街道

地理位置 中心城区及城郊北部。

面　　积 16.92平方千米。

人口·民族 2011年末，总户数33 633户，总人口64 822人（男32 089人，女32 733人），其中：直辖人口6 039户，15 092人；少数民族（主要是彝族）人口7 329人，占总人口的11.31%，乡村从业人员7 064人。人口自然增长率-2.4‰，比上年下降2.27个千分点。人口密度6 132人/平方千米。

行政区划 辖新兴、荷花、右所、棋阳、北苑5个社区居民委员会，84个居民小组，17个自然村。6月，划为15个社区，新增广文、文化、东风、山水、瑞新、珊瑚、朱瑾、聂耳、玉州、玉湖10个社区。

街道办事处所在地 玉溪市玉兴路55号

党工委书记 陆绍明

副 书 记 徐汝青(2011年6月免)
雷双菠(2011年6月任)
温　鹏　何东明

人大工委主任 聂剑波

办事处主任 徐汝青(2011年7月免)
雷双菠(2011年7月任)

副 主 任 高连俊(2011年12月免)
桂凤林(2011年12月任)
赵东润(2011年3月免)
李　炜(2011年3月任)
雷玉红(2011年1～11月挂职,12月任)

纪工委书记 杨树琼

【经　济】 2011年，农村社会总产值（现价）270 709万元，比上年增6.04%。工农业总产值（现价）27 730万元（工业总值26 620万元，农业总值1 110万元）。农村经济总收入453 933万元，比上年增8%。其中：农业收入701万元，比上年减36.96%，占总收入的0.15%；二、三产业收入453 232万元，比上年增8.10%，占总收入的99.85%。居民人均纯收入7 717元。从事二、三产业6 898人，占农村从业人员的97.65%，比上年增加2.1个百分点。财政总收入35 817万元，比上年增长5%，其中地方财政收入20 725万元，比上年下降5.1%。财政支出3 319万元，比上年下降32%。全处农村经济收入超过亿元的有荷花（109 794万元）、棋阳（134 790万元）、新兴（128 364万元）、右所（80 985万元）4个社区居委会。

农　业　农作物播种面积259.95亩。粮经作物比例18.35∶81.65。粮食播种面积47.8亩，粮食总产9.41万千克，其中：水稻栽种面积40亩，单产605千克；蚕豆播种面积7.8亩，单产140千克。农民人均产粮19.88千克。油料播种面积212.25亩，单产140千克，总产2.97万千克。

年末，生猪存栏1 199头，比上年增5.64%，出栏肥猪3 213头，比上年减32.64%。全年肉产量32.1万千克；家禽出栏5.22万只，禽蛋总产21.9万千克。

年末，有林地面积479.25亩。年产水果6.73万千克。投资93.47万元（其中办事处投资8.89万元），用于大红坡山地、狮子山养殖园区人畜饮水工程建设。有水库（坝塘）1座，总库容30万立方米；三面光节水渠道7条，长7 000米。农田有效灌溉面积279亩，水利化程度达100%。

年内，农、林、牧、渔业实现总产值（现价）1 110万元，其中：农业163万元，盆景、园艺、水果占14.69%；畜牧业933万元，占84.05%；农林牧渔服务业14万元，占1.26%。

企　业　年末，有企业2 290户，比上年增0.48%；从业人员（含外来人员）14 006人，比上年增1.57%；实现营业收入430 547万元，比上年增8.06%，占农村经济总收入的94.85%；税利25 987万元，比上年增6.11%。其中：集体企业1户155人，收入1 378万元，税利52万元；私营企业14户1 771人，收入65 401万元，税利2 991万元；个体企业2 275户12 080人，收入363 768万元，税利22 944万元。企业营业收入上百万元的12户，千万元以上的8户，上亿元的3户（玉溪城建集团有限公司、玉溪中升东本汽车销售有限公司、玉溪诚田汽车销售有限公司）。

主要产品年产量：机制纸及纸板350万吨，房屋建筑面积22.36万平方米。

2010年，发挥商业中心区位优势，把三产业放在更加突出的位置，重服务、强措施、拓领域，投入资金500余万元，对右所社区8～12组片区进行违章建筑整治、小区道路保洁，道路基础设施改造，灯光亮化、环境绿化工程，优化经营环境，吸引众多商家纷纷迁入，成功打造饮食休闲特色街区，拓展三产发展领域，推进街道经济持续、健康发展。全年第一产业完成0.07亿元，第二产业完成7.22亿元，第三产业完成38.11亿元，一、二、三产业在经济总收入中的比重为0.15∶15.9∶83.95，第三产业在街道经济发展中的主导地位更加凸显。集体经济不断发展壮大，积极探索土地增值增效的科学开发方式及经营管理运作新模式，盘活集体预留发展用地及闲置土地12宗76.6亩；结合中心城区“拆临拆违、透绿建绿”工作，把28宗90.8亩利用不充分、收益回报少、低层次的简易房、商铺、市场分批进行改造升级。资产的有效盘活，促进了集体经济发展壮大。全处实现集体经济收入8 187万元，比上年增加1 369万元，增20.08%；继续实施项目带动发展战略，全面提升招商引资质量，创新招商引资方式，优化投资环境，提升服务水平，街道经济发展活力显著增强。全年在建和续建项目16个，竣工13个，完成固定资产投资13.4亿元；签约引进市外建设项目20个，完成招商引资3 036万元，圆满完成区政府下达的指标任务。红塔区聚乐休闲娱乐中心、红塔区百爵珠宝专卖店、玉溪市大笨象汽车美容装饰等一批有影响的企业落户辖区，促进和带动了当地经济发展。

村镇建设　2011年，全处启动公共建筑面积5.11万平方米，总投资1 550万元。新建房屋农户44户，占地面积4 400平方米，竣工建筑面积2.44万平方米，拆除旧房占地面积3 500平方米。

【社会事业】

科　技　全年举办各种科技培训班30期，培训2 409人次。年末，有社区科普协会5个，会员170人；科普示范户18户，其中养殖科技示范户11户。

教　育　年末，辖区内有民办幼儿园（学前班）9个，教职工184人，在园幼儿1 722人。

文化·体育　年末，有综合文化站1个，藏书6 500册。图书借阅1 327人次、2 986册，有“农家书屋”5个，藏书5 600多册。“居民书屋”20个，藏书2万余册。

卫　生　年末，有卫生院1所，卫生专业技术人员28人（中职12人，初职14人，无职称2人；门诊诊治病人4.3万人次，业务收入181.3万元。村级卫生所1所。儿童“四苗”接种率100%，法定报告乙类传染病发病率265.4/10万，食品从业人员健康体检率100%。

计划生育　年内，人口出生94人，出生率6.17‰；死亡135人，死亡率8.86‰；自然增长率－2.69‰。清查流动人口10 267人。

社会保障　年内，有1 553人享受城市居民最低生活保障金379.08万元；为优抚对象144人兑现优待抚恤金58.24万元。有敬老院1所，供养老人8人。对2 530名残疾人给予康复服务。开展劳动执法年审，对611户用人单位进行审查，涉及劳动者7 589人。对62个用人单位进行主动监察，涉及劳动者1 200人，参与处理突发事件3件。举办培训班4期，培训农村劳动力206人，发布用工信息32期，寻找就业岗位120余个，转移就业531人。改制企业失业人员和就业困难人员享受灵活就业社会保险补贴1 802人，30岁以上失地人员参加养老保险523人，累计参加城镇居民医疗保险21 645人，新参保632人。累计办理劳动合同登记单位225个，签订劳动合同4 228人，新签劳动合同1 373人（其中农民工256人）。办理城镇居民养老保险7 731人，全年有1 814人领取农村养老保险（含失地人员）金205.88万元。右所社区居委会出台高龄老人长寿补助金制度，对年满80周岁、85周岁、90周岁、95周岁、100周岁的老年人，每年分别发给1 000元、2 000元、4 000元、8 000元、2万元不等的“长寿金”。

老龄工作　年末，全处有老年协会5个，老协分会41个，会员2 799人，社区老年学校5所，老年活动室5个。60岁以上老年人3 149人，占全处总人口的13.5%，其中：80～89周岁355人，90周岁以上49人。全年发放70周岁以上无退休金老年保健、长寿补助金37.48万元，走访慰问老党员、老干部、高龄老人、特困老人401人，慰问金11.13万元。

生态文明建设　年内，按照“全盘做好、打造精品、突出亮点”的工作思路，全面发动、全员参与、全力以赴，认真开展创建国家卫生城市。投入资金928万元，出动1.8万余人次，加大对窑头、新兴、右所社区十二组、水果批发市场的清理整顿和监管，解决市场内脏、乱、差现象；投资130万元，完成棋阳社区五组村内道路建设；举办健康教育知识进社区巡回讲座，增强居民健康意识；加大市容环境卫生整治力度，对辖区内街道、小区、城中村、城郊结合部、背街背巷存在的脏乱差及以街为市、乱搭乱建、占道经营等突出问题进行集中整治，并开展大规模的病媒生物消杀，美化居民生活环境；对“七小”行业进行综合整治，规范行业经营秩序。巩固创卫成果，打造出棋阳村、迎春小区、右冯新村、音乐美食城、老五街等一批精品亮点，为创卫的成功做出了贡献。以“生态文明建设”为主题，组织开展公民道德实践教育、“做文明市民、创文明城市”“提升居民文明素质”、创建省级文明城市知识问卷调查及“城市环境卫生综合整治”“市场秩序专项整治”等专项活动，改善社区面貌和人居环境，提高了城市文明程度。以“外观整体统一、基础设施完善、居民群众增收”为目标，及时启动冯家冲、沙头村景观打造和环境综合整治，层层召开动员会，统一干部、群众思想，完成539户居民的入户调查摸底，制作景观改造设计方案，打造19套样板房。坚持“以项目建设带动拆临拆违、以拆临拆违推进盘活存量土地”的工作思路，对所涉及41宗、1.29万平方米拆临拆违建筑物，逐宗进行分析研究，提出改造方案，并动工拆除改造建设。截至年末，共拆除10宗、6 570平方米。摸清涉及棋阳路二期拓宽改造工程拆迁的250户居民房屋面积、产权人、权属界限及户主的思想动态等重要信息，配合指挥部做好产权调换、居民思想稳定等工作。以宣传开路，摸清整治底数，周密制定方案，集中人力物力，认真进行中心城区户外广告整治，拆除、整改广告牌、橱窗广告、墙体广告 5 174 块，审批门店招牌 1 211 块。

法制建设 加强民主法制建设，办理市、区人大代表和政协委员建议、提案 3 件，办复率 100%。制定“六五”普法规则，全年举办各种宣传活动 48 次，普及面达 98%；书记、主任接待日接待 12 次，接待群众来访 33 件 81 人次，反映问题 33 个；办理市、区长电子邮件交办件 16 件，办结 16 件；受理群众来信来访 84 件，办结 84 件，做到件件有答复。年内，签订《社会治安综合治理目标责任书》53 份，拨专项综治经费 120 万元。年末，全处有联防队 6 支、275 人，北苑社区义务护村队 1 支 5 人。全年立刑事案件 1 818 起，破案 461 起；受理治安案件 2 082 起，查处 609 起，查处违法人员 1 711 人；组织“四防”安全大检查 59 次；有调解会 8 个，会员 155 人，调解民事纠纷 100 起，调解成功率 98%。全年新接收矫正人员 19 人，在册 41 人，无脱管、漏管现象；新接收刑释解教人员 12 人，在册 68 人，帮教率 100%。

【年内要事】

2 月 22 日　举行 80 岁以上高寿老人“高寿金”发放仪式。

3 月 17 日　玉兴路街道更名为玉兴街道，并举行挂牌仪式。

3 月　启动右所社区冯家冲、沙头村景观打造和环境综合整治工作。

6 月　完成玉兴街道为民服务中心工程建设；9 月，正常运转，实现一站式“柜台流水线”办公。

6 月　玉兴街道“三资”委托代理服务中心成立。

8 月　城镇居民社会养老保险工作试点启动。

9 月　完成 10 个新建社区的组建工作。

11 月 3 日　完成“廉政文化主题园”建设，并举行开园仪式。

12 月 12 日　以民办公助的方式在全区首家开办玉兴中心幼儿园，并举行开园仪式。

12 月　完成街道综治维稳信访中心规范化建设。

年内　成功打造右所社区 8 ~ 12 组片区饮食休闲特色街区。

年内　投入资金 205.9 万元对 22 个居民小组进行高标准改造建设。

表 1：2011 年玉兴街道社区居民委员会基本情况统计表

2011 年玉兴街道社区居民委员会基本情况统计表

表 1

居委会	党总支部书记	主 任	居民小组数（个）	自然村数（个）	总人口（人）	耕地面积（亩）	粮食总产量（万千克）	农民人均产粮（千克）	烤烟总产（万千克）	烤烟交售收入（万元）	企业营业收入（万元）	农村经济总收入（万元）	农民人均所得（元）	电话号码
荷花池	李家德	王继明	18	3	2 332						101 549	109 794	7187	2036942
棋 阳	刘存福	李家明	17	3	1 497						129 107	134 790	8 260	2661953
新 兴	张 超	张 超	19	3	2 260						123 611	128 364	8 385	6102719
右 所	史永清	魏国忠	20	8	7 444						76 280	80 985	7 571	2617868
北 苑	李绍章	杨 洋	10											2615398
广 文	王斌宇	周 希												
文 化	张 荣	徐紫霞												
东 风	刘 娇	潘光卫												
山 水	魏景瑞	龙 雨												
瑞 新	吴永春	翟燕丽												
珊 瑚	黄 黎	黄 磊												
朱 瑾	陈 丽	李宏瑞												
聂 耳	刘亚丹	杨 超												
玉 州	速 惠	李卫春												
玉 湖	蔡 芳	施会萍												
合 计			84	17										

（孟惠芝）

玉带街道

地理位置 中心城区西南部。

面　　积 9.01平方千米。

耕　　地 3 341亩（比上年减少88亩），其中：田3 161亩，地180亩；稳产高产基本农田3 311亩。农业人口人均占有耕地0.19亩。

人口·民族 2011年末，辖区总人口65 606人，户籍户数11 337户（农业户数4 519户，非农业户数6 818户），户籍人口26 597人（男13 046人，女13 551人；农业人口13 416人，非农业人口13 181人）。少数民族（主要是彝族）人口1 228人，占户籍总人口的4.62%。农村从业人员10 735人。人口自然增长率2.13‰，比上年下降0.29个千分点。人口密度6 722人/平方千米。

行政区划 辖中卫、郑井、冯井、黄官、玉村、彩虹、玉龙、兰苑、诸葛、明珠10个社区居民委员会，居民小组158个，22个自然村。

街道办事处所在地 玉溪市明珠路72号

党工委书记 郑寿启

副书记 周　勇(2011年7月任)
马开红(2011年12月任)
雷双菠(2011年7月免)
师从发(2011年12月免)

人大工委主任 谢家平

办事处主任 王　红(女)

办事处副主任 卢志荣(女)
师忠文
康云兴(2011年3月免)
高　轶(2011年3月任)
唐跃平(挂职)

纪工委书记 张云春

【经　济】 2011年，农村社会总产值（现价）287 079万元，比上年增13.01%。工农业总产值（现价）22 237万元，其中：工业总产值13 025万元，农业总产值9 212万元。农村经济总收入350 202万元，比上年增10.38%。其中：农业收入9 065万元，比上年增12.54%，占总收入的2.59%；二、三产业收入341 137万元，比上年增10.69%，占总收入的97.41%。农民人均纯收入7 651元，有8 462人从事二、三产业，占农村从业人员的78.83%，比上年增0.53个百分点。财政总收入13 932万元，比上年增12.97%；地方财政收入8 806万元，比上年增2.42%；地方财政支出1 669万元，比上年减少41.54%，农村经济收入超过亿元的有郑井（133 095万元）、中卫（97 550万元）、冯井（92 682万元）、黄官（26 875万元）4个社区居委会。

农　业 农作物播种面积6 961.05亩，复种指数208.35%。粮经作物比例8.5:91.5。粮食播种面积594亩，粮食总产量32.35万千克，其中：水稻栽种面积235.95亩，单产700.85千克，优质稻种植面积100%；玉米播种面积219亩，单产491.32千克；小麦播种面积54亩，单产459千克；蚕豆播种面积85.05亩，单产302千克，农民人均产粮18.11千克。油料播种面积676.05亩，总产14.9万千克。烤烟种植面积993亩，总产20.25万千克，交售量20.25万千克，交售收入387万元，平均单价19.11元/千克。

年末，生猪存栏6 394头，出栏肥猪17 319头，大牲畜存栏15头（其中牛存栏13头），出栏菜牛10头。全年肉产量203.7万千克。家禽出栏27.64万只，禽蛋总产量36万千克。

年末，有林地面积885亩，森林覆盖率35%。全年林果面积493亩（干果类40亩，水果类453亩），林果产值459万元；花卉种植面积567亩，产值66万元；蔬菜种植面积3 426亩，产量842.36万千克。花卉、蔬菜、林果等经济作物总产值2 460万元。

全年农、林、牧、渔业总产值（现价）9 212万元，其中：种植业3 021万元，占32.79%；林业26万元，占0.28%；牧业6 148万元，占66.74%；农林牧渔服务业43万元，占0.47%。

坚持创新“三农”发展思路，加大特色农业发展力度。围绕农民增收，农业增效，继续坚持调整农业种植结构，提高经济效益。全年种植经济作物面积4 750亩，其中：油菜676亩，蔬菜3 426亩，花卉567亩，葡萄243亩，草莓18亩，全处农作物种植结构已趋于均衡。对台山台地实行承包，搞活台山台地的林果产业；对一些种植条件好的田地实行出租，发展花卉、莲藕等经济效益好的产业。通过多种形式，提高种植业收入，促进农民经济收入的增加。黄官现代烟草合作社成功创造出“以农户土地流转，合作社为主体”的“黄官模式”。实行烟水、烟路、烟田、管网、烤房等基础设施统一规划、综合配套建设，集中统一管理，规模化生产、专业化服务，它是烤烟生产组织形式上的创新，反映了现代烤烟生产的基本要求和发展方向。年内，投入烤烟种植经费121.88万元。巩固发展规模特色养殖业。继续采取“龙头企业+基地+农户”的方式，扩大以优质猪、鸡为主的规模养殖，有养殖大户25户，全部签订《重大动物疫病防控责任书》。

企　业 年末，有企业2 842户，比上年增0.04%；从业人员（含外来人员）17 606人，比上年减0.61%；营业收入342 572万元，比上年增9.96%，占农村经济总收入的97.82%；利税总额17 415万元，比上年增6.11%。其中：集体企业3户154人，收入2 386万元，利税总额246万元；私营企业61户5 149人，收入131 508万元，利税总额7 409万元；个体企业2 778户12 303人，收入208 678万元，利税总额9 760万元；营业收入千万元以上的企业16户，其中上亿元的4户（云南玉溪三建建设集团有限公司、云南玉溪市呈升建筑装饰工程有限责任公司、云南玉溪瑞岩工贸有限公司、玉溪金恒汽车销售服务有限公司）。做好三产业发展这篇文章，推动传统产业结构优化升级，走“三产业富民强处”的道路，巩固好三产业在全处经济中的主导地位。充分利用地处中心城区和城效结合部的区位优势，大力发展“路边、城边、街边”经济，按照“经营城市、服务城市”的发展理念，重点发展饮食住宿、物流、房屋租赁等三产业，强化第三产业的经济主导地位。加大对辖区红荷酒店、宏盛酒店、星光公寓、忠诚酒店等宾馆酒店业的服务力度，辖区内小宾馆逐步增多，酒店住宿业高税收、高就业的作用日益明显。加大冯井饮食一条街、中卫烧烤一条街、郑井火车站好吃街和早点市场的建设力度，努力构建新的街边、路边经济。积极引导建筑、房地产企业大力发展楼宇经济，致力于把楼宇经济打造为新的经济增长点。发展壮大社区和居民小组集体经济实力，促进居民增收。全年社区集体收入467.64万元，其中：中卫社区203.93万元，郑井社区96.3万元，冯井社区105.34万元，黄官社区62.07万元。

【社会事业】

科　技 年内，举办农业科技培训6期，培训1.63万人次，培训面达97%。抓好科技示范户、村和科技联系户，以点带面，全面落实新科技的推广应用。全处有科技示范户10户，科技示范村4个，科技联系户77户，较好地发挥了示范带动作用。

教 育 年内，强化教育优先发展的战略地位，加大教育投入力度。投入经费40.29万元用于学校修缮、办公经费、图书阅览室建设，配合市、区落实好小学生免费上学和流动人口子女上学。圆满完成“两基”迎“国检”工作。在师生中开展“树立社会主义荣辱观，建设文明和谐新校园”主题教育活动，举办“三爱”（爱祖国、爱家乡、爱父母）专题报告会和家长开放日，受到好评。加大对幼儿园日常安全教育和监管力度。年末，有幼儿园6所，适龄儿童入园967人；小学4所，教学班53个，教职工119人，在校学生2 387人，入学率、毕业率、升学率均为100%。

文化·体育 年内，完成中卫、郑井、冯井3个社区农村党员干部现代远程教育暨文化信息资源共享工程村级站点、设备安装及调试工作，充分利用街道、社区站点开展党员干部远程教育教学累计56小时，利用“文化资源信息共享工程”设备进行农民文化素质与宣传教育30小时。以抓好社区文化活动建设为重点，把全民健身活动的创新普及推广落到实处。全处经常参加体育健身活动人员1.75万人。抓好学校体育工作，全面开展老年人文体活动，丰富老年人精神文化生活。社区文化、广场文化活动开展有声有色，丰富了社区群众文化生活。年末，有标准文化站1个，职工健身房1个，图书室1个，藏书5 880册，图书借阅1 875册次，阅览971人次；社区标准文化室4个，农家书屋4个，小型休闲文化娱乐广场7个，晨晚练点4个。

卫 生 年内，利用多种形式开展健康教育，健康教育知识知晓率80.4%，健康行为形成率85.9%。加强疾病预防控制，以控制伤寒、副伤寒为重点，加大鼠疫、结核病、手足口病、甲型流感等疾病的防治力度，儿童计划免疫“五苗”覆盖率100%，新生儿乙肝疫苗出生24小时内接种率100%；法定报告乙类传染病发病率238/10万，无传染病暴发流行。儿童系统管理率97.11%，7岁以下儿童保健覆盖率94.07%，5岁以下儿童死亡率5.08‰，婴儿死亡率5.08‰，孕产妇系统管理率94.92%，新法接生率100%，住院分娩率100%，无孕产妇死亡。逐步完善社区居民健康档案，并进行规范管理，对65岁以上老年人体检4 256人；对1 698名高血压患者和460名Ⅱ型糖尿病患者提供1次健康体检和4次面对面随访。深入开展创建国家卫生城市，建立卫生管理长效机制，投入150万元将28条面积32.6万平方米的城市主次干道推向市场化进行清扫保洁；投入25.6万元安排71名清扫保洁员对社区居民小组进行清扫保洁；增加环卫基础设施建设，开展病媒生物防制工作；深入开展农贸市场、七小行业、河道综合整治，社区、单位及城中村及城乡结合部环境卫生整治成效突出。对临街面的8个公厕进行升级改造，拆除旱厕123个。开展食品安全专项整治，加强农村红白喜事宴请食品安全监管192户次，未发生农村群体性食物中毒事件。年末，有村级卫生服务站4个，个体诊所36个。

计划生育 年内，围绕利益导向，切实落实各项惠民政策，以人为本，做好计划生育优质服务。为辖区内18 061人提供计生服务，其中已婚育龄妇女4 097人。全年人口出生174人，死亡129人，自然增长率2.50‰；计划生育率100%，长效避孕及时率88.50%，优选节育率86.62%。

民政·残联 年内，有310人享受城市居民最低生活保障金68.91万元，588人享受农村居民最低生活保障金64.17万元；为优抚、精简、离干对象225人兑现生活补助费67.89万元。有敬老院1所，集中供养老人4人。关心和支持残疾人事业，506名残疾人得到康复服务。

社会保障 年内，新农保和城镇居民养老保险全面展开，应参保11 218人，办理参保登记11 178人，其中：60周岁以上2 544人（居民513人）。16~59周岁8 634人（农村户口6 583人，居民户口2 051人）；参保率99.6%；缴纳保费8 578人，缴费额199.85万元，缴费率99.35%。城镇职工基本养老保险新参保200人，城镇职工基本医疗保险594人，居民基本医疗保险办理671人。参加被征地农民养老保险824人，收取保费522万元。对252个用工单位进行检查，内容包括：社会保障费征缴，劳动保障监督检查、劳动就业、用工管理、城镇职工医疗改革、养老保险等，涉及劳动用工4 571人，签订劳动合同1 919人。截至年末，劳动用工登记有1 263人（其中农民工956人）。分别在郑井、中卫、冯井、黄官4个社区开展劳动力转移培训，转移农村劳动力526人

老龄工作 全年办理高龄老年人优待证24人。慰问特困老人40人，慰问金0.84万元。年末，全处有老年协会4个，老协小组40个，老年活动室5个，会员2 592人。有60岁以上老年人2 659人，占直管人口的14.89%，其中：80~99岁329人，100岁以上1人（高唐氏，女，1910年生）。

法制建设 年内，接待处理信访总量223件次，办结212件次；书记、主任接待日（含大接访、大下访接待日）接访、下访122次，接待群众252人次，受理案件52件，办结52件，结案率100%；参加市长接待日1次，参加区长接待日3次。全年签订《社会治安综合治理目标责任书》62份，拨专项综治经费52.4万元。立刑事案件1 025起，破案255起，破案率24.8%；受理治安案件914起，查处659起，查处率72.1%。调解民事纠纷32起，调解成功率100%。年末，有联防队6支100人，调解会6个、会员67人，护村队15支73人。

【年内要事】

1月 建立卫生长效保洁机制，将辖区内38条面积32.63万平方米的道路进行市场化运作，清扫保洁。

3月7日 玉带路街道更名为玉带街道；17日，举行更名挂牌仪式。

3月 完成昆玉电气化铁路扩能改造工程征地工作。

7月 新成立诸葛、兰苑、明珠、玉村、彩虹、玉龙等6个社区；10月8日，新社区干部48人正式上岗。

7月 街道为民服务中心被评为区级“先锋窗口”。

年内 街道工会完成非公企业建会38个，发展会员336人。

表2：2011年玉带街道社区居民委会基本情况统计表

2011 年玉带街道社区居民委员会基本情况统计表

表 2

居委会	党总支部书记	主　任	居民小组数（个）	自然村数（个）	总人口（人）	耕地面积（亩）	粮　食总产量（万千克）	农民人均产　粮（千克）	烤烟总产（万千克）	烤烟交售收入（万元）	企　业营业收入（万元）	农村经济总收入（万元）	农民人均所得（元）	电话号码
郑　井	师忠文	金凤贵	12	8	4 780	565	0.92	1.92			132 085	133 095	8 218	2061827
中　卫	李万学	冯　硕	9	4	4 065	410	12.41	30.53			97 149	97 550	7 857	2016779
冯　井	高福光	冯勤书	11	5	5 734	1 016	18.02	31.43			87 015	92 682	7 642	2061042
黄　官		胡增顺	8	5	3 280	1 350	1.00	3.05	20.25	387	26 323	26 875	6 585	2780637
玉　龙	白　江	王渝阳	10											
兰　苑	高　丽	郑　云	24											
诸　葛	李东达	代云芳	18											
彩　虹	王　波	高艳华	18											
玉　村	李雪梅	李　娜	30											
明　珠	刘　洁	姜子奎	18											

（翟　溪）

凤凰街道

地理位置　中心城区东南部。

面　积　32.54 平方千米。

耕　地　1 425 亩（田 1 275 亩，地 150 亩），稳产高产基本农田 1 425 亩。农业人口人均占有耕地面积 0.83 亩。

人口·民族　2011 年末，辖区户籍总户数 20 605 户，总人口 50 956 人（男 26 452 人，女 24 504 人）。街道直管户数 3 895 户，人口 11 576 人，其中农业户数 473 户，农业人口 1 709 人；少数民族 1 149 人（主要是彝族），占直管人口的 9.93%；直管人口从业人员 6 018 人；人口自然增长率 2.54‰，比上年下降 0.99 个千分点。人口密度 3 750 人/平方千米。

行政区划　辖瓦窑、葫芦、灵秀、葫田、高龙潭、泷水塘、广场、红塔、胜利、葫泉、文秀、教育、紫艺 13 个社区居委会，151 个居民小组，15 个自然村。

街道办事处所在地　玉溪市抚仙路 3 号

党工委书记　徐汝青（2011 年 6 月任）

副　书　记　柳　洪

赖汝贵

鲁玉丽（女，2010 年 10 月试用）

人大工委主任　夏云艳（女）

办事处主任　柳　洪

副　主　任　者发伟

聂金明

王海倩（女 挂职）

陈永坤（挂职）

纪工委书记　刘国华

【经　济】　2011 年，农村社会总产值（现价）365 942 万元，比上年增 4.42%。工农业总值（现价）191 666 万元，工业总值 188 950 万元，农业总值 2 716 万元。城乡经济总收入 406 385 万元，比上年增 9.23%，其中：农业收入 1 976 万元，比上年减 16.8%，占总收入的 0.49%；二、三产业收入 402 611 万元，比上年增 74.27%，占总收入的 99.07%。农民人均所得 7 652 元，人均居住面积 18.6 平方米。从事二、三产业有 4 828 人，占直管人口从业人员的 79%，与上年持平。财政总收入 1 467 万元，其中地方财政收入 9 232 万元，比上年增 23.5%；财政支出 1 611 万元，比上年减 25.5%。年末，各项存款余额 1 318 万元，比上年减 55%。经济收入超亿元的有：瓦窑（122 133 万元）、葫芦（80 226 万元）、泷水塘（12 341 万元）、高龙潭（12 624 万元）4 个社区委员会。

农　业　农作物播种面积 2 340 亩，复种指数 164%。粮经作物比例 57:43。粮食播种面积 1 326 亩，粮食总产 60.69 万千克，其中：水稻栽种面积 288 亩，单产 514 千克；玉米播种面积 795 亩，单产 510 千克；小麦播种面积 27 亩，单产 182 千克；蚕豆播种面积 111 亩，单产 153 千克。农民人均产粮 355 千克。油料播种面积 521 亩，总产 10.5 万千克。烤烟种植面积 97.5 亩，总产 1.27 万千克；交售量 1.27 万千克，交售收入 24 万元，平均单价 19 元/千克；中、上等烟占 92.2%，其中上等烟占 68%，比上年增 4 个百分点。

年末，生猪存栏 1 806 头，出栏肥猪 4 225 头，分别比上年减 9.6%、11%。大牲畜（牛）存栏 20 头，出栏菜牛 1 头。羊存栏 288 只，出栏菜羊 255 只。全年肉产量 63.1 万千克。家禽出栏 12.6 万只，禽蛋总产 0.3 万千克。养鱼水面 710 亩，水产品产量 17.8 万千克。

年内，植树造林 100 亩，均为用材林。年产水果 29.58 万千克。年末，有林地面积 18 680 亩，森林覆盖率 57.3%。

年内，投资 6 万元用于农田水利建设，其中：国家投资 5.5 万元，地方投资 0.5 万元。进行“五小水利”改革和普查，对辖区内水利基础设施进行核实，有水库（坝塘）8 座，总库 287 万立方米；水渠道 24 条，长 16.5 千米，全部为三面光节水渠道。农田有效灌溉面积 1 410 亩，水利化程度达 98%。

全年农、林、牧、渔业实现总产值（现价）2 716 万元，其中：种植业 758 万元，占 27.9%；牧业 1 694 万元，占 62.4%；渔业 259 万元，占 9.5%；农林牧渔服务业 5 万元，占 0.2%。

企　业　年末，有企业 2 055 户，比上年增 1.03%；从业人员（含外来人员）15 516 人，比上年增 2.84%；企业营业收入 397 456 万元，比上年增 8.82%，占全镇农村经济总收入的

97.8%；税利40887万元，比上年增27.05%。其中：集体企业7户1098人，收入27287万元，税利2335万元；私营企业59户6523人，收入222910万元，税利31263万元；个体企业1989户7895人，收入147259万元，税利7289万元。营业收入上亿元的6户（云南红塔塑胶有限公司41099万元；云南天宏香精香料有限公司59848万元；云南荷乐宾防伪技术有限公司16365万元；云南省玉溪印刷有限责任公司10102万元；玉溪环球彩印纸盒有限公司12293万元；玉溪红塔建筑工程有限公司19102万元），500万元以上的27户。

主要产品及年产量：车库门、复合门11060道，多色印刷品570093对开色令，卷烟商标94024万张，烟用香精香料1230吨，电缆桥架2369吨，修理汽车2876辆、金属切割机床1609台、发电机145330千瓦。

商业贸易　年末，有商业网点521个，完成农村社会商品零售总额6.08亿元。

村镇建设　年内，先后完成灵秀社区居委会办公楼和灵秀二组戏台、长廊、公厕等项目建设，总投资357.56万元。有6户农户建盖新房，占地面积500平方米，竣工建筑面积3000平方米，拆除旧房占地面积530平方米。

交通·邮电　辖区内乡村道路里程22.19千米，其中：乡道18.37千米。通车率100%。

【社会事业】

科　技　2011年，有科普协会6个，会员226人；种养农技协2个，会员126人。农村科技示范户39户，其中：养殖5户，种植34户。全年举办各种科技培训班5期，培训960人次。投入农业科技资金142万元，占财政支出的8.81%。

教　育　年内，15周岁人口完成初等教育率98.8%，17周岁人口完成初级中等教育率98.5%，全年在市、区级私立幼儿园儿童入园率100%，“两基”工作通过国家、省级验收。加大学校硬件设施投入，对灵秀小学学生宿舍进行修缮和瓦窑中小校园文化建设、场地平整，学校办学条件逐步改善，各项经费补助51.14万元。瓦窑幼儿园更名为凤凰街道办事处中心幼儿园。年末，有幼儿园（学前班）4个，11个班，教职工29人，适龄儿童入园360人，入园率100%；小学2所，教学班19个，教职工47人，在校学生815人，入学率、毕业率、升学率100%。

文化·体育　年内，组织6个社区居委会开展节日系列活动，丰富群众业余文体生活，繁荣文化事业。6~9月，街道举办建党90周年创先争优、迎国庆62周年系列活动，唱响党的领导好、伟大祖国好、改革开放好，歌颂党的丰功伟绩。全年图书借阅800人次，报刊阅览600人次。年末，有文化中心1个，藏书4400册。

卫　生　年内，组织党员、干部、群众、青年志愿者580多人，投入创建国家卫生城市，清洗门窗2000余道，对城中村卫生死角、乱堆乱放等现象进行整治，清理沟道长150米；出动车辆30余辆次，清运垃圾80余吨，清理门前堆放杂物270余处；修沟100米，电子屏幕滚动播放创卫宣传标语300余次，出动78人对危房进行拆除；邀请武警玉溪官兵100人对社区存在的环境卫生进行集中整治清理，为居民花坛中补栽绿化树苗3000多棵。7月30日，由中央预算内投资，省、市、区配套资金，兴建凤凰街道社区卫生服务中心工程建设项目主体工程竣工验收。有村级卫生所3个。儿童“四苗”接种率100%，法定报告乙类传染病发病率289.4/10万，食品从业人员健康体检率100%。

计划生育　年内，直管人口出生100人，出生率8.76‰；死亡71人，死亡率6.22‰；计划生育率100%。人口自然增长率2.54‰，比上年下降0.99个千分点。清查流动人口10696人，并对其实施计划生育管理。

民政·残联　年内，有1410人享受城市居民最低生活保障金368.49万元，120人享受农村居民最低生活保障金13.93万元；为优抚对象129人兑现优待抚恤金21.27万元。有敬老院1所，供养老人5人。年末，持有第二代残疾人证741人，为1280名残疾人建立康复档案，为200名残疾人进行康复服务，建立优秀残疾人才库15人，选送陈磊参加中国达人秀，取得好成绩。在红塔区第五届全民健身体育大会残疾人田径运动会上获团体一等奖，并获个人单项奖31个。

社会保障　年内，培训劳动力180人，实现转移就业546人；为1580人发放养老金150余万元；新农保和城镇居民养老保险参保7553人，参保率98.5%；被征地人员参加养老保险314人，收缴保费188.4万元；城镇居民医疗保险参保3922人，办理大病医疗保险8158人；为下岗失业人员办理社保补贴1900人次；签订劳动合同1800份。

老龄工作　全年办理老年人优待证124人。慰问特困老人48人，慰问金1.14万元。年末，有老年协会6个，老协小组29个，老年活动中心、室19个，会员1733人。有60岁以上老年人1778人，占直管总人口的15.5%，其中：80~99岁242人，100岁以上1人（郑治平，男，1911年7月14日生）。

精神文明建设　年内，先后举办春节职工运动会、“庆祝建党90周年‘创先争优’”文艺晚会和“学习善洲精神、为党旗添光彩”演讲比赛、“倡廉洁、颂清风”诗歌朗诵比赛、社区文艺调演。各学校以“争做合格小公民”为主题，组织开展主题班会、团（队）会、诗歌朗诵比赛、演讲比赛、歌手大奖赛等，引导青少年自觉养成“爱国守法、明礼成信、团结友爱、勤俭节约、敬业奉献”的道德规范行为。以花灯歌舞等为载体，让聂耳文化、孝文化、感恩文化、廉政文化等走进社区，吸引广大群众积极参与文化建设、共享文化成果。广泛开展社会公德、职业道德、家庭美德、社会主义荣辱观教育以及省级文明城市创建活动，全街道上下呈现出一派和谐向上的良好氛围。

法制建设　年内，举办各种法制讲座10期，普法面达98%。接待群众来信来访28件（群众来信11件，来访17件），办结率100%。开展街道书记、主任接待日12次，接待处理信访案件2件2人次。实现了赴省进京非正常上访“零上访”的工作目标。

年内，创新综治维稳责任区划分“网格化”管理模式，在辖区内建立一级网格1个，二级网格13个，三级网格39个，四级网格61个，人员包含街道、社区、小组全体干部及辖区内部单位保卫部门负责人共390人，形成覆盖综治维稳责任区“网格化”管理模式。建成凤凰街道综治维稳信访中心，整合各职能部门力量，搭建集综治、司法、信访、调解功能为一体的“一站式”工作平台，构建街道全体干部群众和驻辖区单位共驻共建“大综治”维稳工作的格局。签订《社会治安综合治理目标责任书》28份，拨专项综治经费76.3万元。全年立刑事案件1419起，破案392起；受理治安案件1234起，查处1234起，查处违法人员1126人。组织“四防”安全检查28次202户次。调解民事纠纷112起，调解成功率100%；办理暂住证18862人，办证率75%。年末，有联防队5支129人，调解会26个、会员293人，护村队4支88人。

【年内要事】

1月　泷水塘社区“红十字服务站”成立。

2月　街道人民调委会被中共玉溪市委、市政府表彰为“人民调解先进集体”。

3月　葫田社区新建办公楼竣工投入使用。

4月　高龙潭社区“市民文明学校”成立。

4月　葫田社区获云南省“交通安全示范社区”。

5月　社区（村）监督委员会成立。

6月　高龙潭社区被中共云南省委授予“先进基层党组织”荣誉称号。

7月　高龙潭社区被中共云南省委组织部和玉溪市委组织部，分别确定为“省级基层党建示范点”“市级基层党建示范点”。

8月　红塔区第五届全民健身体育大会少数民族传统体育项目比赛，在灵秀村委会举行。

9月　灵秀社区四组、灵照寺人畜饮水改造工程建设启动。

9月　葫芦社区被列为省级“党妇共建创先争优示范点”。

9月　红塔区文化信息资源共享工程在葫田、灵秀、高龙潭3个社区建成基层站点。

9月　教育督导评估工作通过省级专家验收。

10月　教育、紫艺、胜利、文秀、葫泉、广场、红塔社区居委会成立，同时灵秀村委会更名为灵秀社区居委会。

11月　凤凰街道被玉溪市人民政府表彰为第六次人口普查“先进集体”。

12月　灵秀社区居委会办公楼、文化长廊、戏台等工程建设竣工投入使用。

12月　灵秀社区被中央精神文明建设指导委员会授予第三批“全国文明村”称号。

表3：2011年凤凰街道社区居民委员会基本情况统计表

2011年凤凰街道社区居民委员会基本情况统计表

表3

居委会	党总支部书记	主任	居民小组数（个）	自然村数（个）	总人口（人）	耕地面积（亩）	粮食总产量（万千克）	农民人均产粮（千克）	烤烟总产（万千克）	烤烟交售收入（万元）	企业营业收入（万元）	农村经济总收入（万元）	农民人均所得（元）	电话号码
瓦窑	罗天洪	魏永明	18	4	17 630						120 721	122 133	8 482	2069129
葫芦	柴连春	沈永辉	19	2	16 160						75 824	80 226	7 866	2067200
灵秀	陈颖	陈颖	4	4	1 709	1 425	60.69	355	1.27	24	4 506	7 244	5 436	2697269
葫田	王天锷	王天锷	8	1	14 281						4 973	5 097	8 509	2070900
泷水塘	杨益寿	雷家兵	19	3	23 400						12 218	12 341	7 630	2059329
高龙潭	钟海平	钟海平	5	1	6 488						12 494	12 624	7 281	2069277
广场	郑云祥	刘美宏												
红塔	张忠华													
胜利	乔春梅	蒋建萍												
葫泉	高继德	师亚玲												
文秀	包龙泉	王玉圆												
教育	刘继承	魏敏												
紫艺	谢顺斌	何云艳												

注：2011年10月，新增加的7个社区“两委”班子配齐。

（陈桂萍）

北城街道

地理位置　区境北部。

面　积　134.29平方千米，其中山地占80%。

耕　地　26 142亩（田18 483亩，地7 659亩），比上年减少490亩；稳产高产基本农田22 490亩。农业人口人均占有耕地面积0.46亩。

人口·民族　2011年末，总户数20 937户，总人口61 398人（男29 869人，女31 529）人，其中：农业户数17 747户、57 264人；少数民族（主要是回、彝、白、哈尼族）人口8 563人，占总人口的14%。农村从业人员34 566人。人口密度510人/平方千米。

行政区划　辖北城、大营、夏井、东前、古城、王棋、后所、皂角、梅园、高桥、莲池、刺桐关、大石板13个社区，163个居民小组，73个自然村。

镇政府所在地　北城街道荣昌街102号

党工委书记　普文林

副　书　记　孙　旭

邹　著（2011年10月任）

唐明荣

马　荣（2011年10月免）

人大工委主任　高连俊（2011年11月任）

王开红（2011年10月免）

办事处主任　孙　旭

副　主　任　王继荣

段　俊（2011年11月任）

王家宏（2011年10月免）

纪工委书记 吴 婷

【经 济】 2011年，农村经济总收入82.87亿元，比上年增长51%；乡镇企业营业收入79.9亿元，比上年增长53.5%；财政总收入21 778万元，比上年增长57%；地方财政收入7 160万元，比上年增长40%；工业总产值完成67.4亿元，比上年增长51.6%；农民人均所得7 156元，比上年增长8.6%；固定资产投资16.32亿元，比上年增长136%。农村经济收入超过亿元的有梅园（54 8282万元）、北城（167 778万元）、莲池（21 413万元）、大营（14 800万元）、古城（11 639万元）、皂角（12 578万元）、刺桐关（10 368万元）7个社区。

农 业 2011年，认真贯彻落实“三农稳处”和“一保两扩”（保烟稳增收、扩大经济作物促增收、扩大劳动力转移就业促增收）的思路，发展农业生产。农作物播种面积57 725亩，复种指数220%。粮经作物比例41.1:58.9。粮食播种面积23 683亩，粮食总产990.68万千克，其中：水稻栽种面积1 141亩，单产619千克；玉米播种面积14 280亩，单产500千克；小麦播种面积6 131亩，单产283千克；蚕豆播种面积466亩，单产187千克。农民人均产粮161千克。油料播种面积10 742亩，总产178.56万千克。烤烟种植面积6 213亩，总产85.65万千克；交售量82万千克，交售收入1 508万元，平均单价18.4元/千克；中、上等烟占93.23%，其中上等烟占66.95%，比上年增10.8个百分点，兑付烤烟收购资金1 508万元。大石板种植三七面积600亩。集种植示范、技术推广、经营观光为一体的玉溪市高科技农业示范园项目，逐步产生经济效益和社会效益。

年末，生猪存栏16 601头，出栏肥猪60 618头，分别比上年减18%、增5.9%。大牲畜存栏1 424头（其中牛存栏1 177头），出栏菜牛6 102头。羊存栏1 242只，出栏菜羊891只。全年肉产量814.6万千克。家禽出栏78.04万只，禽蛋总产350万千克，出售牛奶16.4万千克。养鱼水面710亩，水产品产量13万千克。

年内，植树造林面积384.2亩，均为水土保持林。无重、特大森林火灾发生。查处乱砍滥伐、偷砍盗伐、非法收购及运输、毁林开荒等林业违法案件12起。年产水果89.6万千克。年末，有林地面积11.79万亩，森林覆盖率67%。

年末，有水库（坝塘）33座，总库容1 793万立方米；有小型水利工程5 563件，其中：小坝塘23件，小水池942件，小水窖3 393件，小闸门21件，河道沟渠1 163件，全长34.78万米，小型泵站7座，输水管道工程2件，集中供水工程1件，农村人畜饮水工程11件。

年内，农、林、牧、渔业总产值（现价）29 304万元，其中：种植业9 642万元，占33%；林业39万元，占0.1%；牧业19 416万元，占66%；渔业123万元，占0.4%；农林牧渔服务业84万元，占0.3%。

企 业 年末，有企业3 388户，比上年减5.2%；从业人员（含外来人员）22 302人，比上年增0.4%；营业收入798 677万元，比上年增53.5%，占农村经济总收入的96%；税利46 688万元，比上年增30%。其中：集体企业7户、233人，收入3 141万元，税利180万元；私营企业68户、7 987人，收入729 248万元，税利44 624万元；个体企业3 313户、14 082人，收入66 288万元，税利1 884万元。营业收入上百万元的企业有52户，其中：千万元以上23户，上亿元的5户（玉溪市北城钢铁公司、云南玉溪玉昆钢铁集团有限公司、云南省玉溪市维和制药有限公司、玉溪市鑫浩商贸有限公司、云南省玉溪市蓝晶科技有限责任公司）。

主要产品年产量：机制纸及纸板0.3万吨，磷肥7.8万吨，水泥5.9万吨，生铁98.6万吨，钢133.9万吨，钢材130.6万吨。

2011年，街道党工委、办事处认真贯彻落实“开放活处”的发展思路，千方百计抓招商、抓项目、调结构、保增长。坚定不移把招商引资作为第一选择，大胆引进项目、资金、技术、人才、管理，调整产业结构，拉动经济增长；坚定不移推进重点项目建设，坚定“三心”（信心、决心、恒心），稳步推进重点项目建设，引进和推进24个重点项目；对每个重点项目实行“五个一”工作法（一个项目、一个工作机构、一批工作人员、一个工作目标、一个激励机制），做到责任到人、目标到人、全程服务，对项目实行“跟踪服务、跟踪问效、跟踪问税”，一跟到底，特别是针对进入全区55个重大项目的8个项目，分别进行单项考核，形成上下“层层抓项目，人人有责任”的工作格局。中国·东盟国际农产品物流贸易中心项目按照另行选址、压缩规模的要求，已完成1 000亩的控制性规划评审。环境影响评审、矿产压覆评审、地质灾害评审等工作正在上报审批。玉溪林产品加工物流贸易中心项目已上报省国土厅审批；蓝晶蓝宝石基片扩能改造项目进入建设阶段；维和三七产业深加工项目已取得土地，酒业生产经营许可证已上报国家质检总局审批，三七原料基地建设取得重大成效。重点项目的推进为街道产业结构调整、经济增长、财政增收、农民增收奠定了良好的发展基础。

村镇建设 年内，投资3 400万元，启动北城、夏井、后所、莲池、高桥、王棋、古城、东前、梅园等9个社区、20个居民小组、518户农户的旧村改造，占地面积10.36万平方米，竣工建筑面积4.42万平方米，拆除旧房占地面积3.29万平方米。拆除大房476间、耳房493间，填厕所427个，盘活存量土地面积46.72亩。加大土地执法监察力度，处理违法用地25宗。

交通·邮电 道路基础设施进一步改善，完成夏井路、大石板路、莲水路道路改造，立项建设维和园区道路。辖区内公路干线通车里程182.7千米，其中：国道15千米，省道16千米，县道13千米，乡道138.7千米。通车率100%。年末，有程控电话4 678部，其中私人电话4 136部。

【社会事业】

科 技 年内，举办科技培训班35期，培训3 087人次。年末，有科普协会14个，会员465人；专业技术协会13个，会员999人。有农村科技示范户1 087户，其中：养殖370户，种植717户。

教 育 年末，有幼儿园（学前班）28个，75个班，教职工146人，适龄儿童入园2 270人，入园率92.3%；小学13所，教学班132个，专任教师250人，在校学生4 669人，入学率、毕业率、升学率均为100%；中学2所，专任教师185人，在校学生2 459人，入学率、毕业率100%，升入各类高中、职高、中专、大专等761人，其中：玉溪一中11人、玉溪二中97人、玉溪三中67人、玉溪民中14人、师院附中19人。校舍危房拆除重建工程全部竣工投入使用，办学条件进一步改善。

文 化 年内，举办群众性文艺活动6期。年末，有文化中心1个，藏书9 468册，图书借阅752人次，报刊阅览1.26万人次；有农家书屋16个（其中8个配置了电脑），总藏书3.35万册（其中配发农家书屋新书2.46万册）、VCD光盘1.83万盘；电影院1个，全年下乡放映178场，观众2.88万人次；开展打击“黑网吧”专项整治行动，并下发限时关闭通知6户，已关闭5户；有线电视用户1.35万余户，覆盖率72.6%。每百户拥有电脑8.9台，互联网用户6 031户。

卫　生　年内，切实做好肠道传染病、艾滋病防控等工作，印发宣传单4.4万余份，防控知识普及千家万户。加强食品加工生产企业日常监管和农村自办宴席管理，检查农村自办宴席850余起。新型农村合作医疗参合率98.63%，全年报销住院医疗费3 222人次463.46万元，门诊现场减免费用14.64万人次211.05万元。年末，有卫生院1所，医务人员106人；门诊诊治病人15.31万人次，住院病人4 409人次，业务收入1 363万元。村级卫生所13个，个体诊所12个，个体药房17个。儿童“四苗”接种率100%，法定报告乙类传染病发病率140.71/10万，食品从业人员健康体检率100%。

计划生育　计生奖优免补政策落实率100%，有1 424户农业人口家庭领取独生子女父母光荣证。计划生育率99%。清查流动人口3 694人，并对其实施计划生育管理。年内，出生562人，出生率9.26‰；人口自然增长率2.75‰，比上年下降3.23‰。

民　政　年内，有354人享受城市居民最低生活保障金89.5万元，1 437人享受农村居民最低生活保障金142.52万元；为391名优抚对象兑现优待抚恤金150.45万元；有敬老院2所，供养老人18人；残疾证办证1 527人，配备辅助用具20副，实施白内障手术复明73人；春雨助学7人，补助金额2 100元；帮助大中专学生（残疾人及其家庭）18人，补助金额3.52万元；春节助残日和“六一”儿童节等慰问168人，补助金额2.79万元；实施危房改造2户，补助金额2.2万元；个体扶持1户，补助金额4 000元。办理被征地人员养老保险333人；参加新农保26 580人，城居保555人；城镇居民基本医疗保险10 850人。

老龄工作　年内，办理老年人优待证380人，慰问特困老人26人，慰问金0.52万元。年末，有老年协会13个，老协小组113个，老年活动室70个，会员6 898人。有60岁以上老年人8 254人，占全街道总人口的14.16%，其中：70岁～79岁2 490人，80岁～89岁1 063人，90岁～99岁123人，100岁以上1人（马云珍，女，1904年7月生）。

精神文明建设　2011年，围绕“三农稳处、产业强处、开放活处、科教兴处、发展富处”的思路，与时俱进，开拓创新，坚定信心，强化落实，为建设富裕文明和谐秀美北城提供强大的思想保证、舆论支持和文化条件。以推进学习型党组织建设为重点，以建党90周年为契机，以学习型领导班子为龙头，以建设学习型党组织为基础，以全体党员为主体，以理论联系实际为关键，以指导实践和推动工作为出发点和落脚点，拓展学习内容，建立健全学习制度，探索完善方法途径，积极构建党组、支部、党员“三级联动”学习体系。以构建外宣格局为目标，努力营造科学发展、跨越赶超的氛围。健全和完善外宣工作机制，构建“党工委统一领导、各部门和单位共同参与、通力协作”的宣传工作大格局，办好《北城宣传》及《红塔区新闻网街道（乡）直通车——北城》，大力宣传街道党工委、办事处的工作决策、举措和实效，及时报道开展学习型党组织创建活动、创先争优活动的新典型、深入学习杨善洲先进事迹及新经验。以推进社会主义核心价值体系建设为主线，深化拓展群众性精神文明创建活动。从培育文明道德风尚、营造良好思想舆论氛围、丰富社会文化生活等方面，引导群众树立“住在北城、热爱北城区、建设北城”的观念，增强家园意识，组织开展“知荣辱从我做起”等主题教育活动，大力培育宣传一批践行社会主义荣辱观、思想道德高尚的先进典型；围绕学习贯彻党的十七届五中全会精神，推进农村改革发展，大力培树宣传一批社会主义新农村建设、和谐社会建设方面的先进典型，抓好“和谐文化社区”建设；围绕开展深入学习实践科学发展观活动，大力培树宣传一批贯彻落实科学发展观、着力建设富裕文明和谐秀美北城的先进典型。以改善文化民生为要务，加快推动文化事业发展。加大广播电视“村村通”、文化信息资源共享、村级文化活动室、农村电影放映、农家书屋等文化惠民工程建设力度，加大对文化基础设施的维修改造、设备配套配备等的投入力度。着眼面向基层、服务群众，开展服务农民服务基层专项活动，不断满足人民群众的文化生活需求。开展好新农村文艺骨干培训，精心选拔、培养基层文艺骨干，发挥骨干的带动作用，提高业余文艺队整体素质。发挥群众文艺宣传团队作用，结合建党90周年等大型活动，广泛开展群众性文体活动，带动广场文化活动蓬勃开展。

法制建设　北城街道党工委、办事处坚持“稳定是第一责任”，坚持“稳定压倒一切”的理念，认真处理好发展与稳定的关系，以发展促稳定，以稳定保发展。做到发展与稳定两手抓、两手硬。实现了发展与稳定“双赢”，社会保持总体稳定，人民群众安居乐业。加大矛盾纠纷排查调处力度，把矛盾解决在基层，解决在萌芽状态。全年排查各类热难点25类，调处矛盾纠纷286件，成功调处285件，调处成功率99%；按照“属地管理、归口办理”的原则认真做好信访工作，全年开展书记、主任接待日103次，接待群众来信来访问题33件，解决答复63件，回复市长热线、电子邮件40件，处置市、区上访6件145人次，实现无赴省进京非正常上访的工作目标；认真开展安全教育、安全检查，落实安全工作责任制，杜绝了重大安全事故的发生。对66名社区矫正人员进行矫正。年内，北城街道与13个社区和17个辖区单位签订《北城街道社会治安综合治理目标管理责任书》，把综治责任考核纳入对各社区、下属单位的年终综合考核，全年投入维稳工作经费55万元，对社会治安综合治理维护稳定及平安创建工作中涌现出的先进集体3个，先进个人16人进行表彰；全年发生各种治安案件715件，处理453件，发生刑事案件417件，破案115件，破案率27.6%；以“创建平安北城、和谐北城”为目标，扎扎实实抓好综治工作目标任务的落实，成效明显；民兵、预备役队伍建设得到加强，形成一支平时能应急、战时能应战的民兵、预备役队伍，圆满完成年度征兵任务。年末，有联防队5支、38人，调解会14个、会员245人，护村队6支、156人。

【年内要事】

1月　北城街道莲池社区农家书屋被中共中央宣传部、国家文化部、国家广电总局、国家新闻出版总署四部委表彰为“全国‘服务农民、服务基层’文化建设先进集体”。

3月　撤销北城镇设立北城街道办事处，原北城镇下设13个村（居）委会改设为社区居委会。

3月　北城街道党工委进行换届。

3月　蓝晶蓝宝石基片扩能改造项

目进入建设阶段。

4月 选举产生13个社区居委会第一届居务监督委员会委员。

4月 北城中心小学期良兴被云南省人民政府表彰为"云南省'两基'迎国检先进个人"。

6月 北城街道团工委进行换届。

7月 北城街道妇女联合委员会进行换届。

11月 北城街道农业中心白建天被玉溪市人民政府表彰为"集体林区制度主题改革先进个人"。

11月 北城街道办事处白帆被云南省统计局、省第六次全国人口普查办公室表彰为"云南省第六次全国人口普查先进个人"。

11月 北城街道经济发展办公室朱萍、东前社区严有德被玉溪市人民政府表彰为"玉溪市第六次全国人口普查先进个人"。

12月 中国·东盟国际农产品物流贸易中心项目完成1 000亩的控制性规划评审。

表4：2011年北城街道社区居民委员会基本情况统计表

2011年北城街道社区居民委员会基本情况统计表

表4

居委会	党总支部书记	主 任	居民小组数（个）	自然村数（个）	总人口（人）	耕地面积（亩）	粮食总产量（万千克）	农民人均产粮（千克）	烤烟总产（万千克）	烤烟交售收入（万元）	企业营业收入（万元）	农村经济总收入（万元）	农民人均所得（元）	电话号码
北 城	王秀珍	王秀珍	19	2	7 597	1 406	26.52	34.91	1.55	27.90	167 539	167 778	8 435	2080415
大 营	纳 文	纳 文	25	12	7 115	2 775	88.98	125.06	15.90	286.20	8 295	14 800	7 191	2085003
夏 井	夏来润	邓绍伟	11	5	4 452	2 073	45.13	101.37	1.04	18.72	7 618	8 405	6 944	2087371
东 前	化存明	冯 顺	14	5	4 538	2 070	46.39	102.23			4 381	6 722	6 864	2087310
古 城	张德生	张德生	12	5	3 890	1 675	81.73	210.10			10 029	11 639	7 392	2089050
王 棋	李永祥	徐德云	11	5	3 658	1 793	55.49	151.69	5.89	106.02	3 090	6 871	6 253	2090036
后 所	张兴文	张兴文	10	5	3 189	1 110	38.75	121.51			6 263	7 518	6 730	2082678
皂 角	冯贵奇	段宝兴	11	7	3 823	1 446	103.42	270.52			10 864	12 578	6 052	2096020
梅 园	代红林	代红林	14	5	6 027	3 049	200.75	333.08	4.90	88.20	544 673	548 282	6 688	2094059
高 桥	石永林	刘忠兴	10	6	3 153	1 339	45.07	142.94	1.90	34.20	7 132	8 962	5 718	2092461
莲 池	金鸿德	金鸿德	16	6	5 932	1 180	68.02	114.67	1.16	20.88	19 938	21 413	7 073	2092777
刺桐关	谢开先	吴联明	7	6	5 080	2 824	96.31	189.59	34.14	614.52	8 855	10 368	6 477	2091155
大石板	李正兴	方 华	3	4	1 394	3 402	94.12	675.18	19.17	311.51		1 572	4 908	

（李艳红）

李棋街道

地理位置 区境东北部。

面 积 46.67平方千米。

耕 地 3 658亩（田3 198亩，地460亩），其中稳产高产基本农田3 286亩。农业人口人均占有耕地0.13亩。

人口·民族 年末，总户数11 747户（其中乡村户数10 469户），总人口32 009人（男15 340人，女16 669人），其中农业人口28 619人。乡村从业人员1.8万人。人口密度为1 108人/平方千米。

行政区划 辖山头、任井、李棋、下赫、金家边、康井、玉河、大矣资、金州9个社区，82个居民小组，48个自然村。

街道办事处所在地 陆箴屯

街道党工委书记 朱学祥

副 书 记 师吉明
封 伟（2011年10月任）
王文学（2011年7月免）
攸朝林
王云峰（挂职）

人大工委主任 顾曙德

办事处主任 师吉明

副 主 任 朱光祥 普子娟（女）
周清红（女，2011年10月任）
李晓斌

纪工委书记 马志刚

【经 济】 2011年，农村社会总产值（现价）234 601万元，比上年增20%。工农业总值（现价）48 220万元，其中：工业产值41 741万元，农业产值6 479万元。农村经济总收入341 845万元，比上年增10%。其中：农业收入3 885万元，占总收入的1.1%；二、三产业收入337 960万元，比上年增10.3%，占总收入的98.9%。农民人均纯收入7 521元。从事二、三产业12 965人，占农村从业人员的71.5%，比上年增6.5个百分点。财政总收入19 504万元，比上年增80.5%，其中：地方财政收入16 580万元，比上年增114.5%；财政支出2 689万元，比上年减19.5%。农村经济收入超过亿元的有：下赫（59 401万元）、康井（29 332万元）、李棋（28 618万元）、金州社区（28 031万元）、金家边（22 586万元）、任井（21 679万元）、山头（12 482万元）7个社区。

农 业 2011年，农作物播种面积12 125亩，复种指数245%，粮经作物比例50.9:49.1。粮食播种面积6 168亩，粮食总产254.37万千克，其中：水稻栽种面积863亩，单产619千克；玉米播种面积4 379亩，单产420千克；小麦播种面积690亩，单产193千克；蚕豆播种面积201亩，单产127千克。农民人均产粮88.9千克。油料播种面积4 403亩，总产69.79万千克。

年末，生猪存栏5 388头，出栏肥猪1.07万头，分别比上年增43.4%、0.8%。大牲畜存栏56头，其中牛存栏46头，出栏牛21头。羊存栏47只，出栏菜羊20只。全年肉产量188.2万千克。家禽出栏32.4万只，禽蛋总产44.5万千克。水产品产量234.9吨。

年末，有水库（坝塘）5座，总库容19万立方米；水渠道108条，全长90.13千米，全部为三面光节水渠道。农田有效灌溉面积3 658亩，水利化程度100%。

年内，农、林、牧、渔业实现总产值（现价）6 479万元，其中：种植业2 371万元，占36.6%；牧业3 701万元，占57%；渔业352万元，占5.4%；农林牧渔服务业55万元，占1%。

企　业　年末，有企业1 546户，比上年减1.72%；从业人员17 650人，比上年增2.63%；营业收入328 503万元，比上年增12%；利税18 649万元，比上年增12%。其中：集体企业1户，从业人员4人，营业收入3万元；私营企业50户，从业人员3 917人，营业收入237 356万元，利税总额14 772万元，上缴税金9 903万元；个体企业1 495户，从业人员13 729人，营业收入91 144万元，利税总额3 877万元，上缴税金1 351万元。营业收入上百万元企业有41户，其中：千万元以上的20户，上亿元的5户（玉溪大世界程业二手车交易市场有限公司、快大多畜牧科技有限公司、鹏程运输有限公司、金州建筑装饰工程有限公司、富康建筑装饰工程有限公司）。

主要产品年产量：金拉线233吨，比上年减2.1%；甲醛15 920吨，比上年减36.3%；太阳能热水器39 164平方米，比上年减2.1%。饲料50 174吨，比上年增5.1%；纸箱3 678吨，比上年增5.7%。

2011年，李棋街道按照“三山三河三片区”生态城市规划建设，结合“减一退二进三”的产业结构调整思路，围绕城市发展服务功能经济，把第三产业作为产业结构优化升级的重点，以专业市场、商业、仓储运输业、餐饮服务业、房地产业等城市配套服务产业为重点，打造具有竞争力和较大规模总量的特色经济板块，从根本上优化街道的产业经济结构。全年第三产业营业收入217 995万元，比上年增55 842万元，增34.4%，占乡镇企业营业收入总额的66.3%，其中：交通运输业32 657万元，占10%；商饮业87 812万元，占26.7%；服务业8 358万元，占2.5%；房地产业89 168万元，占27.1%。一、二、三产业的比重为：1.1:33.7:65.2。

商业贸易　年末，有个体私营企业网点370个。

村镇建设　实施“生态立处”战略。在云南省“生态乡镇”的基础上，不断推进生态建设。以“创卫、创模、创文”工作为契机，加强管理力度，提升街道形象，提高居民素质，街道面貌和人居环境明显改观。在“三创”工作中，建立健全长效机制，确保各项工作落到实处，各项责任落实到人。继续推行卫生环境管理长效机制，实行街道班子领导包片，干部包点，横向到边纵向到底的责任机制；实行卫生环境专项经费补助机制，全年补助40余万元。组织开展户外广告和招牌整治，拆除527块、整改451块，全街道的环境卫生得到根本性改变，群众文明素质得到提升。加强基础设施建设。投资480余万元的集镇红九路路面改造工程投入使用；预计投资340万元的大矣资生态水源保护村建设即将竣工；投资95万元的下赫三组、金家边四组自来水工程竣工使用；投资40多万元的下赫八组、十组、六组道路亮化工程建设竣工；投资46万元的谢家坝文化小广场建设项目投入使用；投资237万元的李棋十一组进村道路、金家边五组村内道路，山头社区小哨坡路，任井社区湖畔屯路二标段和金家边社区十一组公房建设全部完工；总投资420万元的玉河社区二组公房建设项目及投资69万元的康井社区小瞿井道路硬化项目竣工。

交　通　辖区内公路干线通车里程78.71千米，其中：省道5千米，县道14.3千米，乡道59.41千米，通车率100%。

【社会事业】

科　技　2011年，深入开展“六个一”科普活动，全面完善科普惠农服务站9个，举办科普讲座9期，培训2 085人次。年末，有科普协会9个，会员45人；种养协会1个，会员30人。有农村科技示范户50户。

教　育　年末，有中心幼儿园1所，11个班，教职工44人，适龄儿童入园394人；民办幼儿园2所，9个班，教职工21人，适龄儿童入园165人。小学7所，教学班63个，教职工135人，在校学生2 513人，入学率、毕业率、升学率100%。中学1所，教职工95人，在校学生1 293人，入学率、毕业率100%；升入普通高中131人，其中：考入玉溪一中11人，师院附中16人，市民中14人，玉溪三中38人，玉溪二中52人。私立学校1所，教学班19个，教职工35人，在校学生1 100人。

文化·体育　加强文化基础设施建设，广泛开展全民健身运动，构建和谐公共文化服务体系，在各级文化部门的支持下，建立网络教育培训学校，装配网络电脑7台，让广大群众共享文化信息。年末，有文化中心1个，藏书7 200册，图书外借1 800多册，报刊阅览2 000余人次；农家书屋9个。

卫生·计生　年末，有卫生院1所，卫生专业技术人员25人（中职9人，初职16人）；门诊总诊病人2.13万人次，住院病人586人次，营业收入149万元。村级卫生所8个，私立医院2所，个体诊所3个，个体药房9个。儿童“四苗”接种率100%，法定报告乙类传染病发病率184.3/10万，食品从业人员健康体检率100%。年内，出生417人，出生率13.1‰；死亡163人；计划生育率100%。清查流动口2 985人，并对流动人口实施计划生育管理。

社会保障　年内，有667人享受城市居民最低生活保障金153.61万元，407人享受农村居民最低生活保障金42.32万元；为优抚对象159人兑现优待抚恤金66.96万元。有敬老院1所，供养老人11人。扩大社会保险面，参保城镇居民基本医疗保险27 446人，参保新型农村合作医疗18人，被征地农民养老保险参保568人。全年街道财政投入专项资金272.5万元，为4 000多名老年人发放生活补助金。

老龄工作　年内，办理老年人优待证112人，慰问特困老人50人，慰问金1.6万元。年末，有老年协会9个，老协小组82个，老年活动室77个，会员4 285人。有60岁以上老年人4 090人，占全街道总人口的12.78%，其中：80岁~99岁538人。

精神文明建设　2011年，举办村组干部、党务干部、共青团干部、妇女干部、计生干部等各类培训或以会带训30期，培训2.21万人次，其中：政治培训14期，5 630人次；科技培训16期，1.64万人次。积极开展“三下乡”和“四进社区”活动；组织10个单位和社区开展“文明单位”“文明社区”创建活动；深入开展“做一个有道德的人”和“争当‘四好少年’”主题实践活动，增强未成年人的社会责任意识，培养和树立良好的道德品质；组织参加建党90周年红塔区“红心向党，颂歌嘹亮”大型合唱比赛获一等奖；组织街道机关、企事业单位、社区干部举办庆“七一”运动会；邀请中共玉溪市委党校教授张兴林为全体党员干部作题为《更新观念 融入城市》的专题报告会；深入开展向杨善洲等先进人物学习，掀起树立典型，宣传典型，学习典型的热潮；投资10余万元更新街道文化展厅，展示“十一五”期间取得的辉煌成就；投资60余万元进行《李棋镇志》编纂，展示李棋的历史、文化和形象。

法制建设　加强民主法制建设，开展各类法制宣传活动，下发《李棋街道关于在全街道公民中开展法制宣传教育的第六个五年规划》，全面启动“六五”普法工作。办理群众来信来访109件，办结106件，办结率97.25%；开展书记、主任接待日115次，接待群众来访81批243人次；办理市长热线电话和书记市长电子邮件交办件、网上交办、区长热线交办件28件，办结率100%；积案排查14件，化解13件。做到事事有回音，件件有答复。

年内，层层签订《平安李棋及社会治安综合治理目标责任书》，街道与社区、各单位签订24份，社区与组签订79份，组与农户签订9 067份。全年刑事案件发案213起，破案72起，破案率33.8%；发生治安案件310起，查处189起，查处率61%。调解民事纠纷65起，成功62起，调解成功率95.4%。办理暂住证2 250人。年末，全街道有联防队7支、41人，调解会11个、会员192人。

【年内要事】

2月18日下午　《中国老年报》《中国社会报》的记者，在市、区老龄办相关领导陪同下，到李棋镇下赫村采访老龄工作。

2月18日　李棋镇政府《李棋镇志》编修工作启动会议召开。

3月17日　举行撤销李棋镇设立李棋街道挂牌仪式。

3月26日　红塔区李棋街道2011年工作会在聂耳大剧院召开。

7月14～15日　李棋街道召开2011年上半年经济工作会。

9月8日　李棋街道“情系教育爱心捐助”仪式在聂耳大剧院举行。

9月28日　市委常委、红塔区委书记夏立洪，市教育局局长李世华、区教育局局长吴光连及市中心城区防洪水系管委会副主任、李棋街道党工委书记朱学祥等领导一行到金家边小学调研。

10月24日　云南省人民政府教育督导团的专家在市政府督导室主任魏顺祥、区人大副主任朱知良、李棋街道办事处主任师吉明、区教育局副局长黄云鹏等相关领导陪同下莅临任井小学指导。

年内　印制《〈李棋街道内部管理制度〉手册》和《〈李棋街道社区相关管理制度汇编〉手册》，制定出台《李棋街道党员教育管理制度（试行）》，《李棋街道对各类补助、补贴、慰问金等发放进行统一管理的办法（试行）》。

表5：2011年李棋街道社区居民委员会基本情况统计表

2011年李棋街道社区基本情况统计表

表5

社区居委会	党总支部书记	主　任	居民小组数（个）	自然村数（个）	总人口（人）	耕地面积（亩）	粮　食总产量（万千克）	农民人均产　粮（千克）	烤烟总产（万千克）	烤烟交售收入（万元）	企　业营业收入（万元）	农村经济总收入（万元）	农民人均所得（元）	电话号码
山　头	刘本亮	唐发寿	12	4	3 510	1 631	69.08	200			11 468	12 482	6 146	2151863
任　井	殷国春	殷国春	13	10	5 644	1 460	76.44	139			20 014	21 679	6 149	2151985
李　棋	邓志洪	刘忠国	11	6	4 814	95	42.67	116			27 255	28 618	6 260	2151843
下　赫	代宝盛	王金春	10	8	3 299	62	19.50	65			57 753	59 401	6 511	2151819
金家边	陈学林	陈学林	10	9	4 003	26	12.37	34			21 621	22 586	7 095	2150054
康　井	褚光荣	褚光荣	10	5	4 507		10.00	23			27 948	29 332	6 669	2151951
玉　河	李兴伟	史荣春	7	3	3 664	134	12.60	36			8567	9 001	6 168	2156124
大矣资	张恒荣	杨国富	2	2	689	254	11.71	173			923	1 037	5 632	2157055
金　州	郑绍敏	郑绍敏	7	1	979						27 118	28 031	7 168	2036891

（梁丽雯）

大营街街道

地理位置　区境西南部。

面　积　133.53平方千米，其中山地占84.9%。

耕　地　20 415亩（田12 750亩，地7 665亩），比上年减少240亩。稳产高产基本农田14 295亩。农业人口人均占有耕地面积0.45亩。

人口·民族　2011年末，总户数15 140户，总人口47 876人（男23 535人，女24 341人），其中：农业人口45 725人；少数民族（主要是彝族、白族、哈尼族）人口6 611人，占全镇总人口的13.8%。农业从业人员27 605人。人口自然增长率5.0‰，比上年上升1.6个千分点。人口密度为362人/平方千米。

行政区划　辖大营街、杯湖、赵桅、常里、师旗、甸苴、郭井、赤马、龙潭、大密罗10个社区，106个居民小组，55个自然村。

街道办事处所在地　大营街集镇思明路41号

党工委书记　梁士洪

副　书　记　杨美琼（女，2011年10月任）
任新明　王　晋
吴宗舜
雷迪琼（女 2011年10月免）

办事处主任　杨美琼（女 2011年10月任）
雷迪琼（女 2011年10月免）

副　主　任　戴玉龙
　　　　　　聂建辉(2011年10月任)
　　　　　　张八红
　　　　　　曹　杰(2011年10月免)
人大工委主任　曹　杰(2011年10月任)
　　　　　　杨云卫(2011年3月免)
纪工委书记　赵东润(女 2011年3月任)

【经　济】　2011年，农村经济总收入1 861 942万元，比上年增12.9%。其中：农业收入24 744万元，比上年增19.1%；二、三产业收入1 837 198万元，比上年增12.8%，占总收入的98.7%。农民人均纯收入7 436元，比上年增8.8%；财政总收入45 866万元，比上年增35.1%，其中地方财政收入14 256万元，比上年增35.4%；地方财政支出2 755万元，比上年减58%。农村经济收入超亿元的有大营街（1 417 825万元）、郭井（208 727万元）、杯湖（64 000万元）、赵桅（37 270万元）、师旗（21 886万元）、赤马（12 940万元）、常里（10 013万元）7个社区。

农　业　2011年，农作物播种面积40 674亩，复种指数199.3%，粮经作物比例45.9∶54.1。粮食播种面积18 656亩，粮食总产965.99万千克，其中：水稻栽种面积7 368亩，单产625千克；玉米播种面积6 734亩，单产571千克；小麦播种面积3 000亩，单产280千克；蚕豆播种面积1 314亩，单产200千克。农民人均产粮209千克。油料播种面积12 140亩，总产224.51万千克。烤烟种植面积5 367亩，总产83.17万千克；交售量81.4万千克，交售收入1 472.3万元，平均单价18.09元/千克；中上等烟占93.21%。

年末，生猪存栏38 462头，出栏肥猪73 540头；大牲畜存栏377头，其中牛存栏315头，出栏菜牛219头。羊存栏1 339只，出栏菜羊1 099只。肉产量781.9万千克。家禽出栏76.85万只，禽蛋总产291.9万千克。

林地面积17 100亩，森林覆盖率67%。投资833.9万元完成各类水利、扶贫、移民扶持工程13件，其中：人畜饮水工程2件，烟草薄片项目管道引水工程（甸苴一、二、三组段）1件，河道清淤工程1件，扶贫工程4件，抽水站管线改造1件，移民工程2件，坝塘除险工程1件，河道治理1件。有水库（坝塘）31座，总库容667.25万立方米；水渠道43条，长34.4千米。农田有效灌溉面积19 847亩，水利化程度89.3%。

年内，农、林、牧、渔业总产值（现价）26 495万元，其中：种植业7 373万元，占27.83%；林业67万元，占0.25%；牧业18 932万元，占71.45%；渔业66万元，占0.25%；农业牧渔服务业57万元，占0.22%。

年内，按照“压粮、稳烟、扩经、增畜”的工作思路，采取“增收调结构”的措施和办法，以市场为导向，结合实际，以农业产业结构调整为主线，以农民增收为核心，合理布局，优化种植结构，积极推进农业产业化步伐，抓好秋冬农业开发项目，依托专业合作社种植灯盏花50亩、秋洋芋样板350亩，蔬菜（主要紫甘蓝、萝卜等）1 870亩；苗圃地的发展面积近800亩。全街道有64户农户购买微耕机22台、离心泵9台、电动喷雾器49台、根茎作物收获机械5台，享受国家财政补助资金13.67万元，区级财政补助0.29万元。参加油菜保险农户6 774户，保险面积8 500亩；水稻保险农户7 680户，保险面积6 121亩；玉米保险农户6 978户，保险面积5 030亩。因自然灾害造成损失面积719.39亩，涉及农户542户，赔偿保险金7.4万元。3月5日至9月3日，完成“国家农业部水稻高产创建样板”，为促进粮食高产稳产奠定良好的基础。

企　业　年末，有企业823户，比上年减14.45%；从业人员（含外来人员）24 085人，比上年增4.35%；企业营业收入160亿元，比上年增12.58%，占农村经济总收入的86%，完成利润总额54 281万元，比上年减5.1%；上缴税金49 311万元，比上年增34.13%。其中：集体企业18户，从业人员5 726人，营业收入1 193 329万元，实现利润总额18 711万元，上缴税金22 389万元；私营企业30户，从业人员3 960人，营业收入293 048万元，实现利润总额34 280万元，上缴税金23 255万元；个体企业775户，从业人员14 399人，营业收入114 958万元，实现利润总额1 290万元，上缴税金3 667万元。营业收入500万元以上的企业有33户，其中：千万元以上31户，亿元以上14户（玉溪汇溪金属铸造制品有限公司、玉溪洛河永旭钢铁有限公司、玉溪粤丰钢管工贸有限公司、玉溪卷烟厂滤嘴棒分厂、玉溪汇溪房地产开发有限公司、玉溪思润印刷有限公司、玉溪市汇溪建筑工程有限公司、玉溪丰达商贸有限公司、云南玉溪水松纸厂、玉溪市福玉钢铁有限公司、云南前列电缆厂、云南省玉溪市红塔铝型材厂、玉溪玉杯金属制品有限公司、云南省活发集团大营街水泥制造有限公司）。

主要产品年产量：机制纸及纸板：1.4万吨，生铁96.8万吨，钢材79.2万吨，钢102.6万吨，水松纸专用油墨1 997吨，滤嘴棒123万箱，铝型材7 396吨，水泥36万吨，生物药及制品135吨，高速公路护栏板9 516吨，糖果2 397吨。

年内，街道依托云南玉溪经济开发区（原玉溪汇溪个体私营经济实验区），制定工业生产发展规划，并进行企业组织结构、所有制结构、工业行业、产品种类的战略性调整，大力推进制度创新、技术创新和管理创新，不断提高企业的整体素质和综合竞争力，加快工业现代化进程。按照“一园四片区”的规划，形成黑龙潭冶金工业片区、卷烟配套轻工业片区、机电机械加工业片区、食品药品工业片区；以做大规模、优化结构、增强竞争力为目标，走一条具有大营街特色的新型工业化道路，努力实现工业经济又好又快发展。通过玉溪汇溪金属铸造制品有限公司的产业带动作用，初步形成以炼铁、轧钢、型材、板材和管材为主要产品的钢铁产业链，冶金钢铁产业已成为重要支柱产业。同时，加强技术创新，支持鼓励企业实施技术改造，加快高科技产品及高附加值产品研发，已建成省级技术中心2个，市级技术中心5个，巩固提升了卷烟配套、机电机械、食品加工和生物制药等产业，汇龙科技公司年产8 000吨锂离子电池正极材料项目稳步推进。年内，工业技改项目主要有：玉溪汇溪金属铸造制品有限公司技改项目，套桶对烧窑2座，总投资3 000万余元，已投资1 500万元建成1座，全年生产冶金石灰产量10.5万吨；高炉余压TRT发电工程，年发电量1 953万千瓦时，总投资1 474万元，并投入生产；完成型钢生产线1条，总投资9 911万元。玉溪市福玉钢铁有限公司高炉技改项目，计划总投资1.3亿元，已完成投资12 598万元。玉溪洛河永旭钢铁有限责任公司3.0MW高炉炉顶余压发电TRT工程，年发电量1 953万千瓦时，总投资1 474万元。云南玉溪市玉川塑业有限公司年产编织袋1 000万条，完成投资500万元。加大招商引资力度，烟草薄片项目和云南友发钢管有限公司管材项目正在推进中。

商业贸易　年末，有商业网点

1 916 个，其中：企业 230 户，个私 1 686 个。集市贸易成交额 1.42 亿元。“12315”受理投诉 9 件，解决 9 件，为消费者挽回经济损失 1.03 万元。年内，注册商标 3 件，拥有中国驰名商标 1 件，省著名商标 9 件，市知名商标 5 件。

村镇建设　按照“总体规划、分步实施、突出重点”的工作思路，稳步推进新农村建设。年内，实施“一事一议”财政奖补项目 4 个和新农村建设项目 2 个，分别是：师旗社区师密路道路硬化、甸苴社区辛家屯村内道路硬化、赤马社区广卫村内道路及活动中心绿化广场建设、师旗社区四组公房建设、郭井社区甸尾村村内道路硬化、杯湖社区小李官营示范村建设，总投资 958.48 万元；实施大密罗社区八组和甸苴社区七、八、九组村内道路及场地硬化等 4 个山区扶贫项目；实施赵桅社区九组公房修缮和赤马社区四、九组村内道路硬化等 2 个移民安置项目；实施郭井 400 亩中低产田改造。全年报批旧村改造 1 948 户，实施旧村改造 603 户（其中 2010 年报批的 184 户），正在组织实施 1 524 户。争取上级补助资金 171.8 万元，对甸苴、常里、郭井、师旗、龙潭、大密罗等 6 个社区 391 户进行民居抗震和危房改造，已全部竣工并通过验收。年内，新农村指导员派出单位确立帮扶项目 22 个，捐资 79.65 万元。投资 1 127.84 万元，完成平坝路路面硬化改造工程、桅杆路路面改造工程、社区通行便道硬化工程、师旗社区和甸苴社区一、二组及郭井社区三组村内道路建设，全长 12.1 千米。

大力发展以旅游业为主的第三产业，全年接待游客 105.34 万人次，第三产业营业收入 63.35 亿元。积极推进大营街旅游城镇规划建设和开发，从 2011 年开始，在“十二五”期间，计划用 5 年时间对大营街居委会 2.6 平方千米进行统一规划建设开发，改造提升大营街“云南第一村”的新形象，把大营街建设成为全省一流、国内知名的旅游城镇和现代宜居生态城镇。

交通·邮电　辖区内农村公路通车里程 131.9 千米，其中：代管省道 3 千米，县道 7.1 千米，乡道 115.2 千米，村道 6.6 千米，通车率 100%。

【社会事业】

科　技　全年农函大培训计算机等知识 300 人；开展种植、水果、蔬菜、粮食、花卉等各种实用技术培训 15 期 1 800 余人次。在 10 个社区深入开展“六个一”科普活动。全面完善科普惠农服务站 10 个，科普惠农宣传栏 10 块、科普惠农技术员 31 人，培养科技示范户 30 户。普及种植、养殖和加工方面的实用知识，发放各种科普资料 1.27 万份，粘贴各种科普橱窗 35 期，举办科普讲座 27 期 4 395 人次，营造了学科技、用科技，依靠科技致富的良好氛围和社会环境。

教　育　年内，投资 270 多万元，完成师旗小学老教学楼拆除重建工程、赵桅小学公厕及篮球场地建设、赤马小学大门及停车场改造工程；投资 20 多万元对中心小学围墙及工会活动室、杯湖小学教学楼进行粉刷、翻修；投资 26.2 万元对大营街二中学生宿舍等进行翻修、改造。年末，有幼儿园（学前班）18 个，教学班 56 个，教职工 137 人，适龄儿童入园 2 014 人，入园率 100%；小学 10 所，教学班 116 个，教职工 225 人，在校学生 4 092 人，入学率、毕业率、升学率均为 100%；中学 2 所，教职工 173 人，在校学生 1 892 人，入学率 100%、毕业率 99%、升学率 98.5%。升入玉溪一中 13 人，普通高中 137 人，其中：大营街一中考取普通高中 102 人，大营街二中考取普通高中 48 人。

文化·体育　年末，有文化教育服务中心文化组 1 个，图书室藏书 9 627 册，订阅杂志 30 种，报纸 5 种，接待读者 1 232 人次，借阅图书、杂志 2 585 册次，有农家书屋 11 个，藏书 23 997 册，收藏期刊 168 种，光盘 1 040 种。8 月 1 日，完成图书目录和读者信息的数据库建设，启用“中国专业图书馆（CSLN）”自动化管理平台进行读者和图书管理及借阅。组织大密罗、龙潭社区 2 支代表队各 12 名运动员参加红塔区第五届全民健身体育大会少数民族传统体育项目比赛，大密罗社区代表队获“体育道德风尚奖”、男女混合拔河二等奖，1 名运动员获女子秋千三等奖；龙潭社区代表队获组织奖。

卫　生　年末，有卫生院 1 所，职工 128 人，开设病床 115 张，开展内、儿、妇、外、中医、口腔、检验、放射等诊疗服务。全年门诊总诊疗 10.54 万人次，住院病人 3 759 人次，业务收入 1 165 万元。有社区卫生所 10 个，乡村医生 44 人；全年门诊 8.7 万人次，业务收入 253 万元。公共卫生服务 4.74 万人，建档 4.65 万份。新生儿访视 525 人，0～36 个月龄儿童管理 1 453 人，7 岁以内儿童体检 3 485 人，孕产妇系统管理 501 人，管理老年人健康 3 701 人、高血压病患者 2 116 人、糖尿病患者 410 人、重性精神疾病患者 162 人。无孕产妇死亡发生，婴儿死亡率 3.78‰。发放健康教育资料 5.85 份，开展艾滋病、结核病、糖尿病、计划免疫、禁毒防艾、三下乡等健康知识宣传活动 6 次，刊出卫生宣传栏 12 期，举办健康教育讲座 12 期。对适龄儿童（含流动儿童）预防接种 1.86 万针次，接种率 99%；15 岁以下儿童乙肝疫苗补种 201 人，麻疹查漏补种 3 617 人；传染病监测报告 40 例，报告及时率 100%。中央扩大内需建设项目顺利推进。

计划生育　年内，人口出生 454 人，出生率 8.66‰；死亡 210 人，死亡率 4.38‰；自然增长率 4.28‰，计划生育率 100%。清查流动人口 4 144 人，并对其实施计划生育管理。

民　政　年内，有 866 户次、964 人次享受城市居民最低生活保障金 20.6 万元，2 726 户次、3 442 人次享受农村居民最低生活保障金 93.2 万元，为 207 户次、223 人次五保户发放生活补助费 11.4 万元。为 47 名现役军人家庭兑现抚恤金 23 万余元。发放定期生活补助费 112.5 万元。发放各类临时救济款 115 户 10.3 万元，对 24 户受灾的农户救助 2.16 万元，对 315 户缺粮家庭发放夏荒粮食救济 1.71 万千克。兑付 3 户孤儿生活补助费 1.8 万元，发动街道干部职工 219 人向困难户“献爱心”捐款 2.7 万元。春节、中秋、敬老节期间，慰问困难群众 579 户，发放慰问金 8.5 万元。6 月 5 日，成立 10 个社区居务监督委员会，选举产生居务监督委员会主任 10 人，委员 20 人。积极开展残疾人帮扶工作，累计安排残疾人就业 385 人，发展个体工商户 48 户，扶持个体养殖、种植专业户 4 户，累计扶持 22 户。

老龄工作　年内，办理云南省老年人优待证 623 本；慰问特困老人 46 人，慰问金 0.92 万元。发放 70 周岁以上老年人保健（长寿）补助金 74.26 万元，享受 2 804 人。年末，有老年协会 10 个，老协小组 106 个，老年活动室 116 个，会员 6 361 人。有 60 周岁以上老年人口 6 361 人，占全街道总人口的 13.7%，其中：80～99 岁 777 人。大营街社区陈宝荣获云南省“云岭孝星”称号。

精神文明建设　组织开展文化科技卫生“三下乡”和文体、科教、卫生、法律“四进社区”活动。全年送电影下乡 36 场次，培训文艺骨干 300 人次，送科技资料 9 000 册，送法律宣传单和相关科技资料1 800份，举办科技培训班28场次，免费为群众诊治疾病2 500余人次；举办大营街街道首届和谐邻里文化节，各社区居委会的63支文艺队分别在各自的社区进行为期10天的文艺演出，1 116名文艺爱好者演出219个形式多样、内容丰富多彩的节目，观众1.08万人次。在大营街社区米线节和大密罗社区祭龙节、火把节等，举办文艺演出5场，观众2 400人次。组织农家书屋读者参加红塔区新闻出版局主办的读书征文比赛，师旗社区朱平获征文比赛一等奖。

法制建设　全年办理上级信访交办件20件，来信7件，重信5件，与上年相比下降50%；来访21批82人次，集体访6批64人次，同比下降65%。各级人民调解委员会受理民事纠纷共162件，成功调处148件，成功率91.3%。年内，全面排查矛盾纠纷15次，成功化解有可能引发群体性上访问题6个，防止械斗3件；采取强制隔离戒毒5人，社区戒毒1人，社区康复34人；组织开展社区矫正集体教育15次，个别教育850人次。受理刑事案件290件，发案与上年相比上升9%；破案70件，破案率24%，继续保持重、特大恶性案件零发案的良好势头；受理行政案件402件，查处210件，查处率53%；行政拘留77人，劳动教养2人。刑事案件破案数同比上升34%，行政案件查处数同比上升12%，辖区社会治安环境明显好转。

【年内要事】

3月　撤销大营街镇，设立大营街街道；撤销大营街、杯湖、赵桅、常里、师旗、甸苴、郭井、赤马、龙潭、大密罗村（居）民委员会，分别设立社区居民委员会。

3月　进行小型水利工程管理体制改革，至11月结束。完成辖区内年满60周岁部分农村藉退役士兵发放生活补助费的调查认定工作。

5月　成立社区居务监督委员会，选举产生10个社区居务监督委员会主任、委员。

11月　大营街街道“国家卫生镇”顺利通过云南省爱卫会复审检查。

12月　街道所属事业单位进行机构改革，设立玉溪市红塔区大营街街道农业综合服务中心、文化事务中心、农村经济管理服务中心、社会保障服务中心、规划建设和环境保护中心、人口和计划生育服务所、财政所等7个事业单位。

表6：2011年大营街街道社区居民委员会基本情况统计表

2011年大营街街道社区居民委员会基本情况统计表

表6

居委会	党总支部书记	主　任	居民小组数（个）	自然村数（个）	总人口（人）	耕地面积（亩）	粮　食总产量（万千克）	农民人均产　粮（千克）	烤烟总产（万千克）	烤烟交售收入（万元）	企　业营业收入（万元）	农村经济总收入（万元）	农民人均所得（元）	电话号码
大营街	任新明	任新明	9	3	5 462	510					1 215 188	1 417 825	17 805	2771246
杯　湖	刘宝平	刘宝平	10	7	4 920	1 665	108.84	221			60 296	64 000	6 337	2771804
赵　桅	向士亮	曾祥德	14	6	7 239	3 615	112.68	155	30.35	548.80	33 330	37 270	63 38	2775104
常　里	余家旭	余德明	11	8	6 036	2 475	87.19	144	18.33	320.10	8 008	10 013	6 285	2777197
师　旗	朱家雄	朱家雄	9	3	3 577	1 020	100.47	281			20 396	21 886	6 219	2770804
甸　苴	辛光忠	辛光忠	9	7	4 031	1 290	83.58	207	0.31	5.30	8 359	9 515	5 475	2786077
郭　井	杨崇斌	郭瑞华	11	3	4 444	1 725	125.12	282			178 045	208 727	6 107	2782191
赤　马	张世洪	王家昌	17	7	6 040	2 655	136.87	227			61 138	12 940	6 111	2774798
龙　潭	郭贵平	矣从保	5	5	2 153	2 520	101.28	470	16.69	287.20	4 045	5 621	5 434	2787269
大密罗	普光云	龙云光	11	6	2 366	2 925	109.96	465	17.49	310.90	508	2 261	5 380	2777469

（范崇磊）

研和街道

地理位置　区境南部。

面　积　131.63平方千米，其中山地占82.7%。

耕　地　2011年末，有耕地19 288亩（田14 193亩，地5 095亩），比上年减少449亩；其中稳产高产基本农田15 562亩。农业人口人均占有耕地面积0.45亩。

人口·民族　年末，总户数1 134户，总人口45 957人（男22 601人，女23 356人），其中：农业户数13 194户，农业人口42 766人；少数民族（主要是彝族）人口5 878人，占总人口的12.79%。农村从业人员28 214人。人口密度为357人/平方千米。

行政区划　辖贾井、中村、研和、可官、宋官、东山、秀溪、南厂、玉屏9个社区，82个居民小组，56个自然村。

街道办事处所在地　研和街道研兴街182号

党工委书记　吴小郎

副书记　陈崇明　桂宝宏

史绍富（2010年6月任）

人大主席　蔡德琪

办事处主任　陈崇明

副主任　周志刚　宋子正

白玉昌（2011年10月任）

谢文兴（2011年3月任）

王贵川

李　毅（2011年3月任）

张希也（女，2011年10月免）

纪工委书记　王　宏

【经　济】　2011年，农村社会总产值（现价）1 237 402万元，比上年增34.21%。工农业总产值（现价）1 034 562万元，其中：工业产值1 003 099万元，占96.96%；农业产值

31 463 万元，占 3.04%。农村经济总收入 1 517 805 万元，比上年增 25.49%，其中：农业收入 35 974 万元，比上年增 46.39%，占总收入的 2.37%；二、三产业收入 1 481 831 万元，比上年增 25.49%，占总收入的 97.63%。农民人均纯收入 7 292 元，人均存款余额 1.9 万元。从事二、三产业 1.09 万人，占农村从业人员的 38.63%，比上年增 9.68 个百分点。全年实现财政总收入 30 307 万元，比上年减 9.17%；地方财政收入 13 439 万元，比上年减 5.62%。财政支出 6 248 万元，比上年减 34.46%。年末，银行储蓄存款 115 460 万元，其中：银行 26 957 万元，邮政储蓄银行 5 100 万元，农行研和营业所 32 524 万元，农村合作银行 50 879 万元。年末，个人存款余额 87 545 万元。农村经济收入超过亿元的有中村（28 836 万元）、研和（21 936 万元）、贾井（15 110 万元）、宋官（17 449 万元）、东山（15 443 万元）、南厂（16 183 万元）、秀溪（15 129 万元）、可官（12 314 万元）8 个社区居委会。

农　业　农作物播种面积 48 688 亩，复种指数 252.43%。粮经作物比例 40:60。粮食播种面积 20 760 亩，粮食总产 1 088.63 万千克，其中：水稻种植面积 8 554 亩，单产 643 千克；玉米播种面积 8 263 亩，单产 535 千克；小麦播种面积 2 130 亩，单产 278 千克；蚕豆播种面积 1 075 亩，单产 204 千克。农民人均产粮 254.56 千克。油料播种面积 10 180 亩，总产 208.06 万千克。烤烟种植面积 3 900 亩，交售量 56.09 万千克，交售收入 1 031.3 万元，平均单价 18.39 元/千克；上等烟比例 63.8%。葡萄、大棚蔬菜、白蘑菇等市场前景较好的特色农产品形成规模，拓宽了农民增收渠道。种植蔬菜面积 3 628 亩，葡萄 2 205 亩，白蘑菇 120 棚/4.5万平方米，草莓 126 亩。

年末，出栏肥猪 56 057 头，存栏 18 327 头。大牲畜存栏 236 头（其中牛存栏 225 头），出栏牛 152 头。羊存栏 808 只，出栏菜羊 260 只。全年肉产量 7 098.6 吨。家禽出栏 86.4 万只，禽蛋产量 3 594.7 吨。养殖水面 471.5 亩，投放鱼种 110 吨，鱼产量 185 吨，产值 248 万元，水产品购销两旺，经济效益和社会效益明显提高。

年末，有林地面积 118 433 亩，森林覆盖率 63.7%。完成造林面积 1 861 亩。全年投入水利工程资金 365 万元，群众集资 145 万元，完成建设项目 4 项（40 件），其中：人畜饮水工程 1 件、水库（坝塘）除险加固工程 1 件、渠道衬砌工程 1 件，抗旱应急工程 37 件。改善灌溉面积 1 650 亩，解决 20 158 人和 130 头大牲畜的饮水困难。水利化程度达 88%。

农、林、牧、渔业实现总产值（现价）31 463 万元，其中：种植业 14 107 万元，占 44.84%；林业 45 万元，占 0.14%；牧业 16 850 万元，占 53.55%；渔业 248 万元，占 0.79%；农林牧渔服务业 213 万元，占 0.68%。

企　业　年末，有企业 1 922 户，比上年增 4.34%；从业人员（含外来人员）15 313 人，比上年增加 5.96%；企业营业收入 1 483 268 万元，比上年增 25.47%，占农村经济总收入的 97.72%；利税 53 294 万元，比上年减 20.39%。其中：集体企业 7 户 2 924 人，收入 934 036 万元，利税 27 494 万元；私营企业 129 户 7 624 人，收入 472 006 万元，利税 22 095 万元；个体企业 1 786 户 4 765 人，收入 77 226 万元，利税 3 705 万元。营业收入上百万元的企业有 85 户，其中上亿元的 15 户（玉溪新兴钢铁公司 62.29 亿元，云南昆明制管有限公司 11.51 亿元，云南正成工机密机械有限公司 7.6 亿元，云南省玉溪市研和炉料有限公司 5.25 亿元，玉溪太极物资工贸有限公司 4.35 亿元，玉溪市太标钢铁有限公司 4.80 亿元，玉溪滇雪粮油食品工业有限公司 4.03 亿元，云南玉溪太极太阳能有限公司 1.74 亿元，玉溪昌隆物流有限公司 1.71 亿元，云南瑞通钢业有限公司 1.54 亿元，玉溪市第九建筑工程有限公司 1.48 亿元，云南梅塞尔气体产品有限公司 1.47 亿元，云南华云钒业有限公司 1.47 亿元，云南汇源化工有限公司 1.14 亿元，玉溪化肥厂有限责任公司 1.13 亿元），千万元以上的企业 35 户。

主要产品年产量：生铁 149.4 万吨，钢 132.8 万吨，钢材 169.9 万吨，塑钢型材 3 756 吨，砖 354 万块，食用植物油 26 353 吨，肉制品 163 吨，松香 7 558 吨，数控光机 7 845 台，数控机床 606 台。

2011 年，完成工业投资 149 599 万元，同比增 18.10%；对社会固定资产投资的贡献率达 62.33%，工业投资拉动全社会固定资产投资增长 12.59 个百分点。实施重点项目有：玉溪新兴钢铁公司钒资源综合利用技改项目在建分项项目 15 个，计划总投资 85 780 万元，全年完成投资 35 961 万元，累计完成投资 72 031 万元，3 高炉主体竣工，5 月 28 日点火试生产。云南瑞通钢业有限公司二期扩建年产 50 万吨冷轧板、15 万吨镀锌、10 万吨彩涂板、60 万吨型钢生产线项目，进行设备安装调试，其中镀锌项目开始试生产。玉溪数控机床产业园区年产 1 万台数控机床项目，占地面积 760 亩，已完成标准厂房建设面积 10.76 万平方米，全年完成投资 12 463 万元，累计完成投资 53 234 万元，完成 15 户进驻企业标准厂房及附属工程建设，有 13 户企业已进入正式生产。玉溪太标太阳能设备有限公司年产 100 万套太阳能热水器生产配套项目，占地面积 574.6 亩，计划总投资 7.6 亿元，全年完成投资 32 981 万元，累计完成投资 62 131 万元；8 月，开始试生产。易峨高公路（研和—峨山小街）扩建工程，建设规模：宽 23m × 长 1 200m & 宽 29m × 长 4 455m，计划总投资 1.5 亿元，全年完成投资 1 682 万元，累计完成投资 8 459 万元，已基本实现通车。玉溪太标精工铸造有限公司年产 5 万吨铸铁铸钢件生产项目，计划总投资 4 亿元，全年完成投资 16 454 万元，铸件车间厂房完成 1/2，250 立方米的 2 座炉子基本完工；11 月，开始试生产。玉溪化肥厂有限公司搬迁项目，计划总投资 9 957 万元，全年完成投资 100 万元，累计完成投资 8 931 万元；7 月，进入试生产。玉溪滇雪粮油食品工业有限公司 9 万吨/年油菜籽制油及精炼生产线技改项目，总投资 5 000 万元，全年完成投资 1 195 万元；占地面积 21.5 亩，已完成项目用地勘测定界，土地预审报件已报送省国土厅，正在进行地上附着物的核查清理、确认及征地协议签订等工作。“汇海佳苑”房地产开发项目，占地面积 67 365 平方米，建筑面积 8 万平方米；主体工程进行至 13 层；全年完成投资 12 500 万元，累计完成投资 24 703 万元。

随着工业经济的快速发展，研和街道第三产业发展迅猛。餐饮业、汽车及零部件销售和维修业总量不断扩大，信息、咨询、中介服务、医疗等行业逐步兴起，为经济发展注入了新的力量。政府鼓励个私经济能人开发研和、投资研和，积极参与城街道开发、市场建设，在饮食、运输、仓储等行业投资兴业。年末，第三产业总产值 171 815 万元，同比增长 44.11%，营业收入 413 597 万元，同比增长 15.93%。

城镇建设　年内，研和街道成立城市管理队（路灯队，环卫队，绿化队，城建监察队）4 个 123 人，负责城市建成区、省道 S102 线的路灯维护管理、城市绿化、环境卫生整治等工作。投资19.6万元购置洒水车1辆，投资40万元购置8吨垃圾压缩车1辆，投资近30万元购置垃圾清运微型车2辆和垃圾箱20个，投资14万元配置绿化、环卫工人用具。

旧村改造　年内，研和街道开展大规模新农村建设，召开民房建设专题会议及现场会议，并组织18个建房小组的村组干部和部分建房户到东山二组、可官六组、贾井四组参观学习、交流经验。办理建房手续并建盖新房有690户，用地面积253.13亩，旧村改造率22%，主要涉及7个社区居委会20个居民小组建房。已落实产权正在建房有317户，占地面积112.33亩。已申报用地手续有4个居委会11个居民小组，拟建房817户，用地面积319.26亩。山区整村推进扶贫项目涉及可官、玉屏社区的3个居民小组。可官社区三、九组进村道路硬化250米，路面宽5米，以及道路挡墙排水沟等附属工程，总投资15.6万元，于8月22日动工，10月18日竣工；玉屏社区八组老年活动室建设工程，新建砖混结构房168.78平方米，计划投资57.17万元，于8月22日动工，11月30日全部竣工。

交通·邮电　年末，辖区内公路干线通车里程176.37千米，其中：国道21.47千米，省道23千米，县道20.9千米，乡道111千米。通车率100%。有各种汽车8 000余辆，拖拉机458台，摩托车1.5万辆。有程控电话8 684部，其中私人电话7 250部。

【社会事业】

科　技　年内，有农业专业技术协会5个，会员404人。加大农村劳动力培训力度，提高农村劳动力科技文化水平，促进街道域经济发展、农民增收、农村稳定。全年培训农村劳动力22期1 165人，完成区政府下达目标任务数的116.5%。培训涉及种植、绿化、保安、环卫、城建等专业。为10人办理贷免扶补手续，贷款50万元；小额信贷创业促就业20人100万元。以培训促创业，以创业带动就业，实现创业67人，促进就业78人。按照“研和（出资）→学员（应届初、高中毕业生）→学校（学历教育＋技能培养）→就业”的模式，做好街道、学校联合人才培养。至2011年末，研和街道财政累计出资412.32万元，派遣到职业技术学校学习培训5批1 285人，其中：在校学员622人，涉及计算机应用、汽车应用与维修、现代物业管理等33个专业；毕业学员663人，就业623人，就业率94%。

教　育　年内，加大学校建设投资力度，完善学校软硬件设施建设。5月，成立研和学校建设领导小组，负责研和中学合并、中小搬迁、中心幼儿园新建等工作。确定“先建街道中心幼儿园，再建村级幼儿园”两步走的发展路子，决定投入1 947万元，新建街道中心幼儿园1所，占地面积5.8亩，建筑面积5 670平方米，容纳幼儿360～400人。随后，再建社区幼儿园，形成以中心幼儿园为依托，辐射各社区的街道、社区两级学前教育网络。易地重建研和中心小学占地面积22 915平方米，建筑面积9 766平方米，计划总投资1 896万元；建成后能容纳1 200人就学，各项手续已办清。加强初中教育，整合教育资源，决定扩建研和第二中学，实现研和一中、二中合并办学；扩建后研和中学占地面积122.9亩，建筑面积34 194平方米，能容纳学生2 500名，教学班50个，计划总投资4 796万元；已完成征地和相关手续办理，投入资金1 600万余元；8月，主体工程（教学楼）正式动工。年末，有小学9所（中心小学1所，完全小学8所），教学点9个，教学班107个，在校学生3 816人（其中外来务工人员子女198人），教职工198人；普通中学2所，教学班39个（一中21个、二中18个），教职工146人（一中80人、二中66人），在校学生1 801人（一中974人、二中827人），其中外来务工人员子女23人（一中5人、二中18人）。中、小学适龄人员入学率100%。

文　化　年内，举办文化宣传月暨庆祝中国共产党成立90周年演出活动，演出14场、299个节目，参演人员3 343人次。全年组织各类文艺培训班12期，培训387人次；组织各类演出活动26场、488个节目，参演人员8 057人次。街道投资13万元修缮玉屏八组古石磨房竣工；区、街道投资30余万元修缮区级文保单位可官文星阁，通过市、区文物专家验收。宋官雕刻艺人王文襄被玉溪市人民政府命名为“玉溪市民族民间工艺师”。年末，有文化中心1个，新增图书1 004册，藏书16 298册。《今日研和》刊出4期，每期1.3万份。有社区“农家书屋”9个，藏书2.8万余册。各社区、居民小组文艺队104个。有各类文化经营户37户，其中：文化茶室14户、歌舞厅1户、电子游机2户、网吧5户、音像制品8户、书刊3户、打印店4户、电影院1个。有线电视用户8 400户。

卫　生　年内，全面开展以宣传、监测、行为干预、治疗和关怀救助为主要内容的艾滋病综合防治。儿童“四苗”接种率100%，法定报告乙类传染病发病率288/10万，食品从业人员健康体检率100%。全年新型农村合作医疗参合8 980户28 991人，参合率97.78%。年末，有卫生院1所，卫生专业技术人员47人，其中：中职16人，初职25人，其他6人；门诊总诊病人7.3万人次，完成手术165台次，住院病人1 878人次，业务收入577万元。村级卫生9个，个体诊所7个，个体药房10个。

计划生育　年内，出生人口425人，出生率9.23‰；死亡250人，死亡率5.43‰；计划生育率99.8%。清理清查流动人口6 929人，并对其进行计划生育管理。

民政·残联　年内，有828人享受城市居民最低生活保障金180.73万元，1 228人享受农村居民最低生活保障金131.95万元；为各类优抚对象283人兑现优待抚恤金109.2万元。有敬老院1所，供养老人14人。投资9.7万元扶持7户残疾人发展养殖及种植业，举办残疾人职业培训4期，培训310余人。为10户困难残疾人争取到危房改造项目，每户补助资金2.4万元；给贫困残疾人发放临时困难救济资金1.85万元；发放城乡低保金227.88万元；发放五保生活保障金9.28万元；为6名孤儿发放生活保障金2.59万元，为2户群众申办廉住房配租，1户申办配租补贴。对街道群众缺粮情况进行调查摸底，并发放救济粮2.04万千克，涉及539户1 165人。对扶贫示范户6户和示范基地1个进行扶持，扶持资金9.7万元，出资5.76万元购买公益性就业岗位。

老龄工作　年内，办理老年人优待证386人。慰问特困老人63人，发慰问金2.4万元。街道财政出资104.8万元，对60～79岁农村无退休金老年人5 276人实行生活补助。年末，有老年协会9个，老协小组82个，老年活动室76个，会员6 767人。有60岁以上老年人6 922人，占总人口的14%，其中：80～99岁958人，100岁以上2人（张周氏，女，1909年1月生，贾井社区人；刘张氏，女，1911年2月生，南厂社区人）。

法制建设　年内，发生行政（治安）案件420起，其中：一般程序249起，现场调解165起，治安调解6起。

查处治安案件103起，处理违法嫌疑人171人次，其中：拘留98人次，罚款21人次，拘留并罚款35人次，强制隔离戒毒6人次，社区戒毒5人，不予行政处罚6人次。与上年同期相比，一般程序治安案件增加65起，增幅为34%；治安案件查处增加61起，增幅为145%，查处率增加20.3个百分点。发生刑事案件369起，立案353起，其中：盗窃324起（盗窃自行车1起、摩托车89起、机动车3起、入室盗窃50起、其他盗窃181起），占立案总数的91%。破案107起，破案率30%。补立年前案件29起，破年前积案62起，破案率214%。抓获犯罪嫌疑人85人次。与上年同期相比，刑事立案增加123起，增幅为53.4%，破案增加48起，增幅为81.3%，破案率提高4.7个百分点。有列管吸毒人员68人，新发现隐性吸毒5人，复吸3人；办理社区康复5人，社区戒毒5人，强制戒毒6人，拘留4人，查处种植毒品原植物案件4起，处理违法人员4人，铲除毒品原植物390株。全年接待群众来访99批，市长热线4次，区长热线17次，信访局交办件15件，结案率98%。

【年内要事】

3月17日　举行撤镇设街道揭牌仪式，撤销研和镇，设立研和街道办事处。

3月28日　研和村民委员会被表彰为红塔区2010年“和谐文化示范村”。

4月21日　开始撤销9个村委会，分别设立社区居委会，到6月全部结束。

5月25日　可官文星阁修缮竣工，建筑面积112.36平方米，投入资金30余万元。

5月30日　玉溪研和数控机床产业园区一期竣工投产。数百名海内外嘉宾参加投产仪式，国家、省、市、区领导出席了仪式，共同见证玉溪数控机床产业园一期项目建成投产。省政府副秘书长赵慧侠宣布玉溪数控机床产业园一期竣工投产。中共玉溪市委书记孔祥庚，数控机床联盟体总裁黎筑森为研和数控机床联盟体揭牌，省科学技术厅副厅长关鼎禄授予玉溪数控机床产业园“高新技术特色产业基地”牌匾。

6月28日　研和街道“玉乞书院”成立。

6月28日　研和街道庆祝中国共产党诞辰90周年纪念大会召开，1 600余人参加。

12月30日　研和街道“四群”教育实行干部直接联系群众制度动员大会召开。

表7：2011年研和街道社区居民委员会基本情况统计表

2011年研和街道社区居民委员会基本情况统计表

表7

居委会	党总支部书记	主　任	居民小组数（个）	自然村数（个）	总人口（人）	耕地面积（亩）	粮　食总产量（万千克）	农民人均产　粮（千克）	烤烟总产（万千克）	烤烟交售收入（万元）	企　业营业收入（万元）	农村经济总收入（万元）	农民人均所得（元）	电话号码
贾　井	何开元	吕清坤	9	8	5 991	3 102	183.16	315.63	1.10	23.31	11 421	15 110	6 585	2999042
中　村	白占凤	白占凤	9	9	4 575	842	40.35	109.86			25 047	28 836	6 611	2990173
研　和	杨　东	吴绍华	8	3	6 020	871	48.07	106.35			20 063	21 936	6 670	2794119
可　官	杨学武	杨学武	9	5	4 485	1 690	114.78	261.28	3.88	63.41	7 901	12 314	6 350	2996175
宋　官	殷家国	张　海	11	3	5 945	1 859	111.51	192.46	1.10	19.84	15 487	17 449	6 491	2991800
东　山	乔泽华	潘祥金	7	3	4 267	1 656	197.81	476.08			10 971	15 433	6 456	2993603
秀　溪	杜洪文	王丽兰	13	10	7 836	3 555	134.93	176.19			7 234	15 129	6 780	13887710035
南　厂	刘士云	王正东	8	6	3 453	1 600	64.20	188.82			12 451	16 183	6 450	2998197
玉　屏	王孝华	柳荣春	8	9	3 385	4 113	193.82	580.47	50.48	924.77	4 924	7 646	5 809	2993347

（李晓东）

春和街道

地理位置　区境西北部。

面　积　192.37平方千米，其中山地占72.4%。

耕　地　34 728亩（田16 252亩，地18 476亩），比上年减1 572亩，稳产高产基本农田28 844亩。农业人口人均占有耕地面积0.63亩。

人口·民族　2011年末，总户数17 067户，农业户数15 296户。总人口57 059人，其中：男28 005人，女29 054人；农业人口54 883人；少数民族（主要是彝、白、哈尼、回族）人口8 914人，占总人口的15.62%。农村从业人员35 041人。人口自然增长率3.91‰，比上年上升0.28个千分点。人口密度为295人/平方千米。

行政区划　辖王大户、春和、中所、孙井、团山、龙池、飞井、黑村、马桥、刘总旗10个社区居民委员会及黄草坝、波衣2个村民委员会，118个村（居）民小组，76个自然村。

街道办事处所在地　春和集镇富春街

党工委书记　周智荣

副 书 记　周德梅

金忠武　白　林

人大工委主任　冯　勇

办事处主任　周德梅

副 主 任　刘玉凤(2011年10月免)

何明春　曹炳勇

王琼丽(2011年10月任)

纪工委书记　王正龙

【经　济】　2011年，农村社会总产值（现价）51.8亿元，工农业总产值（现价）28.31亿元，其中：工业总产值24.48亿元，农业总产值3.83亿元。农村经济总收入49.54亿元，比上年增12.5%。其中：农业收入3.27亿元，比上年增4.5%，占总收入的6.6%；二、三产业收入46.27亿元，比上年增13.1%，占总收入的93.4%。农民人均纯收入8 138元，比上年增12%。有

19 776人从事二、三产业，占农村从业人员的56.4%，比上年增2.8个百分点。财政总收入1.82亿元，比上年增36.2%；其中地方财政收入5 853万元。财政支出2 051万元，比上年减27.78%。全街道农村经济收入超过亿元的有王大户（20 127万元）、春和（30 910万元）、中所（10 800万元）、孙井（52 140万元）、团山（15 402万元）、飞井（16 542万元）、马桥（78 265万元）、刘总旗（223 872万元）、黑村（28 500万元）等9个村（居）民委员会。

农　业　农作物播种面积7.2万亩，复种指数198%。粮经作物比例27.7:72.3。粮食播种面积19 973亩，粮食总产915.76万千克，其中：水稻栽种面积43亩，单产618千克；玉米播种面积13 010亩，单产562千克；小麦播种面积2 726亩，单产251千克；蚕豆播种面积343亩，单产203千克。农民人均产粮164.63千克。油料播种面积17 728亩，总产307.66万千克。烤烟种植面积12 690亩，总产176.87万千克；交售量176.8万千克，交售收入3 254万元，平均单价18.4元/千克；中、上等烟占64.19%，其中上等烟比例达45.27%，比上年增加14个百分点。

年末，生猪存栏49 023头，出栏肥猪98 441头，分别比上年减1.8%、增7.3%。大牲畜存栏902头，其中：牛存栏774头，出栏菜牛1 004头。羊存栏2 837只，出栏菜羊3 252只。全年肉产量1 213.9万千克。家禽出栏127.62万只，禽蛋总产119万千克，出售牛奶5.9万千克。

年内，种植核桃树225亩，种植市级样板林200亩。年产水果99.28万千克。年末，有林地面积182 537亩，森林覆盖率66.5%。年内，农、林、牧、渔业实现总产值（现价）38 351万元，其中：种植业14 518万元，占37.9%；林业125万元，占0.3%；牧业23 477万元，占61.2%；渔业165万元，占0.4%；农林牧渔服务业66万元，占0.2%。

2011年，不断加快农业基础设施建设步伐，投资2 873万元完成中低产田改造项目一期工程，其中：波衣项目区投资2 228万元，黑村、马桥项目区投资645万元。完成总投资44.05万元的中央基层农技推广体系建设项目，新建综合楼234平方米。发挥科技助农增收作用，开展栽培技术、土肥知识培训1.16万人次，“水改旱”改种玉米8 181亩，农艺措施项目、省万亩玉米高产创建项目核心区项目、千亩生物降解膜示范项目、测土配方项目通过验收。落实支农惠农政策，2.5万亩参保农作物获赔42.2万元，兑现农机具补助和良种补贴直补221.23万元，农机示范推广带动购买农机150台；兑付大中型水库移民后扶资金155.63万元。做好水资源宣传管理，对街道10 210口居民自备井、55口企事业单位生产生活用井进行清查，完成4 837件小型水利工程的核实登记，全国第一次水利普查取得阶段性成果。投资140万元增建机耕路、小水窖以及坡改梯1 000亩；加大对水利工程设施的监管，组织河道清淤除障25千米，实现安全度汛。

企　业　年末，有企业3 018户，与上年相同；从业人员（含外来人员）22 032人，比上年增加0.2%；企业营业收入46.84亿元，比上年增12%，占全街道农村经济总收入的94.55%；税利44 239万元，比上年增58.9%。其中：集体企业4户231人，收入1 266万元，税利47万元；私营企业74户8 206人，收入348 512万元，税利39 091万元；个体企业2 940户13 595人，收入118 671万元，税利5 101万元。营业收入上百万元的企业有65户，其中：上亿元的7户（玉溪华盛钢铁有限责任公司、玉溪市刘总旗活发钢铁厂、云南省活发集团刘总旗水泥有限公司、云南省玉溪市太标太阳能设备有限公司、云南新兴仁恒包装材料有限公司、玉溪马桥建筑集团有限公司、玉溪志程（集团）房地产开发有限公司），千万元以上的29户。

主要产品年产量：生铁17万吨，钢坯26万吨，水泥126.7万吨，线材4.5万吨，铝箔纸3 865吨，镀铝卡纸2 151吨。

2011年，投入90万元引导扶持企业15户技改转型，企业综合实力不断增强，街道初步形成以建筑建材（水泥）、钢铁冶炼及延伸配套、卷烟配套、食品加工、高新技术企业等多元并举的工业发展格局，基本形成刘总旗工业片区、太极山工业片区两个区域特色明显的工业发展区域，其中：刘总旗、黑村、逗牛嘴一线纳入红塔工业园区规划。全年通过审批实施的100万元以上工业生产及技改项目16个，其中投资4亿元的活发集团水泥有限公司2 500t/d熟料新型干法水泥生产线建成投产；申报太标太阳能公司为省级成长型企业，新兴仁恒公司、活发水泥厂为市级成长型企业。

村镇建设　2011年，总投资1 181.24万元实施黄草坝蚂蟥箐民俗文化广场，棋盘路、富春街南段、科技西路、飞井八九组村内道路、飞井三四组道路、龙池人行道及进村道路、中所十组村内道路，孙井张东河沟盖板，飞井二组牛场村及团山七组群众活动中心，春和三组、十二组公共活动场地，飞井上龙池、飞井新农村项目建设。193户65.28亩上报农用地转用，落实124户民房建设审批，完成王大户、孙井、团山等3个居委会300余户的地籍调查确权，修缮加固200户民居危房、新建15户。

交通·邮电　辖区内公路干线通车里程261.11米，其中：国道3千米，县道2.5千米，乡道230.92千米，村道24.69千米。通车率100%。

【社会事业】

科　技　2011年，全街道有科普协会8个，会员262人；种养研究会8个，会员262人。有农村科技示范户36户，其中：养殖科技示范户20户，种植科技示范户16户。全年举办各种科技培训班12期，培训990人次。投入农业科技资金0.8万元。

教　育　年内，坚持优先发展教育战略，多方筹资为学校配备多媒体4套、课桌椅500套，积极做好春和中心幼儿园的申报工作。投资1 348万元新建春和中学、中心小学、黑村小学、刘总旗小学教学综合楼，投入86万元实施马桥中学综合建设；完成1.01万平方米学校排危工程建设；统筹安排外来民工子女就近入学。年末，有私立幼儿园7个38个班，学前班67个，教职工135人，适龄儿童入园2 047人，入园率达95%以上；小学12所，教学班110个，教职工231人，在校学生4 598人，入学率、毕业率、升学率100%；中学2所，在校学生2 210人，教职工183人，入学率、毕业率100%，升入玉溪一中21人、玉溪二中85人、玉溪三中79人。

文化·体育　年末，有文化中心1个，农家书屋15个（自然村有3个），藏书4万多册，人均0.7册，图书借阅7 500人次，报刊阅览6万人次；有电影队1支，全年放映电影180场；有线电视用户1.21万余户，覆盖率95%；开展“百村文体活动场地建设”，申报新建标准篮球场12块。

卫　生　年末，有卫生院1所，卫生专业技术人员38人（中职20人，初职17人，其他1人）；门诊诊治病人

3.65万人次，住院病人693人次，营业收入228.47万元；村级卫生所12个，个体诊所4个，个体药房14个。儿童“五苗”接种率100%，法定报告乙类传染病发病率155.9/10万，食品从业人员健康体检率100%。

计划生育　年内，出生576人，出生率10.1‰；死亡354人，死亡率6.24‰；人口自然增长率3.91‰；计划生育率100%。清查流动口5551人，并对流动人口实施计划生育管理。

民　政　年内，有120人享受城市居民最低生活保障金34万元，967人享受农村居民最低生活保障金119万元；为优抚对象322人兑现优待抚恤金116.2万元。有敬老院2所，供养老人17人。积极开展残疾人康复、扶贫、就业、文体等工作，对残疾人320人给予综合服务。新增城镇职工基本保险医疗778人、城镇职工养老保险221人，农村养老保险36029人，新农合参保40780人，城镇居民医疗保险10420人。

老龄工作　全年办理老年人优待证423人，慰问特困老人119人，慰问金1.35万元；发放70周岁以上养老补助金9008人次，金额97.81万元。年末，有老年协会13个，老协小组118个，老年活动室124个，会员8521人。有60岁以上老年人8091人，占全街道总人口的15.6%，其中80～99岁1090人。

精神文明建设　以建党90周年为契机，组织街道干部职工百余人参加区“红心向党，颂歌嘹亮”大型合唱比赛；街道妇女广泛参加“颂党恩、跟党走，做党的好女儿”主题宣传教育活动，开展“和谐家庭幸福婚姻”培训暨论坛，举办女职工法律知识讲座；“六一”国际儿童节各小学组织开展“红领巾心向党”主题教育活动；街道团工委举办“党在我心中”主题演讲比赛；基层群众文化活动丰富多彩，200余支业余文艺队经常开展活动，组织120名骨干参加广场舞培训，晨晚练参与群众达1.78万人次。

法制建设　全年举办各种法制讲座8期，普法面达100%。接待群众来访105件，243人次，办结率100%；办理上级交办件1件、市长热线交办件3件、区长热线交办件9件，办结率100%；书记、主任接待119次，接待群众来信来访42次，106人。签订《社会治安综合治理目标责任书》43份，拨专项综治经费45万元。全年立刑事案件374起，破案63起，刑事案件发案比上年同期上升66起；受理行政案件418件，查处268件，查处率64%；查处违法人员291人，其中：行政拘留43人，警告216人。完成强制戒毒13人，社区康复39人，社区戒毒2人，刑事拘留吸毒人员2人。化解各类矛盾纠纷184起；办理暂住证5210人，办证率100%。年末，有联防队11支62人，调解会12个、会员130人，护村队12支、123人。

【年内要事】

3月　撤销春和镇设立春和街道。

4月25日　上午春和街道创建国家卫生城市、迎接技术评估攻坚推进会召开，迎接玉溪市创卫暗访整改落实情况暨国家爱卫办技术评估。

6月　撤销王大户、春和、中所、孙井、团山、龙池、飞井、黑村、马桥、刘总旗村民委员会建制，分别设立社区居民委员会，保留黄草坝、波衣村民委员会，原行政区划不变；成立村（居）务监督委员会。

7月1日　街道党工委表彰先进党总支5个、“双带”先进集体2个、先进党支部20个，优秀党务工作者20名、“双带”先进个人6名、优秀共产党员60名。

8月　对全街道70～79周岁老人2363人，每人每月增加生活补助费20元。

9月　国家农业部、省农业厅和市、区农业局领导到春和街道三资代理服务中心进行调研。

11月18日　引清水河水入飞井海项目启动。

12月30日　春和街道启动“四群”教育实行干部直接联系群众制度活动。

表8：2011年春和街道社区（村）居民委员会基本情况统计表

2011年春和街道社区（村）居居委会基本情况统计表

表8

村(居)委会	党总支部书记	主　任	村(居)民小组数(个)	自然村数(个)	总人口(人)	耕地面积(亩)	粮　食总产量(万千克)	农民人均产　粮(千克)	烤烟总产(万千克)	烤烟交售收入(万元)	企　业营业收入(万元)	农村经济总收入(万元)	农民人均所得(元)	电话号码
王大户	王忠顺	王德成	10	8	3999	1782	13.25	33.13			17709	20127	7522	2041624
春　和	王树德	王树德	13	5	5419	1469	20.06	37.02			28800	30910	7920	2041886
中　所	马有良	王茂荣	12	6	4633	596	35.89	77.46			9600	10800	6880	2041822
孙　井	姚喜荣	姚喜荣	8	7	3384	1331	31.47	93.00			50260	52140	10401	2045490
团　山	苏其喜	孙洪祥	8	6	3006	1898	34.90	116.10			13700	15402	7171	2045503
龙　池	王连月	王继能	8	2	2770	407	8.90	32.13			8615	9115	6715	2145079
飞　井	陆文洪	陆文洪	9	5	4355	2180	145.92	335.06			15121	16542	7046	2049138
马　桥	聂安林	杨国坤	8	7	6718	1949	59.45	88.49	16.50	315.28	74729	78265	9241	2142599
刘总旗	郭志元	万学源	15	8	7811	3014	79.80	102.16			222314	223872	11214	2140149
黑　村	杨家平	杨家平	10	5	6306	3641	163.40	259.12	21.46	362.36	25220	28500	7340	2047233
黄草坝	李有富	李有富	12	12	4873	10740	161.95	332.34	81.35	1501.84	1510	6520	6616	2048204
波　衣	毕德存	可正培	5	5	2350	6386	160.77	684.13	57.56	1074.92	871	3271	5703	2044148

（高春艳）

高仓街道

地理位置 玉溪市中心城区南部。
面　积 63.4平方千米，其中山地占87.82%。
耕　地 10518亩（田6413亩，地4105亩），其中稳产高产农田7201亩。农业人口人均占有耕地面积0.49亩。
人口·民族 2011年末，总户数7033户，总人口21694人，其中：农业人口20841人，少数民族（主要是彝族）人口3372人，占总人口的15%。人口密度为330人/平方千米。
行政区划 下辖高仓、梁王坝、桃源、排山、龙树5个社区居民委员会，54个居民小组，26个自然村。
街道办事处所在地 高仓集镇
党工委书记 李保文
副 书 记 张　森（2011年3月免）
康德勤
李　超（2011年6月任）
庄国荣（2011年6月任）
人大工委主任 施进发(2011年12月免)
王家宏(2011年12月任)
办事处主任 张　森（2011年3月免）
康德勤（2011年6月任）
副 主 任 飞俊鸿（2011年6月免）
何金华
李　超（2011年6月免）
高　铁（2011年3月免）
桂凤林（2011年6月任，2011年12月免）
王新文（2011年12月任）
纪工委书记 谢志明（2011年11月任）

【经　济】 2011年，农村经济总收入26.65亿元，比上年增长26.4%，其中：一产业收入2.51亿元，比上年增长40.2%；二产业收入13.77亿元，比上年增长3.5%；三产业收入10.37亿元，比上年增长73.4%。固定资产投资7亿元，比上年增长13.5%。财政总收入6946.7万元，比上年增长68.7%；其中地方财政收入3424.2万元，比上年增长58.5%。财政支出1476.5万元，比上年增长8%；农民人均纯收入6716元，比上年增长13.6%。农村经济总收入超过亿元的有桃源（11.08亿元）、梁王坝（9.78亿元）、高仓（4.58亿元）3个社区居民委员会。

农　业　2011年，投资728万元完成重点退耕还林基本口粮田中低产田地改造建设项目，投资11万元完成气象观测站建设，投资266万元完成龙树居委会一、二组80座卧式烤房建设工程；抓好烤烟种植这一主线，粮经作物比例日趋合理。完成区级下达栽种面积4850亩，烟叶收购79.9万千克，上等烟比例达67.9%。继续做好龙树山区秋冬农业开发项目，抓好冬季萝卜品种引进、示范推广，扩大种植面积，成为农民增加经济收入的重要来源之一，种植萝卜面积2900亩，粮食总产454万千克，油菜播种5705亩，蔬菜种植4333亩，花卉、葡萄种植3102亩，粮经比例33∶67。兑现粮食直补金67.1万元。

企　业　年内，以推进技术创新为目标，积极向低能耗、高效环保、科技含量高的目标迈进，传统工业产业得到巩固。2月，溶剂厂有限公司投资4980万元扩建改造“新型醋纤增塑剂”项目，顺利通过玉溪市、红塔区环保局和环境监测站“三同时”竣工验收，企业荣获“云南省级新产品”“红塔区技术创新成果一等奖”。玉溪市旭日塑料有限责任公司实施云南省创新型企业试点，结合企业实际，走引进、消化、提升、再创新的创新型企业之路，获“云南省创新型试点企业”。年末，有企业640个，比上年增加2个。从业人员4031人，比上年增加122人。营业收入234978万元（私营企业收入231577万元，个体企业收入3401万元），比上年增长24.53%。总产值224425万元（私营企业221620万元，个体2805万元），比上年增长50.96%。增加值完成16231万元（私营企业完成15564万元，个体企业完成667万元），比上年增长6.53%；工业增加值完成11517万元，比上年增长5.8%。实缴纳税金5313万元（私营企业缴纳5153万元，个体企业缴纳160万元），比上年增长51.1%；利润总额2443万元；工资总额4928万元（私营企业4602万元，个体企业326万元），比上年减少3.5%。规模以上工业企业6个，从业人员1238人，企业营业收入126537万元；总产值127313万元，完成增加值10189万元，缴纳税金2086万元。

商业贸易　商贸、汽修汽配、餐饮、住宿业领先发展，规模不断扩大。年内，有批发零售业101个，从业人员545人，占第三产业从业人员的39.9%；增加值699万元，占第三产业增加值的15.9%，上缴税金149万元。物流业发展迅速，形成网络。瑞岩、荣达物流公司年度上缴税金分别为1000余万元、400余万元，成为高仓经济发展新的增长点，为扩大对外开放，优化产业结构提供了良好条件；龙树乡村旅游发展5户，成为新农村建设、带动农民致富、增加农民收入的亮点；继续实施“家电下乡工程”，兑现家电、摩托车下乡资金16.3万元，促进了消费市场繁荣；金融、中介、社区等现代服务业从无到有，逐步发展。

村镇建设　按照“规划做深、建设做实、管理做细、经营做好”的目标，区政府出资100万元组织编制《高仓街道片区明珠路两侧控制性详细规划》，明确北至腾霄路，东至玉山城规划线，南至与研和交界处，西至玉元高速公路片区的土地性质、发展布局、产业导向等相关内容。年内，高仓街道城乡规划建设和环境保护中心成立，配备专职人员5名，加大对规划编制的调研、资料收集、整理和组织协调工作的力度，从人财物3个方面保证街道尽快融入城市，实现了街道有规划，中心有专人的良好局面。投资200万元完成明珠路高仓集镇段修复工程。做好“一事一议”项目，排山社区居委会陈子营自然村村内道路建设和龙树社区居委会一组公房建设项目有序实施，财政奖补资金50万元。投资15万元，实施龙树一组整村推进扶贫项目1个，受益群众350人；投资3.6万元完成梁王坝社区居委会一、二、十组人畜饮水工程建设；投资22.2万元完成高仓社区居委会移民工程9#沟排水灌溉改造；投资3万元完成龙树小坝人畜饮水管道改造；报批新建民房89户，拆除老房面积8534平方米。

【社会事业】

科　技　年内，新建科普示范基地5个。举办烤烟技术、安全知识、劳动力转移、安全技术、老年人健康保健知识讲座、抗旱保苗技术等培训班32期，培训3959人次。

教　育　年内，引进昌仁小学，可吸纳学生200人，解决了农民工子女上学难问题。投资14万元为梁王坝小学配备计算机42台。投资20万元为高仓中学配备中考计算机50台。尊师重教、捐资助教蔚然成风，捐资助学76.5万元。

文化·体育　全年开展文艺汇演38场次，观众8200人次。电影下乡49场次，观众1.32万人次；加强凤凰观、文明寺、弥陀寺等重点文物保护单位的管理，定期进行检查，及时消除安全隐患；加快推进广播电视村村通工程。因地制宜，创造性地开展好群众喜闻乐见的文体活动，利用各社区晨练晚练点组织开展健身秧歌、医疗保健操、柔力球、门球等活动，每天参加锻炼的群众200余人次。

卫　生　年内，城镇居民基本医疗保险工作开始启动，新型农村合作医疗参合15 394人，参合率98.63%，补偿47 802人，补偿金额309万元。认真做好禽流感、霍乱、伤寒、手足口病的预防监测。儿童计划免疫“五苗”覆盖率100%；法定报告乙类传染病发病率117.1/10万。儿童系统管理率92.1%，7岁以下儿童保健覆盖率93.60%，5岁以下儿童死亡率1.86‰，婴儿死亡率7.78‰，孕产妇系统管理率97.24%，新法接生率100%，住院分娩率100%。年末，有卫生院1所，卫生专业技术人员23人，其中：中职8人，初职14人，其他19人；门诊总诊病人1.32万人次，住院病人187人次，业务收入172万元。村级卫生5个，个体诊所3个，个体药房2个。

计划生育　年内，出生246人，出生率11.4‰；死亡129人，死亡率5.98‰；人口净增117人，人口自然增长率5.42‰；计划生育率100%。

民政按照“应保尽保”的原则开展工作，全街道“两低保”对象514人，发放保障金39万元；五保对象34人，发放供养金5.65万元；发放医疗救助金4.2万元；发放优抚对象定期补助74万元。参加城乡养老保险9 153人，年满60周岁的老人均可享受55元/年的补助，为16～59周岁的居民建立个人账户。“奖优免补”兑现率100%，兑现一次性经济奖励279户，金额25.45万元。兑付水库移民203人，金额3.03万元。

老龄工作　年末，有60周岁以上老年人3 003人，老年文艺队35支、地掷球队1支、门球队1支，队员584人。举办文艺演出51场，观众4 200人次。市老龄委出资1万元，更新桃源社区老协会活动设备。高仓社区居委会出资1.61万元，为803名老年人办理人身意外伤害保险。对全街道70～79周岁的老年人增发补助金，全年发放保健补助金33万余元。

精神文明建设　年内，有农村文艺队37支，开展文艺活动18场次；对30户特困户、困难残疾户、困难老人进行春节走访慰问，发放慰问金9 000元；玉溪市溶剂厂党支部被评为创先争优省级示范点，在卫生院开展“四亮四评”活动，完成28个居民小组党员活动室建设。

法制建设　投入综治维稳信访经费57.8万元，认真落实三项重点工作，完善三级综治维稳网络，在全区率先设置维稳专职社区党总支副书记试点，实行非正常信访案件产生费用“三三制”，在高仓中学创建反邪教教育基地。生猪定点屠宰关停工作顺利完成。严厉打击违法犯罪，大力整治治安乱点、难点，提高治安防控能力。以“打黑除恶”和打击“两抢一盗”为重点的专项整治活动深入开展，全年立刑事案件166起，破案54起，破案率32.5%；受理各类治安行政案件151起，查处65起，查处率43.05%。建立信访矛盾调解中心，开展领导干部接访和下访活动，解决重点信访案件，全年受理来信来访67件，结案67件，办结率100%；调处各类矛盾纠纷419件，调处成功率97.8%；加强隐患排查和整治，有效遏制重特大安全事故的发生。

【年内要事】

3月　撤销高仓镇，设立高仓街道办事处。

6月　撤销高仓、梁王坝、桃源、排山、龙树村民委员会，分别建立社区居民委员会，各村民小组更名为居民小组。

6月　居务监督委员会成立。

年内　完成玉山城二期700亩征地拆迁工作。

年内　完成投资2.48亿元的玉溪市五金机电商贸城建设项目和投资1.92亿元的玉溪瑞岩现代物流城项目所有前期审批手续。

表9：2011年高仓街道社区居民委员会基本情况统计表

2011年高仓街道社区居民委员会基本情况统计表

表9

居委会	党总支部书记	主　任	居民小组数（个）	自然村数（个）	总人口（人）	耕地面积（亩）	粮　食总产量（万千克）	农民人均产　粮（千克）	烤烟总产（万千克）	烤烟交售收入（万元）	企　业营业收入（万元）	农村经济总收入（万元）	农民人均所得（元）	电话号码
高　仓	雷家勤	卢自明	16	5	6 577	1 466	43.27	64			29 823	45 821	7 180	2076396
梁王坝	陈绍武	雷　春	10	7	4 640	2 169	101.46	223			90 657	97 797	6 619	2699173
桃　源	李会富	李会富	15	5	5 147	2 378	118.96	230			99 058	110 819	6 175	2698269
排　山	蔡建华	蔡建华	8	4	2 741	1 377	56.93	212			2 591	6 075	6 223	298599
龙　树	白汝富	白兴红	5	3	2 111	3 128	132.94	635	80.45		500	3 526	6 272	2695052

（梁金武）

小石桥彝族乡

地理位置　区境东北部。

面　　积　73.03平方千米，均为山地。

耕　　地　9511.5亩（田1939亩，地7572.5亩），与上年持平，其中稳产高产基本农田3 989亩。农业人口人均占有耕地面积1.5亩。

人口·民族　年末，总户数2 126户，总人口6 446人（男3 230人，女3 216人），其中：农业户数1 994户、6 233人；少数民族（主要是彝族、回族）人口2 883人，占总人口的44.7%。农村从业人员4 337人。人口密度92人/平方千米。

行政区划　辖小石桥、响水、玉苗3个村民委员会，23个村民小组，20个自然村。

乡政府所在地　小石桥村

乡党委书记　施　毅（2011年3月免）
张燕华（女，2011年3月任）

副 书 记 普联义 封 伟
飞海明
人大主席 曹忠寿
乡 长 普联义
副 乡 长 普凤林（2011年3月免）
左红余 普凤军
纪委书记 杨春华

【经 济】 2011年，农村社会总产值（现价）28 856万元，比上年增19%。工农业总产值（现价）22 026万元，其中：工业总产值12 064万元，农业总产值9 962万元。农村经济总收入30 216万元，比上年增17.2%，其中：农业收入5 553万元，比上年减35.36%，占总收入的18.38%；二、三产业收入24 663万元，比上年增43.4%，占总收入的81.62%。农民人均所得6 586元，人均居住面积52平方米，人均存款余额5 614元，比上年减31.9%。从事二、三产业767人，占农村从业人员的15.7%，比上年减13.04个百分点。地方财政收入1 936万元，比上年增19.51%；地方财政支出1 342万元，比上年增5.84%。年末，各项存款余额3 619万元，比上年减31.7%。

农 业 2011年，农作物播种面积33 030亩，复种指数333%。粮经作物比例20∶80。粮食播种面积13 114亩，总产615万千克。农民人均产粮990千克。油料播种面积4 650亩，总产11万千克。烤烟种植面积7 340亩，总产110.74万千克；交售烟叶110.74万千克，交售收入2 136万元，平均单价19.29元/千克；中、上等比例烟占72.5%，其中上等烟占65.5%，比上年增6.7个百分点。

年末，生猪存栏9 220头，比上年减12.49%；出栏肥猪15 470头，比上年增5.2%。大牲畜（牛）存栏1 853头，出栏菜牛276头；羊存栏4 395只，出栏菜羊3 570只；肉产量198万千克。家禽出栏10万只，禽蛋总产2.7万千克。养鱼水面108亩，水产品产量24万千克。

年末，有林地面积70 365亩，森林覆盖率62.7%。年内，投资380余万元用于农田水利建设。有水库（坝塘）21座，总库容120万立方米；水渠8条，长14.8千米，其中三面光节水渠6条，长10.5千米。农田有效灌溉面积6 300亩，水利化程度71.5%。

年内，农、林、牧、渔业总产值（现价）9 926万元，其中：种植业5 553万元，占5.94%；林业11万元，占0.1%；牧业3 741万元，占37.69%；渔业360万元，占3.63%；农林牧渔服务业261万元，占2.63%。

企 业 年末，有企业43户，从业人员（含外来人员）873人，比上年增205人。企业营业收入20 490万元，比上年增14.28%，其中：集体企业2户369人，营业收入12 867万元；私营企业4户384人，营业收入5 607万元。营业收入千万元以上的企业1户（安宁化工厂玉溪分厂）。

商业贸易 年末，有个体商业网点15个。农村社会商品零售总额135万元，农副产品采购总额126万元，集市贸易成交额2 000万元。

村镇建设 年内，投资97.5万元，完成公房建设、道路硬化、卫生设施建设等新农村建设项目4个。

交通·邮电 辖区内公路干线通车里程186.6千米，其中：县道19千米，乡道167.6千米。通车率100%。有各种汽车190辆（货运车164辆，客运车26辆）、拖拉机2 294台、摩托车512辆。有手机4 985部，程控电话862部（其中私人电话880部）。每百户拥用程控电话56部。

【社会事业】

科 技 年末，有烤烟种植协会2个，会员107人。农村专业合作社2个，会员500人。有农村科技示范户50户，其中：养殖10户，种植40户。举办科技培训班24期，培训5 545人次。

教 育 年末，有学前班20个，教职工20人，适龄儿童入学196人。小学3所，教职工74人，在校学生585人；入学率、毕业率、升学率均为100%；中学1所，教职工33人，在校学生292人，入学率、毕业率100%、升学率91.49%。中考录取玉溪一中1人、师院附中1人、玉溪二中10人、玉溪三中8人。

文化·体育 年末，有文化中心1个，藏书8 600册，图书借阅760人次、报刊阅览420人次；电影院1个，全年放映电影6场；有线电视用户1 902户，覆盖率100%。每百户拥有电脑15台，互联网用户360户。

卫 生 年末，有卫生院1所，医务人员19人，其中：中职1人、初职7人；门诊诊治病人1.73万人次，业务收入52.8万元。村级卫生所2个；年内，儿童“四苗”接种率100%，法定报告乙类传染病发病率95.3/10万，食品从业人员健康体检率100%。参加新型农村合作医疗1 942户5 996人，参合率97.61%；报销住院医疗费22 321人次，金额131.3万元。

计划生育 年内，出生人口46人，出生率7.13‰；死亡22人，死亡率3.41‰。人口自然增长率2.19‰。计划生育率100%；清理清查流动人口254人，并对流动人员实行计划生育管理。

民 政 年内，有165人享受农村居民最低生活保障金16.9万元；为优抚对象35人兑现优待抚恤金11.79万元；为农村“五保”户发放最低生活保障金13户15人，3.3万元；发放城镇最低生活保障金13户15人，3.57万元；发放农村贫困户临时救济67户，4.7万元。对部分残疾人给予康复服务，服药3人。年末，新农保参保4 008人，参保率99.3%，收缴保费40.8万元。

老龄工作 年内，办理高龄老年人优待证46人。慰问特困老人12人，慰问金3 600元；慰问70岁以上老年人435人，慰问金4.35万元。年末，有老年协会3个，老协小组23个，老年活动室26个，会员910人。有60岁以上老年人860人（其中80～99岁105人），占总人口的13.34（1.63）%。

精神文明建设 年内，深化创建“平安小石桥”活动，保持“三无乡”成果。广泛开展群众性精神文明创建活动，创建区级文明村2个，文明单位5个，深入开展文明城市创建活动，圆满完成创建任务。

法制建设 年内，举办法制讲座6期，普法面98%；书记、乡长接待日接待24次、280人次，反映问题20件，件件有答复；回复市长热线11件。

年内，签订《社会治安综合治理目标责任书》18份，拨专项综治经费3.3万元。年末，有联防队1支、6人，调解会3个、会员108人，护村队3支、23人。全年立刑事案件20起，破案11起；受理治安案件46起，查处34起。组织“四防”安全检查10家125次。调解民事纠纷17起，调解成功率100%。

【年内要事】

3月21～23日 中国共产党小石桥彝族乡第八届代表大会第一次会议召开，完成乡党委换届。

年内 全乡连续遭受特大干旱。

表10：2011年小石桥彝族乡村民委员会基本情况统计表

2011年小石桥彝族乡村民委员会基本情况表

表10

村委会	党总支部书记	乡 长	村民小组数（个）	自然村数（个）	总人口（人）	耕地面积（亩）	粮 食 总产量（万千克）	农民人均产 粮（千克）	烤烟总产（万千克）	烤烟交售收入（万元）	企 业 营业收入（万元）	农村经济总收入（万元）	农民人均所得（元）	电话号码
小石桥	李金福	代兴福	8	7	2 485	3 900	222	893	46.17	903	720	4 861	6 197	2098593
玉 苗	普家福	拔绍良	6	5	1 980	2 910	182	626	30.31	580	660	3 247	6 063	2099107
响 水	普文学	李亚萍	9	8	1 838	2 700	212	1 153	34.26	653	636	2 945	6 061	2099059

（陆自平）

洛河彝族乡

地理位置 区境西部山区。

面　　积 170.61平方千米，均为山地。

耕　　地 10 888亩（田1 972亩，地8 916亩），其中稳产高产基本农田8 009亩。农业人口人均占有耕地面积1.14亩。

人口·民族 年末，总户数2 863户，总人口9 982人（男4 935人，女5 047人），其中：农业户数2 538户、9 535人；少数民族（主要是彝族、哈尼族）人口9 179人，占全乡总人口数的92.45%。农村从业人员6 473人。人口密度56人/平方千米。

行政区划 辖洛河、把者岱、跨喜、法冲、双龙5个村民委员会，31个村民小组，31个自然村。

乡政府所在地 大洛河村

乡党委书记 白发福

副 书 记 普伟明　张　铁　赵永彦

人大主席 李　忠

乡　　长 普伟明

副 乡 长 陈永刚　那　鸿（女）　雷占慧

纪委书记 杨永文

【经　济】 2011年，农村社会总产值（现价）256 149万元，比上年增8.99%。工农业总产值（现价）251 682万元，比上年增21 263万元，其中：工业产值240 485万元，占95.55%，比上年增8.37%；农业产值11 197万元，占4.46%，比上年增31.66%。农村经济总收入244 359万元，比上年增5.37%。其中：农业收入11 785万元，比上年增25.32%，占总收入的4.82%；二、三产业收入232 574万元，比上年增4.53%，占总收入的95.18%。一、二、三产业比为5∶93∶2。农民人均所得5 462元，比上年增10.05%，从事二、三产业1 766人，占农村从业人员的27.28%，比上年减3.78个百分点。财政收入16 300万元，其中地方财政收入4 146万元，比上年增26.02%；财政支出1 587万元，比上年减4%，农村经济收入超过亿元的有洛河村委会（226 068万元）。

农　业　2011年，全乡农作物播种面积22 747亩，复种指数206.67%。粮经作物种植比例为35∶65，粮食播种面积6 816亩，粮食总产333.33万千克。其中：水稻栽种908亩，单产522千克；玉米播种4 539亩，单产543千克；小麦播种68亩，单产190千克；蚕豆播种29亩，单产176千克。农民人均产粮349.59千克。油料播种5 297亩，总产79.85万千克。烤烟种植面积4 180亩，总产68万千克，其中上等烟占70.11%，比上年上升6.2个百分点；交售收入1 089.3万元。推条萝卜种植面积3 361亩，总产值418.78万元，比上年增187.42%。年末，生猪存栏4 442头，出栏肥猪15 980头，分别比上年减30.11%、12.63%。大牲畜存栏308头（其中牛存栏308头），出栏105头；羊存栏2 342只，出栏1 258只。全年肉产量330.3万千克。家禽出栏850 811万只，养鱼水面40亩，水产品量2.5万千克。植树造林面积2 065亩，其中经济林2 005亩。年产水果4.18万千克。年末，有林地面积189 717亩，森林覆盖率78.4%。投资180万元用于农田水利建设。有水库（坝塘）18座，总库容354万立方米；三面光节水渠39条，全长15.6千米。农田有效灌溉面积7 500亩，水利化程度60%。年内，农，林，牧，渔业实现总产值（现价）11 250万元，其中：农业产值4 540万元，占40.35%；林业产值468万元，占4.16%；牧业产值6 189万元，占55.01%；渔业产值53万元，占0.48%。

企　业　2011年，继续实施“工业强镇”战略，积极推进工业结构调整和发展方式转变，提升工业发展质量，工业经济运行质量和效益呈现稳回升态势。把项目建设作为统领经济发展的“引擎”，围绕园区建设上项目，引导企业和新上项目向型材、铸造业拓展聚合，多措并举推动项目引进落实。投资4 300万元年产10万吨热轧带钢连接焊管铸造项目、投资1.14亿元年产10万吨铸管项目、投资4 726万元年产2万吨数控机床铸件项目和投资780万元绿色农产品深加工生产线项目，前期工作基本完成。切实抓好节能减排工作，引导企业加大技改力度，降低生产能耗，最大限度地节约资源，保护环境。

年末，有企业452户，比上年增5.36%；企业营业收入231 548万元，比上年增4.45%，占农村经济总收入的95.17%；利税45 396万元，比上年增43.46%；从业人员（含外来人员）2 635人，其中：私营企业6户1 994人，收入226 761万元，利税44 338万元；个体企业446户641人，收入4 787万元，利税1 058万元。营业收入上百万元的企业有8户，其中：千万元以上4户，上亿元的3户（洛河钢铁公司、洛河昱鑫钢铁公司，合力机械铸造厂）。

主要产品年产量：铁矿石7.8万吨，钢坯23.97万吨，生铁47.42万吨。

商业贸易　全年农村社会商品零售总额3 036万元；农副产品采购总额112万元；集市贸易成交额390万元。有商业网点65个，其中：集体1个，个私64个。

集镇建设　年内，启动大洛河村旧村改造二期工程，投资10万元。有60户农户建盖新房，占地面积7 100平方米，拆除旧房占地面积1 200平方米。截至年末，建盖新房农户1 095户，占地面积14.72万平方米，建筑面积

19.74 万平方米。

交通·邮电　辖区内公路干线通车里程259.1千米，其中：省道12千米，县道16千米，乡道231.1千米，通车率100%。有各种汽车758辆（货运车535辆，客运车50辆，私人汽车173辆），拖拉机135台，摩托车536辆。程控电话1 700部，其中私人电话1 600部。百户拥有程控电话90部、手机130部。年内，投入资金180万元，启动大洛河公房建设；投入资金60万元，完成锅西甸、洒米寨新农村建设项目；投资192万元完成洛河民族中学女生宿舍楼建设。

【社会事业】

科　技　年末，有科普协会5个，会员280人；种养研究会2个，会员635人。有农村科技示范户70户，其中：养殖10户，种植60户。全年举办科技培训班9期，培训6 726人次。

教　育　年末，有幼儿园（学前班）25个，28个班，入园儿童470人，入园率98.6%，教职工44人；小学4所，教学班32个，在校学生831人，教职工101人，入学率、毕业率、升学率均为100%；民族中学1所，在校学生437人，教职工42人，入学率100%、毕业率100%、升学率91.26%；其中：升入玉溪一中2人、玉溪师院附中1人、玉溪三中6人。

文化·体育　年末，藏书12 293册，借阅图书620人次，报刊阅览1 368人次；电影院1个，有线电视用户2 150户，覆盖率98%。

卫　生　年内，投入8万元购进医疗设备，改善医疗卫生条件，在全乡完成家庭健康档案建档工作，实时跟踪慢性病患者，为推进公共卫生均等化服务打下基础。参加新型农村合作医疗9 491人，参合率99.6%，个人筹资7.33万元，乡级财政补助18.98万元。全年享受合作医疗门诊和住院20 059人次，报销金额201万元，受益面211%。儿童“四苗”接种率100%，法定报告乙类传染病发病率211.1/10万，食品从业人员健康体检率100%。年末，有卫生机构6个，卫生技术人员24人，其中：卫生院1个，卫生技术人员15人（中职3人，初职12人）；门诊诊治病人1.28万人次，住院病人103人次，营业收入61万元。村级卫生所5个，个体药房3个。

计划生育　年内，出生67人，出生率6.7‰；死亡56人，人口自然增长率3.2‰，比上年减0.2个千分点。计划生育率100%。清理清查流动人口1 139人，并实施计划生育管理。

民　政　年内，有33人享受城市居民最低生活保障金8.81万元，342人享受农村居民最低生活保障金37.39万元；有“三时期”复员军人13人，伤残军人2人，“两参”人员43人，援外民工7人，现役军人28人，老乡（村）干部10人，20世纪60年代精减退职人员2人，兑现优待金38.66万元；有敬老院1所，五保户29人，其中：集中供养26人，分散供养3人，发放“五保”补助5.95万元。参加农村社会养老保险5 379人，参加医疗保险68人。

老龄工作　年末，有老年协会5个，老协分会31个，老年活动室31个，会员1 060人。有60岁以上老年人1 092人，占总人口的10.9%，其中80～99岁179人。慰问特困老人28人次，慰问金0.84万元。年内，政府对男60周岁、女55周岁以上无退休金老年人4 262人，发放保健补助金43.76万元。

法制建设　年内，接访12次，接待群众1人次；下访287次，下访干部879人次；受理群众来信来访4件，办结4件；市、区长交办4件，办结4件。举办法制讲座2期，普法面99%。年内，签订《社会治安综合治理目标责任书》15份。年末，全乡有联防队1支、15人，调解会10个、会员245人，调解人员56人。全年立刑事案件21起，破案19起；受理治安案件40起，查处30起，查处违法人员22人，行政拘留4人，治安罚款3人；组织“六防”安全检查1 200次400户；调解民事纠纷13起，调解成功率100%；办理暂住证975人，办证率85%。

【年内要事】

3月　中共红塔区洛河彝族乡第八次代表大会召开。

3月　洛河乡第九届人民代表大会第四次会议召开。

11月　开展双龙矿山整治行动。

11月　“两市四乡镇睦邻友好经济研讨会”（昆明市、玉溪市，洛河、甸中、夕阳、十街）在洛河乡召开。

12月　中共红塔区洛河彝族乡八届二次会议召开。

12月　洛河乡第九届人民代表大会第五次会议召开。

表11：2011年洛河彝族乡村民委员会基本情况统计表

2011年洛河彝族乡村民委员会基本情况统计表

表11

村委会	党总支部书记	乡长	村民小组数（个）	自然村数（个）	总人口（人）	耕地面积（亩）	粮食总产量（万千克）	农民人均产粮（千克）	烤烟总产（万千克）	烤烟交售收入（万元）	企业营业收入（万元）	农村经济总收入（万元）	农民人均所得（元）	电话号码
洛　河	普文华	普文华	7	7	2 135	1 920	74.21	347.58	1.04	19.43	224 102	226 068	5 964	2778015
把者岱	桂和金	桂保明	5	5	1 673	1 920	79.89	477.53	11.16	202.93	224	3 177	4 833	2785022
跨　喜	袁树春 郭海龙	郭海龙	8	8	2 015	2 235	69.05	342.68	10.46	195.18	2116	7 487	5 504	2785050
法　冲	白连贵	白连贵	8	8	2 469	3 945	90.63	367.07	27.68	520.68		5 999	4 994	2778013
双　龙	普金辉	普金辉	3	3	1 323	1 125	19.55	147.77	7.82	151.08	319	1 628	6 255	2779014

（赵龙俭）

政 治

编辑 张永明

中国共产党玉溪市红塔区委员会

机构·领导成员

【中共玉溪市红塔区第四届委员会】
书 记 夏立洪
副书记 张小良（彝族）
曾 敏（女）
李 刚（挂职）
常 委 夏立洪 张小良（彝族）
曾 敏（女） 崔振中
王文平 殷绍焜 张春玉
邓进登 普东海 陆绍明
方 灵（彝族）
委 员（以姓氏笔画为序）
马跃武（女）王文平
方 灵（彝族）方勇云
邓进登 毕继芬（女）
朱学祥 李 剑（傣族）
李仕嵘（彝族）李永聪
杨德运 杨燕晨（彝族）
吴小郎 吴光连 张 凯
张小良（彝族）张春玉
张燕华（女）陆绍明
和丽琼（女，纳西族）
郑寿启 胡本清 姜永祥
夏立洪 殷绍焜 崔振中
梁士洪 普云辉 普文林
普东海 曾 逵
曾 敏（女）赖正东
候补委员 王 涛（女）
白发福（彝族）
任峻宏 李 毅
李保文（彝族）周智荣

【组织机构及负责人】
办公室
主 任 姜永祥（4月任）
矣 勇（4月免）
副主任 郭 沛 侯 坤 张晓伟
黄云俊（12任，试用期1年）
周 勇（6月免）
政策研究室
主 任 郭 沛
保密局
局 长 侯 坤（11月任）
成 华（11月免）
机要局
局 长 成 华
督查室
主 任 王润荣
档案局、档案馆
局 长、馆 长 陈志坚（女）
副局长、副馆长 陈雪娇（女）
招待所
所 长 苏发晶
组织部
部 长 方 灵（彝族，5月任）
曾 敏（女，5月免）
副部长 方勇云
邹明佑（6月任）
田 涓（10月任）
姜永祥（4月免）
杨美琼（10月免）
老干部局
局 长 刘成相
副局长 王红英（女，2月任）
宣传部
部 长 普东海
副部长 张君娣（女） 朱 瑜
陈 波（女）
文明办
主 任 张君娣（女）
文产办
主 任 陈 涛（12月免）
统战部
部 长 陆绍明（6月任）
马亮伟（回族，6月免）
副部长 王 莹（女）
桂荣华（回族，兼）
政法委
书 记 王文平
副书记 杨智文
梁学林（12月任）
李立超（12月免）
社会治安综合治理办公室
主 任 李立超（12月免）
维护社会稳定办公室
主 任 罗永明（12月任）
防范和处理邪教问题领导小组办公室
主 任 杨智文
副主任 杨勇勤（女）
史志编纂办公室、党史研究室
主 任 肖振宇
副主任 王文学（6月任）
代 涛（6月免）
党 校
校 长 曾 敏（女，6月兼）
张 凯（兼，6月免）
副校长 刘渝昆（女，常务）
瞿 勇 孔祥民
机构编制委员会办公室
主 任 方勇云（4月任）
姜永祥（4月免）
副主任 刘 群（女）
（根据《红塔区人民政府机构改革实施意见》，区机构编制委员会办公室单独设置，列党委机构序列，为区委工作部门。）

【基层党委及负责人】 2011年，根据区委文件，撤销区直机关党委、区经委党委、区建设局党委、区供销合作社联合社党委、区教育局党委、区卫生局党委，成立区直属机关工作委员会、区工业和信息化局工作委员会、区住房和城乡建设局工作委员会、区供销合作社联合社工作委员会、区教育局工作委员会、区卫生局工作委员会。
区直机关党委
书 记 胡宝玉（10月任）
杨文武（10月免）
副书记 张 渝（女，10月任，试用期1年）
马海莲（女，10月免）
住建局党工委
书 记 蔡兴富（10月任）

赖正东（10月免）
副书记　赖正东（10月任）
袁昭红（女）
城管局党工委
书　记　张　淼（2月任）
副书记　李　毅（2月任）
代　涛（6月任）
工信局党工委
书　记　拔学全（彝族）
副书记　王　亮
供销社党工委
书　记　秦家平
副书记　周云能
公安红塔分局党委
书　记　曾　逵（5月任）
王　伟（5月免）
副书记　李卫东（白族）
教育局党工委
书　记　任　波（女）
副书记　吴光连
彭建明（彝族，专职）
卫生局党工委
书　记　杨文武（10月任）
胡本清（10月免）
副书记　胡本清（10月任）
黄永良
人社局党工委
书　记　申有军
副书记　方勇云（4月任）
姜永祥（4月免）
（根据区委相关文件，区人事劳动局工作委员会更名为区人力资源和社会保障局工作委员会。）
商务局党工委
书　记　薛海星（10月任）
胡宝玉（10月免）
副书记　雷迪琼（女，10月任）
李　凇（女）
党校党委
副书记　刘渝昆（女）
文旅广体局党工委
书　记　郭同康（3月任）
副书记　王　涛（女，3月任）
闵红书（女，3月任）
（根据区委相关文件，成立区文化旅游广电和体育局工作委员会。）
农业局党工委
书　记　王自武（10月任）
李永聪（10月免）
副书记　李永聪（10月任）
（根据区委相关文件，成立区农业局工作委员会。）
注：乡党委、街道党工委在“乡、街道概况”中记述。

（严志东）

重要决策

【重要决策和工作部署】　2011年，区委制发重要决策和工作部署文件35个：

关于印发夏立洪同志在中共红塔区委三届八次会议上《报告》的通知

关于做好2011年乡镇党委换届工作的通知

关于表彰奖励2010年度优秀政法干警和先进综治维稳干部的决定

关于表彰奖励2010年度社会治安综合治理及铁路护路工作先进单位的决定

关于表彰奖励2010年度防范和处理邪教工作先进单位的决定

关于印发《区委、区政府领导班子成员党风廉政建设责任分解》的通知

关于制定国民经济和社会发展第十二个五年规划的建议

关于表彰2010年度党风廉政建设先进单位的决定

关于街道办事处设置的决定

关于街道党工委、纪工委、人大工委设置的决定

关于印发《红塔区人民政府机构改革实施意见》的通知

关于中国共产党成立90周年纪念活动的通知

关于转发《红塔区人大常委会2011年工作要点》的通知

关于红塔区2011年依法治区工作的意见

关于表彰2010年度禁毒工作先进集体和先进个人的决定

关于表彰先进基层党组织、先锋窗口、优秀党组织书记、优秀党务工作者和优秀共产党员的决定

关于印发夏立洪同志在中共红塔区第四次代表大会上《报告》的通知

转发《区委宣传部、区司法局关于在全区公民中开展法制宣传教育的第六个五年规划（2011～2015年）》的通知

转发《中共玉溪市委、玉溪市人民政府关于加强文化建设的意见》的通知

关于进一步加快推进新型工业化的实施意见

关于表彰优强工业企业、优秀工业企业家、工业企业技术创新先进个人、发展工业先进工作者的决定

关于表彰“五五”普法先进集体和先进个人的决定

关于贯彻《中国共产党党校工作条例》的实施意见

关于表彰2009～2011年优秀教师、优秀校（园）长、支持教育发展先进个人的决定

关于加强和改进新形式下人大工作的意见

关于大力发展第三产业的实施意见

关于支持人民政协履行职能发挥作用的意见

关于表彰人大工作先进小组、优秀人大代表、先进人大工作者和优秀代表建议的决定

关于表彰政协工作先进界别组、优秀政协委员、先进政协工作者和优秀政协提案的决定

关于进一步加快发展现代化农业的实施意见

关于深化乡镇机构改革的实施意见

关于表彰全区关心下一代工作先进集体和先进个人的决定

关于开展“干部直接联系群众，切实转变干部作风”试点工作意见

关于表彰第二轮防治艾滋病人民战争先进集体及先进个人的决定

关于开展群众观点群众路线群众利益群众工作教育，实行干部直接联系群众制度的实施意见

（陈　燕）

【区委三届八次全会】　2011年1月13～14日召开，区委委员28人、候补委员6人出席；区纪委委员、各部门、各乡镇（街道）、各村（居）委会党员负责人及部分老干部、企业负责人列席。全会经过认真审议，决定批准夏立洪同志代表区委常委会所作的工作报告；一致通过《中共红塔区委关于制定国民经济和社会发展第十二个五年规划的建议》。

【中共红塔区第四次代表大会】　2011年6月7～10日召开，379名党员代表出席。会议认真审议并通过了市委常委、区委书记夏立洪代表第三届区委所作的题为《凝心聚力，创新发展，把红塔区建成幸福美好的现代宜居生态城市》的工作报告，高度评价和充分肯定了区委在促进经济社会发展中所做出的努力及所取得的成就。大会对第三届区委的工作表示满意，批准报告贯彻执行。

（靳玉明）

综合管理

【文电办理】　2011年，区委办公室制

发区委文件35个、通知76个、批复38个、请示14个、报告9个、函复2个、常委会会议纪要15期、专题会议纪要8期和区委办公室文件48个、通知72个、函复5个、《红塔区发电》87期、《区情通报》13期。

签收传阅中央、省、市各级文件379个、5 278份。收集整理文件立卷归档2 817件，计算机录入档案条目2 817条。接待档案查（借）阅人员115人次。

（陈 燕）

【督 查】 2011年，督查室参与了创建国家卫生城市和创建省级文明城市工作、全国"两会"期间信访稳维工作和领导干部大接访工作、全区55个重大项目进展情况、乡（街道）"三资"委托代理服务和村（居）务监督委员会工作等专项督查活动。

向市委督查室上报《督查专报》23期；下发《红塔区督查》9期；办理市、区领导批示件6件；办理区政协三届四次全会委员提案8件（直接办理5件，督促3个单位办理3件）。参与区委、区政府对乡、街道和区直部门综合考核的筹备和组织协调工作。

（陈东艳）

【信 息】 2011年，区委办组织上报信息876条，其中：省委办公厅采用67条，市委办公室采用37条，编发《红塔区信息》20期162条，超额完成省委办公厅和市委办公室信息量化考核指标任务，获玉溪市县（区）党委信息工作一等奖。

中共玉溪市委办公室采用的部分信息目录：

红塔区试行"送教下乡"培育新型农民

红塔区北城镇发生一起森林火灾

红塔区主动服务企业带动招商引资取得实效

红塔区12亿元社会投资建设专业市场取得明显成效

红塔区在全省率先推行免费高中教育

区委书记夏立洪要求红塔区大力推进"五化四区"建设，加大现代宜居生态城市进程

红塔区反映农业产业化发展存在四方面困难

红塔区实施"学区"建设推进义务教育均衡发展

红塔区采取措施妥善处理生猪定点屠宰户罢市事件

红塔区建设5万吨肉类冷冻冷藏库参与平抑市场物价

红塔区5万余亩农田不同程度受到旱灾影响

红塔区"三点促迁"惠及贫困群众4 000余人

红塔区工业重复用水效率达94.3%

红塔区城乡公共服务体系实现区、乡、村三级全覆盖

红塔区园区聚集效应凸显产值占全区工业总产值的80%

红塔区上半年经济运行情况

红塔区开设"网上警务室"加强社会管理

红塔区新农合住院医药费报销补偿比例整体上调5个百分点

区委书记夏立洪对开展"四群"教育实行干部直接联系群众制度提出四点要求

红塔区大力推进学前教育快速发展

红塔区农技推广示范县工作取得实效

红塔区60%的乡、街道财政收入超过5 000万元

红塔区采取四项措施学习贯彻省第九次党代会精神

红塔区山坡地利用占建设用地面积的56%

红塔区立足教育发展积极构建人力资源强区

中共云南省委办公厅采用的部分信息目录：

红塔区构建城乡低保对象日常用药救助机制

红塔区构建"一轴两带三园"产业发展新格局

红塔区试点推行"三资"委托代理服务制

区委书记夏立洪提出推进"五化四区"建设，打造现代宜居生态城市

红塔区将推行高中阶段免费教育

红塔区实施"老有所养"计划，关爱老年人

红塔区探索"集中办学"模式促进城乡教育均衡发展

红塔区采取措施确保高龄老人安享晚年

红塔区、广南县实现便民服务网络全覆盖

红塔区工业企业重复用水率达94%

红塔区教育改革实现"四个率先"

红塔区畜牧业产值占农业产值近六成

区委书记夏立洪提出深入实施"文化和区"战略努力在四个方面取得突破

红塔区对跨村就读学生给予交通补助

红塔区60%的乡、街道财政收入超5 000万元

红塔区积极推广农作物种植测土配方施肥

每日动态——玉溪市出租车恢复营运

红塔区"三个深入"开展"四群"教育工作

（郑明辉）

【政策调研】 2011年，政策调研室组织开展了做好群众工作创新社会管理、固定资产投资、省（市）党代会报告起草、集体预留发展用地开发等多项调研，撰写综合材料及调查报告6篇；参与区委第四次党代会、省（市、区）第四批新农村建设工作队总结表彰暨欢送第五批新农村建设指导员视频会议的筹备组织工作；参与完成区委工作报告和领导讲话的起草；系统总结新农村建设经验，撰写《五年新农村建设工作总结》《走"三农兴区"之路，推进城乡一体化》等典型经验材料；参与全市农村工作会议交流；认真履行农村工作领导小组、"创先争优"活动成员单位职责，积极参与农业产业化、林权制度改革、新农村建设及"一事一议"财政奖补、基层组织建设、农林水气象及工业发展"十二五"专项规划等相关决策的论证、审核和组织实施。

（郭 沛）

【新农村建设】 2011年，按照省、市、区委的安排部署，新农村建设和下派指导员工作围绕中心、落实要求、总结经验、创新举措，各项工作扎实有序推进。

继续以项目为抓手，全力推进省、市重点建设村的项目建设。完成2010年省、市新农村建设重点村项目工程验收扫尾，安排实施2011年13个省、市重点建设村（组）公房、道路硬化、文体小广场等30个建设项目，总投资831.18万元。制发《关于红塔区新农村建设省、市重点建设村项目实施管理的规定》，完善了建设项目的过程管理，对有条件的7个省、市重点建设村项目还纳入农村公益事业"一事一议"财政奖补项目程序管理实施。积极推进新农村建设规划编制工作，辅助村（组）完成行政村总体规划、自然村建设规划和壮村新农村建设规划"二个

规划”的编制工作。根据《红塔区“十二五”经济和社会发展规划纲要》要求和省第九次党代会，市、区第四次党代会精神，启动并完成《红塔区社会主义新农村建设“十二五”规划》编制。

认真做好第五批新农村建设工作队及指导员工作。一是积极推进指导员派出单位帮扶承诺项目实施。派出单位共计与驻村签订帮扶承诺书66份，完成帮扶承诺项目178件，到位资金1 617万元，到位率138%，办实事、好事82件。二是充分发挥驻村工作队和指导员作用，推进基层驻村各项重点工作。第五批新农村建设工作队由省、市、区67名优秀干部组成，分驻9个乡（街道）、66个村委会。一年来积极参与基层工作，全力抓好大春生产，协助做好护林防火和抗旱防汛；配合做好乡镇党委换届和乡、街道党（工）委换届及村“两委”、村（居）务监督委员会选举工作；积极推动“创卫”工作，开展“村企共建”活动，协调督促项目实施；努力做好群众工作，推进“创先争优”活动，较好地发挥了“村情民意调研员、政策法规宣传员、富民强村服务员、矛盾纠纷调解员、制度建设督导员、组织建设指导员”的“六大员”作用。三是全面开展指导员结对帮扶工作，与驻村困难群众、困难党员结成帮扶对子71户，完成帮扶资金5.24万元；继续开展元旦、春节“送温暖”活动，慰问困难党员和困难群众261户，送出慰问金6.82万元。四是进一步加强指导员管理，不断创新指导员工作实践。在总结前几批指导员工作的基础上，推行指导员“九个一”和工作队队长“九＋五”工作法，使指导员、工作队队长日常工作更加规范有序。五是积极倡导走访调研、交流学习工作方式，先后两次组织相关领导、工作队队长到昆明呈贡新城、云锡集团和贵研铂业股份有限公司考察调研，并选派8名干部挂职云锡集团下属部门学习现代工业企业经营管理经验，提高经济管理干部素质。六是开展村情民意调研，撰写调查报告。全体指导员在做好日常工作的同时，围绕所驻村的新农村建设和村情民意开展调查研究，提出有益建议，所获成果编印成《红塔区新农村建设巡礼》《红塔区新农村建设工作队及指导员工作集锦》。

（田俊杰）

保密工作

【保密宣传教育】 2011年，在全区开展保密法规知识测试，1 869名相关人员参加；对全区实职副科级以上领导干部、办公室主任、青干班学员、大学生“村官”等400余人进行“三项”保密教育；对42名县（处）级领导干部发放《保密提醒信》；深入4个单位对129人进行保密专场教育培训。

【“六五”保密法制宣传教育】 2011年，为深入推进“六五”保密普法工作，保密委员会制定了《红塔区“六五”保密法制宣传教育规划》，成立了由相关成员单位组成的领导小组；召开专题会议，总结“五五”保密普法工作，部署“六五”保密法制宣传教育工作，表彰“五五”保密普法先进集体10个、先进个人30名。

【试卷保密】 2011年，保密局认真做好各类考试的安全保密指导与服务，圆满完成23 908名考生的高考、中考、英语听力和口语考试任务及公安红塔分局副科级缺编人员笔试、选拔大学生“村官”进入乡镇党委班子成员笔试、社区主任和委员面试、教师招考笔试等2 121人的考试监督任务。

【专项保密检查】 2011年，在全区开展密码电报、涉密文件信息资料、保密电话、网络管理专项保密检查。对16个重点涉密单位进行抽查，根据“检查结果评价表”对检查结果进行逐项评价，对存在问题的单位下发《执法检查责令整改通知书》，对违规使用涉密计算机的单位进行了查处。

【计算机保密管理】 2011年，为提高对计算机及其网络的技防能力，安装隔离卡12台；对33台涉密计算机硬盘、5个涉密u盘进行了数据粉碎，确保涉密计算机和涉密存储介质的安全使用。

【服务企业】 2011年，对辖区内30家丙、丁级测绘资质单位宣传测绘成果及地理信息数据的保密管理和商业秘密保护的重要性；指导帮助区城建档案馆制定《红塔区城建档案保密责任书》，加强对从事城建涉密档案工作相关单位的管理；配合玉溪市保密局帮助红塔集团技术中心拟定《商业秘密保护的规章制度》。

（殷艳玲）

档案管理

【上级领导调研农业农村档案工作】 2011年2月23日，云南省档案局副局长王志强、经科处处长田富一行3人，在玉溪市档案局局长周凤琼、红塔区档案局局长陈志坚等陪同下，视察红塔区农业农村档案工作，并对红塔区列为国家“社会主义新农村建设档案工作示范县”情况进行调研。调研组还深入李棋街道档案室和下赫居委会档案室检查指导工作，对区档案局在农业农村档案工作方面富有成效的工作给予了充分肯定，希望红塔区农业农村档案工作再上新台阶。

【省、市档案学会个人会员登记】 2011年5月，区直机关、各部委办局和乡、街道档案人员共计23人参加玉溪市档案学会暨云南省档案学会个人会员，并进行登记。

【加强政府机构改革中档案管理】 2011年，区档案局根据《红塔区人民政府机构改革实施意见》要求，针对涉及机构改革的相关单位及部门，依据《档案法》《云南省档案条例》和《各级国家档案馆收集档案范围的规定》，拟定《关于在红塔区政府机构改革中加强档案工作的意见》。要求各机构改革单位重视档案管理工作，采取措施，明确责任，切实将档案的收集、整理、保管和移交等工作与机构改革同步进行，并按规定向区档案馆移交。任何单位和个人不得擅自截留、转移、销毁档案，不得拒绝移交档案或将属于国家所有的档案据为己有。针对新组建、新设置单位和部分职能隶属关系发生变化的单位、更名机构等不同情况，在机构改革中档案的移交、归属与流向分别作出详细的规定，使机构改革所涉及的单位有明确的工作方向和方法。

【乡（街道）、村委会（社区）标准档案室建设】 2011年农业农村档案工作，区档案局在总结上年工作经验的基础上，做到“一前、三早”：档案业务培训放在前，计划早安排、业务指导早动手、档案整理早开展。截至10月底，举办乡（街道）、村委会（社区）档案工作人员培训42期，387人。指导帮助小石桥乡及高仓、李棋、凤凰、大营街、研和街道各中心站（所）整理归档生育证存根、农村党员入党志愿书、新农合参保人员等民生档案。完成春和、玉兴、玉带等8个街道、60个社区居委会及2个乡、8个村委会在工作中形成的文件材料的鉴定整理、立卷归档，共计整理档案114 597件，1 753卷。做到了集中管理，安全利用，村级档案管理进一步得到巩固和提高，为档案服务“三农”奠定基础。

【创建“社会主义新农村建设档案工作示范县”】　2011年，区档案局开展全国社会主义新农村建设档案工作示范县创建工作。依据区委《关于成立创建全国社会主义新农村建设档案工作示范县工作领导小组的通知》，拟定创建实施方案、制定档案接收计划、进行全区涉及民生档案情况调查并建立相应的统计台账，编印《民生档案信息》6期，汇编《红塔区乡、街道档案管理规范要求》《红塔区村委会（城市社区）档案管理规范要求》，创建工作稳步开展。

【档案数字化工作】　2011年，区档案局在健全职能机构的基础上，配齐信息开发利用股领导和干部，加强档案管理软件运用、档案信息录入、开发与推广等管理工作。制定《关于开展室藏档案数字化工作的规范要求》，使档案数字化工作更加系统规范，对推动全区档案数字化、信息化起到了促进作用。截至10月底，指导帮助区总工会、李棋街道财政所、梁王坝居委会等35个单位安装使用“世纪科怡”档案管理软件。对已经安装并使用中的部分单位进行信息录入、原文扫描以及系统维护等实际操作培训。对馆藏档案信息化数据库进行维护，逐一排查馆藏档案数据库中的无用记录，并进行删除，保证馆藏数据安全利用、查询高效畅通，为馆藏档案信息化、规范化管理利用打下坚实基础。

【《红塔区档案志》出版】　2011年10月，历时18个月，由区档案局组织编纂的《红塔区档案志》正式出版。全书约37.5千余字，内容丰富、资料翔实、观点正确、体例得当，全面、系统反映了红塔区档案事业发展的历程，总结了全区档案工作的经验和教训，是红塔区档案事业健康迅速发展的一个缩影。

【档案馆业务】　2011年，区档案馆对馆藏195册资料汇编重新整理编号；对1 852卷玉溪市纺纱厂档案和历年移交进馆的88卷档案局会计档案重新排序编目；整理2009～2010年的报刊、杂志、图书82册，742本；整理、录入馆藏磁介质档案64盘；录入已故人员档案条目264条；整理照片档案2册，151张。因更新箱柜，调整10个全宗26 818卷（件）档案和639册图书资料，使馆藏档案更加规范有序。

年内，共计接待查阅利用者152人次，提供档案306卷（次），88件（次），资料18册，复制（摘抄）201页（次）。为正常工作查考、经济建设、编史修志、落实政策等提供历史凭证。对馆藏到期应开放档案71个全宗，4 981卷，261件进行摸底调查，建立馆藏到期档案鉴定开放登记表，为今后有计划、有步骤开放档案，提供利用做好准备。

表12：2011年红塔区档案管理达星级标准单位一览表

2011年红塔区档案管理达星级标准单位一览表

表12

单位名称	达标等级	达标时间	单位名称	达标等级	达标时间
区林业局	五星级	2011.03.15	区医保中心	五星级	2011.08.23
区民宗局	五星级	2011.06.01	区教育局	五星级	2011.09.26
区总工会	五星级	2011.08.17	区民政局	五星级	2011.10.18
李棋财政所	五星级	2011.08.18	区移民开发局	四星级	2011.11.10
区检察院	五星级	2011.08.19			

纪律检查

【中共红塔区纪律检查委员会】

书　记　崔振中

副书记　缪　玉（3月任）

张静华（女）　陶亚雄

常　委　崔振中　缪　玉

张静华（女）　陶亚雄

朱志坚　杨光波（女）

王新文（彝族，12月免）

马荟媛（女，回族）

郭金安

委　员（以姓氏笔划为序）

马荟媛（女，回族）

马海莲（女）王正龙

王新文（彝族，12月免）

龙海燕（女）白建福

朱　智　朱　瑜

朱志坚　李建新

杨光波（女）

杨树琼（女）

杨美琼（女）

吴　婷（女，彝族）

张云春　张海林

张静华（女）

拔绍武（彝族）

赵东润（女，白族）

侯　坤　郭金安

陶亚雄　崔振中

普翠兰（女，彝族）

缪　玉

【组织机构及负责人】

办公室

主　任　王新文（彝族，8月试用期满，12月免）

信访室

主　任　熊小刚（8月试用期满）

案件审理室

主　任　郭金安

案件检查室

主　任　尹　斌

法纪监察室

主　任　高云春（10月免）

沈瑞云（女，10月任，试用期1年）

宣传教育室

主　任　刘亚璇（女，8月试用期满）

党风室
主　任　杨光波（女）
干部和案件监督管理室
主　任　马芸媛（女，回族）

【区纪委派出机构及负责人】
派出第一纪工委
书　记　朱　云
副书记　任泙桦（女，8月试用期满）
派出第二纪工委
书　记　缪　玉（3月免）
飞光明（12月任）
副书记　潘正玲（女）
派出第三纪工委
书　记　汤文萍（女）
副书记　瞿丽萍（女）
派出第四纪工委
书　记　飞光明（12月免）
普翠兰（女，彝族，12月任）
副书记　雷家正
公安红塔分局、区供销社设纪委配备纪委书记。
区检察院、法院、国税局、地税局、工商局、药监局、技术监督局设纪检组。

【乡、街道纪检机构及负责人】
玉兴街道纪工委
书　记　杨树琼（女）
玉带街道纪工委
书　记　张云春
副书记　卢志荣（女，12月任）
凤凰街道纪工委
书　记　刘国华
副书记　者发伟（彝族，12月任）
北城街道纪工委
书　记　吴　婷（女，彝族）
副书记　王继荣（12月任）
春和街道纪工委
书　记　王正龙
副书记　曹炳勇（12月任）
大营街街道纪工委
书　记　赵东润（女，白族，3月任）
副书记　戴玉龙（12月任）
研和街道纪工委
书　记　王　宏
副书记　周志刚（12月任）
李棋街道纪工委
书　记　马志刚
副书记　朱光祥（12月任）
高仓街道纪工委
书　记　康德勤（3月免）
谢志明（10月任）
副书记　何金华（12月任）
洛河彝族乡纪委
书　记　杨永文
副书记　陈永刚（3月任）
小石桥彝族乡纪委
书　记　杨春华（彝族）
副书记　左红余（彝族，3月任，12月免）
普凤军（彝族，12月任）

【红塔区监察局】
局　长　缪　玉（3月任）
副局长　朱志坚
郭丽娟（女，彝族）

【监察局派出机构及负责人】
派出第一监察分局
局　长　任泙桦（女，8月试用期满）
派出第二监察分局
局　长　潘正玲（女）
派出第三监察分局
局　长　瞿丽萍（女）
区法院、国税局、地税局设监察室。

【乡、街道监察机构及负责人】
玉带街道监察分局
局　长　卢志荣（女，12月任）
凤凰街道监察分局
局　长　者发伟（彝族，12月任）
北城街道监察分局
局　长　王继荣（12月任）
春和街道监察分局
局　长　曹炳勇（12月任）
大营街街道监察分局
局　长　戴玉龙（12月任）
研和街道监察分局
局　长　周志刚（12月任）
李棋街道监察分局
局　长　朱光祥（12月任）
洛河彝族乡监察分局
局　长　陈永刚（3月任）
小石桥彝族乡监察分局
局　长　普凤军（彝族，12月任）

【区纪委三届六次全会】　2011年3月6日，在聂耳大剧院召开，区纪委委员17人出席。区委常委和区人大、区政府、区政协领导，保留处级待遇领导、区纪委退休老领导，区直各部门、各人民团体副科级实职以上干部，区人大、区政协各委（室）副科级实职以上干部，各乡镇（街道）副科级实职以上党员干部和纪检监察相关工作人员、各部门监察室主任、纪检专干，省、市直属部门副科级实职以上干部，区政府特邀监察员、“四项制度”特邀监督员，区纪委、监察局和派出机构全体干部519人列席。

全会总结了2010年党风廉政建设和反腐败工作，研究部署了2011年纪检监察工作任务。区委书记夏立洪在会上作《全面落实“以人为本、执政为民”要求，深入推进党风廉政建设和反腐败工作》的讲话。全会审议并通过区纪委书记崔振中代表区纪委常委会所作的《突出重点，统筹推进，不断开创党风廉政建设和反腐败斗争新局面》的工作报告。

【责任追究】　2011年，对2个责任单位和1个责任人实施了责任追究，给予党纪处分1人，切实维护责任制的严肃性。

【党风廉政建设责任制检查考核】
2011年，由区委领导带队，组成11个检查考核组，对11个乡镇（街道）、11个区直单位2010年落实党风廉政建设责任制情况进行全面考核。在考核的基础上，结合责任制日常工作督查情况确定考核等次。11个单位被评为优秀单位，11个单位被评为合格单位。

【党风廉政建设责任分解】　为进一步明确领导班子、领导干部在党风廉政建设中的职责和任务分工，区委、区政府对领导班子成员党风廉政建设工作任务进行责任分解。

责任主体。区委、区政府领导班子成员。

责任范围。领导班子主要负责人是职责范围内的党风廉政建设第一责任人，重要工作亲自部署，重大问题亲自过问，重点环节亲自协调，重要事件亲自督办。领导班子其他成员根据工作分工，对职责范围内的党风廉政建设负主要领导责任。

责任内容。将全区党风廉政建设和反腐败各项工作任务按照工作分工，对领导班子党风廉政建设的责任进行具体分解，明确领导班子成员责任范围内的党风廉政建设责任。

【厉行节约】　2011年，全区因公出国（境）2人，经费支出9万元；公务用车购置及运行费用1 152万元，比上年减9万元，实现了在上年基础上的控制零增长；公务接待费支出1 259万元，比上年减少18万元；会议经费支出815万元，比上年减少6.63万元，实现了会议、庆典、论坛经费零增长目标。

【小金库专项治理】 巩固治理成果，构建和完善规范长效工作机制。2011年，组织开展了部门、乡（街道）共计349户的复查工作；从财政、审计及相关部门抽调33人组成7个督导抽查组，对区属25家单位进行督导抽查，各乡、街道按要求组织开展了重点抽查工作。

【公务用车专项治理】 2011年，区纪委会同有关部门开展党政机关公务用车问题专项治理。成立工作领导小组，制定实施方案，召开动员大会。全区258个单位开展了登记自查工作，其中：行政单位、直属事业单位60个，党政机关所属事业单位198个，自查面100%。组织力量对登记自查上报车辆进行审查核实，成立3个调查组对违规车辆进行调查核实。

【推行“三资”委托代理服务】 2011年，认真落实《关于进一步加强农村集体资金、资产、资源管理和监督工作的意见》，创新“制度＋科技”管理模式，组织协调农业、财政等部门制定《红塔区农村集体资金、资产、资源管理暂行办法》，会同农业局投入20万元资金自主研发“三资”动态监管系统软件，实现“三资”监管的信息化、网络化。

制定《红塔区农村集体资金、资产、资源监督和管理工作实施方案》，在试点委托代理基础上，按照“典型示范、试点先行、整体推进”原则，全面推行“三资”委托代理服务。“三资”管理工作的探索实践，得到了省、市纪委的肯定，市委、市政府推广了其做法，云南电视台作了专题报道。

由监察局牵头，从区委组织部、财政局、农业局、民政局、农经站抽调干部组成督查组，于8月中旬对各乡、街道推行“三资”委托代理服务、建立村（居）务监督委员会工作情况进行专项督查，并以《红塔区督查》在全区进行通报。11个乡、街道建立了功能齐全，设施配套的“三资”管理服务中心，实行一站式配套管理服务。全区已经完成“三资”代理的村集体有840个，对81个村（社区）、759个村（居）民小组实行委托代理服务。年内，“三资”委托代理服务中心清退不合理报销票据2笔，2.14万元；退回补办报销手续88笔，38.09万元。

【村（居）务监督委员会】 2011年，全区有77个村（社区）建立了村（居）务监督委员会并开始运作。

深化村务监督委员会规范化建设，建立健全工作机制，探索规范村务监督委员会的监督方式、监督内容和监督程序等，确保村务监督委员会工作有序、有效开展。在3个乡（街道）、10个村（居）委会探索开展规范村（居）务管理决策权、执行权、监督权试点工作，制定《关于规范村（居）务管理决策权、执行权、监督权试点工作指导材料》，对村（居）务监督委员会工作职责、工作制度、监督流程等进行统一规范。编印《红塔区规范村（居）务管理决策权、执行权、监督权试点工作资料汇编》，统一制作村（居）务监督委员会工作职责、工作制度上墙，促进村级民主监督工作规范、有效进行。

【贯彻党内监督条例】 认真执行民主生活会述职述廉、“三项谈话”、询问质询等制度。

2011年，各级纪委负责人同下级党政主要负责人谈话181人次，领导干部任前廉政谈话176人次，诫勉谈话11人次，述职述廉1 015人次。继续推行对科级领导干部的经济责任审计，加强对重点专项资金和重大投资项目的审计。全区428名科级领导干部报告个人有关事项352件（次）。规范拟提拔使用干部、评选表彰廉政意见征求工作程序，提供个人廉政意见941人次，单位廉政情况243份。

【反腐倡廉宣传教育】 2011年，开展“以人为本，执纪为民”党风廉政宣传教育月活动，编印《关于实行党风廉政建设责任制的规定》《廉政准则》《农村基层干部廉洁履行职责若干规定（试行）》1 800余册，下发到全区科级以上领导干部和农村基层干部手中，要求随时看、随时学，对照检查。组织区直部门科级领导干部进行《廉政准则》、乡（街道）科级领导干部和中心站（所）负责人及村（社区）“三委”成员进行《农村基层干部廉洁履行职责若干规定》知识闭卷考试。组织23个党（工）委开展“倡廉洁、颂清风”廉政诗歌朗诵比赛，营造反腐倡廉良好氛围。

【廉政文化建设】 2011年，推进以“有场所、有设施、有资料、有活动”为目标的廉政文化示范点创建活动，继续开展建立廉政文化示范村、示范点和廉政公益广告宣传牌、宣传栏和廉政文化长廊、廉政文化宣传教育活动室等一系列活动。区纪委与玉兴街道共同投资50多万元在北苑社区建立的“廉政文化主题园”被省纪委、省监察厅命名为全省100家廉政文化示范点。

【纪检监察宣传】 2011年，上报各类信息110条，其中：被市纪委采用25条，被省纪委采用10条，被中纪委采用5条。撰写各类文章88篇，其中：《中国纪检监察报》采用1篇，《云南纪检监察》采用1篇、4幅照片，《玉溪日报》《玉溪纪检监察》、党风廉政建设网等采用48篇，网评文章采用40篇。

【表彰行政效能建设先进集体】 2010年，各乡镇（街道）和区属各部门切实加强行政效能建设，狠抓“法治政府、责任政府、阳光政府、效能政府”四项制度的贯彻落实，规范管理，提高效率，政府执行力和公信力不断加强。2011年初，经区行政效能建设工作领导考核评议，决定对玉兴路街道办事处、李棋镇人民政府、研和镇人民政府、农业局、林业局、司法局、商务局、卫生局、交通局、经济委员会、人事劳动局、统计局、民族事务宗教局13个单位进行表彰。

【廉政风险点防范和预警】 2011年，突出人、财、物岗位，突出廉政风险点的防范和预警，在对部门权力全面梳理基础上，排找风险点，规范流程控制。全区行政机关共计确定重要岗位166个、重点环节217个，查找风险点456个，制定监督防范措施473条。

【“三重一大”制度监督】 加强执行情况的监督检查，健全全程跟踪机制。

2011年，纪检监察派出机构共计参与监督所负责单位“三重一大”集体决策事项538项，其中：重大决策208项，重要干部推荐、任免和奖惩73项，重大工程和重要项目安排82项，大额度资金使用175项。实现了区直部门和乡镇（街道）“三重一大”集体决策率达到100%的目标要求。全区81个村（居）委、876个村（居）民小组全部推行了“三重一大”集体决策制度，决策率达90%以上。全面实行“三重一大”集体决策制度实施情况报告制度，各乡镇（街道）、区直部门实施情况报告区纪委备案。

【政风行风评议】 2011年7~10月，由区政府特邀监察员和区纪委监察局派出机构组成政风行风评议组，对19个服务机构（区直公办学校13所、区直公办卫生医疗机构4个）开展评议活动。

各被评单位以此为契机，把建章立制、完善行风政风机制放在重要位置，广泛开展“六查六看”活动。一查管理就是服务的观念，看是否存在“权力本位”“居高临下”等问题；二查政令是否畅通，是否存在“中梗阻”“下搁浅”等问题；三查服务态度，看是否存在“门难进、脸难看、话难听、事难办”问题；四查求真务实作风，看是否存在搞形式主义、做表面文章等问题；五查工作效率是否存在不作为、乱作为、推诿扯皮问题；六查执行力，看是否存在规定执行不到位、工作任务不落实问题。行评期间，19个被评单位召开座谈会55场，发出征求意见表2 070份，征求各种意见363条。

评议组通过听汇报、查资料、召开座谈会、明查暗访、发放调查问卷等方式，广泛征求社会各方面的意见和建议后，对19个公共服务行业政风行风建设工作进行了客观的评价。

【行政审批事项清理改革】 2011年，对原来的372项行政审批项目进行全面清理，保留行政审批项目163项，取消、合并、调整审批事项209项。区级25个部门进驻政务服务中心具有行政审批事项的11个部门共计50项审批事项进入中心集中办理。

拓展电子监察范围，完善电子监察系统，抓住重点领域、关键环节和岗位开展电子监察。年内，开展行政审批和电子监察系统建设工作的事项信息情况、编制和排查工作，涉及区政府、区属部门及垂管部门32家单位，录入审批事项282项。

【重点工程建设项目专项监督检查】 2011年，节能减排和环保专项检查方面，共计检查和清理新开工项目66项，取消和停建项目7项，查出违纪违法金额31万元，纠正违法违规问题8项，立案7件，结案7件。

固定资产投资政策执行监督检查方面，共计检查和清理新开工项目108项；节约、集约用地工作落实情况监督检查方面，共计检查和清理新开工项目10项；房地产市场调控政策执行情况监督检查方面，共计检查和清理新开工项目2项，均未发现需要取消和停建的项目，也未发现涉及违纪违法的项目。

工程建设招标、投标监督检查方面，共计检查和清理新开工项目130项，纠正违法违规问题2项，提出监察建议2项。

安全生产法律法规执行情况监督检查方面，共计检查和清理新开工项目27项，查出违法违纪金额10万元，纠正违法违规问题28项，提出监察建议28项。

【工程建设领域专项治理】 2011年，对2008年1月1日至2011年6月1日前所有竣工和在建、拟建使用国有资金及财政投资的项目逐一自查清理，建立规范台账，共计排查整改500万元以上项目59个。云南省工程建设领域突出问题专项治理项目信息及信用信息共享专栏顺利部署并开通运行，累计发布项目信息159条、信用信息92条（含不良信用信息1条）。严格执行《招投标法》《政府采购法》和工程建设“双合同”制，及时纠正、制止不符合程序规定和要求的工程招投标2起，投资规模500万元以下项目335个，扩大内需投资项目23个，预算内投资项目25个。

【创卫、创模、创文监督检查】 2011年，在“创卫”迎接技术评估阶段，区纪委监察局成立4个督查组，把玉兴、玉带、凤凰等9个街道“创卫”督查责任明确到各个督查组，共计出动214人次对重点和难点部位进行督查，并对发现问题及时督促整改；制作《创建国家卫生城市督查整改通知书》，对不及时整改的单位，在监察局发出《督查整改通知书》后仍不及时整改的，对相关责任人员进行问责。根据区政府要求，成立了4个“创模”督查小组以及户外广告和招牌综合整治督查小组，开展定期与不定期督查，阶段性督查与节点督查。积极参与创建省级文明城市督查工作。

【查办违纪违法案件】 2011年，重点查处村（组）干部滥用职权，收受贿赂，处置处理集体资产、资源和村级财务管理中严重侵害群众利益的违纪违法案件。加强对查办案件工作的组织协调，完善查办案件的领导体制、工作机制和协调机制，整合办案资源，形成办案合力，提高查办案件的质量和水平。

受理群众来信来访40件（次），立案查处违纪违法案件17件18人，政纪案件1件2人。从错误性质上分类：违反财经纪律4件6人，故意伤害2件2人，合同诈骗1件1人，挪用资金1件1人，职务侵占5件5人，贪污贿赂4件4人，妨害公务1件1人。结案17件19人，其中：政纪案件1件2人、党纪案件16件17人，给予开除党籍处分15人、党内留党察看处分1人、免予党纪处分1人，给予行政记过处分1人、免予行政纪律处分1人。

【队伍建设】 2011年，以“创先争优”活动为契机，深化“做党的忠诚卫士，当群众的贴心人”主题实践活动，教育引导纪检监察干部切实增强政治意识、表率意识、法纪意识。加强纪检监察干部理论政策和业务技能培训，组织14名纪检监察干部参加上级纪委组织的学习培训。严格把好“进人关”不断增强干部队伍的生机与活力，年内提拔使用和交流纪检监察干部8人次。全区纪检监察干部年龄结构、文化层次、专业配置更加科学、合理。不断加强纪检监察干部的教育、管理和监督，严格执行“四个对”“五严守”“五禁止”规定，坚持党性原则，遵守党纪国法，自觉接受各方面的监督，牢固树立纪检监察干部可亲、可信、可敬的良好形象。

6月，区纪委被云南省纪委监察厅、省人力资源和社会保障厅表彰为“云南省纪检监察系统先进集体”。

（刘利贤）

组　织

【党组织及党员结构】 2011年，全区有区级机关党组13个；区属党委8个，其中：乡党委2个，公安红塔分局党委1个，社区党委1个，企业党委4个；党工委20个，其中：街道党工委9个，政府部门党工委11个；党总支143个，其中：机关片19个，事业单位6个，城市社区92个，建制村10个，企业12个，其他4个；党支部1 211个，其中：城市社区644个，建制村71个，机关122个，事业单位131个，企业128个，其他115个。

有党员22 678人，其中：女性6 602人，占29.1%；少数民族2 901人，占12.8%。党员分布：城市社区15 376人，占67.8%；建制村1 404人，占6.2%；党政机关1 662人，占7.3%；事业单位2 113人，占9.3%；公有企业管理及技术人员325人，占1.4%；公有企业工人685人，占

3.0%；非公有企业管理及技术人员813人，占3.6%；非公有企业工人638人，占2.8%；民办非企业人员35人，占0.2%；退离休人员3070人，占13.5%。年龄结构：35岁及以下5159人，占22.7%；36岁~45岁5381人，占23.7%；46岁~54岁3751人，占16.5%；55岁~59岁1802人，占7.9%；60岁以上6585人，占29%。入党时间：建国前入党的47人，占0.2%；1949年10月至1966年4月入党的2189人，占9.7%；1966年5月至1976年10月入党的3334人，占14.7%；1976年11月至1978年12月入党的285人，占1.3%；1979年1月至2002年10月入党的9950人，占43.9%；2002年11月以后入党的6873人，占30.3%。学历结构：研究生及以上87人，占0.4%；大学本科3356人，占14.8%；大学专科3149人，占13.9%；中专1425人，占6.3%；高中、中技1910人，占8.4%；初中及以下12751人，占56.2%。

【调整党组织设置】　2011年，根据中共玉溪市委、市人民政府《关于红塔区人民政府机构改革方案的批复》，区委下发《关于成立中共红塔区农业局工作委员会的通知》，成立区文化旅游广电和体育局党工委、区农业局党工委、区城管局党工委，撤销区直机关党委、区经委党委、区建设局党委、区供销社党委、区教育局党委、区卫生局党委，成立区直机关党工委、区工业和信息化局党工委、区住房和城乡建设局党工委、区供销社党工委、区教育局党工委、区卫生局党工委，将区人事劳动局党工委更名为区人力资源和社会保障局党工委；下发《中共红塔区委关于街道党工委、纪工委、人大工委设置的决定》《关于启用区属党工委新印章的通知》，将9个镇党委改设为街道党工委；成建制撤销原来镇属56个村，改设为社区，改建的社区“两委”班子由原村“两委”过渡；下发《关于同意成立中共玉溪机床有限责任公司委员会的批复》，将玉溪机床有限责任公司党总支升格为党委。

【发展党员】　2011年，发展党员418人，预备党员转正592人。发展党员中：女性165人，占7.3%；少数民族67人，占16.0%；大学本科73人，占17.5%；大学专科82人，占19.6%；中专59人，占14.1%；高中、中技49人，占11.7%，初中及以下155人，占37.1%；35岁及以下265人，占63.4%；36岁~59岁153人，占36.6%。

（施裕文）

【区、乡党委换届】　成立换届工作领导小组和指导组，出台《严肃换届纪律工作方案》，细化措施，整合力量，强化督导，保证换届工作依法、平稳、有序开展。

2011年3月22日，完成乡党委换届，洛河乡、小石桥乡选举产生22名乡党委委员、10名乡纪委委员，2名大学生“村官”成功当选进入乡党委班子。划分32个选举单位，选举产生379名区第四次党代会代表。6月7~10日，召开区第四次党代会，选举产生新一届区委和区纪委领导班子；会议还选举产生了区委常委11名、委员33名、候补委员6名，纪委常委9名、委员25名，书记、副书记人选成功当选，同时选举产生了出席玉溪市第四次党代会代表55名。

换届选举中，牢固树立“德才兼备、以德为先”的用人导向，乡“两委”委员实行全额定向民主推荐，区“两委”委员由区委全委扩大会议推荐，领导班子人选和党代表实行差额推荐、考察、酝酿、选举。出台《红塔区乡镇党政领导班子和领导干部综合考核评价实施办法（试行）》，组织开展乡党委班子届末考核，进行量化打分和综合评定。出台《红塔区科级领导干部交流轮岗办法（暂行）》《红塔区选拔任用领导干部初始提名办法（试行）》，进一步规范领导干部选拔任用程序。

（严志东、邹　彦、周华琼）

【团区委换届】　严格按照《党政领导干部选拔任用工作条例》规定，在充分酝酿讨论、反复征求意见基础上，提出换届方案。2011年8月22~24日，召开团区委第四次代表大会，选举新一届团委领导班子。大会选举产生团委委员21名、常委10名，书记1名、副书记2名，常委、书记、副书记均全票当选。

【干部调整】　2011年，区委常委会议讨论干部任免5批次，涉及干部139人，其中：提拔68人，交流轮岗63人，免职8人。在提拔的干部中，一般干部提拔为副科级的47人，副科级提拔为正科级的21人。

年末，全区有科级领导干部412名，其中：正科级160名，平均年龄45.53岁；副科级252名，平均年龄39.83岁。30岁以下的科级干部有15名。

组织公安红塔分局开展中层干部竞争上岗，9名优秀年轻干部从报考的118人中脱颖而出，走上副科级领导岗位。

【青年干部培训班】　2011年，举办第八期青年干部培训班，重点加大对年轻干部、少数民族干部、女性干部和党外干部的选拔力度。52名学员中，有少数民族干部13名，占25%；女性干部31名，占59.6%；非党干部23名，占44.2%。平均年龄28.1岁。首次将4名大学生“村官”纳入培训。采用情境模拟的方式就群众工作和媒体应对两个专题进行了探索性教学，取得较好效果。

【锻炼干部】　2011年，区委组织部选派8名干部到云南锡业股份有限公司进行为期2个月的挂职锻炼，学习国有大型企业先进的工作理念和工作方法。抽调4个工作组、63名干部参与全区重点工作，在实践中培养和锻炼干部。

（严志东）

【领导干部报告个人有关事项】　2011年，全区纳入领导干部报告个人有关事项的正科级干部有160人、副科级干部有250人、挂职干部有18人，实行经济收入、固定资产、投资及出国（境）等情况的动态管理。

【领导干部经济责任审计】　探索新时期领导干部经济责任审计办法，推进任期审计与离任审计、定期审计与随机审计相结合，加强完善干部监督和评价体系建设。2011年，委托审计部门对6名领导干部任期经济责任进行审计。

【因公出国（境）管理】　坚持从严控制、计划派出原则。2011年，审查审批因公出国（境）区管人员6批8人次，其中：党政机关4人，事业单位1人，企业单位3人；赴英国1人，赴美国3人，赴土耳其1人，赴老挝、柬埔寨3人；出访1人，进修培训4人，经贸洽谈3人。

（周华琼）

【干部教育】　2011年，全区培训干部6.60万人次。举办办公室主任、大学生“村官”、社区干部等6期主体培训班和第八期青干班。组织开展时代前沿知识讲座6期、“三乡讲坛”1期、双休日学习5期，完成上级调训21批97人次。邀请清华大学专家、教授进行第三产业发展专题辅导，邀请市、区领导进行区情形势、为官做事专题辅导。干部在线学习范围延伸到科级以上领导干部，共计466人。选编《红塔区科级领导干部学习教材》，继续推行领导干部“菜单式”选学，涉及领导干部439人。加强干部培训教育管理，坚持科级领导干部“小红本”签到登记制度和“菜单式”选学年度考核制度。

（可红忠）

【人才队伍建设】 2011年底，全区人才总量59 138人。加大人才推优表彰力度，集中表彰20名区级“优秀工业企业家”和50名“工业企业技术创新先进个人”；玉溪第八中学校长李培林、玉溪新兴钢铁有限公司高级技师杨永生荣获首届“玉溪杰出人才”奖；玉溪第八中学校长李培林、玉溪水松纸厂总工艺师迟广俊被确定为省委联系专家；将900多名拔尖人才纳入数据库管理。

【大学生“村官”选聘管理】 2011年，选聘大学生“村官”19名。截至年底，有在岗大学生“村官”62名，覆盖全区2个乡、9个街道、60个行政村（社区）。建立健全目标责任制度、结对帮带制度、考勤制度、考核制度、管理动态登记制度，加强岗位职责管理，扎实做好对大学生“村官”的教育培训和关心关爱工作。大学生“村官”队伍思想稳定，作用发挥明显，得到了农村干部群众的认可和好评。年内，2名大学生“村官”被评为市级优秀，2名大学生“村官”经过选举进入乡党委班子。选派4名大学生“村官”参加第八期青年干部培训班学习。

【公务员管理】 2011年，红塔区有公务员（含参公管理人员）1 820人，其中：女性569人，少数民族249人，中共党员1 377人；大学及以上学历1 283人，大专学历464人，中专及以下学历73人；35岁及以下的507人，36岁~40岁的341人，41岁~45岁的353人，46岁~50岁的374人，51岁及以上的245人；县处级39人，乡科级正职854人、副职449人，科员436人，办事员、试用期人员及其他人员42人；党委机关公务员366人，行政机关公务员1 454人，参公群团机关工作人员32人，参公事业单位工作人员213人。

开展《公务员法》实施五周年宣传和公务员“忠诚教育”活动，出台《红塔区机关事业单位选调工作人员（暂行）办法》，梳理选调流程，规范机关事业单位工作人员选调工作。明确非领导职务干部的职责和管理监督办法，施行提前离岗制度，加强对非领导职务干部的管理。积极做好公务员管理日常工作，办理公务员录用2名、转正3名、登记9名、调动82名，明确非领导职务11名。

（张　磊）

【创先争优】 2011年，围绕“时代先锋建功生态红塔”主题，注重创新载体，突出实践特色，强化督促检查，营造浓厚氛围。抓好“公开承诺、领导点评、授旗评星、群众评议、评选表彰”等环节，引导各基层党组织和广大党员把学习杨善洲先进事迹转化为推动科学发展的动力；结合“创卫”“创文”“创模”等中心工作和重点项目亮承诺；深入开展“三亮四进”活动，助推和谐社区建设；组织窗口单位和服务行业开展“四亮四进四比四评”活动，实行“一站式”便民、利民、惠民服务；广泛开展“我是党员向我学”“环保模范人人争创，生态红塔人人共享”“岗位奉献”“亮出旗帜”“志愿行动”等先锋行动；成功创建基层党建工作省级示范点3个、市级示范点9个、区级示范点21个，形成以点带面、层层推进的良好局面；发挥好群团组织在组织群众、服务群众、维护群众合法权益方面的积极作用，不断扩大“创先争优”活动覆盖面；发挥“1报1刊1网1台”的宣传引导作用，带动和激励全区人民在建设“滇中经济强区、生态宜居城市、幸福美丽家园”活动中强素质、展才智、当先锋、创佳绩。春和街道党工委、凤凰街道党工委等10家基层党组织被区委授予“创先争优”先锋旗，红塔区被评为“云南省基层党建工作先进县（区）”。

【“四群”教育】 2011年11月21日，区委成立“干部直接联系群众，切实转变干部作风”试点工作领导小组并下发工作意见，在洛河乡、小石桥乡、北城街道进行试点。12月28日，召开全区动员大会，区委书记夏立洪做动员讲话。区委成立了开展“四群”教育实行干部直接联系群众制度领导小组和领导小组办公室及综合组、宣传组等工作机构，下发《关于开展群众观点群众路线群众利益群众工作教育，实行干部直接联系群众制度的实施意见》。区属各单位结合工作实际和单位职能，积极开展讲一堂党课、搞一次调研、送一次温暖、办一件实事、开一个恳谈会的“五个一”活动，累计培训党员干部1.60万人次。建立乡（街道）、村（社区）、组三级民情责任区，明确第一责任人、直接责任人、具体责任人，形成“联系干部+责任中心户+联系户+全体居民户”的干群联系网络。全区1 760名干部积极开展“三深入”“四联户”活动，结对联系群众7 891户，发放联系卡7 891张，填写民情登记卡7 891张，召开民情恳谈会256次，收集意见建议173条，协调项目5个。

【纪念建党90周年】 以“党员干部岗位建功创和谐”为主题开展“党建回眸七个一”“党员教育关爱”、七月党员活动月、综合表彰、走访慰问老党员等系列纪念活动。通过宣传教育、群众文体活动、志愿者服务等方式庆祝建党90周年。召开庆祝建党90周年暨表彰大会，遴选表彰省、市、区级先进基层党组织、优秀共产党员、优秀党务工作者293个，其中：省级4个，市级29个，区级260个。对建国前入党的农村老党员和未享受离退休待遇的城镇老党员每人发放一次性生活补助金2 000元。投入12万余元，走访慰问五类党员302名。以“追寻光辉岁月，彰显时代风采”为主题，举办“红心向党·颂歌嘹亮”大型合唱比赛。

【党建工作责任制】 2011年，实施区委书记抓基层党建工作述职制度、乡（街道）党（工）委书记抓基层党建工作专项述职并向本级党代会和上级组织部门报告制度。推进区委书记抓基层党建工作创新项目，启动区委组织部部长抓基层党建工作创新项目，并建立项目申报、立项、实施、督查、验收制度。层层签订《党建工作目标责任书》，分设“评星”和“认星”两个部分，细化党建责任，实行党建工作重点任务评星量化管理；继续推行“乡、街道党（工）委书记抓基层党建工作创新项目”申报，11个乡、街道党（工）委书记分别明确了1~2项年度基层党建工作创新项目，其中：6项被市级立项，11项被区级立项。

【村（居）民小组活动场所建设】 红塔区首批249个村（居）民小组党员活动室建设，2011年内完成247个，各级累计投入资金360.63万元，其中24个列入“区委书记抓基层党建工作创新项目”。10月，启动第二批40个村（居）民小组党员活动室建设项目。玉兴街道实现了居民小组党员活动室建设全覆盖。

【服务体系建设】 2011年，完成乡（街道）和村（社区）为民服务和党员服务站点建设，乡、村两级实现全覆盖。启动新建社区为民服务站建设，依托村（居）民小组活动场所延伸建设成为民服务代办点。区级财政共计向12个村级服务站、249个代办点补助经费53万元。

【网络党建】 2011年，将“运用网络信息技术创新基层党建工作”作为区委组织部部长抓基层党建工作创新项目，推进全区党建网及11个乡级党建网站的建设。累计上传信息359条。在10个党支部开展网上党支部试点，党员创建社群3个，组织调查11次，发表微博近1 000条，发表博客文章200多篇。

【党建经费保障】 落实每个村级党组织每年不低于2万元的党建工作经费，农村、社区党员每人每年不低于100元的教育培训经费。下拨市级抗旱救灾党费2万元。下发《关于下达2011年度机关党建工作补助经费的通知》，从区管党费中列支13万元，作为区属各机关党（工）委工作经费。

【选配新成立社区干部】 采用“双向选岗”方式，面向全区招考居委会干部。通过“个人自荐或组织推荐+组织考察+党员群众评议”方式选聘社区党总支干部。2011年，为23个中心城区新成立社区选配“两委”干部115名。

【选派新农村建设指导员】 2011年，第五批新农村建设指导员，省级下派3人，市级下派14人，区内遴选33人，从乡、街道抽调16人，共计选派66名新农村建设指导员驻村开展工作。

【春节慰问】 2011年春节，全区766名干部结合“四群”教育走访慰问群众8 562人，送出慰问金194.09万元、慰问品4 506余份，共计投入经费224.09万元。慰问对象中，有老党员、生活困难党员1 672名，离退休老干部747人，残疾人280人，五保户、低保户、孤儿、失业人员、百岁老人、特困老人、老复员军人、老乡干部等5 863人。

【关爱困难党员】 2011年，区委组织部对10名建国前入党的老党员每月补助生活费200元，对1 333名70岁以上生活困难党员发放定期补助31.99万元，对6名生活特别困难党员给予一次性补助。

（邹 彦）

【远程教育】 2011年，启动第一批远程教育站点延伸村（居）民小组212个、机关事业单位40个、非公有制经济组织和新社会组织24个、入户149个，投资70万元启动57个村（社区）农村党员干部现代远程教育与文化信息资源共享工程村级站点建设。全面提升2个市级学用示范点、22个区级学用示范品牌效应。年末，全区共计利用农村党员干部现代远程教育平台播放党建知识162场（次）、先进人物（事迹）210场（次）、科技知识培训62场（次）、农业科技及实用技术59场（次）；1.50万名农村党员受到教育培训。

【党群共同致富信用联合体】 2011年，发放借款65万元，发展壮大党群致富信用联合体。年内，全区共有联合体19个，其中：养殖类10个，种植类9个；联合体中建立党支部2个，党小组4个，有正式党员121人，预备党员6人，发展对象5人，入党积极分子9人，入党申请人3人；联合体中有党员群众456户，有5个联合体加入了专业合作社，经营场地426.67公顷，固定资产2 897万元，实现销售收入2 100万元，利润420万元。

（施裕文）

老干部工作

【老干部管理】 2011年，红塔区有离休干部97人，代管离休干部48人（条管及省直属单位18人，易地安置30人）。老干部局服务管理的145名离休干部中，享受副厅级单项待遇2人（省直属单位1人，易地安置1人），县（处）级（含享受副处级政治生活待遇和军转干部）69人（红塔区42人，条管及省直属单位9人，易地安置18人），科级及以下74人（红塔区55人，条管及省直属单位8人，易地安置11人）。服务管理的545名退休干部、职工（含代管10人）中，曾任副县级以上职务24人（享受副厅三项待遇2人），军转正副团职干部9人，曾任副县级非领导职务31人（享受副厅三项待遇1人），享受正县级三项待遇5人，享受副县级三项待遇59人，科级386人，职工21人，代管10人。共计有离退休干部690人。

老干部局有在职工作人员16人，其中：老干部局6人，干休所5人，老干部活动中心4人，老年大学1人。

2011年度区级部门综合考核获一等奖；信息工作获二等奖，老干部工作目标管理责任制考核获一等奖。

【老干部政治学习】 2011年，为保证老干部学习有材料，老干部局给每位离退休干部订阅《云南老年报》《半月谈（内部版）》，增订《老干部参考》；区直机关党委给老干部局党总支每位老干部增订《党的生活》；区委组织部给副处级以上老干部增订《支部生活》《党员文摘》《中办通讯》《心理与健康》《共产党员》。

坚持每周四老干部阅文制度，坚持老干部学习日制度。每月16日、19日、20日、21日，定期组织离休干部、退休干部、副处级以上离退休干部、军队团职以上转业退休干部政治理论学习，及时把中央、国务院，省委、市委的重要文件和省、市老干部工作会议及区委、区政府重要会议精神传达给老干部，让老干部了解党的方针政策和省、市、区党委和政府的各项重大决策。

【向老干部通报情况】 2011年，区委、区政府向老干部通报情况5次，并听取老干部对区委、区政府工作的意见和建议。

1月27日，区委、区政府召开四套班子领导参加的老干部新春茶话会，区委副书记张凯主持会议，区委组织部部长曾敏宣读春节慰问信，区长杨兴荣通报全区经济社会发展情况。

7月28日，区委书记夏立洪向实职副县（处）级老领导通报红塔区“桥头堡”建设相关情况。

8月18日，代理区长张小良向副县（处）级老领导通报上半年经济社会发展情况。

8月25日，区委组织部部长方灵向实职副县（处）级老领导通报组织工作情况。

9月20日，区委、区政府召开

"敬老节"老干部座谈会，区委组织部部长方灵主持会议，区委书记夏立洪传达了市第四次党代会精神，并对当前要抓好的重点工作及群众关心的问题作了说明。

【慰问老干部】 春节前夕，区委领导走访慰问了老红军等部分老干部；老干部局对服务管理的离退休干部集中慰问、上门走访29人次，慰问特困户23户，补助经费1.42万元。敬老节，老干部局对服务管理的离退休干部进行了集体慰问，走访慰问当年满70周岁和90周岁的离退休干部31人；走访慰问当年已故老干部遗属17人；走访慰问4名曾在企业任职，享受副县（处）级待遇的退休干部；到昆明等地看望慰问易地安置老干部15人次。"七一"前夕，上门走访慰问离休干部100人，开支经费2万元。

看望慰问住院离退休干部200人次，处理老干部丧事23起（区属17起，代管6起），在职人员走访联系老干部330人次。

【老干部参观考察】 2011年，老干部局组织老干部参观考察7次。

1月15日，组织实职副县（处）级老领导参观考察玉溪数控机床产业园；3月17日，组织副县（处）级老领导参观考察玉带街道；4月17日，组织实职副县（处）级老领导参观考察通海县旧城改造和行政中心建设；8月30～31日，组织离退休自管组组长参观考察元江、红河等县；10月17日，组织离休干部参观游览汇龙生态园；10月20日，组织副县（处）级老干部参观考察玉溪溶剂厂有限公司；11月22～26日，组织正县（处）级老领导到临沧市等地参观考察。

【老干部文体活动】 2011年，老干部局开展多种形式的文体活动，丰富老干部生活。

3月8日，组织离休妇女干部到红盛酒店欢庆"三八"妇女节；3月中旬，组织离退休干部春游，600余人参加，开支经费1.80万元。"七一"建党节，进一步推动《全民健身计划纲要》实施，丰富老干部生活。6月30日至7月1日，举办第二十三届离退休干部运动会，设门球、地掷球、乒乓球、羽毛球、象棋等9个竞赛项目；开幕式上，组织离退休老干部、在职干部职工开展红色经典歌曲演唱及歌舞表演；举办以庆祝建党90周年为主题的老干部书画展，展出书法、绘画作品155件，参加活动的运动员、裁判员、歌舞表演者共计529人。"八一"建军节，召开离休复转军人座谈会7场，99人参加。

【老干部健康休养】 2011年，老干部局发给713名离退休干部就地休养补助费23.38万元，其中：离休干部160人，12.32万元（含特需费5.12万元）；退休干部职工553人，11.06万元。为提高老干部自我保健能力和意识，邀请玉溪市中医院专家为老干部作中医保健知识讲座；利用每月老干部例行学习日组织老干部学习健康小知识。

【老干部党组织生活】 2011年，老干部局党总支有6个支部，89名党员，平均年龄82岁。

每月10日为老干部党组织活动日。针对党员年龄大，行动不便的实际，总支、支部、党小组活动或个人自学活动安排为每周二、四、六。学习上采取自学为主，集中学习为辅。重点开展了向杨善洲学习活动，并制定了实施方案。针对老干部年高、体弱、行动不变的实际，主动将学习材料送上门。组织300余名离退休老干部观看杨善洲先进事迹视频报告及专题片，在老干部中掀起学习热潮。

【干休所管理服务】 2011年，红塔区干部休养所内有住户83户，常住人口160人，其中：离休干部22户23人，退休干部11户，在职人员3户，遗属23户，其他24户。使用临时工2人。干休所实行所长负责制，重大问题由管委会讨论决定。

年内，干休所为老干部代订、收发报刊、杂志16种，23份；为住所老干部排除电路故障、处理太阳能漏水、更换水嘴和开关、疏通下水管道等258次；到医院看望住院老干部22人次，慰问离退休干部45人次，走访看望老干部29人；对所内的报栏门帘、球场设施进行了全面改造。

【老干部活动中心】 2011年，红塔区老干部活动中心接待老干部9.15万人次，其中：离退休干部学习和党组织活动4 320人次，运动会970人次，文体活动6.58万人次，书画活动3 700人次，各类培训100人次，排练节目5 320人次，不定期会议4场600人次，老年大学教学活动1.07万人次。

所有活动室、阅览室、棋牌室、乒乓球室、台球室、健身室等全天开放。阅览室订购报刊13种，杂志23种，刊出宣传栏11期；每周组织老干部音乐兴趣班教学活动；举行象棋、扑克、台球、乒乓球等项目竞赛；举行庆祝建党90周年文艺活动；举办48式太极扇、沙式二路太极拳及大众广播体操培训班；举办"重阳节"乒乓球比赛；协助老年大学开办声乐、民族歌舞、太极拳、健身功法培训。

区财政投入经费6万元，完善活动中心功能建设。添置地毯、幕布、话筒、台球杆及电脑，并对中心老楼进行修缮改造。

【老年大学】 2011年，开设9个专业16个班，即：中医保健3个班、中医食疗2个班、推拿按摩3个班、中医健身功法1个班、烹饪1个班、面点制作1个班、声乐2个班、民族歌舞2个班、太极拳1个班。招收学员1 080人（校本部720人，高仓学点360人），20个教学班（校本部16个班，高仓学点4个班），有授课教师14人。

1月，首次开展"校园之最"评选活动，选出优秀学员7名、优秀教师3名。

3月，《红塔区老年大学校歌》诞生，该校歌由本校中医保健教师和声乐教师共同创作。

5月，首次争取到省级的设备购置补助款10万元。8月，完成电教室投影仪、扩音机等设备的配套、购置及安装；完成电脑教室24套电脑的配置方案等工作。

11月16日，在市青少年活动中心举办建校十周年庆祝大会暨文艺演出。省、市老干局，区党政有关领导，区老干部局和老年大学领导、全体教师和部分学员代表400余人参加。出版发行《老年大学建校十周年专刊》。

【发挥老干部余热】 2011年，239名老干部参加"我为社会作贡献"活动，占总数的34.64%，其中：参与培养青少年和关心下一代工作19人，撰写回忆录、编写专业史13人，从事种植养殖及专业技术服务21人，领办、创办经济实体9人，重新聘用17人，参与居委会工作5人，参与老干部管理服务工作35人，在各种学会、协会中任职38人，参与其他工作82人。

【老干部书画协会】 2011年8月10日，老干部书画协会推荐王云龙为理事长；12月12日，协会换届选举，推选出第九届理事会。

181名会员积极参与“构建和谐社会，建设生态玉溪”活动。1月7～13日，为80岁以上会员举办“耄耋书画展”，展出书法84幅、绘画49幅、篆刻3幅，参展会员年龄最大93岁，参观人数600多人；1月10日，书法四组到郑井社区为群众书写春联400多幅；1月29～30日，派出28名会员与百信集团、苏宁电器合作，向群众书赠春联2 600余幅；1～3月，先后为灵秀“农家乐”作书画22幅，为高龙潭社区作书画11幅，为区审计局作书画38幅，向葫田社区赠画8幅；3月20日，由安泰健康家园公司赞助，组织90多名会员到白龙潭公园春游，并开展笔会活动；4月19日，举办学习杨善洲精神书画展，展出书法76件、绘画27件，撰写《学杨善洲精神，让晚霞更加灿烂》；6月30日至7月8日，举办“庆祝建党90周年和纪念辛亥革命一百周年书画展”，展出书法111幅、绘画52幅、篆刻1幅；收集整理会员书法112幅、绘画58幅、篆刻12幅，于9月编印出版《丹心向党》，赠送区党政机关、学校、街道、社团600余册；10月，先后组织会员参加区文化馆和市委宣传部举办的书美影展和“辉煌十一五”书画展，有多人获奖。

（张兰珍）

宣　传

【中心组学习】 2011年，区委和各级党（工）委（组）中心组学习，继续坚持“十项制度”，每季度组织1次。开展了杨善洲精神、社会管理与创新、“桥头堡”建设和党的十七届六中全会精神等专题学习。区委理论学习中心组和区委宣传部被省委宣传部表彰为“理论武装先进工作单位”。

村（社区）党总支中心组学习，严格按照“针对问题→学习理论→专题调研→研讨对策→形成决策→推动工作”的思路展开。建立了“以制度促学，领导率先垂范；以实践促学，解决实际问题；以考核促学，建立长效机制”理论学习运作机制，促进了学习成果向实践转化，提高了基层党组织的凝聚力和战斗力。

在总结基层党总支中心组学习经验基础上撰写的《建立村级理论学习中心组制度，提高基层干部理论学习实效》，受到省委宣传部肯定，该项工作荣获2011年云南省“第二届宣传思想文化工作创新奖”。

【学习型党组织建设】 2011年，各级党组织把创建“学习型党组织”和“学习型领导班子”，争当“学习型党员”和“学习型干部”作为思想理论建设的重要载体，出台了工作意见，提出了建议和要求。为形成学习和运用党的理论创新成果的浓厚氛围，区委宣传部组织了“学习型党组织建设知识竞赛”，翻录《山那边有一片绿——杨善洲先进事迹》专题片下发到各单位学习。

【理论宣传教育】 2011年，编印《红塔区区级领导班子成员社会管理与创新文集》300册，下发到各级各部门。编写党课3期、《简报》26期。发放“云南省公民人文素质”问卷表200余份。邀请省委党校教授欧黎明等专家学者为全区副科级干部讲授马克思主义中国化最新成果；发挥“六个宣讲团”的作用，推动马克思主义中国化的创新成果进机关、进农村、进社区、进学校，并协调省、市专家教授黄小军、欧黎明、张兴林等为玉带、玉兴、高仓、李棋街道和黄官、中卫等社区干部群众进行宣讲。《“四学”并举、学用相长——中共红塔区委中心组理论学习经验》和《群众关注的就是需要宣讲的——红塔区开展理论宣讲的经验》入选《让党的理论创新成果走进大众——云南省理论武装工作先进经验和典型事迹选编》。

制作反映红塔区党建之路的电视专题片《红色记忆》在电视台播放，再现红塔区党组织成立、发展、壮大的光辉历程和党建工作取得的辉煌成就。

加强与电信运营商合作，发挥双方优势，开通《红塔时讯》手机报，为进一步宣传、推介红塔区搭建便捷、高效的媒体平台。

【宣传干部培训】 2011年，区委宣传部主动介入“办公室主任综合能力提升班”“第八期青干班”培训工作，旨在进一步推进各部门办公室队伍建设，促进办公室工作科学化、规范化、标准化建设和有效提升青干班学员的党性素养、理论功底、管理能力。深入开展“青年马克思主义者培养工程”和团员理论学习，举办培训班45期，培训基层团干部600多人次、团员青年1 000多人次。

【《红塔宣传》】 2011年，加强栏目主题策划，丰富宣传内容；对栏目设置、装帧、版式进行改进，图文并茂。全年出版6期，共计30余万字，图片120余幅。

【新闻宣传】 2011年，在中央媒体刊播稿件（图片）10篇（条、幅）；在省级媒体刊播稿件（图片）435篇（条、幅）；在市级媒体刊播稿件（图片）15 427篇（条、幅）；在区级媒体（含“红塔网”）刊播稿件（图片）6 960篇（条、幅）；自办节目54期，播出资料节目365期。

在《人民日报》刊登《红塔区司法局挂牌成立道路交通事故人民调解工作室》；香港《文汇报》刊登《前进凝魂，聂耳扬情》《聂耳文化——走向全国的云南文化品牌》《数控机床——再造一个红塔山》《太阳能——五年后中国第一》；《云南日报（内参）》刊登《红塔区将率先实现12年免费教育》，《云南日报》刊登《玉溪市引入社会资本参与市政建设》《高新技术企业发展步伐加快》《红塔区率先实施普通高中“两免一补”》。

【红塔媒体管理服务中心成立】 2011年7月，红塔媒体管理服务中心（红塔区新闻中心）由红塔区机构编制委员会批准成立。该中心为区委宣传部所属财政全额拨款事业单位，核定事业编制4名。主要职责：负责管理《玉溪日报·县（区）版》《红塔宣传》《红塔区新闻网》《红塔区手机报》的编辑、设计、出版、发行、发布等工作；负责做好整体策划，实现平面媒体与电视媒体、传统媒体与新兴媒体的优势互补和能量交换，达到最大化宣传效果，关注、排查新闻热点问题，参与策划、组织新闻发布活动等。

【创建省级文明城市】 2011年，是红塔区创建省级文明城市的攻坚年、验收年。先后召开了各种会议20余次；下发《关于调整创建省级文明城市工作领导小组办公室成员的通知》《关于红塔区创建省级文明城市，加强市民文明教育有关事项的通知》《红塔区创建省级文明城市迎检工作方案》《红塔区创建省级文明城市攻坚验收阶段宣传教育工作方案》等各类指导性、安排性文件；成立8个工作组，按照新修订的《文明城市创建测评指标体系》将工作任务进行分解、细化和落实；组成5个督查组，先后3次分别对窗口服务行业、宾馆酒店、旅行社、超市、集贸市场、车站、公交车、出租车、营业厅、政务大厅、垃圾处理站、公园、施工工地、文化馆、图书馆、敬老院、校园周边环境、各种文化活动场所、网吧等考评点的“创文”情况进行检查督促；组织“中心城区文明出行”志愿者活动，玉溪师范学院、玉溪第二职业中学的200名学生在中心城区主要街道、路口开展了为期8天的文明出行、文明行为劝导志愿服务活动；举办了近800名出租车、公交车驾驶员参加的文明礼仪知识培训班和近1 000名社会各界人士参加的文明礼仪知识讲座。印制下发“创文”宣传教育提纲，广泛开展“创文”问卷调查，共计发放调查问卷8万份。制作“创文”公益广告在电视台滚动播出，在入城主要路口、街道发布户外宣传广告15块，在200多辆公交车、出租车上粘贴宣传标语，在公交车站台宣传栏、户外宣传栏投放公益广告180块，在81个村（社区）气象电子显示屏上播出“创文”知识；在聂耳路、玉兴路打造“创文”宣传一条街；向各单位和社区居民发放《市民文明手册》、“创文”宣传画等宣传材料15万份；在“玉溪文明网”、红塔区电视台播出“创文”专题片《文明征程》，营造全体市民共创文明城市的浓厚氛围。

根据《云南省创建文明城市测评体系》10项指标、126个项目的具体要求，分成9个组用2个月时间对创建文档进行逐项整理、归类、编号，共计归集整理出规范文档151卷、10万余页，并将提交表和目录制作成册。同时，按照考评要求，撰写《碧玉清溪，前进不息》“创文”工作汇报材料。9月19~23日，省“创文”检查考评组对创建工作全面展开考评验收。考评组采取查看文档、实地走访、网络调查、入户问卷调查、暗访、听取汇报等形式全面检查考评后，对“创文”工作给予了高度评价，认为红塔区各级各部门按照测评体系的相关要求，各项创建工作有序推进，各项创建指标已经完成，达到了预期要求，同意通过考评验收。

【组织道德巡回演讲】 2011年，区委宣传部利用高龙潭社区“市民文明学校”挂牌仪式和农村党员冬季轮训等时机，组织“红塔区第二届道德模范”李国鉴、可秀萍、冯亚红等人用自己的亲身经历，在各村（社区）开展敬业奉献、诚实守信、孝老爱亲等中华传统美德宣讲，在全区营造学习道德模范，崇尚道德的良好氛围。

年内，“红塔区第二届道德模范”张德生、可秀萍、金云祥被授予“玉溪市第二届道德模范”，可秀萍被评为“云南省道德模范”，张德生获“云南省道德模范”提名奖。

【未成年人思想道德建设】 2011年，区委宣传部组织玉溪第四小学编排的《在灿烂的阳光下》合唱节目，获云南省“童心向党”歌咏展播一等奖、玉溪市特等奖；玉溪第三小学合唱节目《祖国像妈妈一样》，获玉溪市一等奖。

根据财政部、中央文明办和教育部《中央专项彩票公益金支持乡村学校少年宫项目管理办法》和省、市、区相关要求，确定北城中心小学为“乡村学校少年宫”建设示范点，修缮活动场所、制订科学实用的学习培训计划工作全面得到落实。

开展“我们的节日”主题活动。清明节期间，在中小学开展网上祭英烈和到金钟山烈士陵园祭奠英烈、重温入党誓词等教育活动，让青少年进一步了解了中华民族的传统节日，激发爱国热情，树立正确的世界观、人生观和价值观。

【和谐创建活动】 2011年，区委宣传部、商务局、发改局、工商局等单位联合开展了“百城万店无假货”创建活动，确定南北大街为“百城万店无假货”一条街，百信超市、家佳超市为“百城万店无假货”店。文明办和发改局开展了诚信企业评选活动。强化“窗口”行业规范化服务，改善服务质量，提高服务水平，营造“诚信政府、诚信经营”的浓厚氛围。大营街街道在春节前举办了为期10天的首届“和谐邻里文化节”，63支文艺队、1 116名群众演员分别在10个自然村演出10场、212个文艺节目。

【三下乡、四进社区】 2011年2月23日，区文明委在小石桥乡举行“三下乡”“四进社区”集中示范活动。文明委成员单位为小石桥乡捐赠了价值13.10万元的宣传、科普、民族团结、计划生育、少先队、团建等活动经费和电脑、电视、图书、农药、体育器材等物资。

活动期间，共计发放创建卫生城市和反邪教知识、农业科技和农药化肥使用方法、水稻和杨梅等农作物栽培技术培训、农村家用沼气安全常识、人口与计划生育法规、禁毒防艾知识、烟叶收购法规、道路交通法规、环境保护法规、“绿色文明进家庭”、森林防火知识等宣传材料120种、21万份及《市民文明手册》《大众科普手册》《农村法律知识读本》《科普知识读本》《环保手册》《食物相忌健康宝典手册》1.90万册。展出各类展版1 692块（次）、科技展教设备532件（次），为乡村群众诊治查体2 520人次，接受群众咨询8 120人次，发放计生用具3万只，出动科技“大篷车”11次、法律知识宣传车20次。

【农村精神文明建设】 2011年，区委宣传部组织凤凰街道灵秀村委会申报第三批“全国文明村”获得成功。撰写《红塔区农村精神文明建设工作总结》和农村精神文明建设工作经验材料，并在全省农村精神文明建设工作经验交流会上作交流发言。命名表彰了10个2010年“和谐文化村（社区）”和9个共建单位，并对2010年确定的“和谐文化村”创建工作进行全面检查验收。

【舆情和信息工作】 2011年，区委宣传部采写《网友热议玉溪生猪屠宰市场垄断及屠夫抗议罢工事件》《“玉溪1岁幼童幼儿园被‘噎死’”事件舆情分析》《防灾应急包发放引发市民恐慌引起重视》等舆情信息20余条；编写上报《理论工作动态》《宣传情况》《精神文明建设简报》等信息50余篇（条），其中被上级部门采用10余条。红塔区被评为“全省舆情信息工作先进集体”。

【党报党刊征订】 2011年，各级各部门征订《人民日报》664份、《光明日报》97份、《经济日报》202份、《新华每日电讯》264份、《云南日报》2 054份、《玉溪日报》2 789份、《求是》杂志430份。

（应玉秀）

统一战线

【统战工作】 2011年，区委首次对各乡、街道统战工作实行目标管理考核，签订目标管理考核责任书，切实加强党对统战工作的领导。建立健全党委统一领导、统战部牵头协调、各有关部门和人民团体各负其责密切配合的统战工作协调机制。区委统战部、组织部、宣传部、民宗局、工商联、侨联等相关部门共同研究制定《统战工作联席会议制度》，扩大统战工作的覆盖面和影响力。

区委多次召开常委会研究统战工作，解决统战工作和民族宗教工作中存在的问题，推进统战工作全面开展。区委、区政府主要领导和班子成员多次深入相关乡、街道和社区、村委会，走访民族宗教界代表人士等统战工作对象，指导统一战线工作的开展。统战部等统战组织和全区统一战线工作者认真学习党的十七届六中全会和省委统战部部长会议精神；深刻领会中央关于继续抓住用好重要战略机遇期的科学判断，准确把握统战工作的时代脉搏，不断提升统战工作水平。

【非公经济工作】　2011 年，统战部切实加强对工商联党组的领导和对工商联工作的指导，认真抓好《关于加强和改进新形势下工商联工作的意见》的宣传和贯彻落实，发挥好工商联在推动非公有制企业转型、维护公平竞争市场秩序中的重要作用；举全区统一战线成员之力，广泛团结凝聚非公经济代表人士力量，充分调动一切积极因素，助推红塔区产业升级和经济结构战略性调整，加快新型工业化发展步伐；开展“云南红土情·光彩进万家——红塔感恩行动”，168 户工商联会员企业参与，帮扶对象 34 547 人，帮扶资金 932.68 万元；组织非公有制经济组织开展“创先争优”活动，以活动的开展促进非公有制企业党建工作的开展，将更多优秀力量团结在党的周围。

【党外干部工作】　按“五个一”的党外干部工作思路，加大党外后备干部的培养力度，建立了 202 人的党外后备干部库，做好党外后备干部的教育、管理和推荐。2011 年，向区委推荐优秀党外后备干部 8 名，提拔使用了 2 名正科级和 2 名副科级党外干部；向区委组织部推荐 10 名党外青干班学员，参加红塔区第八期青年干部培训班党外干部共计有 23 人，占 43%。

采取有效措施推进党外干部工作的开展。召开民主党派负责人和无党派人士座谈会 2 次，召开重点部门统战联络员工作会议 4 次，支持和协助各民主党派和无党派人士的工作，发挥民主党派智力荟萃的优势，畅通民主党派、无党派人士参政议政、民主监督的渠道，积极为经济社会事业发展建言献策。

【民族宗教工作】　2011 年，牢牢把握各民族共同团结奋斗、共同繁荣发展工作主题，加大对少数民族和民族地区经济社会发展的扶持力度。开展民族团结宣传教育活动、民族团结示范社区建设工作、落实加强少数民族干部队伍建设政策措施、加强少数民族干部和代表人士培养培训工作；抓好关键、抓住难点，加强与有关职能部门协调配合，解决好民族宗教领域的突发问题，促进社会和谐稳定；在宗教场所开展亲情式服务，激发信教群众的积极性和创造性，为维护社会和谐稳定、促进经济社会发展服务；在宗教界开展以“同心同行”为主题的爱国主义教育活动。

【联络工作】　2011 年，统战部充分发挥台办、侨办、侨联、黄埔同学会等团体的作用，多形式、多渠道、多层次开展海外联谊和对台民间交往活动，共计接待港澳台同胞和海外华侨 41 人次；围绕巩固两岸关系和平发展的基础，充分挖掘统战资源，延伸触角，不断扩大交流交往和各领域合作，共计为 26 名台属、侨眷解决实际问题 11 件；做好走访慰问工作，在春节、中秋节和助残日，深入基层慰问统战联络员、党外人士、民族宗教代表人士、黄埔同学、起义投诚人员、归侨、侨眷、台属及台资企业负责人 144 人次，送出慰问品、慰问金价值 31.80 万元。

【捐资助学】　利用“李苍奖助学基金”，对 2011 年考取大学的 10 名家庭贫困新生进行助学补助，补助资金 1.10 万元。

【宣传工作】　2011 年，开展建党 90 周年纪念活动 14 场（次），182 名统战成员参与；开展统战宣传月活动，举办各类培训班、座谈会 38 次，700 多人参与；制作专题宣传展板 18 期，上报统战工作信息 67 篇（条）。

【工作调研】　2011 年，统战部深入非公有制企业、乡（街道）、社区调查研究，完成《非公企业构建和谐劳动关系工作调研》《红塔区社区统战工作面临的困境及对策建议》调研报告，其中《红塔区社区统战工作面临的困境及对策建议》申报 2011 年度云南省统战理论研究和调研工作优秀组织奖。

（肖云凤）

机关党建

【区直机关党组织和党员状况】　2011 年，中共红塔区直属机关委员会有党总支 19 个；党支部 107 个，其中：非公经济组织党支部 1 个，中介组织党支部 1 个。

有党员 1 774 人，其中：女性党员 551 人，少数民族党员 190 人，离退休人员党员 466 人，其他党员 52 人（未就业高校毕业生、已离职但组织关系仍在原单位人员等）。年龄结构：35 岁以下 315 人，36 岁～45 岁 485 人，46 岁～54 岁 395 人，55 岁～59 岁 135 人，60 岁及以上 444 人；学历结构：研究生 38 人，大学本科 720 人，大学专科 505 人，中专 116 人，高中 79 人，初中及以下 316 人；入党时间：1937 年 7 月至 1945 年 9 月 1 人，1945 年 9 月至 1949 年 9 月 24 人，1949 年 10 月至 1966 年 4 月 209 人，1966 年 5 月至 1976 年 10 月 158 人，1976 年 11 月至 2002 年 10 月 983 人，2002 年 11 月至 2007 年 10 月 259 人，2007 年 11 月以后 140 人。

全年开展党组织活动 1 036 次，其中：组织学习 774 次，考核检查 126 次，寓教于乐活动 98 次，参观调研 104 次，公益活动 202 次。

【大党课教育制度】　2011 年，机关党委举办党课教育 4 期，1 100 余名党员观看了《通货膨胀与中国经济》《中国城市化进程的思考》《党章的历程》《皮黔生渎职案件警示教育》《中国的文化复兴与启蒙》等专题片。各基层党组织举办党课教育 134 场，受教育 6 120 人次，其中“一把手”讲党课 77 场，受教育 2 100 人次。

【远程教育站点延伸】　2011 年，为丰富党员学习载体，机关党委动员 10 个党组织新建远程教育站点，其中：机关 8 家，事业单位、新社会组织各 1 家。

【网上党支部】　依托云南基层网络党建平台，2011 年机关党委确定区委组织部、统计局、食品药品监督管理局 3 个党支部作为“网上党支部”的试点，开展网上学习和交流活动。

【创先争优】　2011 年，机关党委继续推进“争一流机关、建一流队伍、创一流业绩”主题实践活动。创新活动载体 93 个，建立区级示范点 2 个，党委示范点 10 个。

“创先争优”氛围浓厚。机关各党组织利用标语、会议、网络、电子显示屏等开展宣传，共计悬挂宣传标语 483 条，张贴宣传画 300 余幅，电子显示屏滚动宣传300余次，召开专题会议100余次。

推进服务承诺和亮牌示范活动。46个部门党组织和近1 100多名在职党员落实公开承诺制度。党组织制定承诺事项286项，党员承诺事项3 023项。设立党员亮牌示范岗258个，党员责任区37个，在16个窗口服务部门开展了“四亮四比四进四评”活动。

宣传先进典型。上报区委创先办5名先进个人典型事迹，利用《机关党讯》宣传5名先进个人和2个先进党组织典型事迹。“七一”期间，机关党委表彰奖励了5名先进个人；推荐上报区委表彰5个先进基层党组织、3名优秀党组织书记、3名优秀党务工作者、7名优秀党员；推荐市级表彰1个先进基层党组织、推荐省委表彰1名优秀党员。各基层党组织表彰奖励9个先进党组织、15名优秀党务工作者、119名优秀党员。

开展评星授旗和领导点评活动。各部门以支部为单位，开展党员评星活动，机关有466名在职党员被评为“模范星”。同时，机关党委认真落实授予“创先争优”流动红旗要求，两次分别授予10个党组织流动红旗，基层党组织授予流动红旗32面。邀请区委分管领导点评机关党委“创先争优”活动，机关党委对基层党组织开展了两次点评，基层党组织点评支部、党员1 544次。活动的开展，在机关营造了“比、学、赶、帮、超”的良好氛围，提高了党员干部服务经济社会发展、服务广大基层党员群众的水平。

开展服务基层群众活动。区司法局、团区委、安监局等单位开展志愿服务群众活动，以实际行动“创先争优”。

【学习杨善洲】 2011年，机关党委及所属党组织深入开展“学习杨善洲先进事迹，争做优秀共产党员”活动。各党组织借助党员干部现代远程教育站点、网站、影片等方式收听、收看杨善洲先进事迹报告会、专题片。机关各部门共计组织2 000余人参加学习，其中：党员1 391名，副科级以上领导255名。机关1 221名党员干部观看了专题片，1 253人次收听、收看了事迹报告会。开展交流发言832人次，其中领导带头交流236人次。机关党员撰写学习心得779篇。机关党委所属的46个部门党组织按照区委要求，召开专题学习生活会，部门领导班子成员围绕学习主题，从理想信念、践行宗旨、履职尽责等五个方面查找个人存在的问题，开展党性分析，提出努力方向，制定整改落实措施，以实际行动学习杨善洲，践行为人民服务宗旨。

【庆祝建党90周年系列活动】 2011年，机关党委召开“七一”座谈会，70多名党务干部参加。开展了重温入党誓词、“创先争优”点评、表彰奖励先进典型、党员代表畅谈建党感想，抒写“七一”感言、合唱表演、诗歌朗诵等庆祝活动。邀请建国前入党的老党员、新社会组织党员、离职党员等畅谈入党感想，参会党员编写感言46条。动员各部门党员参加网上先进模范人物投票，组织500多名党员参加知识竞赛，组织党员观看纪念建党90周年系列优秀影视片。各基层党组织开展了“唱响红歌献给党”、慰问困难党员和召开庆祝会、座谈会、读红书等活动，为党的90华诞献礼。同时，机关党委牵头组织党群口19个部门100人参加“红心向党·颂歌嘹亮”——纪念建党90周年大型合唱比赛，并获得二等奖。

【两个责任制】 修订完善党建目标管理责任书和党风廉政建设责任书内容。2011年2月底，机关党委完成了与46个部门党组织责任书签订工作，并继续实行“半年一检查，年终一考核”制度。对上年度两个责任制综合考评为优秀的16个党组织和良好的35个党组织进行表彰奖励。

【党组织班子建设】 2011年，机关党委在抓好党委班子建设的同时，着力选好、配强基层党组织班子。在继续落实“改进候选人提名制度和选举方式”等改革和完善党内选举制度的同时，强调党员行政领导抓党建工作的责任，在换届选举中通过民主程序实现行政领导兼任党组织负责人的要求，保证党政工作的协调和统一。同时，在条件成熟的党支部开展公推直选工作。

年内，完成党总支换届4个、党支部14个；调整充实党组织班子成员4人；撤销1个联合党支部，新成立党支部3个；在7个党支部中以公推直选的方式，选举产生支部书记、副书记。

【发展党员】 注重加强对入党积极分子、预备党员的培训、教育和考察。2011年，举办了为期3天的第二十三期入党积极分子培训班，对113名入党积极分子进行了党的基本理论和基本知识培训教育；8月，对20名预备党员开展了党风廉政警示教育。坚持发展党员培训制、公示制、票决制和党组织负责人旁听发展对象谈话等制度，规范入党志愿书填写，严格把关做好发展党员工作。

年内，发展党员23人，预备党员转正37人。在发展党员工作中，加大对非公经济组织发展党员力度，重点在非公企业和中介组织中做好思想发动工作，培训入党积极分子6名，发展预备党员4名。

【推荐选举党代表】 2011年5月，机关党委分两批完成所属党组织出席中共红塔区第四次党代会代表的推荐、选举，各基层党组织选举产生代表82名。推荐出席玉溪市党代会的51名代表和省党代会的4名代表；推荐云南省出席党的十八大代表候选人初步人选53名。

【互动帮带活动】 2011年，机关党委重新调整“互动帮带”活动小组，6名党员干部分别到基层党组织中开展工作指导；牵头各“互动帮带”小组开展了一次以会议中心发言和实地参观相结合的党建、党风廉政建设及“创先争优”活动交流学习。同时，以“互动帮带”小组为单位，落实“创先争优”活动点评工作。

【双测评】 2011年，机关各党组织有1 300余名党员干部对1 250名在职党员、17个党总支、86个党支部开展了无记名书面测评，提出意见建议58条。各党组织还结合《党建目标管理责任书》《党员目标管理责任书》进行考核评议。测评过程中，每个党员均撰写了党性分析提纲，结合自己的学习、工作开展批评与自我批评。

【党务公开】 2011年，机关党委严格按照7个方面、26个具体项目的党务公开内容，认真落实党务公开工作，对党费收缴、考核检查结果、评比表彰、党代表选举、评先评优等借助会议、文件、红塔区政务网、公开栏进行公示公开。基层党组织党务公开逐步规范，各部门按照9个方面、28个具体项目的党总支（党支部）党务公开内容进行公开。年内，对党费收缴、发展党员、评选先进、换届选举等党务公开327次，充分保证党员对党内事务的知情权、参与权、选举权和监督权。

【党建信息】 2011年，机关各部门党组织向机关党委报送信息290条；机关党委编印《机关党讯》13 期；向有关部门上报信息 56 条，其中：《玉溪日报》采用 1 篇，《红塔区信息》采用 3 篇、《组工简讯》采用 8 篇、《红塔纪检监察》采用 4 篇，区委创先办采用 2 篇。

【支部联建】 2011 年，机关党委继续把“支部联建”工作纳入党建目标管理责任书考核检查，采取下派新农村建设指导员、明确 1 名班子成员联系工作、为联系点党组织上党课等措施，加强“支部联建”和“挂钩包村”工作。各部门党组织深入“挂钩包村”联系点、机关服务对象、下属单位开展民情恳谈活动。机关 17 个党总支、68 个党支部开展了 594 次恳谈活动，征求群众意见建议 2 800 条，帮助解决实际问题 298 个，投入资金及物资折合 362.90 万元。结成帮扶对子 123 个，帮扶困难党员群众 1 400 余人，已脱困党员群众 500 余人。各部门党组织利用政策、资金、信息、技术等优势，为联系点办实事、做好事 250 件，参加人数 1 342 人次。

【机关党风廉政建设】 2011 年，机关党委认真落实源头治理和标本兼治措施，以党风廉政建设责任制为龙头，以贯彻《廉政准则》为契机，以作风建设为主线，以宣传教育为基础，以完善制度为措施，深入推进党风廉政建设和反腐败工作。

落实党风廉政建设责任制。按照党委统一领导、党政齐抓共管、纪委组织协调、部门各负其责、依靠群众支持和参与的党风廉政建设责任制工作格局，继续推进和巩固以部门为单位的党风廉政建设责任制签订、检查、考核制度。机关党委与 46 个部门“一把手”签订党风廉政建设责任书，继续实行党风廉政责任制党委班子成员责任分解。完善党风廉政责任制考核内容，将“三重一大”集体决策制度、领导干部述职述廉制度和落实部门职能范围的《建立健全惩治和预备腐败体系 2008～2012 年工作规划》具体要求等内容充实到党风廉政责任书中进行考核。在继续实行 4 种不同内容的党风廉政责任书分类考核的同时，配合区纪委督促落实部门“一岗双责”的党风廉政责任书签订工作，督促部门“一把手”完成与副职、副职与分管科室层层签订党风廉政责任书的工作。部门“一把手”与副职签订党风廉政责任书 92 份，签订率 100%；部门副职与分管科室和下属单位负责人签订 235 份，签订率 100%。全面构建“人人都在责任中、人人都在监督中，人人管我、我管人人”的党风廉政责任网络。继续坚持考核检查和通报表彰制度，分别对 46 个责任单位进行了半年及年终检查考评，表彰优秀单位 16 个，良好单位 35 个。

“三重一大”事项集体决策制度。明确了纳入“三重一大”的具体事项，将发展党员和处分违纪党员、表彰奖励、党费使用、固定资产购置、推荐后备干部等重要事项提交党委会、部门干部会讨论决定。邀请机关纪工委参会指导、讨论决定党建和党风廉政建设责任制考核奖励经费、党代表推荐选举、“七一”表彰经费、处分违纪党员等“三重一大”事项 7 项，所属党组织严格按照区纪委要求，明确部门“三重一大”具体事项，召开专题会议研究“三重一大”事项 280 件（次）。

反腐倡廉宣传教育。一是下发《机关党委反腐倡廉宣传教育工作要点》。二是采取“以案说法、以案警示”方式开展教育活动，组织 300 多名党员干部观看天津滨海新区原管委会主任皮黔生渎职案——《暴风雨中的忏悔》影片；邀请区纪委领导通报分析红塔区 2010 年以来查办的违纪案件。三是抓好《廉政准则》的学习贯彻。机关党委组织党员干部学习《廉政准则》和《反腐倡廉 10 个热点问题》，副科级以上干部分别撰写了学习心得体会、参加廉政知识考试；对贯彻执行《廉政准则》情况开展专项检查，建立完善贯彻执行的长效机制。四是抓实党风廉政教育月活动。机关党委邀请专人创作廉政诗歌——《重读清贫》，组织代表队参加区纪委举办的“倡廉洁，颂清风”诗歌朗诵比赛，并获得一等奖；动员党务干部创作廉政格言、短信 12 条；机关党委书记在党风廉政专题党课上对机关党员干部提出廉洁自律的五项要求。五是巩固廉政文化“四个一”活动，机关党委督促各部门落实好悬挂和摆放廉政格言警句、征订党风党纪刊物的要求。

廉政风险点防控管理。继续抓好以加强廉政风险防控机制建设为措施的风险点防控管理，在机关重点领域、重点部门、重点岗位，排查廉政风险，健全内控机制，构筑制度防线，加强廉政风险点人员的教育、管理和监督，形成以积极防范为核心、以强化管理为手段的防控机制。各基层党组织上报廉政风险点 193 个，制定防控管理措施 326 项，对涉及廉政风险点的 400 余名党员干部加强廉政风险防范管理。

廉政短信提醒。收集名人格言、警句作为短信内容，对纳入廉政风险点防范对象采取定期或不定期发送短信的方式进行廉政提醒。年内，两次向廉政风险点防控对象及副科级以上干部 500 余人次发送廉政短信。

纪检和案件查处。对 3 名违纪党员领导干部给予开除党籍组织处理处分。

（阮云艳）

党　校

【主体班培训】 2011 年，根据中央大规模培训干部的要求，按照《红塔区 2011 年干部教育培训计划》，举办了办公室主任综合能力提升培训班、村级干部培训班、政协委员培训班、大学生“村官”培训班、第八期青年干部培训班、社区干部培训班、第三产业发展专题辅导会等主体培训班 7 期，培训党员干部 1 377 人次。

【对外服务和培训】 2011 年，协助区委、区政府举办干部双休日学习及领导干部时代前沿知识讲座 12 期，参加人数 2 500 人次。区委、区政府和相关部门举办会议 62 次，参加人数 1.55 万人次。会同区直机关党委举办专题党课教育 4 次，参加人数 1 000 余人次。协助区农业局、教育局、人力和社会保障局等单位的培训工作，为其提供后勤服务。开展对外培训服务 12 期，参加人数 1 560 人次。同时，配合区纪委、保密局、“610”办公室等部门利用党校培训教育阵地做好相关宣传教育工作。

（赵海燕）

【清华扶贫办领导到校指导工作】 2011 年 5 月 17 日，清华大学扶贫办副主任魏涛携贵州省红花岗党校校长一行到区委党校指导工作。常务副校长刘渝昆就区委党校 2007 年以来开展清华远程教育工作情况以及存在问题向魏涛作了汇报。魏涛对区委党校能够充分利用清华远程教育课件为干部培训提供服务给予了充分肯定。针工作中的困难和问题，魏涛指出，党校要在当地党委的领导下，深入各部门了解掌握当前干部培训教育的需求，积极与清华扶贫办协调沟通，争取清华更多优秀的教育资源，以满足培训需要。同时表示，为更好地发挥“国家人口和计划生育远程教育——云南玉溪红塔区工作站”的作用，清华扶贫办将与国家计划生育司汇报，邀请其领导到红塔区做专项调研，以此给予红塔区计划生育工作更大的支持。

【引入清华课件为干部培训服务】 2011年，区委党校继续与清华远程教育扶贫办合作，引入清华优秀教育扶贫资源，创新教学模式，为干部教育培训服务。与区计生局、人社局配合办班2期，培训300余人次，培训中引用了《媒体应对与危机管理》《循环经济与可持续发展》《创新管理与创新思维》等6个清华课件；为7期主体培训班提供《领导者心智模式建设》《社会管理创新》《区域经济发展战略》《领导者的语言艺术》《压力管理》《人际关系与沟通能力》《政府形象与招商引资》《阳光心态》等8个清华课件，培训党员干部1 377余人次。

（沈艳萍）

【函授教育】 做好扫尾工作，抓好教学质量，保证尚未毕业的班次顺利毕业。2011年，函授教育班次仅存2008级经管大专班，学员23人。在教学管理上，除继续坚持质量管理的各项规章制度外，根据学员和外请教师的实际工作情况，在时间上采取了更加灵活的集中授课方式，确保教学质量，确保学员于7月全部顺利毕业。

（赖 星）

*　　*　　*　　*

玉溪市红塔区人民代表大会

机构·领导成员

【玉溪市红塔区三届人大常委会】

主　任　毕继芬（女）
副主任　黄天福　飞志刚
　　　　朱知良　任新明
委　员　王开红（10月辞职）
　　　　王金春　王家凤　王德宏
　　　　方勇云（5月辞职）
　　　　冯　勇　李　忠（彝族）
　　　　吴　凌（女）何志刚
　　　　施进发（彝族）
　　　　秦家平　聂剑波（女）
　　　　晋　勇　崔保荣　蒋兴建
　　　　谢家平　蔡德琪
　　　　王伟华（2009年12月28日讨论暂停职务）

【组织机构及负责人】

办公室
　主　任　王家凤
　副主任　高连军　钱　俊（女）
财政经济工作委员会
　主　任　何志刚
法制工作委员会
　主　任　晋　勇
　副主任　杨　濛（女）
教科文卫工作委员会
　主　任　崔保荣
选举联络工作委员会
　主　任　王德宏
民族外事华侨工作委员会
　主　任　施进发（12月任）
　副主任　卢美华（12月任）

（高连军）

重要会议

【区三届人大四次会议】 2011年4月6～9日，在汇龙会议中心召开。来自本行政区的省、市、区级机关、企业、农村、学校、乡（街道）等各条战线的192名区人大代表出席；区委、区政府、区政协及区属各部委办局、乡（街道）、工商企业等单位和部门的负责人、红塔区选举出的市人大代表189人列席；玉溪市四套班子的有关领导和区人大历届常委会负责人、原县级玉溪市委、市政府、市政协、市纪委离退休领导及区委副调研员、各乡（街道）纪（工）委书记35人应邀参加。

会议听取和审查通过了《玉溪市红塔区人民政府工作报告》《玉溪市红塔区人民代表大会常务委员会工作报告》《玉溪市红塔区人民法院工作报告》《玉溪市红塔区人民检察院工作报告》，审查和批准了《玉溪市红塔区国民经济和社会发展第十二个五年规划纲要》，审查了《玉溪市红塔区2010年国民经济和社会发展计划执行情况与2011年计划草案的报告（书面）》《玉溪市红塔区2010年地方财政预算执行情况和2011年地方财政预算草案的报告（书面）》，审查和批准了《玉溪市红塔区2010年国民经济和社会发展计划执行情况的报告与2011年国民经济和社会发展计划》《玉溪市红塔区2010年地方财政预算执行情况的报告和2011年地方财政预算》。

会议期间，收到代表10人以上联名提出的议案38件，全部拟作建议、批评和意见处理；大会议案组收到代表各方面工作建议139件。

【人大常委会会议】 2011年举行8次。

2月15日，举行第二十一次会议。讨论通过区人大常务委员会《关于补选红塔区第三届人民代表大会代表的决定》《红塔区第三届人民代表大会代表补选办法》等。

3月9日，举行第二十二次会议。讨论区人大常委会工作报告并决定报告人；讨论通过关于暂停区三届人大代表陈文祥执行代表职务的决定；审议通过关于补选区三届人大代表资格审查的报告；免去李剑区发展和改革委员会主任、王亮区经济委员会主任、杨飞区司法局局长、姜永祥区人事劳动局局长、赖正东区建设局局长、施洪春区交通局局长、何宇峰区水利局局长、陈瑞锡区旅游局局长职务，任命李剑为区发展和改革局局长、王亮为区工业和信息化局局长、杨飞为区食品药品监督管理局局长、姜永祥为区人力资源和社会保障局局长、赖正东为区住房和城乡建设局局长、李毅为区城市综合管理局局长、施洪春为区交通运输局局长、施毅为区水利局局长、王涛为区文化旅游广电和体育局局长、缪玉为区监察局局长。

3月30日，举行第二十三次会议。讨论通过区三届人大四次会议议程、日程、主席团和秘书长名单、计划预算审查委员会名单草案、列席人员名单、《2011年工作要点》等；免去聂剑波区人大常委会玉兴路街道工作委员会主任、谢家平区人大常委会玉带路街道工作委员会主任、夏云艳区人大常委会凤凰路街道工作委员会主任职务，任命王开红为区人大常委会北城街道工作委员会主任、顾曙德为区人大常委会李棋街道工作委员会主任、蔡德琪为区人大常委会研和街道工作委员会主任、冯勇为区人大常委会春和街道工作委员会主任、施进发为区人大常委会高仓街道工作委员会主任、聂剑波为区人大常委会玉兴街道工作委员会主任、谢家平为区人人常委会玉带街道工作委员会主任、夏云艳为区人大常委会凤凰街道工作委员会主任。

5月31日，举行第二十四次会议。接受杨兴荣辞去区人民政府区长职务，接受王伟、黄云鹍辞去区人民政府副区长职务；免去王伟公安红塔分局局长、姜永祥区人力资源和社会保障局局长职务，接受方勇云辞去区人大常委会委员职务；任命张小良为区人民政府副区长、代理区长，曾逵为区人民政府副区长、公安红塔分局局长，方勇云为区人力资源和社会保障局局长，冯建国、周青为区人民法院审判员，高金萍、赵雯为区人民检察院检察员。

7月6日，举行第二十五次会议。听取和审议区人民政府关于贯彻实施《未成年人保护法》《公路法》和区“五五”普法规划实施情况及“六五”普法规划情况的报告；听取区人民政府《关于启动实施大营街居委会拆危拆旧新建居民住宅项目的报告》；审议通过《红塔区人大常委会规范性文件备案审查暂行办法》；免去殷树德区林业局局长职务，任命飞俊鸿为区林业局局长、殷树德为区司法局局长。

8月26日，举行第二十六次会议。听取区人民政府《关于2011年上半年国民经济和社会发展计划执行情况的报告》《关于2011年上半年财政预算执行情况的报告》《关于2010年度预算执行和其他财政收支的审计工作报告》《关于贯彻实施〈残疾人保障法〉情况的报告》《关于筹资实施“九龙立交桥”改扩建工程的报告》；审查和批准区人民政府《2010年度区本级财政决算的报告》。

10月28日，举行第二十七次会议。审查批准区人民政府《关于2010年财政收支预算调整方案的报告》；对区政府组成部门：民宗局、财政局、卫生局进行工作评议；接受王开红辞去区人大常委会委员职务；免去王开红区人大常委会北城街道工作委员会主任、蔡兴富区科学技术局局长、胡宝玉区商务局局长、薛海星区环境保护局局长职务，任命曹杰为区人大常委会大营街道工作委员会主任、张希也为区科学技术局局长、雷迪琼为区商务局局长、王开红为区环境保护局局长。

12月28日，举行第二十八次会议。听取和审议区人民政府关于贯彻实施《食品安全法》《药品管理法》情况报告、关于办理区三届人大四次会议代表建议、批评、意见情况的报告；讨论通过《红塔区人大常委会街道工作委员会工作办法》；免去施进发区人大常委会高仓街道工作委员会主任、杨宏毅区安全生产监督管理局局长职务，任命施进发为区人大常委会民族外事华侨工作委员会主任、卢美华为区人大常委会民族外事华侨工作委员会副主任、高连俊为区人大常委会北城街道工作委员会主任、王家宏为区人大常委会高仓街道工作委员会主任、李立超为区安全生产监督管理局局长、赵旭为区人民检察院副检察长；补选区人民政府代理区长张小良为玉溪市第三届人民代表大会代表，并报市人大常委会代表资格审查委员会审查通过。

【三届人大常委会主任会议】　2011年举行16次，主要内容：研究讨论区人大常委会《2011年工作要点（讨论稿）》；学习传达、安排部署机关深入开展干部直接联系群众、区委办公室《关于认真学习贯彻中央、省委领导同志重要批示精神，深入研究做好新形势下群众工作的通知》等；决定召开常委会第二十一次至二十八次会议的议程、参会人员、时间及地点；讨论通过常委会调查、视察、检查报告、规范性文件审查实施办法、调整贷款还款计划报告和区人民政府、区人民法院、区人民检察院相关人事任免工作等事项；研究讨论筹备区委人大工作会议有关事项，推荐评选先进代表小组、优秀人大代表、先进人大工作者和代表优秀建议，讨论对区政府职能部门开展工作评议，拟对涉嫌违法的人大代表采取强制措施等事项；讨论决定参加省十六市（区）人大工作研讨会、全国十省十一县（区）人大常委会联席会议的有关事项；适时学习、传达、通报上级的主要工作精神和区委、区政府的中心、重点工作及常委会的各项工作进展情况；研究、部署并认真抓好区三届人大五次会议的前期准备工作等。

（高连军）

重要工作

【组织代表三查（察）】　2011年，区人大常委会组织部分省、市、区人大代表，对红塔区贯彻实施《未成年人保护法》《残疾人保障法》《公路法》《食品安全法》《药品管理法》和上半年国民经济和社会发展计划执行情况、财政预算执行情况及财政收支预算调整、其他财政收支审计工作、2010年区本级财政决算、扶贫项目开发建设、民办学校和幼儿园办学、城市管理、闲置土地清理、工业园区建设发展、社会治安综合治理及维稳工作、人大代表建议办理等关系区域经济社会发展和民主法制建设的工作情况和区民宗局、财政局、卫生局2008年以来的工作情况进行调查、视察和检查；专题听取和审议区人民政府贯彻实施《未成年人保护法》《残疾人保障法》《公路法》《食品安全法》《药品管理法》与上半年国民经济和社会发展计划执行情况、财政预算执行情况、财政收支预算调整情况、其他财政收支审计工作及区三届人大四次会议代表所提建议办理情况报告，并作出了相应的决议、决定和审议意见。

【建议督办】　区三届人大四次会议期间，代表共计提出建议177件，交区政府办理173件、编制委办理2件、新农办办理1件、区人大常委会办公室办理1件。

截至2011年10月底，177件建议全部办理完毕，并以承办单位的正式文件回复了代表。所提建议已解决或基本解决的61件，占总数的34.5%；正在解决或已列入计划准备解决的20件，占总数的11.3%；受目前条件限制或其他原因暂不能解决，待以后研究解决的96件，占总数的54.2%。办复率100%、面商率100%、满意率92.6%、基本满意率7.4%。

【工作评议】　2011年，区人大常委会把行使监督权与决定权、人事任免权结合起来，组织3个调查组对区卫生局、财政局、民宗局2008年以来的工作进行调查和评议。经无记名投票测评，3个单位的满意票得票率分别为100%、95%、85%，均达到80%以上，评定为满意等次。

【制度建设】　2011年，根据省人大常委会《关于贯彻实施〈云南省各级人民代表大会常务委员会规范性文件备案审查规定〉的意见》，区人大常委会把区人民政府向社会公开发布的决定、命令以及涉及公民、法人和其他组织权利义务、具有普遍约束力的文件和乡人民代表大会作出的决议、决定等纳入报备审查范围，制定并实施了规范性文件备案审查办法；出台《红塔区人大常委会工作委员会工作办法》，明确了街道人大工委的性质、工作职责等。

【表彰先进】　按照区委办《关于推荐评选先进代表小组、优秀人大代表、先进人大工作者和优秀建议有关事项的通知》，经过推荐、评选和审查，区人大常委会确定玉兴街道等5个代表小组为先进代表小组、杜培富等36名人大代表为优秀人大代表、顾曙德等10名人大工作者为先进人大工作者、张森等10名代表领衔提出的建议为优秀建议。

2011年11月11日，区委召开人大工作会议，对做好新时期人大工作作了全面安排部署，对评选出来的先进代表小组、优秀人大代表、先进人大工作者和优秀代表建议进行了表彰奖励。

（高连军）

玉溪市红塔区人民政府

机构·领导成员

【玉溪市红塔区人民政府】
区　长　张小良（彝族,5月代理）
　　　　杨兴荣（5月辞）
副区长　张小良（彝族，5月任）
　　　　殷绍焜　马跃武（女）
　　　　张春玉　普云辉
　　　　王　伟（5月辞）
　　　　黄云鹍（5月辞）
区长助理　杜建明（3月免）

【组织机构及负责人】　2011年，根据《红塔区人民政府机构改革实施意见》，组建区工业和信息化局，不再保留区经济委员会；组建区住房和城乡建设局，不再保留区建设局；组建区城市综合管理局；组建区文化旅游广电和体育局，不再保留区文化局、旅游局、体育局、广播电视局；区发展和改革委员会更名为区发展和改革局；区人事劳动局更名为区人力资源和社会保障局；区交通局更名为区交通运输局；区扶贫开发领导小组办公室更名为区人民政府扶贫开发办公室，由发改局管理；区食品药品监督管理局调整为区政府工作部门。

办公室
主　任　任峻宏
副主任　张琼芬（女）
　　　　殷良坤　李　金
　　　　普　剑（彝族，10月任，试用期1年）

发展和改革局
局　长　李　剑（傣族）
副局长　申长明　王家春　郑应平
　　　　夏恩来（挂职）

工信局、中小企业局
局　长　王　亮
副局长　曹友德　王　飞　聂建勋

教育局
局　长　吴光连
副局长　黄云鹏　王保祥
　　　　徐惠琼（女）

科学技术局、知识产权局
局　长　张希也（10月任）
　　　　蔡兴富（10月免）
副局长　吕玉平

公安红塔分局
局　长　曾　逵（5月任）
　　　　王　伟（5月免）
政　委　李卫东（白族）
副局长　张苏永　孟国平　周富云
　　　　马东坤（回族）
　　　　瞿绍堂（10月任）

司法局
局　长　殷树德（7月任）
　　　　杨　飞（3月免）
副局长　奚剑东　林　勇
　　　　罗永明（12月免）

监察局（与纪委合署办公）
局　长　缪　玉（3月任）
　　　　冯以健（1月病逝）
副局长　朱志坚
　　　　郭丽娟（女，彝族）

民族宗教事务局
局　长　桂荣华（回族）
副局长　刘绍文
　　　　可莉新（女，彝族）
　　　　马　旭（回族，3月任）

民政局
局　长　蒋丕海
副局长　冯思华
　　　　康云兴（3月任）
　　　　李占斌（哈尼族,12月任）
　　　　董晋红（女，12月免）

财政局
局　长　李有贵
副局长　奉永忠　龙海燕（女）

人社局
局　长　方勇云（4月任）
　　　　姜永祥（4月免）
副局长　蔡竹芳（女）　黄亚林
　　　　马儒刚（回族）

交通局
局　长　施洪春（彝族）
副局长　李桂仙（女）
　　　　潘云辉（12月任，试用期1年）

农业局、乡镇企业局、畜牧兽医局

*　*　*　*

局　长　李永聪
副局长　徐丹希　拔绍武（彝族）
　　　　代正兴
　　　　严金华（女，3月任）

水利局
局　长　施　毅（3月任）
　　　　何宇峰（3月免）
副局长　代万林
　　　　范光玉（2012年12月免）

林业局
局　长　飞俊鸿（7月任）
　　　　殷树德（7月免）
副局长　钱靖宇
　　　　普金林（彝族，12月免）

卫生局
局　长　胡本清
副局长　王其明（挂职）

人口和计划生育局
局　长　赵　华（女）
副局长　蔡允丽（女）
　　　　马开红（12月免）

审计局
局　长　方　云
副局长　白建福
　　　　朱丽珍（女，12月免）

环境保护局
局　长　王开红（10月任）
　　　　薛海星（10月免）
副局长　赵星海（彝族）
　　　　陈永平（12月免）

住建局
局　长　赖正东
副局长　王　云（回族）
　　　　谢志明（10月免）

城管局、城市管理综合行政执法局
局　长　李　毅
副局长　郑发良
　　　　普凤林（3月任）

统计局
局　长　郑宏江
副局长　普春平（彝族）
　　　　丁冀新

商务局
局　长　雷迪琼（10月任）
　　　　胡宝玉（10月免）
副局长　邱　斌　王家荣　潘　旭

安全生产监督管理局
局　长　李立超（12月任）
　　　　杨宏毅（12月免）
副局长　李　俊（回族）

　　李　旭（12月免）

文旅广体局

　　局　长　王　涛（女，3月任）

　　副局长　赵泽荣（3月任）

　　　　　　陈瑞锡（彝族，3月任）

　　　　　　辛光平（3月任）

　　　　　　黄格理（3月任）

　　　　　　曹　坤（3月任）

食品药品监督管理局

　　局　长　杨　飞（3月任）

　　副局长　张　瑾（女，3月任）

　　　　　　冯海星（3月任）

供销合作社联合社、供销合作社总公司

　　主　任（总　经　理）　秦家平

　　副主任（副总经理）李玉琼（女）

　　　　　　宗迎春

行政学校

　　校　长　马跃武（女）

　　副校长　刘渝昆（女）　孔祥民

信访局

　　局　长　甘向阳

　　副局长　陈　媛（女）

　　　　　　普亚伟（彝族）

法制办公室

　　主　任　瞿向前

督查室

　　主　任　毛文光

政策研究室、发展研究中心

　　主　任　李文平

　　副主任　邹　著（10月免）

烟草产业办公室

　　主　任　邹发金

　　副主任　姚光华

　　　　　　杨云卫（3月任）

外事办公室

　　主　任　白建平（哈尼族，10月任）

政务服务中心

　　主　任　黄　鹂（女）

接待办公室

　　主　任　童进彪（彝族）

电子政务网管中心

　　主　任　冯文斌

扶贫办公室

　　主　任　何宇峰（3月任）

　　　　　　李　剑（3月免）

　　副主任　董晋红（12月任）

移民开发局

　　局　长　王家春

　　副局长　龙俞静（女）

粮食局

　　局　长　马　荣（回族，10月任）

　　　　　　王自武（10月免）

　　副局长　王家华　苗玉琨

市场服务中心

　　主　任　王家荣

老龄委办公室

　　主　任　蒋不海（兼）

事业单位登记管理局

　　局　长　方勇云（4月任）

　　　　　　姜永祥（4月免）

　　副局长　刘　群（女）

社会保险局

　　局　长　杨文祥

　　副局长　刘玉凤（女，10月任）

　　　　　　梁俊勇（12月任，试用期1年）

城乡居民社会养老保险管理局

　　局　长　王文莉（女）

医疗保险基金管理中心

　　主　任　贾永林（12月任，试用期1年）

　　　　　　王　勇（12月免）

企业退休人员管理中心

　　主　任　黄亚林

劳动就业服务局

　　局　长　杨少华

拆迁办

　　主　任　赖正东（兼）

　　副主任　师从发（12月任）

　　　　　　梁学林（12月免）

城市综合行政执法大队

　　教导员　郑发良（2月任）

　　副队长　蔡永江（3月任，试用期1年）

农业产业化办公室

　　主　任　李永聪（兼）

　　副主任　曹炳勇（3月免）

森林公安局、公安红塔分局森林警察大队

　　政　委　殷树德（6月免）

　　局　长、队　长　周云飞

　　副局长、副队长　谢文俊

经济调查队

　　队　长　丁冀新（兼）

文工团

　　团　长　张　宏（彝族）

（严志东）

重要政务

【重要政务和工作部署】　2011年，红塔区人民政府制发重要政务和工作部署文件46个，规范性文件6个：

政务文件：

转发《玉溪市人民政府关于进一步加强企业安全生产工作文件的通知》

关于印发《红塔区农村小型水利工程管理体制改革实施意见的通知》

关于建立红塔区城市管理综合行政执法联席会议制度的通知

关于印发《红塔区人民政府2011年工作要点的通知》

关于认真抓好2011年烤烟生产工作的通知

关于加强征占用林地动态监测管理的通知

关于表彰2010年度行政效能建设先进集体的决定

关于表彰信访工作目标管理优秀集体和先进集体的决定

关于兑现2010年度安全生产责任状考核奖惩的决定

关于规范红塔区国有资产经营有限责任公司经营管理有关问题的决定

关于印发《红塔区加快推进村庄规划编制工作实施方案的通知》

关于印发《红塔区2011年度土地征收征用工作实施方案的通知》

关于分解落实2011年度政府工作报告重点工作任务及10项民生工程的通知

关于印发《红塔区人民政府自身建设2011年工作要点的通知》

关于印发2011年《政府工作报告》的通知

关于印发《红塔区2011年度地质灾害防治方案的通知》

关于印发《红塔区矿产资源规划（2008～2015年）的通知》

关于表彰2009～2010年度建议提案办理先进单位和个人的决定

关于2010年度科学技术进步奖奖励的决定

关于2010年度土地矿产卫片执法检查工作的实施意见

关于公布红塔等4处文物保护单位范围及建设控制地带的通知

关于印发《红塔区区级政府融资平台贷款偿还计划》的通知

关于进一步做好房地产市场调控工作的实施意见

关于印发《红塔区2011年行政效能建设目标考评方案的通知》

关于实施2011年度区政府领导安全生产责任制的通知

关于成立龙母箐水库新建工程建设领导小组及工程建设管理局的通知

关于进一步做好2011年淘汰落后产能工作的通知

关于公布排山营凤凰观保护范围和建设控制地带的通知

关于印发《红塔区2011年上半年年经济社会发展情况及下半年工作安排意见的通知》

关于印发《红塔区查处取缔无照经营专项整治实施方案的通知》

关于印发《红塔区新型农村和城镇居民社会养老保险试点实施方案

（试行）的通知》

关于玉溪卷烟厂复烤车间易地搬迁技术改造项目选址的意见

关于全面加强法治政府建设的实施意见

关于开展治大隐患、防大事故安全隐患排查治理专项行动的通知

关于下达2011年节能目标任务的通知

关于进一步加强食品安全工作的意见

关于印发《红塔区促进义务教育均衡发展实施方案（试行）的通知》

关于印发玉溪市红塔区学前教育三年行动计划（2011～2013年）的通知

关于实施“质量兴区”战略的意见

关于表彰2004～2011年度依法行政工作先进集体和先进个人的决定

关于调整充实红塔区安全生产委员会成员的通知

转发《玉溪市人民政府关于进一步加强安全生产工作文件的通知》

关于印发《红塔区气象灾害应急准备工作达标管理办法的通知》

关于表彰2011年度深化“移动信息富民工程”先进单位和个人的决定

关于调整2011年烟叶收购计划指标的通知

规范性文件6个：

红塔区村集体资金资产资源管理暂行办法

红塔区户外广告和招牌管理办法（试行）

红塔区农村居民独生子女家庭养老扶助金发放管理办法

红塔区城市道路车辆停放管理办法（试行）

红塔区城市建筑垃圾和散体物料运输管理办法（试行）

红塔区宅基地建房管理办法（试行）

（姜　静）

【会议及议题】　2011年，红塔区人民政府召开重要会议29次，其中：政府常务会议18次，党组会议9次，政府全体会议2次，主要讨论研究以下方面问题：

回顾总结2010年度政府工作，检查各项经济指标和社会发展指标完成情况，分析研究取得的成绩、经验和存在问题。

讨论研究2011年政府工作计划，提出2011年的目标任务和工作安排；讨论修改《政府工作报告》；审议2010年度地方财政预算，提出2011年度地方财政预算安排。

讨论研究农业和农村工作。继续巩固农业基础地位，加快发展现代农业；提升特色农业发展水平，调整种植结构，强化科技支撑，促进农业产业化发展；夯实农业发展基础，高度重视节水抗旱，加强农业基础设施建设，改善农村生产生活条件；发挥龙头企业带动作用，支持农业产业化龙头企业加快发展；推进新农村建设，完善“以工促农，以城带乡”长效机制，强化农村生态建设和环境综合整治，提升农村建设品位和水平；大力实施农民收入倍增计划，拓宽农民增收渠道。

讨论研究工业工作。坚持“工业强区”战略不动摇，推进工业经济加速发展；发展壮大工业经济总量，全面提升工业经济质量和效益；加快产业优化升级，增强产业竞争实力；规划建设特色产业园区，积极探索园区建设多元化投入模式，统筹推进园区基础设施建设；优化功能布局，拓展发展空间，培育产业集群，努力把园区建成新型工业化的核心区和经济跨越发展的增长极；认真落实各级加快中小企业和非公经济发展的政策措施，促进中小企业健康发展；加强节能减排工作，做好淘汰落后产能工作，确保上级下达减排任务的完成。

讨论研究第三产业发展工作。依托城市和产业支撑，提升第三产业发展水平；大力发展现代服务业，坚持生产服务业与生活服务业并重、现代服务业与传统服务业并举，促进服务业进一步扩大规模、拓宽领域、增强功能、优化结构；扎实推进市场建设，认真组织实施市场建设规划，推进专业市场建设和农贸市场提升改造，加强市场监管，营造诚信、公平、健康、有序的市场环境；加快发展旅游文化产业，推进重大旅游项目建设，完善旅游服务体系，积极开发旅游产品，提升旅游文化内涵；加快发展城市经济，提升城市综合竞争力。

讨论研究财税金融工作。加大财源培植力度，加强税收征管，强化非税收入管理，拓展财政增收渠道；加强财政管理，进一步优化财政支出结构，强化预算管理，提升财政运行质量和效益；推进地方金融体系建设，加强银政、银企合作，强化政府融资管理，认真做好农村信用体系建设有关工作。

讨论研究固定资产投资和招商引资工作。充分发挥大项目对经济发展的支撑和作用，全力推进重大项目建设，扩大固定资产投资规模，增强发展后劲；着力优化项目投资结构，放宽投资领域和范围，建立多元化、多层次、多渠道的投融资体系；扎实做好项目前期工作，加大项目储备力度；加大招商引资力度，提高招商引资质量，创新招商引资方式，扩大对外开放合作。

讨论研究生态城市建设和管理工作。充分发挥规划统领作用，调整完善规划，优化城镇、产业布局，促进城镇上山农民进城；提升城市建设水平，完善配套基础设施建设，提升城市化发展水平；加大依法管理城市力度，推进城市精细化管理，提升城市文明程度；加大生态建设力度，建设生态宜居城市。

讨论研究科技、教育、文化、卫生、体育等工作。全面发展各项社会事业，着力保障和改善民生，构建和谐社会；讨论研究民主法制、信访、社会治安综合治理、安全生产等工作，加强社会管理和创新，全力维护社会稳定。

讨论研究区政府向上级政府报送的重要请示、报告；讨论研究各乡（街道）和区级各部门报送区政府的重要请示、报告；讨论研究区政府组成部门的人事任免有关事项；结合实际，制定贯彻上级重要文件、指示及会议精神的具体措施。

（姜　静）

政务管理

【文电办理】　2011年，区政府办公室制发文件及材料1 075个，比上年增加145个，增15.6%。其中政府文件45个，比上年减少11个，减19.6%。

表13：2011年红塔区人民政府办公室制发文件统计表

2011 年红塔区人民政府办公室制发文件统计表

表 13

项　　目	2011 年度		比 2010 年 ±%	平均每天	
	个	份数		个	份数
一、本机关制发文件、材料	1 076	10 557	15.6	4.3	41.9
其中：政府文件	45	813	－19.6	0.2	3.2
政府报告、请示	161	1 478	73.1	0.6	5.9
政府批复、函	233	2 066	36.3	0.9	8.2
政府通知	18	307		0.1	1.2
政府公告、通告	9	1 440	80.0		5.7
政府会议纪要	39	348	－7.1	0.2	1.4
政府信息、政情通报	20	164	－53.5	0.1	0.7
政办文件	123	974	50.0	0.5	3.9
政办报告、请示	19	165	58.3	0.1	0.7
政办通知（会议、明电）	264	1 062	21.1	1.0	4.2
政办复函、政务督查	57	684	－46.7	0.2	2.7
政办汇报材料、其他	88	1 056	4.8	0.3	4.2
二、上级党政机关部门来文	2 368	3 470	2.2	9.4	13.8
合计	3 444	14 027	6.0	13.7	55.7
三、纸质文件交换（次）	48			0.2	
四、电子文件交换	9 266		3.8	36.8	
其中：发文	2 531		11.1	10.0	
收文	6 735		1.3	26.7	

（殷春丽）

【机关档案】　2011 年，区政府办公室机关综合档案室收集整理立卷归档 2 152 件，资料 26 卷，接待查借阅档案资料人员 84 人次、301 件。

（李　曼）

法制宣传　　　　（邓跃明　摄）

【建议、提案办理】　2011 年，区三届人大四次会议和区政协三届四次会议交由区政府组成部门承办的人大代表建议 173 件、政协委员提案 162 件，市政府交由区政府承办的市人大代表建议、政协委员提案 32 件，共计 367 件。上述建议和提案于 5 月 4 日分别交由区政府所属 39 个单位牵头具体承办，27 个单位协助办理，并签订《红塔区人民政府建议提案办理工作责任书》。经过各承办单位的积极工作，全部建议提案已办理完毕，办复率 100%，面商率 100%，代表和委员反馈的满意（基本满意）率 100%。代表和委员所提问题、意见和要求已经解决或基本解决的 142 件，占 38.7%；正在解决或已列入计划准备解决的 47 件，占 12.8%；因各种原因未解决已向代表和委员解释、说明情况的 178 件，占 48.5%。

按照 4 月区政府办下发的《关于认真做好人大代表建议政协委员提案 B 类件续办续复工作的通知》要求，各承办单位在办理过程中采取书面答复和电话沟通联系等方式开展了续办续复工作，共计续办续复 B 类件建议提案 93 件，已经解决或基本解决的 16 件。因情况发生变化，转为 C 类件办理的有 64 件。另外 13 件将作为 2012 年 B 类件继续办理。

表 14：2011 年红塔区人民政府建议、提案办复统计表

2011 年红塔区人民政府建议、提案办复统计表

表 14　　单位：件

单位名称	人大建议	政协提案	单位名称	人大建议	政协提案
住房和城乡建设局	17	22	食品药品监督管理局		1
交通运输局	30	20	政府办公室	6	
城市综合管理局	9	15	发展和改革局	4	7
工业和信息化局	2	6	扶贫办公室		1
市规划局红塔分局	6	7	人力资源和社会保障局	1	5
财政局	7	2	民政局	13	11
审计局	1		公安红塔分局	9	10
商务局	4	4	信访局		1
地税局		1	民宗局	4	6
市质监局红塔分局	1	1	监察局	4	
农业局	5	4	安监局	1	
林业局	2	1	工商局		1
水利局	17	7	小石桥乡人民政府		1
市国土局红塔分局	4	2	洛河乡人民政府	3	
环保局	2	1	大营街街道办事处	1	
教育局	12	15	李棋街道办事处	1	
人口和计划生育局	3	2	玉带街道办事处		1
卫生局	1	4	电信分公司	1	
文化旅游广电和体育局	2	3	合计	173	1 629

注：市人大代表建议和政协委员提案 32 件，分别交由住建局、交通运输局、城市综合管理局、公安红塔分局、市规划局红塔分局、发展和改革局、财政局、工信局、政府办公室、卫生局、文化旅游广电和体育局、编制办公室、凤凰街道具体承办。

（田绍金）

信　访

【信访工作】 2011 年，红塔区党政机关、部委办局、乡（街道）受理群众来信来访 3 885 件，集体访 219 批 2 944 人次；受理全国信访信息系统交办件 252 件。

信访主要问题：国有企业改制后遗留问题、“保留户口”人员待遇分配问题、旧村改造问题、重大工程项目土地征用拆迁问题、民办教师问题、“涉军”问题、“两案”人员问题、村务管理问题、拖欠工程款及农民工工资问题、城市建设管理问题。

信访呈现出的特点：信访总量稳中有降；部分“保留户口”人员择机访、越级访和非正常上访突出；集体上访组织化、规模化倾向突出；集体访劝返处置和矛盾化解难度增大。

【接访办信】 2011 年，信访局接待群众来访 933 件，办结 871 件；受理群众来信 138 件，办结 130 件。

在日常接访中，做到“三个弄清”和“三个到位”，即：弄清来访人的基本情况和来访过程、弄清信访人反映的主要问题、弄清解决问题的政策法规和事实依据；对应由信访部门协调解决的问题及时解决到位、对需要呈报领导阅批和发函交办的信访问题及时呈报交办并督办落实到位、对提出无理要求的信访人教育疏导工作到位。

来信办理过程中，认真做好登记、受理、转办、督办、回复各个环节工作，办信工作实现操作程序化、办件规范化。

【领导接待日】 2011 年，组织开展“区委书记、区长接待日”18 次，接待群众来访 53 人次，受理案件 25 件，全部办结。

领导接待日工作，继续坚持预约访制度，保证信访质量的提高和上访秩序的规范；坚持“接待日制度化，操作程序化，办件规范化”，做到“接待前有预约，接待后有领导批示，承办单位有答复意见”；指导、督促、检查各乡（街道）和区属相关部门每月 25 日的“书记、乡（街道）长（主任）接待日”和“法院院长、检察院检察长、公安局局长、人事局局长接待日”工作。

【市、区长热线电话及电子邮件交办件】 2011 年，信访局办理市长热线电话和书记、市长电子邮件交办件 121 件，时限范围内全部办结；区长热线电话受理群众电话 2 100 余件，形成交办件 610 件，时限内全部办结；受理书记、区长电子邮件和网上信访件35件，时限内全部办结。

办理过程中，坚持“便捷、高效”工作原则，严格按照承办和办理要求，对各交办件按其性质、特点，坚持特事特办，特事特批，保证办理质量。

【信访“热点、难点”问题排查调处】 2011年，排查出信访“热点、难点”问题295件。

信访“热点、难点”问题排查调处，坚持经常排查与集中排查、普遍排查与重点排查和定期排查与滚动排查相结合的原则，每季度一次定期排查、重大节会重点排查、敏感时期超前排查，做到各种矛盾“发现得早、化解得早，控制得住、处理得好”，变事后疏导为事前防范，将问题解决在萌芽状态。对群众反映强烈的“热点、难点”问题，认真查找原因，严格落实“四定、四包”措施，即：定责任单位、定责任人、定稳控措施、定化解期限，包调查处理、包教育疏导、包息诉罢访、包有效稳控。

【特殊疑难信访问题专项资金管理使用】 2011年，争取中央、省、市特殊疑难信访问题专项资金13.20万元，区级配套资金8.80万元，对30件涉法、涉诉信访个案拨付使用信访专项资金共计22万元。使用区级信访困难救助基金0.90万元，解决了2户人家的实际困难。

（李小平）

人 事

【公务员年度考核】 2011年，应参加考核人数1 681人（不含党群系统人员），实际参加考核人数1 675人，参考率99.64%；未参加考核人数6人，占应考人数的0.36 %。考核评定优秀等次335人，占应考核人数的19.93%；称职1 289人，占76.68%；基本称职2人，占0.12%；考核不确定等次49人，占2.91%。

【公务员考录】 2011年，红塔区公开招录公务员18人（不含公、检、法岗位）。

【公务员综合管理】 2011年，办理公务员调动65人，其中：区外调入37人，区内调动22人，调出区外6人。非领导职务审批确定科员职务44人，办事员1人，任免科室领导96人（任94人，免2人）。

【军转人员安置】 2011年，接收转业安置6人，接收自主择业安置3人。

【机关事业单位人员培训】 2011年，区人力资源和社会保障局配合市人力资源和社会保障局举办公务员初任培训20人，新任科级领导职务培训38人。对全区公务员、事业单位专业技术人员和管理员进行《目标与时间管理》、“强素质比奉献”和深化“忠诚教育”培训考试，参加考试人员7 815人，其中：公务员2 212人，专业技术人员5 603人。对1 370名中小学教师进行履职培训、考试，审核、登记持续教育证书4 951本。培训事业单位新参加工作人员128人。对104名机关、事业单位技术工人进行职业技能培训考试鉴定。

【事业单位人员年度考核】 2011年，应参加考核6 000人，实际参加考核5 996人，参考率99.93%。考核评定为优秀863人，占实际参加考核人数的14.39%；合格5 114人，占85.29%；基本合格9人，占0.15%；不合格3人，占0.05%；未定等次7人，占0.12%。

【专业技术职称申报、评审、聘任】 2011年，全区企事业单位（包括非公有制企业）共计向各级评审委员会推荐正高级资格3人、副高级资格87人，评审通过64人；推荐中级资格560人，评审通过543人；推荐初级资格1 010人，评审通过1 004人。对见习期满1年转正的109名大中专毕业生，给予考核认定相应的专业技术职务任职资格，其中：助师级资格89人，员级资格20人。

【专业技术人员评聘】 截至2011年12月31日，红塔区在职专业技术人员有9 746人，比上年增加1 145人，其中：正高级资格9人，占总数的0.09%；副高级资格605人，占6.21%；中级资格3 335人，占34.22%；初级资格5 639人，57.86%；在岗未聘任专业技术职务任职资格158人，占1.62%。

按单位性质划分：国有企业有专业技术人员64人，其中：中级资格9人，聘任0人；初级资格55人，聘任0人。事业单位有专业技术人员5 371人，其中：正高级资格6人，聘任1人；副高级资格572人，聘任497人；中级资格2 525人，聘任2 240人；初级资格2 111人，聘任2 104人；在岗未聘任专业技术任职资格157人。自收自支事业单位有专业技术人员47人，其中：副高级资格11人，聘任7人；中级资格30人，聘任28人；初级资格5人，聘任5人。非国有企业有专业技术人员4 264人，其中：正高级资格3人，聘任0人；副高级资格22人，聘任0人；中级资格771人，聘任0人；初级资格3 468人，聘任1 045人。

【事业单位岗位设置管理】 截至2011年12月31日，全区应纳入岗位设置管理事业单位数186个，岗位总数5 849个，已上报玉溪市人力资源和社会保障局批复事业单位数186个，占总数的100%，涉及事业单位岗位数5 849个，占总数的100%。

【机关事业单位人员工资晋升】 2011年，审批全区实行职级工资制工作人员410人，按年度考核结果5年晋升1级级别工资，人均月增资18元；56人按年度考核结果晋升1个工资档次，人均月增资30元；事业单位6 150名工作人员正常晋升1级薪级工资。

完成其他事业单位143户，在职职工1 878人，退休人员626人的绩效工资审批。

【工资福利管理】 2011年，办理事业单位工作人员因岗位、学历变动，确定工资316人；办理工作调动确定工资30人，开出工资转移介绍信60张；办理大中专毕业生转正定级、工资确定232人；办理农、林、水系统人员1级浮动工资67人，浮动工资固定1档17人；审批机关事业单位住院护理费650人次；办理机关、事业单位工作人员、离退休人员死亡后丧葬费、一次性抚恤费31人，遗属生活困难补助费11人；办理机关、事业单位职工退休手续30人。完成2010年度下半年和2011年度全区机关、事业单位在职职工定包奖、目标管理奖、年度考核优秀奖、年终一次性奖金审批工作。

【人才交流】 抓好人才招聘、引进、服务三个环节。加强就业信息工作，每月15日定期举办人才交流洽谈会；举办人才供需洽谈会15次，参会单位60余家，达成就业意向400余人；办理事业单位专业技术人员及工人调动49人，其中：区外调入21人，区内调动20

人，调出区外8人；公开招考录用专业技术人员112名；接收大中专毕业生报到1 411人。

【人事代理】 做好未就业大中专毕业生和流动人员管理服务工作。截至2011年12月31日，区人力资源和社会保障局共计接受委托代理单位95家，代理人员955人，保管大中专毕业生及流动人员档案1.48万份。

（刘志梅）

机构·编制

【机构改革】 2011年，完成区政府机构改革、深化乡镇机构改革和事业单位清理规范工作。

一、政府机构改革。按照中央和省、市统一部署，坚持以转变政府职能为核心，以理顺职责关系、明确和强化责任为重点，以优化组织结构为关键，积极稳妥地有序推进。4月11日，召开机构改革工作会议，下发《关于印发〈玉溪市红塔区人民政府机构改革实施意见〉的通知》；区委、区人大、区政府关于干部任免的决定，并为新组建、更名和调整的政府工作部门（管理机构）授印；安排部署区政府机构改革工作。

机构设置规范统一，政府组织机构进一步优化。认真落实中央、国务院和省委、省政府及市委、市政府关于县（区）政府机构改革精神，对全区31个机构进行调整、撤并理顺，规范设置工作机构25个，其中：新组建工作部门4个，更名工作部门3个、部门管理机构1个，调整机构设置3个（党委工作部门1个、政府工作部门1个、群众团体组织1个），保留工作部门20个，保留机构4个。撤销机构8个，其中：工作部门2个、事业单位6个。调整编制64名，划转人员53人。组织结构进一步优化，机构个数进一步减少。在工业和信息化融合、交通运输体系、城乡建设规划统筹、人力资源市场整合、文化领域综合管理、医疗和食品安全监管、城市管理和综合执法等领域实现了重点突破，“大部制”改革稳步推进。在机构限额和人员编制“两个不突破”的前提下，建立了与省、市政府机构设置相衔接、相协调，基本对应的政府组织体系。

政府职能重点突出，“责任政府、服务政府”进一步体现。区政府各部门按照政企、政事、政资、政府和市场中介组织分开的要求，取消、下放、移交职责28项，增加或加强社会管理和公共服务职责385项。注重经济社会发展，加强区级部门在社会管理、市场监管、能源资源、交通运输、城市管理等方面的职能配置；注重民生工程，加强促进就业、住房和城乡建设、食品安全、社会保障等涉及人民群众切身利益职责；注重维护社会和谐稳定，调整设置了和谐社区建设机构，突出文化、旅游、广电、体育监管职责；注重城市管理，提升管理水平，实现管理法制化、专业化；管理和服务职能得到加强，体现了新时期政府职能转变和完善“服务型政府、责任型政府”的理念。

职责关系进一步理顺，部门间协调配合机制进一步完善。通过改革，区政府部门与职能相对应的责任更加明确，在“三定”中，明确和强化了14个部门承担的30多项主要职责。同时，对渔政管理、水产品开发、节能减排、经济运行、城市综合执法、综合运输体系、食品安全监管、水资源保护与水污染防治等20余项职责进行了明确。多个部门建立和完善了协调配合机制，做到职能界定科学合理，职责分工主次明确，部门之间关系顺畅。“三定”工作后，政府各部门对内设机构设置、职责分工和人员配备做了新的调整理顺，提升了部门职责的科学性、合理性和高效性。

“三定”规定快速实施，机构改革进一步推进。通过“三定”工作，进一步推进了政府职能转变，明确和强化了责任，完善了管理体制。为确保撤并机构的无缝对接，区政府印发《关于机构改革中印章使用和文件发送等有关事项的通知》，涉及调整变动部门在4月底前按新机构名称挂牌、启用新印章行文，做到机构改革和部门工作两不误、两促进。为确保国有资产不流失，人员划转及时到位，区政府印发《关于成立红塔区政府机构改革撤并划转单位清理移交工作组的通知》，杜绝了机构改革中突击花钱、国有资产流失等现象发生；避免了撤并单位领导各管一块、各自为政、“名并暗不合”的问题，实现了撤并划转单位资产、财务、机构编制人员有机整合，确保了改革方案和“三定”规定在实施过程中不走样。

二、乡镇机构改革。乡镇机构改革是年内云南省20项重点工作任务之一，为保证按时、按质完成改革任务，编制委员会办公室认真贯彻中央、省关于乡镇机构改革的精神，结合实际，稳步推进改革。

认识到位，重点突出。以2003年乡镇机构改革时组建的“五大中心”为基础，坚持“重心下移，能放则放，依法下放”的原则，着力解决制约农村发展的突出问题，下放部门管理权限，调整财政管理体制，认真制定改革方案。

强化责任，创新方法，提高效率。成立改革领导小组，制定改革方案。

规范设置、理顺关系、落实任务。在不突破机构限额的前提下，适当体现乡（街道）特色，全区乡（街道）党政机构统一设置为3个办公室，事业单位设置为5个中心、2个所；进一步理顺区级部门派出机构：劳保所、财政所管理体制，完善了人、财、物的移交工作，重新核定人员编制和领导职数，并推行机构编制实名制管理。

乡（街道）机构改革工作11月底前基本完成。通过改革，转变了政府职能、完善了服务功能、创新了体制机制。改革后，乡（街道）机构职能定位更加清晰，机构设置、编制配备和领导职数核定更加统一和规范，派驻和属地管理机构工作关系更加顺畅。

三、事业单位清理规范工作。认真贯彻中央、省关于分类推进事业单位改革精神，立足区情，研究提出了“清理规范、分类、改革”三步走的工作思路。成立了由区长任组长、分管副区长任副组长的领导小组，确保清理规范工作平稳有序开展。

创新工作方法。在省、市编制委员会提出的工作要求基础上，结合原有事业单位基础情况调查摸底基础，要求各事业单位重新规范制定单位《机构编制方案》，对每个事业单位的机构编制事项做出明确规定。全区重新制定《机构编制方案》235个，其中：区级158个、乡（街道）77个。

结合事业单位清理规范，积极探索改革路子，对职能弱化、消失及“空壳”事业单位进行了改革的探索及分析。清理规范前，区、乡两级有事业单位261个，编制7 123名。清理规范后，有事业单位235个，编制7 095名。共计撤并事业单位26个，收回编制28名。通过清理规范，为下一步分类推进事业单位改革奠定基础。

【机构编制管理】 严格执行机构编制审批程序和制度，凡涉及职能调整，机构、编制和领导职数增减的，统一由编委办审核，按程序报区编委会议研究的“一支笔”审批制度。

2011年，召开编委会议2次，研究区政府机构改革涉及机构设置和人员编制调整等问题及撤镇设立街道和玉兴路等街道办事处更名工作中有关机构设置和人员安排问题。

党政群机构数。区委工作部门8个，政府工作部门25个，群众团体8个。增设群众团体机构2个：红塔区红十字会、红塔区文学艺术界联合会。

事业单位数。设置事业机构235个，其中：全额拨款单位204个，差额拨款单位21个，自收自支单位10个。

政府机构改革前，设置工作部门26个，直属事业机构4个，部门管理机构2个，其他机构1个。机构改革后，设置工作部门25个，部门管理机构2个，保留机构4个；在不突破行政编制总量的情况下，对现使用的行政编制作了调整；按照《云南省各级机关领导职数管理办法（暂行）》，重新核定区政府部门领导职数和内设机构负责人职数及工勤人员编制；并对涉及政府机构改革部门所属的事业单位进行了调整和规范。

根据《云南省各级机关机构设置和管理办法（暂行）》，同意区级党、群机关内设机构名称统一更名为股（办公室、室、局、部），不定机构规格。

根据云南省机构编制委员会办公室《关于核销各级机关混用编制的通知》，核销区级党、政、群机关使用的95名事业编制。

规范乡（街道）所属事业机构设置。根据市政府《关于红塔区玉兴路等三个街道办事处更名的批复》和《玉溪市人民政府转发〈云南省人民政府关于同意玉溪市撤销部分乡镇设立街道办事处及有关行政区划调整的批复〉的通知》，对原镇所属行政、事业机构、区级垂直管理机构和卫生院、中小学（幼儿园）进行了更名。同时，调整部分机构设置。

根据《云南省各级机关领导职数管理办法（暂行）》，严格执行区委组织部、人社局、区编办联发《关于实行领导职数使用情况审核的通知》，与相关部门配合，对机关、事业单位要求使用的领导职数实行先审核后再选拔任用。年内，审核45个机关、事业单位使用领导职数202名，杜绝了超职数配备领导的情况。

【补充工作人员使用编制计划管理】 2011年，根据市编委下达的缺编补充工作人员使用编制计划的要求，区编委严格管理机关、事业单位进人，共计核发缺编补员计划215名。

【事业单位登记管理】 2011年，全区有235个事业单位参加年检，其中：注销登记26个，变更登记112个，补领证书2个，全部年检合格。

将235个参检事业单位提交的《事业单位法人年度报告书》中的内容录入“事业单位在线”系统，实时汇总事业单位登记管理数据，全面实现网络化登记管理，确保登记管理数据及时更新，与国家事业单位登记管理局实现信息全国共享，提高事业单位登记管理信息的时效性和准确性。

【编制外人员审批管理】 2011年4月29日，经区加强机关事业单位使用编制外人员管理工作领导小组会议审核，批准28个机关事业单位使用编制外人员210人。

（刘　群）

民　政

【民政工作】 2011年，红塔区民政局坚持以科学发展观为统揽，以保障民生为要务，创新社会管理与创新理念，扎实推进各项工作。

村务公开和民主管理工作获省级示范单位；民政老龄工作被市委、市政府考评为二等奖；“防艾”工作被市政府评为先进集体；信息宣传获市民政局一等奖；党建、党风廉政建设被区直机关党委评为先进单位；信访工作被区政府考评为优秀集体；残疾人就业、防范和处理邪教等工作分别被区政府及相关部门评为先进单位。

【基层建设】 2011年，区民政局指导各乡（街道）、社区和（村）居委会以落实“四个民主”为核心，不断健全管理有序、（村）居民广泛参与的自治制度。通过社区（村）居民自主管理社区（村）内事务，实现民主管理；通过推进社区（村）务公开，实现民主监督。

按照市委、市政府“关于建立村民监督委员会”的要求，建立了社区（村）居务监督委员会制度，通过加强宣传、强化培训、严格选举程序等环节工作，完成了各社区（村）监督委员会的选举；按照省、市关于“和谐社区”建设的要求，在调研摸底、召开专题座谈会基础上，拟定《关于调整社区居组补助经费的通知》，报经区委、区政府批准后，按照社区干部所任职务，每人每月提高生活补贴50元～650元，使社区干部生活补贴标准达到不低于1 500元/月的要求。

（徐竹萍）

【村（居）务监督委员会制度】 为切实加强村级民主监督，完善村务公开和民主管理制度，2011年红塔区全面推行村（居）务监督委员会制度。

完善机制。根据《关于在全区建立村务监督委员会制度的实施意见》，将民主理财小组、村务公开监督小组等村级监督形式有效整合，完善以村级党组织为领导核心、村（居）民会议和村（居）民代表会议为决策机构、村（居）民委员会为村（居）务管理和决策执行机构、村（居）务监督委员会为村（居）务监督机构的村（居）民自治机制，实现惩治和预防腐败体系的构建向村级组织延伸。

明确职责。监督委员会在村级党组织的领导下独立行使监督权，重点监督“两委”贯彻执行党的路线、方针、政策情况；村（居）民会议和村（居）民代表会议形成的决议执行情况；落实“四议两公开”工作法和村级重大事项民主决策情况；村（居）务公开、财务公开和党务公开情况；村集体经济合同和项目招投标情况和村级干部履职情况等。

保障有力。按规定将监督委员会成员纳入财政补贴职数，监督委员会设委员3名，其中主任1名。委员候选人由村级党组织提名。主任候选人由乡、街道会同村级党组织提出，连同其他委员候选人报乡、街道党（工）委审查同意后，提交村（居）民代表会议选举产生，与村（居）民委员会同期同届，并与“两委”干部一起接受村（居）民会议或村（居）民代表会议的民主评议。社区（村）“两委”班子成员、小组干部及其近亲属不得担任监委会成员。

（李占斌）

【社区划分】 为适应城市化发展需要，建立与城市化发展水平相适应的管理体制，2011年6月，红塔区撤镇设置街道工作全面完成。

社区划分根据《红塔区社区划分方案》进行。在现有81个社区（村）的基础上，中心城区根据社区所管辖对象、范围和1 000～3 000户的规模要求，新增23个社区，共计38个社区；

北城、李棋、高仓等6个街道辖区范围内的56个村，全部改建为社区；保留小石桥乡、洛河乡、春和街道的部分山区村委会10个。改建后，全区共计辖94个社区、10个村委会。最大的社区是山水社区，居住人数约2万人，最小的社区是大矣资社区，居住人数696人。

7月，为确保社区工作的开展，按照公开、公平、择优的原则，招考招录了69名新增社区居委会成员。

【社团民办非企业登记管理】 2011年，注销社会团体5个；登记民办非企业单位4个，注销1个。年末，全区有社会团体53个、民办非企业单位41个，年检合格率100%。

（徐竹萍）

【区划、地名管理】 2011年，为加强和规范中心城区地名标志（街、路牌）管理，拟定《红塔区中心城区（街、路牌）地名标志牌更新设置方案》，待区政府批准后组织实施。

完善已建立的地名公共服务工程信息，做好地名数据库建设，为社会提供地名查询服务。

制定《第二轮红塔区与江川县行政区域界线联合检查报告》《第二轮红塔区与晋宁县行政区域界线联合检查报告》，分别上报昆明市人民政府和玉溪市人民政府，并于6月开始，联合开展了每5年1次的行政区域边界线联合检查工作。8月30日，检查工作圆满完成。

（徐竹萍　李艳勤）

【基础设施建设】 2011年，“红塔区流浪未成年人救助保护中心”和“红塔区救灾物资储备库”项目建设，主体工程和室内装修完工，进入绿化和附属设施建设阶段，预计2012年初投入使用。

红塔区流浪未成年人救助保护中心，于2007年申报，并被区政府列为2008年重点建设项目，建筑面积2 080平方米，总投资593万元，设置床位146个；红塔区救灾物资储备库，被区政府列为2010年重点工作，总投资350万元，建筑面积1 250平方米。

【建议、提案、信访办理】 2011年，区民政局受理人大代表建议、政协委员提案24件，全部在规定时限内办理完毕，办复率、满意率100%；接待、受理群众来信来访378人次（件），其中：来信6件、来访372人次；接受电话咨询253次；办理书记、区长接待日交办件和信访局交办件16件。

【政务信息公开】 2011年，进一步完善政府信息公开民政目录体系和政府信息依申请公开等制度建设，严格执行信息发布程序与格式要求，规范了听证、通报、公示及网上咨询、信访、公众建议等事项，严格保密审查，规范使用依申请公开处理文书、切实加强痕迹管理，建立健全了网站、电话、政务服务中心“三位一体”的公共服务体系，完善了政务信息查询“96128”电话专线服务功能，提高了政务信息查询热线的应答量、转接量，进一步提升政府信息公开工作质量和服务质量，为公众提供更便捷的服务。

在政府信息网站发布信息60条，通报3项；通过“96128”信息查询专线，应答了群众关心的优抚安置、城乡低保、城乡医疗救助、婚姻登记、殡葬管理、五保供养、弃婴收养、社会团体和民办非企业管理、社会捐赠等问题；在区政务服务中心窗口为4 480对8 960名婚姻当事人办理了相关手续。

【“三重一大”决策事项】 2011年，落实重大决策事项4项、大额资金使用5项，落实率100%。在大额资金落实中，受益群众达12.8243人次，支出各项救助金3 518.44万元，其中：两低保金2033.44万元、各项优待抚恤金935.53万元、城乡医疗救助金113.49万元、地质灾害搬迁及倒损民房新建修缮和临时救助金32.50万元；走访慰问困难群众支出403.48万元。

（徐竹萍）

政府法制

【完善民主决策机制】 2011年，区政府常务会议专题研究集体决策制度不断完善，决策程序更加规范，会前合法性审查、决策听证、风险评估等制度基本建立。年内，举行重大决策听证20件，重大事项社会稳定风险评估4件，政府工作的透明度切实增强，科学决策、民主决策、依法决策机制基本形成。

【提高制度建设水平质量】 2011年，区政府发布《红塔区户外广告和招牌管理办法》等规范性文件6件，其中提请市政府开展《玉溪城市管理条例》立法，针对城乡规划、建设、管理中长期存在的权责不清、机制不顺、管理缺位、执法不力等深层次问题，创设了一系列具有较强现实针对性、可操作性的法律依据，为全面推进生态城市建设打下了坚实的法制基础。

【规范行政执法行为】 2011年，各乡、街道和各部门全面建立行政执法责任制，严格执行行政执法主体资格、行政执法人员资格审查制度。

清理、确认、公告区级行政执法主体机构39个，119人通过培训取得行政执法资格证，86人参加了执法证件到期审验和换证，有效地规范了执法人员的行为，提高了执法和办事效率。

开展细化量化行政处罚自由裁量权工作，推进行政执法案卷评查、行政执法投诉举报和重大具体行政行为审查和备案工作，行政执法行为更加规范，执法质量和水平全面提高。

【领导干部学法制度】 建立领导干部法律知识学习培训长效机制；认真落实政府常务会议每年至少开展1次专题法制讲座的学法制度。

2011年8月8日，区政府第49次常务会议，听取法制办关于全面加强红塔区法治政府建设的情况汇报，并原则同意《红塔区人民政府关于全面加强法治政府建设的实施意见》发文实施。12月10日，区政府召开第54次常务会议，法制办就即将实行的行政强制法对建设法治政府的重要意义、主要内容、行政强制措施、行政强制执行及行政强制的设定作了组织学习。

【行政复议】 依据《红塔区行政复议案件审理工作制度》，对行政复议的申请、受理、审查、调查、听证、做出行政复议决定、归档、报送备案及行政复议案件错案的确认和追究等各个阶段、各个程序步骤进行细化，建立相应的工作制度，实行规范化操作；对案件复杂程度和争议、影响的大小，采用书面审查、实地调查、听证等审理方式办案；合理运用和解、调解等方式解决行政争议。

2011年，受理审查行政复议案件3件，其中：经审理维持1件，撤回复议申请1件，另外1件区法院已经对复议请求的事项作了有效判决，并书面告知当事人区政府不再受理。

【规范性文件监督管理】 2011年，区政府法治办审查各类文件56件，其中符合规范性文件要求的6件，已按照129号令上报市政府登记备案，文件内容、制定程序均符合要求；其他不属于规范性文件的以通告等形式予以发布。

（李江湖）

民族·宗教

【少数民族】 2011年末，红塔区境内有少数民族63 923人，占全区总人口14.97%。4个世居少数民族人口：彝族42 881人、回族9 415人、白族3 628人、哈尼族3 975人。因婚姻关系、工作等原因迁入的少数民族有38个，其中30人以上15个：傣族1 575人、壮族520人、蒙古族300人、苗族272人、纳西族187人、拉祜族266人、土家族149人、满族137人、傈僳族73人、布依族115人、侗族87人、瑶族48人、藏族34人、佤族39人、布朗族33人。世居少数民族集居区主要分布在洛河、小石桥2个彝族乡和北城、春和、大营街、高仓、研和、凤凰5个街道的17个村（居）委会142个村民小组106个自然村。

经济状况。世居少数民族聚居区总人口46 730人，其中少数民族36 555人，占78.2%。耕地面积63 320亩，人均1.36亩。农村经济总收入31.20亿元，农民外出劳务收入5 937.60万元，人均纯收入5 842元，比上年增加534元，增9%，比全区农村人均纯收入少2 075元。少数民族聚集村（居）委会农村人均纯收入最高的是北城街道大营居委会，人均6 772元；人均纯收入在5 000元以下的有大石板居委会4 905元，波衣居委会4 923元，法冲村委会4 994元，把者岱村委会4 833元。

【民族工作】 2011年，红塔区民族宗教事务局（以下简称：区民宗局）紧紧围绕“发展、稳定”主题开展工作，确保民族地区经济持续稳定发展，各民族团结和睦。

认真贯彻落实区委、区政府《关于进一步加强民族宗教工作，加快山区民族地区经济社会发展的意见》精神，及时协调资金，落实项目，实施4个山区村民小组公房建设及种植、养殖业扶持（资金20万元）、山区公路维护（资金10万元）等工程，改善山区民族地区生产生活条件。争取市级资金70万元，新建中心城区清真寺综合楼；争取区级资金45万元，解决大营居委会因修建坟山道路引发的不稳定隐患。争取区级专项资金30万元，为14个宗教活动场所安装安防设施。

加强工作调研，全面系统地掌握山区民族地区基本情况。开展了少数民族基本情况调查、少数民族人才调查、民族宗教矛盾研判、少数民族使用汉语情况调查。

用好民补费，做好民族示范点工作。年内，省、市下达民补费28万元，实施小石桥乡小丫口村饮水工程、洛河乡关山村金银花引种及玉兴街道棋阳社区民族团结示范项目，为民族地区夯实经济社会发展基础，改善生产生活条件，宣传民族团结，创建和谐社区发挥了作用。根据市民宗局项目安排，2010年底至2011年初，实施洛河乡锅西甸村民族团结示范点工作。该项目总投资151.80万元，除民族团结示范项目资金投入30万元外，区扶贫办投入15万元，区体育局投入6万元，区新农办投入62万元，乡自筹21.80万元，群众投工投劳3 400个。完成村庄道路硬化1 389米，5 548平方米；建设群众文体活动场地、避难场所1 100平方米；新建群众文化活动室13间，588平方米；修缮科技文化综合室11间，330平方米；新建公厕3个，垃圾房4个；安装了篮球架及全民健身器材；新建古树水体花园1 200 m^2；完成种植和抚壮商品香椿200亩。示范点通过了市、区验收。

配合新农村建设，整合项目资金，改善少数民族生产生活条件。年内，少数民族地区新农村建设项目4个，共计投入资金133万元（北城街道大营居委会上桃源村公房建设、洛河乡洛河村委会大洛河村新建综合用房及修缮客堂、小石桥乡小石桥村委会小黄塘村公房建设、高仓街道龙树社区龙树村群众文体健身活动场地、公厕建设）。扶贫整村推进项目13个，共计投入资金195万元（春和街道黄草坝居委会马吐龙村；研和街道玉屏居委会大刺棚村和可官居委会小密罗村；北城街道刺桐关居委会安大村；高仓街道龙树居委会龙树村；大营街街道大密罗居委会下龙潭村和甸苴居委会白土村、三家村、祭龙处村；小石桥乡响水村委会沙河村、背阴箐村和玉苗村委会玉苗村；李棋街道大矣资居委会大矣资村）。实施新农村建设试点及扶贫整村推进的村寨，修建了水泥路面，改善了村容村貌。针对大营居委会高石头村回族群众饮水困难问题，协调区级有关部门和北城街道、小石桥乡落实资金306万元解决，工程于4月上旬竣工投入使用。

按政策规定，更改民族成份111人；配合区体育局举办山区小学生体育运动会及山区少数民族运动会。

【宗教简况】 红塔区主要有佛教、基督教、伊斯兰教三大宗教。2011年末，区境内批准开放的宗教活动场所有16处，其中：佛教活动场所2处（灵照寺、玉泉寺）；基督教活动场所1处（玉带路基督教堂）；伊斯兰教清真寺13所（中心城区清真寺、中所营清真寺、天宝厂清真寺、马鹿塘清真寺、大湾清真寺、高石头清真寺、东营清真寺、大营清真寺、棋树营清真寺、西营清真寺、桃源清真寺、石狗头清真寺、北城清真寺）。有宗教活动场所管理组织16个。

【宗教工作】 2011年，区民宗局按照“和睦和谐，保护合法，打击非法，抵御渗透”原则，依法加强宗教管理，扎实开展工作，为经济发展、社会和谐稳定创造条件。

加大矛盾调处力度，维护团结稳定局面。深入民族地区和宗教活动场所，摸排分析影响团结稳定的纠纷隐患。对影响民族团结、宗教和谐的苗头及倾向性的“热点、难点”问题，加强调研和信息反馈，及时发现问题，及时掌握动态，及时疏导化解，确保民族地区和宗教界的团结稳定。妥善处置了北城清真寺与北城烟叶收购站因土地问题引发的纠纷。配合有关部门解决了一起医患矛盾。在棋阳路改扩建工作中，配合相关部门做好搬迁户的工作。妥善处置大营居委会“九·一八”事件，维护了团结稳定局面。

深入宣传法律法规，认真贯彻落实《宗教事务条例》，按照“保护合法、制止非法、抵御渗透、打击犯罪”的要旨，积极引导宗教组织在法律法规和政策范围内开展活动。认真开展基督教家庭聚会点集中整治，对非法私设的聚会点进行集中排查和清理。成立灵照寺管委会，对寺务、教务实施有效管理，使各项活动规范开展；积极协调凤凰街道帮助灵照寺上院解决住寺僧人和信徒的饮水问题。加强宗教活动场所制度化建设，建立健全财务、卫生、安全等管理制度，积极推进“爱国主义和法制宣传教育”“和谐宗教活动场所创建”活动，促进寺观管理的品牌化、规模化运作。完成中心城区清真寺、大营街玉泉寺、玉带路基督教堂财务监督管理试行工作。规范日常宗教活动场所、教职人员审批备案及大型宗教活动审批工作。完成了宗教场所、教职人员及经堂学校信息采集工作。指导玉带路基督教堂成功举办“献堂庆典”活动。组织6名清真寺教师、学生参加玉溪市第一届《古兰经》诵读比赛。组织41名穆斯林参加政府组织的赴沙特麦加朝觐。开展创建和谐寺观、教堂活动，中心城区清真寺管委会主任马安良被评为省级先进个人。

【村（居）民小组公房建设】 根据区政府民心工程安排，2011年安排项目资金50万元，实施项目补助10个：小石桥乡响水村委会天宝场村公房新建补助12万元；春和街道黄草坝居委会黄草坝村、高仓街道龙树居委会龙树村、凤凰街道灵秀居委会小三家村公房新建各补助10万元；大营街街道甸直居委会甸直村公房新建补助2万元，小石桥乡小石桥村委会小黄塘村公房新建补助2万元、羊歇窝村公房修缮补助1万元，洛河乡把者岱村委会锅西甸村公房新建补助1.50万元、跨喜村委会箐门口村公房新建补助1万元、法冲村委会小河边村公房修缮补助0.50万元。上述项目年内已竣工投入使用。

【民族团结进步示范社区创建】 为进一步加强民族工作，巩固和发展社会主义民族关系，区委、区政府决定自2010年5月至2013年5月，在玉兴街道棋阳社区分三个阶段开展民族团结进步创建活动。创建工作围绕“干部群众受教育、民族团结上台阶、各族群众得实惠”的总体目标展开。至2011年末，省、市、区各级投入资金近80万元，成立了机构，制定了实施方案和工作计划，组织相关人员到外地参观学习。作为示范社区主要基地的中心城区清真寺，新建了综合楼及活动场地，强化了硬件设施，创建了民族团结宗教和谐宣传园地。民族团结进步示范社区创建工作取得了阶段性成效，受到了省民委和市民宗局的表扬。

（陈国忠）

移民安置

【水库移民情况】 截至2011年12月底，红塔区有登记在册水库移民9 152人，其中：区内安置8 971人，市内外县安置57人，外州（市）迁入安置114人，外省迁入安置10人。

【水库移民动态管理】 2011年，全区核减水库移民55人，其中：死亡51人（男性25人，女性26人）；被国家机关、事业单位和国有控股企业录（聘）用4人（女性）。

【水库移民后期扶持资金兑付】 2011年度，红塔区以“直补到人”扶持方式，按600元/人·年扶持标准，核发水库移民后期扶持直补资金551.42万元，兑现率100%。

【《移民扶持规划》《移民经济发展规划》编制】 2011年，红塔区移民开发局按照“突出重点、凸现亮点、统筹兼顾、维护稳定、促进发展”的总体要求，科学确定今后五年移民开发工作的目标任务。完成《红塔区大中型水库移民后期扶持规划（2011～2015年）》《红塔区大中型水库库区和移民安置区基础设施建设和经济发展规划（2011～2015年）》的编制上报工作。

【大中型水库移民后期扶持项目】 2011年，全区完成大中型水库移民后期扶持项目29个，总投资1 230.06万元，其中：上级项目扶持资金720万元，自筹510.06万元。

（许继玮）

*　*　*　*

中国人民政治协商会议玉溪市红塔区委员会

机构·领导成员

【政协玉溪市红塔区三届委员会】

主　席　杨德运

副主席　刘永祥　马亮伟（回族）

　　　　李家金　孟国平（兼）

常　委（以姓氏笔画为序）

　　　　马亮伟（回族）

　　　　王　红（女）　方勇云

　　　　任志雄　刘永祥

　　　　刘媛华（女）

　　　　李　丹（女，白族）

　　　　李家金　李赛妍（女）

　　　　杨进松　杨智文

　　　　杨德运　吴龙驹（回族）

　　　　吴光连　吴家成

　　　　陈宝荣　孟国平

　　　　赵琼芬（女）　聂金明

　　　　钱　俊（女）　高兴龙

　　　　郭丽娟（女，彝族）

　　　　黄亚林　黄燕萍（女）

　　　　梁家辉　董晋红（女）

　　　　蒋兴建

【组织机构及负责人】

办公室

　主　任　梁家辉

　副主任　张　晖（女）

提案工作委员会

　主　任　赵琼芬（女）

　副主任　杨智文（兼）

经科工作委员会

　主　任　高兴龙

　副主任　李有贵（兼）

　　　　　郑宏江（兼）

联络工作委员会

　主　任　刘宝明

　副主任　方勇云（兼）

　　　　　桂荣华（回族，兼）

教文卫体（文史）工作委员会

　主　任　宋光海

　副主任　吴光连（兼）

重要会议

【区政协三届四次会议】 2011年3月31日至4月2日，在汇龙会议中心举行。会议审议通过了区政协《常务委员会工作报告》《提案工作情况报告》；听取常务副区长殷绍焜关于《政府工作报告》的起草说明；协商讨论《政府工作报告》《2010年国民经济和社会发展计划执行情况及2011年国民经济和社会发展计划（草案）》的报告《2010年地方财政预算执行情况和2011年地方财政预算（草案）》的报告，区人民法院、区人民检察院《工作报告》。区委副书记张凯代表区委对大会的召开表示热烈的祝贺并讲话。

全体政协委员以高度的政治责任感、使命感，积极参政议政，广泛建言献策，提出了许多建设性的意见和建议，圆满完成了会议议程。

【区政协常委会】 2011年，区政协第三届常委会召开第八次、第九次常委会议。

第八次常委会议。2月16日召开，主要内容：听取副区长张春玉代表区政府向区政协常委通报2010年提案办理情况；讨论区政协三届四次全会《报告》；讨论《区政协三届四次全会以来提案工作情况报告》；讨论区政协三届四次会议筹备相关事宜；讨论人事问题。

第九次常委会。8月12日召开，主要内容：听取代理区长张小良代表区政府向区政协常委通报2011年上半年经济社会发展情况；讨论审议《红塔区食品药品安全情况调研报告》；组织政协常委视察玉溪大河二期工程建设情况。

【新春茶话会】 2011年1月14日，区政协在汇龙生态园宴会厅举办新春茶话会。区四套班子领导、区政协常委、部分离退休老领导、部分部委办局和乡（街道）领导、劳动模范、先进人物以及社会各族各界代表共计150余人共聚一堂，喜迎新春佳节。

区政协副主席刘永祥主持新春茶话会。区政协主席杨德运代表区政协致辞，对一年来关心、支持政协工作的各级党委、政府和社会各界人士表示节日的问候。

区委书记夏立洪代表区委、区人大、区政府致辞，对区政协在过去的一年里，牢牢把握团结和民主两大主题，紧紧围绕区委、区政府中心工作，积极参政议政、建言献策，为推进经济社会发展稳定作出积极贡献表示肯定；希望区政协在新的一年里，要紧紧围绕区委、区政府中心工作，充分发挥智力密集、位置超脱、联系广泛的独特优势，调动一切积极因素，发挥协调关系、汇聚力量、建言献策的作用，为经济社会发展作出更大的贡献。

与会人士互致新春祝福，抒发迈向新生活的信心，共祝祖国繁荣昌盛、人民生活幸福美满。

【委员培训】 2011年5月27日，区政协举办委员培训班。来自社会各界的市、区政协委员227人参加了为期2天的培训。培训班邀请省政协研究室副主任张树义作“人民政协理论知识”专题讲座，使参训的委员对如何在新时期更好地履行政治协商、民主监督、参政议政职能有了深入了解和把握；区委政研室主任郭沛作区情专题介绍。经济界委员蒋兴建、教育界委员李培林、工商界委员高凤兰、中共界委员杨树琼分别对政协委员履职经验进行了交流。区政协主席杨德运对如何巩固学习成果，进一步做好政协工作作了讲话。

【政协工作会议】 2011年11月12日，区委召开政协工作会议，区四套班子领导，区法院院长、区检察院检察长，区正县级领导以及区人大、区政协保留原职级待遇领导和担任过实职副处以上的离退休老领导；各乡、街道及区属各部门负责人；各乡、街道政协工作组组长；中央、省驻区单位主要负责人；受表彰的优秀区政协委员、先进政协工作者和优秀提案者出席。

区委书记夏立洪在会上充分肯定了近年来政协工作取得的成绩和经验，对推进政协履行职能的制度化、规范化、程序化，推动人民政协更好地服务改革发展稳定大局、加强和改善党对政协工作的领导进行了全面部署，并提出明确要求。

区政协主席杨德运要求全区政协组织、政协委员和政协工作者要认真贯彻落实好会议精神，统一思想，提高认识，准确把握“十二五”时期发展主题、主线、目标任务和重大举措，找准人民政协在实施“十二五”规划中的功能定位，积极建言献策，切实发挥政协组织的重要作用。

会上，表彰了政协工作先进界别组5个、优秀政协委员40人、先进政协工作者10人和优秀提案10件。

【横向联系】 2011年8月30日至9月2日，云南省十六城市（区）政协工作研讨会第二十五次年会举行。会议由安宁市政协承办。红塔区政协副主席刘永祥，提案工作委员会主任赵琼芬，办公室张晖、王树寿参加会议。会议主题：政协工作如何在“桥头堡”战略中发挥积极作用。

参政议政

【政协提案】 区政协三届三次会议以来征集立案的建议、议案171件，审查立案171件，其中：人民团体、委（组）集体提案2件，委员提案169件。

提案涉及内容：工交城建类79件，财贸金融类8件，农林水土类15件，科教文卫类24件，党群政法类45件。依据“分级负责，归口办理”原则，分别交由30个单位承办。区政府对提案办理工作实行目标管理，由区长与各承办单位负责人签订《提案办理目标管理责任书》。截至2011年10月21日，全部办结，办复率100%。所提意见和建议，已经解决或基本解决71件，占42%；已在解决或列入计划解决26件，占15%；因条件限制暂时不能解决74件，占43%。

【视察玉溪大河二期工程建设】 2011年8月12日，区政协组织政协常委、部分委员对生态城市建设、玉溪大河二期工程建设的推进情况进行视察。委员们实地查看了聂耳广场、兰溪桥、玉龙桥以及玉溪大河二期工程建设情况，听取了区建设局工作人员对工程进展情况的介绍。委员们对红塔区生态城市建设的进展表示满意和肯定，对今后红塔区生态发展寄以厚望。

【委员活动】 2011年4月，区政协委员一行14人应重庆市南岸区政协、云南省昭通市昭阳区政协邀请，赴上述两地进行学习交流。7月，区政协经科工作委员会组织其成员到文山州进行学习交流。10月，区政协提案工作委员会组织部分委员与市政协提案工作委员会委员进行学习交流。

【食品药品安全工作调研】 2011年5月，区政协副主席李家金带领经科工作委员会、办公室和相关职能部门人员组成调查组，对辖区内食品种植和养殖、生产加工、市场流通、餐饮服务和药品流通、销售等环节进行检查。调查组现场走访了区农产品质量安全检测站、彩虹桥副食品批发市场、窑头集贸市场和玉溪凤凰生态食品有限公司、玉溪百信医药有限公司等食品和药品生产、经营企业，听取了区食品药品监督管理局、农业局、质监分局、工商局、商务局等部门工作情况汇报。

（张　晖）

*　*　*　*

社会群众团体

机构·领导成员

【机构及负责人】

红塔区总工会

主　席　朱知良（兼）

副主席　张绍清（常务）

王　莉（女）

中共红塔区总工会党组

书　记　朱知良（兼）

副书记　张绍清

共青团红塔区委员会

书　记　陈泉洋（6月任）

张燕华（女，3月免）

副书记　杨　婧（女）

王　煜（6月任）

青年联合会

主　席　陈泉洋（6月任）

张燕华（女，3月免）

副主席　杨　婧（女）

王　煜（6月任）

关心下一代工作委员会

主　任　普东海（兼）

关心下一代工作委员会办公室

主　任　汤小珊（女，12月任，试用期1年）

妇女联合会

主　席　和丽琼（女，纳西族）

副主席　张晓霞（女）

顾　坚（女，12月任，试用期1年）

工商业联合会（商会）

主　席（会　长）　杨进松

副主席（副会长）　施艳菊（女，彝族）

中共红塔区工商业联合会党组

书　记　陆绍明（6月任）

马亮伟（回，6月免）

副书记　施艳菊（女，彝族）

归国华侨联合会

主　席　吴家成

副主席　瞿光荣（兼）

刘　萍（女，兼）

科　协

主　席　沈安平（白族）

副主席　刘媛华（女）

文　联

主　席　汤亚敏（2月任）

普东海（兼，2月免）

副主席　何建良

（根据《红塔区人民政府机构改革实施意见》，区文学艺术界联合会单独设置，列群众团体机构序列。）

残　联

理 事 长　黄本国

副理事长　刘云川（女）

（严志东）

总工会

【红塔区总工会】　2011年，红塔区总工会坚持“围绕中心、维护核心、反映民心、凝聚人心”原则，按照“组织起来，切实维权”工作方针，以开展“建功立业创先进，维权帮扶为职工”为主题的“创先争优”活动带动全局工作。重点抓好“两个普遍”（普遍建立工会组织、普遍推行工资集体协商制度）工作；加大维权机制建设力度，不断推进基层民主管理建设，构建和谐劳动关系；组织职工开展多种形式的技术创新和技能竞赛活动，推动企业技术进步；加强下岗职工及农民工知识技术培训，促进职工就业素质提高及再就业；认真开展帮扶救助；积极推动工运事业跨越式发展。

年末，全区有857个基层工会，40 885名会员。区总工会荣获玉溪市总工会工作目标责任考核一等奖。

【区总工会三届三次全委（扩大）会议】　2011年3月4日，在星光公寓召开。会议审议并通过区总工会常务副主席张绍清代表第三届委员会所作的《开拓创新，团结奋进，推进红塔区工运事业持续发展》工作报告。

全会提出：以“建功立业创先进，维权帮扶为职工”为主题的“创先争优”活动带动工会工作全局，坚持工会工作“围绕中心、维护核心、反映民心、凝聚人心”的原则不动摇，按照“组织起来，切实维权”的工作方针，紧扣区委和市总工会安排的工作目标任务，进一步增强各级工会组织的活力和凝聚力，进一步团结动员全区职工，为全区工会工作再上新台阶开好头、起好步。

会议对2010年工会工作目标管理考核获得一等奖的6个单位、二等奖的11个单位、三等奖的14个单位进行了表彰。会上，区总工会与全区各级工会组织签订了2011年目标考核责任书。

【组织建设】　2011年，区总工会深入开展“广普查、深组建、全覆盖”集中建会行动，按照“增强凝聚力，扩大覆盖面”的要求，成立领导机构，下派工作组到基层指导工会组建工作。把工作重点放在“两新”经济组织建会，把临时工、农民工入会放在已建工会的巩固和发挥作用上来。采取社区建会、行业建会等多种形式，把不同类型企业、不同就业方式的职工广泛组织到工会中来，提高建会率和工作覆盖率。

年内，完成建会407家，超额完成市总工会下达的建会358家的目标任务；新增会员7 933名，完成目标任务数3 456名的129.5%。

【工资集体协商】　2011年，区总工会大力推行平等协商集体合同制度、工资集体协商制度、专项集体合同制度，依法推动企业普遍开展工资集体协商。积极推动各乡、街道和系统工会，培育选树3～5家以上企业作为开展协商的示范单位，带动全面工作。与人社局、工商联、律师事务所等部门联合，统一思想认识，成立工作机构、制定工作方案、组织外出考察学习，召开业务培训会、组织现场观摩、成立指导员队伍和督导组、开展试点等多种方式，探索工资集体协商新途径；制作宣传小册子2 000多份，工资集体协商“要约书”4 000多份，分发到各个企业、职工，为工资集体协商工作创造有利舆论。对于“钉子户”，通过到企业现场指导，给企业主做工作，端正企业主的认识，促使企业主动开展工资集体协商工作。全年共计签订工资集体协商企业374户。

【组织文体活动】　2011年，区总工会与区委宣传部、文旅广体局等部门合作，组织了职工万人环城赛跑、登山、“唱红歌”等大型文体活动；与玉溪卷烟滤嘴棒厂、玉溪汇龙生态科技公司联合举办职工环湖徒步活动。首次举办职工工间操比赛，全区机关、事业单位和教育系统的33支代表队千余名职工参赛，区二幼工会等16家工会获优胜奖，高仓街道工会等17家工会获优秀奖。区总工会选派3名选手参加市总工会举办的各县（区）工会知识竞赛获三等奖。

【职工之家】　2011年，区总工会组织开展“职工之家”复查验收。全区有

158家基层工会参加评比，其中：合格“职工之家”68家，先进“职工之家”34家，模范“职工之家”39家；市级11家，省级5家，全国1家。

【提升素质促创新】　2011年，区总工会以“六个一”为主要内容，开展技术创新活动。全区基层工会共计组织各类岗位技能竞赛110场（次），参赛职工7 222人次；开展各类培训201班（次），培训职工（农民工）10 527人次；组织实施技术攻关44项、技术开发144项，推广应用新技术21项，开展技术咨询、技术服务活动327项，完成营业收入2 230万元，实现利润总额110.48万元。

以“创建学习型组织、争做知识型职工”活动为载体，新建“职工书屋”1家（李棋街道机关工会），对原建“职工书屋”增资、增刊、加强学习交流，对玉溪化工厂等4个“职工书屋”进行检查。实施班组竞赛活动，组织机械制造企业的55名职工参加数控车工、普通车工、铣工、外磨工、装配钳工等五个工种的职工技能竞赛；组织全区中小学、幼儿园教师和中小学、幼儿园校长150人次，分别参加“多媒体课件制作”“学校民主管理创新与应用”比赛；组织89名职工开展财务管理及会计核算综合业务知识笔试与实际操作技能竞赛；组织实施“1村1名大学生（专科）”教育，从各乡、街道先后两批共计推荐70人到玉溪师范学院进行为期2年的农村经济管理专业学习，推动职工（农民工）培训从职业资格等级向高层次学历教育的发展。

【创先争优】　2011年，区总工会进一步细化“创先争优”活动目标和内容，研究确定竞赛活动、建立机制等8个方面的重点工作，搭建了“工人先锋号”“职工书屋”等22个主要活动载体。评比表彰了60个先进集体和142名优秀职工，在各行业、领域和工种选树新的学习典型。开展读书征文活动，征集表彰优秀稿件61篇。选树评比表彰11个先进集体（班组），5个优秀班组长受表彰，并分别评选为“首席员工”“金牌工人”“创新员工”“知识员工”“献计献策员工”。

“创先争优”活动再创佳绩。年内，区总工会获中华全国总工会“全国‘职工书屋’建设先进单位”和云南省总工会“帮扶工作先进集体”称号；玉溪市溶剂厂工会职工技协被中华全国总工会评为“社会主义劳动竞赛先进集体”；玉溪聂耳公园职工技协园林绿化中心、玉溪市溶剂厂被评为“云南省职工经济技术创新工程活动先进集体”；玉溪自强集团有限公司获云南省总工会“学习型组织先进集体”称号；区职工技协办公室主任方忠明被评为“云南省知识型职工”先进个人；玉溪卷烟滤嘴棒厂杨成云获“云南省农民工+革新能手”称号。区总工会对成绩突出的30家工会工作先进集体和60名先进个人，158个合格、先进、模范“职工之家”，171家基层女工组织（其中10家基层女工委被命名为示范点单位），15家医疗互助工作先进单位和87名先进个人进行了表彰奖励。

【职工维权】　2011年，区总工会通过加强和推动劳动关系协调机制建设，参加劳动争议调解和仲裁195件。聘请法律顾问为职工提供法律服务，共计接待职工、农民工各类法律咨询案件69件；接待来访57人次，解答咨询电话97起；义务代写法律文书8件；通过调解解决工伤纠纷2起、拖欠工资等劳动纠纷3起、辞退职工纠纷1起；处理了涉及近百名职工因劳动权益、改制权益等引发的3起群体案件，维护了职工的合法权益。

年内，各级女工委新签订女职工专项集体合同80家，覆盖女职工1 901人，从源头上维护了女职工的特殊权益。

【帮扶救助】　2011年，区总工会进一步建立健全困难职工救助机制，深入推进“四位一体”三级帮扶网络建设规范化帮扶体系。继泷水塘社区维权帮扶工作站之后，在中卫社区建立了第二个社区维权帮扶工作站。

切实履行工会职能，大力开展困难职工帮扶救助，实现帮扶工作常态化、制度化、规范化。年内，帮扶单亲困难女职工、劳务派遣工、困难职工就读子女等各种困难群体1 188人和167户，使用帮扶资金79.71万元，其中：发放“金秋助学金”7.20万元，资助36名困难职工子女上大学；将“金秋助学”面由应届大学生扩展到幼儿园、小学、初中、高中在校家庭困难的学生，使用帮扶资金4.30万元；对新建工会企业职工、企业改制后的特困职工、落后产能淘汰失业困难职工等群体开展多形式的帮扶、慰问活动，投入资金65.71万元。在玉带街道农民工学校开展“爱心帮扶”活动，对50名农民工学生人均帮扶500元。出资5万元，举办为期15天的“育婴师”技能培训班（省级以下城市首次“月嫂”培训班），63名单亲、下岗、待业的女农民工报名参训。开展各类培训201班（次），培训职工（农民工）10 527人次，其中：举办电脑培训班2期，培训116人（其中50人取得计算机初级职业资格证书）；组织了以大营街街道为场所的餐厅、酒店服务等职工培训290人次。完成第八期医疗互助活动，全区231家单位的21 054人参加，在职职工参加比例达到95%，交纳互助金254万多元，全年共计补助5 279人次，补助金额195.52元，是玉溪市参加人数最多，报销比例最高的县（区）。组织实施“贷免扶补”工作，发放贷款127万元，并对所帮扶的20名创业人员进行培训和跟踪服务。开展“三小工程”捐款活动，组织全区行政事业单位筹集资金30多万元。

【财务管理】　2011年，区总工会严格执行市总工会经费分成比例规定，按时足额入账、返还、上解，无截留经费情况。完成了辖区内593个单位的基础信息录入工作，建立了经费收缴电子台账，对全区工会经费和建会筹备金实行动态管理。落实“三重一大”制度，加强资产管理和经费审查，完成了工会“小金库”自纠自查工作。对全区工会资产进行清查、检查，加强工会资产管理，完善工会资产的合法依据（土地使用，房屋、建筑物产权证，基建竣工决算单据）。按照经济审计工作规范化建设标准，完成对下90家（98项）审计任务，同时完成玉溪市总工会安排的专项审计任务及对当期互助金的审计工作。

【职工技协】　2011年3月8日，区职工技术协会三届二次理事会议在宏盛酒店召开。区技协理事、常务理事、副会长单位等60余人参加。市总工会副主席柏劲松出席会议并讲话，区总工会副主席、区职工技协会长张绍清代表区技协常务理事会作《坚持科学发展，真抓实干、建功立业，为推进全区职工技协工作可持续发展而努力》的工作报告。报告总结了2010年全区职工技协取得的成绩，提出了2011年工作目标任务。

年内，全区职工技协工作“围绕中心、体现特色”，充分动员和组织广大会员紧紧围绕企、事业单位的生产、经营、科研，深入开展职工经济技术创新工程活动。实施合理化建议562条；

组织技术练兵竞赛111场（次），参赛职工7 222人次；组织技术攻关44项；组织技术开发144项；推广新技术21项；参加社会科普活动16项（次）、265人次；实施技术咨询、技术服务合同327项，为经济社会发展做出了积极贡献。

（邱雪琴　方忠明）

团区委·青年联合会

【团区委】　2011年，共青团玉溪市红塔区委员会（以下简称：团区委）按照“党政所想、青年所需、共青团能为”的工作思路，以“服务中心作表率，服务青年当标兵，服务发展献青春”为主题，突出抓好青少年思想政治教育、基层组织建设、青年创业成才等重点工作，全面推进共青团事业建设。

截至12月31日，全区青年人数199 865人，团员25 605人，其中：女性15 521人，少数民族3 412人。有基层团委34个，团总支113个，团支部1 187个。有专职团干部49人，其中：女性24人，少数民族18人。

【团区委三届四次全委（扩大）会议】　2011年3月25日召开，会议总结2010年工作，安排部署2011年工作。会上，区委组织部部长曾敏作了讲话；团区委副书记陈泉洋作《坚定信心，团结奋进，在红塔区发展新征程上再立新功》工作报告；表彰了2010年度共青团工作先进集体，授予先进奖单位“先进旗”，为优秀奖单位颁发奖状。

【组织格局创新工作】　2011年，团区委与区委组织部联发《关于开展乡、街道团组织格局创新工作的意见》，全面完成乡、街道组织格局创新，实现了组织格局的“四破四立”，即：破少人干事之局，立团结共事之面；破资源整合之困，立分块齐抓之实；破联系不够之状，立多点覆盖之态；破人才锻炼之难，立青年快步之势。通过格局创新，乡、街道一级团组织增加委员4～6人，负责人平均年龄从31岁下降到27岁，班子平均年龄均在30岁以下，充实了基层团组织的工作力量。依据《团章》和基层组织选举规定，完成2个乡团委的换届选举和9个街道工作委员会的设置。

【团区委第四次代表大会】　2011年8月22～24日，在玉溪市青少年宫召开，199名来自各行各业的代表出席。大会主要任务：总结区三届团代会以来工作，明确今后3年工作的指导思想和奋斗目标；选举产生第四届委员会。会上，区委副书记曾敏作了讲话；团区委书记陈泉洋向大会作《牢记光荣使命，凝聚青春力量，在建设幸福美好现代宜居生态城市的新征程上奏响华彩乐章》的工作报告；表彰优秀团员和团干部、“五四红旗”团支部（总支）。

【创先争优】　2011年，为进一步发挥典型带动示范作用，开展了党群共建“创先争优”示范点创建活动。申报凤凰街道团工委为省级示范点，申报市级示范点5家、区级示范点10家。在基层团组织中开展争创“‘五四’红旗团组织”活动，百信购物广场团支部获“云南省‘五四’红旗团支部”称号。表彰市级优秀团员32名、团干部7名，“‘五四’红旗”团总支（支部）4家、团委2家；区级优秀团员90名、团干部43名，“‘五四’红旗”团总支（支部）20家。成功推荐李国鉴为“玉溪市十大杰出青年”。

【青少年思想引领工作】　2011年，在各中心小学和社区开展以革命传统教育、行为规范教育、法律知识教育为主要内容的“培养革命精神，倡树文明新风”主题教育活动。共计开展革命传统教育和法制报告教育13场；结合学习杨善洲先进事迹，在各级团组织中通过专题座谈会和专题学习等形式开展学习活动；利用团区委“QQ群”进行《廉政准则》教育，推动基层团组织建设和干部队伍建设。

【纪念活动】　以纪念建党90周年、“五四运动”92周年为契机，举办“团心向党·继往开来”文艺晚会；在团组织中广泛开展以“青春献给党，建功‘十二五’”为主题的红色故事诵读和演讲比赛，用爱国主义精神凝聚青年，用模范人物引导青年。全区6 000多名青少年参加活动。

【组织队伍建设】　进一步规范团员发展和团组织关系转接、登记工作，增强团员青年的组织意识和对团的认同感，提高团员发展质量。

2011年，发展团员3 027名，推优入党232名；推荐8名专（兼）职团干部参加红塔区第八期青年干部培训班学习，组织62人次参加市级及以上培训，组织150余人参加青年马克思主义者培养工程培训。

【青春建功新农村】　2011年，团区委与人民银行玉溪支行联合开展农村青年信用示范户评选活动，共计评选区级示范户1 000户，推荐市级青年示范户55户。加快推进农村专业合作组织团建，完成农村合作社建团10户。

【基层团建项目】　2011年，坚持将团的建设融入活动之中，在开展活动中推进团的建设。先后在全区共青团组织中实行各类区级项目19个，市级项目9个，并匹配相应经费。通过开展“团建试点”，有效地引导教育、帮助服务、凝聚影响广大青年，指导和带动各乡（街道）、中学、机关、“两新组织”团建工作。

【贷免扶补】　2011年，团区委向160名创业青年发放贷款1 028万元。充分发挥“创业导师团”作用，对创业青年进行对口指导，提高创业成功率；为挖掘创业成功经验，激发青年干事创业，推荐陈艳明申报省级优秀创业典型。

【青年创业就业】　以“红塔区青年论坛”“青帆创业夜校”为支点，从政策支撑、品牌引入、点面结合的工作思路上保证培训实效性。

2011年，各级团组织举办创业培训8场（次），受益青年300多人；联合就业部门，开展城乡青年就业和职业技能培训9次、354人，培养青年致富带头人90名。

加强对见习基地的管理和对见习青年的组织，加大对青年就业的服务和推介力度，畅通见习基地信息渠道，建立见习基地工作网络管理系统，逐步实现基地申请、岗位信息发布、见习人员报名等工作的网络化运行。建立国家级见习基地1个，省、市、区级见习基地3个，项目涉及服务、餐饮、汽车修理等行业。

【“两新组织”团建】　2011年，团区委进一步创新团组织建设模式，打破地域、单位界限，在推动工作互补性强、有共同利益关系的领域内联合建立团组织。新建各类团组织182个，其中新社会组织26个；找回团员1 123人、35岁以下青年1 739人，使之成为党联系青年的新型桥梁和纽带，形成“党委领导、团委主抓、部门联动、整体推进”的青年工作新格局。

【青春温暖彩云南·真情助困进万家】 2011年1月26日至2月初，团区委开展“青春温暖彩云南·真情助困进万家”服务活动，对农村绝对贫困或低收入家庭学生、享受城镇居民最低生活保障家庭和因突发事件导致家庭经济困难学生、贫困进城务工人员子女学生、父母丧失劳动能力学生、少数民族贫困学生、烈士子女、单亲贫困家庭学生、孤残学生、优秀少先队员发放慰问金5.40万元，实现对23个单位270名困难学生的最大程度覆盖。

【青春彩云南·关爱农民工子女·青帆快乐课堂】 2011年1月12日，为响应团中央发起的“共青团关爱农民工子女志愿服务行动”以及团省委“青春彩云南·青帆快乐课堂”活动，团区委在李棋中心小学举行“青春彩云南·关爱农民工子女·青帆快乐课堂”活动启动仪式。

【“三五”志愿服务活动】 2011年3月，团区委以“创先争优见行动，志愿服务比贡献”为主题，开展“三五”志愿者服务月活动。

活动月期间，与团市委联合，在振兴学校举办“创先争优，志愿者服务，关爱农民工子女”活动，团区委向20名品学兼优的少先队员每人送去了200元的爱心助学金，20名青年志愿者代表同20名学生结成“一对一”帮扶对子。同时，通过“大手拉小手”——关爱农民工子女志愿服务行动、“‘创卫’让城市更美丽”——志愿巡访活动、“兴文明之风，扬和谐之气”——青少年文明行活动、“释放年轻的心，助燃夕阳的红”——青年志愿者进社区看望孤寡老人和走进空巢老人家庭活动、“三下乡、四进社区”志愿服务活动等5大项目，把活动效果落到实处，进一步强化志愿者服务水平，提升团组织的凝聚力，营造和谐社会氛围。

【完善志愿者品牌体系】 2011年，团区委围绕“创卫”“创文”等中心工作，组织志愿者开展生态监护、信息咨询、公益清扫、政策宣传、植绿护绿、爱心捐助、禁毒防艾等服务活动，深化“520·我公益”“志愿周末行”“青春红丝带”“创卫当先锋”等活动，青年志愿者活动体系进一步延伸和扩展。全面推行青年志愿者注册登记制度，全区青年志愿者报名人数超过1000人，在册登记志愿者846人。

【“创卫”当先锋】 2011年，各级团组织积极组织团员青年、青年志愿者开展各种形式的“创卫”志愿服务活动。深入推进“创卫”进社区、进农村、进校园、进课堂宣传活动；开展“创卫让城市更美丽”志愿巡访活动、“青春献给党——创卫志愿行”志愿服务行动，调动青年志愿者积极参与“创卫”行动，引导广大团员青年以志愿行动为主线，开展“创卫团旗现、创卫团歌亮、创卫我能行”为抓手的志愿活动，切实提升团组织服务卫生城市创建的水平。

【“创文”志愿服务】 2011年，团区委以创建省级文明城市为契机，开展“争做文明市民，共创文明城市行动”“生态红塔建设，青春建功行动”“共建和谐社会——社区志愿服务和谐行动”“生态文明建设”主题创建活动。

9月，在“创文”迎检攻坚阶段，团区委配合市、区文明委和区“创文”办公室，开展“玉溪中心城区创建省级文明城市文明出行志愿者活动”，组织和协调城区3条街道青年志愿者、玉溪第二职业中学、玉溪第五中学、玉溪自行车运动协会和玉溪师范学院500余人参加交通行为和文明行为劝导、公共秩序维护、公共环境监督等活动，每天平均出动志愿者400余人，共计3000余人次。

【禁毒防艾】 2011年，团区委认真落实“世界艾滋病日”“世界禁毒日”“世界献血日”期间“禁毒防艾”宣传活动。发动青年志愿者1200人次，参与200多场（次）各种形式的宣传，发放宣传材料2.4万份。11个乡、街道成立了“同享一片天——红塔区校外青少年禁毒防艾宣教基地”。组织登记在册校外青少530人，实现“一对一”“一对多”结对172对，培训和集中宣传教育活动覆盖751人次。

【宣传阵地建设】 2011年，团区委积极探索利用互联网、手机等联络和引导青年的新途径。在充分利用好《红塔区青年报》、“青年手机报”、企信通、“QQ群”四大媒介平台的同时，实名开通团区委微博，逐步形成以情感凝聚和兴趣吸引为主、以行政动员为辅的组织动员格局，实现了联系青年形式的多样化。年内，团区委撰写工作信息477篇，其中：被团中央转发12篇，团省委转发138篇，团市委转发475篇。

【学校共青团工作】 2011年，为进一步强化学校共青团工作，充分发挥学校共青团的职能作用，团区委下发《关于在全区中学共青团组织开展工作调研的通知》，对学校共青团基本情况、运行和活动开展情况进行调研，为下一步根本性提振中学共青团工作做好前期铺垫。

【少工委工作】 2011年，组织全区辅导员参加省、市级培训；组织辅导员80余人举办辅导员培训班。“六一”儿童节，开展“红领巾心向党”主题队日活动；在少先队建队62周年纪念日，开展“红领巾心向党”新老队员交流分享活动；“七一”建党节，开展“在光荣旗帜下——党团队员共话成长”主题队日活动，营造全社会共同努力促进少年儿童事业科学发展、和谐发展的良好氛围。强化“雏鹰争章”“四好少年”评比活动；进一步完善和拓展少先队工作团教协作机制，实行少先队双总辅导员工作机制；加强少先队辅导员建设，推进少先队工作蓬勃发展。

在活动设计上，每月确定1个活动主题。2月“争当四好少年”，3月学雷锋，4月清明节队日，5月“红领巾心向党”，6月“小手拉大手、共建卫生城”，7月“党团队员共话成长”，8月“少年小交警”，9月“做一个有道德的人”主题队会，10月新老队员交流分享活动，11月“少先队辅导员培训”，旨在培养和灌输少年儿童对党和社会主义祖国的朴素感情。

【青年文明号】 2011年，复核省级“青年文明号”2家，推荐红塔农村合作银行营业部申报省级“青年文明号”；复核市级“青年文明号”10家，推荐人寿财险、百信会员店申报市级“青年文明号”；复核区级“青年文明号”13家，新申报小石桥派出所等7家单位为区级“青年文明号”。

【流动人口基本公共服务均等化工作】 2011年，团区委利用流动人口基本公共服务均等化试点工作宣传月，向流动人口中的青少年传授生活常识、法律知识等。制定《共青团红塔区委流动人口基本公共服务均等化实施方案》和《共青团红塔区委流动团员管理办法（暂行）》，成立工作领导小组。积极组织动员流动人口中的团员参加社会公益活动，做好青少年违法犯罪预防宣传工作，加强对流动团员的管理教育。

【倾听日主题活动】 2011 年 12 月 14 日，团区委在玉兴街道开展“走进新生代农民工——共青团红塔区委倾听日”主题活动。8 名区人大代表、政协委员以及 20 多名青年农民工代表和团员青年代表共计 40 余人参加。

活动以丰富新生代农民工精神文化生活为主题，旨在深入了解新生代农民工群体在精神文化生活领域最关心、最迫切需要解决的问题，包括与新生代农民工精神文化生活密切相关的文化权利意识、文化自觉程度、基本文化需求、文化消费能力、文化娱乐生活情况以及心理卫生、婚恋交友、文化生活参与等问题，争取让人大代表、政协委员向“两会”提交更多有利于满足新生代农民工精神文化需求方面的建议、提案，更好地维护新生代农民工的合法权益。

（倪海珊）

妇　联

【妇联组织】 2011 年，全区有 11 个乡（街道）妇联、81 个村妇代会和社区妇联、871 个村（社区）妇女代表小组、54 个区属机关和企事业单位妇委会（女工委）。各级妇联组织围绕妇女“得实惠、普受惠、长受惠”目标，以“党妇共建”和“创先争优”活动为契机，创新工作思路，拓展工作平台，打造工作品牌，努力把妇联建设成为“坚强阵地”和“温暖之家”，为建设富裕、民主、平安、和谐、生态红塔区服务。

【生态文明家庭建设】 2011 年，区妇联以抓好灵秀社区、古城社区、右冯新村的区级“生态文明家庭创建示范点”工作为着力点，组织动员广大家庭美化环境，节水、节能，倡导“低碳生活”，深化生态文明家庭创建活动。开展“生态文明家庭”示范村、示范户创建活动，对 11 个“生态文明家庭”示范村和 30 户“生态文明家庭”示范户进行了命名和表彰。

【“三读”活动】 2011 年，区妇联在全区妇女中开展“爱读书、读好书、善读书”活动及“书香家庭”征文活动，有 3.27 万个家庭参加，占家庭总数的 21%，收集优秀心得体会文稿 58 篇。

【创先争优】 2011 年，以开展“创建先进基层妇女组织、争当优秀妇女干部”为主要内容的“妇女之家”创先争优活动。各乡（街道）妇联以妇女学校、妇女维权岗、家长学校为载体，在村（社区）中建立“妇女之家”，实现了村（社区）“妇女之家”全覆盖。

7 月 22 日，玉溪市妇联系统“深入推进创先争优，志愿服务人民”暨玉溪市“巾帼志愿者服务”启动仪式在聂耳文化广场举行。市、区妇联“党妇共建、创先争优，巾帼志愿、服务三乡”活动同时启动。

纪念建党 90 周年，举办党史知识专题讲座，开展党史知识竞赛和送红书、唱红歌，学先进、树典型等活动，提高广大妇女贯彻党的路线方针的自觉性和坚定性。

【成立街道妇联】 2011 年 7 月，北城镇、春和镇、李棋镇、大营街镇、高仓镇、研和镇以“撤镇设立街道”为契机，相继成立街道妇女联合会，召开第一次妇女代表大会，选举产生新一届街道妇联领导班子。共计选出妇女代表 274 名，选举产生妇联执委会委员 52 人、主席 6 人、副主席 12 人；建立“巾帼志愿者”队伍，有各类服务群体和登记在册的“巾帼志愿者”392 名。

【党群共建示范点】 2011 年，区妇联按照创建目标、内容和量化标准，根据社区实际和广大妇女的不同需求，建立了研和街道、葫芦社区、古城社区等 10 个特色突出、效果显著的“党妇共建”示范点。葫芦社区创建活动接受了省、市、区的检查，得到了充分肯定和赞扬。

【创业事迹宣讲】 为推进妇女创业就业促进行动，鼓励、引导更多妇女创业就业，2011 年 7 月 28 日至 11 月 9 日，区妇联举办“巾帼创新业，建功十二五”巡回报告会，邀请王秀珍、王秀琼、师爱英等创业先进人物到各乡、街道交流创业经验。来自社会各界的 3 500 多名创业中的女性聆听了报告。

【贷免扶补】 2011 年，区妇联完成“贷免扶补”资金任务 280 人（女性）、2 240 万元，其中：一产业 130 人，三产业 150 人；大学毕业生 31 人，返乡农民工 194 人，复转军人 1 人，城镇登记失业人员 54 人；18 岁～30 岁的 43 人，30 岁～40 岁的 143 人，40 岁以上的 95 人。为创业人员配备创业导师 59 人。带动就业 972 人。

完成小额信贷资金 800 万元，受益农户 346 户，惠及群众 1 384 人；项目循环金 10 万元，受益农户 2 户，惠及群众 12 人。

【禁毒防艾】 2011 年 6 月 23 日，区妇联在春和街道马桥社区“妇女互助之家”举行“第三轮禁毒防艾人民战争”启动仪式暨“云南省妇联社区（村）禁毒防艾宣传教育及扶助工作示范点”授牌仪式。市妇联、区委组织部、春和街道党工委等主要领导和各乡、街道妇联主席及 300 余名党员群众参加活动。同时，建立“爱心帮扶基金”，来自社区内的 5 家企业、18 名企业家共计捐资 26.69 万元。

【参与社会管理】 2011 年，区妇联按照“项目化运作、专业化服务、社会化推进”的思路，为妇女儿童提供多元化、个性化服务。

继续深化“房东联谊会”工作模式，创新流动人口的服务管理。通过实施“中国全球基金艾滋病预防干预项目”，在葫芦社区“房东联谊会”的基础上，成立流动妇女服务小组和流动儿童服务小组，将社区娱乐场所从业人员、出租屋的流动女性纳入社区规范管理和服务。《中国妇女报》以“玉溪市红塔区妇联创设房东联谊会”为题进行了报道。

继续实施英国救助儿童会“预防和遏制拐卖妇女儿童、创建平安社区项目”，动员社会力量参与妇女儿童的保护行动。通过项目实施，区妇联在北城居委会建立了“儿童活动中心”“青少年心理驿站”“家长联谊会”等儿童、家长自主参与的服务管理平台，形成社区——学校——企业——家长共同联动的儿童保护机制。项目延伸到了龙树社区、杯湖社区、郑井社区等。

实施云南省全球基金“在城市贫困流动人口中开展艾滋病健康干预项目”。区妇联积极争取项目资金支持，在郑井社区实施项目。通过宣传、教育、培训和关怀捐赠等项目活动，为目标人群送上关怀和知识学习培训，建立完善与城市流动贫困人口沟通和健康干预长效工作机制，达到传播知识、减少发病，加强关爱、减少歧视，共建和谐社区的目的。

实施云南省全球基金“创建和谐社区，开展 AIDS 感染者或病人及家属支持关怀项目”。以玉带街道和春和街道为项目点，探索以社区为基础，以

"妇女之家"为平台，以妇女骨干队伍为核心，动员社区、企业、家属等共同参与的AIDS感染者关怀支持行动。通过同伴教育、座谈交流、劳动技能培训、政策倡导，帮扶部分感染者及其病人；建立3个"无毒防艾基地"和"爱心帮扶基金"开展生产自救活动；建立起妇女群众参与的持续关怀社区工作平台。

【维护妇女儿童合法权益】　2011年，红塔区有"维权工作站"11个，维权工作联络点83个，维权专线22条，维权志愿者700人；成立"关爱妇女儿童协会"，有会员30人，筹集资金9万元；开通"12338"妇女维权公益服务热线，接待来信、来访218件，处理213件，处理率98%；举办法律法规培训21期，2 200人参加。

【深化"平安家庭"创建】　2011年，区妇联在马桥社区、郑井社区、葫芦社区、研和社区建立"禁毒防艾"和"平安家庭"创建工作示范点。

拓展"三防"项目经验，组织开展"互帮互学"活动。组织北城中学骨干教师及儿童18人到"关爱学校"开展"同伴教育"活动；组织"关爱学校"骨干教师及儿童30人到北城街道"儿童活动中心"、北城中学"心理驿站——心语心院"咨询室参观交流；精选北城中学、龙树小学、"关爱学校"及志愿者骨干17人，参加"湄公河区域跨境反拐项目儿童领导力培训"。北城街道"儿童活动中心"、北城中学分别组建了儿童剧团，编排以防骗、防拐为主题的文艺节目，深入学校、社区演出。

【妇女乳腺癌筛查】　2011年，区妇联在春和街道组织35岁～69岁的2 500名农村妇女进行筛查，确诊乳腺癌3人（已手术治疗）；对大营街街道在上年度项目筛查中确诊后进行手术治疗的2名乳腺癌患者，给予2万元医疗补助。该项目的实施，使患乳腺癌的妇女能够早发现、早诊断、早治疗，大大提高了妇女的生命健康。

【温暖教育】　为发挥妇联组织在社会治安综合治理中的积极作用，2011年中秋节来临之际，区妇联深入监区，鼓励、支持看守所女民警立足本职岗位建功立业，维护在押女性的合法权益，协助开展特困在押人员及其家庭的帮扶工作，主动为其排忧解难，进一步推进"温暖工程"建设。

9月9日，市、区妇联联合公安局、政法委以及律师、心理咨询师到红塔区看守所开展以"送服务，助帮教，促回归"为主题的"温暖教育"活动。

【走访慰问】　2011年春节期间，区妇联走访慰问城乡贫困妇女、贫困老妇女工作者47人，为每个贫困妇女家庭送上300元～1 000元的慰问金和节日的祝福，使广大妇女群众感受到党和社会以及妇联组织的温暖和关爱。

【庆"三八"活动】　2011年3月3日，市、区妇联邀请来自北京的专家侯昭敏在聂耳大剧院举办"好心态、好生活"讲座，各机关及社区女干部1 000多人聆听了讲座，对如何保持良好的心态，建立自信、走向成功有了新的理解和认识。3月4日下午，区妇联组织公安红塔分局、司法局、政法委、卫生局、各乡（街道）妇联主席、律师自愿者在聂耳文化广场开展以"温暖你我他，维权服务进万家"为主题的庆祝"三八"国际劳动妇女节维权服务咨询活动。

【庆"六一"活动】　2011年"六一"国际儿童节期间，区妇联召开"阳光童年，快乐成长"才艺展示暨表彰会，对红塔区十佳少年儿童10名、智慧小明星10名、体育小明星10名、科技小明星10名、艺术小明星10名、流动（留守）好儿童10名、优秀儿童教育工作者10名、优秀家长10名进行了表彰。同时，100多名儿童展示了才艺。

【"两个规划"终期监测评估】　根据《2001～2010年妇女儿童发展规划》终期评估任务，成立评估机构，细化统计监测及数据核实工作。通过召开成员单位座谈会、征求专家意见、查阅历年资料，全面总结"两个规划"的完成情况，认真撰写终期评估报告，制作图片宣传册，整理规范档案。

终期监测结果表明，红塔区"两个规划"7个方面176项量化指标和28项非量化指标全部达到目标要求，有的指标超过全国、省、市目标要求，有的指标提前实现，妇女儿童的生存环境明显改善。

（严翠仙）

关工委

【关工委工作会议】　2011年2月16日召开，会议总结2010年工作，部署2011年任务，表彰各小学开展"社会主义核心价值体系教育"征文优秀获奖者。市、区关工委和相关部门领导近80人参会。

区委宣传部部长普东海在会上强调，要按照科学发展观的要求，积极发挥各级关工委和广大"五老"的作用，把"立德树人"作为关工委的根本任务，为促进青少年健康成长，培养德、智、体、美全面发展的中国特色社会主义事业合格建设者和可靠接班人作贡献。

【主旋律教育】　主题为"学党史、颂党恩、跟党走"。2011年4～5月，编印《伟大的中国共产党》宣讲提纲，发至区教育局、各乡（街道）、中心小学关工委和区直属小学关工委；召开联席会议，研究教育活动的方法步骤；组织宣讲团，深入各中小学演讲129场（次），5.30万人听讲。主旋律教育活动的开展，使同学们坚定了永远跟党走的信念。

【"中华魂"读书活动】　2011年5月4日，"中华魂"（中国精神颂）主题教育活动启动仪式在玉溪第二中学举行，1100余名师生参加。市、区关工委领导分别对读书活动提出要求；制定2011～2013年活动实施意见。活动的开展，旨在弘扬爱国、进步、民主、科学精神，培养德、智、体、美全面发展接班人。

【"六一"慰问】　2011年5月30日，区关工委领导到甸苴小学、锦程学校开展"六一"慰问活动。共计投入资金0.40万元，为两校学生购买学习用品及视频设备；在两校召开慰问会，对同学们表示节日的问候，希望同学们勤奋学习，快乐生活，全面发展，健康成长。

【第九期少年军校】　2011年7月10～16日，第九期少年军校开训，361名学员来自全区各小学（含民办学校）4～5年级学生。通过主办单位团结协作、精心策划，教官和辅导员认真组织、热情服务，学员刻苦训练、积极配合，各项教学计划圆满完成。

【"爱家乡"夏令营】 2011年7月20~21日，由来自山区小学和振兴、锦程、关爱等农民工子女学校的43名家庭贫困学生组成的"爱家乡"夏令营，参观了昆明"一二·一"运动纪念馆、云南陆军讲武堂、云南民族村，游览了昆明翠湖公园。活动结束后，在辅导员的指导下，营员们撰写了参观学习日记和心得体会。

【帮教活动】 2011年9月6日中秋节到来之际，区关工委、法院等部门组成慰问团，深入云南省未成年人犯管教所慰问干警及管教干部。同时，采取大会与小组交谈相结合的方法，对红塔区籍的42名未成年人犯开展帮教。此项活动已连续开展了9年。

【"双先"表彰会】 2011年11月7日，区委、区政府在云溪宾馆召开关心下一代工作"双先"表彰会，表彰先进集体30个，先进个人80名，青年科技致富先进个人15名。市关工委和区委、区政府领导及乡（街道）、区直单位负责人共计170人出席。会议回顾总结了20年来关工委的主要工作、基本经验和成效，对今后工作提出希望和要求。

【资助贫困学生】 2011年11月26~27日，区关工委将省、市、区下拨的5.32万元助学金分别送到玉溪二中、高仓、洛河、北城、小石桥等16所学校的148名贫困学生手中，并在各中学召开"献爱心扶困助学"座谈会，勉励同学们树立信心，克服困难，做一个有理想有抱负，德、智、体、美全面发展的好学生。

【舆论宣传】 为让社会更多了解、支持关心下一代工作，区关工委积极宣传报道关心下一代工作的新举措、新成效、新经验。2011年，刊发稿件125篇，其中：被省关工委《云岭春光》杂志采用2篇，《玉溪日报》采用5篇，《玉溪春辉》杂志采用112篇。

【未成年人司法项目】 为进一步维护青少年权益，预防和减少青少年犯罪，促进社会和谐与发展，2011年4月，云南省关心下一代工作委员会与关心救助儿童会签署备忘录，由荷兰驻华使馆提供资金援助，省关工委与英国救助儿童会合作，从2011年1月至2013年12月31日，在红河州蒙自市、玉溪市红塔区和大理州进行未成年人司法项目试点。试点借鉴昆明市盘龙区未成年人司法项目经验，以未成年人维权和保护，触法未成年人司法分流和教育矫治为主要内容。

成立机构。7月，红塔区未成年人司法项目试点领导小组成立，由区委副书记曾敏任组长，王文平、普东海、黄天福、曾逵、刘永祥、杨秉健等领导任副组长，公安红塔分局、政法委、法院、检察院、司法局、教育局等单位为成员；下设项目办公室，王云龙任主任。随后，召开第一次司法项目领导小组会议，学习讨论《红塔区未成年人司法项目试点实施方案》和有关成员单位的职责。

学习交流。8月22日，司法分流项目办公室一行7人，到昆明市盘龙区未成年人司法分流办公室进行学习交流，并实地参观了桃园社区。

开展捐赠活动。9月14日，为丰富社区未成年人课外活动及文化生活，区司法项目办公室向新兴社区青少年活动中心捐赠价值0.50万元的运动器械和书籍。

司法分流。9~10月，区司法分流项目办公室分别走访了高仓街道、研和街道、北城街道的5名触法未成年人家庭，了解其家庭成员、家庭经济、家庭教育、家长监管等情况，并签订了司法分流帮教协议。同时，调动和发挥街道、社区关工委老同志的作用，配合司法局搞好触法未成年人社区矫正工作。

项目培训。10月19日，举办未成年人司法项目培训，各乡、街道50余名相关人员参加培训。省司法分流项目办公室主任王玉俊、区司法分流项目办公室主任王云龙分别就司法保护、司法维权常用法律法规和司法分流、社区帮教矫正等方面的知识作了讲授和辅导。11月19日，区司法分流项目办公室组织外来务工人员未成年子女及其父母2 028人，开展《交通安全法规》《如何陪伴孩子成长》《怎样预防青少年犯罪》等法规及家庭教育培训。

法制宣传教育。12月5日，区司法分流项目办公室利用"12.4"全国法制宣传日，在聂耳公园举办法制宣传教育活动，共计发放《未成年人普法教育手册》《未成年人保护法》《预防未成年人犯罪》等资料1 500余份；对青少年、家长进行心理咨询辅导教育86人次。

（曾吉华）

工商联

【区工商联执委会】 2011年4月22日，召开三届三次执委会。会议议程：区工商联副主席施艳菊宣读省工商联《关于开展2011年全国工商联科学技术奖申报及推荐工作的通知》和《2010年区工商联工作总结》；区工商联主席杨进松安排部署2011年区工商联工作、通报2010年执委会会费收支情况、安排布置"云南红土情·光彩进万家——民营企业感恩行动"；统战部副部长王芸传达国务院《关于加强和改进新形势下工商联工作的意见》；区总工会主席朱知良传达区委、区政府《印发〈关于在红塔区开展企业工资集体协商工作的实施意见〉的通知》。

12月21日，召开三届四次执委会。会议议程：区工商联主席杨进松传达市委、市政府《关于加强和改进新形势下工商联工作的意见》；传达区委《关于进一步加快推进新型工业化、加快发展现代农业、大力发展第三产业的实施意见》；传达市政府《关于贯彻落实〈云南省鼓励创业促进就业小额担保贷款实施办法〉的实施意见》；动员安排区属民营企业家参加"玉溪市民营企业生态林"种植名木古树有关事宜。

【会员发展】 2011年，区工商联按照"积极引导，稳妥发展；坚持标准，确保质量；突出重点、优化结构；动态管理，加强服务"原则，做好新会员发展工作。全年发展新会员230人（户），同比增长20.85%。截至12月底，会员总数1 333人（户），其中：企业会员779户，占总数的58.44%；团体会员8户，占0.6%；个人会员546人，占40.96%。

【参政议政】 2011年，区工商联积极组织、引导会员中的政协委员、人大代表对涉及全区非公经济发展的全局性问题进行视察和调研。区"两会"期间，会员中的政协委员、人大代表提交提案35件、建议23件。年内，有36名会员受到区委、区政府表彰。

【贷免扶补】 2011年，区工商联采取以乡（街道）分会、行业商会、新建超市、集贸市场为工作重点进行宣传，充分发挥乡镇（街道）分会的基层优势并加强组织领导，确保政策宣传、组织发动、报名登记、初审把关、组织培训、审核申报、配备导师、跟踪服务等各个环节的工作落到实处，圆满完成了市工商联下达的421名贷免扶补人员的工作目标任务。

发放贷款421户，贷款总额2 499万元，其中：大学生创业52人，占创业总人数的12.4%；城镇登记失业人员102人，占24.2%；农民工266人，占63.1%；复转军人4人，占0.95%。女性创业人员260人，占创业总人数的62%。421名创业者累计吸纳和带动就业1 840人，其中大学生创业吸纳就业人数208人。

为更好地为创业人员服务，区工商联建立了"1+3"跟踪服务机制。一是选好和配齐创业导师。将部分执委和有影响力的企业家、专业技术人员、法律工作者等40人聘为创业导师，负责对创业人员进行具体帮扶和指导。二是建立联络员制度。为每个创业人员配备联络员，联络员由工商联系统干部职工担任，负责对创业人员与创业导师、农合行的联系沟通，要求联络员与所联系的对象1年联系不少于2次，要全面掌握每一个创业人员的生产经营情况，反映或解决创业人员创业过程中遇到的困难和问题，把跟踪服务机制落到实处。

【光彩事业】 2011年，区工商联引导会员积极参与"云南红土情·光彩进万家——红塔感恩行动"，广大非公经济人士踊跃参与，以捐资捐物、结对帮扶等形式帮助少数民族地区、贫困地区群众改善生产生活条件。截至10月底，参与活动的企业及会员总数达到168户（人），帮扶对象34 547人，帮扶资金932.68万元。

【回馈社会】 区工商联会员及会员企业致富思源，积极承担社会责任。2011年5月4日，玉昆钢铁集团为新平县平甸乡160户彝族山苏支系群众捐赠价值2万多元的大米和食用油；8月，玉溪一通园林装饰有限公司、玉溪盛来房地产开发公司分别向研和街道玉屏小学、可官社区捐资5万元、8万元用于解决师生饮水和山区人畜饮水困难问题；9月，区工商联执委企业——云南活发集团，捐资8 000万元，在红塔区新建1所高中；9月8日，李棋街道在聂耳大剧院举行"情系教育，爱心捐助"仪式，55户民营企业家及个体工商户共计捐款187.20万元（其中实物9万元）；10月，区工商联副主席企业——玉溪玉昆钢铁集团，积极参与生态城市建设，投入3 500万元，在昆玉高速公路梅园立交段沿线两侧建设1.80千米绿化带；10月11日，玉溪大满贯体育用品经营部向高仓街道龙树小学捐赠价值3万多元的运动服和田径器材。

【协调服务】 促进银企合作，多渠道帮助企业解决融资难题。2011年，区工商联帮助4户企业融资1 350万元；帮助5户会员企业、5名会员协调解决生产经营及生活中遇到的困难和问题。

组织会员参加培训。9月2日，组织会员100人参加由区委宣传部主办的"创文明城市，做文明市民"礼仪知识讲座；11月10～11日，组织会员12人参加由云南思八达企业管理有限公司主办的"《红尘智慧》总裁班"培训；11月11日，组织会员70人参加由玉溪市民营企业家管理智库合作联盟主办、云南大学教授王恭容主讲的"中小企业发展瓶颈、对策和解决办法"知识讲座。

组织会员参加"民营企业招聘周"活动。5月，组织玉昆钢铁集团等6家企业参加玉溪市民营企业招聘周活动，为企业解决用工难问题。活动期间，6家民营企业共计提供就业岗位112个，达成就业意向89人。

6月，组织玉溪汽车行业的12家会员企业参加由《滇池晨报·加油周刊》——"玉溪版"主办的"2011年玉溪首届'加油'汽车乐购会"。

【学习考察】 2011年9月15～24日，应印度西孟加拉邦商会邀请，区工商联（商会）26名执委、会员赴印度进行为期9天的考察学习和商务交流。

考察团先后拜会了西孟加拉邦商会和加尔各答贸易促进会。在新德里，印方组织当地通信、建筑、制药、纺织、汽车、酒店、金融、太阳能等行业的企业负责人与考察团成员进行了对接洽谈。双方在招商引资、项目合作、进出口贸易和产业政策方面进行了互动交流；在加尔各答，2户企业负责人就钢铁和太阳能行业情况进行了详细了解和政策咨询，并提出了进一步考察和交流的愿望。通过考察交流，加深了双方的了解，建立了行业合作和共同发展的愿景，为红塔区民营企业在实施"桥头堡"战略中寻找机遇和发展空间奠定了基础。

【法律维权】 2011年，区工商联聘请云南李世敏律师事务所为常年法律顾问，免费为会员提供法律咨询服务。共计免费为会员提供法律咨询服务10余起，内容涉及物权、经济纠纷、土地租赁、民间借贷和税收等。

【《红塔区非公经济领域产业发展"十二五"规划纲要》评审会】 2010年6月，由区工商联负责编制的《红塔区非公经济领域产业发展"十二五"规划纲要》，在浙江大学经济学院的大力支持下，组成了由李建琴教授为组长的课题组，承担编制起草任务。课题组历时4个月，经过走访调研、召开座谈会、实地考察24户具有代表性的中小企业，2次征求有关专家和领导意见，5次易稿，最终形成《纲要》评审稿。

2011年1月10日，区工商联召开《纲要》评审会。来自浙江大学、云南省工信委、玉溪师范学院的5名专家和区委、区人大、区政府、区政协领导，区相关职能部门及11个乡镇（街道）的负责人和9名红塔区民营企业家代表参加评审。在评审专家组的主持下，经过与会专家、领导和企业家认真客观的评审，认为：《纲要》结构合理，分析有据，观点明确，思路清晰，措施有力，符合编制要求，对红塔区未来5年非公经济领域产业发展具有重要的指导作用，达到课题立项的预期目的，同意通过评审。同时，要求课题组充分吸收评审会上的各方意见和建议，进一步对评审稿进行修改和完善，按时提交给区委、区政府审批。

【表彰先进】 2011年8月28日，区委、区政府召开全区工业经济发展大会，对推进全区工业化发展做出突出贡献的企业和企业家给予表彰。区工商联19户会员企业获"优强工业企业"称号；11名会员获"优秀工业企业家"称号。

8月，区工商联会员：李明定、蒋兴建、王维和、高家雄、蔡先平、薛志斌被市委、市政府评为"玉溪市2009～2010年度优秀中国特色社会主义事业建设者"。

【玉溪市民营企业生态林建设】 红塔区民营企业积极响应市委统战部、市工商联号召，参加"玉溪市民营企业生态林"建设。截至2011年12月30日，红塔区18户企业、450名会员，在聂耳桥以北种植名木古树34株，捐资建园林石1块，价值69.50万元。

（周秀梅）

侨　联

【侨联三届三次全委会】　2011年1月18日，在玉溪市民主党派机关会议室召开，区侨联全体委员出席。会议由区侨联主席吴家成主持，区政协副主席、区委统战部部长、区侨办主任马亮伟出席并讲话。会议听取和审议了侨联三届常委会2010年工作报告，传达了云南省第九次归侨、侨眷代表大会精神。

【春节座谈会】　2010年2月6日，在玉溪市民主党派机关会议室举行，区侨联全体委员及归侨、侨眷代表45人参加。区侨联主席吴家成主持会议。区政协副主席、区委统战部部长、区侨办主任马亮伟到会，代表区委、区政府向与会人员表示节日的问候，并通过他们向海外华侨、华人致以节日问候。会上，马亮伟通报了红塔区2010年经济社会发展情况；吴家成通报了区侨联2010年工作情况及2011年工作安排。

【政协侨界委员参政议政】　2011年，在政协红塔区第三届委员会第四次会议上，侨界政协委员积极为红塔区经济社会发展建言献策，提交提案12件，其中：集体提案1件，个人提案11件。

【侨属企业情况调查】　2011年5月29日，区侨联组织市、区政协侨界委员，会同区委统战部人员到玉兴、大营街、北城街道考察了荣祥公司、海明公司等侨资侨属企业。

截至年底，红塔区有侨属企业9家，总投资2 000多万元，2010年总产值近5 000万元。

【慰问活动】　2011年春节、助残日、中秋节期间，区侨联深入农村、企业、社区走访慰问贫困归侨、侨眷及残疾人家庭32人次，发放慰问金1.60万元。

【海外联谊】　2011年，区侨联热情走访慰问或宴请来自美国、加拿大、英国、泰国、印尼、马来西亚、缅甸等国家来红塔区探亲访友、旅游观光的华侨、华人16起46人；主动与华侨、华人重点人物保持通信往来，互通信息，密切与侨务工作重点对象的交往，广交新朋友，扩大交往面。在与华侨、华人的接触中，加强党的方针、政策以及红塔区招商引资政策和投资环境宣传，增进海外侨胞对红塔区各方面的了解，促进对外开放。

（吴家成）

*　　*　　*　　*

军　事

地方军事

【人武工作】　2011年，红塔区人民武装部（以下简称：人武部）坚持以科学发展观为指导，认真贯彻军队各级指示要求，严格按照年初制定的工作思路，抓教育、建队伍、谋打赢、保稳定，人武部全面建设和全区国防后备力量建设呈现出良好发展势头。

思想政治工作。①坚持把思想政治建设放在各项建设的首位，利用党委中心组、机关理论学习和理论读书班，深化对中国特色社会主义理论体系重要内容，特别是科学发展观的学习理解，提高干部职工的理论素质。②深入扎实抓好理论武装。采取与两级军区、军分区同步开展的方法，按计划完成了党委中心组、机关1~4专题理论学习。③深入扎实抓好胡锦涛总书记“七一”重要讲话及党的十七届六中全会精神的学习，深刻理解胡锦涛主席主题主线重大战略思想，查找国防动员和后备力量建设的差距，增强学习的针对性和实效性。④抓好年度主题教育。坚持把主题教育与工作实践结合起来，与学习杨善州、邝云亮先进事迹结合起来，与开展参观红塔集团、重温入党誓词等活动结合起来，进一步筑牢干部职工“忠诚于党、热爱人民、报效国家、献身使命、崇尚荣誉”的政治信念。⑤结合建党90周年纪念活动及聂耳纪念日活动，组织干部职工学习党史、军史，参观聂耳故居、聂耳纪念馆、聂耳文化广场，让广大干部职工在参观见学中坚定信念、激励斗志、陶冶情操，不断增强“高举旗帜、听党指挥、履行使命”的自觉性、坚定性。⑥结合中东、北非政治动荡，有针对性地开展形势政策教育，使干部职工始终保持清醒的头脑和坚定的政治立场。⑦开展好倾向性问题整治及“回头看”活动。紧紧围绕军分区明确的11个方面的倾向性问题，通过学习教育、分析查找、集中整改、检查验收4个阶段内容，全面深入开展了倾向性问题专项整治“回头看”暨作风纪律整顿活动，进一步加强主官队伍建设，纯正部队风气，推动人武部全面建设科学发展。⑧认真开展“增强党性修养、锤炼思想作风”专题教育。参加两级军区、军分区学习辅导和集中教育，召开党委专题民主生活会，围绕需要重点解决的8个方面问题有针对性地进行对照检查，深入开展批评与自我批评，切实解决党委、机关以及党员干部思想作风建设方面存在的问题和不足。⑨持续抓好“创先争优”活动。按照上年制定的活动实施计划，始终坚持紧贴拓展和深化军事斗争准备“创先争优”、紧贴执行重大任务实践“创先争优”、紧贴抓基层打基础“创先争优”，把“创先争优”活动与学习杨善洲先进事迹结合起来，在大门口开设宣传栏，每月评选1名“创先争优之星”，增强活动的质量和效果。

党委班子建设。在机关开展“条令月”学习活动，系统学习《军队党委（支部）工作条例》《军队政治工作条例》《军队基层建设纲要》《指挥军官考评标准》等法规，进一步提高党委班子依法决策、科学决策、民主决策能力。按照《军队党委（支部）工作条例》抓党委、支部建设，规范党委、支部工作。按照党委工作原则议训、议管、议教，提高落实民主集中制的质量；落实每周半天的党日制度，将组织生活7项制度落到实处，强化了党员的党性观念；认真落实党管武装各项制度，自觉接受“双重领导”。坚持每季度向区委、政府书面报告工作，利用主官参加区委常委会、政府党组会的时机，加强请示汇报，有效解决建设中遇到的困难和问题。

【国防后备力量建设】　2011年，人武部适应形势任务要求，扎扎实实解决国防后备力量建设中的实际困难和问题。

3月中旬，在通海县人武部民兵训练基地完成了125名应急分队民兵训练任务。训练中，坚持以新修订的《军事训练与考核大纲》为依据，以提高“应急应战”能力为目标，按照“扎实打基础，从严抓规范，着眼强素质，整体上台阶”的思路，坚持从严、从难、从实战需要出发，科学计划，严密组织，全面提高民兵应对多种安全威胁和遂行多样化军事任务的能力。

5月，在玉溪军分区指导下，集中

人力、物力和财力，组织125名民兵完成在省军区集训期间的民兵抗震救灾、民兵整组点验训练和演示任务，科目演示受到省军区工作组和参训人员的高度评价。通过开展训练，既锻炼了队伍又提高了机关的组训能力。

12月，贯彻执行上级征兵命令和指示，紧紧围绕新兵质量这一核心，加强组织领导、完善征兵措施、严格政策规定、把握关键环节、提高兵员质量，圆满完成年度征兵工作。

【双拥工作】 2011年，人武部以迎接国家国防教育办公室等部门开展的《国防教育法》颁布十周年执法检查和聂耳文化广场争创“国家国防教育主题公园示范基地”为契机，在全区各级掀起国防教育新高潮，进一步增强全民国防观念。

积极响应市委、市政府和区委、区政府创建“国家卫生城市”号召。4月初，组织120名民兵对玉溪大河城区段进行清理。6月初，在“创卫”攻坚阶段，组织150名民兵对前进沟进行清理，协调挖掘机1台，运送垃圾车辆6台，清理沟渠近10千米，清理淤泥30余吨。在烤烟移栽时节，组织100多名干部职工和民兵，为驻地群众移栽烤烟70余亩，受到群众好评。

（张儒顺 秦乙文）

武 警

【红塔区消防大队】 2011年，武警玉溪市红塔区消防大队（以下简称：消防大队）有消防执勤战斗车22辆，超出标准10%。一、二中队组建抢险救援班。所有中队均实现首车装备GPS导航仪，车辆器材装备配备率超过部（局）标准。

全区发生火灾23起，死亡2人，无人员受伤，直接财产损失81万元。接警110起，出动110次（含增援），出动消防车175辆（次），消防官兵980人次。抢救被困人员35人，疏散人员71人，抢救财产价值273.30万元。与上年相比，火灾4项指标实现了“一平两降一升”，保持了火灾形势的基本稳定。

年内，红塔区消防大队荣获“2009～2010年基层建设达标先进大队”、2010年“云岭消防党旗红”先进大队、云南省基层建设达标先进大队、2011年云南省安全管理先进单位称号。

【队伍建设】 2011年，消防大队按照“抓班子、带队伍、促发展、保稳定”的总体思路，坚持以科学发展观为统领，以学习实践“三句话”总要求为动力，着重提升队伍专业化、正规化水平，提高消防监督执法、灭火和应急救援能力，为红塔区经济社会发展创造良好的消防安全环境。

大队及下设的两个中队将打造“铁军大队”及“铁军中队”作为工作着力点，以“强军必须兴训，治训务必从严”为练兵指导思想，制订岗位练兵活动具体实施方案。同时，把新《共同条例》宣传贯彻到练兵过程中，把部队精细化管理落实到日常生活中，并结合“安全月”活动的开展，定期开展集中警示教育会和安全教育管理分析会。组织应急救援队伍综合演练，以此加大对全体官兵的监管力度，强化全体官兵的条令条例意识，全面提升部队战斗力。

【政治工作】 2011年，消防大队始终把班子建设放在首位，紧紧围绕“如何保持班子队伍优良作风纪律，发扬其先进表率能力”的目标要求，加强班子队伍建设。

大队党委进一步健全和完善各项规章制度，规范党内生活，加大部队作风纪律养成教育，狠抓部队管理，努力提高班子解决自身问题的能力和带领广大官兵完成各项任务的能力。“用感情凝聚班子，用制度管好班子”，按照“团结、廉政、开拓、创新”工作思路提高党委班子的决策能力和创新意识。充分发挥党委核心领导和战斗堡垒作用，为圆满完成上级交给的各项工作任务提供强有力的组织保证。为使政治教育深入扎实，牢牢抓住《思想政治教育大纲》的深刻内涵，着重从细微处对官兵的思想进行摸底，从实际出发对政治教育进行备课、授课及讨论。

为使政治教育更具有针对性和实践性，大队结合“开门评警大走访”活动，要求全体官兵在工作之余走出机关、走出所队，本着“就地就近、量力而行、有所作为”的原则，深入群众、联系群众，为群众做好事、办实事、解难事。共计走访党政部门39家，企业、厂矿、商户等147家，党政领导、公安机关领导、新闻单位人员及社会各界群众500余人。通过走访，解决了各单位和群众反映强烈的突出问题，创新了制度机制，改进了工作作风，提高了工作效率。同时，也让全体官兵对“全心全意为人民服务”的宗旨和“严格公正、文明执法”的法制教育有了新的认识和体会，牢固树立了“服从大局，维护稳定，为经济建设和社会发展服务”的理念。

【后勤保障】 2011年，消防大队从地方财政争取到业务经费509.36万元，专项经费360万元，比上年增长62%（不含基建费和举高类战斗车购置经费），严格落实《云南省公安消防部队消防业务经费保障标准》，保证了业务经费实际到位率100%，为后勤保障提供了便利。顺利完成增招15名合同制消防员工作，新增人员的正常经费全部纳入财政预算；为所有合同制消防员购买了10万元的人身伤亡意外险，并将服装统一为“07式”军装；为一、二中队及研和专职队配备地震救援72小时自我保障物资携行包及所需的16件（套）基本救援装备及5件（套）攻坚组基础训练器材，同时完成大功率广播及光源显示标语的配备；按照“结构合理、功能多样、先进实用”的原则，先后投资98万元和380万元购置1辆登高平台消防车和1辆曲臂登高车，优化车辆装备结构；投入30多万元重新装修大营街消防中队，使其变成精细化管理的表率中队及花园式中队。

【火灾隐患排查】 2011年，消防大队加大《云南省消防条例》宣传力度，定期开展消防知识竞赛、培训等活动，提高广大群众的法律意识和责任意识；在区政府召开的消防工作会议上，与8个街道、2个乡、164个重点单位消防安全责任人签订了责任书；9月27日，根据公安部《关于印发〈全国深化消防安全“五大”活动开展“清剿火患”战役方案〉的通知》及省、市政府相关要求，及时报请区政府制定下发《关于印发〈红塔区深化消防安全“五大”活动开展“清剿火患”战役工作方案〉的通知》，并组织召开消防安全联席会议贯彻落实。

加大火灾隐患排查整治力度及强度。按照不同阶段防火监督工作任务，分别将火灾隐患排查整治与深化消防安全“五大”活动结合起来，深入排查社会面及单位存在的火灾隐患，从社会层面增强火灾防御水平；将火灾隐患排查整治与构筑“云岭防火墙”工程结合起来，发动乡（街道）、社区、公安派出所开展整村、整街、整区火灾隐患清剿行动，切实解决农村消防突出问题；将火灾隐患排查整治与单位消防安全“四个能力”建设结合起来，督促指导单位深化标准化、标识化管理，切实提高自身消防安全管理水平；将火灾隐患排查整治与重大火灾隐患挂牌整治结合起来，对在检查中发现的重大火灾隐患及时提请各级政府挂牌督办；将火灾隐患排查整治与责任区“网格化”管理结合起来，根据以前的责任区情况，再次细化责任分工，将辖区划分成9个片区，把防火监督干部下沉到各个片区，实行包片区“网格化”管理，同时督促指导各乡、街道、行业主管部门、辖区派出所、村（居）委会、村民小组参照消防大队的做法，实行分管领导、安全员、片区民警工作责任“网格化”，做到防火监督检查无盲区、“网格责任区”无盲点。全年完成消防监督检查1 787家，发现火灾隐患2 794处，下发《责令限期改正通知书》1 752份，火灾隐患发现率97%；下发《复查意见书》1 614份，督促整改火灾隐患2 529处，整改率90%。办理案件“三停”处罚63起，临时查封182个，强制执行3起；拘留13人，警告25人；罚款68.80万，其中产品监督行政处罚2起，罚款2万。

【消防宣传】 2011年，消防大队不断创新宣传方法，丰富宣传内容，加大宣传投入力度，扩大宣传面。

充分利用广播、电视、报刊、互联网等媒体，对各项系列宣传活动进行跟踪采访报道，努力营造舆论氛围，教育、引导广大群众增强做好消防安全工作的自觉性和主动性，切实提高消防安全意识和素质。先后在《玉溪日报》、玉溪电视台等媒体刊播工作动态45篇（条），发布整治公告2条，利用网格责任区“QQ群”和微博发布火灾隐患排查信息3 000余条，取得了较好的宣传效果。

以开展“119消防宣传月”活动为契机，发动各社会单位悬挂宣传标语1 000余条，发动有LED显示屏的单位播放火灾公告200余条，利用消防安全重点单位管理信息平台向社会发布宣传信息5 000余条，向群众发放消防安全宣传挂历和台历600余份、手提袋10万余个。

继续深入开展消防宣传进社区、进学校、进企业、进农村、进家庭活动，并在主流媒体定期开展消防安全提示性宣传、火灾案例警示教育和逃生自救能力普及教育。

突出重点，开展消防专业培训。紧紧抓住企业单位法定代表人、负责人、管理人员和自动消防设施操作人员等重点对象，分级组织消防专业培训，培养出了一支消防安全素质过硬的“消防安全明白人”队伍。开展宣传教育41次，举办培训班14期、7 954人，到单位、社区举办消防知识讲座54次，受教育8 000余人。

（李　园）

*　*　*　*

政　法

政法工作

【工作简述】 2011年，红塔区政法部门牢固树立“发展是第一要务，稳定是第一责任”理念，深入贯彻落实科学发展观，跟进区委、区政府总体部署找准工作切入点，跟进民生需求加强和谐社会建设，抓住人民群众最关心的公共安全、权益保障、社会公平正义问题，以深化“三项重点工作”（社会矛盾化解、社会管理创新、公正廉洁执法）为着力点，以加强政法机关党建为保证，着力抓好“十件实事”，为经济社会发展创造更加和谐稳定的社会环境、公平正义的法治环境、优质高效的服务环境。

公安机关以维护国家安全和社会稳定为首要任务，以增强人民群众安全感和满意度为要求，紧紧抓住区委三届八次全会“把建设‘社会治安先进区’纳入红塔区‘十二五’规划”的重大机遇，围绕建党90周年庆祝活动安全保卫工作，严打严防各类违法犯罪活动，深入推进“三项重点工作”和公安“三项建设”，有力地确保了社会政治和治安大局的持续稳定。加强对敌斗争，防止各种敌对势力、敌对分子形成现实危害。强化重点场所、重点工程和重要活动的安全保卫工作，及时有效处置各类突发事件。坚持严打方针不动摇，严厉打击各类刑事犯罪活动。全年共计立各类刑侦类刑事案件6 835起，破1 825起，破案绝对数2 523起。抓获犯罪嫌疑人828人，打掉各类犯罪团伙58个239人；深入推进打黑除恶斗争，打掉恶势力犯罪团伙2个；侦破当年命案12起，抓获犯罪嫌疑人18人，取得命案全破的好成绩。共计破获“两抢一盗”案件2 161起，抓获犯罪嫌疑人614人，打掉犯罪团伙48个199人。加大“追逃”力度，抓获网上在逃人员250名。深入推进新一轮禁毒人民战争，破获毒品刑事案件78起，抓获犯罪嫌疑人64人，缴获毒品11.99千克。依法打击各类经济犯罪活动，受理经济犯罪案件92起，立案56起，涉案金额1 126.37万元，破48起。抓获犯罪嫌疑人24人，缴获赃物价值313万元。

森林公安开展打击破坏野生动植物资源违法犯罪活动专项行动，维护林区治安稳定。全年共计办理刑事案件26件，林业行政案件55件，收缴木材36.23立方米，没收野生动物48只。

检察机关坚持“强化法律监督，维护公平正义”工作主题，围绕中心，服务大局，深入推进“三项重点工作”，充分履行法律监督职责，严厉打击各类刑事犯罪，加大查办和预防职务犯罪力度，全力推进反腐倡廉建设。全年共计受理提请批准逮捕犯罪嫌疑人620人，经审查，依法批准逮捕420人；受理审查起诉犯罪嫌疑人884人，经审查，向区法院提起公诉614人，报送市检察院审查起诉31人。在查办职务犯罪方面，共计立办贪污贿赂犯罪案件12件，立办渎职侵权犯罪案件4件，挽回经济损失184.82万元。

审判机关围绕审判执行中心工作任务，大力提升工作质效，忠实履行宪法、法律赋予的职责，充分发挥人民法院在化解社会矛盾纠纷、加强社会建设、创新社会管理中的职能作用，全力维护社会和谐稳定。全年共计受理各类案件3 126件，同比上升7%，审（执）结2 930件，结案总标的14 941万元，结案率94%。受理刑事案件461件，审结425件，结案率92%。受理民商事案件1 857件，审结1 758件，结案率95%。受理行政案件13件，审结13件，结案率100%。收执行案件794件，执结733件，结案标的2 306.90万元，结案率92%。

司法机关围绕“三项重点工作”和区委、区政府中心工作，创新法制宣传形式和方法，扎实开展法制宣传工作。认真制订普法规划，完成“六五”普法规划起草，全面启动普法工作。结合“法律六进”“三下乡”以及烟草种植、收购和城市房屋拆迁等主题活动，深入开展法制宣传。全年共计开展法制宣传 65 场（次），发放各种宣传单 3.8 万余份，展出展板 1 200 块（次），张贴宣传标语 1 800 余条，举办法律知识培训 80 期，为群众解答法律咨询 2 530 人次，受教育群众 10 万余人。开展食品药品安全方面的法律法规学习宣传活动，组织全区 8 700 余名干部职工参加普法考试。法律援助中心办理援助案件 483 件，法律服务所办理各类法律事务 779 件，律师事务所办理各类法律事务 711 件，解答法律咨询 1 554 人次；云溪公证处办理各类公证 2 148 件。

【政法委员会】 2011 年，红塔区政法委员会牢固树立“发展是第一要务、稳定是第一责任”理念，抓住人民群众最关心的公共安全、权益保障、社会公平正义问题，以深化“三项重点工作”为着力点，着力抓好“十件实事”，为经济社会发展创造更加和谐稳定的社会环境、公平正义的法治环境、优质高效的服务环境。进一步加强和改进党对政法工作的领导，明确政法工作指导思想、工作重点和目标任务，统一政法各部门思想行动，形成维护社会稳定的合力，确保政法、综治工作有序开展。加强党内执法监督。加强对重大疑难案件、涉及“热点、难点”问题案件的督办、指导和协调工作，加强对涉法涉诉案件的督办和协调，促进司法机关依法办案，维护社会公平正义。以开展“发扬传统、坚定信念、执法为民”三项主题教育实践活动为契机，着力解决政法干警在理想信念、宗旨意识、执法司法等方面存在的突出问题，进一步加强政法、综治队伍建设。继续强化对执法权、司法权的监督制约，深入推进政法机关执法规范化建设，确保公正廉洁执法。加强党风廉政建设，落实党风廉政建设责任制，认真执行《廉洁从政准则》，把领导班子建设成为团结、实干、廉洁的坚强集体。加强新形势下对敌斗争，加强国家安全人民防线建设，完善和落实防范和处理邪教属地管理政治责任制，坚决打击邪教组织的渗透和破坏活动，对重点人员加强稳控，强化教育转化工作，开展反邪教宣传警示教育，确保辖区不发生有重大影响的政治事（案）件。始终把预防化解矛盾作为维护社会稳定的基础性工作和重要环节来抓，建立健全矛盾纠纷大排查、大调处机制，贯彻落实“两项制度”，组织协调有关部门开展矛盾纠纷排查调处工作，化解社会“热点、难点”问题，妥善处置矛盾纠纷、群体性和突发性事件，基本实现了“矛盾少、秩序好、发展快、社会稳”的目标。推进综治维稳基层组织规范化建设，全面提升基层组织在社会治安综合治理和维护社会稳定方面的能力。以深化“平安创建”活动为载体，加大防范、打击、整治力度，强化治安防控体系建设，有效减少和预防犯罪，切实增强群众安全感。坚持以人为本，全力推动社会管理创新，做好特殊人群的管理、帮教工作，开展流动人口基本公共服务均等化试点工作。加强公共安全管理，继续整治社会治安突出问题。加强对非政府组织和虚拟社会的管控力度。履行好协管干部职能，参与政法机关领导干部的推荐提名、考察选拔工作，协助区委及组织部，选好配强政法部门领导班子。落实从优待警方针，协助党委、政府为政法部门改善工作条件和解决实际问题，为政法机关履行职责创造良好环境和条件。

【政法工作会议】 2011 年 1 月 18 日，在玉溪会堂召开。会议由副区长、公安红塔分局局长王伟主持。区委书记夏立、区长杨兴荣、区委副书记李刚、区人大主任毕继芬、区政协主席杨德运、区政法委书记王文平等出席。区政法委委员，各乡（街道）党（工）委书记、乡长（主任）、政法专职副书记、综治维稳办专职副主任以及区政法部门中层以上干部，市属、区属内部单位分管领导和负责综治维稳工作人员，受表彰的单位和个人，共计 420 余人参加。

会上，区委书记夏立洪作讲话，肯定了全区政法维稳工作取得的成绩，对社会稳定面临的形势进行了透彻分析，并从落实第一责任、深化“三项重点工作”、加强队伍建设三个方面提出了要求。区政法委书记王文平作《深化三项重点，服务科学发展，为实现“十二五”良好开局提供坚实保障》工作报告。区长杨兴荣宣读表彰决定，表彰了 38 家 2010 年度社会治安综合治理工作先进单位和铁路护路先进单位，表彰了 2010 年度防范和处理邪教工作先进单位，表彰了 4 名见义勇为先进个人。

最后，夏立洪代表区委、区政府与各乡（街道）和区属内部单位、市属内部单位代表签订 2011 年度社会治安综合治理维护稳定目标管理责任书。

【排查化解矛盾纠纷】 2011 年，各级各部门始终把预防化解矛盾作为维护社会稳定的基础性工作和重要环节来抓，切实履行维护社会稳定第一责任，排查化解影响社会稳定的突出问题，基本实现了“矛盾少、秩序好、发展快、社会稳”的目标。

区委、区政府多次召开会议，专题研究维护社会稳定问题，成立了维护“两会”期间及今后一个时期社会稳定领导小组，各乡、街道均成立相应领导机构。区综治维稳委员会组织维护社会稳定工作督查组，对基层综治维稳工作进行督促指导，重点督查落实化解影响社会稳定突出问题和社会管理创新情况。实行季度工作例会制度，推动和促进综治维稳工作。各级各部门针对拖欠农民工工资、房屋拆迁、农村土地征用、国有企业改制、部分军队退役人员安置、劳动和社会保障等重点问题，以及可能在节日和“两会”“七一”期间制造事端的重点人员进行集中排查。对排查出来的矛盾纠纷，明确责任领导、责任单位、责任人员和化解时限，综合运用政策、法律、经济、行政等手段和协商、疏导、听证等方法及时加以化解，确保节日和“两会”“七一”期间社会稳定。

为有效化解医疗纠纷，10 月 13 日，红塔区与玉溪市联合成立了红塔区医疗纠纷调解促进会，下设医疗纠纷调处中心，专门处理医疗纠纷事件。

【落实“两项制度”】 区综治维稳委员会把社会稳定风险评估和维护社会稳定预警工作制度写进 2011 年度综治维稳责任书，将贯彻落实“两项制度”情况纳入综治维稳目标责任考评体系，作为领导干部绩效考评的重要内容，从制度上规范和促进“两项制度”的开展。

各乡、街道和各单位把该项工作作为维护社会稳定的重中之重工作来抓，对涉及人民利益的重大决策、政策和重大建设项目、改革措施、重大活动等事项进行社会稳定风险评估，做到应评尽评，不评估不决策、不审批不实施，把矛盾隐患消除在初始阶段。

2011 年，共计开展社会稳定风险评估 9 次，发出维护社会稳定预警通知 9 次。

【基层综治维稳信访中心规范化建设】 加强基层综治维稳力量。对各乡、街道政法副书记及综治维稳办专职副主任进行调整，全部配备到位，督促各乡、街道配备综治维稳专干；各乡、街道按照区委、区政府《关于加强和规范全区群防群治力量的通知》要求，落实协警人员的配备及其工资和津贴保障，进一步加强群防群治力量。

推进综治维稳信访中心规范化建设。区综治维稳委员会下发文件，在全区全面推广研和街道“大调解”工作试点成功经验，要求各乡、街道因地制宜、结合实际进行规范化建设；各乡、街道立足于中心的长效建设，以制度化、规范化为要求，统一硬件标准、统一各项规章制度、规范工作流程、健全工作机制，整合各相关职能部门，搭建了集综治、司法、信访、调解为一体的“一站式”工作平台。

在“联”字上下功夫，构建起矛盾纠纷联调、社会治安联防、社会管理联抓、内部管理联勤的“四联机制”，实行统一受理群众来访、统一答复口径、统一调查处理、统一出具处理意见，充分发挥综治维稳信访中心在化解基层社会矛盾中的龙头作用，努力为基层矛盾纠纷的解决提供“一站式”服务。

各乡、街道不断创新矛盾纠纷调处的新路子、新方法。北城街道对部分特殊困难上访人员，用好息访罢诉资金及困难补助、临时救济、农低保、干部捐资等资金，使一些长期信访，但依据政策不能解决的问题得到解决。春和街道坚持交办和限期办结制度，对各村摸排出来的不稳定因素严格按照“五个一”的要求及时交办。凤凰街道在推进重点项目中，充分调研，广泛征求群众意见，沟通在先，化解矛盾在先，力求减少同类型矛盾的发生。各司法所及时化解土地流转、征地拆迁、村务管理、物业纠纷等容易引发集体上访、越级上访的矛盾纠纷，将矛盾纠纷化解在基层。

2011年，各级调解组织共计调解纠纷1 498件，调解成功1 466件，成功率97.9%；防止群体性上访40件2 209人，防止民转刑纠纷15件73人，制止群体性械斗12件379人，防止民间纠纷引起自杀1件1人。

【综治维稳宣传月】 为纪念《关于加强社会治安综合治理的决定》颁布20周年，2011年3月1日，市、区综治维稳委员会在聂耳音乐广场举行“综治维稳宣传月”活动启动仪式。围绕“倡导见义勇为，弘扬社会正气”和“平安创建人人有责、和谐社会全民共享”主题，各乡、街道和各部门开展了一系列宣传活动，旨在提高群众对综治维稳工作的知晓率和满意率，倡导见义勇为行为，巩固“创建平安、人人参与，维护稳定、人人有责”局面。

【推进社会管理创新】 始终坚持以人为本，转变理念和职能，强化服务，从控制型管理向服务型管理转变，提高社会管理的科学化水平。加强流动人口服务管理工作，推进实有人口动态管理。

2011年，开展常住人口信息数据采集维护工作，共计登记常住人口15.7776户，42.5675人。

强化对重点人口的管理，确定高风险、一般风险等重点管理对象。

推动流动人口“一站式”服务管理。在全市率先推行由财政出资招聘流动人口协管员，分配到各乡、街道专司流动人口管理工作的模式，开展流动人口基本公共服务均等化试点工作。成立了试点工作协调领导小组，区委、区政府与11个乡、街道及有关单位签订工作责任书，将责任目标完成情况纳入社会治安综合治理工作考核内容。

加强特殊人群帮教管理工作。利用社会资源，协调各职能部门，开展社区矫正工作。年内，开展集中教育2 030人次，未发现有脱管、漏管的现象。以探索开展对刑释解教人员“必接必送”为重点，以“真情一帮一，携手助回归”等“五个一”帮扶活动为载体，做好安置帮教工作。

大力整治突出治安问题。抓住排查、整治、管控三个关键，开展打击赌博专项行动、网吧超时经营专项整治、“扫黄打非”整治行动、旅店业入住旅客登记不实等专项整治行动，加强对重点行业、领域的排查整治，切实解决影响群众安全的治安问题。

加强对非政府组织和虚拟社会的管控力度，强化交通管理整治，严格大型活动安全监管和保卫工作，圆满完成了“两节、两会”“聂耳音乐合唱周”、庆祝建党90周年系列活动等安全保卫任务。

【司法体制和工作机制改革】 2011年，红塔区政法各部门继续强化对执法权、司法权的监督制约，深入推进执法规范化建设，维护社会公平正义，确保公正廉洁执法。

公安红塔分局加强规范化建设，规范执法场所建设，配备执法记录设备，落实涉案财物管理要求。强化执法教育培训，提高执法能力。推进执法信息化建设，开展网上执法办案、网上执法监督、网上考评考核、网上执法服务，提高执法办案质量和提升执法办案透明度。

区检察院组织干警参加专题学习培训，开展各类正规化岗位练兵和业务竞赛。加强信息化建设，与全省的局域网进行对接，实现了网络不间断工作。

区法院完善审判管理制度，创新审判管理机构，推进集诉讼服务、审判管理“两位一体”的机构设置。开展行政案件简易审试点，推动民事案件小额速裁试点，及时化解民商纠纷。全面推行量刑规范化，法律效果、社会效果明显。

区司法局以建设服务性机关为目标，全面推行法制政府、阳光政府、责任政府、效能政府四项制度，进一步提高服务发展、服务基层、服务群众的水平。年内，发布重要事项公示1项，举行重大决策听证1项，公布政务信息19条，首问首办各类服务承诺事项40件，未收到群众投诉。

【主题教育实践活动】 2011年，按照中央政法委关于在政法机关开展“发扬传统、坚定信念、执法为民”主题教育实践活动要求，红塔区政法部门把主题教育实践活动与“创先争优”活动结合起来，与纪念建党90周年系列活动结合起来，与深入推进“三项重点工作”结合起来，将密切联系群众、解决突出问题贯穿于主题教育实践活动的始终，采取多项措施，确保活动扎实开展并取得实效。

区法院结合“创先争优”活动，在窗口单位开展“四亮四评”活动，把做好服务，推动发展作为活动要求，以亮流程、亮身份、亮职责、亮承诺作为活动内容，设立各种便民利民措施，引导来访当事人进行快捷、便利的诉讼。

区检察院组织干警到烈士陵园开展“祭奠英烈、重温入党誓词和检察官誓词”活动，组织党员开展公开承诺、评星授旗活动，增强主题教育实践活动的吸引力、感染力、影响力。

公安红塔分局坚持把治理庸、懒、散问题作为加强民警队伍作风建设的突破口，围绕群众关注的“热点、难点”问题，坚决纠正损害群众利益的不正之风。

区司法局以开展“五学五比杨善洲”“四进四亮四评四比”等主题实践活动为契机，自查自纠和集中查处存在的问题，提高法律服务工作者执业水平，优化法律服务环境。

区政法委组织100名政法干警参加“红心向党·颂歌嘹亮”——纪念建党90周年大型合唱比赛，讴歌党的伟大功绩，增强政法干警的责任感和使命感，坚定理想信念。

【处理涉法、涉诉信访案件】 2011年，红塔区政法各部门按照中央政法委的要求，继续开展集中清理涉法、涉诉信访积案活动。

区政法委加强对重大疑难案件和群众反映强烈的执法问题的协调解决，督促涉法、涉诉非正常信访问题及时有效解决。牵头组织上报第二批申请特殊疑难信访专项资金救助的信访案件，使用特殊疑难信访专项资金解决一批涉法、涉诉信访积案，解决好特困当事人的问题。至年末，上级交办的20件涉法、涉诉信访案件，除1件外，其余19件已经分别息诉、销案、终结。

【铁路护路】 2011年，以确保列车安全畅通和铁路治安秩序良好为目标，继续推行铁路护路联防承包责任制，加大护路宣传工作，认真开展“爱路护路宣传月”活动；排查铁路沿线矛盾纠纷、突出治安问题及安全隐患，开展综合重点整治，营造安全、稳定、畅通、和谐的铁路运输环境。

（邓 彪）

公 安

【公安红塔分局】 2011年，玉溪市公安局红塔分局（以下简称：公安红塔分局）按照区委三届八次全会把建设“社会治安先进县（区）”纳入红塔区“十二五”规划和“把红塔区率先打造成滇中最具安全感的地方”要求，围绕建党90周年庆祝活动安保中心工作，严厉打击各类刑事犯罪活动，滚动整治治安乱点和打击各类违法行为，深入推进第三轮禁毒人民战争，依法打击各类经济犯罪活动，深入推进“三项重点工作”和“三项建设”，全面加强队伍教育训练工作，狠抓队伍理想信念教育，增强民警执法为民观念。全年全区未发生严重影响国家安全和社会稳定的重大案（事）件，严重影响人民群众安全感的八类主要案件同比下降4%，命案下降14%。公众安全感率达到96.9%，比上年提升0.8个百分点，公众对治安状况的满意率达到98.7%，比上年提升1个百分点。

受理群众报警、求助等案（事）件32 780起，处置32 548起，与上年同期相比，受理数上升8.9%，处置数上升8.3%，其中：违法犯罪案件报警13 570起，占报警案件的41.4%；纠纷报警4 292起，占13.1%。受理行政案件11 331起，与上年同比增加2 093起，上升22.7%；立治安案件7 983起，交通违法案件3 231起，立刑事案件6 835起（中心城区立案4 538起）。

有667篇（条）新闻稿件被各级媒体采用。有1个部门荣立集体二等功，6个部门荣立集体三等功；2名民警荣立个人二等功，19名民警荣立个人三等功，112名民警受到嘉奖，41名民警受到省厅及市委、市政府和区委、区政府表彰奖励。分局被省公安厅评为全省“大走访”先进集体。

年末，全局有民警542人，工人18人。

【安全保卫】 2011年，以纪念建党90周年活动安保工作为中心，全面梳理需要密切关注的12条情报信息，掌握影响稳定信息427条，上报《公安快报》101期；深入开展各个领域不稳定因素的调研排查，完成专项调研18项；出动警力2 789人次，加强党政机关和关系国计民生的重点要害部位的防控，发现不安全隐患102处，及时整改65处，下发《整改通知书》5份，提出整改建议36条。检查行业场所317家（次）、重点单位125家（次），整改治安隐患47起；按照“五定一保”（定时间、定人员、定岗位、定任务、定责任，确保安全）的原则，完成各类大型活动安全保卫88场（次），圆满完成“两会”“中国聂耳音乐（合唱）周”和“纪念建党90周年”等活动的安全保卫工作。

【三项重点工作】 2011年，紧紧围绕公安现实斗争，坚持“立足当前、着眼长远，整体推进、重点突破”的原则，不断推动“三项重点工作”向纵深发展。

社会矛盾化解。坚持每周、每月、每季排查、化解、研判和报告制度，确保社会矛盾早发现、早控制、早解决。全年调解处置纠纷类警情1 455起，排查各类矛盾纠纷（含民间纠纷）2 203起，化解1 727起；按照“诉求合理的解决到位，诉求无理的思想教育到位，生活困难的帮扶到位”原则，加强解释疏导和教育稳控工作；办理信访件87件，其中：受理涉法、涉诉信访件20件，接待群众来信来访35起54人次，办理市长、区长热线交办件32件，办结85件，办结率97.7%。

社会管理创新。严格执行新申办旅馆和换证旅馆行政许可审批、检查制度，受理旅馆业新申办换证177家，办结177家；督促旅馆落实旅馆业信息系统、视频监控系统建设，系统安装率达到100%；加强废旧金属收购站点控制，开展集中行动4次，对96个废旧金属收购站点进行清理检查，清查废旧金属收购点139家（次），17家因不按规定收购和上传信息被要求停业整顿；强化娱乐场所监管，对辖区内的45家歌舞娱乐休闲康体服务场所逐一检查，对12家存在问题的场所下发《整改通知书》，督促7家未聘用专业保安人员、18家监控设备达不到规范标准、32家从业人员登记不全和营业日志不规范进行了整改。以不参与危害国家安全和社会政治稳定活动为前提，加强对区内非政府组织的管控力度，收集掌握活动信息33条。

公正廉洁执法。积极争取区委、区政府支持，投入资金83万元，改造、建设询问室、讯问室、候问室49间，“三室”安全防范装置和报警、同步录音录像设备配置安装率达100%。投入资金19.20万元，为一线执法办案民警配备单警执法记录设备300个，配备率达68.3%；强化执法主体建设，组织执法规范化培训1 313人次；抓住重点环节，全面推行涉案财物统一管理制度，建立健全涉案财物监督机制，有效规范基层公安机关及民警的执法行为。全面开展网上执法办案、网上执法监督、网上考评考核、网上执法服务工作，切实强化执法工作事前、事中、事后的全程监督。全年通过警综平台办理刑事案件7 630件，行政案件3 847件，经济案件94件，入网率达100%。法制部门通过网络平台受理各类案件3 254件（次），4 747人次。

【信息化建设】 2011年，投入资金151.40万元，加大信息化基础设施建设。民警计算机配备率、社区民警笔记本电脑配备率、民警数字身份证拥有率和二代身份证阅读器配备率均达到100%。

以“大情报”平台为龙头，提升民警信息化应用水平。全年接收“大情报”平台信息12 268条，按时处置反馈2 678条，签收核实率100%。通过落地查处，抓获在逃人员102名（其中命案在逃1名），查获吸毒人员117名。

继续落实警综平台数据三级审核把

关制度，发布通报217期、每周综合研判52期。录入警综平台执法办案信息11 571条，其中：录入破案信息1 825条，现场勘查信息3 404条，违法犯罪人员信息832条；录入指掌纹信息5 291份，远程查询比对19 221次，查中犯罪嫌疑人112名，直破案件184起，协破720起；采集录入嫌疑人、失踪人员亲属、未知名尸体、被拐卖儿童人员DNA数据2 216条，查中案件及嫌疑人52起50人，串并案件11串32起；利用痕迹物证串并案34串87起，破获17串41起。民警应用信息化手段开展打击、防范、服务、管理等方面的技能明显提高，全局结合实战，依托警综平台、情报平台等信息化运用系统，提炼总结的"关系人员信息追逃五步工作法""视频监控分析研判法"在全省公安机关进行了交流。由于信息化建设、运用能力突出，分局被云南省公安厅确定为"全省公安信息化建设示范单位"。

【刑事侦查】 2011年，先后开展了"春季攻势""打击突出刑事犯罪和整治突出治安问题专项行动"、打击"两抢一盗"、打拐等一系列专项行动，实现了对刑事犯罪及时、精确、有力、持久打击。

全年破获各类刑事案件2 523起，比上年增加87起，上升3.6%，其中：破获当年案件1 825起，破获往年案件565起，协助外地破案133起。通过破案，抓获犯罪嫌疑人828人，其中：刑事拘留644人，逮捕395人，移送起诉703人。打掉各类犯罪团伙58个239人，涉案678起，缴获汽车12辆、摩托车29辆、电动自行车26辆等一批赃物，折合价值506万元。深入推进打黑除恶专项斗争，成功打掉了以师某为首，长期在中心城区娱乐场所寻衅滋事、敲诈勒索的恶势力犯罪团伙，共计破获刑事案件22起，抓获犯罪嫌疑人14人；树立"命案必破"意识，及时侦破当年命案12起，年前命案积案5起，抓获犯罪嫌疑人18人，继2007年之后，再次实现"命案全破"目标；破获伤害、强奸、抢劫等八类重点案件122起，抓获犯罪嫌疑人193人；破获"两抢一盗"案件2 161起，抓获犯罪嫌疑人614人，打掉"两抢一盗"犯罪团伙48个199人；破获盗窃汽车、摩托车、电动自行车案件1 211起，抓获犯罪嫌疑人413人，打掉犯罪团伙35个183人。

【查处行政案件】 2011年，紧紧抓住"党委政府关心、社会舆论关注、群众反映强烈"的突出治安问题，先后开展了研和工业园区专项整治、打击黄赌毒违法犯罪专项行动、打击整治利用电子游戏机赌博违法犯罪、网吧超时经营专项整治、旅店业"四实"登记专项整治、"打四黑、除四害"等行动。

查处行政案件9 170起，查处率81%，其中：查处治安案件5 823起，查处率73%；查处违法人员6 547人，治安拘留1 011人，占被处罚人员总数的15.44%。破获治安类刑事案件14起，抓获43人，其中：侦破涉赌刑事案件1件3人，刑事拘留3人；侦破介绍容留妇女卖淫刑事案件1起。查处涉赌治安案件31起142人，其中：治安拘留80人，收缴博彩型游戏机1 947台。查处涉黄案件18起35人。打掉各类"黑窝点"15个117人，行政拘留78人。

【禁 毒】 2011年，通过开展"双项查缉"、打击新型毒品违法犯罪、"11·1"打击整治零星贩毒、"8.31"专案、"夜鹰行动"等专项行动，破获毒品刑事案件78起（其中重特大案件6起，零星贩毒案件62起），同比增加16起，上升25.8%；抓获毒品犯罪嫌疑人64人，缴获毒品11.99千克。

开展收戒吸毒人员专项行动，收戒吸毒人员439人，其中强制隔离戒毒173人，完成上级下达任务的84.4%。捣毁吸食新型毒品窝点10个，抓获吸毒人员45人。联合文化、工商部门对44家歌舞娱乐场所进行4次专项整治，对场所内从业和服务人员开展AC尿液检测250人次。受理易制毒化学品许可备案1 910份，通过1 410份。开展禁毒宣传教育，发放各类禁毒宣传资料20余万份，张贴禁毒标语、举报奖励办法和宣传画14 030份，展出展板1 580块（次），通过电视台播放禁毒宣传标语100条（次）、公益广告24条（次）、新闻120条（次）。

【打击经济犯罪】 2011年，开展打击银行卡犯罪"天网"行动，破获陈某妨害信用卡管理系列案（该案被省厅确定为督办案件）、张某信用卡诈骗系列案，抓获犯罪嫌疑人2人。开展打击侵权伪劣商品犯罪的"亮剑"行动，破获假冒"瑞泰"牌塑钢型材案件1起，抓获犯罪嫌疑人金某。查堵无准运证运输烟叶181吨，非烟、假烟549件，案值482万元。在区政府"打传"领导小组统一指挥下，开展整治打击传销行动，查获传销窝点32个87人。开展防范经济犯罪宣传活动，向群众发放"警惕非法集资、防范假币犯罪、防范信用卡诈骗"等预防经济犯罪宣传资料1.50万份。

受理经济犯罪案件92起，立案56起，破48起（含往年案件1起）；通过破案抓获犯罪嫌疑人24人，其中：刑事拘留18人，逮捕8人，移送起诉8人，缴获赃物折款价值313万元。

【清网行动】 2011年6月至12月底，公安红塔分局按照公安部的部署开展"清网行动"，组织民警外出追逃，深入逃犯家中做好规劝工作，全力打好"攻坚战、信息战、攻心战、基础战、协作战"，取得显著战果。共计抓获行动前网上逃犯35名，清网率达71.4%，其中：投案自首13人，通过其他工作抓获22人。协助外地公安机关抓获行动前网上逃犯12名。成功抓获省厅限时督捕逃犯赵庆友、范仕才和潜逃16年的命案逃犯孙长忠等；抓获命案逃犯8名，成功破获命案积案4起，顺利实现了"清网行动"行动前网上在逃人员总量力争下降70%左右，历年网上在逃人员、命案逃犯的抓捕率明显上升，网上在逃人员信息质量、网上追逃工作规范化水平和全警追逃破案能力大幅提高的"一降二升三提高"目标。

【道路交通管理】 2011年，公安红塔分局交警大队紧紧围绕"降事故、保安全、保畅通"目标，认真落实事故预防工作措施，保障道路交通的安全、畅通。深入乡镇、企业、学校、村委会进行交通安全讲座160次，摆放宣传展板186场（次），挂图巡展85场（次），光盘播放84场（次），组织"四支队伍"利用村广播宣传78次，刊出黑板报45期，发放宣传资料3.20万份。向中央、省、市级报刊、电视、广播、网络等新闻媒体发表各类交通安全宣传文章220篇，受教育群众15万人次。与辖区内的11家客运单位和7家危险化学物品运输单位签订《客运交通安全责任书》11份、《危险化学物品运输安全责任书》7份。开展集中整治"三超一疲劳"行动，设置固定测速点6个、流动测速点6个、临时检查点4个，开展各类专项行动65次，登记检查客运车辆2 550辆、校车86辆，检查大型货车3 657辆、危化品运输车259辆，查处各类交通违法行为12 766起，记分6 545人次，查扣违法机动车

225 辆。完成导流标线、箭头、人行横道等标线施划 19 千米。在群众反映比较集中的省道 102 线高仓至哨坡路段安装 6 套超速违法电子自动抓拍系统；在省道 102 线与白龙路、东风南路交叉口及北城街道荣昌花园路口安装 2 套闯红灯自动抓拍系统；启用异地交通违法处理系统等设施建设；安装 21 条减速丘、12 块提示牌、6 盏太阳能黄闪灯和 2 套爆闪警示灯。整治交通事故频发路段，完成隐患路段排查、整治 16 处。

处理各类交通事故 1 896 起，造成 50 人死亡，1 350 人受伤，直接经济损失 224.64 万元，其中：统计范围内一般程序处理的道路交通事故 24 起，造成 20 人死亡，19 人受伤，直接经济损失 31 350 元；统计范围内一般程序处理的道路交通事故四项指数与上年同期相比，事故次数上升 26.32%，死亡人数上升 11.11%，受伤人数上升 5%，经济损失下降 53.46%，没有发生 1 次死亡 3 人以上的特大道路交通事故；发生逃逸交通事故案件 12 起，告破 8 起；对道路交通事故责任者追究刑事责任移送起诉 14 人，刑拘并转捕 2 人，取保候审 12 人，吊销驾驶证 7 本，行政拘留 1 人，罚款 800 余人次，办理醉驾刑事案件 46 起。

【户籍管理】 2011 年末，全区登记常住人口 157 776 户，425 675 人，16～45 周岁常住人口信息全年变更一次的 155 672 人，占 78.2%；二次变更以上的 124 300 人，占 62.49%；新增流动暂住人口 37 401 人，注销 66 794 人，实际登记在册 78 097 人；新增出租房屋 14 105 户，注销 4 098 户，实际登记在册 9 753 户。

户籍管理以常住人口信息数据维护，更换常表等工作为主。办理第二代居民身份证 25 249 证，办理临时居民身份证 6 075 证，办理迁移落户 4 270 人，网上办理迁移 2 899 人；积极推动流动人口“一站式”服务管理工作，在各社区、街道成立 16 个流动人口综合服务站，按照 500∶1 的比例配置 109 名流动人口专职协管员，全面落实流动人口管理各项工作措施。全年办理居住证 89 140 本，采集流动人口数据 203 759 条。

【网监业务】 全面加强网络管理，着力提升网上发现、侦察、控制和处置能力，实现对区内 66 家网吧的网上动态管理，加强网吧实名上网登记等。

2011 年，发现上报各类互联网有害信息 1 436 条，被有效处置 1 207 条，被部、省、市采用 1 069 条；上报并处置本地舆情 230 期；在网络重点社区经营虚拟身份 10 个，发表主题帖 560 条。完善“高鼓楼社区”警务室警务动态、安全防范、网上受理、警民互动等栏目建设，使之成为网民与公安机关互动的重要平台。通过互动，办理配侦案件 57 起，抓获逃犯 65 人。

【治爆缉枪】 2011 年，按照“不打响、不炸响，不发生剧毒放射物品丢失、被盗引发重大案（事）件”的要求，积极开展“治爆灭枪春季攻势”“打击射钉枪专项行动”“严管严查爆炸物品百日专项行动”等各项行动，全面加强对区内 1 家涉爆单位、45 家爆炸物品被服务单位、60 家剧毒物品使用单位、8 家枪支弹药使用单位、3 家石化企业 47 个加油站、24 家易制毒化学品经营使用单位的检查整治力度。对涉爆单位从生产、购买、运输、储存、使用、回收等各个环节每月进行全面检查，及时发现、整改安全隐患；对佩枪人员做到人、枪、弹、证逐一核查，未发现违规违法持有或使用情况。

全年审批爆炸物品 178 次，查处非法储存危险物质案件 5 起 7 人、拘留 7 人，收缴烟花爆竹 1 008 箱；收缴民用炸药 5.20 千克，各类民用枪支 19 支、子弹 747 发，改装射钉枪 40 支，仿真枪 57 支，各类管制刀具 215 把。

【校园安全】 紧紧围绕“建设安全稳定校园，维护师生平安和谐”总体目标，在开展辖区校园内部物防、人防、技防基础上，创新工作机制，严格落实工作措施，结合辖区实际认真研究校园安全问题，及时制定加强校园及周边治安秩序工作 7 项措施：整治校园突出治安问题，加大校园案件查处工作，加强重点人员管控，提高校园及周边见警率，落实校园门卫制度，开展校园法制宣传，推进校园技防设施建设。

2011 年，出动警力 12 321 人次，开展校园周边巡逻守护；检查中小学校、幼儿园 282 所，发现隐患 265 处，督促整改 136 处，限期整改 59 处；收缴管制刀具 24 把、仿真枪 31 支及大量塑料子弹。清查检查校园周边娱乐场所、游戏机室、网吧等公共场所 327 家（次）。发放宣传材料 3.50 万份，受教育师生 9 万人次。

【构建和谐警民关系】 2011 年，围绕“大走访”开门评警活动，采取社区民警进社区、治安民警进场所、国保和经侦民警进厂矿、法制民警回访信访当事人、监管民警回访在押人员家属、刑警回访受害人、交警回访服务对象等形式，向困难群众送出慰问金 2 万元和部分食物。利用外出务工人员返乡时机，集中时间采集“二代证”信息，对部分残疾人、老年人实行上门服务。交警大队结合多年在摩托车考证工作中取得的经验，创新工作举措，实行考前预约，开展驾考下乡、派出所代发驾驶证等活动。结合“三下乡、四进社区”活动，分局抽调民警 40 余人组成工作队，精心制作交通、消防、法律法规和防范犯罪等内容的展板 120 块，举办宣传 12 场，发放宣传资料 15 万份，发放《征求意见表》4 000 余份，收集各类意见和建议 84 条。指挥中心坚持每天回访“110”警情，共计回访“110”报警人 2 676 人次，获取意见和建议 237 条，并得到落实。创新走访形式，利用网上“高古楼社区警务室”收集网民意见，共计有网友发布主题 1 925 个，跟帖 41 249 条，问题涉及执法规范化、户籍、扒窃等，分局用 75 个专题进行了回复，收到网民满意回复 5 500 余条；受理网民投诉举报案件线索 20 条并进行了查处，做到“网上问题、网下解决，网上交心、网下服务”。

【教育培训】 2011 年，加强教育训练工作，开展信息化应用技能练兵。年初，对 505 名民警进行信息化应用培训摸底测试；3 月，组织 60 余名民警参加市局组织的县（区）民警信息化应用技能抽查考试；8 月，按照省厅“不懂信息化应用的领导将失去指挥权，不会信息化应用的民警将失去工作岗位”的要求，对全局 92 名领导干部开展信息化应用技能培训和考试，提升领导干部信息化管理和应用水平。组织民警参加省厅“每月一考”学法用法活动，参学率 99.6%；参加“云警大讲坛”学习活动，参学民警 2 000 余人次；认真落实“三个必训”，组织民警参加公安部调训 2 期 2 人，省厅调训 20 期 26 人，市局培训 6 期 116 人，分局培训 21 期 1 722 人；4 月 12～18 日，在玉溪国防训练基地组织 167 名民警进行为期 7 天的封闭式整训，开展以宗旨意识教育、养成教育、纪律作风教育和公安业务、队列、射击等为主要内容的培训。

【内部监督】 2011 年，以集中开展涉案财物管理问题专项治理为主线，完成现场督察任务 565 次，其中：对各类专项行动、专项清查等重大警务部署活动现场督察25次；警容风纪督察90次；警用车辆督察123次；民警使用武器、警械督察46次；民警文明执勤、执法状况督察167次；其他督察任务114次。受理各类投诉案件29起，比上年减少1起。从查处情况来看，仅有2起属实，未发现民警有违规违纪行为。办理2起妨害公务刑事案件，处罚7人；办理12起阻碍执行职务治安案件，处理17人，确实维护执法民警的合法权益。

（张成鸿）

检　察

【红塔区检察院】　坚持“强化法律监督，维护公平正义”工作主题，围绕中心，服务大局，深化“三项重点工作”，扎实推进各项工作。

2011年，立案侦查职务犯罪案件16件20人，挽回国家经济损失184.82万元；受理提请批准逮捕各类犯罪嫌疑人620人，经审查，依法批准逮捕420人；受理审查起诉犯罪嫌疑人884人，经审查，向区法院提起公诉614人，报送市检察院审查起诉31人；受理各类举报12件14人、控告20件22人、申诉及其他50件85人，所受理案件已全部妥善处理。

保持了省、市、区三级“文明单位”称号，被省检察院评为“涉烟案件先进单位”，被区委、区政府评为“社会治安综合治理先进单位”，控告申诉接待室连续第二次被最高人民检察院评为“全国检察机关文明接待室”，“12·26”专案组被市检察院评为“2010年度查办大案要案先进集体”并荣立集体三等功，1人被省委、省政府评为“禁毒人民战争先进个人”，1人荣获“云南省侦查监督优秀检察官”称号，3人被评为红塔区优秀政法干警。

【领导·机构】　2011年，区检察院领导及机构组成情况：

检 察 长　杨燕晨

副检察长　李建新　赵　旭（挂职）

内设机构：公诉科、侦查监督科、职务犯罪预防科、控告申诉检察科、民事行政检察科、检察技术科、环境资源保护检察科，政治处，纪检组，反贪污贿赂局、反渎职侵权局，办公室（含法警大队）、驻看守所检察室、人民监督员办公室14个部门。

有政法专项编制74人。年末在编71人，在岗70人。

【职务犯罪侦查及预防】　2011年，坚决贯彻中央关于推进新形势下反腐倡廉建设的决策部署，自觉把查办职务犯罪工作纳入全区反腐败的总体格局之中，关注本地社情、民情、舆情，积极参与重点行业治理，深入职务犯罪案件易发、多发的热点行业以及新经济领域进行线索摸排、评估和初查，加大查办大案要案以及危害民生、民利的案件力度。

立案侦查发生在公路交通系统、烟酒行业的贪污贿赂犯罪案件12件16人，涉案金额878.68万元；发生在民政、安全生产监管部门的渎职侵权犯罪案件4件4人。办案数量、质量和效果得到有机统一，为国家挽回经济损失184.82万元。

在坚决查办职务犯罪案件的同时，按照“惩防并举”要求，不断加大职务犯罪预防工作力度。对建立廉政共建联系点单位开展指导联系9次，深入机关、企业、基层开展预防宣传教育活动20场（次），受理并答复预防咨询13件，形成预防调查报告14份、案件分析报告4份，帮助相关单位建章立制11项，开展行贿犯罪档案查询290件。主动会同有关部门对项目建设和资金使用情况依法进行监督，对区内15个重点项目和“民心工程”开展同步预防。在深刻剖析红塔区职务犯罪案件成因、规律和特点基础上，形成《2010年度预防职务犯罪综合报告》，对如何预防并远离职务犯罪提出了具体的对策和建议，得到区委、区人大领导的批示和肯定。

【诉讼监督】　2011年，认真履行对诉讼活动的法律监督职能，增强监督意识，完善监督机制，加大监督力度，促进严格执法和公正司法。对侦查机关应当立案而不立案的，督促立案3件4人；对不应当立案而立案的，督促撤案1件3人；对侦查活动违法的，发出《纠正违法通知书》6份；对应当提请逮捕而未报捕的，向侦查机关发出《应当逮捕犯罪嫌疑人意见书》21份；对5件疑难、复杂或社会影响较大的案件提前介入引导侦查；对侦查机关移送审查起诉的案件，经审查后认为符合不起诉条件的，依法作出不起诉决定；对事实不清、证据不足的，退回补充侦查99件219人；对已构成犯罪而侦查机关未予认定的，追加起诉漏罪27个、漏犯4人。

全面加强和改进刑事审判法律监督工作，在提高法律监督能力、增强法律监督实效、解决司法不公等问题上下功夫。对起诉意见书、起诉书、判决书进行“三书会审”332件，向法院提出量刑建议67件，对法院确有错误的刑事判决提起抗诉2件，1件已获改判。强化对民事审判活动和行政诉讼活动的法律监督，积极探索民事执行监督，以维护案件当事人合法权益，受理并立案民事行政申诉案件33件，其中：支持督促起诉案件4件，执行监督案件3件，建议上级检察机关提起抗诉3件，其余非抗诉案件均得到有效处理。

【监所检察】　认真开展监所检察工作，确保看守所监管秩序稳定，保障刑事诉讼活动顺利进行。

2011年，与看守所、武警中队召开联席会、狱情分析会12次，交换意见24次，客观分析研究监所管理工作中存在的问题，督促整改；参与看守所监区安全大检查15次，检查禁闭、戒具使用情况66人次，消除安全隐患；对在押人员进行个别教育谈话122人次，解答法律咨询356人次，向办案部门发出预警及催办意见71人次；对1起判决生效但法院未向看守所发出执行通知导致2名罪犯未能及时交付执行的情况，及时向法院发出《纠正违法通知书》；对1件罪犯脱逃案，及时展开调查并向法院提起公诉，有效震慑了犯罪，维护了监管秩序。

认真研究监外执行检察和社区矫正法律监督工作的特点和规律，定期对监外执行活动和社区矫正工作进行检查。联合区司法局深入辖区内11个司法所，对402名社区矫正对象的管理、帮教工作进行调研，及时了解监外执行、社区矫正执行情况，并对发现的违法行为或倾向性、苗头性问题，及时提出纠正意见，督促有关部门及时进行改进，促进社区矫正工作的规范化运行，减少监外执行罪犯托管、漏管现象的发生，降低重新违法犯罪的可能。

【控告申诉检察】　2011年，受理各类举报12件14人、控告20件22人、申诉及其他50件85人，均已妥善处理。

做好对来访群众的解答咨询、思想疏导和政策法律教育等方面的基础性工作，对“两节、两会”期间有关人员进行有效稳控，依法及时处理了一批群众反映强烈的实际问题。积极推进刑事被害人救助工作，及时兑付司法救助金，帮助刑事被害人解决实际困难，密切检群关系。以“温馨接待、亲情接触，政策引导、耐心疏导”为宗旨创建文明接待室，受到上级表彰。

【涉农检察】　关注农村社会治安形势，严厉打击乡霸、村霸等黑恶势力犯罪，服务社会主义新农村建设。

2011年，由检察长牵头组成的“12·26”专案组成功办理了云南省打黑办特别督办的玉溪市首例涉嫌黑社会性质组织犯罪案件，邓某、吴某等13名被告人分别被法院以组织、领导、参加黑社会性质组织罪、故意伤害罪等罪名判处有期徒刑1年零4个月到19年不等的刑罚，彻底瓦解了这个长期在农村为非作歹、大肆进行违法犯罪活动的犯罪组织，较大程度地改善了研和工业园区的社会治安环境和投资环境，赢得了当地群众和外地投资商的好评。

【全面贯彻宽严相济刑事政策】　坚持“该严则严，当宽则宽，宽严互补，宽严有度”原则，既有力打击犯罪，又维护社会和谐。

2011年，对社会舆论关注度高、人民群众反映较为强烈的犯罪嫌疑人周某某吸食毒品后意识不清，无证驾车造成2名行人被撞当场死亡，另外2名行人受伤一案，及时以危险方法危害公共安全罪做出批准逮捕决定，平息了社会舆论，维护了社会稳定。对主观恶性较小、犯罪情节轻微的初犯和偶犯、过失和未成年人、老年人犯罪案件，以及因家庭邻里纠纷引发的轻微犯罪案件，依法决定不批捕或不起诉。年内，决定不批准逮捕200人，作出不起诉决定58人，既体现了司法人文关怀，又减少了社会对抗。

【文化建设】　2011年，以内部文学刊物《红检文苑》为载体，培养检察干警文学创作、书法、摄影等有益身心健康的兴趣爱好，使其在潜移默化中对中国特色社会主义先进文化产生认同；开展登山、习练太极拳、摄影比赛等有益身心健康的文体活动，使干警上班时忙有成效，下班后闲有情趣，以此培养铸就干警豁达乐观、积极向上的工作、生活态度，增强队伍的向心力和凝聚力；建设独具特色的“红检文化长廊”，用20余个主题版块，展示院风院貌，介绍检察工作，宣传廉政勤政文化和聂耳文化精神内涵，激励广大干警更加热爱祖国、热爱家乡、热爱检察事业。

（曹宏伟）

审　判

【红塔区法院】　2011年，红塔区人民法院（以下简称：区法院）深入推进“三项重点”工作，牢牢把握“为大局服务、为人民司法”工作主题，围绕“生态立区、科教兴区、工业强区、农业稳区、文化和区”发展战略，忠实履行宪法、法律赋予的职责。

受理各类案件3126件，审（执）结2930件，同比分别上升7%和6%，结案总标的1.49亿元，结案率94%。

区法院荣立集体三等功，民一庭、民三庭、春和法庭等部门及潘寿勤、滕永金等人分别受到省、市、区表彰。

【领导·机构】　2011年，区法院领导及机构组成情况：

院　长　李仕嵘

副院长　张海林　赵立清　陈红莲

内设机构：办公室、研究室、监察室，政治处，纪检组，执行局、司法行政管理局，法警队，立案庭、刑事审判一庭、刑事审判二庭、民事审判一庭、民事审判二庭、民事审判三庭、行政审判庭、审判监督庭、北城人民法庭、春和人民法庭、大营街人民法庭、研和人民法庭20个部门。

年末，在编干警93人，其中：中央政法编制69人，地方事业编制24人。

【刑事审判】　继续深入贯彻“宽严相济”司法政策，把加强刑事审判作为维护社会稳定和推进“社会治安先进县（区）”建设的重要责任。严厉打击故意伤害、“两抢一盗”、交通肇事等多发性犯罪，审结此类案件306件516人，维护公民人身财产安全；严惩危害公共安全的犯罪，自《刑法修正案（八）》实施以来，审结危险驾驶案件26件26人，切实维护道路行车安全；依法惩处贪污贿赂、挪用侵占等职务犯罪，审结此类案件17件18人，净化经济发展环境；依法审理盗伐林木、非法占用农用地等犯罪，审结此类案件8件17人，保护生态和环境资源可持续发展；有效打击毒品犯罪，审结涉毒案件39件56人，营造良好的治安环境；认真落实“教育、挽救、感化”方针，保障未成年人合法权益，审结未成年人犯罪案件62件101人；对情节轻微危害不大的罪犯，依法从宽处理，适用非监禁刑265人。

2011年，受理刑事案件461件774人，审结425件712人，同比分别上升5%和7%，结案率92%，已生效判决333件579人。

【民商事审判】　认真落实“调解优先、调判结合”的原则，积极促进经济结构调整、民生改善及社会和谐。注重民生案件的审理，审结医疗、工伤等人身损害赔偿、财产损害赔偿案件71件；妥善调处婚姻家庭、相邻关系、劳动争议等案件573件，维护合法权益，促进社会和谐；审结林业承包、农村土地流转、农业承包合同纠纷等案件24件，促进农业产业化和新农村建设；审结建设工程合同、物业服务合同、房屋买卖合同纠纷等案件157件，促进房地产市场健康发展；审结合伙协议、股权转让、股东出资纠纷等涉及企业、公司案件33件，维护债权人和中小股东合法权益，促进企业、公司管理运行机制的完善；审结保险合同、金融借款合同、民间借贷合同纠纷等案件250件，保障金融秩序和资金安全。

2011年，受理民商事案件1857件，审结1758件，同比分别上升6%和10%，结案率95%，结案标的1.23亿元。

【行政审判】　积极探索建立行政诉讼协调、和解工作机制，促进行政管理相对人与行政机关相互理解，化解行政争议；做好行政非诉案件审查工作，在确保合法性的同时，找准维护行政机关依法行政与保护公民合法权益的切入点，最大限度减少不稳定因素。

2011年，受理行政案件13件，审结13件，同比分别上升44%和63%；审查行政非诉案件4件，裁定准予强制执行4件。

【执行工作】　深入开展反规避执行专项活动，加大与公安、车辆管理、房屋管理、金融等部门协调合作，形成合力，对拒不履行执行义务且情节恶劣的当事人采取严厉措施。

2011年，通过公安预警布控系统，查找被执行人15人，执结案件7件，执结标的20余万元；通过房管、土地、车管等部门查询涉案财产200余次，通过银行查询涉案资金300余件（次），冻结、扣划涉案资金500余万元，反规避执行工作取得成效；加强立案、审判和执行环节的协作配合，形成法院内部解决执行难的合力，充分保障当事人的胜诉权；继续发挥联络员、信息员能动作用，促使被执行人自动履行232件，与申请人达成和解46件；认真落实司法救助制度，利用司法救助基金5.60万元对16名符合条件的困难申请人给予救助。

【服务大局】 2011年，区法院举办审判工作座谈会、研讨会，探讨服务和保障全区大发展格局和“十二五”规划开局的相关办法及举措，强化干警司法服务理念；选派干警参与新农村建设、昆玉铁路扩能改造、创建国家级卫生城市和省级文明城市工作等重点工程，化解大量具有对抗性、敏感性和影响社会稳定的矛盾纠纷；积极与相关部门协调对接，把涉及重点项目建设、新增长区域发展、环境保护、民生工程的案件作为审判、执行工作重点，服务全区科学发展战略大局，为实现全区“十二五”良好开局作出贡献。

根据省、市法院要求，深入开展“司法公信力大讨论”“群众观点大讨论”活动，向红塔区企业改革和发展工作领导小组提供推进企业改革和发展工作建议和意见。积极协助处理原玉溪市第一造纸厂企业改制遗留股权问题。发挥法院职能优势，开展“房屋流转法律适用问题的重点调研课题”等工作，推进全区经济结构调整进程，保障固定资产投资和重大项目建设顺利进行；针对突发事件，采取提前介入、领导亲自协调的方式妥善解决，为经济社会平稳快速发展提供有力的司法保障和司法服务。

把综治工作纳入重要议事日程，列入工作总体规划，组织干警签订综合治理和平安创建责任书，全力开展社会治安综合治理工作；积极参与市、区“六五”普法规划实施工作，为构建“大普法”工作格局建言献策；对未成年人罪犯开展判后延伸教育，有针对性地开展帮教工作；参与社区矫正工作，会同司法行政机关举办法制讲座，对社区矫正对象开展心理辅导。

【司法为民】 成立涉诉信访评估预防工作领导小组，完善“院长参与执行、调解信访工作机制”，落实初信、初访部门化解机制和首办责任制，做到凡访必复；建立案件矛盾排查和预警应急机制，发现问题及时预警，重点案件由分管院领导协调督办，切实防止非正常信访和重信、重访。

2011年，处理群众来信24件，接待来访302人次，院长接待3次3人；狠抓涉诉信访积案清理和涉执信访案件化解工作，17件涉诉信访积案办结14件，11件涉执信访案件事事有回复、件件有结果；用好专项信访资金，通过使用9.10万元资金，解决了5件涉执信访案件。涉诉、涉执信访得到稳控和化解。继续推进立案信访窗口建设，开展预约立案、电话立案等活动，为行动不便的群众开通立案绿色通道；实行亮牌示范措施，公示全院干警身份，便于群众监督；在立案庭、执行局等服务窗口推行党员先锋岗、党员责任区挂牌服务；安装电子评价系统，由当事人对法院工作人员工作作风、工作质量进行评议；坚持双休日、节假日法院干警轮流值班接待制度；继续完善假日法庭工作机制，坚持巡回办案制度，巡回审理案件136件；彰显司法人文关怀，共计为18件经济困难的当事人减、免、缓诉讼费5.10万元。

【队伍建设】 2011年，通过培育法院先进文化，树立司法核心价值观；重视思想政治教育，筑牢司法理念；加强队伍建设，提升司法能力和水平；狠抓党风廉政建设，确保司法公正廉洁，进一步加强队伍建设。

培育法院先进文化，树立司法核心价值观。继续开展动静结合、形式多样的文化建设活动。通过健身运动、工会联谊活动、办案能手评比活动等多种形式，营造团结向上氛围，不断增强干警“公正、廉洁、为民”的司法核心价值观；将廉政格言、警句以书画形式装裱悬挂在办公区，提醒法官廉洁司法、公正司法；将常用法律术语和诉讼制度悬挂在审判区，引导当事人和旁听群众明理守法。

重视思想政治教育，筑牢司法理念。坚持抓好各项主题教育实践，夯实广大干警思想理论基础。制订各种学习教育方案和实施意见，扎实深入开展“创先争优”活动和“发扬传统、坚定信念、执法为民”主题教育实践活动、社会主义法治理念再学习再教育等活动。各项活动做到“横向到边、纵向到底”，进一步夯实干警思想理念基础，促进干警“司法为民”宗旨的内化和升华。

加强队伍建设，提升司法能力和水平。着力提高法官把握运用法律政策能力、信息化应用能力、群众工作能力，继续开展各序列工作人员业务培训。组织干警参加法院系统审判业务培训100余人次；选派审判一线骨干30余人到国家法官学院、西南政法大学进修；组织广大法官赴经济发达地区法院学习先进审判管理模式；组织干警开展网上办案业务，提高一线干警整体业务水平；组织司法警察进行岗位大练兵，对干警值庭、押解、处置突发事件等重点科目进行训练，提升履职能力。

狠抓党风廉政建设，确保司法公正廉洁。贯彻执行党风廉政建设责任制的规定，认真履行“一岗双责”，签订党风廉政建设责任书；加强纪检监察力度，建立完善“三重一大”议事规则、问责办法等规定，着重加强服务承诺制、限时办结制、失职追究制等方面的制度建设；开展“读文章、思廉政、树形象”活动，将有关廉政文章印发每个部门，坚持每季度学习、每季度检查；强化案件质量督察组工作职责，严格执行错案责任追究办法；强化对干警廉洁执法情况的监督，适时提醒干警过好权力关、金钱关、人情关，约束干警思想上“不愿为”，行动上“不敢为”，机制上“不能为”。全年没有干警因违法违纪而被处分。

【审判工作改革】 2011年，实施了4项工作改革。

推进纠纷多元化解，探索和谐司法新举措。在交警部门设立道路交通事故巡回法庭，建立与保险公司执行理赔协调机制等，将调解前置于举证期间之前；创设“道路交通事故损害纠纷赔偿绿色通道”新模式，大部分在15个工作日内就能审执结，审结该类案件223件，调解和撤诉212件，调撤率93%，案结事了率80%。将调解工作从民事案件向刑事自诉案件、刑事附带民事诉讼案件等延伸，从审判环节向立案、执行、信访等环节延伸，全年调解和撤诉的民商事案件976件，调撤率56%，其中354件做到案结事了；刑事附带民事诉讼案件调撤24件，调撤率39%，其中23件做到案结事了。继续推进“大调解”工作，加强司法调解与人民调解的有效衔接，完善人民调解工作联席会议制度，共计指导和培训基层人民调解员200余人次。

全面开展量刑规范化工作，推进量刑制度改革。在试点取得成功的基础上，对盗窃、抢劫、交通肇事等15类案件全面开展量刑规范化工作。庭审中注重对量刑情节的调查，组织控辩双方针对量刑问题进行辩论，合议庭在评议案件时必须对量刑情节及适用比例进行评议。全年纳入量刑规范化的案件260件，占收案数的83.9%。和试点前的量刑实践相比没有出现波动，服判息诉率稳步提高，法律效果、社会效果明显。

开展行政案件简易审试点工作，优化审判资源。区法院被市中院指定为2011年玉溪市唯一行政诉讼简易程序试点法院。区法院邀请市卫生局、建设局和区政府法制办等近20家行政单位负责人就试点工作召开座谈会，并在广泛调研的基础上，制定《红塔区人民法院行政诉讼简易程序审理试行办法》。行政案件简易审试点各项工作进展顺利。

推动民事案件小额速裁试点工作，创新审判方式。按照云南省高级人民法院的有关要求，区法院结合自身的审判工作实际，采取多种措施，坚持繁简分流的制度，迅速开展小额速裁试点工作，最大限度地及时化解民商事纠纷，为推进民商事审判工作的改革作出积极有益的尝试。试点工作开展以来，通过小额速裁审理案件11件，均以调解结案。

【全面监督】 2011年，区法院邀请人大、政协、政法委、妇联等部门旁听案件的审理或监督执行；做好人大代表意见建议的督办和答复工作；办理好相关部门交办或转办的案件10件；继续完善人民陪审员管理、考核等相关工作，人民陪审员参与审理案件261件445人次；发送《法院工作简报》《审判信息》70余期，定期对区法院审判工作、队伍建设、司法改革、廉政建设及干警司法情况进行通报，推进司法民主建设。

（徐红伟）

司法行政

【司法工作】 2011年，红塔区司法局按照“围绕中心、服务大局”工作主题，以服务促发展，以保障促稳定，以建设促提升，进一步解放思想，转变作风，创新社会管理模式，着力化解社会矛盾，积极履行好法制宣传、法律保障、法律服务等职能作用，为维护社会稳定，促进经济和社会发展服务。

年内，区司法局被评为玉溪市人民调解工作先进集体、社会治安综合治理工作先进单位、行政效能建设先进集体、2008～2010年禁毒人民战争先进集体、司法行政宣传和调研工作获三等奖、玉溪司法行政机关成立30周年先进集体、玉溪司法行政机关成立30周年文集获二等奖、2010年度防范和处理邪教政治责任制履职优秀成员单位、司法行政工作目标考核获一等奖、党建党风廉政建设工作被机关党委考评为优秀单位，研和司法所被司法部评为“全国模范司法所”。

【法制宣传教育】 围绕司法行政工作创新发展，以构建“法治红塔”为目标，以启动“六五”普法工作为重点，以“法律六进”活动为抓手，积极创新法制宣传形式和方法。

2011年是“六五”普法启动年，区司法局以此为普法和依法治理工作重点。2月，完成《红塔区“六五”普法规划（讨论稿）》的起草；4月中旬，对《规划》进行修改、完善，向区15位主要领导、54个部门和各乡、街道发放征求意见稿，共计收集意见、建议6条；5月，召开听证会，邀请听证代表18人对征求意见稿进行论证、修改、完善；8月，《规划》经区人大和区政府第四十五次常务会议审议通过，并以区委、区政府文件的形式下发；9月，召开全区法制宣传教育工作暨“六五”普法启动会，总结“五五”普法工作经验，表彰先进，全面部署“六五”普法工作。

年内，举办领导干部法制讲座1期，400余人听讲；举办普法骨干培训班20期，5 000余人参训；组织全区8 700余名公务员参加食品药品安全方面的法律法规考试；开展各种法制宣传65场（次）；编印、发放群众喜爱的普法日历、《流动人口知识手册》《农民工维权手册》等材料1万份，发放各种宣传标语2.80万份；展出展板1 200块（次），张贴宣传标语1 800余条，刊出禁毒黑板报150期，悬挂横幅83幅；出动宣传车400余车（次），为群众解答法律咨询2 530人次，受教育群众10万余人。

【依法治区】 2011年，认真组织落实《红塔区“三五”依法治区规划》，继续推动“法治红塔”建设；充分发挥依法治区办公室的组织、协调、指导、检查等职责，协调发挥各级党委和有关部门在依法治理工作中的主导作用，围绕依法行政、法律监督、法律服务、基层依法治理、专项整治等环节，保证依法治理各项措施落到实处，不断提高全区法治化管理水平；扎实推进基层依法治理，深入开展民主法治乡（街道）、民主法治村（社区）和法制学校创建活动；结合建立法治广场、法治街道、法治家园和社区等活动，大力倡导和弘扬法治文化，进一步提升全民法治意识和法律素养。

【人民调解】 针对新时期矛盾纠纷的新特点，不断创新人民调解体制机制，大力推动人民调解向行业、区域延伸，逐步扩大人民调解工作的覆盖面，初步实现了人民调解与司法调解、行政调解、治安调解的有效对接。

2011年，成立专业性人民调解组织2个。推进人民调解队伍建设，加强“以案计奖”长效机制的建设，调动人民调解员的积极性；认真贯彻市、区有关文件精神，对社会矛盾纠纷调处实行“以案定补”，共计补助简易矛盾纠纷1 048件，一般矛盾纠纷185件，重大疑难纠纷48件，兑现补助经费6.91万元。组织培训人民调解员，全面提高人民调解组织队伍的整体工作水平和社会公信力。狠抓矛盾纠纷排查，积极开展专项调解活动，按照“预防为主、教育疏导，依法处理、防止激化”原则，贯彻落实矛盾纠纷排查预防化解工作各项措施，努力使矛盾纠纷早发现、早调处。全面开展集中排查化解农村矛盾纠纷工作，及时稳妥处置突发事件，维护社会和谐稳定成效明显。

年内，开展人民调解培训41场（次），1 672人次参训。全区各级调解组织共计开展矛盾纠纷排查1 580余次，调处纠纷1 805件，调解成功1 770件，调处率100%，调解成功率98%，有效维护了社会稳定。

【社区矫正】 2011年，继续坚持“巩固基础，稳步推进”方针展开工作。

加强社区矫正队伍建设，巩固完善社区执法队伍和志愿者队伍，壮大充实社区专职工作者队伍。在原先已招聘20名社区矫正专职工作者的基础上，参照公务员招录程序，新招录15名社区矫正、安置帮教协勤人员，分配到11个乡（街道）司法所协助开展工作。根据《云南省社区矫正衔接工作若干规定》要求，结合红塔区实际，要求各司法所必须做到1人1档，形成了一套完整、规范的基础性台账，使矫正对象的矫正工作做到有档可查，奖惩有据，矫正过程及表现一目了然。在工作中，要求工作人员对矫正对象做到“四知”（知其家庭背景、知其学习生活经历、知其交友活动，知其犯罪事实及犯罪心理）。始终坚持“三个不，四个一样”的原则（对矫正对象不歧视、不放弃、不宣扬，做到人格上一样尊重、精神上一样鼓励、工作上一样信任、生活上一样关心）。定期或不定期组织专题教育和公益劳动，增强矫正对象的公德意识。让社区公益劳动进一步制度化、规范化，达到最大化社会效果。

年内，开展集中教育22 595人次，个别谈话教育3 268人次，心理咨询辅导1 216人次，公益劳动2 458人次；没有发现脱管、漏管问题。

【安置帮教】 2011年，区司法局以探索开展对刑释解教人员“必接必送”和“衔接、帮教、安置”环节为重点，开展安置帮教工作。以平安过渡为衔接点，坚持统一接收、统一管理，严格把好“接收关”；在教育环节上，以法、理、情“三维”教育为切入点，注重内心劝导和行为引导，做好“教育关”；在管理环节上，坚持以人性化管理为重点，点面结合，分类管理，严防脱管、漏管，保证“管理关”；建立了以基层司法所为执行主体，派出所监督管理，狱警协助教育的“三位一体”工作格局；司法所工作人员使用客户端软件，利用网络技术对服刑在教人员的姓名、住址、身份进行甄别、核实、衔接，监所、劳教所与司法所之间实现了信息共享和交流，逐步消除“三假”人员；按照云南省司法厅有关社区矫正的通知精神，省司法厅领导到红塔区开展结对刑释解教人员“真情一帮一，携手助回归”帮扶活动，帮助刑释解教人员解决生活、就业困难，使刑释解教人员感受到社会的关爱与温暖，帮助他们顺利回归并融入社会，促进社会和谐。

【公证、法律服务】 2011年，公证、律师管理工作紧紧围绕区委、区政府中心工作和影响社会和谐稳定的“热点、难点”问题，组织律师提供法律咨询、法律意见、决策建议和法律公证。

区司法局加大法律服务市场监督管理力度，抓好法律服务机构建章立制工作。以“创先争优”“五学五比杨善洲”“四进四亮四评四比”等主题实践活动为契机，开展公证、律师队伍先进性教育，提高法律服务工作者执业水平，优化法律服务环境。法律服务工作以深化服务为出发点，以人民满意为落脚点，完善便民、利民服务措施，先后开展了送法进企、进校、进村入户的普法活动，形成了“法律知识送到家，民调工作做到家，法律事务办到家，法律热线连到家”的工作局面。

全区7家律师事务所共计担任法律顾问75家，办理各类法律事务711件，解答法律咨询1 554人次，代写法律文书73份，为当事人避免和挽回经济损失1 656万元。云溪公证处共计办理各类公证2 148件，接待群众来访560人次，代写法律文书800多份。全区8个法律服务所担任法律顾问51家，调解纠纷244件，办理各类法律事务779件，代写法律文书711件，解答法律咨询3 192人次，参与司法行政工作114件，为当事人避免和挽回经济损失1 833.78万元。

【法律援助】 2011年，法律援助工作以“保质扩面，应援尽援”为目标，多方入手构建法律援助绿色通道，努力打造“法律援助惠民工程”，为弱势群体排忧解难。

不断畅通法律援助渠道。进一步扩大法律援助范围和放宽援助条件，积极实施法律援助网络畅通工程，在全区设立了1个援助中心，11个法律援助工作站，104个村委会（社区）法律援助联系点的三级法律援助网络，形成了及时、畅通的法律援助圈。

严格执行《法律援助案件立卷归档办法》，进一步完善重大疑难案件讨论制度、质量专项检查制度，认真落实案件旁听制度、直接回访制度、质量评审制度。

严格执行法律援助工作的各项规定，进一步规范法律援助专项经费的使用，严格执行结案补贴发放制度。

不断深化法律援助便民主题。设立法律援助绿色通道，凡是涉及老年人、残疾人、农民工等弱势群体申请法律援助的，免去经济状况审查程序，通过绿色通道直接进入法律援助程序。

年内，共计为当事人办理各类援助案件483件，解答电话咨询472件，接待群众来访855人次。

【“148”法律服务】 2011年，“148”法律服务平台共计为当事人解答咨询186件，接待来访人员215人次，分流案件45件；协助妇联、残联办理维权案件45件。

【基层建设】 2011年，区司法局积极开展规范化基层司法所建设后续工作，全区11个司法所按照《云南省司法所管理办法（试行）》等有关法律和政策规定，进一步完善工作职责和工作制度，加大工作人员教育培训力度，加强业务指导，提高业务能力和工作水平。在上级部门的重视和支持下，司法所装备不足和人员缺少的情况得到有效改善。抓住机遇，积极开展区级司法业务用房建设项目前期准备工作，目前建设项目可行性研究报告已通过专家评审和审批。

（金雪娟）

剪 纸　　（冯光祥 作品 蒯学庆 摄）

玉溪市旭日塑料有限责任公司

法定代表人：靳树伟

车间一角

玉溪市旭日塑料有限责任公司，建于1976年，中二型企业，主要生产经营“旭日”牌聚乙烯吹塑农用薄膜，产品包括棚膜、农膜、地膜、微膜四大系列，100多个规格，年生产能力4万吨，是云南省目前规模最大的农用薄膜企业，全国年产量过万吨的前10家农用薄膜企业之一。2011年，实现农用薄膜产量1.96万吨、产值2.71亿元、销售收入3.03亿元。

公司针对不同气候条件、不同植物生长特性及不同设施园艺要求，先后研究开发出聚乙烯长寿棚膜、茂金属聚乙烯高强度多功能棚膜、玫瑰花栽培用多功能棚膜、西瓜栽培用多功能棚膜、EVA流滴消雾多功能棚膜、烤烟栽培专用地膜、黑色除草地膜、银/黑双层功能性地膜、黑/白双色功能性地膜等新产品，较好地适应和满足粮食、蔬菜、烟草、花卉、瓜果等农经产业设施栽培的需要。

公司通过了ISO9001质量管理体系和云南省商务管理体系（YC）认证，被认定为“高新技术企业”“云南省创新型试点企业”。“旭日”牌农业用聚乙烯吹塑棚膜被评为“云南名牌产品”，喷涂型流滴消雾多功能棚膜被立为“全国重点新产品”，玫瑰花栽培用多功能棚膜被认定为“云南省省级新产品”，“旭日”牌商标被评为“云南省著名商标”“玉溪市知名商标”。公司分别获玉溪市、云南省、全国“守合同重信用”企业。

2011年，公司在玉溪高新技术产业开发区九龙片区开工建设功能性农用薄膜新厂区，占地62亩，设计功能性农用薄膜年生产能力4万吨，引进具有国内先进水平的14m三层共挤复合吹塑棚膜生产线及功能性地膜生产线，2012年投产。（单位供稿）

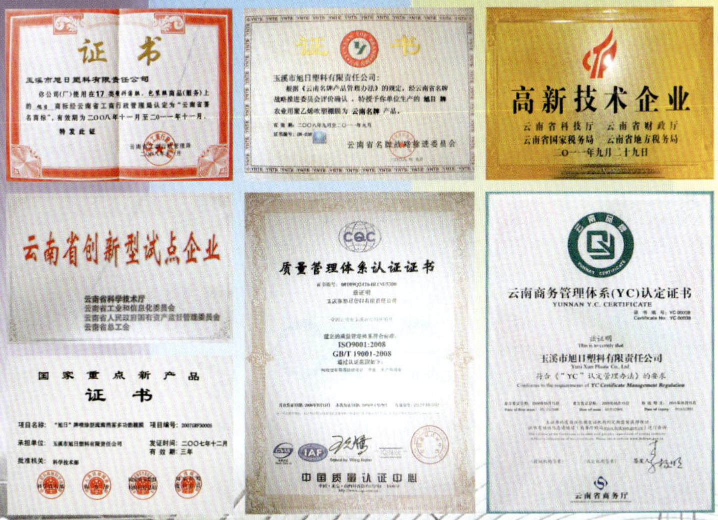

现厂址：云南省玉溪市红塔区哨坡
新厂址：云南玉溪高新技术产业开发区九龙片区
网　址：www.yxxrsl.com
业务电话：0877-2699140、2699002、2699300
传　真：0877-2699292

烤烟育苗用多功能棚膜覆盖应用

红塔区城市管理局

认真开展宣传贯彻《云南省玉溪城市管理条例》活动，建设宜居生态城市

2012年春节，副市长周继武、市住建局局长朱映辉、红塔区副区长马跃武、区城管局局长李毅等领导慰问环卫职工

2010年6月23日成立，实行两块牌子一套班子，承担城市管理、综合行政执法双重职能。编制32人，设办公室（党工委办公室）、人事教育科、政策法规科、市政管理科、市容环卫管理科、园林绿化管理科。下辖红塔区城市管理综合行政执法大队等7个事业单位，核定事业编制236人，实有272人。

加强领导 狠抓落实。制定《红塔区城市管理局（综合行政执法局）行政效能建设工作实施方案》，将工作任务逐项分解，责任到人，形成一把手负总责，分管领导具体抓，其他领导配合抓，一级抓一级，层层抓落实，分工明确，责任落实的工作机制。

提高执法水平。全年共开展专项综合整治151次，出动5 420人次，车次510台次。共发放行政责令改正通知书、整治占道经营行为通知4 600余份；教育警告占道经营、出店经营8.76万起；经济处罚770起，处罚金额6.94万元。清除乱涂写、乱粘贴的城市"牛皮癣"小广告4.83万处；清理破损门头广告招牌、灯箱、小黑板860个；拆除乱挂布标条幅1370条。对临时占道、悬挂彩旗布标、新开道口、挖掘道路绿化带、人行道泊车登记备案520件；收取城市道路占用费及城市道路挖掘修复费合计76万元。

完善环卫设施。一是投资1 045万元新建2座公厕、1座垃圾转运站，拆除重建3座公厕，改造2座垃圾转运站、18座公厕的工程全部完成。二是新

清理违规乱贴乱粘广告

环卫站加强市容环境卫生综合整治工作，优化调整垃圾箱点设置，实现生活垃圾定点收集

环卫工人清洗脏污路面

（综合行政执法局）

严格执法　文明执法

对中心城区的路灯、景观灯进行日常维修

数字城管专家论证会

建粪便处理中心和医疗废弃物处理中心。三是完成生活垃圾处理厂的填埋库区和渗滤液调节池主要项目建设。

完善清扫保洁机制。一是改进垃圾清运工作。增加运输车辆，实施18小时垃圾收集，形成快速、及时的垃圾收集体系。二是完善清扫保洁方案。采取公开招标，将中心城区38条道路152万平方米分为南、北两个标段，实行三班与两班相结合，主要街道和步行街实行18小时三班制清扫保洁，外围道路实行12小时两班制清扫保洁。

不断提升城市绿化水平。年末，中心城区绿地总面积达898万平方米，城市绿地率35.8%，绿化覆盖率40.5%。公园绿地面积达210万平方米，人均公共绿地面积15.6平方米。

规范市政管理。投入近600万元对中心城区市政设施进行维护并完成下水道清疏工作，及时消除道路、桥梁、河道等市政设施的安全隐患。

路灯管理。认真履行好中心城区1.5万盏路灯、景观灯的日常维修与管护工作，中心城区亮灯率始终保持在98%以上，路灯设施完好率、半夜灯规范率均达到行业标准。

公园管理服务、数字城管、城市管理条例宣传等工作有序推进。

突出重点，专项整治。治理中心城区游丧行为、治理违反城市规划行为、治理机动车乱停乱放、治理渣土运输泼洒、治理户外广告和招牌等成效显著。

（图文 代涛）

城管条例颁布实施万人签名活动

玉溪市公安

区政府副区长、分局局长曾逵走访群众

分局政委李卫东走访群众

开拓进取的局领导班子

玉溪市公安局红塔分局下设14个内设机构，11个派出所，有政法专项编制539名，人员控制编制25人，工勤编制20名；现有民警职工558人，其中：民警540人（女民警73人），工人18人。现有警力占全区实有人口的万分之10.6，低于全市和全省平均水平，占全市总警力的16%。警力配置以实战部门、派出所为主，其中一线单位共配置468人，占总警力的86.6%。

2012年，玉溪市公安局红塔分局紧扣“三访三评”深化“大走访”“四群”教育活动主题，始终把“忠诚、为民、公正、廉洁”人民警察核心价值观贯穿于公安工作的各个环节，以人民群众满意为根本标准，以帮助群众解决实际问题，整治群众反映强烈的突出问题为抓手，采取上门走访、召开座谈会、110接处警回访制、公安微博访谈等多种形式，不断健全完善警民联系机制，精心组织开展学雷锋爱民实践、“三深入、四联户”活动，让民警在走访中体察民情、排解民忧，在评查中改进工作、树立形象，有力推进警民关系更加融洽和谐。一季度组织40余人的工作队，举办宣传专场12次，制作展板300余块展出，发放宣传资料20万份，发放《征求意见表》4000余份，收集各类意见和建议84条，接受法律咨询1000余人次；按照20%的比例抽取110警情进行回访，广泛征询群众对公安机关工作情况的意见建议，对发现的问题逐条逐项进行通报整改，有效提升了接处警工作质量；针对群众关心的公安话题，积极依托信息网络，在高古楼社区网上警务室、玉溪红塔警方微博，局长微博等开设专题和网友交流互动，做到网上问题，网下解决，网上交心，网下服务；定点设卡查缉、

表彰“十佳民警”

应急训练

局红塔分局

整治治安乱点、清查行业场所、清理出租房、加强安全检查等方式，对全区治安重点地区进行了清理整治。上半年，全局在“三访三评”深化“大走访”及“四群”教育活动中，共出动警力1.4万余人次，走访单位、企业、厂矿442家、村（居）委会230个，帮助困难群众372人，送去慰问金20000元；收集上报情报信息17条，排查不稳定因素、热难点问题36个，调处各类矛盾纠纷725起，收集群众对公安工作的各类意见和建议84条。

此外，组织34名民警和联防队员驻扎山区，吃住在抗旱救灾第一线。对辖区因干旱和用水等问题引发的矛盾纠纷和存在的问题隐患进行全面排查；组织群众开展消防安全检查，及时发现和整改火灾隐患，并在森林火灾发生时，组织人员第一时间奔赴火场，奋战在灭火第一线。同时出动警力100余人次，车辆20余辆，为小石桥乡、北城街道、大营街街道等重灾区送水206吨，缓解了1500多人的饮水问题。全局民警积极响应局党委号召，踊跃捐款献爱心，共有552名民警、职工为灾区群众捐款63473.60元，充分表达了广大民警职工心系灾民、奉献爱心的警民情谊。

（图文 张成鸿）

米线节安全保卫

支援群众抗旱保烟苗

公开退还被盗的电动自行车、摩托车

查对被盗摩托车

向群众宣传防范犯罪和安全知识

防暴训练

促膝谈心

红塔区残疾人联合会

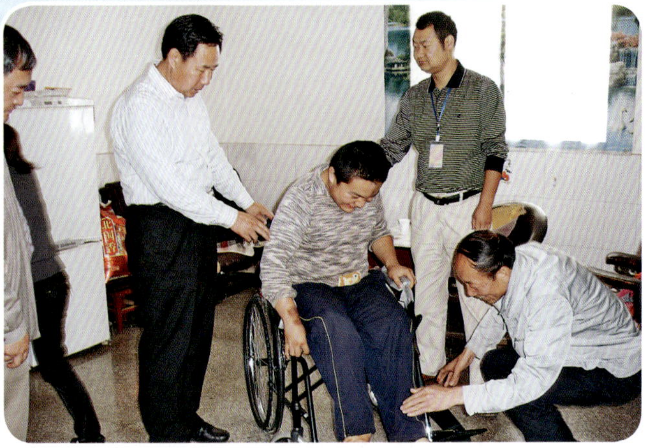

区正县级领导张凯率领残联理事长黄本国一行慰问特困残疾人家庭

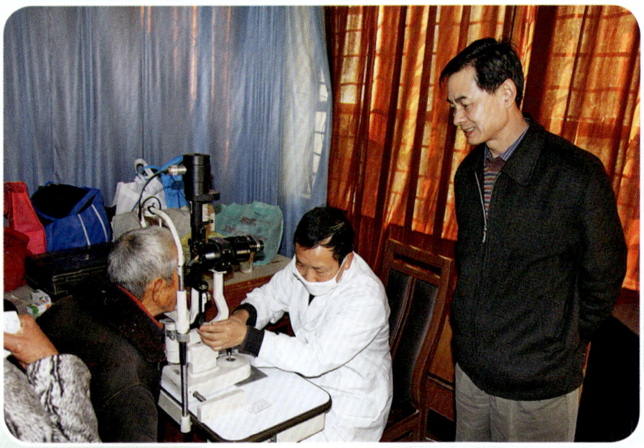

市残联理事长黄河调研红塔区白内障筛查工作

多年来，红塔区残疾人联合会紧紧围绕残疾人社会保障体系建设、残疾人服务体系建设“两个体系建设”，改善残疾人民生，开展残疾人康复、教育、劳动就业、扶贫、社会保障、宣传文体、法律维权等各项工作，为残疾人提供优质的个性化服务。

加强残疾人康复。对听力言语儿童、脑瘫儿童进行长期康复治疗和训练；开展“亮睛行动”，免费对适合手术的农村贫困白内障患者实施手术，将白内障复明逐步纳入医疗保险报销范围；对急需救助的贫困精神病患者提供免费服药、住院，实施医疗补助；对精神病患者、脑瘫、肢体残疾等特困残疾人实施“阳光家园居家托养”。制定社区康复方案，规范村（社区）康复站工作台帐和服务内容，对有康复需求的残疾人造册登记，列出所需康复项目，为开展残疾人康复服务奠定基础。

残疾人教育。实施“春雨助学”，对在各乡、街道随班就读的中小学贫困残疾学生给予补助，开展特殊教育新生入学行李费、生活费补助，资助贫困残疾人大中专学生。

残疾人就业、扶贫。积极开发工作岗位，举办残疾人劳动就业供需见面会，安置残疾人就业。举办残疾人养殖、种植业实用技术培训及计算机运用、服装剪裁、缝纫、盲人行业规范化管理等技能培训，增强

红塔区残联选送节目《人生拼搏》参加市特校庆“六一”晚会

残疾人就业、创业技能。宣传残疾人创业典型，巩固已建成的残疾人扶贫基地，无偿扶持残疾人发展种植、养殖业，引导扶持残疾人个体就业、脱贫致富。

把贫困残疾人纳入城乡低保范围，至2011年，全区2 969名残疾人纳入低保。3 873名残疾人参加新型农村合作医疗保险，个人应缴费部分，全部由区残联给予资助。

关爱残疾人，开展法律援助，为残疾人维权。春节、全国助残日等节日期间，开展形式多样的系列走访慰问，赠送轮椅、拐杖、盲杖等，以及现金慰问，为残疾人送去温暖。

红塔区残疾人工作连续5年在全市残联系统考核评比中名列前茅；2011年，区盲人协会被授予“云南省‘十一五’专门协会工作优秀奖”；6月，红塔区再次荣膺国务院残工委授予的“全国残疾人工作先进单位”称号。

（图文 汪媛）

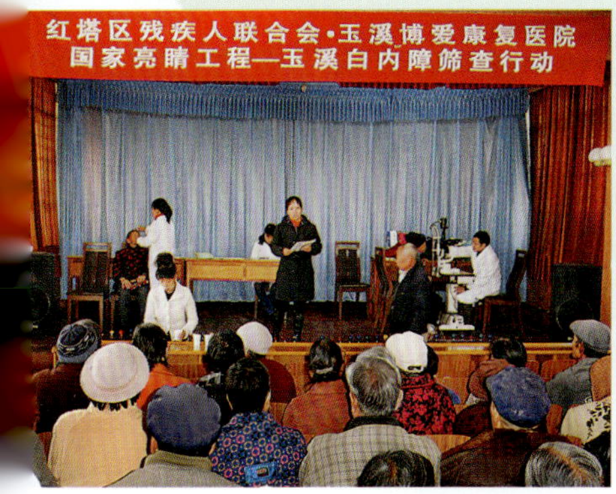

白内障亮睛工程筛查现场

红塔区残疾人田径运动会获奖单位合影

残疾人田径运动会

红塔区住房和城乡

局长　赖正东

市人大领导看望廉租房住户

工作交流

2011年，红塔区住建系统干部职工上下一心，紧紧围绕建设现代宜居生态城市总体要求，以科学发展观为统领，攻坚克难、团结拼搏，有效地推动红塔区城乡建设快速发展。

交通环境综合整治。完成太极路、中卫路、红塔大道路面改造工程；启动珊瑚路延长线及彩虹路中段建设工程；完成九龙立交改扩建工程项目、玉锦园南侧道路和聂耳路打通等项目可研、立项及规划审批手续及听证、风险评估等前期工作；拆除南北大街步行街绿化及高原明珠、龙马路等4座环岛，恢复了路面，使交通拥堵状况得到有效缓解。

城市房屋拆迁工作。参与昆玉铁路扩能改造项目、玉山城项目等拆迁改造工作；努力推进珊瑚路、聂耳路、彩虹路等项目拆迁；完成玉溪大河二期搬迁新址建设。

保障性住房建设。2011年建设廉租住房160套，建筑面积8 000平方米，选址在金钟山。落实农村危房改造任务，150户拆除重建、1 000户加固改造。实施棚户区改造工程，

九龙立交开工典礼

拆除龙马路环岛

建设局

廉租住房分配发放钥匙

完成了9个关停破产企业职工住宿区改造和公共设施修缮改造。12月6日正式启动公共租赁住房建设工程。

垃圾处理厂建设。到年底已累计完成垃圾填埋场、办公楼、倒班宿舍、食堂等分项工程，12月15日正式进入试运行阶段。经过多轮谈判后，4月29日，区政府与北京科林皓华公司签订了垃圾处理厂特许经营协议，根据协议，委托北京科林皓华公司完成垃圾处理焚烧厂续建工程。

（图文 袁昭红）

珊瑚路延长线工程听证会

垃圾处理厂建设特许经营签约仪式

红塔体育森林公园一角

葫芦商贸街一景

老少同乐

凤凰街道

凤凰街道党工委书记徐汝青到社区调研工作

团结、务实的凤凰街道领导班子成员

凤凰街道地处玉溪市中心城区东南部，东与江川县接壤，北与玉兴街道相连，西南与玉带街道、高仓街道毗邻，是红塔区和玉溪市的政治、经济、文化中心所在地，交通便利，距省会昆明88千米。面积26.67平方千米，耕地95公顷。辖瓦窑、葫芦、泷水塘、葫田、高龙潭、灵秀、红塔、胜利、广场、葫泉、文秀、教育、紫艺13个社区，151个居民小组，15个自然村，辖区户籍总人口50 956人；驻社区省、市、区单位141个。

2011年，凤凰街道工作主要围绕五个方面不断探索和实践：一是坚持科学发展观，树立经济、社会、党建相互促进、共同发展的理念，统筹兼顾，促进各项工作协调发展；二是把准街道发展脉搏,准确把握街道实际情况,创新发展思路，紧扣两大主题、突出三大特色、着力四项建设、打造五大重点，以新举措推进街道经济社会持续健康发展；三是坚持抓好班子、干部队伍的执行力、创造力和凝聚力建设，使街道班子、社区班子成为干部群众信任和拥护的、具有坚强战斗力的集体，为街道经济繁荣、社会进步提供坚强的组织保证；四是坚持抓好党的建设，坚持从支部抓起，从党员抓起，保持先进性，增强战斗力，使各级党组织和广大党员能够担负起全面建设小康社会的历史重任；五是认真开展行政效能建设，切实做到事事有交代，件件有落实。

2011年，凤凰街道各项重点工作不断实现新突破。创建国家卫生城市通过技术评估和复核验收；积极参与创建省级文明城市，通过了专家组实地考察和入户调查；创建国家环境保护模范城市工作顺利推进，社区建设更加科学规范。不断加大社区硬件基础设施建设，按照“党委领导、部门协同、信息先导、服务到家”的思路，初步形成以街道一个中心辐射六个为民服务站的服务网络。街道本着有利发展、便于服务、宜大则大、宜小则小的原则，对原有五个社区及一个村进行了重新调整和划分，组建成立了13个新社区。年内，实现农村社会总产值（现价）365 942万元，同比增4.42%；工农业总值（现价）191 666万元，工业总值188 950万元，农

机关党支部开展“学习善洲精神”义务植树活动

送医送药进社区活动

灵秀小学在课间开展丰富多彩的文体活动

业总值2 716万元。城乡经济总收入406 385万元，同比增9.23%。其中：农业收入1 976万元，同比减16.8%，占总收入的0.49%；二、三产业收入402 611万元，同比增74.27%，占总收入的99.07%。农民人均所得7 652元，人均居住面积18.6平方米。从事二、三产业4 828人，占直管人口从业人员的79%，与上年持平。财政收入9 232万元，同比增23.5 %；财政支出1 611万元，同比减25.5 %。年末，各项存款余额1 318万元，比上年减55%。经济收入超过亿元的有：瓦窑社区居委会（122 133 万元）、葫芦社区居委会（80 226万元）、泷水塘社区居委会（12 341万元）、高龙潭社区居委会（12 624万元）4个社区委员会。街道把第三产业发展放在突出位置，重服务，强管理、拓领域、创品牌、初步形成了以沃尔玛、时代广场为龙头的商贸中心区。依托红塔工业旅游园、古窑遗址、关索庙等人文历史资源，大力发展城市观光休闲旅游；依托灵秀社区得天独厚的灵山秀水自然资源和灵照寺、陈公祠等人文历史资源，大力发展乡村休闲度假游。通过多年努力，灵秀已成为云南省第三批乡村旅游特色村。

2011年街道被列为“区基层党建工作示范点”。高龙潭社区被列为“省、市基层党建工作示范点”和“区学习型党组织示范点”。瓦窑社区被定为全国妇女健身示范点。泷水塘工会被区总工会评为“党群共建·创先争优”先进集体工会。葫芦社区被省妇联确定为“云南省创先争优·党妇共建示范点”，被评为“省级社会管理创新社区”。葫田社区被评为省级“文明交通示范社区”、区级“和谐文化社区”。灵秀社区通过“全国文明村”验收。 （图文 王绍荣）

社区文艺调演

霞光中的和谐凤凰

玉兴街道

表彰大会

街道每年开展一次干部军训学习

玉兴街道地处中心城区，是市、区政治、经济、文化中心所在地，辖区面积10.57平方千米，下辖15个社区居委会，84个居民小组，261个驻社区单位。辖区常住人口75 619人，流动人口近4万人。2011年，街道各项工作均取得新成效。

综合实力增强。一是全处实现农村经济总收入45.4亿元，比上年增长8 %；完成乡镇企业营业收入43.05亿元，比上年增长8.06%，其中个私经济总收入完成42.92亿元，比上年增长8.03%；实交税金1.81亿元，比上年增长8.08%；实现利税2.6亿元，比上年增长6.11 %；居民人均纯收入达7 717元，比上年增加559元。二是第三产业持续发展，街道、社区、小组先后投入资金500余万元，对右所社区8-12组片区进行了违章建筑整治、小区道路保洁，道路基础设施改造，灯光亮化，环境绿化，成功打造了街道又一新的饮食休闲特色街区。三是全处实现集体经济收入8 187万元，比上年增加1 369万元。四是继续实施项目带动发展战略，全年共有在建和续建项目16个，年底竣工13个，完成固定资产投资13.4亿元；签约引进市外建设项目20个，完成招商引资资金3 036万元。五是全年实现财政总收入3.58亿元，比上年增长5%，其中：地方财政收入实现2.07亿元，超额完

辖区地产

街道年度工作会议

干净整洁的集贸市场

《棋阳春晖》

街道各社区建起了为民服务中心

成了区政府下达1.85亿元的指标任务。

生态文明建设顺利推进。一是投入资金928万元，出动人员1.8万余人次，加大对窑头、新兴、右所社区十二组、水果批发市场的清理整顿和监管，解决市场内脏乱差现象；投资130万元，完成了棋阳社区五组村内道路建设；加大市容环境卫生整治力度，对辖区内街道、小区、城中村、城郊结合部、背街背巷存在的脏乱差及以街为市、乱搭乱建、占道经营等突出问题进行了集中整治。二是以“生态文明建设”为主题，组织开展公民道德实践教育、“做文明市民、创文明城市”“提升居民文明素质”“城市环境卫生综合整治”“市场秩序专项整治”等专项活动。三是右所社区冯家冲、沙头村景观打造和环境综合整治工作进展顺利。四是中心城区拆临拆违工作稳步推进。共拆除10宗，6 570平方米。五是棋阳路二期拓宽改造工程进展顺利。六是中心城区户外广告整治工作顺利完成。全处共拆除、整改广告牌、橱窗广告、墙体广告5 174块，审批门店招牌1 211块。

平安创建工作持续巩固。一是全年共投入财政资金290万元用于综治和平安建设工作。二是加强对流动人口的服务管理，组建流动人口协管员队伍，为辖区内1.7万名流动人口办理了居住证；配合市、区有关部门妥善处理发生在辖区内的群体性事件3起，排查矛盾纠纷和热难点隐患78件，受理群众来信来访84件，办理市长、区长热线交办件16件。

社会事业协调发展。认真落实城镇居民最低生活保障制度，1 553人纳入城低保范围，核发保障金379.08万元；全处共有21 645人参加城镇居民医疗保险，7 731人参加城镇居民养老保险；给1 309名70周岁以上无退休金老年人发放保健补助金；全处人口自然增长率为-2.4‰，无计划外生育；富余劳动力转移就业531人。

（图文 孟慧芝）

玉带街道

团结奋进的领导班子

市长高劲松到玉带街道调研

信息化社区建设启动仪式

玉带街道成立于1998年12月28日，地处中心城区西南部，总面积9.76平方公里，辖中卫、郑井、冯井、黄官、玉村、彩虹、玉龙、兰苑、诸葛、明珠10个社区居委会，2011年末总人口65 606人，辖区总户数11 337户，户籍人口26 597人。

2011年，街道围绕“四个翻番，两个倍增”的目标，按照“1346”的工作思路，优化经济结构——“调优一产、调活二产、调强三产”，一二三产业比重为1:17:82。以发展交通物流业、房地产业、商品流通业和饮食住宿业为主，确定了三产业在街道经济发展中的主导地位。同时完成太极路改造、中卫东路改造、彩虹劳务市场改造、公交公司、电力公司110千伏输变电工程、富然房地产等项

端午节中华经典诵读

慰问困难老人

烤烟丰收

目建设投资2.76亿元；房地产投资比重逐步增大，完成投资3.17亿元，占街道总投资的39.52%；实施招商引资项目4个，实际到位资金1.12亿元；彩虹商业广场29层高商务写字楼竣工后一批优质企业入驻，楼宇商圈经济效果显现；农业现代化进程加快，黄官现代烤烟种植面积1 000余亩，实现烤烟交售收入388.2万元。全年完成农村经济总收入3.5亿元，同比增10.31%；完成地方财政收入8 806万元；农民人均纯收入完成7 651元，同比增8.63%；完成社区集体经济收入467.64万元。

年内，社会保险扩面工作全面开展，全力推进新型农村和城镇居民社会养老保险工作，发放老年人保健补助、长寿补助金额319 950元，保障群众“老有所养、老有所医”；发放农低保、城低保金额458 996元；走访慰问老年人66人，发放慰问金33万元；投入74.2万元教育专项资金完善基础教育设施，进一步优化学生受教育的硬件条件。

随着生态城市建设步伐的加快，“创建国家卫生城市”“创建国家环境保护模范城市”“创建省级文明城市”的开展，街道先后投入500多万元，将辖区主次干道清扫保洁工作市场化，完成冯井中心路黄官段、郑井三组道路、郑井六组道路、群众文化室、排污管道建设、冯井安福沟盖板工程、冯井九组道路、公厕改造升级等基础设施建设，辖区人居环境得到极大改善，居民幸福指数不断攀升。（图文 殷树琼）

现代烤烟种植区一角

民族民间工艺师——冯光祥

民间工艺师　冯光祥

冯光祥，男，汉族，1942年5月出生，云南省玉溪市红塔区人。云南省民间文艺家协会、中国艺术家协会会员、“非物”传承人。20世纪70年代开始绘画，2000年开始接触剪纸，受沐正戈老师点拨后，形成独到“阴阳混剪”风格，展出作品2000余件，多幅作品被省内报刊、杂志登出发表；2010年，荣获山西右玉“校场坪能源杯”《中国婚俗》剪纸大赛一等奖、被玉溪市政府授予“民族民间工艺师”。　　（图　蒯子猷）

冯光祥同志：

教场坪能源杯中国年俗剪纸大赛

突出贡献奖

玉溪市民族民间

工艺师

玉溪市人民政府

二零一零年十二月

教场坪能源杯

中国婚俗剪纸大赛

一等奖

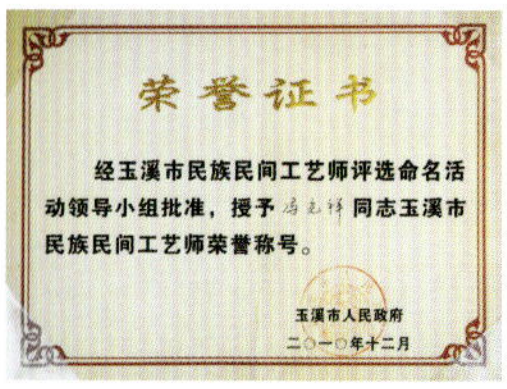

荣誉证书

经玉溪市民族民间工艺师评选命名活动领导小组批准，授予冯光祥同志玉溪市民族民间工艺师荣誉称号。

玉溪市人民政府

二〇一〇年十二月

荣誉证书

冯光祥同志：

您的作品《年俗》荣获“教场坪能源杯”中国年俗剪纸大赛突出贡献奖，特发此证。

荣誉证书

冯光祥同志：

您的作品《云南婚俗》荣获“教场坪能源杯”中国婚俗剪纸大赛一等奖，特发此证。

经济

编辑 邹　瑾　石文兴

【综　述】　2011年，红塔区农村经济平稳发展，工业生产稳步增长，消费品市场活跃，固定资产投资持续增加，财政收入增幅稳定，城乡居民收入水平不断提高。全区生产总值突破500亿元大关，实现（现价，下同）511.9亿元，按可比价计算（下同），同比增长13.8%，比全国平均水平高出4.6个百分点。不含红塔集团，实现生产总值201.92亿元，同比增长12%。其中：第一产业实现增加值9.55亿元，同比增长6.3%，对经济增长的贡献率2.58%，拉动GDP增长0.3个百分点；第二产业实现增加值99.63亿元，同比增长16.7%，贡献率62.62%，拉动GDP增长7.5个百分点；第三产业实现增加值92.74亿元，同比增长8.4%，贡献率34.8%，拉动GDP增长4.2个百分点。全区三次产业继续保持协调发展态势，所占比重5.1∶46.5∶48.4。年内，红塔区被云南政府授予“云南省2010年度县域经济发展十强县”。

农村经济平稳发展　年内，进一步强化惠农政策，加大投入力度，优化产业结构，千方百计促进农民收入持续增长，为全区农业农村经济健康发展提供保障。全年实现农业总产值（现价，下同）196434万元，同比增长6.9%。农业商品产值170813万元，农业商品率86.9%，比上年提高2.7个百分点。完成农村经济总收入679.73亿元，同比增长21.56%；乡镇企业总体运行态势平稳，全年有乡镇企业19019个，从业人员15.6万人，完成营业收入633.78亿元，实现总产值502.47亿元，缴税17.99亿元。

工业产值保持稳步增长势头　年内，红塔区坚持走新型工业化发展道路，依托研和、红塔工业园区和玉溪高新区“三大园区”的带动作用，逐步壮大冶金钢铁、烟草配套、战略性新型产业等支柱产业的规模和体量，工业总产值突破700亿元，达790.98亿元。规模以上工业增加值完成72.1亿元，占全市的33%，同比增19.7%，比全国13.9%、全省18%、全市16.6%的增速分别高5.8个、1.7个、3.1个百分点。实现销售收入373亿元，增25.7%；利税总额29.6亿元，同比增3.2%。非公经济发展迅速，完成增加值96.2亿元，同比增15%。年内，红塔区新开工1000万元以上工业项目16个，竣工11个。项目支撑工业经济发展的作用更加明显。企业自主创新能力进一步增强，实施省级科技计划11项，红塔区先后两次被评为全国科技先进县区，工业对富民强区的贡献更加突出，对国民经济的拉动作用进一步增强。

固定资产投资持续增长　年内，全区固定资产投资累计128亿元，同比增长20.5%。其中：城镇固定资产投资67.9亿元，同比增长28.2%；农村非农户投资8.12亿元，同比增27.6%；农村私人投资23.7亿元，同比增225.9%；房地产投资28.3亿元，同比减少28.6%。第一产业投资1.67亿元，同比减少21.0%；第二产业投资43.62亿元，同比增长17.8%，其中工业投资完成42.32亿元，同比增长14.3%；第三产业投资82.71亿元，同比增长23.3%。截至12月，全区有亿元以上投资项目52个，占全部项目数的12.4%；完成投资57.8亿元，占投资总额的45.2%。500万元以上固定资产投资（不含房地产业）完成52亿元，同比增长7.7%。累计施工项目420个，同比增加20个，其中新开工项目273个，同比增加14个。

消费品市场活跃　年内，实现社会消费品零售总额80.6亿元，同比增长18.2%。其中：批发零售贸易业实现零售额71.5亿元，同比增长18.3%，占全区消费品零售额的88.6%；住宿餐饮业实现零售额9.2亿元，同比增长17.5%。公有经济完成零售额25.4亿元，占零售总额的31.5%，同比增长34.7%；非公有经济完成零售额55.2亿元，占零售总额的68.5%，同比增长11.9%。

财政收支运行情况良好　年内，全区财政总收入253620万元，同比增长23.6%，其中地方财政收入125360万元，同比增长19.2%；地方财政支出188756万元，同比增长13.9%。

居民消费价格上涨　2011年12月

红塔工业园区奠基仪式　　（蒯学庆　摄）

份，居民消费价格比上年同期上涨5%，涨幅比上月下降0.1个百分点。八大类消费品及服务项目价格呈现“五升三降”的格局，其中食品类价格上涨12.4%，居住类上涨次之、涨6.2%。商品零售价格指数上涨4.7%，农业生产资料价格指数上涨13.7%。

城乡居民收入稳步增加　年内，城市居民人均可支配收入19 258元，比上年增长11.1%，扣除价格因素，实际增长5.8%。人均工资性收入、经营性收入、财产性收入同比分别增长14.0%、57.0%、23.2%，转移性收入则同比减少8.0%。城市居民人均消费性支出13 027元，比上年增长6.1%。农民家庭人均纯收入7 917元，比上年增加906元，增长12.9%，扣除价格因素，实际增长7.5%。其中：工资性收入3 520元，比上年增长14.8%；家庭经营性纯收入3 109元，增长11.4%；财产性收入539元，增长8.9%；转移性收入749元，增长14%。农民家庭人均生活消费支出7 617元，比上年增长14.7%。

生态城市建设逐步完善　2011年，中心城区建成区面积26平方千米、城市道路面积326万平方米，城市供水综合生产能力6.94万立方米/日、普及率99%、水质合格率99.4%，有绿地面积943万平方米，建成区绿化覆盖率近40%。被称为云南第一路的昆曼六车道高速公路和昆玉铁路、玉元公路、玉江公路纵贯南北。境内公路里程1 380.11千米，自然村通车率100%，公路网密度137.1千米/百平方千米。全区拥有1座22万伏高压电站，2座11万伏变电站，均由省电网供电，电力基本保证。邮电通信向着高层次、立体通讯网络发展，形成了包含市话、农话、GSM数字移动电话、无线寻呼等通讯网，电话普及率136部/百人，通讯设施已步入全国先进行列。中心城区城市功能不断完善，各项城市公用设施基本配套，城市环境质量明显改善，城市文明程度大幅提高，生态城市粗具规模。中心城区建成12平方千米的环境噪声达标区和覆盖率达100%的烟尘控制区，中心城区环境空气质量良好，空气质量居全国109个国家环境保护重点城市第八位。被国家卫生部命名为国家卫生城市。中心城区入选中国“十佳优质生活城市”和“十佳低碳生态城市”。

（邹　瑾）

薛井农贸市场　（邹　瑾　摄）

【三次产业从业人员及劳动报酬现状】

2011年，红塔区城镇单位从业人员及从业人员劳动报酬（包括中央、省、市属、区属国有、城镇集体单位，下同）比上年显著提高。全区从业人员76 383人，比上年增加5 318人；年平均劳动报酬44 609元/人，比上年提高31.3%。其中：一产业从业人员567人，占总从业人员的0.74%，比上年增2.9%，年平均劳动报酬34 487元/人，比上年增52%；二产业从业人员28 759人，占总从业人员的37.65%，比上年增15%（增幅较大的为制造业，从业人员23 025人，同比增19.6%），年平均劳动报酬54 286元/人，比上年增27.6%（其中采矿业年平均劳动报酬45 716元/人，比上年增长31.2%；制造业年平均劳动报酬59 378元/人，比上年增长27.5%；建筑业年平均劳动报酬21 153元/人，比上年增长19%；电力、燃气及水的生产和供应业年平均劳动报酬59 460元/人，比上年下降4.2%）；三产业从业人员47 057人，占总从业人员的61.61%，比上年增长3.4%（增长幅度最大的为信息传输、计算机服务和软件业，从业人员989人，比上年增长110.9%），年平均劳动报酬38 952元/人，比上年增长34.5%（其中租赁和商务服务业从业人员年劳动报酬19 342元/人，比上年增118.7%；卫生、社会保障和社会福利业年劳动报酬44 729元/人，比上年增69.8%；批发和零售业年劳动报酬25 864元/人，比上年增长50.9%；教育业从业人员年劳动报酬48 425元/人，比上年增45.6%；房地产业从业人员年平均劳动报酬65 504元/人，比上年增45.3%；文化、体育和娱乐业年平均劳动报酬46 901元/人，比上年增40%；金融业从业人员年平均报酬61 943元/人，比上年增长32.8%；信息传输、计算机服务和软件业年平均劳动报酬43 539元/人，比上年增31.8%；住宿和餐饮业年平均劳动报酬21 149元/人，比上年增27.1%；居民服务和其他服务业年平均劳动报酬17 500元/人，比上年下降29.5%）。

（郑　萍）

*　*　*　*

抗旱救灾

【抗旱纪实】 至2011年，红塔区连续3年遭遇历史罕见的秋冬春连旱，农作物不同程度受旱。全区完成作物播种面积323 171亩，同比增1.6%。粮食作物120 009亩，同比减少6.8%；经济作物种植面积203 162亩，同比增加13 895亩。年内，受旱灾面积81 177亩，其中：大春受灾面积13 300亩、小春受灾面积67 877亩，绝收314亩。

红塔区委、区政府成立红塔区抗大旱促春耕保增收工作领导小组，各乡（街道）也成立相应的领导机构。区委、区政府多次召开专题会议，安排部署抗旱保民生工作，组织各部门人员深入生产一线，加强宣传和科技指导，引导和组织广大农民群众开展生产自救，落实抗旱保苗措施，强化病虫害防治和中耕管理。农业局制定优化种植结构、依靠科技抗旱及抓好重点项目建设等抗旱指导措施。年内，红塔区农业局投入抗旱救灾资金90万元，其中：中央农业生产救灾补贴资金20万元、省级农业抗旱救灾资金20万元和中央农业救灾资金50万元。主要用于农技站建设、晚秋作物种植补助、专业合作社补助等。

【抗旱保春耕生产】 2011年，红塔区农业采用良种抗旱措施，水稻品种以“云粳26号”“云粳34号”“楚粳28号”为主导品种，玉米品种以“海禾1号”“海禾2号”为主，扩大示范“长城799”“春喜11号”面积。同时推广水稻旱育壮秧、机播、浅水插秧等抗旱技术；玉米生产采用种子包衣、玉米育苗移栽、地膜（秸秆）覆盖栽培和抗旱剂应用等抗旱技术。全区完成大春地膜覆盖栽培46 916亩，其中省厅下达任务4万亩，市级下达4.1万亩，实际完成46 916亩。核心样板在春和、北城、大营街和洛河进行降解膜试验面积不少于100亩。

（朱元付）

【玉溪中心城区抗旱应急供水工程】 红塔区作为重灾区已连续3年出现严重干旱，降雨量明显偏少，库塘蓄水严重不足。2011年10月18日，玉溪市政府召开第71次常务会研究决定立即启动清水河引水应急工程的建设。10月20日，成立中心城区抗旱应急供水工程领导小组及建设管理局。工程概算总投资8 118.41万元，其中：工程部分投资7 467.26万元，基本预备费507.13万元，拆迁和环境保护工程投资144.02万元。工程分期实施，一期工程总投资831.37万元，二期工程7 287.04万元。即：一期工程通过改扩建原清水河电站砌浆石坝后从清水河取水，新建提水泵站，抽取清水河水与原有的清水河引水渠道来水汇合；二期工程从清水河引水渠至飞井海水库的引水管道工程（引水管道全长15.35千米，途径郭井社区、黑村社区、春和社区），将水引至飞井海水库供中心城区。工程于2011年12月12日动工，2012年3月16日竣工。每年可向中心城区供水1 990万立方米，有效解决中心城区40余万人的饮水问题及重点工矿企业生产用水之急。

【集雨水窖工程建设】 2011年，境内

2012年3月23日，云南省副省长孔垂柱（左一）在省水利厅和市、区领导的陪同下检查玉溪中心城区抗旱应急供水工程建设情况

山区集雨水窖

连续干旱，没有可供水源，山区的供水只能通过工程技术措施解决，经多方比较，把水窖建设与农户的屋面院落结合，利用各家各户屋顶80平方米的集雨场，配套一个容积15立方米水窖，有效解决山区农户的人畜饮水。在北城街道大石板干旱地区启动集雨水窖试点工程，为解决干旱山区人畜饮水困难探索出一条切实可行的路子。项目按户均国家补助资金300元或200元计，财政总补助额7.61万元，工程费用超支不足部分由受益农户自筹解决。年内，完成集雨水窖1 208个，增加集水18 120立方米，安装集流槽7 176米，解决大石板干旱山区人畜饮水困难。集雨水窖工程是红塔区各级党委、政府为解决人畜饮水困难地区群众生活用水的一次创新和尝试。也为的抗旱保民生工作提供了一个具有可操作性的新方式。

（刘　燕）

*　*　*　*

农业农村经济

【概　述】　2011年，红塔区按照“围绕增收调结构、依托龙头建基地、依托基地强产业”思路，以促进农业增效，提高农民收入为核心，农业生产保持了较快的增长势头，全年完成农业总产值196 434万元，比上年增6.9%。其中种植业产值完成71 810万元，比上年增20.9%；林业产值完成605万元，比上年减76.6%；牧业产值121 501万元，比上年增0.4%；渔业产值1 705万元，比上年减19.2%；农林牧渔业服务业产值813万元，比上年减10.8%。农业商品产值170 813万元，农业商品率86.9%，比上年提高2.7个百分点。

山区冷凉蔬菜和坝区精品蔬菜种植已成规模，全年种植蔬菜56 378亩，比上年增39.2%；总产量8 076.71万千克，同比增长93.4%。花卉种植稳定在1万亩以上，专业化、组织化、集约化生产经营程度不断提高，形成以鲜切花和绿化园艺苗木共同发展的生产格局；葡萄种植面积发展到8 950亩，成为优特经济作物的新品牌；三七、除虫菊、灯盏花、石槲、半夏、天麻等生物药业引进试验示范推广工作稳步推进，其中三七种植面积3 101亩。

全区完成畜牧业产值占农业总产值的61.86%，其中生猪产值8.41亿元。年末，生猪存栏18.97万头，同比增2.3%，其中：存栏能繁殖母猪1.3万头，增4.9%；生猪出栏43.3万头，增5.0%；出栏肉牛7 434头，增6.53%；出栏家禽653.7万只，增8.5%；禽蛋产量1 517.2万千克，增31.0%。境内通过以市场为导向，企业为龙头，走公司+基地+农户的产业链生产经营模式，形成了粮、烟、畜、生物制药4个收入超亿元的农业支柱产业，实现了粮、烟、油、林、果、花、蔬、药、猪、禽全面发展。

（马俊明）

种植业

【简　述】　2011年，红塔区紧紧围绕强农保增长，抗旱保增收、保民生的要求，以品种为核心，依托项目，大力开展新品种选育试验示范及原种繁殖，在稳定粮食生产的情况下，进一步优化种植业结构，强化各项利农措施。完成粮经作物间套种、药材引进种植、新品种选育实验、水稻高产项目创建等促民生工作。年末，全区有常用耕地面积140 049亩。全年农作物播种面积323 171亩，比上年增1.64%；复种指数230.75%。其中粮食播种面积120 009亩（大春粮食播种面积为84 107亩，小春粮食播种面积35 902亩）。经济作物播种面积203 162亩，比上年增7.3%。经济作物比重比上年上长3.4个百分点。全年粮食单产476千克，粮食总产量5 711.33万千克、油料总产1 285.99万千克、烤烟总产量667.15万千克。

2011年，红塔区农业局下属17个单位，职工131人。其中：机关25人，事业编制127人，管理人员1人，专业技术人员103人，工人2人。1月5日，中共玉溪市红塔区农业局工作委员会成立，3月30日上午，举行揭牌仪式，同时加挂红塔区乡镇企业局、红塔区畜牧兽医局牌子。

【粮经生产】　2011年，全区完成作物总播面积323 171亩，比上年增加5 208亩。复种指数230.69%。粮食作物120 009亩，比上年减少6.8%，其中：大春粮食播种面积84 107亩、同比减10 221亩，小春粮食播种面积35 902亩、同比增1 534亩；全年粮食单产476千克/亩，比上年增21千克；粮食总产量5 711.33万千克，比上年减138.81万千克。经济作物种植面积203 162亩，比上年增加13 895亩，其中：烤烟播种面积44 834亩、比上年增加44亩，总产量667.15万千克、比上年减少52.84万千克；油料种植面积72 041万亩、比上年减10.3%，总产量1 285.99万千克、比上年增74.7%；蔬菜种植面积56 378亩、比上年增加15 886亩，总产8 076.71万千克、比上年增加3 900.27万千克；花卉种植面积11 133亩，比上年增加398亩。全年粮经作物种植比例由上年的40.5:59.5调整为37.1:62.9，经济作物比重比上年上升3.4个百分点。全区烤烟累计收购量666.05万千克，完成计划的111.01%；收购金额12 400万元，比上年增长16%；平均价格18.57元/千克，比上年增2.91元/千克；上等烟比例67.36%，比上年提高7.16个百分点。

表15：2011年红塔区农作物播种面积产量对比表

2011 年红塔区农作物播种面积产量对比表

表 15

项目	2010 年			2011 年			2011 年比 2010 年增减（±）					
							绝对数			百分比		
	面积（亩）	单产（千克/亩）	总产量（万千克）	面积（亩）	单产（千克/亩）	总产量（万千克）	面积（亩）	单产（千克）	总产量（万千克）	面积（%）	单产（%）	总产量（%）
全年农作物总播种面积	317 963			323 171			5 208			1.64		
全年粮食合计	128 696	455	5 850.14	120 009	476	5 711.33	-8 687	21	-138.81	-6.75	4.62	-2.37
大春总播种面积	170 759			168 913			-1 846			-1.08		
一、粮食合计	94 328	584	5 508.42	84 107	576	4 846.99	-10 221	-8	-661.43	-10.84	-1.37	-12.01
其中：稻谷	38 827	625	2 426.7	23 372	622	1 452.98	-15 455	-3	-973.72	-39.81	-0.48	-40.13
包谷	54 467	558	3 037.9	60 288	559	3 372.59	5 821	1	334.69	10.69	0.18	11.02
大豆	119	276	3.29	62	295	1.83	-57	19	-1.46	-47.90	6.88	-44.38
马铃薯	460	347	15.95	198	464	9.18	-262	117	-6.78	-56.96	33.72	-42.51
二、油料作物	494	123	6.07	270	166	4.49	-224	43	-1.58	-45.34	34.96	-26.03
三、烤烟	44 790	161	719.99	44 834	149	667.15	44	-12	-52.84	0.10	-7.45	-7.34
四、蔬菜	19 103	1 300	2 482.55	23 772	1 387	3 296.23	4 669	87	813.68	24.44	6.69	32.78
五、瓜果	1 140	875	99.74	813	1 226	99.7	-327	351	-0.04	-28.68	40.11	-0.04
其中：草莓	593	658	39.02	659	824	54.3	66	166	15.28	11.13	25.23	39.16
六、其他农作物	9 477			13 072			3 595			37.93		
其中：花卉	5 813			6197			384			6.61		
小春总播种面积	147 204			154 258			7 054			4.79		
一、粮食合计	34 368	99	341.72	35 902	241	864.34	1 534	142	522.62	4.46	143.43	152.94
其中：小麦	16 165	138	222.45	16 368	266	435.01	203	128	212.56	1.26	92.75	95.55
豌豆	9 019	32	28.98	11 304	204	230.29	2 285	172	201.37	25.34	537.50	694.86
蚕豆	4 300	133	57.25	4 246	191	80.96	-54	58	23.71	-1.26	43.61	41.42
马铃薯	118	333	3.93	664	481	31.91	546	148	27.98	462.71	44.44	911.96
二、油料作物（油菜籽）	79 798	91	730.07	71 771	179	1 281.5	-8027	88	551.43	-10.06	-44.8	75.53
三、蔬菜	21 389	792	1 693.89	32 606	1 466	4 780.48	11 217	674	3 086.59	52.44	96.70	182.22
四、瓜果	2 215	1 848	409.35	1 697	2 076	352.37	-518	228	-56.98	-23.39	12.34	-13.92
其中：草莓	1 566		2 198.00	1 551	1 989	308.57	-15	1 989	16.79	-0.96	100	5.75
五、其他农作物	7 913			10 189			2 276			28.76		
其中：花卉	4 822			4 936			114			2.36		

【山区增施有机肥】 2011年，红塔区继续实施土壤肥料试验示范推广工作，全年在16个山区村委会、99个村民小组的5.3万亩耕地上完成有机肥堆沤还田5.2万吨，有机肥的还田率得到提高，山区村委会的村容村貌及环境卫生得到明显改善。

【测土配方施肥】 2011年，在油菜、烤烟、水稻、玉米等粮经作物上实施测土配方施肥技术推广面积16.44万亩，其中：水稻2.5万亩、玉米5.5万亩、烤烟4万亩、油菜4万亩。全区配方肥施用面积4.8万亩；采集完成300个土样的理化分析，建立核心示范样板5 750亩；完成“3414”肥效试验、校正试验、肥料利用率试验、测产试验、定点监测试验计92组，发放施肥建议卡8万余份。平均每亩节本增效117.26元，总节本增效1 927.79万元。

2011年北城镇在油菜作物上实施测土配方施肥

（薛琼英　杨开建　摄）

【中低产田改造】 2011年，在高仓龙树、北城刺桐关、大营街郭井、黄草坝波衣大石板片区进行中低产田地改造。即：水稻产量1 452.98万千克、比上年减40.1%，玉米产量3 372.59万千克、比上年增11.0%，小麦产量435.01万千克，比上年增95.6%。

烟草部门基本烟田基础建设项目资金1 214.81万元，在刺桐关项目区改造1.12万亩，受益农户2 363户。工程包括：建设水池6件、容量4 929，管网6件、长10.31千米，倒虹吸4件、长2.59千米，小坝塘2件、容量1.25万，机耕路12条、长17.65千米。

农业部门资金1 144万元，改造面积1.1万亩，其中：地方债券项目、重点退耕还林地区基本口粮田建设项目在高仓片区龙树项目区改造面积0.7万亩，投资744万元。工程包括：建成机耕路10条、总长13.96千米，三面光水池75个，小水窖173口，新建渠道14.02千米，坡改梯138亩。另外项目还涉及增施精制有机肥5 000亩、示范控释肥5 000亩、种植绿肥138亩、种植植物篱3 500株。黄草坝片区中低产田地改造以奖代补资金项目230万元，完成新修机耕路长6 021.6米、平均宽3米（未配沟），小水窖40口，坡改梯1 194亩，施精制有机肥5 000亩，示范控释肥4 600亩。红塔区中低产田地改造领导小组办公室组织实施的投资160万元，工程包括：建设机耕路3条（配沟）、长1.91千米、路宽5米，衬砌渠道3条、长1.91千米、断面0.4×0.4米，坡改梯543亩，新建蓄水池6个、容积1 164立方米。

财政部门农业综合开发项目资金595万元，在黄草坝片区黄草坝项目区改造0.5万亩，完成小水窖20口、机耕路10.9千米、沟渠10.2千米、坡改梯783亩。

省国土厅项目资金计划改造0.62万亩，投资1 119.17万元，其中在洛河片区双龙项目区土地整理项目总建设规模1 846亩，投资349.17万元。项目土地平整面积1 790亩，新建田间道2条、长1 902.6米，改建田间道路1条、长5 851.9米，新建机耕路7条、长2 562米，新建截水沟5条、长2 670.9米，新建灌渠1条、长774.5米，新建配水主管1条、长780米，配水支管5条、长1 328.7米，新增镀锌水管1条、长28米，新建过水涵洞6座、小水窖110座（6m^3/座），新建泵站1座，新建100m^{3}水池7个。由红塔区国土资源局组织实施770.3万元的北城街道刺桐关项目建设，平整土地3 845亩，新建机耕路8条、长6.48千米，改建机耕路3条、长1.526千米，新修水渠3条、长2.14千米。

【水稻高产核心区再创辉煌】 2011年，完成水稻高产创建面积31 468亩，完成指标任务的114.9%。其中：百亩核心区完成470亩，完成指标任务的156.7%；千亩展示片完成3 162亩，完成指标任务的105.4%；示范区单产686.41千克/亩，其中百亩单产786.84千克/亩，千亩单产738.76千克/亩，万亩单产679.74千克/亩。非示范区单产631.78千克/亩，示范区比非示范区单产增54.63千克/亩。以“云粳26号”“云粳34号”和“楚粳28号”为主导品种，以旱育稀植、精确定量栽培、生物多样性、机插、测土配方施肥和病虫害综合防治技术为主推技术。该项目已通过测产验收，各项指标均已完成。

【油菜高产创建项目实施】 2011年，市级油菜高产创建项目在红塔区实施11 424亩，以高仓龙树村为核心涉及11个村委会、43个村民小组的4 836户农户，其中百亩核心区109亩，千亩展示片1 115亩，万亩示范区10 200亩。省级油菜高产创建项目完成面积23 055亩，以研和、李棋为核心，涉及5个乡镇、24个村委会、238个村民小组的22 352户农户。其中：南片万亩高产示范区11 605亩，涉及2个乡镇、10个村委会、91个村民小组的11 126户农户；北片万亩高产示范区11 450亩，涉及3个乡镇、14个村委会、147个村民小组的11 226户农户。市级百亩核心区：通过好、中、差实产调查平均百亩单产224.36千克/亩，千亩展示片平均单产193.6千克/亩，万亩示范区平均单产171.6千克/亩，非示范区平均单产141.77千克/亩，核心区单产比非示范区增加22.01千克/亩，部分增加22.45万千克/亩。省级百亩方核心区：平均单产247.89千克/亩，千亩展示片平均单产220.8千克/亩，万亩示范区平均单产191.11千克/亩，非示范区平均单产161.5千克，核心区比非示范区单产增加36.18千克/亩，部分增加36.9万千克/亩（产量按农户实际交售数量计算）。

【示范种植晚秋作物马铃薯】 2011年，红塔区晚秋马铃薯播种面积5 020亩，超计划1 020亩。12月27日，经实地测产验收，马铃薯单产600千克/亩，总产量301.2万千克。

【优质特色米评选】 2011年12月16日，由红塔集团、市农业局、市烟办、区农业局等单位领导和专家组成鉴评组，在红塔区“神园”基地召开特色米鉴评会。红塔区农业技术推广站从多年积累的水稻品种中精心选取具有代表性的“云红6号”、“云恢290”、“云光109（两个区域）”、“红米”、“紫米”6个品种米参评。鉴评组一致认为“云红6号”、“云恢290”的外观最好，“云光109”的口感性最好，且具有高钙特点；红米和紫米可作为包装组合米销售。

【农业科技推广示范项目通过验收】 2011年12月16日，由玉溪市财政局、红塔区财政局、红塔区农业局等部门组成的验收小组，对2010年中央财政农业科技推广示范项目“玉溪新广家禽有限公司乌鸡、铁脚麻父母代种鸡繁殖基地改扩建项目”“红塔区蔬菜新品种引进示范推广项目”进行检查验收。项目通过验收。

【花卉生产】 2011年，境内鲜切花生产仍以大花惠兰、玫瑰、百合、非洲菊为主，绿化苗木围绕生态立市、生态立区，丰富品种，适度增加面积。鲜切花种植面积稳定在6 000亩，盆花种植1 000亩，园艺绿化苗木8 000亩。其中园艺类发展迅速，盆花类质量逐步提高。

【“三七种植示范”项目通过验收】 春和街道在首次（2009年10月）从文山引进“三七”种植大户种植“三七”1 200亩获成功的基础上，2011年又种植“三七”1 100亩，截至年末，“三七”种植面积2 300亩。同年11月4日，由红塔区科技局组织，邀请市科技局、市农业局、市财政局、红塔区农业局、春和街道农技站等单位的领导和技术人员，对红塔区农技站承担“三七种植示范基地”项目进行实地测产验收。验收地点为黄草坝村孔塘菁组，验收采用种植地现场随机取点，每亩取测产点5个，每个点的面积5～5.5m^{2}之间，现场采挖，去土称重，折合亩产的方法进行。通过验收得出4年期亩产648.2千克（湿重）、3年期亩产690.3千克（湿重）。

【种植业保险】 2011年，全区实施农作物保险，保险面积91 694.86亩，投入保险费988 219.93元（财政出资由种植户投保），其中：油菜40 000亩、水稻22 542.66亩、包谷29 152.2亩，涉及9个乡（街道）；全区受灾理赔面积4 189亩，赔偿金额52.69万元，其中：油菜赔偿金额42.9万元，水稻赔偿金额9.79万元，赔偿涉及农户2 402户。

【油菜新品种选育】 2010年，红塔区抓住中央产油大县奖励资金的机遇，在团山、龙树社区居委会建立优质油菜新品种选育试验示范基地，从中国油料所、西南农业大学、云南省农科院等地引进优质油菜高代材料，采用系统选育与杂交选育方法，开展优质油菜新品种选育试验示范，筛选出适宜红塔区及云南省种植的优质油菜新品种。优质油菜新品种“玉红油1号”选育与应用项目获玉溪市科技进步一等奖、玉溪市农业技术推广一等奖，申报云南省科技进步奖；优质油菜新品种“玉红油2号”（选育编号20—5—26－7）通过云南省品种审定；优质油菜新品系“AZ0906”参加2010～2011年云南省优质油菜品种（系）区域试验（山地组），产量居参试12个品种（系）第二位。

（朱元付）

北城街道大石板村委会“三七”种植

（陈红明　摄）

能源·植保·农机

【农村能源建设】 2011年，全区投资84.58万元，在高桥、赤马、皂角、秀溪、排山、莲池、中所、黄草坝、桃源、龙树等村委会（社区）建立10个中央预算内村级沼气服务网点；投资108.5万元，完成大营街供销社养殖场、玉溪市芳佳养殖有限公司、玉溪市利康养殖有限公司、红塔区正和养殖场4个中央预算内投资养殖小区沼气工程；投资8.8万元，完成农村节柴改灶800眼。

【大小春病虫害防治】 2011年，全区认真做好农作物的病虫害监测与综合治理。在大营街、北城、春和街道建立3个病虫监测预报点，重点抓好小麦条锈病、油菜蚜虫、稻飞虱等病虫害的预测预报与防控。境内，全年农作物病虫害发生94.19万亩次，综合防治120.52万亩次，推广“性诱、色诱”绿色防控技术1.5万亩，对重大病虫害的短期预报准确率达95%以上，植保工作对全区农业生产的良好发展态势起到推进作用。

【农作物有害生物普查】 2011年，红塔区承担水稻、小麦、玉米、油菜4种农作物病虫害普查。全年调查北城、春和、大营街、研和、高仓、洛河6个街道（乡）的王棋、梅园、莲池、皂角、黑村、龙池、飞井、赵桅、郭井、宋官、可官、贾井、桃源、洛河、把者岱、法冲等16个村委会（社区）。调查田块401块，调查次数16次，圆满完成计划调查4种主要作物、5个重点乡镇、15个村委会（社区）12次的目标任务。通过普查，全年编发《病虫情报》5期，按时上报全国农技中心病虫测报处信息资料159份次，省、市植保站资料68份次，对重大病虫害的短期预报准确率已达95%以上，及时做到了下情上达和上情下达，为指导生产防治和全国迁飞性、流行性重大病虫害的综合治理提供科学依据。

【太阳能板杀虫灯示范】 杀虫灯诱杀技术是一项“绿色”植保防治技术措施，属“三诱”（性诱、色诱、光诱）防治技术之一，利用部分害虫对灯光有趋向性的原理，对害虫进行物理诱杀，具有无毒无害、安全高效的特点。2011年，红塔区启动安全、环保、节能防治新技术，应用于蔬菜、林果等经济作物生产。年内，购进15台频振式太阳能板杀虫灯在春和、北城等街道进行示范，诱杀对象为：粘虫、麦蛾、稻二化螟、稻三化螟、稻螟、稻纵卷叶螟、稻飞虱、叶蝉、玉米螟、谷子钻心虫、大豆食心虫、豆天蛾、小菜蛾、菜螟、食心虫、吸果夜蛾、突背斑红蝽、桃蛀螟等，诱杀效果显著。

【有害生物预警与控制区域站建设】 “红塔区农业有害生物预警与控制区域站建设”项目是农业部下达的国债资金项目于2011年启动。项目初设总投资435万元，其中：中央投资395万元，地方配套投资41.46万元，建设检验检测用房900平方米，应急防治药品及药械仓库300平方米，标准病虫观测场10亩，病虫监测与防控指挥点5个，购置仪器95台套。

【农村鼠害防治】 2011年，在全区组织64个村委会（社区）、605个村（居）民小组开展大面积农村统一灭鼠，化学药物灭鼠住宅6.56万户、农田15.6万亩，养猫生态灭鼠2.06万户（占总户数的25.28%）。区、乡、村组先后召开动员会议469次，印发宣传资料1.02万份，有线广播宣传147场次。全区投入资金8.07万元，投放毒饵3.45万千克，挽回粮经损失28.17万元。

【农机安全检查】 2011年9月23～24日，红塔区农业局农机科组织区农机化学校、区农机监理站，对各街道、乡参加秋耕生产的农业机械进行安全检查，检查中发放宣传材料150多份，对部分带病作业的大型拖拉机，有事故隐患的其他农业机械发放整改通知书。12月12～14日，红塔区农机监理站组织监理人员深入乡村道路、田间地头和农业生产一线，认真开展农机安全生产检查，严查各种农机违章作业行为；同时，向广大农机手和农民群众发放安全宣传材料，宣传农机法律法规和安全生产知识。

（朱元付）

2011年红塔区农村劳动力转移就业现场招聘会

（夏茂楠 摄）

其 他

【农业行政综合执法】 2011年，红塔区农业行政综合执法大队组织种子、土肥、植保等部门执法人员，出动执法人员120人次，检查农资市场35次，抽检大小春种子样品41个，对161个经营农药的单位和经营门市进行备案查补登记，全面实行农药经销人员持证上岗。畜牧兽医执法人员出动49人次，检查兽药经营户206户次，抽检兽药5.8万盒（包），对查出的过期兽药均作了销毁处理；检查饲料生产、销售企业及门店71个，抽检饲料品种226批次，检查413吨，未发现饲料质量和违法经营行为；采集猪尿样品320份、饲料样品20份进行“瘦肉精”检测，结果均为阴性。

【质量安全检测】 投资500万元的红塔区农产品质量安全检测站建成投入使用。2011年6月25日，检测站顺利通过省级实验室计量认证、机构考核现场评审和食品检测机构认证，取得了具备相应法律条件和检测能力资格证书，批准资质认定授权的检测项目有农业环境、农产品、重金属、农药残留和水质5类、32个全项和85个单项，计117个检测项目。是全省惟一一家同时取得农产品质量安全机构考核、实验室资质认证、食品检测机构认证的县级农产品质量安全检测站。

【农村劳动力转移培训】 2011年，争取资金130.15万元，其中：中央40.15万元，省级90万元。实施国家“阳光工程”和省级农村劳动力转移培训任务，开展农村劳动力转移培训69期，转移就业率99%，全年超额完成培训转移5 550人的计划任务。与区就业局、市农业局合作，分别召开了“农村劳动力转移就业特别行动计划”现场招聘会和2011年玉溪市农村劳动力转移就业现场招聘会，组织248家企业进场，提供就业岗位7 522个，求职者2.8万余人，达成用工意向1 706人，有效促进了全区农村劳动力转移就业。

【农业信息化建设】 2011年，以实施“三电合一”“金农工程”等农业信息化工程项目为手段，在全区11个乡（街道）农业技术农机工作站、龙树村委会、神园葡萄专业合作社、快大多公司、区土地流转中心，建立15个乡、村信息服务站点；完成区级农业信息平台、1个国内信息采集点和4个乡镇信息服务站的网络构建，确保终端设备正常访问互联网应用系统。在“中国农业推广网”、“红塔区农业信息网”、“数字乡村网”、“阳光政府网”等发布信息1万余条，编辑《红塔农业》12期。

【“一事一议”财政奖补项目建设】 2011年，全区实施“一事一议”财政奖补40项，总投资4 701.3万元。项目建设内容涉及村内户外道路建设、群众活动中心建设、小型补助项目、示范村项目等。项目建设内容：完成村内户外道路建设工程15件（总长7 322.7米）、房子建设1.4万平方米、路灯169盏、栽种绿化树276棵、绿化面积2 698.1平方米。

【获首届全国农产品质量安全检测技术大比武佳绩】 2011年11月24～28日，红塔区农产品质量安全检测站唐海彦、普继琼2名选手，在北京举办的首届全国农产品质量安全基层检测技术大比武总决赛。分别获农药残留定量检测、农药残留快速检测第一名，云南代表队成为本次比赛中惟一获得2个第一名的代表队，为云南代表队进入团体前八强打下基础。

（朱元付）

农业产业化

【简　述】 2011年，按照区委、区政府“农业要在产业化发展和基础设施建设方面取得新突破”的要求，围绕“增收调结构”的思路进一步优化种植结构，提升现代农业发展水平；按照抓住一个龙头、实施三大工程、发展六大产业、落实八项措施的“一三六八”发展思路，不断优化农业产业结构，推进农业产业化经营水平和综合效益。全区有重点农产品加工和流通企业32家（其中：省级重点龙头企业10家、市级龙头企业18家），实现销售收入47亿元，缴税1.25亿元，出口创汇2 729.4万美元，带动农户35万户。全区有农民专业合作社43个，带动农户12 271户，带动销售收入1.4亿元。“滇绿”猪肉、“猫哆哩”旅游休闲食品、“快大多”饲料、“明珠”百合、“滇雪”菜油、“眷滋”食品、“玉研红”葡萄等优质农产品在省内外享有一定知名度，品牌效应逐步显现，其中：“猫哆哩”酸角糕和“明珠”百合鲜切花，已通过云南名牌农产品认定。

表16：2011年红塔区重点农产品加工和流通企业基本情况汇总表

【产业化进程加快】 2011年，全区着力培植壮大龙头企业，围绕优势产业，培植百信、滇雪、明珠、新广、新秀、甜馨、维和等32户重点农产品加工和流通企业，其中：省级重点龙头企业10家、市级龙头企业18家。全年实现销售收入47亿元，缴税1.25亿元，出口创汇2 729.4万美元，带动农户35万户。其中亿元龙头企业9家、销售收入40亿元，10个省级龙头企业、出口创汇2 019.4万美元。全区创办了涉及种植业、畜牧业、农机、渔业的农民专业合作社43个，注册资金945万元，有社员2 829人，带动农户12 271户，带动销售收入1.4亿元，其中：销售收入1 000万元以上的合作社2个，带动农户100户以上的农民专业合作社13个。

【农业发展实力增强】 2011年，红塔区继续争取中央、省、市项目及资金扶持农业生产，夯实农业发展基础。整合地方债券中低产田地改造项目、基本烟田建设项目、农业综合开发项目、重点退耕还林地区基本口粮田建设项目、土地整治项目资金合计4 072.98万元，在高仓龙树、北城刺桐关、大营街郭井、黄草坝波衣大石板片区，改造中低产田地3.35万亩；实施“一事一议”财政奖补40个，投资4 701.3万元；实施4个村容村貌整治项目，投资94.98万元，项目建设内容涉及村庄道路硬化、绿化美化和道路建设与公房及客堂扩建等工程；投资47万元改造研和中村、北城大营农贸市场2个；年内，争取中央购机补贴资金181万元、省级配套资金18万元，拉动农户投入资金430万元，受益农户812户，农机总动力15.43万千瓦。组织各大中型拖拉机、手扶拖拉机、微耕机等农业机械4 360台，完成大小春机耕机耙25万余亩和烤烟田地起垄8 500亩、机插秧6 000亩、机收3 400亩；争取中央生猪标准化规模养殖场项目建设扶持资金350万元，扶持8个养殖场改扩建猪舍18 450平方米，认真落实能繁母猪保险9 227头，发放畜牧贴息贷款2 500万元，投资250万元（含省级140万元）建设新广家禽有限公司技术中心，促进畜牧业发展；投资194万元，建好春和、研和、大营街、小石桥4个农技推广服务体系，投资100万元，建好北城、研和两个畜牧兽医站防疫体系建设，基层农技推广体系和畜牧兽医防疫体系建设得到加强。

2011年11月1日，区委书记夏立洪（右三）、代区长张小良（左三）、副区长殷绍焜（右四）到赵桅烤烟合作社调研一产业生产——轮作制度的落实

（陈兴林　摄）

2011年红塔区重点农产品加工和流通企业基本情况汇总表

表16

企业名称	性质	法人代表	资产总额（万元）	固定资产（万元）	职工（人）	企业主营产品	生产规模	年产量	年产值（万元）	年销售收入（万元）	年利润（万元）	上缴税金（含减免税万元）	出口创汇（万美元）	基地面积（亩）	其中：出口备案基地面积	带动农户（户）	户均增收（元）	注册品牌	产品质量认证情况	是否龙头企业	产品销往地区
云南玉溪百信商贸集团有限公司	有限责任公司	秦家平	45629	16252	1469					114799	471	872.00	1599							是	云南省
云南玉溪凤凰生态食品有限责任公司	私营	王家寿	31531	10332	320	猪肉	规模以上	36304吨	69428	71956	371	48.00	1559			9100	3600	滇绿	已认证	是	国内
玉溪明珠花卉股份有限公司	私营	陈朋从	11866	1578	273	百合种球	1373万粒	1373万粒	5141	5141	1258	543.00	131	1444		782	340	明球百合		是	日本、广州、上海
玉溪新广家禽有限公司	有限责任公司	梁尚根	4681	1551	136	鸡苗	2000万羽/年	1475万吨	8086	4058	1914	1010.00				800	30000			是	云、贵、川等
云南省玉溪市甜馨食品有限责任公司	有限责任公司	宋子波	7827	1037	413	猫哆哩、云南十八怪系列	5000吨		11427	11328	1494	363.00	0	10000	0	5000	8000	甜馨、猫哆哩、哨哆哩、滇府十八怪	绿色食品A级、ISO9001H ACCPQS认证	是	云南、四川、重庆、贵州、北京、上海
云南原林生态有限公司	私营	李海嫣	4609	2036	395	木瓜、高原鹅				523	132					9000	3500			是	北京、上海等
玉溪快大多畜牧科技有限公司	有限责任公司	杨保和	4695	1099	150	饲料	10万元	50174吨	14762	14747	179	40.00		100		10695	1000	快大多	ISO9001、HACCP认证	是	云南省
玉溪滇雪粮油食品工业有限公	私营	刘军	17329	2897.9	128	菜籽油	9万吨	29127吨	29127	41582.64	1541.5	41.52		50000		250000	500元	滇雪、菜家村	质量管理体系、HACCP认证	是	昆明、德宏、红河、文山、楚雄
云南维和药业股份有限公司	非上市股份有限公司	王维和	40999.34	9290.07	411	血塞通系列		317.86吨	18564.73	18564.73	4830.41	2818.27		6900		7160	8700	维和牌	CMP	是	国内
云南玉溪国家粮食储备库	国有企业	刘伟江	12840.41	5248.877	54	大米		3166.17吨	2792.99	8330.40	-164.89	58.60								是	
云南玉溪联合花卉销售有限公司	有限公司	申列东	4300	2800	83	鲜切花加工	2亿枝	2亿枝	6500	3600	216	43.20	220	1000		1000	3200			是	
云南省玉溪市云溪香精香料有限责任公司	股份有限公司	陈永斌	8699	3629	96	香精香料	500吨	322吨	5212	4969	147	452.00				5000	2660	1	有	是	国内
云南南宝植化有限责任公司	中资私营企业	梁忠禄	6008.439	3320.42	91	除虫菊		21吨	4500	4000	200	110.00	417.76	16405		11000		三保奇花	有机认证	是	荷兰、法国、西班牙、台湾、德国等国
玉溪市新秀禽业有限公司	企业	王秀琼	948	420.7	42	鸡		251.7万只	1107.7	1109.1	65.3			52		500	15000	新秀	无公害农产品	是	玉溪、昆明、墨江
玉溪滇隆农牧产业开发有限公司	私营	李春生	3585	2985	80	水果、生猪	2000吨	1116吨	2900	2120	252	1.00		350		120	2000			是	昆明
玉溪市兴田科技有限公司	私营	刘家迁	2610	2113	296	蔬菜、花卉		15166万只	5430	5032	381	免税	430	42000	18500	13700	4013			是	日本、泰国

续表

企业名称	性质	法人代表	资产总额（万元）	固定资产（万元）	职工（人）	企业主营产品	生产规模	年产量	年产值（万元）	年销售收入（万元）	年利润（万元）	上缴税金(含减免税万元)	出口创汇（万美元）	基地面积(亩)	其中：出口备案基地面积	带动农户(户)	户均增收（元）	注册品牌	产品质量认证情况	是否龙头企业	产品销往地区
云南省玉溪望子隆生物制药有限公司	私营有限责任公司	高家雄	7392	4754	175	中成药品	片剂、胶囊剂等6.97万	571.36吨	4233.5	4050	-46	208		13000				望子隆	通过药品GMP认证	是	全国各地
云南达利食品有限公司	私营	许世辉	27000	24000	2148	食品、饮料		12.5万吨	68000	65787	5034	1804	0	0	0			达利园、好吃点、可比克、和其正	ISO9001，HACCP	是	云南、贵州、广西
玉溪沃森生物技术有限公司	私营有限责任公司	陈尔佳	143336	12285.33	620	疫苗	年产值5亿		53763.13	37191.38	19985.97	6975.16								否	全国
云南玉溪万方天然药物有限公司	民营	曾云恒	8636	2582	100	植物原料药	426	76.7吨	2650	3072	240	253						万方	GMP认证	否	全国各地
云南新蓝景化学工业有限公司	有限责任公司	赵志峰	8240	1560	86	无水乙醇			5640	7502	108	41		20000		5000					
玉溪西格玛农业科技有限公司	私营有限公司	曹建勇	232.579	30.47	150	蔬菜	小型	34.053吨	170.27	162.88	47.63			40000		100				否	蒙自、禄劝、
云南玉溪晶瑞食用油脂有限公司	有限责任公司	高家元	616.80	178	20	小榨菜油		270吨	345	2600	5	4		9				晶瑞	合格	否	云南省
玉溪市云天科技开发有限公司	个私	张永明	270	200	65	蔬菜	1350	4428吨	1550	1550	341		173.68	1350	1350	1650	650		无公害	否	欧洲、香港、泰国
玉溪市玉农绿色产业有限公司	个私	龚绍春	500	200	70	蔬菜	250亩	810吨	308	308	68		13.1	250	250	850	230		无公害	否	港、澳
玉溪松楠绿色产品有限公司	股份	罗松楠	960	650	285	蔬菜	3600亩	11260吨	3941	3941	867		135.79	3600	3600	3140	280		无公害	否	港、澳、泰国、马来西亚
玉溪华记北城蔬菜种植基地	股份	罗顺福	450	390	160	蔬菜	1400亩	3290吨	1184	1184	260		56.84	1400	1400	1680	315		无公害	否	港、澳地区和欧洲
云南玉溪市三和农业有限公司	有限责任公司	黎坤准	262	59	70	香蕉	1000亩	609吨	204	204	-4	6		1000				绿盒子		否	新疆、昆明
玉溪市春滋肉制品加工厂	个人独资	王超	72	52	10	腌腊制品	100吨	550吨	110	107	2.8	3.2		0.81		25	5000	春滋一品恋	QS生产许可	否	云南省
玉溪市研和振华肉制品有限公司	有限公司	严正华	200	100	15	肉制品	170吨	200吨	300	300	26	17		2		12		研和振华	有	否	云南省
云南凯雄实业集团有限公司	民营	李家杰	6746	1822	826	香蕉、香蕉苗		3600吨	11500	13828	245	91		4000		5000	1000	凯雄牌“香蕉”		否	北京、兰州、上海、南京等
云南玉溪瑞源生物化工有限责任公司	私营	孔凡兴	247	97	12	抗氧化剂、香精油	120吨	4吨	220	195	6	15		2700		70	7385	玉凡	无	否	云南、天津、广州

【项目申报】 2011年4月12日，完成红塔区农产品质量安全检验检测机构资质能力建设项目、红塔区标准化生猪生产基地建设等16个2011年省级财政申报项目，总投资1 092.15万元，申请省级财政补助286.5万元。4月25日，完成云南省玉溪市甜馨食品有限公司的“猫哆哩”西番莲果派新产品产业化开发项目及玉溪沃森生物技术有限吸附无细胞百白破联合疫苗产业化等4个项目的申报，项目总投资5 874.6万元，其中：单位自筹5 414.6万元，申请省级财政资金补助460万元；完成玉溪市滇雪粮油食品工业有限公司木本油料产业化及包装生产线建设项目、玉溪市快大多畜牧科技有限公司年产20万吨无公害动物食品生产基地等6个产业化项目及2个乡镇企业项目的申报，项目总投资12 700万元，银行贷款3 300万元，申请省级财政补助400万元，其中：贷款贴息补助250万元，技术引进改造补助150万元。9月26日，玉溪沃森生物技术有限公司无细胞百白破联合疫苗产业化项目和玉溪市兴田科技有限公司年产2 000万枝优质鲜切花康乃馨出口示范基地建设项目通过省级批复。其中玉溪沃森生物技术有限公司无细胞百白破联合疫苗产业化项目获得省级生物产业项目扶持资金80万元，玉溪市兴田科技有限公司年产2 000万枝优质鲜切花康乃馨出口示范基地建设项目获得省级生物产业项目扶持资金60万元。

红塔区农业局依据各站所提供的统计材料，结合各企业提供的附件证明资料，经过核实查对，于5月31日完成云南达利食品有限公司、玉溪西格玛农业科技有限公司等5个企业的材料上报。10月10日，完成云南达利食品有限公司、玉溪西格玛农业科技有限公司等4个企业的市级农产品生产加工重点龙头企业认定材料上报工作。

【甜柿引种种植项目实施】 红塔区2010～2011年柿子种植项目以研和、北城2个街道示范种植为主，共涉及5个街道，示范基地种植柿子总面积643亩，柿子景观树1 500株。具体分布为：研和街道柿子基地350亩，其中：雁塘基地150亩、鸡窝塘基地50亩、翻身塘基地100亩，南厂四组零星种植50亩（2 800株）；北城街道古城四至七组建设柿子基地260亩（零星栽培10亩）；李棋街道老尖山零星种植10亩（600株）；春和街道黄草坝零星种植3亩（200株）；高仓街道龙树试验示范基地15亩、梁王坝5亩；研和街道翻身塘及研和工业园区沿线柿子景观树1 500株。项目总投资319.08万元，其中：区级补助220万元，乡镇配套99.08万元。项目从2010年12月28日开始实施，于2011年1月23日按时完成项目内容，5月24日，项目通过验收组验收。

【红塔区土地流转服务中心成立】 2011年，红塔区土地流转服务中心成立，按照平等协商、自愿、有偿的原则，采取转包、转让、入股、互换、出租等多种形式，引导和鼓励农民进行土地承包经营权流转。年内，全区流转耕地4.2万亩，比上年增20.7%。

【“三资”管理】 2011年，全区11个乡（街道）均完成农村集体“三资”委托代理服务站的组建，招聘农村“三资”管理人员46人，培训978人次。全区有830个村集体完成“三资”代理，代理资金88 215.92万元。并逐步建立起产权明晰、权责明确、民主监督、科学管理的农村集体“三资”管理和运行机制。

（朱元付）

【小石桥乡试种人参果获成功】 人生果又名仙桃、艳果，为茄科茄属多年生半木质化草本植物，是一种纯天然营养保健水果。2010年，小石桥乡引种人参果获成功，当年亩产值近1万元。2011年，小石桥乡扩大示范面积46亩，逐步辐射带动农户发展人生果产业，示范点安排在小石桥村委会一、二、六、七组，在探索适应性的同时总结适宜本地的栽培技术，并扩大示范效果。截至年末，全乡已育苗12万亩，供大田生产用苗。

【红塔区申报省级百县百园项目】 2011年，按照区委、区政府提出的“产业强区、生态立区、三农兴区、文化和区”的发展战略目标，着力名、优、特农产品产业的发展，将葡萄和蔬菜产业逐步发展成为红塔区继烤烟、生猪、油菜之后的又一大产业。红塔区农业局经过筛选比较，推荐红塔区高效葡萄现代农业园项目和北城蔬菜现代农业园项目申报2011年省级百县百园项目。

红塔区高效葡萄现代农业园项目种植葡萄2万亩，实现产值4亿元。园区葡萄种植品种、技术依托江苏神园公司，品种以红地球、夏黑、红巴拉多、最金香、巨玫瑰为主。项目总投资600万元，申请省级财政补助100万元。

红塔区北城蔬菜现代农业园项目种植蔬菜1万亩，实现产值2亿元。蔬菜园生产以西格玛农业科技有限公司、玉溪市松南蔬菜有限公司和华记、华玉蔬菜专业合作社为主，蔬菜种植技术与山东寿光宇丰种苗、世界多家跨国种业集团（如荷兰瑞克斯旺、安莎和法国克鲁斯、匈牙利德迪沃、泰国红箭公司）合作。进行适合中国市场的优质作物品种的栽培生产，并作为多家种子公司的

2011年，小石桥乡试种人参果获成功

各类优质品种在云南的试验推广基地。项目总投资390万元，申请省级财政补助200万元。

（马小添）

畜牧业

【畜牧业生产】 2011年，全区出栏生猪43.3万头，同比增5%；出栏肉牛7 700头，同比增2.5%；出栏肉羊1.23万只，同比增3.2%；出栏家禽653.7万只，同比增8.5%；肉蛋奶总产7 014万千克，同比增11.65%；实现畜牧业产值12.15亿元，同比增30.9%，占全区农业总产值的63.3%，占全市畜牧产值的24%。红塔区高原特色畜牧业已成为继烤烟产业之后的又一重要支柱产业。

【规模化标准化养殖占主导地位】 2011年，红塔区出栏肥猪50头以上的规模养殖户有426户、出栏蛋鸡2 000只以上的有108户、存栏肉鸡（含土杂鸡）1 000只以上的有138户、存栏肉鸭1 000只以上规模养殖户有49户，出栏肉牛10头以上的22户，肉羊规模养殖场64户。规模养殖场提供的产品占全区产品总出栏量的75%以上、商品化率占80%左右。全区有24个蛋鸡养殖场完成标准化改造，12个蛋鸡养殖场的产品通过无公害认证，34个生猪养殖场取得云南省出入境检验检疫局颁发的“出境动物源性食品养殖基地检验检疫备案证书”，年可为玉溪凤凰生态有限公司提供优质出口用肥猪10万头。

表17：2011年红塔区商品蛋鸡规模养殖场生产统计表

表18：2011年红塔区商品肉鸡规模养殖场生产统计表

表19：2011年红塔区生猪规模养殖场生产统计表

表20：2011年红塔区肉牛规模养殖场生产统计表

2011年红塔区商品蛋鸡规模养殖场生产统计表

表17

序号	村委会	养殖场名称	户主姓名	最大养殖规模（只）	2011年存栏数（只）	鸡蛋产量（吨）	2011年出栏数（只）	占地面积（亩）	厩舍面积（m^2）	人员结构(人)		收入（万元）
										管理(技术)人员	务工人员	
1	玉兴街道右所社区	殷绍红养殖场	殷绍红	80000	68000	1122.00	35000	8.00	4000	2	14	1045.60
2	玉兴街道右所社区	张绍春养殖场	张绍春	20000	18000	297.00	16000	2.00	900	1	2	288.90
3	玉兴街道右所社区	王俊养殖场	王 俊	20000	20000	330.00	18000	2.40	1000	1	2	321.40
4	玉兴街道右所社区	李红云养殖场	李红云	21000	20000	330.00	18000	2.20	1000	1	2	321.40
5	玉带街道郑井	史慧芳养殖场	史慧芳	10000	8700	143.55	0	0.50	294	1	2	125.72
6	玉带街道郑井	金玉慈养殖场	金玉慈	40000	30000	495.00	10000	1.50	670	2	6	451.50
7	玉带街道郑井	金正红养殖场	金正红	20000	10000	165.00	4000	0.25	142	2		151.70
8	玉带街道黄官	红塔区锦飞养殖场	赵发坤	40000	37000	610.50	0	350.00	3500	2	8	534.65
9	玉带街道冯井	高家勐养殖场	高家勐	12000	9000	148.50	9000	4.50	700	1		146.25
10	研和东山	万明养殖有限公司	戴万明	200000	180000	2970.00	100000	500.00	14000	5	30	2781.00
11	研和南厂	鑫玉养殖场	刘士专	100000	90000	1485.00	40000	20.00	6300	3	18	1372.50
12	研和可官	汇维生物有限公司	王建国	34000	11000	181.50	11000	100.00	1300	2	4	178.75
13	研和贾井	中林养殖场	师贵琼	30000	10000	165.00	5000	3.00	1000	1	2	153.50
14	研和南厂	郝凤文养殖场	郝凤文	30000	9000	148.50	860	0.20	70	1	2	131.60
15	研和南厂	普志国养殖场	普志国	30000	12000	198.00		2.00	966	2	2	173.40
16	研和贾井	唐有华养殖场	唐有华	30000	5000	82.50		3.00	360	1	2	72.25
17	高仓高仓村	陈晓红养殖场	陈晓红	28000	10000	165.00	10000	25.00	1300	1	2	162.50
18	高仓高仓村	陈卫萍养殖场	陈卫萍	25000	8000	132.00	8000	8.00	1100	1	2	130.00
19	高仓梁王坝	李永会养殖场	李永会	23000	30000	495.00	20000	12.00	3200	1	4	469.50
20	高仓梁王坝	夏建德养殖场	夏建德	22000	17000	280.50	7000	6.00	1400	1	3	258.25
21	高仓梁王坝	包兴雄养殖场	包兴雄	22000	15000	247.50	10000	7.00	2100	1	3	234.75
22	高仓排山	张士聪养殖场	张士聪	20000	10000	165.00	6500	3.00	500	1	3	156.20

续表

序号	村委会	养殖场名称	户主姓名	最大养殖规模（只）	2011年存栏数（只）	鸡蛋产量（吨）	2011年出栏数（只）	占地面积（亩）	厩舍面积（m^2）	人员结构（人）		收入（万元）
										管理（技术）人员	务工人员	
23	高仓桃源	薛福兰养殖场	薛福兰	20000	14600	240.90	15000	9.00	2400	1	4	237.97
24	高仓桃源	李琼英养殖场	李琼英	20000	20000	330.00	15000	11.00	2200	1	3	316.00
25	高仓桃源	金忠宝养殖场	金忠宝	20000	29800	491.70	15000	42.00	3100	1	5	457.61
26	高仓桃源	殷良忠养殖场	殷良忠	20000	14000	231.00	8000	7.00	2000	1	3	216.70
27	高仓排山	蔡一元养殖场	蔡一元	20000	10000	165.00	1000	0.20	80	1	2	146.30
28	春和飞井一组	张成东养殖场	张成东	20000	15000	247.50	0	28.00	3200	1	7	216.75
29	春和飞井一组	郭光忠养殖场	郭光忠	20000	11000	181.50	0	2.10	600	1	1	158.95
30	春和飞井一组	郭云梅养殖场	郭云梅	20000	15000	247.50	0	1.00	600	1	1	216.75
31	春和飞井一组	王继和养殖场	王继和	20000	30000	495.00	29200	11.00	3800	2	6	486.06
32	春和飞井三组	赵秀红养殖场	赵秀红	20000	10000	165.00	800	0.70	400	1	1	145.94
33	春和团山五组	王春平养殖场	王春平	17000	30000	495.00	29700	5.50	3200	1	4	486.96
34	春和黑村三组	李文清养殖场	李文清	17000	9000	148.50	6000	0.40	210	1	1	140.85
35	春和黑村三组	李文山养殖场	李文山	16000	12000	198.00	1100	0.40	200	1	1	175.38
36	春和黑村四组	蒋玉玲养殖场	蒋玉玲	15000	8000	132.00	600	0.40	210	1	1	116.68
37	春和黑村八组	易本明养殖场	易本明	15000	13000	214.50	12000	6.00	1500	1	4	209.45
38	春和黑村十组	李长坤养殖场	李长坤	15000	10000	165.00	900	0.50	300	1	1	146.12
39	春和春和台山	李文弟养殖场	李文弟	18000	16000	264.00	5500	13.00	2200	1	2	241.10
40	春和王大户四组	王秀琼养殖场	王秀琼	80000	70000	1155.00	60000	52.00	13000	2	24	1119.50
41	春和马桥一组	毛林荣养殖场	毛林荣	10000	8500	140.25	1200	0.20	300	1	1	124.99
42	春和马桥六组	陈丽红养殖场	陈丽红	10000	7000	115.50	1400	0.10	300	1	1	103.67
43	春和马桥六组	王惠华养殖场	王惠华	10000	10000	165.00	200	0.10	800	1	1	144.86
44	春和黑村台山	余胜强养殖场	余胜强	100000	160000	2640.00	156000	156.00	35000	16	90	2592.80
45	春和飞井一组	汪玉林养殖场	汪玉林	18000	15000	247.50	9000	4.00	1800	1	3	232.95
46	春和飞井一组	赵树红养殖场	赵树红	10000	6000	99.00	5000	1.00	560	1	2	95.70
47	春和中所二组	景明坤养殖场	景明坤	10000	10000	165.00	0	0.30	460	1	1	144.50
48	北城梅园	农资公司	郭　进	20000	19000	313.50	6000	5.00	1500	5	18	285.35
49	北城梅园	代永生养殖场	代永生	10000	4000	66.00	2000	3.00	500	1	1	61.40
50	北城梅园	代会芬养殖场	代会芬	10000	3000	49.50	8000	10.00	500	1	2	57.75
51	北城梅园	宏鹏养殖场	王爱生	40000	32000	528.00	16000	5.00	3000	2	3	491.20
52	北城梅园	海蕊养殖场	王中伟	40000	32000	528.00	32000	5.00	3000	2	3	520.00
53	北城梅园	冯韬养殖场	冯　韬	25000	22000	363.00		7.00	2000	2	2	317.90
54	北城梅园	康利养殖场	曹汝国	30000	28000	462.00		15.00	5500	1	4	404.60
55	北城梅园	吴春荣养殖场	吴春荣	10000	7000	115.50	1000	2.00	500	1	1	102.95
56	北城刺桐关	金春荣养殖场	金春荣	10000	10000	165.00		8.00	2200	1	2	144.50
58	北城刺桐关	徐会平养殖场	徐会平	10000	18000	297.00		8.00	3600	2	2	260.10
合计				1623000	1356600	22383.90	765960	1480.45	146522	94	321	20981.60

注：此表收录最大存栏1万只以上的蛋鸡养殖场。

2011年红塔区商品肉鸡规模养殖场生产统计表

表18

序号	村委会	养殖场名称	最大养殖规模（只）	2011年存栏数（只）	2011年出栏数（只）	占地面积（亩）	厩舍面积（m^2）	人员结构(人)		收入（万元）
								管理(技术)人员	务工人员	
1	凤凰街道灵秀二组	陈小云养殖场	3500	3000	55000	0.20	130	1	1	154.00
2	凤凰街道灵秀二组	陈克生养殖场	4500	2000	45000	1.80	620	1	1	126.00
3	凤凰街道灵秀二组	张周林养殖场	3500	2500	40000	1.50	530	1	1	112.00
4	凤凰街道灵秀二组	陈晓元养殖场	3800	3000	30000	1.20	480	1	1	84.00
5	凤凰街道灵秀二组	陈克坤养殖场	1200	1000	25000	0.80	350	1	1	70.00
6	凤凰街道灵秀二组	陈永禄养殖场	3500	2700	25000	1.20	520	1	1	70.00
7	凤凰街道灵秀二组	李发文养殖场	4800	3500	25000	1.80	720	1	1	70.00
8	凤凰街道灵秀台山	张松青养殖场	2700	2000	24000	2.50	420	1	1	67.20
9	凤凰街道灵秀二组	柳庭虎养殖场	1000	1000	24000	0.50	330	1	1	67.20
10	玉兴街道右所社区	冯春丽养殖场	10000	2000	20000	4.00	2000	1	1	56.00
11	玉兴街道右所社区	白云生养殖场	6000	1500	20000	3.00	600	1	1	56.00
12	玉兴街道右所社区	王国荣养殖场	7000	2000	20000	3.50	700	1	1	56.00
13	玉兴街道右所社区	易崇良养殖场	2500	1800	20000	0.30	190	1	1	56.00
14	玉带街道冯井	郑兴帮养殖场	7000	4000	20000	40.00	1080	1	2	56.00
15	玉带街道冯井	朱家林养殖场	6000	6000	19000	200.00	800	2		53.20
16	研和贾井四组	李永平养殖场	5000	5000	18000	2.00	900	2	2	50.40
17	研和贾井一组	王成玉养殖场	8000	6000	18000	3.00	1600	2	4	50.40
18	研和贾井一组	孔德华养殖场	10000	2000	17000	3.00	2	2	4	47.60
19	研和研和五组	刘惠珍养殖场	6000	6000	16000	8.00	600	2	2	44.80
20	研和南厂	杜家云养殖场	10000	10000	15000	6.50	4000	2	3	42.00
21	研和秀溪	柴红秋养殖场	3000	1000	15000	0.70	400	2	2	42.00
22	研和贾井	何金玲养殖场	8000	5000	15000	10.00	3500	1	1	42.00
23	研和可官	可旭宏养殖场	3000	3000	15000	20.00	400	1	1	42.00
24	研和东山	梁金龙养殖场	6000	2000	14000	2.50	1400	2	2	39.20
25	研和玉屏	施金荣养殖场	2000	2000	13000	1.00	400	1	1	36.40
26	高仓高仓村	杨永平养殖场	10000	8000	13000	4.00	1200	1	2	36.40
27	高仓高仓村	孙向忠养殖场	10000	7000	12000	4.00	1000	1	2	33.60
28	高仓桃源	李厚忠养殖场	60000	12000	12000	12.00	4000	1	6	33.60
29	高仓龙树	郑兴邦养殖场	10000	8000	12000	5.00	1500	1	2	33.6.00
30	高仓排山	方士归养殖场	6000	6000	12000	9.00	2200	1	3	33.6.00
31	高仓排山	梁学俊养殖场	4000	1000	12000	4.00	1500	1	2	33.6.00
32	高仓梁王坝	梁坤喜养殖场	3000	1000	11000	16.00	1000	1	2	30.8.00
33	高仓排山	董荣明养殖场	6000	6000	10000	3.00	600	2	2	28.00
34	高仓排山	程树萍养殖场	3000	1500	10000	1.50	660	1	1	28.00
35	高仓梁王坝	姜子文养殖场	3000	1200	10000	3.00	660	1	1	28.00

续表

序号	村委会	养殖场名称	最大养殖规模（只）	2011年存栏数（只）	2011年出栏数（只）	占地面积（亩）	厩舍面积（m^2）	人员结构(人)		收入（万元）
								管理(技术)人员	务工人员	
36	春和飞井一组	朱宏养殖场	6000	2000	10000	1.40	570		1	28.00
37	春和飞井 三 组	景禄养殖场	4500	4000	10000	1.20	720	1	2	28.00
38	春和团山一组	吴朝会养殖场	4000	3000	10000	3.00	980	1	1	28.00
39	春和团山三组	郑锐养殖场	1200	1000	10000	0.70	370	1	1	28.00
合计			258700	141700	722000	386.80	39632	47	65	2021.60

注:此表收录年出栏1万只以上肉鸡养殖场。

2011年红塔区生猪规模养殖场生产统计表

表19

序号	村委会	养殖场名称	最大养殖规模（头）	2011年存栏数（头）	2011年出栏数（头）	占地面积（亩）	厩舍面积（m^2）	人员结构（人）		收入（万元）
								管理（技术）人员	务工人员	
1	凤凰街道瓦窑七组台山	普从玉养殖场	200	120	47289	3.00	240	1	1	10876.47
2	凤凰街道葫芦高龙潭台山	李建云养殖场	260	100	5200	2.00	500	2	2	1196.00
3	凤凰街道葫芦八组	钟正德养殖场	50	50	2600	0.10	36	1	1	598.00
4	凤凰街道 灵秀四组台山	马家俊养殖场	115	115	2184	8.00	570	1	1	502.32
5	凤凰街道 灵秀二组	陈福宝养殖场	220	200	2100	1.20	720	1	1	483.00
6	凤凰街道 灵秀一组	罗宝文养殖场	35	32	2000	0.15	67	1	1	460.00
7	凤凰街道 灵秀二组	陈永坤养殖场	40	36	2000	0.80	400	1	1	460.00
8	玉兴街道右所社区	李洪能养殖场	150	108	1800	0.50	310	1	1	414.00
9	玉兴街道右所社区	冯凯养殖场	65	52	1600	0.13	85	1	1	368.00
10	玉兴街道右所社区	王建宝养殖场	150	65	1300	18.00	650	1	1	299.00
11	玉兴街道右所社区	卢本谷养殖场	400	280	1300	15.00	1900	1	3	299.00
12	玉兴街道右所社区	张家顺养殖场	390	210	1200	20.00	1700	1	2	276.00
13	玉兴街道右所社区	白寿荣养殖场	150	102	1200	0.35	210	1	1	276.00
14	玉兴街道荷花社区	陈天祥养殖场	200	98	1200	2.00	800	1	1	276.00
15	玉兴街道新兴社区	李金祥养殖场	180	65	1200	1.80	450	1	1	276.00
16	玉带街道郑井	卢祥养殖场	550	488	1200	4.00	1780	1	4	276.00
17	玉带街道郑井	金凤春养殖场	300	150	1150	0.55	365	1	1	264.50
18	玉带街道中卫	唐绍洪养殖场	200	84	1100	0.56	260	1	2	253.00
19	玉带街道冯井	曹凤云养殖场	300	78	1000	5.00	700	1	2	230.00
20	玉带街道冯井	杨开仕养殖场	300	80	1000	5.00	700	1	2	230.00
21	玉带街道冯井	曹永波养殖场	300	60	970	5.00	500	1	2	223.10
22	研和南厂	滇 隆	8000	446	960	46.00	9000	4	16	220.80
23	研和东山	胡秀萍养殖场	500	70	900	3.00	2	2	2	207.00
24	研和中村	白家寿养殖场	46	46	900	1.60	700	3	3	207.00
25	研和南厂	方正文养殖场	700	300	820	20.00	2000	2	5	188.60

续表

序号	村委会	养殖场名称	最大养殖规模（头）	2011年存栏数（头）	2011年出栏数（头）	占地面积（亩）	厩舍面积（m^2）	人员结构（人）		收入（万元）
								管理（技术）人员	务工人员	
26	研和南厂	汤家明养殖场	2000	70	810	100.00	1200	2	5	186.30
27	研和中村	邵金平养殖场	300	145	800	4.00	700	2	4	184.00
28	研和中村	廖选能养殖场	140	57	780	0.80	450	1	1	179.40
29	研和研和	孙贵元养殖场	500	100	750	50.00	2000	1	3	172.50
30	研和研和	黄长明养殖场	200	200	700	2.00	500	1	2	161.00
31	研和研和	尹文洪养殖场	300	200	700	20.00	1200	2	4	161.00
32	研和研和	尹文喜养殖场	200	50	670	1.00	300	1	2	154.10
33	研和研和	徐士军养殖场	120	40	650	2.00	500	1	2	149.50
34	研和研和	尹文光养殖场	60	50	620	1.00	200	1	1	142.60
35	研和可官	师中会养殖场	100	30	620	0.50	200	1	1	142.60
36	研和可官	师文进养殖场	200	50	620	2.00	300	1	1	142.60
37	研和可官	陈继全养殖场	200	60	605	1.00	500	2	3	139.15
38	研和可官	潘继来养殖场	600	170	600	5.00	1200	1	3	138.00
39	研和可官	潘凤武养殖场	300	60	600	7.00	600	1	2	138.00
40	研和东山	柳永才养殖场	200	60	600	1.00	300	2	2	138.00
41	研和东山	师秀琼养殖场	120	50	600	0.50	300	1	1	138.00
42	研和秀溪	杜秀华养殖场	200	40	600	3.00	1000	1	2	138.00
43	研和秀溪	许云松养殖场	260	60	579	1.00	600	2	2	133.17
44	研和秀溪	杜洪荣养殖场	200	80	570	80.00	800	1	5	131.10
45	高仓梁王坝	姜子禄养殖场	350	350	569	25.00	1200	1	2	130.87
46	高仓梁王坝	姜开贵养殖场	320	320	550	18.00	1200	1	2	126.50
47	高仓梁王坝	姜俊林养殖场	250	250	550	5.00	900	1	2	126.50
48	高仓梁王坝	任永彪养殖场	360	360	530	16.00	1200	1	2	121.90
49	高仓梁王坝	薛万金养殖场	170	170	530	3.00	550	1	2	121.90
50	高仓梁王坝	周绍云养殖场	120	120	526	15.00	500	1	2	120.98
51	高仓梁王坝	姜丽芬养殖场	130	130	520	4.00	500	1	2	119.60
52	高仓梁王坝	张文兴养殖场	200	80	520	3.00	300	1	2	119.60
53	高仓梁王坝	姜开富养殖场	100	70	520	0.40	250	1	2	119.60
54	高仓梁王坝	张文明养殖场	400	160	500	3.20	1200	1	2	115.00
55	高仓梁王坝	姜子全养殖场	700	200	500	3.00	1100	1	2	115.00
56	高仓梁王坝	何从文养殖场	500	300	500	4.00	1800	1	3	115.00
57	高仓梁王坝	李红德养殖场	300	220	500	5.00	560	1	2	115.00
58	高仓梁王坝	李红有养殖场	100	60	500	3.00	300	1	2	115.00
59	高仓梁王坝	姜云福养殖场	100	60	500	1.00	300		2	115.00
60	高仓排山	董文辉养殖场	190	190	500	2.00	600	1	2	115.00
合计			24291	8047	104962	556.14	49955	73	137	24141.26

注：收录年出栏500头以上生猪规模养殖场。

2011年红塔区肉牛规模养殖场生产统计表

表20

序号	村委会	养殖场名称	最大养殖规模（头）	2011年存栏数（头）	2011年出栏数（头）	占地面积（亩）	厩舍面积（m^2）	人员结构（人）		收入（万元）
								管理（技术）人员	务工人员	
1	研和南厂	普旺昌养殖场	100	34	100	4.00	1200	1	4	120.00
2	春和黑村台山	保雄敏养殖场	120	36	65	3.00	520	1	1	78.00
3	北城刺桐关	马云能养殖场	14	14	60	1.50	300	1	4	72.00
4	北城刺桐关	马汝斌养殖场	20	20	45	1.00	300	1	1	54.00
5	北城刺桐关	马汝明养殖场	10	10	20	0.40	200	1	1	24.00
6	北城刺桐关	何海七养殖场	10	10	15	0.20	100	1	1	18.00
7	北城刺桐关	马益清养殖场	230	230	14	5.00	1000	1	1	16.80
8	北城刺桐关	李国章养殖场	16	16	12	0.25	150	1	1	14.40
9	北城莲池	马国林养殖场	14	13	12	0.30	50	1	1	14.40
10	北城莲池	金有文养殖场	60	60	12	0.12	70	1	1	14.40
11	北城大石板	矣毕养殖场	17	17	11	0.10	40	1	1	13.20
12	北城大石板	矣李福养殖场	12	12	11	0.07	45	1	1	13.20
13	北城大石板	方保雄养殖场	16	16	10	0.15	50	1	1	12.00
14	北城大石板	李凤养殖场	12	12	10	0.20	60	1	1	12.00
15	北城东前	李跃林养殖场	12	12	10	0.10	45	1	1	12.00
16	北城夏井	邓绍平养殖场	41	41	10	2.00	800	1	1	12.00
17	北城夏井	冯家洪养殖场	10	10	10	1.50	500	1	1	12.00
18	北城大营	马美晨养殖场	60	60	10	3.00	400	1	1	12.00
19	北城大营	马兴能养殖场	10	10	10	1.00	300	1	1	12.00
20	北城大营	林存明养殖场	20	20	10	1.00	400	1	1	12.00
21	北城北城	潘家顺养殖场	18	18	10	0.80	300	1	1	12.00
22	大营街常里村委会	张树清养殖场	80	80	10	4.00	1000	4	4	12.00
合计			902	751	477	29.69	7830	25	31	572.40

2011年红塔区肉羊规模养殖场生产统计表

表21

序号	村委会	养殖场名称	户主姓名及联系电话	最大养殖规模（只）	2011年存栏数（只）	2011年出栏数（只）	占地面积（亩）	厩舍面积（m^2）	人员结构（人）		收入（万元）
									管理（技术）人员	务工人员	
1	研和东山六组	张石强养殖场	张石强	500	90	15	0.15	80	2	2	2.55
2	研和玉屏二组	乔利清养殖场	乔利清	200	100	40	0.30	200	2	2	6.80
3	研和玉屏二组	施兆昌养殖场	施兆昌	200	61	30	0.30	200	2	2	5.10
4	研和玉屏二组	施凤有养殖场	施凤有	200	65	40	0.10	60	1	1	6.80
5	研和玉屏二组	施文学养殖场	施文学	200	70	40	0.15	80	2	2	6.8
6	研和玉屏二组	朱明养殖场	朱　明	200	75	20	0.15	80	2	2	3.4
7	研和玉屏二组	施学满养殖场	施学满	170	62	15	60.00	50	1	1	2.55
8	春和十二组	王小洋养殖场	王小洋	160	100	103	0.70	200	1	1	17.51
9	春和十二组	赵树林养殖场	赵树林	150	50	62	0.80	400	1	1	10.54
10	春和马桥八组	阮春林养殖场	阮春林	150	120	110	0.50	126	1	1	18.70
11	春和黑村八组	谭永柱养殖场	谭永柱	150	70	65	0.60	210	1	1	11.05
12	春和黑村八组	张红富养殖场	张红富	140	70	66	0.70	180	1	1	11.22
13	春和马桥五组	李青养殖场	李　青	130	112	102	0.50	110	1	1	17.34
14	北城刺桐关	李绍祥养殖场	李绍祥	120	80	20	0.20	80	1	1	3.40
15	北城刺桐关	夏忠明养殖场	夏忠明	120	80	15	0.15	80	1	1	2.55
16	北城刺桐关	马如良养殖场	马如良	120	86	40	0.30	100	1	1	6.80
17	北城刺桐关	马云洪养殖场	马云洪	120	56	10	0.20	60	1	1	1.70
18	北城刺桐关	李文有养殖场	李文有	110	63	39	0.10	60	1	1	6.63
19	北城刺桐关	保存德养殖场	保存德	102	102	15	0.15	110	1	1	2.55
20	北城刺桐关	徐金洪养殖场	徐金洪	100	66	20	0.10	70	1	1	3.40
21	北城刺桐关	阮后明养殖场	阮后明	100	60	10	0.10	60	1	1	1.70
22	北城刺桐关	代忠宝养殖场	代忠宝	100	90	30	0.15	90	1	1	5.10
23	北城刺桐关	吴春平养殖场	吴春平	100	91	25	0.15	100	1	1	4.25
24	北城刺桐关	马益清养殖场	马益清	100	60		0.10	60	1	1	
25	北城大石板	方陆养殖场	方　陆	100	52	15	0.10	60	1	1	2.55
26	北城大石板	李树德养殖场	李树德	100	55	10	0.10	60	1	1	1.70
27	北城大石板	李喜养殖场	李　喜	100	56	10	0.1	60	1	1	1.70
合计				4042	2042	967	66.95	3026	32	32	164.39

注：收录存栏100只以上羊规模养殖场。

【中央生猪标准化规模养殖场（小区）项目建设】 红塔区2010年中央生猪标准化规模养殖场（小区）项目总投资515万元，其中：申请中央财政补助200万元、养殖场（小区）自筹315万元，涉及6户规模养殖场改扩建。2011年，项目建设圆满完成改造生猪标准化猪舍1.73万平方米（完成计划数的131.2%），新建设沼气及污水处理池868.67立方米（完成计划数的117.3%），完善水、电、路、防疫等基础配套设施建设，夯实了生猪生产基础。

（张海鹏）

【玉溪拓农100万头生猪养殖项目——"母猪寄养"模式启动】 2011年12月21日，由玉溪市拓农生猪养殖专业合作社（简称养殖合作社）承建的玉溪拓农100万头生猪养殖项目——"母猪寄养"模式在研和街道玉屏居委会启动。"母猪寄养"模式是由养殖合作社与种猪场、饲料公司、屠宰企业、猪肉深加工企业、合作社社员等达成供求共识后整合形成的一种全新合作饲养发展模式。通过100万头生猪养殖项目——"母猪寄养"模式的实施、推广，同时建立起以"拓农"为注册商标的全系列产品，集生猪养殖、屠宰、加工到上市销售的产业链的畜产品龙头企业；有效解决社员养殖资金、技术、产品销售难等问题，降低市场风险。

（朱元付）

【龙头企业带动养殖业】 2011年，红塔区依托生猪产业龙头凤凰生态食品有限公司屠宰生猪46万头，出口分割冻猪肉2 580吨，创汇1 600万美元，提高了生猪养殖的经济效益，带动红塔区108户农户发展生猪规模化养殖；依托鸡苗孵化销售服务龙头企业——新广禽业有限公司销售优质土鸡苗2 700万羽，实现销售收入3 600万元，吸引带动红塔区456户农户发展土鸡规模化养殖，促进全区家禽养殖业的发展；福建达利集团云南生产基地项目落户玉溪高新区，年需鸡蛋7 500吨，带动红塔区蛋鸡产业的发展。

【合作社带动外向型畜牧业发展】 2011年，红塔区继续围绕优势畜禽产业基地和区域性特色畜禽产品生产布局，建立农民专业合作组织，采取"公司＋合作社＋基地＋农户＋市场"的产业化经营模式，不断扩大优质畜禽产品的生产、销售规模，拓展延伸生产、仓储、加工、销售为一体的产业链。年内，全区登记在册的畜牧类农民专业合作组织发展到5个，涵盖生猪、家禽、肉鸭屠宰等领域，带动1 050户农户养殖畜禽。年末，全区有养殖协会、农村合作社及私营畜禽产品营销户30个（户），全区年外销肥猪近20万头、外销鸡蛋1 100万千克，畜牧业产业化经营程度得到提高，逐渐形成外向型畜牧业格局。

【畜牧科技推广】 2011年，红塔区继续强化畜禽标准化生产的技术研究、储备与推广应用：精品风味猪肉养殖开发研究与推广技术项目；组织30名畜牧技术人员建立300户科技示范户，开展品种对比试验、饲料对比试验、发酵床饲养断奶仔猪试验及养殖成本核算试验等示范试验，指导饲养管理全过程，及时纠正饲养管理中的不当行为，提高示范户的生猪饲养管理水平；强化信息服务，及时提供政策、科技、生产和市场信息服务，其中发布生猪价格信息258条；采取编印、发放资料的形式培训养殖户，发放各种培训资料、明白纸1.5万多张，同时采取一对一、手把手、集中讲座、考察观摩等培训形式培训养殖户150期、3 225人次，促进了畜禽养殖标准化实用技术推广应用，畜禽主推品种、主推技术覆盖率占95%以上。

【畜禽良种繁育体系建设】 2011年，红塔区加大猪统一供精站和肉牛冻精改良点建设力度，逐步建成遍及区、乡、村三级家畜良种人工授精网络和品种改良技术服务体系。年末，全区有生猪人工授精站点7个，杜洛克、长白、大约克良种公猪92头，配备专（兼）职生猪人工授精员169名。人工授精站共有仪器设备74台（套），新引进优良种公猪19头，淘汰老、劣、杂种公猪9头。同时，规范种畜禽场的生产经营秩序，定期组织种畜禽场参加申证、换证的年度审验，全区有10个种畜禽场取得市级颁发的"种畜禽生产经营许可证"，形成年可提供LY母猪1万头和优良商品土杂鸡苗2 700万羽的生产能力，推进生猪良种化的进程，猪人工授精技术得到迅速推广及普及，人工受精配种能繁母猪18 659窝，受胎15 260窝，猪人工授精面80%，全区饲养能繁母猪的情期受胎率80.2%、产仔率提高5%、良种化率85%，母猪繁殖力大幅提升。年内，每头母猪的配种服务费降低10元，直接受益农户1 250户、受益31.35万元。此外，通过猪人工授精技术的推广应用，降低养猪成本，减少原来用于本交的种公猪105头，仅此一项，全区每年可节约种公猪费用40多万元。

年内，办理市内引种审批2个批次，7只种公羊、31头种猪（杜洛克公猪1头、LY母猪30头）；办理省外引种审批2个批次，种禽2.3万羽、种猪30头（长白公猪2头、杜洛克公猪8头、杜洛克母猪20头），均未发生引种质量纠纷、动物疫病传入及流行的问题。

【动物卫生监督执法】 2011年，红塔区动物卫生监督派驻动物卫生监督执法人员20名，负责玉溪市凤凰生态食品有限公司生猪定点屠场的生猪的宰前检疫及宰后检验工作。全年检疫生猪46万头，检出病害生猪2 670头，均作了相应的无害化处理，确保了上市猪肉的安全。加大动物卫生监督执法力度，出动执法人员206人次，对辖区内动物及产品经营场所、仓储场所和加工场所定期不定期地开展监督检查，监督检查畜禽4.9万头（只），检查动物产品32 267吨，检出病害畜禽2 780头（只）、动物产品960千克，均作无害化处理，确保流通环节畜产品质量安全。同时强化对兽药、饲料及添加剂等畜牧投入品销售市场的监督管理，出动执法人员106人次，定期、不定期对辖区内45户兽药经营门市、75户饲料经营门市进行督察和检查，检查兽药10 980盒，查出问题兽药1 348盒（包）；检查饲料812.96吨，抽检饲料品种23批次，查处动物卫生、兽药案件6起，罚款5 902元。推进兽药GSP认证，净化、规范畜牧投入品市场，从源头上把好畜产品质量安全关。

【"瘦肉精"专项整治】 2011年，为依法严厉打击和震慑非法在动物饲养环节添加瘦肉精等国家明令禁止的违禁药物品，消除畜产品质量事故隐患，红塔区畜牧兽医局与乡镇兽医兽医站、动物检疫员签订动物卫生监管工作责任书、动物卫生检疫监管工作目标管理责任书130份；全年出动执法检查车56辆次，检查人员265人次，检查生猪养殖场221家、兽药店45家、饲料店84家，未查出瘦肉精等违禁药品。在生猪养殖场开展尿样排查抽检，按待宰存栏猪2%的比例进行现场快速检测尿样600余份，尿样中未发现盐酸克伦特罗、沙丁胺醇、莱克多巴胺等不合格尿样。同时，严格查证验物和实施动物产地、屠宰检疫，每日按照法定比例进行屠宰生猪尿液监测，抽检1 800余份尿液样本，未发现阳性。并会同商务部门督促、指导屠宰企业建立瘦肉精自检制度，监督企业不断扩大检测样本数量，建立自检记录台账和兽药购销台账，确保区内肉品质量安全。年内，印发“瘦肉精”等违禁药品综合整治的通告3 000份。

【兽药GSP认证会】 2011年7月8日上午，红塔区在玉溪红荷酒店大会议室举办兽药GSP认证暨畜牧兽药法律法规培训班，57名兽药从业人员学习了云南省兽药经营质量管理规范实施细则和云南省兽药GSP检查验收评定标准。

8月29日下午，玉溪市兽药GSP认证工作现场会在玉溪市快大多饲料畜牧科技有限公司售后服务部门召开。玉溪市畜牧兽医局抽派3名GSP检查员按照兽药GSP认证程序及兽药GSP检查验收评分表对红塔区创馨畜牧科技服务部组织机构、技术人员配备、培训、考核，持证上岗及对营业场所、库房等硬件改造和设备设施配备，逐项现场考核评分。成为玉溪市首家通过兽药GSP认证的企业。

【动物产地检疫】 2011年，玉溪市红塔区人民政府办公室下发《关于印发玉溪市红塔区加施动物免疫标识及开展动物产地检疫工作实施方案的通知》，自当年11月1日起，在红塔区行政区域内全面启动动物产地检疫工作。年内，开展动物产地检疫畜禽680.34万头（只），同比增145%；产地检疫工作开展面100%，实现在红塔区上市流通的动物和进入屠宰场屠宰加工的生猪、家禽必须在离开饲养产地前申报检疫，经检疫审核合格，取得动物检疫合格证明后方可离开饲养产地进行流通、屠宰和销售。

2011年9月6～7日，云南省第三期官方兽医执法培训在玉溪红荷酒店开班

2011年7月15日下午，红塔区副区长殷绍焜（左一）实地走访调查了春和街道黄朝坝社区适宜于发展养殖的区域

【动物疫病防控】 2011年，全区完成家禽高致病性禽流感疫苗免疫554.98万只，注射鸡新城疫疫苗551.46万只，猪高致病性蓝耳病40.68万头次，累计免疫注射猪、牛、羊口蹄疫苗45万头（只）（猪、牛、羊免疫密度均达到应免数的100%），猪瘟免疫59.28万头次（免疫密度138%），高密度疫苗免疫，确保全区无重大动物疫病发生，有效地将生猪死亡率控制在2.4%、大牲畜死亡率1.1%、羊死亡率1.2%、禽死亡率4.3%。

【疫情监测】 红塔区建有疫情动态监测点30个，初步形成区、乡、村三级疫情监测网络。2011年，组织267人次采集动物血清、牛脑、禽类喉气管组织、猪脾脏等样本2 930份进行病原学监测和免疫效果监测。结果显示：禽流感免疫抗体监测合格率91.5%、猪口蹄疫免疫抗体合格率95.1%、牛口蹄疫免疫抗体免疫合格率85%、羊口蹄疫免疫抗体合格率79.3%、猪瘟抗体监测合格率92.8%、鸡新城疫免疫抗体检测合格率95.4%，免疫抗体合格率高于国家规定的70%的合格标准；猪、牛、羊布氏杆菌病监测全部阴性；奶牛结核检疫50头，全部阴性。

【领导调研畜牧业生产】 2011年9月27日，云南省农业厅畜牧处副处长肖毅率调研组到红塔区调研畜牧产业发展情况。调研组先到红塔区高仓街道办事处济源种猪场和玉溪市凤凰生态食品有限责任公司养殖场，从饲养品种、生产性能、饲料来源及成本、管理方式、生猪疫病防治、市场行情、购销往来及生产存在的问题进行详细询问和了解，听取了养殖户、养殖企业对生猪生产及生猪产业发展的意见和建议。随后，调研组一行来到红塔区畜牧兽医局办公室座谈。分别与会的养殖户、养殖企业、养殖龙头企业、养殖合作社、屠宰企业、畜产品加工企业、生猪营销户进行座谈交流，详细了解上述内容，并征求了他们对云南省畜牧政策制定和出台等方面的意见和建议。

11月7日下午，红塔区区长张小良到玉溪滇隆农牧产业开发有限公司调研畜牧业生产情况。通过调研，查找出制约红塔区畜牧业发展的问题有：动物疫病防控形势不容乐观，畜产品安全隐患依然存在；畜禽良种繁育体系依然薄弱，品种改良工作有待加强；养殖用地难于落实，畜牧业发展融资难；服务保障体系不健全，队伍建设有待加强。针对这些存在的问题，区长对今后畜牧业发展工作提出要求：加强畜禽良种繁育体系建设，发展优质、高效、安全畜牧业；抓好重大动物疫病防控工作，确保不发生重大动物疫病；强化动物卫生监督工作，防止畜产品质量安全公共卫生事件的发生；解决好畜牧业投融资难和养殖用地难于落实问题，积极争取各级对畜牧业生产扶持政策，推进畜禽标准化、规模化养殖，确保畜牧业稳步发展。

【云南省第三期官方兽医执法培训在红塔区开班】 2011年9月6~7日，云南省第三期官方兽医执法培训在玉溪红荷酒店开班。云南省129个县（区、市）、16个州（市）的监督所所长和玉溪市畜牧兽医局领导及工作人员180多人参加培训。旨在提高全省各级动物卫生监督机构增强依法履行部门职责的意识水平；加快观念转变和动物卫生监督工作方式的转变；强化其对动物卫生监督工作危机感、责任感、使命感和荣誉感的认识，提高执业道德水平，改善工作作风，树立全新官方兽医新形象。

【春季动物疫病防制检查】 2011年4月18~22日，由通海县、华宁县畜牧兽医局局长、动物疫病预防控制中心主任、动物卫生监督所所长组成的玉溪市2011年春季动物防疫工作交叉检查组，对红塔区春季动物防疫工作进行为期5天的交叉检查。随机抽查洛河乡把者岱村、春和街道黄草坝村民小组的30户畜禽散养户，进行入户调查动物疫病防疫情况，采集1个生猪屠宰场、1个活禽交易市场和14个养殖场（户）饲养畜禽的130份血清进行疫苗免疫抗体监测。同时检查组还对被检查的规模养殖场的动物防疫合格证、免疫档案、生产档案记录情况进行现场检查。交叉检查组通过5天的全面检查，对红塔区的动物防疫工作给予充分的肯定。

【动物疫病可追溯体系建设再上新台阶】 2011年，红塔区动物卫生监督所加快推进疫病可追溯体系建设，采取完善信息化、网络化、规范化管理设施设备等措施，全区配置识读器65台，SIM卡、IC卡65张，票据打印机51台，基层防疫员、规模养殖户已熟练掌握操作技术，有效保障了养殖、防疫等环节信息的采集和上传。11个乡（街道）均已开展动物疫病可追溯体系工作。全年申请订购二维码耳标：猪61.75万个、牛1万个、羊0.93万个，上传溯源数据13.48万次，其中：戴标14.92万次，免疫70.32万次。

【农业部检查组核查红塔区畜牧定点监测数据质量】 2011年8月12~13日，农业部专家检查组对红塔区2008年5月以来畜牧定点监测工作及上报数据质量进行核查。截至2011年7月，红塔区有畜牧定点监测点10个、生猪效益监测户30户，专家检查组通过查阅、核对上报数据与基础采集数据，对照上报基础数据抽取3个监测点、11个监测户进行实地走访，详细了解各监测点生猪、能繁母猪存栏和生产性能变化情况和仔猪补栏及成活率情况。检查组仔细询问、核对各抽查点效益监测户上报的生猪生产数据真实性、准确性，并向数据采集员和监测户询问劳务补助的发放情况及监测过程中存栏的问题、困难。8月12日，采取上述方法，再次进行检查资料。13日，检查组对上报的畜产品及饲料价格周报的采集点包括饲料场、饲料销售门市及集贸市场进行实地走访、调查，详细了解红塔区畜产品及饲料价格。召开畜牧定点监测数据质量核查座谈会，核查情况进行点评，充分肯定红塔区畜牧统计监测所作出的努力。

【落实畜禽养殖用地】 2011年7月15日下午，常务副区长殷绍焜实地走访调查了春和街道黄草坝村委会的龙水洞、蚂蟥菁2个区域内适宜于发展养殖的地块，详细了解每一地块发展养殖业所必须具有的水、电、路三要素的情况。通过调查对比，初步确定位于黄草坝村委会2块占地面积约600亩的地块适用于发展畜禽养殖小区。

【玉溪大河沿岸养殖污染整治】 根据区政府要求，9月14日下午，牵头召集区水利局、区环保局、玉带路、大营街街道分管农业的副主任及兽医站站长、玉溪大河周边29户养殖场等，召开养殖污染整治工作会议。会议介绍了玉溪大河周边100米范围内29户养殖场的现状，污染排放及在整治工作中养殖场完成的7口8立方米沼气池、2个污水处理池建设情况，并对下步污染整治工作提出妥善处理粪污的排放，不得直接排入玉溪大河的要求；同时要求养殖场户积极配合创模工作，做好养殖场的搬迁准备；并要求相关部门、街道办事处加强检查、督查，确保粪污整治工作的顺利进行。

【生猪标准化养殖场（小区）项目建设】 红塔区2009年生猪标准化规模养殖场（小区）建设项目涉及2个生猪养殖小区、4个规模养殖场。2010年，红塔区畜牧兽医局、农业局、财政局、发改委等部门密切配合，强化项目监督管理，指导项目养殖场（小区）严格按照项目建设内容，建设完成标准化猪舍1.7万平方米，沼气、污水处理设施1 510.11立方米及相关配套基础设施建设。2011年6月15日，项目建设通过红塔区项目验收组的验收。

【兽医资格确认】 2011年11月，红塔区动物卫生监督执法人员官方兽医资格经过玉溪市农业局初步确认符合官方兽医确认资格条件的有44人，其中：区级12人、乡（街道）级32人。

【玉溪市红塔区高仓街道龙树养殖小区】 位于高仓街道龙树村委会老三家，距中心城区——州城15千米，占地面积40亩，小区四面环山，符合养殖用地规划及环保要求。2009年度被列入玉溪市生猪标准化规模养殖场（小区）项目建设。截至2011年末，养殖小区有龙树老三家养殖场、正和养殖场、永泉养殖场3户养殖场入驻，建有猪舍3 456平方米，年内，出栏肥猪3 150头，实现销售收入800万元。

【玉溪万牧种猪繁育有限公司】 位于红塔区春和街道王大户台山，距中心城区——州城8千米，建于1997年，2006年3月13日注册为玉溪万牧种猪繁育有限公司，占地面积1.87万平方米。公司吸收国内外先进经验，确定了大约克、长白、杜洛克三大世界优良品种作三元杂交，繁育DLY商品猪的技术路线。2008~2009年被列入中央财政支持现代农业发展生猪产业项目。2011年，公司有员工19人，其中大专以上学历3人。有良种原种长白、大约克、杜洛克母猪300头，全年向社会提供长大二元杂交良种母猪3 000余头。

【红塔区大营街街道龙潭标准化养殖科技示范园区】 位于大营街镇街道龙潭社区台山，占地面积260亩，距村庄2 000多米，符合养殖用地防疫条件要求。园区采取自繁自养方式的封闭饲养模式，即待配母猪舍→妊娠母猪舍→产仔母猪舍→仔猪保育舍→育肥猪舍的工厂化养猪生产，选用无公害饲料，实现生猪饲养管理、疫病防治及污染治理标准化和规范化，使商品猪达到国家无公害农产品标准，示范带动全区生猪标准化生产。2011 年，园区有入驻养殖场 4 个，母猪舍 4 幢、保育舍及产房 2 幢、育肥舍 4 幢。年末，有存栏能繁母猪 514 头、存栏生猪 4 070 头，全年出栏肥猪 8 200 头，实现销售收入 2 000 余万元。

（张海鹏）

林 业

【简 述】 2011 年，红塔区林业继续围绕“生态立区”的发展战略，积极推进集体林权制度配套改革，稳步实施林业生态建设，加快林业产业化发展。10 月中旬，开展《红塔区林地保护利用规划（2010～2020 年）》编制工作。年内，全区完成义务植树 70.1 万株，工程造林 269 公顷，中低产林改造中幼林抚育 133 公顷。全区林业产业总产值 605 万元，成为促进全区县域经济发展和农民增收的后续支柱产业之一。

【种苗管理】 2011 年，调入造林种子 122.5 千克、核桃良种枝条 7 万多枝。确定 3 户为核桃定点育苗户，嫁接核桃 14 万株；全区造林育苗面积 1.3 公顷，全年育苗 28 万株。年内，审核办理林木生产许可证 5 户、经营许可证 5 户。年末，全区有 36 户企业持有林木种苗生产、经营许可证。

【植树造林】 年内，红塔区完成义务植树 70.1 万株，工程造林 269 公顷，中低产林改造中幼林抚育 133.33 公顷（其中春和街道 23 公顷、大营街街道 29.13 公顷、研和街道 81.2 公顷），村庄道路绿化 100 米。工程营造完成造林情况如下：市级样板林造林 13.3 公顷，区长样板林造林 13.3 公顷，实施火烧迹地生态恢复造林绿化 235.67 公顷（其中：采伐后更新造林 161 公顷、补植补造 74.67 公顷，分乡（街道）：高仓街道 65.94 公顷、大营街街道 58.2 公顷、研和街道 111.53 公顷。蠹害木林分改造造林 6.67 公顷。

【森林生态效益补偿】 2011 年，红塔区纳入森林生态效益补偿的面积 20 666.67 公顷，其中：国家级公益林 11 446.67 公顷、省级公益林 9 176.67 公顷。全年下达国家级公益林补偿基金 167.41 万元，省级公益林补偿资金 68.83 万元，区林业局按规定拨付使用森林生态效益补偿基（资）金，建立健全公益林管理档案，确保森林生态补偿项目的有效运行。2011 年，代表玉溪市接受全省公益林管理工作考核，获全省第一名。

【林业产业】 2011 年，红塔区的特色经济林果产业以板栗、核桃、八角为主，种植总面积 4.25 万亩，总产量 0.24 万吨（不含竹子及红豆杉），年产值 1 239.6 万元；以乡土树种为主的绿化美化林木种苗产业的企业 36 户，其中生产规模在 50 亩以上的有 8 户，产值 5 000 万元；以林板、食品和木制品等为主的精深加工产业集群粗具规模，企业 54 家，年总产值 2.5 亿元；以野生食用菌采集交易为主的林下资源开发产业年产值达 500 万元；野生动物驯养繁殖及加工利用产业，养殖户 15 户，年产值 300 万元。

【森林防火】 2011 年，全区森林防火全面贯彻“预防为主、积极消灭”的方针，特别是进入防火期后，深入林区、村寨走家入户，采取召开村民大会、发放宣传材料等多种形式，广泛宣传《森林法》、《森林防火条例》等法律法规，共发放森林防火宣传单 800 余份。全区投入森林防火资金 545.8 万元，其中：区级 313 万元，乡（街道）232.8 万元。修建防火通道 2 条、8.82 千米，防火隔离带 2 条、15 千米，维护防火通道 1 条、6.31 千米。建有季节性专业扑火队 11 支、204 人（其中：区指挥部 1 支 100 人，乡、街道 104 人），各乡（街道）有民兵应急分队 11 支、1 050 人。截至 6 月 15 日防火期结束，收缴打火机 38 个，制止野外用火 30 余起，全区发生森林火情 2 起，全年无森林火灾。

红塔区委书记夏立洪（中）参加 2011 年义务植树　（高洪昌　摄）

森林防火队伍及装备建设　（姚家文　摄）

【资源林政管理】 2011年，全区核发林木采伐许可证50份（其中商品材采伐17份），批准商品材采伐627.2立方米，占全年采伐计划的12.55%，批准非商品材采伐33份、5 134.68立方米。办理木材运输43份；年检审核发木材经营许可证10户、木材加工许可证51户；办理永久性征占用林地初审转报11宗，计41.39公顷；上缴省林业厅森林植被恢复费223.01万元。

【森林资源管护】 整合国家和省级重点公益林、国家退耕还林、区级森林资源管护等项目资金，常年聘请巡山护林人员335名，防火戒严期新增巡山护林人员300名，充分发挥全区巡山护林员作用，有效保护全区森林资源。

【林业有害生物防治】 年内，发生林业有害生物面积0.19万公顷，防治面积0.18万公顷，防治率95.5%；防治面积0.16万公顷，无公害防治率81.6%；开展“利剑2011”执法专项行动，对区内有一定规模的苗圃进行检疫登记备案，办理森林植物检疫登记证28份；实施木材调运检疫460立方米、苗木4.725万株，复检种子48千克，调运检疫率100%；产地检疫苗木1.3公顷，产地检疫率100%；监测面积3.99万公顷，监测覆盖率91.2%。

【野生动植物保护】 2011年，红塔区利用农村科技下乡，科普教育等多种形式，做好野生动植物保护宣传教育工作；同时在东风水库、飞井水库区域设监测点，实施24小时监测，并对14户野生动物养殖场的疫情、流感实施防控；开展野生动物驯养繁殖经营利用调查：全区有野生动物养殖户15户，养殖种类30余种，3 000余头（只）。6月8～9日，区林业局组织近100人，开展“创建国家卫生城市，打击销售野生动物及制品违法犯罪”专项行动，区林业局局长殷树德任组长，副局长普金林为副组长。重点对中心城区及部分街道农贸市场、花鸟市场进行巡查和清理整治。

林业执法人员在中心城区农贸市场检查非法制售野生动物及其制品

2011年5月3日，玉溪市委副书记、市长高劲松（左一）等领导检查高鲁山森林防火通道建设情况 （叶金华 摄）

【依法治林】 全年办理行政审批事项153件，办结率100%。加大对森林和野生动植物案件的查处力度，办理案件81件，其中：刑事案件26件，涉案33人，逮捕11人，取保候审22人；林业行政案件55件，处理67人。罚款49.58万元，收缴木材36.23立方米；没收野生动物48头（条、只）。年内，集中开展“春季攻势”“亮剑行动”“清网行动”等专项行动，出动人员80人次，出动警车25辆次，清查野生动物驯养繁殖场所10处，宾馆、饭店110余家和木材加工场所8处、砂石厂16余处。

【森林火灾保险改革试点】 2011年，红塔区全面启动政策性森林火灾保险工作，全区64 060公顷（含红塔山自然保护区）森林已全部纳入保险范围，其中公益林38 260公顷、商品林25 800公顷；投保金额为每亩0.4元，计38.44万元，全部由中央、省、市、区各级财政承担。若年内发生森林火灾，公益林将获得每亩400元的理赔金，由林业部门专项用于受灾公益林林木的抚育和补植补造工作；商品林将获得的每亩400元的理赔金，直接支付给林木经营者，用于灾后造林。2011年，境内没有发生森林火灾，未产生保险赔付。

【实施火烧迹地生态恢复造林绿化工程】 2010年，红塔区遭遇了百年不遇的特大干旱，持续的高温干旱天气造成山火频发，森林过火面积较大，计2598.47公顷，对森林资源造成较大损失。为尽快恢复森林植被，修复其水源涵养、水土保持、调节气候和改善环境等生态功能。区政府决定实施火烧迹地生态恢复造林绿化工程。2011年7月，区林业局及时组织专业技术人员到火烧迹地进行实地勘察，完成《红塔区火烧迹地生态恢复造林绿化规划（2011～2012年）》，并通过市、区专家评审。

规划确定需要实施生态恢复造林绿化的总规模 599.67 公顷，根据受害程度不同，采取不同的造林方式，其中：采伐后更新造林 307.07 公顷、补植补造 292.6 公顷。项目涉及研和、大营街、春和、高仓 4 个街道，总投资概算 624.08 万元。2011 年，红塔区组织实施火烧迹地生态恢复造林绿化工程 235.67 公顷，其中：研和 111.53 公顷、大营街 58.2 公顷、高仓 65.94 公顷。树种有旱冬瓜、木荷、球花石楠。年末，该项目顺利通过区政府组织的检查验收。

【高鲁山森林防火通道建设】 高鲁山是红塔区境内海拔最高，也是森林覆盖率最高和自然条件最为复杂的林区之一，建设防火通道，对高鲁山一带森林火险的预防和扑救起到重要作用。该防火通道由市林业局规划设计，市发改局批准，通过招投标的程序，采取军地共建设的方式，总投资 50 万元，2010 年 12 月 14 日开工建设，2011 年 1 月 14 日竣工。防火通道占用林地 48 亩，路宽 4 米、全长 8 千米（扩建 3.1 千米，新建 4.9 千米）。工程已经市区森林防火部门验收。5 月 3 日，玉溪市委副书记、市长高劲松一行认真查看了高鲁山一带的森林和防火通道建设情况，对通道建设给予充分的肯定，并希望加强管理，总结经验，使之成为全市森林防火通道建设的示范性工程。市委常委、红塔区委书记夏立洪，副市长李洪云及市、区相关部门的负责人参加了调研。

【森林公安建设】 2011 年，红塔区森林公安局通过“五化”建设，机关及队伍正规化建设水平明显提升，以保护森林资源、维护林区社会治安稳定为中心，逐步完善信息化建设，先后投入资金 5 万余元，新增电脑 3 台、打印机 3 台、数码相机 2 台、执法记录仪 4 个，为实行网上作战、网上办案奠定了基础。此外，投资 25 万元购置 1 辆警用公务车。年内，红塔区森林公安先后侦破了“三二六”系列团伙盗伐林木案、“一一·二八”重大团伙盗伐林木案等一批在全市影响较大的破坏森林资源案件。同时，深入开展以“三情”（山情、林情、社情）、“四网”（群防群治、边界联防、案件协查、情报信息网）、“两管理”（林区治安管理、森林公安队伍管理）为重点的基层基础业务建设，分别与红塔山自然保护区派出所、江川县森林公安局、峨山县森林公安局、新平县森林公安局签订案件协查和边界联防协议。

【集体林权制度配套改革】 2011 年，积极稳妥地推进配套改革。完成《红塔区林权证管理办法（试行）》等 8 个规范性文件的草拟，为建立新型林业经营管理体制提供政策支撑；搭建林权交易平台，林权管理服务中心成立，机构定编、定岗并制定职责和流程；全区林权数据及林改档案全部实现数字化；开展资源评估、林权证管理系统等技术培训。

（叶金华）

水 利

【简 述】 2011 年，红塔区继续推进水利工程建设、深化水利改革，确保抗旱救灾。全区水利工程建设按计划完成九类 27 件，其中：重点工程 2 件、水毁修复工程 1 件、农村人畜饮水安全工程 10 件、河道治理工程 4 件、除险加固病险小（二）型水库 3 座及抽水站、闸门配套工程 1 件。总投资 3 385.39 万元，其中：中央 1 047.97 万元、省 62.63 万元、市 275.82 万元、区 1 355.67 万元、街道（乡）自筹 643.3 万元。新增实施规划内病险小（二）型水库工程 5 件（红星水库、增产坝水库、永利二坝水库、小龙箐水库、团结水库），工程总结总投资 930.49 万元；新增玉溪市中心城区抗旱应急工程（清水河抽水站工程及引水管道工程）1 件，工程投资 8 118.4 万元；新增凤凰水库主河道的密罗河大密罗段防渗工程，工程投资 179 万元；新增红旗水库供水管道工程，总投资 63 万元。至年末，除新增的 5 件小二型水库、引水管道工程、龙母箐水库、平滩箐水库正在建设外，其余工程全面完工。年内，完成投资 8 360.41 万元，占工程累计总投资额（12 676.28 万元）的 65.53%，可改善灌溉面积 10 317 亩，解决农村 22 148 人饮水安全问题。全区水利化程度 88.6%。

年末，红塔区水利局内设局办公室、水政水资源股、防汛抗旱管理股 3 个职能科室，水利水电勘测设计队、水土保持工作站（2 个全额拨款事业单位）及红塔区水库管理所（差额拨款事业单位）。有职工 63 人，其中：在职公务员 10 人，工勤人员 1 人，事业人员 52 人。年内，红塔区水利局、红塔区飞井水库管理所、红塔区水利水电勘测设计队被市水利局、市防汛抗旱指挥部评为“玉溪市抗旱救灾先进集体”，有王德荣、杨仕其、秦家华、代万林、业伍仙、曹勇、李玉元 7 人被市水利局表彰为“抗旱工作先进个人”。

【红塔区水库管理所成立】 2011 年 7 月，红塔区水库管理所成立，撤销原飞井、红旗、凤凰、新寨 4 所水库管理所，形成统一管理、统一调度的水库管理模式，实行严格的水资源管理制度，开源节流，实现水资源优化配置。

2011 年施工中的红旗水库

（水利局 供稿）

【蓄水供水】 截至2011年12月28日，境内水库坝塘蓄水4 202.06万立方米，同比减少614.97万立方米，其中：区管库坝蓄水仅有1 837.66万立方米，比上年减少305.41万立方米；全年实供水7 452.07万立方米，其中：供农业生产用水2 183.15万立方米、供工业生产用水973.18万立方米、生活（含生态）用水4 295.74万立方米，分别比上年减10.09%、减48.09%、增17.53%、增32.01%。

表22：2011年红塔区水利工程蓄水供水统计表

2011年红塔区水利工程蓄水供水统计表

表22

单位：米、万立方米

水库名称	实蓄水				实供水							
	2010年		2011年		2010年				2011年			
	水位	水量	水位	水量	总量	农业	工业	生活（含生态）	总量	农业	工业	生活（含生态）
合计		4 816.97		4 202.06	8 288	4 206	828	3 254	7 452.07	2 183.15	973.18	4 295.74
东风水库	27.12	2 673.90	25.57	2 364.40	3 478	1 536	281	1661	2 606.00	485.00	323.00	1 798.00
大红坡水库	18.80	98.30	17.70	86.40	20	20			50.00	50.00		
二龙潭水库	13.00	19.40	13.05	19.96	19	19			10.00	10.00		
田房水库	17.50	21.10	17.80	22.42	21	21			12.60	12.60		
西河一库	12.50	94.70	6.91	22.00	53	29	3	21	131.00	5.50	90.00	35.50
西河二库	2.99	4.30	0.80	0.32	10	3	3	4				
红旗水库			30.82	152.46	826	284	253	289	400.00			400.00
合作水库	27.81	247.30	24.40	178.90	250	16	50	184	326.60	16.60	50.00	260.00
凤凰水库	14.48	100.97	12.22	69.31	75	37	24	14	64.12	31.59	17.28	15.25
关箐水库	21.60	183.00	21.30	177.00	20	20			160.00	160.00		
飞井水库	13.13	360.90	4.19	123.69	1 266	400	40	826	1 501.10	84.00	59.10	1 358.00
干沟水库	30.00	76.80	29.50	73.60	53	5	17	31	89.00	61.00	20.00	8.00
新寨水库	34.25	131.20	36.20	150.00	80	80			80.00		80.00	
小(二)型库坝		805.10		761.60	2 117	1 736	157	224	2 021.65	1 266.86	333.80	420.99

【防汛抗旱】 2011年，红塔区持续干旱三年，全区库坝蓄水严重不足，仅达到正常年均值的54%。到12月底，全区水库、坝塘干枯4座，其中：小〈二〉型3座（小石桥乡滴水箐坝、春和街道红云坝、研和街道观音塘），小坝塘1座（北城街道龙潭坝），造成饮水困难11 066人。全年区级投入抗旱经费203万元、群众自筹70万元，投入抗旱人员7 626人次，运送水机动车辆431辆次，抗旱用电15.5万度，抗旱用油8.15吨，机动抗旱设备60台。同时，区委、区政府和各乡（街道）部门在汛前专题研究部署本年度的防汛工作，各级相关部门均签订年度防汛工作责任书，成立防汛抢险应急队伍，落实巡查员；并公布防汛保安责任人名单，进一步明确以行政首长负责制为核心的分级分部门防汛责任制；建立水利工程防汛安全监管“三联系”制度。实行24小时值班制，密切监视气象变化，做好各项防汛信息的上传下达，及时发布预报、预警信息。开展防汛检查活动，检查各类工程300余项（次）；根据实际及时编制汛期控运计划和施工

2011年，在玉溪中心城区封填无取水证的地下水井　　（水利局　供稿）

度汛方案，修编防御预案。防汛物资、经费储备如下：编织袋6.4万只、铁丝800千克、层板150块、抽水机具24台套、帐篷5顶、防汛经费59万元、木桩520棵，不足部分已和林业部门协商好随用随取。

【红旗水库除险加固工程】 红旗水库始建于1957年，控制径流面积98.7平方千米，多年平均产水量3 077万立方米。是一个以农业灌溉及防洪为主的小（一）型水库，为北城街道工农业生产用水和生活用水的重要水源，灌区范围广。水库运行50多年，已存在严重的病害。2008年6月，由红塔区水利局委托中国水电顾问集团昆明勘测设计研究院对水库大坝安全状况进行分析评价，经玉溪市水利局组织专家评审鉴定，云南省水利厅组织专家核查，确认该水库大坝为三类坝。为尽快消除事故隐患，受红塔区水利局的委托，中国水电顾问集团昆明勘测设计研究院承担对红旗水库除险加固的勘测设计。2010年9月，云南省水利厅、云南省财政厅批复同意对红旗水库进行除险加固，主要除险的项目：对坝体、坝基进行防渗处理，修整溢流坝面；更换输水涵管工作闸门和检修闸门。批准概算总投资687.5万元。工程于2010年1月2日开工建设，2011年7月12日完工。水库除险加固后提高水库运行安全，确保下游5万多人的生活用水、1.5万亩农田灌溉及周边工业企业的生产用水。

【农村小型水利工程管理体制改革】 2011年，按照《红塔区农村小型水利工程管理体制改革方案》的总体要求，全区农村小型水利工程造册登记列入改革的22 247件水利工程已完成清产核资20821件，发放产权证10 782份，委托管理8 459件，发证率90%，19 241件工程完成改革。通过改革，有效解决了农村小型水利设施管理权责模糊、主体缺位、老化失修、效益衰减等问题。

【水利普查】 2011年，红塔区第一次全国水利普查工作启动。组建红塔区第一次全国水利普查领导小组，其办公室设红塔区水利局。选聘水利普查员和普查指导员136名，举办红塔区第一次全国水利普查第一阶段县级培训，并进行水利普查宣传动员。按时完成了各类清查表的汇总、审核、录入、上报以及普查对象清查数据质量抽查评估和水土保持野外调查和水土保持措施普查表的填写、取用水台账建设、普查静态指标数据的获取、空间数据采集标会等工作。

【水土保持】 2011年，全区依法审批水土保持方案54件（省水利厅审批2件，市水利局审批19件，区水利局审批33件），审批落实水土保持总投资11 693.42万元，落实防治责任范围392.53公顷，设计拦挡弃土弃渣144.84万立方米。年内，红塔区完成水土流失治理面积196.97公顷，新建小型蓄水保土工程83件，完成土石方27.2万立方米，完成投资1 077.17万元（中央投资500万元、省投资469.17万元、市投资80万元、区投资28万元）。依法征收水保“两费”73.09万元（水土保持设施补偿费69.3万元，水土流失防治费3.79万元）。协助配合玉溪市蓝晶科技有限责任公司LED单晶衬底片产业化等一批重点建设项目办理水土保持方案审批手续并取得省、市水利行政主管部门的水保批复。6月初，顺利通过省水利厅委托市水利局组织的初验（初验综合打分94分），标志着全区水土保持监督管理能力又步上一个新的台阶。顺利完成红塔监测点（云－15红塔径流场，云－19二龙潭控制站）建设任务，5月3日，通过市、区水利局组织的自查初验；11月8日，通过长江委、省水利厅组织的初步验收。

2011年，清理河渠　　（水利局　供稿）

【水政水资源管理】 2011年，红塔区水政水资源管理被纳入重要议事日程，以“严格管理水资源，推进水利新跨越”为主题的“世界水日”“中国水周”为契机，宣传《水法》《防洪法》《水土保持法》等法律法规，发放宣传资料2 000余份。年内，审批取水许可12件（补办5件、置换2件、新办5件）。全年实现水资源费征收18.34万元。协助配合相关技术部门，完成《红塔区集中供水水源地水资源保护区区划技术报告》的编制，并通过评审。

【中心城区地下水资源清理整顿】 2011年，全力推进和组织实施中心城区地下水清理整顿。按照市政府第53次常务会议精神及玉溪市人民政府办公室关于开展中心城区地下水资源清理整顿通知要求，红塔区于年初启动中心城区地下水清理整顿工作，区政府组织成立中心城区地下水清理整顿工作领导小组，区财政落实工作经费50万元。制定并出台《玉溪市红塔区人民政府办公室关于印发红塔区中心城区地下水开采清理整顿工作实施方案的通知》；组织召开由区人大、政协、乡镇长、村委会主任、水管站长和相关部委办局近100人参加的地下水资源清理整顿动员大会；召开中心城区地下水资源清理整顿工作培训会，参训150余人；召开听证会。据调查全区有546口自备地下水井，其中473口属擅自打井和无取水证的地下井（其中包含98口井为农村集中式人畜饮用供水井）。到12月底，封填67口。

【改善水生态环境】 2011年，围绕“创卫”、“创模”活动，落实城乡水环境综合整治工作，对玉溪大河、东风南大沟、红旗河等17条主要河渠进行治理，涉及河道总长138.8千米。并建立河道管理长效机制，区内主要河道明确了河、段长，划分管理责任区，并立牌公示。5月，为保护飞井海水库水环境和保证飞井海水库水质安全，红塔区人民政府出台《关于开展飞井水库水源保护集中整治的通告》。通过综合整治，已无钓鱼、游泳的现象，库区控制范围内种植农作物、放牧现象得到遏制。

（刘　燕）

【玉溪大河综合治理会议召开】 2011年3月28日，红塔区水利局召开玉溪大河综合治理会议，会议就3月29日至4月2日对玉溪大河两岸6米范围内（大营街街道段）沿河建筑物调查情况进行通报。此次调查涉及12户企业和个体经营户，查出玉溪大河沿岸调查范围内的违章建筑面积1 200余平方米、围墙20余立方米，涉及调查范围内一体建筑在6米外的建筑面积2 100余平方米。会议安排了治理工作的具体事项。

（马小添）

渔　业

【简　述】 2011年，结合创建卫生城市对食品安全的要求，强化水产品质量安全监管，通过广泛宣传、积极开展专项检查与市场抽检等举措，保障全区水产品消费的安全；同时，认真履行渔政渔港监督管理职责，保障的养殖利益不受损害；对辖区内的渔业用船进行检查登记，确保渔船的使用安全。

随着红塔区旱情的持续，至年末，境内有10多座水库、坝塘出现干涸，且大部分水库、坝塘蓄水均不足，大多数池塘也因缺水影响到正常的渔业生产。全年投放鱼苗344吨，比上年增投4.9％。全年从事渔业生产的渔业户有186户，渔业人口571人，户均产值9.92万元。全年完成养殖面积3 354亩，比上年减少609亩。完成水产品总产量1 308吨，比上年减少0.38%。人均水产品占有量3.1千克。池坝塘产量959吨，比上年增长1.5%，占全区总产量的73.3%；水库产量305吨，比上年减少1.96%，占全区总产量的23.3%。完成渔业总产值1 846.15万元，比上年增0.2%。

根据《玉溪市红塔区机构编制委员会关于调整玉溪市红塔区水产工作站隶属关系的通知》，从4月29日起，红塔区水产工作站由红塔区水利局管理调整为红塔区农业局管理，调整后单位性质、职能职责、人员编制和经费形式不变。

表23：2011年红塔区渔业生产情况统计表

2011年红塔区渔业生产情况统计表

表23　　单位：公顷、吨、千克/亩

单位	养殖面积	总产量	水库			坝塘			池塘			稻田养鱼			捕捞产量
			面积	产量	单产	面积	产量	单产	面积	产量	单产	面积	产量	单产	
合　计	3 354	1 308	1 476	304.9	206.6	587	222.0	378.2	1 291	737.0	570.9				44
凤凰路街道办事处	678	172	310	29.0	93.5	201	61.0	303	167	82.0	491				
高仓街道办	456	132	334	68.5	205.1	88	45.0	511.4	34	18.5	544.1				
研和街道办	1 210	287	636	84.2	132.4	103	17.8	172.8	471	185.0	392.8				
大营街街道办	237	195							237	195.0	822.8				
洛河乡	40	27							40	20.0	500				7
春和街道办	297	183	86	40.5	470.9	69	28.4	411.6	142	113.6	800				
李棋街道办	91	78				27	14.8	548.1	64	35.5	554.7				28
北城街道办	215	122	47	24.7	525.5	54	31.0	574.1	114	66.3	581.6				
小石桥乡	108	82	63	58.0	920.6	45	24.0	533.3							
红塔区水库管理所	22	30							22	21.0	954.5				9

【水库渔业】 2011年，根据旱情的变化，调整红塔区水库养殖结构，力保渔民的养殖积极性，尽力降低损失；挖掘潜力，开发休闲渔业，增加渔民收入。境内2座中型水库出现浮游生物，经与市水产站技术人员测算，适量投放浮游生物为食的鲢鳙鱼，确保水体质量。全年水库养殖面积1 476亩，完成产量305吨，其中：小（一）型水库完成75吨、比上年减少13.6%，单产96.9千克/亩、比上年亩增34.6千克；小（二）型水库完成230吨、比上年增2.5%，单产327.6千克/亩、比上年亩增35.6千克。

【池坝塘渔业】 2011年，持续的干旱，池塘因无水源保证，鱼病频发。红塔区水产站采取一切办法解决缺水困难，尽量降低渔民的损失。全年实现池坝塘养殖面积1 878亩，产鲜鱼959吨。其中：池塘养殖面积1 291亩、比上年增加137亩，产量737吨、比上年增长6.5％，单产570.9千克/亩、比上年每亩降28.1千克；坝塘面积587亩、比上年减少9.6%，产量222吨、比上年减少12.5%，单产378.2千克/亩、比上年降低10.8千克。观赏鱼养殖产量3.5吨，繁殖观赏鱼苗260万尾，丰富市场。

【抗旱救灾】 2011年，渔业受旱灾面积1 397亩，水产品损失211吨，造成经济损失274.3万元。灾情发生后，采取对有水源的鱼塘进行引水或调配抽水机提水及时补水；没有水源的尽可能堵住漏洞不让水流失，减少水体浪费；根据每个池坝塘的具体情况调整养殖密度、投饵数量；增配增氧设施，定期泼洒生石灰水，适时使用光合细菌等有益微生物制剂和底质改良剂，以改善水质及底质；适时派出技术人员全面巡查，掌握每个养殖点的基本情况，进行动态跟踪，确保鱼病发生时能够得到及时救治，天气有较大变化时能够让得到准确信息，提前做好防范准备等有效措施，最大限度降低干旱造成的损失。

【渔政执法】 2011年，结合飞井海水库周边环境综合整治和珠江流域禁渔专项行动，加大渔业相关法律法规的宣传力度，全年出动执法宣传车45辆次，参加执法700多人次，参加执法船艇200艘次，查获电鱼案件3起及电捕鱼器具1套，没收违法网具1.95多万米，没收渔获物20千克；同时，帮助调解一起因水污染导致死鱼的事件，有效维护全区渔业生产秩序，有力地保护水生野生动物资源。

年内，红塔区人民政府发布了《关于加强飞井海水库水源保护的通告》，在综合整治期间对《通告》进行为期15天的宣传，出动宣传车120辆次，发放宣传单2 000多份，劝退钓鱼人员200多人，没收违法网具300多米。

【鳡鳤鱼异地放养获成功】 2009年6月，水产站从抚仙湖抗浪鱼研究中心分批引进鳡鳤苗种80万尾，在大红坡水库放养。经过两年的纯生态养殖，2011年9月，成功捕起40千克成鱼。同时，发现水库中有部分自然繁殖出的鳡鳤鱼苗种。鳡鳤鱼异地放养获成功，为红塔区水库提供了一个新的养殖模式。

【加州鲈鱼引种养殖试验】 2011年5月，红塔区从广州引进加州鲈鱼苗种1万尾，平均尾重0.44克，投放到飞井基地试验，采取池塘精养的方式，以蝇蛆为饵料进行饲养，到年底拉网抽查，最大个体400克，平均体重125.6克/尾，已达到试验目的。苗种将继续留塘饲养。

【水生动物防疫检疫】 2011年，红塔区水产站分别与11个乡（街道）签订红塔区水产品质量安全责任书，并逐级与渔农签订水产品质量安全承诺书，从源头上保障水产品的安全。同时，配合“创卫”工作，开展6次水产品质量安全专项整治活动，重点检查使用违禁药物和渔用饲料质量、养殖环境、养殖记录等安全生产情况。通过拉网式地对养殖户、养殖场所、渔用药物和饲料经销商、饲料生产商的反复检查和宣传，辖区内无经营、使用违禁药物和非法添加剂。同时，强化地进入区内市场的水产品抽检力度。每月不少于两次对孔雀石绿、氯霉素、硝基呋喃等违禁药物的药残检测监督管理，全年没有发生水产品质量事故，渔业行业为“创卫”作出了贡献。

（翟彩红）

* * * *

工　业

【概述】 2011年，继续走红塔区特色的新型工业化道路，加快工业结构优化升级，培育发展战略性新兴产业，推动支柱产业和传统优势产业向高端升级，加快发展园区经济，全面提升新型工业化水平，全力推进节能减排，经济结构调整和发展方式转变取得了新进展，全区工业经济运行呈现生产和投资快速增长，实现平稳发展。

工业产值平稳增长　2011年，全区完成工业总产值（含红塔集团）790.98亿元，同比增长17.4%，占全市的60%。其中全区完成工业总产值（不含红塔集团，下同）403.1亿元，同比增长19.7%，比全市21.3%的增速慢1.6个百分点，占全市的43.01%，完成区政府确定目标390亿元的103.4%，超目标任务13.1亿元。全区规模以上工业完成总产值373.8亿元，同比增长22.6%。

轻重工业快速增长　2011年，全区规模以上轻工业完成产值（不含红塔集团，下同）55.8亿元，同比增长25.3%，占全区工业总产值的比重为14.9%；重工业完成产值318亿元，同比增长22.1%，占全区工业总产值的比重为85.1%。轻工业生产增速比重工业快3.2个百分点。

工业效益平稳发展　2011年，全区规模以上工业实现主营业务收入（不含红塔集团，下同）374.2亿元，同比增长24.7%；利税总额29.6亿元，同比增长3.2%；利润总额20亿元，同比减5.5%；成本费用利润率5.4%，同比下降2.1个百分点；资产负债率56.9%，同比降低3.7个百分点；从业人员33 036人，同比增加5 445人。

工业品产量明显增长　2011年，全区规模以上工业实现产销率99.9%，同比提高2.5个百分点。有10种主要工业品产量增幅在两位数以上，即：生铁同比增长18.6%、粗钢增长22.8%、钢材增长12.2%、铸铁件增长31.7%、铜芯线增长27.3%、水泥增长28.8%、人造板增长90.4%、糖果增长19.7%、糕点增长4.3倍、精制食用植物油增长14.6倍。

骨干企业不断发展壮大　2011年，全区规模以上工业企业（不含红塔集团，下同）82户，其中：工业总产值上亿元的企业有43户，同比增加1户；实现产值354.3亿元，占全区工业总产值的87.9%；工业总产值10亿元以上的企业有8户（与上年相同），实现产值240.2亿元，占全区工业总产值的60%；工业总产值在50亿元以上的企业有2户（比上年增加1户），实现产值115.4亿元，占全区工业总产值的29%。大集团、大企业的支撑作用逐渐显露。

表24：2011年红塔区全部工业企业单位数和总产值

表25：2011年红塔区（不含红塔集团）主要经济指标

表26：2011年红塔区全部工业主要产品产量

表27：2011年红塔区工业企业主营业收入20强一览表

2011年红塔区全部工业企业单位数和总产值

表24

	企业个数（个）	工业房产值（现价）		2011年比上年增长%
		2011年	2010年	
总　计	1 751	7 909 808	6 737 647	17.4
一、按轻重工业分：				
轻工业	858	4 584 591	3 932 875	16.6
占总计（%）	49.0	58.0	58.4	
重工业	893	3 325 217	2 804 772	18.6
占总计（%）	51.0	41.4	41.6	
二、按登记注册类型分：				
（一）国有工业	1	12 918	12 125	6.5
（二）集体工业	57	554 884	467 519	18.7
（三）股份合作企业				
（四）股份制企业	282	6 751 443	5 768 187	17.0
（五）外商和港澳台商投资	10	277 610	182 382	52.2
（六）其他企业	1 401	312 953	307 434	1.8
总计中：大中型企业	31	6 997 315	5 882 581	18.9
三、按工业行业分：(2 000万元以上独立核算工业)	83	7 616 178	6 420 551	18.6
1. 煤炭采选业				
2. 石油天然气开采业				
3. 黑色金属矿采选业	1	2 787	4 010	-30.5
4. 有色金属矿采选业				
5. 非金属矿采选业				
6. 其他矿采选业				
7. 竹木采运业				
8. 农副食品加工业	3	113 281	105 762	7.1
9. 食品制造业	2	85 520	16 881	406.6
10. 饮料制造业				
11. 烟草加工业	2	3 912 217	3 404 522	14.9
12. 纺织业				
13. 服装及其他纤维制造业				
14. 皮革、毛皮及其制品业				
15. 木材及竹藤棕草制品业	1	7 638	4 512	69.3
16. 家具制造业				
17. 造纸及纸制品业	9	77 410	72 115	7.3
18. 印刷业、记录媒介复制	6	73 986	63 858	15.9
19. 文教、体育用品制造业				
20. 石油加工及冶炼业				
21. 化学原料及化学制造业	11	140 148	126 573	10.7
22. 医药制造业	4	86 349	56 194	53.7

续表

	企业个数（个）	工业房产值（现价）		2011 年比上年增长%
		2011 年	2010 年	
23. 化学纤维制造业				
24. 橡胶制品业				
25. 塑料制品业	4	71 033	68 300	4.0
26. 非金属矿物制品业	3	46 974	33 063	42.1
27. 黑色金属冶炼及压延业	16	2 386 709	2 007 380	18.9
28. 有色金属冶炼及压延业	3	25 610	33 316	-23.1
29. 金属制品业	2	12 047	16 114	-25.2
30. 通用设备制造业	7	118 333	14 463	718.2
31. 专用设备制造业				
32. 交通运输设备制造业	1	7 542		100.0
33. 武器弹药制造业				
34. 电气机械及器材制造业	5	47 952	45 702	4.9
35. 电子及通讯设备制造业	1	33 529	26 609	26.0
36. 仪器仪表及文化、办公用品机械制造业				
37. 电力、蒸气、热水生产和供应业	1	363 907	317 188	14.7
38. 煤气生产和供应业				
39. 自来水生产和供应业	1	3 206	3 989	-19.6

2011 年红塔区（不含红塔集团）主营业务收入 2 000 万元以上独立核算工业企业主要经济指标

表 25

	企业个数（个）	企业亏损数（个）	工业总产值（现价）（万元）	工业销售产值（现价）（万元）	利润总额（万元）	利税总额（万元）	亏损企业亏损总额（万元）	主营业务收入（万元）
总　计	82	22	3 737 845	3 734 325	200 112	296 297.0	10 213	3 741 854
一、按登记注册类型分：								
国有企业	1		12 604	12 387	3 182	3 926.0		13 727
集体企业	7		480 643	479 066	12 167	21 528.0		479 160
股份制企业	60	19	2 910 786	2 914 320	120 209	209 239.0	10 073	2 920 034
外商和港澳台商投资	7	1	253 815	249 488	52 048	45 415.0	57	249 952
其他企业	7	2	79 997	79 064	12 506	16 189.0	83	78 981
二、按轻重工业分：								
轻工业	29	4	557 974	556 883	70 432	92 525	264	555 874
重工业	52	18	3 179 871	3 177 442	129 680	203 772	9 949	3 185 980
三、按规模分：								
大型企业	6		2 126 056	2 128 696	67 616	114 350		2 132 487
中型企业	24	5	992 926	970 898	105 235	139 021	2 859	979 779
小型企业	52	17	618 863	634 731	27 261	42 926	7 354	629 588
四、按工业行业分：								
1. 煤炭采选业								
2. 石油天然气开采业								

续表

	企业个数（个）	企业亏损数（个）	工业总产值（现价）（万元）	工业销售产值（现价）（万元）	利润总额（万元）	利税总额（万元）	亏损企业亏损总额（万元）	主营业务收入（万元）
3. 黑色金属矿采选业	1		2 787	2 645	461	856		2 645
4. 有色金属矿采选业								
5. 非金属矿采选业								
6. 其他矿采选业								
7. 竹木采运业								
8. 农副食品加工业	3	1	113 281	126 796	300	300		128 569
9. 食品制造业	2		85 520	79 525	5 708	9 443	10	78 020
10. 饮料制造业								
11. 烟草加工业	1		33 884	33 574	3 210	5 514		33 574
12. 纺织业								
13. 服装及其他纤维制造业								
14. 皮革、毛皮及其制品业								
15. 木材及竹藤棕草制品业	1	1	7 638	7 692	-655	-414	655	8 147
16. 家具制造业								
17. 造纸及纸制品业	9	2	77 410	82 519	10 198	14 440	116	83 791
18. 印刷业、记录媒介复制	6		73 986	70 707	20 561	25 918		72 366
19. 文教、体育用品制造业								
20. 石油加工及冶炼业								
21. 化学原料及化学制造业	11	3	140 148	140 096	7 607	10 963	1 366	139 631
22. 医药制造业	4		86 349	75 718	26 358	31 639		73 347
23. 化学纤维制造业								
24. 橡胶制品业								
25. 塑料制品业	4	1	71 033	71 240	4 887	6 607	442	69 250
26. 非金属矿物制品业	3	1	46 974	45 874	4 841	6 728	553	45 361
27. 黑色金属冶炼及压延业	16	5	2 386 709	2 387 563	92 286	131 134	3 747	2 400 753
28. 有色金属冶炼及压延业	3	2	25 610	38 249	-1 804	-197	2 132	32 834
29. 金属制品业	2		12 047	10 978	282	589	0	12 872
30. 通用设备制造业	7	3	118 333	113 364	2 614	6 119	870	112 937
31. 专用设备制造业						0		
32. 交通运输设备制造业	1		7 542	7 624	56	410		7 624
33. 武器弹药制造业								
34. 电气机械及器材制造业	5	2	47 952	46 007	1 114	1 775	184	45 979
35. 电子及通讯设备制造业	1		33 529	27 374	14 950	15 397		27 374
36. 仪器仪表及文化、办公用品机械制造业								
37. 电力、热力的生产	1		363 907	363 574	7 276	29 020		363 574
38. 煤气生产和供应业								
39. 自来水生产和供应业	1	1	3 206	3 206	-138	56	138	3 206

2011 年红塔区全部工业主要产品产量

表 26

	计量单位	2011 年	2010 年	2011 年比 2010 年增减	
				绝对数	%
1. 卷烟	万支	17 970 777	17 586 102	384 675	2.2
其中：优质品烟	万支	17 970 777	17 586 102	384 675	2.2
占总产量	%	100.0	100.0	0	0.0
2. 烟叶复烤	吨	116 846	120 395	-3 549	-2.9
3. 配混合饲料	吨	51 309	48 603	2 706	5.6
4. 糕点	吨	20 145	3 781	16 364	432.8
5. 食用植物油	吨	26 841	1 721	25 120	1 459.6
6. 糖果	吨	2 397	2 003	394	19.7
7. 酱油	吨	1 914	1 585	329	20.8
8. 软饮料	吨	115 440	13 889	101 551	731.2
9. 鲜冷藏冻肉	万吨	3.63	4.96	-1.33	-26.8
10. 人造板材	立方	58 706	30 839	27 867	90.4
11. 机制纸及纸板	吨	3 865	12 364	-8 499	-68.7
12. 过磷酸钙（100%）	吨	28 324	31 313	-2 989	-9.6
实物量	吨	179 660	197 783	-18 123	-9.2
13. 炸药	吨	20 601	20 075	526	2.6
14. 香精	吨	1 891	1 895	-4	-0.2
15. 中成药	吨	889	283	606	214.1
16. 塑料制品	吨	43 472	46 184	-2712	-5.9
其中：塑料薄膜	吨	43 472	39 513	3959	10.0
17. 太阳能热水器	万平米	1.12	1.8	-0.68	-37.8
18. 水泥	万吨	163.48	126.88	36.6	28.8
19. 砖	万块	8 994	6 919	2 075	30.0
20. 甲醛	吨	15 920	25 000	-9 080	-36.3
21. 铁矿石原矿	万吨	8.35	7.95	0.4	5.1
22. 生铁	万吨	410.47	346.02	64.45	18.6
23. 粗钢	万吨	421.61	343.39	78.22	22.8
24. 钢材	万吨	382.9	341.36	41.54	12.2
25. 金属切削机床	台	10 300	1 067	9 233	865.3
26. 铜材	吨	699	1 028	-329	-32.0
27. 铜芯线	千米	54 44.8	4 277	1 167.8	27.3
28. 铝材	吨	7 396	8 443	-1 047	-12.4
29. 发电设备	万千瓦	6.65	7.27	-0.62	-8.5
30. 自来水供应量	万吨	2 236.45	2 123.19	113.26	5.3
31. 供电量	万千瓦	1 016 042	911 189	104 853	11.5
32. 各种增塑济	吨	7 780	7 720	60	0.8

续表

	计量单位	2011年	2010年	2011年比2010年增减	
				绝对数	%
33. 水松纸	吨	5 280	6 039	-759	-12.6
34. 滤嘴棒	万箱	123.01	120.63	2.38	2.0
35. 铝箔纸	吨	3 305	3 455	-150	-4.3
36. 蓝宝石基片	万片	273	244.2	28.8	11.8
37. 钢芯铝铰线	万吨	0.87	0.83	0.04	4.8
38. 电化铝	万卷	21.03	21.19	-0.16	-0.8
39. 轴承	万套	15	17	-2	-11.8
40. 无水乙醇	吨	5 016.00	5 264.00	-248.00	-4.71
41. 铸铁件	吨	10 038	7 620	2 418.00	31.7

2011年红塔区工业企业主营业收入20强一览表

表27

单位：万元、人

排　序	企业名称	主营业务收入	资产总额	职工人数
1	红塔烟草（集团）有限责任公司	3 476 470	4 948 480	4 535
2	玉溪新兴钢铁有限公司	619 324	369 969	2 793
3	云南玉溪玉昆钢铁集团有限公司	562 682	287 758	4 680
4	玉溪汇溪金属铸造制品有限公司	399 495	176 142	2 193
5	云南电网公司玉溪供电局	363 574	459 903	1 142
6	玉溪洛河永旭钢铁有限责任公司	151 254	75 588	844
7	云南省活发集团洛河钢铁有限公司	115 272	90 873	1 004
8	云南昆钢制管有限公司	107 589	56 511	482
9	玉溪华盛钢铁有限责任公司	102 594	14 051	567
10	云南省玉溪合力机械铸造有限公司	91 140	9 210	216
11	云南正成工精密机械有限公司	81 665	22 779	360
12	云南达利食品有限公司	72 141	23 236	2 500
13	云南玉溪凤凰生态食品有限责任公司	71 956	31 531	421
14	云南天宏香精香料有限公司	60 228	38 500	126
15	玉溪市刘总旗活发钢铁厂	50 610	38 506	539
16	玉溪市北城钢铁有限公司	50 016	16 340	450
17	玉溪粤丰钢管工贸有限公司	49 079	22 305	277
18	云南省玉溪市太标钢铁有限公司	48 016	28 910	492
19	玉溪沃森生物技术有限公司	47 375	115 690	680
20	玉溪滇雪粮油食品工业有限公司	41 866	17 329	120

（薛宝姝）

管理

【红塔区工业和信息化局成立】 2011年，撤销红塔区经济委员会，成立红塔区工业和信息化局（正科级），加挂玉溪市红塔区中小企业局牌子，整合履行原红塔区经济委员会（除乡镇企业管理以外）的职责和玉溪市红塔区人民政府办公室承担的红塔区信息化工作领导小组办公室（红塔区无线电管理工作领导小组办公室）的职责。局内设10股室，即：党工委办公室、局行政办公室和综合股、经济运行股、工业股、技术进步股、资源利用股、中小企业股、信息产业股、人事股。设局长1名、党工委书记1名、副局长3名，编制48个，年末有职工46人。

【红塔区工业经济发展大会召开】 2011年8月28日，红塔区召开全区工业经济发展大会。区委副书记、区政府代理区长张小良主持会议，市委常委、区委书记夏立洪等四套班子领导和区人民法院院长、区人民检察院检察长及其他县级领导干部、区属相关部门领导、各乡（街道）有关领导，年销售收入500万元以上工业企业法人代表、受表彰人员等400余人参加会议。市政府党组成员、研和工业园区管委会党组书记、主任姚学松，玉溪市工信委主任李长金应邀参加会议。

夏立洪在会上作《坚持科学发展，推进工业强区，努力实现全区工业经济转型升级》的讲话。中共玉溪市红塔区委、玉溪市红塔区人民政府出台了《关于进一步加快推进新型工业化的实施意见》，是指导今后全区工业发展的纲领性文件，确定红塔区进一步加快推进新型工业化的总体要求、主要任务、政策措施、组织保障。在扶持工业企业发展方面，区政府将工业发展专项扶持资金由1 000万元提高到1 500万元，并根据发展实际逐步增加。要求各乡（街道）相应设立工业发展专项资金并纳入财政预算安排，充分发挥财政资金的引导作用。

会议对2008年以来为红塔区工业经济发展作出突出贡献的30户“优强工业企业”、20名“优秀工业企业家”、50名“工业企业技术创新先进个人”、100名“发展工业先进工作者”进行表彰奖励。

优强工业企业（30户）：玉溪新兴钢铁有限公司、云南玉溪卷烟厂滤嘴棒分厂、玉溪环球彩印纸盒有限公司、云南省玉溪印刷有限责任公司、云南玉溪水松纸厂、玉溪市大营街铝箔纸有限责任公司、云南环腾实业集团、玉溪自强集团有限公司、云南省玉溪市云溪香精香料有限责任公司、云南省玉溪市科技彩印有限公司、云南新兴仁恒包装材料有限公司、玉溪汇溪金属铸造制品有限公司、云南玉溪玉昆钢铁集团有限公司、玉溪市华盛钢铁有限责任公司、云南活发集团、玉溪市北城钢铁有限公司、云南维和药业股份有限公司、云南玉溪万方天然药物有限公司、玉溪玉杯金属制品有限公司、云南省玉溪市太标太阳能设备有限公司、云南前列电缆厂、云南省玉溪市红塔铝型材厂、云南玉溪隆恒电线电缆有限公司、云南省玉溪水力发电设备有限责任公司、云南省玉溪凤凰生态食品有限责任公司、云南省活发集团刘总旗水泥有限公司、玉溪市旭日塑料有限责任公司、国营云南安宁化工厂玉溪分厂、云南省玉溪化肥厂有限责任公司、云南蓝晶科技股份有限公司。

优秀工业企业家（20名）：任新明、杨永平、雷鸣、何金星、蒋兴建、何金富、李自祥、马翔、王佩文、蔡先平、李明定、王秀珍、王维和、刘宝平、张永林、张国荣、秦家平、靳树伟、吴康、黎筑森。

工业企业技术创新先进个人（50名）：杨崇仁、代红祥、王海之、孔令东、马慈义、夏斌、迟广俊、杨成云、李敏、陈俊屹、龚正涛、代家红、杨源、邓宇斌、戴虽愚、宋子旺、史立伟、刘保学、何繁、李进、倪家祥、高洪建、袁明凤、景竹芬、李忠华、万学明、嵇洪林、姜明红、朱江毛、杨江涛、谭桂生、张牙润、潘光亮、尹鸿雄、李志江、王晓江、王永红、和平、邹荣、曹东明、石正洪、陈保玉、魏祥善、柴云川、向家富、浦恩良、王军、李继、周正红、李惠。

发展工业先进工作者（100名）：郭沛、何志刚、普剑、高兴龙、倪永元、韩明龙、陈波、李立超、张剑、朱世永、张八红、夏恩来、景文、马儒刚、王自武、奉永忠、朱家兴、方云、阮兴奎、王霞、王亮、期安才、杨宏毅、陈兴志、邱斌、李淞、刘云、许向宏、刘学林、喻海明、谢志明、刘云峰、薛海星、陈永平、罗江斌、杨家齐、李永聪、原祖林、范光玉、代万林、普金林、黄绪显、李桂仙、孙忠明、何鹍曙、李绍刚、冯海星、方忠明、董家华、普亚伟、杨进松、张树琼、柴永仙、孙旭、马荣、矣开全、陈刚、张薇、师吉明、普子娟、殷文喜、梁丽雯、梁士洪、雷迪琼、曹杰、周艳华、任东升、陈崇明、蔡德琪、张元忠、王贵川、白占凤、刘士云、陈兵、王飞、包永明、周智荣、周德梅、金忠武、王琼丽、李文荣、李保文、康德勤、李超、普联义、曹忠寿、朱学才、白发福、普伟明、赵永彦、高兴富、高连俊、柴艳芳、刘思宏、王红、卢志荣、李继红、柳洪、徐云华、罗天能。

【项目投资】 2011年，全区完成工业投资42.3亿元，同比增长14.3%，占全区固定资产投资规模128亿元的33%。其中：非电力工业投资38.4亿元，同比增长21.9%，完成目标任务40亿元的96%。

【产业结构调整】 2011年，红塔区不断加大工业产业结构调整力度，在吸收引进先进项目入驻的同时，按照中央、省、市关于淘汰落后产能的精神，淘汰关停、拆除了炼铁高炉6座、生产能力86.3万吨，淘汰机立窑水泥生产线13条、生产能力99万吨，全区工业产业结构得到进一步优化。

图1：2011年红塔区规模以上主要行业产值结构比重图

图1 2011年红塔区规模以上主要行业产值占全区工业产值比重图

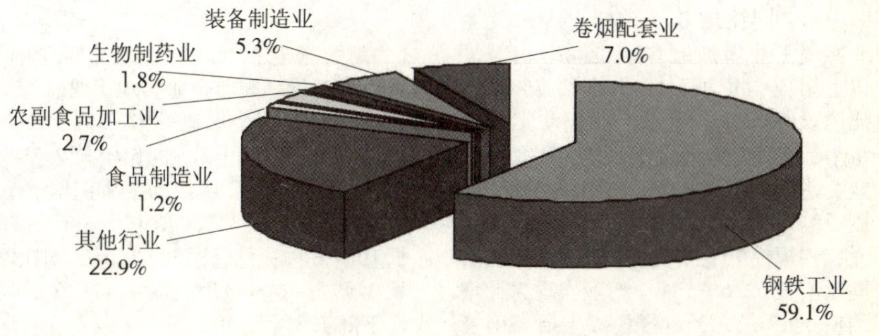

【非公经济】 2011年，全区有非公经济户数29 781户，其中：私营企业3 387户、个体工商户26 394户。从业人员141 275人。全年完成非公经济增加值95.02亿元，同比增长18.75%；缴税13.76亿元，同比增加32.04%；完成消费品零销售额55.11亿元，同比增长11.99%。其中：第一产业非公经济增加值3.5亿元，占全区非公经济增加值的3.7%；第二产业非公经济增加值50.6亿元，占全区非公经济增加值的53.3%；第三产业非公经济增加值40.93亿元，占全区非公经济增加值的43%。一、二、三产业的非公经济增加值分别比上年同期增长12.9%、21.8%、4.8%。非公经济增加值对全区不含红塔集团经济增长的贡献率为55.1%，拉动GDP增长6.6个百分点。

（杜有让 赵 红）

【非烟工业产值首超烟草工业】 2011年末，红塔区非烟工业产值403.1亿元，占全区全部工业总产值的50.2%，首次超过烟草工业产值所占比重。非烟工业中规模以上工业排名前五位的是：黑色金属冶炼及压延加工业、电力生产和供应业、化学原料及化学制品制造业、通用设备制造业、农副食品加工业。

【规模以上工业招商引资项目生产情况】 红塔区招商引资项目工业生产情况较好，拉动工业经济增长幅度大。截至2011年末，该企业群体规模以上工业已发展到23户，其中：引进三资企业9户、省外企业11户、市外省内企业3户。实现工业总产值41.21亿元，占规模以上工业企业（不含红塔集团，下同）的43.1%，同比增长42.8%；实现工业增加值7.46亿元，占规模以上工业的43.8%，同比增长42.4%，拉动规模以上工业经济增长20.6个百分点。国有工业、股份制工业占主导地位，实现总产值34.57亿元，占规模以上招商引资项目工业的83.9%，同比增长58.1%；这两类企业实现工业增加值6.17亿元，占规模以上招商引资项目工业的82.7%，同比增长66.3%。重点产业拉动工业经济增长突出，黑色金属冶炼及压延加工业、造纸及纸制品业、塑料制品业、印刷业等4个行业，实现总产值37.91亿元，占规模以上招商引资工业的92%，同比增长62.6%；4个行业实现工业增加值6.65亿元，占规模以上招商引资工业的89.1%，同比增长82.4%。年内，红塔区1 000万元以上工业项目新开工16个，竣工11个。其中：2万台数控机床、瑞通30万吨冷轧薄板、活发水泥、化肥厂搬迁等项目竣工投产，玉钢钒业资源综合利用、友发80万吨焊管、蓝晶科技1 300万片蓝宝石基片、猫哆哩年产2万吨食品生产线等项目正在施工，项目支撑工业经济发展的作用更加明显。企业自主创新能力进一步增强，实施省级科技计划11项，红塔区先后两次被评为全国科技先进县区，工业对富民强区的贡献更加突出，对国民经济的拉动作用进一步增强。

（马俊明）

【中小企业成长工程】 2011年，红塔区工信局积极做好成长型中小企业的培育工作，认真组织企业申报省市成长型中小企业，云南省玉溪市红塔铝型材厂、玉溪市甜馨食品有限责任公司、云南省玉溪市溶剂厂有限公司、玉溪滇雪粮油食品工业有限公司、玉溪市太标太阳能设备有限公司、云南玉溪水松纸厂、玉溪市云溪香精香料有限公司、云南玉溪卷烟厂滤嘴棒分厂、玉溪玉杯金属制品有限公司、玉溪市旭日塑料有限责任公司、玉溪快大多畜牧科技有限公司、云南同乐集团太阳能有限公司、玉溪环球彩印纸盒有限公司等13户企业被认定为省级成长型中小企业；云南省玉溪市红塔铝型材厂、玉溪市甜馨食品有限责任公司、云南省玉溪市溶剂厂有限公司、玉溪滇雪粮油食品工业有限公司、玉溪福辉建材有限公司、玉溪市太标太阳能设备有限公司、玉溪市思润印刷有限公司、玉溪市星源油墨厂、玉溪市云溪香精香料有限公司、云南玉溪卷烟厂滤嘴棒分厂、玉溪玉杯金属制品有限公司、玉溪市光明电线电缆有限公司、玉溪市旭日塑料有限责任公司、玉溪快大多畜牧科技有限公司、云南同乐集团太阳能有限公司、玉溪前列电缆厂、玉溪市维和制药有限公司、玉溪益粒康科技有限公司等有18户企业被认定为市级成长型中小企业。

【卷烟配套业】 2011年，全区19户规模以上卷烟配套企业实现工业总产值28.7亿元，占全区工业总产值（不含红塔集团）的7.1%，同比增长2.8%；工业增加值7.5亿元，同比增长4.0%；销售收入28.96亿元，同比增长10.9%；利税总额3.3亿元，同比增长2.9%；成本费用利润率12.8%，同比下降1.3个百分点。

【技术创新】 2011年，全区拥有高新技术企业36户（其中国家级高新技术企业4户），国家级新产品17个、省级新产品68个、云南名牌产品18个。16户企业技术中心通过市级技术中心认定，其中8户企业通过省级技术中心认定。培植了一批拥有自主知识产权的核心技术和核心产品，企业自主研发的防伪金拉线、抗菌水松纸、抗菌油墨、激光打孔技术、CA粒子增塑剂、抗震钢筋等产品覆盖国内大部分市场。当年争取到玉溪市下达工业发展专项扶持资金595万元，其中：补助玉溪滇雪粮油食品工业有限公司、玉溪市大营街铝箔纸有限责任公司、云南省玉溪市太标太阳能设备有限公司3户市级企业技术中心90万元（每户30万元），其余资金用于工业园区建设专项经费、淘汰落后产能扶持资金、工业投资项目贷款贴息、工程节能专项补助、中小企业和非公经济专项扶持资金、重点工业强镇扶持资金、重点项目前期工作经费；12月7日，玉溪市工信委下达工业项目技改贴息资金50万元，其中：玉溪太标太阳能设备有限公司100万套太阳能热水器项目贴息资金30万元、玉溪市红塔铝型材料厂立式喷涂线10万元、玉溪市大营街铝薄纸有限公司购买铝薄纸生产线设备10万元。

【节能降耗】 2011年，单位GDP能耗下降5.03%，完成市下达下降4%的目标。年内，审核清洁生产企业3户，2户已验收，其中1户合格企业，等待省验收，完成目标的133.3%。
针对年内新上投产项目较多，能耗增长，节能降耗形势严峻，召开重点能耗企业节能改造现场会，鼓励企业加快节能改造，督促企业降低消耗，提高产出。有2户企业余热余压发电改造项目竣工投产，并申报省节能示范项目；完成推广6万只节能灯的任务。8月，红塔区政府下发《关于进一步做好2011年淘汰落后产能工作的通知》，同时向涉及淘汰落后产能的北城、大营街、洛河3个乡（街道）下发了关闭拆除炼铁高炉的通知，列入年度淘汰的3户企业的4座高炉、54万吨落后产能，已按要求淘汰拆除。

按照生态城市建设和节能环保要求，分别采用变频调速改造电机系统，利用高炉余压发电，利用高炉煤气进行水泥的烘干、烧结，推广使用水煤浆锅炉、节能锅炉等节能改造，收到明显的效果。年内，玉溪新兴钢铁公司投资3 200万元建成高炉煤气余压发电，年发电2370万千瓦时，年节约标煤3160吨，年创效益1280万元，节能减降耗成效明显；玉溪水松纸厂投资4000余万元，实施印刷车间酒精废气回收改造，年回收酒精4500吨，回收率90%以上，年回收酒精价值1900余万元。

（杜有让　赵　红）

【单位产品能耗下降】　至2011年，红塔区的单位产品能耗下降，全区纳入主要耗能工业单位产品能源消耗统计的14个项目，同比下降的有10项，其中：转炉炼钢综合工序单位能耗由上年的11.09千克标准煤/吨下降到8.91千克标准煤/吨，同比下降19.67%；炼铁工序单位能耗由上年的721.75千克标准煤/吨下降到605.21千克标准煤/吨，下降16.15%；轧钢工序单位电力消耗由上年的78.9千瓦时/吨下降到68.6千瓦时/吨，下降13.05%；钢耗新水由上年的1.6吨/吨下降到1.52吨/吨，下降5.1%；钢耗电由上年的306.86千瓦时/吨下降到294.02千瓦时/吨，下降4.19%；水泥熟料综合电耗由上年的72.4千瓦时/吨下降到70.24千瓦时/吨，下降2.97%；水泥熟料烧成标准煤由上年的121.83千克标准煤/吨下降到118.29千克标准煤/吨，下降2.9%；水泥熟料综合能耗由上年的130.73千克标准煤/吨下降到127.21千克标准煤/吨，下降2.69%；轧钢工序单位能耗由上年的37.13千克标准煤/吨下降到36.62千克标准煤/吨，下降1.37%；水泥综合能耗由上年的95.41千瓦时/吨下降到95.31千瓦时/吨，下降0.1%。单位产品能耗同比上升的有：铁矿烧结工序单位能耗由上年的59.43千克标准煤/吨上升到74.42千克标准煤/吨，上升25.23%；钢综合能耗由上年的354.02千克标准煤/吨上升到420.08千克标准煤/吨，上升18.66%；水泥综合电耗由上年的100.96千瓦时/吨上升到102.27千瓦时/吨，上升1.3%。

【工业企业耗水量】　2011年，红塔区规模以上工业企业取水量1992.03万立方米，同比增长25.59%。4月，启动地下水清理整顿工作，将机关、企事业单位和商住小区等城市供水网覆盖范围内无证自备地下水井列为此次封停、封填对象。到2011年末，共封停、封填地下水井60多眼，地下水资源开采减少。在取水总量中，地下水132.78万立方米，同比下降28.61%，比重由2010年的11.73%下降到6.67%。

在20个行业大类中，取水量11个下降、9个上升。取水量下降的11个行业是：金属制品业下降75.59%，造纸及纸制品业下降51.36%，交通运输设备业下降40%，化学原料及化学制品制造下降28.02%，塑料制品业下降24.18%，电力热力的生产和供应下降21.33%，黑色金属矿采选业下降19.23%。9个取水量上升的行业是：食品制造业上升2.78倍，水的生产和供应业上升1.46倍，通用设备制造业上升1.42倍，非金属矿物制品业上升23.27%，电气机械及器材制造业上升20.3%。

年内，全区规模以上企业水重复利用量31635.34万立方米，水重复利用率94.08%，比上年提高36.26个百分点。其中全区化学原料及化学制品制造、非金属矿物制品业、黑色金属冶炼及压延、有色金属冶炼及压延、电力热力的生产和供应五大高耗能行业取水量962.13万立方米，占取水量的48.3%，同比上升8.2%；水重复利用量31042.5万立方米，占总重复利用量的98.13%，水重复利用率96.99%，高于全部规模工业2.91个百分点。

（马小添）

矿产·冶炼

【钢铁行业】　2011年，全区16户规模以上钢铁企业生产生铁410.5万吨、同比增长18.6%，粗钢421.6万吨、增长22.8%，钢材382.9万吨、增长12.2%；实现工业总产值238.1亿元，占全区总产值的59.1%，同比增长20%；工业增加值43亿元，增长8.6%；实现销售收入240.9亿元，同比增长22.9%；利税总额13.1亿元，同比增长3.6%；利润总额9.2亿元，同比增长5.7%；成本费用利润率4.0%，同比下降0.6个百分点。

（杜有让　赵　红）

【云南太标精工铸造有限公司】　属私营企业。位于玉溪研和工业园区数控产业园，2010年8月成立，占地面积500多亩，法人张永林。被列为全国72家“优质铸造生铁生产基地试点企业”，成为中国铸造协会、玉溪台正机床装备产业联盟体会员单位。主要经营铸铁、铸钢、铁合金铸造、有色金属铸造生产、加工、销售。产品主要以机床类为主，单件重量可达50吨。具有年产15万吨铸造项目及50万吨优质铸造用生铁转炉短流程工艺生产线，建有250立方米节能环保型冶炼高炉2座，高炉冶炼、烧结、球团生产车间总建筑面积4万平方米、原燃料加工储存场地6.5万平方米、机加工厂房2万平方米和现代化铸件生产基地7.38万平方米，配有完整先进的节能环保型铸件生产设备和光谱分析仪、金相显微镜、拉力试验机、冲击试验机、X射线探伤机、超声波探伤仪等检测设备。并通过ISO9001质量管理体系、ISO14001环境质量体系及GB/T28001职业健康安全管理体系的认证。至2011年末，项目正在建设中。

【云南省玉溪市研和炉料有限公司】　属私营企业。位于红塔区研和镇东山尹旗屯，2007年1月成立，注册资金800万元，法人张自金。经营范围：金属及金属矿，非金属矿及制品，机械设备，耐火材料，建筑材料批发零售；炉料回收与批发。2011年，有资产5000万元，其中固定资产65万元；员工12人。年末，实现营业收入52462万元，同比增64.07%；亏算132万元，缴税16万元。

【玉溪福星商贸有限公司】　属私营企业。位于红塔区研和镇中村八组，2004年成立，法人朱桂琼，注册资本金100万元，总投资1000多万元。2011年，新增注册资本金900万元，计1000万元。公司主营矿石产品批发零售，有员工49人，实现销售矿石30万吨，销售收入7900多万元，缴税300多万元。

【玉溪海绵铁业有限公司】　属私营企业。位于玉溪研和工业园区内，属云南泰耀实业集团有限责任公司子公司，2008年3月动工兴建，同年10月竣工投产。注册资本1000万元，项目投资3500万元。同时，与河北冀州东瀛公司技术合作，投资建设具有先进、成熟技术水平的隧道窑罐装法直接还原铁生产线。并与昆钢集团建立战略合作关系，形成良好产供销关系。公司生产的直接还原铁产量单条生产线达2.5万吨/年。2011年，有职工134人；实现产值3830万元，同比减6.97%；利税589万元，同比增399.15%。

【昆钢玉溪联合企业】　属国有企业。位于玉溪研和市工业园区内。由昆钢玉溪新兴钢铁有限公司（简称玉钢）和云南昆钢制管有限公司（简称制管）2家企业整合而成的昆钢集团内部非法人的钢铁生产、金属延伸加工联合体，2010年3月成立，负责人王佩文。2011年，玉溪联合企业有在册员工2458人，劳务派遣人员722名，离退休人员17人。有479人（专业技术人员高级24人，中级106人，初级349人）；高级技师8人，技师61人，高级工653人。全年生产烧结矿148.8万吨、铁136万吨、钢134.3万吨、中宽带30.8万吨、棒材111.2万吨、焊管24.5万吨。实现销售收入73.64亿元、利税1.88亿元、利润1.1亿元。至2011年，累计生产钢材708.98万吨、管材58万吨、销售收入267.14亿元、利税14亿元、缴税14亿元。同时解决驻地800余名劳动力就业。

【昆钢玉溪联合企业安全环保设施达标】 2009年，投资5000多万元运用的烧结烟气氨法脱硫工艺是西南钢厂第一家，脱硫率95%，同步运行率100%，每年可减少SO_2排放量4000吨。至2011年，工厂已保持连续几年实现工业污水零排放；吨钢耗能降到618千克标煤，吨钢新水消耗2吨，达到国内同行业先进水平。公司在设计、施工同时就积极采用节能环保技术，如加热炉、钢包烘烤应用蓄热式燃烧技术，有效减少了铁水热损失。提钒炉采用全干法电除尘新技术，无污水排放，含尘小，有效减少环境污染，保证了节能环保设施的同时配备。相继实施转炉煤气回收综合利用项目、高炉喷煤富氧及炉顶煤气余压回收透平发电项目（TRT）、风机、水泵变频器调速改造项目、供电系统优化改造项目、高效绿色照明产品推广项目技改，节能减排成效显著，公司的能源管理工作处在行业内先进水平。

【资源综合利用】 昆钢玉溪联合企业为充分利用省外攀枝花地区丰富的钒钛矿资源，2007年实施钒资源综合利用战略性转移，配套改造炼铁槽下筛分系统、炉前渣沟缩短改造、转炉提钒配套工艺改造；2009年，实现提钒炼钢规模化生产，成为国内第4家转炉工艺提钒基地。2011年，玉钢钒资源综合利用技改项目炼铁3#高炉、炼钢3#铸机建成投产。截至2011年，累计生产标准V2O5原料近3万吨、纯V2O5产品2500多吨，产值过2.5亿元。

【玉钢钒资源综合利用技改项目主体工程竣工】 玉钢钒资源综合利用技改项目主体工程位于玉溪新兴钢铁有限公司厂区内，由武汉钢铁集团设计研究院有限公司总承包。工程投资4.29亿元，2010年3月8日动工建设，2011年5月28日顺利点火生产，建设总工期14个月。年平均利用系数2.19吨/天，年产炼钢铁水82.6万吨，水渣55万吨。

【玉钢钒资源综合利用技改项目高炉供料料场工程建设】 项目由昆钢集团设计院有限公司总承包，2010年8月15日动工建设，2011年5月20日具备向高炉供料条件。合同投资额5901万元。

【钒资源综合利用技改项目配套2#110KV变电站工程建设】 项目由云南欣博工程咨询有限公司总承包，总承包价1810万元，2010年12月1日进场施工，2011年5月18日具备供电条件。

【钒资源综合利用技改项目配套连铸机工程建设】 工程为在原炼钢厂房内增加1台5机5流的方坯连铸机的改造工程，由昆钢集团设计院有限公司（上海新中）总承包，2011年3月21日动工建设，3#连铸机于7月26日热负荷试车成功。总承包价3168万元，设计年生产能力为90万吨方坯/年。

【昆钢玉溪联合企业科研项目开发】 昆钢玉溪联合企业采用新技术、新工艺、新材料、新设备，不断研发新产品。2011年，先后有"玉钢钒钛矿冶炼工业化提钒工业性试验研究"获昆钢科技进步特等奖、"昆钢玉钢KNS耐硫酸露点腐蚀钢的研发及试制"获昆钢科技进步一等奖、"昆钢四切分轧制技术开发"获昆钢科技进步一等奖、"玉钢70吨钢包包内精炼技术开发及应用"获昆钢科技进步二等奖、"玉钢半钢冶炼对炉衬侵蚀机理的研究及应用"获昆钢科技进步三等奖、"850mm中宽带轧机技术改造"获昆钢科技进步三等奖、"板坯Q195L结水口的工艺研究"获昆钢科技进步鼓励奖、"玉钢板坯连铸工艺优化"获昆钢科技进步鼓励奖。

2008年1月至2011年12月，研究开发出高性能抗震钢筋产业化集成技术，在国内外首次研究出富氮微合金化工艺制备500MPa抗震钢筋强化机制藕合规律，根据强化机制藕合规律对化学成分设计进行创新，开发出低成本富氮微合金化控冷工艺生产HRB500E抗震钢筋的制备方法，实现强化机理基础研究和成分设计的协同藕合创新，形成多项自主知识产权；针对炼钢富氮微合金化控制和轧钢控冷工艺的匹配，通过开展富氮微合金化制度、渣洗工艺、加热制度、控轧控冷等多项关键技术的研发，在国内首次实现低成本生产HRB500E抗震钢筋的产业化技术集成创新，形成多项自主知识产权，申请专利24项，其中发明专利授权5项，实用新型专利授权9项；开展钢筋焊接性能研究，在国内率先制定出HRB500（E）钢筋焊接作业指导书，开发出低成本钢筋机械连接套筒技术，为各类建筑工程施工便利创造有利条件，同时在国内首次主导编制出《建筑工程应用500MPa热轧带肋钢筋技术规范》云南省地方标准，为国内全面推广应用500MPa级高强度抗震钢筋提供了技术平台；玉钢采用低成本高性能抗震钢筋产业化成套技术集成创新累计生产HRB500E高强度抗震钢筋67909.24吨，创造直接经济效益3345.40万元，项目促进高强度钢筋升级换代，推动该领域的技术进步。2011年经玉溪市科技局验收，认定为科技成果。

2010年8月至2011年7月，研究开发X70X80高钢级石油天然气输送钢管研发及产业化，2011年试制的石油输送用螺旋缝埋弧焊钢管通过中国石油天然气集团公司组织的新产品鉴定；年内，用不锈钢—碳钢复合板卷为原料，在国内首次试制螺旋缝埋弧焊钢管并获得成功；当年开发生产镀锌钢管、灯杆/电力塔架等新产品。

2010年7月至2011年6月，研究开发玉钢铁水预处理脱硫工艺优化，针对钒钛铁水脱硫工艺进行研究，制定并优化铁水脱硫系统合理的工艺操作方式、控制参数；实现普通脱硫剂与钝化镁粉复合喷吹；同时研制开发钒钛铁水渣铁分离剂，有效地促进脱硫后的渣铁分离，将脱硫渣TFe含量由42.4%降至28%，脱硫扒渣铁损由原来的36.4千克/吨降至28.5千克/吨以下，脱硫扒渣综合铁损由原来的39.3千克/吨降至30千克/吨以下。尤为重要的是，通过铁水预处理脱硫系统将铁水硫含量控制在0.01%以下，为玉钢成功开发KNS烟草烤炉专用钢、K510L、K610L汽车大梁板、08Al深冲用钢、K380CL汽车车轮钢、SPA－H耐候钢等高附加值新品种钢打破了硫含量限制的瓶颈。其间："烟草烤炉用热轧钢带""低压流体输送用螺旋缝埋弧焊钢管"于2010年分别通过省工业和信息化委员会组织的省级新产品鉴定。先后荣获

2010年度云南省总工会职工技术创新二等奖2项，玉溪市红塔区科技局科技成果二等奖和三等奖各1项，昆钢技成果奖12项（特等奖1项、一等奖3项、二等奖2项、三等奖6项），评选为昆钢公司级技术秘密10项。2011年，申报专利13项，参与完成昆钢牌产品中国驰名商标的申报。

【玉溪新兴钢铁有限公司】 属国有企业。位于玉溪研和工业园区，占地面积1360亩，2005年建成投产，一期投资25亿元，设计产能100万吨铁、150万吨钢、170万吨材。主要产品有方矩型连铸坯、板坯、中宽带、热轧带肋钢筋、圆钢。主要工艺装备为105m² 烧结机2台、1080m³ 高炉2座、50吨转炉2座、50吨提钒炉1座和一条型钢轧钢生产线、一条中宽带生产线，工艺装备水平在云南领先，轧钢装备水平达到国内先进（其中型钢轧机所采用的蓄热式加热炉、全刚性短应力机架，轧后热处理提高钢筋强度和定尺定支收集打包等技术达到国际领先水平）。公司成功开发出专用于冷轧的Q195L带钢、Ⅳ级“螺纹钢”、08Al钢、KNS耐硫酸耐点腐蚀钢、耐候钢、K380L轮毂钢、K510L汽车大梁板。产品广泛用于建筑、汽车制造、深加工等行业。抗震钢筋一直保持国家金杯奖，中宽带在西南地区被广大用户授予“玉带”美誉。2011年，有固定资产33亿元；有在册员工2 105人，其中有专业技术人员415人（高职1人，中级职18人，初职396人）。全年生产钢材141.95万吨，比上年增0.36%；实现销售收入62.3亿元，比上年增15.16%；上缴税金0.8亿元，比上年减60.84%。

【云南省玉溪市太标钢铁有限公司】 属私营企业。位于玉溪研和工业园区，2002年10月成立，法人张永林。是一家专业的冶炼企业，形成年产70万吨生铁的现代化生产线，检测体系执行GB/T717－1998国家标准，同时引用GB/T717－1998国家标准。2011年，有固定资产2亿多元，全年实现增加值2 398万元，同比减27.85%；总产值47 936万元，同比减4.13%；营业收入48 015万元，同比减1.90%；缴税1 330万元，同比减24.43%。解决社会劳动力3 000余人就业。产品销往全国各地。

【玉溪天正经贸有限公司】 属私营企业。位于红塔区研和镇玉溪新兴钢铁有限公司厂区内，2009年4月8日成立，法人王天发，公司注册资本400万元，经营范围：矿产品和石材加工、销售，钢渣选，废旧物资回收处理，花卉、苗木种植及销售。截至2011年12月，下设6个部门，在职员工84人，其中技术人员14人。总资产3 400万元，固定资产1 500万元，营业收入2 000万元。年生产铁精粉6 000吨、碎铁3 600吨、废钢3 000吨。获玉溪市研和工业园区管委会的纳税贡献奖。

【云南瑞通钢业有限责任公司】 属私营企业。前身系昆明骏辉工贸有限责任公司，位于红塔区研和镇大坡头玉通公路旁，2009年2月12日与玉溪研和工业园区签订“建设年产30万吨冷轧板项目合作协议书”；5月11日由云南省玉溪市工商行政管理局核准成立的自然人独资有限责任公司，隶属于玉溪研和工业园区管委会，项目投资规模2亿元，并更名为云南瑞通钢业有限责任公司，法人纳汝辉，注册资金6 600万元，占地面积91亩。主要生产销售冷轧薄板。冷轧板产品主要用于汽车、农用车、拖拉机、外壳、车门、顶盖、车厢、油箱、水箱、底板和彩钢瓦基料、C型钢及家俱行业中、防盗门板、文件柜等生产。2010日年8月，竣工投入试运行，年末试产试销产品3 300吨左右，完成销售收入1 500万元；2011年，有员工近200人，产品34 000吨，销售收入15 360万元。

【玉溪市太极物资工贸有限公司】 属私营企业。成立于2007年12月，注册资金600万元，法人刘国联。公司位于红塔区研和镇东山尹旗屯，有资产6 000万元。主要从事各种生铁、铁水、钢材、钢锭、水泥、建筑材等生产批发零售业务，产品远销全国各大省市和省内大型企业集团。2011年，有职工10人，其中专业技术人员6人；实现营业收入43 468万元，同比增2.67%；缴税75万元。

（李晓东）

【云南省玉溪玉昆钢铁集团公司】 属私营企业，位于红塔区北城街道梅园工业基地，占地面积3万平方米。集团公司是第一批获得国家冶金部颁发“全国工业产品生产许可证”的企业，曾获中国建筑材料流通协会“全国质量过硬重点推广建材产品”和“云南省著名商标”。截至2011年，集团拥有炼铁、炼钢、轧材一条龙生产线。累计投资36.8亿元，固定资产29亿元。主要产品为螺纹钢DN12mm～DN25mm，线材DN6.5mm、DN8mm、DN10mm等钢材。集团公司拥有玉溪东前钢铁有限公司、玉溪玉昆建材销售有限公司、玉溪市东前矿业有限公司、玉溪玉东废旧回收物资有限公司、晋宁县白马龙玉昆矿业有限公司、玉溪易门玉昆矿业有限公司6个子公司。年末，有员工5 605人，其中：高职65人，中职212人；大中专学历1 586人。完成总产量176万吨，总产值65亿元，为北城街道纳税大户之一。

【玉溪市北城钢铁有限公司】 属集体企业，前身为玉溪市北城实业总公司炼铁厂，位于红塔区北城街道皂角社区，1955年1月成立。2004年，改制公司由玉溪市北城实业公司炼铁厂变更为玉溪市北城钢铁有限公司，法人黄天明，注册资本2 460万元（由黄天明、王秀珍共同出资）；经营生铁、铸铁件、钢材批发零售。2011年，有职工670多人，产值53 000万元，年收入50 000万元，上缴国税868万元、地税85万元。

【玉溪市鑫浩商贸有限公司】 属私营企业，位于红塔区北城街道玉丰路20号，占地面积1 067万平方米（其中：办公楼占地面积120平方米），主要经营生铁、建筑材料、矿产品等销售；废旧物品回收与销售；煤炭零售等。2011年，有员工7人，实现销售收入3.69亿元，比上年增长2.5%，缴税90万元。

（李艳红）

【玉溪汇溪金属铸造制品有限公司】 属集体企业。位于红塔区大营街工业园区，2005年10月成立，由玉溪大营街实业有限（总）公司投资组建，先后投入资金20多亿元，法人任丙皓。采用国内先进的生产技术和环保设备，已形成集原料、制氧、烧结、炼铁、炼钢、轧钢等主体的生产链，生产能力达年产120多万吨钢。带钢、型钢、方坯、线材等产品除畅销省内，还销往四川、重庆、广西、广东等地及越南等东南亚市场。2011年，有员工2 235余人，其中管理人员260多人，大专以上学历164多人；实现生产总值40689万元，比上年增10.2%；实现销售（营业）收入98457万元，比上年增18.3%；缴税1143万元，比上年增99.9%。

【玉溪粤丰钢管工贸有限公司】 属私营企业。位于红塔区大营街街道黑龙潭工业区，始建于1999年，属广丰集团下属生产企业，法人马小鲁。是一家专业生产、加工、销售各种规格冷轧带钢、焊管、热镀锌管材的大型企业。已成为中国西南部重要的精密冷轧带钢及钢管生产基地，销售网络覆盖云、贵、川、渝等地区。拥有全自动精密650冷轧带钢生产线、热镀锌钢管生产线、热镀锌结构件生产线、各种规格的高频焊管生产线和大、小精剪流水线及高速冷连轧轧钢生产线、酸洗流水线、光亮退火炉等生产设备。终端产品有各种厚度的冷轧精密薄带钢、直缝焊管、热镀锌管及其他金属结构件的镀锌加工等。产品直接用于给、排水工程、煤气输送等低压流体、气（汽）体输送工程、建筑网架工程、交通基础建设、电力电网建设、装饰及家电设备等领域。至2011年，年生产能力达30余万吨，其中年产“广丰牌”企标Q/YFG01－2009的热镀锌管8万吨、热镀锌结构件5万吨、企标直缝焊管20万吨、光亮退火冷轧带钢5万吨。年末，有职工277人，比上年减9.2%，其中专业技术人员58人；总资产2.23亿元，比上年减3%；实现销售收入4.99亿元，比上年减3.9%；缴税670万元，比上年减17.3%。

（范崇磊）

【玉溪华盛钢铁有限责任公司】 属私营企业，位于红塔区春和街道刘总旗工业园区，2003年5月成立。占地面积为70余亩。系省外（福建）来滇投资新办的民营钢铁深加工中型企业，总投资17000多万元，注册资本8000万元，法人卓发清。主要产品有各种规格钢坯和DN6.5mm、DN8mm、DN10mm线材。公司下设制氧站、炼钢车间、轧钢车间、配电站和财务部、业务部、生产部，安全环保科、办公室、保卫科、化验室、机修组、电工班、车队等部门；公司实行董事会领导下的总经理负责制。2011年，有员工900多人，其中各类专业技术人员180人，生产钢坯产量27万吨、线材产量4.5万吨，缴税850多万元，营业收入102594万元。解决当地劳动900多人。年内，对炼钢车间转炉设备进行改造（由原来35万吨/年改造为96万吨/年）、轧机车间加热炉进行节能降耗改造（由原来的煤气发生炉供气改造为高炉煤气供气）。

【玉溪市刘总旗活发钢铁厂】 位于春和街道刘总旗工业园区，占地面积6万平方米，注册资本3190万元，法人李明孝。拥有200立方米炼铁高炉2座和一条43立方米的机烧生产线（配有先进的自动化生产设备）。2011年，有总工程师5人、高级专业技术人员50人、中级技术人员100人。生铁产量17.5万吨，总产值58116万元，生产销量16.52万吨，实现销售收入50476.64万元，缴税4792.15万元（国税1817.27万元，地税2974.88万元），实现利税9845.9万元。发放工资1579.49万元，解决就业人员569人。年末，有固定资产总额7908.45万元，资产总额34434.86万元，净资产25950.42万元，负债率24.64%。

（高春艳）

【云南华云柱宇钒业有限公司】 属国有企业。位于玉溪研和工业园区大坡头，2008年7月21日成立，法人刘贵茂。为昆钢控股旗下的全资子公司云南华云实业总公司与民营企业成都柱宇集团旗下的成都柱宇钒钛科技有限公司合资组建的现代企业，总投资1.82亿元，占地面积113亩。拥有一条年产4000吨五氧化二钒生产线，利用昆钢集团玉溪新兴钢铁有限公司使用钒钛磁铁矿提钒炼钢生产的钒渣加工成冶金用片状五氧化二钒等钒制品，形成完整的提钒炼钢产业链。主要从事五氧化二钒、钒铁、钒合金及相关钒产品的生产加工和销售，化工产品的经销。2009年4月底，建成投产，6月初，开始生产出合格产品五氧化二钒。2011年6月16日，更名为云南华云柱宇钒业有限公司；10月，顺利通过云南省安全生产监督管理局危化品二级企业标准化建设验收；11月，钒业公司成为2011年国家资源综合利用重大示范项目；位列云南省工信委2011年技术创新项目100强第73位；成为财政厅地方中小特色企业。年末，有职工255人，大中专以上学历120人，专业技术人员20人；生产五氧化二钒978吨，营业收入14656万元，缴税82万元。

（李晓东）

机械·设备制造

【玉溪数控机床产业园】 位于玉溪研和工业园区，工业园区立足于玉溪铸造生铁“低硫低磷”的资源优势、铸造技术（树脂砂工艺）国内领先的产业优势、以及得天独厚的“天然温室”制造业气候优势，引进云南正成工精密机械有限公司为龙头企业，授予其数控产业基地招商总代理权限，以其作为以商招商主体，聚集一批与其配套的企业和项目，形成产业集群，致力打造国内一流的数控装备产业基地。玉溪数控机床产业园一次性总体规划控制面积5895亩，分多期建设，第一期规划面积1110亩，其中：数控机床制造区660亩，精密铸造区450亩；数控二期总占地面积2000亩，总投资25.28亿元。截至2011年，数控机床产业园一期已引进云南正成工精密机械有限公司、云南鼎泰数控机床有限公司、玉溪佰锐富数控机床有限公司、云南勇博数控机床配件有限公司、云南巨峰精密机械制造有限公司、云南广和工控设备有限公司、云南派诺电气有限公司、云南台宇数控机床有限公司、玉溪大森木业有限公司、专晶精密钣金（玉溪）有限公司、云南恩斯克精密机械有限公司、玉溪德创机械有限公司、玉溪世琪机械制造有限公司、玉溪维升机械设备有限公司等企业入园，并于2011年1月建成投产，形成年产1万台数控机床的生产规模。2011年末，玉溪数控机床产业园就业人数1169人，累计实现总产值103512万元、营业收入100373万元、利润总额2589万元、缴税4636万元。

【云南鼎泰数控机床有限公司】 属私营企业。位于玉溪研和工业区数控产业园，2010年成立，是由深圳市鼎泰数控机床（集团）有限公司投资成立的独立法人公司。是台正联盟体的副理事单位。法人傅联军。专业从事数控机床技术开发、装备、销售；数控铣床及加工中心整机装配的生产、销售；数控系统的组装、销售；货物及技术进出口。公司一期工厂占地面积30637.30m^2，完成第一期年产5000台的数控机床整机装配生产线，第二期工程正在规划当中。公司产品广泛应用与能源、通信、交通、航空、先进制造等行业领域，销售服务网络遍布全国。2011年，有职工88人，生产数控机床279台，总产值9337万元，缴税49.8万元。

（李晓东）

【玉溪市数控机床产业以商招商活动】 2011年5月29日至5月31日，举办“推进玉溪市数控机床产业发展以商招商系列活动”。以商招商系列活动由玉溪市委、市政府主办，玉溪研和工业园区管委会和玉溪台正机床装备产业联盟体承办，活动包括参观数控机床产业园一期建设成果、以商招商推介暨项目签约仪式、专家报告会、政企座谈会等内容。出席此次活动的有国家部委、行业协会领导，省政府及省级部门领导，科研院所的领导、专家，西班牙、德国、日本、韩国、瑞士、台湾、国内客商1 200余人（其中来自世界500强的企业有9户）。5月30日上午，数百名嘉宾参观玉溪数控机床产业园。核心企业——年产3万台智能光机的云南台正智能机械有限公司、中日合资企业河谷（佛山）汽车润滑系统制造公司、台资知名企业昆山北钜机械公司、国内知名企业上海亚资公司等现场签约项目33个（是一期项目的2.5倍），签约总投资37亿元（是一期的5.3倍），占地面积1 600亩（是一期的1.6倍），标准厂房建设面积40万平方米（是一期的3.5倍）。其中：签订正式协议项目28个，协议引资24亿元（数控机床功能部件、数控系统、整机、光机生产以及与之相配套的机床大中小件配套加工、物流配送项目）；框架协议项目2个，协议引资8亿元（机床优质铸件生产项目）；战略合作协议项目1个（玉溪数控机床产业园科技战略合作项目）；意向性协议项目2个，协议引资5亿元。涉及数控机床生产所需要的主轴、刀库、丝杆、润滑系统和大、中、小件配套，形成从铸造、粗加工、精加工，光机、功能部件、电器、系统、整机装配等几十个产业。30日下午，来自中国机械工业联合会、机床工具工业协会、华夏银行、德国、日本、韩国和国内14位专家学者发表了数控产业发展的报告，阐述了数控产业发展的现状及前景。31日上午，市政府邀请西班牙、德国、日本以及国内知名的企业家、数控机床专家召开政企座谈会，共同探讨做大做强玉溪数控机床产业之道，深化政企合作，谋求互赢。

（马俊明）

【玉溪台正机床装备产业联盟体成立】 玉溪台正机床装备产业联盟体是以昆明台正精密机械有限公司、昆明台成精密机械有限公司、昆明台工精密机械有限公司、云南正成工精密机械有限公司为龙头，立足云南省为中国装备制造业的重要产业基地，利用云南省玉溪地区丰富优质铁矿资源等多项优势而成立的机床产业集团。集团公司于2008年在玉溪市研和工业园区成立，与峨山恒昌东兴铸造公司、玉溪恒茂铸造公司等相关铸造企业进一步联合，建成一个集矿山→铁厂→铸造→零部件制造→光机制造→数控系统装配→数控机床整机生产→运输→市场营销→售后服务为一体的产业集群。先后招商引进广州市诺信数字测控设备有限公司、深圳鼎泰公司、台湾联鑫新丰公司、四川长征中气公司、上海振飞公司、昆明翔宇达公司等14户国内外著名的数控系统、数控机床整机及功能部件等专业的生产厂商，新建占地面积700亩的数控机床光机（整机）生产基地和占地面积2.7平方千米的研和数控机床工业园。第一期工程已完工，新建成工业厂房11万平方米，2011年1月，14家联盟企业顺利投产。全年云南正成工精密机械有限公司完成生产销售各型数控机床光机7 845台，实现销售收入7.6亿元，缴税4 245万元；同时联盟体成员中入驻研和数控机床工业园并依托正成工光机生产数控机床整机的玉溪佰锐富数控机床有限公司（由广州诺信数控设备有限公司投资）实现总产值6 939万元，云南鼎泰数控机床有限公司（由深圳鼎泰数控设备有限公司投资）实现总产值9 415万元，缴税50万元。

【玉溪数控机床产业园一期工程竣工投产】 玉溪数控机床产业园一期年产1万台数控机床项目于2008年10月开工建设。建成13万平方米的标准厂房附属基础设施，建成总长3 600米的12条厂区道路，完成3 248米的园区道路和8.6万平方米的公共绿化及水电配套设施建设。累计完成投资6.88亿元，完成14家进驻企业标准厂房及附属工程建设，2010年底移交各企业进行安装调试，有13户企业已经进入园区建设。2011年5月30日上午，原国家机械工业部部长何光远等数百名嘉宾齐聚研和工业园区，参加玉溪数控机床产业园一期项目建成投产仪式。玉溪市委书记孔祥庚、联盟体总裁黎筑森为数控机床联盟体揭牌。

【云南勇博数控机床配件有限公司】 属私营企业。位于玉溪研和工业园区数控机床产业园内，前身为昆明市金马五金机械厂、昆明勇博工贸有限公司，创建于1989年。后改制为云南勇博数控机床配件有限公司，法人段新年。是台正机床装备联盟体成员单位，公司从加工型企业转型为集加工、生产、装配、销售、服务于一体的多元化企业。2011年5月，在福建厦门增设数控机床4S专营店。至年末，公司拥有分布于昆明经济开发区、玉溪江川周官、昆阳青山工业区和玉溪研和数控机床产业园等地厂房2万平方米，资产总值5 000余万元，年产值过亿元。全年实现销售收入0.27亿元、缴税18万元。

【云南正成工精密机械有限公司】 属外商投资企业。位于玉溪研和工业园区数控机床产业园内，2009年成立，法人冯振復。主要生产各型立式数控铣床光机、立式加工中心光机及数控龙门铣床光机等系列产品。已成为全国专业化的光机生产基地，同时获“中国机械500强企业”“中国优选名牌产品”等荣誉。2011年，有从业人员360人，均有专业技术职称；全年生产数控光机7 845台，实现总产值75 983万元，利润总额2 365万元，缴税4 245万元。

【安宁成浩经贸有限公司玉溪分公司】 属私营企业。分公司驻研和镇，与玉溪工程部同为安宁成浩经贸有限公司的子公司，分别承担玉溪新兴钢铁有限公司检维修、生产线的操作承包工作和钢结构制安、设备制安工程。法人彭程远。2011年，玉溪分公司拥有5吨龙门行车、16吨汽车吊车各1台，大型摇臂钻床、车床、刨床各2台，电焊机、气氧割据60多台，货运汽车6辆等设备；有职工155人，其中大专以上学历10人，中职以上技术人员6人；实现营业收入1 582万元，同比增9.94%；缴税131万元。

（李晓东）

【玉溪机床有限责任公司】 2011年，是玉溪机床和丽江机床整合后的第二年。有员工370人，其中工程技术人员85人。全年完成工业生产总值（现价）6 649万元，同比增48.94%；生产各种机床1 549台，比上年同期增加389台；实现产品销售收入5 188万元，同比增26.59%；销售机床1 211台，比上年同期增加150台；实现利润－398万元（含调账减少利润）；缴税272万元

（含东厂区土地出让营业税172万元）；年人均工资收入2.43万元，同比增68.91%。年内，“新兴牌”图形商标分别被评为云南省著名商标、玉溪市知名商标。同时，先后完成CNC6140H、CNC6163E车床设计和CNC6163C车床主要零件生产工艺装备，配合昆明理工大学完成风力发电用风机叶片工装设计。

邀请云南机电职业学院老师到公司进行职业培训。全年有57名员工参加车工、铣工、钳工等10个工种的初、中、高等级职业技能鉴定培训；组织曹平等11名员工参加云南省和玉溪市组织的职工技能大赛，曹平夺得云南省工具钳工状元，姚忠兴、秦文明、周敏分别荣获玉溪市工具钳工二等奖和三等奖，李保山荣获玉溪市维修电工三等奖。

（严巧玲）

【玉溪轴承有限责任公司】 2011年12月底，有职工39人，其中专业技术人员13人（中级6人）。全年完成轴承产量20万套，同比增66.7%；标件产量244万件，同比减47.5%。工业总产值（现价）512.75万元，同比减37.3%（轴承产值67.30万元，同比增69.4%；标件产值445.45万元，同比减42.7%）；实现销售收入663.90万元，同比减18.3%；实现各种税金85.60万元，同比增21.7%；全年亏损126.45万元，同比增115.4%；人均年收入1.52万元，同比增1.7%。

（柏 锐）

【玉溪玉杯金属制品有限公司】 位于大营街街道杯湖社区，前身系云南玉溪钢丝绳厂。2004年3月，改制为私营企业。并更名为玉溪玉杯金属制品有限公司，法人代表刘宝平，有注册资金2096万元，总资产1.4亿元。拥有生产线6条，其中：拉丝生产线1条（年设计生产能力1.5万吨），镀锌生产线2条（年设计生产能力1.5万吨），钢绞线生产线1条（年设计生产能力6000吨），PC钢棒生产线2条（年设计生产能力3万吨）。主要生产“玉杯牌”碳素弹簧钢丝、冷拔丝、冷拔中强钢丝、镀锌钢丝、钢绞线、PC钢棒6个系列产品，产品销售覆盖全省128个县（市）区，省外贵州、广西、四川等省（自治区）及泰国、缅甸、老挝等东南亚国家。2009年，通过“省级企业技术中心”省级高新技术企业”的验收；2010年，被中国产品质量协会列为“国家权威检测达标产品”。2011年，有职工151人，比上年减18.8%；实现销售（营业）收入10281万元，比上年减30.9%；缴税194万元，比上年减75%；完成产量14918吨，比上年减39%；销量24938吨，比上年增11%。

（范崇磊）

【玉溪正朔制造有限公司】 2006年1月12日成立。位于红塔区春和街道大凹山。主要以生产机床铸件及机械加工为主。法人苏翔，注册资本金60万元。2011年，有职工50人（其中工程技术人员6人），年产量机床铸件5000吨，完成产值3000万元左右，营业收入2395万元，缴税100万元。

【云南锡业同乐太阳能有限公司】 位于红塔区九龙池高新工业园区，2008年12月1日成立，占地面积650亩，资产规模4.2亿，法人许明跃，注册资本金8000万元，其中：云南锡业集团（控股）有限责任公司现金出资3920万元，占注册资本金的49%；云南云锡同乐太阳能光热光电产业有限公司实物资产出资3840万元，占注册资本金的48%；云南师范大学资产经营有限责任公司现金出资240万元，占注册资本金的3%。公司是云南锡业集团（控股）有限责任公司、云南同乐集团、云南师范大学资产经营有限责任公司共同出资组建的现代股份制企业；是国内专业可再生能源太阳能热利用产品的高新技术企业之一，集产品研发、生产、销售、服务为一体。主要产品有普通型太阳能热水器、平板太阳能热水器、别墅型太阳能热水器、与建筑结合的太阳能热水器、空气能热泵热水器、太阳能集热器、光电光伏等产品。已建成石英砂生产线1条、高硼硅玻璃电熔窑4台、全玻璃真空太阳集热管生产线2条、成套设备生产线1条，年产石英砂产品3万吨、高硼硅玻璃5万余吨，年产1200万支全玻璃真空太阳集热管、30万套成套设备的规模。下设云南锡业同乐矿业有限公司、云南锡业同乐进出口贸易有限公司2个子公司及3个直属分厂（特种玻璃制造厂、镀膜真空管厂及成套设备厂）。2011年，公司有员工752人，其中：技术及技术管理人员80人，大专及以上学历144人。年内，生产高硼硅玻璃管120万只，营业收入3622万元，缴税25万元。

（高春艳）

【云南同乐集团太阳能有限公司】 总部位于红塔区太极路189号，公司是专业从事太阳能源利用研发、制造、销售及安装为一体的集团化高科技企业。始创于1989年，注册资金3666万元。按照集团化发展战略，公司与云锡集团、云南师范大学共同投资10亿元，征地1000亩，在玉溪市高新区组建现代化股份制企业——云南锡业同乐太阳能有限公司，又独立投资玉溪市同乐热能设备制造有限公司、云南玉溪高阳工贸有限公司、云南同乐新能源产业有限公司、云南同乐房地产有限公司、云南同乐安装工程有限公司，形成多元化的发展趋势。集团公司拥有太阳能新材料、太阳能特种玻璃毛胚管、太阳能真空集热管、太阳能成套设备，太阳能光伏等产品。至2011年，具有年产3000万支太阳能真空集热管、100万套太阳能热水器的生产能力。资产总额9352万元，完成产值6303万元，增加值798万元，营业收入8945万元，缴税85万元。年末，有员工135人。先后投入近6000多万元进行产品技术研发，拥有10项专利核心技术，在国内仍至世界范围内都处于领先水平。截至2011年，拥有“防冻太阳能热水器集热板”“分体式太阳能热水器系统”专利技术，其无形资产评估值40.9亿元。年内，向李棋街道教育事业捐资15万元。

（梁丽雯）

【云南省玉溪市太标太阳能设备有限公司】 属私营企业。1996年成立，法人张永林。2009年，迁至玉溪研和工业园区建太标工业园，总投资7.5亿元，占地面积574.6亩，拥有现代化的生产车间2.2万平方米，集研发、制造、安装、销售、售后服务为一体，生产规模为年产太阳能热水器30万套，形成流通、基地、产销一条龙的经营模式。公司成立制造、研发、营销、物流、节能科普示范5个中心，其中：制造中心占地面积340余亩，投资4.76亿元，包括自动下料生产线、保温箱生产线、支架生产线、水塔生产线、喷塑生产线、真空管厂，其年生产规模为100万套太阳能热水器、2000万支真空管、产值15亿元；研发中心占地面积10亩，投资0.3亿元，包括产品设计、检测、科研及试验；营销中心占地面积50亩，投资0.8亿元，包括省内营销中心、省外营销中心（含贵州、四川、广东、广西、湖南、湖北、江西、安徽）、太标培训学校、集团行政大楼；物流中心占地面积50亩，投资0.4亿元，包括成品仓库、半成品仓库、物流基地；节能科普示范中心占地面积50亩，投资1.2亿元，包括太标光电大道、太阳能博物馆、太阳能与建筑一体化示范基地。至2011年，公司拥有国家专利20余项。年末，有职工500余人，全年生产11.8万支真空管，实现销售收入1.74亿元，缴税480万元。

（李晓东）

光电子业

【光电子材料业】 2011年，生产蓝宝石基片273万片，同比增长11.8%；实现工业总产值3.4亿元，同比增长40.1%；工业增加值2.3亿元，同比增长36.1%；销售收入2.7亿元，同比增长14.4%；利税总额1.5亿元，同比增长1.7%；利润总额1.5亿元，同比下降0.3%。

（杜有让　赵　红）

【云南蓝晶科技股份有限公司】 属股份制企业，位于红塔区北城街道，占地面积17万平方米，是专业制造半导体蓝色发光二极管的关键性材料（LED衬底片）生产设备及生产工艺研究、开发、生产的现代高新技术企业，属国家重点支持和鼓励发展的半导体照明技术领域，已列入国家高技术研究发展计划（863计划）。公司已建成"晶体炉研发—晶体生长—定向—磨圆—切割—研磨—抛光—清洗—封装"完整的LED衬底片生产线，达到年产800万片的生产规模，是国内规模最大、生产线最完整的光电子LED衬底片生产及研发企业。2011年末，累计固定资产5.48亿元，有员工880人，完成总产量223万片、总产值28831.6万元，营业收入25847.6万元。

（李艳红）

化工·化肥·塑料·造纸

【云南安宁化工厂玉溪分厂】 国营企业，是国家定点民爆器材专业生产骨干企业，1964年建厂，原址由凤凰路4千米处。2003年底，并入安宁化工厂，更名为国营安宁化工厂玉溪分厂；2008年，易地搬迁红塔区小石桥乡小黄塘100号，占地面积258亩，主要从事各种规格品种的改性铵油炸药及乳化炸药的生产，设计生产能力为每年生产粉状铵梯炸药1万吨、乳化炸药1万吨。2011年，有职工337人，其中：工程技术人员43人、其他专业技术人员37人；总资产18054万元；完成工业总产值12220万元、销售收入12744万元、缴税4260万元。

（薛明申）

【云南省玉溪化肥厂有限责任公司】 公司经过近五年的筹备、规划、建设，于2011年6月迁建到玉溪市红塔区研和镇东山村委会后关山，正式投入试生产。年末，普钙、复肥、氧气3条生产线运行基本正常，生产规模为：年产20万吨过磷酸钙、15万吨复混肥、100万立方米工业氧气、100万立方米医用氧气。全年生产"龙潭"牌过磷酸钙10.21万吨、复混肥2.79万吨和"瑞龙"牌工业氧气39.71万立方米、医用氧气28.32万立方米。有员工251人，其中：中专以上文化程度70人，专业技术人员47人；拥有总资产3007万元；实现工业总产值15102万元、销售收入11154万元，缴税226万元，年人均收入2.5万元。

同年7月，公司取得ISO9001：2008质量管理体系认证和ISO4001：2004环境管理体系认证。

（龙　军）

【云南汇源化工有限公司】 属私营企业。位于红塔区研和街道秀溪村，占地面积15亩，2006年10月19日开工建设，至12月竣工投产，法人殷张伟。总投资1923万元，其中：固定资产216万元，流动资金1707万元。是一个从原料到生产销售健全、完善网络体系的公司，依靠当地周边地区丰富的松脂资源，运用专业生产蒸汽法生产松香、松节油，具有年生产1万吨脂松香、2000吨松节油的能力，其产品主要销往欧美及东南亚等地区。2011年，有员工46人；完成总产值11440万元，同比增11.11%；营业收入11429万元，同比增11%；完成增加值665万元，缴税348万元。

【云南梅塞尔气体产品有限公司玉溪分公司】 属外商投资企业。位于红塔区研和街道大栗园，1998年成立，隶属于云南梅塞尔气体产品有限公司的非独立核算分支机构，法人李幼庆。2005年12月，玉溪分公司取得营业执照并投入生产，占地面积2.63万㎡。经营范围：生产、销售和储运气态、液态、固态气体产品以及销售、出租配套的气体处理和存储设备。产品有管氧、管氮、管氩、液氧、液氩、液氮。拥用1.2立方米/年、1亿立方米/年2套空分设备及40TPD、100TPD2套液化装置。2011年，有员工45人，其中技术人员8人；销售收入14733万元，同比增10.15%；缴税804万元。

（李晓东）

【玉溪市同乐化工建材有限公司】 属私营企业，位于红塔区李棋街道下赫社区，成立于1997年，实收资本400万元。主要从事工业甲醛的生产销售。2011年，生产甲醛15920吨，完成产值3800万元，增加值360万元，营业收入3792万元，缴税67万元，劳动者报酬46万元，从业人员24人。

【玉溪自强集团有限公司】 位于红塔区李棋街道下赫社区，属民营企业，法人代表李自祥。1994年4月成立，实收资本388万元，下属企业有玉溪自强卷烟专用胶有限公司、玉溪自强玉新包装材料有限公司、玉溪自强塑钢门窗有限公司、玉溪自强集团公司万荷园、玉溪自强集团公司老尖山果园、玉溪自强绿健生物工程有限公司、玉溪自强颖宸包装材料有限公司、玉溪自强房地产开发有限公司。投资1亿元在玉溪市高新区征地100亩新建厂房、仓库、办公楼，购入新设备、引进新技术，现代规范生态新厂区逐渐建成。在康井社区开发房地产项目盛世尚居，投资800万元创办富强混泥土搅拌公司。2011年，完成营业总收入3亿元，比上年增10%，实现税利8000万元，比上年增8%。

年内，中秋、春节慰问下赫社区60岁以上老人800人次，计3万元，为华宁县革命烈士纪念碑捐资10万元，出资15万元在老尖山植树造林50亩（7500棵），为李棋街道教育事业捐资20万元。

（梁丽雯）

【研和纸板制品厂】 属私营企业。位于红塔区研和街道向家庄，始建于1980年，占地面积17.5亩。1998年，改制为私营企业，法人乔汝金，注册资本151万元，拥有1092、1575纸机两条生产线，年生产能力达1万吨瓦楞原纸。主要从事纸制品加工及再生纸的生产。2011年，有职工60人，其中残疾职工21人；完成总产值2705万元，同比增60.44%；实现营业收入3150万元，同比增92.90%；缴税103万元。

（李晓东）

【玉溪春和纸业有限公司】 位于红塔区春和街道棋盘路，公司依托东魅包装材料有限公司于2007年4月成立，属私营企业，占地面积2万平方米。总投资3800万元，注册资本200万元，法人何宗修。主导产品真空镀膜电化铝箔是一种新型包装材料，主要用于水松纸及烟标、化妆品、酒盒、礼品盒等卡纸的复合、印刷、拉花等烫印工艺，还适用于塑料、纺织品、皮革、木材多种材质的烫印和装饰。建有现代化技术研究开发中心和生产厂房，拥有高速涂布机、真空镀铝机、分切机等仪器装备。2011年，有从业人员150人，产量800多吨，营业收入4 314万元，缴税316万元。

（高春艳）

电力·供电设备

【玉溪供电局】 2011年，认真贯彻南网中长期发展战略，围绕“落实战略谋发展，狠抓质量促提升”主题，开展工作。截至年底，全局有资产总额33.32亿元、固定资产原值51.39亿元，管辖35千伏及以上变电站51座（其中500千伏1座、220千伏11座、110千伏36座、35千伏3座），总容量804.38万千伏安。运行维护35千伏及以上输电线路2 579千米，10千伏配电线路1 361千米。直供客户19.47万户。全局职工671人，平均年龄36.32岁，其中：本科以上学历354人，占52.76%；中级以上专业技术人员130人，技师以上职业资格49人。

年内，以人员责任“零事故”为目标，逐级落实安全生产主体责任。推进安全生产风险管理体系建设，外部审核综合得分率73%；同时启动县级供电企业安全生产风险管理体系建设，采用安全考试、通报、约谈、评价、考核等方式，增强承包商安全主体意识，加强承包商安全管理。推广应急指挥信息系统运用，修编应急预案，完成应急培训及演练34次，提高电网风险预控能力。完善生产计划管理模式，计划完成率99.3%，临时性计划比率仅0.55%。实现生产指标管理一体化，统一69项指标上报分析。完善作业管理机制，对493个工作现场开展安全监察和任务观察。先后开展“变电运行基础提升年”“配网管理提升年”活动，整合42项核心业务流程，加强GIS系统应用。全年进行带电作业314次，城市平均停电时间控制在7.4小时。未发生人员责任事故，发生A类一般设备事故1起，事故数同比下降4起；实现3个安全生产无事故百日周期，累计安全生产天数630天。调度规范化建设通过南方电网考评；获云南电网公司“安全生产先进单位”。

年内，玉溪供电局先后获“2010年度全国安康杯竞赛优胜企业”“全国安康杯竞赛示范单位”“全国文明单位”和“云南省第四批新农村建设工作先进派出单位”及“第四次民族团结进步先进集体”“党建思想政治研究工作先进单位”“十一五期间节能工作先进单位”“中国水利电力质量管理协会电力分会QC小组一等奖”“第十二届全国职工职业道德建设先进单位”。局长杨波获中国电力企业联合会全国电力行业优秀企业家。

【供　电】 2011年，玉溪供电局加强需求侧管理，召开县区经济发展和大中客户用电项目情况座谈会，实地走访客户，做好负荷增长和供电能力预测及统筹安排。建立与政府、客户的信息沟通机制，提高应对市场变化的掌控能力，确保电力供应平稳有序。全年售电量101.6亿千瓦时，其中红塔区全年用电量29.97亿千瓦时。

表28：2011年玉溪供电局经济指标统计表

剪　纸　　（冯光祥　作品　蒯学庆　摄）

2011 年玉溪供电局经济指标统计表

表 28

指标名称	计量单位	2011 年完成	2010 年完成	同比增减
供电量	万千瓦时	1 016 043	911 189	11.51%
最高日供电量	万千瓦时	3 344	3 129.00	6.88%
最高日负荷	万千瓦	148.80	141.00	5.46%
平均日负荷率	%	92.00	92.29	-0.29%
线损率	%	4.50	4.33	0.17 个百分点
主设备完好率	%	100.00	100.00	
综合电压合格率	%	99.30	99.25	0.05 个百分点
供电可靠率	%	99.89	99.87	0.025 个百分点
电费回收率	%	100.00	100.00	
企业总资产	万元	333 154	330 194	0.90%
固定资产原值	万元	513 932	475 653	8.05%
固定资产净值	万元	307 856	305 856	0.65%
上缴税金	万元	14 012	12 887	8.73%
全员劳动生产率	万元/人年	653	609	7.2%

注：全员劳动生产率不含劳务派遣及其他人员。

【科技进步】 2011 年，玉溪供电局搭建管理论坛、生产技术论坛、课题研究、QC 活动、科技专业工作网等多种科研平台。科技项目完成率 100%，有“一种带熔断保险的短接线”“变电站防误操作空气开关罩”“一种变电站设备温度在线监测系统”“一种变电站设备温度在线监测系统”4 项专利申请；“变电站培训模式的探索与实践”“电网规划项目优选研究与应用”2 个成果获“全国电力行业管理创新成果奖”；信息安全风险管理体系建设通过第一阶段外审。

【电网建设】 2011 年，完成“十二五”配电网规划修编和农村电网改造升级“十二五”规划。完成 10 项可研项目、13 项核准项目。110 千伏洛河二期、春和、济川、梅园、长春等 5 个输变电工程项目竣工投产（其中 110 千伏梅园、110 千伏春和、110 千伏长春 3 项输变电工程均在红塔区境内）；220 千伏峨山、元江二期输电工程、抚仙变Π接宝果线路工程和 110 千伏武洒、里山二期、安定、月牙田、东风、恩永、玉蒙电铁玉溪段等 10 个输变电工程项目开工；35 千伏富良棚、九溪、新城、十街、海口输变电工程及 35 千伏前卫变技改增容、35 千伏青景输电线路、柏小线改造工程等 8 个农村电网改造升级项目竣工投产；生产基地营销计量楼、配电综合楼竣工使用。年内，建立以规划后评估和造价分析为重点的效益分析体系。

【110 千伏梅园输变电工程】 工程位于红塔区北城街道梅园村旁，2008 年 10 月 29 日正式开工，2011 年 10 月 11 日建成投产。工程主变最终规模 2×50mVA，本期建成 2 台，设 110kV、35kV、10kV 三级电压；110kV 侧终期出线 2 回，本期电气建成 2 回；35kV 侧最终出线 8 回；10kV 终期出线 10 回，本期电气建成 7 回。110kV 梅园输变电工程的建成投产，逐步改善红塔区北城片区的供电可靠性和电压质量，为梅园铸造片区工业发展提供强有力的电力保障。

【110 千伏春和输变电工程】 2010 年 7 月 13 日正式开工，2011 年 3 月 31 日建成投运。工程是玉溪电力“十一五”规划项目之一，建设规模主变压器为 3×50 兆伏安，本期建成 2 台，110 千伏线路出线有 3 回，本期一次建成 2 回；10 千伏线路出线 36 回，本期建成 13 回。输电线路主要位于红塔区及玉溪高新技术开发区九龙片区内，110 千伏线路总长 7.94 千米，按单回架设。建设用地规模占地面积 8 585 平方米。110 千伏春和输变电工程的建成投运，对满足玉溪九龙片区迅速增长的负荷需要，转供春和片区负荷，优化城市配电网络，起到了促进作用。

【110 千伏长春输变电工程】 站址位于红塔区红塔大道延长线响石板片区与老玉江路交汇处山坡上，项目占用土地 1.05 万平方米。2010 年 10 月 27 日开工建设，2011 年 11 月 29 日建成投产。工程属于云南电网公司 2010 年第三批电网建设投资计划，工程总投资 3 320 万元。本期变电部分建成 2 台 50 兆伏安变压器，110 千伏进线 2 回，10 千伏出线 15 回。110 千伏长春输变电工程的建设改善红塔区城市网架，满足城东片区商业负荷需求。

【农电管理】 2011 年按照“子公司体制、分公司管理”农电管理模式，不断深化农电管理，制定《农电专业管理延伸总体工作方案》。开展 11 个单项专业组指导帮扶，梳理新编专业制度 145 个，构建交流互促机制，定期开展达标工作交流；新平、峨山公司（2010 年度申报达标）通过网级考评检查。

【优质服务】 年内，做好营销服务文化落地，建设完成一个南网 A 类营业厅，开展供电所规范化建设、营业窗口“四亮四评”活动，实现业务流程化、作业标准化、服务规范化；开展电价、客户档案专项稽查，控制营销风险；建立“三指定”专项治理常态机制；完成计量实验室建设，并通过国家认可委现场评审；增加电费缴纳方式，建设43个“优付通”缴费项目网点、引进自助缴费机终端、开发网上银行缴费，多层次满足客户需求；加强营销信息系统建设，8县公司完成实用化验收；加强客户安全管理，完成客户侧用电检查531户；开展“节能宣传周”活动，建设完成玉溪电网首个节电示范项目；年度第三方客户满意度测评达76分。

【经营管理】 2011年，以“工作质量提升年”为主线，提升工作计划性、统筹性、精细化水平，推动粗放型管理向精益型管理转变；全面推行“表单化”管理，增强岗位业务规范性，以星级评定为载体，四星级班组同比增加5个，三星级班组同比增加23个；坚持PDCA管理方法，着重加强检查、改进环节。同时把创先作为战略实施载体，开展创先责任传递机制建设，建立3个层级的覆盖核心业务和6大创先关键领域的206个指标体系。梳理形成创先绩效指标库和指标分配矩阵，引入指标管理系统，153项年度创先计划百分之百完成。年度组织绩效考核取得云南电网公司系统第3名。

（李雪梅）

【云南玉溪中建电气有限公司】 属私营企业，位于玉溪市红塔区抚仙路，法人黄建忠，占地面积9 000平方米，拥有固定资产3 500多万元。前身系云南省玉溪市建达电缆桥架制造有限公司，2004年更名为云南省玉溪中建电气有限公司，下设玉溪市建达电缆桥架制造有限公司、玉溪市建达空调管道制造有限公司2个子公司。成为集研究、设计、生产、销售——XQJ、GT系列等各式电缆桥架，FHGT、FHXQJ系列防火阻燃电缆桥架和DFM系列母线槽、输电通信铁塔及中央空调管道设备为一体的专业化中型企业。其产品广泛应用于电力、冶金、化工等工业建设、工厂改扩建、小区建设、高层建筑及通讯、网络等工程。2011年，从业人员101人（其中专业技术人员35人），比上年增7%；生产电缆桥架2 369吨，比上年增94%；总产值2 606万元，比上年增34%；营业收入2610万元，比上年增57%；利润总额41万元，比上年减36%；缴税130万元，比上年增134.4%。

（陈桂萍）

【云南前列电缆厂】 属集体企业，位于红塔区大营街工业区，建于1995年7月，占地面积16 751平方米。法人钱永义。2010年6月，通过市级企业技术中心验收；2010年11月，被认定为云南省高新技术企业，具有十分雄厚的科研、技术和生产实力。企业严格按照国家标准（GB）、国际电工委员会标准（IEC）及其他工业国家先进标准生产各种型号的铝绞线、钢芯铝绞线、布电线、控制电缆、1～10kV架空电缆及35kV及以下电力电缆、耐火系列电线电缆等优质电线电缆产品。耐火温度达到750℃～800℃。产品抽检、统检合格率100%，广泛用于城乡电网改造、市政工程建设、建筑、照明等行业。至2011年，已形成年产10 000万米的生产能力。年末，有固定资产4 940万元，员工198人，比上年减16%；生产电线电缆17 439千米，比上年减13.6%；完成营业收入16 103万元，比上年增2%；缴税448万元，比上年增69.7%。

【玉溪光明电线电缆有限公司】 属私营企业。位于大营街街道杯湖社区，原名东川光明电线电缆有限责任公司，由7家公司投资750万元组建而成，2006年2月，以股权转让形式转让给玉溪玉杯金属制品有限公司，公司将其设备整体搬迁到玉溪生产经营，并增资750万元新成立下属独立核算公司——玉溪光明电线电缆有限公司，法人刘宝平。主要生产铝绞线、钢芯铝绞线，同时获昆明电缆股份有限公司授权“第十特约经销部”，主要销售“昆电工”牌电线电缆。2010年，法人变更为刘超，注册资本2 000万元，资产总额5 249万元。2011年，有职工17人，比上减32%；实现销售收入2 591万元，比上减35%；缴税45万元，比上减73%。

（范崇磊）

建材·木材加工

【云南省玉加宝人造板有限公司】 2011年，公司投资1 000万元，新增年80万平米强化地板、年产4 000立方米集成材、年产1万立方米锯材生产能力；全年生产纤维板6.54万立方米（创公司历史最高记录）、地板线产量74.47万平方米、集成材产品1 400m^3、锯材6 730.76m。完成销售收入1.39亿元（含税），实现扭亏为盈。公司内设生产技术部、地板生产部、集成材生产部、营销部、供应科、财务部、行政办公室。有职工300余人，其中专业技术人员111人。

（田澍门）

【云南玉溪思达门业有限公司】 属私营企业，位于玉溪高新区创新路19号，法人朱宝云。具备独立法人资格、实行独立核算、自负盈亏的中型规模企业，主要从事车库门、复合防盗门的研制开发、生产、销售。公司拥有各种先进的大型生产设备，采用先进生产工艺和完备的检测手段，为西南地区实力较强的专业门类生产企业。2011年，从业人员113人，比上年增0.8%；产量11 060道，比上年增8%；总产值1 760万元，比上年增8%；营业收入1 710万元，比上年增6%；利润总额－30万元，缴税30万元，比上年增131%。

（陈桂萍）

【玉溪红塔新型建材有限公司】 属私营企业。位于研和街道中村社区，1999年9月1日成立，法人杨永平。是由云南红塔集团和香港玉成经贸发展有限公司共同出资1.65亿元兴建的中外合资企业，后改制由汇龙科技集团和红塔集团持股经营。专业生产PVC塑钢异型材、中高档塑钢门窗、瑞泰PVC彩色栅栏等系列产品，是中西部地区颇具规模的化学建材企业，产品注册“瑞泰”商标。2011年，已形成年产塑钢门窗型材1万吨、塑钢门窗30余万平方米的生产能力，是云南省内规模最大、技术力量最为雄厚的企业之一。年末，有职工52人；完成塑钢门窗型材0.38万吨，营业收入3 110万元，缴税40万元。

（李晓东）

【云南省玉溪市红塔铝型材厂】 属集体企业。位于大营街老花营，始建于1993年7月，占地面积27亩。法人陈宝贵。集熔铸、挤压、氧化、喷涂、电泳、图纹转印、模具设计制造为一体，年设计生产规模2.2万吨。主要产品：建筑、装饰用铝型材。2011年，已具备年生产四类40多个系列上万吨的能力。产品覆盖四川、贵州、云南等地区，并远销缅甸、越南等东南亚国家。年末，有职工366人，比上年减7%，其中专业技术人员25人；总资产6 549万元，比上年增22.9%；实现销售（营业）收入14 266万元，比上年减9.6%；缴税424万元，比上年减8.4%。2010年11月至2011年8月期间，分别被确定为云南省“高新技术企业”和被评为红塔区2008～2010年度“优强工业企业”。

（范崇磊）

【云南省活发集团刘总旗水泥有限公司】 位于红塔区春和街道刘总旗工业园区，占地面积22万平方米，注册资本20 000万元，法人刘从林。生产规模为年产水泥160万吨。2011年，职工591人，其中各类技术人员158人。公司主营收入31 792万元，利税总额5 624万元，缴税1 225万元。年末，拥有资产总额76 152万元，其中固定资产总额50 177万元。

（高春艳）

医药制造

【生物制药业】 2011年，全区5户规模以上生物制药企业实现工业总产值7.4亿元，占全区工业总产值的1.8%，同比增长35.5%；工业增加值4.6亿元，同比增长29.4%；销售收入6.0亿元，同比增长14.2%；利润总额2.6亿元，同比增长13.6%；利润总额2.1亿元，同比增长9.3%；成本费用利润率55.9%，同比下降2.5个百分点。

（杜有让　赵　红）

【云南维和药业股份有限公司】 属私营企业，位于红塔区北城街道莲池社区，生产区分设在红塔区北城街道莲池工业区、玉溪市高新区。公司是全省中药口服固体制剂规模化、规范化的生产基地之一。主要产品有血塞通片、血塞通胶囊、血塞通颗粒、田七花叶颗粒等。注册商标“维和牌”。截至2011年，公司拥有国药准字号批文75个，其中以三七为主要原料的品种27个，国家中药保护品种4个，国家医保品种21个，进入国家基本药物目录8个。具有年提取三七等中药原料2 000吨能力，年产三七总皂苷100吨、片剂60亿片、胶囊剂20亿粒、颗粒剂1亿袋、散剂250万瓶、酊剂250万瓶。年内，有“200吨/三七总皂苷高技术产业化”项目在建，实现以“血塞通”为主要产品的三七系列药品和保健食品的规模化、现代化、自动化生产。年末，公司有员工416人，中专以上学历194人，其中博士12人、硕士5人、本专科127人；专业技术人员109人（高职9人、中职13人、初职87人）。资产总额40 326.53万元，完成总产值18 700万元、销售收入18 928.6万元、利润总额5526万元，缴税2 869.39万元。

（李艳红）

【玉溪沃森生物技术有限公司】 位于玉溪高新技术开发区，2005年3月成立。是云南沃森生物技术股份有限公司全资子公司，专业从事人用疫苗产品研发和生产的现代生物高新技术企业。厂区占地面积128亩，一期投资8 650万元，建筑面积17 464平方米；二期投资1.6亿元，建筑面积19 273.97平方米的玉溪沃森疫苗生产基地二期工程于2010年9月竣工。已研发成功10个新型疫苗产品，其中国家一类新药1个；在研疫苗产品15项，其中国家一类新药6项；另外完成临床研究取得临床研究合格报告的有3个产品，2个产品（即“冻干A、C、Y、W135群流行性脑膜炎多糖疫苗”与“冻干A、C群流行性脑膜炎多糖疫苗”）的生产车间建成并通过试生产正在申请药品生产批件；无细胞百白破三联疫苗的生产线完成建设进入调试、试生产。产品b型流感嗜血杆菌结合疫苗与冻干A、C群脑膜炎球菌多糖结合疫苗上市销售。2010年11月12日，云南沃森生物技术股份有限公司（股票简称：沃森生物；股票代码：300142）在深圳证券交易所成功挂牌上市，成为云南省首家在中国创业板挂牌上市的企业。2011年末，有职工653人，大专以上学历占65%，中专学历占35%；高职2人，中职4人。营业收入为29 539.55万元，总资产106 193.68万元，缴税4 529.71万元。

【滇虹药业集团玉溪生物制药有限公司】 位于云南省玉溪高新技术开发区，前身系云南省玉溪望子隆生物制药有限公司，2002年3月成立，注册资金3 000万元，总资产7 000多万元。是一家专业从事各类中西成药、原料药、药用辅料、消毒剂等产品研发、生产、营销为一体的综合性现代生物制药企业，拥有注射剂、片剂、胶囊剂、颗粒剂、丸剂、软膏剂、干混悬剂、药用、医用乙醇、原料药等国药准字中西成药的批准文号79个（其中三七脂肝丸、七味解毒活血膏等4个品种为全国独家品种）。2011年12月，公司与滇虹药业集团股份有限公司签订战略合作协议，由滇虹药业集团控股该企业总资产的65%、原望子隆股东参股总资产的35%，股权合作后更名为“滇虹药业集团玉溪生物制药有限公司。年末，有员工187人，其中各类专业技术人员94人。完成销售收入4 040万元，缴税225.9万元。

【云南生物医药产业发展论坛在玉溪举办】 2011年12月17日，云南生物医药产业发展论坛在玉溪举办，云南省发展生物医药产业领导小组办公室、云南省发展和改革委员会、玉溪市政府主办，玉溪高新区管委会、云南生物技术股份有限公司承办，和君集团有限公司协办。中国医药企业管理协会会长、国家发改委生物医药专家委员会副主任于明德，国务院发展研究中心金融研究所副所长、享受国务院特殊津贴专家巴曙松，玉溪市委副书记、市长高劲松出席论坛，见证玉溪高新区管委会与沃森九龙生物疫苗产业园区项目战略合作协议、与云南和君股权投资基金管理合伙企业合作协议的签订，并为云南和源生物医药产业发展基金揭牌。

（吴　磊）

【云南玉溪万方天然药物有限公司】 属私营企业。位于红塔区大营街赵桅工业区，始建于1991年，占地面积10万平方米，总资产9 000万元，法人曾云恒。是一家以原料药生产为主，集科研、种植、生产、外贸为一体的大型制药企业，是西南地区规模最大、功能最全的植物原料生产基地。至2011年，已建成达到GMP要求的植物原料药前处理车间、提取车间、精制车间和拥有3 000平方米的30万级净化制剂厂房，年加工植物原生药材1万多吨，产品远销欧美、东南亚等地区市场。年末，有职工87人，比上年减40%，其中专业技术人员18人；总资产8 636万元，比上年减5%；实现销售（营业）收入3 072万元，比上年减8.9%；缴税279万元，比上年增5.7%。

（范崇磊）

食品加工

【农副食品加工业】 2011年，全区3户规模以上农副食品加工业实现工业总产值11亿元，占全区工业总产值的2.7%，同比增长36.9%；工业增加值2.0亿元，增长35.7%；销售收入12.5亿元，增长8.4%；利税总额281万元，同比下降73.3%；利润总额281万元，同比下降73.3%；成本费用利润率0.2%，同比下降0.7个百分点。

（杜有让　赵　红）

【玉溪滇雪粮油食品工业有限公司】 2004年，公司迁至研和工业园区，是一家集油脂油料生产、储运、贸易为一体的现代化农产品深加工企业。年压榨油料能力10万吨、精炼能力5万吨、油脂储备能力4万吨，是云南最大的食用油生产企业之一，承担着中央和地方近2万吨菜籽油储备任务。公司主营："滇雪""菜家村"瓶装和中包装及散装菜籽油、大豆油、棕榈油、核桃油、茶果油、橄榄油、花生油、食用调和油；菜籽粕、大豆粕等饲料原料。2011年，公司有职工128人（专业技术人员9人，直接从事科技研发9人），实现销售收入4.1亿元，利税总额2 674万元。

年内，滇雪粮油公司继续依托玉溪油菜籽产业和云南木本原料优势，走基地+公司+农户的产业经营模式，收购油菜籽4万吨，实现农民户均增收1 000元以上。并先后推出具有云南特色的农产品食用油。产品选用云贵高原有机、生态、无污染、非转基因油菜籽为原料，生产出特别适合西南口味的新品滇雪系列新品菜籽油——小榨老田香油、纯香菜籽油、清香菜籽油。开发出高营养、高附加值的"滇雪"高端产品——橄榄油、茶果油、核桃油、红花籽油系列产品。

公司响应中央和地方政府稳定物价的要求，努力承担社会责任。2011年1~6月，在玉溪和省内其他市场投放平价"滇雪""菜家村"系列食用植物油20余万件，为有效稳定玉溪及云南省食用油价格作出贡献。3月10日，向德宏州盈江县地震灾区捐赠4万元的食用油。

公司技术中心与河南工业大学、中国农业机械化科学研究院油脂装备设计研究所、云南省农科院等科研单位和院校建立长期合作关系。2009~2011年，先后开发省级新产品1项（"滇雪"一级菜籽油——色拉油）；获得专利6项，其中"食用油脱酸—脱臭塔循环再沸装置""刮板机溶剂回收装置""变频按压式蒸汽锅炉""榨油机辅助蒸锅搅拌机减速器润滑油加油装置"4项获实用新型专利，"1.5L油瓶""2L油瓶"2项获外观专利。此外，还完成科技成果转化项目13项。

（李晓东）

【云南恩典科技产业发展有限公司】 属私营企业，位于玉溪市东风南路61号，法人何金星。2011年，从业人员340人，生产规模为中型，营业收入5 177万元，总产值2 982万元，利润总额936万元，缴税647万元。云南恩典科技产业发展有限公司为云南红塔集团印刷股份（董事长何金星）下属企业，拥有亚洲最大的卷烟集装纸制造厂、投资开发玉溪映月潭休闲度假旅游景区，年产值近20亿元。企业与天津大学联合成立技术研究中心，建成国家级博士流动站，研发领域含盖健康科学及生物技术。攻克国家"八五"技术攻关项目，γ—亚麻酸含量均在20%以上，创造了国内外一次提取，不经浓缩，就直达此品位的先河，填补了这项目的空白。N点金能亚麻酸软胶囊被国家列入中华预防学会健康金桥重点工程产品，第十届全国运动会"云南代表团"保健品类指定产品，中国老体协"第四届太极柔力球"指定专用产品，公司可提供N点金能-复合亚麻酸、N点金能-复合亚麻酸等产品。

（陈桂萍）

【云南达利食品有限公司】 位于玉溪高新区春和工业园区，占地面积13.3万平方米，注册资本11 000万元，法人许士辉。是福建达利集团在西南地区重要的生产、营销基地，生产、销售集团旗下食品、饮料系列产品。2008年5月落户玉溪高新区九龙工业园区，一期项目占地面积200亩，2010年8月试生产，总投资2.7亿元，注册资本1.1亿元，建设现代化标准厂房、行政大楼、员工宿舍等设施11.5万平方米。拥有饮料生产线6条、食品生产线19条。当年，生产饮料3.27万吨，蛋黄派、饼干、薯片、法式小面包等食品0.49万吨，营业收入1.4亿元，实缴税额24万元（不含抵扣税收，下同）。2011年8月，启动一期扩建工程，新增1条PET饮料生产线，1条牛角包食品生产线；同时二期建设项目进入筹备中，占地面积约50亩，总投资约1亿元。年内，生产食品2.7万吨、饮料10.7万吨，营业收入8.4亿元，缴税1 804万元。

（高春艳）

【云南省玉溪市甜馨食品有限责任公司】 属私营企业，位于大营街赵桅工业区，1995年3月成立，是一家集原料种植、产品研发、生产、销售于一体的现代化农产品精加工企业。法人宋子波。先后成立昆明销售分公司、成都销售分公司、贵阳办事处和重庆办事处等机构。2010年，易地搬迁至玉溪九龙高新区建设新厂区，占地面积65亩，建成自动化和智能化生产线。同时，在云南元谋、元阳、元江、新平等地建起1.3万多亩的酸角生产基地，在景谷一带建起5 000多亩的西番莲基地。基地建设带动5 000多户农户每户年均增收2 000元以上。从基地建设到研发生产、销售服务都已建成一流的现代化管理体系。并为2万多人提供就业机会。2011年，有职工126人，与上年持平；生产"锚哆哩"产品2 397吨，比上年增19.7%；完成营业收入5 879万元，比上年增34.9%；缴税340万元，比上年增4.3%。

【玉溪市玉泉酒厂】 属集体企业。位于大营街工业区，1992年建，占地面积20亩，是年产白酒600吨的新型酿酒厂家，法人龚文林。主要产品为小曲白酒系列，2011年，有职工27人，比上年增35%；固定资产446万元，比上年增2.5%；年销售收入265万元，比上年增67.7%；缴税47万元，比上年增51.6%；资产总额1 608万元，负债总额1 089万元（其中借款887万元），资产负债率为67.7%。在生产小曲白酒的基础上，以现代生物技术开发研制出以保健、营养、神奇的民间配方为基础和现代生物技术相结合的新一代露酒，酒味香气幽雅的"妙溪丹露酒"，待投资扩大生产。

（范崇磊）

园区经济

【工业园区建设】 红塔区是一个从滇中农业小县发展成为云南省重要的以烟草、钢铁、建材、生物制药、太阳能为特色的新型工业城市，连年被省政府命名为"云南省工业十强县"。2011年，境内建有红塔、研和2个工业园区，均确定为云南省40个省级工业园区之一。先后完成"十二五"全区工业发展规划纲要及铸造产业、装备制造业、卷烟配套产业、特色生物制药产业、食品加工业、光电子、太阳能等专项发展规划编制，10月25日通过省工经联合会专家评审。年末，园区完成工业总产值681.58亿元，占全区工业总产值的86.17%

（杜有让　赵　红）

【红塔工业园区】 全省40个省级工业园区之一，成为云南园区经济的重要板块。1993年底，红塔工业园区建设随红塔集团关索坝改造工程而启动，园区规划面积25.44平方千米；2004年，红塔工业园区被云南省政府确定为省级工业园区，建成面积13平方千米。2011年，在原红塔工业园区规划的基础上，将大营街黑龙潭至春和刘总旗、北城卧牛山及青龙山、洛河、高仓养殖场约25.86平方千米纳入红塔工业园区扩区范围，新增后红塔工业园区规划面积约52平方千米，已委托云南省设计院昆明有色冶金设计院股份公司开展规划编制工作。规划范围由“一园五片区”组成，包含红塔集团片区、高新技术园片区、大营街片区（玉溪经济开发区）、高仓片区和九龙片区。

园区产业定位为烟草及其配套产业、生物制药产业、农特产品加工、高新技术产业，至年末，主要企业以红塔集团为龙头（下设红塔投资、红塔物资、红塔国际、红塔物业4个职能公司），形成了烟草配套企业（32户）和制药企业及农特产品加工等91户入驻的格局。基础设施在原有红塔区工业企业集聚点原有基础设施上建设，累计完成园区基础设施投资60.2亿元。同时享有凡进入高新区的科研机构、工业生产项目（包括境外、国内、市内投资），均可享受国家和云南省、玉溪市各级政府有关投资领域和范围、市场准入、税费征收、金融支持、资金扶持、环境优化等各方面的具体优惠政策。其中：被高新区认定为重点扶持的高新技术研究开发、或具有产业孵化功能价值的工业生产项目，还可进一步享受专项扶持，包括贷款贴息、前期工作费用补贴、科技创新专项补贴等特殊优惠政策。

年末，园区含红塔集团，完成工业总产值557.84亿元，同比增长14.5%，占全区完成工业总产值的70.53%；规模以上工业总产值380.02亿元，同比增长17.7%；入园企业127户，本年完成工业固定资产投资10.76亿元。税收253.74亿元，同比增长37.3%；利润44.87亿元，同比增长15%；本年完成工业投资10.76亿元，基础设施建设完成投资2.57亿元；工业企业就业人员3.62万人。

【玉溪研和工业园区】 全省40个省级工业园区之一，位于红塔区南部的研和街道。2003年6月19日，玉溪研和工业园区建设启动，确立了“一园三片”“组团式”空间发展布局。2011年，按照“高起点规划、高标准建设、高水平管理、高效益产出”的园区建设原则，将原规划面积22.4平方千米调为31.86平方千米，其中：研和核心片区规划面积20.82平方千米，双小片区规划面积8.62平方千米，洛河片区规划面积2.42平方千米。园区拥有云南工业园区一流路网、供排水、通讯基础设施及医疗、教育等社会公益配套设施。电力容量空间较大，现有1座220KV变电站和2座110KV变电站。园区结合资源、区位、交通优势，遵循“产业发展生态化、生态发展产业化”的发展思路，重点发展高端装备制造业、新能源产业，重点引进物流、钢压延、太阳能光电、五金制造、精密机械制造等产业，通过资金技术引进、企业培育、产业拓展，至2011年，发展为驻有玉溪新兴钢铁有限公司、云南昆钢制管有限公司、云南梅塞尔气体产品有限公司、云南正成工精密机械有限公司等22户规模以上知名企业的园区。形成以冷轧薄板、涂镀层板、焊管等为主的钢铁工业和以机械制造、精密铸造、五金制品、新型建材等为主的加工制造业及以钢材、煤焦、矿石为主的物流业。年内，引进重点项目187个；实现工业总产值154.04亿元（同比增长17.4%），其中规模以上工业总产值18.51亿元（同比增长11.98%），税收5.25亿元（同比下降3.85%），累计利润7.39亿元（同比增长13.17%），建成标准厂房57万平方米，完成工业投资10.76亿元，工业企业就业人员19779人。其中：研和工业园区核心片区实现经济总收入151.78亿元（同比增25.9%），总产值123.74亿元（同比增34.2%，占全区工业总产值的15.64%），企业增加值19.92亿元（同比增52.4%），地方财政收入1.34亿元（同比减5.6%），固定资产投资完成24亿元（同比增32%）。

（马俊明　杜有让　赵　红）

【玉溪研和工业园区重点项目推进协调会召开】 2011年2月17日，玉溪市政府召开玉溪研和工业园区重点项目推进协调会。市委副书记、市长高劲松，市委常委、红塔区委书记夏立洪，副市长王跃，红塔区四套班子主要领导，财政、环保、国土、建设等市区各相关部门，研和镇班子成员，相关企业负责人及新闻媒体等50余人参加了协调会议。副市长王跃主持会议。

与会人员深入研和工业园区实地查看了云南蓝晶科技股份有限公司年产2300万片LED蓝宝石衬底片项目、玉溪新兴钢铁有限公司钒资源综合利用项目，并详细了解项目推进、建设资金运行、工程进展、企业生产经营情况，以及项目推进中存在的困难和问题。

各企业负责人汇报了重大项目建设进展情况和项目推进过程中存在的困难，各部门就玉溪市太标钢铁有限公司、玉溪新兴钢铁有限公司、云南蓝晶科技股份有限公司3户企业提出的项目供地、供电、环保、道路、经费等实际问题给予了明确的表态。会议还研究确定了加快推进研和工业园区各重点项目建设的措施办法，并对2011年全市工业经济发展的重点工作进行了部署。园区主任姚学松汇报了园区建设及重大项目推进情况：2010年，园区实现经济总收入120.54亿元，同比增31.4%；实现总产值92.31亿元，同比增28.4%；完成增加值13.07亿元，同比增31%；实现财政总收入3.34亿元，同比增26.1%；招商引资实际到位资金8.68亿元，同比增32%；完成年度固定资产投资18.21亿元，同比增58.3%。年内，园区将继续强化项目推进实施，集中力量推进年产2万台数控机床光机项目、太标100万套太阳能热水器生产配套项目等9个重点项目的实施，部分项目年内可竣工投产。

（马俊明）

其　他

【玉溪快大多畜牧科技有限公司】 2010年4月14日“肉用土杂鸡饲料研发及配套养殖技术推广”项目获云南省科学技术奖励证书（证书号：2009DC094—3—D01），李棋街道给予奖励资金5000元。2011年，生产饲料产量52260吨、完成产值1.56亿元，增加值682万元，营业收入14747万元，利税总额219万元，劳动者报酬398万元，从业人员115人。为市场提供长大二元杂母猪2500头，无公害商品猪3000多头，产品及服务遍及全省主要州市，快大多已经获得市场和社会的高度认同，并成为云南省的主要专业化饲料品牌之一。

（梁丽雯　张海鹏）

【云南玉溪红塔汽车修理有限责任公司】 属私营企业，位于玉溪市凤凰路95号，法人张启学，是一个专业维修汽车的中型企业。2011年，从业人员66人，比上年增10%；修理汽车2876辆，比上年增29%；总产值1123万元，比上年增29%；营业收入1123万元，比上年增29%；利润总额117万元，比上年增154%；缴税39万元。

（陈桂萍）

【云南国豪通信集团有限公司玉溪分公司】 2006年12月，经云南国豪通信集团有限公司授权，在红塔区李棋街道康井村八组成立，分公司负责人张红军。占地面积420平方米。业务范围包括：通信业务网络、电信支撑网络、电信基础网络、系统集成。2007年8月获中国移动云南公司颁发的线路维护资格证书，2008年2月，获中国移动云南公司颁发的一类光缆线路施工资格证书及二类基站设备安装资格证书。2010年5月，易地搬迁至太极路（李棋镇下赫村），公司占地面积约2 000多平方米，设有办公区、职工宿舍区、仓库、职工食堂、职工活动室等。2010年6月，公司下设工程部、维护部、综合部、财务室、预结算室3个部门及2个功能室，有职工近20人、22辆车辆。2010年、2011年分别上缴利税61.3万元、63.9万元。

（向　博）

安全生产

【简　述】 2011年，红塔区安监局认真落实“安全生产年”各项工作措施，全面开展治大隐患、防大事故及隐患排查治理等专项行动，为全区经济平稳较快发展和社会和谐稳定创造良好的安全生产环境。年内，事故总量和死亡人数稳中有降，全区发生安全生产死亡事故32起、死亡32人，与上年相比事故起数持平，死亡人数下降3%。其中：工矿商贸生产事故7起、死亡7人，无一起死亡2人以上事故；道路交通死亡事故25起、死亡25人，同比事故起数和死亡人数均下降3.8%。各类事故死亡人数低于市政府下达的安全生产控制考核指标，红塔区安全生产工作连续5年被市政府考核为优秀。

【危险化学品安全生产检查】 2011年1月10日，云南省安监局副局长汤忠明带队的省考核组对辖区内危险化学品生产、烟花爆竹批发企业进行安全生产督查，督查组分别对云南华云桂宇钒业有限公司、玉溪市瑞鑫烟花爆竹有限公司2家企业生产车间、储存仓库现场安全生产管理、安全管理规章制度及台账、应急救援预案、安全管理资格证，以及安全培训教育、应急救援演练等情况进行督查。在听取2个公司负责人对公司全年安全生产工作汇报后，督查组肯定企业安全管理工作。

【危险化学品安全隐患排查治理专题会】 2011年9月21日，红塔区召开全区危险化学品安全隐患排查治理专题会议，区政府副区长普云辉和区公安、交通运输、质监、工商、安监等单位负责人参加会议。会议要求：排查治理主要从生产和使用环节11项、经营环节3项、储存环节6项、管道输送环节3项、挂牌督办隐患3项内容开展。

【危险化学品企业年审】 2011年，完成全区116户危化生产经营许可证年度审查，年审率100%，其中：注销危险化学品安全生产许可证3户、危险化学品经营许可证4户。并对李棋、大营街、北城镇中心农贸市场内39户烟花爆竹零售户进行年审，其中3户进行整改复查、36户注销。

【非煤露天矿山专项整治验收】 2011年6月14～22日，红塔区安监局对辖区内符合整治要求的19户非煤露天矿山企业（不含取土场）进行检查验收，其中17户企业通过验收为合格企业，2家企业验收不合格（经整改后于9月20日再次验收为合格企业）。

【举办危险化学品事故应急救援综合演练】 2011年6月17日上午，区安监局以“模拟粉状炸药生产车间制药工房水平输料螺旋内发生意外火灾”为课题，在云南安宁化工厂玉溪分厂联合举办危险化学品事故应急救援综合演练。演练分为疏散应急演练、车辆灭火演练和综合演练3部分。150余人观摩。

【安全生产月宣传活动】 2011年6月12日晚6：30，红塔区安委会围绕“安全责任，重在落实”这一主题，在聂耳文化广场举办“深入推进创先争优志愿服务人民群众”暨“安全生产月”宣传咨询日活动。活动期间展出各类安全生产警示图片、安全生产常识等展板105块，向市民免费发放有关安全生产法律法规和安全知识宣教挂图、画册、宣传页等资料79种、3.64万余份宣传资料（含生产安全、交通安全、消防安全、食品安全、建筑安全、用电安全、安保互动、职业病防治、应急救援、典型案例、安全科技成果、职业健康知识、防雷避险、工伤保险等内容）。

（欧阳伟才）

*　　*　　*　　*

乡镇企业

【概　述】 2011年，调整产业结构，加大招商引资和固定资产投资力度，扶持发展龙头企业，促进乡镇企业稳定、快速、健康发展。全区有乡镇企业19 019户，其中骨干企业238户；完成乡镇企业营业收入633.78亿元，同比增长18.7%；乡镇企业总产值（现价）502.47亿元，同比增长18.4%；乡镇企业增加值85.1亿元，同比增长18.1%；工业增加值47.16亿元，同比增长14.8%；缴税17.99亿元，同比增长15%；工资总额24.42亿元，同比增长15.5%；从业人员15.6万人，同比增长2%。

【乡镇企业经济总量增加】 2011年，全区有11个乡（街道）乡镇企业营业收入上亿元，其中：研和、大营街街道超过140亿元，最高的大营街街道办事处160亿元；营业收入上亿元村（居）委会49个，比上年增加1个，最高的大营街居委会121.5亿元；营业收入5 000万元以上的企业98个，比上年增加10个，其中上亿元企业68个，比上年增加7个，最高的玉溪汇溪金属铸造制品有限公司98.46亿元；缴税上100万元以上的企业116个，比上年增加2个，其中500万元以上的企业46个，最高的玉溪洛河永旭钢铁有限公司17 064万元。

【个私经济成为区域经济主体】 2011年，全区个私企业完成营业收入416.21亿元，同比增长21.4%，占全区乡镇企业营业收入的65.7%；增加值64.1亿元，同比增长17.3%，占总数的75.3%；总产值（现价）359.95亿元，同比增长21%，占总数的71.6%；缴税14.44亿元，同比增长24.5%，占总数的80.3%；从业人员14.52万人，同比增长2.9%，占总数的93%；工资总额20.22亿元，同比增长13.4%，占总数的82.8%。

【乡镇企业固定资产投资平稳】 2011年，面对国家实施宏观调控政策的环境，红塔区乡镇企业围绕国家产业政策和区产业导向，加大固定资产投资力度，年内施工项目109个，计划总投资586 223万元，完成投资308 959万元，其中设备购置99 958万元，占32.4%。从资金来源分析：国家及有关部门扶持资金190万元，占0.06%；金融机构贷款27 306万元，占8.84%；引进外投6 095万元，占1.97%；自有资金275 368万元，占89.13%。本年新增固定资产投资311 797万元。

【工业企业增幅大】 2011年，全区乡镇工业企业（不含个体工商）完成总产值329.62亿元，同比增长14.3%，占全区乡镇企业总产值的80.46%；缴税10.94亿元，同比增长12.1%，占全区乡镇企缴税总数的74.78%。

表29：2011年红塔区乡镇企业固定资产投资情况统计表

表30：2011年红塔区乡镇企业骨干企业概况表

（王　琼）

房地产　（邹　瑾　摄）

2011年红塔区乡镇企业固定资产投资统计表

表29　单位：万元、个

项目	总计	其中：资质等级建筑企业承建	一、按建设性质分组 新建	改建	扩建	其他	二、按行业分组 1. 农业	2. 工业	3. 建筑业	4. 交通运输业	5. 批发零售业	6. 住宿及餐饮业	7. 社会服务业	8. 其他
本年施工项目个数	109	33	55	17	29	8		1	81	4	2	9	4	8
本新开工项目个数	79	19	38	14	20	7		1	53	4	2	9	3	7
本年投产项目个数	83	7	43	12	20	8		1	63	2	2	6	4	6
计划总投资	586223	366951	325348	87491	153250	20134		360	530941	5216	2991	27973	3556	15186
本（半）年止累计完成投资额	476534	201173	231481	74214	151647	19192		360	438187	3668	2991	18346	3232	9750
本年完成投资 合计	308959	100745	144404	63544	90650	10361		360	270842	3668	2991	18346	3152	9600
本年完成投资 其中：设备购置	99958	19177	41224	9183	40083	9468		80	96852	2186	240	600		
本年完成投资资金来源 国家及有关部门扶持资金	190			190					190					
金融机构贷款	27306	11438	21559	1020	4330	397			26366	500			90	350
引进资金 小计	6095		1878		4217				6095					
引进资金 其中：引进外资	6095		1878		4217				6095					
自有资金	275368	89307	120967	62334	82103	9964		360	238191	3168	2991	18346	3062	9250
其他资金														
本年新增固定资	311797	33529	172042	56434	64129	19192		360	277622	496	2991	18346	3152	8830

注：本报表范围是指预算投资额为500万元以上（含500万元）的项目。

2011 年红塔区乡镇企业骨干企业概况表

表 30

单位：万元、人

企业名称	详细地址	企业注册类型	所属行业	增加值	总产值	营业收入	利润总额	上交税金	劳动者报酬	从业人员年末数	主要产品产量		
											产品名称	单位	数量
玉溪市北城钢铁公司	北城街道北城社区	私　营	制造业	2 604	52 675	44 851	373	813	1 046	450	生　铁	吨	183 446
玉溪市丰宇科贸有限公司	北城街道北城社区	私　营	制造业	586	7 007	6 202	702	397	543	198	铸　件	吨	9 489
玉溪市红塔区新龙包装袋厂	北城街道北城社区	私　营	制造业	193	1 928	1 928	6	10	50	30	编织袋	万　条	2 859
玉溪市北辰商贸有限公司	北城街道北城社区	私　营	商　业	-18	60	15 854	-52	19	13	10			
玉溪市航芳煤焦加工厂	北城街道北城社区	私　营	商　业	655		3 447	214	65	24	20			
玉溪市鑫浩商贸有限公司	北城街道北城社区	私　营	商　业	-7	578	36 379	-17	117	14	5			
云南省玉溪市蓝晶科技有限责任公司	北城街道北城社区	私　营	制造业	18 781	33 508	27 356	14 977	2 774	1 828	433	LED 半导体照明衬底片	万　片	273
云南省玉溪市恒达空间钢结构有限公司	北城街道北城社区	私　营	建筑业	1 157	4 017	4 017	325	115	439	200	钢结构	平方米	72 154
玉溪市北城房地产开发有限责任公司	北城街道北城社区	私　营	房地产业	243	1 376	2 110	33	157	53	20			
玉溪市豪华工贸有限公司	北城街道大营社区	私　营	制造业	56	773	627	-16	24	212	18	机加工配件	吨	800
玉溪恒溪工贸有限公司	北城街道大营社区	私　营	商　业	49	320	3 231			407	31			
云南玉溪德力机械液压设备有限公司	北城街道古城社区	私　营	制造业	70	1 288	1 288	27	8	70	33	机械设备	吨	1 726
玉溪欣德机械制造有限公司	北城街道古城社区	私　营	制造业	71	716	716	4	12	91	44	机械配件加工	吨	1 100
云南玉溪冠南阀门厂	北城街道古城社区	私　营	制造业	65	550	550		32	96	46	铸钢件	吨	2 019
玉溪市锦峰工贸有限责任公司	北城街道梅园社区	私　营	制造业	348	1 886	2 288	78	71	244	146	铸　件	吨	3 227
玉溪市三缘电线电缆制造有限公司	北城街道后所社区	私　营	制造业	88	1 052	1 016	-9	12	56	33	电线电缆	卷	16 834
玉溪市全铸工贸有限公司	北城街道后所社区	私　营	制造业	123	1 418	1 418		11	160	66	铸　造	吨	3 600
玉溪聚缘铜业有限公司	北城街道皂角社区	私　营	制造业	47	4 032	4032	-9	8	49	22	铜　杆	吨	699
玉溪市兴红太阳能设备有限公司	北城街道皂角社区	私　营	制造业	140	2 247	2 247	41	18	92	110	太阳能热水器	套	17 158
玉溪市海明铸钢机械设备厂	北城街道皂角社区	私　营	制造业	138	1 710	1 515	15	32	102	60	铸钢件	吨	15 800
云南玉溪玉昆钢铁集团有限公司	北城街道梅园社区	私　营	制造业	24 729	512 352	533 345	10 084	5 034	6 402	4 654	钢　材	吨	1 305 868
玉溪银河磷化有限公司	北城街道梅园社区	私　营	制造业	1 003	4 914	5 683	359	118	465	154	磷　肥	吨	77 540
玉溪金泰石料加工有限公司	北城街道梅园社区	私　营	制造业	183	2 492	2 492	47	73	54	28	石　灰	吨	111 090

续表 1

企业名称	详细地址	企业注册类型	所属行业	增加值	总产值	营业收入	利润总额	上交税金	劳动者报酬	从业人员年末数	主要产品产量		
											产品名称	单位	数量
云南省玉溪市维和制药有限公司	北城街道莲池社区	私　营	制造业	7 742	18 038	18 630	4 830	2 335	769	411	生物药及制品	吨	317
云南省玉溪市兴元纸业有限公司	北城街道刺桐关社区	私　营	制造业	127	562	777	-67	2	82	58	机制纸及纸板	吨	2 504
玉溪市北城水泥厂三分厂	北城街道刺桐关社区	集　体	制造业	728	1 322	1 335	11	60	167	113	水　泥	吨	59 484
玉溪快大多畜牧科技有限公司	李棋街道金家边社区	私　营	制造业	682	14 726	14 747	179	40	398	115	饲　料	吨	50 174
玉溪市第七建筑装饰工程有限公司	李棋街道金州社区	私　营	建筑业	1 674	9 899	9 899	266	422	2 127	922			
云南恒翔路桥工程有限公司	红塔区红塔大道	私　营	建筑业	379	2 688	2 688	71	124	184	172			
玉溪市远达汽车贸易有限公司	李棋街道金家边社区	私　营	商　业	-261	49	2 015	-294	8	20	10			
玉溪市慧波商贸有限公司	李棋街道金家边社区	私　营	商　业	284	583	5 437	7	82	162	104			
玉溪贵元酒店有限公司	李棋街道金州社区	私　营	住宿餐饮业	288	536	536	190	24	63	53			
玉溪市自强房地产开发有限公司	李棋街道下赫社区	私　营	房地产业	497	2 623	2 126	262	180	55	15			
玉溪市盛来房地产开发有限公司	李棋街道李棋社区	私　营	房地产业	158	9 992	9 992	-208	845	95	42			
玉溪市鹏程运输有限公司	李棋街道李棋社区	私　营	交通运输仓储业	1 178	13 339	13 339	205	842	38	24			
云南志英诚商贸有限公司	李棋街道李棋社区	私　营	商　业	-30	382	9 320	-97	27	20	20			
玉溪市康盛物流有限公司	李棋街道李棋社区	私　营	交通运输仓储业	102	1265	1265	68	70	20	11			
玉溪自强卷烟专用胶有限公司	李棋街道下赫社区	私　营	制造业	916	2 677	2 515	659	218	34	22	乳　胶	吨	2 755
玉溪自强玉新包装材料有限公司	李棋街道下赫社区	私　营	制造业	1 171	1 853	1 764	455	347	292	129	金拉线	吨	233
玉溪自强塑钢门窗型材有限公司	李棋街道下赫社区	私　营	制造业	286	1 896	2042	31	50	27	17	塑钢门窗	吨	2 261
玉溪市同乐化工建材有限公司	李棋街道下赫社区	私　营	制造业	360	3 800	3 792	256	67	46	24	工业甲醛	吨	3 757
玉溪市环宇汽车商贸有限公司	李棋街道下赫社区	私　营	制造业	26	835	835	26	66	106	49			
云南兴恒包装材料有限公司	李棋街道下赫社区	私　营	制造业	1 021	2 321	2 008	326	213	120	60	纸　箱	吨	3 678
玉溪市同乐热能设备制造有限公司	李棋街道下赫社区	私　营	制造业	73	1267	1 227	-64	25	112	69	太阳能热水器	平方米	39 164
玉溪吉太经贸有限公司	李棋街道下赫社区	私　营	商　业	-101	1 446	9 498	-280	39	57	17			
玉溪中致远云达汽车销售有限公司	李棋街道下赫社区	私　营	商　业	171	1 368	7761	-176	93	202	61			
玉溪市安达汽车运输有限公司	李棋街道下赫社区	私　营	交通运输仓储业	158	1 052	1 052	-3	6	3	145			

续表2

企业名称	详细地址	企业注册类型	所属行业	增加值	总产值	营业收入	利润总额	上交税金	劳动者报酬	从业人员年末数	主要产品产量		
											产品名称	单位	数量
玉溪大世界程业二手车交易市场有限公司	李棋街道下赫社区	私 营	商 业	2 460	6 532	16 428	16	28	82	38			
玉溪市庄大路供销公司	李棋街道下赫社区	私 营	商 业	596	328	1 326	71	38	17	10			
玉溪市桦云彩钢金属结构工程有限公司	李棋街道金家边社区	私 营	商 业	40	489	1 222	-5	8	33	20			
玉溪金辉市政道路工程有限公司公司	李棋街道李棋社区	私 营	建筑业	218	463	686	51	36	51	35			
玉溪市富康建筑装饰工程有限公司	李棋街道康井社区	私 营	建筑业	1 986	12 449	12 449	131	692	326	150			
云南浩超建筑工程有限公司	李棋街道金州社区	私 营	建筑业	2 023	7 802	7 802	1 085	456	410	300			
玉溪市金州建筑装饰工程有限公司	李棋街道金州社区	私 营	建筑业	2 149	12 920	12 920	284	692	870	916			
云南玉溪水松纸厂	大营街街道大营街社区	集 体	制造业	1 488	5 968	17 982	2 426	736	585	162	机制纸及纸板	吨	1 451
玉溪思润印刷有限公司	大营街街道大营街社区	集 体	制造业	6 949	24 724	28 696	3 177	1 442	1 198	418	机制纸及纸板	吨	3 829
玉溪卷烟厂滤嘴棒分厂	大营街街道大营街社区	集 体	制造业	10 101	33 884	33 624	3 210	2 259	2 361	768	滤嘴棒	万 箱	123
玉溪市大营街铝箔纸业有限责任公司	大营街街道大营街社区	集 体	制造业	1 750	7 401	8 258	515	354	303	133	机制纸及纸板	吨	3 964
云南前列电缆厂	大营街街道大营街社区	集 体	制造业	1 197	15 992	16 103	302	448	447	198	钢芯铝绞线	千 米	2 670
云南省玉溪市红塔铝型材厂	大营街街道大营街社区	集 体	制造业	1 647	14 316	14 266	328	424	887	366	铝型材	吨	7 396
玉溪汇溪金属铸造制品有限公司	大营街街道大营街社区	集 体	制造业	30 747	406 894	984 577	6 128	11 143	5 216	2 235	生 铁	吨	404 377
玉溪市汇溪建筑工程有限公司	大营街街道大营街社区	集 体	建筑业	675	20 754	20 754	448	1 052	614	260	建筑面积	平方米	186 000
汇溪地产开发有限公司	大营街街道大营街社区	集 体	房地产业	2 848	31 772	31 772	243	2 760	229	156			
玉溪市星源油墨厂	大营街街道大营街社区	集 体	制造业	1 495	5 208	5 938	809	570	372	226	水松纸专用油墨	吨	1 997
云南金盾交通设施有限公司	大营街街道大营街社区	私 营	制造业	442	7 542	7 771	56	5	297	119	护栏板	吨	9 516
玉溪汇龙商贸有限公司	大营街街道大营街社区	集 体	商 业	2 023	2 934	9 885	80	435	751	409			
玉溪丰达商贸有限公司	大营街街道大营街社区	集 体	商 业	1 225	1 184	18 018	753	501	90	28			
玉溪玉杯金属制品有限公司	大营街街道杯湖社区	私 营	制造业	600	9 441	10 281	43	194	498	151	PC 钢棒	吨	2 229
玉溪光明电线电缆有限公司	大营街街道杯湖社区	私 营	制造业	89	1 977	2 591	-87	45	55	17	钢芯铝绞线	吨	1 391
云南玉溪隆恒电线电缆有限公司	大营街街道杯湖社区	私 营	制造业	918	9 678	9 639	119	108	172	106	铜芯线	千 米	5 445
玉溪市浩森工贸有限公司	大营街街道杯湖社区	私 营	制造业	1 188	2 950	2 950	722	203	319	170			

续表 3

企业名称	详细地址	企业注册类型	所属行业	增加值	总产值	营业收入	利润总额	上交税金	劳动者报酬	从业人员年末数	主要产品产量		
											产品名称	单位	数量
云南省玉溪市大营街街道古典园林建筑公司	大营街街道杯湖社区	私 营	建筑业	732	4 481	4 481	198	237	363	194	房屋竣工面积	平方米	5 987
云南玉溪万方天然药物有限公司	大营街街道赵桅社区	私 营	制造业	202	2 649	3 072	312	279	232	87	生物药及制品	吨	122
云南省玉溪市甜馨食品有限公司	大营街街道赵桅社区	私 营	制造业	953	6 031	5 879	247	340	257	126	糖 果	吨	2 397
云南玉溪昆鹏建筑工程有限公司	大营街街道赵桅社区	私 营	建筑业	1 431	5 110	5 110		274	1 158	380	房屋竣工面积	平方米	3 130
玉溪市福玉钢铁有限公司	大营街街道郭井社区	私 营	制造业	5 137	18 604	17 769	3 394	2 168	479	228	生 铁	吨	61 343
玉溪洛河永旭钢铁有限公司	大营街街道郭井社区	私 营	制造业	44 740	150 688	151 254	27 488	17 064	1 783	844	生 铁	吨	502 077
玉溪市蓝光铸造材料有限公司	大营街街道赤马社区	私 营	制造业	82	111	1 249	24	49	57	31	铸造涂料	吨	3 793
玉溪市基础工程有限公司	大营街街道赤马社区	私 营	制造业	215	1 109	809	39	44	132	78	砼灌注柱	立方米	24 644
玉溪市澎达铸造有限公司	大营街街道赤马社区	私 营	制造业	241	827	942	39	19	47	23	铸 件	吨	1 305
玉溪粤丰钢管工贸有限公司	大营街街道赤马社区	私 营	制造业	6 376	48 038	49 929	-952	670	756	277	钢 材	吨	100 924
云南省活发集团大营街水泥制造有限公司	大营街道黑龙潭工业区	私 营	制造业	3 477	10 060	10 104	950	888	721	303	水 泥	吨	360 000
玉溪市羊繁水泥制品有限公司	大营街街道大营街社区	集 体	制造业	288	1 543	1 415	2	48	126	80	管 桩	吨	168 496
玉溪市大营街龙潭何罗存福采石厂	大营街街道龙潭工业区	私 营	制造业	2 148	3 932	3 792	1 722	271	279	135	石灰石	万 吨	50
云南克雷斯天然药物制药有限公司	大营街街道师旗社区	私 营	制造业	525	2 026	1 989	14	246	228	116	生物药及制品	吨	13
玉溪市第八建筑工程公司	大营街街道大营街社区	私 营	建筑业	408	2 259	2 259	18 100	1 200	5 200	360	房屋竣工面积	平方米	15 373
玉溪新兴钢铁有限公司	研和街道宋官社区	有限责任公司	制造业	60 255	611 510	622 889	12 465	8 045	17 616	2 105	钢	吨	1327938
											钢 材	吨	1419526
											生 铁	吨	1333347
云南昆钢制管有限公司	研和街道宋官社区	有限责任公司	制造业	5 644	107 722	115 121	-1 075	1 190	4 290	483	钢 材	吨	245 817
云南正成工精密机械有限公司	研和街道南厂社区	外商投资企业	制造业	14 114	75 983	75 983	2 365	4 245	884	360	数控光机	台	7 845
云南省玉溪市研和炉料有限公司	研和街道东山社区	私 营	商 业	84	443	52 462	-132	16	20	12			
云南省玉溪市太标钢铁有限公司	研和街道东山社区	私 营	制造业	2 398	47 937	48 016	34	1 330	1 095	492	生 铁	吨	148 269
玉溪市太极物资工贸有限公司	研和街道东山社区	私 营	商 业	-77	294	43 468	-198	75	25	10			
玉溪滇雪粮油食品工业有限公司	研和街道中村社区	私 营	制造业	9 403	25 425	40 252	112	45	317	120	食用植物油	吨	26 353

续表 4

企业名称	详细地址	企业注册类型	所属行业	增加值	总产值	营业收入	利润总额	上交税金	劳动者报酬	从业人员年末数	主要产品产量		
											产品名称	单位	数量
云南省玉溪市太标太阳能设备有限公司	研和街道研和社区	私　营	制造业	1 492	17 709	17 427	877	48	1 551	859	真空管太阳能	套	117 893
玉溪昌隆物流有限公司	研和街道中村社区	私　营	商　业	-22	248	17 102	7	22	72	21			
云南瑞通钢业有限公司	研和街道东山社区	私　营	制造业	30	15 998	15 360	200	8	330	183	钢　材	吨	34 121
玉溪市第九建筑工程有限公司	研和街道研和社区	私　营	建筑业	2 317	14 800	14 800	337	628	1 294	1 500			
云南梅塞尔气体产品有限公司玉溪分公司	研和街道宋官社区	外商投资企业	制造业	7 782	14 805	14 733	4 846	804	237	45	管　氧	Nm^3	150390042
											管　氮	Nm^3	99600310
											液　氧	m^3	26238
云南华云钒业有限公司	研和街道宋官社区	有限责任公司	制造业	1 511	7 263	14 656	-1 939	82	518	189	五氧化二钒	吨	978
云南汇源化工有限公司	研和街道秀溪社区	私　营	制造业	665	11 440	11 429	240	348	121	46	松脂及制品	吨	7 558
玉溪化肥厂有限责任公司	研和街道东山社区	私　营	制造业	-473	11 970	11 292	-728	113	621	252	磷　肥	吨	102 865
玉溪福星商贸有限公司	研和街道中村社区	私　营	商　业	524	892	8 885	38	363	121	49			
云南鼎泰数控机床有限公司	研和街道南厂社区	私　营	制造业	2 684	9 415	7 107	263	50	194	90	数控立式加工中心	台	279
玉溪海绵铁业有限公司	研和街道中村社区	私　营	制造业	878	3 830	6 912	492	97	288	134	生　铁	吨	12 079
玉溪佰锐富数控机床有限公司	研和街道南厂社区	私　营	制造业	315	6 939	6 096	161		170	66	数控机床普通铣床	台	244
云南玉溪银浩货运有限公司	研和街道宋官社区	私　营	交通运输仓储业	438	4 823	4 823	104	289	22	12			
玉溪兴瑞物资贸易有限公司	研和街道东山社区	私　营	商　业	-6	31	3 556	-3	2	19	16			
玉溪市研和纸板制品厂	研和街道秀溪社区	私　营	制造业	710	2 705	3 150	393	103	113	60	机制纸及纸板	吨	11 177
玉溪红塔新型建材有限公司	研和街道中村社区	私　营	制造业	427	3 248	3 110	-443	40	184	52	塑钢型材	吨	3 756
云南勇博数控机床配件有限公司	研和街道南厂社区	私　营	制造业	198	2 458	2 714	-24	18	214				
玉溪市红塔区研和镇劳动保障事务代理服务所	研和街道宋官社区	私　营	服务业	1 767	1 828	1 828	3	11	1 753	617			
云南巨峰精密机械制造有限公司	研和街道南厂社区	私　营	制造业	2	989	989	-116		57	37	斜床身	台	34
云南玉溪市瑞达经贸有限公司	研和街道贾井社区	私　营	商　业	107	980	980	57	18	23	15			
云南广和工控设备有限公司	研和街道南厂社区	私　营	制造业	174	1 200	965	55	3	16	7	液压泵	套	400
玉溪市安定石料厂	研和街道贾井社区	私　营	商　业	78	900	900	60	8	10	5	砂石料	立方米	459 500

续表 5

企业名称	详细地址	企业注册类型	所属行业	增加值	总产值	营业收入	利润总额	上交税金	劳动者报酬	从业人员年末数	主要产品产量		
											产品名称	单位	数量
玉溪祥华冶炼有限公司	研和街道中村社区	私 营	制造业	5		834	-51	140	180	14			
云南派诺电气有限公司	研和街道南厂社区	私 营	制造业	355	744	744	-233	6	140	84	机床防护罩	台	271
玉溪道丰经贸有限公司	研和街道研和社区	私 营	交通运输仓储业	357	740	740	-20	29	361	164			
玉溪市森源物资再生利用有限公司	研和街道秀溪社区	私 营	商 业	58	130	720	50	1	15	5			
云南台宇数控机床有限公司	研和街道南厂社区	私 营	制造业	111	718	718	75	17	17	10	数控机床	套	83
玉溪竹立商贸有限公司	研和街道中村社区	私 营	制造业	225	252	675	9	8	168	15			
玉溪大森木业有限公司	研和街道南厂社区	私 营	制造业	43	606	603	-35	18	6	20			
玉溪市锦华经贸有限公司	研和街道中村社区	私 营	商 业	254	531	531	80	59	63	35			
云南省玉溪市恒溪工贸有限公司	研和街道中村社区	私 营	制造业	201	612	520	23	85	83	31	石 灰	吨	30 000
玉溪春和纸业有限公司	春和街道春和社区	私 营	制造业	1 283	4 324	4 314	512	316	278	95	机制纸	吨	600
云南省玉溪市红塔食品有限责任公司	春和街道春和社区	私 营	制造业	486	1 736	1 708	101	113	205	105	糕 点	吨	2 000
玉溪龙腾塑胶有限责任公司	春和街道龙池社区	私 营	制造业	54	508	614	3	13	40	24	七孔管	吨	414
玉溪市荣盛塑料包装有限公司	春和街道龙池社区	私 营	制造业	44	542	516	2	11	27	20	塑料编织袋	吨	385
玉溪市渠成机械制造有限公司	春和街道中所社区	私 营	制造业	220	720	720	16	16	134	55	铸铁件	吨	900
玉溪太极铝塑复合管制造有限公司	春和街道王大户社区	私 营	制造业	96	595	595	60	13	25	20	铝塑管	万 米	262
玉溪市瑞荣钛业有限公司	春和街道孙井社区	私 营	制造业	186	1 683	1 583	87	50	49	47	锰 铁	吨	1 780
玉溪市太标太阳能设备有限公司	春和街道孙井社区	私 营	制造业	1 714	10 541	10 323	1 464	48	890	776	太阳能热水器	套	70 879
云南新兴仁恒包装材料有限公司	春和街道孙井社区	私 营	制造业	1 799	10 705	10 686	205	322	1 258	300	机制纸	吨	6 000
玉溪正朔制造有限公司	春和街道孙井社区	私 营	制造业	485	2 042	2 395	23	100	321	85	铸 件	吨	3 575
玉溪市太极山塑料厂	春和街道孙井社区	私 营	制造业	236	405	556	73	33	98	35	塑料袋	万 只	35
玉溪市红塔区春和玉香养鸭产销专业合作社	春和街道马桥社区	私 营	制造业	69	887	892	20		49	35	白条鸭	万 只	4
云南省活发集团刘总旗水泥有限公司	春和街道刘总旗社区	私 营	制造业	9 958	32 805	31 792	4 443	1 225	1 589	591	水 泥	万 吨	127
玉溪市刘总旗活发钢铁厂	春和街道刘总旗社区	私 营	制造业	11 721	51 944	50 610	8 456	7 028	1 585	539	生 铁	万 吨	17
玉溪华盛钢铁有限责任公司	春和街道刘总旗社区	私 营	制造业	7 502	102 557	102 594	-865	852	1 664	567	钢 坯	万 吨	26
玉溪市刘总旗化工厂	春和街道刘总旗社区	私 营	制造业	97	631	631	45	34	65	60	润滑脂	吨	74

续表 6

企业名称	详细地址	企业注册类型	所属行业	增加值	总产值	营业收入	利润总额	上交税金	劳动者报酬	从业人员年末数	主要产品产量		
											产品名称	单位	数量
玉溪市新秀禽业有限公司	春和街道黑村社区	私营	制造业	149	1 107	1 109	65		46	55	生鸡	吨	251
玉溪康胤胶粘制品有限公司	春和街道黑村社区	私营	制造业	1 053	962	962	50	41	92	39	胶带	万卷	12
玉溪矿物饲料有限公司	春和街道黑村社区	私营	制造业	189	1 599	1 206	9		63	58	饲料磷酸氢钙	吨	5 607
玉溪志程(集团)房地产开发有限公司	春和街道马桥社区	私营	房地产业	1 950	10 992	10 992	1 156	669	70	56			
玉溪九龙房地产开发有限公司	春和街道马桥社区	私营	房地产业	412	834	834	218	141	36	25			
玉溪市呈珏建筑装饰有限公司	春和街道春和社区	私营	建筑业	1 181	3 801	3 169	86	168	861	182			
玉溪云海建筑装饰有限公司	春和街道春和社区	私营	建筑业	1 327	2 465	1 009	23	70	567	319			
玉溪市旭达建筑装饰有限公司	春和街道飞井社区	私营	建筑业	609	5 465	6 141	91	322	271	45			
云南玉溪综合工程实业发展有限公司	春和街道龙池社区	私营	建筑业	394	3 450	760	10	32	309	210			
玉溪马桥建设集团有限公司	春和街道马桥社区	私营	建筑业	6 957	43 256	43 256	48	2 316	3 656	1 387			
玉溪志程(集团)众生建筑有限公司	春和街道马桥社区	私营	建筑业	1 229	7 680	7 680	1 018	310	72	98			
云南玉溪城建集团金城门窗有限公司	春和街道马桥社区	私营	建筑业	136	994	994	88	23	8	59			
玉溪市金毅建筑装饰工程有限公司	春和街道马桥社区	私营	建筑业	1 769	3 355	3 355	1 489	178	95	45			
云南鲁玉建筑工程有限公司	春和街道马桥社区	私营	建筑业	836	1 985	1 985	377	128	186	60			
玉溪市荣玉建筑工程有限公司	春和街道黑村社区	私营	建筑业	1 484	4 453	4 453	95	265	1 113	520			
玉溪建工集团有限公司	红塔区聂耳路	私营	建筑业	945	5 450	5 450	84	291	654	651			
玉溪铭通商贸有限公司	春和街道孙井社区	私营	商业	85	2 025	2 025	3	7	68	30			
玉溪裕祥商贸有限公司	春和街道刘总旗社区	私营	商业	30	3 541	3 541	30		22				
玉溪物资再生利用有限公司	春和街道刘总旗社区	私营	商业	703	600	600	524	92	71	30			
玉溪市会顺汽车配件有限公司	春和街道刘总旗社区	私营	商业	862	815	4 228	53	215	114	49			
云南中云园林工程有限公司	春和街道王大户社区	私营	农业	231	2 035	2 035	55	104	52	30			
玉溪市新广家禽有限公司	春和街道黑村社区	私营	农业	4 089	8 086	4 058	1 914	318	386	140			
红塔区林强生猪养殖合作社	春和街道王大户社区	私营	农业	30	1 452	1 452	23		7	7			
玉溪通力汽车运输有限公司	春和街道王大户社区	私营	交通运输仓储业	191	7 528	7 528	313	653	166	237			
玉溪市人通计算机网络有限公司	春和街道飞井社区	私营	服务业	235	2 300	1 717	-107	50	271	45			

续表 7

企业名称	详细地址	企业注册类型	所属行业	增加值	总产值	营业收入	利润总额	上交税金	劳动者报酬	从业人员年末数	主要产品产量		
											产品名称	单位	数量
玉溪市泰发工贸有限公司	高仓街道高仓社区	私　营	制造业	341	1 027	2 349	18	97	139	90	机制纸及纸板	吨	2 269
玉溪市云溪香精香料有限公司	高仓街道高仓社区	私　营	制造业	1 312	5 212	4 969	147	452	300	96	香精香料	吨	547
云南玉溪凤凰生态食品有限责任公司	高仓街道桃源社区	私　营	制造业	317	69 429	71 956	-10	48	982	330	鲜、冷藏肉	吨	36 305
云南环腾集团	高仓街道高仓社区	私　营	制造业	2 687	15 880	13 980	258	831	488	203	卷烟咀棒专用增塑剂	吨	7 780
云南玉加宝人造板有限公司	玉溪市高新区腾霄路	私　营	制造业	1 765	7 698	8 147	-415	159	551	330	人造板	立方米	58 705
高仓建筑安装工程有限责任公司	高仓街道高仓社区	私　营	建筑业	188	907	907	-26	50	136	71			
玉溪市南泰耐火材料有限公司	高仓街道梁王坝社区	私　营	制造业	283	955	950	101	42	166	42	耐火材料	吨	11 866
玉溪市福辉新型建材有限公司	高仓街道梁王坝社区	私　营	制造业	1 113	2 458	1 577	119		277	122	新型建筑砌块	立方米	116 135
云南玉溪荣达物流有限公司	高仓街道梁王坝社区	私　营	交通运输仓储业	707	6 774	6 774	240	388	40	18			
玉溪市旭日塑料有限责任公司	高仓街道桃源社区	私　营	制造业	2 995	26 636	25 908	1 364	596	744	261	塑料制品	吨	19 569
玉溪君帛工贸有限公司	高仓街道排山社区	私　营	制造业	185	1 173	1 040	120	23	32	15	麻　片	万　套	245
云南玉溪瑞岩工贸有限公司	高仓街道梁王坝社区	私　营	交通运输仓储业	2 677	80 707	80 707	252	2 238	187	48			
国营云南安宁化工厂玉溪分厂	小石桥乡小石桥村委会	国　有	制造业	7 194	12 604	12 604	3 274	1 227	1 503	343	民用硝铵炸药	吨	20 601
云南省活发集团洛河钢铁有限公司	洛河乡洛河村委会	私　营	制造业	35 128	125 398	115 950	27 497	13 936	1 832	1 004	生　铁	吨	414 857
玉溪市洛河昱鑫工贸有限公司	洛河乡洛河村委会	私　营	制造业	2 345	18 943	17 012	1 152	528	1 074	398	生　铁	吨	59 348
云南省玉溪市合力机械铸造有限公司	洛河乡洛河村委会	私　营	制造业	3 000	93 036	91 140	-210	298	483	216	钢　锭	吨	239 700
玉溪市合鑫矿产品加工厂	洛河乡跨喜村委会	私　营	采矿业	670	2 428	2 116	606	470	573	170	铁矿石	万　吨	6
玉溪市珊瑚汽车修理有限公司	红塔区玉带路 10 号	私　营	制造业	392	1 259	1 259	46	71	241	132			
玉溪市松杰塑胶有限公司	红塔区凤凰路 141 号	私　营	制造业	91	596	610	-68	20	129	26	压敏胶带	吨	222
玉溪市东升纸业有限公司	红塔区东风水库旁	私　营	制造业	537	2 332	2 110	-42	134	224	154	纸制品	万　支	350
云南兰盾门业有限公司	红塔区东风北路	私　营	制造业	99	483	598	12	22	31	27	钢质防火门	万平方米	1
云南玉溪城建集团有限公司	红塔区许家湾路 1 号	私　营	建筑业	4 484	18 310	18 310	217	905	4 698	498	房屋建筑	平方米	223 551
云南玉溪城建集团市政工程公司	红塔区凤凰路 84 号	私　营	建筑业	629	3 608	3 608	78	198	431	280			
玉溪市东风建筑安装有限公司	红塔区北二环路	私　营	建筑业	1 252	6 595	6 595	58	343	697	330			
玉溪中升东本汽车销售有限公司	红塔区龙马路上段	私　营	批发零售业	3 796	5 170	14 771	491	382	351	81			

续表 8

企业名称	详细地址	企业注册类型	所属行业	增加值	总产值	营业收入	利润总额	上交税金	劳动者报酬	从业人员年末数	主要产品产量		
											产品名称	单位	数量
玉溪诚田汽车销售有限公司	红塔区龙马路中段	私　营	批发零售业	4 134	4 928	16 080	-230	44	365	90			
玉溪新兴汽车驾驶培训学校	红塔区汇溪路	集　体	服务业	549	1 378	1 378	1	51	294	155			
玉溪市振兴建筑工程有限公司	红塔区红塔大道6号	私　营	建筑业	983	4 465	4 465	45	240	581	188			
玉溪市腾银物资有限公司	红塔区汇溪路	私　营	交通运输业	680	3 800	3 800	310	190	180	39			
玉溪市金葫汽车运输有限公司	红塔区玉带路	私　营	交通运输业	184	2 600	2 600	26	130	28	25			
玉溪瑞岩工贸有限公司	红塔区珊瑚路2号	私　营	商　业	494	16 708	20 885	116	293	85	46			
玉溪瑞跃昌盛有限公司	红塔区郑井十二组	私　营	商　业	77	1 440	1 800	18	54	5	4			
玉溪市任达商贸有限公司	红塔区云兴市场	私　营	商　业	70	1 200	1 500	15	45	10	6			
玉溪市和钢废旧有限公司	红塔区云兴市场	私　营	商　业	65	960	1 200	12	36	17	17			
玉溪市忠诚商贸有限公司	红塔区秀山路2号	私　营	商　业	112	800	1 000	50	30	20	12			
玉溪市云兴商务有限公司	红塔区云兴市场	集　体	服务业	115	600	600	25	50	40	16			
玉溪三建建设集团有限公司	红塔区玉州花园南门26号	私　营	建筑业	7 746	34 282	34 282	789	1 856	5 101	2 500			
玉溪呈升建筑装饰工程有限公司	红塔区珊瑚路119号	私　营	建筑业	2 542	12 487	12 487	325	672	1 246	520			
玉溪市汇聚工贸有限公司	红塔区龙马路13号	私　营	住宿餐饮业	252	1 128	1 128	-167	94	192	109			
玉溪鑫瑞星光公寓有限公司	红塔区汇溪路与彩虹路小区交叉口	私　营	住宿餐饮业	158	684	684		30	65	54			
玉溪市彩虹批发市场有限公司	红塔区彩虹路6号	私　营	服务业	176	540	540	16	103	57	26			
云南福龙设计事务所有限公司	红塔区彩虹路	私　营	服务业	215	500	500	30	40	110	25			
玉溪润丰工程机械有限公司	红塔区明珠路152号	私　营	商　业	78	2 901	2 901	19	42	54	282			
玉溪金恒汽车销售服务公司	红塔区明珠路135号	私　营	商　业	808	16 162	16 162	104	32	540	136			
玉溪市金腾运输公司	玉带街道黄官社区	私　营	交通运输业	242	1 830	1 830	92	109	156	136			
玉溪市宏程运输公司	玉带街道黄官社区	私　营	交通运输业	228	1 027	1 027	51	62	135	125			
云南省玉溪水力发电设备有限公司	红塔区紫艺路30号	私　营	制造业	1 158	2 596	2 529	-45	157	545	192	发电机	千　瓦	132 900
云南省玉溪轴承有限公司	红塔区聂耳路82号	私　营	制造业	25	522	681	18	84	150	68	轴　承	万　套	360
玉溪机床有限责任公司	红塔区凤凰路105号	私　营	制造业	689	6 649	8 567	-398	280	670	329	金属切割机床	台	64

续表 9

企业名称	详细地址	企业注册类型	所属行业	增加值	总产值	营业收入	利润总额	上交税金	劳动者报酬	从业人员年末数	主要产品产量		
											产品名称	单位	数量
云南红塔塑胶有限公司	玉溪市高新区	私　营	制造业	7 884	38 264	41 099	4 234	1 578	1 037	254	塑料膜	吨	23 902
云南恩典科技产业发展有限公司	玉溪市高新区	私　营	制造业	1 642	2 982	5 177	936	647	830	340	汤金板打也机	台	524
云南天宏香精香料有限公司	红塔区瑞峰路	私　营	制造业	12 512	54 402	59 848	3 542	80	15	124	香　精	吨	1 230
云南荷乐宾防伪技术有限公司	红塔区瑞峰路 7 号	私　营	制造业	5 731	17 935	16 365	5 920	2 089	436	55	防伪标识	万　个	722 273
云南玉溪印刷有限责任公司	红塔区凤凰路 136 号	私　营	制造业	5 585	9 778	10 102	3 135	1 182	1 270	321	多色印刷品	对开色令	570 093
玉溪环球彩印纸盒有限公司	红塔区凤凰路 127 号	私　营	制造业	6 711	12 651	12 293	2 858	1 629	1 757	261	卷烟商标	万　张	44 427
云南省玉溪市科技彩印有限公司	红塔区抚仙路 27 号	集　体	制造业	1 972	4 575	4 464	538	335	400	132	卷烟商标	万　张	49 597
云南省玉溪市科技印刷厂	红塔区凤凰路 97 号	集　体	制造业	194	770	847	2	37	101	55	印刷品	万　印	38 176
玉溪红塔汽车修理有限公司	红塔区凤凰路 95 号	集　体	制造业	304	1 123	1 123	117	39	129	66	汽车修理	台	2 876
云南省玉溪市陶瓷厂	红塔区红塔大道 93 号	集　体	制造业	408	907	815	1	77	308	198	日用陶瓷	万　件	73
云南玉溪思达门业有限公司	红塔区创新路 19 号	私　营	制造业	184	1 760	1 710	-30	30	140	113	复合门	樘	11 060
云南寒武纪空调设备有限公司	红塔区创新路 17 号	私　营	制造业	199	870	870	27	38	63	24	空　调	台	323
云南玉溪中建电气有限公司	红塔区创新路 123 号	私　营	制造业	642	2606	2 610	41	130	214	101	电缆桥架	吨	2 369
云南玉溪健坤药业有限公司	红塔区创新路 123 号	私　营	制造业	322	790	548	-384	24	76	42	辅酶 Q10	吨	1
云南锡业同乐太阳能有限公司	红塔区创新路 121 号	私　营	制造业	1 171	10 965	3 622	546	25	1 184	775	高硼硅玻璃管	万　支	120
玉溪市永业工贸有限责任公	红塔区灵秀社区	私　营	制造业	146	542	555	21	41	72	41	木托架	万　个	14
云南玉溪中和科技产业有限公	红塔区玉兴路 63 号	私　营	建筑业	401	520	397	278	30	4	39	房屋建筑	平方米	1 200
云南省玉溪建筑工程有限公司	红塔区聂耳路 73 号	私　营	建筑业	2 346	6 933	6 600	110	283	1 387	825	房屋建筑	平方米	168 733
云南省玉溪市国泰电气有限公司	红塔区抚仙路 17 号	私　营	建筑业	45	948	948	9	1	4	28	房屋建筑	平方米	1 131
云南省玉溪市红塔建筑工程有限公司	红塔区凤凰路 101 号	集　体	建筑业	2 713	19 102	19 102	-16	1 032	1 697	530	房屋建筑	平方米	96 044
玉溪市金葫建筑工程有限公司	红塔区秀山路 18 号	私　营	建筑业	173	1 258	1 258	61	50	31	60	房屋建筑	平方米	12 040
迪鑫汽车销售有限公司	红塔区东风北路	私　营	商　业	481	3 204	3 204	72	33	40	24	汽车销售	台	514
玉溪龙马大酒店有限公司	红塔区红塔大道 48 号	私　营	住宿餐饮业	714	1 912	1 912	103	130	484	239			
云南玉溪腾龙物业有限责任公司	红塔区红塔大道 42 号	私　营	服务业	444	2 265	2 265	-113	156	344	176			

【玉溪市兴和劳务派遣有限公司】 属私营企业，位于红塔区研和街道宋官居委会（银浩公司内），前身系玉溪市红塔区研和镇劳动保障事务代理服务，2011年11月更名为玉溪市兴和劳务派遣有限公司，法人白寿喜，注册资本金50万元。经营范围：职业介绍服务，国内劳务派遣及相关政策咨询服务。2011年，有职工6名，先后为玉溪新兴钢铁有限公司、云南昆钢制管有限公司、武钢钢铁股份有限公司等企业建立劳动力资源库，提供求职登记表；协调解决劳务双方的纠纷，为企业、职工排忧解难，提供法律援助，维护劳务双方权益；为企业代发职工工资，劳务派遣职工工资平均2 500余元；代理缴纳养老、医疗、失业、工伤、生育等社会保险及维护职工福利；以企业的名义与职工建立劳动关系，签订劳动合同；管理劳务派遣职工档案，免费办理属于法律规定解聘合同，办理失业救济、医疗、养老等手续。年末累计代理服务2 000余人。

（李晓东）

*　*　*　*

城建·环保

【概　述】 2011年，红塔区继续实施“生态立区”战略，积极开展“四创一建”活动，“国家环境保护模范城市”创建工作全面展开，“省级文明城市”创建得到肯定，在获得“国家卫生城市”荣誉的基础上，年内被评为“中国十佳优质生活城市”，生态宜居城市品位和形象进一步提升，建设幸福美好的现代宜居生态城市步伐明显加快。中心城区建成区面积26平方千米，城市拥有道路101条、长度127千米、面积326万平方米；全年生产自来水2 532.88万吨，比上年增7.33%，城市供水综合生产能力6.94万立方米/日，供水管长293千米，用水普及率99%，水质综合合格率99.44%；全年处理污水2 137万吨。城市绿化率水平不断提高，中心城区有绿化面积943万平方米（其中：高新区361.32万平方米），绿地率36.26%、绿化覆盖率40.79%；公园绿地面积258万平方米，人均公园绿地面积11.52平方米。红塔区环卫站日清扫保洁主要街道38条，道路清扫保洁面积152万平方米，全年累计清运生活垃圾5.2万吨、清运率100%，生活垃圾无害化处理率84.6%。

基础设施建设稳步推进 东风水库除险加固工程全面竣工，易峨高二级公路红塔区段建成通车。全力配合市级推进玉溪大河二期、棋阳路二期、高仓立交、康井路等重大城市基础设施项目建设。中心城区交通环境综合整治成效明显，完成了中卫路、太极路、红塔大道改造工程；珊瑚路延长线、九龙立交改扩建工程开工建设；投资1 547万元，完成了夏井路、洛矣路、莲水路、平坝路等乡村公路的建设任务。

房地产投资呈现逐步收缩态势 全年房地产开发企业完成投资28.3亿元，同比下降28.6%；项目施工面积330.8万平方米，同比下降9.4%。本年新开工面积66.4万平方米，同比下降54.1%；竣工面积78.5万平方米，同比下降1.7%，其中：住宅竣工面积71.3万平方米，同比下降7.7%。

城市管理力度不断加大 2011年，全区完成了撤镇设置街道和社区划分工作。《云南省玉溪市城市管理条例》获省人大常委会高票通过，于2012年1月1日正式施行。中心城区拆临拆违和户外广告综合整治取得实效。全面完成了聂耳路、南北大街、珊瑚路的综合整治和其他区域的户外公告牌及招牌综合整治工作。截至年末，发放告知书8 145份，自行整改5 977快，自行拆除9 114块，拆除大型立柱广告设施58棵。实施城乡清洁工程，逐步建立完善“户保洁、组收集、村集中、镇清运、区处理”的城乡环境卫生管理模式。投资1 045万元完善环卫基础设施建设，同时投资600万元维护中心城区市政设施、清疏下水道。

国家环境保护模范城市创建工作取得新进展 2011年，红塔区对创模领导小组进行了调整充实；编制《红塔区创建国家环境保护模范城市实施方案》等创模指导性文件；组织召开全区创模工作动员大会。全面推进创模重点工作，组织开展中心城区扬尘污染防治、燃煤锅炉、炉灶整治、大矣资村环境综合整治工程；玉溪大河14条入河河道实行河道（段）长负责制，治理长度14 213米，清淤31 883.1立方米，总投资127.53万元，河道环境得到有效改善；开展玉溪大河周边29家养殖户的综合整治及养殖小区建设的前期准备工作；向玉溪大河周边工业企业发出限期治理通知，落实具体监管企业名单，依法依规实施监管。

节能降耗工作成效显著 针对新上

兰溪桥　　（马俊明　摄）

投产项目较多、能耗增长、节能降耗形势严峻的情况，全区认真贯彻落实中央、省、市节能降耗工作部署和要求，推广节能改造，抓好钢铁、水泥、化工等高耗能行业的资源综合利用；淘汰落后产能，优化产业结构，关停北城钢铁公司、福玉钢铁公司、刘总旗活发钢铁厂等3户企业的4座炼铁高炉，淘汰产能54万吨。年内，全社会能源消耗总量487.65万吨标准煤（等价热值，下同），同比增长8.08%，增幅比上年回落1.77个百分点；按现价计算，单位GDP能耗为0.9527吨标准煤/万元，按可比价计算，单位GDP能耗同比下降5.03%，超额完成年度单位GDP能耗下降4%的考核目标。全社会用电量31.82亿千瓦时，同比增长12.11%。按现价计算，单位GDP电耗621.74千瓦时/万元，按可比价计算，单位GDP电耗同比下降1.49%，节能降耗工作成效显著。

（邹　瑾）

城乡建设

【简　述】 2011年，红塔区城乡建设工作继续围绕建设现代宜居生态城市的总体目标，推进保障性住房建设，进一步加强建筑市场管理，各项建设事业保持了稳步发展的良好势头。截至年末，中心城区建城区面积26平方千米，有城市道路101条、长127千米，与上年持平。城市建设投资8 558万元。年内，红塔区启动中心城区交通环境综合整治工程续建、新建项目6个。

3月15日，根据《关于印发〈红塔区人民政府机构改革实施意见〉》的精神，撤销红塔区城乡建设局，设立红塔区住房和城乡建设局（下称“区住建局”），内设一室四股，即：局办公室、住房和房地产管理股、市政建设股、村镇建设股、建筑市场管理股；下辖7个事业单位，即：城市房屋拆迁管理办公室、建设工程质量安全监督管理站、公房管理办公室（加挂廉租住房管理办公室牌子）、房屋安全鉴定办公室、城建档案馆、玉溪市政规划设计院、玉溪建筑设计院。年末，全系统有干部职工96人。局党工委下辖党支部6个，党员82人。

年内，区住建局进一步强化执法队伍的建设，不断深化行政审批制度改革，行政审批事项从19项精简为6项。加强信访工作，切实解决群众反映强烈的热点、难点问题，全年办理市长热线、市长信箱、12319热线等信访33件，办结率100%。办理人大建议政协提案38件，满意、基本满意率100%。

【城市道路改造工程】 2011年，市政道路建设投资2 768万元（玉溪市投资1 301万元、红塔区投资867万元、红塔集团投资600万元），改造中卫路、太极路、红塔大道3条中心城区城市道路，当年竣工3条。年内，完成彩虹路中段（昆玉高速路—新西河路）、珊瑚路延长线和玉锦园南侧道路工程的前期工作，启动珊瑚路延长线建设工程；完成九龙立交改扩建工程前期工作，启动房屋拆迁工程。完成聂耳路打通工程风险评估，根据风险等级情况，决定暂缓实施。

明珠路延长线竣工　2011年1月19日，中心城区明珠路延长线高仓至哨坡段道路扩建竣工通车。道路长3 357米、宽40米，按城市场二级主干道标准建设，工程概算投资1.68亿元，设置路灯187杆，栽种银杏、重阳等树种1 500余棵，地被绿化1.7万平方米。

中卫路改造工程竣工　彩虹路至玉兴路段，2011年1月10日项目改造开工，5月底竣工通车。长484米、宽20米，工程投资479万元，对原有路面和路灯等设施进行改造。

太极路改造工程竣工　珊瑚路至玉溪一中，2011年2月10日项目改造开工，6月底竣工通车。长681米、宽30米，工程投资1 089万元，对原有路面进行了改造。

红塔大道改造工程竣工　红塔大道抚仙路至红塔集团段改造工程于2011年9月1日开工，11月中旬完工通车。长890米、宽40米，工程投资300万元，对原有路面和设施进行改造，拆除抚仙路交叉口环岛，设置信号灯等交通设施。

九龙立交改扩建工程启动　2011年12月，九龙立交改扩建工程完成可研、立项、地质灾害评估和矿产压覆、水土保持方案及项目环评等前期工作。12月27日，开工仪式在昆玉高速公路管理站举行。计划投资13 378.27万元，将原有半幅立交改扩建为全互通立交。

珊瑚路延长线工程　龙马路至玉龙桥，工程于2011年11月11日正式进场施工。该项目建设规模为730米×40米，计划投资5 000万元。

城市交通环岛拆除　高原明珠环岛于2011年10月12日动工拆除，10月22日完工；龙马路2个环岛于2011年12月5日动工拆除，2012年1月完工；抚仙路环岛于2011年9月1日动工拆除，11月中旬完工。环岛拆除后，恢复路面，设置信号灯等交通设施。

（袁昭红）

【兰溪桥竣工】 属玉溪大河综合治理二期工程之一。座落在玉溪大河上，桥南距玉溪新桥800米，系跨玉溪大河步行景观桥。2010年3月5日动工，2011年5月竣工。五孔莲瓣拱桥，桥体总高36.7米，其中阁高26.1米，为三层歇山顶式阁楼。桥梁长度103米，桥面宽

正在建设中的玉龙桥　　（2011年10月邹瑾　摄）

度16米，桥体呈直线型；南北置桥亭，高10.3米。“五孔分水”与上游“三水归流”相呼应，象征中国传统文化之“五行三合”。

红旗桥　　　　（邹　瑾　摄）

【玉龙桥建设启动】　原名复兴桥，又各霖雨桥，位于李棋街道命官营村北的玉溪大河上，是康井路跨玉溪大河的公路景观桥。1924年建成平面石桥，1966年扩建，长11米，宽4米，结构为钢混平板桥，耐压力为汽10级、拖30级。2011年4月1日原地动工重建，属钢混叠合梁悬索桥，桥面为双向六车道，桥宽44.6米、长66.56米，桥两侧道路宽40米，桥位处河道宽约68米，道路等级为城市主干道Ⅱ级，设计荷载公路一级。桥梁两侧设计纵坡3%，竖曲线半径1000米。桥梁结构形式为钢筋—砼叠合梁无背索自锚式部分悬索桥，梁高2.1米。桥台基础采用D1.0米钻孔灌注桩基础。先后完成桩基础、承台浇筑，桥台、背墙、耳墙、地系梁和桥塔施工、钢箱梁制作，至年末仍在建设中。

【电石厂步行桥竣工】　位于原玉溪电石厂西，南距玉溪新桥600米，系跨玉溪大河（红旗河与玉溪大河交汇处）带闸步行桥。2011年竣工，长42.2米、宽3米，五孔钢混结构，石护栏，液压钢板7个门闸。为道路、水利使用。

【红旗桥重建竣工】　原名金家边桥。位于李棋街道金家边村东，系白龙路连接玉溪大河西岸跨红旗河。原为小木桥，1988年扩建为钢混桥，长34为、宽3.2米。2011年改建，钢混1孔拱桥，孔跨度12.6米，各装饰3孔。加石护栏，护栏雕有花草等图案。

【溪口桥竣工】　位于李棋街道小矣资村头横跨东风水库，该桥被当地群众誉为“连心桥”。2010年10月竣工，总投资400万元。桥长246米、宽6米，为钢混结构，有水泥护栏。桥南头建有牌坊，立有石碑。

【东风水库除险加固暨路坝合一工程竣工】　是中心城区生态建设工程之一。该工程含东风水库除险加固工程、东风水库路坝合一工程，工程建设是依据“两山（红塔山、老尖山）”片区按照优化城市功能的要求，调整市区用地结构，利用山坡地，规划建设城市新区，为生态核心区建设的基础设施工程。累计投资工程总投资33221.95万元，其中土建投资19511.32万元。2008年11月10日开工建设，2011年11月20日竣工通过验收。

东风水库除险加固工程　东风水库总库容为9025万立方米，是一座以防洪、灌溉、城市供水为主的综合利用水库。根据《水利水电工程等级划分及洪水标准》（SL252—2000）为中型工程。东风水库除险加固工程等级属Ⅲ等，其拦河坝、输水隧洞、溢洪道均为Ⅲ级永久性水工建筑物。除险加固工程于2008年11月10日开工建设。先后完成了拦河坝塑性防渗墙工程和1#、2#输水隧洞扩建改造工程及上游坝坡预制砼块护坡工程、溢洪道加固工程等。至2010年7月累计投资8590万元。2011年11月20日竣工通过验收，至此东风水库除险加固暨路坝合一工程全部竣工。

东风水库路坝合一工程　分为坝体培厚工程和道路工程两部分，是中心城区生态建设工程之一。坝体培厚工程于2010年1月25日开工，9月20日比预计提前222天实现大坝封顶，坝顶由原来的10米扩宽至49米，长39米。中共玉溪市委书记孔祥庚，市委副书记、市长高劲松，市人大常委会主任董诗强及市委、市人大、市政府、市政协、市纪委班子成员，市中级人民法院院长、市检察院检察长，市直有关部门负责人到工地祝贺，对工程建设成果给予充分肯定。

道路工程于2010年8月30日下午，在东风北路末端举行开工仪式，副市长李洪云主持仪式，市委书记孔祥庚宣布工程开工。省委巡视组副组长李作奎，市党政领导高劲松、冷明德、谢兴荣、黄宪庭、范汝坤、夏立洪、孔繁喜、何坤等参加开工仪式。工程起于东风北路末端，进入东风水库坝顶，经过玉枕山东侧、跨老尖山，穿过红龙路与玉江大道相交为止。道路全长5.3千米，标准为城市Ⅱ级主干道，设计行车速度每小时40千米，双线六车道，总投资3.3亿元。年末，路坝合一工程已拆除建筑物18891.52平方米，涉及47户224人。开挖土石方13万立方米，路基回填8.5万立方米，修建挡墙5000立方米，雨污管铺设160米，分别完成工程总量的90%、75%、99%和15%；东风大沟箱涵改造基本完成，电缆沟盖板工程项目已全部完成。

（马俊明）

电石厂步行桥　　　　（邹　瑾　摄）

【城市环境卫生】 2011年，中心城区日清扫保洁面积326万平方米，其中：高新区日清扫保洁城市道路26条、面积87.5万平方米，红塔区日清扫保洁城市道路70条、面积230.34万平方米。年内，红塔区城市道路日清扫保洁进行责任区已经划分。

表31：2011年红塔区城市道路清扫保洁面积统计表

2011年红塔区城市道路清扫保洁面积统计表

表31

负责单位	责任区			负责单位	责任区		
	道路名称	起 讫	面积（m^2）		道路名称	起 讫	面积（m^2）
红塔区环卫处	红塔大道	火车站—瓦窑	111 100	红塔区环卫处	太极路	玉溪一中—九龙立交	154 790
	凤凰路	珊瑚路—玉溪技校	86 200		聂耳东路	环山路—红塔大道延长线	13 680
		技校—红塔大道延长线	24 840		环湖支线	环湖路—东风北路	7 650
	聂耳路	南北大街—环山路	58 700	玉兴街道	菜园街	凤凰路—明珠路	3 770
	河滨路	检察院—红龙桥	53 340		朱槿路	珊瑚路—明珠路	10 800
	环湖路	北二环路—玉江大道	37 266		花园街	红塔大道—凤凰路	7 150
	棋阳路	凤凰路—龙马路（扩建）	31 483		气象路	文化路—花园街	6 630
	南北大街	凤凰路—检察院门口	66 620		小庙街	棋阳路—福寿街	2 590
	新兴路	珊瑚路—棋阳路	7 630		小庙街二期		9 760
	人民路	珊瑚路—棋阳路	15 430		和平街	棋阳路—福寿街	1 470
	七星街	珊瑚路—窑头村	5 000		福寿街	凤凰路—聂耳路	6 530
	玉兴路	珊瑚路—环山路	98 000		军分区便道路		3 183
	文化路	红塔大道—凤凰路	13 500		上村街	福寿街—东风中路	2 590
	棋阳北路	环湖路—龙马路	40 210		花园村路	花园路—东风路	2 016
	迎春街	聂耳路—龙马路	10 770		防暴5米巷	许家湾路—玉兴路	2 250
	南门街	人民路—工人文化宫	6 490		九曲巷	聂耳路—许家湾路	11 480
	北门街	新兴路—聂耳路	3 940		许家湾A区	南北大街—九曲巷	3 155
	北苑路	许家湾路—北二环路	15 756	凤凰街道	紫艺路	凤凰路—玉兴路	15 560
	康井路	玉兴路—州大河桥	11 760		新郑街	东风路—红塔大道	2 000
	东风北路	龙马路—玉江立交	54 872		气象路延长线	花园路—东风路	1 600
	玉湖路	东风北路—康井路	64 480		报社巷	东风路—水厂后大门	6 860
	龙马路	太极路—东风北路	100 000	玉带街道	西菱巷	玉带路—调味品厂	2 420
	珊瑚路	红塔大道—龙马路	74 920		朱槿路一巷		8 480
	玉带路	珊瑚路—高等级公路桥	18 750		玉兴路延长线	珊瑚路—实验中学	14 300
	彩虹路	珊瑚路—高等级公路桥	14 720		七星街延长线	珊瑚路—中卫西路	12 810
	明珠路	红塔大道—凤凰路	28 250		中卫路	彩虹路—太极路	15 200
	太极路	珊瑚路—玉溪一中	29 000		中卫东路	玉兴路延长线—玉带路	7 614
	东风中路	红塔大道—龙马路	59 800		中卫西路	彩虹路—实验中学	9 180
	许家湾路	东风北路—南北大街	16 175		中卫壕沟路	中卫东路—中卫路	2 880
	北苑南路	南北大街—棋阳北路	11 322		虹桥路	彩虹路—汇溪路	16 374
	体委巷	东风中路—体校门口	1 200	大营街街道	汇溪路	高速路桥—昆林烤鸭店	155 787
	抚仙路	凤凰路—红塔大道	15 420		杯湖路	环岛—高仓立交桥	90 136
	龙马路上段	东风北路—环山路	16 737	春和街道	西河路	九龙路—汇溪路	177 180
	环山路	凤凰路—总站门口	19 600		太极中路	环岛—北城	109 040
	环山北路	总站门口—山水佳园	49 680	李棋街道	白龙路	太极路—玉江大道	62 464
	红塔大道延长线		71 016				

其中红塔区环卫站负责的城市环境卫生工作如下：全年投资1 045万元在中心城区新建公厕2座、垃圾转运站1座，拆除重建公厕3座，改造垃圾转运站2座、公厕18座并投入使用。按《环境卫生图形符号标准》要求，统一设置公厕标志牌、指路牌、管理规定、收费标准等，新增防滑垫、卫生纸等环卫设施。至年末，中心城区有公厕34座，其中二类公厕9座，未达到二类标准的公厕也通过改造提升了公厕环境质量；有垃圾转运站6座，改造后的垃圾转运站由原来的吊装式改为垂直压缩式，转运能力由每座20吨升至80吨，提高了生活垃圾转运效率；医疗废弃物处理中心建设完成，实现全市医疗废弃物无害化处理；完成生活垃圾处理厂填埋库区和渗滤液调节池项目建设，按现行国家卫生填埋的标准，基本满足生活垃圾卫生填埋技术规范要求。红塔区环卫站日清扫保洁城市道路38条、面积152万平方米，日清扫清运生活垃圾142吨，安装果皮箱1 500只；购买道路洗扫车2辆，每日清扫城区主要道路，机械清扫率提高至25%。

【城市垃圾处理】 2011年，红塔区中心城区清运生活垃圾52 000吨；垃圾日平均处理185吨，年处理量89 611吨，其中：生活垃圾年处理量66 738.64吨、建筑垃圾年处理量22 872.36吨，生活垃圾无害化处理率84.6%。年内，清掏粪便5 110吨；医疗废物处理中心自10月1日启动试运行以来，日平均处理医疗废物0.8吨，年处理量292吨，医疗废物无害化处理率100%。全年收取垃圾处理费314.60万元。

【粪便处理厂建设】 红塔区粪便处理厂位于大营街污水处理厂内东南角，占地面积1 291平方米，建筑面积554.34平方米，工程总投资450万元，设计日处理粪便100吨。2011年3月动工，经2个月施工，完成了粪便处理厂地下储粪池、厂房、粪便处理设备、附属设施等工程建设，5月16日竣工试运行，截至12月末，处理粪便2 000余立方米。

【绿化管护】 2011年，红塔区中心城区有绿化面积943万平方米，绿地率36.26%，绿化覆盖率40.79%，人均公园绿地面积11.52平方米。其中红塔区环卫站负责绿化范围：东至环山路街沿石（东风南大沟）以西，西至杯湖路以东，南至红塔大道（红塔大酒店）以北，北至聂耳文化广场以南，绿化面积46万平方米，人均公共绿地面积15. 6平方米，绿化率35. 8%，绿化覆盖率40. 5%；公园绿地面积210万平方米。绿化管护主要包括对中心城区道路52条（15 550株行道树）、交通环岛3个、城市公共绿地16块及49.53万平方米的绿化养护、绿地保洁及园林设施的管理。全年修剪行道树16 962株，补栽补种灌木4 710株，地被10 010株，更新聂耳路绿化带植物44 120株；在玉溪大河（又名州大河）、憩园、棋园、绿地公园、三角公园摆放石桌33套；完成玉溪大河管护河段水草打捞，对荷花池进行清洗、换水，清洗消毒面积4 600平方米，清除淤泥320立方米。节假日及创卫期间在广场、南北大街等主要路段摆放一串红、三色堇、万寿菊、孔雀草、海棠花等10余个品种盆花4万多盆。高新区绿化面积361.32万平方米。

【市政管理】 2011年，投资200万元完成中心城区市政设施维护，修补人行道、车行道路面3 000余平方，修补破损街沿石175米，埋设DN300mm排污管380米，恢复损坏或被盗的雨污检查井65个、雨水篦子200个，更换沟盖板45块，更换汇溪路道路隔栏190米；投资400万元完成中心城区道路下水道、河道的清疏，清除淤泥2.3万立方米；加大对管辖5座桥梁的检修、管护，顺利通过国家住建部对红塔区桥梁维护工作的检查。进一步规范辖区内5个燃气储备充装站和50个销售经营门市的安全生产。年内，办理挖掘占道施工审批43件、临时占道审批354件。

【路灯管理】 2011年，继续执行每日“三巡查制度”和“110”联动服务制度，做好中心城区101条街道的7 282棵灯杆的管理。其中红塔区路灯管理站负责61条街道的3 755棵灯杆、13 302盏路灯（景观灯）的日常维修与管护。完成聂耳路、太极路、龙马路、北苑路、凤凰东路、玉带路等街道路灯杆的除锈处理、刷漆翻新和编号；清理道路灯杆小广告及残迹2 000多个；维修更换灯罩147个、灯泡4 341只、镇流器511只、灯具406套，敷设电线电缆33 449米。全年用电量594.45万度，同比减少5%。高新区负责26条街道的1 827杆路灯的管理。中心城区亮灯率保持在98%以上，高出部颁标准3个百分点，路灯设施完好率、半夜灯规范率均达到行业标准。

【公园管理】 2011年，九龙池公园进一步强化古树保护，对园内古树进行定期观察、养护，重点管理、养护长势衰弱的古树；清明、庙会期间公园内未出现火险火情。投资20万元，在公园主游路上安装自控路灯24盏；接受民间

2010年10月，溪口桥竣工　　（邹　瑾　摄）

个人捐赠9.8万元，修缮观音殿。全年接待游客5.72万人次。年内，聂耳公园更新、新增公厕标牌、禁烟、安全提示牌50块；对全园草坪、绿篱及公厕进行病媒生物防制消杀；修补公园主游路、活动场地、建筑物破损，安装果皮桶192只，清理枯枝落叶垃圾81吨，配合棋阳路二期扩宽改造工程，移栽高地公园乔木1 026株、灌木23 880株、金竹1 600丛。封顶柏树503棵，伐除桉树30棵，消除事故隐患。节假日、创卫期间在公园主要景点摆放应时花卉9 840盆。

（杨根秀）

【城市供排水】 2011年，玉溪市供排水公司下设3个水厂，全年供水2 236.45万m^3，同比上升5.33%；完成工业产值（现价）2 646.43万元，同比上升7.67%；日均供水7万m^3，单日供水量创历史最高水平；供水面积50余平方千米，供水范围东至林秀，西至黑村，南至研和，北至春和、李棋。企业自来水生产水质综合合格率99.44%，供水水质达国家安全卫生饮用水标准。2月12日，公司被玉溪市总工会授予2010年“工人先锋号”；10月10日，公司被云南省城镇供水协会授予“信息工作先进单位”“支持盈江抗震救灾恢复供水先进单位”。

【二次供水水箱（池）清洗消毒】 2011年，公司先后为382户用户清洗、消毒并验收二次供水水箱（池）4 064个，容积94 544立方米，合格率100%。

【水质检测】 2011年，监测站每天对源水浑浊度、色度、肉眼可见物、耗氧量、细菌总数、总大肠菌群、粪大肠菌群等7项指标进行检测；对出厂水和管网水进行浑浊度、色度、肉眼可见物、耗氧量、细菌总数、总大肠菌群、粪大肠菌群、游离余氯等8项指标进行检测；坚持每月一次对源水、出厂水的感观性指标、化学指标、毒理学指标、细菌学指标等46个项目的水质检测各1～2次。1～12月，出厂水水质综合合格率99.40%，管网水水质综合合格率99.40%，水质综合合格率99.40%，达国家安全卫生饮用水标准。

【供水管网建设】 2011年，公司移交落户489户（包括新装用水户和水表出户改造户），完成金钟山片区和九龙片区（高区）两项给水规划；完成820队生活区、玉溪市人事考试中心职工住房（迎春街20号）一户一表改造和地质矿产勘查开发局区域地质矿产调查大队、景兴苑二期、彩虹商业广场、金家边四组、下赫三组、玉景苑二期、红塔区清真寺管委会、景华苑、裕达华府商住小区、市食品药品检验所、右所十三组、棋阳社区五组、玉景苑一期J幢、右所社区十七组（龙马路中段）等给水安装工程及玉溪市保障性住房施工用水安装工程（红塔区太极路北郊加油站至保障性住房项目用地）、高新区创业大厦生活水泵房安装工程（抚仙路）、中国太平洋保险玉溪中心支公司给水安装工程（宁州路88号）、高新区公租房项目施工用水安装工程（原化肥厂厂区内）等20项片区供水工程。完成零星安装工程150项，主要在桂山路、凤凰路、大营街、太极路、抚仙路、桂山路、星云路、许家湾路、龙马路、上村街和抚仙路等路段安装各种类型供水管道52 800.21米，其中PE管20 373.23米、PPR管31 732.68米、镀锌管694.3米，工程合格率100%。至10月17日，管网改造工作全部验收完毕，累计完成管网改造23.52千米，完成投资4 510万元。

【玉溪中心城区水源应急保障工程建设】 2010年，中心城区饮用水水源仍然面临严重水质性和资源性缺水双重问题。9月8日，市政府同意实施中心城区源水应急供水方案，公司迅速展开方案的实施。至12月17日，应急供水设备一次性试车成功。2011年3月18日上午10点应急供水启动，有效缓解了中心城区源水所面临的严峻局势。

【污水处理厂二期工程建设】 2010年1月，由公司负责的玉溪市城市污水处理厂配套管网建设二期工程开工。工程设计总长6.03千米，总投资2 852万元，分两个标段建设：一标段于2010年8月底全部完工；二标段于2011年1月19日开工建设，截至12月底工程全部完工，完成投资1 310万元，管网长2.65千米，其中东风北路（龙马路—玉江大道）截污干管1 070米、中卫路截污干管778米、汇溪路截污干管802米。

【供水执法】 2011年，公司坚持依法管水，加大水费欠费追缴力度，对13 830户次欠水费的用户进行追缴，追回水费243万元。其中对323户超过1个月以上仍拒不交水费的用户实施停水处罚，追回水费1.47万元；对8户违章用水户进行经济处罚，追回水量2 463立方米，挽回经济损失8 675.20元。

【供水服务】 2011年，公司满意答复用户报漏、无水查询或其他形式的询问1 037次；为用户修理管道253次，安装管道52 800.21米，移交落户5 489户，查表收费70 453只，产供水2 236.45万m^3，均未发生一起违约事件或损害用户利益的行为。公司连续十二年保持国家建设部和省建设厅授予的“文明服务示范窗口”。

【支持新农村建设】 2011年1～2月，公司赞助春和街道团山社区10万资金，安装PE管900余米，全村6个自然村、3 000多名群众饮上了干净、卫生的自来水，困扰村民已久的生活饮水问题得到解决。7月22日，团山村委会和党总支给公司送来一面“心系民众解民忧，为民引水暖民心”的锦旗。

6月，公司投资8万多元为泷水塘社区一组修复50多米主干道，解决1 500多名居民和居住人员的行路难问题，是公司践行“共驻共建”的实践行动。7月21日，泷水塘社区党总支和社区居民委员会给公司送来一面“品德高尚树楷模，排忧解难为群众”的锦旗。

【供水网络延伸】 2011年，长流水务公司通过加快市政供水基本建设和承担园区给水工程建设，推动研和工业园区建设和解决园区群众生活生产用水，改善园区投资环境，完成了临时供水工程建设和大坡头加压泵站建设；截至年末，大坡头调节清水池正在建设中，高仓街道梁王坝加压泵建设征地协调工作即将完成。长流水务公司水费收入74.12万元。研和自来水引接工程总投资4 500万元，其中2011年累计完成投资3 100万元。工程完成后，可向研和全线供水，近期2万立方米/日，远期3万立方米/日，能满足研和1.5万人口和工商业用水。

（刘　蕾）

【房屋拆迁工作】 2011年，红塔区继续加强房屋拆迁的监督指导，配合4个项目的房屋拆迁工作。其中：昆玉铁路扩能改造工程（红塔区段）涉迁北城、春和、玉带、高仓、大营街、研和6个街道，对134人进行拆迁相关业务培训，完成北城、春和、玉带、大营街4个街道的测量测绘工作，其中研和拆迁工作全部完成；完成彩虹路昆玉高速至新西河路段的拆迁前期红线的勘查及拆迁方案的拟定，道路长1 100米、宽30米，涉迁企业3个，居民小组6个、民房7户、经营户16户；完成珊瑚路延长线道路工程房屋拆迁估算工作，涉及李棋街道金洲社区民房15户，需拆除各类建筑物约8 851平方米及构筑、附属物等。截至2011年1月，历时10个月的玉溪大河防洪水系综合整治二期工程民房拆迁工作全部完成。房屋拆迁涉及李棋镇街道的3个居委会，6个居民小组。其中康井一组20户、94人；金州社区一组24户、121人；金州社区二组46、177人；金家边四组16户、100人；金家边五组56户、229人。合计涉迁190户、862人。

【规划设计】 2011年，区属规划设计部门完成红塔大道、彩虹路延长线等10个项目可行性研究报告编制；完成小石桥小丫口易地搬迁等18个项目的施工图设计；完成红塔区31个行政村村庄规划和170个自然村村庄规划项目；完成玉溪市新西河路产业带规划、玉溪市“中国——东盟红宝石城”控制性详细规划、玉溪市中心城区给排水专项规划、玉溪市中心城区综合交通研究等项目规划研究；完成玉溪新兴钢铁有限公司职工宿舍、自强集团综合工业区、老掛寮中红塔好运烟草公司厂区等11个项目勘察设计。

【保障性住房建设】 2011年，红塔区继续深入推进保障性住房建设，建成廉租住房360套（含2009年、2010年廉租住房续建工程）。年末，在建168套，公共租赁住房500套，农村危房改造1 150户。

廉租住房建设 2009年的144套（建筑面积7 200平方米）金钟山片区廉租住房续建工程于2011年4月28日竣工，6月22日配租入住；2010年的216套（建筑面积10 239平方米）廉租住房续建工程于2011年10月完成建设任务，因无法保证供水，工程验收受到阻碍，暂未配租入住；2011年7月18日，金钟山二期廉租住房168套（建筑面积8 002.56平方米）工程开工，投资1 520万元，截至年底，完成主体工程的80%。

公共租赁住房建设 2010年底，市级下达500套公租房建设任务，经区政府研究，项目采用“政府主导、企业参与”的模式，由玉溪汇溪房地产公司实施。2011年12月6日，红塔区首批公租房开工建设，项目选址在汇溪路旁，占地面积5 333平方米，套内建筑面积不超过60平方米。

农村危房改造工程 2011年，玉溪市政府下达给红塔区农村危房改造工程任务1 150户，其中：拆除重建150户，自筹修缮加固1 000户。任务分配到各街道、乡组织实施，至年末，工程开工率96%。

棚户区改造 2010年，利用中央、省级资金110.42万元，区财政资金12.96万元，与区工信局配合实施棚户区改造工程，对原玉纺小区、宇光小区、玉溪磷肥厂、橡胶制品厂、玉溪木器厂、民族毛巾厂留守处、玉滩煤矿留守处、玉溪市葡萄糖厂留守处等8个关停破产企业职工住宿区进行改造，实施工程66项，主要对上述企业职工住宅进行屋面修缮、道路修补、供排水管道改造、路灯等公建设施的修缮和改造。改造工程2011年8月20日开工，11月27日完工，9个单位职工住宅居住条件得到改善，环境质量得到提升。

廉租住房租赁补贴 2011年，严格按照“三道门槛、两榜定案”的要求组织入户调查、审核、公示、登记等程序，对符合条件的住房困难家庭发放廉租住房补贴，全年发放补贴271.4万元。年内，新增90户，清理8户拥有私家车的廉租住房补贴，累计有766户住房困难低收入家庭享受租赁补贴。截至年末，全区廉租住房租赁补贴累计剩余资金526万元，用于购买廉租住房22套。

（袁昭红）

【住房公积金管理】 2011年，红塔区区域内建立住房公积金账户46 000人，全年归集公积金61 053万元，比上年增长17.25%；个人提取公积金36 719万元，比上年增长14.73%。年内，新增15个缴存单位、676个缴存职工。年末，个人贷款逾期率0.01%。发放职工贷款884笔，比上年减少589笔；贷款金额18 903万元，比上年减少10 105万元。截至12月底，累计缴存住房公积金384 663万元；个人累计提取234 197万元，累计缴存余额150 466万元，委托个人贷款余额87 126万元。截至年末，已办理住房公积金龙卡37 212张，占应办理人数的96.26%；办理公积金委托提取还贷签约4 182人。

（公积金中心）

【玉溪大河防洪水系综合整治二期工程启动】 属李棋街道境内工程，二期工程内容河道治理工程、绿化工程、水闸工程、桥梁工程（包括新建兰溪桥、玉龙桥、水镜桥和恢复改造玉溪大桥等6座）。2010年4月16日上午，玉溪市、红塔区党委和政府在李棋镇召开工程征地搬迁工作动员大会。工程列为玉溪中心城区生态城市建设“十一五”规划的重大水利和城市基础设施项目。治理河道以玉溪市检察院北侧为起点，沿现状河道右岸农田改线至玉溪大桥止，全长2 293米。设计防洪标准为50年一遇，红旗河汇口以下河段设计洪峰流量208m^3/S。河道断面最大宽度为160米，最小宽度为36米，河道两岸景观绿化带宽120米。工程预算投资61 655万元，其中：工程费35 439万元，占地及拆迁补偿费用17 080万元，其他费用9 136万元。工程永久占地面积817.71亩、拆迁总面积16.28万平方米。截至2011年7月，河道治理土建工程全部完成。建成三号、四号2座水闸，完成4号水闸闸前区帷幕灌浆防渗工程，在二号至四号水闸之间，可蓄水40万多立方米。栽种柿子树3 118棵、银杏树1 006棵、大树古树500棵、地被植物42.7万株、草坪8.47万平方米，新建广场2.7万平方米，新建游道1 507米，景观护栏532米。拆除和新建110KV架空线2.5千米，新敷设110KV线路6.4千米，新建110KV高压电缆沟0.94千米。新建排水箱涵2 045米，从1号路跨玉溪大河新埋设截污干管70米。

（马小添）

【玉溪大河防洪水系综合整治二期工程征地及民房搬迁】 玉溪大河综合整治二期工程征地及民房搬迁动员会于2010年4月16日召开。征地涉及李棋街道5个村（居）委会15个村（居）民小组约1 190亩土地，民房搬迁涉及3个村（居）委会6个村（居）民小组193户搬迁户。2011年，完成民房搬迁范围内193户的协议签订、房屋补偿、拆除康井一组公房、金州社区一组公房、机械堆放点、金家边十组事合愿饭店、夕阳红托老院、金家边四组公房、金家边六组金辉公司的搬迁补偿协议签订及拆除，190亩土地的征地协议签订及部分清场。193户拆迁搬迁新址的地基处理经检测合格并通过验收，已交安置户建房使用，转入小区内道路等基础建设。

【玉枕山片区墓地搬迁安置项目启动】

2011年，中心城区防洪水系建管委会积极协调市、区有关部门，努力做好玉枕山片区墓地搬迁安置项目前期工作。红塔区成立领导机构，并多次召开相关会议研究。李棋街道成立由街道主要领导任组长，相关部门工作人员组成的领导小组。4月初，管委会抽调李棋街道片区工作组及街道干部20多名，逐家清点玉枕山片区坟墓数量，摸清玉枕山片区的坟墓数：在规划范围内的有14 000冢，急需用地搬迁的有6 100冢，征地及边缘范围内8 000冢，迁坟用地需300亩。在此基础上，市、区及管委会领导多次到实地调研搬迁新址及搬迁路线，拟定搬迁方案，并经市政府同意批复。10月，墓地搬迁道路建设方案确定，11月启动道路建设招标及建设等工作。

【北片区生态城市建设项目勘测认界】 2011年，中心城区防洪水系建管委会根据市委、市政府的安排，积极配合相关单位做好北片区生态城市建设项目征地工作。大河二期以北片区征地、市医院拟搬迁用地2个项目征地已完成前期勘测认界工作。按照市、区要求，市土地储备中心、红塔区土地分局抽调工作人员，配合测量公司、李棋街道，召集所涉及到的任井、李棋、下赫、金家边、康井等社区工作人员到现场进行前期勘测认界工作，认真核实涉及的社区与社区、组与组之间的界线、面积。征地涉及李棋、金家边、康井、下赫、任井5个社区22个村民小组，面积约2 451.64亩，点多面广，存在的问题也相对较多，各级领导高度重视，在测量单位的认界工作结束后，李棋街道召集此次征地所涉及的社区、组工作人员对图纸上的界线进行复核、认可，同时还多次调处土地权属争议，为征地工作顺利开展奠定了基础。太极路以西地块车立方、鹏程4S店及物流等一些重点汽车专卖店项目拟用地征地也完成前期勘测认界工作。市土地储备中心、红塔区分局抽调工作人员，配合测量公司、李棋街道，召集太极路以西地块涉及到的下赫村委会一、二、三、八、十等5个村民小组及春和王人户村组人员，进行勘界认界工作。李棋街道下赫村委会相关小组涉及面积约611.68亩。市急救中心用地的供地、用地也已展开前期准备工作，拟用地位于白龙路以西、金家边小学新选址用地以南地块，属市土地储备中心2010年大河二期建设项目储备范围内，签订征地协议，土地款已兑现到村组，待市土地储备中心供地即可。九龙立交扩建征地完成勘测认界，扩建征地涉及下赫八组面积约19亩的苗圃地。珊瑚路延长线扩建征地完成了勘测认界工作及拆迁产权的前期摸底工作。珊瑚路延长线扩建征地涉及金州社区一、二组30.21亩土地征用。李棋街道及时组织有关人员，配合上级部门及勘界公司，对范围内的土地进行勘界认界，同时还摸清范围内拆迁产权的情况，涉及拆迁一组2户、二组7户和一、二组公房各1处及二组安置地8户、二组公房17户的拆迁，需要安置15户。

【珊瑚路延长线道路项目拆迁】 2011年，中心城区防洪水系建管委会配合协调做好珊瑚路延长线道路项目拆迁和建设前期。3月初，市委、市政府决定继续实施玉溪大河防洪水系综合整治工程的配套工程珊瑚路延长线与康井路的道路连接，全长730米，宽40米，跨玉溪大河。依据城市规划和防洪水系综合整治二期工程建设的要求，对涉及红线范围内和安置点需要拆除的房屋进行实地踏看和用图纸按比例来估算房屋拆迁经费。经过摸底调查，该项目涉及红线范围内红塔区李棋街道金洲社区的民房9户，其中，一组民房2户、二组民房7户及二组的部分公房以及承租经营户的搬迁，需拆除各类建筑物约8 851平方米及构筑物、附属物等；规划红线外需要拆除金洲社区二组民房8户及二组的部分公房作为新建民房安置地，需拆除各类建筑物约2 004.9平方米及构筑物、附属物等。据估算该项目的实施房屋拆迁总费用大约需要1 147万元。

【沙头村、冯家冲景观改造】 右所社区沙头村、冯家冲等6个居民小组、721户居民，房屋建设参差不齐，层高及外观等各异，另有部分居民还需建房。2011年，中心城区防洪水系建管委会按照市委的安排，配合玉兴街道，尽力推进旧村改造，落实20户建房用地，拆除旧房23.5间、腾出土地1220平方米，为该片区景观改造和环境综合整治做了部分前期工作。

【右冯新村后续工作】 2011年，中心城区防洪水系建管委会完成右冯新村搬迁工程审计：工程结算符合审计规定和要求，工程绩效明显。5月5日，右冯新村水景驳岸及绿化项目按照合同规定绿化公司完成1年的养护，作为合格产品移交玉兴路街道纳入小区进行管养。此外，为总结经验，存史借鉴，编辑出版《搬迁工作“三步曲”》一书，收录市委、市政府正确决策和中央、省、市领导关怀的图文，搬迁、安置、搬迁旧址建设等相关资料，以附录形式收录搬迁工作组名单、工作简报，并在梳理工作过程中形成大事记。全书客观、准确、翔实展现搬迁工作三部步曲：搬得出去、住得下来、富得起来。

（市志办）

房地产业

【简　述】 2011年，红塔区房地产开发企业累计完成投资28.3亿元，同比下降28.6%，占全区固定资产投资额的22.1%。其中：商品住宅投资22.9亿元，同比下降27.8%，占同期房地产开发投资的81.1%，比上年增加0.9个百分点；商业用房投资1.3亿元，同比增长2.4%。年内，商品住房施工面积267.1万平方米，同比下降13.2%。商品住房销售面积88.7万平方米，同比下降39.6%。商品住房销售额29.4亿元，同比下降36.2%。商品住宅销售6 480套，同比下降26.4%。境内有85家房地产开发商。

表32：2011年红塔区房地产企业20强一览表

2011 年红塔区房地产企业 20 强一览表

表 32

企业名称	年末从业人员（人）	营业收入（万元）	资产总计（万元）
云南今玉房地产有限公司	31		237 044
云南省活发集团华瑞房地产开发有限公司	33	25 942	129 691
云南玉溪高新技术产业开发区房地产开发有限公司	38	8 666	71 510
云南红塔房地产开发公司玉溪分公司	47		394 075
玉溪汇溪房地产开发有限公司	25	34 146	31 349
云南汇海（集团）房地产开发有限公司	96	4 267	33 185
玉溪龙马房地产开发有限公司	115	7 871	30 659
玉溪锦悦房地产开发有限公司	36		11 247
玉溪工业地产有限公司	40		28 320
玉溪田和房地产开发有限公司	30	0	14 766
玉溪自强房地产开发有限公司	15	17 245	24 507
云南玉溪中森房地产开发有限公司	118	1 712	15 790
云南玉溪锦裕达房地产开发有限公司	25	2 716	11 057
玉溪大用房地产开发有限责任公司	23		21 448
玉溪市盛来房地产开发有限公司	38	5 679	10 814
玉溪市永佳房地产开发有限公司	37	1 168	29 286
玉溪市忠诚房地产开发有限公司	13	1 368	19 022
玉溪鑫元隆房地产开发有限公司	14		5 313
玉溪瑞森房地产开发有限责任公司	58		6 839
玉溪市汇源房地产开发有限公司	25		5 290

【固定资产投资】 2011 年，红塔区完成固定资产投资 128.01 亿元，同比增长 20.5%。其中，城镇固定资产投资完成 67.9 亿元，同比增长 28.2%；房地产开发企业完成投资 28.3 亿元，同比下降 28.6%；农村非农户固定资产投资完成 8.1 亿元，同比增长 27.6%；农村私人投资完成 23.7 亿元，同比增长 225.9%。

从经济类型看，国有单位投资 30.9 亿元，同比下降 15.3%；集体单位投资 6.8 亿元，同比增长 160.5%；其他经济类型投资 90.4 亿元，同比增长 34.5%。

从隶属关系看，中央投资 16.9 亿元，同比增长 87.2%；省属投资 8.6 亿元，同比下降 15.6%；市属投资 7.3 亿元，同比下降 17.5%；区属投资 95.2 亿元，同比增长 21.8%。

从产业情况看，第一产业投资 1.7 亿元，同比下降 21%；第二产业投资 43.6 亿元，同比增长 17.8%，其中，工业投资 42.3 亿元，同比增长 14.3%；非电力工业投资 38.4 亿元，同比增长 21.9%；第三产业投资 82.7 亿元，同比增长 23.3%。

从建设资金到位情况看，全年累计到位建设资金 177.7 亿元，同比增长 29.3%。其中，上年结转资金 34.8 亿元，同比增长 63.2%；本年新增资金 143 亿元，同比增长 23.1%。本年新增资金中，国家预算内资金 2.8 亿元，同比增长 10.3%；国内贷款 13.8 亿元，同比下降 7.1%；利用外资 0.8 亿元，同比增长 2 741.5%；自筹 63.7 亿元，同比下降 1.5%；其他资金 61.9 亿元，同比增长 81.7%。

从施工项目数量看，全区施工项目 420 个，同比增加 20 个，增 5.0%；新开工项目 273 个，同比增加 14 个，增 5.4%。其中，亿元以上项目 52 个，同比增加 7 个，增 15.6%；亿元以上新开工项目 10 个，同比减少 1 个，减 9.1%。

（杨　阳）

【房地产和住房管理】 2011 年，配合市级部门做好房地产市场调控，出台《红塔区关于进一步做好房地产市场调控工作的实施意见》；继续落实空置住房和国有闲置房地产清查处置等工作，全区 36 个单位累计完成住房出售 276 套，回收资金 2 429 万元；加强物业行政管理，开展物业管理企业资质管理和人员培训；继续做好公房管理，对存在安全隐患的 28 户公房进行维修；开展房屋安全鉴定，全年受理房屋安全鉴定申请 11 件，均按照《城市危险房屋管理规定》认真进行实地勘察，并出具房屋安全鉴定书。

（袁昭红）

【房地产管理】 2011 年，红塔区范围内办理房屋权属登记 10 749 件，总面积 207.8 万平方米。房屋初始登记 459 份，面积 25.63 万平方米；变更登记 265 份，总面积 7.75 万平方米；换证登记 184 份，总面积 3.21 万平方米；抵押登记 4 599 份，面积 107.79 万平方米；转移登记 5 242 份，面积 63.42 万平方米。办理房屋租赁登记备案凭证 433 本，发证面积 6.67 万平方米；审验证件 49 本，审验面积 7.56 万平方米。

年内，中心城区有在建项目 28 个，在建项目建筑面积 390.94 万平方米，其中，2011 年批准预售项目 16 个，批准预售面积 90.17 万平方米，批准预售套数 9 967 套。有 8 个新建商品房项目进行登记备案，备案总面积 30 万平方米。有 2 个集资建房项目进行登记备案，备案总面积 1.97 万平方米。完成商品房购销合同登记备案 367 套，合同面积 4.1 万平方米，合同金额 0.7 亿元。完成商品房购销合同预售备案6 530套，合同面积92.3万平方米，合同金额37亿元。

2011年，新增交存维修资金小区8个，金额1 526.76万元，累计交存小区88个（共计12 305户），累计交存金额12 189.71万元。年末，红塔区有房地产开发企业90家、物业管理企业37家、房地产评估机构8家、房地产测绘机构9家、房地产经纪机构94家。

【廉租住房建设】 2011年，玉溪市廉租住房建设任务13.03万平方米，建设套数2 606套，实际建设套数2 636套。其中：红塔区160套（实际168套）、0.8万平方米；截至年底，全市完成廉租房项目总投资13 846.71万元，占计划总投资的78%。

【公共租赁住房建设】 2011年，玉溪市公共租赁住房建设计划任务1.9万套，实际建设任务为19 016套，其中：中心城区7 000套、高新区1 000套、研和工业园区3 500套。截至年底，全市完成公租房项目总投资188 278.19万元，占计划总投资的60.03%。

【房地产市场】 2011年，玉溪市完成房地产开发投资66.88亿元，比上年同期增长16.23%，占全社会固定资产投资的15.83%。其中商品房施工面积653.3万平方米，增长28.68%；商品房竣工面积173.79万平方米，增长46.38%；商品房销售面积137.34万平方米，下降34.92%。中心城区新建住房价格3 816.25元/平方米（合同备案价），比上年中心城区新建住房平均价格3 496.33元/平方米增长9.15%。

【房地产展示交易会】 2011年12月9日，由玉溪市住房和城乡建设局、玉溪市房地产管理局主办，玉溪市房地产业协会、云南泰达会展策划有限公司承办的以“生态宜居、保障民生、幸福玉溪”为主题的玉溪第六届房地产展示交易会在聂耳音乐广场举办。有26家房地产开发企业携30个楼盘项目参展，展览规模7 000平方米，首次设立200余平方米的“玉溪市保障性住房展区”，全方位的对保障性住房的政策、建设情况、申请条件、申请流程等进行详细的介绍，为玉溪历届房交会中规模最大的一届。同时有13个职能服务部门及相关产业参与服务。

（雷晓燕）

【玉溪市盛来房地产开发有限公司】 位于李棋社区，成立于2007年，实收资本800万元。主要经营范围为房地产开发、园林绿化、市场管理等。2011年，公司资产总额12 115万元，完成产值9 992万元，增加值158万元，缴税845万元，劳动者报酬95万元，从业人员42人。

（梁丽雯）

建筑业

【概　况】 2011年，红塔区建筑业呈现出生产增加，资质等级有所提高，组织机构得到优化，生产经营逐步向规模化、集团化方向发展，经济效益逐步提高的特点。全区实现全社会固定资产投资128.01亿元，比上年增长20.5%。年内，红塔区具有资质等级的建筑企业86户，比上年减少2户，其中：施工总承包和专业承包一级企业3户，二级企业41户，三级企业42户；施工总承包50户，专业承包36户；国有企业3户，集体企业5户，私营企业61户，股份制企业3户，其他企业14户；非公有制经济建筑企业78户，占资质等级企业总数的90.7%。年末，从业人员2.15万人，其中非公有制经济建筑企业从业人员2.01万人，占93.5%。完成建筑施工产值38.19亿元，比上年增长21.8%，其中非公有制经济建筑企业完成施工产值34.78亿元，占91.1%；竣工产值27.94亿元，比上年增长14.2%；房屋建筑施工面积347.53万平方米，比上年增长9.6%；房屋竣工面积167.44万平方米，比上年减少8.4%。

同时，各企业进一步健全和完善财务资金管理制度，增收节支，降低生产经营成本费用，全区有资质等级的建筑企业完成工程结算收入35.61亿元，比上年增长22.2%；实现利税总额3.04亿元，比上年增长37.6%（非公有制经济建筑企业实现利税总额2.8亿元，占92.1%,），其中实现利润1.54亿元，比上年增长39.5%（非公有制经济建筑企业实现利润总额1.43亿元，占92.9%）。

全区建筑施工企业全员劳动生产率按总产值计算，人均达18.78万元，比上年提高3.94万元，其中：施工总承包、专业承包企业分别为19.91万元、12.13万元，分别增加4.78万元、0.33万元。建筑施工企业全员劳动生产率按增加值计算，人均3.84万元，比上年增加0.92万元，其中：施工总承包、专业承包企业分别为3.94万元、3.25万元，分别增加0.84万元、0.05万元。

表33：2011年红塔区具有资质等级的建筑企业施工产值20强一览表

（魏海荣）

【建筑市场管理】 2011年，报建工程项目44个，核发项目施工许可证24个（发证项目建设规模39.6万平方米、道路面积10.5万平方米），同时监督24个工程项目签订工程建设廉政合同。全程监督管理72个项目招投标，其中公开招标29个项目，邀请招标项目43个，栏标价款17 641.2万元，中标价款17 112万元，节约资金529.2万元。工程项目按规定实行招投标比例为100%。全区83家施工企业完成“安全生产许可证”“建筑业企业资质证”的审验，从事专职安全员、电焊工、架子工等特殊作业工种人员6 756人完成年检换证。企业施工、建筑施工资质由叁级晋升为二级2家，在原资质证书内增加专业承包4家。

【工程质量安全监督管理】 2011年，受理监督登记工程42个、建筑面积48.8万平方米，投资6.1亿元，竣工验收工程42个，备案工程面积41万平方米，备案率100%，全部符合相关要求和规定。认真落实建筑安全和质量安全监督管理，组织开展施工现场安全排查7次，全区未发生质量安全事故。6月12日，制作专题安全宣传展板26块，在聂耳文化广场展出，向群众宣传建筑、燃气使用安全知识和农民工维权知识。

（袁昭红）

2011 年红塔区具有资质等级的建筑企业施工产值 20 强一览表

表 33　　单位：万元、人

企业名称	施工产值	工程结算收入	资产总额	固定资产原值	年末从业人员	工程技术人员
玉溪马桥建设集团有限公司	48 255.8	43 255.8	13 368.8	3 714.4	1 429	376
云南玉溪三建建设集团有限公司	34 009.9	34 009.9	9 643.4	1 867.5	2 500	303
云南玉溪城建集团有限公司	27 999.4	19 612.7	10 292.7	6 452.9	1 271	108
玉溪市汇溪建筑工程有限公司	20 754.0	20 754.0	2 499.0	1 000.0	260	20
云南省玉溪市红塔建筑工程有限公司	20 601.7	20 602.0	2 710.0	2 162.0	830	157
玉溪市第九建筑工程公司	14 800.0	14 800.0	3 176.0	3 218.0	1 500	196
云南省玉溪市金州建筑装饰工程有限公司	12 920.3	12 920.3	2 690.2	3229.9	916	173
云南玉溪路桥工程有限责任公司	12 647.1	5 076.6	24 540.3	7 033.6	34	32
云南玉溪市呈升建筑装饰工程有限责任公司	12 487.0	12 487.0	7 105.0	1 681.0	520	297
云南省玉溪市富康建筑装饰工程有限公司	12 448.6	12 448.6	2 915.3	1 861.6	150	82
云南玉溪水电集团有限公司	11 427.4	9 102.8	4 270.4	1 544.9	497	81
玉溪市第七建筑装饰工程有限公司	9 899.3	9 899.3	8 158.3	4 490.4	922	161
玉溪泰安建筑工程有限公司	6 818.6	6 818.6	2 310.4	1 439.4	319	104
云南省玉溪市东风建筑安装有限公司	6 595.0	6 595.0	2 649.4	1 525.0	330	153
玉溪建工（集团）有限公司	6 450.2	5 450.2	3 599.0	1 965.0	600	275
云南省玉溪建筑工程有限公司	6 436.1	6 596.5	20 202.0	4 726.4	825	149
云南恒立基础工程有限公司	6 071.9	4 337.6	2 689.3	2 348.0	65	10
云南省玉溪市荣玉建筑工程有限公司	5 703.6	4 703.6	3 978.7	2 337.0	520	250
云南省玉溪市旭达建筑装饰工程有限公司	5 465.8	6 148.0	3 220.6	1 253.0	221	176
云南省玉溪市振兴建筑工程有限公司	5 409.6	5 409.6	2 295.7	1 578.0	198	98

（魏海荣）

【云南省玉溪市振达建筑工程有限公司】　属私营企业。公司驻红塔区研和街道中村，1977 年成立，注册资金 818 万元。法人白占凤，具有建安三级施工企业，房屋建筑工程施工总承包三级资质。经营范围：房屋建筑、房屋维修、室内外装饰、水电安装、屋面防水、土方、石方等工程。设经理室、经营部、工程部、技术部、安全部、财会部 5 个室（部）和 5 个工程处。2011 年，从业人员年平均 320 人，专业技术人员 67 人，其中：中职 21 人、初职员 46 人；工程师 18 人、会计师 3 人、助理工程师 22 人、助理会计师 6 人、助理经济师 2 人、技术员 14 人、会计员 2 人。有固定资产 818 万元，施工机械 312 台、装载机 13 台、推土机 3 台、压路机 2 台、挖机 6 台，总功率为 1 850 千瓦，技术装备系数 3.36 千瓦/人。2011 年，公司先后在玉溪、峨山、墨江、元江等地完成施工 1 909 万元，完成单位工程 21 个，一次性验收合格，并通过备案。完成产值 1 909 万元，比上年减 65.37%；实现销售收入 2000 万元，比上年减 65.4%；缴税 100 万元，比上年减 49.07%。

【玉溪市第九建筑工程有限公司】　属私营企业。公司驻研和街道研和社区，始建于 1978 年 1 月，先后取得房屋建筑工程施工总承包二级、市政公用工程施工总承包三级、水利水电工程施工总承包三级、起重设备安装工程专业承包三级等资质。并取得了 GB/T9001－2000JdtISO9001：2000 质量管理体系认证证书。2011 年，法人陈红喜。从业人员 1 350 人，其中专业技术人员 256 人（高职 6 人、中职 52 人、初职 198 人；二级建造师 28 人、专职安全员 15 人、质检员 34 人、统计信息员 4 人；特种作业持证上岗 186 人）。公司下设 10 个工程处，拥有与施工配套的大中型机械设备 725 台，总功率 8 472 千瓦，年均完成建安产值 1.4 亿元，实现利税 618 万元，成为解决农村剩余劳动力就业的平台。

（李晓东）

【玉溪市呈升建筑装饰工程有限责任公司】　位于玉溪市珊瑚路 119 号，具有房屋建筑工程施工总承包二级、市政公用工程施工总承包三级、起重设备安装工程专业承包三级、建筑装饰装修工程专业承包三级资质，注册资金 2 675 万元，拥有框架结构六层办公楼一幢、建筑面积 4 318 平方米和经营场地 1.33 万平方米，各种大、中型机械 527 台（件），其中：QTZ40－32/90 自动式塔机 6 台、Z40 装载机 14 台、W50 挖掘机 6 台、各种载重汽车 20 余辆。2011 年末，有职工 606 人，其中：工程技术人员 179 人（高职 8 人、中职 42 人、初职 129 人），注册建造师 17 人，技工 300 余人。公司下属：玉溪市呈升建筑装饰工程有限公司，玉溪市呈升建筑第一、二、三、四、五、六、七、八工程处，市政工程处，机械化施工处，室内外装修工程处，水电安装工程处。全年完成建安总产值11 904万元，全部竣工工程实现一次验收合格并通过质量监督管理部门备案。合同履约率100%。

【云南玉溪三建建设集团有限公司】原系云南省玉溪市第三建筑工程有限责任公司于2010年2月更名为云南玉溪三建建设集团有限公司，同年10月注册资金增资为5 019万元。先后取得房屋建筑施工总承包二级、市政公用工程施工总承包三级、建筑装修装饰工程专业承包二级、建筑起重设备安装工程专业承包二级等资质。2011年，公司实现签订合同额5.5亿元，产值3.4亿元。公司已具备年完成60万平方米，产值5亿元以上的施工能力。

【云南省玉溪市振兴建筑工程有限公司】 位于玉溪市凤凰路下段。主要经营房屋建筑，维修，室内外装饰，水电安装等业务。2011年，有职工198人，其中：高职4人、中职21人、初职98人；资产总额2 295.7万元，完成建安产值5 409.6万元，缴税214万元。

（翟 溪）

【云南玉溪红塔建筑集团有限公司】属私营企业，位于红塔区聂耳路73号，法人马俊，公司下辖10个工程处，具有二级施工资质，固定资产3 484万元，拥有机械设备963台（件），动力装备率为4.69千瓦/人，技术装备系数为11 329元/人。业务范围：土建施工、工程装饰、水电安装、市政道路建设等，市场拓展至玉溪、昆明、思茅等6个州市。2011年，从业人员825人，其中有高、中、初工程技术和经济人员150多人；完成施工产值6 933万元，比上年增0.3%；营业收入6 600万元，比上年-19%；利润总额110万元，比上年-80%；上缴税金283万元，比上年-4.4%。工程合格率100%，其中优良率80%以上。

（陈桂萍）

【云南恒翔路桥工程有限公司】 组建于1993年，实收资本1 049万元，取得国家公路工程施工总承包三级资质。主要从事公路、桥梁、隧道工程施工和水利水电工程施工、市政工程施工及租赁工程机械等。通过ISO9001：2000质量管理体系认证。公司连续多年被玉溪市人民政府评为“重合同、守信用”企业。2011年，有职工172人，完成产值2 688万元，增加值379万元，缴税124万元，劳动者报酬184万元。

【玉溪市第七建筑装饰工程有限公司】

位于红塔区龙马路7号，成立于1982年，实收资本2 106万元，法人代表李贵元。取得房屋建筑工程施工总承包二级资质。主要业务范围：承接各类建筑、装饰工程。公司下设12个工程处，连续十一年被玉溪市政府评为“重合同、守信用”单位，被云南红塔农村合作银行评为“AA级信用单位”等。2011年，完成产值9 899万元，资产总额8 158万元，房屋建筑施工面积15.69万平方米，增加值1 674万元，缴税422万元。年末，有职工922人，其中：技术人员161人，持证上岗179人。劳动者报酬2 127万元。

【玉溪桦云彩钢金属结构工程有限公司】 位于红塔区李棋街道金家边社区，属民营企业，实收资本100万元。主要从事于彩钢瓦的销售安装。2011年，资产总额764万元，实现营业收入1 222万元，从业人员20人，支付劳动者报酬33万元。

【玉溪市富康建筑装饰工程有限公司】

位于李棋街道康井社区，成立于1990年，实收资本2 371万元。取得建筑施工二级资质。通过ISO9001：2000标准国际质量管理体系认证。主要从事于房屋建筑施工。2011年末，有职工150人，其中：项目经理25人，高职5人，中职40人。资产总额2 915万元，完成房屋建筑面积施工面积9.61万平方米、产值12 449万元、增加值1 986万元、缴税692万元、劳动者报酬326万元。

【玉溪市金州建筑装饰工程有限公司】

位于红塔区李棋街道金州社区，属私营企业，成立于1996年，注册资金2181万元。取得建筑施工和安装工程二级、市政三级、装饰三级、起重设备安装三级资质。通过ISO9001：2000质量管理体系认证。2011年，有职工916人，其中：高中职56人，技术人员104人，持证上岗人员256人；持有二级建造师资质证人员10人、建造员15人、专职安全员8人、专职质检员13人、专职会计1人、出纳1人、统计员2人。资产总额2 690万元，完成产值12 920万元、增加值2 149万元，缴税692万元，劳动者报酬870万元。

【云南浩超建筑工程有限公司】 位于红塔区龙马路17号，属私营企业，从事建筑工程的施工，室内外装饰工程的设计及施工，建筑材料、装饰材料、金属材料、塑料制品的销售。注册资本2 000万元，具有房屋建筑工程施工总承包二级、建筑装修装饰工程专业承包三级、市政公用工程总承包三级等资质。先后完成星云商住城、富然二期、西菱综合用房、景华苑、东江公寓、红塔屋业山水佳园二期III区项目工程一标段和红塔物业红塔迎宾馆改扩建工程、胜利水库片区水土保持防洪清淤景观环境综合整治维护土方工程（三标段）等工程。2011年，资产总额5 647万元，完成产值7 802万元、增加值2 023万元、缴税456万元，劳动者报酬410万元，从业人员300人。

（梁丽雯）

【云南志衡市政工程有限公司】 属私营企业，位于玉溪市红塔区环山路北段，在云南省玉溪市东风建筑安装工程有限公司十二处基础上，于2009年2月成立云南志衡市政工程有限公司，隶属于玉溪近业房地产开发有限公司，注册资本600万元，法人张艳玲。从事市政公用、房屋建筑、水利水电、公路、建筑装饰装修等工程的设计与建设。至2011年末，拥有大中型机械设备924多台（件）；职工618人，其中：管理人员61人、持证上岗人员120人、有资质的项目经理10人年；完成建安产值1.2亿元。

【云南玉溪城建集团有限公司】 属私营企业，位于玉溪市红塔区许家湾路中段，1977年成立，前身系玉溪市政工程公司第六工程队，曾先后更名为云南省玉溪技术开发总公司建筑工程公司、玉溪市富豪建筑装饰公司、玉溪富豪建筑有限公司，2003年12月，组建云南玉溪城建集团有限公司。公司立足于主业（房屋建筑施工），并向市政公用工程、建筑装修装饰、房地产开发、路桥施工、园林绿化、房屋拆迁、钢结构工程、商贸及商业市场开发等领域拓展。2011年，有资产总额10 293万元，拥有各类先进大中型配套机械设备200多台（套），公司年施工能力2亿元；有职工628人，其中专业技术人员195人（高级工程师8人、工程师59人、助理工程师31人）。完成建安产值万元。8月，被中国建筑业企业联会、中国建筑技术与质量学会评为2011中国建筑“百强之星”十佳安全质量管理示范单位。

（孟惠芝）

环境保护

【概　况】 2011年，红塔区环境保护局继续贯彻“生态立区”战略，认真落实区政府《红塔区创建国家环境保护模范城市实施方案》，精心组织开展环境保护。围绕目标，完善机制，生态文明建设和创模工作稳步推进。大营街等3个街道办事处被列为生态文明建设试点街道；春和街道孙井社区居委会等15个村组被列为市级生态文明建设试点村；玉溪大河流域李棋街道王井村等20个村组被列为农村环境综合整治村。相关街道、村、组制定实施方案，开展项目建设的前期工作。严把建设项目审批关和验收关，从源头上控制新污染源的产生，全年审批（审查）建设项目环境影响报告书（表）、登记表110份，项目总投资10.3亿元，环境保护投资8 000万元，环保投资占总投资的7.77%。认真实施结构减排、工程减排、管理减排，淘汰落后产能54吨，减排二氧化硫335吨、化学需氧量160吨、氨氮15吨、氮氧化物58吨。加强环境监察工作，出动监察人员2 202人次，检查企业、项目734家（个），立案查处20件违法违规案件，结案20件，查处率100%，处罚金额42万元。征收排污费922万元，完成年计划的257%。受理查处环境污染投诉案件57件，结案率100%。截至2011年末，建成省级绿色学校5所、市级绿色学校6所和省级绿色社区1个，区环保局被省环保厅等7部门评为“云南省第四批绿色社区创建优秀组织单位”。组织开展纪念“六五”世界环境日系列活动。环境监测工作取得新进展，完成各类监测数据24 079组。

【建设项目环境管理】 2011年，红塔区审批（审查）建设项目110个，项目总投资10.3亿元，其中环境保护投资8 000万元，占总投资的7.77%。在项目审批中，依照建设项目环境保护分类管理名录的要求严格把关，环境影响评价执行率100%。年内，强化建设项目竣工验收“三同时”制度的落实，对建设项目组织或参与竣工验收56项，合格率100%。审批、审查试生产（运营）项目10件。

【国家环境保护模范城市创建】 2001年，根据《玉溪市人民政府关于开展创建国家环境保护模范城市工作意见》，红塔区启动国家环境保护模范城市创建工作，成立红塔区“创模”领导小组和办公室。10年来，区政府多次召开红塔区“创模”领导小组会议专题研究“创模”工作，围绕生态立区战略的实施和国家环保模范城市考核要求，在中心城区实施“禁煤”“禁烧秸秆”和建筑施工场地及道路扬尘治理、烟尘控制区建设等改善城区环境质量的“蓝天工程”；以城市污水处理厂建设、饮用水源地保护、玉溪大河综合整治为重点的“碧水工程”；以加强建筑施工噪声和文化娱乐噪声监管、城区禁止机动车鸣喇叭、建设噪声达标区等为重点的“宁静工程”；以改善城市道路、城区街头景观建设、城市绿地建设等为重要内容的“美化绿化工程”。围绕节能减排目标，加大产业结构调整力度，加强重点工业企业污染防治，加快淘汰落后产能步伐，着力推进循环经济、清洁生产。按照“两山两河、南北分工”的生态城市框架，先后完成聂耳文化广场、玉溪大河防洪水系一期、红塔山工业旅游区等重大项目建设，极大地改善城市景观和生态环境，拓展城市文化发展空间。城市道路、供排水管网、生活污水、生活垃圾处理等市政设施日益完善，建成总面积18.14平方千米的噪声达标区和面积27.5的烟尘控制区，建立中心城区空气质量自动监测系统，实现空气质量日报，中心城区空气质量连续三年名列全国113个环境保护重点城市前10名，中心城区绿化覆盖率40.2%。几年来，累计完成工业企业清洁生产审核验收12户，淘汰拆除小炼铁高炉11户、产能108万吨；拆除水泥机立窑9座、产能72万吨，年度污染物减排目标得到落实。玉溪于2010年2月被国家住建部命名为国家园林城市、2011年12月被国家卫生部命名为国家卫生城市。

2011年6月区委对红塔区创建国家环境保护模范城市领导小组成员进行调整，并于同年7月3日召开红塔区创建国家环境保护模范城市动员大会对创模工作进行动员和安排。区政府先后召开工作推进会，对创模工作进行专题研究，与各乡、街道、区属各创模成员单位签订目标责任书，明确中心城区环境空气质量达标、东风水库饮用水源地保护及水质达标、玉溪大河综合治理等7类14项重点工程及重点工作的责任单位、工作要求及完成时限（详见附表）。截至年底，各工程项目进展情况为：

中心城区扬尘污染防治工作 区城管局、区住建局按各自分工和职责，加强对中心城区工程建设过程中建筑工地建筑垃圾、渣土、粉尘、超限超载等情况的管理，有效防止或尽量减少扬尘污染。《玉溪市红塔区渣土运输管理办法》已作为《玉溪市城市管理条例》的配套办法颁布（从2012年1月1日起实施）。区城管局起草《关于玉溪中心城区建设工程渣土和散体建筑材料实行密闭运输的通告》、制发《玉溪市红塔区渣土运输管理实施方案》。

李棋街道大矣资环境综合整治工程 大矣资村环境综合整治工作进展顺利并已接近尾声，已建成公厕3个，人工湿地和排水沟的建设全面完工。8个垃圾池和1个公厕的建设尚未完成。

玉溪大河周边农村生活污水治理工程 启动春和街道大白井、小白井、白腊屯村试点建设，其中：大白井村完成工程投资的70%、工程量的40%，小白井村完成工程量的90%（污水处理池已建好），白腊屯村完成完成工程量的80%。大营街街道赤马村中央“以奖促治”项目实施方案已上报市环保局审批。

玉溪大河周边农村生活垃圾收集转运项目 城管局制定《玉溪大河周边村庄生活垃圾收集运输整治方案》，截至2011年末，到位资金150万元，准备购置垃圾车12辆。

玉溪大河周边达标治理及养殖小区的建设 玉溪大河周边有29家养殖户，区农业局已制定《玉溪大河周边29家养殖户的达标治理工作方案》和《黄草坝养殖小区设计方案》。并到29家养殖户进行入户告知，建设8立方米沼气池9座，沉淀池5座，2户养殖户停止养殖。

玉溪大河14条入河河道管理 对玉溪大河、东风南大沟、东风北大沟等18条主要河渠进行综合治理，共出动机械1 138台次、人员1.32万人次，清运淤泥4.29万立方米。制定下发《红塔区落实河（段）长责任制工作方案》，对玉溪大河14条入河河道实行河道（段）长负责制，向社会公示并安装标示牌。

中心城区生活垃圾综合处理厂项目 完成填埋库区建设工作，包括填埋场主坝、分期坝及分期坝渗滤层、清库修坡、地下水收集管、渗滤液排污管网的铺设、防渗膜的铺设，锚固沟、截洪沟、库区道路、导气石笼、渗滤液调节池等内容。办公楼、倒班宿舍、食堂已建设完成。与北京科林皓华科技发展有限责任公司签订特许经营协议。渗滤液处理站已完成可研编制工作，正开展环评的修编工作。焚烧炉及余热锅炉已签订采购安装合同。

玉溪市医疗废物处理工程 已完成所有建设内容，于2011年6月5日通过空机试运行。与4家医疗机构签订《医疗废物处置服务合同》，制定医疗废物收集路线，并完成从业人员相关法律、法规和专业技能、安全防护以及紧急处理等知识培训和上岗培训工作。同年10月1日正式启动红塔区医疗废物集中处置工作。

昆玉高速红塔区段沿线绿化美化工程 项目投资2 000万元，上坝至梅园立交段绿化美化工程已启动，截至2011年，完成1.3千米的填土和绿化工程。

编制《红塔区创模工作手册（暂行）》，开展档案资料的收集整编；配合市创模办开展创模规划修编；建立信息发布及报送制度，及时收集整理工作动态信息。

表34：2011年红塔区创模重点工作相关情况一览表

2011年红塔区创模重点工作相关情况一览表

表34

序号	工程类别	工程名称	责任单位	完成时限
1	中心城区环境空气质量达标工程	中心城区燃煤锅炉、炉灶的综合整治工作（含使用水煤浆、煤转气的锅炉、炉灶）	区环保局牵头，区城管局、工商局、卫生局配合，各街道办事处	2011年12月底前完成
		红塔区废气排污企业的监管工作	区环保局	2011年10月31日前完成
		中心城区扬尘污染防治工作	区城管局、住建局	
2	东风水库饮用水源地保护及水质达标工程	红塔区李棋镇大矣资村环境综合整治工程	李棋街道办事处负责，区水利局、农业局、环保局配合	2011年11月底前完工
3	玉溪大河综合治理工程	玉溪大河周边农村生活污水治理工程	区住建局牵头，区环保局、玉带、大营街、李棋、春和街道办事处配合	2011年8月底前完成项目前期工作并将工作方案报区创模办
		玉溪大河周边农村生活垃圾收集转运项目	区城管局、玉带、大营街、北城、李棋、春和街道办事	2011年8月底前完成项目前期工作并将工作方案报区创模办
		玉溪大河周边29家养殖户的达标整治及养殖小区的建设	区农业局、水利局、市国土局红塔分局、环保局	2011年8月底前完成项目前期工作并将工作方案报区创模办
		玉溪大河14条入河河道管理工作	区水利局牵头，玉带、春和、李棋、大营街、北城街道办事处负责	
4	环境基础设施建设工程	中心城区生活垃圾综合处理厂项目	区住建局牵头，区城管局等部门配合	2011年11月底前建成投入运行
		玉溪市医疗废物处理工程	区住建局牵头，区城管局、卫生局等部门配合	
5	绿化美化工程	昆玉高速红塔区段沿线绿化美化工程	区城管局、林业局	2011年8月底前完成工作方案编制并报区创模办
		玉江高速公路沿线红塔区段绿化工程	区城管局、林业局	2011年8月底前完成方案编制并上报区创模办
6	创模宣传	创模宣传教育工程	区委宣传部牵头，区环保局、文旅广体局配合	2011年8月31日以前完成创模宣传方案编制并按方案开展具体宣传工作
7	资料收集	创模档案资料收集整编	区创模各成员单位	2011年8月20日前报送区创模办

【生态文明建设试点】 2011年1月30日，红塔区生态文明建设试点启动仪式在春和街道孙井社区举行，市环保局、区政府、春和街道、区环保和各街道（乡）等100余名领导、专家参加。区政府法制办主任任瞿向前主持，区环保局局长薛海星作动员，春和街道办事处主任周德梅对孙井村生态文明建设试点村提出要求，市环保局副局长矣家宁就如何推进生态文明建设试点进行指导，区政府区长助理杜建明宣布全区生态文明建设试点正式启动。同时，督促部分试点街道、村根据生态文明试点建设的要求，编制完成试点实施方案。

2010年12月，大营街街道、研和街道、春和街道被确定为玉溪市生态文明建设试点乡镇；春和社区居委会四组、五组、八组和孙井社区居委会、研和社区居委会一组、四组、五组、六组、八组及大营街街道大营街社区居委会一组、二组、四组、五组等15个村（组）被确定为玉溪市生态文明建设试点村。学习借鉴大理州洱源县的经验，并将玉溪大河流域的李棋街道王井村、刘官营村、任家边村、金家边村，春和街道傅总旗村、朱冒营村、左井村、刘总旗村、大白井村、小白井村、百腊屯村、玉带街道徐百户屯村、大河边村、张村、中卫四组和郑井一、二、三组及大营街街道赤马1～18组的20个确定为农村环境综合整治村。

年内，按照国家和省对项目申报和实施的有关要求，积极组织大营街街道赤马村、春和街道飞井村编制农村环境综合整治措施和专项资金申请报告、村落环境综合治理工程实施方案上报省环保厅争取中央农村环保“以奖促治”专项资金。

【主要污染物减排】 2011年，根据市级下达的年度减排任务，进行细化分解，将目标任务明确到企业。强化结构减排，淘汰拆除炼铁高炉3座，强化工程减排，对玉溪大河流域内的9个重点单位和企业进行限期治理。减排二氧化硫335吨，化学需氧量160吨，氨氮15吨，氮氧化物58吨。

【危险废物排查监管】 2011年，红塔区制定危险废物排查监管实施方案，在全区范围内开展危险废物环境风险排查专项行动，查明红塔区辖区内涉及危险废物企业10户，确定涉及有危险废物企业8户，其中2家待检测、待鉴别。

【重金属污染防治】 2011年，开展重金属污染防治重点区域、重点行业、重点企业调研，全区有11户企业涉及重金属污染。同时，开展重金属防治规划，确保完成国务院下达的“十二五”末重金属污染物总量削减15%的目标。

【推行排污许可证制度】 2011年，红塔区完成50户排污单位的排污口规范化整治，为25户符合条件的企业发放排污许可证，其中：医院21户、其他企业4户。在许可证年检过程中，对1户超过排污许可证核定排放量排放污染物的企业依法进行处罚。

【环境现场执法】 2011年，强化减排工程项目管理，每月不少于一次现场监督检查国控、省控、市控重点排污企业和涉重金属污染、涉危险废物企业、矿山尾矿库等企业的污染物排放、危险废物处置等情况，全年出动监察人员1 839人次，检查各类排污企业、单位613家次，下达环境违法行为限期改正通知书55份、立案查处各类环境违法案件19件，结案20件（含上年数），处罚金额40万元。其中：项目违法5件、超标排污4件、不正常使用污染防治设施6件、其他4件。

【排污费征收】 2011年，区环保局继续强化排污申报和排污收费工作，全年开征60家排污单位，完成排污费征收844万元，其中：废气823万元、废水9万元、废渣12万元。

【污染事故和污染纠纷调查处理】 2011年，全区接到各类污染投诉、信访案件54件，调查处理54件。其中：水污染引起12件、废气污染引起31件、其他污染引起11件；办理人大建议2件、政协提案2件，办理市长、区长热线交办件及其他上级交办件10件。

【放射性同位素与射线装置监督管理】 2011年2月，区环保局和市环保局核与辐射科积极协调省辐射站，安全收储了玉溪南莲水泥制造有限公司、玉溪市白凤水泥制造有限公司、玉溪市莲池水泥制造有限公司、玉溪市龙潭水泥有限公司和云南省活发集团刘总旗水泥制造有限公司5家关停企业闲置的7枚放射源（料位计和钙铁煤分析仪），及时消除辐射事故隐患，确保环境安全。

【环境宣传教育】 2011年，继续以实施七彩云南玉溪保护行动为契机，参与区委宣传部牵头组织的红塔区文化、卫生、科技“三下乡”活动，通过发放环保宣传画、展出宣传展版、播放录音带等形式，提高市民的环保意识。继续在全区中小学、幼儿园开展创建“绿色学校”活动，大营街中心小学、北城中心小学、孙井小学、洛河中心幼儿园、大营街中心幼儿园、研和二中6所学校被命名为玉溪市第四批市级绿色学校；组织玉溪第四中学、玉溪第一小学2所学校申报第二批国际生态学校项目并通过省级专家组考核验收；组织北城中心小学、孙井小学、洛河中心幼儿园、大营街中心幼儿园、大营街一中5所学校申报云南省第六批省级绿色学校。围绕世界环境日——中国主题“共建生态文明，共享绿色未来”开展系列环境宣传教育活动。与市环保局联合在聂耳文化广场举办环境咨询宣传活动，发放七彩云南保护行动丛书《生态文明建设读本》3 000多册、环保购物袋2 000多个。

【环境质量监测】 2011年，中心城区环境质量主要从水库水、环境空气、酸雨、噪声等几个方面监测，其中：在中心城区选择东风水库、市环境监测站、大营街3个空气自动监测点监测空气质量；选择东风水库、飞井海水库、红旗水库、合作水库4个点作为中心城区饮用水水源地监测点。年内，中心城区二氧化硫、二氧化氮、可吸入颗粒物的年日均浓度分别是0.043mg/m³、0.016mg/m³、0.059mg/m³，全市日均值未出现超标。

东风水库　东风水库是中心城区饮用水水源地之一。水体功能Ⅲ类，2011年水质为Ⅲ类（与2010年相同），营养状态为中营养，满足水体功能要求。其中总氮在1月出现超标。

飞井海水库　飞井海水库是中心城区饮用水水源地之一。飞井海水库水体功能Ⅲ类，2011年水质为Ⅲ类（与2010年相同），营养状态为中营养，满足水体功能要求。与2010年比较，水质总体保持稳定。

红旗水库　红旗水库水体功能Ⅱ类，2011年水质评价为Ⅲ类（与2010年相同），主要污染物为总氮，其中总磷在9月、10月出现超标。水质不能满足水体功能要求。

合作水库　合作水库水体功能Ⅱ类，2011年水质评价为Ⅲ类（劣于2010年的Ⅱ类），主要污染物为总氮，其中总磷在9月、10月出现超标。水质不能满足水体功能要求。

环境空气质量　2011年，中心城

区环境空气质量监测指标日平均值均符合GB3095－1996《环境空气质量标准》二级标准，其中环境空气质量达一级标准119天、达二级标准246天；二氧化硫达一级标准265天、达二级标准100天；二氧化氮达一级标准365天；可吸入颗粒物达一级标准136天、达二级标准229天。东风水库监测点日均值达一级标准210天、达二级155天，未出现超标；市环境监测站测点达一级标准78天、达二级287天，未出现超标；大营街镇测点达一级标准66天、达二级298天、三级1天，超标天数占0.3%。

降　尘　在玉溪中心城区少体校、自来水厂、市环境监测站设有3个监测点，对中心城区的降尘进行常年监测，年内中心城区平均降尘量5.63吨/平方千米·月；降尘总量67.56吨/平方千米·年。

硫酸盐化速率　在中心城区少体校、自来水厂、市环境监测站设有3个监测点，对中心城区的硫酸盐化速率进行常年监测，监测结果表明：年内中心城区年均硫酸盐化速率0.544（毫克/100平方厘米碱片·日）。

酸雨监测　中心城区降水的酸度监测布点数2个，即市环境监测站和玉溪师范学院郊区（对照点）。市环境监测站测点采集降水样品39个，降水pH平均值6.72，无酸雨产生。玉溪师范学院测点采集降水样品14个，降水pH平均值6.14，无酸雨产生。

噪声监测　2011年，中心城区区域环境噪声网格总数为137个，覆盖面积为16.78平方千米，覆盖人口为14.27万人。昼间平均等效声级50.3dB（A），比上年的50.5dB（A）下降了0.2dB（A）；夜间41.8dB（A），比上年的41.9dB（A）下降了0.1dB（A）。昼间区域环境噪声等效声级值达到一级标准（≤50.0dB（A））的声级覆盖面积8.21平方千米、占总网格面积的48.9%，声级覆盖人口6.98万人；达到二级标准（50.1～55.0）的声级覆盖面积6.37平方千米、占总网格面积的38.0%，声级覆盖人口5.41万人；达到三级标准（55.1～60.0dB（A））的声级覆盖面积2.08平方千米、占总网格面积的12.4%，声级覆盖人口1.77万人；达到四级标准（60.1～65.0）的声级覆盖面积0.12平方千米、占总网格面积的0.7%，声级覆盖人口为0.10万人。夜间区域环境噪声等效声级值达到一级标准（≤40.0dB（A））的声级覆盖面积6.25平方千米、占总网格面积的37.2%，声级覆盖人口5.31万人；达到二级标准（40.1～45.0）的声级覆盖面积7.47平方千米、占总网格面积的44.5%，声级覆盖人口6.35万人；达到三级标准（45.1～50.0dB（A））的声级覆盖面积3.06平方千米、占总网格面积的18.2%，声级覆盖人口2.6万人。其中：

功能区噪声。2011年，城市功能区中一类区昼间全年平均等效声级为50.6dB（A），超标率14.8%；夜间全年平均等效声级为40.1dB（A），超标率9.4%。二类区昼间全年平均等效声级为52.7dB（A），超标率为零；夜间全年平均等效声级为43.7dB（A），超标率3.1%。三类区昼间全年平均等效声级为55.3dB（A），超标率为零；夜间全年平均等效声级为44.7dB（A），超标率9.4%。四类区昼间全年平均等效声级为62.9dB（A），超标率3.1%；夜间全年平均等效声级为57.4dB（A），超标率68.8%。

交通噪声。2011年，道路平均路宽32米、长21.67千米，测量覆盖路长21.67千米，机动车流量平均每小时1 730辆，非机动车流量平均每小时313辆；轻型汽车流量平均每20分钟352辆，重型汽车流量平均每20分钟37辆；年内，中心城区道路交通噪声平均等效声级为66.3dB（A），比上年的66.6dB（A）下降了0.3dB（A）。其中：达到一级标准（≤68.0dB（A））的路段长度13.56千米，占道路总长的62.6%；达到二级标准（68.1～70.0）的路段长度8.11千米，占道路总长的37.4%。

（高培亮）

城市管理

【概　述】　2011年，红塔区城管局按照建设“现代宜居生态城市”的总体目标要求，紧紧围绕区委、区政府的工作部署，以“四创一建”为契机，不断加强队伍建设，创新城市管理机制，扎实抓好市容环境卫生、园林绿化、城市垃圾、市政设施等城市管理工作。树立亲民理念，强化行政执法，围绕创建国家卫生城市深入开展户外广告和招牌、占道经营、流动经营、渣土运输、乱停乱放、游丧等影响城市市容市貌问题专项整治工作，在创建国家卫生城市工作中发挥主力军作用，为创建国家卫生城市做出了积极贡献，较好地完成各项工作目标任务。2011年被区委区政府评为行政效能建设先进集体、依法行政工作先进集体、综合考核评为一等次。年内，受理各类投诉、举报、信访637件（次）；承办人大代表建议和政协委员提案35件；多形式、多渠道开展城市管理条例的宣传：发布宣传标语53万条，发放宣传单、宣传画、招贴画38万余份，制作宣传广告和CD 1 230张。3～8月，局党工委、局工会、局团委相继成立。

【城市管理综合行政执法】　2011年，开展专项综合整治151次，出动5 420人次，车辆510台次。共发放《红塔区城市管理综合行政执法大队建设行政责令改正通知书》《红塔区城市管理综合行政执法大队整治占道经营行为的通知》4 600余份；教育警告占道经营、出店经营8.76万起；先行登记保存各类违章物品1 230余起，经济处罚770起，处罚金额6.94万元。开展违反城市规划行为治理，共参与建设工程规划验线项目39起，清理、查验各类应办理规划许可手续项目537起，作停工处理63起，补办手续29起，依法组织拆除13起；处理擅自挖掘城市道路4起，经济处罚2起；对规划案件进行经济处罚27起，共罚款6.71万元。清除乱涂写、乱张贴的城市“牛皮癣”小广告4.83万处；清理破损门头广告招牌、灯箱、小黑板860个；拆除乱挂布标条幅1 370条。对临时占道登记备案396起；悬挂彩旗布标登记备案41件；新开道口、挖掘道路绿化带等登记备案72件；启动机动车上人行道乱停乱放非现场处罚平台，发放《温馨提示》3 200多份，《警告》1 300多份，处罚机动车上人行道乱停乱放行为1 544起，收缴罚款金额7.02万元，人行道泊车登记备案11件。治理中心城区游丧行为122起；开展中心城区建筑施工工地管理及运输渣土、沙石等建筑材料、建筑垃圾管理工作。发放宣传资料900多份，办理运土手续12项，处理运土泼洒污染路面89起，要求限期整改37起，查处未封闭式运输车辆和运输泼洒470多起，批评教育420起，经济处罚52起。

【治理户外广告和招牌】　全区户外广告和招牌综合整治工作于2011年7月15日展开，按照《红塔区户外广告和招牌综合整治工作实施方案》的时间步骤，8月31日，顺利完成了聂耳路、南北大街、珊瑚路3条示范街的综合整治工作，截至12月31日，完成全区户外广告和招牌的整治工作。共发放告知书8 145份，整改不符合技术规范、过期、破旧等的广告和招牌5 997块；拆除无主、违规、存在安全隐患等的广告和招牌9 358块（其中：拆除墙体广告4 795块、楼顶广告2 092块、招牌2 200块、市政道路广告设施213棵，大型立柱广告设施58棵）。通过治理，中心城区市容市貌明显改善，创卫成果得到巩固。

【数字城管】　为进一步建立完善城市管理数字化模式，全面提高城市管理水平，积极筹备新型数字化城市管理工作。制定了数字化城市管理方案，委托玉溪电信和云南邮电规划设计院进行专业设计，并于9月23日通过了专家评审。截止12月30日，城管通3G手机上报信息共3万多条，每月通过红塔区数字城管初级指挥平台发现处理城市管理方面问题2 800多件，立案率为98.1%，处理率达96%。

（杨根秀）

*　*　*　*

【易门－峨山－高仓二级公路建设工程】　易峨高二级公路（红塔区段）全长18.217千米，为整条路的第11合同段，起于小街箐坡峨山县与红塔区分界点，止于高仓立交，工程批准总投资5.46亿元。工程自2009年9月开工以来，至2011年6月15日，易峨高二级公路（红塔区段）路基、路面工程全线完工，6月30日试通车。

【农村公路建设】　2011年，农村公路项目建设单位分别由项目所在地北城街道、洛河乡、大营街街道负责。

夏井路：夏井路路面改造工程起于北城镇东环路，止于红龙路，全长2.31千米，计划总投资654万元，其中区级补助100万元，北城街道办事处自筹554万元。工程已完工。

洛矣路：工程起于洛河金信温泉，止于峨山县水尾（红塔区与峨山县交界点），全长5.5千米，本次建设主要是新铺沥青路面，路面宽6.5米，计划投资756万元。资金来源省级配套，工程已建成通车。

莲水路：莲池至水泥厂，工程全长3.69千米，本次建设任务主要是调整公路线形，扩宽路基，增设砼边沟和涵洞，路基扩宽至6.5米，计划投资120万元。区级财政投资120万元，工程于9月28日完工待验收。

平坝路：工程全长7.90千米，计划投资250.86万元，区级补助210万元，大营街街道办事处自筹40.86万元，工程于2011年7月开工，10月14日完工。

【公路养护管理】　农村公路大中修工程建设项目管理。2011年，区交通运输局严格按照公路工程基本建设程序要求，对2009年、2010年的农村公路大中修工程项目进行管理。2009年立项建设的大中修工程项目为：玉通路（大金线）、攒坝塘路、夏冯路（夏井至冯井）、冯井路、贾下路（贾井至下唐井）；2010年立项建设的大中修工程项目为：红龙路、县（乡）道示范路里程碑更换安装、响小路（响水至小

交通·邮电

交通建设管理

【概　况】　截至2011年底，红塔区境内有通车道路527条、里程1 376.5千米，其中国道2条、91.1千米，省道1条、10.2千米，县道15条、171.5千米，乡村道509条、1 103.7千米。公路网络密度137.1千米/百平方千米。全区11个乡、街道全部通水泥（沥青）路，81个村（居）委会、442个自然村通公路，实现自然村通车率100%。已开通客运线路34条，其中城区公交线路15条，城乡公交线路5条、覆盖3个街道，农村客运专线车线路14条、覆盖8个乡、街道，正在促成北片区公交替代专线车的工作。建成四级以上农村客运站5个。

年末，红塔区境内拥有机动车187 825辆，其中客车385辆（其中区内中巴车12辆，微型客车295辆），货运车17 666辆（其中危货车辆95辆），出租车317辆，摩托车97 612辆。客运车队4个，客运车辆审验率100%。货运车队76个（其中普货车队69个，危货车队7个），营运货车17 666辆。维修行业790户（其中：一类企业19户，二类企业65户，三类维修业598户，摩托车修理108户），从业人员2 520多人。二类以上修理厂人员持证率80%以上。维修业户质量信誉考核率达100%。在年内的质量信誉考核和审验工作中，限期整改5户。同时，参与调处维修质量纠纷6次，并对违规经营业户按照《中华人民共和国道路运输条例》和《道路运输行政处罚规定》进行处罚。运输辅助业户15户（其中：货运代办11户，租赁公司4户）。

年内，交通运输局承办人大代表建议、政协委员提案55件（区级交办件50件，市级交办件5件）。内容包括：公路建设及养护管理48件，运输行业管理、城乡公交3件，路政管理1件。加上2010年建议和提案B类续复件26件，共承办建议、提案总件数为81件。办结率、回复率、满意率100%。

【交通安全管理】　2011年，区交通运输局认真贯彻落实上级关于做好安全生产工作的一系列指示精神，坚持“安全第一，预防为主”的方针，全面落实安全生产责任制，落实措施，强化整改，加强督查，狠抓全系统安全生产基础性工作，扎实开展安全生产大检查和各类专项整治，全力做好事故隐患的排查治理。根据年度和季节不同时期的特点，每季度至少召开一次安全生产工作例会，全年组织60多次安全生产检查，下发《关于做好春节期间安全生产工作的通知》《关于做好“五一”期间安全生产工作的通知》《关于开展2011年“安全生产月”活动的通知》《关于做好“十一”期间安全工作的通知》《关于加强冬季交通安全工作的通知》等文件，部署春运安全、水上安全、施工安全、冬季安全、安全工作检查、安全生产月、“五一”“十一”等各项工作，把安全生产工作真正落到实处。

年内，全系统紧紧围绕“安全责任、重在落实”这一主题，开展了一系列的活动，进一步增强了全系统干部职工群众的法制观念和安全意识。其中，“三下乡”和“安全生产咨询日”之际，区交通运输局在聂耳广场开展了安全生产咨询活动，现场解答群众提问，发放安全生产常识传单1 000余份。全系统各单位也都采取简报、横幅、站牌、安全知识竞赛等形式，开展丰富多彩的安全生产宣传活动，印发简报12期，悬挂横幅10余条，张贴安全标语、宣传画350余张，组织观看安全教育片100余人次。通过各种形式广泛发动群众，积极投入到安全生产工作中去。

黑山)、山头土库路、侯家堆路、黑村路、关箐路；12个工程项目于6月3日顺利通过上级交通主管部门的验收，工程质量均评定为合格工程。

在建工程建设工作快速推进。北前路（全长46千米，红塔区北城至江川县前卫）安保工程于2011年4月7日开工，区交通运输局认真履行职责，严格实行建设工程监理制，加强对施工项目的严格管理，实行安全文明生产，把好项目质量关。年末工程已完工，准备验收。

道路安全隐患及时排查和治理。2011年，汛期到来之前，区交通运输局及时组织公路水毁安全隐患排查工作。对北前路“K11+400”处由于地质原因造成20余米路基滑移导致路面脱空，及时组织技术人员到现场督促施工人员，采用高标号砂浆填缝防水处理，及时消除了安全隐患。

玉江高速公路管理。2011年，区交通运输局以“创卫”、“创文明城市”工作为契机，认真做好了玉江高速公路的路面保洁工作，对玉江高速公路人行道、中央绿化带、边坡、水沟进行彻底清理。截止10月底，共清扫路面314万平方米，清理人行道杂草7.7万平方米；水沟1.1千米；清理边坡杂草0.98万平方米；清运垃圾834立方米。

县道养护管理。红塔区管理的12条县道，2011年完成了北前路、红龙路、大金线沿线水沟、边坡杂草清理工作。完成了交通量比重式调查。全年共投入养护人工3 806个，清理垃圾300余方，疏通涵洞12道，清理水沟190千米，清理路肩332千米，清扫路面721万平方米。

乡、村道管理。2011年，区交通运输局对11个乡、街道办事处1 103.65千米乡、村道管理进行检查指导，做好巡查日志。定期将路况巡查情况向各乡、街道办事处通报，并把平时巡查情况作为年终考核评比和以奖代补的主要依据。半年来，各乡、村公路砂石料采备4万立方米；整理路肩749千米；整修路基445千米；清理水沟850千米；路面清扫867万平方米；路面修补16万平方米；疏通桥涵131道864延米；加铺砂石路面8.2万平方米；完成公路施工任务15.5千米。

【路政管理】 2011年，红塔区交通运输局路政管理大队全年上路巡查7 000人次，出动车辆3 000余车次，查处各类路政案件46件，审批路政许可事项2起，对损坏的路产索赔金额105万余元。累计修复花式护栏165米，波形护栏420米，T型轮廓标10个，为辖区内10座公路桥梁增设限载指示牌20块等，路产恢复率100%，立案率100%，查处率97%，红线控制率98%，有效的保护了辖区公路路产的完好和畅通。

【超限超载治理】 按照“短期治标、长期治本”的总体要求，2011年，红塔区治超工作列入长效机制长抓不懈。新增编外人员9人投入到治超工作，与通海联动执法。全年累计拦截检查各类货运机动车辆1.50万余辆次，其中超限运输车辆1.27万辆次，发放宣传材料1万余份，受教育人员2 000余人，累计收取赔补偿费161万余元，全区公路货运车辆超限超载率控制在4.76%。

（管湘玲）

城市交通

【公交出租车管理】 结合玉溪市实际，玉溪市交通运输局起草了《玉溪市城市出租汽车、公共交通管理办法》。

2011年12月3日上午，“两个办法”听证会在汇龙生态园会议中心举行。来自公交出租车行业、法律工作者、人大代表、政协委员以及市民的19名听证代表参加了听证会。针对市民所关心的出租车不使用计价器、乱收费、拒载以及经营期限，公交车线路设置不合理等问题，听证代表纷纷提出意见，其中，原出租车的经营权期限定为12年成了此次听证会上多数代表讨论的焦点。听证代表纷纷献言献策，建议除了在出租车上使用卫星定位终端设备外，增加录音录像设备，一方面杜绝乱收费现象，另一方面还可以制止犯罪；增加管理部门人员，设立24小时投诉热线。

按照2011年《玉溪市财政局关于下达2011年成品油价格改革财政补贴的通知》精神，本着“谁出钱加油，谁享受补贴”的原则，及时拨付油价补贴资金210.9万元，其中公交车32.58万元，出租车178.32万元。

【“爱心送考”活动】 2011年6月3日，第六届“爱心送考”活动启动，玉溪市交通局、玉溪市教育局及媒体联合向爱心出租车及部分社会车辆粘贴爱心送考标志。据统计，有116辆出租车参与“爱心送考”活动，在两天的考试时间内，免费接送考生748人次。

【出租车专项整治】 2011年，玉溪市公交出租车辆管理处从1月至9月共上路稽查2 565人次，检查车辆8 099辆次，警告118人次，停业整顿10辆次。

全年接待群众咨询63次，受理群众有效举报案件116件，查询遗失物品64次，找回遗失物品12件次。

针对部分出租车驾驶员不使用计价器收费、拒载等情况，玉溪市公交出租车辆管理处与市价格监督检查局联合开展专项整治工作，向各出租车公司宣传《价格法》《价格违法行为行政处罚规定》以及有关出租车收费标准，要求经营者严格执行收费标准，按计价器收费，违者按有关规定给予处罚。

（管湘玲）

【玉溪出台城市公共交通管理办法】 根据《云南省玉溪城市管理条例》和《云南省城市公共交通管理办法》等有关法律、法规、规章，结合玉溪市实际，玉溪市人民政府于2011年12月19日出台了《玉溪市城市公共交通管理办法（试行）》，对城市公共交通的规划、建设、运营、服务、安全及其相关管理活动等内容作明确规定，为实现玉溪城市公共交通现代化、科学化、规范化管理奠定了基础。

【积极推进公交科技进步】 2011年6月，在2路线79号车，9路线50号车，5路专线85号车上安装了GPS卫星定位系统。同年8月，与省交通科研所、大连海事大学，开展“基于GIS的公交线网优化方案与设计”科技项目合作。通过交流与合作，在公司科技管理水平得到进一步提升的同时，为公交线网优化布局提供了民主、科学的决策依据，为下一步实现全方位的智能化快速公交系统奠定基础。

【公交基础设施建设】 玉溪市公共汽车服务公司通过自筹资金、积极向云南省交通运输厅争取场站建设专项扶持资金，于2011年2月启动秀山路延长线新停车场地一期工程（停车场和修理车间）的建设。年末，工程进入验收阶段，即将投入使用。

（李宜蓉）

运 输

【玉溪通力汽车运输有限公司】 2011年，玉溪通力汽车运输有限公司主要经营卷烟长途运输、客运站点经营和汽车综合性能检测、汽车驾驶员培训、各型汽车修理等业务，全年实现总收入7 906万元，比上年增长13.8%，实现利润667万元，比上年减少4.6%，利润降低的原因是本年度公司实施的五险一金基数的提高、员工工资的增加，生产成本的上涨，税赋征收方式的改变，如果剔除这些因素，公司的利润增长水平超过上年35%以上。定时工作制员工人均年收入3.04万元，比上年增长16.3%。年内，公司在车辆设备以及机械设备方面投资1 208万元，年末资产总额8 984万元，同比增长16%。其中：

1月，公司一类维修资质的小汽车维修中心从凤凰路搬迁至玉兴路上段新厂区，通过竞标，继续成为玉溪市、红塔区、元江县、峨山县等市、县（区）政府采购定点车辆维修企业，同时开展代售三菱小轿车业务。

5月，公司经有关部门考核推荐初审和复审，向社会初审公示等严格程序，被玉溪市人民政府评定为玉溪市2008～2009年度“星级”“守合同重信用”企业。

6月，公司在江西与合作伙伴共同投资成立江西力通物流公司，从事卷烟长途运输业务，至年底，实现经营收入388万元，利润90.7万元。这是公司继曲靖后开展的第二个跨地区经营业务，拓展了公司的发展空间。

（李沅洁）

【玉溪金腾汽车运输有限公司】 公司成立于1995年5月，位于玉带街道办事处黄官社区。公司性质为民营企业，经营普通货运、集装箱专用物流运输。有厢式货车100辆，管理人员及驾驶从业人员170多人，全部车辆装配GPS车载定位系统。2011年实现货运周转量3 000余万吨，运载里程450万千米，营业收入2 700万元，纳税200万元。

（翟　溪）

【玉溪市安达汽车运输有限公司】 属私营企业，位于红塔区李棋街道下赫社区，成立于1999年。主要经营汽车货物运输、货物运输运载配套服务；汽车配件、矿产品批发零售；代办机动车辆险；汽车销售。2011年，实现增加值158万元，营业收入达1 052万元，上缴各种税金6万元，从业人员145人。

（梁丽雯）

【玉溪昌隆物流有限公司】 公司成立于2005年12月31日，位于玉溪市红塔区研和镇开发区红土坡村，占地16亩，拥有大型全钢构室内仓库5 000平方米，实现仓储能力2－3万吨钢材，室外仓储能力达3－5万吨，分部门办公室7间，分别设有董事长室、总经理、副总经理、销售部、财务部等7个部门。是一家集钢材销售、仓储、货物运输为一体的大型物流有限公司。全职职工25人，兼职职工1人。

公司自2006年5月开始营业至2011年12月实现资产总计1 492万元；2011年公司实现主营业务收入1.58亿元，较上年减少1 842万元。

【云南玉溪银浩货运有限公司】 位于玉溪市红塔区研和镇宋官10组，占地22亩，2004年9月成立，于2005年3月正式营业，法定代表人马波，注册资金100万元，属私营企业，主要从事玉溪新兴钢铁有限公司的普通货物运输业务。

2011年，有职工15人，实现营业收入4 823万元，与上年同比增长21.24%；上缴税款289万元，与上年同比增长40.29%；实现利润100万元。

【云南中云物流有限公司】 是集物流与商贸于一体的私营企业，隶属云南中云投资有限公司。位于研和街道大栗园，即研和工业园区昆玉铁路南货场内，于2004年3月成立，注册资本为2 000万元，经营项目包括食用酒精、白糖、木材等运输。现有从业人员17人。2011年实现营业收入1 801万元，上交税金52万元。

中云物流固定资产为1 772万元，其中包括1.20万立方米的酒精贮罐、占地5 000平米的白糖仓库和乙醇运输自备罐车8辆，并拥有专用铁路与昆玉铁路公司南站铁路接轨，设计年运量为20万吨。

（李晓冬）

【云南铁投昆玉铁路有限公司】 位于玉溪市红塔区红塔大道1号（玉溪火车站），主要负责昆玉铁路的运输经营管理。昆玉铁路为国铁二级标准地方铁路，线路全长55.4千米，设大古城、莲池、玉溪、玉溪南4个车站，有桥梁50座、隧道10座，信号设备为8082色灯电锁器联锁。公司内设资产经营处、安全督察室、综合处、装卸作业所，有职工226人（其中劳务工157人）。固定资产总值5.61亿元。

2011年，公司完成货物运输量335.2万吨，同比增加49.2万吨，其中：发送货物78.6万吨，同比增加8.6万吨，到达货物256.7万吨，同比增加40.7万吨；完成货物周转量21 440万吨千米，同比增加4 288万吨千米；完成经营总收入1.22亿元，同比增加830万元。

年内深入开展安全大检查、大整改活动。截至12月31日，公司实现无一般C类以上事故6 301天，无一般D类以上事故2 528天，连续7年实现安全年。

年内，为适应玉蒙线铺架工程及新线接轨的需要，公司开展设备维修、更新工作，投入大修资金2 009万元，其中线路大修1 864万元，通信信号大修85万元，其他大修60万元。完成更新改造投资569.4万元，包括购置液压抓料机2台、通信信号设备、平列调设备、网络、监控及计算机设备、公司电话会议系统、龙门吊吊钩总成、玉溪南站南场1～12道间货位改造等等。

（张耀国）

邮　政

【概　况】 2011年，红塔区邮政业务总收入完成1 720.82万元，比上年同期增长18.66%，其中：主营业务收入完成1 648.82万元，比上年同期增长19.29%；其他业务收入完成72万元，比上年同期增长5.88%。实现有效收入1 086.90万元，比上年同期增长44.55%。完成业务总量2 554.50万元，同比增加6.65%。邮政服务用户满意度达90分以上；邮政通信质量指标完成率达100%。

年内，红塔区邮政局开发制作了红塔集团职工生日贺卡邮品和市烟草公司生肖邮票贺卡、《纪念聂耳诞生100周年》个性化邮票折500个、玉溪供电局局庆15周年纪念邮册300册。

年内，红塔区邮政局紧紧围绕组织开展“关注民生、服务发展”活动，召开了全局职工动员大会，明确服务目标，提出服务要求，进一步强力提升了服务水平。开展了每月“优秀服务明星”“营销能手”评比活动，并张榜表扬。制定实施了“三站立”“四统一”“五声服务”“六个一样”的服务标准。截至年底，全区邮政设置服务网点12个（不含银行代理网点3个），其中农村支局所5个，妥投点19 997个，平均每一网点服务面积达83.67平方千米，全区邮政服务人口48万人。开通邮路

7条，城市投递段道690千米（单程），农村投递线路798千米（单程），其中步班投递线路170千米（单程），全区所有乡、村（居）通邮面达100%。

2011年，在各营业网点柜台制作了邮件安全验视提示牌，加强了邮件安全工作检查，严格防范禁寄物品流入邮政渠道。在资金安全上，着重加强了各支局的资金安全检查。开展“平安邮政”建设，提高安全防范意识，强化安全防范检查，确保了运输、资金、消防、邮件等各项安全。

【QC质量管理获奖】 在6月召开的云南省第33次全面质量管理代表大会上，玉溪市邮政局红塔区南北大街邮政储蓄支行QC小组获“云南省2011年度优秀QC小组”荣誉，省公司进行了通报表彰，并给予奖励。

【红塔区两同学获全国青少年邮票设计大赛入围奖】 2011年，玉溪邮政局与红塔区教育局联合，组织红塔区辖内中小学、幼儿园参加“迎亚洲邮展·绘方寸世界”全国青少年邮票设计大赛。此次活动玉溪市共有176幅作品参赛，其中玉溪市聂耳小学7岁的李梦瑶同学的作品《梦幻飞船》获得大童组入围奖，玉溪市第四小学六年级（6）班12岁的李安然同学的作品《快乐童年》获得少年组入围奖。

【红塔区邮政服务进工业园区】 2011年8～9月，市局主管速递物流工作的王云副局长亲率红塔区局和速递物流部相关人员2次到研和工业园区进行实地调研，了解研和工业园区邮政市场情况以及用户用邮存在的问题和难题。通过调研发现，工业园区对速递物流业务有迫切的需求和很大的市场，但由于目前邮政速递物流业务上门揽收不到位、投递不到位、时限滞后等问题，园区内绝大多数企业都选择了社会物流公司。为有效改善服务质量，尽快扩大市场，及早提高邮政速递物流业务在工业园区的占有率，9月18日区局召开专门会议，决定抽调人员2名、投递车辆一辆，增加园区邮件直投段，对园区内的邮件尽量实现直封，不经研和支局驳转，减少内部转运环节。实行直投试点后，园区当天的邮件由市局邮件处理中心处直接运送到研和，投递时限比原来提前一至两天，特快专递投递准时率得到保障。红塔区局将在研和工业园区邮件直投工作试点成功的经验，推广到北城、马井、大营街等工业园区。

（陈坤华）

电 信

【概 况】 2011年，红塔区境内电信业综合通信能力提高，并向各领域拓展，电话普及程度得到提高，已建成光纤、数字微波、卫星、程控交换、移动通信、数据通信等覆盖全国、通达世界的公用电信网。全年完成电信业务总量78 697万元，比上年增长11.1%；完成电信业务收入44 267万元，比上年增长9.7%。固定电话交换机总容量10.80万门，比上年下降17.1%；移动电话总容量312万门，比上年增长21.4%。全区固定电话及移动电话用户67.58万户，比上年增长3.4%，其中：固定电话用户9.83万户，下降6.2%；移动电话用户57.74万户，增长5.7%。电话普及率136.06部/百人，比上年增加4.53部。互联网规模不断壮大，网络覆盖11个乡（街道），到2011年末，互联网用户达100 246户，比上年增长10.6%，全部实现宽带上网。年末，红塔区境内电信业有电信公司、移动公司、铁通公司、网通公司、卫通公司分支机构。

（魏海荣）

【中国移动云南公司红塔分公司】 2011年，员工规模达130余人，下辖5个部门，共建6个沟通100服务厅，1个新业务/终端体验厅，1个动感地带品牌店，135个社会渠道（代办点）、72个村级服务站。年底，在网客户数达46万户，基站数达320余个。公司以追求可持续增长为目标，坚定不移地执行各项发展战略，全力推进各项经营目标的优势发展。在全体员工的共同努力下，取得了一定的成绩：被中国共产党玉溪市工业和信息化委员会评为“先进基层党组织”；荣获2011年市移动“先进党支部”称号；荣获市移动2011年第二季度县（区、市）分公司深化“136工程”专项活动一等奖。

（李 婧）

【中国电信公司红塔区分公司】 2011年11月18日，重新装修打造的玉溪红塔区珊瑚路电信营业厅正式营业。营业厅升级后，由原来单一的缴费、业务办理功能，变成了一个客户体验中心。变被动式营销为主动营销，从传统经营向卖场经营转型，更加注重客户的体验式消费。做到营销中有服务，服务中有营销，为客户提供更多的个性化服务。

2011年11月23日，玉溪电信分公司与玉溪红塔区教育局正式签订了信息化建设业务合作协议。玉溪电信将依托区教育局的教育系统信息化平台及应用系统，完善和健全红塔区教育城域网，实现红塔区教育管理部门与学校的教育信息化推进，为红塔区教育局和学校提供电子政务OA办公自动化服务。双方将合作建设市教育局到区教育局的视频会议系统，并在固定话音、移动通信、3G无线宽带、3G移动办公等方面开展全业务广泛的合作。

（周丽琼）

* * * *

贸 易

【概 述】 2011年，全区实现社会消费品零售总额80.7亿元，比上年同期增长18.2%。从销售地域看，城市消费品零售总额71.24亿元，比上年同期增长18.4%；农村消费品零售总额9.32亿元，同比增长15.5%。批发零售贸易业零售额71.36亿元，同比增长18.1%；住宿餐饮业零售额9.19亿元，同比增长17.5%。从经济成份看，公有制经济完成零售额25.45亿元，同比增长34.7%，占31.6%；非公有制经济完成零售额55.11亿元，同比增长11.7%，占68.4%。限额以上企业汽车类商品零售额24.15亿元，比上年增长11%。“家电下乡”产品5.95万台（部），销售总额1.56亿元，兑现补贴金额1 714万元。全区招商引资市外国内资金合同总额98.7亿元，到位18.1亿元，比上年增长21.13%。进出口总额实现4 302万美元，比上年减37.2%。区招商局被省招商合作局表彰为云南省招商引资系统先进单位。区供销社获省政府“综合业绩突出贡献奖”。

（石文兴）

商　务

【概　况】　2011年是"十二五"的开局之年，全区商务工作坚持科学发展观，紧紧围绕"提速、升级、增效、惠民"工作主线，努力提升商贸流通水平，加快发展外向型经济，各项工作有序推进，商务经济运行良好，服务水平明显提升，较好地完成了各项目标任务。全年实施市外国内招商引资项目47项，合同总投资额98.7亿元，实际到位市外国内资金18.1亿元，同比增21.13%，其中到位省外资金15.1亿元，完成市级下达任务的101%。实施外资项目5项，合同投资额5 428.4万美元，实际到位外资2 286万美元。实现社会消费品零售总额80.7亿元，增18.2%。全区完成自营进出口总额4 302万美元，同比减37.2%，完成市政府下达全年目标任务7 600万美元的56.6%。其中，自营出口2 359万美元，进口1 943万美元，同比增193.5%。2011年，红塔区商务局被省招商合作局表彰为云南省招商引资系统先进单位，被市商务局表彰为招商引资工作先进单位和市场建设工作先进单位，获红塔区机关部门综合考核一等奖、红塔区党风廉政建设优秀单位。

（潘　旭　吴国梅）

【外来投资企业成绩斐然】　2011年，红塔区外来（商）企业在面对金融危机带来的冲击，强化自身管理，节能降耗，企业发展再上新台阶。据不完全统计，全区外来（商）企业（46户）产值158亿元、营业收入159亿元、上缴税收9亿元、形成劳动就业岗位1.2万余个。

【参加"昆交会"】　2011年，云南大不同食品有限公司、玉溪市研和振华肉制品有限公司、玉溪调味品厂有限责任公司、玉溪生源科贸有限公司、玉溪汇龙科技有限公司、玉溪西艾电器有限公司、玉溪滇隆农牧产业开发有限公司、玉溪市联盛电子科技有限公司、映月潭温泉9户企业参加第十九届中国昆明进出口商品交易会（简称"昆交会"）。

会议期间，上述9户企业商品交易区累计接待参观客商1万多人次，发放宣传资料2.5万份；累计贸易成交额51.5万元，接待洽谈国内外客商156户，签订代理销售协议2个、合作性协议1个、协议金额300万元；有100多户客商有意向性的对企业作进一步考察洽谈。其中玉溪汇龙科技有限公司首次亮相"昆交会"，展示的3车辆电动汽车配合男模特进行宣传，吸引大量顾客参观，洽谈客商达80多人。云南大不同食品有限公司种类繁多的副食品，以具有民族特色风格的布展形式（风水鼓）再次在昆交会上一展风采，吸引了众多的客商驻足、品尝、洽谈，现场与哈尔滨和马来西亚客商签订2个代理销售合同，与家乐福超市签订合作协议。开幕当天1个项目在"昆交会"签约："中国西南（东盟）车立方商贸物流港"项目，计划总投资10亿元，项目选址地在玉溪市红塔区，计划用地面积360亩。

按"昆交会"统计口径，从2010年6月1日至2011年5月31日期间，引进市外国内资金项目32个，计划投资169.65亿元，其中市内方投资200万元，市外方投资169.63亿元；实施项目实际到位资金14.32亿元，其中：到位市内投资200万元，到位市外省内资金2.73万元，到位省外资金11.57亿元；引进外资项目5个，合同外资额6 160万美元，实际到位外资3 333万美元；实现国内贸易金额6.14亿元人民币；实现外贸进出口贸易金额4 129万美元。

【红塔区第十届企业（中秋）联谊会】　2011年中秋来临之际，云南中云玉山城投资开发有限公司承办红塔区第十届企业（中秋）联谊会。市、区领导和各相关部门领导及98户企业负责人欢聚一堂，联谊谋事，共话发展。以此为互动平台，进一步加强政府及各部门与各企业之间的沟通与协调，加强企业与企业之间的交流与合作，共谋发展。

【烟草薄片项目动工】　建设3万吨/年造纸法烟草薄片项目，征地426亩，选址在大营街常里，由中国双维投资公司、红塔烟草（集团）有限责任公司、红云红河烟草（集团）有限责任公司、云南中烟工业有限责任公司、施伟策－摩迪国际（中国）有限公司（外方）合资组成"中烟施伟策（云南）再造烟叶有限公司"承担建设，总投资11.9亿元（中、外方出资比例各占50%）。项目于2011年8月20日动工，2011年8月29日完成合资公司的工商注册（注册资金3.41亿元），2011年9月20日项目初设通过专家评审，市土地储备中心组织的土地相关材料已经上报省国土厅、尔后转报国土部等待批准。

【打叶复烤及仓储项目建设】　项目由红塔集团投资建设，计划总投资18亿元（打叶复烤5亿元、仓储13亿元），占地1 024.3亩（打叶复烤245亩、仓储724.6亩），选址在凤凰街道办事处灵秀居委会境内。2011年已取得投资备案证，省环保厅已批准环评，仓储项目已取得土地证，打叶复烤项目的土地证正在办理，仓库的施工图设计已完成并通过审查，场地平整、仓库和联合工房的招标等工作进展顺利。

【玉溪得胜商业中心项目】　项目由昆明鸣泉得胜家俱销售有限公司在玉溪设立的分公司投资11.4亿元建设，占地约140亩，地址在秀山路延长线。2008年7月通过招拍挂取得土地，2009年7月与该项目配套的道路工程竣工，2010年3月初项目施工围墙完工，项目土地性质从工业用地已经变更为商业用地，2011年10月12日在玉溪注册成立昆明鸣泉得胜家俱销售有限公司玉溪分公司，2011年11月30日取得区发改委的投资备案证，项目地的水保、环评等工作已经完成，调整后的建筑设计方案和区政府的审核意见已经上报市规划局。

【"玉山城"生态休闲康体项目】　2011年，一期项目完成土地征用并足额支付土地补偿安置款项，完成1－18号洞练习场的土地清表工作和8－18号洞练习场的土方调运、粗造型的排水工程，实际完成投资3亿元。二期4个项目的土地662亩以招拍挂方式取得，实际到位资金6.88亿元，酒店和颐养社区的规划和建筑设计进行中，争取2012年3月20日完成已征土地上的附着物赔付与清理和2 700家坟墓搬迁等工作。三期5个项目已经备案，正在做土地前期工作。安置小区土地平整已完成，玉溪市建筑设计院完成修建性详细规划，村民小组民房搬迁安置小区已征地182亩，地灾、水保等审批已经完成。东风大沟玉山城段从玉加宝人造板公司至六品村2.3公里的河道综合整治和景观改善建设工程，已委托新加坡CPG设计集团进行景观设计。

【子墨商贸物流中心项目获批】　项目于2011年7月5日在玉溪中玉酒店签约，由浙江子墨投资有限公司和洪俊投资6.8亿元建设，计划用地150亩，选址地在春和街道办事处春和村委会10组。7月28日子墨商贸有限公司已经取得区发改委的投资备案证，8月17日已经办理两个公司（玉溪子墨商贸有限公司和玉溪千墨物流有限公司）的注册和相关手续，到位注册资金各1 000万元（合计2 000万元）。

【车立方商贸物流港项目规划】 项目于2011年6月6日在昆交会上签约，由北京车立方投资管理有限公司在玉溪设立的“玉溪车立方汽车市场开发有限公司”投资10亿元建设，计划用地500亩，项目选址在玉溪市红塔区太极路中段李棋和春和街道办事处境内（太极路以西、昆玉高速路以东、东风雪铁龙4S店以北、自强集团医院以南）。建设集品牌汽车4S店、配件快修店、装饰美容店、汽车精品展示大厅，商贸、休闲、维修改装、赛车等内容的综合性、一站式汽车文化市场。已经完成可研报告，7月22日市商务局牵头召开了项目协调推进会议，8月已经完成公司注册（注册资金5 000万元、先期注册1 000万元），市规划局已经委托投资方做规划，概念性规划已经完成并通过审定，目前正在完善修建性详细规划方案。

【东盟国际农产品物流贸易中心项目完成“控规”】 2011年，项目由昆明欣农科技有限公司在玉溪设立的新公司玉溪欣农投资发展有限公司投资新建，项目选址在北城街道办事处莲池居委会，西靠昆玉铁路、东连昆玉高速、北至黄罗屯、南接莲池路，计划总投资40亿元，土地规划面积914.8亩，控规和控规环评完成并通过专家评审、已经上报市规划局转报市政府待批，第一期项目的可研、环评、水保、地灾、矿压、初设等报告已经完成并通过土地预审，等待玉溪市政府批准“控规”后一起将土地报件上报到省国土厅。

【林产品加工贸易物流中心项目等待供地】 项目由玉溪玉龙投资有限公司投资新建，计划总投资19.5亿元，占地71.43公顷（1 071.45亩），选址于北城街道办事处南环路以南，建设林政服务中心、产权式花鸟城、林产品示范交易区、信息中心、物流区等为一体的物流商贸城。2011年3月24日已批准“控规”和“控规环评”，第一期项目（林产品交易市场）完成可研、备案、环评、地灾、水保、勘测地形图、确权等工作，土地报批手续已上报，省国土厅同意供地的批复文件已下发。目前等待市土地储备中心挂牌供地。

（张万发）

【生猪定点屠宰监管】 2011年3月16日，经区政府研究决定对现有生猪定点屠宰场（点）压缩、关闭进行整合提升。生猪定点屠宰场（点）存在三个问题：一是技术装备简陋，机械化水平低，工艺流程落后，远远不能适应《生猪屠宰条例》《生猪屠宰与分割车间设计规范》的条件要求和当前肉食品质量安全的需要；二是各屠宰场（点）检测检疫条件差、程序不规范，卫生检疫人员不足，专业水平低，生猪疫病传染时有发生，肉品卫生工作存在着一定的安全隐患。三是生猪屠宰场（点）设置规划不合理，环境污染严重。不少场（点）还建在集镇内和村道，个别甚至设在居民区内，布局明显不符合城市和小集镇发展的要求，污水、噪音、异味、排泄物等不同程度地影响了周边环境。从2011年4月1日起关闭的屠宰场（点）分别是：玉溪市红塔区供销社副食果菜公司生猪屠宰厂、玉溪市红塔区农资有限责任公司高仓屠宰厂、红塔区食品有限责任公司李棋食品站、红塔区食品有限责任公司大营街食品站、玉溪市红塔区食品有限责任公司屠宰厂（彩虹桥屠宰场）。保留5个场（点）分别是：红塔区食品有限责任公司北城食品站、春和食品站、研和食品站、红塔区大营街供销合作社洛河定点屠宰厂，依据玉溪市红塔区食品有限责任公司、玉溪凤凰生态食品有限公司签订生猪定点屠宰整合提升的相关合同，由玉溪凤凰生态食品有限责任公司统一经营管理。

为保障玉溪市场“放心肉”供应，玉溪凤凰生态食品有限责任公司，投资1839.5万元新建标准化生猪屠宰加工生产线，用于保障玉溪人民对“放心肉”需求的供应。项目主要建设内容为：新建占地3.06万平方米的生猪屠宰加工生产线，其中：生猪屠宰加工车间5 600平方米，待宰间8 500平方米，鲜销大厅6 400平方米，道路、地坪、停车场工程1.01万平方米。配套建设生猪屠宰加工设备一套，完善相应检验、检测设备1套。截至2011年12月31日，设备安装调试完毕，投入使用。

2011年，进一步强化肉食品市场稽查力度，全年出动执法人员2 040人次，出动车辆863车次，检查经营户21 532户，查处违法案件39起，没收注水、病死猪肉529千克，销毁病害猪肉529千克，接到举报电话33个，处理举报电话33个。病害猪无害化处理2 931头。年末，全区屠宰生猪57.24万头，比上年减24%。

【酒类备案登记】 2011年，辖区内继续对酒类批发、零售、储运等经营活动实行经营者备案登记和溯源制度，截至年末，共有736户完成备案登记，比上年增27户。

【“万村千乡”农家店建设】 2011年，红塔区完成“万村千乡”农家店信息化建设20家，并正式营业，已通过省、市（区）商务、财政部门验收。截至2011年，境内已建设“万村千乡市场工程”农家便民店135家，其中乡村连锁农家店83家、农资店52家。农家店遍及全区8个乡镇和93%的村委会，形成以城区店为龙头，乡镇店为骨干，村级店为基础的农村消费经营网络。

【集贸（专业）市场建设】 2011年，红塔区继续推进集贸市场的提质升级改造和专业市场建设。投资210万元的小石桥农贸市场，占地面积3 939平方米，建筑面积1 200平方米，已完工投入使用；投资4亿元的彩虹商贸广场，占地面积25 369平方米，建筑面积85 351平方米，二期工程已完成。建筑面积74 681平方米的商铺，90%已出租，正在陆续开业。

根据创卫的要求，积极推进中心城区集贸市场整治、改造，成立领导小组，制定工作方案，落实责任，把人员落实到每个市场负责市场的内部整治和改造，经过整治改造，14个农贸市场中12个市场已进行硬件设施改造并已开展市场秩序集中清理，农贸市场呈现出卫生、整洁、通畅、有序的新面貌。截至年底，共投入市场硬件设施改造资金近92.6万元，参与整治工作8 571人次，清理漫摊经营1 100户，清理占道经营1 010户，拆除违规雨篷153米，购置垃圾桶1 200余只，改造垃圾池3个，改造排水沟2 090米，对部分消防设施、电线路进行改造，防蝇防尘罩改造310米，熟食间改造9间，灭蝇灯9个，紫外线灯9个，早点间改造14间，大棚改造200平方米，宣传、标牌10个，农残检测间5间，农残检测设施5套。

【食盐专项整治】 2011年，由红塔区盐务局牵头，区工商局、质监局、卫生局共同组成打击涉盐犯罪专项行动组，开展无碘盐专项整治工作。出动车辆18台次、执法人员25人次，重点检查境内集贸市场和零散食盐个体经营户328户。城区和乡镇的普通食盐经营户货源渠道主要来自盐业公司和糖烟酒公司。

【家电下乡】 截至2011年12月31日，红塔区共备案网点146家，销售家电下乡产品59476台（部），其中：冰箱销售17687台，彩电14705台，手机283部，洗衣机7347台，计算机3079台，空调104台，热水器12569台，微波炉2082台，电磁炉906台，电动自行车714辆。销售总额15583万元，已兑现补贴54323台（部），补贴金额1714万元。

【家电以旧换新】 截至2011年12月31日，红塔区共备案家电以旧换新网点9家，销售新家电8691台，销售金额4019万元，其中：销售电视机4865台，销售金额2687万元；空调17台，销售金额7.5万元；冰箱1713台，销售金额702万元；洗衣机1604台，销售金额420万元；电脑492台，销售金额203万元。已申报补贴8690台，申报核查通过8690台，兑付补贴金额271.22万元。家电以旧换新政策的实施，促进了全区家电产品的更新换代，推动循环经济发展，对拉动内需扩大消费起到了积极作用。

（严金喜）

【外贸进出口】 2011年，红塔区外贸进出口继续坚持“培育、巩固、提高、壮大”的发展思路，认真落实好国家、省、市外贸促进政策，加大协调服务力度，突出重点，培育亮点，引导企业提高国际竞争力，积极开拓国际市场，不断推进外贸进出口发展。年内，红塔区有自营进出口实绩企业14户，实现自营进出口总额4302万美元，同比增193.5%。

【区商务局获对外贸易经营者备案登记权】 根据商务部商贸函［2010］900号文件及商贸秩函［2010］217号文件精神，商务部已委托云南省36个地方商务主管部门作为对外贸易经营者备案登记机关。红塔区商务局作为获权地方商务主管部门之一，按属地管理原则，已开始正常办理区内企业对外贸易经营者备案登记工作。

【食品市场专项整治检查】 2011年，由红塔区政府整顿和规范市场经济秩序领导小组办公室和红塔区食品安全委员会办公室牵头，组织区商务局、食品药品监督管理局、工商行政管理局、卫生局、质监局、农业局、畜牧局、盐务局等部门组成联合执法检查组，对辖区内食品、药品生产、销售企业及商铺、农村集贸市场进行市场食品安全专项整治检查。全年出动检查人员8476人次，车辆1600辆次，检查各类经营户1.6万户次，抽检部分食品生产加工、餐饮经营户的样品530个，对存在安全隐患的食品企业（作坊）责令限期整改。通过开展市场专项整治检查行动，进一步规范红塔区境内食品、药品生产流通环节。

（陈志文　普文俊）

【红塔区市场服务中心】 2011年，区市场服务中心主要开展以下工作：

继续做好市场创建国家卫生城市工作。经过多方筹集资金15万元，按创卫标准，重新更新了市场供电线路，更换了破损的消防设施，重设了市场排水管网，增加了部分市场公共卫生设施，新增了多名保洁员，按创卫要求，对市场实施全天候保洁。通过了国家专家组对市场创卫的检查验收。配合全区“拆违拆临”工作，带头拆除市场服务中心下属的窑头商场正面墙体广告牌，并投入资金15万元，在整个商场正面整体安装铝塑板，改善了商场外观。由中心市场股组织对中心所属各市场进行了拉网式消防安全检查，检查内容为各市场消防安全器材使用保养情况；各市场电表、线路、灭火器使用登记情况；消防安全员培训记录；市场安全疏散标志，消防安全通道使用情况；市场经营爆竹商户定期检查情况。通过检查，对发现的市场事故隐患，下发整改通知书。2011年，各市场未发生消防事故。

（李宏兴）

商业服务业

【概　况】 2011年，全区实现社会消费零售总额80.56亿元，同比增长18.0%。其中：城市消费品零售额71.24亿元，同比增长18.4%；农村零售额9.32亿元，增长15.5%。批发零售贸易业零售额71.36亿元，增长18.1%；住宿餐饮零售额9.19亿元，增长17.5%。公有经济完成零售额25.45亿元，占零售额的31.6%，同比增长34.7%。其中：国有经济22.72亿元，同比增长37.8%；非公有制经济完成零售额55.11亿元，占零售额的68.4%，增长11.7%，其中私有经济54.00亿元，增长11.2%。

城乡市场共同发展。全年城市实现社会消费品零售总额71.24亿元，同比增长18.4%。国家“家电下乡”和“汽车下乡”等一系列政策，带动全区农村市场实现零售额9.32亿元，同比增长15.5%。

批发零售贸易业占据主导地位。以大商场、大超市为主的各种现代零售业成为商品流通领域的一大亮点，对全区社会零售总额的增长贡献率不断提高。年内，红塔区批发零售贸易业实现零售额71.36亿元，占全社会消费品零售总额的88.6%，同比增长18.1%。

非公有制经济持续稳定发展。2011年全区非公经济零售额55.11亿元，同比增长11.7%。非公有经济消费品零售总额的比重达到68.4%。

汽车销售稳步增长。汽车保持稳定增长势头，成为全区消费市场的一大亮点，限额以上企业汽车类商品实现零售额24.15亿元，比上年增长11.0%。

各类主要商品热点频现。吃、穿、用三大类商品零售额同比分别增长32.8%、20.5%、20.7%。在商品零售总额中，增长较快的种类主要有：电子出版物及音像制品类，增长141.1%；石油及制品类，增长38.1%；建筑及装潢材料类，增长36.7%；粮油、食品、饮料、烟酒类，增长32.8%；服装、鞋帽、针纺织品类，增长20.5%；五金、电料类，增长18.0%；家用电器和音像器材类，增长13.1%；汽车类，增长11.0%。

表35：2011年红塔区批发零售贸易企业销售总额10强排序

2011 年红塔区批发零售贸易企业销售总额 10 强排序

表 35　　　　单位：万元

排序	单　位	销售总额	排序	单　位	销售总额
	一、批发业			二、零售业	
1	云南红塔烟叶物资有限责任公司	1 382 745	1	中国石油天然气股份有限公司云南销售分公司玉溪零售部	118 464
2	玉溪汇溪经贸有限公司	672 397	2	云南玉溪百信商贸集团有限公司	52 046
3	云南省烟草公司玉溪市公司	609 291	3	玉溪市红塔区农资有限责任公司	35 170
4	中国石油化工股份有限公司云南玉溪石油分公司	344 758	4	玉溪金恒汽车销售服务有限公司	21 309
5	玉溪玉昆钢材贸易有限公司	217 253	5	玉溪三水汽车销售服务有限公司	18 567
6	云南玉溪瑞岩工贸有限公司	78 642	6	云南玉溪诚田汽车销售有限公司	15 865
7	云南省玉溪市研和炉料有限公司	52 442	7	云南玉溪家佳购物超市有限公司	15 818
8	玉溪市太极物资工贸有限公司	43 468	8	玉溪中升东本汽车销售服务有限公司	12 777
9	玉溪市红塔区农资有限责任公司	35 170	9	玉溪安特经贸有限公司	11 241
10	玉溪明珠花卉股份有限公司	18 972	10	云南玉溪诚达汽车销售服务有限公司	10 878

（李雨衡）

【“玉百大”商标被认定为云南省著名商标和玉溪市知名商标】　“玉百大”商标的持有人玉溪百货大楼有限责任公司（简称玉溪百大，玉溪百货大楼），位于玉溪市中心城区南北大街与人民路交叉口，成立于 1956 年 6 月。建有玉溪最大的百货商场——玉溪百大，现有营业面积 1.60 万平方米。公司经营国际、国内品牌化妆品，家用器皿，烟酒饮料，休闲食品，休闲服装，国际、国内连锁品牌服装，家庭饰品，床上用品，纺织布料，羊绒、羊毛织品，家用电器，音响碟机，文体办公用品，等等数万种商品。2011 年，公司在职固定职工 100 多人，加上供货商、生产厂家聘用的临时工、促销员，公司为玉溪创造近千个就业岗位。同年 4 月，玉溪百货大楼有限责任公司接到玉溪市工商局通知，“玉百大”商标于 2010 年 11 月被云南省工商局认定为云南省著名商标，于 2010 年 12 月被玉溪市工商局认定为玉溪市知名商标。

（王汇成）

【玉溪市汇聚工贸有限公司】　公司主要经营建筑材料、建筑五金、金属材料、五金工具、金属及金属矿销售等业务。法定代表人赵小红。2011 年实现主营业务收入 1 169 万元、上缴税金 97 万元。为社会解决 100 多人就业，并支付劳动报酬 191 万元。其分支机构“红荷酒店”主要经营住宿、餐饮、会议及展览服务。

（翟　溪）

【玉溪市远达汽车贸易有限公司】　属私营企业，成立于 2002 年，位于红塔区李棋街道太极路中段，实收资本 100 万元，主要经营范围为汽车销售及售后服务。2011 年，公司资产总额达 8 314 万元，完成营业收入 2 015 万元，上交税金 8 万元，劳动者报酬 20 万元，从业人员 10 人。

【玉溪市慧波商贸有限公司】　属私营企业，位于红塔区李棋街道太极路中段，实收资本 1 208 万元。主要经营范围为汽车销售及售后服务。2011 年，公司资产总额达 12 974 万元，完成营业收入 5 437 万元，上交税金 82 万元，劳动者报酬 162 万元，从业人员 104 人。

【玉溪大世界程业二手车交易市场有限公司】　属私营企业，位于红塔区太极路与玉江大道交叉口，占地面积 2.1 万平方米，办公楼建筑面积 0.32 万平方米，室内展厅面积 0.3 万平方米。市场建成营业后，成为玉溪市乃至云南省多功能、高标准、规范化服务的典范。2011 年，实现营业收入 1.64 亿元，上缴各种税金 28 万元，劳动者报酬 82 万元，从业人员 38 人。

（梁丽雯）

供销合作

【概　况】　2011 年，红塔区供销合作社系统有干部职工 3 465 人，其中：正式职工 276 人，临时工 2 148 人；有离退休职工 444 人。有经营网点 281 个，其中：各种综合零售门店 204 个（其中百信连锁店 104 个、农资连锁店 62 个）、饮食业 3 个、服务业 1 个、社办厂 9 个、养殖和种植基地 10 个、专业合作社 38 个、专业协会 8 个、其他网点 8 个。全系统资产总额为 12.78 亿元，所有者权益 3.95 亿元。费用总额为 1.22 亿元，社会贡献总额 1.01 亿元，上缴各种税费 1 091 万元。农副产品购进额 8.5 亿元，商品销售总额突破 18 亿元（其中农业生产资料零售额突破 2.3 亿元），出口创汇额 1 419 万美元。

2011 年，商品购进总额 19.75 亿元，比上年增长 17.6%（其中：农副产品收购额为 10.18 亿元，比上年增长 19.6%）；商品销售总额 20.70 亿元，比上年增长 12.9%；生活资料零售额 6.33 亿元，比上年增长 22%；农业生产资料零售 2.96 亿元，比上年增长 29.2%；商品批发额 11.41 亿元，比上年增长 5.2%；社办工业现价产值 7.14 亿元，比上年增长 6.5%；饮食服务业销售额 664 万元，比上年增长 24.6%；实现利润 701.6 万元。

2011 年，红塔区供销社系统围绕经营目标，举办各种培训班 112 期，培训管理人员、财会人员、新招收员工、农药采购销售人员等 8 447 人次。

【农资供应】　2011 年共销售各种化肥 15.42 万吨，其中：尿素 8.86 万吨、碳铵 9 671 吨、普钙 2.63 万吨、复合肥

1.37 万吨、其他肥料 1.59 万吨；销售各种农药 1 324 吨；销售农用薄膜 296 吨。举办各种实用农业技术培训班 96 期，培训人员 7 178 人次，咨询服务近 2 万人次。

【百信连锁店建设】 2011 年 1 月 15 日，百信第 101 个连锁超市百信购物广场蒙自总店在蒙自市天马路 38 号俊豪中央大街隆重开业，当天实现营业额 43.8 万元。该超市属于蒙自市的招商引资项目，总投资达 3 000 多万元，经营面积 7 500 多平方米，经营品种 2 万多个，是蒙自市目前最具规模的超市之一。

2011 年 1 月 27 日，百信投资 500 多万元改造的华宁电器专营店隆重开业，该店经营面积达 1 500 平方米，经营国内外 40 多个知名品牌上千个品种的电器产品，是华宁县目前经营面积最大、店面形象最好、汇集品牌最多的电器专营店。至此，百信店连锁规模已经达到 104 个，经营网点不仅遍布了红塔区城乡，还拓展到普洱、文山、楚雄、蒙自、华宁、澄江、通海、江川等市县，使百信品牌在省内各地州具备了较强的影响力。2011 年商品销售总额达到 3.92 亿元，实现利税 650 余万元。

【家电下乡】 2011 年，百信商贸集团家电下乡 31 个备案销售网点累计销售各类家电下乡产品 4.34 万台（其中：彩电 1.20 万台、洗衣机 1.10 万台、冰箱 1.66 万台、冷柜 607 台、手机 63 部、微波炉 1 504 台、电磁炉 874 台、电热水器 711 台），实现销售额 3 845.3 万元，比上年增长 27%。

【生猪屠宰】 2011 年 3 月，凤凰生态食品有限责任公司与区食品有限责任公司签订了生猪屠宰统一经营合同书，按照《食品安全法》要求，推进了全区生猪定点屠宰逐步向统一经营管理过渡。4 月 1 日起，关闭了高仓、大营街、李棋、彩虹桥、冯井等 5 个小型屠宰场，同时增加配送车辆和经营设备，新增鲜肉供应店 12 个，保障鲜肉市场货源充足、价格稳定和猪肉肉品安全，进一步规范了生猪定点屠宰加工管理。全年共计收购肥猪 56 万头，完成收购额 9.73 亿元；屠宰加工生猪 56 万头，实现销售额 10.16 亿元；出口冻猪分割肉 3 855 吨，外汇 1 654 万美元。

【凤凰生态食品有限公司完成猪肉储备任务】 凤凰生态食品有限公司建设的玉溪生猪屠宰加工基地冷链物流配送系统投入使用后，承接了中央、省级生猪冻肉及生猪活体储备任务。2011 年 3 月，按有关要求将 2010 年入储的 5 000 吨中央储备冻猪肉进行分批出库，同时入储 2011 年中央储备冻猪肉 1 000 吨，省级储备冻猪肉 1 000 吨，生猪活体 5 000 头，5 月 26 日通过了商务部流通产业促进中心公检人员的检查，获得了公检证书。

【新产品开发】 凤凰生态食品有限公司投资购置了集灌肠、蒸煮、滚揉、斩拌为一体的生产和包装设备，进行熟食加工以提高产品附加值。2011 年研制开发了脆皮肠、西式火腿、果木烤肠、早餐肠、培根、台湾热狗等“新福滇”牌系列产品，与深圳、江门、上海、杭州等地的客户合作，全年完成熟食制品销售 67 吨，实现销售额 119 万元。

【建立野生食用菌资源保护示范区】 2011 年，红塔区供销社按照省、市供销社的安排，对区内野生食用菌资源情况进行调查研究，通过与小石桥村委会沟通协商，最终选定小石桥乡小黄潭周边的 1 000 多亩山地作为“红塔区供销社野生食用菌资源保护示范区”。

【宏升专业合作社】 2011 年，玉溪宏升烟草农业专业合作社种植烤烟 2 100 亩、水稻 120 亩、玉米 200 亩、药材 50 亩、蔬菜 500 亩，实现销售收入 530 多万元，向赵桅村委会 1 738 户社员共 6 300 人兑现土地流转使用费 390 万元，增加了农民收入。

【大营街供销社子祥养殖场建成】 2011 年 3 月，总投资 81.83 万元的大营街供销社子祥养殖场建设项目全部完工，该养殖场有猪圈及补助用房 2 250 平方米，50 立方米沼气池和 80 立方米污水处理池各一个，达到了规范化、标准化、规模化的建设要求，年可出栏商品猪 2 500 头。

【精神文明】 2011 年，在红塔区供销社党工委领导下，全社掀起了学习杨善洲的热潮，把杨善洲精神鼓舞与创先争优工作紧密结合起来，开展了“五好”党组织评比授旗、党员评星定级活动，使每季度的授旗评星考核活动与年度党建工作目标责任制和经济发展目标责任制考核相结合，所属企业涌现出“文明柜组”48 个、“服务明星”135 人、“五星党员”20 名、“优秀工业企业家”及“工业企业技术创新先进个人”各 1 名，有力地促进了供销社精神文明建设和经济建设稳步发展。

【职工福利】 2011 年度，红塔区供销社在春节、中秋节慰问 1 156 名离退休人员、慰问金 57.8 万元；按人均 1 000 元标准安排考察费 70 余万元，组织系统内退（离）休人员及内退人员 695 人到外地考察；给予 178 名生活困难的职工 500 ~ 2 000 元补助，计 11.38 万元；八一建军节慰问 158 名“复退转”军人，计慰问费 7.90 万元；给予 10 名系统内考取大专以上院校的职工子女 1 000 ~ 2 000 元奖励，计 1.30 万元；出资 13.69 万元对 1 262 名在职职工进行生日慰问。

【公益活动】 2011 年，红塔区供销社两次对大营街赵桅社区的 20 名原老村社干部、困难老党员进行入户慰问，给予每人 500 元慰问金和 100 元的慰问品，计 2.4 万元；无偿支持赵桅、龙潭居委会新农村建设资金 25 万元；捐款 5 万元资助区老干部书画协会出版庆祝建党 90 周年书画集；资助区老干部书画协会 5 万元；捐助玉溪市公安局红塔分局治安协作费 50 万元；捐助玉溪八中购置 10 万元教学用具；捐助高仓街道学校 12 万元教学资金；捐助红塔区总工会防灾应急“三小”工程建设资金 10.3 万元（其中区社机关 26 名工作人员捐款 3 000 元）；资助普洱市思茅区 10 名贫困大学生助学金 4 万元。上述善举共计支出 285.77 万元。

【集体荣誉】 2011 年度，红塔区供销社被区委、政府评为党风廉政建设“优秀单位”、社会治安综合治理“先进单位”、新农村建设工作队“先进派出单位”，荣获省政府“综合业绩突出贡献奖”、市政府“改革发展、综合业绩突出贡献奖”、区政府“安全生产工作责任状考评一等奖”。2011 年 5 月，供销社下属百信商贸集团有限公司被市政府评为四星级“守合同、重信用”企业；百信共青团总支被团省委评为 2010 年度“五四红旗”团支部；2011 年 6 月，百信商贸集团有限公司、农资公司分别荣获市政府颁发的“乡村流通工程”建设突出贡献奖；2011 年 7 月，农资公司党支部被区委评为“实施云岭先锋工程和开展创先争优先进党支部”；2011 年 8 月，百信商贸集团有限公司被省企业联合会、企业家协会评选为“云南 100 强”，排序第 64 位；

2011年8月，凤凰生态食品有限责任公司“滇绿”商标荣获“玉溪市知名商标”。

（徐志新）

粮油购销

【红塔区粮食局】 2011年，红塔区粮食局内设办公室、监督检查股、储备军供股、调控与计划财务股。有在职在编职工16人。主要从事粮食购销、市场监管、军粮供应、储备粮油管理、社会粮食流通统计及监管等工作。

全年国有粮食企业完成粮油收购1 034.7万千克，外购粮油2 534余万千克，其中国有企业区内购入308万千克，占全区商品量760万的40.5%，销售额达2.53亿元；放心粮油店销售粮食82.9万千克，其中：大米40.9万千克，菜油21.4万千克，其他20.6万千克，销售额380万元。2011年全区国有粮食企业实现利润150万元。同年3月和6月，红塔区粮油收储有限公司被云南省粮食行业协会授予“放心粮油进农村进社区示范工程示范销售店”称号，被中国粮食行业协会授予“全国放心粮油进农村进社区示范工程示范销售店”。

【粮食行政首长负责制】 2011年，红塔区粮食局积极协调区发展和改革局、财政、农业、工商、统计、农发行等部门，着力构建职责明确，分工合理，生产发展，供给稳定，储备充足，调控有力，运转高效的粮食安全保障体系，坚持把粮食行政首长负责制各项考核指标任务切实落实到粮食购销、储备、应急供应保障、行政执法和市场监管、风险金配套、仓储、加工、供应网点建设、提升粮食企业竞争力等各项工作中。

建立和完善粮食安全预警制度，加强对辖区粮食需求、库存、价格以及相关事项的实时监测和动态分析，在抓好当地粮源，常年敞开收购农民余粮的同时，积极主动与区外、省外，尤其是东北等产粮地区的20多家粮食收储企业建立了稳定的粮食购销协作关系，确保了全区所需粮源可以及时从区外购入。按照市场主体多元化的发展要求，通过积极扶持多种粮油经营主体，依法开展粮油购销经营活动，不断地拓展粮油供应渠道，全区现有从事粮油购销经营企业（连锁超市）和个体工商户100多家，基本建立了粮油供应的多渠道、多成分、多元化保障体系。

【粮油市场监管】 2011年，红塔区粮食局结合《粮食流通管理条例》颁布实施6周年之际，于5月24～26日，组织16人次在局机关、粮食购销企业、个体粮食经营户、粮食集贸市场张贴《条例》，扩大《条例》宣传力度。向广大市民宣讲和发放《科学储粮知识与虫害防治方法》宣传单，以增强市民安全储粮意识。并向全社会郑重承诺，办理粮食收购资格许可证实行“一站式”服务。

2月底，完成了辖区内11户《粮食收购许可证》年审和换证。组织执法人员18人次，开展社会粮食流通统计和社会粮食供需平衡调查，帮助企业和粮食经营户建立粮油统计台账。在小春粮油收购期间，到各乡镇、集贸市场进行专项粮食执法检查，历时7天，出动执法车辆7次、执法人员24人次，督促落实了社会粮食统计制度、粮食收购许可制度。在春节、“五一”、“端午”、中秋、国庆等节日前夕，组织执法人员在城区和重点乡镇开展了粮油质量检查，杜绝不合格粮食进入口粮市场，切实加强军供和救灾等政策性粮食的监管力度，确保军民吃上放心粮油。

【军粮供应】 2011年，红塔区军粮供应站严格执行军粮供应新标准，签订军粮供应质量责任书，进一步强化质量、服务保证体系。严格遵守“军粮供应服务公约”，对所供部队粮油，坚持执行“一批、一检、一报告”制度，做到了让部队满意，政府放心。坚持开展免费为部队送粮服务。2011年，红塔区粮食供应站被省粮食局评为全省军粮供应管理先进单位。

【粮油收购】 2011年，红塔区粮食局早部署、早安排，精心组织大小春粮油收购。收购前组织人员到省内外周边地区调研，了解大小春行情和价格走势。召开有购销企业负责人参加的大小春收购形势分析会，按照农发行贷款规定，各收购企业及早办理了有效资产抵押等手续，备足收购资金。做好大小春收购前的数据调查、计划落实、信息收集、仪器校正、腾并仓容等多项准备工作。各收购企业坚持为农服务宗旨，实行责任到人、收购进村、预约收购、服务到家，先后组织12个收购小分队、25名职工进村入户收购。各收购企业在收购点明码标价，接受粮农监督，做到“四个公开”（公开收购价格、公开检斤验质、公开作价办法、公开现金结算）。继续开展免费代农户储存菜油的业务，农户用菜籽兑换菜油，一次打不完的可以存在所上，凭储油卡随到随打，存油不限量、不限时，极大地方便了农户。2011年为农户代储油63.4万千克。

【粮食安全】 2011年，红塔区粮食局做好各级储备粮的计划落实、管理和轮换工作，帮助企业制定计划、研究价格、找粮源。与各储备粮承储企业签订了“储备粮管理责任书”，加大保粮人员业务技术培训，不断改善储粮条件，确保安全储粮。对各储粮点定期不定期组织以“查粮情、除隐患、保安全”的安全大检查，按有关规定逐仓逐库对照检查，确保了存粮质量安全。在仓储管理中，把落实岗位责任制、完善各项仓储制度，贯彻《储备粮管理办法》《粮食存储化学药剂使用管理办法》以及改善仓储条件作为提高仓储质量工作的重要手段，实行专人专管。做好政策性用粮采购、供应工作，2011年完成救灾救济粮20.45万千克。

【粮油库存监督检查】 2011年，红塔区粮食局严格执行《粮食库存检查暂行办法》和相关操作规程，进一步健全粮食库存监督检查机制，制定了《红塔区库存检查实施方案》，库存检查工作做到了制度化、经常化。

在2011年开展的第一次全国食用植物油库存检查工作中，红塔区政府成立了以分管副区长张春玉为组长的领导小组，区粮食局设立了综合协调工作组、财务检查督导组和实物及仓储管理督导组，在市粮食局检测中心的业务指导下，抽调调控科、综合科、收储公司、北城粮贸公司、玉溪国家粮食储备库等单位的17名业务骨干，对辖区内中央储备油、国家临时存储油、地方储备油库存以及上述政策性油脂承储企业的商品油库存进行检查。同时，对纳入粮食流通统计范围，但未存储政策性油脂其他企业的商品油库存进行摸底调查核实，本着“有库（点）必到，有油必查，查必彻底”的原则，于5月26日至6月2日，出动132人次对全区纳入检查范围的4个政策性油脂承储企业（玉溪国家粮食储备库、玉溪市粮油贸易总公司、玉溪北城粮油贸易有限公司和玉溪滇雪粮油食品工业有限公司），4个非政策性油脂承储企业（玉溪红塔区粮油收储有限公司、红塔区军粮供应站、玉溪李棋粮油贸易有限公司、玉溪大营街粮油贸易有限公司），纳入摸底调查范围的4个非政策性油脂承储企业（玉溪百信商贸集团有限公司、玉溪家佳超市有限公司、玉溪晶瑞食用油脂有限公司、玉溪富康油脂商贸有限公司）进行了食用植物油库存数量、库存油脂质量卫生、储备油轮换管理、政策性油脂库存费用补贴拨付、政策性油脂库贷挂钩和食用植物油仓储管理等六个方面工作的督促检查、业务指导和摸底核实。6月3～8日，市级进行了抽查，6月14～16日省级进行普查。经省、市检查，全区纳入检查范围的政策性油脂和省级分解到区的区外政策性油脂包括中央储备、国家临时储备、地方储备，储存油品质良好、存储安全、没有出现不宜存油。各油脂经营管理企业按照“一符、三专、四落实”的管理，实行专仓储存，专账管理，专人管理，没有发生违反储备油管理规定的行为，做到了账实相符、数量真实、质量完好、管理规范、布局合理、调度灵活、储油安全。区粮食局被省粮食局评为2011年全省食用植物油库存检查先进单位。

认真落实《粮食流通管理条例》《云南省〈粮食流通管理条例〉实施办法》《云南省粮食局、云南省发展和改革委员会关于公布云南省粮食经营者最低和最高粮食库存量具体标准的通知》精神，对有一定规模的11家粮食经营企业核定了粮食最高库存限量。

（何　馨）

【云南玉溪粮食储备库】　位于玉溪市红塔区研和镇大栗园，1987年成立，是中央、省、市共同投资建设的大二型粮油仓储企业。主要从事粮油中转储存、粮油及制品贸易、粮食加工等业务。储备库经过三次扩建，2011年已达到占地160余亩、固定资产6 455万元、粮食仓容量10.79万千克，成为玉溪市规模最大的粮食收储、经销的国有粮食企业，肩负着中央、市级储备粮油的储备、轮换任务，是各级政府实施粮食宏观调控，确保粮食安全的重要载体。全库共有员工65人，其中：退休人员11人、退养9人，在职员工45人。2001年完成购销6 328万千克，其中向市场、农户收购粮食3 565万千克。全年实现粮食主营销售收入7 953万元，实现税利（含减免额）160.4万元，其中净利润50万元。年内完成了投资1 300万元年产2万吨优质大米加工厂建设项目，并已投入生产。确保了在紧急状况下稻谷的加工转化，改变了玉溪市没有上规模的大米加工设备的状况，避免了玉溪大米物流多次往返导致粮价上涨的不合理因素。年末在政府补贴资金的支持下，储备库设立了3个平价粮油销售点，分布在主城区2个、研和镇1个。

（李晓东）

*　　*　　*　　*

财政·税务

财　政

【财政收支预算执行情况】　2011年，红塔区财政总收入253 620万元，比上年增收48 353万元，增长23.6%。上划中央“两税”收入完成62 303万元，比上年增加3 991万元，增长6.8%，其中：增值税（75%）入库62121万元，比上年增加3 873万元，增长6.6%；上划中央、省级所得税（84%）58 892万元，比上年增加21 437万元，增长57.2%；上划中央、省级其他收入6 788万元；上划市级收入277万元。

全区地方财政收入125 360万元，比上年增收20 183万元，增长19.2%。其中：一般预算收入112 199万元，增收19 316万元，增长20.8%；基金预算收入13 161万元，增收867万元，增长7.1%。区本级地方财政收入19 802万元，增收2 679万元，增长15.6%。乡镇（街道）级地方财政收入完成105 558万元，增收17 540万元，增长19.9%。

全区地方财政支出188 756万元，比上年增支23 013万元，增长13.9%。其中：一般预算支出173 326万元，增支22 344万元，增长14.8%；基金预算支出15 430万元，增支669万元，增长4.5%。区本级地方财政支出161 164万元，增支32 923万元，增长25.7%。乡镇（街道）级地方财政支出27 592万元，减支9 910万元，下降26.4%。

全区地方财政收入125 360万元，上级各项补助收入88 641万元，上年滚存结余624万元，调入资金1 145万元，收入总计216 364万元；上解上级支出27 600万元，地方财政支出188 756万元，支出总计216 356万元，结余8万元。

表36：2011年红塔区地方财政收入情况表

表37：2011年红塔区地方财政支出情况表

李棋葡萄种植　　　　（邹　瑾　摄）

2011 年红塔区地方财政收入情况表

表 36 单位：万元、%

项目	上年收入决算数	调整预算数	收入决算数	完成调整预算数	比上年增减（±）	比上年增长
地方财政收入总计	105 177	125 300	125 360	100.0	20 183	19.2
一、一般预算收入合计	92 883	111 477	112 199	100.6	19 316	20.8
1. 税收收入小计	86 539	105 414	104 699	99.3	18 160	21.0
增值税	19 442	22 250	21 154	95.1	1 712	8.8
营业税	33 819	38 026	39 045	102.7	5 226	15.5
企业所得税	5 834	8 432	8 990	106.6	3 156	54.1
个人所得税	1 259	2 176	2 165	99.5	906	72.0
资源税	410	310	326	105.2	-84	-20.5
城市维护建设税	4 387	4 756	4 920	103.4	533	12.1
房产税	2 271	2 639	2 700	102.3	429	18.9
印花税	1 713	1 989	1 969	99.0	256	14.9
城镇土地使用税	2 347	1 854	1 856	100.1	-491	-20.9
土地增值税	2 021	5 329	5 481	102.9	3 460	171.2
车船使用税	837	900	840	93.3	3	0.4
耕地占用税	1 575	4 511	2 372	52.6	797	50.6
契税	8 126	9 987	10 160	101.7	2 034	25.0
烟叶税	2 498	2 255	2 721	120.7	223	8.9
2. 非税收入小计	6 344	6 063	7 500	123.7	1 156	18.2
专项收入	3 453	3 505	4 064	115.9	611	17.7
行政性收费收入	1 393	1 000	1 526	152.6	133	9.5
罚没收入	1 430	1 500	1 240	82.7	-190	-13.3
国有资产（资源）有偿使用收入	55	50	670	1 340.0	615	1 118.2
其他收入	13	8		-	-13	-100.0
二、政府性基金收入合计	12 294	13 823	13 161	95.2	867	7.1
育林基金收入	19	10	8	80.0	-11	-57.9
森林植被恢复费	9	7	4	57.1	-5	-55.6
残疾人就业保障金收入	443	461	671	145.6	228	51.5
国有土地使用权出让金收入	9 811	13 252	12 163	91.8	2 352	24.0
农业土地开发资金收入	2 012	93	315	338.7	-1 697	-84.3
附：1. 上划中央两税	58 312	65 210	62 303	95.5	3 991	6.8
其中：消费税	64	160	182	113.8	118	184.4
增值税	58 248	65 050	62 121	95.5	3 873	6.6
2. 上划中央、省所得税	37 455	55 692	58 892	105.7	21 437	57.2
3. 上划中央、省其他收入	4 089	6 000	6 788	113.1	2 699	66.0
4. 上划市级收入	234	220	277	125.9	43	18.4
财政总收入	205 267	252 422	253 620	100.5	48 353	23.6

2011 年红塔区地方财政支出情况表

表 37

单位：万元、%

项　目	上年支出结算数	本年支出调整预算数	本年支出结算数	完成调整预算数	比上年增减（±）	比上年增长
地方财政支出总计	165 743	191 042	188 756	98.8	23 013	13.9
一、一般预算支出合计	150 982	174 950	173 326	99.1	22 344	14.8
一般公共服务	15 371	18 704	18 055	96.5	2 684	17.5
国防	161	278	267	96.0	106	65.8
公共安全	9 132	9 634	9 900	102.8	768	8.4
教育	28 635	33 208	36 271	109.2	7 636	26.7
科学技术	2 205	2 229	2 016	90.4	－189	－8.6
文化体育与传媒	1 779	2 218	2 148	96.8	369	20.7
社会保障和就业	17 930	21 511	23 093	107.4	5 163	28.8
医疗卫生	15 291	16 872	17 073	101.2	1 782	11.7
节能环保	2 427	3 741	3 707	99.1	1 280	52.7
城乡社区事务	11 371	19 059	14 046	73.7	2 675	23.5
农林水事务	18 571	22 062	22 359	101.3	3 788	20.4
交通运输	391	1 396	1 386	99.3	995	254.5
资源勘探电力信息等事务	2 748	5 138	5 075	98.8	2 327	84.7
商业服务业等事务	3 100	5 078	4 716	92.9	1 616	52.1
金融监管等事务支出		431	431	100.0	431	
地震灾后恢复重建支出		4	4	100.0	4	
国土资源气象等事务	359	634	610	96.2	251	69.9
住房保障支出	5 448	5 348	5 344	99.9	－104	－1.9
粮油物质储备管理事务	835	426	357	83.8	－478	－57.2
其他支出	15 228	6 979	6 468	92.7	－8 760	－57.5
二、政府性基金支出合计	14 761	16 092	15 430	95.9	669	4.5
文化体育和传媒	30				－30	－100.0
社会保障和就业	1 115	1 065	1 275	119.7	160	14.3
城乡社区事务	12 943	14 142	13 275	93.9	332	2.6
农林水事务	462	448	443	98.9	－19	－4.1
资源勘探电力信息等事务	10				－10	－100.0
其他支出	201	437	437	100.0	236	117.4

【培植地方财源】 2011 年，红塔区投入资金 26 944 万元，进行昆玉铁路扩能改建征地拆迁、易峨高公路、粪便处理厂及中卫路、太极路、珊瑚路延长线、红塔大道改造工程等重点项目建设；投入 2 605 万元，创建“国家卫生城市”、“省级文明城市”、“国家环境保护模范城市”，努力提升城市品位和形象；投入科技创新和科技进步奖支出 361 万元，省名牌产品奖励补助 40 万元，扶持企业资金 6 660 万元，促进企业增效，财政增收；投入 2 091 万元，加大淘汰落后产能和节能减排的力度；拨付财政贴息资金 524 万元，帮助企业争取“贷免扶补”贷款 6 195 万元，新增担保 3 000 万元，通过组建小额贷款公司引导民间资金 55 160 万元，累计投放贷款 114 703 万元，有效地缓解企业融资难问题。

【落实支农惠农政策】 2011 年，红塔区各项支农资金及时优先拨付到位，积极争取农口补助资金 16 536 万元，共投入“三农”资金 7.65 亿元，提高了全区农业生产能力，为农民增收创造了良好的条件。发放种粮农户的良种和生产资料等补贴 921 万元，支持了农作物良种和新技术推广，提高了农作物产品品质和产量；投入农业机械购置补贴资金220万元，鼓励和支持农民使用先进适用的农业机械，加快推进农业机械化进程；拨付区级以奖代补资金77万元，实施以培肥山区耕地地力、改善山区群众人居环境为目标的山区增施有机肥工程；加强森林保护，林业支出1 942万元用于林业技术推广、森林防火和森林病虫害防治；投入畜牧业扶持资金2 790万元，用于改良品种、畜牧防疫及畜牧产业扶持；投入水利建设资金4 414万元，用于人畜饮水安全工程、小型水库除险加固、抗旱应急工程；投入“一事一议”财政奖补资金3 372万元，进行31个财政奖补项目及2个奖补试范村建设；投入资金5 100万元完成农业综合开发和中低产田改造任务；兑付家电汽车摩托车下乡补贴1 186万元。

【保障和改善民生】 2011年，红塔区投入49 323万元支持教育发展。免除54 156名中小学生杂费、教科书补助资金3 479万元；补助农村贫困寄宿生6 883人生活费607万元；发放高中、职中学生助学金5 671人977万元；投入校舍排危项目及学校建设资金5 713万元、学校安保经费439万元、教学设备购置经费1 455万元，改善了办学条件。

投入23 093万元完善社会保障体系。发放城低保资金1 689万元，享受居民6 726人；发放农低保资金677万元，享受人数6 594人；共支出再就业资金2 267万元，支付灵活就业社保补贴、购买公益性岗位及就业培训，帮助下岗失业人员实现再就业；发放高寿老人补贴567万元，使20 390位80周岁以上无退休金老人领到保健补助、8位百岁寿星领到长寿补助；对437位五保户发放98万元补助。

投入保障性安居工程资金2 525万元，新开工建设廉租住房工程160套，建设规模8 000平方米，发放766户城市低收入住房困难家庭廉租住房补贴，实物配租144户，低收入家庭住房难问题进一步缓解。

投入医疗卫生支出17 073万元，提高医疗救助能力。2011年新型农村合作医疗筹资标准由140元提高到310元，筹集资金6 300万元，参合181 702人，参合率96.45%，受益193 048人次，受益率106.24%；筹集资金545万元，继续推进城镇居民基本医疗保险工作，全区共有133 664人参加城镇居民基本医疗保险；投入1 940万元积极推进基层医药卫生体制综合改革，切实解决农民“看病难看病贵”问题和彻底改变医院“以药养医”的格局。

投入社会稳定资金8 642万元，为巩固“平安红塔”创建成果，社会治安综合治理、稳定和谐提供经费保障。

投入农村文化建设资金166万元，加大改善农村文化环境和提升农村文化生活质量。

【财政管理与改革】 2011年，红塔区实行“划分收支范围，核定支出基数，收入按比例留成，预算包干管理”，重新确定区对乡、街道财政体制，简化结算手续，提高管理水平，进一步增强区级财政资金调控和保障能力，规范乡、街道的收支行为，加强乡、街道财政管理工作，建立健全规范的公共财政管理体系，切实提高财政资金使用效益；认真落实财税收入目标责任制，加强财税部门、各乡（街道）密切配合，充分调动工作积极性，齐抓共管，深入分析经济、财政、税收运行情况，协调解决收入征管中存在的困难和问题，确保按时完成收入任务；加大对重点税源的调研力度，密切关注重点税源变化情况，着重抓好重点项目和税源的监控，逐项目、逐户排查，确保财政收入应收尽收；进行非税收入管理改革，从2011年起，除教育收入外，所有预算外收入纳入国库管理，实现收支脱钩；通过盘活存量资产和加强对政府收费项目的管理，拓宽财政增收空间。

严格预算执行程序，合理安排资金支出，在确保工资正常足额发放的基础上，优先满足社会保障、“三农”、教育、卫生等重点项目资金需要，努力促进和谐社会建设；在对乡、街道资金调度坚持“全区一盘棋”，加强乡、街道支出监督，严格控制支出；积极推行公务卡制度，控制现金支出；全面开展“小金库”专项治理工作，从源头上防治腐败；加强会计集中核算管理，节约行政开支；开展财政资金安全大检查，加强财政资金和财政专户的管理，确保财政资金安全运行。

（陆永麟　邢俊增）

国家税务

【红塔区国家税务局】 2011年，红塔区国家税务局坚持以科学发展观为统领，组织收入为中心，创先争优为动力，围绕云南省国家税务局提出的“服务基层年”工作主题，树立“精益求精、争创一流”的工作理念，把“奋发进取、理性平和、开放包容”作为干部队伍建设的总目标，倡导“健康生活，快乐工作”的积极心态，大力打造风清气正的用人机制、充满活力的学习机制和公平有效的激励机制，把干部引导到干事创业上，共同把红塔国税推上新的台阶。

正确执行各项税收政策，强化税收征管，继续推进“向五个加强”要收入的工作思路，强化税源监控和税收分析预测，完善重点税源网上直报系统工作，全力以赴，以切实有效的措施大力组织税收收入，圆满完成上级下达的税收收入目标任务，为地方经济和社会发

2011年4月28日，红塔区国税、地税召开纳税人座谈会

展提供财力保障。

红塔区国家税务局领导班子：

局　　长：李金华（2008.10～2011.4）

何足道（2011.4～）

副局长：朱云全（1999.7～）

郭剑忠（2003.3～）

唐光祥（2007.12～）

党组书记：李金华（2008.10～2011.4）

何足道（2011.4～）

【国税收入】　2011年，红塔区国税局组织各项税收共计入库181 092万元，与上年同期相比增收25 449万元，增长16.35%，完成年度计划的100.67%。其中：增值税109 387万元，与上年同期相比增收8 895万元，增长8.85%，完成年度计划115 520万元的94.69%；消费税182万元，与上年同期相比增收118万元，增长184.38%，完成年度计划的260%；企业所得税51 899万元，与上年同期相比增收19 625万元，增长60.81%，完成年度计划的137.48%；个人储蓄存款利息所得税68万元，与上年同期相比减收100万元，下降59.52%，完成年度计划的226.67%；车辆购置税19 556万元，与上年同期相比减收3 089万元，下降13.64%，完成年度计划的73.75%。生铁、电力、有色金属、医药产品、化工、商业、印刷等成为增收的主要行业。钢坯钢材、建材、电气器材、矿产品等则同比减收。

【税收征管】　2011年，区国税局从五方面强化税收征管：

1. 纳税评估。采取纳税评估与税法宣传、风险管理、日常管理相结合的"三结合"的评估方法，有针对性地实行个性化服务，帮助纳税人及时发现涉税问题，增强纳税人诚信纳税意识，降低因非主观故意导致涉税违法的成本和风险，倾力打造服务型的纳税评估，推动构建和谐征纳关系，实现优化服务和强化征管的双重功效。

2. 各税种管理。落实增值税转型改革措施，加强增值税抵扣管理和申报评估工作，全年执行增值税征前减免税收优惠政策，为284户企业共计18.46亿元的销售收入办理了免征增值税手续，为福利企业办理增值税退税490.34万元；强化"四小票"管理，降低异常发票率；加强对企业所得税重点税源、跨地区汇总纳税、房地产开发企业的专业化税收监管，逐步实施科学合理的分类管理，全年所得税税收创下5亿元的历史新高；加强出口退税管理，全年为企业办理出口退（免）税2 736.99万元。

3. 税源管理。加强税源监控，对达到重点税源管理标准的企业全部纳入重点税源监控管理，全年纳入重点税源监控企业94户，较上年增加31户，增幅达到49.21%，占全市重点税源监控总户数的39.33%。

4. 日常巡查。运用信息化手段与人工相结合的方法核查漏征、漏管户，从源头上防止税收流失。

5. 规范税收执法。严格按照法定权限和程序行使各项税收权力，做到规范执法、公正执法、文明执法。加强税收执法责任制考核，加强执法监督检查。稳步推进税收风险预警管理工作，充分发挥税务风险管理指引的作用，举办税收执法岗位风险防范培训，对税收执法中可能性风险提出预警。加强税收效应分析和政策执行情况反馈工作，开展规范性文件清理工作。深入开展税法宣传，推进"六五"普法教育，提高广大纳税人的税法遵从度。充分发挥"普通发票管理系统"作用，结合新版机打发票的推行使用，加大"验旧售新"力度。

【纳税服务】　一是创新纳税服务方式。以提高纳税服务针对性和实用性为切入点，配合玉溪市政府做好数控机床产业园的"以商招商"和产业培植发展工作，编写了具有较强的针对性和可操作性的《纳税服务指南》。本指南包括税务登记、发票管理、申报征收、资格认定、优惠政策、法律救济等六个方面内容，涵盖了日常国税管辖的各类涉税事项的基本内容和不同需求的办税帮助，最大限度地为纳税人提供优质、高效、便捷的纳税服务。二是推进多元化申报。通过长期不懈的推广，储蓄扣税、实时扣税、网络申报、网络抄报税、网络认证等服务方式得到了广大纳税人的充分认可。互联网的充分应用，将国税系统为纳税人服务的时间和空间无限拓展，把原来5天乘8小时的工作时间拓展为7天乘24小时。纳税人足不出户，就可进入即时互动、全时段、多功能的"云南国税网上办税服务厅"，缓解了办税服务厅的工作压力，赢得了广大纳税人的一致好评。三是推进办税服务厅标准化建设。对办税服务厅名称、窗口设置、办税环境、人员着装和文明服务用语等进行规范。统一办税服务各项标识及功能，划分办税服务区、休息等候区、自助办税区、宣传公告区，设立咨询引导岗，制作办税窗口指南、发票价格公示、服务承诺等公示牌，推行"一站式"服务，做到纳税人办税"一窗式受理、一站式办结、一户式查询、一条龙服务"，在办税服务厅设立导税台，推行"导税员"制度，答疑解难，受理现场投诉，宣传税收政策，积极为纳税人打造醒目、周到、舒心的办税环境。同时，结合"最佳办税服务厅"、"巾帼文明岗"和"创先争优"等活动，长期坚持开展"最佳办税员及最佳服务团队"评选活动，努力提高办税工作人员的业务技能和服务质量。积极筹备，将车购税征收自2012年1月起搬迁到北边亚太国际汽车城内，与车辆落户、检测同址办公。四是组织税收宣传月活动。在第20个税收宣传月，充分利用新闻媒体、报刊、广播和网站进行税收宣传。以张贴标语、宣传画，在《玉溪日报》上办专版；与地税局联合利用聂耳文化广场电子大屏幕滚动播出税收宣传标语，编辑手机短信平台向广大市民发送万余条税收宣传信息；市、区两级国、地税局携手送税宣进玉溪数控机床产品园，在严格执行政策前提下积极为企业的投资和享受税收优惠政策情况出谋划策。该项活动得到市长的肯定，并荣获2011年全市税收宣传优秀创新项目。

（张永平）

地方税务

【红塔区地方税务局】　2011年，区地税局增设了3个职能机构：科技信息股、稽查局、六分局。全局共设有9个职能股室，1个直属机构，6个管理分局，在职干部职工99人。围绕省局提出的"内提素质，外树形象，打造阳光地税"的总体思路和"依法治税、阳光办税、科技管税、人才兴税、服务促税、着力培税、征管强税"工作要求，全面贯彻落实省、市、区财税工作会议及地方税务工作会议精神，不断深化人事制度及机构改革，大力实施科技兴税和服务促税，努力实现地方税收收入平稳较快增长。共组织征收地方各税收入9.98亿元，同比增收1.77亿元，增长21.6%，完成了年度税收收入计划的103%；征收社会保险费4.53亿元，征缴率达100%；代征残疾人保证金675.7万元、工会经费1 786.9万元、价格调节基金933.5万元。年末，管理纳税户19 298户，比上年增加

2 916 户。

8 月中旬，对 70 余名业务干部进行了两天的土地增值税业务培训；二、三、四管理分局组织辖区年内纳税额 5 万元以上 418 户企业参加 5 天的多元化纳税申报培训。年内，区地税局被市委、市政府授予玉溪市第六届文明单位荣誉称号；被区委、区政府评为红塔区 2011 年社会治安综合治理工作先进单位；征收窗口单位一分局也被省地税局授予全省地税系统 2010 年度“优秀办税服务厅”、被玉溪市妇联授予“玉溪市巾帼文明岗”。

局　长：许向宏（2010 ~ ）
副局长：刘福祥（2001 ~ ）
　　　　黄祖南（2002 ~ ）
党组书记：许向宏（2010 ~ ）

【开征价格调节基金】 根据市政府《玉溪市价格调节基金征集使用管理办法》及《玉溪市价格调节基金征集使用管理办法实施细则》规定，从 2011 年 1 月 1 日起，对在全市行政辖区内从事生产、经营或提供补偿服务，年销售收入或营业收入在 500 万元（含 500 万元）以上的法人和其他组织均按季度征收价格调节基金。基金由地税、国税部门根据各自职责代征，缴纳单位应于每个季度终了后 15 日内申报缴纳上个季度的价格调节基金。4 月 6 日，区地税局开出了全市首份非税收入票据，征收到玉溪市某食品有限责任公司价格调节基金 33 509.98 元。截止至 4 月 15 日，第一个征期结束，全区共有 79 户年销售收入达到 500 万元以上的企业前来申报缴纳了价格调节基金，共征缴价格调节基金 5 142 589.02 元，为全市价格调节基金的征收开了个好头。

【个税工资薪金所得扣除标准提高】 从 2011 年 9 月 1 日起，红塔区开始执行国家新修订的个人所得税工资薪金所得费用扣除标准，即由原来的 2 000 元提高到 3 500 元，个人所得税税率也作了相应的调整，全区各行政事业单位工资薪金所得税的纳税人大幅减少，由原来的 5 872 人下降到 214 人。

【年所得 12 万元个税申报】 2011 年，针对日常征管中纳税人个人主动申报意识不强，收入难以掌控的实际，区地税局采取多项措施，进一步完善申报手段，加大政策宣传力度，优化纳税服务，积极引导纳税人进行个税申报，并及时召开申报工作布置会，明确纳税申报受理、资料审核、数据统计、资料归档等环节工作职责，使年所得 12 万元个税自行申报工作稳步推进。截止 3 月 31 日法定申报期结束，红塔区共有 174 人办理了自行申报，同比增加了 12 人。申报年所得额 13 959.45 万元，应纳税所得额 13 307.56 万元，应纳税额 3 555.63 万元，申报补缴个人所得税 3.16 万元。申报呈现出两个特点：一是从行业构成看，纳税人主要集中在工业、加工制造，金融、保险及烟草三个行业，申报人数达 148 人，占申报总人数 85%。二是从所得项目看，重头是工资、薪金所得，申报人数达 168 人，占申报总人数的 97%，申报应纳税额 558.62 万元；其次是利息、股息、红利所得，申报人数 57 人，申报应纳税额 737.77 万元。

【所得税汇算清缴】 2011 年，共汇算清缴企业 710 户，同比增加 103 户，汇算清缴面达 100 %。共调增应纳税所得额 12 251.37 万元、调减 8 497.73 万元；弥补以前年度亏损 4 917.4 万元；汇算应纳税所得额 53 818.77 万元；应纳所得税额 13 454.69 万元；减免所得税额 1 338.31 万元；实际应纳所得税 12 116.38 万元，同比增加 4 737.63 万元，增幅达 51.4%，补缴入库所得税 2 253.52 万元。汇算中，共受理纳税人各项涉税申请 132 件；共为 79 户企业办理了企业所得税减免税优惠，税基式减免减少应纳税所得额 4 290.50 万元，税额式减免直接减免所得税额 1 393.43 万元；为 18 户小型微利企业减免税款 8.13 万元；为 24 户享受西部大开发税收优惠政策的企业减免税款 1 306.53 万元；为 1 户购置国产设备投资的企业抵免所得税额 55.13 万元；为 1 户符合高新技术企业所得税优惠条件的企业减免税款 23.64 万元。

【税收宣传】 2011 年，区地税局与区国税局联合，从 4 月 12 ~ 30 日，通过聂耳文化广场的大型电子显示屏，于每天傍晚 7：00 ~ 9：30 分时段，穿插滚动播放 4 组“税收 · 发展 · 民生”、“服务科学发展，共建和谐税收”、“有了您现在缴纳的社会保险费，才有未来的幸福保障”等 12 条税收宣传标语和口号。每天播放 48 条次。累计播放 1 104 条次。4 月 28 日，区地税局、国税局共同邀请辖区内 40 余户纳税企业在云溪宾馆召开 2011 年税收宣传月纳税人座谈会。会上，国、地税主要领导分别向纳税人介绍了近年来税收与全区经济发展、民生改善的相关情况，并对广大纳税人多年来对税收工作的支持致以诚挚的谢意。与会各纳税企业就各自纳税过程中碰到的疑难问题和企业所得税等相关税收政策同国、地税税政、征管等各职能部门现场进行了互动提问、解答，在一一解答好纳税人提出的各种税收政策及疑难问题的同时，国、地税还就当前广大纳税人广泛关注的政府价格调节基金征收、货物运输费的抵扣、税务发票的打假、企业所得税的税前扣除、增值税进项税抵扣等问题进行了广泛的宣传。

【推广机打发票】 2011 年，区地税局采取四项措施积极推广机打发票，强化“以票控税”。一是实行减半审批发票制度，及时发现企业在使用发票中存在的问题，从源头控制因审批不严、管理不善、企业倒闭等原因导致发票遗失和无法收回情况的发生。二是与企业签订

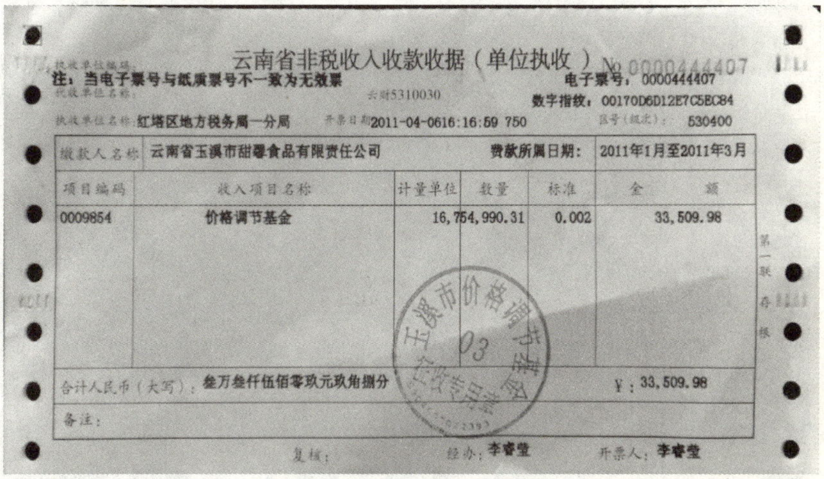
云南省非税收入收款收据（单位执收）No 0000444407
注：当电子票号与纸质票号不一致为无效票　电子票号：0000444407
云财5310030　数字指纹：00170D6D12E7C5EC84
执收单位名称：红塔区地方税务局一分局　开票日期：2011-04-0616:16:59 750　区号（地区）：530400

缴款人名称	云南省玉溪市甜馨食品有限责任公司		费款所属日期：	2011年1月至2011年3月	
项目编码	收入项目名称	计量单位	数量	标准	金额
0009854	价格调节基金		16,754,990.31	0.002	33,509.98
合计人民币（大写）：叁万叁仟伍佰零玖元玖角捌分					¥：33,509.98
备注：					

复核：　经办：李睿莹　开票人：李睿莹

2011 年 4 月 6 日开出的全市首份非税收入票据

使用机打发票承诺书，严格按发票管理办法做好发票的开具和保管。三是实行按月审验制度，领用发票的纳税人必须在每月报税时向主管分局报送发票使用情况登记表，审核发票，核查税款。四是认真落实《全国普通发票简并票种统一式样工作实施方案》，大力推广机打发票，严格控制手工发票的使用，对未使用机打发票的企业，采取到税务机关代开发票的办法，强化税源监控。年内，已有服务业、广告业、旅店业、租赁业、餐饮业、房地产业、建筑安装业等7个行业，共369户纳税人顺利安装了新版机打发票软件，销售机打发票66 436份，为全面实现机打发票全覆盖的目标打下了基础。

【代开发票管理】 2011年，为规范代开发票管理，区地税局结合实际严把代开发票关。一是严明申请代开发票的范围。凡是办理税务登记的纳税人，一律不予代开发票，对没有办理税务登记证需要开具发票的纳税人，必须由税收管理员确认其是否符合代开发票的条件；二是严明代开发票所需提供的资料。规定代开方必须提供真实完备的代开资料，包括代开方身份证复印件、付款方证明、代开申请表；三是严格代开发票审核。对代开发票申请从严把关，认真审核，要求代开发票申请表填写齐全，代开内容真实、合法。

【城镇超龄人员参保】 国家为加快建立覆盖城乡居民的社会养老保障体系，于2011年初出台了超龄人员养老保险惠民政策，3月底开始实施，5月底开始征收。规定凡具有玉溪市城镇户籍，已达到或超过法定退休年龄，曾与城镇集体企业建立劳动关系或形成事实劳动关系以及有过其他就业经历，但未参加基本养老保险或参加过基本养老保险但无按月领取基本养老保险待遇的人员，都可一次性补缴15年的基本养老保险费，纳入基本养老保险，并从一次性补缴保险费的次月起按月享受基本养老保险政策。区地税局在做好前期政策宣传的同时，及时抽调精干力量，开启办税大厅所有应急征费窗口，全力予以办理，竭力为缴费人员提供优质、高效、快捷的服务。截止6月7日，红塔区缴费人员已多达2 471人次，共缴纳养老保险费2 372.6万元。该政策为长期以来没有基本养老保障的城镇居民彻底解决了后顾之忧，受到了广大参保市民的好评。

2011年12月1日，红塔区地税代收残保金开征仪式

【残保金上线征收】 按照全省统一部署，2011年12月1日上午9点，红塔区地税代征残疾人就业保障金上线征收仪式在区地税局办税大厅举行，区残联、区财政、区地税领导及相关企业代表参加了开征仪式。9点10分，征收人员从微机中为前来缴纳残疾人就业保障金的玉溪市瑞源房地产开发有限公司正式开出了第一份税票，金额1 194.12元。当日，共有6家企业上线缴纳了残保金，缴纳金额达48 163元。至此，红塔区残疾人就业保障金的征收彻底告别了手工开票的历史，向科技管费迈出了成功的一步。

【社会保险费突破4亿】 2011年，区地税局加强与财政、社保、劳动保障部门及银行协作，采取多种形式和手段加大宣传力度，努力提高社保费征管质量和水平，有效解决了社会保险费扩面征缴难的问题，营造了良好的缴费环境。截至12月，共征收社会保险费4.53亿元，同比增收1.51亿元，增50.04%，突破了4亿元大关。

【阳光办税】 2011年，区地税局积极落实省局“依法治税、阳光办税”等“六税”工作要求，紧密结合税收征管实际，采取六项措施，加大办税公开力度，切实推进阳光办税。一是明确监督及服务责任部门，夯实办税监督和优质服务载体，结合政府“四项制度”建设，进一步落实政务公开、办税公开制度，扩大社会各界和纳税人办税监督的参与面，确保纳税人的知情权利，做到阳光执法。二是严格“四项制度”的落实，全面推进“法制政府”、“责任政府”、“阳光政府”、“效能政府”四项制度建设，制作办税指南，规范和优化办税流程，做到阳光办税。三是强化责任监督，加强督促检查，确保各项制度的落实，确定监察室、办公室、法规股为监督检查主体，充分运用税收执法考核、"六好"考核、税收政务信息公开、社会舆论监督、群众监督等形式，及时发现和纠正办税过程中出现的问题及偏差，促进阳光办税。四是整合信息资源，畅通交流渠道，构筑征纳信息交流平台，通过政府信息公开网站、大型电子滚动屏、办税大厅电子查询系统、税收法规公告栏等渠道定期公开税收政策、办税程序，公示税收定额、处罚结果及减免税情况，并通过电话投诉、信访举报等形式广泛接受监督，实现阳光定税。五是规范办税服务，优化人员结构，完善办税设施，创建优秀办税服务厅，全力为纳税人提供更方便、更快捷、更高效、更优质的办税服务，构建和谐阳光的征纳关系。六是推行多元化纳税申报，实施多元化申报缴税，有效分流办税大厅业务，简化优化办税程序，缓解大厅征期拥挤，为纳税人提供更多的缴税便利，实现阳光优质服务。

【地税行风评议】 按照省、市行评的部署和要求，2011 年 8 月中旬，区地税局所属二分局、三分局、四分局、五分局共四个分局，采取"走出去、请进来"的办法，主动邀请了红塔区纠风办的有关领导和辖区内 50 余户纳税户代表分别对各分局近年来的政务公开、办事效率、服务态度、依法行政、廉洁执法等 5 个方面的情况进行评议，并随机向纳税人发放了 120 份《云南省地税系统政风行风重点评议问卷调查表》现场进行测评，结果"很满意"率达 98.33%，"比较满意"率到 1.67%，"基本满意"和"不满意"率为零。

【一分局获省、市表彰】 2011 年，区地税一分局在纳税服务中始终以"始于纳税人需求，基于纳税人满意，终于纳税人遵从"为宗旨，以"优质服务、廉洁高效，依法治税、文明执法"为目标，不断改进服务方式，及时创新服务手段，立足岗位创建，积极争创"优秀办税服务厅"及"巾帼文明岗"，先后被省地税局、玉溪市妇联授予 2010 年度全省地税系统"优秀办税服务厅"、"玉溪市巾帼文明岗"。

【机构改革】 2011 年 12 月 9 日，召开区地税系统机构改革及竞争上岗动员大会，向全局 100 余名干部职工传达了省、市地税系统机构改革竞争上岗工作会议精神，对红塔区地税系统的机构改革和竞争上岗作了动员和部署。通过机构改革，全局增设了一个职能股室，一个直属机构，一个管理分局。即科技信息股、稽查局、六分局。有 30 余名干部参与了股级领导职位竞争，9 名干部走上了中层领导岗位。

（彭志强）

* * * *

金融·保险

金 融

【概 况】 2011 年，红塔区境内有银行业金融机构 14 家，全区各金融机构认真贯彻落实稳健的货币政策，积极维护全区金融稳定，提高金融服务水平，大力推进金融改革和发展，各项业务继续保持持续健康发展的势头，有力支持红塔区经济又好又快的发展。截至 2011 年末，红塔区境内本外币各项存款余额 528.18 亿元、贷款余额 307.94 亿元。全年新增贷款进一步加大对小企业、"三农"、保障性住房的支持力度；各机构盈利能力、整体抗风险能力和市场竞争力进一步增强。

（石文兴）

【中国人民银行玉溪市中心支行】 2011 年，中国人民银行玉溪市中心支行认真贯彻落实稳健的货币政策，积极维护辖区金融稳定，提高金融服务水平，切实推进辖区金融改革和发展，各项工作取得明显成效，有效支持了玉溪经济又好又快的发展。截至 2011 年末，全市金融机构人民币各项存款余额 917.5 亿元，比年初增加 101.5 亿元，增长 12.4%；各项贷款余额 543.7 亿元，比年初增加 78 亿元，增长 16.8%。

（飞传鹤）

【银行监管】 2011 年，玉溪银监分局紧紧围绕"拓宽眼界防风险、转变方式谋发展、巩固基础促监管、提升素质求创新"的总体工作思路，科学监管，统筹兼顾，采取审慎灵活的监管措施，推进辖内银行业金融机构加强战略调整、公司治理和风险防范，推进银行业发展转型，有效防范辖内银行业风险。在日常监管中，进一步强化检查力度，提升监管质效。全年共组织实施现场检查项目 13 个，累计派出检查组 30 次，检查人员 150 人次，提出整改意见 98 条。在市场准入方面，加强了对银行业金融机构高级管理人员的持续动态管理，严格执行《云南银行业金融机构董事和高级管理人员任职资格考试暂行办法》。全年共组织 24 名拟任高级管理人员参加任职资格考试，完成了对全辖银行业金融机构高级管理人员的年度履职考核，并对在 2010 年现场检查中查出问题负有直接责任的 23 名银行从业人员实施了合规履职测试。在非现场监管上，注重实施"贴近式"监管。全年与辖内 10 家农村中小金融机构高级管理人员进行监管会谈 20 次；积极列席被监管机构（董）理事会会议；紧盯重点项目和重点客户风险状况，加强对主要风险的预测和预警，共发出监管提示书 2 份，风险提示书 5 份。

【贷款新规推进】 2011 年，玉溪银监分局将督促辖内各银行业金融机构深入落实贷款新规"三个办法一个指引"作为工作重点，确保了银行信贷资金有效服务于实体经济需求。要求各机构通过认真总结推行贷款新规的经验和做法，查找存在的问题和短板，并切实加以改进。强化各机构的责任管理，对内明确专人及时通传情况，做到情况明、数据准，对外明确新发放贷款合规，新签订合同科学合理，对执行缓慢、上报数据异常、整改不到位的机构，严肃追责其主管领导及相关人员。积极督促各机构更新贷款管理制度和业务流程，建立有效的岗位制衡机制，将贷款管理各个环节的责任落实到具体部门或岗位，完善信贷风险流程控制，建立明确的问责机制。完善定期通报制度，及时建立走款比重及合同修订补正监测台账，加强跟踪监测，逐月通报工作进展情况，增强各机构工作紧迫感。2011 年末，全辖贷款新规走款比例超过 80% 监管要求，全辖需要修订补正的中长期贷款合同 100% 实现整改，银行业机构面临的合同违约风险得到有效缓释。各银行业金融机构对贷款新规的认识有效提高，新规执行由"他律"转变为"自律”，辖内银行业信贷管理模式发生了实质性转变。

【重点风险防控】 2011年，玉溪银监分局将防控重点风险作为工作立足点，有效筑牢银行业风险防线。在房地产领域密切关注信贷风险。进一步加大风险布防力度，做好房地产相关数据监测，关注房地产贷款增减变动情况，及时开展玉溪市房地产及信贷风险调查，并形成专题调研报告；组织辖内法人机构开展新一轮房地产贷款压力测试，前瞻性地评估房地产及相关上下游行业贷款质量状况和预计损失情况；对照差别化住房信贷政策着力抑制投资投机等非理性购房需求，强化房地产开发贷款的风险管理，避免信贷资金违规流入房地产投资领域。在案防工作机制建设方面全力维稳。及时修订下发了《玉溪银行业案防工作流程图》，明确职责，提高全辖金融案件应对水平，并对辖内40%以上的持证机构进行了案件防范实地巡查督查；将农村中小金融机构作为案件防控工作的重点，督促各机构认真开展外聘服务人员排查、三项整治、农村中小金融机构合规文化建设年等专项和综合治理工作；发挥玉溪市处置非法集资部门联席会议办公室职能，全年协助红塔区公安局办理3起非法集资案件。在贷款集中度上实施红线管理，严防流动性风险。针对辖内农村合作金融机构单户贷款超比例问题采取新老划断，逐步消化存量贷款，严禁新发放超比例贷款，自2011年4月起新放贷款已杜绝了超比例发放情况；随着货币政策从适度宽松转向稳健，更加注重对辖内中小法人机构的流动性风险监测管理，督促11家法人机构加强资产负债管理，建立适合自己运营特点的流动性监测体系，年末全辖法人机构流动性比例均处于监管指标之内。在“影子银行”业务方面积极实施风险管控。切实加强地方法人机构关于银信合作、信贷资产转让等“影子银行”业务的监管力度，及时叫停玉溪市商业银行与兴和村镇银行不规范的“银团贷款”合作业务，密切关注玉溪市商业银行“玉溪财富”理财产品潜在的政策风险、市场风险、信用风险和声誉风险，督促该行提前落实兑付资金渠道，制订到期兑付应急预案，实现了安全兑付。

【银行业改革创新】 2011年，玉溪银监分局坚持促进银行业金融机构改革不动摇，积极创新发展方式。对农村中小金融机构重点推进以股份制为主导的产权制度改革。制定了《农村合作金融机构股权改造五年规划》，全年批准6家农村合作金融机构股权转换实施方案，2家联社的定向募股方案，全市农合机构股本总额达5.43亿元，投资股占比100%。同时，督促各农村中小金融机构提高风险抵补能力，提足贷款损失准备，充分缓释风险。2011年末，全市农村合作金融机构资本充足率达10.75%，较上年提高1.13个百分点；拨备覆盖率157.15%，较上年提高50.77个百分点。稳步推进云南红塔农村合作银行改制为商业银行的试点工作。督促玉溪市商业银行进一步完善公司治理结构及薪酬绩效考核评价体系；加快信息化建设步伐，现网银系统及门户网站已正式运行，服务方式更加健全；建立起持续的资本补充机制，全年3批次增资7 040万股；指导玉溪市商业银行以“走出去”的新思路解决区域限制瓶颈，年内新设的峨山支行、新平支行已稳步运营，昆明曙光支行、安宁支行筹建工作正审慎推进。

【支持红塔区经济发展】 2011年，玉溪银监分局更加注重促进银行业服务意识和服务方式的转变。在“三农”金融服务方面，努力打造富有特色的专业化支农服务体系，支持红塔区经济发展。要求各银行业金融机构特别是涉农机构要把农户、农村小企业作为信贷优先支持的重点，并结合农业产业化、现代化加快的新要求，提升支农服务能力和水平。在对小企业的信贷支持方面，全力督促各银行业金融机构认真贯彻落实“国九条银十条”要求，根据小企业的融资特点，实施信贷流程优化再造；建立客户信息库，实行标准化、流程化管理，简化审批手续；创新担保方式，如突破传统抵押方式，引入应收账款质押、股权质押、第三方监管动产抵押、林权和采矿权质押；积极与担保机构开展合作，扩大小企业的担保范围等；开展产品开发创新，以满足不同行业、不同规模小企业的金融需求。在国家严控信贷规模的情况下，各银行业金融机构对小企业的信贷支持做到了力度不减，投放续增，有效满足了小企业融资需求。年末，全辖小企业贷款余额121.33亿元，比上年增加13.9亿元，增幅12.94%。

【信息披露和舆情应对】 2011年，玉溪银监分局充分利用《玉溪日报》等媒介平台，及时提示各类银行业案件风险，明确应对措施，有效增强辖内金融消费者的安全意识。同时，高度重视舆情风险，加强社会舆论正向引导，坚持及时、准确披露信息，提高透明度。针对银行业服务收费的负面舆情，及时组织相关人员通过听取汇报、查阅账表和收费凭证、核实违规收费清退情况、现场查看服务收费公示等方式对辖内24个机构网点进行暗访，对12家机构进行了抽查，督促各机构及时清退已收取的应免除的服务收费4 810元，并修订完善有关服务收费制度规程和对外公示，修改业务系统参数实现收费刚性控制，做到规范收费和文明服务。进一步完善信访处理规程，加大信访核查力度。全年共处理群众来信5件，市长热线办理件1件，畅通了信访及客户投诉渠道，来信、来访人对办理结果均表示满意。通过推进对重点、焦点、难点问题的信息调研及调研成果的运用，辅助了监管能力的有效提升。全年共形成各类调研信息140篇，其中云南银监局采用83篇，云南省委、省政府采用23篇，省政府领导批示1篇，中国银监会采用37篇，中办国办采用7篇，国务院领导批示3篇。因信息调研工作成效显著，2009年至2010年，玉溪银监分局连续两年获得“中国银监会政务信息报送先进单位”荣誉称号。

（姜　宁）

【工商银行玉溪市分行】 该行在红塔区境内设有15个支行：北市区支行、新兴支行、玉兴支行、东风支行、州城支行、世纪支行、牡丹支行、凤凰支行、七星支行、珊瑚支行、北苑支行、红塔支行、南北路支行、玉江支行、龙马支行。在区外设有3个支行：江川县支行、通海县支行、澂江县支行。

2011年，全行认真落实市场营销责任制，组织开展了“抓服务、拓市场、促发展”营销活动，各项业务继续保持持续健康发展势头。

以信贷结构调整为动力，促进各项贷款稳定增长。截至12月末，人民币各项贷款余额554 982万元，比上年增加96 629万元，增长21.1%。

提高客户服务质量，推动各项存款稳定增长。截至12月末，人民币全部存款1 057 620万元，比上年增加142 035万元，增长15.5%。

强化金融创新，实现中间业务持续增长。全年新增公务卡3 593张，发放逸贷信用卡1 437张，信用卡消费交易额增长18.36%，带动中间业务收入水平持续提高。截止12月末，实现中间业务收入4 853万元，较上年增加548

万元，增长12.7%。

实施本外币一体化战略，促进国际业务快速发展。2011年末，累计完成国际结算量6 219万美元，较上年增加2 960万美元，增幅达90.8%。完成结售汇总额为4 252万美元，同比增加2 218万美元，增幅109%。年末外币对公存款余额为624.45万美元，同比增加586.69万美元，创历史新高。

强化信贷风险管理，信贷资产质量稳步提高。2011年，工行玉溪市分行紧紧围绕不良贷款“双控”目标，采取签订责任书的方式，有效将不良资产清收管理责任落实到部门和支行，加大考核力度，增强了全行干部职工不良资产清收管理的责任意识，有效提高了清收效果，信贷资产质量继续保持较好水平。2011年全行清收不良贷款1 557万元，完成全年任务的519%，其中现金清收183万元，其他方式清收1 374万元。年末，不良贷款余额1 241万元，不良贷款占比0.22%，较年初下降0.04个百分点。

（瞿　敏）

【玉溪市商业银行】　2011年，玉溪市商业银行在红塔区境内设有营业部及7个支行，即州城支行、玉带支行、银河支行、新兴支行、红塔支行、明珠支行、彩虹支行；在区外设昆明分行、通海支行、易门支行、华宁支行、峨山支行、新平支行。截至年末，全行资产总额达到1 022 220万元，比上年末增加178 749万元，增幅21.19%；人民币各项存款余额931 962万元，同比增加179 484万元，增长23.85%；各项贷款余额351 527万元，同比增加74 936万元，增长27.09%；利润总额10 149万元，同比增加3 336万元，增长48.96%；各项税金3 614万元，同比增加1 159万元，增长47.21%，其中营业税金及附加1 353万元，所得税2 261万元；实现净利润7 888万元，同比增加2 541万元，增长47.51%。在上述全行各项存贷款余额、利润总额、营业税及附加中：红塔区内7个支行及营业部人民币各项存款余额694 539万元，占74.52%；各项贷款余额225 473万元，占64.14%；实现利润总额7 442万元，占73.33%；营业税及附加953万元，占70.44%。

贷款持续增加，信贷结构进一步优化。2011年，玉溪市商业银行贷款主要投向中小企业、小额创业贷款、优势产业、县域特色产业等低风险行业和优质客户。各项贷款中，小企业贷款余额38 552万元，占全行贷款余额的10.97%，比上年末增长67.27%；个人经营性贷款余额46 635万元，占全行贷款余额的13.27%，比上年末增长45.13%；涉农贷款余额103 633万元，占全行贷款余额的29.48%，比上年末增长256.75%；发放创业促就业小额担保贷款792笔，金额4 679万元，年末小额担保贷款余额11 227万元，比上年末增长70.88%。

帮助小微企业解决融资难。2011年，加大对小微企业的扶持力度，坚持以客户为中心，充分发挥地方金融机构的优势，多举并施，帮助小微企业突破融资难困境：一是完善制度、简化流程、加大小微企业信贷投放量，开辟小微企业贷款绿色通道；二是针对小微企业资金需求“短、小、频、急”的特点，将小微企业经营特点与相关金融产品、服务方式结合起来，为小企业融资提供“一站式”的多样化综合金融服务；三是严格执行贷款利率政策，有效减轻小微企业融资成本；四是加快品牌建设，提升创新能力，着力打造“以诚相‘贷’”的小企业成长融资方案，为中小企业发展创造良好的融资环境。截至年末，全行累计发放各类小企业贷款合计38 552万元。

（金　超）

【中国银行玉溪市分行】　位于玉溪市聂耳路56号，在红塔区设有7个支行，在区外设有4个县支行。

2011年，全行人民币各项存款余额为503 983万元，较上年增加35 414万元，增7.56%；外汇存款余额为1 688万美元，较上年增加397万美元，增30.75%；各项贷款余额275 833万元，较上年增加32 065万元，增13.15%；实现净利润9 999万元，同比增加4 245万元。以上各个指标中，红塔区7个支行完成：人民币各项存款余额289 982万元，占全行的57.54%；外汇存款余额1 508万美元，占全行的89.34%；各项贷款余额190 134万元，占全行的68.93%；实现净利润5 387万元，占全行的53.88%。

（束毅瑞）

【建设银行玉溪市分行】　2011年，建行玉溪市分行共下辖23个经营机构。其中：红塔区12个，八县支行11个。

截至2011年末，红塔区各机构存款余额724 308万元，其中：玉兴路支行143 353万元、红塔支行116 983万元、建设支行160 991万元、开发区支行192 138万元、玉龙支行18 039万元、巾帼分理处3 851万元、北城支行13 398万元、南北大街支行17 781万元、玉江分理处12 988万元、汇泉支行19 970万元、红塔分理处19 778万元、东风支行2 290万元；贷款余额491 355万元，其中：玉兴路支行251 105万元、红塔支行91 391万元、建设支行63 875万元、开发区支行1 236万元、玉龙支行5 194万元、南北大街支行8 953万元、玉江分理处37 892万元。

（郜　鸿）

【农业银行红塔支行】　2011年，农行红塔支行紧紧围绕“横向提升、纵向进位”的总体目标，继续实施“发展、转型、创新、控险、强管、增效”的业务经营方针，各项业务得到了巩固和发展。截至年末，各项存款余额51.88亿元；各项贷款余额25.25亿元，净增2.47亿元，其中小企业贷款余额1.9亿元。

年内，农行红塔支行积极支持地方经济和中小企业稳健发展，拓展银行承兑汇票业务，全年累计办理银行承兑汇票贴现，金额3.19亿元，开具银行承兑汇票1.61亿元，促进了企业和银行票据业务的同步发展。

农行红塔支行全年国际结售汇、国际结算量、对公国际业务收入均创下了历史新高，完成国际结售汇业务量2 130.49万美元，比上年同比增长6.4%，完成国际结算量2 629.31万美元，比上年同比增长25.7%。

2011年，农行红塔支行被农总行评为“中国农业银行案件防控先进单位”。

（朱文忠）

【云南红塔农村合作银行】　2011年，云南红塔农村合作银行围绕又好又快的发展主题，以建党90周年活动为契机，深入推进“创先争优”活动、“服务创优工程”和“合规文化建设年”等活动，实现了业务发展的新跨越。经营规模不断扩大，抗风险能力明显增强，服务能力全面提高，农村金融主力军作用进一步发挥，品牌形象和市场竞争力显著提升，实现了安全经营的目标，有力地支持了“三农”和地方经济发展。年末，各项存款72.4亿元，比年初增加11.3亿元；各项贷款41亿元，比年初增加5.4亿元；实现利润总额8 368万元；其中：上缴各项税金3 401万元。全年累计发放48亿元贷款支持“三农”和地方经济发展。荣获云南省农村信用社联合社“2011年度先进集体”、“2011年度存贷款‘双突破’先进集体”，红塔区“2011年度社会治安综合治理先进单位”等荣誉称号。

三农贷款 2011年，云南红塔农村合作银行改善营业网点环境，创新服务方式，在做实小额农户信贷、银行卡、“贷免扶补”、创业促就业、惠农贴补资金兑付等服务工作的基础上，全面代理新农保和城镇居民基本养老金代理发放和代收工作。全年累计投放19.1亿元信贷资金支持“三农”。完成玉米、水稻和退耕还林“惠农一折通”及移民补助代发业务29.8万笔，“家电、汽车、摩托车下乡”财政资金贴补8 835笔，基础养老金代发12.7万笔及养老金代收13.7万笔，代理金额5 823.3万元。

网点建设 2011年，云南红塔农村合作银行加大网点建设投资力度，全年投入400余万元网点建设资金，优化网点布局，成功打造了彩虹分理处、北城支行、玉江分理处等一批精品网点和玉溪师院等离行式自助银行；加大科技投入，全年新建自助银行5个，自助银行达16个，布放自助设备达48台，自助设备交易量突破100万笔，达121.2万笔；POS机年交易量达7.1万笔；率先在全省农信社系统开办网上银行、手机银行等业务，网上银行累计交易量突破30亿元大关，达38.2亿元，交易量位居全省农信社系统前列。

（张海英）

【交通银行玉溪分行】 位于玉溪市玉兴路61号。设有分行营业部和玉兴支行、玉江支行、红塔支行、大营街支行。2011年，玉溪分行人民币存款规模突破40亿元、贷款规模23亿元、中间业务净收入700万元、考核利润8 000万元，人均利润达80万元，不良资产继续为零，人民币对公存款时点增量、日均存款增量、领汇财富高端客户、年金托管规模等多项指标在全省排名前列。

为玉溪经济建设提供信贷支持。严格执行贷款新规，按照“三办法一指引”的要求，积极加大信贷投放，落实“金融保增长”，主动调整信贷结构，认真贯彻“调结构”要求，合规发放贷款，为玉溪经济建设提供信贷支持。年末，人民币各项贷款余额23.81亿元，较上年增3.39亿元。贷款投向涉及政府、大型国有企业、优秀民营企业等多个领域，重点支持了玉溪市中心城区防洪水系综合整治玉溪大河治理二期工程，云南玉溪至江川、江川至通海高等级公路项目及元江至红河（元江段）、澄江至宜良、抚仙湖东岸环湖公路建设。

资产质量继续保持不良贷款为零的较高水平。连续两年实现无一笔逾期，无一笔欠息。对公贷款连续5年多无新增不良贷款。2011年末不良贷款余额为0万元，贷款不良率为0。

以大力发展自助网点为突破口，机构建设取得实效。2011年，玉溪分行完成了自助设备网点的增开和优化，全年共新增10个自助网点（其中4个自助行，6个单机点），合计投入16台自助设备，成功实现年内开业，新增网点数量位居省分行前列。

2011年，玉溪分行实现了全行“安全零事故”，被省公安厅评为全省机关企事业单位治安保卫工作先进集体。

（巨立群）

【广东发展银行玉溪分行】 位于红塔区境内。截至2011年12月31日，人民币日均存款28.63亿元，较去年同期日均数增加1.04亿元，增幅4%。其中人民币储蓄日均存款4.79亿元，较上年同期日均数增加1 803万元，增幅4%。人民币对公日均存款23.84亿元，较上年同期日均数增加8 625万元，增幅4%。

机构更名 根据中国银行业监督管理委员会玉溪监管分局2011年3月24日文件批复，广东发展银行股份有限公司玉溪分行更名为广发银行股份有限公司玉溪分行。

保持荣誉 广发行玉溪分行营业部于6月份顺利通过全国银行协会“全国千佳文明规范化服务示范单位”的复检工作。继续保持了“全国千佳文明规范化服务示范单位”荣誉。

网点布局 2月18日广发行玉溪分行红塔支行顺利搬迁至南北大街延长线126号新址营业，使广发行在红塔区北面实现了网点布局，为玉溪经济社会提供了更加合理有效的金融服务。

个贷业务 通过全行员工的共同努力，2011年新增云南玉水今岸、华瑞地产两家房地产开发经营有限责任公司合作开办“玉水今岸、玉溪二小区”2个住宅小区的住房按揭贷款业务，使全行个人住房按揭业务大幅增加。截止12月31日，个贷余额2.34亿元，较年初增长7021万元，增幅43%。其中个人住房按揭贷款余额2.22亿元，较年初增长8 802万元，增幅66%。

个银业务 2011年，新增个人网银1 800户，完成全年计划任务的161%，完成总量居昆明分行第一。新增有效账户数5 186户，完成全年计划任务的119%，排昆明分行第二。新增第三方存款账户62户。

（王勇军）

【民生银行玉溪支行】 成立于2009年5月，座落于玉溪市中心城区南北大街43号汇溪大厦一楼。

玉溪支行作为民生银行系统内西南、西北片区的首家异地支行，担负着分行服务延伸、业务拓展平台的重任，开业以来立足玉溪本地市场，以服务玉溪经济建设为己任，在支持当地经济增长中寻求自身发展。截至2011年12月末，支行各项存款余额148 718万元，各项贷款余额93 760万元。人工网点1个，自助网点1个，不良贷款保持零的纪录，收息率100%，全年无案件发生，各项业务呈现稳健、蓬勃的发展态势。

（胡 鹏）

【华夏银行玉溪支行】 2011年，各项业务经营得到稳健、快速发展。截至12月末，实现各项存款38.92亿元，较年初增加7.81亿元；各项贷款28.41亿元，较年初增加7.60亿；中间业务收入778.55万元；实现利润10 309.69万元。

年内，积极支持当地经济发展，全年累计向当地企业办理融资业务45.6亿元，占累计办理融资业务的64%；截至12月末，支持玉溪市当地企业46户，业务余额21.05亿元，占总余额的45%。

（华夏银行玉溪支行）

【农业发展银行玉溪市分行】 2011年，从三个方面做好粮油贷款发放、管理工作确保收储资金供应。一是配合政府做好红塔区地方储备粮的轮换和增储工作，增强了地方政府粮食调控能力，保证粮食供给，稳定粮食价格，确保粮食安全。全年累计发放储备粮油贷款1 757万元。二是发放800万元粮食调控贷款，积极支持地方粮食市场调控政策，为抗旱保民生粮食调控提供资金支持。三是认真落实粮食行政首长负责制要求，采取多渠道、多办法解决粮食收购资金供应问题，及时足额保证收购资金供应，全力支持国有粮食企业进一步发挥粮食收购主渠道调控的作用，切实维护粮农利益，提高粮农生产积极性，未出现给农民“打白条”等问题。全年累计发放粮油收购贷款3 150万元，支持企业购进粮油1 905万千克。

2011年，农发行玉溪市分行紧紧抓住服务“三农”的主题，全年累计发放支农贷款18 245万元，范围覆盖农村基础设施建设、农副产品生产、农村路网建设等项目。

2011年，农发行玉溪市分行从三方面继续加大对红塔区猪肉、化肥、油料等农业产业的支持。一是加大猪肉储备信贷投入力度，累计发放国家储备肉全额补贴贷款6 738万元，发放地方储备肉贷款3 400万元，全年支持收储冻猪肉4 350吨，对支持调控市场、稳定物价、维护养殖户利益发挥了积极的作用。二是积极支持化肥经营，确保农资供应充足，累计发放农业生产资料短期贷款1 800万元，用于支持化肥等农资购进。三是积极支持油料加工。

（杨　睿）

【浦发银行玉溪分行】　2011年，浦发银行玉溪分行信贷工作重点主要投向民生工程、环保治污、节能减排和产品升级以及优质中小企业。通过存货质押、联贷联保等担保方式的创新，广泛应用国内信用证代付、贸易融资等新产品，解决企业融资难的问题。全年共审批办理各类贷款23.8亿元，贷款余额11亿元，为支持玉溪经济建设作出积极贡献。

机构及网点建设。中国银行业监督管理委员会玉溪监管分局2011年7月15日批准浦发银行澄江支行成立开业，至此，浦发银行玉溪分行在玉溪市中心城区物理网点达到四个，县级网点达到2个，提高了网点覆盖和服务面。

年内，浦发银行玉溪分行党支部荣获云南省银行业协会“百佳服务文明示范单位”、上海浦东发展银行总行“2010～2011年度先进党组织”荣誉称号。

安全保卫、案件防范工作落实到位，实现全年安全生产无事故，荣获昆明分行优秀单位荣誉称号。

切实履行社会责任，全行员工实施爱心捐赠136人次，金额13 207元。

（杨思明）

【邮储银行红塔区支行】　2011年，红塔区支行内设客户部、信贷业务部、综合业务部三个部门，下辖市分行营业部、区支行营业部、桂山路支行、珊瑚路支行、凤凰路支行5个自营网点，7个二类及代理网点。截至12月31日，红塔区个人存款66 241.74万元，较上年增长5 857万元；个人贷款余额8 721.38万元。

信贷业务。2011年，坚持以市场为导向，以创新为推手，以服务“三农”为重点积极发展信贷业务。截至12月31日，发放个人贷款10 319.7万元。

个人金融业务。2011年，新增个人存款5 857万元，个人存款规模达66 241.74万元。交易74.15万笔，金额48.79亿元，笔数和金额分别较上年增长15.81%、36.39%。

公司业务。2011年，公司业务存款余额达6 862.5万元。

业务品种。邮储银行红塔区支行主要提供以下业务品种：个人业务：提供储蓄、结算、各类理财业务、各类卡业务、个人网银、95580电话银行、手机银行等个人金融服务；公司业务：公司存款、公司结算、公司理财、集体客户现金管理、企业网银等对公业务；信贷业务：小额信贷业务、商务贷款、综合消费贷款、创业促就业贷款、房屋按揭贷款、小企业贷款、银行承兑汇票贴现等资产业务。

（白建云）

保　险

【概　况】　2011年，玉溪市红塔区境内23家保险公司（产险12家、寿险10家、代理公司1家）累计完成保费收入20.39亿元（含电销业务8 525.81万元），同比增长7.57%。其中：人身意外伤害险6 202.28万元，健康险6 779.77万元，寿险104 231.48万元，车辆险64 767.04万元，其他险种21 904.31万元。在总保费收入中：财产保险类保费收入91 413.07万元，占总保费收入的44.84%，同比增长10.81%；支付赔款34 940.3万元，赔付率38.22%。人寿保险类保费收入112 471.81万元，占总保费收入的55.16%，同比增长5.07%；赔款金额5 764.74万元，赔付率5.13%。

表38：2011年12月份玉溪市财产保险公司业务统计表

表39：2011年12月份玉溪市车辆保险业务统计表

表40：2011年12月份玉溪市人寿保险公司业务统计表

表41：2011年12月份玉溪市各财产保险公司经营管理情况表

表42：2011年12月份玉溪市、红塔区车辆保险业务统计对比表

2011年12月份玉溪市财产保险公司业务统计表

表38　　单位：万元、%

单位	险　种	保费收入				赔款金额			
		本　期	同　期	同比（%）	份额（%）	本　期	同　期	同比（%）	赔付率（%）
人保财险	企财险	5 197.90	4 918.40	5.68	61.97	704.40	469.40	50.06	13.55
	车辆险	38 447.70	34 665.50	10.91	59.36	16 478.80	13 324.10	23.68	42.86
	工程险	17.60	721.70	-97.56	4.09	57.10	84.80	-32.67	324.43
	责任险	775.50	663.50	16.88	59.93	305.70	172.90	76.81	39.42
	货运险	5 951.50	4 257.40	39.79	89.24	596.40	496.70	20.07	10.02
	农业险	4 088.10	1 894.70	115.77	87.91	2 612.50	1 908.50	36.89	63.90
	意外伤害险	2 337.00	1 935.00	20.78	69.88	611.50	523.90	16.72	26.17
	健康险	1 335.40	1 181.90	12.99	95.56	1 085.10	1 380.40	-21.39	81.26
	其他险种	369.50	320.40	15.32	78.09	114.30	138.30	-17.35	30.93
	合计	58 520.20	50 558.50	15.75	64.02	22 565.80	18 499.00	21.98	38.56

续表1

单位	险种	保费收入				赔款金额			
		本期	同期	同比（%）	份额（%）	本期	同期	同比（%）	赔付率（%）
太保产险	企财险	2 099.00	1 995.00	5.21	25.02	19.00	53.00	-64.15	0.91
	车辆险	6 803.00	7 504.00	-9.34	10.50	3 135.00	2 685.00	16.76	46.08
	工程险	66.00	286	-76.92	15.35	42	13.00	-	63.64
	责任险	113.00	116.00	-2.59	8.73	19.00	2.00	850.00	16.81
	货运险	433.00	326.00	32.82	6.49	24.00	26.00	-7.69	5.54
	农业险	-	-	-	-	-	-	-	-
	意外伤害险	278.00	288.00	-3.47	8.31	183.00	143.00	27.97	65.83
	健康险	-	-	-	-	-	-	-	-
	其他险种	17.00	11.00	54.55	3.59	-	-	-	-
	合计	9 809.00	10 526.00	-6.81	10.73	3 422.00	2 922.00	17.11	34.89
平安产险	企财险	365.17	624.52	-41.53	4.35	272.72	129.72	110.24	74.68
	车辆险	6 715.03	6 148.02	9.22	10.37	2 127.23	1 687.18	26.08	31.68
	工程险	311.61	318.59	-2.19	0.72	26.42	8.00	230.25	8.48
	责任险	127.79	88.41	44.54	9.88	26.44	12.80	106.56	20.69
	货运险	44.68	41.81	6.86	0.67	12.33	-	-	27.60
	农业险	-	-	-	-	-	-	-	-
	意外伤害险	360.69	453.33	-20.44	10.79	452.26	112.34	302.58	125.39
	健康险	60.41	-	-	4.32	-	-	-	-
	其他险种	59.04	-	-	12.48	0.70	-	-	1.19
	合计	8 044.42	7 674.68	4.82	8.80	2 918.10	1 950.04	49.64	36.27
天安产险	企财险								
	车辆险	257.30	480.99	-46.51	0.40	141.36	287.00	-50.75	54.94
	工程险								
	责任险	0.96	19.43	-95.06	0.07	-	-	-	-
	货运险	-	-	-	-	-	-	-	-
	农业险	-	-	-	-	-	-	-	-
	意外伤害险	2.59	2.21	17.19	0.08	2.11	4.27	-50.59	81.47
	健康险	-	-	-	-	-	-	-	-
	其他险种	-	-	-	-	-	-	-	-
	合计	260.85	502.63	-48.10	0.29	143.47	291.27	-50.74	55.00
华泰产险	企财险	350.49	343.10	2.15	4.18	2.30	5.18	-55.60	0.66
	车辆险	560.72	549.09	2.12	0.87	186.66	173.12	7.82	33.29
	工程险	-	-	-	-	-	-	-	-
	责任险	98.02	107.87	-9.13	7.58	33.17	57.02	-41.83	33.84
	货运险	223.62	232.05	-3.63	3.35	82.51	72.03	14.55	36.90
	农业险	-	-	-	-	-	-	-	-
	意外伤害险	46.71	34.75	34.42	1.40	5.63	4.37	28.83	12.05
	健康险	-	-	-	-	-	-	-	-
	其他险种	5.76	4.29	34.27	1.22	-	-	-	-
	合计	1 285.32	1 271.15	1.11	1.41	310.27	311.72	-0.47	24.14

续表2

单位	险种	保费收入				赔款金额			
		本期	同期	同比（%）	份额（%）	本期	同期	同比（%）	赔付率（%）
大地产险	企财险	77.00	67.97	13.29	0.92	43.52	7.70	–	56.52
	车辆险	3 332.20	2 766.73	20.44	5.14	1 388.87	1 112.98	24.79	41.68
	工程险	6.99	163.13	-95.72	1.63	24.38	4.28	–	348.78
	责任险	85.11	92.46	-7.95	6.58	39.97	12.19	227.89	46.96
	货运险	–	–	–	–	6.15	1.32	365.91	–
	农业险	–	–	–	–	–	–	–	–
	意外伤害险	168.20	162.85	3.29	5.03	98.00	46.47	110.89	58.26
	健康险	1.63	–	–	0.12	–	–	–	–
	其他险种	2.30	0.93	147.31	0.49	–	–	–	–
	合计	3 673.43	3 254.07	12.89	4.02	1 600.89	1 184.94	35.10	43.58
永安产险	企财险	37.25	27.06	37.66	0.44	27.27	34.87	-21.80	73.21
	车辆险	1 335.00	1 260.36	5.92	2.06	756.79	732.30	3.34	56.69
	工程险	–	–	–	–	–	–	–	–
	责任险	36.78	33.81	8.78	2.84	31.98	0.78	4 000.00	86.95
	货运险	14.27	9.85	44.87	0.21	0.10	0.87	-88.51	–
	农业险	–	–	–	–	–	–	–	–
	意外伤害险	16.70	15.34	8.87	0.50	8.54	13.14	-35.01	51.14
	健康险	–	–	–	–	–	–	–	–
	其他险种	–	–	–	–	–	–	–	–
	合计	1 440.00	1 346.42	6.95	1.58	824.68	781.96	5.46	57.27
安邦产险	企财险								
	车辆险	314.57	297.80	5.63	0.49	133.27	138.79	-3.98	42.37
	工程险								
	责任险								
	货运险								
	农业险								
	意外伤害险	4.54	1.15	294.78	0.14	0.67	0.03	–	14.76
	健康险								
	其他险种	–	-0.12	–	–	11.38	–	–	–
	合计	319.11	298.83	6.79	0.35	145.32	138.82	4.68	45.54
阳光产险	企财险	20.10	49.40	-59.31	0.24	–	3.43	-100.00	–
	车辆险	1 714.50	998.90	71.64	2.65	448.20	373.80	19.90	26.14
	工程险								
	责任险	23.40	–	–	1.81	0.30	–	–	1.28
	货运险	–	–	–	–	–	–	–	–
	农业险	562.20	–	–	–	82.96	–	–	14.76
	意外伤害险	20.00	3.57	460.22	0.60	1.32	8.06	-83.62	6.60
	健康险								
	其他险种	5.20	–	–	1.10	–	–	–	–
	合计	2 345.40	1 051.87	122.97	2.57	532.78	385.29	38.28	22.72

续表 3

单位	险种	保费收入				赔款金额			
		本期	同期	同比（%）	份额（%）	本期	同期	同比（%）	赔付率（%）
永诚产险	企财险	117.08	86.82	34.85	1.40	70.21	31.10	125.76	59.97
	车辆险	718.18	988.20	-27.32	1.11	244.88	263.30	-7.00	34.10
	工程险								
	责任险	4.26	7.08	-39.83	0.33	3.34	–	–	78.40
	货运险								
	农业险								
	意外伤害险	33.36	31.26	6.72	1.00	6.01	11.00	-45.36	18.02
	健康险								
	其他险种	–	0.50	-100.00					
	合计	872.88	1 113.86	-21.63	0.95	324.44	305.40	6.23	37.17
渤海产险	企财险	5.08	0.30	–	0.06	–	–	–	–
	车辆险	503.45	448.84	12.17	0.78	245.25	321.80	-23.79	48.71
	工程险								
	责任险	3.38	0.02	16 800.00	0.26	1.34	–	–	0.40
	货运险								
	农业险								
	意外伤害险	0.33	4.73	-93.02	0.01	0.31	3.04	-89.80	93.94
	健康险								
	其他险种	8.00	–	–	1.69	–	–	–	–
	合计	520.24	453.89	14.62	0.57	246.90	324.84	-23.99	47.46
人寿产险	企财险	118.88	83.35	42.63	1.42	21.92	85.20	-74.27	18.44
	车辆险	4 065.39	4 144.49	-1.91	6.28	1 819.23	1 765.53	3.04	44.75
	工程险	27.81	94.54	-70.58	6.47	15.87	–	–	–
	责任险	25.75	17.96	43.37	1.99	21.40	8.99	138.04	83.11
	货运险	1.88	–	–	0.03	0.16	–	–	–
	农业险	–	–	–	–	–	–	–	–
	意外伤害险	76.16	95.11	-19.92	2.28	27.07	53.58	-49.48	35.54
	健康险	–	–	–	–	–	–	–	–
	其他险种	6.35	7.37	-13.84	1.34	–	–	–	–
	合计	4 322.22	4 442.82	-2.71	4.73	1 905.65	1 913.30	-0.40	44.09
行业合计	企财险	8 387.95	8 195.92	2.34	100.00	1 161.34	819.60	41.70	13.85
	车辆险	64 767.04	60 252.92	7.49	100.00	27 105.54	22 864.90	18.55	41.85
	工程险	430.01	1 583.96	-72.85	100.00	165.77	110.08	50.59	38.55
	责任险	1 293.95	1 146.54	12.86	100.00	482.64	266.68	80.98	37.30
	货运险	6 668.95	4 867.11	37.02	100.00	721.65	596.92	20.90	10.82
	农业险	4 650.30	1 894.70	145.44	100.00	2 695.46	1 908.50	41.23	57.96
	意外伤害险	3 344.28	3 027.30	10.47	100.00	1 396.42	923.20	51.26	41.76
	健康险	1 397.44	1 181.90	18.24	100.00	1 085.10	1 380.40	-21.39	77.65
	其他险种	473.15	344.37	37.40	100.00	126.38	138.30	-8.62	26.71
	合计	91 413.07	82 494.72	10.81	100.00	34 940.30	29 008.58	20.45	38.22

2011年12月份玉溪市车辆保险业务统计表

表39

单位：万元、%

单位	险种	承保数量（件）			保费收入			赔款金额			
		本期	同期	同比（%）	本期	同期	同比（%）	本期	同期	同比（%）	赔付率（%）
人保财险	汽车	176 850	148 313	19.24	37 116.80	33 633.00	10.36	15 923.00	12 824.30	24.16	42.90
	摩托车	62 792	36 269	73.13	762.90	429.20	77.75	216.10	191.80	12.67	28.33
	拖拉机	24 136	26 520	-8.99	568.00	603.30	-5.85	339.70	308.00	10.29	59.81
	合计	263 778	211 102	24.95	38 447.70	34 665.50	10.91	16 478.80	13 324.10	23.68	42.86
	其中：交强险	177 432	141 278	25.59	12 444.90	10 719.80	16.09	4 622.40	4 410.60	4.80	37.14
太保产险	汽车	40 361	36 518	10.52	6 782.00	7 481.00	-9.34	3 128.00	2 680.00	16.72	46.12
	摩托车	2 702	3 023	-10.62	21.00	23.00	-8.70	7.00	5.00	40.00	33.33
	拖拉机										
	合计	43 063	39 541	8.91	6 803.00	7 504.00	-9.34	3 135.00	2 685.00	16.76	46.08
	其中：交强险	26 757	23 777	12.53	2 242.00	2 306.00	-2.78	1 085.00	889.00	22.05	48.39
平安产险	汽车	40 168	33 519	19.84	6 634.49	5 926.21	11.95	2 039.20	1 488.76	36.97	30.74
	摩托车	7 001	18 982	-63.12	80.54	221.81	-63.69	88.03	198.42	-55.63	109.30
	拖拉机										
	合计	47 169	52 501	-10.16	6 715.03	6 148.02	9.22	2 127.23	1 687.18	26.08	31.68
	其中：交强险	27 987	35 983	77 678.40	2 163.30	1 775.90	21.81	624.20	663.00	-5.85	28.85
天安产险	汽车	1 521	2 648	-42.56	256.46	478.28	-46.38	141.36	285.29	-50.45	55.12
	摩托车	75	219	-65.75	0.84	2.71	-69.00	–	1.71	-100.00	–
	拖拉机	–	4	-100.00							
	合计	1 596	2 871	-44.41	257.30	480.99	-46.51	141.36	287.00	-50.75	54.94
	其中：交强险	1 021	1 666	-38.72	116.73	179.21	-34.86	38.66	70.71	-45.33	33.12
华泰产险	汽车	4 156	3 677	13.03	559.99	548.43	2.11	181.77	172.67	5.27	32.46
	摩托车	61	55	10.91	0.73	0.66	10.61	4.89	0.45	986.67	669.86
	拖拉机										
	合计	4 217	3 732	13.00	560.72	549.09	2.12	186.66	173.12	7.82	33.29
	其中：交强险	2 449	2 186	12.03	196.10	176.74	10.95	44.36	30.50	45.44	22.62
大地产险	汽车	16 465	13 279	23.99	2 707.01	2 336.34	15.87	1 122.36	905.86	23.90	41.46
	摩托车	52 661	36 308	45.04	625.19	430.39	45.26	266.48	207.12	28.66	42.62
	拖拉机										
	合计	69 126	49 587	39.40	3 332.20	2 766.73	20.44	1 388.84	1 112.98	24.79	41.68
	其中：交强险	60 640	42 687	42.06	1 756.28	1 366.12	28.56	726.64	578.29	25.65	41.37
永安产险	汽车	7 204	5 867	22.79	1 306.34	1 230.01	6.21	748.62	714.37	4.79	57.31
	摩托车	2 106	2 514	-16.23	25.30	30.20	-16.23	7.87	4.92	59.96	31.11
	拖拉机	61	3	1 933.33	3.36	0.15	2 096.08	0.30	13.01	-97.69	8.93
	合计	9 371	8 384	11.77	1 335.00	1 260.36	5.92	756.79	732.30	3.34	56.69
	其中：交强险	6 028	5 976	0.87	550.30	520.54	5.72	294.94	294.84	0.03	53.60

续表

单位	险种	承保数量（件）			保费收入			赔款金额			
		本期	同期	同比（%）	本期	同期	同比（%）	本期	同期	同比（%）	赔付率（%）
安邦产险	汽车	1 311	2 091	-37.30	308.83	274.07	12.68	129.85	124.20	4.55	42.05
	摩托车	382	2 770	-86.21	5.74	23.73	-75.81	3.42	14.59	-76.56	59.58
	拖拉机	95									
	合计	1 788	4 861	-63.22	314.57	297.80	5.63	133.27	138.79	-3.98	42.37
	其中：交强险	1 730	4 374	-60.45	136.29	145.92	-6.60	56.06	77.86	-28.00	41.13
阳光产险	汽车	10 206	5 949	71.56	1 421.70	730.70	94.57	405.82	373.80	8.57	28.54
	摩托车	24 542	22 679	8.21	292.80	268.20	9.17	50.30	-	-	17.18
	拖拉机										
	合计	34 748	28 628	21.38	1 714.50	998.90	71.64	456.12	373.80	22.02	26.60
	其中：交强险	30 690	25 930	18.36	932.80	585.40	59.34	240.00	215.90	11.16	25.73
永诚产险	汽车	4 409	5 112	-13.75	716.34	938.31	-23.66	239.60	263.85	-9.19	33.45
	摩托车	154	2 832	-94.56	1.84	49.89	-96.31	5.28	12.03	-56.11	286.96
	拖拉机	-	-	-	-	-	-	-	-	-	-
	合计	4 563	7 944	-42.56	718.18	988.20	-27.32	244.88	275.88	-11.24	34.10
	其中：交强险	2 184	6 041	-63.85	232.53	431.86	-46.16	125.33	134.82	-7.04	53.90
海产险	汽车	6 339	3 486	81.84	480.37	402.53	19.34	210.58	299.90	-29.78	43.84
	摩托车	1 806	3 360	-46.25	21.74	39.94	-45.57	24.32	19.91	22.15	111.87
	拖拉机	23	75	-69.33	1.34	6.37	-78.96	10.35	1.99	420.10	-
	合计	8 168	6 921	18.02	503.45	448.84	12.17	245.25	321.80	-23.79	48.71
	其中：交强险	4 162	5 840	-28.73	272.22	272.99	-0.28	145.72	161.10	-9.55	53.53
人寿产险	汽车	24 672	24 054	2.57	4 064.06	4 141.02	-1.86	1 815.99	1 763.32	2.99	44.68
	摩托车	108	121	-10.74	1.33	3.47	-61.67	3.24	2.21	46.61	243.61
	拖拉机										
	合计	24 780	24 175	2.50	4 065.39	4 144.49	-1.91	1 819.23	1 765.53	3.04	44.75
	其中：交强险	15 546	15 137	2.70	1 476.20	1 453.62	1.55	602.71	715.64	-15.78	40.83
行业合计	汽车	333 662	284 513	17.27	62 354	58 120	7.29	26 086	21 896	19.13	41.84
	摩托车	154 390	129 132	19.56	1 840	1 523	20.80	677	658	2.85	36.79
	拖拉机	24 315	26 602	-8.60	573	610	-6.09	350	323	8.47	61.18
	合计	512 367	440 247	16.38	64 767	60 253	7.49	27 113	22 877	18.52	41.86
	其中：交强险	356 626	274 928	29.72	22 520	19 934	12.97	8 606	8 242	4.41	38.22

2011年12月份玉溪市人寿保险公司业务统计表

表40

单位：万元、%

单位	险 种	保费收入				赔款金额			
		本 期	同 期	同比（%）	份额（%）	本期	同期	同比（%）	赔付率(%)
中国人寿	人身意外伤害险	1 196. 29	1 001. 21	19. 48	41. 86	319. 68	300. 40	6. 42	26. 72
	健康险	1 203. 08	1 040. 12	15. 67	22. 35	682. 80	844. 14	-19. 11	56. 75
	寿 险	36 628. 63	34 557. 55	5. 99	35. 14	-	-	-	-
	合 计	39 028. 00	36 598. 88	6. 64	34. 70	1 002. 48	1 144. 54	-12. 41	2. 57
太保人寿	人身意外伤害险	614. 52	511. 15	20. 22	21. 50	110. 95	87. 91	26. 21	18. 05
	健康险	66. 30	66. 16	0. 21	1. 23	22. 21	20. 57	7. 97	33. 50
	寿 险	6 550. 97	6 894. 62	-4. 98	6. 29	1 181. 82	1 011. 38	16. 85	18. 04
	合 计	7 231. 79	7 471. 93	-3. 21	6. 43	1 314. 98	1 119. 86	17. 42	18. 18
平安人寿	人身意外伤害险	51. 92	27. 37	89. 70	1. 82	7. 27	5. 15	41. 17	14. 00
	健康险	421. 63	290. 56	45. 11	7. 83	107. 27	80. 15	33. 84	25. 44
	寿 险	3 586. 22	5 684. 48	-36. 91	3. 44	23. 22	32. 89	-29. 40	0. 65
	合 计	4 059. 77	6 002. 41	-32. 36	3. 61	137. 76	118. 19	16. 56	3. 39
泰康人寿	人身意外伤害险	382. 56	356. 67	7. 26	13. 39	84. 63	125. 42	-32. 52	22. 12
	健康险	1 529. 86	1 323. 67	15. 58	28. 42	236. 84	253. 87	-6. 71	15. 48
	寿 险	29 828. 55	29 290. 94	1. 84	28. 62	-	-	-	-
	合 计	31 740. 97	30 971. 28	2. 49	28. 22	321. 47	379. 29	-15. 24	1. 01
新华人寿	人身意外伤害险	121. 62	99. 28	22. 50	4. 26	64. 25	53. 26	20. 63	52. 83
	健康险	920. 72	717. 03	28. 41	17. 11	136. 83	97. 34	40. 57	14. 86
	寿 险	16 659. 08	13 590. 96	22. 57	15. 98	329. 76	240. 46	37. 14	1. 98
	合 计	17 701. 42	14 407. 27	22. 86	15. 74	530. 84	391. 06	35. 74	3. 00
平安养老	人身意外伤害险	302. 58	378. 03	-19. 96	10. 59	291. 55	205. 72	41. 72	96. 35
	健康险	1 098. 80	1 294. 67	-15. 13	20. 41	1 215. 56	975. 99	24. 55	110. 63
	寿 险	10. 90	193. 08	-94. 35	0. 01	717. 86	717. 53	0. 05	6 585. 87
	合 计	1 412. 28	1 865. 78	-24. 31	1. 26	2 224. 97	1 899. 24	17. 15	157. 54
人民人寿	人身意外伤害险	137. 69	123. 63	11. 37	4. 82	70. 75	116. 26	-39. 15	51. 38
	健康险	36. 76	64. 65	-43. 14	0. 68	16. 85	47. 11	-64. 23	45. 84
	寿 险	8 026. 11	8 657. 04	-7. 29	7. 70	49. 51	86. 00	-42. 43	0. 62
	合 计	8 200. 56	8 845. 32	-7. 29	7. 29	137. 11	249. 37	-45. 02	1. 67
太平人寿	人身意外伤害险	8. 74	8. 65	1. 04	0. 31	-	-	-	-
	健康险	49. 95	35. 49	40. 74	0. 93	9. 14	7. 35	24. 35	18. 30
	寿 险	511. 90	428. 44	19. 48	0. 49	52. 97	50. 12	5. 69	10. 35
	合 计	570. 59	472. 58	20. 74	0. 51	62. 11	57. 47	8. 07	10. 89

续表

单位	险种	保费收入				赔款金额			
		本期	同期	同比（%）	份额（%）	本期	同期	同比（%）	赔付率(%)
阳光人寿	人身意外伤害险	21.67	8.65	150.52	0.76	4.26			19.66
	健康险	27.59	35.49	-22.26	0.51	9.59	7.35	30.48	34.76
	寿险	1 804.18	428.44	321.10	1.73	16.59	50.12		0.92
	合计	1 853.44	472.58	292.20	1.65	30.44	57.47	-47.03	1.64
生命人寿	人身意外伤害险	20.41	-	-	0.00	2.58	-	-	-
	健康险	27.64	-	-	0.51	-	-	-	-
	寿险	624.94	-	-	0.60	-	-	-	-
	合计	672.99	-	-	0.60	2.58	-	-	-
行业合计	人身意外伤害险	2 858.00	2 514.64	13.65	100.00	955.92	894.12	6.91	33.45
	健康险	5 382.33	4 867.84	10.57	100.00	2 437.09	2 333.87	4.42	45.28
	寿险	104 231.48	99 725.55	4.52	100.00	2 371.73	2 188.50	8.37	2.28
	合计	112 471.81	107 108.03	5.01	100.00	5 764.74	5 416.49	6.43	5.13

2011年12月份玉溪市各财产保险公司经营管理情况表

表41

单位:%

单位	综合赔付率		综合费用率		综合成本率	
	本期	同期	本期	同期	本期	同期
人保财险	52.83	54.21	33.16	27.37	85.99	81.58
太保产险	41.17	33.84	33.47	29.71	74.64	63.55
平安产险	42.60	34.91	42.50	32.76	85.10	67.67
天安产险	48.67	61.73	17.04	12.82	65.71	74.55
华泰产险	29.70	24.00	40.50	37.31	70.20	61.31
大地产险	43.58	48.33	35.87	28.67	79.45	77.00
永安产险	53.26	52.77	33.86	29.79	87.12	82.56
安邦产险	39.47	70.49	46.13	44.23	85.60	114.72
阳光产险	34.17	47.90	20.89	47.80	55.06	95.70
永诚产险	47.82	41.50	43.55	47.32	91.37	88.82
渤海产险	47.00	44.00	36.00	47.00	83.00	91.00
人寿产险	49.39	52.60	29.86	31.98	79.25	84.58

2011年12月份玉溪市、红塔区车辆保险业务统计对比表

表42

单位：万元

单位	玉溪市				红塔区			
	本期	同期	同比（%）	份额（%）	本期	同期	同比（%）	份额（%）
人保财险	38 447.70	34 665.00	10.91	59.36	21 723.80	18 812.00	15.48	56.51
太保产险	6 803.00	7 504.00	-9.34	10.50	4 256.00	4 928.00	-13.64	11.07
平安产险	6 715.03	6 148.02	9.22	10.37	3 503.99	3 229.54	8.50	9.11
天安产险	257.30	480.99	-46.51	0.40	257.30	480.99	-46.51	0.67
华泰产险	560.72	549.09	2.12	0.87	560.72	549.09	2.12	1.46
大地产险	3 332.20	2 766.73	20.44	5.14	932.00	815.26	14.32	2.42
永安产险	1 335.00	1 260.36	5.92	2.06	293.25	264.74	10.77	0.76
安邦产险	314.57	314.57	0.00	0.49	297.80	297.81	0.00	0.77
阳光产险	1 714.50	955.20	79.49	2.65	998.90	420.00	137.83	2.60
永诚产险	718.18	718.18	0.00	1.11	988.20	988.20	0.00	2.57
渤海产险	503.45	503.45	0.00	0.78	488.84	488.84	0.00	1.27
人寿产险	4 065.39	1 575.50	158.04	6.28	4 144.49	1 599.68	159.08	10.78
行业合计	64 767.04	57 441.09	12.75	100.00	38 445.29	32 874.14	16.95	100.00

（李　坚）

【人保财险高新支公司】　中国人民财产保险股份有限公司玉溪市高新支公司成立于2008年1月。公司自成立以来始终坚持“以人为本，诚信服务，价值至上，永续经营”的经营理念，连续三年超额完成上级公司下达的保费计划和利润计划，人均保费、人均利润及保费规模居省内同级公司之首。连续三年荣获全省系统标杆县（区）支公司的荣誉；被人保财险总公司授予2011年度“中国人保先进集体”荣誉称号；被人保财险云南省分公司授予“2011年度金牌服务示范窗口”荣誉称号；被人保财险玉溪市分公司授予“2011年度先进集体”荣誉称号。

2011年，高新支公司以“促发展，保效益，防风险”为工作主基调，紧紧围绕“突出效益、强化服务、创新发展”为发展主题，深入推进实施“效益、速度、服务”领先的市场战略，坚持“效益第一”的观念不动摇，全面贯彻落实加强车险盈利能力建设的工作任务，深入推进车险盈利“一号工程”建设，强化管控，完善服务，努力打造经营规模险种、规模效益品牌，不断提升公司的核心竞争能力、创新能力、盈利能力和全面协调可持续发展能力。截至2011年底，公司实现全年保费收入1.68亿元，同比增长14.22%，完成年度计划的103.57%，实现利润5 768万元，人均保费为188.73万元，利润完成率及贡献度居全省系统同级公司之首，成为全省系统利润大户，为全省系统利润目标的实现奠定了良好的基础。

车险“一号工程”稳健发展。2011年，高新支公司依旧把私家车业务作为“一号工程”，在全市范围内开展了私家车及竞回业务发展奖励措施，力争通过员工个人自办业务和私家车业务的发展促进车险业务的有效发展。同时，重点抓红塔集团、玉溪市烟草公司、各大车队等影响面广的黄金客户的私家车保险业务，有力的保证了利润的实现，全年实现机动车辆保费收入7 633万元。

大力发展摩托车业务。2011年，高新支公司大力推进摩托车承保业务，拓展摩托车合作点，派出单专员驻点出单，为摩托车户提供出单便捷。截至2011年末，公司承保摩托车11 527辆，同比增长1 965.77%，实现摩托车保费146.6万元，净增保费136.6万元，同比增长1 368.7%。

发展回货险等特色险种。2011年高新支公司继续发展进出口货物保险、回程货物保险等特色险种，并把业务拓展到昆明，延伸到外省，拓展了河南郑州卷烟厂的货运险业务，并指派专人到河南郑州驻点，密切联系客户。2011年进出口货物运输险实现保费收入48.13万元，回程货物保险实现保费133.88万元，同比增长6.25%。

发展电销业务。高新支公司将车险电销纳入到重点工作中，出台了一系列有效举措，强化服务体系建设，推出了个性化的服务项目，明确电销超常规发展目标，制定考核激励机制，认真开展电销依法合规自查工作，全力推动电销业务的发展。截至2011年末，电销业务成功突破1 000万元。

（伏司琪）

【人保财险红塔支公司】　2011年，中国人民财产保险股份有限公司玉溪市红塔支公司（简称红塔支公司）认真贯彻落实省分公司各项会议精神，以增10为目标，抢占份额为出发点，积极推进“规模、效益、服务”三大战略，积极做到“三盯”：紧盯市场要规模，紧盯对手抢业务，紧盯政府创合作，最终实现任务目标的完成。截至2011年12月31日，红塔支公司实现保费收入9 908.5万元，完成任务数9 320万元的106.3%，与上年同期相比增长1 732.2万元，增长率为21.2%，其中车险实现保费8 103.4万元，增长率为17.6%；意责险实现保费1 073.7万元，增长15.2%；非车险（意责险除外）实现保费731.4万元，增长率为106.4%。2011年被评为省分公司“2004~2010”年度经营业绩十五强县支公司，玉溪市分公司“社会治安综合治理”先进单位和“档案工作”先进单位等。业务发展的同时，公司屡次为多所中、小学及贫困学生捐资助学，年内被市委、市政府，区委、区政府授匾表彰，红塔区授匾“善举有道，真情无价”；市政府授匾“捐资助学，功在千秋”。

车险电销“三进”。2011 年，人保财险红塔支公司把车险电销优惠送进社区、单位和学校，利用承保政策、优惠政策、增值服务吸引更多的客户，同时通过月精英表彰鼓舞员工的展业积极性，最终实现保费收入 1 207.74 万元。

连续中标市、区两级公务用车保险。2011 年，人保财险红塔支公司成为市、区两级公务用车 2012～2013 年度车辆保险中标单位之一。10 多年来，公司一直服务着政府机关、事业单位公务用车。2011 年，承保车辆 1 600 余辆，共计保费约 660 万元。

开辟“三农”新市场。人保财险红塔支公司是红塔区农险独家承保单位，公司坚持以服务三农为出发点，构建社会主义新农村为目标，积极发展惠农惠民保险，打造政策性保险的新试点、新领域。2011 年 1 月，红塔区水稻、油菜保险试点工作成功启动。红塔区农业局和人保财险红塔支公司为春和、大营街、高仓、研和的 4 万亩油菜办理了油菜种植保险，保费 46 万元，保险期限是 2011 年 1 月 31 日至 2011 年 5 月 31 日。承保水稻保险保费 23 万余元，保险期限是 2011 年 6 月 30 日至 2011 年 10 月 31 日。

业务发展新突破。2011 年，人保财险红塔支公司围绕“存量业务是实力、新保业务是发展、竞回业务是突破”的方针，制订了抢挖奖励政策，最终实现业务的正增长。竞回业务：成功竞回红塔消防大队车险业务，保费 5 万余元；玉溪市检察院全体干警执法人员团体人身意外伤害保险，保费 8 万余元；活发集团新车 20 辆，合计保费 40 万元；玉溪瑞通钢业有限公司团意险，保费 11 万元；玉溪第一造纸厂公车保险等等。新保业务：承保境内、外货物运输预约保险，已办理出口墨西哥、印度和泰国的境外货物运输险；道路建筑工程一切险，承保了三条路，保费 3 万余元。

（罗巧玲）

【人保财险新兴支公司】 2011 年，人保财险玉溪市新兴支公司，牢固树立“效益第一”的经营指导思想，紧紧围绕“促发展、保效益、防风险’的工作要求，大力弘杨“求实、诚信、拼博、创新”的公司精神，通过开展“团队振雄风、全员创佳绩”、纪念建党 90 周年、客户节和冲刺季度目标任务等活动，充分发挥强强合作和经营管理优势，不断提升公司整体价值创造能力，实现保险业务又好又快地发展。截至 12 月末，累计完成保费收入 6 813.8 万元，完成年度保费计划任务的 101.7%，同比增加 1168 万元，增长 20.65%，实现承保利润 768 万元。被省公司工会委员会授于“先进职工之家”称号，荣获玉溪市人保财险系统“利润贡献奖”、社会治安综合治理“先进单位”、信息宣传“先进单位”、党风廉政建设量化考核为优秀等荣誉。

在全市人保系统率先开通：4001234567 直通车电话营销投保专线，率先突破电话营销保费收入 1 000 万元大关。

（陶显平）

*　　*　　*　　*

经济管理

计划管理

【国民经济和社会发展计划】 2011 年 4 月 7 日，在红塔区人大三届四次代表大会上，红塔区发展和改革委员会书面提出了《红塔区 2010 年国民经济和社会发展计划执行情况及 2011 年计划（草案）的报告》，经会议审议通过。5 月 5 日由红塔区发展和改革委员会编制正式下达《红塔区 2011 年国民经济和社会发展计划》。2011 年红塔区国民经济和社会发展计划的主要目标和任务是：地区生产总值（不含红塔集团）180 亿元，按可比价计算，增长 12% 左右；区属工业总产值 390 亿元，增长 15% 以上；农业总产值 16.5 亿元，增长 2% 以上；全社会固定资产投资争取完成 100 亿元，增长 7% 以上；地方财政收入 12 亿元，增长 14% 以上；社会消费品零售总额完成 80 亿元左右，增长 17% 左右；农民人均纯收入 7 600 元，增长 8% 以上；城镇居民人均可支配收入 18 800 元，增长 8% 以上；城镇登记失业率控制在 3.5% 以内；单位生产总值能耗完成上级下达任务；全区人口自然增长率控制在 5.6‰以内；2011 年计划安排农作物总播种面积 31.5 万亩，其中小春作物计划种植面积 14.7 万亩，计划大春面积 16.8 万亩。出栏肥猪 41.2 万头。计划种植烤烟 4.4 万亩，收购烟叶 600 万千克。

【国民经济和社会发展计划完成情况】

2011 年区属生产总值完成 185.1 亿元，按可比价计算比上年增 12%，完成年度计划 180 亿元的 102.8%；农业总产值完成 19.6 亿元，按可比价计算比上年增 6.9%，完成年度计划 16.5 亿元的 118.8%；区属工业总产值完成 403.1 亿元，增 19.7%，完成年度计划 390 亿元的 103.4%；全区财政总收入完成 25.4 亿元，增 23.6%，完成年度计划 23.5 亿元的 108.1%；全区地方财政收入完成 12.5 亿元，增 19.2%，完成年度计划 12 亿元的 104.2%；全区地方财政支出完成 18.9 亿元，增 13.9%，完成年度计划 18.4 亿元的 102.7%；社会消费品零售总额实现 80.7 亿元，增 18.2%，完成年度计划 80 亿元的 100.9%；全社会固定资产投资完成 128 亿元，增 20.5%，完成年度计划 100 亿元的 128%；城市居民人均可支配收入 19 258 元，增 11.1%，完成年度计划 18 800 元的 102.4%；农村居民家庭人均纯收入 7917 元，增 12.9%，完成年度计划 7 600 元的 104.2%；单位生产总值能耗比上年下降 5.03%；全年人口自然增长率为 5.7‰以内，年末总人口为 42.61 万人；居民消费价格指数 105%。

其他经济和社会指标完成情况：全区农作物总播种面积 32.32 万亩，同比增 1.6%，完成计划的 103.6%。全年粮食播种面积为 12 万亩，其中：小春粮食播种面积 3.59 万亩，增加 1 534 亩；大春粮食播种面积 8.41 万亩，减 1.02 万亩，全年粮经作物种植比例由上年的 40.5∶59.5 调整为 37.1∶62.9，经济作物比重比上年上升 3.4 个百分点。粮食总产量 5 711.33 万千克，同比减 2.4%，完成年计划的 108.1%。烤烟种植面积 4.48 万亩，收购烟叶 666 万千克，交售收入 1.24 亿元。完成改造中低产田地 3.08 万亩，总投资 3 912.28 万元。全年出栏肥猪 43.3 万头，比上年增长5%，完成年计划的105.1%，出栏家禽653.7万只，增8.5%。禽蛋量1 517.2万千克。完成义务植树70.1万株，绿化造林3 500亩，中低产林改造中幼林抚育2 000亩。实施水利工程31件，改善灌溉面积1.03万亩，解决了农村2.21万余人饮水安全问题。完成水土流失治理总面积196.97公顷。

工业经济快速发展、质量进一步提升。区属工业总产值中：矿电产业完成工业产值304.8亿元，增长21.7%；卷烟配套产业完成工业产值28.3亿元，增长2.7%；生物制药产业完成工业产值7.4亿元，增长35.5%。区属规模以上工业总产值完成370.63亿元，增长22.9%。规模以上工业增加值完成72亿元，增长19.7%。全区规模以上工业产销率达100.1%，同比提高2.6个百分点。有10种主要工业品产量增幅在11%以上，即生铁同比增长25.8%；粗钢增长22.8%；钢材增长12.2%；蓝宝石基片增长11.8%；生产金属切削机床1.03万台（其中数控机床8 691台），增长8.7倍；铸铁件增长31.7%；铜芯线增长27.3%；水泥增长1.1倍；纤维板增长90.4%；精制食用植物油增长8.3倍，饼干增长6.5倍。全区规模以上工业实现销售收入372.1亿元，增长24.8%；利税总额27.6亿元，增长8%。

第三产业加快发展、市场繁荣活跃。彩虹商业广场一期工程顺利完成并投入使用，二期工程积极推进；农产品配送中心等专业市场已完成策划等工作；农贸市场改造提质升级工作进展顺利，家佳配送中心、珊瑚农贸市场规划建设工作稳步推进。“万村千乡”市场工程乡（镇）级店覆盖率达100%，村级店覆盖率达90%，农村消费网络进一步完善。红塔区共备案“家电下乡”网点146家，销售家电下乡产品5.83万余台（部），销售总额1.5亿元，已兑现补贴农民5.26万户、1 566万元。全年接待旅游者438万人次，比上年同期增长9%；实现旅游收入17.2亿元，同比增长19%。其中接待海外旅游者684人次，同比增长11%，实现外汇收入19万美元，同比增长19%。

固定资产投资继续保持快速增长。在全区固定资产投资中，城镇投资完成67.9亿元，比上年增长28.2%；农村非农户投资完成8.12亿元，比上年增长27.6%；房地产开发投资完成28.28亿元，比上年减28.6%；农村私人投资完成23.7亿元，比上年增长225.9%。按三次产业分，第一产业投资完成1.67亿元，减21%；第二产业投资完成43.62亿元，增长17.8%，其中工业投资完成42.32亿元，增长14.3%；第三产业投资完成82.7亿元，增长23.3%。全区施工项目420个，比上年增加20个，其中新开工项目273个，比上年增14个。

列入省“三个一百”重点项目稳步推进。涉及红塔区的项目有15个，其中：续建的14个项目。3个已基本完工，2个正建设中；新建的9个项目已开工建设6项。

年初确定的70项重点建设项目顺利推进。其中：续建27个项目中，11项已基本完工，16项正建设中；新建29项中，14项已开工建设，15项正抓紧开工前准备工作；前期工作14项中，1项已开工建设，13项正加快推进前期工作。易门至峨山至高仓公路（红塔区段）顺利通车，玉蒙铁路（红塔区段）正线铺轨工作已经完成，昆玉铁路扩能改造工程顺利推进，玉溪市太标太阳能设备有限公司年产100万套太阳能热水器生产线项目基本完工，数控机床产业园区一期工程顺利完工。

对外开放成效明显。实施市外国内招商引资项目47项，合同投资额98.7亿元人民币，实际引进市外国内资金18亿元，比上年增长21%。实现自营进出口总额4 302万美元，其中：完成自营出口总额2 359万美元，进口总额1 943万美元。

生态城市建设成效显著、基础设施日趋完善。积极开展中心城区交通环境综合整治，完成了太极路、中卫路、红塔大道路面改造工程，启动珊瑚路延长线道路工程、九龙立交改扩建建设，开展聂耳路打通、彩虹路中段道路工程、玉锦园南侧道路工程等项目的前期工作。推进生态文明建设试点工作，大营街街道、研和街道、春和街道被确定为玉溪市生态文明建设试点乡镇。

开展国家环境保护模范城市创建工作。组织开展了中心城区扬尘污染防治和燃煤锅炉炉灶整治、李棋街道大矣资村环境综合整治、玉溪大河周边农村生活污水治理、玉溪大河周边农村生活垃圾收集转运项目、玉溪大河周边29家养殖户的达标治理及养殖小区建设、玉溪大河14条入河河道治理、中心城区生活垃圾综合处理厂、玉溪市医疗废物处理工程、昆玉高速红塔区段沿线绿化美化、玉江高速公路沿线红塔区段绿化等重点工程项目。

积极推进“四创一建”（创建国家园林城市、国家卫生城市、国家环境保护模范城市、省级文明城市和建设现代宜居生态城市）工作。创建国家卫生城市于2011年11月24日通过国家验收，荣膺国家卫生城市称号。

各项社会事业全面发展。全区共组织实施省级科技计划11项，开发省级新产品2个；6户企业按新办法通过了高新技术企业认定，1项科技成果获省科技进步奖，6项科技成果获市科学技术奖；完成了国家科技部对红塔区的全国科技工作先进县区考核工作；认定市级工程技术研究中心3个。专利申请达310件，授权专利达270件。全区小学在校学生40 206人，小学适龄人口入学率达99.99%；初中在校学生18 523人，适龄少年入学率达99.65%；高中在校学生9 634人；中等职业学生6 066人，高中阶段教育毛入学率达93%；幼儿园在园幼儿3 673人，学前班188班，在班幼儿5 013人，幼儿入园率达92%。在全省率先实现12年免费教育。推进医药卫生体制综合改革，抓好新型农村合作医疗工作，通过提高筹资标准、提高门诊补偿封顶线、提高住院医药费报销比例、提高住院医药费报销封顶线、实施大病医疗二次补偿、实施65岁以上老年人慢性病定额补偿等一系列政策，实现了农村居民基本医疗高补偿、老年慢性病有保障、大病救助全覆盖的目标，新农合筹资参合率达96.5%。进一步落实就业促进政策，推进就业再就业工作，城镇登记失业率控制在3.4%以内。

【机构改革】 根据2011年中共玉溪市红塔区委、玉溪市红塔区人民政府《关于印发〈玉溪市红塔区人民政府机构改革实施意见〉的通知》，设立玉溪市红塔区发展和改革局，取代原玉溪市红塔区发展和改革委员会，为玉溪市红塔区人民政府工作部门，正科级。设9个内设机构：办公室、综合规划股、经济体制改革和经济合作股、固定资产投资股、农村经济股、工业商贸股、价格和收费管理股、价格监督检查股、价格调控监测股、铁路建设股。行政编制22名，其中局长1名、副局长4名。

【工业商贸】 强化对企业的服务和工业商贸经济分析：组织各乡镇、街道办事处、区经委、区商务局、区农业局等部门，认真落实2011年工业服务业项目填报工作，经过认真梳理，共上报项目20个，涉及产业结构调整、重点产业振兴和技术改造、工业中小企业技术改造和服务业引导资金四个专项，计划投资总额128.6亿元；3月，根据《玉溪市红塔区人民政府办公室关于对扩大内需中央投资项目进行检查的通知》精神，联合区财政局、区经委对玉溪福辉新型建材有限公司年产30万立方米新型蒸压加气混凝土砌块技改扩建项目、玉溪市红塔区粮食储备库异地重建工程、玉溪滇雪粮油食品工业有限公司9万吨/年油菜籽制油及精炼生产线技改扩建项目、玉溪市云溪香精香料有限责任公司年产300吨L－香芹酮产业化开发项目等进行了考核检查，没有发现违规行为；通过对辖区内2011年中小企业技术改造项目进行认真分析和筛选，积极推荐符合条件的项目上报，争取上级政策和资金扶持。落实情况是：云南省玉溪市太标太阳能设备有限公司年产100万套太阳能热水器生产线建设项目、云南省玉溪滇豫化工科技有限公司3 000吨/年亚氯酸钠建设项目，共计争取资金1 083万元。

【体制改革】 2011年，区发展和改革局向区政府提出处理企业改制遗留问题建议3条；帮助解决上访反映企业历史遗留问题1件；协助市改革办出台了《关于继续做好落实国有企业改制政策工作的通知》；参与区改革办做好原玉溪市造纸厂职工上访的劝访工作；做好医改工作，上报市医改办医改简报5期，向区委办报送医改简讯12条，协调相关部门拟定了玉溪市红塔区基层医药卫生体制综合改革试点实施意见和7个改革配套方案，并报经区医改领导小组审定印发实施。

（刘建祥）

物价管理

【价格管理】 2011年，红塔物价部门加强五方面价格管理。一是加强市场价格监管，严格控制水利工程、自来水、城市生活垃圾、医疗教育收费、参观游览门票等公用事业和公益性服务项目的价格上涨。二是粮食、食用植物油、化肥等重要商品储备稳步增加，政府通过收储和抛售（轮换）调节市场供求、稳定价格。三是从1月起开征价格调节基金，截至12月20日，红塔区境内已有113户年销售收入达500万元以上的企业申报缴纳价格调节基金，共征收933.49万元，返还红塔区473.5万元。四是为进一步完善红塔区社会救助和保障体系，组织起草了《红塔区关于建立社会救助和保障标准与物价上涨挂钩的联动机制的方案》，并启动执行。五是认真落实省政府稳定物价的20条措施，开展了医药卫生服务价格大检查、成品油市场价格和供应情况检查、食盐价格检查、教育收费检查等市场价格检查和专项检查；配合上级部门开展商品房明码标价检查；加强元旦、春节、五一劳动节、中秋、国庆等节日市场商品明码标价检查和旅游市场价格检查，以及市场巡查和监测；认真办理人民群众价格举报，化解价格矛盾；推进价格稳定全年共出动检查人数2 490人（次），检查企事业单位和个体工商户3 022个（次），办理价格举报20件，发出《整改通知书》18份，发宣传材料1 000份，查处价格和收费违法案件58件，实施经济制裁16.99万元，其中没收违法所得9.74万元，罚款6.41万元，责令退还消费者8 384元。

【价格监测】 2011年，区物价部门定期对区内100多个品种的商品和服务价格进行监测，并及时上报；加强对肉、禽、蛋市场价格的监测，按要求做到每周两次，每月、每季度一次向上级价格主管部门提供准确及时的市场价格情况。

表43：2011年红塔区粮油及副食品价格监测表

2011年红塔区粮油及副食品价格监测表

表43 单位：元/千克

品 名	等级规格	1月	2月	3月	4月	5月	6月	7月	8月	9月	10月	11月	12月
粳米	标一	4.4	4.4	4.4	4.4	4.4	5.00	5.00	5.00	5.00	5.00	5.00	5.00
面条	一级	4.20	4.20	4.20	4.20	4.20	4.20	4.20	4.20	4.20	4.20	4.20	4.20
菜油	一级	11.5	11.5	11.5	11.5	11.5	11.5	11.5	11.63	12.0	12.0	11.75	11.50
鸡蛋	新鲜完整	10.0	9.80	9.00	9.00	9.25	9.60	9.67	10.00	9.63	9.86	9.13	9.00
白豆腐	一等	3.60	3.60	3.60	3.6	3.6	3.6	3.6	3.6	3.6	3.6	3.6	3.6
大白菜	一等	1.50	1.33	1.20	1.20	1.60	1.87	2.4	1.90	1.90	2.47	2.20	2.20
青菜	一等	1.76	1.73	1.90	2.13	2.58	2.80	2.40	2.40	2.70	3.25	2.20	2.20
蕃茄	一等	4.00	3.80	4.25	4.00	3.15	3.67	3.60	3.60	3.55	3.65	3.90	3.75
黄瓜	一等	4.40	5.25	5.25	3.25	3.00	3.00	3.00	3.30	3.65	4.25	3.75	6.00
鲜猪肉	后腿肉	26	26	26	26	26.5	28.7	31.3	32.5	34	33.5	32	32
黄牛肉	鲜净肉	34	34	36	36	35.5	36.00	38.7	40	44	44	44	44
鲤鱼	0.5千克以上	13	13	13	14	14.8	15	15	15	16.5	15.5	14.3	14

注：以上价格均为当月平均价。

【收费管理】　2011年，区物价部门组织开展行政事业性收费许可证年度审验工作，对全区168个行政事业单位的收费行为进行审验，审验收费总额8 022.97万元，未发现收费违法行为。根据《云南省人民政府关于公布第八批取消省级批准的行政事业性收费项目的通知》，取消区内涉及的收费项目和标准42项。

【价格鉴证】　2011年，红塔区价格认证中心共受理价格鉴定、价格评估委托271件，鉴定标的金额299.1万元，其中涉案刑事物品价格鉴定267件，鉴定标的金额296.3万元，涉案非刑事物品价格鉴定3件，鉴定标的金额2.3万元，其他价格评估、认证1件，评估标的金额0.4万元。

（刘建祥）

【办理群众价格举报】　2011年，红塔区价格举报中心共受理价格举报20件，举报涉及药品价格、医疗服务价格、服装价格、食盐价格、停车收费、餐具消毒费等方面，办结20件，办结率100%，退还举报人多收价款1 241.4元，没收违法所得3 256.8元。

【乡、街道办事处价格监督】　2011年，各乡镇、街道办事处价格监督员通过相关会议和培训，不断学习价格监管的业务知识，为做好涉农价格、收费的监督工作打好了基础。全区共92名价格监督员利用在乡、街道、村（居）委会工作的便利，结合自己的工作，对农业生产资料价格、中小学收费、农民建房收费、农业用水收费、农村电价、农产品检验检疫收费、景点票价、卫生院、卫生所药品价格和医疗服务收费、农民负担情况、涉农价格和收费公示情况进行监督、巡查；通过开群众大会、广播、黑板报、走访等形式，大力宣传国家价格法律法规和涉农价格、收费政策以及国家对农村的惠农政策，让群众来监督执行价格和收费政策，杜绝乱收费、乱摊派、乱集资现象，切实减轻农民负担。

【“价格诚信单位”评选活动】　2011年，发改局与区委宣传部、区文明办联合开展了红塔区第二届“价格诚信单位”评选活动，对参加活动的玉溪医药有限责任公司、云南沃尔玛百货有限公司玉溪东风广场分店、玉溪九龙池公园、玉溪九洲医院、中国移动云南公司玉溪红塔区分公司、兴隆菌子园一分店十里亭野生菌美食苑、玉溪万和医院、玉溪方圆医院、玉溪东方医院、玉溪师氏骨伤医院等10家单位按照程序进行考评打分，并向区工商局等相关部门征求了意见。

【农产品成本调查】　2011年，以服务“三农”为中心，做好农产品成本调查工作。按国家、省发改委的要求，围绕区委区政府农业、农村经济工作中心，坚持服务农业、农村、农民的方针，认真做好18户农户、6个规模生猪养殖场共10个调查点28户农产品成本常规调查、直报调查和专项调查。2011年上报《红塔区2010年主要农产品成本收益调查分析》《红塔区2011年农户存粮调查情况》《红塔区2011年农户农资购买调查情况》《红塔区2012年农户种植意向调查情况》《红塔区化肥价格有关情况调查》《红塔区近期生猪生产情况调查》等15篇调查材料，每月上报《红塔区农调户生猪生产情况月报》《红塔区生猪生产成本月报》。按时将以上调查材料上报省、市发改委和区委、区政府，并将调查情况及时反馈调查单位、调查点和调查户，为党委政府制定农村经济政策、指导农业生产提供参考依据，为调查单位及农户改善管理、加强经济核算提供成本价格依据。

表44：2011年红塔区种植业和养殖业产品成本收益调查表

玉江大道　　（邹　瑾　摄）

2011 年红塔区种植业和养殖业产品成本收益调查表

表 44

项目名称		计量单位	品　　种				
			粳稻	油菜籽	烤烟	生猪	
						中规模饲养	大规模饲养
每（亩）头	主产品产量	千克	617.08	210.93	158.27	134.77	144.77
	主产品产值	元	2 159.80	955.29	2 929.57	2 344.44	2 408.15
	总成本	元	1 418.35	1 136.75	2 752.42	1 720.49	1 844.95
	其中：物质服务费用	元	369.97	237.74	990.79	1 670.95	1 798.74
	人工成本	元	791.81	741.51	1 338.58	40.47	39.28
	土地成本	元	256.57	157.50	423.05	9.08	6.93
	现金成本	元	519.09	253.02	1 401.02	1 691.20	1 844.95
	现金收益	元	1 667.44	718.09	1 528.45	662.87	573.44
	净利润	元	768.18	-165.14	177.15	663.58	573.44
每 50 千克主产品	平均出售价格	元	175.00	226.45	925.50	869.79	831.72
	总成本	元	113.52	265.08	869.54	635.69	634.51
	现金成本	元	41.55	59.00	442.64	627.87	634.51
	现金收益	元	133.45	167.45	482.86	241.92	197.21
	净利润	元	61.48	-38.63	55.96	234.10	197.21
每亩主产品	出售数量	千克		210.93	158.27		
	出售产值	元		955.59	2 929.57		
每亩补贴收入	元	103.68	33.32	806.67			

（万忠林）

审计管理

【概　况】　2011 年，区审计局继续深化重点领域审计工作，全面提升审计工作质量和水平。全年共实施审计项目 59 项，占年度计划的 173%；查出违纪资金 517 万元，管理不规范资金 4 993 万元，应上缴财政资金 367 万元，核减投资 988.55 万元；提交审计报告 59 篇，审计专题、综合性报告和信息简报 19 篇，提出审计建议 175 条，被采纳 175 条；上报市区信息 31 篇，市、区采用 10 篇；向社会公告审计结果公告 54 篇。在全市审计项目质量评比中，获得 1 个优秀审计项目。

【预算执行审计】　2011 年，按照“全面审计，突出重点”的原则，预算执行审计采用专项资金审计、部门预算执行审计、经济责任审计和审计调查有机结合的方式，按照预算执行审计工作方案要求，实施对财政局、地税局、广电局、水利局等 10 个部门和单位的审计。共查出各种违规资金 248 万元，管理不规范资金 2 829 万元，应上缴财政资金 248 万元。对预算执行审计中发现的预算外支出决算不实、截留预算收入等问题，进行了相应处理，并针对一些影响公共财政体系建设的体制性、机制性问题提出对策建议，促进规范预算分配管理，提高资金使用效益，为建立效能政府和政府宏观决策服务。财政部门根据审计机关提出的建议，改进预算收支的测算方法，提高预算编制的预见性，积极推进部门预算向社会公开，进一步提高预算的透明度。

【固定资产投资审计】　2011 年，区审计局采取直接或聘请社会中介机构参与审计工程竣工决算及投资绩效的项目 21 项（不含 2010 年烟水工程项目），竣工结算审计 1 项。送审工程投资 1.06 亿元，审定投资 1 亿元，核减 564.54 万元。管理不规范金额 1 090.72 万元，其中：多计工程结算价款 564.54 万元，超计划投资 290.12 万元，其他 236.05 万元。

2010 年度烟叶生产基础设施建设项目工程决（结）算、财务收支及绩效情况审计，送审工程直接投资 4 094.01 万元，审定直接投资 3 871.49 万元，核减 222.51 万元。

【前置、委托审计】　2011 年，区审计局全面推进建设项目概预算审计。对政府投资在 200 万元以上的建设项目开展前置审计。聘请具有法定资格的社会中介机构参与前置审计 10 项，完成送审招标控制价 4 957.55 万元，审定招标控制价 4 777.77 万元，核减 179.78 万元。委托社会中介审计项目 46 项，完成送审直接投资 3 766.91 万元，审定直接投资 3 276.14 万元，核减 490.77 万元。

【经济责任审计】　2011 年，区审计局完成两部分的经济责任审计：一是区委组织部委托的离任审计；二是加大任中审计力度，强化对领导干部特别是主要领导干部、人财物管理使用关键岗位的监督。完成了玉溪四中校长、广电局局长、水利局局长、粮食局局长、春和镇镇长、区委招待所所长兼云溪宾馆经理、玉溪市公安局红塔分局交警大队队长等 7 个单位领导干部的经济责任审计。查出违规金额 93 万元，管理不规范金额 399 万元。对审计中发现各单位不同程度地存在的资金应缴未缴财政专户、挪用专项资金、未按照规定取得发票、应申报未申报纳税等问题进行了督促整改。

【绩效审计】　2011 年，区审计局将绩效审计作为各审计领域的共同目标，积极参加全市审计系统绩效审计培训班，首先尝试开展了局部的、初步的绩效分析，逐步坚持探索完善绩效审计的技术方法和评价制度。共实施38项，其中：结合对部门预算执行进行的绩效审计项目9项；对区级重大建设项目、重点工程开展绩效审计4项；区政府重要工作15项；前置审计10项。依法查处违反财经纪律问题，收缴违纪违规资金37万元；管理不规范金额738万元；完成送审投资14 751万元，审定投资14 012万元，核减投资752万元，提交审计报告38篇。

【行政事业审计】 2011年，区审计局完成15个行政事业单位的审计项目和审计调查。审计查出违规金额218万元，管理不规范金额945万元，处理应上交财政金额68万元，应归还原渠道资金23万元，应调账处理金额647万元。已上交财政68万元，已归还原渠道资金23万元，已调账金额647万元。

【其他审计监督】 2011年，区审计局其他审计监督主要工作有：参加区纪检监察部门对城区专项资金使用情况专项检查和“小金库”清理工作；参与监督区政府采购中心的各项政府采购项目工作；参与对政府投资建设项目建设监督及竣工验收工作；参与对城区基础教育经费保障及使用管理专项检查工作。

【审计成果运用】 2011年，区审计局审计提出建议175条，均被采纳。提交审计专题、综合性报告19篇，信息31篇，被批示采用的10篇。计算机审计方法和AO应用实例征集和评选活动，选送1篇计算机审计方法和3篇AO应用实例被市局采用，1篇被评为市级优秀；4篇评为省级应用奖；1篇被评为审计署应用奖，3篇被评为鼓励奖。

2011年，区审计局积极稳妥推进审计结果公告制度，对所有的审计项目除涉及国家秘密和被审计单位商业秘密的内容外均进行了审计结果公告，公告率达100%。通过政务信息网、发行期刊等形式向社会公告审计结果59项，其他的待执行期满或政府批准后公告。

【信息化建设】 区审计局积极参与2011年度计算机审计方法和AO应用实例征集和评选活动，选送4篇AO应用实例和计算机审计方法被市局采用。AO实例《××区××公司财务收支审计实例》被市局评为优秀奖；省审计署、省审计厅评予应用奖。审计方法《金融行业税收征管审计方法（税务）》被省审计署、审计厅选入方法库。AO计实例《红塔区××乡镇××经济责任审计实例》《玉溪市××中学校长××同志任期经济责任审计实例》被省审计厅评为应用奖，审计署评为鼓励奖。

【效能政府建设】 2011年，红塔区的行政绩效管理领域由本级政府当年重大建设项目和重要工作拓展到全区所有区级以上行政机关的重点工作。区审计局组织好区级行政机关绩效管理重点事项工作，要求从各行政机关承担的本级政府当年确定的重大项目、重要工作或本部门年度重点工作中，选取1至2项作为本级行政绩效管理的重点事项，严格管理。区级28个行政机关，确定了单位重点事49项。35项重点事项，13项重大建设项目，对照年初目标基本完成。

（李宜颖）

统计管理

【概 况】 2011年，区统计局紧紧围绕区委、区政府的中心工作，认真贯彻落实省、市统计工作会议精神，结合地方实际，以提高统计能力、统计数据质量和政府统计公信力为中心任务，注重统计事业的全面协调发展，发挥好统计信息、咨询、监督的职能作用，不断提高服务领导决策、服务科学发展、服务社会公众的能力和水平，为全区经济社会发展、科学决策提供了坚实的数据支撑和统计保障。年内，先后荣获云南省第六次人口普查先进集体、第二次全国R&D资源清查先进单位、玉溪市“十一五”期间节能工作先进单位、实施“云岭先锋”工程和开展“创先争优”活动先进党支部等称号。

【统计咨询服务】 2011年，区统计局定期发布全区主要经济指标统计信息，把全区主要经济指标数据，特别是反映发展和民生的主要数据如GDP、固定资产投资、社会消费品零售总额、人民生活水平、农民人均纯收入、居民消费价格指数、节能降耗、社会保障、就业等数据情况跟踪统计，通过网络及时向社会进行发布；做好统计信息资料的编辑发布工作，制定了《红塔区统计局政务信息工作考核规定》，具体做到“四个明确”，即“明确任务、明确专人、明确责任、明确质量”，从内容、流程、数量、质量等方面规范全局的政务信息工作，并实行奖惩。全年，共编发《统计分析》31期，比上年多12期；《统计资讯》115期，比上年多92期；《统计工作动态》48期，比上年多18期。各类信息资料及时报送区委、区政府及上级统计调查部门，保持了较高的采用率。同时完成统计年鉴编撰工作，共印刷500余册分发到各部门。另外，《60年统计资料》正在编辑中。

【统计法制建设】 2011年，为加强统计法制建设，按照机构改革的相关精神，区统计局在办公室加挂成立了法规股。同时，年初由局长与各副局长和地方统计调查队、各股、室负责人签订了“红塔区统计局行政执法责任制度实施责任书”，并明确规范各执法人员的执法责任范围、执法职责、执法权限，积极推进依法行政、依法统计。

年内，按照《云南省统计局办公室关于做好〈统计调查证〉颁发和管理工作的通知》精神，区统计局及乡、街道统计站共有68个统计工作人员填写了《统计调查证申请登记表》，领取了新的统计调查证。另外，做好统计从业资格报名考试工作，全区统计从业资格考试报名144人，统计职称考试报名初级34人，中级24人，高级4人，为历年最多的一次。

【统计“双基”建设】 2011年，统计“四大工程”基础建设逐步推进。一是全区“三上”企业基本情况和主要数据核查工作圆满完成。经过比对核查，“三上”企业和房地产开发经营企业按专业划分的情况为：工业法人单位92家；建筑业法人单位87家；房地产开发经营业法人单位83家；批发和零售业法人单位84家，产业活动单位3家；住宿和餐饮业法人单位32家，产业活动单位3家。二是依托全区统计信息化系统建设所创造的良好环境，加大信息化应用力度。年内，统计智能办公系统已使区和各乡（街道）统计站人员实现了互联互通，加强了联系交流，工作质量和效率明显提高。

统计基层规范化建设不断加强。一是加强统计技能培训。组织开展了人口普查业务培训100多人次、部分服务业联网直报培训70多人次、城乡住户调查培训60多人次。二是加强统计基础建设。局领导经常深入乡（街道）了解实际情况，现场解决统计工作遇到的具体困难和问题，并继续给予乡（街道）统计部门技术、资金上的大力支持，增强统计基层可持续发展能力。三是加强对基层统计人员的培训。区统计局举办了2011年基层统计人员培训班，对110名统计工作者进行了统计基础知识、统计实务、相关法律法规等方面的业务知识培训。

【大型普查和专项调查】 认真完成第六次人口普查数据扫描、校对和数据编审工作。在数据编审工作中，集中乡（街道）业务骨干对重复登记人口进行核实修改，对短表主要汇总数据进行全面的评估和分析，认真把好数据质量关。完成《户主姓名底册》录入、上报工作和第六次全国人口普查百岁老人相关信息核实上报工作。核准发布了红塔区第六次全国人口普查主要数据公报，并已开展普查资料开发应用工作。其次，按照全区统计调查工作的部署要求，结合相关单位的工作需求，配合市局积极开展了公众环境满意度调查、创建卫生城区调查、公众对玉溪市医院满意度调查、云南省做好新时期社区群众工作调查等多项调查工作。

（向秀红）

工商管理

【概　况】 2011年，红塔区工商局牢牢把握总局提出的“四个只有”“四项建设”理念，以实现省局党组提出的“三个到位”“六个好”为目标，按照市局深入推进“六项重点工作”“五项工作指标”的安排和红塔区政府“产业强区、生态立区、三农兴区”的部署，充分发挥工商行政管理职能，以清晰的工作思路、务实的工作作风，扎实地推进各项工作，较好地完成了年初制定的各项工作任务。

截至年末，红塔区工商行政管理局有在职职工121人（其中事业人员8人），离退休人员54人。内设办公室、法规股、企业注册监督管理股、市场规范管理股、消费者权益保护股、食品流通监督管理股、反不正当竞争执法股、商标广告监督管理股、人事股、监察室10个股室和红塔山分局、州城分局、大营街分局、北城工商所、研和工商所、春和工商所6个派出机构，并代管红塔区消费者协会、红塔区个体私营经济协会。

2011年，红塔区工商行政管理局被红塔区委区政府表彰为“红塔区2006～2010年法制宣传教育工作先进单位”“2010年度社会治安综合治理及平安先进单位”；被红塔区政府评为“2011年度玉溪市红塔区安全生产工作责任状考评三等奖”。通过开展创先争优活动，在各业务岗位上涌现出了一批优秀的干部，其中1名被国家工商总局表彰为“全国工商行政管理系统打击侵犯知识产权和制售假冒伪劣商品专项行动先进个人”；2名被云南省工商局表彰为“全省工商行政管理系统法制工作先进个人”、1名被省工商局表彰为“全省工商行政管理系统先进法制员”；7名受红塔区委、区政府表彰；2名受区属部门表彰。

红塔区工商局领导名单

局　长：李亚明（2001.4～）

副局长：黄亚勇（2001.9～）

许斌强（2005.6～）

张　军（2008.1～）

宋　宜（2010.10～）

党组书记：李亚明（2001.4～）

纪检组长：杨丽琼（1999.9～）

【法规建设】 2011年，红塔区工商行政管理局加强法规建设：

1. 核审一般程序案件23件，无一件提出听证、复议、诉讼。召开了6次案审会议。

2. 清理涉罪案件，严格执行涉罪案件移送制度。通过对2008年以来所办的行政处罚案件进行自查，清理出10件涉嫌犯罪的案件并已分别报送给公安、检察机关。同时加强信息互通，每月按时向检察部门报送涉罪案件报表。

3. 加强法制宣传教育，采取多渠道多方式开展工商法制宣传，开展了以“打击传销、规范直销”为主题的宣传活动。开展《食品安全法》培训，为120多户食品经营户讲解《中华人民共和国食品安全法》，为区政府聘请的食品监督员讲解《食品安全法》，组织干部职工123人参加了《红塔区2011年食品安全知识》考试。举办《工商行政管理执法证管理办法》培训会，进一步提高干部职工依法行政意识。购买《工商行政管理现行适用法规大全》45本发给分局、所、股室单位学习。

4. 配合红塔区政府做好行政审批和电子监察系统建设工作，对涉及的个体工商户登记、户外广告登记、食品流通许可证登记等行政许可事项及企业年检、动产抵押登记等非行政许可审批事项，逐项进行了梳理，填报《行政审批服务事项基础信息表》。

5. 积极参与《玉溪市城市管理条例》及其相应配套办法的起草工作，认真审核条例中涉及工商职责的条款，并提交相应的建议和意见。

【企业注册及监督管理】 2011年底，红塔区辖区内注册登记的个体工商户26 293户，自有资金13.63亿元。年内新增5 732户，注销2 163户，吊销2 765户；私营企业3 281户，注册资本（金）159.94亿元，年内新增456户，注销124户；内资企业737户，注册资本（金）41.29亿元，年内新增14户，注销30户；农民专业合作社登记注册的108户，成员出资总额4 320万元，年内新注册59户，注销12户。继续实行网上年检，开通了网上年检电话咨询服务热线，通过网上年检的企业3195户，网上年检率98.09%。同时。个体工商户应验数为22 022户，已验照19 047户，验照率86.49%。从2011年3月1日开始，认真执行2011年《财政部国家发改委关于取消部分涉企行政事业收费的通知》，取消涉及工商行政管理的10个收费项目。

【企业监管】 2011年，从五个方面加强企业监管：

1. 加强对辖区内55户外资企业的监管工作。

2. 加大对无照经营查处的力度，以区政府名义制定印发《玉溪市红塔区人民政府办公室关于建立红塔区依法查处取缔无照经营工作联席会议制度的通知》《玉溪市红塔区查处取缔无照经营专项整治实施方案》，同2个乡人民政府、9个街道办事处和13个职能部门签订了《2011年依法查处取缔无照经营工作目标考核责任书》。年内召开联席会议制度6次，研究、部署、制定查处行动方案，总结查处工作的问题和成效，使部门联动的作用充分发挥。共出动执法人员2 722人次，执法车辆818台次，检查各类市场主体11 360户、依法取缔16户、查处38件。会同文化、公安开展了查处黑网吧、电子游戏室等娱乐场所专项行动联合执法5次。出动执法人员250余人次，出动车辆62台，取缔黑网吧13户，没收电脑31台，取缔无照经营电子游戏室21户（从事无照经营游戏室的游戏机都是博彩游戏机，共573台，已由公安全部查扣）。以开展“创建国家卫生城市”工作为入手点，加强市场监管的力度，规范办照1 439户、限期整改129户。

3. 对“两虚一逃”违法行为进行查处。全年立案查处3件。

4. 配合相关部门完成“两高一剩”企业的关、停工作，完成“十二五”节能减排目标任务。已关闭炼铁厂、水泥厂8家。

5. 制定整治企业登记代理违法违规行为行动方案。把好企业登记代理机构市场准入，重点清理和打击“黑中介”行为，切实解决中介组织侵害群众利益和企业利益的问题。

【市场管理】 2011年，区工商行政管理局市场管理工作主要有七项：

1. 帮助企业解决融资难问题，办理动产抵押登记60件，主债权金额7.24亿元，办理动产抵押变更登记2件，主债权金额2 300万元，办理动产抵押注销登记51件，主债权金额4.31亿元。

2. 开展诚信市场创建活动，制定了《红塔区工商局关于开展创建诚信市场工作方案》及《红塔区工商局诚信市场考核评分细则》，成立红塔区工商局1A－2A级诚信市场考评领导小组，将创建目标分解到各分局、所。评定彩虹批发市场、彩虹家具市场、沃尔玛东风购物广场、玉溪统一建材市场、百信商贸有限公司5个1A－2A级诚信市场；推荐2个市场参加市级评选3A－4A级诚信市场；推荐家佳超市参加省级5A级市场评选，并被评定为5A级市场。

3. 开展商品交易市场信用分类监管工作，红塔区纳入信用分类监管的市场有21个。

4. 与相关部门携手分两期对288名经纪人进行了培训。

5. 深入开展“打假保农业”专项整治，加强农资市场监管。

6. 以开展“创模”工作为契机，以多种形式开展“限塑”宣传，引导和增强公民环保意识，以超市、集贸市场、节假日为重点，开展“限塑”专项执法检查。

7. 开展种子专项检查、学校周边食品卫生检查、烟花爆竹整治、娱乐场所检查、“禁毒”专项整治、废旧金属收购整治、新农村建设检查、自行车被盗和消防安全等专项治理工作。

【消费者权益保护】 2011年，区工商行政管理局开展消费者权益保护工作主要是：开展消保维权专项行动，重点对农资、药品、食品、汽车配件、家电下乡、塑料奶瓶、橡胶奶嘴、建材市场等进行检查；接待来访、咨询约3 654人次，受理消费者投诉728件，已解决708件，调解未成20件，解决率达97.25%，为消费者挽回经济损失160.93万元；“三一五”期间围绕“消费与民生”年主题，悬挂宣传布标25条，发放《消费与民生》报刊等宣传材料约2 000套，到企业进行《消法》宣传培训，与沃尔玛玉溪分店联合组织开展“走进消费者，服务消费者”活动，开展食品安全诚信宣言签名，向农民发放“消费与民生·关注农民消费者”问卷调查表90份，收回90份；在800平方米以上的商场、超市建立12315消费争议快速解决绿色通道“消费维权站”8个，年内对省局发牌的“两站”（12315联络站和消费者投诉站）22户进行授牌，并对“两站”工作人员进行业务培训指导。年末，全区有消协分会6个，12315联络站、消费者投诉站161个。

【食品流通监督管理】 2011年，区工商行政管理局加强食品流通监督管理：

严格实施流通许可监管，从4月1日开始，对从事乳制品的经营户严格按照规定进行单项核审，截至年末，累计办理食品流通许可证3 028份，其中从事乳制品的176份，注销62份。年内办理食品流通许可证1 690份，注销15户。

以流通领域监管围绕食品安全为重点，进行《食品安全法》及其相关内容的学习培训及宣传。

开展星级食品示范店创建工作，评定并授牌2户。

开展流通环节食品安全快速检测工作，对83户经营户的116组样品进行抽检，未发现不合格产品。

加强流通领域食品安全专项检查，对辖区内奶制品经营户开展了调查摸底、问题乳粉乳制品清查等整治工作；开展打击流通环节食品非法添加和滥用食品添加剂专项行动；开展严厉打击“地沟油”专项整治和加强餐厨废弃物管理专项行动，对经营食用油（特别是散装油）的经营户开展全面监督检查；开展生猪定点屠宰稽查工作，对红塔区城乡80多个猪肉零售点和5个屠宰场进行了检查，要求6个超市、8个宾馆酒店、15所学校建立起购销台账；做好“两节”、“三一五”、亚运会、端午节、中秋节、国庆节期间食品安全检查，对葡萄酒、白酒、膨化食品、油炸食品、豆芽、辣椒、燕窝、糖精、餐具消毒、流通环节食用油等进行专项检查。全年共出动执法人员8 719人次，出动车辆1 879台次，检查食品经营户32 316户次，检查市场427个次。查处销售过期变质的龙口粉丝18袋、豆腐皮9千克、土豆片27千克、冒牌大米305千克，没收不合格食品包装袋269只、快餐盒9 200个；查处生猪定点屠宰违法案件33起，没收并销毁病死猪肉529千克，调解投诉23起。

【反不正当竞争执法】 2011年，开展反不正当竞争执法：

立案查处反不正当竞争经济违法案件3件。

打击传销。一是制度保障。制定了《打击传销工作意见》《红塔区2011年打击传销工作方案》，并将打传工作纳入区政府社会治安综合治理考核，形成政府牵头，工商、公安、法院、检察院、商务、民政、广电、卫生、消防、电信、移动及街道社区、居委会（村委会）等部门密切配合的格局。二是责任到位。红塔区把打传工作落实到最基层，监管重心下移，把打传工作延伸到居（村）民小组，明确打传工作“第一责任人”，将基层筑成打击传销的第一道防线。加强对市场、宾馆、饭店、茶楼、出租屋等易聚会场所和传销活动多发区、易发区的日常巡查，主动出击，寻征兆、查端倪，不等不靠。三是建立健全举报、投诉、网络监控体系和接办、转办等一整套防范传销的预警机制以及处理、善后、反馈、沟通等打击传销的快速反应机制，构建有效的打传监管网络。逐步建立了打击传销和监管直销网络平台和数据库，做到“六清”即“时间清、地点清、人数清、屋主清、去向清、籍贯清”。截至年底，全区共出动执法人员500人次，车辆56台次，端掉非法传销窝点32个，检查聚会场所26个，现场发放打传宣传材料2 000余份，收缴涉传工具手机91部、笔记本电脑5台；收缴一大批传销人员使用的书籍、笔记本等资料，教育驱散遣返受骗参与传销人员87人次。

加强对直销企业的监管力度。全面掌握直销企业在辖区的经营情况，通过行政指导，规范直销企业的经营。

加强打击反走私力度。按照《玉溪市红塔区人民政府关于反走私综合治理工作的实施意见》，把打击走私综合治理工作纳入区政府社会治安综合治理考核，建立健全各级打击走私工作责任制，元旦、春节期间玉溪市开展打击冷冻动物制品走私9次专项联合整治行动，同时结合日常监管工作加强对两烟市场、流通领域电子产品市场、成品油市场等销售不合法来源进口商品的清查联合行动。查获销售假烟2件、非渠道进货65件、擅自收购烟叶2件、无证运输烟叶2件，查获无证运输卷烟8 789条、无证经营卷烟1 222条、假烟165.8条、非渠道进货卷烟940.9条、烟叶18.3吨、无中文标识“红牛”饮料72听。

开展“打黄扫非”专项行动。开展查封禁、查堵违法政治出版物、书刊、音像制品专项行动16次。

【商标广告监督管理】 2011年，红塔区工商部门加强行政指导，深入市场主体经营场所，发放《商标法律告知书》115份、《商标策略提示书》125份、《商标注册建议书》145份、商标跟踪服务联系卡275份。截至年末，全区共计有效注册商标1 300件，占全市注册商标35%，其中中国驰名商标1件，占全市驰名商标（4件）的25%、云南省著名商标35件，占全市著名商标（130件）的27%、玉溪市知名商标43件，占全市知名商标（151件）的28%。年内申报中国驰名商标2件、云南省著名商标7件、玉溪市知名商标11件、商标注册11件。开展商标专项检查7次。立案查处违法案件2件，其中一件已移送公安机关。加强广告监管。年内，共审批办理各类户外广告发布登记24户、审批办理变更户外广告36户、审查办理张贴橱窗小广告4.16万余份。配合相关部门开展户外广告、招牌综合治理，涉及户数9 836户，发放整改告知书2 400份、拆除告知书2 400份。

【个私协会】 2011年，区个体私营经济协会继续开展鼓励创业“贷免扶补”工作。有93户创业人员申请“贷免扶补”优惠政策，经入户调查符合审批手续条件的55户，贷款资金389万元。建立扶持就业导师库导师55人，导师扶持就业经营户55户，完善了“1+3”跟踪服务机制。年内，红塔区个私协会加强对企业和会员的指导和扶持。北城分会针对会员遭受火灾的情况，召开了慰问会，对7户受灾的会员发放了7 000元慰问金；走访会员1 309户，及时帮助会员解决在生产经营中遇到的困难和问题；坚持生病会员住院看望制度，共看望住院生病会员29人，慰问金额4 182元，慰问老、弱、病、残会员和下岗再就业从事个体经营的困难会员98人，慰问金额1.77万元。

【信息化建设】 2011年，区工商行政管理局加快网络建设步伐，已初步建成了政务外网和政务内网实行物理隔离的网络框架结构，并完成了基础软件的开发与应用。政务外网以互联网为基础，以公开发布工商信息为主；政务内网已实现国家工商总局、省、市、区局及工商分局（所）专网联接，达到内部资源共享的目的，主要以政务处理及各项工商业务处理为基础。局机关、3个分局和3个工商所开通ADSL方式连接工商专网，并依托玉溪市工商局内务管理系统平台，实现了非涉密信息资料网上传输，缩短了信息资料传播时间，进而逐步实现办公自动化和无纸化办公。积极推广使用工商系统内的登记注册系统、商标广告管理系统、综合统计系统和工商内务管理系统等业务专用软件。运用省工商局的登记注册管理系统，建立经济户口电子档案。积极推行企业网上年检。加大对信息化基础设施建设的投入。使分局、所达到人均1台台式计算机，网格监管人员人均1台笔记本电脑；配备网络交换机9台，各种型号的打印机38台，投影仪8台，传真机4台。

（许　艳）

质量技术监督

【概　况】 2011年，玉溪市质量技术监督局红塔区分局紧紧围绕省、市质监局和区委、区政府的中心工作，以服务科学发展为主题，以促进转变经济发展方式为主线，突出特种设备安全和食品安全工作，实施质量兴区和标准化战略，加强质量监管、计量管理、认证认可监管，强化行政执法工作，为推动红塔区经济又好又快发展和质监事业再上新台阶做出了努力和贡献。

玉溪市质量技术监督局红塔分局领导班子：

局　长：马　红（2011.2～）
副局长：任一波（2003.4～2011.1）
　　　　罗江斌（2011.1～）
　　　　邹　瑜（2011.10～）
党组书记：马　红（2011.2～）
纪检组长：叶本碧（2011.12～）

【质量兴区】 2011年，红塔区实施质量兴区战略，一是确立了“政府主导、部门主抓、企业主体”的质量兴区工作机制，成立了“质量兴区”工作领导小组，对实施质量兴区战略进行全面的安排和部署，健全质量体制机制；二是大力实施“名牌战略”。积极鼓励和帮扶企业申报“名牌产品”，培育了一批优质名牌产品，红塔区已有14家企业的16个产品获得了“云南名牌”产品的称号；三是创建“质量走廊”。区质监分局配合市局组织10家企业制作了质量文化宣传牌，悬挂在城区主要交通干道上，充分展示全区质量建设成果。

【质量监管】 2011年，质监红塔分局从两方面抓好质量监管工作：一是对区内38家纳入工业产品生产许可证取证范围的企业开展监督检查，共抽查化肥、电力设备、塑料薄膜、钢筋、太阳能热水器等产品72个批次，合格61批次，不合格11批次，其中产品不合格1批次，计量不合格10批次，合格率84.7%；二是开展了73家食品获证企业的监督检查工作，共抽查月饼、食用油、腌腊肉制品、食品包装物等产品154批次，合格134批次，不合格20批次，其中属严重不合格的2批次，合格率87%。针对不合格产品，除对相关企业进行立案查处外，积极帮助企业查找产品不合格的原因，并督促其及时改进相关工艺和流程，不断提升产品质量。

【标准化战略】 2011年，区质监分局从三方面落实企业标准化工作。一是大力发挥标准引领工作。积极做好对企业标准化工作的指导、服务和管理，鼓励企业采用国家标准和先进的国际标准，以标准化促进企业发展，全面提升产品竞争力。年内，共为企业办理产品执行标准登记233个，备案企业标准8个，查询相关产品标准52个。二是加大标准化指导工作。积极开展创建“标准化良好行为企业”活动，通过召开标准化宣贯大会等方式，逐步引导企业健全完善工作标准、技术标准、管理标准三大标准体系建设，切实推进企业标准化工作。三是加强组织机构代码证的管理，规范办证及其使用行为。全年，共新办代码证书95套、变更144套、换证158套、年检646套、迁出484套、作废61套，并对4家不按期进行年审的代码证使用单位按照《云南省组织机构代码管理办法》依法进行了行政处罚。

【计量管理】 2011年，区质监分局从三方面加强计量管理：一是开展市场计量监督检查。对区内部分医院、眼镜店、集贸市场、烟叶收购站使用的强检计量器具进行了监督检查，并对化肥、月饼等定量包装商品进行监督抽检。二是面向耗能企业进行了节能降耗宣传。帮助企业建立完善节能计量管理制度，并对5家企业销售的13个品牌的8类产品开展了能效标识的专项检查。三是推进诚信计量公开承诺活动。联合区卫生局、商务局等部门，召开区内条件较为成熟的10家医院和超市的负责人座谈会，要求完善诚信计量管理制度，通过签订诚信计量公开承诺书，充分发挥自身在行业内的示范作用和带动作用，推进行业诚信计量工作。

【认证认可监管】 2011年，区质监分局开展了区内的童车、电玩具、塑料玩具等强制性产品认证目录内的玩具产品的专项监督检查，严厉打击了流通市场上未获证、未加施认证标志的产品，以及假冒、伪造认证证书和认证标志的行为，维护了守法企业的合法利益；其次开展了区内6家资质认定实验室、5家强制性产品认证生产企业、4家食品农产品认证企业、10家质量管理体系认证企业的摸底调查，为加强认证认可服务工作打下基础；三是对5家通过质量管理体系认证的企业进行监督检查，重点检查了获证单位管理体系的运行情况、执行法律法规情况、组织管理情况，并积极督促企业持续保持认证质量，监督认证工作质量，提高认证有效性。

【食品安全监管】 2011年，区质监分局加强食品安全监管工作。一是认真落实食品生产加工环节的质量监管职责。共检查、核查食品生产企业（包括小作坊）436户（其中：获证企业73户，其他食品企业和小作坊363户），并建立了全区食品生产企业质量档案，将获证食品生产企业录入微机管理，便于随时掌握企业产品质量状况，及时为食品生产企业提供服务，确保产品出厂质量；二是加强对食品添加剂的监管，开展打击食品非法添加和滥用食品添加剂的专项行动，组织食品生产加工企业及小作坊开展非法添加和滥用食品添加剂情况自查和扩大食品添加剂使用范围和使用量自查，对食品生产加工企业和食品生产加工小作坊所用食品添加剂进行审查备案，监督管理，1至10月，红塔区共有96户企业、小作坊所用食品添加剂进行了备案；三是开展了食品安全专项整治工作，对米线、卷粉、“瘦肉精”、“苏丹红”、“地沟油”等进行了专项监督检查，共抽取相关企业和小作坊样品56个批次，并结合红塔区“创卫”、“打四黑除四害”活动加大对使用“劣质原材料或非法使用非食用物质，生产假冒食用油、乳制品、肉制品、酒类、药品等有毒有害食品的小作坊和“黑心”工厂的打击力度，对涉嫌使用“胭脂红”的两家企业进行了立案查处；四是加大节假日执法力度，在元旦、春节、五一节和中秋、国庆节的节日前夕，对全区食品生产加工企业进行检查，共检查食品生产加工企业73户、食品生产加工小作坊260个，抽检食品样品84个，下达《责令改正通知书》76份。通过检查整治，有效地打击了食品违法加工生产行为，切实加强了节日期间的食品安全保障工作，确保了食品质量安全。

【特种设备安全监察】 2011年，区质监分局从四方面加强特种设备安全监察。一是加强特种设备行政监管，联合市局开展了对特种设备安装、维修、使用单位的行政许可发证后续监管，并加大了特种设备使用企业的监督检查力度，今年来累计检查特种设备使用企业325家，发放特种设备安全监察指令书63份，查处使用未经检验或超期未检的特种设备、操作人员无证等违法行为10起，并及时督促相关企业进行了整改，确保特种设备安全；二是开展了治大隐患防大事故安全隐患排查治理专项行动，成立了专项治理领导小组，督促特种设备使用单位对在用设备进行全面的事故隐患排查工作，并组织对157家特种设备使用单位进行了执法检查，查出一般隐患5项、重大隐患1项，相关企业已全面完成了整改工作，整改率100%；三是在2010年气瓶“两站”专项整治活动的基础上，继续加大执法力度，严查使用超过规定使用年限的气瓶、“螺丝瓶”、违规检验翻新报废气瓶等问题，积极督促气瓶“两站”全面落实气瓶安全主体责任，深化气瓶“两站”治理工作，专项行动共计检查气瓶充装站和检验站7家，气瓶43 277个，针对检查中发现的问题发出《特种设备安全监察指令书》2份；四是加强节假日、重点时期及重要活动特种设备安全保障，联合各相关职能部门，对人员密集的旅游景点、游乐场、宾馆饭店等场所使用的特种设备进行了拉网式检查，累计检查电梯使用单位57家、大型娱乐设施使用单位4家，发现安全隐患35条，下达了16份《特种设备安全监察指令书》，及时督促相关单位进行整改，确保节日期间特种设备使用安全。

【强化行政执法】 2011年以来，区质监分局以服务区域经济建设为中心，切实转变执法理念，提高执法效能，全面落实执法打假责任制，突出重点，加大力度，不断将执法打假工作引向深入。同时，加大了对企业和服务对象的质监相关法律法规的宣传教育。

加强组织领导，成立执法打假专项行动领导小组。形成了领导小组统一指挥，办公室组织协调，业务科室各司其职，全局齐抓共管的工作格局，为执法打假工作的扎实开展提供了组织保障。查处6起涉及无证生产、使用无证产品案、2起虚假标注生产日期案、1起违法混充气体案。

开展多种产品的专项整治工作。组织开展建材、“家电下乡”产品、酒类、农资、汽车轮胎等产品的专项整治行动，共计检查各类生产企业22家、销售门店18家、建筑工地7家，抽检样品54批次，合格率68%，不合格产品主要集中在计量不合格项，立案查处案件18件，已结案13件。

受理投诉举报。年内，共接到投诉举报8个，均已处理完毕，切实做到了“有诉必理、有案必查、快速反应、服务于民”。

（黎 婷）

食品药品监督管理

【药品安全日常监管】 2011年，区食品药品监督管理局共出动执法人员630余人次，车辆210余辆次，共对全区440家涉药涉械单位进行现场检查。受理群众举报4起，回复4起；查处违法案件9件，没收违法所得1192元，罚款1.84万元，罚没款共计1.96万元，查处率100%，结案率100%。举办从业人员上岗资格培训班一期，参培人员300名，举办从业人员上岗资格继续教育培训一期，参培人员853名。

【创建省级药品安全示范区】 2011年，红塔区人民政府把创建“省级药品安全示范区”作为一项重点工作来抓。5月6日组织召开了创建“省级药品安全示范区”动员大会。会议明确了创建省级药品安全示范区的总体目标和工作重点，与各街道办事处签订了责任书。

【药品经营许可工作】 截至2011年10月，区食品药品监督管理局受理新开办药品经营企业18家，医疗器械经营企业15家；换发“药品经营许可证”30家，“医疗器械经营企业许可证”4家；变更“药品经营许可证”67家，医疗器械经营企业4家；受理药品经营企业GSP申报资料62家，到期认证药品经营企业43家，新认证药品经营企业19家；实际安排认证药品经营企业42家，通过认证39家，责令限期整改3家。

【完善药品安全责任体系建设】 根据《红塔区开展医疗机构创建“规范药房”工作实施方案》及检查评定标准，继续创建医疗机构“规范药房”，切实保障公众的用药用械安全。2011年红塔区人民政府与9个街道办事处、2个乡人民政府签订创建药品安全示范区工作目标责任书；与278家药品经营企业签订药品安全监管责任书；2011年创建医疗机构“规范药房”5家，药品经营企业A级诚信单位10家。

【药品监管档案和电子监管建设】 2011年，为有效解决红塔区涉药单位点多、面广、线长，监管任务日益繁重等现实问题，构建药械安全监管网络，在加强电子远程监管业务培训的基础上，继续稳步推进电子远程网络建设，实现信息化监管，对中心城区141家药品经营企业的布局制作了电子地图，建立了电子监管档案，实现了网上监管；同时开通了以“移动飞信”为平台，组建覆盖行政区所有药品经营企业的“飞信”群，通过飞信的方式，在第一时间将国家、省、市、区局的有关信息快速群发给每位负责人，使各涉药单位迅速掌握相关药械安全信息；各涉药单位负责人也可通过飞信与监管人员进行交流沟通，打破了行政区山区地域道路不便的束缚，缩短了监管人员与基层群众和相对人的距离，降低了执法成本，提高了工作效能。截至2011年末，红塔区食品药品监督管理局已发送各类药品信息2 800余条。药械监管工作正在朝着信息化、网络化监管的方式发展。

【夯实农村药品“两网”建设】 红塔区农村药品“两网”建设，按照“合理布局，方便群众，政府指导，市场运作，多方参与，依法管理”的原则，红塔区人民政府成立了农村药品“两网”建设领导小组。为切实加强对农村药品“两网”建设的监督管理，进一步提高农村药品“两网”建设的整体水平，保证人民群众用药安全，区食品药品监督管理局与农村药品“两网”配送企业百信世业医药公司签订《红塔区农村药品“两网”专柜配送协议书》，百信世业医药公司与71个农村药品“两网”配送点签订《质量管理承诺书》，为确保农村药品质量提供了可靠保障。

【加大药品市场整治力度】 为认真贯彻落实国务院六部门、国家局和省政府关于深入开展药品安全专项整治的各项工作部署，2011年，全区出动执法人员630余人次，车辆210余辆次，对区内440家涉药涉械单位进行现场检查。具体检查情况：一是完成辖区268家药品零售连锁企业监督检查任务，其中县以上药品经营企业141家282户次，县以下药品经营企业127家127次户；二是完成辖区268家医疗机构、个体诊所的监督检查任务，其中县以上医疗机构、个体诊所、乡镇卫生院111家222户次，县以下医疗机构40家40户次，个体诊所47家47户次，村卫生所70家70户次；三是加强对镁砂酮治疗门诊的监督检查，完成了两月一次的监督检查任务。受理群众举报4起，回复4起；查处违法案件9件，没收违法所得1 192元，罚款1.84万元，罚没款共计1.96万元，查处率100%，结案率100%。

【普及群众合理用药宣传】 2011年，为贯彻落实《全国食品药品安全科普行动计划》，区食品药品监督管理局举办“安全用药宣传月”活动，结合食品药品安全进农村、进街道、进社区、进学校、进企业等活动，在新兴影剧院举办食品药品安全知识大讲堂。食品药品安全知识大讲堂着重围绕了解药品监管、明白购药和科学安全使用三个方面介绍讲解了药品安全基础知识，并就网络违法宣传销售假药特点、主要形式、防范知识等与群众互动交流，答题解惑。同时为群众播放国家局统一编写的食品药品安全知识大讲堂声像资料，发放“网上购药安全警示”、“药品安全小知识”等宣传资料，并在电台、电视、报纸上发布保健食品消费警示，收到了良好的宣传效果。

【药品抽验】 2011年，区食品药品监督管理局根据市局分配的任务和要求，与市药检所联动，对辖区内涉药单位开展药品监督抽验工作，提高抽验靶向性。在市药检所的支持与配合下，现场筛查药品2 000多批，完成监督抽验药品74批次，其中基本药物20批次，非基本药物54批次，全面完成了年度的药品抽检任务。

【“三项”监测工作】 2011年，红塔区药品不良反应监测、医疗器械不良事件监测和药品滥用监测工作稳步开展，药品不良反应报告的质量明显上升，网络上报率达到100%，可疑医疗器械不良事件监测工作也在医疗机构上广泛开展，全区共27家大中型医疗单位注册医疗器械不良事件网络上报账号，并由专人负责，实现了可疑医疗器械不良事件的网络化上报和管理。药物滥用监测依托红塔区疾病预防与控制中心、玉溪康泰医院两个美沙酮维持治疗点，紧张有序的开展，药物滥用的登记上报率基本覆盖了辖区内的已知吸毒人员。

【清理整顿餐饮具集中消毒单位】 2011年，为了规范餐饮具集中消毒单位经营行为，保障全区人民群众的身体健康和生命安全，5月18日区食药安委办对辖区餐饮具集中消毒单位开展摸底调查，全面掌握辖区餐饮具集中消毒单位底数及经营管理现状。组织召开红塔区整顿规范餐饮具集中消毒企业经营行为工作会，学习传达了关于加强餐饮具集中消毒单位监督管理方面相关知识，并签订《红塔区餐饮具集中消毒单位卫生安全保证承诺书》。对目前全区正在经营的6家餐饮具集中消毒单位进行了拉网式排查，针对存在问题，及时提出整改意见并下达了限期整改意见书。经过排查整改，全区大部分餐饮具集中消毒单位企业证照及从业人员健康证齐全，选址布局、洗消设施及流程、卫生管理基本符合《餐饮具集中消毒单位卫生监督规范》文件的要求。

【重大节假日期间食品安全保障】 2011年，为保障元旦、春节、五一、端午、国庆等节假日期间食品市场安全有序，食药安委加强与各有关职能部门协调配合，整合监管资源，牵头开展了食品安全联合检查，共出动执法人员2 500余人次，执法车辆720辆次，切实做好重大节假日及活动期间的食品安全保障工作，确保了广大群众身体健康和生命安全。

【农村自办宴席监管】 2011年，区食品药品监督管理局认真落实2009年

《红塔区人民政府办公室关于进一步加强农村自办宴席食品安全监管工作的通知》要求，督促乡（街道）落实农村自办宴席申报备案和现场检查指导制度，年内，对全区11个乡（街道）全年农村自办宴席食品安全监管工作开展3次督查，通过扎实有效的工作，各乡（街道）农村自办宴席管理工作责任意识进一步加强、制度进一步健全、痕迹资料管理逐步规范并结合实际，工作有创新。截至2011年11月底，全区共举办自办宴席2963起，申报备案率99.93%，现场监督指导率99.93%。

【食品安全宣传教育培训】 2011年，区食品药品监督管理局围绕食品安全总体工作目标和阶段工作重点，多形式、全方位开展食品安全宣传教育和培训工作。以“三一五”“三下乡”等活动为契机，认真开展《食品安全法》及其《食品安全法实施条例》《餐饮服务许可管理办法》《餐饮服务食品安全监督管理办法》等法律法规和食品卫生知识宣传教育工作，发放张贴各类宣传材料共1.61万余份，在“三下乡”“四进社区”活动启动仪式上，对集中示范点小石桥乡捐赠了5000元的扶持资金。针对保健食品管理不规范，老年人盲目购买保健食品的现象，专门印制300份《保健食品消费警示》发放到各村居委会客堂、电影院、老年活动中心等地，引导老年人理性、正确消费。2011年在全区乡（街道）及村居委会选聘了52名责任心强并具有一定群众基础的人员进行培训，经考试合格后发给餐饮服务社会监督员聘书，负责对基层餐饮服务食品安全工作开展监督、建议和举报等，进一步构筑“政府监管，行业自律，企业负责，社会监督”的食品安全监管体系。

【创建国家卫生城市】 2011年，区食品药品监督管理局在全区创卫工作中，一是积极配合相关部门及各街道办事处开展小餐饮食品安全整治。为进一步改善和提升餐饮服务行业整体管理水平，自5月4日起，会同区卫生局对全区餐饮服务单位开展全面攻坚整治。以日常监管中存在脏、乱、差及无证经营的餐饮服务单位为重点，责令37户餐饮服务单位进行整改，下达了详细的整改意见书。对无证和卫生问题突出的经营单位进行关停及取缔。截至6月3日，共关停14户，强制取缔2户，确保全区餐饮服务行业达到“创卫”工作目标；二是配合凤凰路街道办事处对环山路农贸市场进行专项治理。

【餐饮服务环境食品抽检】 2011年，根据省、市下达工作任务和要求，红塔区食品药品监督管理局制定印发《红塔区2011年餐饮服务食品安全监督抽检实施方案》，协调区卫生监督局、区疾控中心，从7月份开始历时3个月，两个阶段，圆满完成全区餐饮单位食品监督抽样及送检工作。抽检对不同业态的餐饮单位117户进行了采样，涉及高风险食品、餐饮具、生活饮用水和餐饮服务环节食品原料等12个品种共276件，344份。

（杨 莉）

国土资源管理

【概 况】 2011年，玉溪市国土资源局红塔分局紧紧围绕区委、区政府中心工作，坚持从严规划管理、积极主动服务、创新工作举措、提高服务质量，取得了显著成效。

完成昆玉电气化铁路一期、公租房、玉山城等16个重点项目征地，总征地面积5842.57亩；供应项目用地、民房建设用地、农用设施用地、临时用地共184宗，面积7356.80亩；审批、颁发采矿许可证9个。

落实各级政府耕地保护责任主体，层层签订目标责任书。2011年红塔区耕地保有量26.27万亩，基本农田保有量17.45万亩，两项均不低于上级下达指标数；编制完成《红塔区乡级土地利用总体规划》《红塔区旅游产业土地利用专项规划》《红塔区土地利用总体规划（2010～2020年）》；开展土地开发整理项目4个，建设规模9007.18亩，总投资349.17万元；征收矿产资源补偿费68.68万元，缴纳矿产资源有偿使用费165.98万元，累计收缴矿山恢复治理保证金1087.26万元；打击国土资源违法行为，立案查处35宗，结案35宗。

全年共开展地质灾害巡查176次，巡、排查人数230人次，巡查、排查389个点（段），发出限期整改通知书19份，投入地质灾害搬迁经费3467.5万元；开展地籍勘测，验收186宗土地勘测定界（面积7.03万亩），审核民房建设211宗土地勘测定界（面积2410亩），土地登记发证6962本，补办土地使用权出让手续726宗（面积19.05亩）。

玉溪市国土资源局红塔分局领导名录：

局　长：周正洪（2006.6～）

副局长：刘学林（2009.9～）

喻海明（2009.9～）

党组书记：周正洪（2006.6～）

（石文兴）

【旧村改造】 2011年，按照《玉溪市红塔区宅基地建房管理办法》，严格审查把关，积极组织供地和民房开工建设，全区供地和开工建设率达到80%。民房建设用地批复4733户，面积1759.30亩。

【项目建设用地】 2011年，全区共上报农用地转用7个批次，19个单独选址项目，总面积5114.97亩。

全年共供应项目用地110宗，面积4321.23亩；设施农用地供地187.09亩；临时用供地12宗，面积1089.17亩。

【重点项目征地】 2011年，红塔区土地储备计划项目95个，经市、区政府研究增加项目2个，用地面积2.14万亩。年内完成征地任务16个，总征地面积5842.57亩。

【地籍工作】 2011年，红塔区组织勘测定界验收186宗，面积7.03万亩；组织民房建设土地勘测定界审核211宗，面积2410.04亩；为加强测绘管理，完成了区内165个测量标志点的普查，并进行了托管；红塔区在第二次全国土地调查中的农村部份通过省市验收。

2011年，全区共完成土地登记发证6962本；补办土地使用权出让手续726宗，面积19.05亩。

【土地开发整理】 2011年，红塔区土地开发整理项目4个，建设规模9007.18亩，总投资1967.94万元。

【矿产资源管理】 2011年，红塔区强化矿产资源规划管理，严格执行矿业权设置年度计划。全区共受理采矿权申请登记23件，划定矿区范围11件，采矿权新立登记4件，延续登记2件，延续变更采矿登记9件，转让变更登记4件；审批、颁发采矿许可证9个。

年内征收2010年矿产资源补偿费68.68万元，缴纳矿产资源有偿使用费165.98万元，累计收缴矿山恢复治理保证金1087.26万元。

【地质灾害防治】 2011年，红塔区完善了地质灾害监测体系建设，全年共开展地质灾害巡查176次，巡、排查人数达230人次，巡查、排查了389个点（段），发出限期整改通知书19份。投入地质灾害搬迁经费3 467.5万元，推进地质灾害点搬迁治理工作。

【土地利用规划】 2011年，编制了《红塔区乡级土地利用总体规划》《红塔区旅游产业土地利用专项规划》。拟定了《完善红塔区土地利用总体规划（2010－2020年）》，编制了研和工业园区、红塔工业园区观音山工业园区两个工业区低丘缓坡综合利用开发方案，为红塔区今后5年的工业发展拓展了用地空间。

【用地预审】 2011年，红塔区按照中华人民共和国国土资源部第42号令《建设项目用地预审管理办法》的规定，全年共完成建设项目用地预审57宗，总面积2 712.33亩，其中：初审19宗，2 057.06亩；预审38宗，655.27亩。

【国土资源执法监察】 2011年，红塔区对农用地转用、土地征收和用地预审及供地方案批复三类审批项目组织报件之前，均实行执法监察实地踏勘报告制度。

年内完成了玉溪大河二期工程村庄搬迁安置基础设施建设项目用地预审等100个项目的实地踏勘。

年内共立案查处了35宗国土资源违法案件，结案35宗；圆满完成2010年土地矿产卫片执法检查工作；对全区非法生产矿山矿点进行依法整治，依法注销采矿权12个；查处整改越界开采及高陡坡开采矿点13个；关停持过期证开采矿点2个。

【国土资源基础工作】 2011年，玉溪市国土资源局红塔分局共接待群众来信来访39件，200人次，办结率为100%；化解土地权属纠纷及国土资源热难点矛盾纠纷11件。

受理人大、政协提案、议案15件，主办6件，协办9件，均按要求进行了回复，满意率达100%。

通过各种形式主动公开信息331余条，利用政府信息公开网站及其他相关网站公开信息237条；编制《红塔国土信息》10期。

（吴晓红）

农经管理

【农村经济概况】 2011年，全区农村经济总收入679.73亿元，比上年的559.18亿元增加120.55亿元，增21.56%，增幅比上年下降8.06个百分点；农民人均所得7 156元，比上年的人均6 571元增加585元，增8.90%，比上年上升1.83个百分点；农村劳动力197 519个，比上年增359个；参加收益分配的人口313 497人，比上年增2 842人。一产业收入18.34亿元，占农村经济总收入的2.7%，其中：农业收入（种植业、采集野生植物收入）7.41亿元，占农村经济总收入的1.09%，比上年增长18.01%；林业收入1 722万元，占农村经济总收入的0.03%，比上年增长1.35%；畜牧业收入10.62亿元，占农村经济总收入的1.56%，比上年增长22.65%；渔业收入1 418万元，占农村经济总收入的0.02%，比上年减6.69%。二、三产业收入661.39亿元，占农村经济总收入的97.3%，其中：工业收入427.87亿元，占农村经济总收入的62.95%，比上年增长47.37%；建筑业收入43.57亿元，占农村经济总收入的6.41%，比上年增长7.03%；运输业收入30.63亿元，占农村经济总收入的4.51%，比上年增长47.84%；商饮业收入115.6亿元，占农村经济总收入的17.01%，比上年下降29.06%；服务业收入22.16亿元，占农村经济总收入的3.26%，比上年增长35.2%；其他收入21.57亿元，占农村经济总收入的3.17%，比上年增长68.28%。

【农民负担管理】 2011年8月，红塔区认真开展向村级组织收费专项清理整顿活动工作，并把这次清理整顿列入2011年度减轻农民负担工作量化考核的内容来抓，通过检查没有发现各级组织和单位向村级组织乱收费、乱摊派建设项目资金、乱组织捐款、赞助和超限额订阅报刊等违规违纪现象。

2011年，全区继续落实减轻农民负担“五项制度”。即涉及农民负担收费文件“审核制”；涉农税收、价格和收费“公示制”；完善和推行农村公费订阅报刊“限额制”；执行农民负担“监督卡制”；涉及农民负担案（事）件“责任追究制”。通过落实“五项制度”，确保了减负工作的贯彻落实。

年内，继续贯彻落实农村综合改革政策、农村低保政策、种粮补贴、良种补贴、综合补贴、农机补贴和村级补助资金等政策措施，确保了中央和省各项惠农政策全部落实到基层和广大农民群众中，各项惠农政策对农民的补贴及补助资金落实到位。对村委会、农村中小学义务教育阶段的转移支付资金及时拨付，无拖欠、挪用现象；对农民的各种补助资金通过“一折通”形式及时兑付到农民手中，并张榜公布；实施义务教育“三免一补”政策，支付“三免一补”资金3 500万元。为确实减轻农民负担，区委、区政府决定，凡是红塔区户口的初中毕业生考取二中、三中的免费就读高中，未考取高中的免费进入二职中、工校就读。

积极做好“一事一议”筹资筹劳和“一事一议”财政奖补工作。村内公益事业建设“一事一议”筹资筹劳严格按《云南省村民一事一议筹资筹劳管理实施办法》规定的程序办理，2011年筹资人均不超过70元、筹劳劳均不超过10个，不存在以资代劳现象。在筹资筹劳过程中，给每户农户开具筹资单据，并将“一事一议”筹资筹劳的项目、标准、数量登记在农民负担卡上。筹集的资金单独设立账户、单独核算、专款专用，村民民主理财小组负责对筹资情况实行事前、事中、事后全程监督，筹资的管理使用情况经民主理财小组审核后，定期张榜公布，接受村民监督。组织实施“一事一议”财政奖补项目。2011年，共组织实施“一事一议”财政奖补项目61个，项目投资5 477.83万元，受益人口27 771人。项目覆盖了全区9个乡（街道办事处）、44个行政村。项目建设内容有：村内户外道路建设工程17件，群众活动中心建设工程30件，文化体育设施建设工程7件，绿化工程2件，环卫设施项目工程3件，示范村项目2件。道路硬化33条、8 372米，建设群众活动场所3.53万平方米（含公房21座、活动场地11块、健身设施4件、文化室2个、长廊和宣传栏2个），安装路灯169盏，绿化面积2 698平方米、栽树276棵，修建公厕5个、垃圾池2个。争取财政奖补资金1 953.25万元，整合财政支农资金659.03万元，村集体投入2068.42万元，村民筹资100.52万元，村民筹劳折资695.75万元，社会捐赠0.86万元。

（李竹萍）

【入户调查农村经济】 2011年，结合红塔区农户家庭经营收支实际情况，按照具有代表性和科学性的原则在全区选择了60户农户作为调查点，共有农业人口271人，家庭劳动力175人，外出从业人员104人（占家庭劳动力的59%）；家庭承包耕地面积131.5亩，人均耕地面积0.48亩。2011年四季度，调查点农户总收入324.24万元，现金收入306.16万元。调查点农户总收入由家庭经营总收入149.36万元、报酬性（工资性）收入145.86万元、财产性收入16.64万元、转移性收入12.37万元构成。调查点家庭经营总支出73.74万元，调查点农户纯收入250.50万元。

2011年四季度调查点人均总收入11 965元，比上年增加1 419元，增13.5%；人均现金收入11 298元，比上年增加1 525元，增13.5%；人均家庭经营收入5 511元，比上年减少30元，减0.5%，人均工资性收入5 382元，比上年增加1 040元，增24%；人均财产性收入614元，比上年增加328元；人均转移性收入457元，比上年增加80元；农民人均纯收入9 244元，比上年增加1 088元，增13.3%。出售农林牧渔产品收入、工资性收入、转移性收入、财产性收入均为现金收入，四季度调查点农民现金收入比上年增加。

2011年四季度调查点上人均农业收入比上年同期减少40元。2011年全年生猪均价达每千克17元，调查点生猪出栏数量比上年增加186头，养猪收入增加，人均畜牧业收入828元，比上年增加213元。

2011年调查点人均工业收入429元，比上年增加76元；人均运输业收入19元，比上年减少180元。

2011年四季度调查点人均家庭经营支出2 721元，比上年增加331元；人均家庭经营纯收入2 791元，比上年减少360元。

2011年四季度，调查点人均工资性收入5 382元，比上年增加1 040元。

2011年，调查点人均财产性收入614元，比上年增加328元。

2011年，四季度调查点人均转移性收入457元，比上年同期的377元增加80元，增21.2%。

2011年四季度，由于工资性收入、财产性收入和转移性收入增加，整个调查点的农民人均纯收入比上年增加1088元，增13.3%。

【农产品成本核算】 2011年，红塔区农经站对全区10个调查点、60户农户、11.06公顷的大小春农作物调查表明：农作物除玉米因干旱缺水产量比上年减少，其他品种农作物产量均比上年增加；小麦、油菜、蚕豆、水稻、烤烟每公顷纯收入比上年增加，包谷每公顷纯收入比上年减少。水稻每公顷纯收入5 718.15元，比上年增加4 410.30元；玉米每公顷纯收入亏损5 551.20元，比上年增加亏损525.67元；烤烟每公顷纯收入12 532.05元，比上年的亏损数12 947.78元增加25 479.83元；蚕豆每公顷纯收入亏损1 105.05元，比上年的亏损数3 542.10元减少亏损2 437.05元；小麦每公顷纯收入亏损53.40元，比上年的亏损数173.40元减少亏损120.00元；油菜每公顷纯收入亏损3 484.35元，比上年的亏损数4 240.95元减少亏损756.60元。水稻、烤烟、小麦、油菜、蚕豆每公顷纯收入增加的主要原因是2010年的旱灾使农作物亩产减少，2011年小春农作物呈恢复性增长，每公顷纯收入增加；烤烟每公顷纯收入增加幅度大还来源于2011年的烤烟收购价格每千克比上年上涨24.7%、每公顷的用工数减少40.6%（调查点有变动）。

表45：2011年红塔区农作物投入产出表

2011年红塔区农作物投入产出表

表45

项目			单位	小麦	油菜籽	蚕豆	水稻	玉米	烤烟
核算面积			公顷	0.66	2.20	0.36	1.06	3.44	3.33
平均每公顷	产量		千克	5 118.15	2 600.85	2 649.00	9 197.25	5 897.25	2 011.80
	总收入		元	10 558.80	11 181.90	9 399.00	32 002.65	12 282.75	39 275.25
	成本	物质费用	元	3 645.45	3 657.15	1 783.80	9 201.90	3 786.15	8 895.75
		用工	个	191.40	317.40	242.10	396.30	299.10	516.30
		工日计价	元	31.50	31.50	31.50	31.50	31.50	31.50
		人工费用	元	6 029.10	9 998.10	7 626.15	12 483.45	9421.65	16 263.45
		土地成本	元	937.65	1011.00	1 094.10	4 599.15	4626.15	1 584.00
		合计	元	10 612.20	14 666.25	10 504.05	26 284.50	17 833.95	26 743.20
	纯收入		元	-53.40	-3 484.35	-1 105.05	5718.15	-5 551.20	12 532.05
每千克	总收入		元	2.06	4.30	3.55	3.48	2.08	19.52
	总成本		元	2.07	5.64	3.97	2.86	3.02	13.29
	纯收入		元	-0.01	-1.34	-0.42	0.62	-0.94	6.23
每工日	产量		千克	26.74	8.19	10.94	23.21	19.72	3.90
	总收入		元	55.17	35.23	38.82	80.75	41.07	76.07
	纯收入		元	-0.28	-10.98	-4.56	14.43	-18.56	24.27
每元投资	总收入		元	2.90	3.06	5.27	3.48	3.24	4.42
	纯收入		元	-0.01	-0.95	-0.62	0.62	-1.47	1.41

【农民生活消费结构】 红塔区农经站对两个调查点、6户农户（29人）的典型户生活费调查表明，2011年调查点农户全年人均纯收入7 916元，全年生活消费支出人均6 085元，占人均纯收入的76.9%，其中：食品支出2 268元，比上年增加583元，增34.6%；穿着消费452元，比上年增83元，增22.5%；燃料消费406元，比上年增200元；住房消费0元（调查点没有盖房子）；各种生活消费用品517元，比上年增141元，增37.5%；文教卫生及其他1 817元，比上年增24元，增1.3%；在外人口赡养费135元，比上年增加117元；赠送亲友支出453元，比上年增加55元，增13.8%；婚丧嫁娶支出22元，比去年减少358元。从消费结构看，用于食品、穿着、燃料、住房及各种生活用品等基本生活支出人均3 643元，占总支出的59.9%。用于文教卫生及其他支出1 817元，占总支出的29.9%；用于婚丧嫁娶、赠送亲友、赡养费等非借贷性支出人均625元，占总支出的10.2%。

（侯淑梅）

【农村财务管理】 2011年，根据红塔区人民政府公告《玉溪市红塔区村集体资金资产资源管理暂行办法》要求，红塔区全面推行村集体财务委托代理制，完善了各项财务管理制度，做到入账及时，报账手续齐全，费用开支按规定上报审批，定期公布账目，民主理财与审计监督相结合。使村集体财务管理走上规范化、制度化的轨道。

农村会计委托代理情况：截至2011年年末，全区有68个社区居委会、8个村委会及5个社区的账务资金实行委托代理，完成率为100%，代管资金25 637.65万元；11乡（镇）街道农经站对759个村（居）民小组账务资金实行委托代理，完成率为100%，代管资金为75 210.36万元。

大额费用上报审核情况：截至2011年末，红塔区村、组两级10万元（含10万元）以上的费用开支，报乡（镇）街道办事处分管领导审批后，再报区农经站审核备案的共计1 091笔，审核金额10.88亿元。

村级资产负债情况：全区76个社区居委会、村委会及5个社区总资产92 211.68万元。其中：货币资金25 565.68万元、应收款10 200.99万元、长期投资4 213.13万元、固定资产47 335.43万元、在建工程4 780.11万元、库存物资116.34万元。全区村级负债26 955.87万元，其中：短期借款339.5万元、长期借款5 751.86万元、应付款20 593.96万元、一事一议资金270.55万元。

村级财务损益情况：2011年，全区76个社区居委会、村委会及5个社区实现总收入13 617.7万元，比上年增加5 423.83万元。总支出12 819.32万元，比上年增加4 272.04万元。村一级收支两抵盈余318.53万元。其中：有43个村（居）委会、社区盈余，占53.1%，盈余金额为1 584.15万元；有38个处于亏损，占46.9%，亏损金额为1 265.62万元。

组级资产负债情况：全区759个村（居）民小组总资产167 837.81万元，其中：货币资金75 362.78万元、应收款5 118.59万元、长期投资1 980.78万元、固定资产75 482.96万元、在建工程9 672.32万元、库存物资220.38万元。全区组级负债13 247.81万元，其中：短期借款170.56万元、长期借款2 184.82万元、应付款10 918.64万元、一事一议资金-26.21万元。

组级财务损益情况：2011年，全区759个村（居）民小组实现总收入22 746.94万元，比上年增加3 672.99万元。总支出9 833.11万元，比上年增加57.21万元，组一级收支两抵盈余12 913.83万元。其中：有601个村（居）民小组盈余，占79.18%，盈余金额为13 361.76万元；有158个村（居）民小组处于亏损，占20.82%，亏损金额为447.93万元。

村、组债权情况：截至2011年末，全区村、组两级“应收款”为15 319.58万元。其中：村级“应收款”为10 200.99万元，组级“应收款”为5 118.59万元。

村、组债务情况：截至2011年末，全区村、组两级债务为31 512.6万元。其中：村级“应付款”为20 593.96万元，组级“应付款”为10 918.64万元。

【农村合作基金欠款清偿】 2011年，全区共收回农村合作基金欠款702.99万元，其中：玉兴路收回600万元，李棋镇收回87.58万元，研和镇收回3.66万元，春和镇收回9.19万元。

（张海燕）

【农村集体“三资”管理】 2011年，全区农村集体“三资”管理工作取得了可喜的成绩。

组建管理服务机构。全区11个乡（街道）已完成农村集体三资委托代理服务站的组建工作。计划投入“三资”委托代理工作经费155.2万元，其中127.2万元已经就位。新设办公地点11个，其中已挂牌办公的有10个乡（街道）。办公用设备中：计算机达到106台（新增62台）、打印机57台、复印机12台、信息查询电子触摸屏18台、其他相关设备1台。

充实管理服务人员。全区新招聘就位农村三资管理人员46人，大中专及以上学历人数占89.13%，高中学历人数只占10.87%。

加强培训。全区共培训农村“三资”管理人员978人次。其中：由区农经站集中面授的方式举办培训班1期，培训农村集体三资管理骨干96人；采取乡（街道）集中面授培训班11期，培训报账员883人，培训考试成绩均合格。

“三资”委托代理业务。全区已经完成会计委托代理的村集体（含社区）有830个，其中：66个村（居）委会完成移交65个，15个社区全部完成移交，759个村民小组有750个完成移交。共代理资金13.34亿元，其中：村集体资金5.88亿元，社区资金6 842万元，村民小组集体资金6.77亿元，代理登记固定资产总金额11.57亿元，资产件数9 107件。

全区农村集体“三资”信息网络平台已建成运行，使农村集体“三资”管理实现了管理的科学化、信息化和规范化。

资金专户管理制度落实到位。依据区政府第29号公告“双账户收支两条线”的管理办法要求，至2011年10月31日，全区各乡（街道）“三资”服务中心全面完成了银行账户清理工作，资金纳入“红塔区农村集体资金管理专户”进行管理。截至12月20日，全区11个乡（街道）已代理村集体资金总数13.34亿元，其中划转区集体资金管理专户的资金为8.06亿元，占代理资金总数的71.14%。

“三资”审计工作。区农经站抽调审计人员组成2个审计工作组，实施审计工作。从2011年11月8日开始，12月20日结束，全区已初步完成对25个村（居）委会和175个村（居）民小组的账目审查工作。主要内容包括：财经法纪执行情况，集体资产资源管理及处置，债权、债务管理，财务公开和专项资金管理等项目。审计中发现的问题：当期应收而未进行催收的资产资源发包租金有116.29万元，其中村级2

笔112.32万元，组级1笔3.97万元；少数报账员手存现金量过大，超出区政府29号公告第十四条“村（居）委会的日常备用金不得超过5 000元，村（居）民小组的日常备用金不得超过1 000元”的规定，较为突出的乡（街道）主要是春和、研和及李棋三镇；个别路途较远的山区村民小组报账员不能按照“7至15天到所在地街道“三资”中心报账结算一次”的要求开展报账业务，甚至长期坐收坐支后到“三资”中心报账一次，增加了错账风险；部分乡（街道）“三资”服务中心专业会计对集体收入业务不履行开单业务，放任报账员对交款人自行开具收入单据，导致会计无法掌握集体收入的真实性，失去会计应有的监督管理作用；资产资源管理合同信息登记不及时；对资产资源的处置监控力度差；乡（街道）“三资”中心代理会计人员业务需要规范和培训。

【农村集体经济发展项目管理】 2011年，红塔区农村集体经济发展项目建设工程是“北城街道大营村农贸市场门市”。项目于2011年7月10日至9月30日建成。有彩钢瓦覆顶砖混结构门市8间，建筑面积144平方米。总投入12.26万元，其中省级扶持10万元，集体自筹2.26万元。项目建成投入使用后，每年可为村集体带来0.8万元的直接收入。同时，为村民提供了一个农用物资及农产品购销渠道。

（任富林）

【红塔区北城农村固定观察点】 截至2011年，北城农村固定观察点的住户家庭经济调查已是第26年，基本形成了村综合调查、企业调查、固定100户农户为调查对象，聘请7位农村会计为辅助调查员，1名农经工作人员为专职调查员和北城镇政府、北城居委会相关部门配合的工作格局，主要开展常规调查与专项调查。2011年，跟踪调查原始数据1万多个。积累原始数据26万余个。

经济概况：2011年，北城居委会农村经营总收入167 778万元，其中：种植业收入114万元，占0.07%；畜牧业收入125万元，占0.07%；工业收入84 132万元，占50.15%；建筑业收入8 320万元，占4.96%；运输业收入4 737万元，占2.82%；商业、服务业收入68 240万元，占40.67%；其他收入2 110万元，占1.25%。人均纯收入7 772元，比红塔区人均纯收入7 907元低135元。年末，集体存有生产性固定资产原值1 275万元，其中：村级644万元，组级631万元。

人口、农户、企业情况：年末，全村总人口6 965人，其中：男3 548人，女3 417人。总户数2 441户，其中纯务农户538户、以农业为主兼营非农业户1 372户、以非农业为主兼营农业户282户、其他户249户。企业1 269户，其中：集体企业2户、私营企业16户、个体企业1 251户。

劳动力情况：年末，全村总劳动力4 099人，其中：农业劳动者1 464人，外出务工者1 388人，其他各类企业经营者993人，本地务工者129人，乡村（行政）干部14人，其他111人。

土地情况：土地总面积293.53公顷，其中：耕地面积82.14公顷。

农林牧渔业生产情况：农作物播种面积194.86公顷，其中：粮食作物36.33公顷（小麦3.20公顷、稻谷15.47公顷、玉米14.13公顷、大豆3.53公顷）、经济作物146.79公顷（油料作物22.33公顷、水果5.8公顷、蔬菜106.73公顷、花卉5.93公顷、草地6公顷）。主要农产品产量：粮食176吨（小麦14吨、稻谷143吨、玉米10吨、大豆9吨）、油料69吨、蔬菜1 401吨、猪肉745吨、牛肉4吨、家禽112吨、禽蛋630吨。

社会发展情况：年末，居住钢筋、混凝土房屋有2 130户，占87.3%；居住砖、石、木料房屋的户数311户，占12.7%。主要用煤做生活燃料的户数278户，占11.38%；主要用燃气做生活燃料的户数799户，占32.73%；全村使用柴草作燃料的户数88户，占3.60%。饮用“安全卫生水”、自来水的户数2441户，占100%。用电户数达100%。安装固定电话980部，占40.14%；手机2 889部，百户拥有161部；全村已有电脑户数218台（上网187台），百户拥有18台。年末7～13岁儿童625人，其中在校读书的625人；14～17岁少年652人，其中在校读书419人；有“五保户”4人，均享受五保待遇；优抚对象16人，均享受优抚对象待遇；贫困户240户，得到救济160人；全村有残疾智障36人，失去劳动能力有52人；参加社会保险的户数1129户；年内，演出戏剧、放电影22场次；订报纸、杂志34份；外出旅游281人，占4.03%。

（刘丽芬）

【农村土地经营权流转】 截至2011年末，红塔区土地流转面积达38 832亩，50亩以下的流转面积12 884亩，占33.2%；50～100亩的流转面积8 710亩，占22.42%；100～300亩的流转面积15 239亩，占39.24%，300～500亩的流转面积705亩，占1.82%；500～1 000亩的流转面积1 294亩，占3.32%。从流转形式看，转包面积599亩，占1.54%；转让面积35亩，占0.09%；出租面积38 179亩，占98.32%；其他形式19亩，占0.05%。从流转土地用途上看，用于农业生产方面的面积27 840亩，占71.69%；用于其他非农业生产方面的面积10 992亩，占28.31%。从土地流向上看，流转入种田大户的面积19 882亩，占51%；流转入专业合作社的7 982亩，占21%；流转入企业的10 968亩，占28%。从土地流转服务上看，农户间自发流转的9 240亩，占24%；乡村组织提供信息流转的18 372亩，占47%；委托乡村组织流转的11 220亩，占29%。从流转合同签订来看，签订规范书面合同的6 206份，占18%；口头协议流转合同489份，占1%。土地流转涉及农户数33 652户。

【农民专业合作社】 截至2011年，红塔区按《登记条例》在工商部门登记的合作社已有50个。在50个农民专业合作社中，按行业划分：种植业40个、畜牧业8个、渔业1个、农机服务业1个；按服务内容划分：产加销一体化服务的合作社49个、农机服务业1个；按负责人身份划分：有47个合作社的负责人是农民，其他身份3人；合作社有成员总数2 008人、带动农户数12 825户。2011年统一组织销售农产品总值2.31亿元、比上年增加1.08亿元、增88.27%，统一销售产品80%以上的合作社27个；统一组织购买农业生产投入产品总值4 752万元，比上年增加852万元；统一购买比例达80%以上的专业合作社17个；培训成员和农民数5 719人，比上年增加396人。

2011年，红塔区组织申报中央财政扶持农民专业合作社2个，申报省级财政扶持农民专业合作社1个，申报市级财政扶持农民专业合作社1个，申报区级财政扶持农民专业合作社4个。共争取各级扶持资金39万元，直接拨付到合作社，减少了中间环节，对促进产业结构调整起到了积极的作用。

（黄红波）

扶贫开发

【概　况】 2011年，红塔区扶贫工作以实施"整村推进"项目为重点，以扶持扶贫龙头企业发展为依托，以建立健全和充实扶贫开发工作机构为保障，以稳定脱贫、加快致富、全面发展为目标，促进行政效能建设，各项工作再上新台阶。全年共计投入各级资金801.5万元，其中：中央资金50万元，省级资金75万元，市级资金120万元，区级配套资金30万元，整合资金258.2万元，群众自筹资金268.3万元，实施产业扶贫项目1个，省级整村推进项目5个，市级整村推进扶贫项目8个。

产业扶贫扶持玉溪滇隆农牧产业开发有限公司在研和街道、洛河乡、小石桥乡、春和街道的6个村民委员会70户农户中投放LY母猪和撒坝母猪443头寄养，辐射带动贫困农户增收致富；整村推进项目共计硬化村组道路2件（8千米）、村庄道路13件（21 400平方米）；改造、修缮村组砖混活动室1所（100平方米）、砖木结构活动室12所（4 193平方米）；修缮公厕12座（共160坑410平方米）；种植经济作物1 556亩，养殖大牲畜1 495头；改造安居房12 960平方米。13个自然村村容村貌及生产生活环境得到改善，群众生活质量得到提高，1 428户5 067人农民直接受益。

2011年，根据玉红机编办4号和玉红政办49号文件，原玉溪市红塔区扶贫开发领导小组办公室更名为玉溪市红塔区人民政府扶贫开发办公室，为独立的部门管理机构，并明确了具体的工作职能和职责。年内，红塔区扶贫办荣获玉溪市扶贫办组织的全市扶贫系统年度工作目标任务考核"二等奖"，荣获玉溪市扶贫办组织的全市扶贫系统文艺比赛"三等奖"，荣获区级年度综合考核"一等次"单位。年末，红塔区人民政府扶贫开发办公室有干部职工5人，其中：在职公务员4人，工勤人员1人。

【整村推进】 2011年，红塔区扶贫整村推进投资751.5万元，其中：省级资金75万元，市级资金120万元，区级配套资金30万元，整合资金258.2万元，群众自筹资金268.3万元，在大营街甸苴祭龙处村、白土村，小石桥乡响水村委会沙河村、背阴箐村和玉苗村委会大玉苗村实施省级整村推进扶贫项目5个；在北城刺桐关居委会安大村、大营街甸苴三家村、大密罗下龙潭村、李棋大矣资村、研和可官小密罗村、玉屏大刺棚村、春和黄草坝马吐龙村、高仓龙树村实施市级整村推进扶贫项目8个。共计硬化村组道路2件（8千米）、村庄道路13件（21 400平方米）；改造、修缮村组砖混活动室1所（100平方米）、砖木结构活动室12所（4 193平方米）；修缮公厕12座（共160坑410平方米）；种植经济作物1 556亩，养殖大牲畜1 495头；改造安居房12 960平方米，13个自然村的1 428户农户共计5 067人直接受益。

【产业扶贫】 2011年，在红塔区境内的玉溪滇隆农牧产业开发有限公司1 000头绿色生猪产业项目作为云南省2011年度第一批产业扶贫项目，争取中央产业扶贫资金50万元，以实施"母猪寄养"模式为抓手，由公司无偿提供种母猪给养殖户饲养，（母猪每产下一窝仔猪，公司提取一头25千克的仔猪，待提够6头仔猪后母猪归农户所有）自2011年5月起先后在小石桥乡、洛河乡、研和街道、春和街道的6个村民委员会70户农户中发放LY母猪、撒坝母猪443头，带动农户发展养殖业，尽快实现增收致富。

【贫困地区农村劳动力转移培训】 2011年，红塔区扶贫办结合区域经济社会和产业发展对劳动力就业的需求，本着办出特色、培训出适应经济社会发展需求人才的原则，积极协调小石桥乡、研和街道、春和街道和玉溪工业财贸学校，投入培训经费9.6万元，共组织培训农村劳动力120人，其中：计算机应用操作管理70人，生猪养殖技术50人，为提高全区农村贫困地区劳动者素质和劳动力转移就业提供了良好的培训平台。

【扶贫贷款】 为扶持农村贫困群体自主创业、自谋职业，缓解群众在发展种植业和养殖业等生产活动中资金不足问题，2011年，省财政按年利率5%的贴息安排红塔区扶贫到户贷款资金800万元，区扶贫办、区妇联和农业发展银行严格把关、按程序操作，800万元贷款资金足额、及时发放，贷款惠及11个乡（街道）的70个村（居）委会，347户贷款农户，1 384人。其中：种植户180户，养殖户84户，加工、商业、运输等行业83户。

截至2011年底，全区发放扶贫到户贷款3 044万元，惠及农户2 315户，9 260人。

【部门定点挂钩扶贫】 2011年，红塔区49个部委办局、人民团体和企事业单位积极发挥各自人力资源、资金动员、信息知识等方面的优势，采取干部挂职、基础设施建设、劳务培训和输出、文化教育培训、引资扶贫、生态建设扶贫、医疗卫生扶贫、救灾送温暖等多样化措施对77个村（居）委会开展定点帮扶。各单位326名干部进村入户帮扶，投入资金1 107.22万元，帮扶物资价值23万元，引进项目14个，引进资金594万元，举办各类培训班167场（次），受训人员34 156人，组织劳务输出1 238人，资助困难学生92人，实现了帮扶工作社会化，全区帮扶面全覆盖。

（业伍仙）

【项目实施签订责任状】 2011年，区扶贫办根据年初全市扶贫工作会议精神，为确保项目实施，按照分级负责原则，项目计划下达后，及时与有项目的乡、街道签订了《项目实施绩效责任状》，区、乡（街道）、村（居）委会分别签订了《整村推进项目建设廉政承诺书》，实行区、乡（街道）、村（居）委会分级负责制，对项目实施目标责任进行量化考核。各项目所在乡（街道）分管领导负责，项目所在村（居）委会具体抓项目建设，区扶贫办及时跟踪督促检查质量进度，做到了项目有人抓、有人管、有人督促、任务明确、责任落实。

（石文兴）

*　*　*　*

高新区

【概　述】　2011年，玉溪高新区全年实现生产总值（不含红塔集团，下同）达42.21亿元，按可比价格同比增长17.5%；园区经济总收入（技工贸总收入）116.6亿元，同比增长32%；工业总产值（现价）74.45亿元，同比增长26.9%；规模以上工业增加值23亿元，同比增长35.8%；地方财政一般预算收入3.16亿元，同比增长43.3%；社会消费品零售总额22.8亿元，同比增长19.7%；招商引资到位资金11.14亿元，同比增长69%；全社会固定资产投资13.14亿元，同比增长25.4%；进出口总额3 240万美元，同比增长50.3%。园区开发和基础设施建设取得新成效。全年园区共实施重大基础设施建设项目12项，计划总投资1.7亿元，其中新建项目8项，续建项目4项。重点项目有序推进。一是完成高新区九龙片区规划环评的编制，经过专家评审，最终取得省环保厅批复。九龙片区控制性详细规划的编制已完成，园区路网规划调整相关事宜正在积极协调落实。二是沃森生物科技产业园发展用地规划初步确定，沃森研发中心建设完成选址正在开展前期工作。以创新公司为龙头的烟草配套产业园规划建设正在推进。三是加大协调力度，全力支持和协助供电部门完成九龙片区220千伏高鼓楼和110千伏春和两个变电站建设的同时，加快园区配网建设。四是全面启动了九龙片区所有干道及相关管网建设，完成了一经、二经、三经、五经、二纬、六纬、七纬路及沙沟路改造工程。完成了三经、四经、五纬路供水工程，九龙片区二次供水工程已完成大部分管道铺设，水池及泵站可研已完成。五是如期完成了九龙片区燃气供应年储供应750万立方米的燃气站配套建设。六是加快科技创业园建设步伐，创业大厦、孵化大楼、服务中心内装进入收尾，室外工程有序推进。七是明珠路与南祥路交叉口绿化进行了改造，完成了九龙路南北两侧大部分人行道铺设工程。八是根据市政府的统一安排部署，率先启动了1 000多套的公租房建设。九是加强规划管理工作，全年共办理选址意见书和用地规划许可证26份，建设工程规划许可证23份，规划竣工验收14项。

【招商引资和项目建设】　2011年，玉溪高新区招商引资工作有了新的进展。一是全年招商引资到位资金11.1亿元；新增签约项目5项，投资总额11.6亿元；新增在谈5 000万元以上的项目共9项，协议意向投资总额39.9亿元；新开工项目8项，在建工业项目12项。二是进一步落实部门责任，加大在建项目的建设力度。沃森二期、达利食品、云锡同乐等重点项目已建成投产。沃森三期已完成基础工程建设。三是认真组织相关企业和项目单位参加第十九届昆明进出口商品交易会。与玉溪创新材料股份有限公司等三家企业签订投资协议，投资金额达3亿元。四是制定出台了《玉溪高新区科技创业园管理办法》《玉溪高新区科技创业园管理办法实施细则》《玉溪高新区科技创业园入驻项目工作流程指导》和《玉溪高新区科技创业园物业管理规定》。为科技创业园专项招商创造了条件。五是对入园多年，但尚未完成投资协议、未达产和生产经营长期不正常的项目进行清理，落实具体整改措施。六是对完成投资的玉溪明珠花卉项目和玉溪爱西贝特传输系统（云南）公司的项目进行了竣工综合验收。

【高新区表彰先进】　2011年2月16日，玉溪高新区个私协会在红塔大酒店召开"玉溪高新区第三届会员代表大会暨表彰大会"。与会会员代表、党员代表共计210人。会上，高新区党委书记陈兴隆宣读了高新区党委对优秀党员的表彰决定，表彰优秀共产党员20名、先进党支部4个、优秀党务工作者8名；高新区个私协会党委书记王凤云宣读了个私协会党委的表彰决定，表彰优秀共产党员17名、先进党支部4个、优秀党务工作者4名。大会对被表彰的先进单位及个人颁发了奖牌、证书。

【纪念中共成立90周年系列活动】　2011年4月至2011年10月，玉溪高新区开展系列活动纪念中国共产党成立90周年。活动内容有：生态玉溪青春建功环保、高新区纪念建党90周年"五四"联谊晚会、高新区庆祝建党90周年红歌大合唱、高新区"展高新风采，为党旗增辉"纪念建党90周年演讲比赛、高新区团体太极拳比赛、高新区庆祝建党90周年文艺调演、庆祝建党90周年玉溪高新区第五届职工体育运动会。

【挂钩帮扶新居田安居房建设】　2011年5月23日，玉溪高新区党政领导班子及相关局室负责人，到元江县青龙厂镇朋程村委会新居田村民小组，了解彝族山苏支系安居房建设情况。在前，组织相关技术人员多次与元江县、镇、村、组相关负责人一道出主意、想办法，对安居房建设做细致的研究，拟定可行的建设方案。在建设资金不足的情况下，又及时召开党政联席会，认真研究，筹措资金，对新居田村民小组22户山苏安居房建设每户帮扶建设资金1万元，共计22万元。每户安居房为砖混结构，占地80平方米，建筑面积95平方米。年底，新居田村民小组安居房建设竣工。

【创卫工作】　2011年6月4日，高新区党政班子领导和高新区创卫办负责人组成检查组，对园区内的创卫各项工作进行了自检自查。之后，针对发现的铺面卫生、明珠路车辆乱停乱放等问题，检查组要求高新区创卫办及相关责任单位从八方面及时进行了整改。一是投入大量人力、物力、财力，与园区企业签订创卫工作责任书，与辖区内所有沿街单位和商铺签订"门前三包"责任书，明确目标，落实责任。落实创卫经费，拨付农贸市场改造专项资金，联合高新工商分局、凤凰路办事处对高新区三个农贸市场及周边环境综合整治。二是配合凤凰路办事处做好辖区内东风大沟沿线环境的清理整治。开展园区"七小行业"专项整治，规范经营，取缔不合格经营项目。三是营造创卫氛围，在区内道路两旁安装创卫宣传路牌广告130多块。四是全面清理城乡结合部陈年垃圾、杂草、下水道等卫生问题，不留死角。实施区内雨、污水管道防洪应急工程：全面清理排水管道，对东风南路、文化路、桂山路、宁州路等管道严重阻塞路段进行开挖清淤，改造东风南路与桂山路、秀山路交叉口路口排水不畅的下水管道。五是全面修复区内破损道路，修复东风南路、秀山路1 000平方米破损路面。完成星云路以北东风南路、明珠路、秀山路等路段人行道修复及路口硬化工程。六是对区内道路照明系统进行全面的检修改造，抢修更换路灯，城市道路装灯率达到100%，亮灯率达到99%以上，灯源全部为达到国家标准的高压钠灯，高效节能灯具应用率达98%以上。七是全面清理流动摊点、临街铺面、烧烤摊点占道经营现象。延长清扫保洁时间，从早上7点至夜间9点30分加大环卫力度，增加垃圾清运次数，循环清理生活垃圾，攻坚阶段共计清除垃圾100余吨。八是累计拆除违章建筑、临时建筑近1 000余平方米。对区内仍在使用实体围墙和拥有自建简易房的12家单位和小区发送整改通知，全面清理园区墙体及卷帘门上的非法小广告及乱贴乱画等“城市牛皮癣”共计500余平方米。要求园区上下各部门、单位要持之以恒做好清扫保洁，完善市政设施，维护园区环境，营造创卫氛围，严格按照国家卫生城市标准要求做好工作，确保创卫取得圆满成功。

【创建国家高新区】 2011年1月17日，省政府正式向国务院书面上报关于玉溪高新区升级建设国家高新区的请示。之后，4~9月就此项工作，高新区管委会，玉溪市委、市政府，省委、省政府、省人大及相关部门召开了座谈会、专题会、调研会等一系列会议。10月11日，科技部和云南省政府在昆明进行了部省会商，玉溪创建国家高新区工作列入了云南省与科技部工作会商的重要内容。根据专家组的意见和建议，省科技厅和玉溪市政府于10月27日向科技部上报了《关于以升促建带动玉溪高新区跨越式发展的情况报告》。

【公租房建设项目开工奠基】 2011年9月16日，玉溪高新技术开发区管委会承担建设的1 000余套公共租赁住房项目举行开工仪式。市委副书记、市长高劲松出席开工仪式并宣布玉溪高新技术开发区公租房项目开工。市人大常委会副主任吴建森、副市长周继武、市政协副主席钱开祯等领导出席开工仪式并为项目培土奠基。该项目位于南片区南祥路东段原化肥厂办公区内，占地41.86亩，规划设计总建筑面积10.28万平方米，其中，估算总投资2.5亿元。项目建成后，将按国家相关政策，为符合条件的园区企业职工提供住房保障。

【高新区总工会成立】 2011年12月16日，玉溪高新区总工会经市总工会批准正式成立，并召开第一次代表大会，选举玉溪高新区总工会第一届委员会委员和第一届经费审查委员会委员。高新区党委副书记李宁当选玉溪高新区总工会第一届委员会主席。多年来，高新区工会倡导帮扶救助送温暖活动，开展“向劳模献爱心”、“金秋助学”、“特困职工帮扶”、“大病特病帮扶”、“特困单亲女职工帮扶”等活动，几年来共发放帮扶资金40多万元，建立完善了困难职工档案，形成了动态管理机制。2011年末，高新区工会有基层工会组织112家，工会会员7 906人。

【高新区支持贫困小学】 2011年3月14日，高新区个私协会获邀参加了元江县青龙场镇干坝小学“上海浦东南汇爱心楼”竣工典礼。之前，高新区党委、高新区个私协会积极与上海市浦东新区个私协会联系，筹得资金45万元，捐给元江县青龙场镇干坝小学新建一幢学生宿舍。竣工仪式上，上海市浦东新区个私协会捐赠了10台电脑，为贫困学生捐赠了1万元的学习费用，全校师生唱起了《感恩的心》，对高新区党委、高新区个私协会、上海市浦东新区个私协会表示最诚挚的谢意。

【年度经济工作暨表彰会议】 2012年1月12日，高新区在红塔大酒店召开2012年度经济工作暨表彰会议。会议回顾总结了园区2011年的主要工作成效和经验，分析当前存在的主要困难和问题，安排部署2012年的主要工作任务，表彰奖励优秀企业，对2011年度在财政收入贡献、科技创新、项目建设推进、外贸出口、清洁生产等方面成绩显著的企业给予表彰奖励。2011年度地方财政贡献奖一等奖8户（年度地方财政纳税500万元以上）：云南电网公司玉溪供电局、玉溪沃森生物技术有限公司、玉溪市商业银行股份有限公司、玉溪龙马房地产开发有限公司、云南红塔物业有限公司、云南玉溪高新技术产业开发区房地产开发有限公司、玉溪创新彩印有限公司、云南红塔塑胶有限公司，每户分别给予20万元的奖励。二等奖6户（年度地方财政纳税300万元以上500万元以下）：中国石油化工股份有限公司云南玉溪石油分公司、云南荷乐宾防伪技术有限公司、云南达利食品有限公司、玉溪天源房地产开发有限公司、云南天宏香精香料有限公司、玉溪市金河房地产开发有限公司，每户分别给予10万元的奖励。三等奖20户（年度地方财政纳税100万元以上300万元以下）：云南玉溪东魅包装材料有限公司、玉溪志程（集团）房地产开发有限公司、云南德兴纸业有限公司、云南恩典科技产业发展有限公司、云南省玉溪恒立健安工程有限公司、云南红塔大酒店有限公司、云南省玉溪电力设计院、云南省玉溪市红塔运输有限公司、玉溪市维和维生堂保健食品有限公司、武钢集团昆明钢铁股份有限公司玉溪经营部、云南玉溪中汇电力设备有限公司、玉溪市汽车驾驶技术培训学校、玉溪聂耳新时代文化传媒有限责任公司、云南地质工程勘察设计院研究院玉溪分院、云南省玉溪市科技彩印有限公司、玉溪龙马大酒店有限公司、玉溪富豪房地产开发有限公司、云南玉溪诚远汽车销售服务有限公司、玉溪通保融资担保有限公司、云南玉溪腾龙物业有限责任公司20户企业每户分别给予5万元的奖励。科技创新高新技术企业奖励：玉溪明珠花卉股份有限公司、玉溪山水生物科技有限责任公司、云南思达门业有限公司3户新认定的高新技术企业，每户奖励20万元。高企通过复审奖励：玉溪中烟种子有限责任公司、云南红塔塑胶有限公司、云南玉溪创新彩印有限公司3户高新技术企业2011年通过复审，每户给予奖励10万元。企业技术中心（或行业工程技术研究中心）奖励：云南德兴纸业有限公司（市级企业技术中心）、云南恩典科技产业发展有限公司（市级企业技术中心）、云南红塔塑胶有限公司（市级软包装工程技术研究中心）3户企业每户分别给予奖励10万元。对获得专利奖、省级名牌产品、省级新产品、市级科技成果、省级著名商标、市知名商标、项目建设最佳进度、外贸出口、清洁生产实施等奖励的企业给予表彰奖励。

（吴　磊）

云烟之乡

编辑　潘红梅

【综　述】　2011年，玉溪市烟草行业以邓小平理论和“三个代表”重要思想为指导，坚持以科学发展为主题，以加快转变发展方式为主线，以全面推进“卷烟上水平”为主要任务，贯彻“工业为主导、商业为主体、科研为主力”的烟叶资源配置方式改革方针，注重深化改革、注重结构调整、注重技术进步、注重共同发展，保持行业持续健康发展。

烤烟生产。玉溪市有种烟县9个，种烟乡镇67个，种烟村委会479个。面对优化烟叶等级结构和连续干旱等严峻挑战，玉溪市把稳定烟叶生产规模、优化烟叶等级结构工作和玉溪庄园建设放到首位，种植烤烟71万亩，其中：田烟26万亩，地烟45万亩，主要种植品种“红大”“K326”“KRK26”“NC297”“NC71”，实现烟叶生产五个跨越。总量实现跨越：全市收购烟叶10 193万千克（203.85万担），收购金额19.22亿元，2009年以来，烟叶收购总量首次止跌回升，在全国烟叶减产的情况下，超额完成收购计划。上等烟比例实现跨越：全市上等烟比例占68.59%，比2010年提高13.57个百分点。烟农增收实现跨越：烟叶收购均价18.86元/千克，比2010年增加3.76元/千克；烟叶交售收入19.22亿元，增加4.16亿元。烟叶收购等级质量实现跨越：云南省局收购等级质量检查合格率78.3%，工商交接等级质量检查合格率75.1%；国家局收购等级质量检查合格率70.6%，工商交接等级质量检查合格率62.77%。最佳节令移栽实现跨越：比2010年提前6天完成烤烟移栽。按照国家局提出的兴建烟草庄园、发展有机烟叶的要求，率先在全国建成“华叶·玉溪庄园”，取得较好成效，获得各级领导和专家肯定。红塔区有种烟乡（街道）8个，种烟行政村33个，村民小组131个，签订烤烟种植合同农户5 468户，规划种植烤烟面积4.5万亩，其中：田烟1.2万亩，地烟3.3万亩；完成烟叶收购总量666万千克（13.32万担），烟叶交售总金额1.24亿元，实现烟叶农特税2 720万元，上等烟比例67.36%，均价18.57元/千克，亩均烟叶交售收入2 747.91元，加上各项补助后，亩均收入3 103.91元。年内，玉溪市上等烟比例、收购均价、烟农收入、烟叶税创历史新高，“稳规模、保总量、提质量”实现历史性转折，“云烟之乡”在全省乃至全国的烟叶生产优势地位得到巩固，玉溪市委、市政府首次在烟叶工作会上对烟叶生产先进单位和个人进行表彰。

烟叶生产基础设施建设。玉溪市投入烟草行业补贴资金17 261.53万元，完成烟叶生产基础设施建设项目7个，完成工程1 563件，其中：烟水配套项目520件、机耕路59条、密集烤房728件、烟草农用机械234台（套）、育苗设施（小棚）22件，基本烟田受益面积21.25万亩。红塔区烟草行业建设烟水工程总投资1 214.81万元，工程受益面积1.12万亩，受益农户2 363户。烟叶生产基础设施建设完成刺桐关项目区1个，完成工程32件。购置农机具29台；建设卧式密集烤房220座，建成具有收购功能的烘烤工场2群；配备功能齐全的固定防雹点13个，流动防雹点1个，100%覆盖全区基本烟田面积。

卷烟工业。红塔烟草（集团）有限公司（以下简称“红塔集团”）境内外生产卷烟562.71万箱，其中：省内四厂生产359.42万箱（含出口卷烟7.22万箱），品牌合作生产192.02万箱，境外加工11.27万箱。境内外销售卷烟540.37万箱，其中：省内内销卷烟337.8万箱，合作生产品牌销售184.09万箱，一般贸易出口和境外加工销售18.48万箱。省内实现卷烟销售收入503.18亿元，省内合并实现税利425.85亿元，其中：利润56.41亿元，税金369.45亿元。红塔区规模以上卷烟辅料工业（指年主营业务收入2 000万元以上）19家，工业总产值28.7亿元，资产总计33.02亿元，实现主营业务收入29.03亿元，利润3.90亿元，利税5.15亿元。

卷烟营销。玉溪市卷烟营销坚持“抓市场、提结构、促服务、强网建”原则，坚持市场导向，不断提高服务水平，市场状态稳定，卷烟销量稳定增长，结构持续提升。全市辖区累计销售卷烟8.82万箱，实现单箱销售收入22 508.04元。销售量前十名的规格卷烟销量占82.91%，品牌集中度较高；红塔集团卷烟销量占67.63%。实现卷烟销售收入（含税）19.84亿元，卷烟经营毛利（含税）5.32亿元；实现“两烟”销售收入52.09亿元，“两烟”税利19.30亿元，“两烟”利润11.51亿元。红塔区销售卷烟2.32万箱，实现销售收入（含税）56 980万元，单箱销售收入（含税）24 565元。红塔集团商业销售一类烟95.82万箱，二类烟3.91万箱，三类烟310.26万箱。“玉溪”品牌商业销售95.77万箱，首次在行业一类烟商业销量排名中上升为第二位；“红塔山”品牌商业销售311.16万箱。300元以上价位产品商业销售3.54万箱，其中：“玉溪（庄园）”销售317箱，品牌价值形象提升；低焦产品销售21.8万箱，低焦拓展步伐加快。

专卖管理。玉溪市专卖管理工作始终坚持保持卷烟市场监管和卷烟打假打私高压态势，“两烟”市场秩序稳定，专卖管理基础进一步夯实，专卖内部监督管理得到加强。开展“两烟”市场重点整治专项行动、打假打私和规范烟草市场专项行动、卷烟市场涉烟违法犯罪专项整治、卷烟市场节日清理整顿等活动，全市查处涉烟违法案件717起，查获非法卷烟164.42箱、非法烟叶64.59万千克，案值1 601.37万元；移送公安机关涉烟案件17起，移送工商部门涉烟案件301起，破获符合国家局标准的“3·05”“5·06”非法经营烟叶网络案件2起，案值400万元。红塔区查处涉烟违法案件486起，查获涉案卷烟358.20箱、烟叶37.73万千克，上缴罚没款10.42万元，破获“3·23”非法经营烟叶网络案。

烟草科研。云南省烟草农业科学研究院获省部级科技成果奖5项，获云南省烟草公司科技进步奖7项；获授权专利25项（发明专利17项），申请并获受理专利27项，授权和受理专利创历史新高；11项地方标准通过评审并颁布实施，编辑出版专著1部、挂图1套，发表科研论文69篇；在研和试验基地建成“世界烟草品种园”，集中种植29个国家409个烟草品种及种质资源。云南省玉溪市烟草专卖局、云南省烟草公司玉溪市公司［以下简称“玉溪市烟草专卖局（公司）”］在国家局重点项目烟蚜茧蜂防治烟蚜技术研究与推广应用上取得明显成效，制定《烟蚜茧蜂防治烟蚜技术规程》行业标准、《玉溪庄园有机烟叶生产技术标准》企业标准；受理专利申请3项，专利授权6项；发表科技论文5篇；开展科研项目32项。红塔区在大营街赵桅烟草基地的“云南省烤烟良种区域试验”中优选出“云烟112”“云烟116”“云烟206”3个新品种，“抑芽剂在红塔区烤烟生产上的推广应用”项目通过区级验收。红塔集团获授权专利69项，获省部级和云南中烟公司科技进步奖13项，完成以“玉溪（庄园）”为代表的8个新产品的开发上市和储备工作。

（潘红梅）

*　　*　　*　　*

卷烟工业

【概　述】　2011年，红塔集团品牌发展实现新突破，经济运行质量和效益显著提高，超额完成全年经济目标和各项发展任务。集团境内外生产规模562.71万箱，同比增加30.01万箱，增长5.63%。其中：省内四厂生产359.42万箱（含出口卷烟7.22万箱），同比增加7.7万箱，增长2.19%；品牌合作生产192.02万箱，同比增加21.56万箱，增长12.65%；境外加工11.27万箱，同比增加0.74万箱，增长7.03%。

集团境内外销售规模540.37万箱，同比增加19.97万箱，增长3.84%。其中：省内内销卷烟337.8万箱，同比增加3.05万箱，增长0.91%；合作生产品牌销售184.09万箱，同比增加17.55万箱，增长10.54%；一般贸易出口和境外加工销售18.48万箱，同比基本持平。

集团商业销售一类烟95.82万箱，同比增长39.23%，比重为17.89%，提高4.09个百分点；二类烟3.91万箱，同比增长1.09倍，比重为0.73%，提高0.36个百分点；三类烟310.26万箱，同比增长12.38%，比重为57.94%，提高2.57个百分点。

“玉溪”品牌商业销售95.77万箱，同比增加27.03万箱，增长39.32%，首次在行业一类烟商业销量排名中上升为第二位，商业批发销售收入472.8亿元，排名第8位；“红塔山”品牌商业销售311.16万箱，同比增加36.64万箱，增长13.35%，商业批发销售收入548.03亿元，排名第6位，其中100元及以上价位产品销售87.7万箱，同比增长24.03%。高端突破、低焦拓展取得新成效，集团300元以上价位产品商业销售3.54万箱，同比增加1.55万箱，增长78.08%，其中“玉溪（庄园）”销售317箱，品牌价值形象提升；低焦产品销售21.8万箱，同比增长20倍，低焦拓展步伐加快。

集团省内实现卷烟销售收入503.18亿元，同比增加60.67亿元，增长13.71%。省内合并实现税利425.85亿元，同比增加85.17亿元，增长25%，其中：利润56.41亿元，同比增加24.79亿元，增长78.39%（利润增加主要是品牌合作生产加工费同比大幅减少以及产品结构提高所致）；税金369.45亿元，同比增加60.39亿元，增长19.54%。红塔辽宁公司实现税利34.49亿元，同比增加6.32亿元，增长20.28%。海南红塔公司实现税利10.33亿元，同比增加2.05亿元，增长24.76%。

（全世祥）

卷烟生产

【原料基础】　2011年，红塔集团圆满完成烟叶采购任务，全年国内烟叶采购23025.5万千克，其中：上等烟叶占70.7%，中等烟叶占28.94%；进口烟叶710.5万千克。基地单元建设取得新进展，全年在省内核心基地采购烟叶14651.5万千克，其中：“K326”“红大”“NC297”占总量的83.9%。烟草庄园建设形成新亮点，以澄江立昌、峨山凤窝为试点，构建以有机烟叶生产为主的循环经济体系，为“玉溪”品牌高端突破提供特色优质原料保障。原料优化配置效率进一步提高，制定原料梯次化价格体系，为进一步提高原料使用效率提供依据；全年回烤5650万千克低可用性片烟进入配方使用，有效盘活库存原料资源。

【玉溪卷烟厂完成烟草薄片包装更换】
3月7日，玉溪卷烟厂复烤一、二车间完成集团2011年第一批出料加工烟草薄片备货生产工作，共计完成换复烤短梗、中等麻片包装生产任务67.5万千克。

【安装GDX500包装机】　1月6日，玉溪卷烟厂卷包一车间新设备——GDX500包装机安装工作正式启动。GDX500包装机是玉溪卷烟厂从意大利进口的卷烟包装设备，其生产能力为500包/分钟，生产速度高，稳定性好。

【PROTOS－M5卷烟机投入生产】
PROTOS－M5卷烟机是当今世界最先进的卷烟机，其生产速度、产品质量保障能力、噪声水平等均具有优良性能。卷烟机结构紧凑，零件精度高，采用电气伺服传动代替传统及齿轮传动，监测系统新增了烟条外观成像检测，能检测出0.2平方毫米的斑点。6月7日，玉溪卷烟厂从德国虹霓公司引进的第五台PROTOS－M5卷烟机通过验收测试，正式投入生产。

【“玉溪（庄园）”投入生产】　7月5日，为配合营销中心计划，红塔集团下达玉溪卷烟厂在7月7日下午3点前完成“玉溪（庄园）”品牌250件的生产任务。

玉溪卷烟厂各相关部门按照集团要求在时间和人员安排上做了调整，卷包二车间根据生产的实际安排跟班修理人员到负责生产的8号卷烟机组进行设备调试。在生产过程中，当班机组人员和质量管理员对“玉溪（庄园）”生产质量进行严格的监督和检测，由原来的15分钟抽检一次调整为每5分钟抽检一次，并不间断地做烟支质量测试。7日早班，第12500条“玉溪（庄园）”成功封条。

“玉溪（庄园）”是红塔集团按照国家局“占领高端、赢得未来”的总体要求和云南省委、省政府“高调起步、高歌猛进、高端占领”的整体部署，以满足高端消费群体“追求顶级品质、崇尚回归自然”的价值诉求为目标而设计开发的。“玉溪（庄园）”拥有三个显著特色，即：“庄园有机烟”的专属性，“高香低害”的优越性，“产量小”的稀缺性。

【“红塔山（恭贺新禧）”在红辽公司沈阳卷烟厂生产】 3月29日，红塔集团新品“红塔山（恭贺新禧）”在红塔辽宁公司沈阳烟厂卷包车间顺利生产。红辽公司沈阳卷烟厂生产的“红塔山（恭贺新禧）”外包装突出带有“恭贺新禧”字样的外圆内方古币图案，是“红塔山”品牌“喜庆”系列中的开山之作，突出“红色喜庆”的主题。

【“玉溪（硬）”卷烟在沈阳卷烟厂生产】 12月21日15时45分，首次在沈阳卷烟厂生产的第一条“玉溪（硬）”卷烟下线。沈阳卷烟厂此次生产的“玉溪（硬）”卷烟生产过程严格有序，产品完全符合红塔集团质量标准。

【玉溪卷烟厂启动“卷烟工厂标准化建设”专题项目】 3月21日，玉溪卷烟厂召开“卷烟工厂标准化建设”专题项目启动会，对项目实施进行部署安排。开展此项工作，有利于创建“优秀卷烟工厂”，发挥卷烟工厂在创建活动中的主体作用，提升工厂“产品制造水平”和“基础管理水平”。该项目由玉溪卷烟厂协调、管理。

【启动烟叶基地单元建设烤烟GAP管理体系工作】 5月4日开始，由红塔集团物资采购中心组织的“2011年红塔集团烟叶基地单元建设GAP管理启动暨培训会”分别在玉溪、楚雄、大理、昭通、临沧五州（市）召开，标志着红塔集团GAP管理体系项目工作全面启动。本轮培训由云南瑞升烟草技术（集团）有限公司相关专家主讲，内容主要有GAP概况、GAP管理体系手册制定、GAP管理体系建立、GAP痕迹化资料记录和痕迹化照片采集要求、GAP认证流程、农药安全储存和使用等六个方面。五州（市）烟草公司相关业务部门和业务人员200余人参加培训。

GAP是良好农业规范（GoodAgriculturalPractice）的英文缩写，是一套针对农产品生产（包括作物种植和动物养殖等）的操作标准，是提高农产品生产基地质量安全管理水平的有效手段和工具。红塔集团烟叶基地单元实施GAP管理，从源头上提高基地烟叶的优质性和安全性，有利于稳定集团基地单元烟叶供给和质量、宣传企业社会责任、稳定卷烟产品质量和安全性。通过GAP管理体系的实施和运行，有利于建立和完善红塔集团基地管理、运行和评价机制、健全红塔集团原料保障体系。

【红塔集团10个基地单元通过GAP认证】 8月1～4日，杭州万泰认证公司认证检查人员对红塔集团2011年申请认证的10个基地单元进行GAP认证检查。检查人员分别到GAP示范单元实地查看GAP办公室建设、资料管理、农事操作记录、育苗管理、病虫害防治、田间卫生管理、烟叶采烤环节、烟草农资农药的存放管理及对烟农健康的关注程度等，同时采用即将实施的新认证标准进行试检查。通过4天的检查，认证人员在昆明召开的末次会议上宣布10个申请认证单元均通过二级认证。

【“玉溪庄园·峨山凤窝园”管理中心开工建设】 11月18日，“玉溪庄园·峨山凤窝园”管理中心开工奠基仪式在峨山举行，红塔集团副总裁张建华、峨山县副县长陈丽、玉溪市烟草公司副经理张洪兴参加开工奠基仪式。

“玉溪庄园·峨山凤窝园”管理中心建筑以彝族风格为主，采用二进院的形式，体现彝族民居的特点。内部分三个单元，即彝族文化展示区、红塔烟草文化展示区及休闲区。计划2012年2月底完工并投入使用。

【2011年工业分级培训、样品评审会】

7月26日，技术中心在楚雄召开“红塔集团2011年工业分级培训、样品评审会”，物资采购中心、玉溪卷烟厂、楚雄卷烟厂、大理卷烟厂、昭通卷烟厂相关部门人员参加会议。

经过样品审核，结果为：物资采购中心样品品种齐全，部位清晰，色组正确，各组别三级烟质量略为偏好，样品整体质量合格；楚雄分级作业区样品等级齐全，个别等级部位界限不太清晰，样品整体质量合格；玉溪分级作业区、江川分级作业区、昭通分级作业区个别等级部位界限不太清晰，各组别二级烟普遍质量偏高，样品整体质量合格；大理分级作业区样品由于采取把选的方式，受到原烟把内纯度的制约，样品代表性未能充分体现出来，建议各分级点制作样品时采取片选方式。

针对审样过程中出现的问题，技术中心对工业分级标准进行系统培训，并于30日在楚雄卷烟厂分级大棚组织所有培训人员进行烟叶83级工业分级实作考试。

【红塔集团卷烟综合质量总得分较高】

12月3日，云南省烟草专卖局、云南中烟工业有限责任公司2011年下半年卷烟产品质量监督抽查暨质量内部监控工作会结束。本次抽检47个卷烟产品按国家标准考核全部合格。所检验的47个卷烟产品，从焦油量看，合格率100%；从烟气烟碱量看，得分均为满分，烟气一氧化碳量实测修正平均值11.5毫克/支，与上半年的11.8毫克/支相比，下降0.3毫克；从烟气指标看，均为合格，其中红塔集团玉溪卷烟厂的“红塔山（硬经典150）”“红塔山（硬恭贺新禧）” “玉溪（软境界）”，大理卷烟厂的“红塔山（硬世纪）”“红塔山（软世纪）”，昭通卷烟厂的“红塔山（软经典100）”焦油量、烟气烟碱量、烟气一氧化碳量得分均为100分；从感官质量看，评吸结果全部符合国标考核要求，其中：玉溪卷烟厂生产的“玉溪（软境界）”感官评吸得分最高，为92.9分；从包装及卷制质量看，均合格。100分的产品中，红塔集团的产品有18个，箱装、条装、盒装、熄火、含水率、含末率、总通风率、圆周吸阻等检测均未出现扣分现象，所有产品包装标示合格，条码监测情况较好。玉溪卷烟厂生产的“玉溪（软境界）”综合质量总得分最高，为97.4分，综合得分排在第三位的是玉溪卷烟厂生产的“红塔山（硬经典150）”和“红塔山（硬恭贺新禧）”，得分均为96.7分。

【磋商烟草薄片项目】 3月16日，法国摩迪集团全球薄片业务执行副总裁费伟、摩迪集团首席执行官个人顾问徐俊皓、摩迪集团新项目总监戴维斯等高层领导到红塔集团就烟草薄片项目推进、决策组织、项目实施团队组建等问题与云南中烟工业有限责任公司，玉溪市委、市政府及红塔集团领导进行磋商交流。

国家局与法国摩迪集团合资在玉溪建设的烟草薄片项目经过前期规划，项目可行性报告分析、研究、制定，合作谈判，相关文件批复已获得国家局审批通过。此次会议上，各方负责人针对项目开工建设实施决策组织的组成和项目建设推进过程中项目实施团队的建立进行讨论，标志着中法合资烟草薄片项目由项目前期筹备阶段转入项目建设阶段。

（金世祥）

红塔品牌·市场·营销

【市场营销】 2011年，红塔集团上下齐动，开展“玉溪”品牌高端突破的全员营销，“玉溪（庄园）”借国家局召开的培育座谈会影响力，在13个省（区、市）的29家分公司上市，形成一定影响力，高端突破取得一定成效。突出主导规格，加大培育力度，集团品牌市场份额进一步提高，“玉溪”品牌年销售万箱以上的省级市场22个，其中3万箱~5万箱4个，5万箱~8万箱6个，8万箱以上2个；“红塔山”100元价位产品销量83.7万箱，占“红塔山”总量的26.91%，同比提高1.86个百分点。加快“红塔山（国际100）”的市场布局和5个降焦产品的市场对接，快速响应和满足低焦卷烟市场需求。完善集团领导分片联系机制，细化省（区、市）市场目标责任制，积极探索精准营销新模式，稳步推进终端建设，工商协同共育品牌机制进一步深化。年内，成功举办“红塔山”300万箱、“玉溪”100万箱下线活动，为红塔集团品牌实现新发展营造良好的市场环境。

【国际市场】 2011年，红塔集团为加快国际市场拓展步伐，成立国际事业部，进一步理顺国际市场业务管理，初步搭建起国际市场业务三级架构的运作管理模式。进一步理清集团品牌国际市场发展思路，积极推进伊朗、阿根廷项目，“四大板块”国际市场业务布局进一步加快，加强境外销售网络建设和客户资源整合管理，加大重点有税市场开拓力度。2011年，集团品牌在罗马尼亚有税市场销售同比增长1.2倍，在老挝有税市场的份额提高到15%。

【拓展国际市场工作会在玉溪召开】 7月4日，红塔集团2011年拓展国际市场工作会议在玉溪召开。会上，红塔集团副总裁王勇分别与红塔瑞士罗马尼亚公司、老挝寮中红塔好运公司、红塔拉美公司、香港红塔国际烟草有限公司、香港玉成贸易发展有限公司负责人签订《红塔集团境外实体拓展国际市场目标责任书》；分别与老挝寮中红塔好运公司、香港红塔国际烟草有限公司负责人签订《红塔集团境外生产企业环境、职业健康安全责任承诺书》《红塔集团境外生产企业卷烟生产质量保障承诺书》。

【工商协同营销】 3月10日，红塔集团与广东湛江市烟草专卖局在广东湛江皇冠假日酒店召开工商协同营销卷烟上水平座谈会，双方经过沟通协商后达成共识：湛江市烟草专卖局（公司）和红塔集团营销中心广东省区共同成立“红塔集团新品培育领导小组”，为红塔集团新品在湛江市场的发展建立体制保障；湛江市烟草专卖局（公司）2011年上半年导入红塔集团“红塔山（硬恭贺新禧）”“红塔山（硬国际100）”两个新品；湛江市烟草专卖局（公司）将提升红塔产品结构及扩大红塔品牌在湛江市场的份额作为2011年工作重点之一，并提出具体的工作目标。

4月8~10日，红塔集团在云南腾冲与山东烟台、威海、菏泽三市烟草专卖局（公司）就“十二五”发展目标和发展思路进行工商衔接，红塔集团市场营销中心党总支书记司武元和三地市公司签订“工商协同营销品牌培育合作意向书”。

5月27日，云南卷烟品牌发展工商协同恳谈会在昆明举行，来自全国33个省、市、自治区及行业单列市商业公司的主要领导出席会议。会议期间，红塔集团与全国烟草商业企业就下半年卷烟市场供应工作进行工商衔接。

【“玉溪（8090）”在昆明上市】 1月15日，红塔集团卷烟新产品“玉溪（8090）”在昆明上市。

“玉溪（8090）”是红塔集团最新研究开发的创新型风格卷烟新品，产品有别于传统清香型中式卷烟，主要体现多类型自然烟草香复合香韵的风格特点。“玉溪（8090）”融入科技创新成果与健康人文理念，具备高雅、时尚、清新、富有朝气又不失鉴赏品味的高端人群审美特征，代表一种新型的高端卷烟品鉴方式。

【“红塔山（国际100）”在重庆上市】 6月28日，红塔集团在重庆召开“品牌发展共赢”恳谈会暨“红塔山（国际100）”新品发布会。重庆市烟草专卖局（公司）局长（总经理）李恩华、副总经理高兴华、云南中烟副总经理李天飞、红塔集团总裁李穗明、副总裁金亦斌以及重庆39个分公司领导、市场营销中心相关领导，工商双方共160余人出席会议，重庆市局（公司）副总经理高兴华主持会议。工商双方就云产卷烟高端品牌在重庆的培育发展进行探讨，对“红塔山（国际100）”新品的市场导入达成共识。

【红塔集团筹备“玉溪（庄园）”上市推广】 6月14日，红塔集团在昆明红塔体育中心望湖宾馆召开会议，安排部署“玉溪（庄园）”上市推广筹备工作。会议按照国家烟草专卖局局长姜成康提出的“重在高端突破，重在持续创新，重在加强宣传，重在夯实基础”的品牌发展要求，安排部署“玉溪（庄园）”7月上旬在北京上市推广的筹备工作，同时就“玉溪（庄园）”的品牌文化传播、品牌营销等工作进行讨论。

【西部七省区“玉溪（硬庄园）”上市方案研讨】 7月7日，红塔集团市场营销中心西部七省区营销工作会在内蒙古呼和浩特市召开。红塔集团市场营销中心副经理李平主持会议，红塔集团党委副书记、纪委书记施永超，市场营销中心相关部门代表，营销中心西部七省区的省区经理、副经理、市场经理及部分营销代参加会议。会议分别听取西部七省区“玉溪（硬庄园）”上市方案的汇报，并进行交流讨论，指出亮点和不足。会后，西部七省区形成“玉溪（硬庄园）”上市方案提报市场营销中心讨论。

【“玉溪（庄园）”上市】 8月30日，由中国卷烟销售公司主办、云南中烟公司承办的“玉溪（庄园）”“云烟（大重九）”品牌培育座谈会在北京召开。国家烟草专卖局局长姜成康、云南省副省长曹建方，国家局副局长何泽华、李克明，云南省政府副秘书长蒋兆岗出席会议。中国第一包有机烟、红塔集团高端产品“玉溪（庄园）”在会上正式亮相。

9月1~6日，红塔集团高端新品“玉溪（庄园）”分别在沈阳、广州、南宁、成都、大连、郑州、南京、鄂尔多斯、天津、昆明等城市上市。红塔集团董事长柳万东，党委书记、总裁李穗明等集团领导分别参加上市城市“玉溪（庄园）”品鉴会。各地烟草商业负责人表示，将按照国家局的要求和品牌培育座谈会精神，通过工商双方的深度营销和精准营销，做好“玉溪（庄园）”的上市推介和市场培育工作。

12月26日，红塔集团在重庆召开“玉溪（庄园）”品鉴会，红塔集团总裁李穗明与重庆市烟草专卖局（公司）局长李恩华共同启动“玉溪（庄园）”品鉴会发布仪式。

“玉溪（庄园）”焦油量8毫克，烟气烟碱量0.8毫克，一氧化碳量8毫克，产品危害指数同比行业平均水平降低30%。在包装设计上，抛弃用材料表现档次、用奢华引人注意的方式，采取环境友好、自然质朴的设计风格；小盒、条盒包装材料选择纯浆无涂料原纸为基材，本色无漂白，无任何化学涂层，配合原创手绘生态烟叶基地图画，表达珍稀的低调尊贵；烟支使用全水性印刷接装纸，不烫金印刷工艺，健康安全；内衬纸首次使用由食品包装技术移植创新的烟草内衬纸包装新型材料——无金属涂层、可降解、环境友好型的材料，达到食品级要求；采用水性油墨印刷方式，油墨成分安全，着墨量很小，充分体现生态、环保、安全的设计理念。运用“增香保润”综合技术，实现降焦保香的产品设计目标，体现“有机、低害、高香”的自然成熟产品风格。

“玉溪（庄园）”系列产品，烟香清新纯净，优雅飘逸，丰满醇和，柔绵细腻，口感干净舒适，回味愉悦悠长。

【全国工商恳谈会及“玉溪（庄园）”新品品鉴会在玉溪召开】 11月22日，全国2012年上半年工商恳谈会及“玉溪（庄园）”新品品鉴会在玉溪红塔大酒店召开。各烟草商业代表品吸了红塔集团新品——“玉溪（庄园）”，签订2012年上半年的卷烟销售协议，双方共同探讨出“一省一策、一地一策、一品一策”的营销新模式，就进一步加强订单预测、精准货源投放、完善货源供货保障、加大营销资源投入等方面达成共识。

【云南卷烟大品牌发展座谈会在玉溪召开】 11月22日，以“同心共赢、创新超越”为主题的云南卷烟大品牌发展座谈会在玉溪召开。国家烟草专卖局副局长李克明，云南省副省长曹建方，中国卷烟销售公司总经理曹华青，云南省政府副秘书长蒋兆岗，云南中烟工业有限责任公司总经理朱绍明、董事长柳万东，玉溪市党政负责人，全国各省级商业公司负责人以及红塔集团、红云红河集团的负责人等350余人参加会议。云南中烟工业有限责任公司总经理朱绍明致辞。国家烟草专卖局副局长李克明、云南省副省长曹建方、中国卷烟销售公司总经理曹华青分别在会上讲话。红塔集团总裁李穗明介绍红塔集团的品牌发展情况和今后的市场营销思路，表示红塔集团将以结构提升为重点，兼顾做大规模，努力实现“四个价值升级”，即：对中国烟草价值贡献能力升级、对工商伙伴价值输出能力升级、对零售客户价值传递能力升级、对消费者价值感召能力升级。

【“玉溪”品牌销量在山东济南过万箱】 2011年，山东济南共计销售卷烟29.62万箱，销售红塔集团卷烟4.7万箱，占总量16%，其中：销售“玉溪”品牌1.17万箱，同比增长143%。12月16日，济南烟草、红塔集团在山东济南召开工商协同营销暨“‘玉溪’品牌过万箱庆典”座谈会，举行“‘玉溪’超万箱纪念盘匾”交接仪式。

【卷烟产品评议及质量分析会在大理举行】 12月15～16日，红塔集团2011年下半年卷烟产品评议及质量分析会在大理举行。集团副总裁张国良，中烟实业、云南中烟，集团技术中心、制造中心、采购中心，省内四厂、红塔辽宁及海南红塔的分管领导、相关评吸委员及工艺质量技术人员参加会议。评委对58个样品进行评吸后，对评吸的产品提出意见和建议，各评吸组长通报各组评吸情况。

（金世祥）

红塔集团管理

【基础管理】 2011年，红塔集团深入推进“对标”“创优”活动，以成本费用管控为重点，制定《提升成本费用管理水平实施方案》，确定9个重点课题和22项重点改进指标，控制指标完成率60%以上；在行业公布的42项指标中，33项同比有所改进，30项达到或优于行业平均水平。深化全面预算管理，完善预算标准，加强投资、工程项目预算申报和年度资金概算控制，提高预算的准确性和执行率。稳步推进机构改革，深化非法人实体建设，成立红塔物流中心，明确职能定位，理顺业务流程，整合物流资源，初步实现集团内部物流一体化。完善内部监管体系，成立“两项工作”委员会，搭建“办事公开、民主管理”信息平台，全面推进公开招标，全年烟用物资公开招标采购比例88%以上，采购成本同比下降4 814万元；开展内控体系建设和全面审计工作，企业生产经营工作进一步规范。多元化投资企业经济效益进一步提高，按同口径纳入统计的47家企业实现营业收入400亿元，同比增长13.75%；实现税利119亿元，同比增长8.18%；红塔集团本部收回投资收益7.35亿元，同比增长16.67%。

【创建优秀卷烟工厂】 2011年，红塔集团开展“创建优秀卷烟工厂”活动取得新成效，在行业公布的10项指标中，玉溪卷烟厂全部指标达到或优于行业先进值，楚雄、大理、昭通卷烟厂有80%的指标达到或优于行业先进值。省内合并统计，万元产值综合能耗同比降低22%，万支卷烟综合能耗同比降低8.5%，卷烟设备有效作业率91.4%，同比提高1.13个百分点。玉溪、楚雄、大理、昭通四厂的工程技改项目稳步推进。合作生产定点工厂建设加快推进，无资产关系合作生产企业基本实现落地制丝；加强产品质量管理队伍建设，建立147人的外派品控人才库；营口、长春卷烟厂顺利完成技改搬迁，海南红塔和沈阳卷烟厂技改搬迁项目加快推进。重视安全生产管理，以防火和防人身伤害为重点，落实安全责任制，全年无重大生产安全事故和人身伤害事故。

【红塔集团“三税”入库增长】 1月21日，据统计资料公布，红塔集团2010年累计入库卷烟工业“三税”290.91亿元，比上年度的245.04亿元增收45.87亿元，增长18.72%，占全省卷烟工业“三税”总额557.98亿元的52.14%。

按照规定的集团重组后税收分配比例，红塔集团上述税款分别在玉溪入库197.49亿元、楚雄入库39.06亿元、大理入库22.56亿元、昭通入库28.53亿元、红河入库3.27亿元。

【红塔集团召开第十七届五次职代会】 2月24日，红塔集团在玉溪召开第十七届职工代表大会第五次会议暨第十四届三次工会会员代表大会。会议总结了2010年的工作，对“十一五”工作进行回顾，明确“十二五”发展目标、思路和主要任务，对2011年的工作进行安排部署。总裁李穗明在会上作题为《深化认识、聚集目标、艰苦奋斗、狠抓落实，为全面实现“51518”发展目标奋力拼搏》的生产经营工作报告。

【红塔集团“三标一体”管理体系外部监督审核结束】 3月11日，红塔集团质量、环境和职业健康安全管理体系年度外部监督审核工作结束。

此次审核对象为玉溪、楚雄、大理、昭通卷烟厂，四大中心及集团各职能部门，审核范围涉及集团所有烟叶复烤、销售，卷烟的设计开发、生产、销售和服务过程中与质量、环境和职业健康安全管理有关的活动及场所等。经过五天的审核，审核组最终认为：红塔集团实施的自我监控和完善机制是有效的，“三标一体”运行符合标准要求，同意继续保持认证注册资格。

【刘强被认定为卷烟高级调香师】 3月31日，在全国烟草科技工作会议上，红塔集团技术中心副主任刘强、主任牟定荣被国家局分别认定为行业首批卷烟高级调香师和卷烟调香师。

【红塔集团领导调整】 6月16日，云南中烟公司党组书记、董事长柳万东主持召开红塔集团干部大会，党组成员、纪检组长李新军受国家局和云南中烟委托宣布领导干部调整任免情况：红塔集团总裁李穗明兼任红塔集团党委书记；谢昆或任云南中烟公司党组成员、副总经理，不再担任红塔集团党委书记职务；夏开元任红塔集团副总裁，不再担任玉溪卷烟厂厂长、党委书记职务。

【全国文明单位考评组到红塔集团复查考评】 6月19日，全国文明单位考评组到红塔集团复查玉溪卷烟厂创建全国文明单位情况。

【红塔集团内控体系建设】 7月13日，红塔集团召开内控体系建设项目启动会。启动仪式后，厦门所罗门管理咨询公司总经理齐培鹰围绕企业内部控制的发展、企业内部控制基本框架、红塔集团内部控制体系建设项目实施三个方面，结合案例分析，向全体与会人员讲解企业内部控制的基本框架等内控知识，介绍集团内控项目实施方案以及各单位各部门需要承担的工作。集团各中心、各厂、公司、部门负责人以及内控项目联系人参加会议。

10月19日，红塔集团举行内部控制体系建设工作推进会，对之前调研中发现的管理问题或风险进行梳理并提出解决方案，同时检查落实18个《企业内部控制应用指引》执行情况。要求各部门制订出《风险解决方案及工作计划》和《应用指引实施情况报告》，并按照工作计划逐个、逐步解决风险，落实应用指引。

【召开“ERP系统物流中心建设”项目汇报会】 红塔集团“ERP系统物流中心建设”项目已完成业务蓝图设计进入测试阶段。8月4日，为完善项目各业务流程，项目组在集团行政楼召开业务蓝图高层汇报会，对相关业务变化情况进行讨论交流。

会上，集团“ERP系统物流中心建设”项目实施组副组长、集团物流中心经理王智对原料涉及变化的流程，物资采购、仓储主要业务变化，生产管理业务流程、成品业务、财务业务、运输配送业务等方面的变化点作了汇报。项目管理组负责人介绍了系统组织架构、相关业务蓝图变化、项目实施过程中的创新点、数据准备、数据迁移和未清业务处理方面的情况。集团物资采购中心、生产制造中心、财务部、人力资源部、玉溪卷烟厂等部门对原料集中配置、高架库物流管理、人员数据变化等项目实施细节进行讨论交流，从而使各项业务流程协调顺畅。集团将对原料、物资、卷烟等集中、统一、垂直管理，实现“内部物流一体化运作”，满足现代化物流管理要求。

【红塔集团企业文化建设被评为全国先进】 1月15日，红塔集团被中国烟草总公司评为“全国烟草行业企业文化建设先进单位”。

【玉溪卷烟厂通过清洁生产AAAA级企业评审】 2月18日，在《云南中烟工业公司转发国家局办公室关于行业清洁生产现场调研和综合评价情况通报的通知》中，玉溪卷烟厂通过清洁生产AAAA级企业评审。

【玉溪卷烟厂离退休党支部获全国烟草行业表彰】 4月22日，在全国烟草行业离退休干部工作会和老年文化建设现场会暨先进离退休干部党支部和离退休干部先进个人表彰大会上，玉溪卷烟厂离退休党支部被评为“全国烟草行业先进离退休党支部”，退休职工郑宗礼被评为“全国烟草行业离退休干部先进个人”。

【红塔集团被省政府评为“‘十一五’节能减排先进单位”】 4月下旬，云南省人民政府在昆明海埂会堂召开“十二五”全省低碳节能减排工作会。会上红塔集团被表彰为“云南省‘十一五’节能减排先进单位”，潘文、赵宏洲、常云3人被表彰为“云南省‘十一五’节能减排先进个人”。

【昆玉高速公司获“全国五一劳动奖”】

云南昆玉高速公路是由红塔集团投资的。4月28日，云南昆玉高速公路开发有限公司被中华全国总工会授予“全国五一劳动奖”，同时，被云南省交通运输厅评为“云南省交通系统2010年收费管理先进集体”。

【“玉溪”被认定为“中国驰名商标”】

7月28日，在云南省政府主办的云南省荣获中国驰名商标新闻发布会上，红塔集团“玉溪”商标被认定为“中国驰名商标”，并接受了“中国驰名商标”牌匾。至此，红塔集团成为中国烟草行业同时拥有“红塔山”“玉溪”“红梅”三个中国驰名商标的企业。

【红塔集团蝉联“2011云南百强企业”】 8月30日，由云南省企业联合会、云南省企业家协会开展的“2011云南一百强企业”排序名单出炉，红塔集团以营业收入632.5981亿元居榜首，这是红塔集团2005年以来第六次位居“云南百强企业”第一位。

【红塔集团进入中国企业500强】 9月3日，“2011中国企业500强”榜单在成都发布，红塔集团以632.5981亿元的营业收入位列500强第132位，排在云南入围的8家企业之首。同时公布的中国制造业500强中，红塔集团位列第59名，排在云南入围的8家企业之首。在“中国企业效益200佳”名单中，红塔集团以40.6734亿元的利润排在第94位。

【省内四厂获“2010年度节能减排先进企业”称号】 9月28日，云南中烟工业公司在昆明召开2011年节能减排工作会。会议对2010年度节能减排先进单位和“十一五”节能减排先进个人进行表彰奖励。玉溪卷烟厂获“2010年度节能减排优秀奖”，大理、昭通卷烟厂获先进奖，楚雄卷烟厂获进步奖；马云参等省内四厂20人被表彰为云南中烟工业公司“‘十一五’节能减排先进个人”。

【红塔集团多名选手在省职业技能竞赛中获奖】 7月29日，第八届云南烟草工业系统职业技能竞赛暨第四届云南烟草工业系统烟机设备维修职业技能竞赛在红云红河集团红河卷烟厂落下帷幕。昭通卷烟厂杨城和玉溪卷烟厂王云祥分获切丝设备 KTC80 第一名和第三名，大理卷烟厂陈雁翎和楚雄卷烟厂王应峰分获卷接设备 PASSIM8K 第一名和第二名，楚雄卷烟厂张炳生获包装设备 FOCKE350 第三名，玉溪卷烟厂李承华、邱仕强分获包装设备 GDX2 第一名和第二名。在 13 名被表彰的获奖选手中，红塔集团 7 名；在 4 名申报“全国烟草技术能手”称号的选手中，红塔集团 3 名。

【品牌合作质量评议会】 8～9 月，红塔集团生产制造中心组织相关人员分别在重庆、遵义、哈尔滨、长春、延安、济南、南昌、张家口、郑州 9 个卷烟生产厂召开“2011 年度品牌合作生产质量评议会”。会议期间，品牌合作双方就 2011 年合作生产的质量控制情况进行交流沟通，对 1～8 月合作生产质量控制情况和存在的问题进行研讨，对近三个月合作生产的红塔卷烟产品进行评吸，按照《卷烟品牌许可生产质量保障通则》要求进行一致性评价。

【举行烟机操作工及烟草检验工实操鉴定】 10 月 24 日，玉溪卷烟厂举行烟机操作工及烟草检验工实际操作鉴定，151 名职工参加，其中：MAC 机型打叶复烤操作工中有 23 人参加高级操作工鉴定，7 人参加中级操作工鉴定；卷包烟草检验工中有 59 人参加高级检验工鉴定，15 人参加中级检验工鉴定；制丝烟草检验工中有 38 人参加高级检验工鉴定，9 人参加中级检验工鉴定。

【玉溪卷烟厂 59 人获首批三级卷包操作师资格】 9 月 16 日，玉溪卷烟厂召开 2011 年卷包操作师聘任会，59 名操作工受聘为玉溪卷烟厂首批三级卷包操作师。

（金世祥）

重要活动

【新春团拜会】 1 月 29 日，红塔集团与玉溪市委、市政府，玉溪市烟草专卖局在红塔大酒店举行新春团拜会，红塔集团董事长柳万东、总裁李穗明、党委书记谢昆或等领导班子成员与玉溪市委书记孔祥庚、市长高劲松等党政领导、玉溪市烟草专卖局局长田泽华等领导出席新春团拜会。

【红塔集团举办“实现‘51518’发展目标”辩论赛】 5 月 16～20 日，红塔集团工会举办“深化认识、统一思想、全面实现‘51518’发展目标”辩论赛，来自玉溪、楚雄、大理、昭通省内四厂和物资采购中心、技术中心、营销中心、直属机关的 8 支代表队参加比赛，经过初赛、复赛和决赛 3 个阶段 7 场赛事，玉溪卷烟厂获第一名，楚雄卷烟厂代表队获第二名。

【成立烟草工艺技术及装备联合实验室】 5 月 27 日，“红塔集团·秦皇岛烟机公司烟草工艺技术及装备联合实验室”签字仪式在北京举行。国家局科技司副司长张虹、中烟机械集团公司副总经理王建法，红塔集团副总裁张建华、秦皇岛烟机公司董事长郭冬青等领导出席签字仪式。

【云南红塔山自行车队两名选手获伦敦奥运资格】 6 月 12 日，第十七届亚洲山地车锦标赛暨第三届亚洲青年山地车锦标赛在苏州太湖落幕，代表中国队出战的云南红塔山自行车队选手史庆兰获女子组冠军，童卫松获男子组季军。根据规程，两位获奖选手将获得 2012 年伦敦奥运会参赛资格。

【“红塔山”300 万箱、“玉溪”100 万箱下线庆典】 11 月 22 日，红塔集团在红塔大酒店举行“红塔山”300 万箱、“玉溪”100 万箱下线庆典仪式。

国家烟草专卖局副局长李克明，云南省副省长曹建方，中国卷烟销售公司总经理曹华青，云南省政府副秘书长蒋兆岗，云南中烟工业有限责任公司总经理朱绍明、董事长柳万东等云南中烟班子成员，玉溪市党政负责人，全国各省市自治区及行业计划单列市烟草公司、全国 9 家中烟工业公司、33 个省会城市烟草公司领导，红塔集团职工代表、劳模代表参加庆典仪式。国家烟草专卖局副局长李克明致辞、云南省副省长曹建方讲话。庆典仪式结束后，2011 年“红塔山”第 300 万箱，“玉溪”第 100 万箱下线产品送到活动现场，来自玉溪、楚雄、昭通、大理、海南、营口、沈阳、长春的 8 厂（公司）厂长（经理）担任下线烟箱传递领衔，国家烟草专卖局副局长李克明、云南省副省长曹建方、中国卷烟销售公司总经理曹华青等领导在下线烟箱上签名。活动结束后，参加活动的领导组团到“华叶·玉溪庄园”参观考察。

【红塔集团党委举办“经典品牌故事发布”活动】 为集中展示红塔集团品牌故事提炼成果，促进红塔品牌文化传播，12 月 2 日，红塔集团党委在红塔文体中心聂耳音乐厅举办“红塔集团经典品牌故事发布”活动，集团党委副书记施永超在发布会上致辞，《红塔谜踪》《迟到加分》《“玉溪”密码》等 10 个“红塔经典品牌故事”让现场观众透过品牌故事体会“红塔山”和“玉溪”品牌的文化精髓。

【捐款 300 万元支持盈江抗震救灾】 3 月 10 日，云南省德宏州盈江县发生 5.8 级地震，红塔集团及时捐赠救灾款 300 万元支援抗震救灾。

【“玉溪杯”第十届西南棋王赛在成都举行】 3 月 10～11 日，由中国围棋协会、红塔集团主办，成都市体育局、成都棋院、成都围棋联合总会承办，红塔集团“玉溪”品牌独家冠名的第十届“玉溪杯”中国围棋西南棋王赛在成都举行，来自云、贵、川、渝四省市的 16 位棋手参赛。四川棋手古灵益五段最终获胜，第四次卫冕“西南棋王”。

【国际交流】 3 月 29 日，伊朗国家烟草公司副总经理、伊朗绿色烟草有限公司总经理卡山尼以及美西国际烟草公司董事长马绍周一行到红塔集团访问，红塔集团副总裁蒋顺华、王勇接待了卡山尼一行，双方进行了座谈交谈。

6 月 17 日，太平洋岛国外交官代表团一行 22 人到红塔集团考察。

8 月 24 日，参加 2011 云南烟草国际有限公司境外经销商恳谈会的境外 30 多个国家和地区 70 名烟草经销商代表到红塔集团参观考察，云南中烟工业有限责任公司副总经理顾波、云南烟草国际有限公司总经理李力和等陪同参观考察。红塔集团党委书记、总裁李穗明接待并与境外经销商座谈，希望境外经销商一如既往支持红塔集团，进一步加强战略合作，携手共进，实现“合作共赢”。

10 月 24 日，东方贸易公司董事长马蒂亚斯、总经理利索萨一行 7 人到红塔集团参观访问，红塔集团副总裁王勇接待并陪同参观。座谈中，双方回顾合作以来所取得的成果，就今后的合作事宜进行交流。

10 月 27 日，德国虹霓烟草机械公司首席执行官索姆到红塔集团访问，虹霓远东公司董事、总经理米罗斯随同到访。红塔集团副总裁葛孚明接待了索姆一行，双方人员围绕设备效率与故障、现场技术人员培训、先进技术和服务的转移运用等问题进行了交流。

11月8日，帝国烟草亚太区生产营运总监劳伦特·夏本到红塔集团参观访问，红塔集团副总裁王勇接待了劳伦特·夏本一行，双方就今后的合作进行磋商。

12月7日，柬埔寨班迭棉吉省省长翁恩和副省长隆索坡率柬埔寨班迭棉吉省代表团一行21人到红塔集团参观。

【领导到红塔集团调研检查】 2月22日，云南省军区司令员邱型柏、政委杨成熙等领导到红塔集团参观。

3月9日，中国财贸轻纺烟草工会主席王晓峰等一行到红塔集团调研，集团董事长柳万东、党委书记谢昆或、工会主席曹航等领导接待并陪同参观了红塔文体中心、网球场、玉溪卷烟厂、红塔文化展厅以及烟事文化馆，向王晓峰一行介绍了红塔集团工会工作开展情况。

3月15日，北京市烟草专卖局（公司）局长（总经理）周瑞增一行到红塔集团访问，红塔集团董事长柳万东、总裁李穗明、党委书记谢昆或、副总裁张国良，云南中烟工业有限责任公司副总经理李天飞等领导接待了周瑞增一行，双方就共话发展进行座谈交流。

3月16日，国家烟草专卖局经济运行司副司长李德义、生产经营处处长孙姝军一行4人到红塔集团就“云南工业品牌合作生产情况”进行调研。

3月17日，国家烟草专卖局董事长卢瑞刚等一行3人到红塔集团调研，云南中烟董事会相关领导陪同调研。红塔集团总裁助理夏开元向调研组一行汇报了集团卷烟、烤烟生产环节的物耗定额管理情况，财务部汇报了集团费用定额、标准成本与全面预算管理情况。

3月21日，云南省委常委、昆明市委书记仇和，昆明市委副书记、市长张祖林一行在玉溪市委副书记、市长高劲松等领导的陪同下到红塔集团参观考察。

4月26日，原十届全国人大常委会副委员长盛华仁在云南省人大常委会常务副主任牛绍尧、秘书长白保兴、办公厅副主任梁钒及玉溪市人大常委会主任董诗强等领导的陪同下到红塔集团考察。

5月20日，江苏省烟草专卖局（公司）局长（总经理）尉彭城、副总经理杨兴泉一行在云南中烟公司副总经理李天飞的陪同下到红塔集团，双方共话品牌培育与发展。

5月26日，国家烟草专卖局副局长何泽华在云南中烟公司董事长、红塔集团董事长柳万东，云南省烟草专卖局（公司）副总经理童荣崑，红塔集团总裁李穗明、党委书记谢昆或，玉溪市副市长李洪云，玉溪市烟草专卖局局长田泽华的陪同下到“红塔·玉溪生态园区”调研。何泽华一行在“红塔·玉溪生态园区”生态烟叶沿湖示范带查看生态烟叶“团棵期”的生长情况，了解生态园区与抚仙湖的保护，生态园区的地理环境、生产方式、科技手段、运作模式、可持续性发展等方面的情况，听取红塔集团和玉溪市关于生态烟叶种植和生态园区建设的实施情况和后续规划汇报。何泽华一行肯定了红塔集团和玉溪市在生态园区建设方面的超前探索，认为红塔集团品牌发展强劲，高端品牌“玉溪”品质好，发展后劲足。要求集团要把营销做到烟叶上，利用玉溪得天独厚的自然优势，通过“庄园”运作模式，突出“有机烟叶”的使用，充分挖掘特色文化，把“玉溪”打造成卷烟王国高端中的高端，从而带动红塔品牌的全线发展。

7月4日，云南省政协“实施西部大开发和桥头堡战略中加快推进滇中经济区建设”专题调研组一行在玉溪市政协主席冷明德，玉溪市委常委、副市长黄宪庭的陪同下到红塔集团考察调研。

7月15日，国家烟草专卖局副局长张保振一行到玉溪调研指导工作，云南省副省长曹建方，云南省烟草专卖局局长余云东，云南中烟公司总经理朱绍明、党组书记柳万东，红塔集团党委书记、总裁李穗明，玉溪市市长高劲松等领导陪同调研。张保振分别对红塔集团的生产经营情况和“玉溪（庄园）”研发情况以及云南省烟草农业科学研究院“世界烟草品种园”建设情况进行调研和听取汇报，肯定了云南中烟、红塔集团和云南烟草农业科学研究院的科技工作。

7月21日，国家烟草专卖局副局长何泽华一行到玉溪调研指导工作，国家局财务审计司副司长万里明、中国烟叶公司副总经理吴洪田、中国卷烟销售公司副总经理王宏、中烟电子商务公司副总经理范建治等领导随同调研。云南省烟草专卖局局长余云东，云南中烟公司副总经理李天飞，红塔集团党委副书记施永超等领导陪同调研。何泽华分别对红塔集团上半年的生产经营情况和“玉溪（庄园）”的研发进展情况以及云南省烟草农业科学研究院“世界烟草品种园”建设情况进行实地考察、调研，听取相关工作汇报，肯定“玉溪”“红塔山”的良好发展态势。要求深入挖掘烟草庄园丰富的文化内涵和经典故事，突显它特殊的风格和特征，并在科技研发、精准营销和宣传推广方面下功夫。

7月22日，江西省烟草专卖局（公司）局长（总经理）徐璒在云南中烟工业公司纪检组长李新军的陪同下来到红塔集团，双方共话合作发展。集团董事长柳万东希望江西省局（公司）对红塔集团即将推出的几个低焦油新产品，特别是“玉溪（庄园）”高端产品给予全力支持，帮助红塔集团做好上市推广和市场培育工作。徐璒局长介绍了江西烟草目前的发展情况，希望双方在原料、卷烟销售、打叶复烤等方面继续加强合作。

7月25日，红塔辽宁烟草有限责任公司党组书记、总经理李德贤一行到红塔集团，双方就企业文化建设主题进行交流。

8月24日，海南省副省长林方略一行到红塔集团考察。

9月6日，全国人大外事委员会副主任查培新率专题调研组到玉溪调研《烟草控制框架公约》履约情况，玉溪市市长高劲松等领导陪同到红塔集团等单位调研。

9月26日，中国烟草机械集团有限责任公司董事长、总经理王崇光，副总经理于明芳等领导到红塔集团进行装备技术调研，双方就红塔集团装备技术需求进行了交流。

9月28日，驻国家局纪检组副组长、监察局局长姜凯，副局长刘忠到红塔集团检查指导工作，云南中烟公司纪检组组长李新军、云南省烟草专卖局（公司）纪检组长温宁军陪同调研。红塔集团总裁李穗明向姜凯一行介绍了红塔集团的发展历程、品牌结构和卷烟生产经营等情况及党风廉政建设和政治思想工作情况。

10月11日，安徽省烟草专卖局（公司）局长（总经理）闫武一行在云南中烟工业公司副总经理李天飞的陪同下到红塔集团参观交流。

10月13日，山西省烟草专卖局（公司）局长、总经理李泽华一行到红塔集团参观交流。

10月20日，云南中烟工业有限责任公司副总经理高兴智到红塔集团调研。

10月21日，浙江省政协经济委员会副主任、原浙江省烟草专卖局局长钱锦根在云南省政协办公室主任张高福，人大财经委副主任、原云南中烟公司总经理张水长，云南中烟公司副总经理高兴智的陪同下到红塔集团参观访问。

11月2日，由成都军区副司令员、中将阮志柏，联勤部副部长、少将任思强等8人组成的成都军区征兵工作检查组在云南省军区副司令员、少将杨金奎，玉溪市市长高劲松等领导的陪同下到红塔集团参观调研。

11月5日，中共云南省委常委、省委组织部部长刘维佳一行到红塔集团调研，并到"华叶·玉溪庄园"实地调研。

11月8日，中国扶贫开发中心主任冯强一行在云南省扶贫办副主任余潮的陪同下到红塔集团调研。红塔集团副总裁张建华接待并陪同冯强一行到峨山县岔河乡凤窝村实地查看"玉溪庄园"的建设情况及红塔集团通过庄园建设帮助烟农致富，促进当地有机产业发展的实际情况。冯强肯定了红塔集团发展烟草庄园对凤窝农业带来的积极促进作用。

11月10日，中共云南省委常委、省纪委书记辛维光在玉溪市委书记孔祥庚、市纪委书记李文斌的陪同下到红塔集团调研。

11月14日，中国青年报社社长徐文新到红塔集团参观访问。

（金世祥）

烟草辅料

【卷烟辅料工业】 玉溪市红塔区烟草辅料工业是在红塔集团培育和扶持下发展起来的现代新型企业，是红塔区的优势产业之一。玉溪卷烟辅料工业经过多年的发展，形成了商标印刷、水松纸、滤嘴棒、复合铝箔、BOPP、香精香料、卷烟专用乳胶、自粘金拉线、卷烟带、防伪标识、真空镀铝纸（卡纸、内衬纸）、激光镭射膜、烟用葡萄糖、油墨、纸箱、丙二醇等门类较齐全的配套产品。2011年末，全区规模以上卷烟辅料工业（指年主营业务收入2 000万元以上，下同）发展到19家，工业总产值28.70亿元，占全区规模上工业总产值的3.7%；拥有资产总计33.02亿元，占全区规模上工业资产总计的4.2%；实现主营业务收入29.03亿元，占全区规模以上工业主营业务收入的4.0%；实现利润3.90亿元，占全区规模以上工业利润总额的5.2%；实现利税5.15亿元，占全区规模上利税总额的1.5%。

2011年，玉溪市红塔区卷烟辅料工业企业充分利用其高新技术企业的优势，继续加大新老产品的科技投入，不断提高产品科技含量，努力降低成本，增强产品的竞争力。年内，全区有12家卷烟辅料企业进入玉溪市红塔区的高新技术企业名录，占全区高新技术产业企业的36.4%。

表46：2011年红塔区烟草配套工业主要经济指标统计表

2011年红塔区烟草配套工业主要经济指标统计表

表46

单位：万元、人

序号	企业名称	主营业务收入	工业总产值（现价）	资产合计	平均人数	企业法人	电话号码
1	云南天宏香精香料有限公司	60 228	59 192	38 500	124	朱林瑶	2073398
2	云南红塔塑胶有限公司	37 806	38 264	44 063	252	李晓明	8888680
3	云南玉溪卷烟厂滤嘴棒分厂	33 574	33 884	35 245	778	杨永平	2771932
4	玉溪思润印刷有限公司	28 649	24 724	24 095	422	何金星	2770816
5	玉溪市旭日塑料有限责任公司	25 908	26 636	16 761	242	靳树伟	2699329
6	云南荷乐宾防伪技术有限公司	15 805	16 684	16 274	54	袁财荣	2662848
7	云南环腾实业集团	13 980	15 880	13 216	195	蒋海明	2076339
8	玉溪环球彩印纸盒有限公司	11 770	12 651	21 143	262	李双友	2051818
9	云南新兴仁恒包装材料有限公司	10 648	10 705	13 798	282	马　翔	2151988
10	云南省玉溪印刷有限责任公司	9 925	9 778	15 835	298	李为刚	2050331
11	玉溪市大营街铝箔纸有限责任公司	7 577	6 791	8 107	122	周　兴	2771643
12	云南玉溪水松纸厂	7 560	5 968	28 378	147	何金星	2770815
13	玉溪市星源油墨厂	5 208	5 208	9 204	228	何金富	2770815
14	云南省玉溪市云溪香精香料有限责任公司	4 956	5 212	8 699	95	陈永斌	2076615
15	云南恩典科技产业发展有限公司	4 818	2 982	10	347	何金星	2770815
16	云南省玉溪市科技彩印有限公司	4 464	4 575	13 140	128	何明忠	2067015
17	玉溪自强卷烟专用胶有限公司	2 515	2 677	3 556	22	李自祥	2151106
18	玉溪市东升纸业有限责任公司	2 485	2 334	7 423	156	聂　刚	2056578
19	云南玉溪金叶福达工贸有限责任公司	2 426	2 885	2 361	49	杨婷婷	2965599
	合　　计	290 302	287 029	330 172	4 203		

（薛宝妹）

【玉溪环球彩印纸盒有限公司】 2011年，公司面对烟草行业加速发展形势，在变化趋势中寻求发展契机，全年完成产量77 399.70万张，配套卷烟产品36.91万大箱，实现主营业务收入11 770万元，缴纳增值税1 022.07万元，所得税443.02万元。年末有职工261人，其中专业技术人员117人。

推广运用环保油墨。公司坚持在卷烟条与盒包装上推广应用水性油墨，并受红塔集团技术中心委托，完成《卷烟条与盒包装凹印水性油墨的应用研究》项目。通过项目的实施，有效降低卷烟包装中的VOCs残留量，使用水性油墨的印刷品VOCs残留量仅为《YC263－2008标准限量要求》的10.39%。

研发、应用卷盘商标外观检测仪。与玉溪卷烟厂确定共同研发应用图像检测技术，实现对卷盘商标的质量检测，承担"卷盘商标外观检测仪的研发及应用"课题，突破过去无法快速、有效对卷盘商标内部进行检测的限制，找到解决卷盘商标产品质量控制的路径，建立了一套完整的检测体系，提升了质量控制水平。

加强科技管理，持续培育企业核心技术。根据国家"十二五"发展规划及印刷包装行业"环保安全性、降低成本"的发展趋势，制订《卷烟包装未来五年发展趋势及研发计划》。申报获得"活块式烫金辊""气胀轴轴头固定装置""烫金机一体机""纸带复卷机报警停机系统""模切产品剔废机构"五项国家知识产权专利证书。

2011年，公司获云南省印刷行业协会评选的"包装装璜印刷质量管理先进单位"、云南省高新技术企业发展促进会评选的"云南省高新技术企业2010年上缴税费30强"、红塔区政府评选的"2008～2010年度优强工业企业"、云南中烟工业有限责任公司评选的"A级条与盒包装纸合格供应企业"等称号。

（金　婵）

【玉溪市旭日塑料有限责任公司】 属中二型企业，主要生产经营"旭日"牌聚乙烯吹塑农用薄膜，产品包括棚膜、农膜、地膜、微膜四大系列一百多个规格，年生产能力4 000万千克，是云南省目前规模最大的农用薄膜企业，全国年产量过万吨的前十家农用薄膜企业之一。2011年，实现农用薄膜产量1 960万千克、产值2.71亿元、销售收入3.03亿元，分别比上年增8.3%、17.3%、39.6%。年内，公司承担的云南省科技创新强省计划项目——《长效环保型玫瑰花栽培用多功能棚膜研究开发》通过了省科技厅组织的项目验收及科技成果鉴定，企业被复审认定为"高新技术企业"，"旭日"牌农业用聚乙烯吹塑棚膜连续三届被认定为"云南名牌产品"，"旭日"商标连续二届被认定为"云南省著名商标""玉溪市知名商标"。5月，在玉溪高新技术产业开发区九龙片区开工建设功能性农用薄膜新厂区，新产区占地62亩，设计功能性农用薄膜年生产能力4 000万千克，引进具有国内先进水平的14米三层共挤复合吹塑棚膜生产线及功能性地膜生产线，预计2012年8月投产。

（刘建福）

【云南环腾实业集团玉溪市溶剂厂有限公司】 2011年，公司设备完好率99%以上，产品质量合格率100%，实现销售收入13 980万元，上缴税收800多万元。22年保持废水"零"排放，废气达标排放，被评为省、市、区环保先进单位。年内，被确定为"云南省基层党建工作示范点""玉溪市基层党建工作示范点""红塔区学习型党组织示范点"。产品被评为"云南省省级新产品"；公司被云南省科学技术厅认定为"云南省红塔卷烟配套材料高新技术特色产业基地骨干企业"，先后荣获"红塔区技术创新成果一等奖""云南省劳动关系和谐企业""玉溪市优强企业""云南省爱心奉献先进集体"；获"玉溪市捐资助教荣誉证书""关心特殊教育，帮助弱势群体"奖牌及证书。董事长蒋兴建获"云南省优秀党务工作者""玉溪市人大工作先进个人""玉溪市优秀工业企业家""玉溪市优秀中国特色社会主义事业建设者"称号；总工程师杜云忠被评为"云南省劳动模范"；生产部长潘光亮被评为"玉溪市青年科技带头人"；企业管理部部长蒋红艳"党旗下的誓言"演讲比赛获玉溪市第一名、云南省第二名。

（蒋红艳）

【云南省玉溪印刷有限责任公司】 属中型工业企业，生产品种为多色印刷。资产1.6亿元，注册资本4 900万元。拥有从日本、法国、美国、德国、英国、瑞士等发达国家引进的顶级印务生产设备，集电脑创意、电子分色、CTP直接制版、平、凸、凹彩色印刷、丝网印刷、无碳复写票据印刷、书刊装订、烫金、模切成型的"全能型"印刷企业。2011年，从业人员321人，年产量57.01万对开色令，营业收入10 102万元，总产值9 778万元，缴纳税金1 182万元。

【云南天宏香精香料有限公司】 属中型工业企业，以烟用香精香料为主产品，集生产、销售、科研于一体的中外合资企业，投资总额6 000万元人民币，设备生产能力年产250万千克。2011年，从业人员124人，产量123万千克，营业收入60 228万元，工业总产值59 192万元，缴纳税金80万元。连续五年通过ISO9001国际质量体系认证。

【云南荷乐宾防伪技术有限公司】 由云南红塔实业有限责任公司与香港万浩盛国际有限公司合资兴建，投资总额600万美元，属中型工业企业，主营进口库尔兹OVD箔膜并将其制成防伪产品，生产德国库尔兹公司独家研究开发的鉴信防伪技术产品。2011年，从业人员54人，主营业务收入15 805万元，工业总产值16 684万元，缴纳税金2 089万元。

【玉溪市科技彩印有限责任公司】 属中型工业企业，生产卷烟商标。2011年，从业人员132人，产量49 597万张，主营业务收入4 464万元，总产值4 575万元，缴纳税金335万元。

【云南恩典科技产业发展有限公司】 属中型企业。2011年，从业人员347人，营业收入4 818万元，总产值2 982万元，缴纳税金647万元。

（陈桂萍）

【云南创新新材料股份有限公司】 成立于2001年7月，原名"云南玉溪创新彩印有限公司"，位于玉溪市高新区，注册资本10 040万元。2011年5月完成股改，名称变更为"云南创新新材料股份有限公司"，旗下有云南红塔塑胶有限公司、红塔塑胶（成都）有限公司、云南德新纸业有限公司，其主要经营范围包括包装盒生产、加工、销售；彩色印刷；生产、加工、销售印刷用原料、辅料；生产、加工、销售塑料薄膜、改性塑料；生产、加工、销售镭射转移纸、金银卡纸、液体包装纸、电化铝、高档包装纸；生产、加工、销售新能源材料以及相应新技术、新产品开发。云南创新新材料股份有限公司主要负责各类卷烟包装盒、各种规格屋顶包、无菌砖以及无菌枕包、各种类型的药品包装盒的生产、研发和销售，拥有多台套凹印、胶印、丝网及烫印模切设备及淋膜和封边成型设备。公司于2004年通过ISO9001质量管理体系认证，2010年通过ISO14001：2004环境管理体系认证和GB/T28001－2001职业健康管理体系认证，实现三标一体认证审核；2007年公司技术中心被评定为“省级技术中心”；2008年通过QS（质量安全）认证，并依据新的认定办法被认定为国家级“高新技术企业”。

2011年，公司资产总额14亿元，员工1 200余人，具有年产10亿只液体饮料包装盒和卷烟配套120万大箱的生产能力，销售网络覆盖全国大部分省市。公司充分利用自身科技力量开发有市场前景、有竞争力的新产品、新工艺，年内，获得红塔区科技成果一等奖1项、省级新产品1项（累计获得两项）；申报专利6项，其中：通过受理4项（累计拥有实用新型专利7项、发明专利1项、外观专利1项，另有两项实用新型专利获受理）。2011年，创新公司及旗下子公司销售收入均达9亿元以上，利润总额超1亿元，上缴税金5 000多万元。

【云南德新纸业有限公司】 位于云南省玉溪市高新区兴科路11号，于2006年1月注册成立，注册资本3 136.51万元人民币，属于云南创新新材料股份有限公司的全资子公司。

公司拥有自行设计和引进的多台套涂布、模压、镀铝、复合剥离及分切设备，专业从事直镀纸、镭射转移纸、喷铝金银卡纸、液体包装纸、淋膜复合纸和玻璃卡纸等产品的生产、加工和销售。电化铝、PET镭射膜等产品也批量投入市场。

公司立足于开发各类高质量、上档次且利于环保的产品，已成功开发了镭射转移纸（环保型）避让缝技术、预印光标定位转移技术、水性膜转移技术，并在烟草配套产业应用推广。2011年，由公司自主研发的“彩虹镭射转移防伪卡纸”被认定为国家级重点新产品，公司技术中心被认定为“市级技术中心”“高新技术企业”，质量安全管理体系认证证书通过审核。

2011年，公司销售收入12 000万元，缴税700多万元。

【云南红塔塑胶有限公司】 位于玉溪市高新区，于1996年3月注册成立，注册资本14 098万元人民币，2007年6月，在成都市温江区成都海峡两岸科技产业开发园投资全资子公司——红塔塑胶（成都）有限公司。2011年，与原云南玉溪创新彩印有限公司、云南德新纸业有限公司进行资产重组，成立云南创新新材料股份有限公司，云南红塔塑胶有限公司由外资企业变更为内资企业，成为云南创新新材料股份有限公司的子公司，以云南创新新材料股份有限公司为主体运作上市。

公司先后引进法国DMT公司、德国Bruckner公司和日本制钢所三条全自动BOPP生产线，英国ATLAS公司和德国KAMPF公司分切设备，拥有全套进口的实验室检测设备，硬件设施先进可靠，年生产能力6 000万千克，是西南最大的BOPP生产企业，也是省内最大的塑料加工企业。公司及成都子公司以生产烟膜、普通平膜和特种膜为主，运用于卷烟包装、食品包装、高档礼品包装、复合、胶粘带基材等领域，主要销往省内外40多家烟厂和沿海一带，销售网络覆盖全国三分之一省市。

公司注重科技创新，已通过QS（生产许可）认证、三标一体认证（质量管理体系认证、环境管理体系认证、职业健康安全管理体系认证）；属“国家级高新技术企业”“省级企业技术中心”。2011年，公司通过“市级软包装工程技术研究中心”认定；获发明专利授权两项，累计拥有8项专利产品；“普通型双向拉伸聚丙烯薄膜”通过省名牌产品的复审认定；“BOPP烟膜专用增挺母料”获2010年度玉溪市科学技术三等奖；“BOPP烟膜专用增挺母料”及“BOPP烟膜专用抗静电母料”均获玉溪市科学技术成果证书；被评为“能源计量示范单位”；公司法人代表李晓明被认定为云南省首批“百名海外高层次人才引进计划”的引进人才。

2009年以来，公司年均销售收入3亿多元，利润均在3千多万元，年均上缴税收2千多万元。

（吴　磊）

【玉溪市浩森工贸有限公司】 公司成立于1994年9月，是一家以烟草行业系统集成和机电设备的设计、改造为主要发展方向的股份制公司，拥有烟草机械加工制造专业设备40多台（套）。2011年，有员工近150人，具有高级、中级职称的机械设备设计工程师，自动控制工程师、安装工程师及项目工程师占全公司员工的20%。内设机构有财务部、机械设备部、自动化部、工程部、采供部、综合部等6个部门，注册资金900万元，生产场地5 100平方米，具有中国烟草交易中心会员证（烟草专用机械零配件交易会云南分会会员）。

公司成立以来，为红塔集团玉溪卷烟厂、大理卷烟厂、楚雄卷烟厂、红云红河集团昆明卷烟厂、曲靖天然烟叶复烤有限责任公司师宗、陆良、宣威复烤厂，文山烟叶复烤有限责任公司、红河天赢烟叶复烤有限责任公司等多家烟草企业服务，业务范围由烟机零配件制作加工发展成为烟机辅联、主机设备的设计、制作及安装一体化综合服务。主要产品有ICS－XE型秤台悬浮式电子皮带秤、润叶机改造、精选台、铺把台、松包解把机、各机型打叶机打辊、夹抱机、喂料机（翻箱喂料机、仓式喂料机）、除尘系统、各型输送辅联设备（振动输送机、皮带输送机、辊道输送机）及其他烟草行业零配件的加工生产。公司按照ISO9001国际质量保证体系的要求，自项目合同签订到合同履行完毕的过程中，实施全程的项目管理和过程质量控制，保证公司提供的产品和售后服务质量，多次被云南省烟草机械公司评为烟机零配件定点生产企业“先进单位”；1999年以来，连续多年被玉溪市、红塔区人民政府授予“优秀私营企业”“光彩之星”“诚信企业”称号，被玉溪市红塔区国税局和地税局授予“诚信企业”称号；2000年、2001年、2002年被云南省烟草机械公司连续评为烟机零配件定点生产企业“先进单位”。

（范崇磊）

*　　*　　*　　*

烟草商业·专卖

【概　述】　2011年，玉溪市面对物价上涨、优化烟叶等级结构和连续干旱等压力，把稳定烟叶生产规模、优化烟叶等级结构工作和玉溪庄园建设放到首要位置，实现“一个转折、一个巩固、一个突破、一个提升、六个全面推进”，即：烟叶生产创历史最好纪录，稳定烟叶生产规模实现历史性转折；在全国烟叶减产的情况下，超额完成收购计划，巩固了玉溪烟草在全省乃至全国烟叶生产中的优势地位；玉溪庄园建设取得较好成效，在探索转变烟叶生产发展方式、全力推进“卷烟上水平”上率先实现突破；以玉溪庄园建设为载体，“扬名气、树品牌”取得明显成效，“云烟之乡”品牌影响力大幅提升；卷烟营销、专卖管理、规范建设、企业管理、自身建设、科技创新六个全面推进，全年种植烤烟71万亩，收购烟叶10 193万千克（203.85万担），销售卷烟8.82万箱，同比增长4.69%，实现“两烟”销售收入52.09亿元，“两烟”税利19.30亿元，“两烟”利润11.51亿元。

（潘红梅）

烤烟生产

【烟叶生产收购】　2011年，玉溪市种植烤烟71万亩，其中：田烟26万亩，地烟45万亩，种烟县9个，种烟乡镇67个，种烟村委会479个，主要种植品种“红大”“K326”“KRK26”“NC297”“NC71”。收购烟叶10 193万千克（203.85万担），占计划收购9 500万千克（190万担）总量的107.29%，其中：指令性计划8 455万千克（169.1万担），出口备货1 045万千克（20.9万担），丰产烟叶692.5万千克（13.85万担），收购金额19.22亿元，增加4.16亿元；均价18.86元/千克，比上年增加3.76元；收购上等烟叶6 991万千克（139.82万担），占68.59%，比上年提高13.57个百分点，收购中等烟叶2 536万千克（50.72万担），占24.88%，收购下等烟叶665.5万千克（13.31万担），占6.53%。省局收购等级质量检查合格率78.3%，工商交接等级质量检查合格率75.1%；国家局收购等级质量检查合格率70.6%，工商交接等级质量检查合格率62.77%。上等烟比例、收购均价、烟农收入、烟叶税创历史新高，“云烟之乡”在全省乃至全国的烟叶生产优势地位得到巩固。

（黄继梅）

【烟叶生产基础设施建设】　2011年，玉溪市投入烟草行业补贴资金17 261.53万元，完成烟叶生产基础设施建设项目7个，1 563件，其中：烟水配套项目520件（水池296个，容量50 624立方米；管网19件，管道长415.50千米；沟渠179条，总长295.75千米；提灌站2件，坝塘17座，总库容374.78万立方米；倒虹吸7件，长60.03千米）；机耕路59条，总长112.51千米；密集烤房728件；烟草农用机械234台（套）；育苗设施（小棚）22件。基本烟田受益面积21.25万亩。

（李翠萍）

【现代烟草农业建设】　2011年，玉溪市现代烟草农业建设坚持“一基四化”原则，稳步推进“三化”示范县建设，红塔区整县推进，烟叶生产条件得到明显改善。原料供应基地化率得到提升，基地化率14.2%。烟叶品质特色化稳步推进，全市共种植“K326”“红花大金元”“NC297”“NC71”“KRK26”等5个品种，其中“K326”品种71.10万亩。加大机械化作业力度，机械化耕地、理墒占计划面积的80%，有效减轻烟农的劳动强度。创新生产组织方式，全市共有烤烟专业合作社114个，其中2011年新成立经营型合作社8个、种植型合作社42个、服务型合作社20个。加强烤烟科技工作，制订《烟蚜茧蜂防治烟蚜技术规程》行业标准1项，并通过国家标准委的审定。全年申请专利9项，发表论文5篇，申报软件著作权1项。

（谷星慧）

【烤烟规划连片种植】　2011年，玉溪市种植烤烟71万亩，规划连片种植6 086片，其中：田烟规划2 095片，地烟3 991片。规划田烟连片50亩以下459片，面积14 029.6亩；50亩～100亩847片，面积56 961.7亩；100亩～200亩475片，面积64 526.1亩；200亩～500亩250片，面积77 246.3亩；500亩～1 000亩51片，面积34 711.7亩；1 000亩以上13片，面积16 885.3亩。规划地烟连片30亩以下452片，面积11 949.2亩；30亩～100亩2 039片，面积12.53万亩；100亩～200亩997片，面积14.15万亩；200亩～500亩445片，面积12.68万亩；500亩～1 000亩48片，面积31 033亩；1 000亩以上10片，面积11 862亩。

【烤烟育苗管理】　2011年，玉溪市共落实商品化育苗点1 606个，14.19万个育苗棚（大棚304个，中棚323个，小棚14.13万个），育苗653.77万盘，漂浮育苗面积68.68万平方米，漂湿育苗面积61.07万平方米，湿润育苗面积11 202平方米，育苗10.64亿株，保证烤烟栽足面积用苗。

【烤烟种植品种】　2011年，玉溪市烤烟主要种植“红大”“K326”“KRK26”“NC297”“NC71”5个品种，其中：种植“红大”2万亩，占种植面积2.82%；种植“K326”58.51万亩，占种植面积82.41%；种植“KRK26”20 417亩，占种植面积2.88%；种植“NC297”61 900亩，占种植面积8.72%；种植“NC71”22 542亩，占种植面积3.17%。

【烤烟合同管理】　2011年，玉溪市根据烤烟生产及优化烟叶结构目标，将生产计划分解到县、乡、村、组、户，做到合同签订面积、地块、收购量、种烟农户“四落实”。全市共签订合同46 479份，签订种植面积71万亩，其中：田烟26万亩，地烟45万亩；签订合同收购量9 500万千克（190万担），其中：指令性计划8 055万千克（169.1万担），上等烟比例67%，出口备货1 045万千克（20.9万担）；户均种植面积15.28亩，其中：户均种植10亩以下的11 601户，10亩～20亩的28 870户，20亩～50亩的5 871户，50亩～100亩的45户，100亩以上的92户，户均交售量2 044千克(40.88担)。

【烤烟最佳节令移栽】　5月15日，玉溪市全面完成烤烟移栽任务，实现最佳节令栽烟，比2010年提前6天完成。全市5月1～15日集中移栽61.27万亩，占71万亩计划面积的86.30%，实现栽足、栽够、最佳节令集中移栽目标。其中，机耕面积56.8万亩，占计划面积80%。

【推广揭膜提沟培土技术】 2011年，玉溪市烤烟盖膜35.17万亩，实施揭膜13万亩，占盖膜面积的36.96%。其中，峨山县完成揭膜培土3万亩，占盖膜面积的100%，元江县完成揭膜培土3万亩，占盖膜面积的51.41%。

【优化烟叶结构】 2月23日，玉溪市召开提高优质烟叶有效供给能力工作会，部署提高优质烟叶有效供给能力工作，贯彻落实云南省人民政府提高优质烟叶有效供给能力会议精神，市委书记孔祥庚、市长高劲松分别就提高优质烟叶有效供给能力做出指示。玉溪市烟草专卖局（公司）结合实际分别制订《玉溪市提高优质烟叶有效供给能力实施意见》《玉溪市优化烟叶结构清除不适用烟叶田间生产技术规范》《玉溪市优化烟叶结构不适用烟叶田间处理办法》《玉溪市优化烟叶结构补贴资金管理办法》《玉溪市优化烟叶结构工作推进计划》等方案及配套措施办法。年内，各县（区）分公司完善细化乡镇、村组工作方案，制订“一村一案”481份。建立市、县（区）、乡镇（街道）、烟叶工作站四级联动机制。全市成立市级工作组8个，县（区）工作组45个，乡镇级工作组674个。组织市级督导和考评19次，县（区）督导36次，乡镇督导182次。派出人员2 392人次，其中：市级186人次，县（区）级637人次，乡镇级1 569人次，累计清除处理不适用烟叶8 900万千克，平均每亩打除不适用鲜烟叶125.35千克，比计划多打除5.35千克，综合利用不适用鲜烟叶5 918.77万千克。年内，玉溪市烟草专卖局（公司）被云南省人民政府表彰为“2011年烟叶工作先进单位”

【专业化分级散叶收购】 2011年，玉溪市红塔区大营街、春和两个基地单元、24个烤烟种植专业合作社，12个烟叶收购站（点）和江川县江城基地单元尹旗、明星等7个专业合作社被确定为专业化分级散叶收购试点，年内收购烟叶711.71万千克。

【烟叶调拨、销售】 2011年，玉溪市调拨销售烟叶10 325.5万千克（206.51万担），销售金额（含税）34.45亿元，担烟结算价1 668.11元。确定2011年度烟叶调拨流向：云南红塔烟叶公司7 185万千克（143.7万担），其中：工商普通购销5 805万千克（116.1万担），基地烟整县推进1 130万千克（22.6万担），整县特色烟250万千克（5万担）；省外工业企业424.5万千克（8.49万担），其中：湖南中烟58.5万千克（1.17万担），江苏中烟80万千克（1.6万担），安徽中烟60万千克（1.2万担），浙江中烟141万千克（2.82万担），川渝中烟70万千克（1.4万担），黑龙江烟草工业公司15万千克（0.3万担）；省进出口公司出口备货1 045万千克（20.9万担）；省储烟8 455万千克（16.91万担）。完成2010年原烟调拨销售计划。

（黄继梅）

【庄园建设】 2011年，玉溪市烟草专卖局（公司）按照“依托天然优势，瞄准国际水平，创造独特庄园”理念，率先在全国建成“华叶·玉溪庄园”。“华叶·玉溪庄园”集有机烟叶种植、加工、收购，有机农作物生产经营，有机技术研发推广，农业科技人才培养，有机文化传播，烟农培训交流为一体，服务于红塔集团高尖端卷烟品牌——“玉溪（庄园）”，打造有机庄园。“华叶·玉溪庄园”的打造以“三个一”建设为核心，即一个核心示范区——有机烟叶技术创新区（位于立昌）、一条生态示范带——江川牛摩至澄江梅玉沿湖生态烟叶示范带，一个综合管理中心——有机庄园管理中心（位于长条河），并围绕总体建设目标，进行合理分区布局，完善庄园建设内容。搭建2+8=1的科技创新平台，探索出“公司+工业+农户”的庄园合作社新机制，自主创新有机烟叶新技术，打造科技庄园。建设庄园文化体验馆，打造人文庄园。年内，“华叶·玉溪庄园”种植烤烟1万亩（种植有机烟叶1 320亩），收购烟叶150万千克（3万担），全部对口红塔集团。通过庄园建设，提升“云烟之乡”品牌的影响力。

【“华叶·玉溪庄园”管理中心】 2011年，玉溪市烟草专卖局（公司）通过整合澄江县烟草分公司长条河烟站资源，建设多功能的“华叶·玉溪庄园”管理中心，包括生物防治中心、有机育苗工场、有机高效农作物培育中心、有机烘烤工场、有机散烟收购区，有机技术联合研究中心、庄园管理中心、庄园合作社、庄园文化体验馆，对有机烟叶生产技术进行研究，对高端品牌烟叶原料的生产控制过程、优质有机烟叶样品、卷烟的文化内涵和发展历程进行展示；设置庄园文化品鉴厅，让品吸者感受“玉溪（庄园）”卷烟自然清香的独特品质。

【建设现代化有机育苗工场】 2011年，玉溪市烟草公司在“华叶·玉溪庄园”管理中心建成一个现代化有机育苗工场。有机育苗工场是集立体育苗、自动化控制、基质替代、综合利用为一体的新型育苗大棚，探索在烤烟育苗结束后种植生菜、黄瓜、西红柿、芹菜等有机高效经济作物，有利于资源的综合利用。

【建立有机烟叶生产技术体系】 2011年，玉溪市烟草公司按照有机产品种植要求，完善有机烟叶生产管理体系和质量手册，建立生物防控综合体系，从烤烟种植品种选择、育苗、移栽、施肥、植保、烘烤到分级交售整个生产过程严格按照有机烟叶生产技术要求组织实施。10月26～28日，组织认证机构对澄江立昌1 320亩有机烟叶种植核心区进行有机产品认证，并通过有机转换产品认证。

【建立生物防控综合体系】 2011年，玉溪市烟草公司在“华叶·玉溪庄园”有机烟叶种植核心区推广应用烟蚜茧蜂防治烟蚜技术，通过黄板、频振灯和性诱剂等物理防治手段防控烟叶生产主要虫害，替代或减少农药的施用。

【开发生物有机肥】 2011年，玉溪市烟草公司通过技术改造开发生物有机肥，为庄园有机烟叶生产提供稳定的生物有机肥，创新不适用鲜烟叶太阳能微生物处理技术生产有机肥用于其他有机产品生产，实现资源的循环再利用。

【建设有机烟叶烘烤工场】 2011年，玉溪市烟草公司在“华叶·玉溪庄园”管理中心建成一个现代化有机烟叶烘烤工场。烤房建设以双层烤房为主，所有烤房采取“3D”烟叶烘烤模式，供热设备采用负压双层燃烧结构，提高烘烤质量，与传统烤房相比，可节约烤房建设用地50%左右，燃料燃烧充分、节约烘烤燃料25%以上，减少大气污染物排放60%以上，节约用电30%以上，降低烘烤成本15%以上，烤房闲置季节开展其他经济作物烘烤，提高利用率。

【成立烤烟综合服务专业合作社】2011年，玉溪市坚持“统分结合、双层经营”的农村生产经营模式，继续推进专业化服务。开展烟农综合性服务合作社试点探索，雄关、大营街、春和三个基地单元分别成立江川路雄、红塔惠兴与春晓3个烤烟综合服务专业合作社，在综合服务合作社下成立育苗专业队16支、机耕专业队18支、植保专业队18支、烘烤专业队18支、分级专业队18支、运输专业队12支，为所有农户在烤烟生产关键环节提供专业化服务。同时，6个经营型合作社利用自有劳动力，组建打塘、移栽、施肥浇水、中耕培土、封顶打杈、采摘、编烟等7支专业服务队，全程实施专业化服务。全市种植型专业合作社全部实现“种植在户、服务在社”，经营型合作社实现全程专业化服务。3个基地单元专业化育苗比例100%，机耕面积89.4%，机起垄面积71.3%，统防统治面积100%，统一集中烘烤100%。

（谷星慧）

【购置烟草农业机械】2011年，玉溪市投资25万元开展烟草农业机械建设，共补贴购置烟草农机49台，包括中耕培土机、起垄机、植保机械等。玉溪市自2009年将烟草农业机械购置纳入烟叶生产基础设施建设补贴范围，截至2011年，合计补贴烟草农业机械5 059台（套），其中：通用机械4 551台（套），专用机械508台（套），购置总金额3 476.73万元，烟草行业补贴1 288.64万元。

【烟草农业机械展演】10月11～13日，玉溪市在红塔区马桥进行烟草农业机械现场展演，分批组织市、县（区）、乡（镇、街道）领导，烤烟专业合作社、农机合作社、种烟大户等相关人员400余人参观。参加展演的有8个厂家的机具40余台（套），展牌16块。此次展演涉及烤烟地的深耕、旋耕起垄，地膜覆盖、装盘播种、烟苗剪叶、大田移栽到中耕管理、施肥施药、打杈封顶、烟叶编杆、烟秆拔除等烤烟生产过程。玉溪运用烟草专用中耕培土机、微耕机，起垄覆膜一体机、移栽机、拔杆碎杆一体机展演，功效较好。

（李翠萍）

【烟叶收购站创优通过验收】3月25日，玉溪市39个烟叶收购站创优工作全部通过省级验收。

【烟蚜茧蜂防治技术培训】10月9日，云南省烟草公司系统烟蚜茧蜂防治烟蚜技术培训班在玉溪开班。

（关吉芸　刘宁宁）

【红塔区烟叶生产】2011年，红塔区有种烟乡（街道）8个，种烟行政村33个，村民小组131个，签订烤烟种植合同农户5 468户，规划种植烤烟面积4.5万亩，其中：田烟1.2万亩，地烟3.3万亩；全区完成烟叶收购总量666万千克（13.32万担），完成计划的111.01%，其中：收购指令性烟叶606万千克（12.12万担）、出口备货烟叶60万千克（1.2万担）；烟叶交售总金额1.24亿元，同比增加0.16亿元；实现烟叶农特税2 720万元，上等烟比例67.36%，均价18.57元/千克，同比增加2.60元/千克；亩均烟叶交售收入2 747.91元，加上各项补助后，亩均收入3 103.91元。与上年相比，烟叶生产实现“一减六增”：收购总量减0.34万担，烟叶交售总金额增1 700万元，烟叶农特税增368万元，上等烟比例增7.19个百分点，均价增2.91元/千克，亩均交售烟叶收入增289.58元，加上各项补助后的亩均交售烟叶收入增475.06元。

表47：2011年红塔区烤烟生产情况统计表

（张建林）

2011年红塔区烤烟生产情况统计表

表47

项　目	合　计	乡镇(街道)								
		高　仓	北　城	小石桥	大营街	洛　河	研　和	春　和	玉带路	公　司
种烟签订合同										
签订合同份数(份)	2 026	235	302	389	106	204	220	569	1	
签订面积(亩)	45 000	4 850	5 500	7 400	5 380	4 180	3 900	12 690	1 100	
种烟农户(户)	5 468	465	780	967	394	948	598	1 315	1	
种烟范围(个)	8	1	1	1	1	1	1	1	1	
种烟行政村(个)	34	1	11	3	5	5	4	4	1	
自然村(个)	132	5	38	21	16	22	10	19	1	
村民小组(个)	137	5	38	23	16	22	13	19	1	
种烟人口(人)	21 978	1 860	2 340	3 968	1 582	3 802	2 592	5 826	8	
其中:三户										
科技户(户)	93	5	10	16	10	15	10	26	1	
重点户(户)	13	1	3	1	2	1	1	3	1	
专业户(户)	8		1	2	2			2	1	
公司在职职工人数(人)	111	4	5	7	5	6	5	7		72

续表 1

项目	合计	乡镇(街道)								
		高仓	北城	小石桥	大营街	洛河	研和	春和	玉带路	公司
生产人员(人)	197	19	25	25	27	21	16	43	5	16
其中:										
职工(人)	55	4	5	7	5	6	5	7		16
临时工(人)		15	20	18	22	15	11	36	5	
收购人员(人)	1 131	87	119	129	227	103	83	383		
其中:										
职工(人)	39	4	5	7	5	6	5	7		
临时工(人)	1 092	83	114	122	222	97	78	376		
技术业务培训合计										
次数(次)	275	13	29	21	42	16	71	65	6	12
人数(人次)	36 624	4 093	8 344	6 056	2 433	6 425	3 637	4 368	133	1 135
生产培训										
次数(次)	238	9	24	15	37	12	68	58	5	10
人数(人次)	29 484	3 407	7 199	4 798	1 647	5 569	3 151	2 710	98	905
收购培训										
次数(次)	37	4	5	6	5	4	3	7	1	2
人数(人次)	7 140	686	1 145	1 258	786	856	486	1 658	35	230
收购站点合计(个)	14	1	2	1	4	1	1	4		
收购站(个)	7	1	1	1	1	1	1	1		
收购点(个)	7		1		3			3		
全封闭式收购站点(个)	1					1				
标准化收购站点(个)	9	1	2	1	1	1	1	2		
收购站人员合计(人)	1 131	87	119	129	227	103	83	383		
正式职工(人)	39	4	5	7	5	6	5	7		
短期季节工(人)	1 092	83	114	122	222	97	78	376		
漂湿育苗										
育苗面积(平方米)	77 261.38	8 359.20	9 790.00	11 700.00	9 499.68	10 368.00	6 304.50	17 784.00	3 456.00	
育苗数(万株)	5 400.00	582.00	660.00	888.00	645.60	501.60	468.00	1 522.80	132.00	
可移栽面积(亩)	45 000.00	4 850.00	5 500.00	7 400.00	5 380.00	4 180.00	3 900.00	12 690.00	1 100.00	
商品化育苗可移栽大田面积(亩)	45 000.00	4 850.00	5 500.00	7 400.00	5 380.00	4 180.00	3 900.00	12 690.00	1 100.00	
移栽面积(亩)	45 000.00	4 850.00	5 500.00	7 400.00	5 380.00	4 180.00	3 900.00	12 690.00	1 100.00	
其中:										
田烟(亩)	12 000.00	900.00	2 100.00	300.00	3 500.00	500.00	500.00	3 100.00	1 100.00	
地烟(亩)	33 000.00	3 950.00	3 400.00	7 100.00	1 880.00	3 680.00	3 400.00	9 590.00		
水浇地烟(亩)	30 431.10	2 436.00	2 971.02	7 729.00	1 661.40	3 405.90	2 277.78	9 950.00		
地膜烟(亩)	26 520.00		3 960.00	7 400	1 210.00	3 180.00	1 180.00	9 590.00		

续表2

项 目	合 计	乡镇(街道)								
		高 仓	北 城	小石桥	大营街	洛 河	研 和	春 和	玉带路	公 司
轮作面积(亩)	37 900.00	3 800.00	4 800.00	5 600.00	5 000.00	3 800.00	2 800.00	11 000.00	1 100.00	
测土施肥面积(亩)	45 000.00	4 850.00	5 500.00	7 400.00	5 380.00	4 180.00	3 900.00	12 690.00	1 100.00	
病虫害预测预报网覆盖面积(亩)	45 000	4 850.00	5 500.00	7 400.00	5 380.00	4 180.00	3 900.00	12 690.00	1 100.00	
自然灾害受灾损失赔偿金额(万元)	195.66	67.90	7.85	18.25	34.66	26.72	6.31	33.34	0.63	
理赔面积(亩)	9 919.94	786.24	718.00	2 170.30	2 134.00	1 254.50	323.00	2 490.90	43.00	
其中:										
田烟(亩)	2 401.00		67		1 234.00		62.00	995	43	
地烟(亩)	7 518.94	786.24	651.00	2 170.30	900.00	1 254.50	261.00	1 495.90		
气象灾害受灾面积(亩)	9 192.80	46.80	475.00	1 967.00	1 453.00	2 671.00	277.00	2 123.00	180.00	
绝收面积(亩)	2 894.00	8.00	0.00	215.00	742.00	1 179.00	18.00	732.00	0.00	
其中:										
洪涝灾受灾面积(亩)	1 734.80	26.80	145.00	205.00	430.00	52.00	24.00	672.00	180.00	
绝收面积(亩)	31.00	8.00		3.00	2.00		18.00			
冰雹灾受灾面积(亩)	7 343.00	20.00	330.00	1 650.00	1 023.00	2 619.00	250.00	1 451.00		
绝收面积(亩)	2 863.00			212.00	740.00	1 179.00		732.00		
风灾受灾面积(亩)	115.00			112.00			3.00			
绝收面积(亩)	0.00									
病虫害受灾面积(亩)	2 403.90	1 080.00	180.90	77.00	86.00	17.00	129.00	510.00	324.00	
绝收面积(亩)	695.24	695.24								
收购总量(担)	133 210.78	15 984.26	16 406.05	22 148.30	20 450.36	11 632.54	11 218.04	35 371.23		
人均收购数量(担/人)	245.32	270.92	210.33	273.44	240.59	200.56	254.96	256.31		
亩交烟(担/亩)	2.96	3.30	2.98	2.99	3.03	2.78	2.88	2.79	3.79	
烟叶收购金额(万元)	12 365.58	1 485.05	1 508.96	2 136.05	1 472.28	1 089.30	1 031.33	3 254.40	388.21	
平均价(元/千克)	18.57	18.58	18.40	19.29	18.09	18.73	18.39	18.40	18.61	
烟农人均交烟量(担/人)	5.02	8.59	4.63	6.54	3.03	3.13	4.87	6.72	3.79	
人均收入(元/人)	4 658.17	7 984.13	4 262.59	6 310.35	2 736.57	2 929.03	4 480.15	6 187.08	3 529.17	
上等烟数量(担)	89 734.25	10 859.05	10 973.82	16 601.85	13 313.18	8 159.36	7 158.92	22 668.07		
占(%)	67.36	67.94	66.89	74.96	65.10	70.14	63.82	64.09		
中等烟数量(担)	36 029.12	4 371.31	4 322.02	4 174.79	5 753.21	2 914.62	3 352.34	11 140.83		
占(%)	27.05	27.35	26.34	18.85	28.13	25.06	29.88	31.50		
上中等烟占(%)	94.41	95.29	93.23	93.81	93.23	95.20	93.70	95.59		
下等烟数量(担)	7 447.41	753.91	1 110.21	1 371.66	1 383.97	558.56	706.78	1 562.32		
占(%)	5.59	4.72	6.77	6.19	6.77	4.80	6.30	4.42		
指令性计划收购数量(担)	121 210.78	14 698.87	14 942.46	20 271.89	18 450.36	10 572.54	10 203.43	32 071.23		
占(%)	90.99	91.96	91.08	91.53	90.22	90.89	90.96	90.67		
出口备货收购数量(担)	12 000.00	1 285.39	1 463.59	1 876.41	2 000.00	1 060.00	1 014.61	3 300.00		
占(%)	9.01	8.04	8.92	8.47	9.78	9.11	9.04	9.33		

续表3

项目	合计	乡镇(街道)								
		高仓	北城	小石桥	大营街	洛河	研和	春和	玉带路	公司
田烟效益										
产值(元/亩)	3 126.12	3 269.71	3 495.67	3 857.79	2 609.40	2 626.14	2 849.78	2 925.98	3 529.17	
单产(担/亩)	3.25	3.40	3.78	3.57	2.80	2.83	3.05	3.15	3.80	
平均单价(元/千克)	19.24	19.23	18.48	21.62	18.65	18.52	18.65	18.58	18.61	
上等烟(千克/亩)	112.00	118.50	129.50	137.00	89.00	101.00	122.50	114.50	134.00	
占(%)	68.92	69.71	68.52	76.75	63.57	71.38	80.33	72.70	70.53	
中等烟(千克/亩)	45.50	43.50	52.00	32.00	41.50	34.50	22.00	32.50	43.50	
占(%)	28.00	25.59	27.51	17.93	29.64	24.38	14.43	20.63	22.89	
下等烟(千克/亩)	5.00	8.00	7.50	9.50	9.50	6.00	8.00	10.50	12.50	
占(%)	3.08	4.71	3.97	6.79	3.79	4.24	5.25	6.67	6.58	
地烟效益										
产值(元/亩)	2 610.38	3 014.62	2 279.02	2 845.52	2 973.34	2 562.52	2 849.78	2 447.70		
单产(担/亩)	2.85	3.26	2.49	2.97	3.45	2.77	2.85	2.67		
平均单价(元/千克)	18.32	18.49	18.31	19.16	17.24	18.50	20.00	18.33		
上等烟(千克/亩)	95.00	111.00	84.50	111.50	108.00	95.00	90.00	87.50		
占(%)	66.67	67.94	67.87	74.96	63.34	68.44	63.24	65.63		
中等烟(千克/亩)	38.00	44.50	31.50	28.00	51.50	37.00	43.50	41.00		
占(%)	26.67	27.35	25.27	18.85	30.07	26.80	30.59	30.76		
下等烟(千克/亩)	9.50	7.50	8.50	9.00	13.00	6.50	9.00	5.00		
占(%)	6.67	4.71	6.86	6.19	6.59	4.76	6.17	3.61		
烤烟专用化肥合计(吨)										
复合肥	2 636.00	240.00	320.00	540.00	522.00	240.00	186.00	588.00		
硫酸钾	400.00	30.00	35.00	48.00	70.00	26.00	21.00	70.00		100
基质(立方米)	2 000.00	120.00	140.00	340.00	110.00	190.00	120.00	440.00	209.12	330.88
烤煤(吨)	40 658.00	4 720.00	5 210.00	6 845.00	5 350.00	4 126.00	3 526.00	9 896.00	985.00	
燃料补助标准(元/千克)	0.30	0.30	0.30	0.30	0.30	0.30	0.30	0.30		
金额(万元)	59.94	7.19	7.38	9.97	9.20	5.23	5.05	15.92		
年末可用烤房合计(座)										
大型	3071	539	550	47	577	192	418	678	70	
中型	702	211	66		116	34	137	138		
小型	7 368	544	746	1 949	435	1 362	632	1 700		
机烘	20					20				
立式炉(座)	9 625	888	1 132	1 966	864	1 446	1 155	2 174		
可烤面积(亩)	105 680	15 610	15 390	10 685	14 875	11 390	12 890	23 440	1 400	
总烘烤面积(亩)	62 102	6 050	8 347	9 432	7 517	10 456	4 510	14 690	1 100	
密集烤房(座)	1 536	406	230	30	264	162	32	342	70	

续表4

项目	合计	乡镇(街道)								
		高仓	北城	小石桥	大营街	洛河	研和	春和	玉带路	公司
烘烤面积(亩)	30 720	8 120	4 600	600	5 280	3 240	640	6 840	1 400	
小烤房智能化改造(座)	501		90	70	31	50	10	250		
烘烤面积(亩)	5 010		900	700	310	500	100	2 500		
集群式烤房(个)	63	11	14	2	13	12	3	7	1	
座数(座)	1 536	406	230	30	264	162	32	342	70	
烘烤面积(亩)	30 720	8 120	4 600	600	5 280	3 240	640	6 840	1 400	
标准烤房座数(座)	11 161	1 294	1 362	1 996	1 128	1 608	1 187	2 516	70	
烘烤面积(亩)	105 680	15 610	15 390	10 685	14 875	11 390	12 890	23 440	1 400	

注:①自然灾害损失面积、金额是保险公司实际理赔数。②烤煤仅对山区进行补助。③1担=50千克。 (普煜评)

【红塔区引种“NC71”】 烤烟品种“NC71”是美国组配的杂交种，由云南省烟草公司于2001年引进保存。2011年，红塔区引种，试种烟区在春和街道的马桥，海拔1 623米，种植面积794亩，选取春和黑村种植的“MSK326”为对照，面积1 474亩。试种结果：“NC71”总产量16.50万千克，总产值315.28万元，上等烟69.31%，均价19.11元，平均亩产207千克，亩产值3 970.75元。分别比“MSK326”上等烟增17.39个百分点、均价增2.22元、亩产量增42.65%、亩产值增61.52%。该品种主要特征特性：大田生育期150天（比“MSK326”少10天），封顶株高108厘米，有效叶21.5片，茎围8.7厘米，节距5.0厘米，腰叶长70.3厘米，腰叶宽24.5厘米；株形紧凑协调，耐肥性与“MSK326”相近，烘烤特性表现比“MSK326”易烤（不易挂灰），外观品质好，内在品质好，丰产性好，对红塔区自然条件适应性强。但易感“TMV”病毒类病害，耐旱性比“MSK326”偏低。

（武仕强）

【红塔区示范种植烤烟新品种】 2011年，红塔区烟草分公司在大营街大密罗开展“NC55”“云烟110”“T29”“K346”“K326”（对照）新品种示范工作。各品种示范面积分别是：“NC55”品种19.02亩、“云烟110”品种15.91亩、“T29”品种12.16亩、“K346”品种16.27亩、“K326”（对照）品种29.84亩。示范结果表明：“NC55”“云烟110”“T29”3个新品种对红塔区自然条件适应性强，如仅从农业角度的适应性、丰产性和外观品质考虑，除“K346”外，其他3个新品种在红塔区有一定推广价值。其具体表现为：“NC55”株形紧凑协调，叶质棉柔感，耐肥性与“K326”相当，烘烤特性与“K326”相当，上部烟易烘烤，外观品质好，丰产性好；“云烟110”株形紧凑协调，叶质脆感，耐肥，烘烤特性与“K326”相当，外观品质好，原烟甜香味中，丰产性好；“T29”株形紧凑协调，叶质棉柔感，在烘烤过程中表现变黄、失水速度稍慢，全叶一起变黄特征明显，外观品质好，原烟甜香味中，丰产性好，对“TMV”抗性强于“K326”；“K346”株形协调性差（与早花有关），叶质棉柔感，旺长期长势强于“K326”（对照），烘烤特性与“K326”相当，早花现象突出，不宜种植。

（张翠萍）

【“烤烟二十六级收购验证”试点】 2011年，红塔区承担全国“烤烟二十六级收购验证”试点工作。试点设在红塔区研和街道宋官第四村民小组，涉及农户24户，种植烤烟面积60亩，收购烟叶10 227.7千克，上等烟比例75.03%，交售金额19.79万元，均价19.35元/千克，与标准高0.92元，亩产值3 299.18元，分级环节每担烟叶可减少用工0.17个，按每个工价60元/天计算，每担烟叶分级可节省用工投入10.2元，试点工作达到烟农减工降本增效的目的。

（张建林）

【烟叶生产基础设施建设】 2011年，红塔区烟草行业建设烟水工程总投资1 214.81万元，工程受益面积1.12万亩，受益农户2 363户。烟叶生产基础设施建设完成刺桐关项目区1个，完成工程32件。其中：水池8个，容量5 934立方米；管网工程6件，总长122.21千米；倒虹吸工程4件，总长27.67千米；坝塘整治工程2件，容积1.25万立方米；机耕路12条，长17.84千米。烟草行业投资672万元，政府及其他投资66万元建设卧式密集烤房220座，建成具有收购功能的烘烤工场2群。全区配备功能齐全的固定防雹点13个，流动防雹点1个，100%覆盖全区基本烟田面积。

【烟草农业机械购置补贴】 2011年，红塔区购置烟草农业农机具29台，其中：“日农”牌中耕管理机9台，电动喷务器20台，补贴购置资金9.5万元，涉及2个街道、2个居民委员会。红塔区加上2011年以前实际购置农机具231台，春和基地单元实现每百亩烟田保有农机具动力16.2千瓦，大营街基地单元实现每百亩烟田保有农机具动力23.9千瓦。

（陈 静 黄茂华）

【红塔区优化烟叶结构】 2011年，红塔区层层签订责任书42份，逐级制订《提高优质烟叶有效供给能力实施方案》180个，其中：区级制订1个、街道（乡）制订8个、居（村）委会制订34个、居（村）民小组制订137个。红塔区烟草专卖局（分公司）制订《提高优质烟叶有效供给能力专项工作考核管理办法》，与各烟站签订《优化烟叶结构，提高优质烟叶有效供给能力工作责任状》，各烟站与各种烟居（村）委会签订《红塔区田间不适用鲜烟叶摘除处理协议》33份，全区田间烤烟100%按时、按质、按量完成不适用鲜烟叶处理任务，清除不适用底脚叶375.995万千克、占计划104.4%，亩均清除83.55千克；清除不适用顶叶188.63万千克，完成计划104.79%，亩均清除41.9千克。两项合计亩均清除125.45千克。

（黄茂华）

【红塔区基地单元建设通过验收】
2011年，红塔区“高起点、高标准、高水平”规划建设大营街、春和两个基地单元，春和基地单元服务“玉溪”卷烟品牌，大营街基地单元服务“红塔山”卷烟品牌。“工、商、研”三方深度合作，确保“品牌、基地、人员”三落实，“技术、管理、质量、考核”四到位。在两个基地单元分别成立惠兴、春晓烤烟综合服务专业合作社，实现专业化机耕面积占总面积的84.3%，专业化育苗率、专业化植保率、专业化烘烤率、专业化分级率、专业化运输率均为100%。

12月14日，云南省烟草专卖局（公司）基地单元建设评价验收组到红塔区大营街、春和基地单元进行实地评价验收。验收组通过听取汇报、查阅资料及现场查看，认为红塔区2011年基地单元建设工作扎实，亮点突出，有创新、有特色，打出97.8分，通过验收。

【烟农专业化服务】 2011年，红塔区坚持“统分结合、双层经营”的农村生产经营模式，按照“统”“分”结合原则，积极开展烟农综合性服务合作社试点探索，注册成立惠兴、春晓两个烤烟综合服务专业合作社，在综合服务合作社下成立育苗专业队11支、机耕专业队13支、植保专业队13支、烘烤专业队13支、分级专业队13支、运输专业队7支，为全区农户在烤烟生产关键环节提供专业化服务。同时，5个经营型合作社利用自有劳动力，组建打塘、移栽、施肥浇水、中耕培土、封顶打杈、采摘、编烟等7支专业服务队，全程实施专业化服务。

【组建专业生产合作社】 2011年，红塔区为探索烟农专业合作社发展道路，促进现代烟草农业建设，在总结上年5个经营型专业合作社成功运作的基础上，采取规划引导、政策支持、算账对比等方式，按照“种植在户、服务在社”的指导思想，新注册成立展望、龙飞、龙兴、农发、农腾、高鲁山、振兴、清溪、飞龙、利民、新波、晨农、德强、龙园、溪园、新农、石城、龙马、新玉等19家烤烟种植专业合作社和惠兴、春晓两个综合服务专业合作社，加上原有黄官、宏升、容大、合民、玉合5家经营型合作社，红塔区烟叶生产组织呈现多元化、多层次、多形式的烟农合作组织，全区实现烤烟专业合作社100%覆盖当年种烟面积，有效提高红塔区烟叶生产组织程度和生产管理水平。

（冯晓红）

【红塔区烟叶生产通过GAP认证】
2011年，红塔区烟叶生产全面实行GAP管理，并因GAP工作各环节落实到位、内部审核程序健全有效，记录详尽，可追溯性强，烟农自我防范意识提高而通过“杭州万泰认证有限公司”认证。

（唐　嘉）

卷烟经营

【卷烟营销】 2011年，玉溪市辖区销售卷烟8.82万箱，同比增长4.69%。实现单箱销售收入22508.04元，同比增加2282.17元。一二类卷烟合计占14.96%，同比提高2.94个百分点。经营毛利率26.8%，同比提高0.48个百分点。全市销售量前十名的规格卷烟销量占82.91%，品牌集中度较高；红塔集团卷烟销量占67.63%，同比增长51.69%。实现卷烟销售收入（含税）19.84亿元，同比增加2.81亿元，增长16.5%；不含税16.96亿元，增加2.4亿元，增长16.5%。实现卷烟经营毛利（含税）5.32亿元，同比增加0.84亿元，增长18.66%；不含税4.55亿元，增加0.71亿元，增长18.66%。被云南省烟草专卖局（公司）评为“2011年度卷烟营销创新先进单位一等奖”。

【卷烟物流配送】 2011年，玉溪市卷烟单箱物流费用108元/箱，物流费用占销售收入比重0.48%，与上年同期相比减少0.06%。物流费用率0.48%，物流费用利润率3526%，库存周转9.04次。完成送货服务满意度调查1967份，占全市9927个零售客户19.81%，卷烟送货服务满意度95.78%；卷烟分拣、打码、配送完成率100%，仓储破损率0.00926‰，仓储差错率0，入库效率842万支/小时，出库效率734.57万支/小时；分拣破损率0.00451‰，分拣差错率0，卷烟分拣效率8436条/小时，分拣设备有效作业率94%；送货破损率0，差错率0，满载车次比率75%，送货周期7天，客户投诉0，安全事故0。7月1日，玉溪市烟草公司卷烟现代物流综合业务管理平台搭建启动。

2011年基地单元建设马桥烟田　　（方亚军　摄）

【持证卷烟零售户】 2011年，玉溪市有持证卷烟零售户10 021户，累计平均户均月进货量171.70条，其中：城网零售户累计平均户均进货量220.09条，农网零售户累计平均户均进货量109.41条。全年全市人均消费卷烟9.64条。

【新网上订货】 2011年，玉溪市作为全省首批“新网上订货”系统上线单位，2月，营销中心组织全市客户经理进行“新网上订货”系统上线前客户摸底调查，要求各县区及时落实客户电脑配置、QQ号码等信息，做好系统上线前准备工作。5月22日，全市全面启动“新网上订货”系统，各分公司根据之前做好的零售户电脑配置调查资料，针对客户使用计算机熟练程度不等的情况分别在客户之家、网上订货互助点、银行网订服务点、零售户店中开展新网上订货系统培训会、小组授课、一对一培训、上门指导、零售户互助指导，顺利实现新老系统“一刀切”转换。年内，全市网上订货客户7 720户，网上订货比例80.45%。

【启动“银路通”】 6月，玉溪市烟草专卖局（公司）营销中心与农业银行、农村合作银行、银联公司、深圳市朗杰科技有限公司多方洽谈，研究部署启动“‘银路通’烟草智能信息终端”项目。“银路通”终端在为客户提供网上订货硬件支持的同时，通过多卡支付解决客户资金周转困难等问题，有效提升玉溪市卷烟电子商务水平。

【终端柜台全覆盖】 2011年，玉溪市完成终端柜台全覆盖目标。全市累计制作零售终端柜台9 495个，发放至9县（区）9 495户零售户，制作标识307幅。营销中心在全市推进“我的示范街”建设工作，划定全市1 230户卷烟零售户为示范区客户，覆盖8县1区82个乡镇、街道，制订下发柜台陈列标准，坚持做到终端陈列“十统一”，将全市的零售终端建设成为传递云南烟草“七彩服务”品牌的有效载体。

春和波衣烤烟生产 （方亚军 摄）

【探索卷烟精准营销】 2011年，玉溪市积极探索卷烟精准营销，以客户自主订货为前提，根据零售户市场类型、商圈、经营规模、经营结构等7个维度划分客户类别，进行卷烟货源科学投放。7月10日，开始运行新客户分类及货源投放管理办法。

【开展QC研究】 2011年，玉溪市结合第一次客户经理工作论坛主题“理顺工作流程，解决客户经理工作中存在的问题”进行研究，市卷烟营销中心、江川县、澄江县、新平县5个QC课题在第一次客户经理工作论坛上分获云南省烟草专卖局评选一、二等奖。结合第二次论坛主题“提升客户服务有效性”，卷烟营销中、后台和客户经理围绕从零售客户的需要和感知出发，着力解决服务不到位和过度服务的问题开展研究和实践，在此基础上撰写论文和QC报告，在第二次客户经理论坛上，玉溪市3个QC课题入选下半年全市客户经理工作论坛优秀QC课题并进行交流发言，其中《规范终端陈列提升服务有效性研究》《整合数据应用提升客户经理服务有效性》两个QC研究项目获二等奖，《通过卷烟营销服务流程质量管理提高客户服务有效性研究》获三等奖。

（高 艳）

【红塔区卷烟营销】 2011年，红塔区烟草分公司销售卷烟23 195.83箱，实现含税销售收入56 979.72万元，同比增加7 014.38万元，增幅14.04%。单箱销售收入（含税）24 564.64元，同比增长1 771.65元，增幅7.77%。其中：一类烟销量3 675.15箱，同比增加551.02箱，增幅17.64%；二类烟销量406.45箱，同比减少50.87箱，减幅11.12%；三类烟销量17 177.87箱，同比增加5 147.23箱，增幅42.78%；四类烟销量589.41箱，同比减少4 466.77箱，减幅88.34%；五类烟销量1 346.94箱，同比增加93.86箱，增幅7.49%。一、二类烟销量4 081.60箱，占比17.6%，占比增加1.26个百分点，实现大幅提升销售结构的目标。

表48：2011年红塔区卷烟销售情况统计表（按价类）

表49：2011年红塔区卷烟销售情况统计表（按厂家价类明细）

2011年红塔区卷烟销售情况统计表（按价类）

表48

分 类	数 量(箱)	金 额(万元)	分 类	数 量(箱)	金 额(万元)
一类烟	3 675.15	23 491.53	五类烟	1 346.94	758.94
二类烟	406.45	1 209.32	无价类烟	0.01	0.82
三类烟	17 177.87	30 975.27	合 计	23 195.83	56 979.72
四类烟	589.41	543.82			

2011 年红塔区卷烟销售情况统计表（按厂家价类明细）

表 49

品牌编码	品牌名称	数量（箱）	金额（万元）	品牌编码	品牌名称	数量（箱）	金额（万元）
	合 计	23 195.83	56 979.72	0280	玉溪（硬 8090）	22.98	155.14
	红云红河烟草（集团）有限责任公司	4 383.77	9 504.34	0288	玉溪（硬庄园 16 支）	2.33	49.57
	一类烟小计	539	3 834.22		二类烟小计	231.04	696.96
0123	云烟（WIN）	7.08	31.84	0277	红塔山（硬经典 150）	65.41	220.77
0143	云烟（软珍品）	406.48	1 981.61	0279	红塔山（硬恭贺新禧）	165.63	476.19
0173	云烟（印象）	63.91	846.83		三类烟小计	13 571.67	25 577.51
0177	云烟（软礼印象）	20.57	349.66	0253	红塔山（硬新势力）	1 572.57	3 459.65
0185	云烟（红印象）	5.63	47.87	0260	威斯（硬红）	0.85	2.02
0308	红河（硬 V8）	4.2	47.3	0261	威斯（硬蓝）	1.92	4.57
0315	红河（道）	31.12	529.11	0262	红塔山（硬经典）	4 465.11	7 032.55
	二类烟小计	133.56	376.92	0263	红塔山（软经典）	704.17	1 109.06
0305	红河（硬 99）	76.96	221.26	0264	红塔山（软经典·海南）	1 679.78	2 645.66
0307	红河（软 99）	56.6	155.66	0268	红塔山（硬经典 100）	4 946.10	10 881.43
	三类烟小计	3 451.10	5 141.66	0278	红塔山（硬国际 100）	201.09	442.39
0153	云烟（紫）	737.02	1 529.31	0281	威斯（硬炫蓝）	0.04	0.09
0179	云烟（软紫）	89.21	189.58	0282	威斯（硬炫红）	0.04	0.09
0301	红河（硬甲）	1 603.46	1 803.89		四类烟小计	140.50	158.06
0304	红河（硬 88）	173.45	368.59	0258	红梅（硬春）	140.50	158.06
0306	红河（软 88）	115.52	231.05		五类烟小计	1 096.32	616.68
0318	红河（运）	67.65	121.77	0259	红梅（软顺）	1 073.60	603.90
0320	红河（硬）	664.79	897.47	f0259	红梅（软顺）（罚没）	22.72	12.78
	四类烟小计	9.56	10.61		**上海烟草集团**	136.52	1 269.93
f0301	红河（硬甲）（罚没）	8.18	9.20		一类烟小计	84.81	1 177.37
f0302	红河（软甲）（罚没）	1.38	1.41	1102	中华（软）	84.42	1 160.83
	五类烟小计	250.56	140.93	1128	熊猫（5 盒礼盒）	0.35	15.75
0107	红山茶（软）	248.42	139.73	1132	熊猫（硬时代版）	0.04	0.79
f0107	红山茶（软）（罚没）	2.14	1.20		二类烟小计	6.60	26.40
	红塔烟草（集团）有限责任公司	18 075.06	45 365.96	2806	中南海（硬酷爽风尚）	6.60	26.40
	一类烟小计	3 035.53	18 316.75		三类烟小计	45.10	66.16
0201	玉溪（硬）	28.76	135.19	2803	中南海（金 8mg）	38.47	52.90
0234	玉溪（软）	2 199.34	10 446.88	2805	中南海（5mg）	6.63	13.26
0256	玉溪（硬和谐）	549.09	4 667.25		**安徽中烟工业公司**	0.55	6.52
0265	红塔山（硬大经典）	10.01	95.08		一类烟小计	0.55	6.52
0266	玉溪（软尚善）	32.77	188.44	2457	王冠（铝 2 支全叶卷）	0.05	4.28
0267	玉溪（硬大成）	13.88	183.91	2465	黄山（万象）	0.50	2.24
0269	玉溪（软和谐）	56.89	483.55		**川渝中烟工业公司**	36.31	68.41
0275	玉溪（软境界）	119.48	1 911.74		三类烟小计	36.23	66.24

续表

品牌编码	品牌名称	数量（箱）	金额（万元）
1206	娇子（X）	21.58	43.17
1216	娇子（时代阳光）	7.64	12.03
2452	狮牌（草莓味）	7.01	11.04
	五类烟小计	0.07	1.33
2432	长城（骑士3号）	0.07	1.33
	无价类烟小计	0.01	0.84
2419	长城（大号铝管5支）	0.01	0.84
	福建中烟工业公司	11.11	33.89
	二类烟小计	11.11	33.89
3520	万宝路（软红）	6.69	20.41
3522	万宝路（软白）	4.42	13.48
	广东中烟工业公司	46.21	68.59
	三类烟小计	46.21	68.59
1621	双喜（软国际）	37.34	50.41
1622	双喜（软经典）	8.87	18.18
	贵州中烟工业公司	142.31	141.87
	二类烟小计	0.62	2.09
2167	贵烟（喜满意）	0.62	2.09
	四类烟小计	141.69	139.80
2107	黄果树（硬）	87.15	78.44
2165	黄果树（长征）	54.54	61.36
	湖南中烟工业公司	18.71	100.19
	一类烟小计	6.41	60.83
1307	芙蓉王（蓝）	1.24	8.99
1308	芙蓉王（硬）	2.87	14.79
1311	芙蓉王（软蓝）	0.46	5.70
1321	芙蓉王（钻石）	1.84	31.35
	二类烟小计	12.30	39.36
1340	万宝路（硬红）	7.66	24.51
1342	万宝路（硬白）	4.64	14.85
	江苏中烟工业公司	24.08	78.40
	一类烟小计	4.90	36.22
3026	南京（九五）	0.44	9.13
3028	南京（十二钗薄荷）	1.8	7.99
3211	苏烟（铂晶）	0.47	9.36
3212	苏烟（五星红杉树）	2.19	9.74
	三类烟小计	19.18	42.18
3022	梦都（薄荷型）	14.10	31.01
3048	南京（绿梦都）	5.08	11.17
	山东中烟工业公司	159.16	146.46
	一类烟小计	0.15	0.66

品牌编码	品牌名称	数量（箱）	金额（万元）
2473	泰山（硬神秀）	0.15	0.66
	三类烟小计	5.99	8.09
2472	泰山（软红八喜）	5.99	8.09
	四类烟小计	153.02	137.71
2446	哈德门（精品）	153.02	137.71
	湖北中烟工业公司	2.98	54.24
	一类烟小计	2.98	54.24
1922	黄鹤楼（软1916）	2.44	48.80
1952	黄鹤楼（软论道）	0.54	5.44
	浙江中烟工业公司	152.00	119.47
	一类烟小计	0.13	0.89
2946	利群（神州）	0.13	0.89
	二类烟小计	7.22	20.94
2910	利群（新版）	7.22	20.94
	四类烟小计	144.65	97.64
2939	雄狮（硬）	144.34	97.43
f2939	雄狮（硬）（罚没）	0.31	0.21
	英国英美烟草公司	2.55	9.43
	一类烟小计	0.40	2.46
5033	555弘	0.16	0.99
5034	555弘·博	0.24	1.47
	二类烟小计	2.15	6.97
5031	555金	0.81	2.63
5032	555金.锐	1.34	4.34
	韩国烟草人参公司	2.39	4.85
	三类烟小计	2.39	4.85
5102	爱喜（薄荷）	2.33	4.71
5103	爱喜（蓝）	0.06	0.14
	德国利是美公司	1.74	5.96
	一类烟小计	0.26	1.36
5201	大卫杜夫	0.07	0.26
5202	大卫杜夫（金装）	0.11	0.42
5203	大卫杜夫（国际）	0.09	0.68
	二类烟小计	1.47	4.60
5205	大卫杜夫（炫红）	0.44	1.39
5206	大卫杜夫（炫银）	1.03	3.21
	日本烟草株式会社	0.38	1.19
	二类烟小计	0.38	1.19
5021	七星	0.20	0.63
5022	七星（特醇）	0.18	0.56

【婚庆卷烟促销】 2011年，红塔区烟草分公司多措施、多渠道开展婚庆卷烟促销活动，引导红塔区新人婚庆用烟价位城区每条200元～300元、农村每条80元～135元，实现婚庆活动“口味好一点、健康多一点、消费者满意多一点、卷烟结构提升快一点”的“四个一”目标。具体为：聘任烤烟生产辅导员组长为婚庆服务员，宣传婚庆促销政策；出台《红塔区烟草分公司2011年卷烟婚庆促销实施方案》；深入零售户、酒店、农村客堂进行婚庆促销活动宣传，扩大宣传面及参与率，促进婚庆促销活动的开展；制定婚庆促销活动考核方案，将任务落实到人，全员参与考核；把奖励烟及礼品落实到婚宴现场；严格按促销活动规定进行流程管理，各环节工作认真按流程规范有序开展，并做好痕迹备案；在全公司下发婚庆工作通报，分析原因，查找问题、制定措施、改进提升。

【红塔区“新商盟”网上订货】 2011年，红塔区烟草分公司坚持“客户自愿，统一规范、稳步推进”以及“量质并重”的原则推进网上订货。推进“新商盟”网上订货平台系统，5月23日，实现“新商盟”网上订货平台对原有网上订货系统的替代；严格按《互助组服务规范》管理互助点，督促各互助点做好《互助组网订登记台账》，做实做细互助点各项管理工作；规范网订行为，明确卷烟网上订货工作的“二条红线”，不允许客户经理代订，不允许互助点组长代订，以此规范网订行为。

【卷烟营销品牌培育】 2011年，红塔区烟草分公司以4条措施推动卷烟营销品牌培育：抓好上柜，提高上柜率，打开卷烟品牌培育工作局面；促动销，通过宣传引导及指导柜台陈列，使培育品牌卷烟陈列做到醒目、有序及规范，促进产品动销率，让培育品牌实现提量增效；做好新上市卷烟宣传画及宣传材料的发放、粘贴，扩大新品卷烟上市宣传；引导消费，指导零售户向消费者推荐，把原来消费10元/包的消费者向“恭贺新禧”迈进及农村新人将“红塔山（恭贺新禧）”作为婚庆用烟，提升销售结构。

【烟草贷记卡办理】 2011年，红塔区烟草分公司为有效解决客户订烟资金紧缺或周转困难问题，协调工行、农行为客户提供免息贷记卡办理业务，实现城区、乡（街道）贷记卡办理覆盖率100%。具体措施是：调整零售户贷记卡额度，协助原来享受贷记额度2 000元以下的零售户申请办理调额，根据其经营状况增加透支额度，让零售户有充裕的备货资金。继续多方动员具备申办资格的零售户及新办证零售户到银行办理贷记卡，保证更多的客户能尽快享受烟草贷记卡服务带来的订货便利，解决卷烟经营中资金周转难的问题。针对节日期间卷烟需求大，客户订货量多，容易出现资金周转困难问题的情况，帮助需要加大透支额度的零售户申请临时调额，全年增加230多万元的额度确保节日销售。

【零售终端建设】 2011年，红塔区烟草分公司持续跟踪零售户柜台陈列及标签维护，出台《红塔区零售终端柜台卷烟商品陈列规范方案》，全面部署零售终端柜台建设，调整柜台陈列标准；做好标签维护，引导零售户明码实价销售；指导零售户按《玉溪市公司关于规范卷烟柜台陈列的通知》及《红塔区零售终端柜台卷烟商品陈列规范方案》要求进行柜台陈列，提升零售柜台陈列形象；收回退网零售户的柜台，调整调配到新入网零售户中使用；落实打造“我的示范街”活动，加强对“我的示范街”零售户走访，对示范街零售户按要求进行统一规范，提升终端形象。通过以上措施，零售户卷烟柜台陈列规范科学、价格标签维护到位。

【“玉溪（庄园）”在红塔区上市】 9月6日，具有“高香气、低危害、零残留”特点的“玉溪（庄园）”新品在红塔区上市，该系列产品有“玉溪（大庄园）”“玉溪（庄园）”“玉溪（小庄园）”。

【红塔区卷烟营销创新工作受表彰】 2011年，红塔区烟草分公司坚持“抓市场、提结构、促服务、强网建”的卷烟营销总体思路，全面落实“优化模式、完善机制、强化服务、增强能力”的网络建设新要求，创新营销手段，打造“七彩服务、情系你我”服务，深化卷烟品牌培育，各项工作运行良好，实现销量、结构、效益提升，被云南省烟草专卖局（公司）表彰为“卷烟营销创新上水平先进县级分公司（市场部）”。

（李翠萍）

烟草专卖

【专卖管理】 2011年，玉溪市查处涉烟违法案件717起，查获非法卷烟822.11万支、非法烟叶64.59万千克，案值1 601.37万元；移送公安机关涉烟案件17起，移送工商部门涉烟案件301起，公安、司法机关依法刑事拘留14人，逮捕5人，判刑21人（含2011年前立案处理，2011年判决的案件）。破获符合国家局标准的“3·05”“5·06”非法经营烟叶网络案件2起，案值400万元，受到国家局通报表彰。

（潘兆康）

【红塔区“两烟”市场管理】 2011年，红塔区烟草专卖局出动车辆2 255台次，出动专卖执法人员11 069人次，对29 271户（人）次进行检查，查获各类违法违规案件337起，其中：无证运输卷烟23起，无证经营卷烟174起，出售假冒卷烟22起，非渠道进货88起，擅自收购烟叶7起，无证运输烟叶23起；查获各类涉案卷烟17 909.9条，其中：无证运输卷烟12 971条，无证经营卷烟1 640.2条，出售假冒卷烟358.2条，非渠道进货卷烟2 940.5条；查获各类涉案烟叶37.73万千克，其中：擅自收购烟叶20 768千克，无证运输烟叶35.66万千克。

【查处涉烟案件】 2011年，红塔区烟草专卖局处理涉烟行政案件149起，其中：非渠道进货89起，无证运输烟叶14起，无证运输卷烟21起，擅自收购烟叶7起，销售非法生产烟草专卖品14起，销售走私卷烟1起，无证生产烟草制品3起；移交工商部门处理无证经营卷烟案件159起，移交公安部门追究刑事责任5起；成功破获“3·23”非法经营烟叶网络案件，受到国家局通报表彰。

【办理烟草专卖零售许可证】 2011年，红塔区烟草专卖局受理各类烟草专卖零售许可证申请854份，其中：新申请办证418份，延续申请162份，字号变更申请16份，歇业申请257份，补办申请1份；依法对所有申请进行办理，对402份烟草专卖零售许可证申请准予行政许可，对16份烟草专卖零售许可证申请不予行政许可；依职权注销339证。截止2011年12月20日，全区有有效许可证2 335证。

【内部管理监督】 2011年，红塔区烟草专卖局加强内部管理监督，电话询访零售户1 200户，实地走访零售户1 150户，农户890户；开展卷烟经营监管129次，烟叶生产、收购监管93次；完成系统内管任务74项（卷烟55项，烤烟19项），完成上级交办任务8项。

【卷烟市场元旦、春节清理整顿】 2011年，红塔区烟草专卖局加强卷烟市场监管，巩固卷烟市场清理整顿及专项检查，加大对涉烟违法犯罪活动的打击力度，维护节假日期间卷烟市场秩序。2010年12月25日至2011年3月20日，在全区开展以规范烟草专卖零售许可证管理和打击非法经营烟草专卖品为重点的卷烟市场专项检查。此次专项行动加大路堵路查力度，加强进出红塔区通道的查缉，进行堵源截流；加大查处违法经营活动，开展以规范烟草专卖零售许可证管理和打击非法经营烟草专卖品为重点的专项整治行动；规范烟草专卖零售许可证使用，加强对烟草专卖零售许可证的监督检查。在元旦期间、春节前后，加强对红塔区域内的主要街道、重点地段的重点经营户和餐饮娱乐场所、网吧及无证经营户进行集中检查、清理，对宾馆、酒店、娱乐场所、旅游景区、车站、农贸市场、农村集市等重点区域进行清理整顿。共出动车辆210台次，执法人员1 091人次，对2 319户（人）次进行检查，其中：检查持证零售户2 208户，与基础信息相符2 208户；查获各类违法违规案件36起（无证运输卷烟2起，无证经营卷烟15起，出售假冒卷烟1起，非渠道进货18起）；查获各类涉案卷烟1 237.2条（无证运输卷烟430条，无证经营卷烟620.7条，假冒卷烟16条，非渠道进货卷烟170.5条）。

【卷烟市场涉烟违法犯罪专项整治】 1月20日至6月30日，红塔区开展以打击涉烟违法犯罪活动，有效整治售假售私售非和无证经营卷烟行为。此次专项行动的整治重点是对红塔区域内的主要街道、重点地段的重点经营户和餐饮娱乐场所、网吧及无证经营户进行集中检查，清理。突出对宾馆、酒店、娱乐场所、旅游景区、车站、农贸市场、农村集市等重点区域进行清理整顿。共出动车辆903台次，出动执法人员4 272人次，对10 489户（人）次进行检查。查获各类违法违规案件134起（无证运输卷烟8起，无证经营卷烟74起，出售假冒卷烟5起，非渠道进货47起），查获各类涉案卷烟10 308.5条（无证运输卷烟8 798条，无证经营卷烟623.4条，假冒卷烟165.8条，非渠道进货卷烟721.3条）。

【“两烟”市场重点整治专项行动】 2011年6月，红塔区烟草专卖局针对全区“两烟”市场存在的问题，决定对红塔区内的主要街道、重点地段的重点经营户和对宾馆、酒店、旅游景区、小食馆、网吧、茶室、酒吧、歌舞厅等重点区域进行清理整顿。6月1～29日，出动车辆191台次，出动执法人员919人次，对3 071户（人）次进行检查。查获各类违法违规案件40起（无证运输卷烟2起，无证经营22起，出售假冒卷烟2起，非渠道进货13起，无证运输烟叶1起），查获各类涉案卷烟1 465.9条（无准运证运输卷烟996条，无证经营卷烟114.1条，出售假冒卷烟122.8条，非渠道进货卷烟233条），无准运证运输烟叶1 336.4千克。

【开展“两烟”打假打私和规范烟草市场专项行动】 2011年7月，红塔区烟草专卖局针对红塔区实际，制定“两烟”打假打私和规范烟草市场专项行动方案，明确行动任务和要求，与区公安局、区工商局、高新区工商局、区质量监督检验检疫局联合开展行动。7月21日至11月20日，全区出动车辆755台次，出动执法人员3 971人次，对10 593户（人）次进行检查。查获各类违法违规案件112起（无证运输卷烟3起，无证经营卷烟74起，出售假冒卷烟7起，非渠道进货16起，擅自收购烟叶4起，无证运输烟叶8起），查获各类涉案卷烟3 285.2条（无证运输卷烟848条，无证经营卷烟359条，假冒卷烟124.6条，非渠道进货卷烟1 953.6条），查获各类涉案烟叶14.15万千克（擅自收购烟叶10 083.8千克，无证运输烟叶13.14万千克）。

【烟草专卖零售许可证后续管理】 2011年，红塔区烟草专场局加强烟草专卖零售许可证后续管理。加强专卖管理部门与销售部门信息沟通机制，通过全面应用“综合应用管理平台”，强化对客户异常信息适时监管，保证证件管理时效性；加强“取消从事烟草专卖业务资格”管理措施的运用，对符合取消零售户从事烟草专卖业务资格的坚决取消，注销许可证；增设提前电话通知、书面告知服务，解决经营户未及时办理延续手续导致许可证过期失效的问题；坚持新入网卷烟零售户“证前”培训制度，让新入网卷烟零售户在领取卷烟专卖零售许可证前，到区局接受经营前的烟草专卖相关法律、法规及卷烟营销基础知识培训，为新入网零售户提供法律服务。

【卷烟市场稽查服务终端成立】 2011年，红塔区烟草专卖局与红塔区工商局在建立“工商联合查处机制”基础上，签署《共建烟草专卖稽查服务终端工作机制》文件，在红塔区工商局下属的六个分局（管理所）成立卷烟市场稽查服务终端，明确双方工作职责及工作流程，划分责任片区，实施合署办公，定期开展联合执法检查。

【烟草专卖基础管理】 2011年，红塔区进一步加强烟草专卖基础管理。制订、完善“无证运输、非渠道进货、销售非法生产的烟草专卖品”等不同情形共计5种询问笔录提纲，减少询问漏项问题，确保询问笔录质量；增设《先行登记保存物品鉴定告知书》和《先行登记保存物品移送有关部门告知书》，规范先行登记保存和送检行为；制订下发《关于先行登记保存通知书的管理规定》，明确先行登记保证通知书编号、领取、使用、作废等过程的责任人及责任，保证使用管理过程的规范性，杜绝滥用《先行登记保存通知书》行为；规范涉案物品抽样送检程序，实施在案发现场进行先行登记保存的同时进行抽样工作，现场装箱封存、当事人签字确认，增加鉴定结果工作人员确认封存完全的流程。强化信息化“贯标”工作，以ISO9000质量管理体系为基础，根据云南省局新编的专卖监督管理体系（十大管理体系之一），将初步拟定试点的有关市、区两级局的22个工作流程与玉溪市局的OA系统对接，并依据工作流程的节点，对相关工作人员进行绑定，利用信息化管理手段，建立玉溪市局专卖监督管理体系运行平台，实现专卖监督管理体系的规范化、信息化长效运行。

（李沐翰）

管　理

【“华叶·玉溪庄园”建设】 2011年1月，玉溪市烟草专卖局（公司）认真贯彻落实国家局、省局和玉溪市委、市政府的要求，开展“华叶·玉溪庄园”建设选点规划工作。通过高起点做好项目规划设计、实行交叉作业工作制，以最短时间完成施工图设计；严格按照国家、行业招标投标管理规定组织工程施工公开招标，选定实力强、信用好的建筑公司承担庄园建设施工任务。4月14日，破土动工。建设中，加强施工现场管理，实行严格的工程监理制度，100余天率先在全国建成第一家烟草庄园“华叶·玉溪庄园”，被市委、市政府称为“玉烟速度”。

【“十大”管理体系建设】 2011年，玉溪市烟草专卖局（公司）积极推进“十大”管理体系建设工作，编制《管理手册》10份，工作文件245份，撰写流程文件341份，《部门职能说明书》18份，《岗位说明书》211份，完成烟叶生产经营、卷烟营销、专卖监督管理、科技创新管理“四体系、五内容”信息化录入。“十大”管理体系编写完成并通过评审，正式发布转入试运行。

【工程项目建设】 2011年，玉溪市获烟草工程投资计划项目18个，投资计划3 002万元；实际开工实施项目8个，其中：组织招标项目1个（江川县路居烟叶工作站迁建工程附属设施建设），新开工采取单一来源采购项目1个（物流中心超音速灭火器建设工程），续建工程6个，均竣工交付使用。

【投资计划和购置计划管理】 2011年，玉溪市烟草专卖局（公司）获年度购置计划2 285.17万元，实际执行1 779.2万元，获基建工程项目投资计划3 288万元，实际执行1 526万元。编制2012年投资计划和购置计划获“三项工作”管理委员会审议通过。

【招投标管理】 2011年，玉溪市烟草专卖局（公司）企业管理部共组织市局公司本部工程招标13项，涉及金额3 711.6万元；物资采购26项，涉及金额8 304.53万元；服务采购25项，涉及金额2 078.47万元；总计组织本部采购64项，涉及金额14 094.6万元。组织全市5县区6个项目区的基础设施建设项目招标；组织江川县路居烟叶工作站的附属设施工程以及江川县九溪镇育苗大棚建设招标。

【烟草统计】 2011年，玉溪市烟草专卖局（公司）企业管理部完成国家局一号工程数据采集日报工作，全年报送报表4 745份，完成商业统计月报、国家统计局联网直报，完成玉溪市、红塔区统计局下达的统计报表，做好资料的收集整理，健全统计台账；信息化工作被云南省局评为“信息化建设优秀成果奖”。

【“两烟”经济运行分析】 2011年，玉溪市烟草专卖局（公司）企业管理部编制和发布《玉溪市公司系统经济运行通报》12期。采用同比和环比的方法进行经济运行分析，分析指标及内容包括：“两烟”销售收入、实现税利情况、卷烟经营效益情况、烤烟经营效益情况、三项费用指标、卷烟销售情况、卷烟库存情况、烤烟销售情况、销售费用分析、管理费用分析、五项费用情况（业务招待费、差旅费、会议费、办公费、涉外费）、当月经济运新特点及存在问题、下步工作建议等。

【“对标”工作】 2011年，玉溪市烟草专卖局（公司）通过对照先进、查找差距、分析原因、制定措施、实施改进，从效率指标、卷烟费用指标、烟叶费用指标、效益指标四个方面23项“对标”指标，开展全市系统的“对标”工作，营造“比、学、赶、超”氛围。

【ISO9000质量管理体系通过认证】 2011年12月，玉溪市烟草专卖局（公司）有关部门和人员按照ISO9000质量管理体系一年一监审的要求，认真做好各项工作，接受监审方对市公司、分公司的监审，顺利通过认证。

【参加全国行业企业管理成果现场展示会】 2011年，玉溪市烟草专卖局（公司）作为云南省烟草商业系统5家企业管理试点单位之一，精心准备参加全国烟草行业企业管理现场会的成果展示，其“夯实烟叶生产基础，创新烟叶庄园管理模式”项目得到国家局、省局领导肯定，被云南省烟草专卖局（公司）评为“企业管理现场会突出贡献奖”。

（李嫒芳）

【企业文化】 2011年，玉溪市烟草专卖局（公司）深入开展企业文化建设，不断提升文化软实力。召开全市公司系统“宣贯‘大成’文化、打造‘七彩服务’品牌”动员大会，下发《宣贯“大成”文化，打造“七彩服务”品牌实施方案》及《2011年企业文化建设推进实施方案》；举办“辞旧迎新，共创‘大成’”职工运动会和联欢晚会，以舞蹈、小品、说唱等艺术形式，讴歌全市干部职工求精务实、拼搏创新、报效国家、共创大成的事迹，发掘出一批优秀的文艺节目；开展“唱响《感恩》”活动及“文化故事大讲堂”演讲比赛；把全市公司系统座机及移动手机彩铃设置为《感恩》。日常管理与“七彩服务”品牌相结合试点工作得到省局肯定。开展“创先争优，永攀高峰”专题教育活动，下发《深入开展“创先争优”，努力做到“三个全心全意”实施方案》，在全市烟草公司系统开展贯彻落实“三个全心全意”（全心全意为烟农服务、全心全意为零售客户服务、全心全意为地方经济社会发展服务）活动。“华叶·玉溪庄园”文化建设被云南省烟草专卖局（公司）誉为宣传贯彻“大成”文化的典范。

（代玉洁）

【社会公益】 2011年，玉溪市烟草专卖局（公司）积极支持扶贫、教育、救济等相关社会性公益事业工作，对外捐赠222万元，其中：教育捐款100万元，挂钩扶贫捐款10万元，为社会主义新农村建设挂钩村委会捐款8万元，捐赠应急避难场所建设100万元，对困难职工捐款4万元。

（朱光宏）

【表彰奖励】 2011年，玉溪市烟草专卖局（公司）破获“3·05”“5·06”非法经营烟叶网络案件，获国家局表彰；被云南省人民政府表彰为“2011年烟叶工作先进单位”，被云南省局（公司）表彰为“云南省2011年卷烟营销创新上水平先进单位”“全系统‘五五’普法依法治理先进单位”“全省烟草公司系统信息化建设优秀成果奖先进单位”“全省第二届烟草专卖管理岗位技能竞赛总成绩第二名”“2010～2011年度会计信息质量先进单位”，获省局（公司）组织的全省第二届烟草专卖管理岗位技能竞赛总成绩第二名。元江县局（分公司）被云南省人民政府授予“2011年度烟叶工作先进单位”；红塔区局（分公司）、新平县局（分公司）被云南省局（公司）表彰为“云南省2011年卷烟营销创新上水平先进县级分公司”，烟叶经营管理部（质检站）、红塔区局（分公司）、澄江县局（分公司）、峨山县局（分公司）被云南省局（公司）表彰为“云南省优化烟叶结构工作先进单位”，红塔区局（分公司）被云南省局（公司）表彰为“云南省烟叶生产基础设施建设先进单位”，洛河烟站被评为“云南省烟草公司系统2010年度百县千站烟叶质量推进行动先进基层单位”，澄江县局（分公司）获由省局（公司）组织的2011年第一次卷烟客户经理工作论坛QC项目评比二等奖。《玉溪烟草志》在由云南省局（公司）、省中烟工业公司组织的《云南省烟草志丛书》评比中，获一等奖。

玉溪市局（公司）的田泽华等3人被云南省人民政府表彰为“2011年烟叶工作先进个人”，周志伟被云南省委、省政府授予“云南省社会主义新农村建设优秀指导员”称号。被云南省局（公司）表彰的有：玉溪市局（公司）的何德春等6人被表彰为“2011年卷烟营销创新上水平先进个人”，田泽华等4人被表彰为“2011年全国烟草行业企业管理现场会筹备工作先进个人”，尹加文被表彰为“全系统“五五”普法依法治理先进个人”；新平县局（分公司）的刘迎中等4人被表彰为“烟叶基础设施建设先进个人”。在云南省第二届烟草专卖管理岗位技能竞赛中：华宁县局（分公司）的廖俊明获个人一等奖，澄江县局（分公司）的唐生智等3人获个人三等奖。玉溪市局（公司）的施文荣、朱光宏被云南省局、省中烟工业公司表彰为“《云南省烟草志丛书》编纂工作先进个人”。作为2011年滇东南北中八州市局纪检监察理论研讨组的组长单位，玉溪市局（公司）张耀文、杨彪、冯云研究的课题“烟草行业纪检监察工作贯彻以人为本执政为民的思路和举措”获云南省纪检监察学会2011年优秀课题二等奖。

（黄　柏）

【阳宗镇“两烟”经营管理划归昆明】 12月31日，玉溪市烟草专卖局（公司）完成阳宗镇烟草专卖管理的对接移交工作，阳宗镇“两烟”经营管理划归昆明市烟草专卖局（公司）。

（关吉芸　刘宁宁）

【维护烟叶收购安全稳定】 2011年，红塔区烟草专卖局（分公司）采取多项措施保障烤烟收购及生产经营工作安全：烟叶收购前召开安全会议，部署烟叶收购期间安全管理工作；做好烟叶收购人员上岗前安全教育培训和安全责任告知，签订安全责任书和安全责任告知书，提升临时用工人员安全意识，规范用工行为；加强烟叶收购期间安全检查和综治维稳调研，排查和整治安全隐患；执行值班制度，分公司领导带队组织巡查小组不定期对烟叶工作站夜间值班进行巡查，提高站（点）安全防范意识；为2011年收购烟叶的站（点）配置保安人员，加强烟站安全守护力量。

【创建平安红塔烟草】 2011年，红塔区烟草专卖局（分公司）完善治安防控体系，抓好社会治安综合治理各项措施的落实，通过人防、物防、技防相结合，切实加强内部安全保卫和维护社会稳定工作。年内接到信访件2起，成功处理2起；化解矛盾纠纷2起；对分公司烟草大厦和南门街两生活区126套房屋的居住人员情况进行两次排查，做到底数清、情况明；做好节假日和“两会”期间信访稳定工作，对有关人员进行走访和排查，及时向区综治办、军转办上报情况，有效维护了社会稳定。年内，区局（分公司）实现“七个为零，两个百分之百”工作目标。被区委、区政府评为“2011年度社会治安综合治理工作先进单位”，被玉溪市公安局交警支队直属大队评为“2011年度玉溪中心城区交通安全片组先进单位”。

（王艳晨）

*　　*　　*　　*

烟草科研

【概　述】 2011年，红塔集团获授权专利69项，获省部级和云南中烟公司科技进步奖13项。完成以“玉溪（庄园）”为代表的8个新产品的开发上市和储备工作，“卷烟危害性评价与控制体系建立及其应用”项目获国家科学技术进步二等奖，“压缩空气梯级利用新技术”项目通过省级鉴定，玉溪卷烟厂发布的“视觉检测分包装置的研制”获全国烟草行业第二十二届优秀QC小组二等奖。云南省烟草农业科学研究院开展63项课题研究，完成24个项目验收鉴定；获省部级科技成果奖5项，获省公司科技进步奖7项，获授权专利25项，其中：发明专利17项，申请并获受理专利27项，11项地方标准通过评审并颁布实施，编辑出版专著1部、挂图1套，发表科研论文69篇，其中：核心期刊59篇、SCI论文7篇、CORESTA交流论文2篇。

（潘红梅）

卷烟科技

【技术创新】 2011年，红塔集团加强合作研究，成立8个联合实验室，围绕重大专项，紧扣重点课题开展联合攻关，产品质量安全标准重点研究室获得国家局批准，2011年红塔集团获授权专利69项，获省部级和云南中烟公司科技进步奖13项。产品创新步伐加快，完成以“玉溪（庄园）”为代表的8个新产品的开发上市和储备工作，体现了产品研发的新思路和新理念。做好产品维护，加强产品设计环节成本控制，在稳定质量的前提下，香精香料和三类烟烟叶成本下降。重视产品质量安全，加强烟用添加剂使用管理，重点制定烟用材料质量安全评估与许可准入等制度，制定《品牌合作生产产品质控制规程》，产品质量安全体系进一步完善，维护了集团品牌形象。

【“卷烟危害性评价与控制体系建立及其应用”获国家级奖】 1月14日，中共中央、国务院在北京举行国家科学技术奖励大会，由国家烟草专卖局、中国烟草总公司推荐，郑州烟草研究院、军事医学科学院放射与辐射医学研究所、湖南中烟工业有限责任公司、川渝中烟工业公司、南开大学、红塔集团等单位承担的“卷烟危害性评价与控制体系建立及其应用”项目获国家科学技术进步二等奖。

“卷烟危害性评价与控制体系建立及其应用”项目以影响人体健康的卷烟烟气毒性成分和毒理学指标为研究对象，针对卷烟危害性评价及其控制难题开展研究，研发了一系列烟气捕集新方法，解决烟气复杂基质中微量毒性成分分离难题，建立起一整套卷烟危害性评价与控制方法体系，并已在部分卷烟重点骨干品牌上应用，在控制降低卷烟危害性技术研究和开发低危害卷烟产品中取得明显成效。该项目曾获中国烟草总公司2009年度科技进步一等奖。

【优秀QC成果发布】 2011年1月20～21日，玉溪卷烟厂的QC小组代表在技术中心会议室召开第四次优秀QC成果发布会，对2010年度优秀QC成果进行交流。2010年，玉溪卷烟厂QC小组在活动覆盖面和成果数量上继续稳步提升，登记注册QC小组136个，完成课题125项。按照QC小组成果发布“逐层申报、择优发布”的原则，推荐34项优秀成果参加此次发布会。这些优秀成果覆盖9个车间、5个科室，有11个创新型课题、12个攻关型课题、4个现场型课题和7个管理型课题。经过评选，卷包一车间高架库QC小组的《烟箱输送机防标签沾粘输送辊的研制》、制丝一车间电气QC小组的《降低轨道秤故障频次》、卷包一车间D作业区QC小组的《GDX2000包装机组自动减速程序的开发》、动力车间锅炉QC二组的《锅炉给煤装置卡死报警系统的研制》4项成果获一等奖，其余12项成果获二等奖、18项成果获三等奖。

【“压缩空气梯级利用新技术”通过省级鉴定】 由玉溪卷烟厂和云南恒普科技有限公司联合开发研究的“压缩空气梯级利用新技术”采用压缩空气分离技术将富氧空气用于工业锅炉燃烧，同时通过无动力回送装置，将低压的富氮气体回送到高压的空压气系统，达到压缩空气梯级利用目的。该技术属国内首创，核心设备“压缩空气分离和回送装置”已申报国家专利并获受理，依据此技术制定的《工业用富氧机组》企业标准已在昆明市质量技术监督局备案。项目于2010年8月完成，经过运行测试，设备运行稳定，节能效果显著，云南省能源利用监测中心测试表明，锅炉热效率提高了近3个百分点。

2011年3月5日，“压缩空气梯级利用新技术”项目通过省工信委组织的技术鉴定。鉴定会在玉溪卷烟厂动力车间召开，省工信委技创处处长胡时跃主持会议，玉溪市委副秘书长姚晓岩，玉溪卷烟厂副厂长马云参、彭涛等领导出席会议。由昆明理工大学、省科技厅、计量院、节能中心、云南中烟公司等单位的10位专家、教授组成的鉴定委员会听取了动力车间主任张万云、恒普科技有限公司项目负责人杨国斌汇报该项新技术的研究应用情况、技术创新点和所取得的成果，认真审查全部技术文件，并进行现场查看。经评审讨论，鉴定委员会认为“压缩空气梯级利用新技术”实用性强，节能效果显著，具有明显的经济效益和社会效益，有广阔的推广前景，一致同意该技术通过鉴定。

【红塔集团QC小组成果在全国烟草行业获奖】 7月20日，全国烟草行业第二十二届优秀QC小组成果发布会在北京举行，红塔集团选送的三个成果均获奖，其中：昭通卷烟厂发布的“PASSIM卷接机水松纸鼓轮清洁装置的研制”获一等奖，玉溪卷烟厂发布的“视觉检测分包装置的研制”获二等奖，楚雄卷烟厂发布的成果获三等奖。获一等奖的成果将由中国烟草总公司推荐到中国质量协会参加全国优秀QC小组活动成果评选。

【红塔集团两个科技项目通过省级审定】 11月7日，红塔集团“选择性降低红塔集团卷烟产品危害性指标化合物的综合技术研究”和“三维空间曲面的精密技术研究和应用”两个项目通过云南省科学技术奖励委员会审定。

（金世祥）

烟叶科技

【“世界烟草品种园”建设】 2011年，云南省烟草农业科学研究院（以下简称“云南省烟草农科院”）在研和试验基地建成“世界烟草品种园”，品种园建设以品种资源收集、育种技术创新、品种展示和新技术集成为重点，建设“六区一馆”，集中种植29个国家409个烟草品种及种质资源，构建烟草“种子库”“种质库”“性状库”和“分子指纹图谱库”，展示单倍体育种、外源基因导入、分子标记辅助选择育种等先进育种技术，集成应用“三挂两放”（挂杀虫灯、黄板、性引诱剂，放烟蚜茧蜂、赤眼蜂）、病毒病快速检测诊断等低危生产技术，精准定位施肥、水肥耦合等高新栽培技术。成为个性鲜明、风格独具的品种展示园、育种技术创新园、高新技术集成园和烟草品种文化园。全年接待国内外参观团60个5 000多人次，得到国家烟草专卖局副局长张保振、何泽华和云南省委常委、副省长曹建方等领导肯定和国内外专家好评，《中国烟草》《云南日报》《东方烟草报》、云南电视台等7家媒体进行10多次专题报道。“世界烟草品种园”不仅展示云南省丰富的品种资源和育种科技最新成果，还成为世界烟草品种展示的窗口、育种技术创新的基地、高新技术集成的阵地和国际交流合作的平台。

【烟草品种选育与推广】 2011年，云南省烟草农科院选育的烤烟新品种“云烟99”通过全国审定，“云烟205”“KRK26”和“PVH19”3个烤烟新品种通过云南省省级审定，是选育品种数量最多的一年。“云烟105”和“NC71”两个品种通过全国农业评审，选送“云烟110”“PVH1452”参加全国区试；引进13个烤烟新品系，初步筛选出“NCT6”等株型好、抗黑胫病、经济效益好的优良品系。

【育种技术研究】 2011年，云南省烟草农科院克隆获得3个烟碱合成调控相关基因，初步定位抗“TMV”、抗“PVY”两个抗病性状基因，建立烟草品种选育加代技术；以“红大”等关键品种为亲本，构建含611个分子标记的烤烟遗传连锁图，为“红大”品种全基因组序列精细图绘制奠定基础。

【烟草种子推广】 2011年，云南省烟草农科院烤烟漂浮育苗专用包衣种子推广面积1 057万亩，占全国烤烟种植面积的66.1%；推广烟草介质花粉技术，杂交种制种平均亩产14千克，比2010年增长10%以上。

【实用技术集成应用】 2011年，云南省烟草农科院开发出病虫害智能远程诊断及监测预警系统；烟草花叶病快速检测诊断试纸条在全省推广应用面积10多万亩；及时查明番茄斑萎病毒病发病原因及规律，为发病烟区制定防治技术方案。构建高效烟草根结线虫生防基因工程菌，开发出新一代烟草根结线虫高效生物防治产品；试验示范品种嫁接技术，对提高烟叶品质、改善烟株抗病能力有一定作用。

【烟叶质量检测】 2011年，云南省烟草农科院新增烟叶质量分析检测项目16项，完善农药残留和重金属分析检测技术，完成烟叶、土壤等样品检测16 700多个，提供有效数据20.8万个。

【成果论文与标准专利】 2011年，云南省烟草农科院获省部级科技成果奖5项，其中：“云南烤烟土、水、肥综合调控技术研究与应用”获省科技进步二等奖、“云南烟草主要病虫害综合治理技术集成研究及示范推广”获省科技进步三等奖，“烤烟漂浮育苗专用包衣丸化种子研发与应用”获国家局科技进步二等奖、“烟草抗逆育种相关基因的分子生物学研究”和“烟草种质资源图鉴”获国家局科技进步三等奖，其他7项获云南省烟草公司科技进步奖，是近年来成果档次最高和数量最多的一年；获授权专利25项，其中发明专利17项，申请并获受理专利27项，授权和受理专利创历史新高；11项地方标准通过评审并颁布实施，编辑出版专著1部、挂图1套，发表科研论文69篇，其中：核心期刊59篇、SCI论文7篇、CORESTA交流论文2篇，论文数量和档次提升。

【国际合作交流】 2011年，云南省烟草农科院依托中美烟草分子育种联合实验室，引进13个美国烤烟新品系和10份特异种质资源；与北卡州立大学开展优良株系筛选、抗病育种等合作研究，初步掌握母体起源单倍体技术、纸管套袋技术等世界前沿育种技术，并应用于省烟草农科院烤烟育种；召开中美烟草分子育种联合实验室2011年学术交流会，初步确定2个项目6个方面的合作研究。

【国际学术交流】 2011年，云南省烟草农科院组织完成CORESTA论文征集，共推荐11篇论文参选，2篇入选，其中：雷丽萍、秦西云、汪安云、柴家荣、夏振远等人撰写的《菌丝直接PCR法对烟草疫霉ITS序列和微卫星分析》入选大会宣读论文，秦西云、杨程等人撰写《红辣椒脉斑驳病毒烟草分离物的鉴定及3末端序列分析》入选墙报论文。雷丽萍11月6～10日参加在智利亚哥举行的CORESTA大会并宣读论文；19人次赴美国北卡学习交流；邀请美国、英国等13位国际知名专家参加国际“优质烟叶开发”高级专家学术交流年会，接待国外专家30多人次。

【烟草科研人才培养】 2011年，云南省烟草农科院为提高烟草科研人员的综合素质，加大学习培训力度，派遣3批6人次赴美开展合作研究，学习育种新技术和新方法，组织专题讲座10场次，派出46人次参加学历教育和岗位培训，提升政策理论水平和工作能力；加大人才培养力度，副院长李永平被评为行业烟草育种方向学科带头人，常务副院长卢秀萍被聘为清香型特色优质烟叶开发重大专项首席专家，育种团队入选云南省科技创新团队；加大人才引进力度，从国外知名院校引进2名留学博士，造就结构合理、素质良好的科技人才队伍。

【科技服务】 2011年，云南省烟草农科院在烟叶生产关键时期和重要环节，组织栽培、植保、土肥、烘烤等方面的专家巡回指导烟叶生产，及时解决生产疑难问题。在育苗、移栽、旺长等关键时期，组织服务团7批次到昆明、红河、文山、普洱、临沧、昭通等烟区巡回指导；在陇川江优化烟叶结构试点和烘烤关键时期，派出烘烤专家针对烟叶生长季节特点制定烘烤技术措施，指导烟叶成熟采收和密集烤房烘烤，取得良好效果。全年派出科技人员48批120多人次，指导全省13个州市95个县的烟叶生产，为各州市培训科技人员15批5 000多人次，为优化结构、提升质量、彰显特色提供科技服务。省烟草农科院被玉溪市政府评为“‘十一五’烟叶工作先进单位”，张树堂被云南省政府评为“2011年度烟叶工作先进个人”。

【烟草农业科普宣传】 2011年，云南省烟草农科院继续采取多种形式加强科学技术普及和科普宣传。以“云南烟叶信息网”为平台，在原有实用技术、科普园地等栏目的基础上，推出“烟农学校”栏目，提供育苗、大田移栽中耕管理、病虫害防治、烘烤与分级等专项技术视频，为普及烟草科技知识、让烟农准确掌握烟叶生产实用技术提供直观的平台。推荐科技专家参加相关部门组织的科技下乡活动，普及科学知识，推广农村实用技术，帮助农民群众增收致富。9月15日，选派副研究员殷端、高家合参加“玉溪市全国科普宣传日”咨询宣传活动，向烟农发放《（烤烟）农村实用技术》专刊200册，《烟草病虫害防治彩色挂图》《烤烟经济合理施肥技术手册》《烟用化肥与农药》《云南烤烟生产新技术》《云南省烤烟抗旱生产技术》《中低产烟田土壤改良技术手册》等科技图书100册。

【烟叶生产信息化服务】 2011年，云南省烟草农科院为加强烟叶生产信息化服务，在《云南烟叶信息网》上开辟“优化烟叶结构”专栏，开展专家在线咨询服务；发布烟草科技信息9 000余条，访问量超过114万人次，比2010年增加10%，提升科技服务信息化水平；出版《烟草农业科学》4期，编写《云南烟草领导参考》50期、《云南烟草专题研究报告》10期，为全系统各级领导科学决策提供资讯服务。

【企业文化建设】 2011年，云南省烟草农科院推进“大成”文化宣传贯彻，举办企业文化宣讲5场次、研讨会3次，办宣传栏3期；完成母子文化对接，基本建成全院“种子精神”文化框架体系，形成“大成”文化、“种子精神”文化内涵。梳理全院管理制度，完成制度修订45项、新制定16项。

（齐　颖）

【玉溪市烟草科研成果】 2011年，玉溪市烟草专卖局（公司）科研工作按照“四有”（有专利、有论文、有标准、有专著）要求，制定《烟蚜茧蜂防治烟蚜技术规程》行业标准、《玉溪庄园有机烟叶生产技术标准》企业标准；年内，申报专利3项、获授权专利6项；发表科技论文5篇；开展科研项目32项，其中：新申请项目10项，结题项目9项。《优质地烟新技术综合集成示范》项目获红塔区科技进步一等奖，《卧式密集烤房散叶烘烤技术研究》项目被云南省烟草专卖局（公司）鉴定为“国内先进”，完成云南省烟草专卖局（公司）下达的科技创新任务。

表50：2011年科技论文发表登记表

表51：2011年获软件著作权登记表

表52：2011年申报专利项目统计表

表53：2011年获专利权项目统计表

2011 年科技论文发表登记表

表 50

论文题目	第一作者	刊物类型	发表刊物名称	刊物刊号
干旱胁迫对不同育苗方式烤烟生长和生理生化特性的影响	陈洁宇	国内核心期刊	烟草科技	ISSN1002－0861
基于 Delphi 和 MySQL 红塔品牌导向玉溪特色烟叶数据库建立	田泽华	国内核心期刊	农业网络信息	ISSN1672－6251
基于 OLAP 的玉溪植烟土壤养分含量数据分析	陈发荣	学术类期刊	农业图书情报学刊	ISSN1002－1248
“五步移栽法”对烤烟生物学性状和烟叶产质量的影响	谷星慧	学术性期刊	烟草农业科学	
烟蚜茧蜂规模繁殖中烟蚜越冬寄主筛选	杨硕媛	国内核心期刊	中国烟草科学	ISSN1007－5119

2011 年获软件著作权登记表

表 51

软件名称	著作权人	开发完成日期	登记号
红塔品牌导向玉溪特色烟叶品质数据库管理系统	玉溪市烟草公司、云南农业大学	2010 年 12 月 1 日	2011SR079170

2011 年申报专利项目统计表

表 52

专利名称	专利类型	受理日期	申请（专利权）人	获受理号
育苗盘自动循环剪叶系统	发明专利	2011－10－12	陈发荣	201110295735．8
自动循环剪叶机	实用新型专利	2011－10－12	陈发荣	201120366335．7
自控立体育苗盘架	实用新型专利	2011－10－12	陈发荣	201120366333．8

2011 年获专利权项目统计表

表 53

专利名称	专利类型	授权日期	申请（专利权）人	专利号
烤烟育苗蛭石基质和用该基质育苗方法	发明专利	2011－5－25	邓小刚、刘宝泉、陈发荣、杨维良、徐永昌、祁家明	ZL200810233676．X
烟蚜茧蜂规模繁殖工艺	发明专利	2011－11－2	邓小刚、李春明、杨跃、杨硕媛、赵进龙、傅光伟、杨璧愫、张翠萍	ZL200810187795．6
昆虫吸捕器	实用新型专利	2011－9－21	杨硕媛、赵进龙、谷星慧、余砚碧、陈发荣等 17 人	ZL201120021265．1
二级助燃反烧式燃烧炉	实用新型专利	2011－7－13	叶继宗、郑志云、李春明、陈发荣、崔国明等 12 人	ZL201020638705．3
集中供热式联体烤烟房	实用新型专利	2011－7－20	叶继宗、王从明、郑志云、李春明、陈发荣等 12 人	ZL201020638722．7
利用太阳能量供热的节能烤烟房	实用新型专利	2011－8－24	叶继宗、王从明、郑志云、李春明、陈发荣等 12 人	ZL201020638662．9

（谷星慧）

【红塔区优选出3个烤烟新品种】 2011年，红塔区在大营街赵桅6组烟草基地的“云南省烤烟良种区域试验”中优选出“云烟112”“云烟116”“云烟206”3个新品种，可作为红塔区烤烟生产的后备品种。3个新品种的特征特性分别是：

“云烟112”：中国烟草育种研究（南方）中心培育品种。大田生育期140天，亩产量290千克，亩产值5 351元，每千克均价18.47元，上等烟占69.47%，单叶重9.2克，产指218.4，级指75.3；耐旱性好，综合抗病性好；易烘烤；自然株高184.1厘米，打顶株高154.5厘米，总叶片数27.7片，有效叶22.7片，节距6.3厘米，茎围8.1厘米，腰叶长68.7厘米，腰叶宽22.9厘米。主要缺点：易倒伏，原烟颜色偏淡，成株株型松散。

“云烟116”：中国烟草育种研究（南方）中心培育品种。大田生育期140天，亩产量256千克，亩产值4 485元，每千克均价17.48元，上等烟占64.95%，单叶重10.6克，产指183.1，级指71.3；耐旱性好，综合抗病性尚好；易烘烤；自然株高147.7厘米，打顶株高105.3厘米，总叶片数25.5片，有效叶20.1片，茎围8.0厘米，节距5.1厘米，腰叶长68.4厘米；腰叶宽23.1厘米。主要缺点：易染“TMV”。

“云烟206”：中国烟草育种研究（南方）中心培育品种。大田生育期140天，亩产量242千克，亩产值4 059元，每千克均价16.68元，上等烟占58.61%，单叶重9.8克，产指165.6，级指68.1；耐旱性中等，综合抗病性好；易烘烤；自然株高135.7厘米，打顶株高103.1厘米，总叶片数26.1片，有效叶片20.4片，茎围8.2厘米，节距5.0厘米，腰叶长71.6厘米，腰叶宽23.1厘米。主要缺点：原烟颜色偏淡。

（武仕强）

【采用昆虫性诱剂防治烟草害虫】 为进一步研究、验证昆虫性诱剂防治烟草害虫技术在烤烟生产上的运用效果，2011年，红塔区烟草分公司在2009年和2010年的示范基础上扩大示范面积，采用宁波纽康生物技术有限公司生产的性诱剂诱芯和诱捕器，在烤烟移栽前和移栽期间，针对烟草上主要鳞翅目害虫——小地老虎、烟青虫以及斜纹夜蛾发生时期和发生特点，分别引进三种性诱剂诱芯及1 800套诱捕器在黄官、赵桅、常里、马桥、黑村、龙树进行示范应用5 400亩，其中：在赵桅科技示范园安置45套诱捕器，分别采用小地老虎诱芯20个、烟青虫诱芯4个、斜纹夜蛾诱芯21个，重点诱杀小地老虎、烟青虫及斜纹夜蛾成虫，作为试验示范定点监测三种害虫发生动态；黄官、赵桅、常里、黑村、龙树共安置诱捕器1 755套，重点诱杀斜纹夜蛾成虫。

【“抑芽剂在红塔区烤烟生产上的推广应用”通过区级验收】 红塔区烟草公司自2003年在相关部门的支持和帮助下开始化学抑芽剂施用效果试验。在试验取得初步效果的基础上，2004年开始在主要种烟乡镇选择烤烟生产水平高，烟农科技意识较强的村示范推广新型烟草化学抑芽剂“25%氟节胺乳油”，以点带面逐渐扩大推广应用面积，经过2005～2007年示范宣传、技术摸索，不断完善烤烟化学抑芽剂的使用技术及推广应用规范，使操作技术便于科技人员、烟农更好的掌握。同时，在推广中，加强领导和组织管理，加大资金投入，加快应用推广速度，2008年推广普及率由2007年的38.3%增至76.8%，到2009年，红塔区实现化学抑芽应用全覆盖，普及率100%。从示范到全面普及，历时6年，到2011年止，累计应用推广面积22.4万亩。平均每亩节约成本222.26元，平均每亩新增产值209.72元。

2011年11月15日，由玉溪市红塔区科技局主持，邀请有关专家组成项目验收委员会对“抑芽剂在红塔区烤烟生产上的推广应用”项目进行验收。验收委员会认为该项目选题准确，技术路线正确，资料完整齐全，数据翔实可靠。在烟草抑芽技术、推广措施等方面具有创新性，25%氟节胺（灭芽灵）推广应用率达到省内领先水平，一致同意通过验收。

【烟蚜茧蜂防治】 2011年，红塔区烟草分公司在研和宋官、玉屏，高仓干海子、磷矿山、萝卜籽地，北城王棋、刺桐关，小石桥玉苗设8个小棚繁蜂点，搭建繁蜂小棚197个，繁蜂面积1 773平方米，繁育烟蚜茧蜂1 654.8万头；从玉溪市烟草公司马桥繁蜂中心领取烟蚜茧蜂1 500万头，共计繁放烟蚜茧蜂3 154.8万头，平均每亩放蜂量700头以上，分别在团颗期、旺长期每次每亩按700头放入田间。防治面积45 000亩，分别为高仓4 850亩、北城5 500亩、小石桥7 400亩、大营街5 380亩、洛河4 180亩、研和3 900亩、春和12 690亩、玉带路1 100亩。实现全区烟蚜茧蜂防治烟蚜推广应用面积100%。

（张翠萍）

2011年9月15日，市烟草公司经理田泽华、红塔区区长张小良在高仓烟站检查烤烟生产 （方亚军 摄）

文 化

编辑 朱耀萍 矣 莹

【综 述】 2011年，红塔区科学技术工作继续完善和落实区委、区政府促进科技创新的政策，加大对科技创新的支持和奖励力度，组织实施各类科技计划，取得新的科技成果。组织实施省、市、区级科技计划30项，开发省级新产品2个，有5户企业按新办法通过高新技术企业认定，2户企业被命名为“云南省创新型企业”，1项科技成果获省科技进步奖，6项科技成果获市科学技术奖。认定市级工程技术研究中心3个。专利申请量402件，专利授权量312件。区政府对荣获2010年度红塔区科学技术进步奖的科技人员表彰奖励。红塔区通过了国家科技部全国县（市）科技进步考核，被确定为2011年全国县（市）科技进步考核先进县（区）。区委、区政府成立红塔区全民科学素质工作领导小组，区科协围绕未成年人、农民、城镇劳动人口、领导干部和公务员开展科学素质行动，科普经费提高到人均1元。全区有村级以上农村专业技术协会54个，会员4 608人。

教育事业均衡发展。境内有学校109所，其中：红塔区区属公办中小学、幼儿园98所。2011年，红塔区深入推进“三生教育”，全面落实“三免一补”政策，加强学校基础设施建设，注重教育公平和教育资源整合。教育专项经费投入3 613.14万元。完成中小学校舍排危项目4个1.71万平方米，新建3.7万平方米。坚持教育优先发展，在全省率先实现12年免费教育。区义务教育阶段学校开展学区建设，全区中小学分为8大学区，实现城乡教育优势互补，促进区域内教育均衡发展。成立玉溪第八中学，有效解决了城区初中教育资源不足的问题。以“民办公助”的形式新建玉兴中心幼儿园，既整合优质教育资源，又助推民办学前教育的发展。全区有教职工4 148人，全区小学适龄人口入学率99.99%，辍学率0.03%；初中适龄少年入学率99.66%，辍学率0.56%；高中阶段教育毛入学率达93.18%，比上年提升1.61个百分点。残疾儿童入学率98.71%。

文化事业长足发展。2011年，新组建成立红塔区文化旅游广电和体育局。按照区委、区政府着力打造“聂耳”文化品牌和“三乡”文化品牌的要求，以弘扬聂耳文化为主旋律，在繁荣文化艺术创作，加强文化基础设施建设、丰富群众文化活动、活跃文艺演出、推进图书事业发展、整顿文化市场等方面取得较好成绩。文艺工作坚持“二为”方向和“双百”方针，充分调动区内专、业余作者的积极性，创作反映时代风貌的文艺节目。对群众文艺队进行辅导和培训，通过组织广场活动、文艺演出，广泛开展群众性文体活动。推进农家书屋向大的自然村延伸，加强“文化信息资源共享”工程建设。区图书馆藏书17.67万册，总流通5.99万人次、19.56万册次。完成研和可官魁阁的修缮工程，实现聂耳故居对社会免费开放，完成5个文物保护单位的第七批省保申报，推进了文博资源的保护和合理利用。全区有各类城乡文化、新闻出版市场经营单位892个，基本满足城乡文化娱乐需求。

旅游产业实施大项目带动大发展战略，加快推进旅游精品区改造提升、旅游度假设施建设等80个旅游重大项目建设，启动建设旅游特色村50个。推进大营街综合旅游区、中心城区商贸旅游区、红塔工业旅游区、中国玉溪高古楼文化旅游小镇建设。加快发展灵秀乡村旅游、研和生态乡村旅游产品，以“云南第一村”品牌为立足点，打造旅游精品，发展红色旅游、商务公务考察游、民俗文化游、工业旅游和美食旅游、乡村旅游等。年内，接待国内旅游者、海外旅游者分别比上年增长9%、11%；实现国内旅游业收入、旅游外汇收入均比上年增长19%。8家星级酒店平均床位出租率50%。

广播电视宣传把握正确宣传舆论导向，围绕区委、区政府的中心工作，加大红塔区“产业强区、生态立区、三农兴区、文化和区”发展战略和“两个率先”目标宣传力度，做好区政府2011年实施的重点项目建设、招商引资、推进农业化发展、加快产业结构调整、工业园区经济建设、节能减排、发展生态旅游等重点工作报道，宣传红塔区城市“创卫”“创文”“创模”的特色亮点，全年播出电视新闻1 450条，被玉溪市电视台采用350条。红塔区电影发行放映管理中心6支农村公益性数字电影放映队放映公益性数字电影1 054场次，观众31万人次。

卫生事业健康发展。加强卫生基础设施建设，完善公共卫生和农村卫生服务网络；开展农村新型合作医疗，合理配置规划卫生资源；做好以艾滋病、结核病等重大传染病的预防控制；加强乡村卫生组织一体化管理；全力开展创建国家卫生城市工作。深化医药卫生体制改革，对基层医疗卫生机构每年按定额补助公用经费：社区卫生服务中心、中心卫生院11万元；一般乡（街道）卫生院按9万元、7万元、6万元3个档次补助。山区乡村医生补助由每人每月150元提高到300元、半山区由120元提高到250元、坝区由80元提高到150元。全区有各级各类医疗卫生机构288个，卫生技术人员1 515人，开设病床869张。全年传染病总发病率214.60/10万；儿童计划免疫“六苗”免疫合格率93.81%；孕产妇死亡率0/10万，婴儿死亡率7.46‰，孕产妇住院分娩率继续巩固在99.93%。全区住院病人31 524人次，治愈率34.31%，好转率42.41%，门诊总病人107.34万人次。

竞技体育和群众性体育协调发展。全年主办、承办和协办各类体育赛事，通过开展群众体育活动，促进全民健身运动。不断加强农村公共体育基础设施建设力度，实施黄草坝村委会体育文化休闲广场项目，确定5个村级农村文化体育活动广场建设试点并加以实施，对6个实施农民体育健身工程的社区实行体育器材经费补助，在7个社区实施“七彩云南”健身基础设施项目。年内积极组织竞技体育赛事，提升专业运动水平。在玉溪市第四届中小学生运动会上，红塔区代表团参加的4个项目比赛均获得第一名，并以团体总分名列八县一区榜首。在云南省第七届城市运动会预选赛中，红塔区参加田径、游泳、摔跤、武术预赛，34名运动员取得参赛资格。

（朱耀萍）

*　　*　　*　　*

国县（市）科技进步考核先进个人。

（卢云生）

科　学

【概　述】　2011年，红塔区科技创新工作紧紧围绕全区经济社会发展的重点任务和工作部署，服务于经济又好又快发展和社会和谐进步，全区科技创新工作成绩明显：区委、区政府促进科技创新的政策得到进一步完善和落实，加大了对科技创新的支持和奖励力度，科技发展环境不断优化，科技创新能力有新的提高；大力组织实施各类科技计划，科技创新对全区经济社会发展的支撑引领作用进一步加强，重点企业和重点产业的科技创新能力得到进一步提高，增强了特色产业和优势产业的核心竞争力；农业新品种引进示范推广和农业科技培训取得成效；围绕知识产权的创造、管理、保护、运用，激励拥有自主知识产权的发明创造工作取得明显进展。

年内，全区共组织实施省、市、区级科技计划30项。其中，省级13项；市级12项；区级5项。争取上级科技补助资金981万元，开发省级新产品2个。云南省玉溪市太标太阳能设备有限公司、云南蓝晶科技股份有限公司2户企业被批准为云南省创新型试点企业，截至2011年末，红塔区列入云南省创新型企业（或试点）的企业达11户。年内，组织实施省级科技专项计划10项。对2010年度获国家高新技术企业称号的云南维和药业股份有限公司、云南省玉溪市红塔铝型材厂、云南前列电缆厂3家企业分别一次性奖励10万元；对云南新兴仁恒包装材料有限公司开发的国家级新产品"'玉塔'牌环保型水印压纹防伪内衬纸"一次性奖励10万元；对云南昆钢制管有限公司开发的"低压流体输送管道用螺旋缝埋伏焊钢管"、武钢集团昆钢股份开发的"烟草烤炉热轧钢带"、玉溪市溶剂厂有限公司开发的"柠檬酸聚酯增塑剂"和"新型滤棒增塑剂"、玉溪恰达新型建材有限公司开发的"CYQB－I型工业灰渣混凝土空心隔墙条板自动化生产线"5个云南省新产品各一次性奖励5万元；对荣获2010年度红塔区科学技术进步奖的玉溪环球彩印纸盒有限公司、云南玉溪创新彩印有限公司等15个单位科技人员进行表彰奖励（一等奖7项分别奖励1.5万元、二等奖5项分别奖励1万元、三等奖3项分别奖励0.5万元）。以上合计奖励金额达82万元。全区有1项成果获云南省科技进步奖，即玉溪市快大多畜牧科技有限公司与红塔区畜牧局共同完成的《无公害饲料生产与配套技术推广》成果获云南省科技进步奖三等奖；有6项成果获玉溪市科学技术奖，分别是红塔区种子管理站完成的《优质油菜新品种"玉红油1号"选育与应用》获玉溪市科学技术奖一等奖、红塔区种子管理站完成的《杂交玉米新品种"金峰一号"选育》获玉溪市科学技术奖二等奖、玉溪环球彩印纸盒有限公司完成的《10色凹印机整合关键技术专项》、云南昆钢制管有限公司完成的《低压流体输送管道用螺旋缝埋弧焊钢管新产品研发》、红塔区知识产权局完成的《红塔区卷烟配套产业知识产权战略研究》、红塔区一幼完成的《幼儿自制玩具的教育指导策略方法研究》4个成果获玉溪市科学技术奖三等奖。年内，红塔区科学技术进步奖评审委员会受理科技成果15项，其中工业成果5项，农业成果8项，教育成果2项。评出2011年度红塔区科技进步奖15项，一等奖7项，二等奖5项，三等奖3项。全区共有5户企业通过高新技术企业认定，分别是玉溪滇雪粮油食品工业有限公司、云南玉溪汇龙科技有限公司、玉溪市大营街铝箔纸厂、云南省玉溪市佳利太阳能设备有限公司、玉溪市兴红太阳能设备有限公司。截至2011年末，全区高新技术企业达32户。2011年，全区专利申请达402件，占全市专利申请量673件的59.73%，专利授权量312件，占全市专利授权量535件的58.32%。申报省、市专利资助、奖励370项，获批省、市资助、奖励198项。资助金额17.57万元。2011年完成国家科技部对红塔区的全国科技工作先进县（区）的考核，受到国家科技部的表彰。确定红塔区为2011年全国县（市）科技进步考核先进县（区），张小良、吕玉平、荆文义为2011年全

科技管理

【红塔区被考核为全国科技进步先进县（区）】　2011年11月21日，国家科技部《关于表彰2011年全国县（市）科技进步考核先进集体和先进个人的通知》中，红塔区通过了国家科技部每两年举行1次的全国县（市）科技进步考核，受到国家科技部表彰。确定红塔区为2011年全国县（市）科技进步考核先进县（区），张小良、吕玉平、荆文义3人为2011年全国县（市）科技进步考核先进个人。

（荆文义）

【红塔区召开科技创新奖励大会】　根据《玉溪市红塔区关于促进企业技术创新提高企业竞争力实施意见》，红塔区人民政府于2011年7月25日在区科技局召开2010年度红塔区科技创新奖励大会，对2010年度获国家高新技术企业称号的云南维和药业股份有限公司、云南省玉溪市红塔铝型材厂、云南前列电缆厂3家企业分别一次性奖励10万元；对云南新兴仁恒包装材料有限公司开发的国家级新产品"'玉'牌环保型水印压纹防伪内衬纸"一次性奖励10万元；对云南昆钢制管有限公司开发的"低压流体输送管道用螺旋缝埋伏焊钢管"、武钢集团昆钢股份开发的"烟草烤炉热轧钢带"、玉溪市溶剂厂有限公司开发的"柠檬酸聚酯增塑剂"和"新型滤棒增塑剂"、玉溪恰达新型建材有限公司开发的"CYQB－I型工业灰渣混凝土空心隔墙条板自动化生产线"5个云南省新产品个一次性奖励5万元；对荣获2010年度红塔区科学技术进步奖的玉溪市环球彩印纸盒有限公司、云南玉溪创新彩印有限公司等15个单位科技人员进行表彰奖励。2010年度，红塔区用于科技创新的奖励金额82万元。

【两户企业被确定为云南省第六批创新型试点企业】　根据《云南省创新型企业试点工作方案》，2011年11月28日经云南省科技厅、省国资委、省工信委、省总工会认真研究，红塔区两户企业被确定为云南省第六批创新型试点企

业，分别是云南蓝晶科技股份有限公司和云南省玉溪市太标太阳能设备有限公司。

截至2011年底，红塔区境内已有11户企业被确定为云南省创新型试点企业，除上述两户外，其他9户分别是云南玉溪水松纸厂、云南玉溪卷烟厂滤嘴棒分厂、云南红塔塑胶有限公司、云南玉溪创新彩印有限公司、云南玉溪市旭日塑料有限公司、玉溪快大多畜牧科技有限公司、玉溪玉杯金属制品有限公司、云南沃林生物技术股份有限公司、云南天宏香精香料有限公司，其中云南玉溪水松纸厂、云南玉溪卷烟厂滤嘴棒分厂、云南红塔塑胶有限公司、云南玉溪创新彩印有限公司、云南玉溪市旭日塑料有限公司5户企业已被命名为“云南省创新型企业”。

【5户企业按新办法通过高新技术企业认定】 2011年，全区有5户企业按新办法通过高新技术企业认定，分别是玉溪滇雪粮油食品工业有限公司、云南玉溪汇龙科技有限公司、玉溪市大营街铝箔纸厂、云南省玉溪市佳利太阳能设备有限公司、玉溪市兴红太阳能设备有限公司，截至2011年，已有20户企业通过认定。

【3户企业按新办法通过高新技术企业复审】 2011年，全区有3户企业按新办法通过高新技术企业复审，分别是玉溪市旭日塑料有限责任公司、云南省玉溪市溶剂厂有限公司、云南克雷斯天然药物制药有限公司。云南玉溪卷烟厂滤嘴棒分厂在复审中因涉烟不属于国家支持领域未通过复审。

（何鹍曙）

【6个项目列入区级农业产业化前期试验示范计划】 2011年，区科技局投入科技经费10万元，组织实施农业产业化前期试验示范项目6项，分别是红塔区种子站承担的“优质油菜新品种选育、试验、示范”项目；红塔区畜牧局承担的“野外放养绿壳蛋鸡引种、试验、示范”项目；研和街道科委承担的“火龙果引种试验”项目；北城街道科委承担的“铁皮石斛栽培试验”项目；红塔区水产站承担的“加州鲈鱼引种养殖试验”项目；红塔区荣鑫中药材种植基地承担的“中草药滇重楼的栽培试验”项目。

【5个重点农业科技项目列入区级科技计划】 2011年，区科技局安排科技经费10万元，组织实施重点农业科技计划5项：李棋街道科委承担的“桃树新品种引种试验示范”项目；洛河乡科委承担的“辣椒漂浮育苗试验示范”项目；春和街道农业技术农机工作站承担的“四季草莓新品种卢比引种栽培试验示范”项目；高仓街道科委承担的“核桃新品种栽培示范”项目；小石桥乡龙马梨生产销售专业合作社承担的“果树新品种引种试验”项目。

【科技下乡】 2011年2月23日至3月16日，红塔区科技局组织40人次到全区各乡（街道）开展送科技下乡、科技进社区宣传活动。在“三下乡”和“四进社区”科技宣传、咨询活动中，向小石桥乡捐赠价值5 000余元的电脑1台，改善乡科委的工作条件；发放《云南科技报三下乡特刊》2 000份，特刊内容包括烤烟、马铃薯、魔芋、辣椒、桃、南瓜等经济作物的品种及栽培措施，肉牛育肥技术和养猪技术，拒绝毒品、预防艾滋病等防病方面的知识；发放《玉溪科技信息网》宣传挂历2 000份，《抚仙湖流域水环境保护与水污染防治》科普手册600册，《抗震救灾》科普手册100册；展出农业高新技术和专利知识展板56块。为推进全区新农村建设中的科技普及，提升公众科学素质起到积极作用。

（荆文义）

科技成果

【7项成果获玉溪市科学技术奖】 2011年5月，经红塔区科技进步评委会向玉溪市政府推荐的2010年度优秀科技成果有7项获玉溪市科学技术奖，其中：一等奖1项，二等奖1项，三等奖5项。

一等奖成果：《优质油菜新品种“玉红油1号”选育与应用》，主要完成单位：红塔区种子管理站，主要完成人员：刘庆荣、杜玲兰、戴荣珍、王春福、矣勇、杨红、向会仙、白世党、张仕莲、李丽辉、郭斌。

二等奖成果：《三维数字采矿软件系统开发与应用研究》，主要完成单位：玉溪矿业有限公司、长沙迪迈信息科技有限公司，主要完成人员：王李管、李德、毕林、曾庆田、谭正华、黄应才、严体、吴学东、唐飞。

三等奖成果：《十色凹印机整合关键技术专项》，主要完成单位：玉溪环球彩印纸盒有限公司，主要完成人员：雷鸣、蔡云飞、廖德庆、周正红、赵苏春、钟竑钊、钟翊钊；《低压流体输送管道用螺旋缝埋弧焊钢管新产品研发》，主要完成单位：云南昆钢制管有限公司，主要完成人员：王晓松、董云雁、马家华、房毅、梁朝霞、李保亮、王阳旭；《红塔区卷烟配套产业知识产权战略研究》，主要完成单位：红塔区知识产权局，主要完成人员：孙忠明、安正文、蔡兴富、吕玉平、林卫云、何鹍曙、任红华；《多功能微型专业耕的造型与推广应用》，主要完成单位：玉溪市农机技术培训推广站、红塔区农业机械化技术推广站、澄江县农机推广站、通海县农业机械管理站、华宁县农机管理服务站，主要完成人员：白家富、卢超、张忠龙、张丽华、尹绍萍、徐彦明、李江明；《项目教学法在中等职校专业课教学中的应用研究》，主要完成单位：玉溪第二职业高级中学，主要完成人员：薛荣、飞继宗、薛良玉、柴金斕、杨剑涛、孙林金、余青虹。

【评审2010年度科技进步奖】 红塔区科学技术进步奖评审委员会于2011年2月15～16日召开全体会议，对2010年度受理的科技成果进行认真评审，评出科学技术进步奖获奖项目15项。其中，一等奖7项；二等奖5项；三等奖3项。获奖项目经公告征求意见，未见异议，根据《中共玉溪市红塔区委　红塔区人民政府关于大力加强科技创新促进经济社会全面协调发展的实施意见》规定，对获2010年度红塔区科学技术进步奖项目奖励金额17万元。

表54：2010年度红塔区科技进步奖项目受理情况表

2010 年度红塔区科技进步奖项目受理情况表

表 54

项目名称	完成单位	获奖等次
十色凹印机整合关键技术专项	玉溪环球彩印纸盒有限公司	一等
纸基铝塑八层复合包装材料研发与应用	云南玉溪创新彩印有限公司	一等
优质油菜新品种“玉红油 1 号”选育与应用	红塔区种子管理站	一等
优质地烟新技术综合集成示范	玉溪市烟草公司红塔区分公司	一等
柠檬酸聚酯增塑剂	云南省玉溪市溶剂厂有限公司	一等
性诱剂防治斜纹夜蛾技术的优化集成与示范应用	红塔区植保植检站	一等
同步课程资源开发及应用—高中生经典文学阅读态势整合	玉溪第三中学	一等
红塔区卷烟配套产业知识产权战略研究	红塔区知识产权局	二等
红塔区水稻新品种（系）引进筛选与应用	红塔区农业技术推广站	二等
低压流体输送管道用螺旋缝埋弧焊钢管新产品开发	云南昆钢制管有限公司	二等
初中实施三生教育与综合实践活动相结合的研究	玉溪第四中学	二等
红塔区水稻高产栽培技术集成与应用	红塔区农业技术推广站	二等
红塔区生猪出口备案基地建设配套技术研究与应用	红塔区畜牧兽医局	三等
红塔区生物多样性优化种植技术试验示范推广	红塔区农业技术推广站、红塔区种子管理站	三等
肉牛综合养殖技术示范与推广	红塔区北城街道畜牧兽医站、北城街道科委	三等

（何鹍曙）

【2011 年度科技进步奖评审】 2011 年 12 月 24～25 日，红塔区科学技术进步奖评审委员会召开全体会议，对 2011 年受理的 15 项科技成果进行评审，由各专业评审小组根据科技成果的技术创新性、经济效益、社会效益进行评议，形成各专业评审小组的书面意见，提交全体评审委员，由全体评审委员有记名量化评审批分，决定奖励等次或是否奖励。

2011 年红塔区共受理科技成果 15 项，其中工业成果 4 项，农业成果 6 项，教育成果 5 项。工业科技成果中多数成果的技术创新性达到国内先进水平，经济效益和社会效益显著。农业科技成果主要表现在新品种选育成果和烤烟、水稻、畜牧新技术的集成与推广应用达到省内先进水平，产生显著（或明显）的经济效益和社会效益。教育科技成果以素质教育为切入点，进行深入的研究和探索，取得明显的效果，具有一定的前瞻性和示范性。

经分组评审、大会投票、公告征求意见，评出 2011 年度红塔区科技进步奖 15 项，一等奖 7 项，二等奖 5 项，三等奖 3 项。本次评审结果经公示无争议后，报请红塔区人民政府对获奖项目的单位和个人给予表彰奖励。

【“机组式卷筒纸平压平烫印技术的开发应用”通过验收】 2011 年 12 月 20 日，由玉溪市科技奖励办组织相关行业专家，对玉溪印刷有限责任公司完成的“机组式卷筒纸平压平烫印技术的开发应用”项目进行验收。专家委员会在听取汇报、查阅资料、咨询答疑的基础上，经认真评议认为：项目在引进消化吸收再创新的基础上，进行二次开发，其主要创新点为在使用国产设备应用上解决了卷筒纸连续平压平烫印生产应用上的工艺技术问题，属于集成创新；项目经科技查新，实现了低定量纸张上（97 克/㎡）进行卷到卷平压平烫印新工艺技术生产，在平压平烫印技术上实现最小跳步间距达到 1 毫米，采用新型材料及工艺进行垫板和补压，实现卷盘平压平烫印过程的不间断、连续烫印生产，废品率从最初的 35% 下降至 8% 以下，属国内同行先进水平；项目自 2009 年实施以来，实现产品销售收入 3 025 万元、利润 621.3 万元、税收 401 万元，具有良好的经济和社会效益。项目通过玉溪市科技奖励办主持的科技成果验收。

【“堆焊法翻新挤压模具技术”通过科技成果验收】 2011 年 12 月 2 日，由玉溪市科技奖励办主持，邀请有关专家，对云南省玉溪市红塔铝型材厂完成的“堆焊法翻新挤压模具技术”项目进行验收，专家在现场查定意见的基础上，听取项目单位汇报，经过认真的质询和讨论认为：项目自主研究开发出与模具同材质的焊料，将翻新挤压模具用氧弧焊技术堆焊，焊后焊条与模具熔为一体，经型腔及表面加工后达到模具设计精度尺寸，采用这种方法反复多次翻新组合模具，翻新模具达到 60%；用堆焊法翻新模具技术生产的铝合金型材 2001～2011 年 10 年连续生产 19 808 吨，产品质量稳定，设备运行正常，产品达到国家型材标准要求，合格率达 98% 以上；项目研究开发的技术成果已应用于实际生产中，翻新模具生产型材产值达 32 660 万元，取得显著的经济和社会效益，能满足生产及用户要求，为企业节约资金 832 万元，推动企业节能降耗，有效降低生产成本；经查新，采用与模具同材质的焊材，将翻新积模放置于厢式电阻炉升温至 350℃～450℃后利用进行氩弧焊技术堆焊，焊后焊条与模具熔焊一体再用工具磨床，电火花设备加工后达到模具设计精度尺寸，采用这种方法可反复多次翻新矩形的组合模具的研究国内尚未见相关文献报道。创新性强，该技术达到国内先进水平。专家一致同意通过验收，并建议加强知识产权保护工作。

【“猫哆哩”西番莲果派通过省级新产品鉴定】 2011年8月6日，由云南省工业和信息化委员会主持，邀请省内有关专家对云南省玉溪市甜馨食品有限责任公司开发的“‘猫哆哩’西番莲果派”进行新产品鉴定，与会专家在听取开发单位的汇报、现场考察、查阅资料的基础上，经答疑、质询和讨论认为：利用云南优质丰富的西番莲果品资源，成功地开发出“猫哆哩”牌西番莲果派新产品，产品开发符合国家和云南省产业发展政策；为保证在生产过程中，在不添加任何色素、防腐剂和香精香料的情况下，使生产出来的西番莲果派产品能够保留西番莲鲜果原有的香味、色泽，保证产品口感津润、细腻柔软、酸甜适中，产品经批量试生产表明，生产工艺技术稳定、可靠；在工艺技术上成功研发出的保香护色工艺生产技术、分流熬煮技术和真空混合熬煮工艺技术方面具有创新点；企业通过食品安全管理体系认证、质量管理体系认证、绿色食品A级认证，制定了产品质量标准，生产全过程严格按照食品安全管理体系运行，确保了产品的安全性，经云南省产品质量监督检验研究院检验，产品合格；产品从研制成功到投放市场以来（2009年11月至2011年6月），公司已累计生产“猫哆哩”西番莲果派1 174吨，实现销售收入3 286万元，利税690万元，新增就业200多人，已具备年产“猫哆哩”西番莲果派1 500吨的生产能力。与会专家一致同意通过省级新产品鉴定。

【“200万片/年蓝宝石晶片产业化关键技术开发”通过项目验收】 2011年10月13日，由云南省科技厅组织并主持，邀请有关专家组成验收专家组，对云南蓝晶科技股份有限公司承担的重点产业创新工程项目“200万片/年蓝宝石晶片产业化关键技术开发”进行现场验收。验收专家组对照项目任务书的要求，审阅验收材料，听取实施情况汇报，经质询和答疑，形成验收意见：自主研发、自制新增单晶生长炉215台，引进日本切割机5台，其他光学加工设备14台，建成清洗封装生产线1条，项目开展单晶生长工艺条件控制，单晶生长多台生长炉联机控制、单晶片光学加工工艺研究，形成年产200万片的生产能力；通过引进切割机设备及消化和改造，大幅提高切割效率，开发了晶体生长、清洗封装等节能降耗集成技术，清洗效率提高4倍，取得明显成效；在执行期内获得发明专利权1项和实用新型授权6项，实用新型专利受理4项，项目创新性明显；通过项目实施培养了一批技术骨干和操作能手，形成自己的技术团队；经费足额到位，使用合理，项目组成员履职情况良好；项目实施期，累计实现销售收入33 916.39万元，利税18 110.01万元。专家组认为该项目已完成任务书规定的研究开发内容，达到考核的技术经济指标，一致同意通过验收。

【“长效环保型玫瑰花栽培用多功能棚膜研究开发”通过科技成果鉴定】 针对玫瑰花栽培过程中需用硫磺熏蒸或大量酸性农药来防治白粉病、灰霉病，但硫磺蒸发过程中会产生亚硫酸，缩短棚膜使用寿命及已有的玫瑰花栽培专用膜是以镍盐为光稳定剂，在耐老化性能和棚膜加工过程中存在着使用寿命短、镍盐粉尘污染的缺点，玉溪市旭日塑料有限责任公司承担并组织实施云南省科技创新强省计划—国际科技合作专项项目“长效环保型玫瑰花栽培用多功能棚膜研究开发”，项目实施以来，研制THT6460光稳定剂和与CYANOX2777热氧稳定剂、UV531紫外光吸收剂、滑石粉散光剂和树脂协同的多功能棚膜，生产产品应用在硫磺熏蒸环境条件下，使用寿命可达24个月；累计生产产品438吨，新增产品销售收入745万元，实现利税75万元，新增就业人员62人。2011年8月31日，该项目顺利通过了由云南省科技厅主持的项目验收和科技成果鉴定。

【3户工程技术研究中心通过市级评审认定】 2011年，依托玉溪市太标太阳能设备有限公司建设的玉溪市光热工程技术研究中心和依托玉溪市旭日塑料有限责任公司建设的玉溪市功能性农用薄膜工程技术研究中心通过市级工程技术研究中心评审认定。玉溪市光热工程技术研究中心，主要开展光热应用、光热新材料、光热新技术、光热新产品等方面的研究，其定位为云南省最前沿的太阳能热水器工程技术研究中心。中心依托单位云南省玉溪市太标太阳能设备有限公司，是西南地区规模最大、生产自动化程度最高的集太阳能热水器研发、制造、销售和服务为一体的高新技术企业。2011年8月24日，玉溪市光热工程技术研究中心顺利通过玉溪市级工程技术研究中心认定。玉溪市功能性农业薄膜工程技术研究中心，以南方气候条件及设施农艺性状为研究重点，研究开发具有不同性能的专用型功能性农用薄膜产品，满足设施农业、畜牧养殖业发展需要。中心依托单位玉溪市旭日塑料有限责任公司，是云南省规模最大、集农用薄膜研发、生产、销售为一体的高新技术企业，是全国年产量过万吨的前十家企业之一。2011年8月26日，玉溪市功能性农用薄膜工程技术研究中心顺利通过玉溪市级工程技术研究中心认定。

玉溪市蔬菜工程技术研究中心，依托玉溪西格玛农业科技有限公司，2011年顺利通过玉溪市级工程技术研究中心认定。

【两个新产品被认定为云南省新产品】 2011年，由云南省玉溪市甜馨食品有限责任公司开发的“‘猫哆哩’西番莲果派”和由玉溪红塔铝型材厂开发的“立体手感木纹铝合金型材”被云南省工业和信息化委员会认定为云南省新产品。

【1个新产品被认定为云南省重点新产品】 2011年，由云南省玉溪市佳利太阳能设备有限公司开发的“承压型平板太阳能铜铝复合集热板芯”产品，被云南省科技厅认定为云南省重点新产品。

（何鹍曙）

【3个省级科技项目通过验收】 2011年8~12月，红塔区有3个省级科技项目通过省科技厅组织或委托市科技局组织的验收，3个项目分别是：由玉溪新广家禽有限公司承担的云南省科技富民强县计划“节粮型乌鸡、铁脚麻父母代种鸡的选育与扩繁”；由玉溪市河东三高公司承担的云南省技术创新暨产业发展专项资金计划“80万只标准化、规模化、产业化生态鸡养殖”项目；由玉溪鑫玉养殖有限公司承担的云南省技术创新暨产业发展专项资金计划“玉溪市种蛋鸡场养殖技术研发示范”项目。3个项目均由养鸡企业承担，分别从肉用土杂鸡父母代的选育扩繁，蛋鸡饲养技术的研究开发和肉鸡生态饲养等方面进行示范推广，取得较好的经济效益和社会效益。

【“三七栽培示范”项目测产验收】 2011年11月4日，由红塔区主持，邀请市、区有关部门的领导和技术人员，对红塔区农业技术推广站承担的“三七栽培示范”项目进行测产验收，验收地点在黄草坝村孔塘菁小组。验收人员对3年期和4年期的“三七”各随机抽样选择5个点面积进行测产。通过现场采挖，去土称重，3年期的亩产达690.3千克（湿重），4年期亩产达648.2千克（湿重，重量少的原因是死苗多），按现行价计，3年期亩产值达6.9万元，4年期的亩产值达9万多元。

【6项农业科技成果获红塔区科技进步奖】 2011年，红塔区有6项农业科技成果获红塔区科技进步奖，其中一等奖3项，二等奖2项，三等奖1项。

一等奖成果：《饲料生产与品控新技术研究》成果，完成单位：玉溪快大多畜牧科技有限公司，主要完成人员：杨保和、袁明凤、窦舒民、方红文、代红俊、杨伟成、柴兰珍、尹继芬、姚利金、姜永安、陈飞、陈燕琳；《水稻新品种“云粳26号”选育与推广》成果，完成单位：红塔区农业技术推广站、云南省农科院粮食作物研究所，主要完成人员：刘树林、马泽启、滕玉芬、王桂枝、沈祥红、范光华、苏建云、康玉、李进荣、王丽萍、牟子蛟；《抑芽剂在烤烟生产上的推广应用》成果，完成单位：玉溪市烟草公司红塔分公司，主要完成人员：傅光伟、杨璧愫、张翠萍、张建林、武仕强、刘秀玲、杨霞、杨静辉、刘光辉、史一辰、姚惠玲。

二等奖成果：《节粮型乌鸡、铁脚麻父母代种鸡的选育与扩繁》成果，完成单位：玉溪新广家禽有限公司，完成人员：罗海生、余胜强、邓运山、钟文红、方路红、田朝阳、朱桂华、常丽红、常海燕；《红塔区山地辣椒新品种引进试验示范》成果，完成单位：红塔区洛河乡农业技术农机工作站，完成人员：秦永云、郭凤鸣、矣建福、施云华、龙兴华、和艳恒、杨红。

三等奖成果：《红塔区蛋鸡标准化生产技术应用与推广》成果，完成单位：红塔区动物卫生监督所，完成人员：严金华、张海鹏、谢洪武、向仕能、杨会玲、任咏梅、姚利金。

（荆文义）

知识产权

【专　利】 2011年，红塔区专利申请量达402件，占全市专利申请量673件的59.73%。其中，发明专利88件，占全区专利申请量的21.89%；实用新型专利199件，占49.50%；外观设计专利115件，占28.61%。专利授权量312件，占全市专利授权量535件的58.32%。其中，发明专利70件，占全区专利授权量的22.44%；实用新型专利143件，占45.83%；外观设计专利99件，占31.73%。

【知识产权宣传】 2011年，红塔区科技局、知识产权局紧紧围绕全国知识产权宣传周“创造、保护、发展”主题，围绕红塔区实施“国家知识产权强区工程”目标，以“四二六”世界知识产权日为契机，加强知识产权宣传，努力提高全区干部群众知识产权意识，营造良好的“尊重知识、崇尚创新、诚信守法”为核心的知识产权氛围。全年发放各类宣传资料4 000余份。其中，中国知识产权报2 500份；《知识产权基本知识100问》500册；《专利申请与保护指南》500册；宣传日历500份。接受群众咨询150余人次，展出知识产权相关政策知识展板、专利相关知识展板、影响世界的专利技术展板和农业高新技术知识展板56块。现场播放《知识产权在云南》宣传资料片和《知识产权与科技创新知识讲座》视频讲课资料。

【专利资助】 2011年，红塔区知识产权局积极组织区内专利权人申报云南省专利资助和玉溪市专利奖励，年内累计申请资助、奖励专利370件，获批省、市专利资助和奖励231件，资助、奖励金额达17.57万元。

【知识产权强区工程稳步推进】 通过实施国家知识产权强区工程，红塔区知识产权优势企业逐步增多，已初步形成卷烟配套、新材料、生物制药等知识产权优势产业，知识产权对经济发展的支撑作用明显增强。

云南玉溪水松纸厂、云南玉溪卷烟厂滤嘴棒分厂、云南省玉溪市溶剂厂有限公司等卷烟配套企业，通过技术研发，各自形成特有的技术特色，拥有自主知识产权的核心技术，产业具有明显的知识产权优势。2009年，红塔区被云南省科技厅认定为“云南省红塔卷烟配套材料高新技术特色产业基地”，卷烟配套产业成为全国最大、最专、最全的配套产业基地。

截至2011年，云南蓝晶科技有限公司、云南玉溪汇龙科技有限公司等新材料企业，通过技术开发，形成拥有锂电池正极材料、蓝宝石晶体等关键专利技术及知识产权优势明显的新材料产业。玉溪沃森生物技术有限公司、云南维和制药股份有限公司等生物制药企业，通过技术研发，形成拥有自主知识产权的核心技术、企业知识产权优势突出的优势产业。

【国家知识产权试点单位工作有成效】 2011年，玉溪维和制药有限公司和云南恩典科技产业发展有限公司积极开展国家知识产权试点工作，各项工作有序推进，并取得明显成效。两户试点企业建立了知识产权管理机构，做到有机构、有人员、有工作经费。2011年，云南恩典科技产业发展有限公司认真开展国家知识产权试点工作，公司从机构、人员、经费等方面很抓落实，取得良好成效。年内，公司有专、兼职知识产权工作人员14人，投入科研经费305万元，占销售收入的6.2%，知识产权工作经费达35万元。截至2011年10月，公司累计申请专利125项，已获授权专利54项（2011年申报专利5项，当年获授权专利2项）。2011年公司营业收入达5 100万元，利润965万元，上交税金340万元。

【1个项目列入省知识产权局专利转化实施计划】 2011年，红塔区知识产权局积极组织有关单位申报云南省专利转化实施项目，经过认真筛选，云南玉溪汇龙科技有限公司的“‘无惰性气体保护生产磷酸亚铁锂的方法’专利在磷酸铁锂产品上的应用”项目经玉溪市知识产权局推荐上报，列入2011年云南省专利转化实施计划，项目实施完成后，形成年产1 500吨低成本锂离子电池材料磷酸铁锂生产能力。

【卷烟配套产业知识产权战略研究项目获市科技进步三等奖】 “红塔区卷烟配套产业知识产权战略研究”课题通过云南省科学技术情报研究院信息库、国家专利信息检索平台和上海市知识产权服务中心专利信息检索服务平台，在大量的基础信息和专利统计数据的基础上，以专利为核心对国内外烟草行业发展现状、国内外卷烟配套产业发展现状、红塔区卷烟配套产业发展现状进行详实的分析，数据来源真实可靠。课题立足红塔区优势特色产业，选取红塔区卷烟配套产业10大主要产品专利申请作为战略研究切入点，通过对中国专利数据库检索数据进行系统分析，得出红塔区卷烟配套产业是全国最具竞争力的卷烟配套产业的结论。其研究数据来源真实，对比分析科学，应对措施具有现实可操作性。得到项目验收专家组的好评。

2011年，“红塔区卷烟配套产业知识产权战略研究”项目获红塔区科技进步二等奖，玉溪市科学技术奖三等奖。

（孙忠明）

科协活动

【实施“科普惠农兴村”项目】 2011年，区科协加大“科普惠农兴村计划”实施力度，在落实好研和满园红鲜食葡萄精品科普示范生产基地和红塔区春和街道养殖研究会全国科普惠农兴村项目基础上，红塔区大营街红塔人花卉科普示范生产基地和红塔区北城莲池云南山鸡科普示范项目入选云南省科协、玉溪市科协2011年全国科普惠农兴村项目，并获项目支持资金10万元。

【农村致富函授大学】 区科协按照“实用、实际、实效”的办学原则，着力培养有文化、懂技术、会经营的新型农民，对广大党员、干部、青壮年、专业户进行系统的理论和实用技术培训。2011年，以社区、中学为办学单位，在3所中学、12个社区、1所党校及区图书馆、区青科中心开办农函大班34个，开设养猪、养禽、蔬菜、电脑、花卉、葡萄、家政7个专业，招收学员1 582人，结业学员1 582人，学员结业率达100%。结业学员中，有党员171名，占学员总数的10.8%；基层干部19名，占1.2%；青年946名，占59.8%；妇女679名，占43%；少数民族222名，占14%。年内，招生办学人数超额完成农函大玉溪市分校下达1 500人任务，办学取得较好效果。12月，云南省农村致富函授大学对为农函大作出突出贡献的红塔区科协、5名先进工作者、两名优秀教师进行表彰。

【农村专业技术协会】 2011年，区科协按照组建一个农技协，带领一批农民，发展一条产业路，致富一方百姓的要求，推进农技协发展，重点开展6个农技协的工作。截至12月，全区共有村级以上农村专业技术协会54个，其中：区级3个，乡（街道）农技协22个，村级农技协29个。会员4 608人。

【科普示范基地建设】 2011年，区科协在培植研和满园红鲜食葡萄精品科普示范生产基地、春和街道养殖科普示范基地的基础上，完善灵秀村350亩老梨园改造和樱桃品种改造，重点打造大营街红塔人花卉科普示范生产基地和研和食用菌示范基地作为区科协科普示范基地。

【社区科普益民服务】 2011年，区科协积极探索城市社区科普新途径，按照“贴近生活做科普”的宗旨，帮助指导北苑社区长期开展科普“六进”（进小区、进楼道、进广场、进校园、进餐馆、进家庭）特色服务，在市政府生活小区创建科普示范楼道206个，在楼道制作科普宣传园地、科普资料索取架及科普知识宣传框，宣传“生活小窍门”“卫生知识”“科学健身”“社区消防安全”等贴近社区居民生活的科普知识，为居民提供快捷、便利的科普服务，营造了浓厚的楼道科普氛围。

【社区居民小组科普活动阵地建设】 红塔区在实现全区乡（街道）科普活动室全覆盖的基础上，2011年区科协帮助指导玉兴路街道科协将科普活动室拓展、延伸、新建到社区居民小组，在玉兴街道办事处所辖的条件成熟的居民小组中建科普活动室18个，配置书柜83个、阅览桌10张、椅子93把、工作台8张、期刊柜1个、科普图书5 000余册，总投资43.6万元，使基层科普活动阵地不断扩大和巩固，为科普知识的宣传普及提供良好载体。

【社区科普宣传】 2011年，区科协以玉兴、凤凰、玉带街道和李棋街道金州社区为工作载体，全面加强社区科普工作。城区15个社区科协，联合驻社区单位，发挥资源优势，资源共享采取广播宣讲、粘贴科普挂图、出科普宣传栏、科普讲座、科普志愿者活动等形式，宣传科学、文明、健康的生活理念，倡导健康生活方式。全年开展科普志愿活动76次，主题科普宣传4次，参加人员11.01万人次，科普咨询741次，接待咨询5 099人，科普展出25次，展出展板750块（次）。

【红塔区首家企业科协成立】 2011年5月10日，大营街街道玉杯金属有限公司从38名技术研发人员中推选出14名技术代表，召开代表大会，大会通过了《玉溪玉杯金属制品有限公司科学技术协会章程》，选举产生科协委员、主席、副主席、秘书长，成立了红塔区首家企业科协，为企业职工创造更多参与科普的机会。

【青少年科技创新大赛】 2011年8月4~7日，在第二十六届全国青少年科技创新大赛活动中，青科中心组织参赛的作品，学生创造发明获市级一等奖1项、二等奖1项、三等奖1项，获省级二等奖1项、三等奖2项。教师方案获市级二等奖1项，省级三等奖3项。教师论文获市级一等奖1篇，获省级二等奖1篇。2011年11月，红塔区青少年科技活动中心征集全区中小学参加第二十七届全国青少年科技创新大赛作品，组织参赛作品63件。其中，学生创造发明14项；科技实践活动方案3个；教师论文3篇；教师方案4个；学生科技论文2篇；科幻作文1篇；科幻绘画作品36幅。

【青少年兴趣培训】 2011年，红塔区科协青少年科技活动中心利用寒假、春季学期的双休日举办英语、美术、书法、舞蹈、器乐、作文等青少年兴趣培训班146个，培训学生2 000余人，比上年增400余人。

【艺术考试】 2011年，红塔区青少年科技活动中心组织第十八届业余艺术等级考试，参赛考生587人，考核项目器乐类有钢琴、电子琴、小提琴、古筝、葫芦丝、笛子、小号、单簧管等，舞蹈类有中国舞、芭蕾舞、拉丁舞等，绘画类有儿童画、国画、素描、色彩等。通过艺术等级考试，为参加业余艺术学习的中小学生提供互相交流学习、专家现场指点的机会，为全区中小学生的全面发展打下坚实基础。

【校外科普宣传】 红塔区青少年科技活动中心发挥校外科普宣传主阵地作用，常年免费开放“三厅”，开展主题科普宣传活动图展。在2011年5月的全国“科技活动周”宣传活动中，青科中心举办地质灾害及防灾减灾基本知识、低碳家庭、安全健康教育等展览。年内，发放“地震自我保护常识与交通安全”宣传单3 000份；“六五”环境日，开展以“保护环境，珍惜生命之水”为主题的科普宣传活动，发放宣传材料5 000多份；在全国“科普日”宣传活动中，青科中心展出“昆虫与人类生活”展板28块，受到青少年的喜爱，并在红塔区各中学、中心小学、完小举办巡回展。

【日常科普宣传活动】 2011年，区科协利用“三下乡四进社区”“科技活动周”“全国科普日”3次全国性活动机遇及春节，在城区、乡（街道）、社区（村）组织科普活动176次，展出展板2 280块（次），参加活动2.12万余人次。全年办橱窗356期，展出建设社会主义新农村挂图619份，广播宣传52次，放映远程教育科普片、VCD116场，观众1.05万人次，开展科技咨询服务741人次；在区电视台开办《科普园地》节目，播出40次。

【印发《红塔科普报》】 2011年，区科协主办《红塔科普报》，刊登党和国家的科技方针、政策以及人们日常生产中的身边科学和农村实用科技信息、技术、方法，为全区人民生产、生活提供参考和指导，截至12月底，印发6期7 600余份送到干群手中。

【科普宣传长廊】 2011年，区科协及时更换玉兴路科普宣传长廊内容，登载《常见食物科学搭配方法》，为市民养生保健、科学饮食提供指导；结合创建卫生城市、省级文明城市主题，及时更新宣传栏，为创卫、创文明城市营造良好的社会氛围，全年更换4次。

【科普大篷车下乡村进社区活动】 2011年，区科协出动科普大篷车分别在红塔区各乡（街道）、村（社区）开展“科普大篷车下乡村进社区”系列活动。活动采用摆放科教器材及科普展板、发放科普资料、播放科普广播的形式，展出合理膳食、疾病预防、卫生健康、环保、防艾等社区群众身边实用科普知识展板812块（次）；展出穿针引线、窥视无穷、无弦琴、爸爸的鼻子、光压风车、猜生肖、听话的小球、磁力转盘等形式新颖的科教器材350件（次），参与群众1.5万人次，发放资料3 000余册。全年开展科普大篷车进社区和乡村活动22次。

【科普宣传进校园活动】 2011年，区科协利用特定节日，结合学生的身心发展特点，依托基层科协组织和学校科技辅导员教师，在高仓、春和、李棋、玉兴、小石桥等街道（乡）开展科普宣传进校园活动，发动广大科普志愿者积极参与到科普宣传活动中，全年举办科普进校园活动30次，展出禁毒防艾科普展板35次；发放《红塔科普》460份，《健康生活小常识》1550册。

【学会年检】 2011年，区科协会同区民政局对区级学（协）会遵守国家政策、法律法规，按照各学（协）会章程开展学术交流活动及对财务管理情况进行检查，11个学（协）会，全部顺利通过年检。

【学会考察交流】 2011年9月16～23日，区科协组织区医学会、护理学会、计算机网络学会等学会秘书长，赴浙江省杭州市科协进行考察交流活动，学习学会活动、学术交流、参与科协创新、为企业服务等方面的经验，双方对学会工作如何开拓创新和在新形势下如何更好的推进科协学会工作发展进行了探讨。

【学术论文】 2011年，在玉溪市科协第六届优秀学术论文评选活动中，红塔区农学会学术论文《春和镇水田油菜测土配方施肥初见成效》《红塔区耕作土壤养分状况》《应用性诱剂技术防治抗性蔬菜害虫探索》荣获三等奖。

【学会技术咨询与服务】 2011年，红塔区科协组织红塔区农学会、医学会、计算机网络协会等学会积极参加“全国科普日”“科技活动周”“三下乡四进社区”活动。区林学会根据所到街道和社区的情况，发放板栗、杨梅、八角、核桃等果树栽培技术，板栗贮藏防霉烂方法、森林防火戒严期应注意的事项等宣传资料；到社区发送养花不当易造成室内空气污染、怎样识别花卉病害、常见的一些有毒花卉、大花蕙兰栽培技术等适合城镇居民掌握的知识宣传资料。区医学会举办“基层医师儿科疾病进展学习班”，邀请儿科和儿童保健专家为133名基层儿科和儿童保健等相关专业医务人员讲授高危儿早期干预、儿童自闭症及智力低下儿诊治、脑瘫的诊断及治疗、矮小症的诊治、手足口病的诊治、抗生素在儿科的合理应用、儿童情绪管理与压力调试等课程，为基层儿科临床医师了解儿科领域的新知识、新进展、新技术，提高诊疗水平起到积极作用。

（柴优丽）

气象·地震

【概　况】 2011年，红塔区的主要气候特点是：降水特少，气温正常，冬春干旱和夏秋连旱严重，其中夏季干旱尤为突出，雨季开始期稍偏早，主汛期降水偏少，秋季出现一般性连阴雨天气，雨季结束期偏早。年内的气象灾害主要是干旱、大风、冰雹灾害。2011年的气候条件对工农业生产的影响评价属于较差年景。

全年年降雨量599.6毫米，是1951年以来的最少年份，破历史极值（2009年年降雨量为628.4毫米），较历年同期偏少309.5毫米，偏少34%（历年同期值为909.1毫米）；全区年降雨量分布不均，年降雨量最多的是小石桥乡、洛河乡和赵桅社区、波衣村，年降雨量在720毫米～760毫米；年降雨量最少的是北城街道、春和街道和中心城区，年降雨量仅为520毫米～590毫米；其余乡（街道）为600毫米～700毫米间。年内极端最低气温为－0.1℃（出现在1月21日），极端最高气温为30.6℃（出现在8月31日），平均气温16.2℃。年内相继出现冬春干旱、夏秋连旱；雨季开始期稍偏早，于5月16日开始，主汛期降水偏少为264.4毫米，较历年同期偏少46.7%，局地强对流天气突出，大风、冰雹灾害较历年偏重；主汛期连续3个月降雨量偏少至特少，其中6月、8月降雨量特少，较历年同期偏少64.6%；秋季降水偏少，雨季结束期偏早，于9月下旬结束。全年日照时数2 101.7小时，霜降天数75天。

【主要气候事件及其影响】 冬季干旱（冬季前期降水偏多，后期降水特少）：2011年1月降雨量为39.7毫米，较历年同期偏多23.5毫米；冬季降水各乡（街道）较上年同期均为特多，较上年同期分别偏多62.5毫米～103.4毫米，冬季前期降水偏多，对小春作物的生长和护林防火较为有利；冬季后期降水特少，干旱露头，1月21日至2月24日连续35天无降水天气过程，气温偏高至特高，对小春作物的生长极为不利，森林防火形势日趋严峻。冬季连续35天无降水，气温偏高至特高，土壤缺墒加重，导致红塔区山区乡出现旱情。

倒春寒：2011年3月15～17日，受强冷空气和南支槽影响，全区出现强降温天气，最高气温降幅大，16日最高气温仅为7.7度，17日最低气温为3.4度，16日20时至17日8时全区普降小雨，高海拔山区出现降雪天气。因雪灾造成全区小春作物受灾632.4公顷。其中，菜豌豆受灾209.81公顷；油菜受灾398.93公顷；小麦受灾15.33公顷；蔬菜受灾8.33公顷。

大风、冰雹：2011年6月30日下午15时～17时，红塔区境内出现短时大风、冰雹和强降雨天气。15时20分左右，洛河乡双龙1组受冰雹和暴雨危害，冰雹直径约为8毫米，持续时间7分钟～8分钟，烤烟受冰雹危害25.33公顷，农作物被水淹19.74公顷，有8座烤房被水淹，6户民房进水。大营街赤马社区4户农户的农作物被水淹1.67公颂。高仓排山社区的民房被水淹6间。7月1日下午14时～15时，研和街道的玉米、水稻和葡萄被水淹17.33公顷，毛坯房被水淹1间。8月31日，受东风波动影响，红塔区境内出现强对流天气，强对流天气出现在两个时段内，分别是14时～15时、17时～19时，造成洛河、春和、大营街、小石桥乡（街道）等地农作物遭受冰雹和大风灾害。持续时间为9分钟～10分钟，冰雹直径为8毫米～9毫米。全区农作物受灾面积568.1公顷。其中，烤烟受灾面积153.3公顷；水稻、玉米、蔬菜等作物受灾414.8公顷。9月7日，受副高外围西南气流影响，红塔区境内出现局地性强对流天气，造成小石桥乡响水和玉苗两个村烤烟遭受冰雹和大风灾害，18时05分，小石桥乡出现风雹灾害，冰雹直径约为6毫米～7毫米，持续时间大约5分钟～7分钟，小石桥乡响水和玉苗两个村烤烟受灾面积达33.33公顷，成灾20公顷，轻灾13.33公顷。

暴雨、洪涝：2011年7月12日20时～23时，受东风波影响，红塔区境内北部、西部乡（街道）普降大到暴雨。洛河乡老矣黑村民小组3小时降雨量达80毫米、洛河乡39毫米、北城街道45毫米。7月12日20时～23时，红塔区洛河乡双龙村、春和街道黑村社区遭受洪涝灾害，造成农作物受淹面积达23.47公顷，其中烤烟受灾11.87公顷，其他农作物受灾11.6公顷；房屋进水12间，房屋后墙倒塌4间，沟渠塌方60米，公路塌方60米。7月18日，受辐合区和切变影响，红塔区境内普降大雨局地暴雨，造成春和街道黑村社区遭受洪涝灾害，造成农作物（烤烟）受淹面积达46.67公顷，其他作物不同程度受灾。

森林火灾：冬、春及夏秋降水连续偏少，气温偏高，森林火险等级偏高，但森林火情、火险是近几年来最少的一年。春季仅发生一般火情两起，分别出现在大营街街道和研和街道。

【气象服务】　坚持把防御和减轻气象灾害放在首位，把提升灾害性天气监测和预测预报准确率作为提高气象服务水平的主要任务，继续把服务“三农”作为气象工作的重中之重，强化服务意识，加强决策服务和公众服务。通过覆盖全区自然村的电子显示屏，开展精细化到乡（街道）的短时临近天气预报及服务工作，为各级领导指挥、部署抗旱救灾工作提供有力依据。

2011年，制作决策服务专题8期，气象信息59期；重要天气专报27期；森林专题服务3期，传真720份；通过特殊预警平台发布手机预警短信47条，接收28 106人次；为重大社会活动提供气象服务3次：为红旗水库除险加固工程提供气象保障服务，为高仓哨坡举行中心城区明珠路延长线（高仓—哨坡段）道路竣工典礼提供定点定时气象保障服务，为洛河乡火把节提供定点定时气象保障服务；气候评价4期。

【农村公共气象信息服务体系建设】
2011年，全面实施农村公共气象信息服务体系建设，在两个乡政府，9个街道办事处农业技术服务机构加挂“气象信息服务站”牌子，配备计算机等设备，按照有固定场所、有信息员、有定期活动、有管理制度、有长效机制的基本条件搭建乡（街道）气象信息服务站，作为协助气象主管机构开展气象灾害防御知识宣传、应急联络、信息传递、灾害报告和灾情调查等工作的机构，搭建乡（街道）气象信息服务站，使气象更好地为“三农”服务。开展应急预案到村、风险调查到村、科普宣传进村的气象灾害应急准备认证。制作1:10000红塔区气象灾害风险区划图。增强了气象信息服务能力，使气象信息能快速向农村传播，气象灾情能快速收集上报，较大提高气象灾害应急处置能力，对增强农村气象灾害防御能力有重要意义。

【乡（街道）气象灾害应急预案】
2011年，红塔区气象局督促完善两乡、9个街道气象灾害应急预案，成立气象灾害应急领导小组，使红塔区气象灾害应急预案形成上下一致、上下联动的完整体系，对全区有效抵御气象灾害、减少人民生命财产损失起到重要指导和保障作用。

【防雷行政执法】　2011年，红塔区气象局清理上报气象行政许可基础数据信息，按时完成系统录入工作。积极联系市气象局、安监局等相关单位，进行联合执法，加强辖区内执法力度。认真履行职责，积极做好辖区内的气象行政执法和行政许可工作。年内，发出防雷装置年度检测告知书13份，新建工程气象行政执法通知书15份，责令停止违法行为通知书1份，防雷装置安全整改通知书1份，办理防雷装置行政许可6件，并积极争取防雷装置设计审核及建设工程抗震设防审批意见进入政府项目行政审批服务联动机制中。

【人工影响天气】　2011年，建设标准化人工影响天气作业点7个。其中，“三七”高炮点2个；BL－2火箭点5个。人工防雹工作从6月14日上午到9月30日结束，进行防雹作业148点次，发射防雹箭弹817发（BL－2火箭弹166发、三七高炮弹651发）。年内，全区烤烟栽种总面积为4.5万亩，烤烟受冰雹灾害3 180亩，水稻、玉米、蔬菜等其他作物受灾6 222亩。防雹期间出现两次冰雹灾害，分别于8月31日在洛河乡、大营街街道一线和9月7日在小石桥乡，其中8月31日降雹为年内降雹最强的一次强对流天气影响，由于洛河撤点和当天下午空域申请困难的原因，烤烟受冰雹灾害2 680亩。

【地震活动情况】　2011年1～12月，据云南省地震局和玉溪市防震减灾局遥测台网测定，红塔区境内全年共发生地震35次，其中1.0级以下4次，1.0级～1.9级26次，2.0级～2.9级5次，最大震级2.8级。2月25日13时35分29.4秒，红塔区大营街（震中位置：北纬24°19′，东经102°30′）发生有感地震1次，震级为ML2.8级。震源深度7千米，位于普渡河断裂带上，距曲江断裂13千米，大营街震感明显，中心城区大部分人有感。

【防震减灾科普宣传】　2011年3月22日上午，红塔区防震减灾局在玉溪市少体校举办地震科普讲座，并进行应急演练，增强学校师生对地震科普知识的了解，提高地震应急避险自救互救能力。5月12日，是汶川地震3周年纪念日暨中国第三个“防灾减灾日”，红塔区防震减灾局与区气象局、水利局、国土局联合开展“红塔区2011年防灾减灾日”宣传教育活动。6月12日，参加由市、区安委会牵头在聂耳文化广场开展的“安全生产，重在落实”为主题的6月安全生产月宣传活动，展出防震减灾科普展板6块，发放相关宣传册500多份。9月27日，到红塔区小石桥乡参加由区科协牵头开展的“2011年全国科普日红塔区科普进校园活动”启动仪式，活动展出宣传展版8块，发放《防震避震常识》及《地震应急自救互救手册》600余册，邀请市防震减灾局退休老专家为小石桥中学200多名师生上了一堂有意义的科普课。启动仪式结束后，科普宣传展板在全区其余乡（街道）中小学巡回展出。10月底，针对因区内派发“三小工程”应急救援包而引发的地震谣言，通过发布显示屏信息及群发地震科普短信至18万户移动手机用户进行辟谣，使更多的市民了解真实情况。11月6日晚，与市防震减灾局共同在聂耳广场开展“全省防震减灾宣传日”宣传活动，向市民发放《中华人民共和国防震减灾法》200册、《云南省防震减灾条例》200册、《地震应急自救互救手册》200册、《防震避震常识》400册和单张彩色宣传资料1 000余份及防震减灾科普扑克3箱，展出内容丰富的展板12块，并接受市民的咨询。12月5日，到聂耳公园参加由市委宣传部、市委依法治市办及市司法局共同主办的玉溪市“十二·四”全国法制宣传日暨云南省宪法宣传周活动，通过展出展板、发放宣传册和现场互动解答等环节，积极宣传《云南省防震减灾条例》及其他防震减灾相关知识。

【协助开展地震科学研究】 2011年，红塔区防震减灾局安排人员积极协助配合中国地震局地球物理研究所在区内进行的科研工作。协助配合玉溪、江川和通海盆地密度结构探测，通海－江川盆地浅层速度结构探测，江川、通海盆地的浅部结构钻探分析与盆地效应研究，云南玉溪、江川和通海盆地盆山过渡带结构电阻率层析成像探测，玉溪市农居抗震设防费用负担能力调查及政策对策研究，无人机航拍成像关键技术研究及其在玉溪县城航拍中的应用，地震动参数速报传感器网络技术研究以及云南玉溪盆地大地电磁测深研究等研究项目的野外工作。

【地震应急避难场所规划】 针对玉溪市历史地震具有频度高、强度大、分布广、灾情重的特点，以及在红塔区广大农村（全区农业人口为27.9万余人，占红塔区总人口的69.7%）地区没有专门的应急避难场所规划的实际，制作乡（街道）应急避难场所规划，对提高农村综合防灾抗灾能力、维持社会稳定有积极深远的意义。红塔区防震减灾局牵头组织编制《玉溪市红塔区乡街道应急避难场所建设规划》已启动前期准备工作，小石桥乡选定10个应急避难场所，并制作相应的指示牌和标识牌。

（李燕仙）

史志编纂

【年鉴编辑】 2011年，红塔区委、区政府继续与玉溪市烟草公司携手如期完成了《红塔年鉴（2011）》编辑、印刷、出版工作。全书设13个部类、42个栏目、137个类目，收录了1 534个目，全书1 500千字。年鉴围绕区域经济发展重点，加强对图片资料的收集，争取各乡（街道）和各单位、企业对彩页宣传的支持，卷内插有彩色图片88码。同时在强化年鉴个性，突出“三乡文化”地方特色的基础上，为纪念中国共产党成立90周年，增设《纪念活动》部类，收录了《红塔区纪念活动纪实》《红塔区革命遗址简介》《“十一五”成就回眸》等内容，弘扬党的优良传统，进一步振奋民族精神。并在《经济》部类增设《抗旱救灾》栏目，如实记载区委、区政府带领全区各族人民抗大旱、保民生、促春耕，战胜百年不遇的特大旱灾的壮举。《红塔年鉴（2009）》《红塔年鉴（2010）》分别获第九届云南省年鉴综合一等奖、特等奖。

【二轮修志】 《红塔区志（1978～2005）》编修工作涉及区境内省、市、区单位128个，至2011年末100%的单位完成报送资料稿，基本上完成初编工作120多个，正在进行初编工作的5个，需返回单位重写的有2个，完成近400万字收资。同时，根据《红塔区志》总纂方案（已征求省内修志专家意见）的基础上，已完成90%的志稿总纂工作。同时，区史志办按照分类指导，重点突破的工作思路，加强对乡（街道）志、部门志编纂工作的业务指导，适时了解其编纂进度。继上年《红塔区财政志》《红塔区军业志》出版发行后，年内配合单位编辑出版《红塔区档案志》，继续指导《红塔区检察志》等部门的编修工作。并按时完成《云南年鉴》《云南小康年鉴》《云南经济年鉴》《玉溪年鉴》等有关红塔区部分的撰稿任务并上报。参与编修的《中卫社区志》获云南省第六届地方志优秀成果专志类特等奖，《玉溪烟草志》《研和镇志》均获专志类一等奖，《红塔区财政志》《云南省烟草科学研究所志》均获专志类三等奖，《红塔区烟草志》《红塔区农业志》《红塔区民政志》均获专志类优秀奖，《红塔华章》《跨越——红塔区辉煌60年》分别获地情类三等奖、二等奖，《解读玉溪烟草志》获专著类优秀奖。

【旧志整理出版工作启动】 自20世纪80年代以来，红塔区史志办公室先后征集到《新兴州志》等6种旧志古籍，属红塔区的重要文化遗产，也是不可再生的文化资源，对于研究红塔区、宣传红塔区，继承古代文化精髓、传承中华文明的重要载体，全面建设红塔区和谐小康社会具有深远的历史意义和重要现实的意义。2011年，红塔区适时启动旧志出版整理工作。并将6种旧志古籍整理编辑为一套“红塔区旧志丛刊”，现已着手整理《新兴州志》（乾隆）。整理工作主要采用仿古印刷出版的方法，达到合理保护、开发、利用善本旧志古籍的目的。

（邹　瑾）

【《红塔参阅》编辑】 2011年，《红塔参阅》编辑出版4期，先后设置卷首语、要文传真、时政之窗、创先争优、党建调研、理论园地、经济论坛、革命遗址普查、区委全会、区人代会、区政协会、区纪委全会、文明城市创建、新农村建设、纪检监察专栏、改革之窗、教育论坛、三乡文苑等栏目，刊登文章78篇，64.21万字，彩色照片92幅。《红塔参阅》由中共玉溪市红塔区委办公室、玉溪市红塔区人民政府办公室、玉溪市红塔区史志编纂办公室主办，属季刊。《红塔参阅》向读者及时“揭示事物规律，展示领导思路，透视社会热点”，是了解中共红塔区委、区人大、区政府、区政协、区纪委贯彻落实科学发展观，又好又快发展全区经济社会思路的途径之一。至2011年末，累计刊发35期。

（乔发清）

*　　*　　*　　*

教 育

【概 述】 2011年，红塔区有区属学校（含民办学校）148所。其中，区属公办中小学、幼儿园98所，民办中小学、幼儿园50所。在区属公办中小学、幼儿园中：小学73所，在校学生876班36 767人，小学适龄人口入学率达99.99%，辍学率0.03%；初中16所，在校学生361班17 318人，适龄少年入学率达99.66%，辍学率0.56%；普通高中2所，在校学生76班3 551人；职业高中1所，在校学生130班6 066人；高中阶段教育毛入学率达93.18%，比上年提升1.61个百分点；公办幼儿园6所，在园幼儿65个班2 541人。有民办中小学、幼儿园50所。其中：中小学9所，在校学生6 039名；幼儿园41所，在园幼儿7 903名。学前班138班，在班幼儿4 400人，幼儿入园率达94.19%，比上年提升4.19个百分点。全区有教职工4 148人（专任教师3 803人），其中：幼儿教师264人，学历合格率93.4%；小学专任教师1 810人，学历合格率97.3%；初中专任教师1 266人，学历合格率96.5%；高中专任教师277人，学历合格率79%；职业高中专任教师186人，学历合格率77.8%。

年内，红塔区教育专项经费投入3 613.14万元，含区级安排公用经费、“三免一补”配套资金、区乡安排专项经费等。投入信息技术教育设备经费436.5万元。

红塔区筹措资金1 247.91万元，排除D级危房1.91万平方米。新启动排危项目11个2.9万平方米，已竣工4个1.71万平方米、基础施工2个、立项5个。因规划需要拆除的C级危房6幢2 455.11平方米。争取国家、省项目2个，洛河中学改扩建555万元、第七中学学生宿舍195万元，资金已全部到位。

重视对农村从业人员培训和农村剩余劳动力转移培训。玉溪二职中全年完成创业培训1 440人，职业技能培训690人，阳光工程农村劳动力转移培训和其他职业技能培训442人（含计算机、维修机电、发艺师、家政服务、休闲农业及乡村旅游服务员培训）。各乡（街道）党技校完成培训10.2万人次，其中乡（街道）培训1.93万人次，村级培训8.27万人次。

加大教师培训力度，年内安排师训经费83万元，完成选派培训2 279人，教师履职晋级培训1 308人，“国培计划”骨干教师培训363人，“省培计划”骨干教师培训项目23人，普通高中新课程师资培训103人，市山区少数民族小学语文、数学教师教学技能研修培训4人，教育管理干部培训225人，学习纲要培训100人，“英特尔未来教育培训项目”253人，校安全管理暨专职人员岗位培训53人。

年内，红塔区教育局获“云南省教育系统先进基层党组织”称号，玉溪市“基本普及九年义务教育、基本扫除青壮年文盲先进集体”“玉溪市2006～2010年法治宣传教育工作先进单位”“2008～2010年新一轮禁毒人民战争先进单位”、玉溪市“2006～2010年法制宣传教育工作先进单位”，红塔区教科所获玉溪市“十一五”教育科研工作先进集体。

（吴光连）

教育管理

【学前教育】 2011年，红塔区成立学前教育改革与发展工作领导小组，制定《红塔区学前教育三年发展规划（2011～2013年）》。积极构建政府主导、社会参与、公办民办并举的多元化办园格局，启动乡（街道）中心幼儿园建设，鼓励有条件的村组开办三年制幼儿园，建立学前教育准入和督导制度，加强学前教育管理，规范办园行为。从2011年起每年安排奖励资金30万元，对年检合格的优秀民办中小学、幼儿园实行以奖代补，重点扶持义务教育阶段外来务工子弟学校建设和发展；每年安排补助资金30万元，对当年新审批的民办中小学和幼儿园，根据办学规模和办学条件，每所给予3万元～10万元的建设资金补助。以“民办公助”的形式新建的玉兴街道中心幼儿园已开学，其作为红塔区第二幼儿园的分园，由区二幼负责实施园务管理和办园指导，既整合优质教育资源，又助推民办学前教育的发展。洛河乡多措并举，开展“大组独办，小组联办”的办学模式，形成“乡、村、组一体化”学前教育管理模式，建立以政府统筹、中心幼儿园主管、村组为依托、有关部门协调配合的管理网络，理顺山区农村幼儿教育管理体制，规范了办园行为，依法对乡、村组两级幼儿园（班）办学进行督查评估，乡政府统一发放幼师工资，不断优化幼教发展环境，实现幼儿教育新一轮发展。全区有公办幼儿园6所，在园幼儿65个班2 541人。有民办幼儿园41所，在园幼儿7 903名。学前班138班，在班幼儿4 400人，幼儿入园率94.19%，比上年提升4.19个百分点。

【12年免费教育】 2011年，红塔区委、区政府推进社会管理创新、关注民生、加大投入、给力教育，在全省率先实现12年免费教育。在已实施的全区中小学“三免一补”、未升入普通高中初中毕业生全部由区、乡（街道）政府出资免费就读玉溪二职中等惠民政策的基础上，对区属普通高中实施免费教育，即：免学费、免住宿费、对家庭困难学生补助生活费。系列惠民政策的实施，对促进全区各级各类教育协调发展起到至关重要的作用。

2011年全区小学通过采取校园文化建设、社团活动等形式，激发学生主动学习、快乐学习。年内小学教学质量检测成绩全面提升，除1所学校部分学科为良以外，其他学校所有学科均达优秀，同一区域内的小学基本实现均衡优质发展。

全区初中毕业6 143人，报名参加中考6 105人，比上年的5 816人增289人，报考率99.38%，比全市90.2%高9.18个百分点。中考640分以上379人，占全市的39.7%，600分以上占全市34.7%。城区初中升入公办高中达51.9%，坝区为31.7%，山区为17.2%，均衡教育进一步加强，城乡差距进一步缩小。

全区普通高校报名3 446人，比上年增55人，高考考生占全市的27.49%。玉溪二中上线率96.3%，比上年提高3%，本科上线率30.23%，比上年提高13.5%；玉溪三中本科上线率85.7%，比上年提高26.2%，重点率15.4%，比上年提高9.1%。

【职业教育】 2011年，玉溪二职中采取有效措施，收到较好办学效果。学校以就业为目标，整合教育资源，改进教学方式，着力培养就业创业能力，进一步深化职教人才培养模式改革。按照理论实践、学校企业、教师师傅、学生员工“四个一体化”的培养思路，大力实施工学结合、校企合作、顶岗实习、“订单培养”等人才培养模式，积极推进“引企入校”“实训基地进企业”工作，有效提高职高学生的专业技能和就业竞争力。毕业学生1 395人，毕业生就业率达98.2%，真正做到“出口畅、进口旺、学得好、用得上”。

学校坚持“以人为本，以德立校，以能力为核心，促使学生全面发展”办学理念，确保学生进的来、留得住、学得好。全面推行“做人+技能”“学历+职业资格”的人才培养模式，致力于培养和提高学生的综合职业能力和全面素质。加强骨干专业建设，年内，酒店服务管理、计算机应用专业被确定为省级骨干专业，旅游服务、机电应用、汽车维修、计算机应用被市级确定为长线专业。学校与珠海远洋航空学院、昆明艺术职业学院、玉溪发际线联合办学，增设航空服务、高铁服务、美发与形象设计专业。玉溪二职中招生2 553人，比计划招生超353人，在校生巩固率95%，中级工通过率95.1%。

【教育公平】 2011年，红塔区安排奖励资金30万元，对年检合格的优秀单位实行以奖代补，重点扶持义务教育阶段外来务工子弟学校建设和发展，每年安排补助资金30万元，对当年新审批的民办中小学和幼儿园，根据办学规模和办学条件，每所给予3万元~10万元的建设资金补助；建立和完善流动人口子女接受义务教育的工作制度和保障机制，将进城务工就业农民子女接受义务教育工作纳入九年义务教育工作范围和重要工作内容，指导和督促中小学认真做好接收就学工作，并把解决进城务工就业流动人口子女入学列入年度目标管理考核的重要内容认真检查落实。全区中小学流动人口子女在校学生数9 106人，比上年增加583人，增长6.84%。在公办学校就读5 199人，占流动人口子女入学总人数的57.09%，在民办学校就读3 907人，占流动人口子女入学总人数的42.91%；在全面实施12年免费教育的基础上，从2011年9月起，对跨村就读学生，每生每年给予615元的路费补助；对山区教师在绩效工资倾斜每人每月160元的基础上，每月再给予人均100元交通、生活补贴。

【教育资源整合】 2011年，在成功实现玉溪一小与东风小学合并办学的基础上，实现了红塔区三幼与红塔幼儿园的合作办学，红塔区三幼整体搬迁至红塔幼儿园，办学规模扩大为18班680人，比上年增7班300人；成立玉溪八中并顺利招生开学，有效缓解四中片区招生压力，缓解大班额现象，解决了城区初中教育资源不足的问题，实现区委全会提出的新办1所初中的目标；进一步优化教育资源布局，对小学规模在200人以下，初中在600人以下的山区、农村学校，逐步收缩学点，合并办学。完成了大矣资小学和任井小学合并，实现大密罗小学和甸苴小学、法冲小学和洛河中心小学从一年级开始的合并办学。整合、优化教育资源，为全区教育均衡发展奠定基础。

【教育投入】 2011年，各级财政预算内按标准投入公用经费，确保中小学正常运转，在已实施的全区中小学“三免一补”、未升入普通高中初中毕业生全部由区、乡（街道）政府出资免费就读玉溪二职中等惠民政策的基础上，对区属普通高中实施免费教育，即：免学费、免住宿费、对家庭困难学生补助生活费。同时，还提高了区属普通高中的生均公用经费，从2011年1月起普通高中生均公用经费从100元/年·生提高到300元/年·生。初中公用经费达700元/生·年，小学公用经费达500元/生·年。2011年春季学期普通高中各级助学金51.72万元，秋季学期普通高中国家助学金60.82万元。

【校安工程】 红塔区切实把实施校舍安全工程作为民生工程和教育工作重点抓紧抓好，积极争取各级支持，加快基础设施建设步伐，努力改善办学条件。2011年新启动排危项目11个2.9万平方米，已竣工4个1.71万平方米，基础施工2个，立项5个。年内排除D级危房1.91万平方米。因规划需要拆除的C级危房6幢2 455.11平方米。争取国家、省项目2个，洛河中学改扩建555万元、第七中学学生宿舍195万元，资金已全部到位，进入设计规划阶段。玉溪二职中改扩建、玉溪第七中学改扩建、研和中小异地搬迁、金家边小学异地搬迁等项目有序推进。

【三免一补】 红塔区严格执行预算，认真落实“三免一补”工作。2011年秋季学期共投入寄宿制学生生活补助资金303.72万元；城市义务教育阶段学生学杂费补助资金93.48万元；农村义务教育公用经费1 334.93万元；追加农村义务教育公用经费350.13万元；农村义务教育阶段贫困家庭初中生生活补助资金117.92万元；2011年追加农村公用经费642.91万元，2011年春季学期文具费54.16万元，为学校正常教学的开展提供强有力支撑。

【信息技术】 2011年，红塔区投入信息技术教育设备经费436.5万元。其中，中央、省级补助42万；市级补助100万元；区级配套200万；乡（街道）配套94.5万元。争取中央、省、市教学仪器经费364.28万元。进一步加强教育信息办公自动化、教育网络化建设。完成教育技术培训310人。截至12月底，全区共有计算机6 333台，全区人机比11:1，其中：幼儿园28:1、小学13:1、初中9:1、普通高中8:1、职业高中6:1。全区有计算机教室99间，多媒体报告厅及多媒体进教室627间（多媒体大屏幕253间、电子白板进教室249间、液晶电视进教室125间），“模式二”卫星接收设备73套，双向卫星接收设备1套，校园监控报警系统103套。建成校园网的学校有10所，占全区学校数的10.8%；实现上网的中小学、幼儿园93所，占94.9%，建成学校网站的学校15所，占15.2%；全区有全国现代教育技术实验学校1所，云南省现代教育技术实验学校4所。

【三生教育】 2011年，红塔区深入推进“三生教育”工作，全面实施素质教育。投入经费10万元，召开德育工作会、小学“三生教育”社团活动课程化研讨会，成立生命、生存、生活教育促进会。开展中小学生文学创作大赛、篮球比赛、小学生现场绘画、象棋比赛、乒乓球比赛、幼儿绘画、跳绳比赛、交通安全文艺汇演等内容的“三生教育”系列成果展示活动，举行2011年红塔区“三生教育”系列成果展示活动，实现小学“三生教育”社团活动课程化。制定《关于在红塔区初中学校开展社团活动的实施意见》，进一步规范初中社团活动，充分发挥学生社团在校园文化建设和素质教育中的重要作用，帮助学生培养优良品质，激发学习兴趣，培育健康体魄，养成良好习惯。各初中学校制定社团活动实施方案，积极开展活动，已形成良好开局。组织开展红塔区中小学班主任素质展示活动，通过写出论文或我的教育故事、班主任工作典型案例、说课、现场情景答辩、个人特长展示，为班主任提供交流展示平台。

为进一步落实“以美引善，寓美于德”德育理念，提高德育的吸引力和感染力，推进素质教育，帮助中小学生“培养优良品质，激发学习兴趣，培育健康体魄，养成良好习惯"，促进教师同学生一起成长。12月22日，红塔区教育局在玉溪四小举行"中国移动"2011年红塔区"三生教育"社团活动成果展示颁奖盛典。区政府副区长马跃武、市教育局副书记罗荣、市区文明办、区总工会、团区委、区关工委、区妇联、中国移动红塔分公司、中国财保红塔分公司、区教育局领导及各科室负责人、全区各中小学校长、德育副校长、德育主任及在展示活动中获奖的师生和玉溪四小部分师生1 600余人参加盛典。并为在展示系列活动中表现突出的59个先进集体、89名教师、105名中小学生进行颁奖。

2011年1月，中共云南省委高校工委、云南省教育厅"三生教育"领导小组办公室授予玉溪一小云南省"三生教育"示范学校、玉溪二职中云南省"三生教育"优秀学校；10月，云南省教育厅授予杨琼英等4名校长云南省"三生教育"杰出人物，张小松等5人云南省"三生教育"优秀人物，石俊蓉、杨琼英云南省"三生教育"先进个人荣誉称号。

【学区建设】 2011年，为落实国家和云南省教育规划精神，红塔区把进一步促进义务教育均衡发展作为新时期的重点任务。针对区内义务教育学校分布广、差异大、类型杂的特点，从实际出发，在总结"结队帮扶""捆绑式"考核管理经验的基础上，打破校际壁垒，统筹区域内的教育资源，积极探索学区内教育资源共享、教师合理流动、教育质量整体提升的有效途径。红塔区教育局制定《红塔区义务教育阶段学校开展学区建设的实施意见（暂行）》，以中心城区优质教育资源为核心，发挥辐射、示范作用，将全区中小学分为8大学区。以玉溪一小、聂耳小学、玉溪三小、玉溪四小，玉溪四中、玉溪五中、玉溪六中、马桥中学为牵头学校，开展"人才交流、资源共享、教研联片、名校带动、共同发展"工程，实现城乡教育优势互补、资源共享、共同发展，不断缩小校际、城乡教育发展差距，促进区域内教育均衡发展。区教育局先后在马桥中学、聂耳小学组织召开学区建设研讨会，根据《红塔区人民政府关于促进义务教育均衡发展的实施方案》，建立校长队伍能上能下的任用机制，校长实行任期制，校长任期满6年要进行轮岗交流，凡新提拔的校级领导一律要到农村学校挂职锻炼；建立义务教育阶段学区内优秀教师定期流动制度，打破学校间教师固定的管理模式，使教师由"学校人"变为"学区人"，每年按照不低于骨干教师、学科带头人总数10%的比例在学区内进行为期2年~3年的交流。学区工作运行一年来，实现了"三个"推进：

推进学区管理模式创新。建立教育局、教科所和学区协作组"三位一体"运行协作机制；实施"伙伴校"合作，采取强弱结合、优势互补的办法，组建学区内均衡发展伙伴校，将工作成效纳入学校目标管理考核和校长创新管理考核，推动学校共同发展；搭建"学校信息管理交流"平台，用更加精细的管理方法对教学质量进行有效的监测和反馈；加强"学区建设发展"视导、研讨工作，建立良性运行发展的推广机制。

推进实现学区资源共建共享。学区内实验室、运动场、教育基地等基础设施全面开放，学区共享；探索学区教研新模式，成立学科中心教研组。建立学区教育教学常规管理一体化制度，即统一组织备课、统一组织听（评）课、统一开展质量监测、统一进行教学研讨。深化学区课题研究，确立10个共同研究课题，引领教师走科研之路；坚持育人先育师，"重师德、强师能、扬师长"合作文化，建设一支师德高尚、学识丰富、专业娴熟、合作共事、开拓创新的优秀教师队伍，推动学区内各学校整体发展，进一步促进了教育品牌的形成。小学第一学区举办"首届班主任论坛"，围绕"养成篇、管理篇、爱与责任篇、文化篇、合力篇"5个主题进行交流研讨；实施"名师名校长工程""青蓝工程""影子工程"，以项目管理方式带动有潜质的优秀中青年校长和教师迅速成长。小学第二学区利用承担的教育部中小学校长"影子培训"项目，对学区的校长进行3期培训，对学区的骨干教师进行"一对一"的跟班培训；学区内每年有10%的骨干教师、学科带头人合理流动，市区骨干教师、学校特色教师在行政隶属关系不变的情况下，在学区内跨校送课、送教、带徒弟；建设课程资源中心，共享优质课程资源。据不完全统计，全区8个学区组织了涵盖中小学所有学科的"示范研究课""观摩研究""赢在课堂""高效课堂"等教学活动160余场次，参与教师3 000余人次。

推进学校办出特色。学区重点扶持基地校建设，打造区域特色品牌学校，发挥示范和辐射作用；加强学区内学校之间"三生教育"实践社团活动的交流和研讨，在重视学生智力发展的同时，更加注重学生非智力因素的培养，形成"天天有活动，个个有特长，校校有特色"的局面；积极构建促进学校特色发展的管理机制，加强学校显性文化建设的研讨，努力建设富有特色的校园环境文化，以树立良好的学校形象，营造健康向上的育人氛围，探索"用文化的方式发展内涵教育"，具体指导每所学校找准发展点，以3年为周期制定实施方案，推动学校办出特色。

【队伍建设】 2011年，红塔区不断创新学校领导培训模式，选派全区有思想、肯钻研的优秀校长深入全国名校，接受教育专家引领，提升管理水平；实行校长教育教学质量问责制，引导学校领导将主要精力投入到教育教学中，深入课堂，靠前指挥；鼓励校长创新学校管理，年内评选学校管理创新的校（园）长12名，推动学校科学发展。启动红塔区"9595"名师工程，不断提高学校骨干教师比例，切实加强对骨干教师、学科带头人、学科新秀的评选、培养、管理和使用；鼓励教师创新教学方式，加快成功模式的考核认定，年内表彰课堂教学改革创新的教师16名，激发全区教师的课堂教学改革热情。扎实推进师德建设，以强师德、提师能、促进教师专业成长为目标，不断强化爱与责任教育，建立和完善师德考评制度，制定落实《红塔区人民教师职业道德文明用语30条》。同时，深化人事制度改革，建立健全事业单位岗位设置管理制度，顺利实施非义务教育阶段学校（园）绩效工资；坚持面向社会公开招聘选拔新教师制度，年内共招聘音体美、幼儿、信息技术和语、数教师79名。

年内，认真开展形式多样的校本培训，加大教师培训力度，校本培训面达100%。完成选派培训2 279人，教师履职晋级培训1 308人，"国培计划"骨干教师培训363人，"省培计划"骨干教师培训项目23人，普通高中新课程师资培训103人，市山区少数民族小学语文、数学教师教学技能研修培训4人，教育管理干部培训225人，学习纲要培训100人，"英特尔未来教育培训项目"253人。学校安全管理暨专职人员岗位培训53人。

12月22日，红塔区人民政府与中国移动玉溪分公司联合召开学校管理创新暨课堂教学改革创新奖表彰会，对高誉等18名学校管理创新校（园）长和姚桂琼等24名课堂教学改革创新教师进行表彰奖励。同时，还对由红塔区总工会主办、区教育局承办的“学校民主管理创新大赛”评选出的20所学校、幼儿园进行表彰奖励。区政府副区长普云辉、马跃武，中国移动玉溪分公司副经理李东旭、区总工会常务副主席张绍清、中国移动红塔分公司经理徐增友、区教育局班子成员等领导为获奖校（园）长、教师及学校颁发了奖状、奖金和奖牌。

【教育行政管理】 2011年，红塔区健全完善“依法办学、自主管理、民主监督、社会参与”的现代学校管理体制，推进以教职工代表大会为基本形式的学校民主制度建设，不断激发教师职业热情；成立红塔区教学质量督导组，积极开展各级各类学校的督导检查与评价，重点督查开齐课程、开足课时和质量建设；完善学校管理制度建设，推动学校规范化办学，努力实现由规范管理向精细化、精致化管理迈进；进一步规范民办教育管理，加强民办学校的检查评估，开展全区民办学校、幼儿园和培训机构清理整顿，建立公民办学校交流机制，实现民办学校领导、教师到公办学校挂职，不断扩大合作交流范围，逐步提高民办学校的办学水平。严格审批制度和年检制度，对优秀民办中小学、幼儿园进行表彰奖励，进一步加大公办学校对民办学校的帮扶力度，逐步提高民办学校的管理水平。2011年，组织公安、消防、交警、工商、民政、食品、卫生、乡（街道）教育中心等部门对全区民办学校、幼儿园、培训机构进行清理整顿，对全区已发放办学许可证的32所民办中小学、幼儿园进行了年检。

严格按政策收费，提升教育形象。区教育局严格执行《省发改委 省政府纠风办 监察厅 教育厅 财政厅关于在农村义务教育经费保障机制改革中坚决制止学校乱收费文件的通知》和“三限制”等收费政策并实行学校收费公示制，对义务教育学校公示免费项目。区教育局积极配合省、市教育收费专项检查组对辖区内各学校、幼儿园进行教育收费专项检查4次，未出现乱收费现象。

严格执行招生考试纪律，中考、高考及会考的考务工作都严格按照规定程序和省、市招生办的有关要求进行，高中招收“择校生”严格执行“三限”政策，即限分数、限人数、限钱数，并一次性录取，2011年高考、中考工作顺利进行，未出现违纪事件。

【教育扶贫】 2011年，红塔区认真做好教育资助工作。共向269人发放国家助学金155万元；“玉溪市红塔区教育扶贫救助会”出资18.95万元，对家庭贫困的108名红塔区籍大学一年级新生给予资助；完成了义务教育阶段免教科书及生活补助的工作，对寄宿制学生生活补助500元/生·年，初中贫困学生生活补助750元/生·年；对1006名普通高中在校学生，按照家庭经济困难程度，给予一等2 000元/生·年，二等1 000元/生·年助学金补助；对玉溪二职中家庭经济困难学生给予学费补助，补助学生879人，补助资金43.95万元。

【区教育局党建工作创佳绩】 2011年，红塔区教育局党工委党建工作成绩显著，局党工委被中共云南省委高校工委、中共云南省教育厅党组评为云南省教育系统先进基层党组织；玉溪二职中党支部被评为玉溪市先进基层党组织；玉溪五中党支部被评为红塔区先进基层党组织；王保祥、杨琼英、张小松、杜宏伟、陈迎献5名党员荣获区优秀共产党员称号，郑光明获区优秀党务工作称号，杨智勇、李光荣2名基层党组织书记获区优秀党组织书记称号。

【学校安全工作】 2011年，红塔区高度重视学校安全工作，优化教育发展环境。坚持“安全稳校”发展思路，把安全工作列为学校工作第一要务。成立学校安全工作领导小组，局机关内设安全管理股，有2名安全专职人员和3名兼职人员，制定《红塔区教育系统突发公共事件总体应急预案》。建立健全《红塔区学校安全管理制度》《红塔区中小学、幼儿园食堂管理规范》等规章制度。实行“一把手”负总责和“一岗双责”制。年初，区教育局与66所学校签订2011年学校（幼儿园）目标管理责任书，与15所学校签订社会治安综合治理工作责任书，与39所学校签订安全工作责任状，区教育局与各级各类学校169名专、兼职驾驶员签订行车安全责任书。召开安全专题会14次，开展安全宣传教育27次，举办3期304人次参加的安全专题培训，组织264场突发公共事件预案应急演练，组织大规模的安全工作专项督查5次。投入安全工作专项经费324.5万元。

开展校园安全专项检查督查、校园及周边突出治安问题整治，对流动人口进行排查。全区学校均已设置安全保卫机构，配备专职安全保卫人员329人，安装视频监控报警设施127套1 041个摄像头，配置安保器材1 849件，配备消火栓415套、灭火器2 132个、应急照明灯774盏，制作学生（幼儿）家长接送卡77 210份。

开展食品安全整顿。全区98所公办学校中有94所学校有食堂，均建立卫生制度并有领导负责，共有食堂102个，有A级卫生单位3家，从业人员337人，实行量化分组管理食堂81个，开展相关培训食堂94个，整改效果明显食堂79个。

【教育工作会】 为贯彻落实中央、省教育工作会议精神，制定并落实好《玉溪市红塔区教育事业发展“十二五”规划》，加快推进红塔区教育现代化发展水平。2011年10月29日，红塔区在红塔文体中心聂耳音乐厅召开红塔区教育工作会，市、区领导，区属各部门、乡（街道）领导，全区校（园）长、教师代表共500余人参加会议。会议由红塔区委副书记、代区长张小良主持，中共玉溪市委常委、红塔区委书记夏立洪作题为《坚持优先发展 有力迎接挑战 努力提高红塔区教育现代化发展水平》讲话，回顾总结近年来教育工作的成绩和经验，分析了当前教育工作的现状并提出工作要求和今后努力的方向，下发《玉溪市红塔区学前教育三年行动计划》和《红塔区人民政府关于促进义务教育均衡发展的实施方案》。会议明确了“实现教育现代化”的战略目标、工作举措和行动路线，进一步凝聚优先发展教育的共识，为今后教育改革发展指明方向。表彰奖励优秀教师200名、优秀校（园）长20名、支持教育发展先进个人30名，对14个捐资助学先进集体、先进个人授牌。

【捐资助学】 2011年，红塔区充分调动全社会办教育积极性，多渠道增加教育投入，动员全社会有钱出钱，有力出力，有主意出主意，共同担负起培育下一代的责任。凝聚社会力量发展教育，强化振兴教育、人人有责的共识，大力营造兴教助学、无上光荣的氛围，鼓励更多的企业家投资教育、捐资助学、造福家乡，充分调动社会团体、企事业单位和公民个人关心支持教育的积极性。据不完全统计，年内全区共捐资助学9 192万元。其中：云南活发集团董事长李明定2010～2011年捐资616万元用于玉溪一小、玉溪四中、黑村小学校舍和安全设施建设，2011年又再次捐资8 000万元，准备建盖1所现代化高级中学；云南省玉溪市发进工贸有限责任公司董事长郭发进捐资150万元建盖洛河把者岱小学综合楼；李棋街道办事处筹集教育基金157.6万元。

【教育督导评估】 2011年，红塔区顺利通过了云南省对县（区）的教育督导评估，得到省政府教育督导团的高度评价。检查评估组认为，红塔区委、区政府高度重视教育工作，切实加强对教育工作的领导，认真落实教育优先发展战略地位。区政府各有关部门、乡和街道认真履行教育工作职责，社会各界关心、支持教育，形成良好的教育发展氛围。学前教育、义务教育、普通高中教育、职业教育均得到较好地发展，优质教育资源不断增加，教师队伍建设不断得到加强，教育质量稳步提高，教育现代化管理水平不断提高。检查评估组根据《云南省县级人民政府教育工作督导评估标准》和评分要求，经过定量与定性分析，红塔区达到云南省教育工作先进县的标准。

【绿色学校创建】 2011年，为结合创建国家环境保护模范城市工作，红塔区教育系统在各中小学（园）中积极开展“绿色学校”和“国际生态学校”创建活动，进一步扩大环保教育阵地和规模，倡导青少年学生树立热爱家园、保护环境的责任感，充分发挥学校主阵地作用和教育下一代的光荣使命，积极鼓励绿色学校创建活动由校园向社区拓展，真正实现“教育一个学生、影响一个家庭、带动整个社会”的目标。在云南省七彩办、省环保厅与省教育厅联合组织开展的第六批省级绿色学校评审中，红塔区大营街一中、北城中心小学、孙井小学和大营街幼儿园被命名为“云南省第六批省级绿色学校”，徐宝寿、李宝学、杨红和龚红丽4位教师被评为“绿色学校环境教育优秀教师”。至此，全区先后有3所学校（园）被命名为国家级“绿色学校”，23所学校（园）被命名为省级“绿色学校”，29所学校（园）被命名为市级“绿色学校”。

【八中举行挂牌仪式】 2011年8月29日，玉溪第八中学举行挂牌仪式，中共玉溪市委常委、红塔区委书记夏立洪，玉溪市副市长杨洋，市教育局党委书记、局长李世华，红塔区委副书记、区人民政府代区长张小良，副区长马跃武、区人大主任毕继芬、区政协主席杨德运，玉溪高新区管委会主任李明荣、副主任张云超，区教育局、凤凰、玉带、玉兴、春和街道和各友邻学校等领导以及八中全体师生、部分家长代表共800余人参加挂牌仪式。

红塔区教育局局长吴光连宣读了红塔区机构编制委员会关于成立玉溪第八中学的决定和红塔区教育局关于玉溪第八中学领导班子任职决定；玉溪第八中学校长李培林致欢迎词；副区长马跃武作重要讲话；区委书记夏立洪和副市长杨洋为玉溪第八中学揭牌。

玉溪第八中学的成立，有效缓解四中片区的招生压力，缓解大班额现象，解决了城区初中教育资源不足的问题，实现区委全会提出的新办1所初中的目标，扩大办学阵地，整合优化教育资源。区委、区政府决定进一步加快玉溪八中的建设和改造，将其打造成为玉溪的优质初中。

（张士光）

【教育科研】 2011年，红塔区教科所制定《玉溪市红塔区教育科学研究“十二五”规划》和《玉溪市红塔区教育科研“十二五”规划课题指南》，鼓励学校积极开展教育科研课题研究和校本教研课题研究。教研员深入中小学、幼儿园进行课题研究指导和培训，培养基层教育科研骨干力量，化解学校和教师对教育科研课题的神秘感和畏难情绪，全区形成校校（园园）有教育科研课题的良好态势。全年共有14项区级教育科研课题立项并在研。省级课题“小学生体悟生命之乐的教育途径”及“‘反思型’校本教师培训研究”等6项市级课题、“幼儿园艺术创新教学模式研究”等6项区级教育科研课题通过了结题验收。在抓好教育科研课题研究的同时，教科所还创新性的鼓励一线教师参与校本教研课题研究。区级校本教研课题“小、近、新、实、活”，研究成果“听得到、看得见、摸得着、见效快”，有效调动一线教师参与教育科研的积极性。全年区级校本教研课题有34项立项并在研，49项通过了结题验收。

【课堂教学改革】 为点面结合，以点带面，推动课堂教学改革向纵深发展，2011年红塔区教科所启动“科研兴校”实验学校建设。选取研和二中和任井小学作为实验学校，实施课堂教学改革综合实验。在实施过程中，中学教研员定期深入研和二中，扎扎实实地与教师共同开展课题研究、“三阶段五环节”模式运用主题研讨、听课评课、毕业班复习指导与交流等活动，实现双赢。2011年中考，研和二中再创新高，升入公办高中的比例比上年增6.64个百分点。小学教研员积极组织区级骨干力量多次深入任井小学进行专题培训、听课评课、与教师交流等活动，较好地促进教师队伍的专业化成长。在校园文化的定位和打造过程中，所领导和教研员多方出谋划策，任井小学校园“竹文化”已初步成形。

年内，区教科所还启动“学科教学改革实验学校”建设。每个学科选定1～2所学科教师改革意识较强的初中学校，进行学科课堂教学改革实验。语文选定玉溪四中，对课堂教学改革创新奖获得者匡旭辉老师的语文“四环节”教学模式进行追踪服务和指导，并在全区推广。英语选定研和一中和李棋中学，先后指导和参与这两所学校的英语教研组进行区级课题研究。研和一中《农村初中英语“导学稿”运用研究》已结题并获得红塔区“十一五”优秀教育科研课题评比二等奖，李棋中学的“初中英语内化阅读教学研究”已立项并正在研究中。物理选定研和二中，组织该校物理教师参与区级校本课题“初中物理课堂学练整合教学模式的应用”研究。数学和化学选定大营街一中为学科教学改革实验学校，对该校“112模式”在数学和化学学科中的运用进行跟踪服务和指导。小学数学、语文分别选定玉溪第一小学、聂耳小学作为学科教学改革实验学校，教研员积极深入学校听课评课，与教师共同探讨课堂教学改革实验中出现的新情况和新问题。品德、科学分别选定玉溪第三小学、第四小学作为学科教学改革实验学校，针对这两个科目的教师专业不对口、流动性大的特点，教研员采用专题讲座、个别辅导、听课评课等方法提高教师专业素质。所指导的第四小学童菊华、马蕴菡、王丽芳等教师参加全国和省级品德、三生、科学优质课竞赛均获优异成绩。

年内，组织优秀教师参加优质课比赛，获国家级特等奖1名，一等奖15名，二等奖10名，三等奖4名；获省级一等奖3名，二等奖2名；获市级一等奖15名，二等奖9名，三等奖2名。

【“赢在课堂”活动】 2011年，为推广课改成果，红塔区教科所举办全区初中“赢在课堂”教学改革成果交流活动。活动涉及语文、数学、英语、物理、化学、政治、历史、地理和生物9个学科，530余名初中教师先后参加交流活动。推出玉溪四中语文“四环节”教学模式、英语“导学稿”运用教学模式、化学“问题式”教学模式，玉溪六中“三步六环节”体验式教学模式，大营街一中“112”教学模式，研和二中“三阶段五环节”教学模式，玉溪八中“小组合作学习”教学模式，李棋中学“英语内化阅读教学”模式，中学室物理教研员陈德智老师“自主学习口述式”模式，共上展示课17节，做专题讲座和专题交流6个。这些展示课都充分融会了新课改理念，教学设计匠心独运充满智慧，教学展示形象生动贴切自然，深受听课教师好评。本次活动为全区初中学校的教研和教学交流提供一个较好平台，得到一线教师广泛赞誉。

【学区联片教研】 2011年，结合红塔区的学区建设工作，区教科所把教研员分派到各学区联系、协调联片教科研工作。在教研员的积极参与下，各学区通过“互访互派”“互研互学”“业务互帮”“优势互补”“管理互促”等多种形式积极开展丰富多彩的教学研讨活动。学区间已基本构建了“校际联合、区域联片、区外联谊”的教科研组团发展模式，学区内校际间形成“管理互通、研训联动、教育互促、文化共建和项目合作”格局，科学、和谐、均衡和可持续发展的教科研氛围日渐浓厚。

【《红塔教研》创刊】 红塔区教科所于2011年12月推出内部期刊《红塔教研》创刊号。《红塔教研》是由红塔区教育局主管、红塔区教科所主办的教育科研内部期刊，向全区各中小学和幼儿园、教育行政管理部门、相关教研机构、从事教育研究的专家和学者赠阅。《红塔教研》的创办，为全区广大教师和教育工作者了解国家教育方针、政策和教改动态提供一道窗口；为展示教育教学实践与理论探索成果，引领教师专业成长，创设一个平台；为交流学校管理、教育教学研究、课堂教学改革等方面的信息开辟了一块园地；为红塔区依靠教育科研，促进教育发展的历程留下一份记录。

（毛　祥）

基础教育

【红塔区第一幼儿园】 2011年，有教学班9个，在园幼儿345人，教职工43人，其中：专业技术人员36人（中职21人，初职15人）。幼儿园不断强化内部管理，实施“规范制度”和“以人为本”的人性化管理模式，以“一切为了孩子”为办园宗旨，践行“为提升师生生命质量奠基、为孩子健康快乐童年服务”的办园理念，对家长郑重承诺：“您的孩子，我的宝贝；细心呵护，精心培育。”坚持正确的办园方向，全面贯彻党的教育方针，对幼儿实施体、智、德、美全面发展的教育。

区一幼提倡国学经典，开设由专任教师担任的幼儿经典诵读及礼仪品格教育课程。彰显文明礼仪的办园特色，礼仪品格教育已初见成效，教师注重加强自我修养，奉行克己复礼，用自己的言行举止去影响每一个孩子，帮助孩子们打下良好的德行根基。孩子们在老师的引领下也更加懂礼、知礼，一些不良的诸如任性、自私、骄横的习气也日渐有所改变，整个园所已形成一个至善、至真、至美的礼仪氛围。

年内，通过省级绿色学校验收，课题顺利结题并荣获市科技进步三等奖，园党支部被上级党委评为优秀党支部，教师和幼儿在各种比赛中获得累累硕果：全国优秀教育科研论文评审活动中，2人获优秀学术成果二等奖；在第八届全国幼儿创意美术大赛中，28人获金奖，137人获银奖，48人获铜奖，8人获蓓蕾奖，6名教师获不同级别的教师指导奖，幼儿园获集体特等奖；在云南省教育厅主办的“第二届云南省中小学书画大赛”活动中，5名幼儿获特金奖，28名幼儿获金奖，193名幼儿获银奖，3名教师分别获指导一等奖，幼儿园获集体一等奖；在云南省教育科学院组织的教师论文竞赛中2人获一等奖、3人获二等奖、21人获三等奖、3人获鼓励奖；在第三届云南省教育教学优秀论文征稿活动中4人获一等奖，22人获二等奖，3人获三等奖。

（王继阳）

【红塔区第二幼儿园】 2011年，有教学班15个，大、中、小班各5个，在园幼儿667人。教职工75名，其中专业技术人员60人，教师学历达标率、专业合格率均达100%，其中本科学历71%，专科学历25%。

区二幼本着“坚持幼儿为本，服务幼儿和谐发展；坚持生态建园，服务和睦校园建设；坚持质量立园，服务幼儿成长需要；坚持科研强园，服务教师队伍建设”的办园思想，教师遵循“爱心、关心、敬心、钻心”的教风，通过走出去请进来、集中培训、分层培训、鼓励自学等形式提高教师职业道德、专业理论水平，为做好幼教工作奠定坚实基础。区二幼承担教办、民办和集体办幼儿园的园长挂职、教师实习进修、培训工作，与大营街幼儿园和北城中心幼儿园结成“姐妹园”，每学期坚持开展教学观摩、交流活动，真正发挥了省一级一等示范幼儿园的带头、辐射作用。

2011年1月，区二幼被云南省教育厅认定为省一级一等示范幼儿园，成为全区唯一一所省一级一等示范幼儿园。

经红塔区教育局批准，区二幼在全市首家创新开展“民办公助”的办学模式，2011年7月红塔区第二幼儿园分园——玉兴幼儿园成立并招生，运行良好，得到省、市、区各级领导认可。

区二幼把“科研兴园”作为确保保教质量的生命线和提升办园文化底蕴来抓。2011年10月市级课题《感恩教育在幼儿园的实践与运用研究》通过了市、区专家组的结题验收，其成果被红塔区政府评为科技进步二等奖并申报、立项为云南省教育科学“十二五”2011年度一般规划课题。教科研的有力开展，提升了二幼办园品位，得到家长和社会的赞誉。

年内，雷玉琼被云南省教育厅评为“三生教育”优秀人物；谭建平被云南省公安厅评为2010年全省机关、企事业单位治安保卫工作先进个人；9人在云南省教育科研论文竞赛中分别获二、三等奖；在第二届云南省中小学生书画大赛绘画中4人获幼儿指导一等奖；2人获指导二、三等奖。在第二届云南省中小学生书画大赛绘画中，7人获一等奖，2人获二等奖，1人获三等奖。

（李翠华）

【红塔区第三幼儿园】 始建于1990年，原址在环山路12号，2011年9月，整体搬迁至原红塔幼儿园办学。全园18个教学班，在园幼儿681人，教职工82人。

区三幼用“大成幼教”的办园思想引领全园教职员工“大度做人、大方做事、大气奠基”，按照“小儿能成大志、小事能成大业、小园能成大器”的办园思路，力争从大处着眼，小处着手，实处着力，积极践行“大成于心、小节于行”的办园宗旨，营造宽松和谐的工作氛围，构建科学民主的管理机制，让老师们在尊重、理解、宽容、信任中工作并成长。广渠道、多途径地满足教职工的知情权，增强教职工的主人翁意识，极大地调动教职工参与幼儿园管理的积极性和创造性。在三幼，“感动”已成为一种常态语言，“微笑”成为一种常态景观，“尊重”成为一种常态心理。

管理上，初步构建幼儿园办园思想体系，启动幼儿园4年发展规划、讨论通过了《教师专业发展实施方案》、成立课题组、创新政治学习会议模式、开展“感动校园人物”评选活动、打造了“职工温馨屋”、畅通家园连心桥，重构职责和制度等。

年内，幼儿园获“玉溪市示范家长学校”、红塔区“文明单位”荣誉称号；市级课题《蒙特梭利教育园本化应用研究》、区级课题《幼儿园艺术教育创新教学模式研究》两个课题顺利结题。在参加比赛中荣获第二届云南省中小学生书画大赛集体二等奖。

同时，组织教师积极参加各种比赛成绩显著：教师在参加云南省教育科学研究院举行的“2011年云南省教育科研论文竞赛”中，5人获一等奖、9人获二等奖、21人获三等奖；参加云南省教育厅举办的“三生教育”九个一征集活动中3人获优秀奖；在第二届云南省中小学生书画大赛中4人获指导教师一等奖，教师辅导的幼儿作品获一等奖。

（解　隽）

【李棋中心幼儿园】 2011年，有教学班11个，在园幼儿412人，教职工54人（小学高级教师18人，一级教师14人，二级教师1人，高级工1人，中级工1人，初级工3人）。具有大专以上学历的教师占96%，教师合格率为100%。是省一级二等幼儿园，为红塔区规模最大的乡（街道）公办中心幼儿园。

幼儿园筹措资金，积极改善办园条件，年内先后更换了中、大班幼儿用床及教师办公桌，装修幼儿睡室；安装电子显示屏，设计制作荣誉墙、教师风采等4个板块宣传栏；翻新幼儿园大门及围栏；打造多功能会议室；重塑幼儿园标识。

年内，幼儿园荣获“玉溪市文明学校”称号；被玉溪市教育局评为玉溪市“十一五”教育科研工作先进集体；在云南省第六届青少年学生教师优秀书画作品大赛、全国中小学生幼儿优秀美术书法摄影作品大赛活动中分获集体一等奖和团体特等奖，教师47人次、幼儿作品160幅次，获一、二等奖。

（王强鸿）

【高仓中心幼儿园】 2011年，有教学班9个，在园幼儿350人，在职在编教师38人。教师本科学历达95%以上，专认教师年龄在21岁~37岁之间，承担全街道私立幼儿园的业务培训指导。

幼儿园“以研促教”，积极开展“推普”、省级督导评估验收、创文、创卫、创“模范职工之家”等工作。年内，将幼儿园内墙进行装饰粉刷，更新大型玩具、幼儿课桌椅，建立教师电子备课室，添置电脑、打印机、复印机，为申报省一级二等园做准备。

2011年2月，在中国艺术教育促进会主办的艺术节中，11名幼儿分获一、二等奖，2人获优秀园丁奖，幼儿园荣获优秀组织奖；1名教师的论文在全国教育科研论文及教案评选活动中获二等奖。9月，两名教师制作的多媒体课件获省级三等奖；11月，在云南省教育厅主办的“第二届云南省中小学书画大赛”活动中，6名教师荣获指导教师一等奖，7名幼儿获一等奖，3名幼儿获二等奖，幼儿园荣获集体二等奖。12月，幼儿园成为市级第九批普及普通话达标学校。

（孙雪波）

【洛河中心幼儿园】 2011年，有教学班3个，在园幼儿100余人。全园有教职工19人，在职在编11人，其中小学高级教师2人，小学一级教师7人，内科医师1人，中级工1人，拥有大学本科学历7人，专科学历4人，教师合格率100%，教职工中共党员6人，共青团员4人，占职工总数的53%。幼儿园下辖25个幼儿班，在园幼儿465人，全乡入园率98.6%。

洛河由于地处山区不易将幼儿集中办园，为了让每个适龄幼儿都能入园，洛河幼儿园结合乡情，按照“方便群众，就近入园”的原则，探索总结出“大组独办，小组联办”的办学模式，在全乡31个小组开办幼儿班25个，配备幼儿教师25名，形成了各组孩子都能入园的洛河学前教育服务网络，进行乡、村、组一体化管理，并形成洛河乡学前教育管理模式。中心幼儿园作为培训基地，发挥着龙头、示范、辐射作用，每月定期将幼儿班教师集中进行政治理论和业务培训，加强与村组联系，定期到各幼儿班进行检查指导，使全乡幼儿教育迈入规范化、制度化、科学化。

2011年，幼儿园多方筹措资金，投入近20万元，对幼儿园进行修缮、美化，重新创设班级文化、校园文化，整个校园焕然一新。改造了厨房，添置厨房设施设备；为全乡25个幼儿班配置班牌；购置打印机、复印机；为行政领导各配备办公电脑1台。

幼儿园以《幼儿园教育指导纲要（试行）》为指南，结合园情，认真开展各项活动，使幼儿、教师、幼儿园都得到发展，办园条件逐年改善，办园质量逐步提高。

年内，幼儿园被认定为玉溪市普通话达标学校；获第二届云南省中小学生书画大赛集体二等奖，教师获辅导奖二、三等奖各2人；参加第二届云南省中小学生书画大赛，获一等奖6人，二等奖4人，教师获辅导奖；参加云南现代教育论坛评选活动获一等奖5人，二等奖2人，三等奖1人；参加云南省教育科研论文竞赛1人获一等奖，6人获三等奖。

（王慧萍）

【玉溪第一小学】 2011年，有教学班60个，在校学生3 625人，招入新生10个班589人，平均班额为60.4人，在职教职工164人，其中：特级教师1人，小学高级教师110人，国家级骨干教师5人，区级以上骨干教师20余人，市级学科带头人8人。

学校占地3.07公顷，分“文化”校区和“山水”校区，采取“一校两区，统一管理”的模式。学校在树立“科学化、特色化、精品化、国际化”办学目标的同时，坚持走“内涵引领学校发展”的道路。正在践行的“素质教育引领成长”的办学思想和“快乐童年成就未来”的教育理念使学校形成“轻负担·重素质·高质量”的办学特色。

年内，学校创新工作取得较大进展。文化校区已拆除使用多年的希圣楼和品艺楼，准备新教学楼的重建。学校领导高度重视教师队伍建设，选派骨干教师到北师大参加专业技能培训。与高仓、研和两所学区学校开展多项教育研讨活动，有效促进一区三校教育教学的同步发展。开放性、创新性假期作业的布置及展评受到家长的一致好评。

学校教育教学工作稳步发展，取得较好成绩。年内，学校荣获各级奖12项，教师62项，学生227项。学校被评为云南省第二届“三生教育”示范学校，在“首届中国当代特色学校推选活动”中，玉溪第一小学被授予

"中国当代特色学校"称号。4 位老师的教学竞赛课均获全国一等奖。1 人荣获云南省"十佳读书少年"称号。1 人获"玉溪市优秀少先队员"称号；2 人被评为市"十佳智慧小明星"。

（张　雯）

【玉溪聂耳小学】　原玉溪第二小学。2011 年，有教学班 42 个，学生 2 979 人，招一年级新生 7 个班 487 人，在职教职工 127 人，其中：小学高级教师 85 人，省特级教师 2 人，区级以上骨干教师及学科带头人 21 人（国家级 2 人，省级 4 人，市级 6 人，区级 9 人）。学校占地 12.6 亩，有教学楼两幢，实验楼 1 幢，科教楼 1 幢。年内，新修舞蹈室 1 间，乒乓球室 1 间，塑胶球场两块，多媒体教室 7 间。

学校努力打造聂耳校园文化，以弘扬聂耳爱国精神和音乐精神为主旋律，实现聂耳文化由静态文化到动态文化的转换。在第二届中国聂耳音乐（合唱）周活动中，学校 300 余名学生组成鲜花队、合唱团、礼仪队参加启动仪式；6 月 16 日晚，玉溪聂耳小学和上海报童小学的小学生们共同在上海大剧院演绎《卖报歌》；合唱周期间，学校聂耳少儿合唱团 100 多学生再次获特别奖。在玉溪市"红领巾心向党"文艺演出中，学校 200 余人参加的《时间之光》《民族服装展演》和大型音诗舞节目《中华经典吟诵》，得到较高赞誉。7 月，在教育部开展以"双百"人物中的共产党员命名中小学班集体的活动中，学校五（1）班被命名为"聂耳班"。玉溪新闻、云南新闻和中央电视台的新闻频道都宣传报道"聂耳班"在学习聂耳精神过程中开展的特色活动和成绩。

学校树立管理育人、环境育人、活动育人的思想，开展丰富多彩的德育实践活动。年内，获玉溪市首届小学生围棋团体赛第一、第三名。学生参加各种竞赛获奖 157 人次，其中：国家级 70 人次，省级 28 人次，市级 27 人次，区级 32 人次。

2011 年，学校被评为"云南省文明交通示范学校"、玉溪市"十一五教育科研先进集体"，通过了"省语言文字规范化示范校"验收。陶培武被评为云南省三生教育杰出人物、玉溪市两基工作先进个人；1 人被评为玉溪市"十一五教育科研先进工作者"；1 人获玉溪市高效课堂教学竞赛一等奖；年内，学校 20 位教师申报的校本课题顺利结题。教师论文获国家级奖 8 篇，省级 12 篇，市级 9 篇。

（陶培武）

【玉溪第三小学】　是一所占地 15.09 亩，建筑面积 1.01 万平方米，2011 年有 36 个教学班，在校学生 2149 人的省级甲等一级示范性小学。学校位于珊瑚路 59 号，有教职工 109 人，其中国家级骨干教师 1 人，省级骨干教师 3 人，区级骨干教师 8 人，市、区级兼职教研员 3 人，小学高级教师 65 人。学校专任教师中具有研究生学历 1 人，大学本科学历 28 人，大专学历 78 人，学历合格率达 100%。

玉溪第三小学作为小学组第三学区牵头学校，年内，与大营街中心小学、春和中心小学共同开展各类活动 19 次。为达到优势互补，资源共享、促进发展的学区建设目标，向两家学校支持资金 6.7 万元。

学校借课程改革之力，把社团活动正式纳入学校课表，实现了社团活动课程化，同时把在 2009 年组成的 8 个综合社团 60 个社团小组专业化、精品化，在保证全校学生"全员参与"社团活动的基础上，更好地走专业化、精品化发展之路，较好地实现第三小学"教学生一天，想学生一生，教好每一个学生，造福每一个家庭"的办学理念。

2011 年，学校被评为"云南省示范家长学校"、玉溪市"十一五"教育科研工作先进集体；荣获云南省"学校体育舞蹈大课间操"比赛小学组（校园恰恰恰）团体一等奖；全国"中小学生幼儿美术书法摄影作品"大赛团体一等奖；玉溪市"红歌进校园·童心永向党"歌咏比赛一等奖。年内，学校 8 个教科研课题结题；教师撰写论文 126 篇，其中在市级刊物上发表 1 篇，获国家、省、市、区级奖 68 篇；教师受各级奖励 126 人次，其中 1 人获全国目标教学课堂教学竞赛一等奖；1 人被云南省教育厅评为"三生教育"优秀人物；1 人被玉溪市教育局授予"十一五"教育科研工作先进工作者；有 135 名学生参加各级比赛获奖，其中 2 人参加香港国际文化艺术节荣获少儿 A 组集体舞蹈项目金奖；2 人获 2011 香港国际文化艺术节一等奖；2 人在 2011 年全国中小学生幼儿优秀美术书法作品大赛活动中荣获金奖；2 人在云南省教育厅主办的"第二届云南省中小学生书画大赛"活动中荣获一等奖。

（李德生）

【玉溪第四小学】　2011 年，有教学班 34 个，在校学生 1755 人，教职工 98 人，其中：小学高级教师 58 人，小学一级教师 40 人，本科学历 33 人，专科学历 53 人，中专 12 人。骨干教师 30 人（国家级 1 人，省、市、区 11 人，校级 18 人），教学能手 46 人（区级 3 人，校级 43 人），区兼职教研员 4 人，区学科带头人 3 人。学校占地 25 亩，生均占地 9.5 平方米；校舍建筑面积 1.1 万平方米，生均 6.25 平方米。建有微机室、机器人室、科学实验室、小发明室等功能教室 20 余间，专用教室与功能用房达到 1:1。

学校多方筹集资金 113.6 万元，用于改善校园环境，添置教学设备，修缮校园设施。

学校大力实施人才强校战略，以课题为引领，努力培养"科研型教师"，认真制定校本教研实施方案，采取课改论坛、教师沙龙、专题研讨、案例分析等多样化的校本教研形式，营造教师研修的良好氛围，通过"赢在课堂"教学活动、"教师综合技能考核"等活动全面提升教师专业水平。年内，1 名教师获全国目标教学优质课竞赛二等奖，1 名教师获云南省第四届小学科学课堂竞赛一等奖，1 名教师获玉溪市小学科学课堂教学竞赛一等奖。11 名教师在各级各类教学竞赛中获奖，教案、论文、课件等有 16 人次获奖。学校有在研课题 5 个，其中，两个区级课题《小学语文教学中培养学生口语交际能力的研究》和《小学生数学语言表达能力的训练研究》已顺利结题。第四小学合唱团的《在灿烂阳光下》代表红塔区、玉溪市参加省委宣传部、省文明办等部门联合主办的"童心永向党"歌咏活动的节目展播荣获一等奖，并代表云南省参加中央宣传部、中央文明办等举办的"童心向党"歌咏活动的展播，该歌曲在中国网等网站进行展播。

学校开展区域化家庭教育推广运作试点工作，将家长的提升学习作为一个课题来研究，改变家校观念，更新家教模式。

学校秉承"让科技面向每一个孩子"的科技教育理念，加大对科技项目的投入、奖励、宣传力度，使科技创新教育再显生机。在第二十六届云南省青少年科技创新大赛机器人竞赛中学校荣获 FLL 工程挑战赛三等奖，学生小制作、小发明、科幻作文、科幻绘画等作品 160 人次获奖。

学校把开展"阳光体育"运动与体育课教学、晨跑、大课间活动、体育社团活动相结合，扎实有效开展体育活动，逐步形成“校有特色，班有活动，人有特长”的局面。2011年，学校被命名为国家级体育传统项目学校、全国100所国家级体育传统项目学校；荣获第三届全国亿万学生阳光体育冬季长跑活动市级优秀组织奖、云南省第三届阳光体育冬季长跑优秀组织奖、云南省“童心向党”歌咏比赛一等奖。

（王麒淞）

【冯井中心小学】 2011年，有教学班53个，在校学生2 387名，其中流动人口子女1 075人，占45.2%。教职工119人。下辖黄官小学、郑井小学、中卫小学3所完小。学校设施齐全，各校均建有多媒体教室、计算机网络教室、建立起校园局域网，实现学校管理、教师备课电子化，建立并完善学校网站。

2011年，在全省学校体育舞蹈大课间比赛中，校园牛仔舞获一等奖、校园维也纳华尔兹获三等奖，玉溪市珠、心算比赛中获B、C组优胜奖，1人被评为玉溪市教育科研“先进工作者”，1人被评为玉溪市优秀共产党员，戴云贵被云南省教育厅评为“三生教育”杰出人物，1人获“玉溪市第二届中小学教师‘高效课堂’教学竞赛”一等奖；教师的教科研论文有52篇荣获国家、省、市、区级奖励，在省、市、区多媒体课件制作竞赛中获奖24人次；教师辅导的学生获各级奖励500多人次。

（钟正安）

【瓦窑中心小学】 是云南省二级一等示范学校，下辖1个山区寄宿制学校——灵秀小学。2011年，校园占地面积3 331平方米，有教学班21个（灵秀小学6个），学生865人（灵秀小学163人），在职教师47人，其中小学高级教师26人，小学一级教师19人，未评职称2人。

学校确立“育人为本，让生命因教育而精彩”的办学思想，“有教无类，为学生成就人生奠基”的办学理念，逐步打造学校“小而精，精而特”的办学特色，办学水平和办学效益逐年稳步提高。开展“三生教育”，推进素质教育。巩固“两基”成果，高度重视招生工作，适龄儿童入学率达100%，积极妥善安排农民工子女入学，瓦窑小学在校农民工子女590人，占学生总数的84%，学校不断加强学籍管理，使在校学生巩固率达100%，毕业率达100%。

年内，用中央补助设备购置资金60万元在教学楼上安装了电子显示屏，购置课桌椅180套，新建电子白板教室13个，实现全校15个班全部使用多媒体教室上课，添置办公电脑等教学设备21台，让每个教师均有1台办公电脑，实现电脑网络办公。

2011年，获玉溪市红塔区教育系统防治艾滋病工作先进集体、“交通安全你、我、他”文艺汇演最佳创意奖、学校民主管理创新三等奖、在红塔区“三生教育”成果展暨小学生现场绘画比赛中获最佳艺术效果奖。

（马 涛）

【研和中心小学】 2011年，研和中心小学下辖8所完小（寄宿制3所）。有教学班105个，在校学生3810人（寄宿制学生522人），比上年增18人。教职工198人，专任教师182人（小学高级教师66人，小学一级教师103人，小学二级教师6人，未评级7人）。学校占地面积7.11万平方米，校舍建筑面积2.63万平方米。

年内，加大投入力度，改善办学条件。研和街道成立学校建设指挥部，有序开展学校迁建工作，投资230万元，建成48套1 920平方米的教师周转房；投资600万元，建筑面积4 033平方米的教学楼顺利开工；投资110万元，为可官、秀溪、南厂、玉屏、中村、贾井小学配备计算机教室，配备数学、科学、音体美教具1套，改善了学校办学条件。研和街道率先实施寄宿制学生营养改善计划，出资8万元对玉屏、可官、贾井小学寄宿制学生给予营养改善补贴，确保学生每餐有肉吃，每周有两个鸡蛋和两袋牛奶，促进学生健康成长，为寄宿制学校的发展奠定坚实基础。

学校注重特色发展，充分发挥课题引领和书法、绘画社团活动作用，举办为期10天的“首届师生书画展”，展出教师书画作品47件，学生书画作品90件。观众9 000余人次，红塔区电视台、《玉溪日报》对书画展进行了报道。在云南省中小学生书法大赛中，7人获一等奖，19人获二等奖，7人获三等奖。1人被评为市十佳少先队员，1人作为红塔区代表出席玉溪市少代会。

加强校本教研，强化教师主动发展。年内，开展校际联动教研活动7次，参加活动380人次；开展主题教研4次，参加教研190余人次，开展“习作教学”“教学论文的撰写及教师的专业成长”“汉字通用格写字法”专题培训，220余名教师参训。组织教导主任赴海南学习考察，组织大队辅导员到李棋、高仓观摩学习，为教师的专业发展搭建舞台。教师论文参加云南省教科院组织的论文比赛，获奖83人次，其中：一等奖9人，二等奖27人，三等奖42人。

（普绍金）

【高仓中心小学】 2011年，高仓中心小学下辖完小4所，有教学班54个，在校学生1 913人，教职工112人，其中：大学本科学历59人，专科学历41人，占全部教师89.3%；小学高级教师62人，一级教师34人，骨干教师22人（区级5人，校级17人），区教科所兼职教研员1人。

学校积极筹措经费改善办学条件，新配备多媒体教室5间和计算机教室1间，5所小学共安装乒乓球桌13台，中心小学和梁王坝小学安装了学生健身器材，3所完小新安装校园广播系统，实现全处5所小学校园广播智能化。

年内，学校以“建规范化学校，办人民满意教育”为目标，注重学校内涵发展，彰显学校办学特色，中心小学和下辖4所完小初步形成各自特色。中心小学以武术训练网点为切入点，将中华武术套路融入到大课间相关活动，积极开展“三生教育”学生社团活动，丰富学校文化内涵；梁王坝小学、龙树小学以学农基地建设为重点，将学生劳动技能和劳动实践纳入学校校本课程开发，同时充分挖掘彝族舞蹈文化，将颇具彝族特色的民间跳弦和跳乐创造性地改编为学生课间操；桃园小学、排山小学重视传承当地民间艺术，以玉溪花灯为基础，创编了大课间扇子、筷子舞，并坚持二胡演奏练习。

学校积极为学生搭建“三生教育”成果展示平台，年内共举办大型活动3场，4～5月举办高仓街道小学生篮球、乒乓球、象棋比赛；6月举办全处小学生文艺汇演；12月举办全处小学生体育展示大会。

师生在各级各类竞赛中取得较好成绩，在参加云南省第二十七届青少年科技创新大赛中选送的8件作品全部入围；26人在第二届云南省中小学生书画大赛中分别获一、二等奖。16名教师在第二届云南省中小学生书画大赛中获优秀指导教师一、二等奖，1名教师制作的课件获云南省优秀多媒体课件大赛二等奖；2人获云南省三生教育“九个一”教案征集活动优秀奖；21名教师获教科研论文省级一、二等奖。

（梁 洪）

【大营街中心小学】 大营街中心小学下辖9所完小，其中：大密罗、龙潭、甸苴3所属寄宿制学校。2011年，10校共有教学班116个，在校学生4 073人，在职在编教职工220人，其中大专以上学历教师184人，区级骨干教师3人，小学高级教师125人。

积极争取各级支持，加快基础设施建设步伐，努力改善办学条件。年内，完成师旗小学教学楼、赵桅小学厕所和运动场地、赤马小学大门及绿化地的新建和改造工程，新配置赵桅小学、常里小学、郭井小学、赤马小学4校的计算机教室和甸苴小学、郭井小学多媒体报告厅，添置中心小学音、体、美及实验室设备和常里小学音乐、美术功能室设备，为学校教育教学的改革和发展提供了保证。实现大密罗小学和甸苴小学从一年级开始的合并办学，整合、优化教育资源，为全区教育均衡发展奠定基础。

深入推进“三生教育”工作，全面实施素质教育。成功举办大营街中心小学首届文体艺术节。开展小学生文学创作大赛、现场绘画、象棋比赛、乒乓球比赛、绘画、跳绳比赛、文艺汇演等内容的“三生教育”成果展示系列活动，有力推动学校社团活动的蓬勃开展。

年内，教科所对大营街中心小学教学质量抽样评估，语文、数学两科质量均被评定为优。杯湖小学的《农村小学<品德与生活>课堂教学活动化研究》区级课题于3月底顺利结题，被红塔区科技局评为“科技进步三等奖”，中心小学的“小学语文‘三环节六步式’课堂教学模式研究”区级课题进入结题准备阶段。教师获省、市、区教学论文奖30人33篇。

（张仕亮）

【春和中心小学】 2011年，春和中心小学辖11所完小，其中寄宿制小学2所。12所小学规模均为全日制小学（6年制），有教学班110个，在校学生4 598人，教职员工311人。12所小学校区占地面积7.04万平方米，其中中心小学占地面积5 429.36平方米。

年内，12所小学进一步盘活教学服务用房，设有标准化音乐教室，更换课桌椅1 000套，刘总旗小学建成标准化人工草坪足球场，中心小学建成功能齐全、设施完善的研修教室、美术教室、图书室、实验室、会议室和棋艺室等。中心小学、孙井小学、春和小学、刘总旗小学还配备计算机专用教室4间，孙井小学、春和小学、中心小学班班拥有现代化多媒体教学设备，波衣小学、黄草坝小学每间教室有1台电视机。中心小学现代教育设施先进，共有计算机80台，人机比4:1，教师人手1台办公计算机，互联网覆盖全校园，实现教学、办公网络化、系统化，办学条件明显改善。

搭建研训平台，实现科研兴校。多次组织教师到玉溪三小、通海秀山小学、德宏、昆明一中、玉溪师院、文山师院、楚雄师院、西藏、山东等地学习培训。开展学区建设活动，努力完善“基于教学、联片教研、专家引领、专题研究”的研修机制，12所小学形成6个常态教研活动模式。开展“赢在课堂”常态课教学交流活动，引领教师走专业化成长道路。1名教师获全国目标教学小学数学优质课课堂教学竞赛一等奖，1名教师获全国苏教版小学语文实验区课堂教学录像课竞赛二等奖，陈玉宏出版专著《做一个聪明的班主任》。中心小学按课标要求开全课程，开足课时，12所小学基本实现校校有音乐教师。做好立项课题的研究工作，各校都有自己的校本课题研究，参与省级课题《体验教学实验与研究》的研究工作，研究成果荣获“红塔区十一五教育科研优秀成果二等奖”，区级立项课题“小学语文阅读教学提问艺术研究”“小学语文板书设计艺术研究”进展顺利。

年内，三生教育网、《玉溪日报》《蜜蜂报》《学生新报》多次对学校进行宣传报道，学校被评为云南省教育宣传先进学校、玉溪市“红领巾示范学校”。

（杨志晖）

【李棋中心小学】 云南省二级一等示范小学，下辖6所完小。2011年，有教学班63个，在校学生2 513人，教职工135人，其中：小学高级职称72人，区级骨干教师4人，本科学历50人，专科65人。

年内，投入资金14万元，为李棋中心小学配置计算机两台，电子白板两套；为下赫小学配置电子白板两套。为任井小学配置了体育器材，金家边小学异地重建一期工程完成招标工作；任井小学厕所、食堂建设已完工并投入使用。

8月，撤销大矣资小学，完成大矣资小学和任井小学的合并办学，任井小学成为红塔区第一所中心城区寄宿制小学。

年内，玉河小学教师谢家雄的散文诗集《湛蓝时空》在首届“全国教师文学表彰奖”评选中被评为优秀专著，其本人名列全国“十佳教师作家”榜，作品在2011年第六届“玉溪市优秀文学艺术奖”评选中获文学类一等奖。学校在参加云南省教师论文评比中，2人获一等奖，6人获二等奖，13人获三等奖；云南省“首届书法大赛”中8名同学获二等奖。

（张　成）

【北城中心小学】 位于北城集镇中心，坐落在闻名遐迩的高古楼旁，下辖12所完小。学校始建于清朝康熙二十四年（1685年），有327年的办学历史。2011年，全街道13所小学有在校学生4 669人（男生2 341人，女生2 328人），有教学班132个；教职工250人，其中：在职在编教师246人，工人4人。大学本科学历112人，专科学历104人；小学高级教师126人，一级教师105人。

2011年，北城街道各小学继续坚持“安全稳校、质量立校、管理强校、特色兴校”发展思路，牢固树立“教育公平、立德树人、和谐发展、人才强校”思想，进一步落实“和谐治校、人才促校”总体要求，全面贯彻党的教育方针，加大校长队伍、班主任队伍、教科研队伍、教师队伍建设力度。年内，期良兴荣获云南省人民政府颁发的云南省“两基”迎国检先进个人荣誉称号；1人获玉溪市小学科学“高效课堂”教学竞赛一等奖。11月，学校在云南省教育厅、省少儿书画艺术协会举办的云南省中小学生第二届书画大赛中荣获集体一等奖；12月，荣获云南省“绿色学校”荣誉称号。

（李贵荣）

【洛河中心小学】 2011年，洛河中心小学下辖3所完小，有教学班32个，在校学生846人，教职工103人，其中小学高级教师20人，小学一级教师36人，骨干教师2人。实现法冲小学与中心完小一年级的合并，部分整合了教学资源。

年内，学校申报“彝族传统文化在校园中的传承研究”和“山区寄宿制学校学生生活管理制度的研究”两个课题，实现了课题研究工作零的突破。其中，“彝族传统文化在校园中的传承研究”课题为市级课题。

学校投入资金20.05万元，用于教师宿舍太阳能的安装、学校防护栏的完善及学生淋浴室的改造。学校得到社会爱心企业和人士的大力支持，云南省玉溪发进工贸有限责任公司为洛河乡把者岱小学捐赠150万元建盖把者岱小学综合楼；玉溪龙达商贸有限公司向双龙小学捐赠1辆价值12万元的皮卡车；爱心人士飞海军捐资3万元完善教学设备。

年内，学校30多名教师获市级以上奖励和表彰，5名教师的论文和教学设计获省级一等奖，9名教师的论文和教学设计获省级二等奖，1名教师被评为市级优秀教师，学生“三生教育”成果展示成绩显著，获8个奖项。

（毛红有）

【小石桥中心小学】 2011年，小石桥中心小学下辖完小2所，均为山区全寄宿制学校。有教学班18个，在校学生585人（中心小学239人、玉苗小学184人、响水小学162人），教职工74人，其中：专任52人（小学高级12人、小学一级17人、小学二级教师15人、未定级教师8人），专科以上学历49人。学校有学生用电脑25台，教师办公用电脑13台，图书1.2万册。协调资金3 760元，用于资助11名贫困生。

学校始终坚持“良习修正德、笃学志高远”的办学理念，狠抓校风、教风、学风，办学水平跃居玉溪市山区寄宿制学校前列。2011年，教师参加上级组织的教学研讨会、继续教育培训达101人次，16名教师参加学历进修，13名教师参加全国中小学现代教育技术骨干教师培训班，5名教师参加“知行中国”中小学班主任培训，8名新教师参加岗前培训，8名教师参加“国培计划”。1名教师参加玉溪市英语课堂竞赛获一等奖，并由市教科所选派到山东参加全国课赛。教师参加各类比赛获奖43次，其中：一等奖5次，二等奖15次，三等奖17次，其他优秀奖6次。通过教学能手赛，学校骨干教师选拔赛认定的校级骨干教师、教学能手已达全校教师60%以上。

充分发挥少先队组织的阵地作用。由学校少先队大队部牵头，开展少先队员“四争当”活动、庆“六一”文艺汇演、“校园小明星”评选活动。3名同学被评为“玉溪市优秀少先队员”。

重视校园文化建设，走出特色发展之路。学校制定落实校园文化建设规划，不断优化内部环境，紧紧围绕“以德立校，科研兴校”的发展方针，形成中心小学以养成教育为主，玉苗小学以彝族文化为主，响水小学以感恩教育为主的各具特色的校园文化建设。加强素质教育，强化体育工作，确保学生每天不少于1小时的体育活动时间，年内举办体育运动会1次。积极开展具有学校特色的大课间活动（中心小学是烟盒舞，玉苗是集体篮球操，响水是集体鼓舞操）。

（普利根）

【玉溪第一中学】 2011年，学校占地338亩。高中3个年级共60个教学班，学生3 311人；在职教职工290人，其中：特级教师8人、高级教师110人、中级教师90人，市级骨干教师23人、省级骨干教师8人、国家级骨干教师6人、云南省学科带头人2人、“云南省教育功勋奖”1人。

在继承优良传统的基础上，玉溪一中进一步明确“质量立校、管理稳校、科研兴校、创新强校”的发展战略和“省内一流、国内领先、国际知名”的规划目标，深化“立德树人，卓越品质”的学生培养目标。同时，更加重视校园标准化建设和校园文化建设，学校开展环境文化、校园文化、主题文化、制度文化、课堂教学文化等全方位的文化建设，并以主体文化建设（校长文化、教师文化、学生文化）为重点逐步丰富学校的办学特色。

2010～2011年，学校投资25.6万元，新建计算机网络教室1间，用于计算机教学、计算机考试和英语教学的口语训练、听力考试；投资21.5万元，更新高一年级教室多媒体教学设备13套；投资23.5万元，添置和更新办公电脑42台，打印机3台，服务器3台及相关配件；投资40万新建通用技术教室3间，配置专任教师4名；投入17万元添置实验设备；同时，建设学生劳动实践基地27亩，共植苗木11个品种2 500株。

2011年，教师发表论文31篇，其中：发表于国家级刊物21篇，省级7篇，市级3篇；年内教师论文获奖7篇（获国家级一等奖5篇，国家级二等奖1篇，国家级三等奖1篇）。2011年高考，全校1 032人报考，文理科本科上线人数1 019人，理科本科上线率98.53%，文科本科上线率99.53%。理科全省前10名1人（栗原弘一，690分，列全省第四名），文科全省前10名1人（唐依芳菲，624分，列全省第八名）；理科进入全省前50名5人，文科进入全省前20名2人；600分以上人数58人，占全省600分总人数767的7.6%，其中理科55人，文科3人；栗原弘一同学以284分荣获全省理科综合第一名。被清华、北大录取10人，香港知名大学录取3人。2012届学生参加28届全国中学生物理竞赛（云南赛区）共有40人获三等奖；参加全国高中数学联赛获一等奖4人，二等奖12人，三等奖18人。

年内，学校被玉溪市教育局评为“玉溪市十一五教育科研工作先进集体”，校党委被玉溪市委评为“先进基层党组织”，学校团委被团市委评为“玉溪市先进团委”。

（杨建宏）

【玉溪第二中学】 是云南省一级三等高级中学，2011年，学校占地面积80余亩，有教学班37个，在校学生1 651人，教职工146人（中学高级教师48人，中学一级教师45人，中学二级教师52人），其中专任教师136人。

2011年，学校高考上线率达96.3%，本科上线率较上年翻番，达30.23%，实现了学校“低进高出”的奋斗目标。

学校积极争取，多方筹措，改善办学条件，推进学校建设。年内筹资40万元，建成通用技术实验室；投资近60万元为教师配备电脑，提高了教师现代化教学水平；投资近20万元引进网络改卷设备，实现教师改卷网络化和成绩统计程序化。

提升教师专业素养，加强师资队伍建设。3月，学校对各学科备课组长和相关人员进行电子白板的使用培训。8月，学校组织为期1周的高一任课教师上岗培训。此外，学校还通过请进来，走出去的方式，教师培训面达100%。10月，化学教研组《高一化学纠错策略研究》通过市级验收鉴定，实现学校课题结题零的突破。12月，5名教师参加玉溪市第二届“高效课堂”教学竞赛，两人荣获一等奖，两人荣获二等奖，1人荣获三等奖。

（刘劲樱）

【玉溪第三中学】 是云南省一级二等高级中学。学校位于玉溪市红塔区东风北路7号，占地72亩。2011年，有39个教学班，学生2 000余名。教职工156人，专任教师141人，学历达标率100%。中学高级教师61人，中学一级教师43人。

学校以“树人”为宗旨，坚持“让每一次尝试都是喜悦，让每一个学生成为最好”的办学理念，深化教育改革，努力打造德高艺精的教师队伍，提高课堂效益，加强年级组管理和备课组管理，不断提升学校内在品质，学校育人质量提高，教育教学成绩显著。2011年高考报考人数630人，上线630人，总体上线率达100%，本科以上上线率为85.6%。其中文史类考生最高分李啸东考分为586分，全省排名128名，全市第八名，马超俊同学语文单科成绩134分，居全省第二名，理科第一名。

重视教育科研，提升核心竞争力。学校大力营造浓厚的学术研究氛围，提高学科教师整体教学水平，促进学科整体质量的提高。语文组省级课题《同步课程资源开发及运用——高中生经典文学阅读态势整合》结题，并获2011年红塔区科技进步一等奖；省级课题《在信息技术环境下，高三英语教学复习模式的研究》结题；申报省级课题“学生综合素质评价研究”。

积极稳妥地推进国际部建设和对外交流。学校积极探索引进外教进行教学，派出教师到国外学习，并适时开展与国外友好学校之间师生短期互访交流学习的特色发展途径。2011年2月，有21位学生到英国交流访问；7月，白洁老师在英国交流10个月回校；9月，聘请外教到学校担任英语助教工作。

年内，学校被复查认定为2010年云南省级文明学校；被评为玉溪市十一五教育科研工作先进集体，云南省首届中小学生书法大赛集体一等奖；获“童星奖”第六届全国青少年儿童书画摄影竞赛优秀集体奖。教师获奖：国家级13人次，省级43人次，市级7人次，区级31人次；学生获奖：国家级9人次，省级105人次，区级3人次，获国家级专利证书8人。

（陈　钢）

【玉溪第四中学】　2011年，占地面积50亩，办学规模40个班，学生2 426人，教职工167人，专任教师157人，学历达标率98%。中学高级教师34人，中学一级教师61人。

学校以“用博爱与厚智创中国之名校”为办学目标，以“实施和谐教育，实现科学发展”为办学思路，以“和真、和善、和美、和乐”为校训，以“发扬‘三乡’品质，培养世纪新人”为办学精神。创建了“干净利落、生动活泼”的校风，形成“平等博爱、创新超越”的教风和“快乐快捷、善学善做”的学风。被云南省教育厅认定为省一级二等初级中学，被云南省人民政府教育督导团认定为“优级甲等学校”。

学校教育教学管理逐步规范化、科学化，教学质量连创佳绩。2011年中考，普通高中录取538人。其中：录取玉溪一中199人，占全区录取总人数的56.58%；录取民中19人；师院附中66人；玉溪三中134人；玉溪二中120人。普通高中升学率达63.73%。

重视教科研工作，以教科研促进教育教学质量不断提高。积极引导教师在教学实践中积极参与教科研活动，促进教师观念的转变和教学方式、手段的更新，向教育科研要效益、要质量。2011年，学校承担的《利用敏特记忆引擎，提高英语学习效率的实验研究》获红塔区“十一五”教育科研课题优秀成果一等奖；《初中实施三生教育与综合实践活动相结合的研究》获优秀成果一等奖，红塔区科技进步二等奖。2人被玉溪市教育局评为“十一五”教育科研工作先进工作者；1人被中共玉溪市委、市人民政府评为2009～2010年度优秀党外人才。学校在玉溪市少年交通指挥手势比赛中获一等奖；在玉溪市第四届中学生运动会体育知识竞赛中获一等奖；在第六届中国中学生作文大赛云南赛区“红塔杯”云南省中学生作文大赛中获优秀组织奖；被省妇联、教育厅、文明办、关工委评为云南省示范家长学校；被省教育厅评为云南省现代教育技术先进学校；被中国科普研究所评为国家教育部《活动课程中小学生科学素质的提高》先进实验学校；是中国名校共同体理事校、全国教育创新实验学校。

（阮平福）

【玉溪第五中学】　2011年，有教学班30个，学生1663人。教职工133人，其中：高级职称27人，中级职称58人。专任教师学历合格率99%。占地2.81万平方米，校舍建筑面积2.15万平方米。

2011年，595名毕业生参加中考，报考率95.7%，普通高中录取率63.30%，升学率97.14%。普通高中录取率、升学率位列全区前茅。

玉溪五中注重教师培训，认真开展教育科研工作。年内，组织191人次参加国内外、省内外的各种培训，其中，国外培训5人次，省外培训62人次，市外培训学习59人次，市区内培训65人次，投入培训经费43万余元。朱培昌荣获“云南省首批中小学名校长”称号，被玉溪市教育局授予“十一五”教育科研“先进工作者”称号；1名教师获“云南省中小学学科带头人”称号；3名教师获“云南省中小学省级骨干教师”称号。3名教师作为省级骨干教师培养，8名教师列为市级学科带头人培养，9名教师成为市级骨干教师，6名教师被玉溪市教科所聘为玉溪市中考专家组成员。17名教师成为区级骨干教师，3名教师成为区级教学能手。1名教师的案例分析，在2011年北京师范大学版《生物学》全国实验区征集教学案例分析的活动中荣获一等奖。2名教师的教案在“第七届全国中青年教师（基教）优质课大赛”活动中荣获二等奖。1名教师的优质课在全国目标教学优秀成果展示会上获二等奖。7名教师在省、区级课堂教学竞赛中分别获一、二、三等奖。8名教师在“云南省的七届（2011）小作家作文竞赛”活动中获一等指导奖；1人在“云南省的七届（2011）小画家书画竞赛”活动中获一等指导奖，1人在云南省教育厅主办的第二届“三生教育”书画评比中获省级指导教师一等奖。

对外交流成效显著。2011年7月23日至8月20日，大韩民国全罗南道教育厅举办“特色创意体验‘船上彩虹’学校”，来自世界30多个国家的师生参加这个活动，中国两个省10名学生参加，玉溪五中1位老师带领5名学生参加这次活动。10月5～19日，应英国康沃尔郡儿童青少年家庭服务及国际教育项目官员阿什顿捷克琳夫人的特别邀请，五中校长、4位教师和9名学生前往英国参加“绿色地球”“公平贸易”国际学术交流会议，校长朱培昌就“学校管理”的主题进行交流发言。2011年，再次聘请英语外教到校任教，教授英语口语。

玉溪五中积极为师生的成长搭建优良平台，推进素质教育，注重师生的共同发展。1名学生获云南省第七届（2011）小画家书画竞赛一等奖。4月，在江苏南京举办的“第六届中国中学生作文大赛决赛”中，龚政同学作为玉溪市唯一选手荣获全国一等奖、“恒源祥文学之星”称号。在5月全国中小学生优秀美术书法摄影大赛中，1名老师获国家级模范辅导老师二等奖，学生作品获国家级金奖1幅、银奖1幅。

学校办学效益显著。被玉溪市委、市政府评为第六届（2010～2012年）文明单位；被玉溪市教育局评为玉溪市

“十一五”教育科研工作先进集体。荣获云南日报报业集团、云南省教育厅、云南省关工委——第六届中国中学生作文大赛云南赛区“优秀组织奖”。荣获云南省第七届（2011）小作家作文竞赛活动团体一等奖。

（周 艳）

【玉溪第六中学】 2011年，占地面积52.21亩，有教学班29个，在校学生1306人；教职工123人，其中：专任教师113人，中学高级教师25人，中学一级教师52人；本科学历90人；有骨干教师14人（省级1人，市级4人，区级9人），市、区学科带头人和新课程改革专家组成员12人。配有体操室、图书室、阅览室、语音室、美术室、微机室、电子备课室、实验室和省内先进的多媒体教室、高端智能校园广播系统，拥有图书3.3万余册，微机150台。

积极争取多方筹措，改善办学条件，优化育人环境。学校投资422万元，建成教学楼并投入使用；投资60余万元，建成400米标准沥青跑道；投资49万元，新建标准篮球场3块、乒乓球区1个，并对校园绿化、美化进行改造，打造独具特色的“悟园”文化，突出“以美引善，寓美于德”的德育理念，使学校向现代化花园式学校迈进。

加大教师学习培训力度，促进教师的专业化发展。学校着力建设以学科带头人为龙头、骨干教师为中坚、合格教师为基础的阶梯型教师队伍。年内投入培训经费15万元，派出7批60余名教师赴山东杜郎口进行课堂“驾校”体验式教学研修。派出30余名教师赴四川、北京、上海和省内昆明、曲靖、红河等地参加培训。制定《玉溪第六中学课堂教学改革创新奖评选暂行办法》，鼓励教师创新教学方式，并给予评选奖励，激发全校教师的课堂教学改革热情。以科研为引领，深化课堂教学改革，推进“先学后教三步六环节”体验式教学模式。

认真开展学区建设和社团活动，提升学生素质，提高教育质量。制定《红塔区第三学区开展学区建设的实施方案》，开展“人才交流、资源共享、教研联片、共同发展”工作，推进均衡发展。制订《玉溪第六中学开展社团活动实施方案》，把培养优良品质、激发学习兴趣、培育健康体魄、养成良好习惯作为育人目标，开展体育、艺术、科技、文学4大门类22个活动项目社团活动，提升学生综合素质，提高教育质量。2011年中考，升入普通高中139人，其中：玉溪一中录取18人。在红塔区学校目标综合考评中获一等奖第一名；在全省实施“文明交通行动计划”中，学校被云南省文明办、省公安厅授予“全省文明交通示范学校”，1名学生被评为全省文明交通学生；学校获云南省教育厅2011年学校体育舞蹈大课间比赛中学组校园牛仔舞二等奖，被评为玉溪市“十一五”教育科研工作先进集体、玉溪市关心下一代工作先进单位。

（吕玉东）

【玉溪第八中学】 玉溪第八中学位于红塔大道104号，占地71.69亩。2010年，根据《玉溪市中心城区教育资源优化配置方案》，成立玉溪四中分校，按一校两部在原玉溪工业财贸学校校址开办玉溪四中分校，当年招收初一6个班近300人。2011年，四中分校经过一年的实践，独立办学的条件已经成熟，经区委、区政府研究决定将玉溪第四中学分校建为具有独立法人资格的事业单位，区教育局优先配备了班主任和教师，8月30日下午，玉溪第八中学举行揭牌仪式，玉溪第八中学正式成立。学校有初一、初二6个教学班531名学生。教职工41人，其中：专任教师40人，中学高级教师4人，中学一级教师19人，本科学历38人。特级教师1人，骨干教师3人（市级1人，区级2人）。

年内，筹集资金119万元，修缮教学楼、综合楼、运动场等，改造供水管道、供电线路，消除安全隐患。为每位教师配备笔记本电脑1台，每个教研组配备电脑两台，组建学校局域网，配备初一年级电子白版，提高现代信息化教育水平。

学校进一步转变教育思想，更新教育观念，大力推行教学改革，强调学科的协调配合，提高课堂实效，减轻学生负担，形成与新形势相适应的教育观、教学观、质量观与评价观，促进教师的专业发展和可持续发展。年内，李培林获“玉溪杰出人才奖”；1人获全国目标教学课赛一等奖；1名教师的教学案例《种子萌发形成幼苗》在北京师范大学《生物学》全国试验区征集教学案例中获二等奖；1人获玉溪市中学教师“高效课堂”教学竞赛一等奖；1人获云南省教科研论文一等奖；4人在云南省教科研论文竞赛中获二等奖。

（王继红）

【春和中学】 2011年，有教学班21个，在校生890人，在校生巩固率达100%，小学毕业生入学率达100%，17周岁人口初等教育完成率达99.3%；在职教职工85人，其中高级教师11人，中学一级教师32人，高级工2人，本科学历教师71人。

积极争取，多方筹措，改善办学条件。年内，争取中央资金500万元，新建3850平方米的综合实验楼竣工投入使用。学校投入经费14万元，上级补助24万元，新建6间多媒体教室和1间计算机教室，教学设备“老、少、旧、陋”面貌得到改观，“电脑加白板”走进崭新的教室。

学校管理创新求发展。即：创新一个理念——以德育德，以爱育爱；完善一套机制——全员德育；制定一套方案——科学考评；落实一项工作——以老带新；达到一个目标——文化校园。注重队伍建设，实施优秀教师带年轻教师的“青蓝工程”。年内投入经费1.82万元，安排教师194人次参加各级培训学习（参加国家级培训31人，省市区级163人），校内掀起“杜郎口”经验学习热潮，教师技能得到大幅提高。全面推行课改，试点班级教师教学成绩综合考评超区平均分。2011年，初三毕业生292人，报考率达100%；录取到普通高中116人，录取普通高中率39.73%，其中玉溪一中6人，名列全区乡（街道）中学前列，初一、初二总评分别为410分、314分，均跻身全区乡（街道）中学第三。学校荣获云南省教育厅主办的“第二届云南省中小学生书画大赛”集体一等奖。

（毛红明）

【研和一中】 2011年，有教学班22个，在校学生984人（住校生215人）。在编教职工80人，其中：专任教师76人，职工6人。中学高级教师14人，中学一级教师32人，中学二级教师28人，中学三级教师1人，教师学历和取得专业合格证书的合格率为100%。

积极争取，改善办学条件。年内学校配备计算机教室1间，计算机48台，生机比例10∶1，配备简易多媒体教室21间，红外报警系统和学生出勤管理系统覆盖全校，为进一步提升教育教学质量提供保障。

2011年，学校毕业学生321名，参加中考321人，报考率为100%，录取公办普通高中91人。其中，玉溪一中4人；玉溪师院附中8人；玉溪市民族中学2人；玉溪三中33人；玉溪二中44人。升入公办高中比例由上年的21.47%上升到32.40%，提高10.93个百分点。参加红塔区初三毕业统测总平均分396分，合格率50.9%，优生率15.9%，最高分608分。

（施凤明）

【研和二中】 是云南省二级一等初级中学，占地31.64亩。2011年，有教学班18个，在校学生823人，在职在编教职工66人，其中：高级教师12人，中学一级教师25人，中学二级教师25人，中学三级教师1人，工人3人。本科学历58人，专科学历6人，共产党员23人。

学校提出“开放式的办学、民主化的管理”的学校管理方针，形成“坚持方向、全面发展、以人为本、规范管理、整体优化、运行高效”的工作机制和“为师生发展搭台，为社会发展奠基”的办学理念。教育教学科研项目初见成效，2011年已立项的科研项目有“数字化校园建设”（国家级）、“师生结对联系的研究和探索”（市级）、“三阶段五步教学法的探索和实践”（区级，正准备结题）。年内，申请云南省学校心理健康教育示范学校已进入实地测评阶段。

学校教育教学质量逐年稳步提高，同时广泛开展丰富多彩的课外活动、书香校园读书活动、良心和责任的学习教育活动，取得良好的办学效益和社会效益，赢得社会广泛好评。初三年级参加2011年中考，普高升学率达35.83%，位列乡（街道）中学前列。2011年1月，学校获云南省第三届阳光冬季体育长跑优秀组织奖。7月，学校被市教育局评为“玉溪市绿色学校”。11月，参加云南省书画大赛获集体二等奖。12月，21位教师的论文分别获云南省教育科学研究院一、二、三等奖。

学校的改扩建工程稳步推进，争取把学校扩建成能容纳2 500人的现代化学校，2011年完成所有手续的办结。

（李政东）

【大营街一中】 2011年，学校有教学班30个，学生1 384人。教职员工110人，其中：高级教师15人，中学一级教师44人。区级骨干教师6人，校级骨干教师、学科带头人13人。

“一切为了学生的一切”是学校的核心办学理念。全校教师遵循“勤研善教、启智育人”的教风，不断深化教育教学改革，形成既符合课改精神又具有本校特点的课堂教学“112”模式。在以质量求生存的同时，以特色求发展，明确了以“全面发展和发展特长”为中心的教育理念。年内，教学科研取得较好成绩，2011年中考，有111人升入高中，其中玉溪一中录取9人，考取玉溪一中人数列乡（街道）中学第二名，中考6科优生率居乡（街道）中学第一名。有6个区级教研课题立项，3位物理教师作为课题组成员的红塔区《初中物理课堂学练整合教学模式及应用》结题。多位教师教科研论文在各级比赛中获奖，其中《优化物理课堂培养学习兴趣》《浅谈初中音乐教学的创新》在省教科研论文竞赛中荣获一等奖。2人参加玉溪市第二届中小学教师“高效课堂”教学竞赛分别荣获一等奖和二等奖；1名学生参加“第六届中国中学生作文大赛”荣获云南赛区二等奖，1名指导教师获优秀指导奖。

年内，积极协调和争取上级及有关部门的支持，投资60万元，完成学生宿舍、食堂礼堂为主体的校园改造工程，并投入使用；投资4万余元，在学校建成“大营街街道综合警示教育基地”。

（张媛媛）

【高仓中学】 2011年，有教学班22个，在校学生1 020人，新招初一年级6班，学生321人。教职工81人，其中：中学高级教师11人，中学一级教师27人，中学二级教师37人，中学三级教师2人，未定级2人，高级工2人。有区级骨干教师5人、校级骨干教师9人。

积极争取各方支持，改善办学条件。年内，学校投入资金71.5万元，其中学校自筹37.7万元。配备计算机教室1间、计算机50台、多媒体进教室10间。同时，加强校园文化建设，以校园文化引领创新民主管理，营造“儒雅、和谐”的文化氛围。

2011年，学校305名应届毕业生参加中考，报考率98%，高中阶段入学人数285人，升学率92.83%。普通高中录取72人（公办高中正式录取63人，民办高中录取9人），五年制大专录取10人，中专录取53人，职高录取150人。初二年级339人参加初中生物、地理、信息技术3科学业水平检测，3科汇总平均分为194.3分，214人总分及格，及格率为64.1%，94人总分优秀，优生率为28.1%。在“首届云南省中小学生书法大赛”中，34名同学获奖，其中一等奖3人、二等奖24人、三等奖7人，指导教师奖3人。

（柴振中）

【李棋中学】 位于李棋镇褚井村旁，校园环境优美，是一所省一级三等初级中学。2011年，有教学班24个，在校学生1 300余人，教职工95人，其中：中学高级教师15人，中学一级教师36人。

年内，学校有456名学生参加中考，升入普通高中131人，升学率为98.68%。其中录取玉溪一中11人，居全区乡（街道）中学前列。

年内，在两基工作中，白云被玉溪市人民政府评为先进个人；2人在第二届云南省中小学生书画大赛中，分别荣获指导教师一、二等奖；1人在云南省第六届中学生作文大赛中，获优秀指导教师奖；1人获省教科论文一等奖。在省教科论文评选中，3人获二等奖，3人获三等奖，1人获鼓励奖。学校在云南省教育厅主办的“第二届云南省中小学生书画大赛”活动中，荣获集体一等奖；1名学生在云南省第六届中学生作文大赛中获二等奖。

（阮丽萍）

【北城中学】 坐落在龙马山南麓红旗河畔，1984年9月创建，属农村初级中学。2011年，学校占地面积48.24亩，校舍建筑面积1.7万平方米，绿化面积1.3万平方米。有教学班25个，在校学生1 200余人，在编在职教职工96人，其中：中学高级教师15人，中学一级教师35人，中学二级教师39人，中学三级教师3人，未定级1人，工勤人员3人。

2011年，初三毕业班升入普通高中122人，其中玉溪一中6人、师院附中10人、市民中8人、玉溪三中42人、二中56人。升入公办高中比例为33.38%，居同类学校前列。

年内，科研课题《红塔区北城镇初中生吸烟现状及家庭指导策略》于2011年9月经云南省家庭教育研究会评估结题；15人参加云南省教学科研论文竞赛，分别获得一、二、三等奖；1人参加玉溪市第二届中小学教师“高效课堂”教学竞赛获初中地理一等奖。

（王树金）

【大营街二中】 2011年，有初中教学班18个，学生729人，教职工65人，其中专任教师59人（高级教师10人，一级教师26人，二级教师22人，见习期2人），教师学历合格率100%，本科学历53人，专科学历6人，专科以上学历占总人数的100%，有区级骨干教师4人。学校主要服务区域为大营街街道所辖10个社区中的赤马、郭井、甸苴、龙潭4个社区及部分外来务工人员子女。

学校以“五育并举、全面发展、启迪心智、展示特长”为办学思想；以“全面贯彻党的教育方针、提高国民素质”为办学宗旨；进一步明确学校的发展思路是“立足现实、苦练内功、更新观念、博采众长、扬长避短、稳步发展”。鼓励师生大胆创新，为师生搭建展示自身特长的平台。

学校不断加强教学质量管理，全面实施素质教育，全面提高教学质量，办学水平和办学效益取得长足进展。年内，学校在云南省教育厅主办的“第二届中小学生书画大赛”活动中荣获集体一等奖；学校科技小组每年均指导学生参加省青少年科技创新大赛并获奖。在第二十六届云南省青少年科技创新大赛中，《玉溪稻草覆盖马铃薯栽培试验》创新成果荣获三等奖；《探究黄金叶不同生长周期的枝条生根状况》荣获二等奖；《浅析当今初中男生危机》荣获二等奖。学生在参加云南省教育厅主办的“第二届中小学生书画大赛”活动中，9人的绘画作品获一等奖、3人获二等奖、1人获三等奖；6人的书法作品获一等奖、3人获二等奖、3人获三等奖。

（李永林）

【马桥中学】 2011年，学校有教学班24个，在校学生1 320人。教职工98人，专任教师95人，其中大学本科毕业生78人，专科毕业生19人，有高级教师19人，中学一级教师38人，中学二级教师38人，教师学历达标率为100%。

学校秉承“校以育人为本，师以敬业为乐，生以成才为志”的办学理念，凭借“友善团结，博学笃行，知行合一，自强不息，奋蹄进取，忠诚坚韧，志在千里”的骏马文化精神，通过构建“生活体验——自主反思”的德育模式、“小组自主互助学习”的教学模式，展现“不用扬鞭自奋蹄”的“骏马文化”内涵，使学校“搭人生金桥，成事业骏马”校训得于落实，促进学校素质教育的全面推行，教育教学质量进一步提高。在2011年中考中，升入普通高中137人，其中：玉溪一中15人，玉溪民族中学13人，玉溪师院附中12人，玉溪三中51人，玉溪二中46人。

年内，为认真开展民盟“农村教育烛光行动”，加强农村教师队伍建设，学校开展调查研究，不断进行试验探索，关注和帮助教师的发展，努力提高农村教育水平和教学质量。11月12日，民盟中央副主席李重庵，民盟中央宣传部部长吴志实，民盟中央宣传部办公室主任将鹏利，云南省政协副主席、民盟省委主委、省检察院副检察长倪慧芳，民盟云南省委宣传部部长罗富元等领导一行80余人到校参观考察。听取了学校“骏马文化”建设工作和民盟玉溪市委在马桥中学落实“农村教育烛光行动”工作情况。民盟中央副主席李重庵欣然题词“共同点燃爱的烛光，温暖农村孩子的心，照亮他们人生前程!”

年内，1人获云南省“三生教育”优秀人物称号；两人获云南省教科院组织的论文评选一等奖，9人获二等奖，8人获三等奖；5人获第二届云南省中小学书画大赛绘画一等奖，6人获书法一等奖。

（曹文彪）

【后所中学】 2011年，有教学班27个，在校学生1 228人；在职在编教职工103人，专业技术人员96人（中学高级教师12人、中学一级教师31人），本科学历87人。有区级骨干教师2人，区级骨干班主任1人，校级骨干教师、学科带头人20人。学校占地面积2.34万平方米，校舍建筑总面积1.3万平方米。有教学楼、综合楼、实验楼、办公楼、学生宿舍、教职工宿舍各1幢；配有多媒体教室1间，物理、化学实验室各2间、生物实验室1间，计算机室2间106台教学电脑，理化生实验室设备已达省Ⅰ类配置标准，图书3.12万册。

加强队伍建设，提高教师素质，有效实施新课改。学校投入经费10万余元，先后安排20人次参加国家远程骨干教师培训，并分两批共派出18位教师到山东杜郎口中学学习培训。认真开展社团活动，组建学校篮球队、朝雨文学社等各种社团，举办体育艺术节、新年赛诗会、清明节祭扫烈士陵园等活动，加强校园文化建设，提高教育教学质量。2011中考，毕业生406人，报考406人，报考率100%。普通高中录取86人，其中：玉溪一中5人，玉溪市民族中学6人，玉溪师院附中9人，玉溪三中27人，玉溪二中39人。职业高中录取299人。

年内，学校获玉溪市文明学校称号，1人获玉溪市课堂教学竞赛二等奖；在省教科研论文竞赛中，3名教师获奖；1名学生获省级“三好学生”称号，两名学生获市级“三好学生”称号，17名学生在云南省书法大赛中获奖。

（张红琼）

【洛河民族中学】 2011年，学校有教学班10个，在校学生437人（主要生源为彝族、哈尼族学生）；在职教职工42人，其中：中学高级教师5人，一级教师13人，二级教师18人，三级教师1人，会计员1人，高级工2人，未定级2人；大学本科学历37人，大学专科学历4人，教师学历合格率100%。

学校遵循“上善若水”的办学理念。年内，学校办学条件不断改善：8月，总投资555万元，建筑面积3 700平方米的学校食堂、教学楼校安工程项目立项，获中央资金支持；9月，总投资192万元，建筑面积1 432.36平方米的重建学生宿舍校安工程项目顺利通过竣工验收并投入使用；12月，学校拆除C级危房食堂、礼堂1 140平方米，拆除D级危房学生宿舍楼、老办公楼、小厕所861平方米。教育教学质量和师生的整体素质得到不断提高。

2011年，102名学生参加中考，升入普通高中15人，其中：玉溪一中1人，师院附中2人，玉溪三中6人、玉溪二中6人。赵永辉被中国人生科学协会吸收为全国生命教育工作委员会生命教育教研员。1人荣获玉溪市第二届中小学教师“高效课堂”教学技能竞赛初中英语组一等奖。

（赵　瑞）

【小石桥中学】 2011年，学校占地面积1.46万平方米，建筑占地面积1 383平方米，运动场地面积8 840平方米，校舍建筑面积4 286平方米，建成廉租房12套。有在职在编教职工26人，其中：中学高级教师2人，一级教师7人，二级教师12人，未定级教师5人；大学本科学历25人，中专学历1人，学历合格率96.15 %。有教学班7个，在校学生292人。

2011年，94名学生参加中考，升入普通高中20人，其中：玉溪一中1人，师院附中1人，玉溪三中8人、玉溪二中10人。普通高中升学率为21.27%，高中阶段升学率98.94%。中考6个学科的平均分、及格率、优秀率都比上年有所提升。

（高秀红）

中等教育·职业教育

【玉溪工业财贸学校举行玉溪技师学院揭牌仪式】 2011年，学校有教职工477人，其中：专任教师327人，高级职称103人，中级职称117人，在校生1.1万人。占地面积322亩，建筑面积13万平方米。建有风雨操场，集教室、实训、图书于一体的学校综合大楼，实习工厂，学生宿舍，学生食堂等建筑群。拥有计算机1 100余台，多媒体教室座位数600个，教学、实习仪器设备资产值1 604.6万元。

学校建校30多年来坚持立足服务玉溪经济发展的办学定位，以培养技能型人才为目标，坚持“企业合作”的人才培养模式，先后晋升为省级合格技工学校、省级重点技工学校、国家重点技工学校，2005年被确定为云南省高技能人才培养基地，2007年晋升为国家高级技工学校，学校实现全日制在校生、年培训鉴定双双突破1万人的规模。2010年11月，经云南省人民政府批准，学校晋升为玉溪技师学院，实现了从普通技工学校发展成为高级技工学校，最终晋升技师学院的目标。

2011年4月22日上午，玉溪技师学院揭牌庆典仪式在学校职教广场举行。全院师生员工1万余人参加。省人力资源和社会保障厅党组副书记、副厅长杨焰平，市委常委、市委秘书长范汝坤，市人大常委会副主任雷庆丽，副市长杨洋，市政协副主席陈志芬，市委组织部常务副部长、市人力资源和社会保障局局长邓怀俊，市人力资源和社会保障局党组书记张玉江，市教育局局长李世华等领导出席揭牌仪式。仪式由学院党委书记董从华主持。

（杨　云）

【玉溪卫生学校】 2011年，有教学班38个（中专28个，成人10个），在校学生2 511人（在校中专学生1 879人，成人教育在校生632人）；新招收学生713人（中专640人，成人73人）；毕业学生703人（中专483人，成人220人），毕业生合格率达98.7%；毕业生“供需见面会”共有23家用人单位到校招聘，提供岗位500个，毕业生就业率96%。全校有在职教职工130人，其中：专业技术人员114人（高职39人、中职59人，初职16人）。“双师型”教师43人。

年内，有20名教师教学论文、课件教学案例获奖；12名教师在国家级或省级杂志上发表论文。24名教师在学校电子校刊发表论文。1名教师荣获省级教学技能竞赛二等奖。获评市级先进班集体1个、校级先进班集体4个；省级优秀毕业生27人，校级优秀毕业生54人；省级“三好生”1人，市级“三好生”7人、优秀学生干部3人；校级优秀学生班干部36人，三好学生142人，各单项奖5项共90人；评出省政府奖学金获得者4人，奖励1.6万元；学校一等奖学金获得者18人、二等奖学金获得者55人、三等奖学金获得者124人。年内，护理专业应届毕业生参加国家护士执业资格考试，合格率67.8%。

学校教学管理实现教学安排数字化、教学计划数字化、教案数字化、教学日志数字化、教室投影化、实训操作考核标准化“六化”管理，全年收到电子听课卡810份、授课计划270份、电子教案2 370份，进一步强化了教学环节管理和过程控制。不断完善教师教学测评方法，把学生测评和教学检查测评有机结合起来，并将每学期学生课堂测评、教学检查测评结果反馈给学科组、课程组及教师本人并进行矫正，保证教学基础性工作的严格落实。进一步实施和完善电子题库出题考试，规范学生考试管理，实现了真正的教考分离，全面实施综合“学分制”。进一步探索无纸化考试等多种考试方法，建立成绩分析统计、反馈矫正和评价机制，通过对学生学业的测评导向来保证教学质量的稳定提升。

年内，发放国家助学金1.23万人次，183.99万元。办理新生国家助学金中职银行卡639张。评选发放红塔移动公司、学校党委捐资助学金2万元，共资助贫困生105人；学校全年共发放各类奖金、奖学金8.68万元；免费发放新生工作服、听诊器642件、小凳642个，共计5.07万元。安排勤工助学岗位24个，245人次，发放补助金2.50万元。全面推行中职学生实习责任险，年内学校为三年级实习学生参保545人，3.22万元。

（杨　瑾　肖　虹）

【玉溪体育运动学校】 2011年，学校有教职工142人，其中：研究生学历4人，本科学历91人，专科学历35人；高级职称44人，中级职称49人；专职文化课教师64人，带队教练40人，省级骨干教师2人，市级学科带头人6人。有教学班21个，在校学生960人，其中：初中新招生85人，中专新招生136人。中专毕业生170人，就业率达96%。

学校竞技体育训练取得新突破。年内，先后组队参加全国和省级比赛获得好成绩：2月，学校摔跤、射击、中长跑竞走、篮球、游泳5个项目参加省体育局组织的年度比赛，获15金、22银、21铜；8月，组队参加田径、游泳、自行车、摔跤、击剑、柔道、武术、散打、篮球、举重、沙滩排球、射箭、射击、皮划艇14个项目的省年度比赛，取得57金、51银、48铜。8月，参加省十二届中学生运动会游泳、武术、篮球、网球、健美操、体育舞蹈、田径共7个项目的比赛，获19金、12银、9铜，总成绩位列全省第二。9月10日，在第九届全国少数民族传统体育运动会中，学校射弩、龙舟项目代表云南省参赛，取得龙舟项目5个第二名，两个第三名，射弩项目3个第一名、1个第二名。10月6日，参加第七届全国城市运动会田径、柔道、射箭、足球、射击、皮划艇、摔跤、击剑、自行车9个项目的角逐，获1个第二名、1个第六名、1个第七名、两个第九名、1个第十名。

学校探索符合体校自身特点的教育、教学、教研模式，抓好教学科研管理。年内，组织教师参加各种培训，先后派出30人40余次参加全省中职学校语、数、外、计算机新课程培训和禁毒防艾、三生教育的大纲培训。学校教师白琰被省委高校工委和省教育厅联合表彰为云南省教育系统“优秀共产党员”。姚婕、何斌被教育部中国教师发展基金会、国家教师科研基金管理办公室、《中国职业技术教育》杂志社评为“全国科研优秀教师”。何斌被省委高校工委和省教育厅联合表彰为第二届“云南教育功勋奖”。2011年底，玉溪体校被教育部中国教师发展基金会、国家教师科研基金管理办公室批准为教师科研基金“十二五”规划重点课题“体校英语教学探索——口语交际法”科研单位。学校毕业生有11人获“省级优秀毕业生”称号，5人获“玉溪师院校级优秀毕业生”称号。中专2008级（4）班团支部被评为“玉溪市五四红旗团支部”；2人被评为“玉溪市优秀共青团干部”，15人被评为“玉溪市优秀共青团员”。7人被评为玉溪市级“三好学生”、2人被评为玉溪市级“优秀学生干部”、1个班集体被评为玉溪市级“先进班集体”。

（蒋晓霜）

【玉溪第二职业高级中学】 2011年，有教职工207人，其中专任教师175人（高职57人，中职61人，初职57人）。有教学班131个，在校学生6 103人，比上年增14个班535人。新招生51个班2 617人，毕业32个班1 423人。

2011年，学校申报“国家中等职业教育改革发展示范学校”并代表云南省到教育部答辩获通过，顺利进入全国1 000所中等职业教育改革发展示范学校建设项目行列；学校的改扩建工程着力有序推进；红塔区籍未升入普通高中的毕业生全部由政府出资免费就读二职中被列为红塔区的重点民生工程。

学校按“优化特色、提高质量、改革创新”的发展战略，贯彻“文化铸魂、管理强校、课程立教、细节育人、素质立身、特色兴校”的品牌策略，坚持“以人为本，以德立校，促使学生全面发展”的办学理念；坚持“成才先成人，成人先立德”的教育理念；坚持“尊重个性，多元发展，全员参与，换位互动，着眼应用，一专多能”的管理理念；认真实施“学校+军营+企业”的办学模式，不断优化“做人+技能”“学历+职业资格”的人才培养模式，全面推行“多平台成长、多时空锻炼、多技能毕业、多素养立业”的“四多”教育模式，实现“多彩教育，多彩课堂，多彩师生，多彩校园——共享多彩，共同发展”的教育追求。通过全体二职中人的共同努力，特色、创新两大“绝活”开创了学校“四条腿”走路、“三个转”治校、“两条通道”育才的独具一格的办学特色。“办学围着市场‘转’、教师围着学生‘转’、课程围着企业和学生职业能力的形成‘转’”的办学理念，着力架构“自主、创新、民主、高效”的学校管理通道和“做人+技能、学历+职业资格”的育人育才通道，建立起了全日制学历教育、部分时间制学历教育、面向在岗职工和社会的职业技能培训与职业技能鉴定、服务于社会主义新农村建设的农村劳动力转移培训四者并重、协调发展的与社会主义市场经济体制相适应的现代职业教育体系。

改革创新推进专业建设。学校围绕“办学围着市场转”的思路，对开办专业进行组合、归纳、整合，形成计算机应用、旅游服务与管理、机电、汽车运用与维修、财会营销5大专业群体。学校要求10个专业部以工作过程的课程观积极构建任务引领型课程体系，通过深入企业学习调研，及时了解企业的现状、岗位要求、未来发展方向，分析工作过程的对象、方式、内容、方法、组织等行动顺序的每一个工作过程环节来构建课程内容和组织课程安排。依托职教集团，加强校企联合，创新专业办学模式。学校与玉溪、昆明、苏州、厦门、上海、宁波等地的知名企业合作，通过安排教师到企业参观学习，学生到企业顶岗实习，工学交替、产学结合，实现专业办学与企业结合，与职业岗位接轨，提高了人才培养质量。2011年，学校面向社会招生的专业近30个，机电部与研和数控工业园区开展合作，数控园区的台正机床装备联盟成为学校数控专业的实训基地，计算机部与星网锐捷网络有限公司合作，学校挂牌成为“锐捷网络大学云南玉溪第二职业高级中学分院”和“星网锐捷教学实训基地”。

2011年，招生2 613人，超额完成上级下达的招生计划，毕业生就业面向玉溪、昆明、厦门、苏州、上海、宁波的诸多知名企业，就业率达98.2%；面向社会举办的各类职业培训、创业培训以及职业技能鉴定人数达3 987人，取得明显的社会效益。学校先后被评为“中国职业技术教育协会设计创意教学中心”“全国‘十一五’教科研先进单位”“云南省‘三生教育’书画作品集体三等奖”“云南省2011年学校体育舞蹈大课间活动二等奖”“玉溪市十一五教育科研工作先进集体”，学校党支部被评为“玉溪市先进基层党组织”“基层党建工作示范点”。

年内，学校主持的市级规划课题《项目教学法在中职学校专业课教学中的应用研究》获玉溪市政府科技进步三等奖，省级规划课题《中职学校半军事化管理育人育才模式研究》通过省教科院、市科技局验收。有11位教师参加“全国创新杯说课大赛”获特等奖1个，一等奖2个，二等奖5个，三等奖3个，有34位教师的作品、课件、论文、教案获省市级奖励。计算机专业学生参加全省职业技能大赛获团体二等奖，机电专业学生参加全省电工电子技能大赛获团体三等奖，单项三等奖，旅游专业学生参加全省旅游专业技能大赛，2人获一等奖，1人获二等奖，1人获三等奖。计算机部主编出版两门国家中职教育规划教材，机电、旅游等专业部编撰多门校本教材。

（薛　荣　李永芳）

高等教育

【玉溪师范学院】 2011年，招新生3 004名，毕业生1 817人，有全日制在校生10 307人；在编教职工709名，其中：专任教师522人，正高职称50人，副教授149人，博士28人，硕士266人。占地面积1 098亩，固定资产总值2.74亿元，藏书64万余册，电子图书21万余种，中外文数据库20个，校园网覆盖全校学习、生活、工作场所。

设置12个专业学院：教育学院、外国语学院、资源环境学院、理学院、艺术学院、商学院、政法学院、马克思主义学院、体育学院、信息技术工程学院、文学院、成人教育（高等职业技术）学院。在40个本科专业中，“美术学”专业是国家级特色专业；“环境化学、人文地理学”是省级重点建设学科；“美术学、地理科学、艺术设计专业”是云南省高等学校特色专业；“泰语”专业是云南省小语种重点建设专业；“湄公河次区域民族民间文化传习实验中心”是云南省高等学校本科实验教学示范中心，2011年该实验中心被中国艺术人类学学会授予中国艺术人类学学会第一个“非物质文化遗产传承与保护工作站”；“环境化学”“LUPA开放源代码”两个实验室为省级重点建设实验室。中国古代文学史、无机化学、工笔重彩画、篮球等课程为省级精品课程，应用型法律人才培养模式创新实验区被评为省级人才培养模式创新实验区。建有民族文化与社会发展研究所、玉溪经济社会发展研究中心、玉溪师院大学生美育与素质拓展研究中心3个校级研究所。

坚持“育人为本、德育为先”的办学指导思想，面向全国招收学生，努力培养以能力形成为核心的应用型创新人才。建校以来，为地方经济建设培养出3万多名专业人才，近年来本科生就业率一直保持在95%以上，至2011年，学校连续6年被评为云南省高校毕业生就业工作先进单位。

年内，学科专业建设稳步推进。出台实施《玉溪师范学院学位工作规程》等10余个教学管理规章制度，完成4个本科专业、3个专科专业和3个已设置的本科专业共5个专业方向的申报。继续加强质量工程建设，组织完成20余项省级质量工程项目申报、50余项校级质量工程项目立项和70余项校级质量工程项目的评审验收工作，其中10项获省级质量工程建设立项。与西北师范大学合作建设体育硕士实训基地挂牌签约，普通话测试站成为云南省第一批计算机辅助普通话测试试点单位，完成2010级学生公共必修课的学分制试行管理。

科研立项有新突破，获奖质量和数量有提升。组织教师申报各级各类纵向科研项目185项，比上年（91项）增加94项，增长103.29%。3项课题获2011年度云南省哲学社会科学规划立项资助。21项成果获玉溪市第六次社会科学成果奖，3部著作获著作类二等奖，1部获得著作类三等奖，18位老师的论文获论文类一、二、三等奖，2篇论文获玉溪市科协第六届优秀学术论文特等奖和一等奖，于林洋老师的论文《论广告法视野下虚假荐证责任制度之重构》获云南省第十四次哲学社会科学优秀成果奖三等奖，杨世华研究员主持的玉溪市重大课题"'文化和市'战略研究"获得立项。

学校开展精神文明创建活动有成效，继2009年被中央文明委授予"全国精神文明建设工作先进单位"后，2011年又荣获中央文明委授予的全国"文明单位"称号。10月26～28日，承办云南省第三届大学生艺术展演活动。年内，"高雅艺术进校园"——中央民族歌舞团玉溪师范学院专场演出在聂耳大剧院举行。举办社会主义核心价值体系专题讲座，评出校内第一届"文明单位"7个、9人获第二届"师德标兵"称号，14人被评为"师德先进个人"。

年内评审发放各类奖助学金1408万元，为3496名学生办理生源地贷款1600余万元，设置勤工助学岗位624个，开设两期"贫困生能力提升"培训班，培训900人次；向64名盈江地震受灾家庭学生发放特殊补助金4.08万元。

坚持对外联络交流及国际化办学。年内，由玉溪市外事侨务办和玉溪师范学院共同承办2011海外华文教师培训顺利开班，举办"2011海外华裔青少年中国寻根之旅——七彩云南·玉溪夏令营"，访问韩国三育大学签署交流合作协议，遴选20名交流生赴韩国交流学习。国际交流处具备组织开展HSK（初、中等级）考试资格，缅甸海外华文教师培训班在学校举行，泰国珂拉易三仓那哇米学院、泰国梅州大学旅游学院、泰国圣尼古拉斯学校、泰国呵叻皇家大学等学校、美国蒙哥马利奥本大学到学校进行交流访问和合作洽谈。

全面推进素质教育，组织开展第五届学生科研项目申报立项，50个项目获准立项。年内，学生获"2010年全国大学生数学建模竞赛"全国二等奖6名，省级二等奖3名、三等奖9名；跻身谷歌杯第四届中国大学生公益创意大赛全国百强；8件学生课外学术科技作品进入"青春彩云南·动感地带杯"第六届云南高校青年学术科技节终审决赛；心理剧《寄往天堂的家书》荣获云南省高校大学生校园心理剧比赛三等奖；在玉溪市"聂耳杯"合唱比赛中荣获二等奖；参加全省第六届大学生运动会，获金牌14枚、银牌17枚、铜牌13枚；3名同学获云南省第三届模拟招聘大赛三等奖、2名同学获优胜奖；92名毕业生获"云南省优秀毕业生"称号；校团委连续6年获"云南省五四红旗团委"称号。

（卞云龙）

【玉溪农业职业技术学院】 学院占地216.8亩，固定资产总额6657万元，产权建筑面积4.9万平方米，其中教学行政辅助用房面积2.4万平方米，生活用房2.45万平方米。有在校学生3167人，教职工238人，其中专任教师194人，教授2人，副教授48人，讲师104人，具有高级专业技术职务教师占专任教师的25.8%；博士1人，硕士研究生65人。心理辅导师34人，其中国家级咨询师8人。

学院设有5个教学系和1个基础部，先后开设烟草栽培技术、园艺技术、畜牧兽医、财务会计、计算机应用技术、农畜特产品加工等25个专业，涵盖种植技术、养殖技术、电子信息技术、财经管理、农产品加工技术、公共事业管理与服务、设计技术7大职业门类，初步形成较为合理的专业结构体系。大专毕业生就业率85%以上，学院至2011年连续5年获省教育厅"就业工作奖"，毕业生就业范围从全省17个州市延伸到广东、贵州、上海等省市。

教育教学改革坚持内涵式发展，致力于突出"三农"职教特色。学院每个系都有1个骨干专业，学院的资金、设备、师资全都向这些专业倾斜，专业教育进修的方向、科研方向都与打造专业相结合。专业建设上，学院先后制定和出台一系列相关文件，鼓励各系、部加强专业建设；课程建设上，学院着重从教师队伍、教学内容、教学大纲、教材、实验（实训）基地建设等方面入手，以院级精品课程建设为基础，积极申报省级精品课程。至2011年，学院已有17门课程成为院级精品课程，"茶艺"和"园林规划设计"两门课程被评为省级精品课程。"园艺植物保护"和"photoshopcs3中文版图像处理模块教程"两门教材，申报成为云南省"十二五"规划教材。

学院推行"2+1"的创新人才培养模式，根据不同的专业特点，提出一系列的人才培养模式探索，例如：烟草专业根据烟叶生产节令，形成"学生全过程参加生产实践、理论教学与生产实践有机结合"双线并行的"工学交替""课堂搬到田间去，课程跟着节令走"人才培养模式；观赏园艺专业探索"生产教学型"人才培养模式，根据花卉企业的生产安排，灵活实施教学计划，使专业教学与花卉生产过程密切结合；畜牧兽医专业与现代养殖企业合作，将学生安排到深圳、河南等养殖产业发达地区和技术先进的企业顶岗带薪实习，让学生接触到较先进的养殖技术和设施，形成"依托国内现代大型养殖企业，学习先进养殖技术，培养现代养殖人才"的人才培养模式。

采取3种渠道推进校内外实训基地建设：密切联系行业企业，实行校企合作，学院已建成校外实训基地62个，其中烟草栽培技术专业校外实训基地建设成为省级示范性实训教学基地，畜牧兽医专业校外实训基地建设成为省级示范性实训教学基地；打造职教品牌，加强校内生产性实训基地建设，园艺技术专业成为国家级实训示范基地，获中央职教专项资金300万元，2011年，烟草栽培技术专业成功申报为国家级实训示范基地；依托专业自办实体，把实训基地建到市场，学院结合专业实际，组建宠物医院、裕生商行等实体，强化学生的实践技能。

学院实施教师教育发展战略，按照"提学历、培骨干、造名师"的师资队伍建设思路，提供给教师更多发展机遇和更广阔的发展空间，形成人人竞相成才、优秀人才脱颖而出的良好局面。年内，全院在省级以上刊物发表论文68篇，其中核心期刊30篇，主编、参编教材12本；各级各类课题12项，其中：省科技厅项目1项，省教育厅科研基金项目4项，省高职高专研究会2项，市科技局1项，市社科联1项，市农学会3项。两名教师分别获"云南农业教育研究学术年会论文评比"二等奖和三等奖；1项参与完成的项目获2010～2011年度中华农业科技奖科研类成果三等奖；1名教师被市教育局评为"教育科研先进工作者"，学院被市教育局授予"教育科研先进集体"。同时，学院还与玉溪西格玛农业科技有限公司联合组建"玉溪市蔬菜工程技术研究中心"，为学院教师参与玉溪蔬菜产业发展搭建平台。

年内，学院重新规范审批制度，切实做好学生资助、农村家庭经济困难学生和涉农专业学生助学贷款，及时发放各类奖助学金和生活补助款。1~10月，发放国家级助学金462.43万元，助学支出85.96万元，其中，减免学费23.59万元，支付勤工助学48.81万元。

（任德忠）

* * * *

【区作家协会会员获玉溪市五县区文学联展评奖多个奖项】 2011年8月12日，在由红塔区文联承办的“2010年度玉溪市五县区文学联展评奖”中，区作家协会会员梁艳波短篇小说《梁艳波短篇小说二题》获一等奖，郑阳短篇小说《听到我的声音了吗》获三等奖，赵演溪诗歌《村庄心脏》、任惠芬散文《任惠芬散文选》获优秀奖，何建良获优秀编辑奖。

【区文联组织首届诗歌原创与民俗文化研讨会】 2011年7月9日，区文联作协与红塔铝材公司总经理、陈氏浮雕文化会馆合作，在红塔区大营街举办“首届诗歌原创与民俗文化研讨会”，到会的除本区作者外，还有《滇池》杂志副主编李泉松等昆明诗人、报刊编辑，以及玉溪师院、市文联相关协会、玉溪日报社、玉溪电视台等当地媒体、玉溪师院文学社团，以及峨山、华宁等地作者50多人。研讨会主题为“诗歌与民俗民间文化的关系”“民间文化活动与诗歌创作的原动力”“传统民俗文化与现代诗歌的跨时空相遇”等。会后，《红塔》于2011年秋之卷为之出了诗歌专栏，收诗18首。

（李 琳）

【艾扎的散文被收入《民族文学30周年精品选》】 2011年1月，艾扎创作的散文《哀牢密林中的“瓦尔登湖”》被收入由作家出版社出版的《民族文学30周年精品选》（散文、报告文学卷）。

（李红芳）

【艾扎的文学评论获《民族文学》2011年度奖】 艾扎撰写的文学评论《哈尼族文学对于传统文化的继承与发展》发表于2011年第4期《民族文学》，12月获该刊2011年年度奖。

（木 子）

【红塔区诗联学会成立】 2011年7~9月，红塔区聂耳文学艺术院积极协助红塔区诗联学会完成“玉溪市红塔区诗联学会”成立的相关筹备、组建。经区文化旅游广电和体育局及区民政局审核，取得“同意成立批复”并完成注册登记工作，发展诗联会员55名。9

花灯之乡

【概 述】 2011年，境内有文艺表演团体4个，文化馆2个，博物馆1个，文物管理所2个，公共图书馆2个，藏书54.07万册（市图书馆藏书36.4万册；区图书馆藏书17.67万册）；乡（街道）文化站11个，农家书屋111个，藏书共24.83万册（文化站藏书12.15万册，农家书屋藏书12.68万册）。全年博物馆、纪念馆活动参观人数49.2万人次。年内，群众文化专刊《九龙池》刊登作品260件。创作舞蹈、小品等作品5个，文艺演出116场，观众12万人次。三人舞《崴灯》获第九届全国舞蹈比赛表演三等奖，大型歌舞诗画《哇家玉溪》获云南省滇中南民族艺术节比赛综合剧目金奖及21个单项奖。利用节日及“三下乡”专题活动，组织文艺调演、广场文艺演出，丰富广大群众的文化生活，组织和参与各类演出91场次，观众8万余人次；组织广场活动35次，参加群众1.23万人次。加强各类文艺人才培训，下乡辅导180余次，举办新农村文艺骨干培训班4期，培训4600余人。文化基础设施建设重点加强农家书屋、“文化信息资源共享”工程建设，全区已建成农家书屋111个，“文化信息资源共享”工程完成全区52个村级服务点的安装准备，从2011年开始，全面实行图书馆电子阅览室免费上网。稳步推进图书事业发展，馆藏图书17.67万册，总流通59889人次，19.56万册次。完成研和可官魁阁的修缮工程，实现聂耳故居对社会免费开放，完成玉溪红塔、北城李家大院、可官魁阁、玉溪郑氏旧居、排山营风凰观5个文物保护单位的第七批省保申报工作。辖区内文化市场保持平稳健康发展，全区有各类城乡文化、新闻出版市场经营单位892个，年审各类文化许可证824个。

（朱耀萍）

【红塔区文化旅游广电和体育局成立】 2011年3月，根据《中共玉溪市红塔区委玉溪市红塔区人民政府关于印发〈玉溪市红塔区人民政府机构改革实施意见〉的通知》精神，新组建区文化旅游广电和体育局。由原区文化局、区旅游局、区广播电视局、区体育局组建而成（不再保留原区文化局、区旅游局、区广播电视局、区体育局，将其职责整合划入区文化旅游广电和体育局），为区政府工作部门，正科级，加挂区新闻出版（版权）局牌子。

红塔区文化旅游广电和体育局机关内设办公室、政策法规股、文化事业股、新闻出版（版权）及市场管理股、旅游事业股、广播电影电视事业股、体育事业股7个股室。下属法人单位有10个：红塔区文化市场稽查队、玉溪聂耳文学艺术院、红塔区文物管理所（加挂红塔区聂耳故居管理所牌子）、红塔区图书馆、红塔区文化馆、红塔区电影发行放映管理中心、红塔区文工团、红塔区旅游质量监督管理所、红塔区电视台、红塔区少年儿童业余体育运动学校。

（郭有学）

文学艺术

【红塔区文联单独设置】 2011年3月，根据中共红塔区委文件《关于印发〈玉溪市红塔区人民政府机构改革实施意见〉的通知》，将原在红塔区文化局加挂牌子的红塔区文学艺术界联合会单独设置，列群众团体机构序列。

【《红塔》季刊】 2011年，编辑出版《红塔》季刊4期，共刊登小说3件，散文68件，诗歌116件，散文诗24件，评论2件，学生习作1件，摄影作品14件，美术作品16件。年内，《红塔》辟专栏刊登由区教育局组织的“首届红塔区‘三生教育’成果展暨‘红塔杯’中小学文学创作大赛”获金、银奖的学生习作36件。所刊载作品大部分为区籍作者创作。

【谢家雄小小说获奖】 2011年2月，区作家协会会员谢家雄的小小说《箱子》获首届中国小小说擂台赛入围奖。

～11 月，采写、征集文章 16 篇及 44 个作者的诗联 300 余篇，编辑成 10 个栏目，完成《红塔区诗联》创刊号的组稿。9～11 月，完成《红塔区楹联集萃》的收集整理和编辑。《红塔区楹联集萃》共 7 个大项，包含 400 余首新诗和 300 余首旧作共 700 余篇诗联作品。11 月，组织诗联会员集体参与“2012 中国·玉溪米线文化节”标语征集活动，共征集标语 86 条，吉祥物和标识各 3 件。

（沈　莉）

音乐·戏剧·舞蹈

【李琳多件歌词作品获奖】 区作家协会会员李琳作词的歌曲《教牛歌》《土改工作队的小普》，由玉溪市文化局选送，于 2011 年 11 月参加由云南省文化厅、省民族事务委员会主办，在普洱市举办的云南省第七届民族民间歌舞乐展演，其中《教牛歌》获得银奖，《土改工作队的小普》获得铜奖；《教牛歌》于 2011 年 11 月参加由中共玉溪市委宣传部、玉溪市文化局等单位举办的 2011 年玉溪市青年歌手大奖赛获新创优秀作品奖。12 月，《教牛歌》进入在昆明举办的第四届云南省青年歌手电视大奖赛复赛。

（李　琳）

【组织红塔区代表队参加玉溪市花灯唱腔比赛】 1 月 17～20 日，区文化馆组织红塔区代表队在聂耳剧院参加由市文化局主办、市文化馆承办的“玉溪市花灯唱腔比赛”。成人组 9 人，6 人获演唱奖，1 人获优秀演唱奖，2 人获银奖。少儿组 39 人，30 人获组合演唱奖，2 人获个人演出奖，1 人获金奖，1 人获银奖。1 组合获优秀演唱奖。红塔区文化馆获组织奖。

【区合唱队获第二届中国聂耳音乐（合唱）周“玉溪杯”一等奖】 2011 年 6 月，区文化馆 5 人加入红塔区合唱队参加由市委宣传部、市文化局在聂耳大剧院主办的第二届中国聂耳音乐（合唱）周“玉溪杯”合唱比赛，全队获演唱一等奖。

【民族广场舞获市第二届“大家乐”群众文化广场舞比赛奖】 7 月 13～27 日，红塔区文化馆组织大营街街道大密罗社区居民委员会、洛河乡发冲村委会广场舞蹈队 60 人编排彝族舞蹈《烟盒舞》《拍、拍、拍》参加由市委宣传部、市文化局主办，市文化馆承办，在聂耳文化广场举行的玉溪市第二届“大家乐”群众文化广场舞比赛。《拍、拍、拍》获二等奖，《烟盒舞》获三等奖。

【区合唱队获市庆祝建党 90 周年红歌比赛一等奖】 7 月，区文化馆组织区文教系统合唱队参加由红塔区委宣传部在聂耳文化广场主办的红塔区庆祝中国共产党成立 90 周年“红心向党、颂歌嘹亮”大型合唱比赛，荣获特别奖。随后，合唱队代表红塔区参加玉溪市庆祝中国共产党成立 90 周年红歌比赛获一等奖。

【文静获“第九届中国西部民歌歌会”银奖】 7 月，由文化部、国家广播电影电视总局、中国人民对外友好协会、国家旅游局、国家民族事务委员会、宁夏回族自治区人民政府主办的“第九届中国西部民歌（花儿）歌会”在银川举办，全国共选出 78 位歌手进行决赛，红塔区文化馆歌手文静演唱的《花场玩歌》《尼咯赛咯》两首民歌获银奖。

【举办春节系列演出】 1 月 15～24 日，由红塔区委宣传部、区文化局主办，区文化馆承办的“2011 年红塔区春节系列文艺演出”在区文化馆艺术培训中心举行。来自红塔区小石桥乡和玉兴、玉带、凤凰、大营街、高仓街道等 11 个乡（街道）的文艺队参加演出，演员 440 余人次，节目 156 个，观众 4 500 余人次。

【区文化馆编排的花灯歌舞亮相《俏花灯》】 6 月 1 日，由区文化馆辅导春和街道中心小学编排的花灯歌舞《三生教育》在云南电视台《俏花灯》栏目“六一”儿童节专题节目中播出。

【举办红塔区“庆国庆、迎创建文明城市”文艺演出】 9 月 21～24 日，区文化馆组织农村基层文艺队在馆内举办 2011 年红塔区“庆国庆、迎创建文明城市”文艺演出，文艺节目 54 个，演出 4 场，参加演出人员 183 人，观众 1 500 余人。

（李红芳）

【文工团演出】 2011 年，红塔区文工团演出 116 场，观众 12 万人次，新创作节目 5 个，文艺辅导达 700 小时，取得良好的社会效益。

从春节演出开始，区文工团年内先后到区内的东风广场、小石桥、龙池、飞井、牛场、洛河等地，区外的江川、澄江、晋宁等地演出，节目有花灯小戏《审大憨》《难瓜》《钱与情》《闹元宵》《包二回门》《小姑贤》《同院婆媳》，花灯剧《壮元与乞丐》《借姑娘》，音乐剧《彝山玛樱花》《玉溪我为你自豪》及歌舞、小品等。年内，为玉溪市老干部团拜会演出，参加云南省民族服饰节大型文艺演出，为玉溪市交通银行庆新春文艺晚会演出，与红塔区公安局共同策划、组织、创作、排练、演出《警民共建结硕果，创先争优谱新篇》大型文艺晚会；大型歌舞诗画《哇家玉溪》参加云南省滇中南民族艺术节比赛荣获综合剧目金奖和 21 个单项奖；创作、排演庆祝建党 90 周年大型专题文艺晚会《在党的旗帜下》参加红塔区建党 90 周年合唱比赛，为红塔区团代会演出。

年内新创作节目 5 个：舞蹈《花鼓、月琴、彝山情》《小戏迷》，小品《报答》《良心拷问》，大型文艺晚会《在党的旗帜下》。舞蹈《花鼓、月琴、彝山情》在玉溪市庆祝建党 90 周年文艺汇演中获二等奖，到区内各乡（街道）、厂矿、企业、部队及学校辅导的节目参加市、区级比赛荣获多个奖项。

【三人舞《崴灯》荣获全国表演三等奖】 红塔区文工团编创、加工、修改、演出的三人舞《崴灯》，2011 年 8 月 25～30 日，参加在宁夏银川举办的第九届全国舞蹈比赛，荣获文化部颁发的表演三等奖。

（陶丽红）

美术·书法·摄影

【举办迎新春红塔区美术、书法、摄影作品展】 2 月 3～9 日，在区文化馆展厅举办由区文化馆、区文联主办的“2011 年迎新春红塔区美术、书法、摄影作品展”，展出作品 60 幅，其中：美术作品 26 幅、书法作品 14 幅、摄影作品 20 幅，观众 2 000 余人。

【摄影艺术沙龙】 5 月 27 日，红塔区文化馆、区摄影工作者协会在区文化馆电教室联合举办摄影艺术沙龙，来自红塔区各个行业的 50 余名摄影爱好者齐聚一堂，分享摄影作品，交流摄影经验，制订创作规划。

【举办红塔区业余美术骨干油画写生培训班】 6～7 月，区文化馆在大营街等地举办为期 12 天的“红塔区业余美术骨干油画写生培训班”3期，培训业余美术骨干12人。

【摄影作品展】 8月1~7日，在红塔区文化馆展厅，区文化馆与市老干部活动中心联合举办摄影作品展，展出作品86幅。摄影作品内容丰富，题材广泛，反映和讴歌了红塔区改革开放的成就、繁荣与和谐。

（李红芳）

图 书

【馆藏图书流通】 2011年，红塔区图书馆完成新书采购6 034册，订购期刊440种（6 147册），连环画50册，报纸80种，接受图书捐赠（5种）12册。送入外借室、书库新书6 396册，馆藏图书17.67万册。图书流通情况：图书外借25 410人次，5.42万册次，书库外借图书9 300人次，1.55万册次；阅览室读者阅览25 179人次，12.59万册次；总流通59 889人次，19.56万册次；办理借书证319个，至2011年底，有有效借书证5 201个。

【文化信息资源共享工程】 红塔区图书馆2011年联合基层文化教育服务中心抓实抓牢这一工作，在加大业务辅导和督查的前提下，重点突出平台建设的实际效果，主要完成10项工作：

完成1个乡（街道）站点和52个村级服务点的安装准备和督促，安排做好各站点的场地、电路、电脑桌椅配置等方面准备工作，为文化信息资源共享工程云南省分中心配备相关共享设备做好准备，并对部分服务站点的准备情况做了初步验收；完成高仓街道办事处乡（街道）站点建设，并于8月份完成调试运行，已投入使用；为推进红塔区农村党员干部现代远程教育和文化信息资源共享工程村级站点建设，8月19日，区图书馆联合区委组织部远教办召开全国文化信息资源共享红塔区支中心基层站点建设推进会，来自红塔区内两乡9个街道的党（工）委组织委员及文教中心全体人员46人参加会议；完成全区52个村级服务点的安装准备和督促工作，并于9月7日举办“农村党员干部远程教育暨文化信息资源共享工程村级站点建设”启动仪式，向各乡（街道）配发电脑52套，迈出了文化信息资源共享工程走向农村最基层的第一步；利用区内各乡（街道）已配置的文化信息共享设备进行农民文化综合素质培训与教育宣传活动，小石桥乡和大营街、春和、研和、玉兴、凤凰街道基层服务站点开展农文网校培训活动，共举办舞蹈、计算机知识、就业技能培训等各类培训班26期，到各辖区自然村放映电影及普及科技、法律知识活动21次39场，接待观众8 600余人次；从2011年开始，红塔区图书馆全面实行图书馆免费上网，未成年人在监护人同意的前提下执证上网，年内共接待上机7 591人，上机时间10 024小时；共播放“周末电影”36场次，接待观众3 310人次；加强并辅导乡（街道）文化站应用相关图书管理软件，其中，研和、大营街文化站图书室已完成图书数据录入，实现计算机管理图书，至2011年底，春和、李棋、玉兴、研和、大营街街道文化站已实现图书管理自动化；充分发挥全国文化信息资源共享工程红塔区支中心的作用，加强对各乡（街道）文化共享基层站点的业务指导和管理，年内共派出辅导人员46批140余人次，处理基层站点文化共享工程设备、网络问题，解决图书管理软件运行问题，进行设备维护和技术指导，为文化站更换电脑和投影仪各1套，保障基层服务站点和农文网校的业务开展；充分利用文化共享工程农文网校平台，联合玉兴街道文化教育服务中心举办居民计算机基础知识培训班4期，培训124人次。

【举办古籍鉴赏知识讲座】 红塔区图书馆为加强古籍善本保护，提高文化基层工作者古籍知识鉴赏能力，8月19日在玉溪水木禾艺术馆举办古籍鉴赏知识讲座，邀请古籍收藏专家、玉溪市博物馆副馆长陈泰敏作古籍知识和鉴赏主题讲，红塔区文化旅游广电和体育局、玉溪市图书馆等有关领导、区图书馆全体工作人员和各乡（街道）文教中心有关人员40多人参加讲座。

【农家书屋工程建设】 2011年，积极配合云南省新闻出版局农家书屋图书评选领导小组开展工作，按要求选送北城街道莲池社区农家书屋管理员参与图书管理评选；按时完成云南省农家书屋建设先进材料报送，完成11份推选玉溪市农家书屋建设先进集体与先进个人及相关材料的组织和报送；继续加强对农家书屋建设的后续管理工作，在积极与人大、政协、财政部门反映农家书屋建设问题的同时，主动协调街道办事处，认真落实区委、区政府领导提出的“农家书屋建设要向大的自然村延伸”的工作要求，完成玉兴街道办事处居民小组农家书屋建设18个点，新增图书2.1万余册、书架69个，举办“玉兴街道居民书屋图书管理员培训班”，参培30余人，提升了基层图书室的规范化管理水平；加大对新建居民书屋的业务辅导，开展业务辅导进社区活动，为期15天，派出辅导人员51人次，辅导培训管理员143人次；为进一步倡导读书行为，营造读书氛围，培养读书习惯，丰富广大农民群众的精神文化生活，区图书馆在全区举办进农家书屋“读一本科技书，学一门致富技能”读书征文比赛，并评出一等奖2名，二等奖4名，三等奖8名，组织奖2名。截至2011年底，全区建农家书屋111个。

【开展图书馆读书活动】 2011年，红塔区图书馆通过全民读书月、春节、5月图书馆宣传服务周、建党90周年等节日和活动日大力开展内容丰富、形式多样的读书活动，先后举办第十届全民读书月活动、春节有奖阅读活动、春节游园活动、“六一”送温暖活动等公益性宣传活动，较好地扩大图书馆的社会影响力，让更多的读者走进图书馆享受阅读生活。

【图书跟踪和信息咨询宣传服务】 2011年，区图书馆编辑出版（发行）《红塔科普》报6期7 200份，并认真做好科技图书跟踪服务，开展三元猪饲料、罗曼蛋鸡、獭兔养殖、水产养殖、畜禽病防治、花卉、林果、葡萄等定题服务，提供各类对口二次文献（含《科普报》）7 000余份，科技图书50余册。图书馆宣传完成简讯25篇、新书简介5期102种、新书推荐4期18种、出宣传橱窗6期。在文化科技卫生三下乡四进社区活动中，先后到玉兴、玉带、凤凰、大营街、春和、北城等街道开展图书下乡活动，共发放图书馆宣传挂历200多份，《红塔科普》报500份，展出宣传展板16块6次，解答农民群众信息咨询190余人次。

（喻明云）

文 物

【完成省第七批重点文物保护单位申报】 2011年，红塔区按照云南省文物局《关于开展云南省第七批重点文物保护单位申报工作的通知》要求，结合区文物保护工作实际，6月30日，联合文物申报单位所在相关职能部门进行申报省文物保护单位的保护范围和建设控制地带划定，顺利完成红塔、北城李家大院、可官魁阁、排山营凤凰观、玉溪郑氏旧居5项文物保护单位的申报。

【编写红塔区第三次全国文物普查工作报告】 2011年，红塔区文物管理所根据国务院关于印发《第三次全国文物普查工作报告编制大纲》的通知要求，认真总结2008～2011年红塔区辖区内第三次全国文物普查工作情况，6月29日，编写出《云南省玉溪市红塔区第三次全国文物普查工作报告》，2.19万字，照片32张，内容分7大部分。7月，制作成纸质文档及电子文档上报至云南省、玉溪市两级第三次全国文物普查领导小组办公室备份保管。

（任　佳）

群众文化

【概　况】 2011年，红塔区文化馆对群众文艺队进行辅导和培训，累计下乡辅导180余次，编排文艺节目31个；参与全区各种文艺演出23场；举办新农村文艺骨干培训班4期，培训各类人员4 600余人；组织广场文化活动35次，参加活动的群众1.23万人次；组织阵地活动22次，参加活动的群众730人次。举办美术、摄影、书法展览2期，展出作品146件；举办美术培训班3期，培训作者16人。对民族民间传统文化遗产进行调查、搜集、整理、存档。

（木　子）

【举办新农村文艺骨干培训班】 2月21～27日、2月28日至3月4日、3月14～18日，4月11～15日，分别在李棋街道、高仓街道、小石桥乡、洛河乡举办由红塔区委宣传部、区文化局主办，区文化馆承办的红塔区新农村文艺骨干培训班4期，培训内容包括广场舞、花灯歌舞、成品舞蹈、花灯唱腔、民族酒歌、舞蹈编导基础知识等，参训人数220余人次。

【卢越勇荣获第三届全国校园文化艺术节“优秀指导教师奖”】 8月，在北京举行的2011年第三届“全国校园文化艺术节”暨全国优秀少儿节目展演上，红塔区文化馆卢越勇编排的哈尼族舞蹈《棕叶青青》获金奖。卢越勇获由中国关工委教育发展中心、华夏青少年文化交流中心颁发的“优秀编导奖”和“优秀指导教师奖”。

（李红芳）

文化市场

【文化市场经营】 截至2011年底，全区有各类城乡文化新闻出版市场经营单位892个。其中，歌舞厅（卡拉OK厅、迪高厅）44个；音乐舞蹈培训5个；茶室320个；音像制品零售出租115个；电子游戏室77个；网吧75个；打复印147个；书刊店75个；台球室10个；溜冰场2个；儿童游乐设施22个。

【文化新闻出版行政审批】 2011年，坚持严格按照“依法、公开、高效、廉洁、文明”和“把困难留给自己，把方便让给群众”的服务宗旨开展工作，并坚持审批内容、审批依据、申报材料、承诺时间、办事程序五公开，为投资者提供了优质高效的服务，2011年度共审批核发各类文化许可证182个，咨询文化新闻出版行政审批法规和政策1 167人次。

【年审许可证】 2011年1～2月开展为期两个月的年审工作。严格按照相关文化市场管理法规，依法对有效的各类文化新闻出版市场经营单位的文化许可证进行认真审核，年审各类文化许可证824个。其中，娱乐经营许可证439个；营业性演出许可证4个；音像制品经营许可证98个；印刷经营许可证114个；出版物发行许可证94个；网络文化经营许可证75个。

（桂　玲）

【文化市场稽查】 2011年，出动2 202人次，车辆702台次，检查各类文化经营户4 210户次。其中，网吧1 976户次；电子游戏503户次；书刊销售376户次；歌舞厅919户次；音像制品零售出租436户次。处罚违规经营网吧8户、电子游戏经营户1户、音像制品经营2户，取缔游商3户、“黑网吧”14户。收缴盗版音像制品5 968盘（套）、书刊20册；接待来人、来电举报28件，办复28件；区长热线交办件5件，办复5件。

【开展打击侵犯知识产权专项行动】 为贯彻落实“全国知识产权保护与执法工作电视电话会议”精神，做好涉外知识产权保护工作，建立健全知识产权保护沟通协调机制，引导业主依法诚信经营，提高知识产权保护意识和能力，自觉抵制侵权违法行为，2010年11月至2011年6月，红塔区文化市场稽查队在全区范围内开展打击侵犯知识产权专项行动。专项行动以打击网络游戏、网络音乐、网络动漫、电子游戏及卡拉OK歌曲等的侵权盗版行为为重点，以新闻出版业、文化娱乐业为重点整治领域，以图书、音像、软件等为重点查处产品开展专项行动。打击侵犯知识产权专项行动期间出动执法人员174人次，检查经营户555户次。其中，音像、电子出版物136户次；歌舞娱乐场所72户次；网吧266户次；书店55户次；打复印26户次。发放《中国知识产权报》220份，收缴盗版音像制品2 952盘。

【清查“黑网吧”】 2011年4月2日，由大营街街道办事处牵头，联合红塔区工商行政管理局大营街分局、派出所、文化站及红塔区文化市场稽查队对大营街街道常里社区“黑网吧”进行检查。经检查核实，在常里社区4组发现两户“黑网吧”。根据国家相关法律、法规规定，由红塔区工商行政管理局大营街分局对用于经营的4台电脑给予暂扣。

【联合整治净化市场】 针对区内电子游戏经营场所部分经营户不亮证经营、擅自变更经营地点；少数电子游戏经营场所存在赌博、违规接纳未成年人等问题，为了更好地规范文化市场正常经营秩序，给广大人民群众营造健康的文化环境，2011年7～10月，由工商、公安、文化3个职能部门组成联合专项整治小组，对全区电子游戏经营场所进行清理整治。出动170人次，车辆100台次，检查62户次，核准机器、机型402台，收缴博彩型游戏机321台，取缔无证照经营13户，对在检查中发现18户证照核准经营地址与实际经营地址不符的责令限期改正。

（普钰淦）

*　*　*　*

乡人民群众欢迎。

广播·电视·电影

【概　述】　截至2011年，全区广播覆盖率和电视覆盖率均达到100%。红塔区有电视台1座，有线电视主干线总长830千米，有线电视用户52 808户，电视人口覆盖率99.99%，数字电视用户达17 526户。

红塔区电视台全年播出电视新闻1 450条，被玉溪市电视台采用350条。《创卫曝光台》栏目播出舆论监督节目135条；自办《红塔区辉煌“十一五”》《走进三乡》等栏目播出节目54期，播出电视剧68部1 800集，电影365部。播出公益广告950条次。红塔区电影发行放映管理中心6支农村公益性数字电影放映队，在全区2乡9个街道64个放映点放映公益性数字电影1 054场次，放映故事片107部、科教片37部，观众31万人次。

（朱耀萍）

【新闻宣传】　2011年，红塔区电视台正确把握舆论导向，坚持“三贴近”，紧紧围绕区委、区政府工作大局，宣传红塔区“产业强区、生态立区、三农兴区、文化和区”发展战略和“两个率先”目标，突出科学发展主题和转变经济发展主线，认真做好区政府2011年实施的重点项目建设、招商引资、推进农业化发展、加快产业结构调整、工业园区经济建设、节能减排、发展生态旅游等重点工作报道，宣传红塔区城市“创卫”“创文”“创模”的特色亮点，以及“红塔区第二届中国聂耳音乐合唱周”系列活动、庆祝建党90周年活动、向杨善洲学习活动、开展创先争优活动，圆满地完成区委、区政府赋予的宣传工作任务。共播出电视新闻1450条（超任务数250条），被玉溪市电视台（含新闻直通车）采用350条。

【电视节目】　2011年，红塔区电视台播出《创卫曝光台》舆论监督节目135条；专栏部播出《红塔区辉煌“十一五”》《文明三乡》《健康伴我行》自办专栏节目54期（超任务数14期）；为配合建党90周年庆祝活动，拍摄播出《红色记忆》电视专题片9集；播出大型历史文献纪录片《党史国史》10部59集，90部经典电影，90首红色歌曲，以及《学习杨善洲，造福老百姓》电视节目；播出电视剧68部1 800集，电影365部。播出宣传标语、各类通告1 087条次，公益广告950条次，政府领导安全月电视讲话1期8次，完成庆祝建党90周年歌咏比赛、“三乡讲坛”文明礼仪等实况录像5场。播出资料栏目《生活一点通》《最佳现场》270期。

【机构改革】　2011年2月16日，红塔区人民政府在机构改革过程中，按照精简统一效能的原则，不再保留区广播电视局，区电视台隶属区文化旅游广电和体育局为正科级事业单位。

3月，新组建的区文旅广体局成立后，撤销原区广电局党总支，原局党总支设置的1、2、3支部改为局党工委第8、9、10支部。

（李绍荣）

【全区农村公益性电影放映队由胶片放映全部转换数字电影放映】　2011年1月，根据国家广电总局和云南省广电局的要求，红塔区电影发行放映管理中心6支农村电影放映队全部配备数字电影放映设备（2011年国家广电总局取消全国胶片发行放映）。配备的数字电影放映设备较大地提高了放映质量，特别是光源、还音上模拟影院的环绕立体声效果。与胶片放映相比，数字电影放映是电影史上的又一次革命，深受全区城乡人民群众欢迎。

【农村公益性数字电影放映】　2011年，红塔区电影发行放映管理中心6支农村公益性数字电影放映队，在全区2乡9个街道64个放映点放映公益性数字电影1 054场次，放映故事片107部、科教片37部，累计观众31万人次。按计划、目标、场次做到每月每个社区（村）放映1场电影，放映覆盖率100%。圆满完成2011年全区农村公益性数字电影放映工作。

【组织2011年春节电影放映活动】　2月3～8日，根据红塔区人民政府《关于认真组织开展2011年春节系列活动的通知》，红塔区电影发行放映管理中心组织6支农村数字电影放映队，在全区2乡9个街道、东风广场放映爱国主义教育片《举起手来》《唐山大地震》等18部，科教片《农村交通安全》《烤烟栽培》等3部，共放映电影76场次，累计观众4万人次，为城乡人民群众营造了丰富的节日文化生活氛围。

【文企联姻数字电影放映】　2～3月，红塔区电影发行放映管理中心与玉溪移动公司文企联姻，为玉溪移动公司进行项目宣传开展电影放映活动，在全区2乡9个街道放映数字电影113场次，放映故事片29部，科教片5部，观众1.52万人次。

【红色电影放映活动】　5月20日至8月30日，为庆祝中国共产党建党90周年，红塔区电影发行放映管理中心组织6支农村数字电影放映队在全区开展红色电影放映活动。以红色电影讴歌党在不同历史时期领导全国人民进行建设的丰功伟绩以及所取得的辉煌成就，使城乡人民群众通过观看电影丰富精神文化生活同时加深对党的认识。红色电影放映活动放映电影25部，90场次，观众3万人次。

（李志龙）

*　*　*　*

旅游业

【概　述】　2011年，区内旅游经济保持较好增长态势。旅游人数、旅游收入、海外旅游者均有不同幅度增长。红塔区全年接待旅游者442.67万人次，比上年同期增长10%；实现旅游收入17.25亿元，同比增长19%；其中接待海外旅游者684人次，同比增长11%，实现外汇收入18.6万美元，同比增长18%。特别是年内“十一黄金周”，红塔区假日旅游中心统计显示：过夜游客均高于一日游游客，全区旅游接待设施客房平均出租率连续几日达90%以上，自驾车游客大幅上升。这些指标的增长表明：休闲度假旅游、自驾车旅游成为红塔区旅游产品的主导；区外游客占有红塔区旅游市场的份额正逐年上升；曾经以观光型旅游产品为主导的方式正向休闲度假型旅游产品过渡；红塔区的旅游产品经过多年宣传与打造，知名度及吸引力在提高，成为周边城市及省内游客休闲度假旅游目的地之一。旅游经济的增长对交通、零售、餐饮等相关行业的带动作用进一步增强。

年内，抓好旅游重大项目建设跟踪服务，加强对在建旅游项目的日常管理。整合资源，实施大项目带动旅游文化产业大发展战略，不断挖掘现代宜居生态城市文化内涵，开发特色旅游文化产品，拓展旅游文化产业发展空间。

认真开展旅游行业管理，规范旅游市场秩序，开展旅游行业创建全国卫生城市和创建省级文明城市工作。宣传贯彻星级饭店新标准，积极组织、配合市旅游局完成旅游星级饭店新标准和旅行社地方标准的培训。搞好旅游规划，完成《玉溪市红塔区“十二五”旅游文化产业发展规划》的编制，并于2月17日举行专家评审会，通过了专家评审。积极配合土地部门完成《红塔区旅游产业用地专项规划》编制，并配合灵秀开展《玉溪市红塔区灵秀村乡村特色旅游规划》的编制。

做好乡村旅游建设工作。积极打造生态乡村旅游，配合灵秀做好省级乡村旅游特色村的复核工作和灵秀乡村生态旅游区规划，鼓励乡村旅游星级接待户开展提档升级工作。投资50万元按照国家标准制作更新旅游标识标牌。

加强旅游宣传促销工作。充分发挥广播、电视、报刊等媒体的作用，宣传红塔区旅游产品，增加知名度。

截至2011年，列为国家级4A级景区2个，2A级景区1个。红塔区有国际旅行社2个，国内旅行社14个，有接待企业386家，床位1.32万床。

（任冬梅）

旅游管理

【旅游重大项目建设】 2011年，搞好旅游重大项目前期工作的跟踪服务，以大项目带动大发展进行旅游产业建设，强化措施，推进重点旅游项目建设。积极向市、省上报旅游重大项目。2月，龙马山生态主题公园、龙潭清溪音乐旅游小镇、中国玉溪高鼓楼文化旅游小镇列为全省新增旅游重大项目。其中龙潭清溪音乐旅游小镇项目完成概念性规划、控制性详细规划、环评、水资源调查。9月6日，市政府下发《玉溪市人民政府关于龙潭清溪音乐旅游小镇控制性详细规划的批复》，同意龙潭清溪音乐旅游小镇控制性详细规划，10月，红塔区发改局正式立项。玉山城项目1～12月完成投资11 097.88万元。

【行业管理】 2011年，在红塔区辖区内开展旅游行业集中监督检查9次，检查范围为旅行社、星级饭店、旅游景区，主要检查内容为服务质量规范、安全工作、管理制度、环境卫生等。通过日常管理和集中检查，规范了旅游单位的各项制度，提升服务质量，推行旅游行业标准化。

【旅游规划】 2011年，完成《玉溪市“十二五”旅游文化产业发展规划》编制，并于2月17日举行专家评审会，通过了专家评审。配合土地部门完成《红塔区旅游产业用地专项规划》编制，并配合灵秀开展《玉溪市红塔区灵秀村乡村特色旅游规划》的编制。

【旅游服务设施】 2011年，红塔区有接待企业386家（饭店253家、农家乐109家、旅行社16家、景区景点8个），客房7 572间，床位1.32万床（星级饭店2 892床），从业人员7 000人（饭店4 076人、农家乐1 090人、旅行社167人、景区景点1 667人）。有国家A级景区3个。

表55：2011年红塔区星级饭店一览表

表56：2011年红塔区国家A级景区一览表

表57：2011年红塔区旅行社一览表

2011年红塔区星级饭店一览表

表55　　单位：张、人

单位名称	地　址	星　级	床位数	年末从业人数	电　话
红塔大酒店	红塔大道32号	四星	299	305	2066666
中玉酒店	聂耳路62号	四星	318	162	2053888
汇龙温泉大酒店	大营街玉泉路7号	三星	466	407	2773999
龙马大酒店	红塔大道48号	三星	602	238	2073333
宏盛酒店	凤凰路58号	二星	362	152	2016666
云溪宾馆	凤凰路8号	二星	187	100	2026178
贵元酒店	龙马路7号	二星	110	45	2011666
凤凰酒店	太极路7号	二星	109	25	6107777

2011年红塔区国家A级景区一览表

表56　　单位：人、万元

单位名称	地　址	级　别	从业人员	电　话
汇龙生态园	大营街玉泉路1号	AAAA	432	2771068
映月潭修闲文化中心	大营街公园路95号	AAAA	411	2771136
九龙池公园	红塔区春和街道	AA	16	2145069

2011 年红塔区旅行社一览表

表 57 单位：人

单位名称	从业人员	电话	单位名称	从业人员	电话
玉溪国际旅行社	61	2071799	玉溪红梅旅行社	7	2789763
玉溪红塔国际旅行社	10	2025444	玉溪金桥旅行社	8	2053977
玉溪假日旅行社	11	2069351	玉溪聂耳旅行社	7	2021069
玉溪海马旅行社	5	2022757	玉溪新世纪旅行社	8	2018012
玉溪天辰旅行社	7	2610991	玉溪滇中旅行社	5	2610505
玉溪飞扬旅行社	9	8899033	玉溪汇溪旅行社	6	2774555
玉溪新印旅行社	7	2027411	玉溪泰怡鑫旅行社	4	2615159
玉溪阳光旅行社	8	2664229	玉溪集成旅行社	12	2035281

【旅游宣传促销】 充分发挥广播、电视、报刊等媒体的作用，宣传红塔区旅游产品，增加知名度。制作红塔区旅游产品和线路宣传折页 1.5 万份，其中中英文对照 1 万份。利用 5 月 19 日“中国旅游日”，在聂耳文化广场开展宣传活动，组织区内旅行社、景区、酒店、工业旅游接待中心等旅游单位 19 家参加活动。活动采取发放宣传资料，举行旅游知识问答等方式，向游客宣传红塔区旅游产品和精品线路，同时向广大游客倡导文明旅游。积极参加中国北方旅游交易会，发放宣传资料 2 000 份，推介红塔区旅游精品。

（任冬梅）

景区建设

【乡村旅游建设】 2011 年，打造生态乡村旅游。配合灵秀做好省级乡村旅游特色村的复核和灵秀乡村生态旅游区规划，鼓励 9 户（三星级 8 户、二星级 1 户）乡村旅游星级接待户开展提档升级工作。投资 50 万元按照国家标准制作更新旅游标识标牌。在灵秀乡村生态旅游区入口处设置旅游导览牌，同时，为每个星级农家乐制作标识牌，使整个灵秀乡村旅游接待户做到标识统一、规范、醒目。截至 2011 年，红塔区有乡村旅游星级接待单位 9 家。

表 58：2011 年乡村旅游星级接待单位名录

2011 年乡村旅游星级接待单位名录

表 58

经营户	评定星级	电　话	经营户	评定星级	电　话
农夫演义	三星	13708777178	森源农家小院	三星	2697069
丙云彝家乐	三星	2048245	汇龙生态山庄	三星	2787366
齐家饭庄	三星	2790055	七彩塘园	三星	13988431253
清悠寨	三星	13987777746	龙树羊肉山庄	二星	13759097608
彝人古寨	三星	13887768688			

【玉溪汇龙生态园】 玉溪汇龙生态园位于玉溪市红塔区西南部“云南第一村”大营街街道辖区内，占地 20 万平方米，是集度假、休闲、温泉、会议为一体的多功能休闲场所，是国家 AAAA 级旅游景区，园区已通过 ISO9001 质量管理体系和 ISO14001 环境管理体系认证。

汇龙生态园拥有按国际标准化建设的可同时接待 2 000 多人的汇龙会议中心；500 个床位的三星级酒店（2010 年 10 月酒店获评“五叶级中国绿色饭店”荣誉称号）；2 000 个餐位的汇龙大饭店（饭店连续获评 2009 年度、2010 年度“云南省餐饮名店”荣誉称号）；以温泉为主题的水上运动场及高端 SPA 产品；配有大型游乐设备的儿童乐园；占地 6 700 平方米的滑草场；一个标准足球场及三个篮球场；配套停车位 900 多个。

2011 年，汇龙生态园有员工 410 人，其中高层管理人员 13 人，大专及以上学历 100 人，高级经济师 2 人，经济师 2 人，会计师 1 人，助理工程师 1 人，助理经济师 13 人，特种行业人员 119 人（均取得特殊行业上岗证），其余人员均取得旅游从业资格证。

2011 年全年接待游客 84 万余人，实现旅游收入 2 725 万元，利税 452.6 万元，旅游接待人数和旅游总收入逐年上升。

汇龙生态园始终坚持高起点、高规格的目标，努力打造文明景区，继续完善旅游接待设施，形成独具特色的休闲度假之旅。2011 年 3 月，园区投入资金 25.5 万元更换餐饮部的餐椅、椅套等；4 月投入资金 197.7 万元对客房部大堂、楼道地毯、卫生间进行装修改造，更换床上用品，增加热水器等；5 月投入资金 30 万元对营销部接待室进行装修改造，投入 50 万元对接待室电脑、灯光、音响进行了更新。

为进一步提升经营和管理水平、规范服务行为、提高经济效益和社会效益，经申报，玉溪汇龙商贸有限公司汇龙生态园被云南省质量技术监督局列为2011年云南省第二批服务业标准化试点单位。旨在以标准化试点为契机，通过研究建设科学的企业标准体系，在企业内推行一流的标准，实行一流的服务，形成标准化长效工作机制，实现服务质量目标化、服务方法规范化、服务过程程序化，增强企业在理念、管理、服务、信誉、品牌、效益等方面的竞争力，打造省内一流、全国知名的品牌形象。

（郭燕波）

【映月潭修闲文化中心】 坐落于“云南第一村”——大营街，距市区5千米。占地300多亩，为国家AAAA级旅游景区。包括映月潭温泉、水体中心、感恩旅游街、映月温泉客栈、老街坊食府、释迦文化静享园、玉泉寺。佛教文化、感恩文化、温泉文化、传统民族文化、地域文化及生态文化有机结合，形成了映月潭独具特色的“修闲之道”，让游客在景区通过净修、景修、慧修、悟修亲身体验感受修闲。

企业有职工369人，其中：管理人员63人，导游专、兼职人员32人。职工素质高，凝聚力强，是一支具有活力及创新能力的队伍。

企业的基础设施建设和旅游配套服务设施建设，是企业创建知名品牌的重要措施。映月潭从2002～2011年，在创建国家AAAA级旅游景区、国家五星级温泉、国际休闲养生示范连锁基地的过程中，累计投入资金1 426万元进行扩建项目改造，增加了游客接待量，提升映月潭的知名度。映月潭客流接待量及营业收入逐年增长，2011年，接待76万人次，比上年增6万人次；完成营业收入1 980万元，比上年增347万元。

2011年12月，被国际休闲产业协会评定为“2011年国际休闲养生示范连锁基地”。

（郭树华）

*　　*　　*　　*

卫　生

【概　述】 2011年，全区各级各类医疗卫生机构288个，卫生技术人员1 515人。其中，区直属医疗机构5个（玉溪市第三人民医院、红塔区妇幼保健院、红塔区疾病预防控制中心、红塔区卫生监督局、红塔区北苑卫生服务中心），404人；乡（街道）卫生院9个，352人；村卫生所、社区卫生服务站70个，327人；民营医疗机构和其他（厂矿、学校）医疗机构183个，485人。红塔区有正、副主任（医、药、护、技）师70人。其中，区直66人；卫生院4人。主治（管）医（药、护、技）师287人（区直162人，卫生院125人）。有执业医师271人，执业助理医师41人，执业护士214人，药剂师44人，技师（士）22人。

年内，开设病床869张。其中，区直341张、卫生院418张；工业及其他部门、私立医院110张。病床实际开放31.49万总床日（区直医院10.99万总床日，区妇幼保健院1.83万总床日，卫生服务中心0.45万总床日，卫生院13.48万总床日，私立医院4.74万总床日）。病床总使用率89.09%（市第三人民医院113.31%，北城、研和、大营街街道中心卫生院分别为93.56%、69.19%、88.66%，私立医院36.28%）。

2011年，红塔区认真贯彻落实中央、省、市卫生工作要求，结合区内经济社会发展实际，重点加强公共卫生体系建设和农村卫生工作：加强卫生基础设施建设，完善公共卫生和农村卫生服务网络；开展农村新型合作医疗工作，合理配置规化卫生资源，努力解决群众“看病难、看病贵”问题；切实做好以艾滋病、结核病等重大传染病的预防控制工作；不断完善突发公共卫生事件应急处置机制；深化医药卫生体制改革，加强乡村卫生组织一体化管理；重视卫生技术人员培养教育；全力开展创建国家卫生城市工作；确保人民群众身体健康，各项工作取得较好成绩。传染病总发病率214.60/10万；儿童计划免疫“六苗”免疫合格率93.81%；孕产妇死亡率0/10万。全区住院病人31 524人次。其中，区直医院15 299人次；区妇幼保健院2 853人次；社区卫生服务中心465人次；卫生院11 624人次；私立医院1 283人次。治愈率34.31%，好转率62.41%。门诊总病人107.34万人次。其中，区直医院29万人次；区妇幼保健院8.98万人次；社区卫生服务中心2.82万人次；卫生院53.55万人次；私立医院12.99万人次。业务收入14 518万元。其中，市第三人民医院7 686万元；区妇幼保健院1 677万元；卫生院4 534万元；其他医疗卫生机构621万元。

表59：2011年市第三人民医院及乡（街道）卫生院情况统计表

2011年市第三人民医院及乡（街道）卫生院情况统计表

表59

单　位	职工人数（人）	编制病床（张）	年内门诊病人（人次）	年业务收入（万元）	人均年业务收入（万元）	病床使用率（%）
玉溪市第三人民医院	241	301	173 761	7 686	31.89	113.30
北城街道中心卫生院	103	100	153 055	1362	13.23	93.56
研和街道中心卫生院	47	60	74 908	585	12.45	69.19
大营街街道中心卫生院	48	100	149 653	1 306	27.20	88.66
6个乡（街道）卫生院	154	98	157 850	4 534	29.44	30.53
合　计	593	659	709 227	15 473	26.09	89.83

（何晓燕）

卫生管理

【配置卫生资源】 2011年，加强干部队伍建设，继续推行卫生事业单位补充工作人员公开招考制度，全系统有12个岗位补充人员12名。

完善乡村卫生组织服务管理一体化工作，新进入卫生所的乡村医生须具备执业助理医师资格或具备普通医学教育中专以上毕业文凭，实行乡村医生公开招聘，择优聘用，提高乡村医生队伍素质。提高乡村医生补助，按核定的乡村医生人数，山区每人每月补助由150元提高到300元、半山区由120元提高到250元、坝区由80元提高到150元。

【人才培养】 2011年，全区投入人才培养经费66万元，做好各种业务培训工作。选拔确定学科技术带头人19人、后备学科技术人才20人。区卫生局对完成年度任务的学科技术带头人各奖励600元；后备学科技术人才各奖励300元。鼓励自学成才，学历晋升59人。其中，中专升专科42人；专科升本科17人。人才培养进修22人。其中，县级2人；市级6人；省级12人；省外2人。进修补助奖励14人，合计1.9万元。举办“红塔区基层常见病、多发病中医药适宜技术项目推广培训班”“红塔区卫生系统‘三基三严’技能培训及竞赛”“护理实适技术培训”，培训7 365人。组织区属医疗卫生单位卫生技术人员参加远程网络继续医学教育；开展2010年度学分验证，完成25个学分审核389人，占卫生技术人员总数的60.90%。

【推进医药卫生体制改革】 按照“核定任务、核定收支、以收抵支、绩效考核、全额补助”原则，根据“红塔区基层医疗卫生机构运行补偿意见”，全区核定基层医疗卫生机构人员工资、奖励性绩效工资、社会保险费、公用经费，核定财政拨款1 700万元，每年按定额补助公用经费：社区卫生服务中心、中心卫生院11万元，一般乡（街道）卫生院按照9万元、7万元、6万元3个档次补助；完成基层医疗卫生机构人员编制总量测算，拟定乡（街道）卫生院（按辖区常住农业人口1‰比例核定人员编制）和社区卫生服务机构人员编制管理意见；制定《红塔区卫生事业单位绩效考核工作意见（试行）》，根据工作数量、质量和服务对象满意度、居民健康状况改善等指标，对基层医疗机构和医务人员进行综合量化考核，考核结果与基层医疗卫生机构补助和医务人员收入水平挂钩；自2010年2月25日起，全区社区卫生服务机构、乡（街道）卫生院、村卫生所全面实施国家基本药物制度，取消基本药物销售加成，实行零差率销售。基层医疗机构统一按照规定通过“云南省药品耗材采购交易监管平台”进行药品采购。2011年，基层医疗机构共采购基本药物2 384.43万元，销售基本药物2 282.69万元，2011年中标药品价格与上年价格相比，降幅达25.11%，按原药品35%的进销差率计算，群众看病药品费用降低798.9万元。

【新型农村合作医疗】 2011年，红塔区新农合全面贯彻落实《中共玉溪市委、玉溪市人民政府关于提高农民基本医疗保障和健康水平的决定》，通过不断加大财政投入、提高筹资标准、提高门诊补偿、提高住院医药费报销比例、提高住院医药费报销封顶线、实施大病医疗二次补偿、探索门诊慢性病定额补偿等一系列政策，农民基本医疗保障和健康水平得到明显提高，实现农民基本医疗高补偿、老年慢性病有保障、大病救助全覆盖的目标。2011年，全区新农合参合18.17万人，参合率96.45%，人均筹资标准310元。在“总量控制、定额结算、超支分担、违规扣减”的管理基础上，门诊实行报销无“封顶线”政策。实行门诊慢性病定额补偿政策，选取高血压、糖尿病、冠心病、脑出血、脑梗塞、结核病、慢性心力衰竭、系统性红斑狼疮、肿瘤化疗（放疗）、白血病、活体器官移植术后抗排斥治疗、慢性肾功能衰竭（血液透析）、肝硬化（失代偿期）、小儿脑瘫、血友病15种慢性病作为门诊慢性病定额补偿试点病种，除高血压、糖尿病限制65岁以上老年人外，其他13种慢性病不限制年龄。门诊慢性病定额补偿政策为每门诊人次统筹基金支付70%，患者自付30%，年门诊定额补偿根据病种实行封顶：结核病480元，糖尿病、高血压、冠心病、脑出血660元，合并上述两种疾病720元，慢性心力衰竭、系统性红斑狼疮2 040元，小儿脑瘫、肝硬化（失代偿期）6 000元，肿瘤化疗（放疗）、白血病、血友病、活体器官移植术后抗排斥治疗、慢性肾功能衰竭（血液透析）免起付线，实际补偿比例及封顶线参照住院执行，此5种大病门诊最高定额补偿可达16万元，有效缓解了农民群众患大病的医药费用负担。2011年，经过三期评审，15个病种共1 071人纳入到门诊慢性病管理。住院报销比例乡（街道）卫生院提高到100%；区级医疗卫生机构提高到80%；市级及以上定点医疗卫生机构（含民营）提高到55%。住院医药费报销封顶线提高到10万元。实行大病二次补助政策，对单次住院医药费超过1万元的大病患者，除按新农合政策规定报销补偿外，对符合新农合报销补偿政策的自付部分，再次实行50%的补偿，再次补偿封顶线6万元，每人每年累计住院医药费报销补偿封顶线提高到16万元。对五保户、低保对象、残疾人、重点优抚对象（在乡老复员军人、残疾军人、带病回乡复员军人、烈士家属、因公牺牲家属、病故军人家属）、农村户口独生子女本人及其父母、双女结扎户家庭（女儿及其父母）、70岁以上老年人（含70岁）、结核、伤寒、副伤寒病人实行零起付和提高3%报销比例。实施90岁以上老年人到任何定点医疗卫生机构住院治疗，实行零起付，政策范围内100%报销。

（何晓燕）

医　疗

【卫生基础设施建设】 红塔区2011年卫生建设项目5个。分别是：玉溪市第三人民医院改扩建业务用房项目，玉带街道、凤凰街道社区卫生服务中心新建业务用房项目，研和、中村卫生所建设。

市第三人民医院医技大楼建设及住院病房、手术室、ICU病房改造工程，为2010年中央投资县级医院建设项目，2011年，住院病房及手术室、ICU重症病房改造完工，医技楼完成主体工程、消防工程、配电房招标，工程建设正在进行中；玉带街道社区卫生服务中心新建业务用房项目，为2010年中央投资社区卫生服务中心建设项目，年内完成主体工程，正在进行内部装修及附属工程施工；凤凰街道社区卫生服务中心新建业务用房项目，为2010年中央投资社区卫生服务中心建设项目，年内业务主楼主体工程完工，正在进行内部装修及附属工程施工。

2011年，投入资金789.16万元，全区各医疗卫生事业单位购置设备296台（件）。市第三人民医院购置胰岛素泵、耳鼻咽喉综合动力系统、皮下动态葡萄糖监测系统、肺功能检查仪、内窥镜图像处理系统等；区妇幼保健院购麻醉剂、全自动血凝分析仪、耳声发射仪、骨密度仪、床旁监护仪、婴儿呼吸机、手术床、产后康复治疗仪、细胞DNA定量分析系统、阴道炎检测仪；区疾控中心购置二级生物安全柜、风速仪等；北苑社区卫生服务中心购置医用胶片冲洗机；北城中心卫生院购置直接数字化X射线机摄影（DR）系统、全身型彩色多谱勒超声诊断系统、24h动态血压监测仪、电动多功能影像手术床等；研和中心卫生院购置全自动洗胃机、牙科综合治疗机等；大营街中心卫生院购置DRX射线诊断机、全自动三分群血球仪等；春和卫生院购置JY电子肺活量计、牙科综合治疗机等；州城卫生院购置干式生化分析仪、腰椎自动牵引床、眼科离子导入治疗仪等；高仓卫生院购置牙科综合治疗机、生化分析型号纯水机；洛河卫生院购置全自动三分群血球仪；小石桥卫生院购置全自动生化分析仪。

【开展新业务新技术】 2011年，引进和推广适宜技术16项。区疾控中心开展创建国家级慢性病非传染性疾病综合防控示范区，精神病患者体检与网络录入，卫生监测检验理化室拓展新项目（硒、二氧化氯、三氧甲烷），基本消灭麻风病项目，社区艾滋病综合防治试点；区妇幼保健院开展产后康复治疗，产后乳房疏通塑型，妊娠期糖尿病筛查；大营街中心卫生院开展妇科宫颈臭氧治疗，开设儿科住院部，彩色多普勒超声检查，引入中心供氧设施，检验科由市级验收为二级生物安全实验室，医院信息化建设实现新农合数据与省级平台实时接入。洛河乡卫生院开展血糖检查，艾滋病母婴阻断筛查。

年内，区直属医疗卫生机构卫生技术人员参加国家级学术交流5人次，省级学术交流4人次，发表论文1篇。

（何晓燕）

【玉溪市第三人民医院】 2011年末，有在编职工239人，其中卫生技术人员193人（高职41人、中职88人、初职64人），占79%。全院分设13个临床科室，5个医技科室。医院占地2.3万平方米，建筑面积2.16万平方米，编制床位301张。

全年门诊总诊18.88万人次，与上年同期相比，增幅为0.91%；出院1.4万人次，同比增长18.87%；出院者平均住院8.92日，同比下降4.7%；病床使用率113.31%，同比增长12.75%；病床周转46.51次，同比增长18.86%；抢救成功率92.94%，同比增长1.09%；手术3275台次，同比增长19.96%；完成业务收入7685.9万元，同比增长10.79%。

年内，组织外出参加培训学习95人次。其中，派出进修8人，省内7人，省外1人；参加短期学习44次共87人（省内学习78人，省外9人）。全年举办业务学习12次，1086人参加。申报市级继教项目1项，举办市级继续医学教育项目“基层医师儿科疾病诊疗进展学习班”，区内各乡（街道）卫生院和峨山、华宁、易门等县医院相关专业医务人员133人参加，发放二类学分133人次。开展院级学术活动17次，其中外请专家8人，全年共派出27人次参加倍垒职业经理人中层干部培训；全年接受实习、见习生共46人，其中实习生34人、见习生12人，接收外院进修4人，制定编排实习生教学讲课28节。

在年内开展创先争优活动中，把评星授旗与医德医风建设有机结合起来，每季度评出“五星党员”14名，流动红旗党支部2个。白占歧被云南省公安厅评为2010年全省机关企事业单位治安保卫工作先进个人。

【医院改扩建项目】 2011年，投入资金507万元完成手术室、ICU病房改造90%的工程量。门诊医技楼建设7月份完成各项审批手续和招标工作，于12月25日开工建设。北苑拆迁安置房9月正式开工建设。

【新业务、新技术开展成功】 2011年，玉溪市第三人民医院妇产科成功开展腹腔镜下全子宫切除术2例，外二科在开展“经皮肾钬激光碎石、输尿管镜钬激光碎石、经尿道等离子前列腺切除术”中，在保证疗效的基础上总结临床经验，积极寻求新的手术方法，内二科与省红会医院内科协作安装永久起搏器11台、临时起搏器3台、电除颤27人，均获成功。

【医院信息化管理】 玉溪市第三人民医院为加强医疗技术和设备临床应用管理，保证医疗质量安全和患者权益，自2010年底以来自筹资金200万元改造医院中心机房，改造网络布局，购买东软Pacs、His系统及相关软件，于2011年6月份全面启动医院信息管理系统。院内HIS系统、EMR系统、LIS系统和PACS系统顺利上线，使医院信息化管理水平再上新台阶。

【临床路径实施顺利】 玉溪市第三人民医院信息化基础建设从2011年6月底竣工之后，经广泛征求各临床科室意见，由科室讨论上报，医务科审核通过，决定于7月1日起实施20个相关临床路径。各临床科室，成立临床路径实施小组，按相关临床路径进行人员分工，明确每个医护人员的具体任务，包括经治医师对实施临床路径病人住院期间的治疗情况、住院天数、护士应用护理程序管理等。临床路径实施小组针对科内临床路径执行情况作出评价，对执行中的变异原因作出分析，做到有变异时及时讨论，上报并采取相应措施进行诊疗护理管理，确保病人的诊疗护理需要。医院医疗质量管理委员会及医疗质量监控组织对实施临床路径的病例进行实时运行病历督查、监控及指导，执行运行病历考核制度。对不认真实施临床路径的科室按照《玉溪市第三人民医院绩效考核与分配管理办法——医疗质量指标、科室管理指标、安全防范指标》执行考核管理。对符合临床路径管理而不认真实施的病例按《玉溪市第三人民医院病历考核管理规定》执行考核。

【抗菌药物专项整治活动】 2011年，玉溪市第三人民医院成立“抗菌药物临床应用专项整治活动”领导小组和专家组，确定工作目标，制定实施方案，组织专家每月对抗菌药物病历进行检查，开展全院性抗菌药物专题培训与考核，召开药事委员会会议对现有的抗菌药物品种进行遴选，遴选出抗菌药物35种。医院与科主任签订《玉溪市第三人民医院抗菌药物合理应用责任状》，并将抗菌药物合理应用情况纳入科室及科主任的综合绩效考评。

【住院病人疾病构成】 2011年，玉溪市第三人民医院住院病人1.4万例，其中：循环系统疾病2728例，占19.49%；呼吸系统疾病2617例，占18.69%；消化系统疾病1844例，占13.17%；妊娠、分娩和产褥期并发症1351例，占9.65%；眼耳疾病1086例，占7.76%；泌尿生殖系统疾病911例，占6.51%；传染病和寄生虫病623例，占4.45%；损伤、中毒和外因的某些其他后果494例，占3.53%；体症症状和不明确情况434列，占3.1%；肌肉骨骼系统和结缔组织疾病384例，占2.74%；神经系统疾病380例，占

2.71%；内分泌、营养和代谢疾病345例，占2.47%；起源于围产期的情况330例，占2.36%；肿瘤234例，占1.67%；皮肤和皮下组织疾病79例，占0.56%；先天异常57例，占0.41%；精神和行为障碍疾病37例，占0.26%；血液和造血器官疾病32例，占0.23%；其他34例，占0.24%。

（王俪璇）

卫生监督

【开展“七小行业”专项整治】 2011年，红塔区卫生监督局按照国家卫生标准对全区“七小”行业经营户2 810户开展卫生监督，完善发放“餐饮服务许可证”“卫生许可证”的审批程序和相关制度，承担起机构改革过渡时期的餐饮环节食品安全监管责任，对中心城区的餐饮服务单位和公共场所经营单位进行全覆盖的监督检查。共举办餐饮业、公共场所、二次供水、医疗机构创卫培训班29次，参培4 268人。全体卫生监督人员深入“创卫”一线，展开迎接“创卫”技术评估专项检查，对“七小”行业进行现场预防性卫生监督、经常性卫生监督检查。共发放各行业《卫生管理手册》1 800余份，“创卫”宣传材料、宣传画6 000余张，标识标贴8 000余份。将各种卫生管理制度、操作规程、印有“创卫工作人人参与、美好环境家家受益”字样的创卫宣传彩色版面、各种温馨提示牌发放到辖区内“七小”行业经营单位，帮助经营户将其规范粘贴悬挂在店内醒目位置，帮助“七小”行业经营户收集、充实、整理各类卫生管理资料，并按要求进行归档；为中心城区的“七小”行业经营户统一配置了卫生设施，共配置标有刻度线的餐饮具消毒桶、公共用品用具消毒桶1 260个，食品保鲜盒3 500个，食品整理箱3 500个，消毒药品存放盒900个，毛巾持钩900个，毛巾6 200条，垃圾桶900个，灭蝇香2 500盒，紫外线灯150盏、消毒柜300台，理发工具消毒盒350个。对“七小”行业实施经常性的不定期巡回监督检查，克服“七小”行业难以监管的困难，防止“回潮”和“反弹”现象，顺利通过了“创卫”技术评估及省级专家“创卫”复核。

【医疗机构监督】 2011年，红塔区卫生局发证管理的医疗机构268个，校验评审通过211家。对从事母婴保健技术服务机构9家单位进行了校验，监督“出生医学证明”发放管理，补发“出生医学证明”12本。年内，接待医疗事故争议38起。提出书面申请16起，移交玉溪市医学会进行医疗事故技术鉴定的7起：暂停鉴定1起，不属于医疗事故1起，属于四级医疗事故3起（1起医方承担主要责任、1起医方承担完全责任，1起医方承担次要责任），2起属于二级乙等医疗事故（医方承担主要责任）；提出书面申请，符合《医疗事故处理条例》第三十八条规定，移交玉溪市卫生局进行医疗事故技术鉴定的有6起（3起不属于医疗事故；2起属一级甲等医疗事故，医方承担轻微责任，未出鉴定结论1起）。

【食品卫生监督】 2011年，区管餐饮单位1 304户，办理许可证1 304户，从业人员5 805人，体检培训5 805人，体检培训合格率100%，卫生知识培训率100%。检出“五病”19人，全部调离接触直接入口食品的工作岗位。对含有“罗丹明B”火锅底料、使用非食用物质和滥用食品添加剂、地沟油和餐厨废弃物进行专项整治；在元旦、春节、中秋节期间，对食品经营单位的饮食卫生进行检查。实施食品卫生监督量化分级管理，有11家A级单位，56家B级单位，1 237家C级单位。

【公共场所卫生监督】 2011年，区管公共场所经营单位1 385户，开展游泳场所、公共场所用品用具、集中空调通风系统专项检查，检测9家游泳馆水质，合格率77.14%；抽检各类公共场所的空气质量及公共用品用具201件，合格率90.05%。年内，在全区公共场所推行公共场所卫生监督量化分级管理制度，有30户获A级单位称号，69户获B级单位称号。

【学校卫生监督】 2011年，辖区内学校设有食堂及饮食店91个，办理食品卫生许可证91户，持证率100%；从业人员310人，体检310人，持证率100%。年内，对学生37 069人进行体检。在春、秋季开学时，对88所学校学生学习、生活环境进行监测，对学校饮用水、辖区内食品经营单位开展专项检查。

【职业卫生监督】 2011年，红塔区有职业危害单位55家，其中：金属24家，机械3家，化工6家，电力2家，建材11家，轻工7家，其他2家；职工15 497人。对职业危害的企业进行卫生监督检查，组织卫生监督员深入职业危害企业，开展宣传、培训、咨询活动，督促工矿企业组织接触职业危害职工定期到有资质体检的单位进行健康体检。应检2 754人，实检1 654人，体检率60.10%，未检出相关职业病。

【放射卫生监督】 2011年，全区开展放射诊疗的医疗卫生机构18家，诊疗用射线装置21台，持有效“放射诊疗许可证”单位9家，有29人持放射人员证。

（何晓燕）

疾病预防控制

【传染病预防控制】 2011年，无甲类传染病病例报告。全年报告乙类法定传染病10种764例，发病率214.60/10万，与上年同期比下降12.70%，死亡2例。全年报告丙类传染病6种2 273例，发病率538.90/10万，与上年同期比上升0.60%，无死亡病例报告。主要以手足口病（1 903例）、其他感染性腹泻（266例）、流行性腮腺炎（94例）为主。

年内，采鼠肝脾337份、鼠体外寄生蚤病原培养91组，未发现阳性标本；开展霍乱病原监测，检测腹泻病人大便标本100份、医院污水及外环境生活污水21份、乡（街道）集贸市场采集水产品18份进行霍乱病原培养，结果为阴性，未发现霍乱疑似病例；肠道病原监测，采集腹泻病人标本100份，结果全部为阴性；对辖区内区属医疗机构和私营诊所进行消毒及微生物监测，采样53件，合格19件，合格率35.80%；对区属医疗单位医院污水监测33次，采样53份，合格率为35.80%；全区有各类水源10 952个，应消毒水源8 470个，实消毒8 470个，消毒率100%；对13家区级幼儿园、乡（街道）中心幼儿园进行消毒监测，采样56件，合格52件，合格率92.80%。全年治疗肺结核现症病人111例，其中涂阳65例，免费治疗肺结核病人111例；10家医疗机构处理犬伤病例2 711例。

【计划免疫】 2011年，冷链运转40次，全年一类疫苗运转剂次11.08万剂次，二类疫苗3.82万剂次。抽取30个村868名为初级调查单位，建卡率100%、建证率100%、卡证相符率100%，“六苗”全程免疫合格率为

94.01%。完成入托入学查验教育机构110所，新生9512人，持证率99.24%，对15岁以下出生无免疫史或不全的儿童开展乙肝查漏补种工作，迟缓性麻痹监测报告率12.8/10万；麻疹报告发病率3.32/10万（本地0.95/10万、流动1.66/10万、输入0.71/10万），无确诊病例，麻疹发病率0；新生儿破伤风无病例报告；乙肝1.46/10万（本地0.0/10万、流动0.24/10万、输入1.21/10万），15岁以下人群无病例报告。随机抽查其中2个乡9个街道开展血清学调查，开展麻疹、乙脑、乙肝表抗原和表抗体和检测，麻疹抗体阳性率95.75%、乙肝68.18%，表抗原检出率0.25%。

相应传染病得到有效控制，脊髓灰质炎、白喉、百日咳分别连续32年、30年、23年无病例报告。

【麻风病防治】 2011年，对99名存活病例及其家属进行体检，对1名现症病例作联合化疗，查密切接触者7人，完成全区442个自然村的麻风病线访2652人，线访调查完成率100%，无新、复发麻风病人。1月26日，区残联、区卫生局联合到红塔区清水河麻风病康复院进行“世界防治麻风病日”及“春节”慰问活动。

【慢性病、地方病防治】 2011年，对区内5所村小8～10岁儿童尿液采样100份，合格55份，尿碘合格率55%，缺碘率1%，尿碘超标率44%。开展重性精神疾病排查项目工作，登记重性精神疾病患者743例；登记管理高血压患者15692人，规范管理率75%，首诊测血压率77.4%；登记管理Ⅱ型糖尿病患者3350人，规范管理率75%，血糖控制率37%；对辖区内65岁以上老年人登记管理，登记管理33561人，建档率118.6%，管理率103.37%。开展肿瘤随访登记工作，完成业务培训，收集并录入肿瘤登记报告卡740张。

【卫生监测检验】 2011年，检验食品3件，合格3件，合格率100%；对饮食业708件餐饮具进行检验，合格512件，合格率72.30%。监测自来水厂水源水8件，合格率100%。监测出厂水40件，合格率95%，末梢水60件，合格率93.30%；监测农村分散式生活饮用水21件，合格率47.60%。检测游泳池及温泉池水9户，游泳池水94件，浸脚消毒池水24件，合格率63%；对城区819户公共场所微小气候、空气质量进行监测，合格率97%；对34所学校学生进行健康体检23716人，体检覆盖率37.50%；开展农药中毒的预防宣传、报告、抢救工作，全区共发生农药中毒事故11例，死亡1例；截至10月31日，职业病诊断机构年内未报告尘肺病新病例，13种尘肺病年终现患例数12例（均为矽肺）。职业健康检查机构对辖区内企业进行职业健康检查17户，职工人数8419人，接触人数4355人，体检接触人数2714人，应检人数2714人，实检人数2519人，实检率92.82%，检出职业病人数2人，检出率0.08%，调离人数2人，检出职业禁忌症27人。

（何晓燕）

妇幼保健

【妇女保健管理】 2011年，全区活产数4289人，产妇总数4244人，孕产妇建册率99.86%，系统管理率96.55%；早孕检查率97.85%，住院分娩率99.93%；产后访视率97.90%。年内，在实施“农村孕产妇住院分娩补助”项目工作中，补助农村孕产妇2960人，补助资金121.06万元，救助高危贫困孕产妇198人，补助资金8.09万元；救助高危贫困儿童126人，补助金额8.5万元；解决农村孕产妇及高危、贫困孕产妇住院分娩困难问题，降低孕产妇死亡率，2011年孕产妇死亡率为0。

【儿童保健管理】 2011年，全区有7岁以下儿童30744人，接受系统管理28977人，保健覆盖率94.25%，0～2岁儿童12775人，系统管理儿童12184人，系统管理率95.37%。新生儿访视4199人，访视率97.90%；5岁以下儿童营养不良患病率2.47%。开展儿童的防龋及预防近视卫生保健工作，对红塔区第一、二、三幼儿园儿童进行口腔氟防龋治疗1998人，视功能检查2476人。开展散居儿童保健系统管理工作，全年儿保5865人次、口腔保健743人次、眼保健2478人次。

【三网监测】 2011年，在全区开展孕产妇死亡、儿童死亡、出生缺陷三网监测，活产数4289人，新生儿死亡17人，死亡率3.96‰；婴儿死亡32人，死亡率7.46‰；5岁以下儿童死亡41人，死亡率9.56‰。孕产妇无死亡人数，孕产妇死亡率为0。

【宫颈癌前病变筛查】 2011年，红塔区妇幼保健院继续开展宫颈癌前病变筛查工作，全年宫颈疾病专科门诊3626人次，乳腺彩超检查915人次，乳腺钼靶摄片189人次，液基细胞诊断751例，电子阴道镜1435例，HPV检测1014例，宫颈组织活检105例，开展LEEP刀手术20例，其中发现癌前病变74人，确认宫颈癌4人，宫颈内凝治疗24人。

【农村妇女乳腺癌筛查】 2011年9月15日，启动筛查工作，在春和街道10个社区（村），发放宣传手册2700本，筛查35岁～59岁适龄妇女550人，11例进行手术治疗，确诊乳腺癌4例，7例为良性病变，年度任务完成率127.50%。

（何晓燕）

爱国卫生

【创建国家卫生城市】 2011年，继续开展卫生环境综合整治，实施城乡清洁工程，加大保洁经费投入，增加卫生环境保洁人员，1500多名保洁工人对24.7平方千米的建成区实行全天候城市保洁，购置环卫专用车29辆、洗扫车2台和可卸式垃圾箱180个，提高生活垃圾机械清扫、收集能力，道路机械化清扫（含高压冲水）率达24.56%。开展卫生检查评比活动，对辖区内的社区、单位卫生每月进行1次检查评比。下赫、王棋被评为市级卫生村。在迎接创卫技术评估阶段，对市容市貌进行整治，街道、城建监察大队各相关部门出动6700多人次，纠正违章占道经营行为2.3万余起，先行登记保存各类违章物品620起。经济处罚1100起，处理乱扔废弃物、乱挂乱晒等有碍市容观瞻行为1.37万起，拆除私搭乱建280个、乱堆乱放7901户、违规雨篷344个、取缔以街为市28处；收缴各类违章散发宣传单、小报3000多份，清理小广告19.16万余条、横标178幅。交警、城管、工商等部门查获各类交通违法行为7.31万起，机动车乱停乱放2.42万起。对环境卫生较差，严重影响市容的老五街、诸葛东巷、文化小区、龙池实业、东风一小区等物业管理小区，区工信局管理的19个改制、破产企业生活区和玉交集团生活区进行集中重点整治。通过国家卫生城市暗访、技术评估、专家评审，红塔区获国家卫生城市称号。

【爱国卫生月活动】 2011年，开展以“巩固创卫成果、净化城乡环境、整治卫生死角”为主要内容的第二十三个爱国卫生月活动。采取发放宣传资料、展版展出及电视等形式，开展讲文明、讲卫生、讲科学、树新风的爱国卫生运动，全区参加教育活动7.13万人次，发放宣传材料5.91万份，展出宣传展板305块，黑板报310期。参加活动9.11万人次，清除垃圾4 371吨，出动车辆1 322次，清理污水13.18万米，清除违章占道1 243处，清理乱贴乱画小广告2.69万张，清除卫生死角1 034处。加强中心城区主次干道、公共绿化及背街小巷等重点区域的病媒生物综合防制设施建设；加强河道沟渠灭蚊消杀；对辖区餐馆集中、人员流动大的重点、难点地段，地下管道复杂的污水井进行灭蟑消杀。据统计，全区共清除四害孳生地45.37万平方米，投放灭鼠毒饵13.23吨，投放灭蟑螂药2 003千克，投入资金61.44万元。

2011年3月12日，创卫活动中组织人员清理凤凰路垃圾

（区创卫办 供稿）

【农村改水、改厕】 2011年，制定《红塔区实施2011年重大公共卫生项目农村改厕与环境卫生监测项目实施方案》，开展农村安全水质监测，保障农村饮水卫生安全。年内，完成无害化户厕项目300座。拆除城中村、城乡结合部及中心城区周边乡（街道）的373个旱厕，投入资金6万元在研和可官、高仓龙树的新农村建设中建盖卫生公厕2个。

【健康教育】 2011年，建立健康教育网络，中小学开设健康教育课，各行业、单位设有健康教育宣传栏，各类人员的健康知识知晓率和健康行为形成率均达到国家卫生城市的指标。在公共场所开展控烟工作，建成区内无烟草广告。发出“送烟等于送危害”宣传海报及“控烟知识宣传”折页1 688张，健康咨询720人，受益群众1 650人。在学校、社区（村）、党政机关、企事业单位、农民工等各类人群中举办以艾滋病、传染病、禁毒、健康素质为主的各类健康教育专题讲座78场次，2.47万人直接受益。开展“三下乡四进社区”活动、健康教育进社区活动及各种法定宣传日宣传活动。组织玉兴街道办事处的新兴、棋阳、北苑、荷花池和凤凰街道办事处的高龙潭、葫田、泷水塘、瓦窑8个社区居民委员会参与云南省2011年“健康中国行—健康教育进家庭”活动。全年共开展各类宣传活动17次，参加工作人员257人次、志愿者29人次，出动宣传车30辆次，制作各类宣传布标41条，展板展出432块次，发放宣传材料59种17.01万份。

（何晓燕）

*　　*　　*　　*

体　育

【概　述】 2011年，红塔区竞技体育和群众性体育协调发展。主办、承办和协办“2011年玉溪市、区元旦、春节环城赛”“2011年‘城建杯’市区塑质地掷球邀请赛”“庆‘三八’‘建行财富杯’职工趣味及健身运动会”，庆祝建党90华诞的“万众一心跟党走，建功立业奔小康”职工工间操比赛，“红塔区山区、城区小学生田径比赛”，红塔区第五届全民健身体育大会暨老干局第二十三届离退休干部运动会，2011年“安利杯”职工徒步登山活动，“2011年‘玉溪手机报’杯足球赛”，红塔区第五届全民健身体育大会残疾人田径比赛等各类体育赛事及活动。在玉溪市第四届中小学生运动会上，红塔区代表团参加的4个项目比赛均获得第一名，并以团体总分名列八县一区榜首，获金牌34枚、银牌33枚、铜牌26枚，2人5次打破市青少年纪录。确定5个村级农村文化体育活动广场建设试点并加以实施，对6个实施农民体育健身工程的社区居委会实行体育器材经费补助，在7个社区居委会实施“七彩云南”健身基础设施项目。2011年度，区内7人通过审核，成为足球二级裁判员。玉溪第四小学被国家体育总局和教育部命名为100所国家级体育传统项目学校；红塔区少体校和玉溪第一小学获玉溪市实施体育“三星”工程第二周期突出贡献奖；红塔区老体协被云南省体育局授予2010年全民健身活动先进单位；玉溪市第三人民医院获云南省群众体育先进单位。全区经常参加体育锻炼的人达44.7%，社区、村（居）委会老体协104个，全区老体协会员48 711人。

（朱耀萍）

【“三星工程”计划】 2011年2月，国家体育总局和教育部命名100所国家级体育传统项目学校，其中玉溪第四小学被命名为国家级田径传统项目学校，有在训运动员20人。

【红塔区运动员获誉】 2011年7月27~31日，由玉溪市教育局、市体育局主办，玉溪体育运动学校承办的“玉溪市第四届中小学生运动会”在红塔区举行。红塔区组成78人的体育代表团，参加大会所设的田径、游泳、男子篮球和体育知识竞赛4个项目的比赛。经过5天的角逐，红塔区代表团参加的

4个项目比赛均获得第一名，并以团体总分1 128.5分的历史最好成绩名列八县一区榜首，获金牌34枚、银牌33枚、铜牌26枚。其中男子篮球队还获得体育道德风尚奖，男子小学组跳高1人、女子游泳1人在100米仰泳、200米混合泳中分别打破市青少年纪录。

8月12~24日，红塔区组队参加分别在红河州蒙自及玉溪市红塔区举办的云南省第七届城市运动会预选赛，参加田径、游泳、摔跤、武术4个项目的预赛，红塔区34名运动员取得了2012年在安宁举办的云南省第七届城市运动会的参赛资格。

10月13~16日，由玉溪市人民政府在江川县举办“玉溪市第九届老年人运动会”，红塔区代表团29人参加门球、地掷球、中国象棋、泰迪健身球操4个项目的比赛。分别获门球第二名、中国象棋个人第三名、泰迪健身球操优胜奖。

【元旦春节环城赛】 2011年1月7日，由玉溪市全民健身指导协调委员会、红塔区全民健身指导协调委员会主办，玉溪市体育局、玉溪市总工会、红塔区体育局、红塔区总工会承办“玉溪市、红塔区2011年元旦·春节环城赛”，参赛人数1万人。

【红塔区第五届全民健身体育大会系列比赛活动】 2011年6月1~3日，由红塔区文旅广体局、红塔区教育局、红塔区民宗局承办的“红塔区山区、城区小学生田径比赛”在玉溪体育场举行，来自19所小学228名小选手参加比赛。

6月22至7月10日，由红塔区老年人体育协会承办的“第四届社区、单位老年人运动会”在红塔区青科中心、玉带街道及灵秀社区举行，全区610名老年人运动员分别参加22式回春医疗保健操、藏族健身操、柔力球规定套路第二套3个项目的比赛。

8月5日，由区文旅广体局、区总工会承办“职工徒步登山活动”，全程4.5千米，参加人数2 000人。

8月19日，由区文旅广体局、区民宗局、凤凰街道办事处承办的“少数民族传统体育项目比赛”在灵秀社区举办，全区9支代表队126名少数民族运动员参加比赛。

9月14~16日，由区文旅广体局、区残联承办“残疾人田径比赛”在玉溪体育场举行，全区13支代表队共234名残疾人运动员参加比赛。

【7人获授二级裁判员】 2011年，红塔区有7人通过玉溪市体育局审核，批授为足球二级裁判员。

（沈鹏翔）

【农村公共体育基础设施建设】 2011年度，体彩公益金安排的“七彩云南全民健身基础设施工程”及“村级农村体育文化广场建设试点工程”等项目，投资59万元采购农村全民全身器材225件（主要是全民健身路径和篮球架），安装在18个社区（村）和学校。

（陈秀明）

2011年9月14日，区第五届全民健身体育大会——残疾人田径比赛

（白雯雯报）

聂耳故乡

编辑　矣　莹　朱耀萍

【综　述】　红塔区是中华人民共和国国歌曲作者、伟大的人民音乐家聂耳的故乡。聂耳为中华民族留下弥足珍贵的精神财富，他与玉溪融为一体，成为了玉溪的象征。2011 年，玉溪市、红塔区党委、政府高度重视聂耳精神的宣传，以聂耳音乐（合唱）周为契机，打造聂耳文化品牌，加大文艺作品创作力度，繁荣群众文化活动，实施文化惠民工程，进一步展示了生态和谐的城市形象，为建党 90 周年献礼，为玉溪经济社会发展作出积极贡献。

聂耳精神钟鼓齐鸣。在聂耳文化广场“一湖、两环、一桥、四区”的格局基础上，增加了聂耳山《聂耳与田汉》组合塑像，持续完善聂耳纪念设施建设。聂耳文化馆、纪念馆、图书馆、大剧院等场馆全面投入使用，承接各类会议、仪式、文娱活动，充分发挥了爱国主义教育基地的功能。聂耳文化广场景区已经成为弘扬聂耳精神、构建和谐文化的载体和重要阵地。聂耳故居免费开放，成为市民参观、学习、缅怀人民音乐家聂耳的重要场所。聂耳大学的筹办和聂耳小学为聂耳文化的传承与发扬开辟了新的途径，有效结合国民教育体系，为民族文化的发展开创了新思维。

聂耳社团百花齐放。玉溪聂耳乐团、聂耳竹乐团、聂耳少儿舞蹈团等文艺团体，分别受邀参加了“中国匈牙利——欧洲文化之桥文艺晚会”演出、波罗的海音乐节及 2011 年上海国际少年儿童文化艺术节。为国内外观众展现了浓郁的云南各民族文化艺术，宣传了云南文化和民族旅游特色资源，同时也为云南经济“走出去”打开北欧窗口，推进云南外向型经济更好地发展。

聂耳之声余音不绝。第二届中国聂耳音乐（合唱）周活动，内容丰富多彩，活动形式创新多样，使聂耳文化音乐艺术品牌焕发出新的光彩。中国聂耳音乐（合唱）周是蕴含着强大爱国主义力量的群众文化活动，活动的成功举办极大地提升了聂耳音乐文化品牌，激发各族群众的爱国热情，产生广泛而深刻的社会影响，对宣传云南，提高云南文化在全国的知名度和影响力发挥了重要作用。7 月 9 ~ 12 日，举办红塔区庆祝中国共产党成立 90 周年“红心向党，颂歌嘹亮”大型合唱比赛，以“弘扬聂耳精神，唱响爱国歌曲”百人合唱为主要形式，以 100 首爱国歌曲为基础，以人民音乐家聂耳创作的歌曲、群众最喜爱的 36 首新创作歌曲为主要内容，组织广大干部群众和青年学生参与学唱、传唱爱国歌曲，以大合唱的形式弘扬聂耳精神，激发爱国主义精神。

上述系列活动，表达了故乡人民对聂耳的热爱和怀念之情。聂耳文化品牌已镌刻在玉溪各族人民心中。

（矣　莹）

*　　*　　*　　*

在聂耳文化场馆工程建设中，全体参建人员严格遵循“先谋后施、过程控制、

纪念聂耳设施

【《聂耳与田汉》组合塑像揭幕】　6 月 12 日，在聂耳音乐广场的聂耳山上，举行揭幕仪式。塑像由云南艺术设计学院杨春锁老师设计制作，铜像高 1.99 米，基座选用云南本土材料青石砌成，整座雕像用 800 多千克青铜铸造而成，再现出两位艺术大师共同探讨音乐创作的场景。

【聂耳故居修缮加固】　4 月 15 日至 5 月 25 日，红塔区文物管理所对聂耳故居进行局部修缮加固。同时，对聂耳故居的布展进行适当调整。投入资金 31 万元。

【聂耳文化场馆工程获“中国建设工程鲁班奖”】　2011 年 3 月聂耳文化场馆工程（聂耳纪念馆、聂耳图书馆、聂耳大剧院）荣获“中国建设鲁班奖”。

2011 年 6 月 12 日，《聂耳与田汉》组合塑像揭幕仪式

（蒯学庆　摄）

突出特色、细节大师、一次成优”的管理理念，施工中应用了住建部十项新技术中的10大项、33子项，自创新技术3项，形成省级工法4项，攻克难点9项。“中国建设工程鲁班奖”的获得，标志着玉溪市创建国家级优质工程实现零的突破。

【聂耳文化广场建设项目申报“中国人居环境范例奖”】 2011年，玉溪市聂耳文化广场建设项目申报“中国人居环境范例奖”。聂耳文化广场建设项目包括出水口生态公园、聂耳文化广场（含音乐广场、文化区、聂耳山、玉湖、聂耳桥、生态广场、河滨路）、玉溪大河。该项目以中心城区防洪水系综合治理为契机，在完善和提升城市防洪综合体系的同时，提升中心城区生态环境质量，营造出人与自然和谐相处的城市景观。不仅创造了和谐的人居环境、打造玉溪城市名片，而且把聂耳文化融入城市建设，使玉溪成为一个独具魅力的城市。

【聂耳图书馆】 2011年，聂耳图书馆接待读者33.35万人次，完成书刊外借7.57万册次，提供书刊阅览123.42万册次，总藏量36.44万册。记录读者咨询744条。馆内有借书证10 748个，全年办证720个，其中：借阅两册（全区）证600个，借阅1册（普通）证120个。换证1 440个，退证396个，赠阅证44个，优秀读者证10个。

聂耳图书馆汽车流通服务中心藏书4.8万余册，有汽车流通点23个及2个分馆，覆盖玉溪市五县一区和市直部队、监狱等相关单位。全年向每个流通点配送图书4次5 757册，阅览1.10万册次。

1月14～18日，对云南省第三劳教所、通海纳古镇文化站等6个图书流通点进行调查，举行读者交流讲座，促进图书服务工作的发展。图书馆汽车流通服务充分发挥书刊资料作用，扩大图书流通范围，用改装的图书流通车，根据读者对象，选择对口书籍，定点定时送书到流通点，做到送书上门，服务到家，方便读者。

1月28日，聂耳图书馆与市老干部诗书画协会、市书法家协会、市文化馆共同举办的“盛世抒怀——玉溪市老年迎春书画展”活动拉开序幕。书画展征集全市180名老年人的240件书画作品，历时1个月，接待参展人员1 000余人次。

2月21日，由玉溪市规划局主办、聂耳图书馆承办的“玉溪市城市规划建设发展成果展”在图书馆一楼展出。展览主要包括：模型区和图片区两部分，其中模型区主要提供直观的玉溪市城市规划建设情况，展示“双百城市”构想，“两山三河三片区”中的老城区片区和生态文化区的城市发展空间格局。本次展览历时3个月，接待参展人员1万余人次。

3月1日，聂耳图书馆组建免费开放领导小组，制定《玉溪市图书馆免费开放方案》《免费开放服务管理办法》《玉溪市图书馆读者文明参与文化活动须知》《玉溪市图书馆突发事件应急预案》《免费开放服务项目手册》，明确实施免费开放的步骤、场地、内容等一系列配套办法和措施。

4月23日至5月13日，由聂耳图书馆主办、市文化馆协办的“云南实力派画家孟琪花鸟画展”在聂耳图书馆展出。共展出书画96幅，参观者络绎不绝，受到广大书画爱好者的热评。

6月13日，由玉溪市委宣传部等主办的“纪念建党90周年大型集邮展”在聂耳图书馆拉开帷幕，旨在用“方寸天地”纪念党的光辉业绩、人民的幸福生活，向全市人民展示玉溪市改革开放和现代化建设、生态城市和精神文明建设的伟大成就。全市各县区集邮协会和各行业集邮协会的37部邮品、1 680个贴片、104框邮集入选展出。此次活动设立特邀奖6部、一等奖2部、二等奖4部、三等奖8部及纪念奖。

6月13日，由中共玉溪市委、玉溪市人民政府主办的“辉煌十一五”美术书法摄影展之系列摄影展，在聂耳图书馆展出。此次展出的120幅摄影作品，经各专业评选委员会选出。摄影师用独特的艺术视角，集中展示在党的领导下，玉溪“十一五”期间取得的喜人变化和重大成果。

6月27日起，玉溪师范学院附中在聂耳图书馆举办“师生作品展”。此次展览的250余件优秀作品，内容涉及书法、雕塑、水彩画、中国画、电脑绘画、剪纸、摄影。既突出艺术教学的实效，又表现出师生们对学校美好生活的热爱。

9～12月，每逢周六，聂耳图书馆的工作人员准备好早期阅读书籍，在市第一幼儿园老师的带领下，与少儿读者进行阅读分享。培养幼儿从小热爱图书的情感，丰富幼儿的阅读经验、提高阅读能力。每周接待读者400余人。

9月19日，由聂耳图书馆主办的“公益讲座走进省三所”活动在云南省第三劳教所举行。特邀玉溪市传统文化研究会副会长、“来养福生命美育”网站创办人吴正荣教授进行“司法警察压力释放与优质生活”专题演讲。300余名司法干警通过亲临现场和电视直播的方式观看讲座。

9月24日，聂耳图书馆联合玉溪市第一幼儿园在图书馆一楼少儿活动区举办“爱我中华，走进阅读”少年儿童读书活动暨“早期阅读”系列活动。活动包括阅读、游戏、舞蹈，观看动画片，接待读者300余人，得到家长和老师的充分肯定和称赞。

9月30日，聂耳图书馆全国文化信息资源共享工程免费向全市人民开放。向读者提供海量特色信息资源共享服务，并制定出青少年绿色上网方案。完成共享工程设备参数的上报工作，下载省级、国家级共享工程的海量资源及14个基层站点的技术辅导工作。其中：共享工程下发设备包括个人台式计算机50台、服务器5台、投影仪1台、移动播放器2台、数字摄像机1台、数字照相机2台、电视机1台。图书馆共享工程充分利用现代高新技术手段，将文化信息资源精华以及贴近大众生活的现代社会文化信息资源进行数字化加工处理与整合，实现优秀文化信息在全国范围内的共建共享。

11月12日，“家长教育新思维”专题讲座在聂耳图书馆举办。吴正荣教授主讲《怎样做一个能培养出超优品学的超优家长》，就青少年的心智特点、心理发育与当前家庭教育模式的偏差，以及下一步家长该如何对孩子进行心智培养的同时获得身心健康等问题作讲解。200余名学生家长听讲。

11月12日，聂耳图书馆贯彻落实《财政部、文化部关于推进全国美术馆、公共图书馆、文化馆（站）免费开放工作的意见》，正式向广大市民免费开放。

12月2日，“戏墨·墨戏”刘海粟美术馆藏中国水墨戏画作品玉溪巡展在聂耳图书馆举办。本次展览是引入发达地区先进文化、对接文化发展先进理念的惠民活动，也是聂耳图书馆面向读者全面免费开放后首次推出的公益性展览。此次巡展为期10天，展品包括水墨戏画、戏出版画、水墨戏画灯笼、戏曲马勺脸谱、戏曲剧照一系列汇集了关良、林风眠、韩羽等当代著名画家的近百幅戏曲人物画优秀作品。当天，吸引900余名市民前来参观。

12月20日，聂耳图书馆成功申报

“省级科普教育基地及省级社科普及示范基地”。聂耳图书馆开发利用社会科普资源，不断加强社科普及载体建设和传播形式，具有良好的设施设备，积累丰富的社会科学普及教育经验，为全面推进社科普及工作向社会化、群众化、经常化方向发展做出大量的工作。省科技局及省社科联申报组，分别就图书馆申报省级科普教育基地、省级社科普及示范基地的申报事宜到图书馆进行考察，对积极开展延伸服务等问题进行审核，对图书馆开展社科普及等方面的各项工作给予肯定，尤其称赞图书馆开展活动的特色与活力。

12月30日，聂耳图书馆与玉溪市第一幼儿园共同举办的“童星杯幼儿讲故事比赛”在图书馆拉开帷幕。活动评选出一等奖2名、二等奖5名、三等奖13名。此次活动是实施“抓文化要从孩子抓”的具体体现，同时也是图书馆加大社会文化传播力度的一项重要举措，得到学校、社会的肯定和赞誉。

（聂耳图书馆）

【聂耳故居免费开放】 3月17日下午，红塔区人民政府召开第40次常务会议，专题研究聂耳故居免费开放的有关事项。会议决定：聂耳故居于2011年7月17日起施行免费开放。6月20日至7月9日，聂耳故居进行免费开放试运行，旨在针对存在的问题进行查缺补漏，并及时调整。每天只接待200人次，并进行实名登记，领取参观券进行参观。7月17日，正式面向社会公众免费开放。免费开放前期，曾对房屋建筑部分进行局部修缮加固，对情景展室、照片展室的布展进行适当调整和充实，部分消防监控设施进行更换。7月17～19日，在聂耳纪念日活动期间，玉溪聂耳故居将平时每日接待上限200人次增至500人次，共接待参观者1 500余人次，取得了良好的社会效益。

（任 佳）

【聂耳大学筹备情况】 2010年，玉溪师范学院申办聂耳大学。7月16日，成立聂耳大学建设筹备领导小组。2011年6月3日，中共玉溪师范学院在第一次代表大会上提出构建好区域基础教育改革研究和市民“终身学习”服务平台，按照“构建应用本科、申办硕士单位、创建综合大学、服务区域社会”的发展定位，紧紧围绕建设特色鲜明的区域性综合大学（聂耳大学）的奋斗目标，牢牢把握社会主义办学方向，以“聂耳文化”品牌为引领的文化艺术展演平台和“澜沧江—湄公河次区域”民族民间文化传承创意平台，建设综合性大学——聂耳大学。

【聂耳小学】 2011年3月18日，聂耳小学开展“优质主题队会”比赛。来自1～5年级的5个参赛队围绕“我读书，我快乐”“祖国妈妈我爱你”“感恩的心”“幸福的花朵更鲜艳”“自护自救我能行”等主题进行队会活动。此次队会均由少先队员自己构思、设计、主持、参与，队会活动主题鲜明、内容丰富，形式新颖、生动有趣。内容包括诗歌朗诵、童谣表演、合唱、情景剧、即兴采访、舞蹈、乐器演奏等。通过优质主题队会比赛，展现了学校少先队组织和少先队员朝气蓬勃、团结向上的时代风采，充分展示了新时期少先队员的优良素质和良好精神风貌，使少先队员在轻松愉快的队会活动中，接受熏陶，唤起共鸣。

4月26日晚，由玉溪市计划生育协会、玉溪市关工委共同组织，红塔区关工委、玉溪聂耳小学承办的“让孩子在体验中成长”讲座在聂耳小学举行。由佟浩瑜老师主讲，市计划生育协会专职副会长秦光秀，市关工委专职副主任李江明，市教育局关工委副主任董达，红塔区关工委常务副主任杨秉建和副主任柴连惠以及区计生委、区教育局等有关负责人参加讲座。聂耳小学校一年级学生家长和老师450余人参加讲座。

6月1日，红塔区小学第二学区在聂耳小学举行庆“六一”专题文艺汇演，文艺汇演主题为“共享阳光、绽放快乐”，来自聂耳小学、北城、李棋、小石桥等中心小学的700余名小演员表演了舞蹈、古筝演奏、制作与展演、武术、花灯歌舞、音诗舞等20个精彩的文艺节目。

7月，聂耳小学六年级一班在教育部开展的以“双百”人物中的共产党员命名中小班集体活动中，被命名为“聂耳班”。10月14日，玉溪市少工委负责人为“聂耳班”授牌。

12月16日上午，聂耳小学鼓号声声，彩旗飘扬，全校师生在喜庆的气氛中共庆建校50周年。市、区有关领导出席了庆典活动。庆典仪式后，学生们表演了综合节目《民族服饰展演》、舞蹈《时间之光》和大型音、诗、画节目《爱在路上》及管乐合奏《金蛇狂舞》等文艺节目。

（矣 莹）

*　　*　　*　　*

纪念聂耳社团

【聂耳文学艺术院】 2011年，聂耳文学艺术院以弘扬聂耳精神，繁荣文学艺术事业为重点开展各项工作。2月3～8日，参加由中共红塔区委、区政府主办，区委宣传部、区文明办、区文化局协办，在东风广场举行的“红塔区2011年春节文艺演出”活动后勤保障等工作。

5月中旬，为玉溪第一小学四年级编排校园集体舞《课间十分钟》，参加本校校园舞比赛获一等奖。第二届“中国聂耳音乐（合唱）周”期间，协助聂耳故居管理所做好参观接待讲解。为有关单位参加首届中国聂耳音乐（合唱）周系列活动，做好聂耳相关资料的咨询服务工作。

7～9月，协助做好玉溪市红塔区诗联的筹备、组建工作，并完成注册登记，发展诗联会员55名。

9～11月，聂耳艺术学院采写、征集文章16篇及44名作者的诗联300余篇，编辑成10个栏目，完成《红塔区诗联》创刊号组稿和《红塔区楹联集萃》的收集整理、编辑。《红塔区楹联集萃》共7个大项，诗联作品700余首，其中：新诗400余首和旧作300余首。

11月，组织诗联会员集体参与“2012中国·玉溪米线文化节”标语征集活动，征集标语86条，吉祥物和标识各3件。同时，收集整理聂耳诗词460余首，为2012年纪念聂耳诞辰100周年做准备。（沈 莉）

【聂耳竹乐团】 2月26～27日，玉溪聂耳竹乐团受中国驻匈牙利大使馆之邀，参加了中匈友好文化活动“中国匈牙利——欧洲文化之桥文艺晚会”演出。26日，晚会在匈牙利世界贸易会展中心举行，匈牙利总统，中国驻匈牙利大使高建及美国、英国、法国、意大利等驻匈牙利大使到场观看了演出。

晚会上，聂耳竹乐团和省歌舞剧院的演员们将云南民族舞蹈、民族服饰表演、竹乐演奏搬上舞台，与匈牙利当地的交响乐团和著名钢琴家哈瓦西合作演出，向匈牙利人民展现中国音乐舞蹈的魅力。27日，演出主要面对中国大使馆、匈牙利华人华侨在匈中资机构举行，500余人观看演出。中央电视台、凤凰卫视及匈牙利当地媒体对晚会盛况进行了报道。中国驻匈大使高建接见全体参演人员，并对演出给予高度赞誉。

7月19～27日，聂耳竹乐团受瑞典布莱金厄省邀请，参加波罗的海音乐节，带去包括傣族舞蹈、竹排琴独奏、花灯演唱等节目13个，向当地人民展现玉溪少数民族音乐、本土戏剧文化与服饰文化，观众有7 000余人。

【聂耳故居音乐组成立】 7月30日，聂耳故居音乐组正式成立，每周五、六早上9～11点在聂耳故居门前进行表演，组员是专业剧团离退休人员，演唱的曲目有聂耳歌曲、经典花灯、歌剧、经典红歌等。聂耳故居音乐组的成立，弥补了聂耳故居展览形式单一的不足，形成声、物、图结合的展览形式，演奏聂耳歌曲与参观者形成心灵互动，加深对聂耳故居的印象。

【聂耳少儿舞蹈团】 7月31日至8月4日，聂耳少儿舞蹈团受邀参加2011年上海国际少年儿童文化艺术节，这是该团第三次参加艺术节，是云南省唯一一支连续受邀参演的队伍。聂耳少儿舞蹈团与来自17个国家和地区的48个少儿团体，1 900余名少年儿童齐聚上海、欢聚一堂，相互交流学习各方面的艺术才华。聂耳少儿舞蹈团33名演员应邀参加艺术节闭幕式，并以极具玉溪地域特色的少儿舞蹈《彝家娃娃跳花鼓》在舞台上大放异彩，向全世界展示了玉溪独特的民族文化和风土人情，受到国内外观众的热烈欢迎和赞誉。

【聂耳少儿艺术团】 6月1日，聂耳少儿艺术团在聂耳文化广场参加玉溪市建党90周年“红领巾心向党”大型少儿文艺演出，受到观众的热烈欢迎；14日，聂耳少儿艺术团参加第二届中国聂耳音乐（合唱）周，“颂歌献给党——玉溪‘聂耳杯’”合唱比赛；18日，聂耳少儿艺术团参加在聂耳音乐广场举行的中国聂耳音乐（合唱）周闭幕式。

【聂耳民族乐团应邀演出】 4月20日，玉溪聂耳民族乐团应邀到昆明艺术职业学校进行演出。除演奏中国著名的民歌外，还演奏了部分聂耳创作的器乐曲，全场座无虚席，听众600余人，演出受到师生的热烈欢迎。

（矣　莹）

*　　*　　*　　*

2009～2011年，聂耳大剧院承办各地市场文化演出近百场；聂耳图书馆接待读者60万人次；聂耳纪念馆接待观众30余万人次；聂耳文化广场举办420多场广场文化活动，100余万名群众参与；举办升旗仪式60余次，近20万名群众自发参加。

纪念聂耳研究

【玉溪实施文化和市打造聂耳品牌】 2010年，玉溪市委六次全会明确将“文化和市”列入玉溪市发展战略中，成为深入贯彻落实科学发展观，建设和谐玉溪浓墨重彩的一笔。玉溪是聂耳的故乡，聂耳文化是重要的红色文化资源，具有巨大开发力。玉溪市委、市政府确立“高扬聂耳旗帜、打造聂耳文化品牌”推进文化发展的战略思路，成立聂耳音乐基金会，建设打造聂耳文化品牌新载体；设立聂耳纪念日；改造、更名和命名聂耳音乐厅、聂耳剧院、聂耳艺术学院、聂耳竹乐团，建设聂耳文化标志性设施群。

1945年1月23日，国民党中宣部官员向聂耳母转发美国电影《龙神》主题曲稿费

（刘本学　提供）

【聂耳文化根植玉溪民间文化】 4月21日，市委书记孔祥庚深入大营街陈氏浮雕文化会馆、江川青铜器工艺制品厂、李家山青铜器工艺制品厂，了解民间文化整理保护情况和青铜工艺品生产销售现状。孔祥庚指出，聂耳文化深深根植于玉溪优秀民间文化之中，要切实加强研究、挖掘和整理，进一步加大宣传和支持力度，大力弘扬优秀民间文化，不断满足人民群众日益增长的精神文化需求，提高玉溪文化软实力。

（矣　莹）

【聂耳音乐基金会】 2011年1月，聂耳音乐基金会经省财政厅、省民政厅、省国税局、省地税局联合审核，确认为2010度第二批获得公益性捐赠税前扣除资格的公益性社会团体，为基金会开展公益捐赠活动创造了有利条件。

6月，云南聂耳音乐基金会在第二届聂耳音乐（合唱）周前后，为香港凤凰卫视、云南电视台和《春城晚报》等多家媒体到玉溪拍摄有关聂耳的专题片时，提供相关资料，得到各媒体的感谢。

12 月，聂耳音乐基金会《会刊》（总第 7 期）印刷出版，收录一年内以“聂耳”为主题的重大活动。《会刊》由聂耳音乐基金会理事、聂耳研究专家崎岖松任主编，基金会办公室主任朱丽云，副主任蒋文波任副主编，是目前全国唯一一本专门研究聂耳的专刊。《会刊》设《第二届中国聂耳音乐（合唱）周专辑》《活动概览》《聂耳文化》《聂耳研究》《要文汇编》5 个栏目，刊载纪念研究聂耳的文章 40 篇、照片 18 幅。

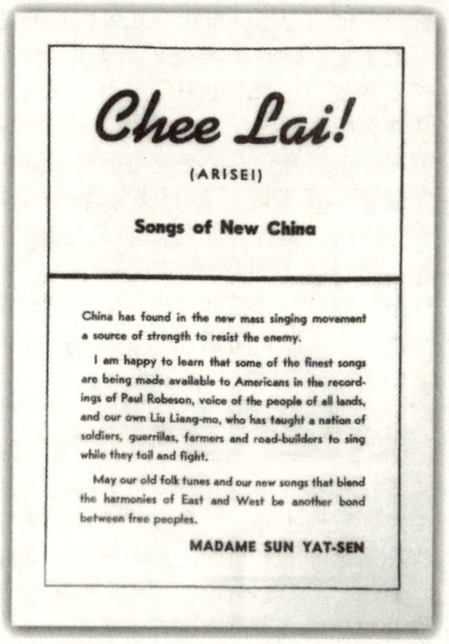

1941 年，宋庆龄为美国黑人歌唱家罗伯逊灌制的唱片《起来！》所作的英文序言 （刘本学　提供）

【收集聂耳文献资料照片】　8 月，云南聂耳音乐基金会《会刊》主编、聂耳研究专家崎松先生通过各种渠道，收集到两幅聂耳文献资料照片：一幅是 1941 年，宋庆龄为美国黑人歌唱家罗伯逊灌制的唱片《起来》（即《义勇军进行曲》）写的英文序言的照片；另一幅是 1945 年 1 月 23 日，美国米高电影公司采用聂耳作品《义勇军进行曲》作为影片《龙神》的主题曲，向聂耳的母亲彭寂宽送付稿费支票时拍下的照片。

（玉　山）

【聂耳音乐基金会《会刊》收录研究聂耳的文章】　12 月，云南聂耳音乐基金会《会刊》第七期印刷出版，书内收录多篇研究聂耳的文章。

《人民音乐家聂耳的纪念邮戳集锦》作者崎松。此文写于 8 月 13 日，向读者详细介绍作者从事聂耳资料搜集与研究 30 多年来收集到的 11 枚聂耳纪念邮戳的具体发行时间和发行背景，时间跨度从 1982 年 2 月 15 日至 2005 年 7 月 17 日，长达 23 年。

《〈义勇军进行曲〉感动世界》作者崎松。全文分为“在法国巴黎的传播”“在美国和联合国的传播”“在苏联、英国和印度等国的传播”“在捷克的传播”“在东南亚的传播”“在奥运会和亚运会上的传播”“日本人民为聂耳立碑和写传”　“老外交家的回忆”“结束语”9 个部分，文章就《义勇军进行曲》如何从中国逐步传播到西方并在国际上产生影响作了详细介绍。

《刘良模先生与国歌》作者章华明。文章原载于《中国宗教》2011 年第 2 期，记录刘良模投身抗战的经历、参与首荐《义勇军进行曲》为国歌并成为国歌传唱者的过程。

《亦师亦友亦知音》作者陈立言。文章原载于《云南文史》2008 年第 2 期，记录了人民音乐家聂耳和画家周霖从 20 世纪 20 年代开始交往并结下友谊的过程，其深厚情谊为云南历史文化留下感人佳话。

《聂耳与张天虚的交往》作者心言（崎岖先生的另一个笔名）。文章通过记叙张天虚与聂耳在上海和日本两地的交往片段，赞扬他们崇高感人的友谊。

（矣　莹）

【《聂耳全集》增订版出版】　11 月，《聂耳全集》增订版出版。《聂耳全集》是 1985 年为纪念聂耳逝世 50 周年，由文化部、中国音协、中国艺术研究院音乐研究所共同编辑出版，至今已有 27 年。该书在市场上已脱销多年。

原版的《聂耳全集》共有 815 页，70 万字，增订版的《聂耳全集》在原有的基础上增编，内容更加完善，篇幅达 1504 页，218 万字，比初版增加 689 页，字数增加 148 万；图片由初版的 254 幅增加到 414 幅；原版的《聂耳全集》分为上下两卷，上卷是音乐编，下卷是文字编，增订版分上、中、下三卷：上卷是音乐编，收录聂耳创作的全部音乐作品；中卷是文字编，收录聂耳写的全部诗歌、小说、散文、评论文章、日记和书信等；下卷是资料编，收录聂耳逝世 70 多年来，纪念、回忆和研究聂耳的文章共 140 篇。下卷新增由聂耳亲人、战友、同事、同学和有关的专家学者所写的文章。在“音乐编”中，补充《中华人民共和国国歌》的相关文献；修订聂耳的《音乐作品年表》，增订《聂耳年谱》；编写《纪念聂耳大事记》、《有关聂耳著作、文章篇目索引》和《重修聂耳墓纪实》等。在中卷“文学编”中，增加新收集到的聂耳致宋延璋的书信及一些图片，并增写多条注释。增订版的《聂耳全集》，全面系统的梳理、总结汇集了我国聂耳研究三个阶段取得的全部成果，集乐谱、文字、图片于一体。增订版《聂耳全集》收录了郭沫若、田汉、夏衍、冼星海、吕骥、周巍峙等全国名家及日本名人秋田雨雀、中岛健藏等人的评论；张署、麦新、聂叙伦、郑易里、赵丹、王人美、贺绿汀、王旦东和黎锦晖、向延生、崎松等人的回忆录和研究论文；同时，对聂耳的死因和族谱、家谱、年谱的研究也取得突破性的进展。

（崎　松）

*　　*　　*　　*

纪念聂耳之声

【第二届中国聂耳音乐（合唱）周系列活动】　2011 年 6 月 8 日下午，第二届中国聂耳音乐（合唱）周新闻发布会在昆明举行。第二届中国聂耳音乐（合唱）周活动于 6 月 12 日开始，到 6 月 22 日结束。活动内容包括：新闻发布会、启动仪式、合唱大赛、精品文艺晚会、古玩艺品博览会、闭幕式。

新闻发布会　6 月 8 日下午，第二届中国聂耳音乐（合唱）周新闻发布会在昆明举行，省委宣传部常务副部长尹欣通报第二届中国聂耳音乐（合唱）周筹办情况，玉溪市委常委、宣传部部长董文献出席发布会。第二届中国聂耳音乐（合唱）周是经中宣部批准，并被纳入全国庆祝建党 90 周年系列活动中的一项重要活动。活动由中国文联、云南省、上海市和中国音乐家协会共同主办，由中共云南省委宣传部、上海市委宣传部、中央电视台、云南省文联、上海市文联、昆明市委、昆明市政府、玉溪市委、玉溪市政府、上海电视台、云南电视台联合承办。

启动仪式　6 月 12 日上午，第二届中国聂耳音乐（合唱）周启动仪式在聂耳音乐广场隆重举行。“庆祝中国

共产党成立90周年暨第二届中国聂耳音乐（合唱）周”玉溪系列活动拉开序幕。

中国文联党组副书记、副主席李屹，中国音乐家协会主席赵季平，省委常委、宣传部部长张田欣，省人大常委会副主任程映萱，省政协常务副主席管国忠，中国音乐家协会韩新安，省政府副秘书长白庚胜，省委宣传部常委副部长尹欣，省文联主席郑明，省文化厅厅长黄俊，中共玉溪市委书记孔祥庚，市委副书记、市长高劲松，市委副书记张玲，市人大常委会主任董诗强，市政协主席冷明德等出席启动仪式。

李屹宣布第二届中国聂耳音乐（合唱）周启动；赵季平向玉溪授予“中国音乐家协会合唱基地”匾牌；高劲松主持启动仪式，张田欣在启动仪式上讲话，孔祥庚致辞。

在聂耳音乐广场，军乐团和90人组成的仪仗队在万人瞩目下进行迎国旗、升国旗仪式，万人合唱《中华人民共和国国歌》。

出席启动仪式的领导和万名各界群众共同欣赏了精彩的广场文化展演。表演包括具有浓厚本地文化元素和本土风情的毛驴、蚌壳、旱船、花灯歌舞，还有威风锣鼓队、市直京剧联谊会、花灯滇剧协会、聂耳合唱团戏曲队、红塔集团老年艺术团腰鼓队、市工业财贸技工学校民族服饰队、市老年大学民族舞队、花灯歌舞班队、市老体协健身舞代表队等精彩的演出。

文艺演出　6月12日晚，荟萃了歌、舞、戏、器乐等多种艺术精品的聂耳故乡精品文艺晚会《故乡情》在聂耳大剧院精彩上演。演出分为《滇花戏》《歌舞乐》两个篇章。《滇花戏》篇章包括：滇剧表演《东水西流》、花灯剧《冤家、亲家》《江姐》《别洞观景》、《白蛇传》等；《歌舞乐》篇章包括：竹乐演奏《唻啰嗦》、女生小合唱《巴哈哑谜》、苗族舞蹈《帽儿尖尖，帽儿圆》、花腰傣舞蹈《跳南嘎》等。

6月13日晚，第二届中国聂耳音乐（合唱）周系列活动之——“聂耳杯”合唱比赛在聂耳文化广场拉开帷幕。来自市直及中央、省驻玉单位的12支队伍逐一登台亮相，演唱了《山丹丹花开红艳艳》《东方红》《祝福祖国》《在灿烂阳光下》《四渡赤水出奇兵》《金蛇狂舞》《告别南洋》等歌曲。

6月15日晚，第二届中国聂耳音乐（合唱）周系列活动之——“聂耳杯”合唱比赛颁奖晚会在聂耳大剧院举行。来自全市八县一区，市直及中央、省驻玉单位，聂耳少儿艺术团，市老干部聂耳合唱团，市高新技术产业开发区的24支代表队近3 000人参加比赛。演唱了《走向复兴》《祖国颂》《四渡赤水出奇兵》《祝福祖国》《山丹丹花开红艳艳》《毕业歌》《金蛇狂舞》《最美峨山》《美丽元江等你来》《星湖渔歌》等歌曲。

6月16日晚，第二届中国聂耳音乐（合唱）周开幕式大型文艺晚会《人民的声音》在上海大剧院隆重上演。1 200余名演职人员用高水准的近1个半小时的演出向聂耳致敬，为建党90周年献礼。

晚会以歌舞《云海回声》开场，伴随着聂耳弹唱的原声，第一篇章“对话翠湖”拉开序幕：歌舞《多彩的土地》以聂耳整理改编的《金蛇狂舞》为旋律，展示了云南各少数民族的经典舞蹈；《翠湖春晓》以情景式还原聂耳与母亲的书信手札为方式，展现了感人的母子情深。在“对话浦江”篇章中，演绎《飞花歌》《铁蹄下的歌女》《大路歌》《梅娘曲》《毕业歌》等聂耳的经典作品外，云南玉溪聂耳小学和上海报童小学的学生们边跳边唱，演绎广为传唱的《卖报歌》。田汉之子田大畏及《卖报歌》的报童原型杨碧君也来到现场与观众一同分享与聂耳相处的难忘岁月。在“对话国歌”篇章中，表演者用歌唱、朗诵、讲述等方式表达对聂耳的怀念及崇敬之情。晚会最后，《义勇军进行曲》旋律响起，沪滇两地万人合唱国歌。

6月22日晚，由市委宣传部、市文化局主办，玉溪师范学院承办“在国歌声中成长——庆祝建党90周年专题文艺晚会”在聂耳大剧院举行。演出分为《不愿做奴隶的人们》《我们万众一心》《前进！前进！前进进!》3个篇章，600余名演职人员参加演出，1 200余名观众观看晚会。

古玩艺术品博览会　6月18日上午，由中共玉溪市委宣传部、市文化局主办，市博物馆、市收藏家协会承办，作为第二届中国聂耳音乐（合唱）周系列活动之一的“2011玉溪市古玩艺术品博览会”在玉溪市博物馆开幕。此次博览会历时6天，分为7个展区，80多个展位，布展面积8 000平方米。展出内容包括古玩、陶瓷、书画、奇石、根艺、红木家具、翡翠、玉器、古籍、钱币、邮品、普洱茶及紫砂茶具、文房四宝、民间工艺品等，内容丰富，规模大，层次高。6月19日上午，国家级、省级有关专家为收藏爱好者免费鉴定藏品，并评选“2011年玉溪市民间收藏十大珍宝”，充分展示玉溪本土文化艺术精品。中央电视台《鉴宝》节目专家组组长王立军在赛宝会上做点评。

闭幕式　6月22日晚，“颂歌献给党”——第二届中国聂耳音乐（合唱）周闭幕式暨第八届中国音乐金钟奖合唱比赛颁奖音乐会，在昆明新亚洲体育城星耀体育馆隆重举行。

中国文联党组书记赵实，中共云南省委书记白恩培，省长秦光荣，省委副书记李纪恒，省委常委、副省长李江，省委常委、昆明市委书记仇和，省人大常委会副主任杨保建，省政协副主席罗黎辉，中国音乐家协会党组书记、副主席徐沛东观看晚会并为获奖合唱团颁奖。中共云南省委常委、省委宣传部部长、第二届中国聂耳音乐（合唱）周暨第八届中国音乐金钟奖合唱比赛组委会主任张田欣在闭幕式上致词，副省长高峰主持闭幕式。

【“弘扬聂耳精神，唱响爱国歌曲”大型合唱比赛】　7月9～12日，由区委、区政府主办，区委宣传部、区文旅广体局承办的红塔区庆祝中国共产党成立90周年“红心向党，颂歌嘹亮”大型合唱比赛在玉溪市体育馆举行。本次合唱比赛以“弘扬聂耳精神，唱响爱国歌曲”百人合唱为主要形式，以100首爱国歌曲为基础，以人民音乐家聂耳创作的歌曲、群众最喜爱的36首新创作歌曲为主要内容，组织广大干部群众和青年学生参与学唱、传唱爱国歌曲，以大合唱的形式弘扬聂耳精神，激发爱国主义精神。

【媒体人士参观聂耳故居】　4月16日、4月18日，中央电视台一行6人，上海广播电视台副台长、国家一级导演滕俊杰和云南电视台副台长杨慧民参观聂耳故居，为第二届聂耳音乐（合唱）周纪念活动进行前期采点。

（奂　莹）

【聂耳故居招聘讲解员】　2011年，红塔区文物管理所面向社会公开招聘4名编制外聂耳故居讲解员，并邀请著名专家学者和聂耳纪念馆的优秀讲解员授课培训，通过考核后持证上岗。

【聂耳故居举行“第二炮兵理想信念教育基地”挂牌仪式】　6月30日上午，中国人民解放军第二炮兵政治部60余名官兵，到玉溪聂耳故居举行“第二炮兵理想信念教育基地”挂牌仪式，中共红塔区委、区人民政府相关领导出席，第二炮兵政治部战士列队参加，打出“弘扬聂耳精神，争当红色传人”的旗帜。

聂耳故居先后被玉溪市、云南省确定为“爱国主义教育基地”，是全省、全国红色旅游的重要景点，已成为弘扬爱国主义精神的重要阵地、传播社会主义先进文化的重要场所、培育社会主义核心价值体系的重要课堂。

（任　佳）

【聂耳纪念馆与冼星海纪念馆结为友好兄弟馆】　9月30日，聂耳纪念馆代表受邀前往广州，与冼星海纪念馆举行友好兄弟馆签字仪式。根据双方达成的共识，冼星海纪念馆和聂耳纪念馆将开展定期学习交流、共同策划开展主题活动或课题研究等多方面的合作和交流。

【聂耳纪念馆与上海国歌展示馆结为姊妹馆】　5月19日，作为“五一八国际博物馆日”系列宣传活动之一，上海市爱国主义教育基地国歌展示馆和云南省爱国主义教育基地玉溪市聂耳纪念馆共建友好姊妹馆签约仪式在国歌展示馆多功能厅隆重举行。

【日本藤泽市聂耳纪念碑保存会到玉溪访问】　10月31日，日本藤泽市聂耳纪念碑保存会事务局友好代表团一行8人，到玉溪市聂耳故居、聂耳纪念馆和聂耳音乐广场进行参观访问。

【日本传记作家参观聂耳故居和聂耳纪念馆】　10月29日，日本传记作家，《聂耳闪光的生涯》一书的作者，斋藤孝治及其夫人斋藤雅子到玉溪聂耳故居和聂耳纪念馆进行参观。《聂耳闪光的生涯》一书，于1999年7月17日在日本发行，2003年2月经翻译，由上海音乐出版社在中国出版发行。是由外国人写的第一本正式出版的聂耳传记作品。参观结束时，聂耳研究专家崎松分别向日本客人赠送他编著的新书《聂耳与日本》。

【“关爱生命、文明出行”文艺汇演在聂耳音乐厅举行】　10月20日，玉溪交警直属大队联合红塔区教育局在聂耳音乐厅举办“关爱生命、文明出行”文艺汇演，来自中心城区中小学校的12支代表队用生动的表演向观众展示了交通安全的重要性。此次文艺汇演分别表演了玉溪五中的情景舞蹈《红灯·绿灯》、振兴学校的舞蹈《交通安全人人知》、玉溪三小的情景舞蹈《牵手幸福》、瓦窑中心小学的情景剧《上学路上》、玉溪一小山水校区的情景小品《交通规则要记牢》、玉溪六中的音乐快板《安全出行你我他》、玉溪四小的朗诵剧《天堂里有没有车来车往》、聂耳小学的音诗舞《爱在路上》等节目。

【“2011年新春音乐会”在聂耳大剧院举办】　1月18日晚，由云南聂耳音乐基金会、玉溪市文化局、玉溪日报社主办的“2011年新春音乐会”在聂耳大剧院上演。全国著名雷琴演奏家、国家一级演奏员、中国音乐家协会雷琴研究会秘书长张永智与聂耳民族乐团、聂耳竹乐团的演奏者携手为市民奉献了一场精彩的民乐盛宴。张永智在音乐会上用山东特产“雷琴”拟声表演《六畜兴旺》曲目的各种动物叫声，演奏京剧《家住安源》《智斗》等。聂耳民族乐团首次使用获得国家专利的新型乐器四耳胡琴取代民族管弦乐中的高胡、二胡和中胡声部，演奏聂耳作品《金蛇狂舞》《山国情侣》《翠湖春晓》等，与聂耳竹乐团合奏经典曲目《打长江》，展现出民族乐器的独特魅力。

【“汪洋钢琴音乐会”在聂耳大剧院举办】　4月18日，云南聂耳音乐基金会和玉溪市文化局在聂耳大剧院共同主办“聂耳之声——汪洋钢琴音乐会”。邀请俄罗斯交响乐团青年钢琴演奏家、俄罗斯华人艺术家协会常务理事汪洋到玉溪演奏。演出曲目包括：《柴可夫斯基前奏曲》《普罗科非耶夫奏鸣曲》《黄河钢琴协奏曲》《春江花月夜》和《月光下的凤尾竹》等。

【庆祝建党90周年系列活动在聂耳大剧院举行】　6月27日、28日晚，由中共红塔区委、区政府主办，区委宣传部、区文旅广体局承办的《在党的旗帜下》大型专题文艺晚会在聂耳大剧院举行。晚会由序《鼓动七一》《追溯篇：没有共产党就没有新中国》《颂歌篇：赞歌献给亲爱的党》《赞美篇：玉溪美如玉》、尾声《飘扬的旗帜》5个部分组成，通过歌曲、音乐、舞蹈、朗诵等形式，回望百年中国史，讴歌几代共产党人的革命和探索，颂扬中国共产党用“信仰”的旗帜将中华民族空前地组织起来，完成了救亡图存和使国家富强的历史使命，并带领全国各族人民团结奋进，走向中华民族的伟大复兴。晚会艺术地展现了改革开放以来，红塔区在经济、政治、文化、社会、生态文明、党的建设方面所取得的丰硕成果，描绘出一幅碧玉清溪，和谐生态的美丽画卷。100多名文艺工作者以精湛的技艺和充沛的激情，唱响“共产党好、社会主义好、伟大祖国好、改革开放好、各族人民好”的时代主旋律，向观众献上精彩的表演，表达对中国共产党成立90周年的祝福和迎接“七一”建党节的喜悦心情。区四套班子领导及2 000余名党员干部和驻地部队官兵观看了演出。7月1日，中共玉溪市委宣传部、玉溪市文化局、老干部局和云南聂耳音乐基金会，共同主办庆祝中国共产党成立90周年红歌情景音乐会《红旗飘飘》。节目有情景合唱《长征》《太行山上》、表演唱《十送红军》、齐唱《没有共产党就没有新中国》等，1 000余名各界代表出席观看表演。8月5日晚，由市委宣传部、市文化局等部门主办“玉溪市庆祝建党90周年文艺汇演”在聂耳大剧院举行。本次汇演节目题材广泛，风格各异，从不同角度讴歌了中国共产党的丰功伟绩，反映改革开放的巨大成就，表达全市人民爱党、爱国、热爱家乡的深厚感情，展示了全市各族儿女乐观进取的精神面貌。红塔区委宣传部组织研和街道研和社区、玉兴街道北苑社区和红塔区文工团3支代表队参加汇演。经过激烈角逐，北苑社区的情景舞蹈剧《阿公阿婆的幸福生活》获一等奖，红塔区文工团的彝族3人舞《花鼓·月琴·彝山趣》获二等奖，研和社区的花灯表演唱《研和新韵》获三等奖。红塔区选送的3个节目均进入决赛，是全市唯一一个初赛节目全部进入决赛的县（区）。

【“三乡讲坛”在聂耳大剧院举行】　9月2日，红塔区“‘三乡讲坛’暨创建文明城市做文明市民礼仪知识讲座”在聂耳大剧院举行。知名国学讲师樊珺为市民传授创文明城市做文明市民礼仪知识。各乡、街道，区属各部门、人民团体和事业单位相关人员、全区各中小学校长、幼儿园园长1 000余人聆听了讲座。

【“舒伯特经典作品中秋音乐会”在聂耳大剧院举办】　9月6日，云南聂耳音乐基金会、玉溪市文化局、《玉溪日报》社共同在聂耳大剧院举办“舒伯特经典作品中秋音乐会”，由3名分别来自中国和以色列的杰出音乐家共同携手演绎奥地利作曲家的经典作品，除钢琴、小提琴独奏之外，还有1名以色列的女高音歌唱家参加演出，听众1 000 余人。

【“党风廉政教育诗歌比赛”颁奖晚会在聂耳大剧院举办】 11月3日，红塔区党风廉政教育暨“倡廉洁、颂清风”诗歌比赛颁奖晚会在聂耳大剧院举办，共10个获奖代表队参加表演。表演包括诗朗诵《竹魂清风》《重读清贫》《呼唤真爱》《我心坦荡》《你有权利要求我》《它是一部书》《廉政断想》等。

（矣　莹）

【“赵浩如教授书法展”在聂耳纪念馆开展】 1月26日上午，“赵浩如教授书法展”在聂耳纪念馆开展。此次书法展由云南省文史馆、云南省书法家协会、云南省书画院主办，红塔区委宣传部、区文明办、区文联和聂耳大剧院共同承办。这是赵浩如首次在省内州（市）举办个人书法展，为期6天，展出书法作品108幅，接待观众2 000余人次。

【“聂耳与国歌”爱国主义主题巡回展览走进大营育才小学】 11月16日下午，“聂耳与国歌”爱国主义教育主题巡回展览走进红塔区北城大营育才小学，为500多名学生上了一堂生动的爱国主义教育课，展览分“聂耳光辉的一生”“永恒的乐章”“永久的纪念”等6个板块，共70余幅图文展板。聂耳纪念馆的讲解员还给该校六一班的同学举办“聂耳与国歌”爱国主义教育主题讲座。

“聂耳与国歌”爱国主义教育主题巡回展由玉溪市委宣传部、玉溪市文化局主办，玉溪市博物馆和玉溪市聂耳纪念馆承办，以弘扬聂耳精神，打造聂耳音乐文化品牌，传扬爱国主义思想为主旨，精选500余幅珍贵的图片资料，配以简要的文字说明，制作成70余幅图文展板，内容包括聂耳生平介绍、主要音乐作品介绍、国歌创作过程、国歌精神、怀念聂耳及玉溪市委、市政府打造聂耳文化品牌、建设现代宜居生态城市的相关内容介绍。活动从6月举行启动仪式以来，先后在玉溪师范学院、玉溪农职院、驻玉溪某部队以及上海和广州展出，收到了较好的效果，社会反响强烈。本次展览在全市各县（区）中小学校巡回展出。

（聂耳纪念馆）

【聂耳音乐文化广场活动】 3月25日19点，在聂耳文化广场大舞台为红塔区春和街道左井居民小组身患重度再生障碍性贫血的李明丽举办募捐晚会。活动由玉溪市红十字会主办，广场管理方承办，活动主要由李明丽的高中同学组织现场表演进行社会募捐。《玉溪日报》、玉溪电视台，以及《春城晚报》《滇池晨报》《云南信息报》等媒体对募捐晚会进行了报道，并公布募捐方式，广泛地传播信息，弘扬公益精神，扩大影响力，让更多的人参与到助人为乐的队伍中来。

4月，研和街道办事处组织30多人的文艺队，在聂耳广场为市民献上一场精彩的花灯专场演出。表演了民乐合奏《草原曲》、花灯独唱《巧梳妆》、花灯小戏《良心》和《梦醒》等剧目。

5月19日，玉溪市、区旅游局在聂耳文化广场组织开展“中国旅游日”宣传活动，活动主题“读万卷书，行万里路”。来自市、区、县的20多家旅行社向市民发放内容丰富的宣传资料，全面介绍玉溪旅游资源、景区概况，提供旅游咨询服务。

5月21日晚，华宁县老年大学专场文艺展演在玉溪聂耳文化广场举行，为全市人民送上一道精神文化特色大餐。华宁县老年大学的160名师生表演合唱《江山》《夕阳红》、器乐合奏《众人浇开幸福花》《瑶族舞蹈》、传统京剧《状元媒》《老年大学可爱的家》、手风琴三重奏《啊！老朋友再见》，花灯歌舞《八赞科学发展观》、民族舞蹈《丰收乐》《阿哥阿妹跳起来》、京剧、花灯表演《红梅赞》《聂耳赞》等节目。

7月22日下午，玉溪市“党妇共建，创先争优，巾帼志愿，服务三乡”活动在聂耳文化广场举行。仪式结束后，社区的20名巾帼志愿者走向人群集聚的地方发放禁毒、防艾、健康检查和未成年人、老年人、妇女权益保障法等宣传材料1 000余份。

7月28日，玉溪市第二届“大家乐”群众文化广场舞蹈大赛在聂耳文化广场隆重举行，全市县（区）8支参赛队伍，近300人参加比赛。赛后，玉溪市3个优秀节目参加全省“大家乐”群众文化广场舞蹈大赛，分别获金、银、铜奖，玉溪市文化局获优秀组织奖。

8月8日，主题为“万众一心跟党走，建功立业奔小康”的红塔区职工工间操比赛在聂耳文化广场举行，来自全区机关、学校、企事业单位的32支代表队同场竞技。

8月8日，聂耳音乐广场隆重举行“2011年玉溪市‘全民健身日’主题系列活动”暨全省统一启动仪式和武术、健身气功展演，汇集玉溪市武术协会各基层活动站组和机关单位的武术和健身气功爱好者数百人参与。启动仪式结束后，进行24式太极拳和健身气功易筋经展演，并进行晚会展演节目16个。

9月13日，玉溪中心城区创建省级文明城市文明出行志愿者活动启动仪式在聂耳文化广场举行。启动仪式后，来自市、区的青年团员、志愿者代表分别到活动点向过往市民发放开展文明出行志愿活动宣传材料，130多名自行车爱好者绕玉湖骑行进行巡游宣传。

11月6日，玉溪市防震减灾局和红塔区防震减灾局在聂耳文化广场开展以“防震减灾，关爱生命”为主题的“玉溪市十一·六防震减灾宣传教育活动”。在现场设立咨询台，展出展板12块，接受群众咨询50余人次，发放《中华人民共和国防震减灾法》200册、《云南省防震减灾条例》200册、《地震应急自救互救手册》200册、《防震避震常识》400册、单张彩色宣传资料1 000余份及防震减灾科普扑克3箱。

12月15日，“玉溪市全民健康生活方式行动暨红塔区创建国家慢性非传染性疾病综合防控示范区启动仪式”在聂耳文化广场举行，活动旨在引导和动员全区社会公众培育健康文明生活理念，倡导健康文明生活方式，预防和控制疾病发生，提高全民健康素质和生活质量。

12月22日，“‘送欢乐、下基层’中国书法进万家——走进红塔区”活动启动仪式在聂耳音乐广场举行。此活动是中国文联组织开展的公益性文化惠民品牌活动，旨在为广大人民群众送上最好的精神食粮，丰富和活跃基层人民群众文化生活。由中国文联、中国书法家协会、省委宣传部、省文联、市委、市政府联合主办，省文联主席郑明主持启动仪式。50多位来自全国各地的知名书法家出席启动仪式。

（矣　莹）

社会·生活

编辑　王德莉

【综　述】　2011年，红塔区总人口426 095人，已婚育龄妇女85 540人。年内，出生人口3 906人，出生率9.21‰，自然增长率4.00‰。

城乡居民生活水平不断提高。2011年，商品零售价格总指数为104.7%，比上年增4.7个百分点。消费价格总指数（CPI）105%，同比上涨5%。农业生产资料价格指数为113.7%，同比上涨13.7个百分点。城市居民人均可支配收入19 258元，同比增11.1%；居民人均消费支出13 027元，同比增6.1%。农民人均纯收入7 917元，同比增12.9%；农民人均生活消费性支出7 617元，同比增14.7%。

社会保险覆盖面不断扩大。全年收缴机关事业单位养老保险基金12 075.71万元，发放机关事业单位2 538名离退休人员养老金10 510.39万元；收缴企业养老保险基金23 058.83万元，发放企业8 606名离退休人员养老金12 081.96万元；参加新型农村和城镇居民社会养老保险19.5万人，收取个人保费2 860万元；参加被征地农民养老保险2.32万人，收取保险费2 950万元。参加城镇职工基本医疗保险4.39万人，收缴城镇职工基本医疗保险基金10 470.44万元。城镇居民基本医疗保险参保人数13.44万人。发放创业促就业小额担保贷款6 240万元、创业促就业“贷免扶补”资金308万元。

社会福利事业稳步发展。五保供养对象446人，支付供养经费187.51万元。对城低保、农低保对象10 464户13 062人，支出“两低保”金2 033.44万元；对农村五保对象和城乡低保对象进行临时价格补贴，发放中央及省级财政价格补贴9 564人60.79万元，区民政局发放临时价格补贴1.35万人40.59万元。实施医疗救助227人，支出救助资金48.61万元。为各类优抚对象2 250人发放抚恤及生活补助费935.5万元、临时物价补贴20.25万元。60周岁以上老年人口64 217人，占全区总人口数的15.07%；全年发放无退休金老年人高龄补助、百岁寿星长寿补助567.46万元。为4 480对8 960名婚姻当事人办理登记手续。救助城市生活无着及流浪乞讨人员213人；为5名弃婴办理收养登记手续。

加强残疾人康复服务，促进残疾人事业健康发展。依法征缴残疾人就业保障金671万元。2 969名贫困残疾人纳入城乡低保范围，扶贫救助残疾人479人51.74万元。3 873名残疾人参加新农合，补助参合资金11.62万元。对急需救助的精神病患者提供免费服药和住院服务，对重度精神残疾人开展托养服务。对78名在特殊教育学校学习的红塔区籍残疾学生按人均500元给予一次性补助，对区内考入大中专学校的残疾学生及残疾人家庭实施贫困教育补助。

（王德莉）

*　*　*　*

计划生育

【人口和生育】　2011年，全区总人口426 095人。年内，出生人口3 906人，出生率9.21‰，自然增长率4.00‰，其中，男性2 043人，女性1 863人。出生婴儿性别比为110∶100（女性为100）。一孩出生2 563人，二孩出生1 335人，多孩出生8人。计划生育率98.54%，分孩次计划生育率：一孩99.88%，二孩96.03%，多孩87.50%。

【节　育】　2011年，全区已婚育龄妇女85 540人，采取各种节育措施77 060人，比上年同期增加1 928人，节育率90.09%。其中，采取结扎和放环措施的71 592人，同比增加1 770人，三术率83.69%；采取针药及药具避孕的5 468人。

【奖励扶助】　2011年，全区审批计划生育家庭一次性奖励226户，发放奖励金21.55万元。发放教育奖学金2 802人81.50万元，其中小学1 654人，初中863人，高中232人，大专15人，本科38人。审批符合计划生育家庭奖励扶助政策对象852人，发放补助66.70万元；发放计划生育家庭特别扶助金201人22.34万元；半边户（夫妻一方是城镇居民，一方是农村居民）69人5.47万元。全年各类奖扶资格认定率100%。实施“少生快富”项目，下拨帮扶资金12万元，在洛河乡、小石桥乡、大营街街道对农村计划生育家庭提供无息资金帮扶。

【计生家庭社会保障】　2011年，兑现农业人口计划生育家庭享受新型农村合作医疗优待4 839户1.39万人，资助金额41.57万元；推行计划生育家庭意外伤害保险4.10万户4.97万份，投保金额124.16万元，其中政府补贴8.32万元。提高计划生育手术并发症补助标准，由每人每月补助80元提高到200元。

【优生优育】　2011年，在区内开展国际合作项目2个：美国福特基金会“防艾”项目、“中日合作家庭保健中西部地区拓展县”；国家项目3个：流动人口均等化服务、综合改革、国家免费孕前优生健康检查；省级项目4个：0～3周岁早期教育、免费婚前医学检查、婚育新风进万家、青春健康教育。

年内，3 925名育龄夫妇进行孕前检查，孕检率91.94%；1 473对新婚夫妇免费进行婚前医学检查，婚检率66%；免费发放新婚礼包1 350个、避孕套8 300只、叶酸1.35万瓶。随访监督，宣传优生优育知识，优生知识知晓率98%，优生咨询指导率100%。开设少女关怀室、青苹果乐园，开展青春期少女心理校正服务和免费技术服务。

【计生执法】 2011年，全区查处计生违法案件68起。其中，征收社会抚养费14起61.10万元，行政罚款47起6.59万元，行政警告7起。全年生育审批、奖抚审批合格率100%。通过服务热线和电话、来信、来访接待群众100多人次，咨询服务48起，举报5起，回复率100%、查证率100%。

【流动人口计生服务】 2011年，红塔区投入流动人口计划生育管理经费57.65万元。发放计划生育宣传教育资料12.85万份，建立流动人口计划生育家庭信息台账5.62万人，建账率100%。向流动人口免费提供基本项目的计划生育技术服务、避孕药具、婚前医学检查、生殖健康咨询。免费对已婚育龄妇女"三查"3406人，免检查费8.4万元；建立计划生育一证通，发放"玉溪市流动人口计划生育综合服务证"2.5万本，流动人口可凭证享受计划生育免费服务项目和各种优惠。

创新"六种服务"模式提升均等化服务水平。专业市场服务模式，在城区云兴建材、中卫和彩虹3个大型专业市场，建立流动人口服务室，每月主动上门询问和服务；工地服务模式，对辖区内100人以上的12个大型工地签订服务管理责任书，开展"关爱建设者、服务进工地"活动；商会服务模式，加强区内各商会协调联系，签订服务管理承诺协议，依托商会进行服务管理，促进户籍地与现居住地交流融合；社区服务模式，依托社区救助室，对零星的、家庭贫困的流动人口，进行温暖帮扶；聚居地服务模式，建立避孕药具发放点197个，其中主渠道发放网点93个，社会发放网点91个，自助式网点13个，实现城乡全覆盖；计卫合作服务模式，利用社区医疗服务网点，统筹区计生服务中心、街道服务所和社区卫生室，定期为流动人口开展查病、查环、查孕、治病的"三查一治"服务，指导流动人口育龄妇女落实安全可靠的节育措施，出具避孕节育报告，开展男性生殖健康免费检查。

印发《红塔区流动人口均等化服务手册》3万册，与流入流出人口相对集中的省外20个县区、省内71县区，以及市属8个县签订"双向管理"协议和区内11个乡（街道）及16个成员单位签订均等化服务协约书，形成流动人口均等化"一盘棋"的服务和管理格局。

【计生宣传】 2011年，开展新农村人口文化大院建设活动，传播先进人口文化。在全区81个村居委会，利用气象信息牌宣传奖优免补、均等化服务、孕前检查、免费婚检等，形成覆盖城乡宣教新格局，宣传教育辐射人群25万人次。开发一批人口和计划生育宣传台历、挂历、烟灰缸、围裙、新婚礼包等10万余册（份），发放到群众手中，方便群众获知计划生育知识。以学校、农村、社区、企业、厂矿、集贸市场为阵地，印制宣传标语、口号及宣传单10万余份；免费发放安全套20余万只、避孕药2万余盒；提供咨询服务和技术服务5万余人次；宣传教育、服务辐射人群达7万人次。精选计划生育法规、关爱女孩、孕前优生健康检查、避孕节育等知识，制作成LED电子彩屏，每天在聂耳文化广场视频滚动播出4次；组织各乡、街道文艺宣传队，把计划生育政策、法规及发生在老百姓生活中的计生锁事，编成小故事、小段子、小唱曲，以地方特色花灯戏的形式，每月在广场演出；每年组织一次独生子女、双女结扎户家庭趣味运动会，增强计生家庭的情感纽带。

【计生组织发展】 2011年，全区有计划生育协会组织101个，会员小组946个，会员3.68万人，会员之家125个，会员联系户4.52万户，协会文艺宣传队224支。开展计划生育村（居）民自治81个，开展率100%。

（李忠诚）

* * * *

居民生活

【城镇居民生活调查】 2011年，红塔区城镇居民人均可支配收入19258元，比上年增长11.1%，扣除物价因素，实际增长5.8%。其主要原因是受事业单位实施绩效工资所产生的影响和居民得到的经营性和财产性收入增加的影响。

随着居民收入的增加，居民消费水平进一步提高，消费结构更趋合理。2011年，城镇居民人均消费支出13027元，比上年增6.1%。在八大类消费支出中：食品类支出4235元，比上年降4.2%；衣着类支出1547元，增28.0%；家庭设备用品及服务支出797元，增13.2%；医疗保健支出1262元，增68.0%；交通和通讯类支出2222元，降0.4%；教育文化娱乐服务类支出1497元，增11.2%；居住类支出1043元，降22.3%；杂项商品及服务支出423元，增55.5%。

年内，城镇居民人均居住面积48.6平方米；99%的家庭有卫生设备；98%的家庭独用自来水；平均每百户拥有彩电124台、家用电脑76台、电冰箱93台、洗衣机107台、家用汽车44辆、摩托车37辆、组合音响38套、家用固定电话44部、移动电话241部、健身器材3套、钢琴3架、其他中高档乐器15件。

（李亚青）

【农村住户调查】 2011年，连续三年的严重干旱，对红塔区农业生产造成极大不利影响，区委、区政府带领全区干部群众克难奋进，通过种植结构调整、农村劳动力转移等多种举措，减少旱灾带来的损失，促进农民收入的增加。

年内，红塔区农民人均纯收入7917元，比上年增加906元。劳动力转移步伐不断加快，农民通过各种渠道所获得的务工收入不断增长，全年工资性收入3520元/人，比上年增加454元，占全年纯收入的44.5%。

年内，农民人均生活消费性支出7617元，比上年增长14.7%。其中：食品类支出2206元，增16.9%；衣着类支出483元，增26.8%；居住类支出2148元，增6.3%；家庭设备用品及服务支出383元，增1.1%；医疗保健消费类支出656元，减15.8%；交通和通信消费支出868元，增31.5%；文教娱乐用品及服务类支出695元，增66.7%；其他消费支出178元，增50.8%。年末，农民人均居住面积75平方米，平均每百户拥有彩电138台、电冰箱79台、洗衣机100台、摩托车61辆、移动电话278部、家用电脑30台、家用汽车21辆。（谢光伟）

【市场物价调查】 2011年，全区商品零售价格总指数104.7%，比上年增4.7个百分点。从分类指数来看，上涨的有8类，依次为：金银珠宝类上涨18.8%、食品类上涨12.7%、燃料类上涨9.2%、建筑材料及五金电料上涨

4.2%、饮料烟酒类上涨1.8%、纺织品类上涨1.3%、日用品上涨0.6%、化妆品类上涨0.1%。下降的有5类，依次为：书报杂志及电子出版物下降5.2%、文化办公用品下降3.3%、家用电器及音响器材下降1.5%、中西药品及医疗保健用品下降1%、交通通信用品类下降0.9%。服装鞋帽类、体育娱乐用品类、家具类与上年持平。

居民消费价格总指数（CPI）105%，同比上涨5.0%，受价格上涨惯性影响，物价高位运行的特征还在持续。八大类消费品及服务项目价格呈现“五升三降”的格局。食品类价格上涨12.4%（粮食上涨9%、蔬菜上涨12.5%、肉禽及其制品上涨26.7%、猪肉上涨43.9%）、居住类上涨6.2%、交通及通讯类上涨0.3%（燃料及配件上涨12.6%、汽油、柴油分别上涨13.7%和13.9%）、烟酒及用品类上涨0.8%、衣着类上涨0.1%，娱乐教育文化用品及服务类下降0.1%、家庭设备用品及维修服务类下降0.8%、医疗保健和个人用品类下降1.0%。

农业生产资料价格指数113.7%，比上年上涨13.7个百分点。从分类指数来看，上涨的有7类，依次为：畜产品上涨32.1%、化学肥料上涨19.9%、其他农业生产资料上涨11%、农用手工工具上涨9.9%、农用机油上涨6.8%、饲料上涨1.4%、农药及农药械上涨1.2%。下降的有1类：半机械化农具下降0.3%。农业生产服务类、机械化农具类与上年持平。

（曾应宏）

*　　*　　*　　*

劳动·社会保障

【劳动和社会保障事业】　2011年，企业养老保险参保3.46万人，比上年增加1.13万人；城镇职工基本医疗保险参保4.39万人，比上年增加5895人；失业保险参保4.65万人，比上年增加4549人；工伤保险参保3.59万人，比上年增加5115人；生育参保2.08万人，比上年增加8521人；农村社会养老保险新投保178人；参加新型农村和城镇居民养老保险1.95万人，占应参保人数的96%；参加城镇居民基本医疗保险13.44万人。

全年收缴机关事业单位养老保险基金12075.71万元、企业基本养老金23058.83万元；支付机关事业单位离退休金10510.39万元、企业离退休人员养老金12081.96万元。年末，参加农村社会养老保险9.6万名，参加被征地农民养老保险2.32万人。

截至年底，全区参加城镇职工基本医疗保险4.39万人，收缴城镇职工基本医疗保险基金10470.44万元、工伤保险基金36.45万元、生育保险基金36.45万元，支付工伤保险费8.79万元、生育保险费26.4万元；收缴企业工伤保险基金840.22万元，支付995.23万元；收缴生育保险基金290.79万元，支付202.83万元。收缴失业保险基金5022.18万元，发放失业保险金179.53万元、医疗补助金24.53万元。

年内，政府出资购买公益性岗位，安置“4050”人员150人；发放创业促就业小额担保贷款6240万元、创业促就业“贷免扶补”资金308万元。

全年办理企业提前退休手续107人、正常退休手续124人。加强劳动监察和仲裁调解工作，维护劳动者合法权益。对辖区内2297个用人单位进行劳动保障执法年审，受理各类劳动违法违规举报投诉135件、劳动争议案件209件，用人单位与劳动者签订劳动合同14.14万人。

【机关事业单位养老保险】　2011年底，全区参保机关事业单位271户，参保人数8353人，缴费人数8253人。离退休人员2538人，其中离休干部56人。收缴养老保险基金12075.71万元；按时足额支付离退休金10510.39万元，月人均发放3466元。完成年度职工养老保险个人账户结算清单的计算、发放、核对，以及养老保险卡的登记，当年记入职工个人账户养老金1449.06万元。

【企业职工基本养老保险】　2011年，红塔区参保企业和个体工商户17336户，比上年增6091户；参保职工34621人，比上年增11318人；缴费职工26816人，比上年增7441人。离退休职工8606人，比上年增2407人。全年收缴基本养老金23058.83万元。按时足额发放企业离退休人员养老金12081.96万元，月平均支付1006.83万元，月人均发放1381元，社会化发放率100%。

（刘志梅）

【新型农村和城镇居民社会养老保险】
2011年，红塔区被国务院批准为第三批新型农村和城镇居民社会养老保险试点工作县区之一。8月23日，红塔区召开会议，启动试点工作。8月30日，在聂耳文化广场举行全区新型农村和城镇居民社会养老保险基础养老金首发仪式。至12月，全区共有19.5万人参加新型农村和城镇居民社会养老保险，参保率96%；收取个人保费2860万元，缴费率100%。其中新型农村养老保险参保人员17.5万人，参保率95.7%，城镇居民养老保险参保人员2万人，参保率99%。发放年满60周岁（重度残疾人年满55周岁）符合领取条件的老年居民每人每月55元的基础养老金4.23万人，计1436万元。

2011年7～12月，红塔区获中央、省、市财政补贴2035万元，其中，中央补助基础养老金1396万元，省级财政补贴560万元（养老金补贴6万元，个人缴费补贴554万元），市级财政补贴79万元（养老金补贴14万元，个人缴费补贴50万元，丧葬抚恤费15万元）。区级配套补贴81万元。

【农村社会养老保险】　2011年，办理农村养老保险参保手续593人，收取保险费236万元，其中新保178人，再保415人。累计投保人数9.6万人。发放到期领取养老金7617人，计258万元。按政策办理农村社会养老保险退保、转保和退一次性继承保证金134人，退保金额15万元。自新型农村养老保险启动后，此项保险即停止办理。

年内，对2010年前参保人员按农村养老保险和被征地农民养老保险进行划分和调整，建立个人账户，单独核算管理。2010年末，参保人数11.5万人，其中1.97万人参加了被征地农民养老保险，涉及此次划分调整的人员有8923人，分户金额5276万元。

【被征地人员养老保险】　2011年，办理被征地农民养老保险人3539人（再保人员1648人），累计投保人数2.32万人，收取保险费2950万元，其中个人缴费2 005万元，集体补助111万元，政府补贴1 230.4万元。发放60周岁及其以上到期领取养老金1.07万人，计1 339万元。

（王文莉）

【城镇职工基本医疗保险】 截至2011年末，红塔区参加城镇职工基本医疗保险单位944户，参保职工43 869万人（在职34 879人，退休8 990人）。其中：机关事业单位278户，参保职工11 311人；企业单位661户，参保职工27 227人；其他单位5户，其他参保人员5 331人。

收缴城镇职工基本医疗保险基金10 470.44万元，收缴率99.7%。其中，统筹基金收入5 592.08万元。

公务员医疗补助，参保人员11 311人，收缴公务员补助基金2 325.45万元，划入个人账户1 857.59万元。

【组织慢性病评审】 2011年，组织慢性病评审2次。6月24日，第22次慢性病评审，申报患者498名，评审通过488人（25人同时患有多种慢性疾病）。其中，高血压患者309人，糖尿病80人，精神病49人，癌症32人，其他43人。12月2日，第23次慢性病评审，申报患者533人，评审通过500人。高血压患者250人，精神病62人、癌症20人、糖尿病7人。截至年末，红塔区享受慢性病医保待遇患者5 350人。

【城镇居民基本医疗保险】 截至2011年末，红塔区城镇居民基本医疗保险参保人数134 442人。其中：成年人88 903人（含城低保3 512人、重度残疾人386人、低收入老年人17 531人），中小学生儿童45 539人（含城低保489人、重度残疾人62人）。统筹基金支付门诊费103.39万元。

调整城镇居民基本医疗保险医疗待遇。一个年度内最高支付限额由2.5万元调整为3万元，特殊病门诊、住院医疗费用统筹基金最高支付限额5 000元。将城镇居民参保人员生育医疗费纳入城镇居民基本医疗保险统筹范围，自1月1日开始执行生育费用报销政策，顺产最高报销1 000元，剖腹产（含难产、剖宫产）最高报销1 500元，不到最高支付标准据实结算。

【定点医疗机构和零售药店考核】 2011年，对红塔区24家定点医疗机构和2家定点零售药店进行考核，综合考核评分均在80分以上，全部年检合格。

【工伤、生育保险】 2011年，征缴企业工伤保险基金840.22万元、生育保险基金290.79万元。截至年末，企业职工工伤保险参保人数35 903人，全年审核办理工伤保险1 197人。其中，轻伤1 014人，达1～4级伤残等级31人，达5～10级伤残等级67人，因工死亡9人，按月领取遗属生活费76人。支付工伤保险费995.23万元。企业职工生育保险参保人数20 817人，享受生育保险待遇421人。其中：顺产102人，剖腹产82人，男职工补助104人，采取节育措施50人，流产83人。支付生育保险费202.83万元。

全区纳入工伤、生育保险的机关事业单位274户，参保职工8 626人，收缴工伤保险基金36.45万元，支付工伤保险费8.79万元；收缴生育保险基金36.45万元，支付生育保险费26.4万元。

【失业保险】 2011年，全区参加失业保险参保单位875户，参保人数46 549人。其中，事业单位208户，参保人数7 816人，企业667户，参保人数38 733人。收缴失业保险基金5 022.18万元，发放失业保险金583人179.53万元、医疗补助金24.53万元、其他补助49.97万元。

【创业促就业贷款】 2011年，对申请创业促就业小额担保贷款的1 006名创业者所从事的项目、贷款金额、贴息标准等进行资格审查后，云南红塔农村合作银行、玉溪市商业银行、中国农业银行玉溪红塔支行共同发放创业促就业小额担保贷款6 240万元；发放创业促就业“贷免扶补”资金308万元，扶持创业55人。

【就业再就业】 2011年，保持城镇零就业家庭动态清零。失业人员实现再就业3 350人，“4050”等特殊困难人员实现再就业150人，对灵活就业困难人员发放社会保险补贴3 995万元。春节期间，开展再就业援助月活动、春风行动、民营企业招聘周、大中专技校毕业生就业服务周专项活动，送政策、送岗位、送技能、送服务、落实社会保险补贴“四送一落实”援助活动，走访慰问困难对象1 121人，支出慰问金36.05万元。

再就业培训。开展微机操作、美容美发、中式厨师、汽车驾驶等专业培训，为失业人员就业再就业创造条件。举办各类培训33期，培训人员2 039人。其中，技能培训4期，培训人员225人；创业培训29期，培训人员1 814人。

农村劳动力转移就业。依托街道办事处和社区居委会，以家政服务等社区综合服务项目为主攻方向，增加保洁、绿化等就业岗位，多渠道安置城镇、农村劳动力就业。年内，实现农村劳动力转移就业5 057人。

【企业职工退休审批】 2011年，审批、办理企业提前退休手续107人、正常退休手续124人。

【劳动保障执法年审】 2011年，对2 297个用人单位进行劳动保障执法年审。通过年审，督促用人单位与4 400名劳动者补签、续签劳动合同；对700余名用人单位法人代表、负责人进行年审普法培训。

【劳动违法案件查处】 2011年，受理各类劳动违法违规举报投诉135件。调查属实，调解说服、督促纠正133件；立案查处2件，罚款2 000元。结案率100%。为570名劳动者追回拖欠工资195万元；清退用人单位违法收取的抵押金1.07万元，涉及劳动者28名。

【劳动合同登记和劳动争议仲裁】 2011年，全区5 118户用人单位进行用工登记，登记人数143 571人，签订劳动合同141 443人，签订率为98.5%。其中，农民工签订劳动合同12 103人，登记率为97.7%。通过对劳动合同的登记，规范企业的用工管理，纠正用工中的违法行为，避免劳动合同纠纷，减少劳动争议的发生，维护用人单位和劳动者双方的合法权益。受理劳动争议案件209件，结案率100%，案外调解84件。

【企业退休人员社会化管理】 截至2011年末，红塔区企业退休人员有8 463人，其中内退人员81人，由区退管中心管理，全部实行社会化管理。纳入社区管理8 383人，社区管理率99.05%。

区退管中心为企业内退人员代缴养老保险、医疗保险和大病补充保险费57.87万元，代发生活费81.65万元；支出管理服务经费96.41万元；发放生病住院、瘫痪卧床人员446人护理费17.57万元；发放符合供养条件的遗属生活困难补助费68人4.19万元；发放特殊病患者补助54人13.06万元；探望生病住院人员1259人，支出慰问费5.04万元；协助因病死亡退休人员家属处理后事62起，支出殡葬用品款6200元；在第七期职工医疗互助活动中，报销2511人医疗互助补助金88.4万元；组织退休人员参加全市第四届企业退休人员文艺调演取得好成绩。

【慰问退休人员】 2011年春节、敬老节期间，组织退休（内退）人员节日慰问活动，就餐9707人次，发放慰问金48.54万元。走访慰问困难人员144人、军转干部41人、革命伤残军人7人，发放慰问金7万元；七一建党节，组织各退休支部评选先进党支部、优秀党务工作者、优秀共产党员和先进工作者，给予表彰；八一建军节，进行复退转军人节日慰问，就餐565人，发放慰问金2.83万元。走访慰问困难复退转军人和革命伤残军人20人，发放慰问金0.6万元。

【退休人员基层组织建设】 2011年，抓好退休人员基层组织建设。建立退休人员自管组37个，在依托自管组的基础上成立了30个退休党支部，选举出自管组长51名、党支部书记30名，支部委员27名。

（刘志梅）

* * * *

福利·救济

【临时救济】 2011年，采购救济粮20.21万千克，对五保对象、低保对象、困难优抚对象、受灾户和其他特殊困难群众3945户1.07万人实施夏荒粮食救济；对五保对象及其他困难群众发放冬寒衣被2413人2884件（套）；对因灾、因病、因残致贫的各类困难群众实施临时生活困难救助3138人，支付救助金86.98万元；对部分农村民房倒塌无力重建的低保户、特殊困难户，调查摸底，制定补助方案，明确补助对象，一户一策，对20户重建困难户20户实施救助，支付建房补助金18.9万元。

对年内考取西南民族大学、云南农业大学、云南师范大学、昆明医学院、中南大学的5名贫困大学新生给予每人3000元的资助。

【医疗救助】 2011年，完善救助措施，取消病种限制，改进救助方式，使更多困难群众享受到医疗救助。实施医疗救助227人次，支付救助金78.25万元。其中，城市患病住院的130人次，支付救助金48.61万元；农村患病住院的92人次，支付救助金29.64万元。代缴参加城市居民基本医疗保险个人承担的5元费用21329人10.66万元；代缴参加城镇居民大病补充医疗保险的个人承担5元费用12857人6.43万元；代缴参加新型农村合作医疗保险的个人承担15元费用11771人18.15万元。

【医疗救助即时结算服务】 2011年7月1日，红塔区推行医疗救助与城镇职工（居民）医疗保险、新农合补偿结算“一站式服务”，通过资源共享、信息共存、同步结算、统一监管，缩短办理时限，提高医疗保险、新农合与城乡医疗救助资金的使用率和覆盖率。

服务救助对象：具有红塔区户籍的城乡居民最低生活保障对象、农村五保对象、农村和城镇无工作单位的重点优抚对象、退出现役的7~10级残疾军人（含7~10级因战因公伤残民兵民工），烈士遗属、因公牺牲军人遗属、病故军人遗属，在乡老复员军人、带病回乡退伍军人、“两参”退役人员。

救助标准：城镇职工（居民）在医疗保险、新农合报销后，按照个人自付部分的50%给予救助，1年内可多次救助，普通疾病累计救助不超过5000元，重大疾病累计救助不超过1万元，五保户个人自付部分实报实销。

【城乡低保】 2011年，对低保对象进行动态管理，坚持3个月核查1次，要求低保对象提供家庭成员、收入情况、就业情况、拥有车辆情况等证明材料，村（居）委会、企业到相关单位调查，对城乡低保对象进行全面核查，确保“应保尽保、应退即退”。年内，发放城乡低保对象10464户13062人“两低保”金2033.44万元。其中：城市低保对象4616户6517人1462万元，月人均补差187元；农村低保对象5848户6545人571.44万元，月人均补差73元。

9月1日，调整城乡最低生活保障标准。城低保标准从原来月标准210元，提高到250元；农低保标准从原来月标准75元，提高到115元。

【五保供养】 2011年，支付五保供养对象446人生活补助费187.51万元。其中：集中供养90人，按人均月标准510元，支付生活补助费55.08万元；分散供养356人，按人均月标准310元，支付生活补助费132.43万元。

【精减下放人员补助】 2011年，对60年代精减退职人员认真核查，建立台账、规范管理，定期定量、按时足额发放生活补助金486人95万元。

【走访慰问】 2011年春节，红塔区开展多种形式的对困难群众送温暖走访慰问活动，为低保、五保、重点优抚对象、社会弃婴等弱势群体送去新春的祝福、党和政府的温暖与关怀。区四套班子领导及相关部门组成慰问组，走访慰问城乡低保对象、重点优抚对象、五保老人、困难老党员、困难高龄老人、城乡贫困群众、寄养社会弃婴等1950人，支出慰问（品）金36.98万元；发放春节慰问金，城乡低保对象13797人68.99万元，重点优抚对象2250人40.5万元；募集捐赠款17.26万元用于城乡困难群众生活救助。

【防灾减灾宣传】 2011年，组织开展防灾减灾、“三小工程”建设和捐赠活动，收到市、区281个单位1.23万人捐款87.93万元，向全区发放防灾应急小册子、小急救包各15.47万册（个）。“五一二”全国“防灾减灾日”，开展“防灾减灾从我做起”主题宣传活动。展出宣传图画展板12块，悬挂宣传标语2幅，发放自然灾害、防震减灾、地质灾害基本知识宣传单9000份，发放防震避震宣传手册500册，现场防灾知识咨询、问件调查200份，电视专题宣传报道7场次、播放防灾减灾宣传标语86条次；组织参加“中国人保－全国防震减灾知识大赛答题卡”400份；全区99所学校举办防灾减灾基本知识讲座99场次，办黑板报（宣传栏）专题宣传99期，组织观看防灾减灾宣传图片26场次，向公众广泛宣传防灾减灾知识。

（徐竹萍）

【物价临时补贴】 2011年，对农村五保对象、城市低保对象、重点优对象实施物价上涨临时补贴，其中：中央财政资金对农村五保对象每人每月补助15

元，补助时间为5个月：2010年11月至2011年3月；省级财政资金对农村五保对象、城市低保对象每人每月补助20元，补助时间为3个月：2010年12月至2011年2月。共发放中央及省级财政价格补贴9 564人60.79万元。其中：农村五保对象454人6.13万元，城市低保对象6 860人41.16万元，重点优抚对象2 250人13.5万元。

8～10月，区民政局对农村五保对象和城乡低保对象发放3个月的临时价格补贴，发放标准为每人每月10元。共发放临时价格补贴1.35万人40.59万元。其中：农村五保供养对象446人1.34万元，城市低保对象6 545人19.64万元，农村低保对象6 539人19.61万元。

（区民政局）

【救灾应急物资储备】 2011年，云南省救灾物质储备中心核准同意，下拨红塔区代储基本救灾物资：帐篷500顶、棉被1 000床、衣服200套、大衣1 000件，应对区内发生重特大自然灾害时，保障灾民有衣穿、有临时住处。

（李长有）

* * * *

优抚·安置

【双 拥】 2011年，是玉溪市争创新一轮全国双拥模范城检查考核年。红塔区在巩固获省第八届、市第四届双拥模范城称号的基础上，完善双拥工作各项制度，落实各项优待抚恤政策，组织、协调和指导全区各级各部门开展双拥和争创双拥模范城活动。春节、“八一”建军节期间，区内组织慰问组11个，慰问驻军、复退军人、伤残军人、“三属”等优抚对象，召开“两节”座谈会310场，参加人员4 300余人，投入经费31万余元。驻区各军（警）部队视人民为父母、把驻地当家乡，全力支持地方经济和社会建设。驻区部队参与创建全国卫生城市、省文明城市投入人力3 500余人次，出动车辆500余台次，清理河道10余千米，清理垃圾1 500余吨，为民做好事800余件。全区有双拥领导小组88个、拥军优属服务组织686个、拥政爱民服务组织56个，形成较为完善的双拥工作体系。

9月29日，省双拥办对玉溪市创建全国双拥模范城进行检查考核，抽查红塔区优抚安置政策落实情况和双拥宣传情况时，给予了高度评价。

（徐竹萍）

【城镇退役士兵安置】 2011年，红塔区接收退役士兵、转业士官207人，其中：转业士官10人（荣立二等功2人），城镇退役士兵59人（复员士官17人），农村退役士兵138人（复员士官32人）。采取以会代训的方式，对转业士官、城镇退役士兵进行就业形势和安置政策法规培训，使其对就业形势和安置政策有一个整体认识，转变就业观念，树立正确的择业观，并本着自愿参加的原则，委托培训机构免费为转业士官、城镇退役士兵举办为期1个月的计算机应用技术培训班。69名符合条件的转业士官、城镇退役士兵报名参加“双考”安置，依据“双考”成绩，从高分到低分排序进行选岗，10名转业士官、城镇退役士兵选到满意的岗位；其余59人申请自谋职业，按规定兑现一次性安置补助费204.35万元、待安置期间生活补助2.52万元。

（徐竹萍、高世鸿）

【优待抚恤】 2011年，发放各类优抚对象2 250人抚恤及生活补助费935.5万元、两次物价补贴20.25万元、春节一次性生活补助费51.75万元。发放出国参战民兵民工347人生活补助24.98万元。为83名重点优抚对象解决“住房难、医疗难、生活难”等问题，支出经费20.55万元。7月起，实行医疗结算一站式服务，解决重点优抚对象医疗困难，共救助12人，支付救助金2.25万元。建立失业残疾军人、复员干部医疗生活补助机制，为16名失业下岗残疾军人解决生活、医疗困难补助21.09万元；帮助解决复员干部1人生活、医疗困难补助2.19万元。

【军供保障】 2011年，区军供站按照优质、快速、安全、保密的要求，坚持“为部队服务，为国防建设服务”的宗旨和“平战结合，综合利用”的方针，为过往部队做好服务；区军粮供应站实行规范化、标准化管理，坚持24小时值班制度，全心全意为部队服务，确保军粮的供应。

（徐竹萍）

* * * *

老龄事业

【老龄人口】 2011年，红塔区总人口426 095人，其中60岁以上老年人口64 217人，占总人口的15.07%。其中：60～64岁的老年人20 734人，占老年人总数的32.28%；65～79岁35 492人，占55.26%；80～99岁7 983人，占12.4%；100周岁以上8人（男1人、女7人），年龄最大的是北城街道大营居委会的马云珍，女，回族，现年107岁。

【百岁老人】 2011年，市、区领导分别为玉兴街道荷花社区居委会16组的刘何氏、凤凰街道瓦窑社区居委会13组的郑治平挂“百岁匾”“盛世乐天年”“期颐延寿”等匾牌，颁发“百岁寿星荣誉证书”，赠送生日蛋糕、慰问金等。郑治平老人是百岁老人中惟一的男性，授匾当天他还朗诵了1首长诗，现场连写5个“福”字。

组织玉溪市第三人民医院医务人员，到玉兴街道、玉带街道、凤凰街道、北城街道、李棋街道、研和街道等免费为8名百岁老人进行健康体检。医生对百岁老人的心脏、肺、腹、神经系统、血压、肢体等进行了检查，并向家属交待老人需要注意的问题，需要吃药的，医生当场开具药方。通过检查，8名百岁老人的健康状况总体良好，除1名老人不能下地外，其余7名老人都还能下地活动。自2009年开展为百岁老人免费体检活动以来，红塔区已为15名百岁老人建立了健康档案。

【高龄补贴】 2011年，发放80周岁以上无退休金老年人保健补助、百岁寿星补助。7月1日，区政府决定增发70～79周岁无退休金老年人保健补助费每人每月20元，1.4万名老年人受惠。年内，红塔区为老年人发放高龄补贴567.46万元。

玉兴街道右所社区居委会出台高龄补助政策，对社区内高龄老人实施生活补助。补助标准为：年满 80 周岁，每人每年补助 1 000 元；年满 85 周岁，补助 2 000 元；年满 90 周岁，补助 4 000 元；年满 95 岁周岁，补助 8 000 元；年满 100 周岁，补助 20 000 元。年内，140 名年满 80 周岁以上老人领取高龄补助，合计 23.6 万元。

【节日慰问】 2011 年春节，全区慰问老年人 25 324 人，支出慰问金 287.5 万元。其中：区级机关单位慰问老人 5 138 人次，送慰问金（品）116 万元；乡、街道慰问老年人 1 365 人次，送慰问金（品）38.6 万元；村（居）委会慰问老年人 14 214 人次，送慰问金（品）98 万元；村（居）民小组慰问 4 607 人次，送慰问金（品）34.9 万元。

敬老节，区四套班子组成由区政府办、组织、宣传、老干、财政、民政等相关部门领导参加的慰问组，对全区贫困老年人进行走访慰问，慰问老年人 929 人，支出慰问金 17.84 万元，发放慰问品 201 袋。其中：慰问 90 岁以上高寿老人 100 名、助医困难老人 100 名、助养困难老人 100 人、百岁老人 8 人、五保老人 446 人、私立养老机构在院老年人 107 人、无军籍离退休职工和代管人员 68 人。

【农村老年协会“百村建设”】 2011 年，红塔区实施“百村建设”示范点 9 个：春和街道刘总旗社区居委会十三组老年协会分会、高仓街道桃源社区居委会老年协会、李棋街道下赫社区居委会老年协会、北城街道高桥社区居委会老年协会、大营街道赤马社区居委会十五组老年协会分会、研和街道贾井社区居委会八组老年协会分会、洛河乡把者岱村委会二组老年协会分会、洛河乡洛河村委会三组老年协会分会、小石桥乡小石桥村委会四组老年协会分会。每个示范点补助经费 1 万元，主要用于添置活动设施、设备，改善农村老年协会和分会的活动条件，让农村老年人老有所乐。

（张庆献）

*　　*　　*　　*

残疾人事业

【残疾人工作】 2011 年，红塔区加强对盲人协会、聋人协会、肢残人协会、智力残疾人亲友会、精神残疾人亲友会等 5 个专门协会的业务指导，为残疾人提供优质的个性化服务，推进残疾人康复、教育、扶贫、劳动就业、文体宣传等。办理法律援助案件 35 件，解答法律咨询 256 人次；接待来信来访 172 人次，完成上级交办急件 3 件。

依法征缴残疾人就业保障金 671 万元。2 969 名贫困残疾人纳入城乡低保范围，其中农村 2 342 人，占全区农低保总数的 35.6%；城镇 627 人，占全区城低保总数的 9.7%。动员残疾人参加“新农合”医保，对参加新型农村合作医疗保险的 3 873 名残疾人个人应缴费部分补助 11.62 万元。全区扶贫救助残疾人 479 人 51.74 万元；救助临时困难残疾人 76 人；救助城市生活无着的流浪乞讨残疾人 6 名。

红塔区残疾人事业工作在全市残联系统考核评比中获全市第一名，连续五年走在前列；区盲人协会被授予“云南省‘十一五’专门协会工作优秀奖”；6 月，红塔区再次荣膺国务院残工委“全国残疾人工作先进单位”称号。

【康　复】 2011 年，加强残疾人康复服务。制定社区康复方案，规范 104 个村（社区）康复站工作台账和服务内容，全区 80% 以上的残疾人得到不同程度的康复服务。

11 月 18 日，省康复中心脑瘫儿童康复项目组到红塔区进行脑瘫儿童筛查，对符合治疗条件的 6 名脑瘫儿童，区残联配车护送脑瘫孩子及父母到省康复中心接受康复治疗，省康复中心免费为每个孩子提供 1 万元治疗费用，并进行为期 3 个月的康复治疗。

开展“亮睛行动”，免费对 11 个乡、街道筛查出适合手术的白内障患者 130 人，及其他 560 名白内障患者实施手术，支出医疗费 14.28 万元。

194 名精神病患者接受免费康复服务，为 103 名贫困精神病患者提供 4 个季度的免费服药，支出医药费 5.28 万元；为 32 名重度特困精神病患者提供免费住院治疗服务，支出住院费 10.06 万元；对 56 名精神病患者进行医疗救助，支出救助资金 13.67 万元。实施“阳光家园计划”，86 名精神病患者进行阳光家园居家托养，投入资金 5 万元。

开展长江新里程—普及型假肢安装，为 16 名肢体残疾人实施免费假肢安装手术，其中小腿 8 例、大腿 5 例、机电手 1 例、美容手 2 例，投入资金 6 万元。

对有康复需求的 1.24 万名残疾人造册登记，列出所需康复项目，为下年残疾人康复服务工作奠定基础。

【扶贫就业】 2011 年，购买公益性残疾人就业岗位 5 个，安置就业；安置 26 名残疾人到其他岗位就业。

宣传残疾人创业典型，巩固已建成残疾人扶贫基地，支出经费 4 万元；引导扶持残疾人个体就业 5 户，支出补助资金 2 万元；无偿扶持残疾人发展种植、养殖业 13 户，支出补助资金 15 万元。系列扶持政策的实施，使 5 户创业残疾人成为“万元户”，并带动 23 名残疾人脱贫致富。

推进残疾人安居工程，实施困难残疾人危房改造 33 户，其中新建 30 户，修缮 3 户，补助资金 32.5 万元。

【职业培训】 2011 年，开展城镇残疾人技能和农村残疾人实用技术培训 7 期，586 人参加培训，支出培训经费 18 万元。

12 月 12～15 日，在星光公寓举办为期 4 天的社区康复工作培训班，讲解精神健康基本知识、低视力康复基本知识、新形势下残疾人康复干部的心理、职业素质和能力的调整，残疾人的心理康复，脑瘫、偏瘫的康复训练等方面的知识，使参加培训的残疾人及残疾人亲友能够自我进行简单的康复训练或者对患者进行康复训练。

12 月 20～23 日，在星光公寓、北城、李棋、大营街举办为期 4 天的种植、养殖技能培训，邀请研和兽医站站长易培富、研和葡萄协会会长仝少林及残疾人优秀创业者可秀平、任永安来授课，采取理论授课与实地考察讲解相结合的方式，向参训学员传授科学养猪、鸡、鸭和种植葡萄、梨、金丝蜜枣等系统性的理论知识和实际操作技能，巩固现已发展起来的养殖、种植业户，带动帮扶有条件的残疾人发展养殖、种植业。

12 月 22～25 日，在高新区健朝按摩院举办为期 4 天的盲人行业规范管理和按摩方法培训，26 名学员参加培训。减少残疾人从事按摩行业中存在不规范问题，推动红塔区残疾人按摩行业健康发展，带动更多的盲人从事按摩行业。

【教育补助】 2011年，实施“春雨助学”项目，对61名在各乡、街道随班就读的中小学贫困残疾学生给予每年300元的补助，合计1.83万元；对在特殊教育学校就读的78名红塔区籍残疾学生每人给予500元的一次性生活费补助、对11名入学新生每人补助行李费400元，合计补助4.34万元。为残疾学生入学就读，完成学业提供了有力保障。资助贫困残疾人大中专学生65人，补助金额12.22万元。

【关爱残疾人】 2011年，春节慰问困难残疾人1 130户，“全国助残日”慰问586户，受益人员4 947人（残疾儿童581人）。其中，现金慰问1 543人、赠送下肢残疾人轮椅110辆、拐杖53副及盲人盲杖10副，支出慰问金57.51万元。

加强无障碍设施建设，补助改造红塔区图书馆无障碍设施5.54万元，补助高仓街道东风南路盲道建设5万元。补助符合政策的残疾人机动轮椅车燃油费267辆，支出补助金5.36万元。为符合条件的41名残疾人办理公交爱心卡。

【核换发残疾人证】 2011年，全区核、换发第二代残疾人证8 351人。其中：视力残疾1 171人，听力残疾965人，言语残疾76人，肢体残疾4 195人，智力残疾943人，精神残疾978人，多重残疾23人。杜绝违规办证、办假证、办人情证等现象的发生。

【区残疾人工作会议】 2011年3月14日召开。对上年度残疾人就业工作先进个人105人、12个残疾人目标管理工作先进单位及27个按比例安排就业工作先进单位进行表彰。区政府残工委主任、副区长黄云鹍代表区政府与11个乡、街道分管领导签订2011年度残疾人目标管理责任书。

【残疾人养老保险新政策】 2011年7月1日，区政府发出《玉溪市红塔区人民政府关于印发玉溪市红塔区新型农村和城镇居民社会养老保险试点实施方案（试行）的通知》。《通知》中特别规定凡年满60周岁及其以上的农村、城镇重度残疾人由省财政按最低100元的缴费档次标准逐年全额代缴养老保险费，并每人每月加发50元基础养老金，所需资金由市、区各承担50%；55岁～59岁由省财政支付每人每月55元的养老补助，60周岁起领取中央支付的基础养老金，农村、城镇持证3级残疾人由区财政按每人每年50元的标准代缴养老保险费，个人缴费不得低于每人每年50元；农村、城镇持证的4级残疾人由区财政按每人每年30元的标准代缴养老保险费，个人缴费不得低于每人每年70元。

【宣传活动】 2011年3月3日，开展第十二个“全国爱耳日”、第十六个“全国爱眼日”宣传活动，发放宣传材料1万余份，悬挂宣传横幅47条，咨询听力残疾预防与爱眼护眼康复知识3 500余人次。

8月10～12日，开展第二个“全国肢残人活动日”活动，省残联组织各州、市残联领导50余人到红塔区参加活动，给每户慰问对象送去500元慰问金和1份慰问品。区内105名肢残人代表参观了研和工业园区数控机床车间，感受家乡在共产党的带领下展现的时代新风貌。

10月18日，红塔区残联召开庆祝国际“第54个国际聋人节”“第28个国际盲人节”座谈会，倡导全社会给予聋、盲人“平等、参与、共享”的权利，为聋、盲人朋友创建一个和谐共荣的生存环境。11个乡、街道残联理事长、康复员及区属5个专门协会主席和聋人、盲人代表近60余人参加活动。

（汪　媛）

*　　*　　*　　*

社会事务

【婚姻登记】 2011年，红塔区4 480对8 960人婚姻当事人办理登记手续，其中结婚3 500对7 000人、离婚980对1 960人。800对1 600人补办结婚登记手续，40对80人补办离婚登记手续。为196人查阅婚姻档案，并出据证明材料；为2 928人出具未婚证明。

2008～2009年，获省民政厅“婚姻登记先进单位”；2010年，获国家民政部“全国婚姻登记规范化建设单位”。

【流浪乞讨救助】 2011年，救助流浪乞讨人员213人。其中：外省籍85人，本省籍州、市101人，本辖区27人。为危重病11人、精神病7人，及无法找到户籍地在院治疗和安置在敬老院的19人，支付医疗费36万元。年内，印制《救助管理办法》和《救助管理办法实施细则》3 000多份，在流浪乞讨人员中宣传法规政策。

【弃婴收养登记监管】 2011年，为5名社会弃婴办理收养登记手续。加强对寄养在夕阳红托老（幼）院无人收养的36名孤残弃婴的监管，按月落实生活、就医、就读等补助费用，维护孤残弃婴的合法权益。

【殡葬改革】 2011年，殡仪馆火化遗体513具。其中，农村居民火化遗体36具。南陵园公墓销售墓穴153个，安葬墓穴114个。

推进城乡公益性骨灰公墓建设，完成城乡公益性公墓建设初步选址工作。北城街道选址在青龙山，占地面积100亩；春和街道选址在王大户村委会台山（老干山），占地面积110亩；李棋街道选址在大湾山，占地面积200亩；大营街街道选址在赵桅村委会夏家山，占地面积200亩；凤凰街道选址在哨河大山，占地面积197亩；玉带街道选址在冯井社区青龙潭，占地面积145亩；高仓街道选址在梁王坝村委会四组白坟山（干海资公路边），占地面积42.2亩；研和街道选址在南厂村委会多依树山地，与峨山县小街镇地界相连，占地面积100亩。玉枕山片区迁坟地点选址在李棋镇七块地，拟建立一个公墓。

【福利企业管理】 2011年，认真执行《社会福利企业管理暂行办法》，对19个社会福利企业进行年检年审，维护国家扶持保护社会福利企业政策的严肃性和从业残疾职工的合法权益，促进社会福利企业健康发展。年内，19个社会福利企业安置残疾人就业294人次。

【救助设施建设】 2011年，红塔区流浪未成年人救助保护中心、红塔区救灾物资储备库主体工程、室内装修完工，进入绿化和附属设施工程建设。红塔区流浪未成年人救助保护中心建筑面积2 080平方米，总投资593万元，设置床位146个；红塔区救灾物资储备库，建筑面积1 250平方米，总投资350万元。

（徐竹萍）

人 物

编辑 王德莉

【综 述】 2011年，在经济建设和社会发展中，全区各族人民为科技兴区、生态建设、安全生产、社会和谐作出了积极贡献。年内，受国家部级表彰先进个人7人，其中：科技进步先进个人3人、政法系统优秀党员干警1人、保护森林和野生动植物资源先进个人1人、安全生产监管监察先进个人1人，消防公益事业先进个人1人；获省级表彰6人，其中：防治艾滋病先进个人1人、禁毒人民战争先进个人1人、先进工作者1人、优秀党务工作者1人、省劳模2人；获全国电力行业表彰1人；全国第八届残运会游泳冠军1人。

（王德莉）

* * * *

先进人物

【全国县（市）科技进步考核先进个人张小良】 男，彝族，1963年7月生，玉溪市峨山县人，中共党员，研究生学历。现任中共玉溪市红塔区委副书记，红塔区人民政府区长、区政府党组书记。

张小良高度重视科学技术发展，倡导制定《玉溪市红塔区促进企业技术创新、提高企业竞争力的实施意见》《关于大力加强科技创新促进经济社会全面协调发展的实施意见》等，并身体力行地抓落实、抓成果、抓成效，科技创新取得显著成绩。2011年，区本级科技支出2 016万元，占本级财政决算支出的1.07%；奖励企业技术创新82万元。年内，红塔区2个新产品被认定为省级新产品，1个新产品被认定为省级重点新产品，5户企业被认定为高新技术企业；22项科技成果获市、区科学技术奖；全区专利申请402件，授权312件。

2011年，全区经济高开稳走，主要经济指标快速增长，预计生产总值完成511.9亿元，同比增13.8%，区属生产总值185.1亿元，增12%；工业总产值403.1亿元，增19.7%；财政总收入25.4亿元，增23.6%，地方财政收入12.5亿元，增19.2%；全社会固定资产投资128亿元，增20.5%；社会消费品零售总额80.7亿元，增18.2%；城镇居民人均可支配收入19 258元，增11.1%；农民人均纯收入7 917元，增12.9%。三次产业比重为5.1∶46.5∶48.4。人均GDP保持全省第一，被评为云南省县域经济发展十强县，“十二五”经济社会发展实现良好开局。

2011年，红塔区被国家科技部表彰为“全国县（市）科技进步考核先进县（区）”，张小良被授予“全国县（市）科技进步考核先进个人”。

【全国县（市）科技进步考核先进个人荆文义】 男，汉族，1954年8月生，玉溪市红塔区人，大专学历。现任玉溪市红塔区科学技术局农业科技股股长。

1981年，荆文义从云南省畜牧兽医学校毕业，参加工作。1986年，到区科技局从事农业科技项目和农村科技的实施和管理工作。1987～1990年，他到小石桥乡驻点三年，参与山区科技开发工作；1994年起，他参与全国县市科技进步工作的组织实施工作，承担科技进步相关文件的起草，参与企业、乡镇新区科技进步的组织和考核，收集整理红塔区科技进步相关资料、数据和总结材料。1998年，他从广州调运草莓苗给农户试种，为农业引进新品种、新技术，红塔区草莓种植得到推广，农户增加了收入。红塔区先后4次被评为全国科技工作先进县（区）。

荆文义先后获“玉溪地区新长征突击手”“玉溪地区先进教育工作者”称号；1991年，获云南省科技进步二等奖和云南省星火科技三等奖；2004年，科技管理工作成绩突出，受到省人事厅、省科技厅的嘉奖。2011年11月，他被国家科技部授予“全国县（市）科技进步考核先进个人”。

【全国县（市）科技进步考核先进个人吕玉平】 男，汉族，1963年10月生，玉溪市红塔区人，中共党员，大学文化。1996～2009年，任红塔区粮食局副局长；2009年7月，调任红塔区科学技术局、知识产权局副局长。

吕玉平勤于学习，干一行、钻一行、爱一行，认真履行职责，秉公办事，当好助手，协助局长推动科技行政管理部门各项工作的全面发展。他深入调查研究，准确真实地掌握第一手资料，搞好科学民主决策，大胆创新工作方式、方法，组织实施具有部门工作特色和亮点的农业科技计划项目，开展形式多样的科技宣传普及和农业科技培训。为促进红塔区农业科技进步和科技创新，推进农业新品种和新技术引进，示范与推广应用，发挥区位优势，发展特色、优质、高效、安全、生态农业，促进农业科技成果转化及产业化发展做出了积极贡献，红塔区农业科技管理工作始终保持在全市前列。2009～2011年，全区组织申报和实施省级、市级和红塔区农业科技计划项目54项，其中：省级科技计划5项，市级科技计划24项，区级科技计划25项。争取省、市级科技扶持资金406万元，落实红塔区科技计划资金60万元，有力地推动了菜、花、油、药、果等优特经济作物和畜禽业的发展，充分发挥了科技在农业经济发展中的引领和支持作用。2009年、2011年，红塔区连续2次被国家科技部表彰为全国科技进步先进县（区），被国家知识产权局批准为国家知识产权强区工程试点县区。11月，他被国家科技部授予“全国县（市）科技进步考核先进个人”。

（科技局）

【全国政法系统优秀党员干警陈有文】　男，汉族，大学文化，1975年5月生，中共党员，现任红塔区司法局春和司法所所长。

1998年以来，他一直从事基层司法行政工作，以发挥基层司法三个保障功能、维护社会稳定、推进基层民主法治建设为己任，坚持走群众工作路线，把“能不能和人民群众谈得在一起、坐得在一起、吃得在一起”作为群众工作的一把尺子。在调解纠纷过程中，以微笑面对群众，对待群众做到一张笑脸相迎，一句问候关心，一杯热茶相待，一件实事舒心，耐心做当事人的思想工作，争取让当事人案结事了，息诉罢访。很多工作对象和他交成了朋友，有的上访带头人被他的热情与真诚所打动，转变成了罢访带头人。13年来，他参加各种法制宣传200余次，对189名刑释解教回归人员进行耐心帮教，对80名社区服刑人员进行教育矫正，挽救了大量失足人员，主持或指导各级调解委员会化解各类民事纠纷1 800余件，参与调处各类可能影响社会稳定的重大矛盾纠纷30余件次，为群众排忧解难，维护了社会稳定，辖区内连续六年没有出现因民事纠纷引起自杀、凶杀、群体性械斗和集体上访事件。2009年，陈有文被评为优秀公务员；2010年，被评为玉溪市优秀人民调解员。2011年6月，被中央政法委授予“全国政法系统优秀党员干警”称号。

（金雪娟）

【全国保护森林和野生动植物资源先进个人普金林】　男，彝族，1957年12月生，玉溪市红塔区人，中专学历。1976年10月参加工作，现任玉溪市红塔区林业局副局长（正科）。

1995年，他担任区林业局副局长以来，加强林政管理队伍建设，造就一支纪律严明、业务精通的资源林政管理队伍。在大规模植树造林的同时，严格执行限额采伐制度，保证森林采伐量低于生长量。每年按照“不突破，不截留，不串用”原则，将采伐指标安排到生产单位。采伐做到伐前有设计，伐中有监督，伐后有验收。主导并提倡简易伐区作业设计，要求严格伐区现场监督，督促林业站加强采伐监督，森林资源实现持续增长。2007年，经森林资源二类调查，全区活立木蓄积为328.9万立方米，比1995年增加90万立方米。

通过各种途径、各种方式加大林地管理宣传，提高大众依法征占用林地的法律意识；建立多部门的协商机制以及打击违法占用林地等措施，从根本上保证依法使用林地，全区征占用林地报批率和植被恢复费征收到位率100%。加强行政执法。“十一五”期间，处理涉及林地案件41起，处罚46人，其中：林业行政案件处罚36起38人，林业刑事案件5起，移送检察机关起诉8人。维护稳定林业生产秩序，有效制止乱砍滥伐现象发生，森林资源得到有效保护，为红塔区的林业生态建设及经济社会的协调、健康和可持续发展作出了贡献。

2011年4月，普金林被国家林业局授予“全国保护森林和野生动植物资源先进个人”。

（叶金华）

【全国安全生产先进个人杨宏毅】　男，汉族，云南省峨山县人，1957年3月出生。中共产党，大专文化。1974年8月参加工作，历任红塔区体改委副主任、李棋镇副镇长、红塔区建设局党委副书记等职；2005年6月，调任红塔区安全生产监督管理局局长。

杨宏毅到任后，抓廉政、强党性，把好廉洁关，以严格的党性要求自己，以廉洁的形象塑造自己，以自己过硬的作风为全局上下树立一杆标尺。坚持内强素质、外树形象的工作思路，加强班子和安监队伍建设。抓基层、打基础，责任落实到位，构建全区安全生产责任体系，通过层层签订责任状，严格实行安全生产目标管理，真正建立起横向到边、纵向到底的区、乡（街道）、村组和企业四级安全生产责任体系，在全区编织了一张牢固的安全网。加强行业安全监管，开展各专项检查行动和标准化建设工作，促进非煤矿山、冶金、危险化学品、烟花爆竹等行业企业安全生产条件逐步好转，有效防范群死群伤恶性事故的发生；在全区工矿商贸企业推行安全生产分类分级管理办法，与网络公司合作开发安全生产监管网络系统，通过管理机制和网络技术的运用，提高安全监管工作的效能。严格执法检查，与政府督察部门联合，开展集中组织与部门自行安排相结合，不断创新联合执法机制，每季度对本辖区生产经营单位进行一次“拉网式”安全检查。成立宣教股和区安全生产协会，扩大安全生产培训规模和覆盖面，开展宣传教育活动，增强全民安全意识。通过全局干部职工扎实工作，在全区社会经济迅速发展，经济总量不断增大的情况下，生产安全事故稳中有降，连续5年在全市安全生产目标责任管理考核中名列前茅。2011年，杨宏毅被国家安全生产监督管理总局评为“安全生产先进个人”。

（欧阳伟才）

【全国电力行业优秀企业家杨波】　男，汉族，1966年12月出生，重庆市人。中共党员，大学本科学历，高级工程师。现任玉溪供电局局长兼副书记。

1987年7月，在滇东电业局修试所工作；2001年9月，任玉溪供电局副局长；2005年1月，任版纳供电局副局长，主持工作；8月，任版纳供电局局长兼党委副书记；2009年2月，任玉溪供电局局长兼党委副书记。

杨波到任后，结合玉溪供电局实际，持着敢为人先、务实进取、开放创新、敬业奉献的精神开展工作。他带领员工积极创造条件，为客户提供优质服务，得到社会各界的好评及认可。正确处理企业发展与社会、行业、员工共同发展的关系，坚持和谐共赢，牢固树立为地方经济社会发展服务的意识，找准企业自身发展与推动地方经济发展的结合点、平衡点，为地方经济社会发展提供强有力的电力支撑，得到玉溪市委、市政府的充分肯定，赢得良好的外部发展环境。供电局管理效率也逐步提升、资源配置逐步优化、企业竞争力持续提高，在经营管理、市场营销等方面取得良好业绩，广大用电客户和企业职工分享到了优质的电力供应与服务和管理创新带来的成果。企业先后被评为“云南电网公司金牌服务迎奥运活动服务承诺先进单位”“玉溪市特别贡献企业”。

2011年11月，杨波被中国电力企业联合会授予“全国电力行业优秀企业家”。

（李雪梅）

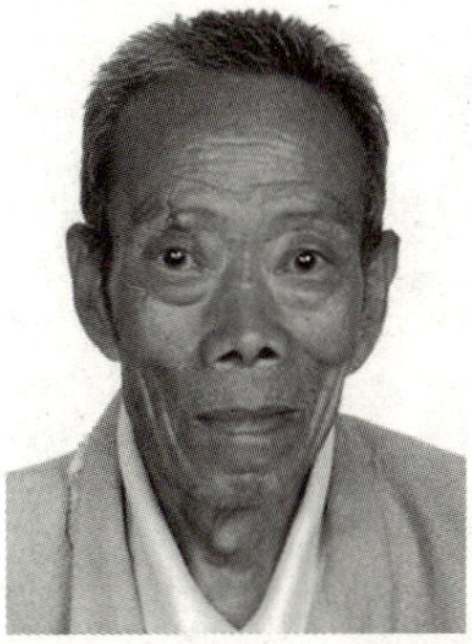

【全国热心消防公益事业先进个人肖家福】 男，汉族，1934年生，红塔区高仓街道排山社区人。

1989年，肖家福从部队退伍回家务农。当时，排山社区大部分村民以务农为主，全家的家当仅是一所破烂的房子和简单的家具，生活条件极其艰苦。农村时常发生房子被烧，村子路窄，消防车进不去，只能眼睁睁看着房子被大火吞没。他心中开始有个强烈的念头：组建消防队。1989年，在经济条件并不宽裕的情况下，肖家富不顾家人反对和质疑，用1万元钱购买消防器材，并专门买一辆在当时很奢侈的三轮摩托充当消防车，和儿子组成消防队。消防队成立不到一个月，高仓镇桃园村发生火灾。肖家福得到消息后，发动早已载满消防器材的三轮摩托车，与儿子直奔火场，利用消防水泵抽水灭火，在短时间内扑灭了大火。村民特地制作“为乡民赴汤蹈火在所不辞，情真切父子火场勇立战功”的匾额送到他家里。村民亲切地称他们的消防队为“父子消防队”。22年的时间里，肖家富的“父子消防队”义务救火200多起，其中一次性在火场坚持的最长时间为7个多小时。2004年10月，肖家福父子被云南省公安消防总队评选为“消防热心人”；2006年，肖家福入选中央电视台举办的“中国骄傲”人物评选。几年来，“父子消防队”在中央及省市新闻媒体栏目相继播出，引起社会强烈反响。2011年11月，肖家福被公安部授予“全国热心消防公益事业先进个人”称号，并奖励四轮消防摩托车一辆。同时，红塔区政府和玉溪市公安消防支队分别赠送价值3 000元的消防器材和2 000元的加油卡。

（王德莉整理）

【残运会游泳健儿何悦悦】 何悦悦，女，1991年11月生，玉溪市红塔区人。

高中文化，听力残疾（三级），一级运动员。2011年10月，何悦悦代表云南省参加全国第八届残运会游泳比赛，获4个第一名，并“1破1平”世界纪录和破2项全国纪录：100米蝶泳S15级第一名（1分04秒66），破全国纪录；200米蝶泳S15级第一名（2分22秒46），平世界纪录；400米个人混合泳SM15级第一名（5分07秒49），破全国纪录并打破世界纪录；200米个人混合泳SM15级第一名（2分25秒58）。

（江　媛）

【云南省防治艾滋病人民战争先进个人和丽琼】 女，纳西族，1965年12月生，云南省丽江人。中共党员，大学本

科学历，现任红塔区妇联主席。

2008年以来，和丽琼带领区妇联依托“双学双比”“巾帼建功”等有效载体，深化“房东联谊会”工作模式，创新流动人口服务管理。实施中国全球基金艾滋病预防干预项目，在凤凰街道葫芦社区“房东联谊会”的基础上，成立流动妇女服务小组和流动儿童服务小组，将社区娱乐场所从业人员、出租屋的流动女性纳入社区规范管理和服务。组织实施英国救助儿童会“预防和遏制拐卖妇女儿童、创建平安社区项目”，动员社会力量参与妇女儿童的保护行动。在北城居委会建立“儿童活动中心”“青少年心理驿站”“家长联谊会”等儿童、家长自主参与的服务管理平台，项目延伸到高仓街道龙树社区、大营街街道杯湖社区、玉带街道郑井社区等，形成社区——学校——企业——家长共同联动的儿童保护机制。实施云南省全球基金“在城市贫困流动人口中开展艾滋病健康干预项目”。争取全球基金艾滋病项目的资金支持，在玉带街道郑井社区开展宣传、教育、培训和关怀捐赠等项目活动，为目标人群送去关怀和知识，建立完善与城市流动贫困人口沟通和健康干预长效工作机制，达到传播知识、减少发病、加强关爱、减少歧视、共建和谐社区的目的。实施云南省全球基金“创建和谐社区、开展AIDS感染者或病人及家属支持关怀项目”。以玉带街道和春和街道为项目点，探索以社区为基础，以“妇女之家”为平台，以妇女骨干队伍为核心，动员社区、企业、家属等共同参与的AIDS感染者关怀支持行动，取得了显著成效。2011年4月，和丽琼被中共云南省委、云南省人民政府授予“云南省防治艾滋病人民战争先进个人”。

（严翠仙）

【云南省禁毒人民战争先进个人杨燕晨】 男，彝族，1965年9月生，玉溪市元江县人。中共党员，大学本科学历。2003年2月，任红塔区人民检察院检察长。

杨燕晨以“禁毒工作，功在千秋，

利在万民”作为座右铭，把禁毒工作作为一项重要任务来抓。他亲力亲为指导和监督禁毒工作，要求侦监、公诉部门要加强诉讼监督，重点监督涉毒犯罪案件有案不立、有罪不究、以罚代刑等问题，防止和纠正打击不力；加强对涉毒犯罪案件审理程序、审判期限的监督，量刑畸轻畸重的要依法提出抗诉；加强对涉毒犯罪案件涉及财产处理情况的监督力度，适时向法院提出适用财产附加刑的公诉意见，加大对涉毒犯罪分子的经济制裁。在他的带领下，2008～2011年，区人民检察院共受理各类提请逮捕涉毒犯罪案件214件264人，批准逮捕211件255人，受理各类移送审查起诉涉毒犯罪案件224件279人，由区检察院提起公诉169件203人，移送玉溪市检察院审查起诉55件76人，无一件不起诉案件，保持对涉毒犯罪严打高压态势。加强与公安等部门的协调配合，积极参与对毒品犯罪治安问题突出的重点地区、重点部位的集中整治，形成打击涉毒犯罪合力，进一步净化社会环境。加强涉毒统计分析，及时归纳和总结打击涉毒犯罪在检察实践中遇到的新情况、新问题以及如何应对的新思路、新举措，提高涉毒犯罪案件的办案工作水平，形成翔实数据资料以及检察工作简报，作为禁毒决策参考。

在严厉打击涉毒犯罪的同时，加大禁毒宣传力度。利用送法下乡、五五普法等法制宣传活动，深入开展《禁毒法》宣传普及，大力推动禁毒宣传进村镇；利用讯问犯罪嫌疑人、出庭支持公诉、开展监所检察工作等时机，开展以案说法教育活动；通过以案说法、以事说理等方式，开展讲座，使广大人民群众深刻认识到毒品对个人、家庭乃至整个社会的严重危害性，增强人民群众自觉抵制毒品侵蚀的意识，取得了良好的法律效果和社会效果。

2011年4月，杨燕晨被中共云南省委、云南省人民政府授予“云南省禁毒人民战争先进个人”。

（景绍伟）

【云南省先进工作者赵东明】 男，白族，1959年11月6日生，大理市洱源县人。中共党员，大学本科学历，园林高级工程师，现任红塔区园林绿化管理站站长。

他以推动绿化事业发展为己任，不断加强城市绿化管护，积累了丰富的工作经验。在城市绿化规划设计上，注重本地特色，选用乡土树种，合理布局绿色植物小品，实施城市景观改造，他提出“建一路、绿一线、建一区、绿一方”工作思路；城市道路建设，改造一条、绿化一条；在城市园林绿化管护中，严要求、精管理、求上进，不断创新发展，使城市绿化注入新的文化艺术内涵。每年春节组织创作各种大中型盛花器40余组、各种花卉艺术音乐造型50余种。绿化植物病虫害预防为主、综合防治，采取各种栽培措施，提高植物抗性等技术手段，结合人工防治，勤观察，及时预测预报，做好植物病虫害防治。2000年，推行第一轮城市绿化承包管护，取得显著成绩。2005～2007年，红塔区新增行道树3 179棵，新增草坪7 502平方米，新增灌木7 493平方米，完成秀山路、珊瑚路、太极路等10余条道路的绿化工程及玉溪大河河滨路柿树的种植，种植柿树324棵。2008年，响应市政府“绿色玉溪行动”，新栽大树1 374棵；2009年，组织参与聂耳文化广场出水口绿化景观改造工程；2010年5月，赵东明任玉溪大河二期工程绿化技术总负责人，负责工程中10个标段799.2亩的园林绿化建设，种植乔木1.1万棵，灌木6万余株、地被植物3.1万平方米，玉溪居住环境明显改善。2008年，玉溪被评为“省级园林城市”；2010年，被评为“国家级园林城市”。

2011年4月，赵东明被云南省人民政府授予“云南省先进工作者”。

（杨根秀）

【云南省优秀党务工作者蒋兴建】 男，汉族，1954年8月生。中共党员，大专学历，高级经济师。现任云南环腾集团、玉溪市溶剂厂有限公司董事长、党支部副书记。

1988年，他创办玉溪市溶剂厂时就成立党支部，有3名党员。2000年，改制为非公有制企业玉溪市溶剂厂有限公司，党支部有党员26人，占员工总数的14.6%；公司中层以上管理人员党员占90%。他始终坚持以党建促进企业发展。2010年，他团结带领支部一班人积极开展“创先争优”活动，支部被列为省、市、区“创先争优”示范点。

公司自主创新、研发出2个新产品、获12项专利知识产权。至2011年，企业拥有3个省级名牌产品，四大系列24个新产品，其中：8个国家级重点新产品、16个省级新产品，国家授予专利知识产权16项。HT－2增塑剂新产品被国家烟草权威部门推荐成为烟草工业最安全一类首选使用产品，被红塔集团认定为专用产品。产品质量连续22年合格率100%，为东南亚和全国用户提供满意的产品和服务。自改制至今，企业上缴国家税收近8 000万元。企业先后获云南省先进党组织、云南省文明单位、国家级高新技术企业、全国五一劳动奖状、全国模范职工之家、全国双爱双评先进企业、全国诚信守法乡镇企业等200多项集体荣誉。

蒋兴建先后获全国青年星火计划“带头人”“标兵”“十大杰出青年”“全国劳动模范”，并作为全国老劳模特邀代表，三次受到胡锦涛、温家宝等党和国家领导人的亲切接见，历练出其对党的忠诚。2011年6月，他被中共云南省委表彰为“全省优秀党务工作者”（事迹详见本书2010年版第351页）。

【云南省劳动模范杜云忠】 男，汉族，1973年10月出生，大专学历，现任玉溪市溶剂厂有限公司总工程师。

1991年10月，杜云忠到玉溪市溶剂厂有限公司当农民工，历任班长、车间主任、生产科长、技术科长；1998年起，任总工程师、省级企业技术中心副主任，分管技术、设备、生产工艺和新产品研发。

他参加公司第一代名牌产品国家“七五”星火计划项目——“三醋酸甘油酯”的课题攻关，任第二代名牌产品——“CA粒子增塑剂”、第三代名牌产品——“瞬间二醋纤增塑剂”课题攻关小组副组长，成功研发出三代名牌产品，公司被认定为“国家重点高新技术企业”。2000年10月，公司创办企业技术中心，他担任技术中心副主任，负责新产品的研发。技术中心先后研发出11个新产品，其中：ZB快捷增塑剂、降焦保湿剂、新型醋纤增塑剂、可塑剂、仿生保润剂（烟草FSB）被认定为“云南省级新产品”。

杜云忠先后获云南省发明协会优秀发明创造一等奖、云南质量管理协会一等奖；两次获国家农业部技术进步二等奖、中国发明协会银奖。2008年11月，被国务院授予“全国优秀农民工”荣誉称号，受到国家领导人的亲切接见；同年12月，被云南省人民政府授予“云南省杰出农民工”荣誉称号；2009年4月，获云南省五一劳动奖章。2011年4月28日，被云南省人民政府表彰为“劳动模范”（事迹详见本书2009年版第329页、2010年版第352页）。

（蒋红艳）

【云南省劳动模范杨璧愫】 女，1966年4月生，昆明市人。中共党员，大专学历，农艺师。现任玉溪市烟草公司红塔区分公司副经理。

她分管烤烟生产、收购、烟叶基础设施建设和科技管理工作，一直兢兢业业工作在烟草战线上。2007年5月，她身患重病。治疗期间，她不忘烟叶生产，凭借丰富的管理经验电话指导工作。在烟草科技工作中，通过126项省、市、区级试验示范课题的有效实施，把玉溪赵桅烟草科技示范园基地建设成为充分展示云南烟草科技水平的一线平台。在现代烟草农业建设工作中成功探索出“黄官模式”，受到省政府、国家局、省局领导一致好评，美国、法国、印度等国家专业人士前来考察。2007年，红塔区烟草分公司获国家烟草专卖局颁发的“全国烟叶生产基础建设先进单位”称号。她先后6次被县、区政府评为烤烟生产先进工作者，获云南省烟草公司现代烟草农业建设先进个人，有28项科技成果分别获省、市、区政府科技进步奖。2010年，获省政府“烟叶生产抗大灾保增收工作突出贡献奖”；2011年4月28日，被云南省人民政府授予“劳动模范”（事迹详见本书2011年版第335页）。

（黄茂华）

*　　*　　*　　*

人物表

【概　况】 2011年，人物表收录红塔区受市（厅）级以上表彰奖励先进个人90人，其中：受省（部）级表彰14人、全国电力企业联合会表彰1人、市（厅）级表彰73人，登新科世界冠军榜1人，残运会游泳冠军1人；晋升副高级专业技术职务人员63人；全区乡科级以上人员逝世18人。

表60：2011年红塔区受市（厅）级以上表彰奖励人员名录

表61：2011年红塔区晋升高级专业技术职务人员名录

表62：2011年红塔区乡科级以上逝世人员名录

2011年红塔区受市（厅）级以上表彰奖励人员名录

表60

姓　名	性别	民族	所在单位	获奖时间	授奖机关	获奖名称
陶家文	男	汉	红塔区司法局	2011－01	云南省司法厅省人力资源和社会保障厅	个人三等功
冯丽红	女	汉	研和司法所	2011－01	云南省司法厅省人力资源和社会保障厅	云南省首届“百佳人民调解能手”
周　伟	男	汉	洛河司法所	2011－01	云南省司法厅省人力资源和社会保障厅	云南省人民调解工作先进个人
徐家清	男	汉	红塔区玉带路冯井社区	2011－01	云南省司法厅省人力资源和社会保障厅	云南省首届“十佳人民调解员”
方忠明	男	汉	红塔区总工会职工技协办	2011－01	云南省总工会	云南省“知识型职工”先进个人
吴家成	男	汉	红塔区侨联	2011－01	云南省归国华侨联合会	云南省侨联系统先进个人
刘美兰	女	汉	红塔区妇幼保健院	2011－01	玉溪市政府	新一轮防治艾滋病战争先进个人

续表1

姓　名	性别	民族	所在单位	获奖时间	授奖机关	获奖名称
黄永良	男	汉	红塔区卫生局	2011－02	云南省卫生厅	2009～2011年实施重大公共卫生服务农村改厕项目工作先进个人
李雪梅	女	汉	红塔区疾病预防控制中心	2011－02	云南省卫生厅	全省碘缺乏病防治工作先进个人
师玉琼	女	汉	红塔区疾病预防控制中心	2011－02	云南省卫生厅	全省卫生应急先进个人
何兰英	女	汉	中共红塔区委组织部	2011－03	中共云南省委组织部	云南省干部人事档案先进工作者
杜云忠	男	汉	玉溪市溶剂厂有限公司	2011－04	云南省人民政府	劳动模范
杨璧愫	女	汉	玉溪市烟草公司红塔区分公司	2011－04	云南省人民政府	劳动模范
杨燕晨	男	汉	红塔区检察院	2011－04	中共云南省委　云南省人民政府	云南省禁毒人民战争先进个人
和丽琼	女	纳西	红塔区妇联	2011－04	中共云南省委　云南省人民政府	云南省防治艾滋病人民战争先进个人
赵东明	男	白	红塔区绿化站	2011－04	云南省人民政府	云南省先进工作者
普金林	男	彝	红塔区林业局	2011－04	国家林业局	全国保护森林和野生动植物资源先进个人
朱志坚	男	汉	红塔区纪委	2011－04	玉溪市人民政府	玉溪市行政监察工作先进个人
潘正玲	女	汉	红塔区纪委	2011－04	玉溪市人民政府	玉溪市行政监察工作先进个人
倪永元	男	汉	红塔区纪委	2011－04	玉溪市人民政府	玉溪市行政监察工作先进个人
潘寿勤	男	汉	红塔区人民法院	2011－06	中共玉溪市委　玉溪市人民政府	十佳政法干警
李　昭	男	汉	玉溪市公安局红塔分局	2011－06	中共玉溪市委　玉溪市人民政府	十佳政法干警
钱小汉	男	汉	玉溪市公安消防支队特勤中队	2011－06	中共玉溪市委　玉溪市人民政府	十佳政法干警
殷允关	男	汉	武警玉溪支队警通勤务汽车中队	2011－06	中共玉溪市委　玉溪市人民政府	十佳政法干警
陈有文	男	汉	春和司法所	2011－06	中央政法委	全国政法系统优秀党员干警
李宝琼	女	汉	玉溪农职院	2011－06	云南省教育厅	优秀共产党员
许建辉	男	汉	玉溪农职院	2011－06	云南省教育厅	优秀党务工作者
段其海	男	汉	红塔区文工团	2011－06	中共玉溪市委	优秀共产党员
飞亚雄	男	汉	红塔区绿化站	2011－06	中共玉溪市委	优秀共产党员
钱云霄	女	汉	红塔区环卫站	2011－06	中共玉溪市委	优秀党务工作者
马　琼	女	回	春和街道办事处	2011－06	中共玉溪市委	优秀党务工作者
瞿　媛	女	汉	红塔区疾病预防控制中心	2011－06	中共玉溪市委	优秀共产党员

续表 2

姓　名	性别	民族	所在单位	获奖时间	授奖机关	获奖名称
张艳丽	女	汉	凤凰街道社会事务中心	2011－06	中共玉溪市委	优秀共产党员
蒋兴建	男	汉	云南环腾集团	2011－06	中共云南省委	全省优秀党务工作
蒋兴建	男	汉	云南环腾集团	2011－08	中共玉溪市委　玉溪市人民政府	玉溪市2009～2010年度优秀中国特色社会主义事业建设者
杨德运	男	汉	红塔区政协	2011－07	中共玉溪市委	先进政协工作者
张　辉	女	汉	红塔区政协	2011－07	中共玉溪市委	先进政协工作者
王维和	男	汉	玉溪市维和制药公司	2011－08	中共玉溪市委　玉溪市人民政府	玉溪市2009～2010年度优秀中国特色社会主义事业建设者
李明定	男	汉	云南省活发集团	2011－08	中共玉溪市委　玉溪市人民政府	玉溪市2009～2010年度优秀中国特色社会主义事业建设者
高家雄	男	汉	玉溪望子隆生物制药有限公司	2011－08	中共玉溪市委　玉溪市人民政府	玉溪市2009～2010年度优秀中国特色社会主义事业建设者
蔡先平	男	汉	云南玉溪玉昆钢铁集团	2011－08	中共玉溪市委　玉溪市人民政府	玉溪市2009～2010年度优秀中国特色社会主义事业建设者
薛志斌	男	汉	玉溪龙马集团	2011－08	中共玉溪市委　玉溪市人民政府	玉溪市2009～2010年度优秀中国特色社会主义事业建设者
杨琼英	女	汉	玉溪一小	2011－08	云南省教育厅	云南省三生教育先进工作者
陶培武	男	汉	玉溪聂耳小学	2011－08	玉溪市人民政府	玉溪市两基工作先进个人
陶培武	男	汉	玉溪聂耳小学	2011－12	云南省教育厅	云南省三生教育杰出人物
陈志坚	男	汉	春和中心小学	2011－08	玉溪市人民政府	玉溪市两基工作先进个人
陈志坚	男	汉	春和中心小学	2011－10	云南省教育厅	云南省三生教育优秀人物
张翠华	女	回	玉溪三小	2011－08	云南省教育厅	优秀指导教师奖
李鸿才	男	汉	红塔区教科所	2011－08	中共玉溪市委　玉溪市人民政府	玉溪市优秀党外人才
李培林	女	汉	玉溪八中	2011－08	中共玉溪市委　玉溪市人民政府	玉溪杰出人才奖
曾晓春	男	汉	玉溪市公安局红塔分局	2011－09	云南省公安厅	全省公安机关“大走访”先进个人
赵丽萍	女	汉	玉溪市公安局红塔分局	2011－09	云南省公安厅	二等功
唐明荣	男	汉	玉溪市公安局红塔分局	2011－09	云南省公安厅	二等功

续表3

姓　名	性别	民族	所在单位	获奖时间	授奖机关	获奖名称
刀金林	男	傣	玉溪市公安局红塔分局	2011－09	云南省公安厅	二等功
冯家平	男	汉	玉溪市第一中学	2011－09	中共云南省委高校工委 云南省教育厅	云南省第二届云南教育功勋奖获得者
严永文	男	汉	玉溪市第三中学	2011－09	中共云南省委高校工委 云南省教育厅	云南省第二届云南教育功勋奖获得者
吴　凌	女	汉	玉溪市第三中学	2011－09	中共云南省委高校工委 云南省教育厅	云南省第二届云南教育功勋奖获得者
何　斌	男	汉	玉溪体育运动学校	2011－09	中共云南省委高校工委 云南省教育厅	云南省第二届云南教育功勋奖获得者
李华伦	男	汉	玉溪工业财贸学校	2011－09	中共云南省委高校工委 云南省教育厅	云南省第二届云南教育功勋奖获得者
王晓林	男	汉	玉溪市三医院	2011－10	亚洲防盲基金会	“中国复明扶贫流动眼科手术车”项目“先进个人”
李有贵	男	汉	红塔区财政局	2011－10	云南省农业开发综合领导小组	“十一五”云南省农业综合开发工作先进个人
张小松	男	汉	玉溪四小	2011－10	云南省教育厅	云南省三生教育优秀人物
苏开俊	男	汉	玉溪三小	2011－10	云南省教育厅	云南省三生教育优秀人物
谭建平	男	汉	红塔区二幼	2011－10	云南省公安厅	全省机关企事业单位治安保卫工作先进个人
方　泉	男	汉	红塔区疾病预防控制中心	2011－10	云南省公安厅	全省机关企事业单位治安保卫工作先进个人
白占歧	男	汉	玉溪市三医院	2011－10	云南省公安厅	全省机关企事业单位治安保卫工作先进个人
卢志荣	女	汉	玉带街道办事处	2011－10	云南省统计局　云南省政府第六次人口普查领导小组办公室	云南省第六次全国人口普查工作先进个人
李继红	女	汉	玉带街道经济中心	2011－10	云南省统计局　云南省政府第六次人口普查领导小组办公室	云南省第六次全国人口普查工作先进个人
戴　华	女	汉	红塔区人口和计划生育局	2011－10	云南省统计局　云南省政府第六次人口普查领导小组办公室	云南省第六次全国人口普查工作先进个人
者发伟	男	彝	凤凰街道办事处	2011－10	云南省统计局　云南省政府第六次人口普查领导小组办公室	云南省第六次全国人口普查工作先进个人
姬凤祥	男	汉	春和街道办事处	2011－10	云南省统计局　云南省政府第六次人口普查领导小组办公室	云南省第六次全国人口普查工作先进个人
何悦悦	女	汉	玉溪市红塔区	2011－10	全国第八届残运会	游泳第一名

续表4

姓　名	性别	民族	所在单位	获奖时间	授奖机关	获奖名称
仲一卉	女	汉	玉溪师院科研处	2011－11	教育部科学技术司　教育部社会科学司	第二次全国R&D资源清查教育系统先进个人
张小良	男	汉	红塔区政府	2011－11	国家科技部	全国县（市）科技进步考核先进个人
吕玉平	男	汉	红塔区科技局	2011－11	国家科技部	全国县（市）科技进步考核先进个人
荆文义	男	汉	红塔区科技局	2011－11	国家科技部	全国县（市）科技进步考核先进个人
杨　波	男	汉	玉溪供电局	2011－11	中国电力企业联合会	全国电力行业优秀企业家
陈继陆	男	汉	红塔区军粮供应站	2011－11	云南省粮食局 云南省财政厅 云南省军区后勤部	全省军粮供应管理先进个人
钟建明	男	汉	玉溪农职院	2011－11	国家农业部	中华农业科技奖科研类成果三等奖
郑瑞华	女	汉	郑井社区	2011－11	玉溪市人民政府	玉溪市第六次全国人口普查先进个人
徐云华	女	汉	凤凰街道经济中心	2011－11	玉溪市人民政府	玉溪市第六次全国人口普查先进个人
飞泰元	男	汉	春和街道办事处	2011－11	玉溪市人民政府	玉溪市第六次全国人口普查先进个人
李文荣	男	汉	春和街道办事处	2011－11	玉溪市人民政府	玉溪市第六次全国人口普查先进个人
肖家富	男	汉	高仓街道排山社区	2011－11	公安部	全国热心消防公益事业先进个人
唐明祥	男	汉	凤凰街道文教中心	2011－11	中共玉溪市委 玉溪市人民政府	农家书屋工程建设先进个人
张雁鸿	男	汉	研和街道文化事务中心	2011－11	中共玉溪市委　玉溪市人民政府	农家书屋工程建设先进个人
郭伟阳	男	汉	红塔区	2011－12	国家体育总局体操运动管理中心	新科世界冠军榜
钟海平	男	汉	凤凰街道高龙潭社区	2011－12	云南省环保厅　云南省文明办等	绿色社区创建先进个人
雷玉琼	女	汉	红塔区二幼	2011－12	云南省教育厅	云南省三生教育杰出人物
白家忠	男	彝	洛河中心小学	2011	玉溪市人民政府	玉溪市优秀教师
郑明辉	男	汉	中共红塔区委办	2011	中共云南省委办公厅	全省党委系统信息工作先进工作者
杨宏毅	男	汉	红塔区安全生产监督管理局	2011	国家安全生产监督管理总局	安全生产先进个人

（王德莉整理）

2011 年红塔区晋升高级专业技术职务人员名录

表 61

姓　名	性别	民族	籍　贯	出生年月	学　历	工作单位	任职资格名称	认定时间
匡旭辉	女	回	四川省	1965－01	本科	玉溪第四中学	中学高级教师	2011－07
张　敏	女	汉	湖南省	1963－11	本科	玉溪第六中学	中学高级教师	2011－07
秦树华	男	汉	江川县	1964－12	本科	高仓中学	中学高级教师	2011－07
叶本祥	男	汉	江川县	1965－02	本科	高仓中学	中学高级教师	2011－07
张亚红	女	彝	大理市	1965－11	本科	研和二中	中学高级教师	2011－07
黄元武	男	汉	玉溪市	1970－11	本科	研和二中	中学高级教师	2011－07
邓志云	男	汉	湖南省	1967－06	本科	大营街一中	中学高级教师	2011－07
陈惠萍	女	汉	玉溪市	1973－04	本科	大营街一中	中学高级教师	2011－07
黄亚民	男	汉	昆明市	1964－02	专科	大营街一中	中学高级教师	2011－07
张建平	男	回	玉溪市	1970－06	本科	洛河民族中学	中学高级教师	2011－07
黄　颖	女	汉	湖南省	1968－06	本科	马桥中学	中学高级教师	2011－07
黄会存	女	汉	江川县	1971－02	本科	马桥中学	中学高级教师	2011－07
唐秀芸	女	彝	新平县	1971－12	本科	马桥中学	中学高级教师	2011－07
李志明	男	汉	江川县	1956－06	专科	马桥中学	中学高级教师	2011－07
公孙秀萍	女	汉	通海县	1969－04	本科	春和中学	中学高级教师	2011－07
李文华	男	汉	玉溪市	1955－03	专科	春和中学	中学高级教师	2011－07
何先玉	女	汉	四川省	1969－10	本科	李棋中学	中学高级教师	2011－07
魏建波	男	汉	玉溪市	1970－12	本科	北城中学	中学高级教师	2011－07
赵　青	女	汉	元江县	1973－03	本科	后所中学	中学高级教师	2011－07
朱贵福	男	汉	昆明市	1968－08	专科	后所中学	中学高级教师	2011－07
王雪梅	女	汉	玉溪市	1972－07	本科	玉溪第二中学	中学高级教师	2011－07
任惠芬	女	汉	玉溪市	1972－09	本科	玉溪第二中学	中学高级教师	2011－07
罗忠蓉	女	汉	四川省	1970－10	本科	玉溪第二中学	中学高级教师	2011－07
郑　洁	女	汉	普洱县	1972－03	本科	玉溪第二中学	中学高级教师	2011－07
岳桂琼	女	汉	江川县	1964－05	本科	玉溪第二中学	中学高级教师	2011－07
马翠兰	女	回	澄江县	1968－12	本科	玉溪第二中学	中学高级教师	2011－07
杨春学	男	汉	易门县	1968－07	本科	玉溪第二中学	中学高级教师	2011－07
陈　红	女	汉	景谷县	1961－12	本科	玉溪第三中学	中学高级教师	2011－07
何　跃	男	汉	玉溪市	1964－05	本科	玉溪第三中学	中学高级教师	2011－07
罗庆莉	女	汉	易门县	1970－10	本科	玉溪第三中学	中学高级教师	2011－07
周　迁	男	汉	峨山县	1967－05	本科	玉溪第三中学	中学高级教师	2011－07
苏　燕	女	汉	玉溪市	1970－08	本科	玉溪第三中学	中学高级教师	2011－07
阮俊海	男	汉	元谋县	1966－10	本科	玉溪第三中学	中学高级教师	2011－07
谢迎春	女	汉	玉溪市	1969－01	本科	玉溪第二职业高级中学	中学高级教师	2011－07
徐海英	女	汉	玉溪市	1972－07	本科	玉溪第二职业高级中学	中学高级教师	2011－07
赵双焕	女	汉	江川县	1965－07	本科	玉溪第二职业高级中学	中学高级教师	2011－07
姚正刚	男	汉	玉溪市	1968－12	本科	玉溪第二职业高级中学	中学高级教师	2011－07
朱培发	男	汉	玉溪市	1970－04	本科	玉溪第二职业高级中学	中学高级教师	2011－07
速丽珍	女	汉	玉溪市	1962－05	专科	红塔区教科所	中学高级教师	2011－07
赖明辉	男	汉	玉溪市	1971－06	大学	玉溪建筑设计院	高级工程师	2011－08
周云东	男	汉	玉溪市	1971－06	大学	玉溪建筑设计院	高级工程师	2011－08
万　红	女	汉	玉溪市	1969－09	大学	玉溪建筑设计院	高级工程师	2011－08
何丽华	女	汉	玉溪市	1967－02	大专	玉溪建筑设计院	高级工程师	2011－08
张秀红	女	汉	玉溪市	1970－06	大专	北城中心卫生院	高级统计师	2011－08

续表

姓　名	性别	民族	籍　贯	出生年月	学　历	工作单位	任职资格名称	认定时间
白汝兰	女	汉	玉溪市	1963－09	中专	红塔区妇幼保健院	副主任医师	2011－08
费金才	男	汉	易门县	1955－12	中专	玉溪市第三人民医院	副主任药师	2011－08
马润华	女	回	红塔区	1970－01	大专	红塔区农机化学校	高级工程师	2011－09
李劲平	男	汉	玉溪市	1974－05	本科	红塔区水利水电勘测设计队	高级工程师	2011－09
郭建英	女	汉	红塔区	1972－01	本科	研和镇农业技术农机工作站	高级农艺师	2011－09
张士来	男	汉	红塔区	1967－03	本科	高仓镇农业技术农机工作站	高级农艺师	2011－09
朱金银	男	汉	红塔区	1968－03	大专	春和镇农业技术农机工作站	高级农艺师	2011－09
张开敏	男	汉	红塔区	1976－01	本科	小石桥乡农业技术农机工作站	高级农艺师	2011－09
田晶华	女	汉	红塔区	1975－12	本科	春和镇农业技术农机工作站	高级农艺师	2011－09
朱丽勤	女	彝	红塔区	1960－09	中专	玉兴路街道办事处农业中心	高级兽医师	2011－10
朱希贵	男	汉	红塔区	1970－04	本科	春和镇畜牧兽医站	高级兽医师	2011－10
谢洪武	男	汉	红塔区	1970－01	大专	红塔区畜禽改良站	高级畜牧师	2011－10
谭启光	男	汉	红塔区	1968－02	本科	大营街镇畜牧兽医站	高级兽医师	2011－10
冯萍仙	女	汉	红塔区	1963－04	中专	春和镇畜牧兽医站	高级兽医师	2011－10
钟玉萍	女	汉	红塔区	1966－04	本科	凤凰街道办事处农业综合服务中心	高级兽医师	2011－10
李永林	男	哈尼	元阳县	1956－10	本科	红塔区文化馆	副研究馆员	2011－12
施　怀	女	汉	玉溪市	1972－11	本科	红塔区电视台	主任编辑	2011－12
聂向红	女	汉	玉溪市	1971－08	本科	红塔区电视台	主任编辑	2011－12
赵洁薇	女	汉	玉溪市	1968－08	本科	红塔区电视台	主任编辑	2011－12

（姜子寿）

2011年红塔区乡科级以上逝世人员名录

表62

姓　名	性别	民族	出生年月	参加工作时间	原工作单位	职务（职称）	逝世时间	备　注
冯以健	男	汉	1955－05	1974－07	红塔区监察局	正科	2011－01－20	在职
李廷芝	女	汉	1944－12	1963－06	红塔区工信局	正科	2011－01－25	退休
贾国胜	男	汉	1920－04	1937－05	红塔区粮食局	副厅	2011－03－30	离休
孙家福	男	汉	1929－10	1948－10	红塔区春和小学		2011－04－06	离休
张　正	男	汉	1925－01	1947－06	红塔区财政局	副处	2011－04－21	离休
申永安	男	汉	1941－10	1960－03	红塔区北城财政所	正科	2011－05－02	退休
郭增保	男	汉	1927－06	1952－09	红塔区农业局		2011－05－03	退休
李宗全	女	汉	1929－02	1949－04	红塔区财政局	正科	2011－05－20	离休
沐志坚	男	回	1931－02	1949－09	红塔区司法局		2011－06－07	离休
刘华万	男	汉	1927－01	1949－09	红塔区粮烟酒公司	副处	2011－06－30	离休
蔡永润	男	汉	1923－09	1949－10	红塔区区委办		2011－07－02	退休
李江凤	女	汉	1925－06	1948－08	玉溪第一小学		2011－07－19	离休
卓　冈	男	汉	1925－12	1949－07	红塔区政协	副处	2011－07－21	离休
孙家萍	女	汉	1951－10	1970－07	红塔区人大	正科	2011－08－27	退休
王曰义	男	汉	1935－05	1951－09	红塔区政府办	副处	2011－10－07	退休
瞿国保	男	汉	1940－06	1958－03	红塔区计生局	正科	2011－11－20	退休
周灼逵	男	汉	1926－03	1948－08	玉溪宇光电器有限公司	副处	2011－12－13	离休
谢茂春	男	汉	1937－04	1953－01	红塔区工信局	正科	2011－12－21	退休

（张兰珍）

·小资料·

水者城之魂矣

祖先为何择居玉溪坝子，此乃青山秀水也。

今朝为何建生态城市，此乃地势之需，黎民之意也。

玉溪坝子，方圆三百里许，四座雄峰环抱，一河清水浩浩。东北雄峰，如神骥腾骧，五气相宣，名为龙马山。西南雄峰，端顶秀出，翅翼欲飞，名为凤凰山。东南雄峰，晨曦普照，灵气升腾，名为灵照山。西北雄峰，古树苍苍，鸟语花香，名为奇黎山（有的史书称为奇梨山）。龙马山与凤凰山相望，灵照山与奇黎山对仗，护守沃土万顷，形成天然屏障。先祖择秀杰而耕织，依地势而建治。玉溪坝子建治，始于晋朝，为新兴县；兴于唐朝，为求州；盛于明朝，为新兴州。明朝万历年间，新兴知州何子奇择四座雄峰之坐标交汇点扩建城池，方圆三里许。东北门称龙马；西南门称凤凰；东南门称朝阳；西北门称棋兴。历代官民依此方位建盖居室，扩修城池，规模日益增大。今日之城市，巍巍与四峰争雄，恢宏气势，雄踞滇中。

癸未年春，我就职玉溪。为补己短，减少失误，曾阅研志书，实勘地形，寻经济社会增长点，攀越四座雄峰查资源。西北雄峰奇黎山，居滇池之南，海拔低于滇池约两百米，山下有九龙池，年均出水量三千多万立方，与丽江黑龙潭等量齐美，是曲靖珠江源之四倍，昆明黑龙潭之千倍，大理蝴蝶泉之数百倍。叹之，半年浇田半年闲。爱之，城中正缺九龙泉。于是，旋将引九龙池水入城之设想，交由李洪云、何坤同志论证。数日之后，论证报告：九龙池出水口海拔高于城区十九米，将水引至北苑附近之管道工程，需要投资一千八百万元。引九龙池之水入城项目建议，分别提交市委、人大、政府、政协讨论，均得到支持和赞同。是年12月，时任常务副省长秦光荣考察玉溪，我邀请他查看九龙池之实况，并汇报此项目。他指示有三：一是再充分论证；二是省财政支持九百万元规划经费；三是学习借鉴桂林引水入城经验，高起点建设。诗强、宪庭、洪云、云松、雷毅等同志和水利局、城建局、红塔区为推进此工程进度，做了大量工作。此工程于2004年9月27日开工，2006年2月20日竣工。是年除夕，千古九龙池之水始入玉溪大河。我如释重负，心情万分平静，与近百名泳友于清泉中畅游。

起初，九龙入城之设想，也曾经动摇过。2003年秋天，曾培炎副总理考察玉溪，同意实施抢救抚仙湖方案。由此引出新疑虑：倘若此方案变成现实，将有近亿方水流入中心城区，是否有必要引九龙之水入城，是否会造成重复投入之浪费？我犹豫不决，多方拜访水利专家，请教上级领导，得到他们全力支持。原常务副省长保永康提出，应该尽快引九龙池之水入城，形成三水归流之生态景观。此计，符合山川地势，承继祖先思路。玉溪坝子之水源，古人已用者有二：一为 出江川兽头山之水，二为出香柏河之流，至小矣资合二为一，像玉带般穿流玉溪坝子，出峨山，归南海。历代官民，开挖河道，大兴农桑，建筑桥梁，改善交通，创造河道文化。民国六年，因河水清如碧玉，而更名为玉溪县。二十世纪50年代末60年代初，刘世杰为书记之第三届中共玉溪地委，带领玉溪人民将小矣资合流而下之水，于祭天山与张家山之间筑坝截流，形成蓄水量九千余万方之东风水库。此乃善用水之创举，惠及子孙，利存千古。

时间在推移，人口在增长，城市在扩大，用水需求量随之增大。如何将九龙池、东风水库与抚仙湖三水归入玉溪坝子，如何舞好三条神龙之重任，历史地落在第二届、三届中共玉溪市委和人民之肩上。抚仙湖之水重在保护面源，九龙池之水重在保护源头山林，东风水库之水重在防患。1961年秋，玉溪连降大雨235毫米，东风水库水位上涨32米，大坝遇险，洪水肆虐，坝下数十万人民危在旦夕。当时之党政军民采取有效举措，化险为夷。此患一去半世纪，谁能敢言不再来？本届市委、政府决定对东风水库除险加固，此举既未雨绸缪，又添城市新景，得到社会赞同。因此，市委、政府决定成立玉溪中心城区防洪水系建设指挥部，任命夏立洪为指挥长，李洪云、吴建森、张金翔、杨兴荣、葛勇为副指挥长，抽调精兵强将，为百姓造福。

全市五年治山水，全力建生态，费尽心血，初见成效。值此，我向广大干部群众表示衷心感谢！

我们将坚定不移地建设生态城市！此路通否，待历史评说。

丁亥年秋

（孔祥庚）

统计资料

编辑 朱耀萍 矣 莹

2011 年红塔区土地、森林、气候及人口

表 63

主要指标	单 位	2011 年	2010 年	2011 年比 2010 年增长	
				绝对数	%
一、土 地					
土地面积	平方千米	1 004	1 004		
森林面积	万公顷	4.68	4.68		
森林覆盖率	%	62.60	62.60		
二、气 候					
全年平均气温	摄氏度	16.20	17.40	-1.20	-6.90
全年日照时数	小时	2 101.70	2 370.50	-268.80	-11.34
全年平均降雨量	毫米	599.60	639.60	-40.00	-6.25
三、人 口					
总人口	人	426 095	421 763	4 332	1.03
按农业、非农业人口分:					
农业人口	人	281 632	279 104	2 528	0.91
非农业人口	人	144 463	142 659	1 804	1.26
按性别分:					
男	人	210 406	208 361	2 045	0.98
女	人	215 689	213 402	2 287	1.07
少数民族人口	人	63 561	61 958	1 603	2.59
其中:彝族	人	42 695	41 761	934	2.24
出生、死亡人口					
出生人口	人	4 108	4 437	-329	-7.41
死亡人口	人	1 691	4 931	-3 240	-65.71
出生率	‰	9.69	10.54	-0.85	
死亡率	‰	3.99	11.71	-7.72	
人口自然增长率	‰	5.70	-1.17	6.87	

2011 年红塔区国民经济主要指标

表 64

主要指标	单 位	2011 年	2010 年	2011 年比 2010 年增长	
				绝对数	%
一、劳动力					
全社会从业人员（年末数）	万人	33.43	32.65	0.78	2.39
全区单位从业人员	万人	7.64	7.11	0.53	7.45
其中：国有单位	万人	3.88	3.62	0.26	7.18
城镇集体单位	万人	0.24	0.25	-0.01	-4.00
其他单位	万人	3.52	3.24	0.28	8.64
城镇实有登记失业人数	人	2 386	2 228	158	7.09
城镇登记失业率	%	3.40	3.30	0.10	
二、红塔区生产总值（当年价）	万元	5 118 514	4 301 001	817 513	13.80
第一产业	万元	98 330	80 132	18 198	7.00
第二产业	万元	4 050 988	3 319 457	731 531	16.90
第三产业	万元	969 196	901 412	67 784	3.10
比 重	%	18.90	20.90	-2.00	
三、农业生产					
农业基层组织建设					
乡（街道办事处）个数	个	11	11	0	0.00
村（居）委会、社区个数	个	104	81	23	28.40
其中：社 区	个	94	17	77	452.94
村委会	个	10	64	-54	-84.38
村（居）民小组个数	个	1 106	876	230	26.26
其中：居民小组	个	1 035	248	787	317.34
村民小组	个	71	628	-557	-88.69
乡村户数、人口、从业人员					
乡村户数	户	88 474	84 787	3 687	4.35
乡村人口数	人	294 138	287 695	6 443	2.24
乡村从业人员	人	177 732	175 947	1 785	1.01
农村社会基础设施					
通公路乡（街道）数	个	11	11		
通汽车村数	个	71	71		
通电村数	个	71	71		
通电话村数	个	71	71		
自来水受益村数	个	70	70		
耕地面积	公顷	9 337	9 690	-353	-3.64
其中：田	公顷	5 309	5 642	-333	-5.90
地	公顷	4 028	4 048	-20	-0.49
有效灌溉面积	公顷	8 250	8 582	-332	-3.87
造林面积	公顷	269	333	-64	-19.22
水库总数	座	78	78	0	0.00
水库库容量	万立方米	15 673	15 748	-75	-0.48
四、工 业					
全部工业企业单位数	个	1 751	1 749	2	0.11
全部工业总产值（现价）	万元	7 909 808	6 737 647	1 172 161	17.40
（2000 万元以上独立核算工业总产值）	万元	7 616 178	6 420 551	1 195 627	18.62

续表1

主要指标	单 位	2011年	2010年	2011年比2010年增长	
				绝对数	%
企业数	个	83	81	2	2.47
其中：大中型工业企业数	个	31	31		
按轻重工业分：					
轻工业	万元	4 584 591	3 932 875	651 716	16.57
重工业	万元	3 325 217	2 804 772	520 445	18.56
按所有制分：					
国有工业	万元	12 918	12 125	793	6.54
集体工业	万元	554 884	467 519	87 365	18.69
股份制工业	万元	6 751 443	5 768 187	983 256	17.05
外商和港澳台商投资	万元	277 610	182 382	95 228	52.21
其他企业	万元	312 953	307 434	5 519	1.80
五、固定资产投资与建筑					
固定资产投资完成额	万元	1 280 099	1 062 470	217 629	20.48
在投资额中：					
城镇固定资产投资	万元	679 098	529 880	149 218	28.16
农村固定资产投资	万元	81 202	63 649	17 553	27.58
房地产投资	万元	282 804	396 219	-113 415	-28.62
城乡居民私人投资	万元	236 995	72 722	164 273	225.89
完成投资额中：					
第一产业	万元	16 737	21 195	-4 458	-21.03
第二产业	万元	436 238	370 299	65 939	17.81
第三产业	万元	827 124	670 976	156 148	23.27
新增固定资产投资	万元	853 010	548 402	304 608	55.54
（二）建筑业					
施工企业个数	个	86	88	-2	-2.27
从业人员	人	21 518	20 860	658	3.15
自行完成施工产值	万元	381 876	313 478	68 398	21.82
六、商业贸易和物价					
社会消费品零售总额	万元	805 573	682 460	123 113	18.04
1. 公有经济	万元	254 489	188 972	65 517	34.67
其中：国有经济	万元	227 235	164 909	62 326	37.79
2. 非公有经济	万元	551 084	493 488	57 596	11.67
其中：私有经济	万元	540 041	485 627	54 414	11.20
人均购买消费品	元	16 178	13 783	2 395	17.38
居民消费价格指数	%	105.00	100.00	5.00	
农业生产资料价格指数	%	113.70	100.00	13.70	
七、对外贸易和旅游					
实际利用外资额	万美元	2 286	3 021	-735	-24.33
中外旅游者人数	万人	438	401	37	9.23
旅游业务收入	万元	171 968	144 925	27 043	18.66
八、财政、金融					
辖区两级地方财政收入	万元	646 345	569 521	76 824	13.49
全区地方财政总收入	万元	253 620	205 267	48 353	23.56

续表2

主要指标	单 位	2011年	2010年	2011年比2010年增长	
				绝对数	%
全区地方财政收入	万元	125 360	105 177	20 183	19.19
其中：一般预算收入	万元	112 199	92 883	19 316	20.80
全区地方财政支出	万元	188 756	165 743	23 013	13.88
其中：一般预算支出	万元	173 326	150 982	22 344	14.80
金融机构存款余额	万元	5 281 811	4 730 010	551 801	11.67
金融机构贷款余额	万元	3 079 434	2 703 349	376 085	13.91
城乡居民储蓄存款余额	万元	1 901 243	1 741 317	159 926	9.18
其中：人均	元	38 178	35 178	3 000	8.53
九、人民生活					
全区单位从业人员	人	76 383	71 065	5 318	7.48
其中：国有单位	人	38 760	36 162	2 598	7.18
城镇集体单位	人	2 381	2 528	-147	-5.81
其他单位	人	35 242	32 375	2 867	8.86
全区单位从业人员劳动报酬	万元	337 294	223 144	114 150	51.16
在岗职工工资总额	万元	325 434	221 203	104 231	47.12
其中：国有单位	万元	223 317	153 061	70 256	45.90
城镇集体单位	万元	4 608	2 717	1 891	69.60
其他单位	万元	97 509	65 425	32 084	49.04
在岗职工平均工资	元	45 823	34 265	11 558	33.73
其中：国有单位	元	64 034	44 337	19 697	44.43
城镇集体	元	18 955	10 807	8 148	75.40
其他单位	元	28 923	23 774	5 149	21.66
城市居民人均可支配收入	元	19 258	17 335	1 923	11.09
农民家庭人均纯收入	元	7 917	7 011	906	12.92
十、城镇失业和职工介绍工作情况					
本年度失业人员总数	人	3 657	4 242	-585	-13.79
本年度失业人员就业人数	人	1 271	2 014	-743	-36.89
年末实有登记失业人数	人	2 386	2 228	158	7.09
其中：女性	人	584	1 209	-625	-51.70
登记失业率	%	3.40	3.30	0.10	
本年登记求职人次数	人次	6 760	2 431	4 329	178.07
本年介绍成功人次数	人次	5 865	2 160	3 705	171.53
十一、城市建设与环境保护					
（一）城市建设					
城市建城区面积	平方千米	26	23	3	13.04
城市维护资金支出	万元	8 558	40 792	-32 234	-79.02
年末实有房屋建筑面积	万平方米	1 364	1 266	98	7.74
商品房屋成交面积	万平方米	34.16	6.39	27.77	434.59
自来水厂	个	3	3		
供水总量	万立方米	2 533	2 361	172	7.29
道路长度	千米	211	127	84	66.14
道路面积	万平方米	493	326	167	51.23
人均道路面积	平方米	16.30	16.20	0.10	0.62
路灯	盏	13 302	9 027	4 275	47.36

续表3

主要指标	单位	2011年	2010年	2011年比2010年增长	
				绝对数	%
公园	个	10	10		
公园面积	公顷	193	193		
年末实有公共汽车数	辆	70	73	-3	-4.11
全年公共汽车客运总量	万人次	2 050	1 847	203	10.99
十二、交通运输和邮电					
公路通车里程	千米	1 377	1 375	2	0.15
本地电话机交换总容量	门	107 979	130 194	-22 215	-17.06
固定电话机总数	部	98 323	104 861	-6 538	-6.23
移动电话用户	户	577 438	546 326	31 112	5.69
互联网用户	户	100 246	90 659	9 587	10.57
其中：宽带网	户	100 246	60 276	39 970	66.31
窄带网	户		555	-555	-100.00
十三、文化、广播					
艺术表演团体	个	4	4		
公共图书馆	个	2	2		
公共图书馆藏书	万册	54	51	3	5.88
电视覆盖率	%	100	100		
十四、科技、教育、文化、卫生、体育					
（一）科技					
获科技进步奖项目	项	16	20	-4	-20.00
其中：省级	项	1			
市级	项		5		
区级	项	15	15		
（二）教育					
普通高等学校在校学生	人	13 214	12 026	1 188	9.88
中等专业学校在校学生	人	8 053	6 892	1 161	16.85
普通中学在校学生	人	28 157	28 151	6	0.02
其中：初中	人	18 523	18 437	86	0.47
职业中学在校学生	人	6 066	5 568	498	8.94
小学在校学生数	人	40 209	39 015	1 194	3.06
在园幼儿数	人	14 145	14 803	-658	-4.45
学龄儿童入学率	%	99.99	99.99		
普通高等学校专任教师	人	682	640	42	6.56
中等专业学校专任教师	人	457	434	23	5.30
普通中学专任教师	人	2 034	2 064	-30	-1.45
其中：初中	人	1 289	1 290	-1	-0.08
职业中学专任教师	人	192	164	28	17.07
小学专任教师	人	1 842	1 858	-16	-0.86
（三）卫生					
卫生机构数	个	308	296	12	4.05
卫生机构床位数	张	4 234	4 012	222	5.53
其中：医院病床数	张	3 737	3 567	170	4.77

注：2011年商品房屋成交面积是按商品房产权登记为准。

2011 年红塔区各乡（街道）国民经济主要指标

表 65

项目		总计	玉兴	玉带	凤凰	北城	李棋	大营街	研和	春和	高仓	小石桥	洛河
总人口（人）		426 095	64 820	27 931	50 955	61 398	32 009	47 876	45 957	57 059	21 694	6 417	9 979
其中：农业人口（人）		281 632	3	14 048	1 704	57 264	28 618	45 725	42 766	54 883	20 841	6 201	9 579
农业产值（现价、万元）		196 434	1 110	9 212	2 717	29 304	6 479	26 495	31 463	38 351	29 637	10 469	11 197
地方财政	收入（万元）	125 360	20 725	8 806	9 232	7 160	16 580	14 256	13 440	5 853	3 424	1 936	4 146
	支出（万元）	188 756	3 319	1 668	1 611	2 605	2 688	2 755	6 248	2 292	1 477	1 342	1 587
常用耕地面积（公顷）		9337		223	95	1 743	244	1 360	1 286	2 315	701	634	736
其中：田（公顷）		5 308		211	85	1 232	213	850	946	1 083	428	129	131
粮食总产量	总量（万千克）	5 711. 33		32. 35	60. 93	990. 68	254. 44	965. 99	1 088. 34	915. 76	453. 56	615. 95	333. 33
	人均生产粮食（千克）	204		23	360	174	90	212	256	168	219	997	349
稻谷	面积（公顷）	1558		16	19	76	57	491	570	32	236		61
	单产（千克/亩）	622		701	514	619	619	625	643	618	594		522
	总产（万千克）	1 452. 98		16. 54	14. 80	70. 68	53. 38	460. 35	550. 12	29. 25	210. 46		47. 40
包谷	面积（公顷）	4019		15	53	952	292	449	550	867	205	333	303
	单产（千克/亩）	559		491	511	500	420	571	535	562	643	844	543
	总产（万千克）	3 372. 59		10. 76	40. 84	713. 54	183. 81	384. 30	442. 32	731. 60	197. 77	421. 00	246. 65
小麦	面积（公顷）	1091		4	2	408	46	200	142	182	88	14	5
	单产（千克/亩）	266		459	252	283	193	280	278	251	205	214	190
	总产（万千克）	435. 01		2. 48	0. 68	173. 65	13. 29	83. 98	59. 28	68. 50	27. 16	4. 70	1. 29
油菜籽	面积（公顷）	4 785		45	35	716	294	809	672	1 182	380	310	342
	单产（千克/亩）	179		220	202	166	159	185	188	174	172	237	153
	总产（万千克）	1 281. 5		14. 90	10. 50	178. 56	69. 79	224. 51	189. 28	307. 66	98. 09	110. 00	78. 21
生猪	存栏（头）	189 691	1 199	6 394	1 806	16 601	5 388	38 462	18 327	49 023	38 829	9 220	4 442
	出栏（头）	432 652	3 213	17 319	4 225	60 618	10 700	73 540	56 057	98 441	77 089	15 470	15 980
	出栏率（%）	233. 31	283. 08	240. 84	211. 46	298. 51	284. 57	219. 35	321. 93	197. 12	231. 67	146. 83	251. 42
烤烟	面积（公顷）	2 988		66	7	414		358	262	818	323	489	251
	单产（千克/亩）	149		209	133	138		155	136	144	170	141	160
	总产（万千克）	667. 15		20. 74	1. 30	85. 65		83. 17	53. 57	176. 52	82. 39	103. 44	60. 37
	收购量（万千克）	666. 05				82. 03		102. 25	56. 09	176. 86	79. 92	110. 74	58. 16
	上等烟比重（%）	67. 36				66. 89		65. 10	63. 82	64. 09	67. 94	74. 96	70. 14
油料	面积（公顷）	4 803		45	35	716	294	809	679	1182	380	310	353
	单产（千克/亩）	179		220	202	166	159	185	189	174	172	237	151
	总产（万千克）	1 285. 99		14. 90	10. 50	178. 56	69. 79	224. 51	192. 13	307. 66	98. 09	110. 00	79. 85
蔬菜	面积（公顷）	3 758		228	17	818	57	206	599	574	289	528	442
	总产（万千克）	8 076. 71		842. 36	37. 81	1 566. 98	120. 23	485. 16	1 732. 29	1 152. 29	855. 56	507. 00	777. 03

2011 年红塔区各乡（街道）主要指标人均比较

表 66

项目		总计	乡（街道）名称										
			玉兴	玉带	凤凰	北城	李棋	大营街	研和	春和	高仓	小石桥	洛河
耕地面积（平方米）	按总人口	219. 12				283. 85	76. 19	284. 15	279. 80	405. 76	323. 22	988. 21	737. 42
	按农业人口	331. 52				304. 34	85. 22	297. 52	300. 68	421. 84	336. 45	1022. 63	768. 21
粮食（千克）	按总人口	134				161	80	203	238	161	210	963	335
	按农业人口	204				174	90	212	256	168	219	997	349
人均生产烤烟（千克）		24				15		18	13	32	40	167	63
人均生产油料（千克）		46				31	25	49	45	56	47	178	84
人均生产猪肉（千克）		136				92	36	135	120	162	318	249	146
人均地方财政收支（元）	收入	2 260				1 172	5 224	2 991	2 940	1 030	1 587	3 027	4 161
	支出	3 491				415	740	568	1 346	361	666	2 075	1586
农民人均所得（元）		7 917	7 717	7 651	7 652	7 156	7 521	7 436	6 512	7 358	6 716	6 586	5 462

2011 年红塔区社会消费品零售总额

表 67

指标	计量单位	2011 年	2010 年	2011 年比 2010 年增减	
				绝对数	%
全社会消费品零售总额	万元	805 573	682 460	123 113	18. 00
一、按地区分：					
市的零售额	万元	712 396	601 799	110 597	18. 40
市辖区以下零售额	万元	93 177	80 661	12 516	15. 50
二、按经济类型分：					
公有经济	万元	254 489	188 972	65 517	34. 70
其中：国有经济	万元	227 235	164 909	62 326	37. 80
非公有经济	万元	551 084	493 488	57 596	11. 70
其中：私有经济	万元	540 041	485 627	54 414	11. 20
三、按行业分：	万元				
批发零售贸易业	万元	713 649	604 204	109 445	18. 10
其中：限额以上	万元	584 695	479 766	104 929	21. 90
限额以下和个体户	万元	128 954	124 438	4 516	3. 60
住宿餐饮业	万元	91 924	78 256	13 668	17. 50
其中：限额以上	万元	16 510	14 369	2 141	14. 90
限额以下和个体户	万元	75 414	63 887	11 527	18. 00
四、占社会消费品零售总额比重					
公有经济	%	31. 60	27. 70	3. 90	
其中：国有经济	%	28. 20	24. 00	4. 20	
非公有经济	%	68. 40	72. 30	－3. 90	
其中：私有经济	%	67. 00	71. 20	－4. 20	
五、按行业比重					
批发零售贸易业	%	88. 60	88. 50	0. 10	
住宿餐饮业	%	11. 40	11. 50	－0. 10	

2011年红塔区居民消费价格指数

以上年价格为（100）

表68

商品类别	指数	商品类别	指数
居民消费品价格指数	105.00	五、医疗保健和个人用品	99.00
一、食品类	112.40	六、交通和通讯工具	100.30
二、烟酒及用品	100.80	七、娱乐教育文化用品及服务	99.90
三、衣着类	100.10	八、居住	106.20
四、家庭设备用品及维修服务	99.20		

2011年红塔区商品零售物价指数

以上年价格为（100）

表69

商品类别	指数	商品类别	指数
商品零售物价总指数	104.70	九、交通、通信用品	99.10
一、食品类	112.70	十、家具	100.00
二、饮料、烟酒类	101.80	十一、化妆品类	100.10
三、服装鞋帽类	100.00	十二、金银珠宝类	118.80
四、纺织品类	101.30	十三、中、西药品类	99.00
五、家用电器及音像器材	98.50	十四、书报杂志类	94.80
六、文化办公用品	96.70	十五、燃料类	109.20
七、日用品类	100.60	十六、建筑材料及五金电料类	104.20
八、体育娱乐用品类	100.00		

2011年红塔区农业生产资料价格指数

以上年价格为（100）

表70

商品类别	指数	商品类别	指数
农业生产资料价格指数	113.70	磷肥	124.10
一、小农具	109.90	钾肥	114.00
二、饲料	101.40	七、农药及农药器械	101.20
三、产品畜	132.10	其中：化学农药	99.90
四、半机械化农具	99.70	农药器械	112.90
五、机械化农具	100.00	八、农用机油	106.80
六、化学肥料	119.90	九、其他农业生产资料	111.00
其中：氮肥	121.60	十、农业生产服务	100.00

2011年红塔区城镇全部单位从业人员、劳动报酬情况

表71

指　　标	计量单位	2011年	2010年	2011年比2010年增减	
				绝对数	%
一、在岗职工工资总额	万元	325 434	221 203	104 231	47.12
国有单位从业人员	万元	223 317	153 061	70 256	45.90
集体单位单位从业人员	万元	4 608	2 717	1 891	69.60
其他单位从业人员	万元	97 509	65 425	32 084	49.04
二、在岗职工平均年工资	元	45 823	34 265	11 558	33.73
（一）按所有制分组					
国有单位	元	64 034	44 337	19 697	44.43
集体单位	元	18 955	10 807	8 148	75.40
其他单位	元	28 923	23 774	5 149	21.66
（二）按企事业、机关分组					
企业	元/人	45 116	34 267	10 849	31.66
事业	元/人	47 080	31 440	15 640	49.75
机关	元/人	48 228	40 899	7 329	17.92

2011年红塔区邮电通信主要指标

表72

指　　标	计量单位	2011年	2010年	2011年比2010年增减	
				绝对数	%
一、邮电业务收入	万元	44 267	39 847	4 420	11.09
其中：邮　政	万元	1 494	1 203	291	24.19
电　信	万元	11 310	10 445	865	8.28
移　动	万元	26 462	23 595	2 867	12.15
联　通	万元	4 417	4 068	349	8.58
铁　通	万元	584	536	48	8.96
二、邮电业务总量	万元	78 697	70 413	8 284	11.76
其中：邮　政	万元	2 555	2 276	279	12.26
电　信	万元	11 310	10 445	865	8.28
移　动	万元	59 539	53 088	6451	12.15
联　通	万元	4 709	4 068	641	15.76
铁　通	万元	584	536	48	8.96
三、固定电话交换机总容量	门	107 979	130 194	-222 15	-17.10
四、移动电话交换机总容量	门	3 120 000	2 570 000	550 000	21.40
五、固定电话机总数	部	98 323	104 861	-6 538	-6.23
六、本地电话总用户	户	98 323	104 861	-6 538	-6.23
其中：住宅电话	户	77 092	85 392	-8 300	-9.72
七、移动电话用户	户	577 438	546 326	31 112	5.69
八、公用电话	部	11 794	11 979	-185	-1.54
其中：IC卡用户	部	711	726	-15	-2.07
九、互联网用户	户	100 246	90 659	9 587	10.57
其中：宽带网	户	100 246	60 276	39 970	66.31
窄带网	户		555	-555	-100.00
十、报刊累计发行量	万份	638	613	25	4.08
其中：报　纸	万份	553	520	33	6.35
杂　志	万份	85	93	-8	-8.60
十一、报纸期发数	万份	8	10.70	-2.70	-25.23

2011年红塔区经济技术协作主要指标

表73

指标	计量单位	2011年	2010年	2011年比2010年增减	
				绝对数	%
一、新签订项目数	个	40	26	14	53.85
二、实施项目数	个	52	29	23	79.31
其中：国外	个	5	5		
省外	个	27	18	9	50.00
省内	个	20	6	14	233.33
三、实际利用市外国内资金	万元	180 664	149 153	31 511	21.13
四、实际利用国外资金	万美元	2 286	3 021	-735	-24.33
五、招商引资额	万美元	195 089	169 153	25 936	15.33
六、进出口总额	万美元	4 302	6 848	-2 546	-37.18
其中：出口总额	万美元	2 359	6 186	-3 827	-61.87
进口总额	万美元	1 943	662	1 281	193.50

2011年红塔区旅游业主要指标

表74

指标	计量单位	2011年	2010年	2011年比2010年增减	
				绝对数	%
一、中外旅游者人数	万人	438	401	37	9.23
其中：海外旅游者	人	684	614	70	11.40
海外旅游者人数中：					
外国人	人	557	442	115	26.02
港澳台同胞	人	127	172	-45	-26.16
二、外国旅游者来的国家数	个	19	19		
三、国内旅游收入	万元	171 968	144 925	27 043	18.66
四、旅游外汇收入	万美元	19	16	3	18.75

2011年红塔区环境与资源概况指标

表75

指标	计量单位	2011年	2010年	2011年比2010年增减	
				绝对数	%
人均耕地面积	亩	0.33	0.34	-0.01	-2.90
森林覆盖率	%	62.60	62.60		
城市人均公共绿地面积	平方米	15.60	14.60	1.00	6.80
工业废水排放达标量	万吨	28	58	-30.00	-51.70
工业烟（粉）尘排放总量	吨	26 109	2 561	23 548	919.50
工业粉尘排放量	吨	26 109	334	25 775	7 717.10
工业固体废物综合利用率	%	84.20	58.50	25.66	

2011年红塔区城镇居民家庭调查基本情况

表76

指　　标	计量单位	2011年	2010年	2011年比2010年增减	
				绝对数	%
一、调查户数	户	100	100		
二、家庭年平均人口	人	3	3		
三、家庭年末人口	人	3	3		
四、人均住房面积	平方米	49.00	41.00	8	19.51
五、全年人均可支配收入	元	19 258	17 335	1 923	11.09
六、人均总支出	元	18 816	18 479	337	1.82
1. 人均生活消费支出	元	13 027	12 278	749	6.10
(1) 食品支出	元	4 235	4 422	-187	-4.23
(2) 衣着支出	元	1 547	1 209	338	27.96
(3) 家庭设备用品及服务支出	元	797	704	93	13.21
(4) 医疗保健用品及服务支出	元	1 262	751	511	68.04
(5) 交通、通讯用品及服务支出	元	2 222	2 230	-8	-0.36
(6) 文教娱乐用品及服务支出	元	1 497	1 346	151	11.22
(7) 居住支出	元	1 043	1 343	-300	-22.34
(8) 杂项商品及服务支出	元	423	272	151	55.51
2. 购房与建房支出	元	900	1 857	-957	-51.53
3. 转移性支出	元	2 792	2 285	507	22.19
4. 财产性支出	元	222	159	63	39.62
5. 社会保障支出	元	1 875	1 899	-24	-1.26

2011年红塔区农民家庭生活调查基本情况

表77

指　　标	计量单位	2011年	2010年	2011年比2010年增减	
				绝对数	%
一、调查户数	户	80	80		
二、年末人均生活住房面积	平方米	75	72	3	4.17
其中：砖木结构	平方米	4.40	4	0.40	10.00
钢混结构	平方米	63.30	65	-1.70	-2.62
三、人均生产用固定资产原值	元	6 706	5 201	1 505	28.94
四、年末人均手持现金	元	755	375	380	101.33
五、年末人均储蓄存款余额	元	13 790	12 089	1 701	14.07
六、全年人均总收入	元	11 701	10 403	1 298	12.48
(一) 工资性收入	元	3 520	3 066	454	14.81
(二) 家庭经营收入	元	6 873	6 179	694	11.23
(三) 财产性收入	元	539	495	44	8.89
(四) 转移性收入	元	769	663	106	15.99
七、每人平均全年纯收入	元	7 917	7 011	906	12.92
八、全年人均总支出	元	12 655	12 302	353	2.87
(一) 家庭经营费用支出	元	3 295	3 032	263	8.67
(二) 购置生产用固定资产支出	元	1 295	2 235	-940	-42.06
(三) 税费支出	元	21	8	13	162.50
(四) 人均生活消费支出	元	7 617	6 642	975	14.68
(五) 财产性支出	元		187	-187	-100.00
(六) 转移性支出	元	426	198	228	115.15

（周　红）

2011 年红塔区受市（厅）级以上表彰单位集体荣誉统计表

表 78

单位名称	获奖名称	获奖时间	授奖机关
红塔区	中国十大最关爱民生县（区）	2011－01	中国城市经济学会　中国劳动学会
	云南省新型农村合作医疗工作先进县	2011－04	云南省卫生厅
	全国残疾人工作先进单位	2011－06	国务院残疾人工作委员会
	云南省 2010 年度县域经济发展十强县	2011－07	云南省人民政府
	2011 年全国县（市）科技进步考核先进县（区）	2011－11	国家科技部
红塔区商务局	2010 年度全省招商引资先进单位	2011－01	云南省招商合作局
红塔区归国华侨联合会	云南省侨联系统先进基层组织	2011－01	云南省归国华侨联合会
玉溪师院	2011 年共青团重点工作考核先进单位	2011－01	共青团云南省委
	云南省高校校园文化建设优秀成果三等奖	2011－01	中共云南省委高校工委
	云南省五四红旗团委	2011－05	共青团云南省委
	“党在我心中”云南省高校师生歌咏活动学生甲组铜奖、优秀组织奖	2011－06	中共云南省委高校工委　云南省教育厅
	云南省 2011 年大学生创业计划大赛二等奖	2011－06	云南省教育厅　省人力资源和社会保障厅
	五五普法先进集体	2011－08	中共玉溪市委　玉溪市人民政府
	云南省第二届大学生职业生涯导航设计大赛优秀组织奖	2011－09	共青团云南省委　省教育厅　省人力资源和社会保障厅　省学联
	云南省第三届大学生艺术展演优秀组织奖	2011－10	云南省教育厅
	云南省当代大学生核心价值观引领我成长演讲大赛优秀组织奖	2011－11	中共云南省委宣传部　省委高校工委
	云南省高校禁毒防艾知识竞赛优秀奖	2011－12	云南省教育厅
	2011 年度云南省高校禁毒防艾大学生手抄报、宣传画创作比赛优秀组织奖	2011－12	云南省教育厅
	全国文明单位	2011－12	中央精神文明建设指导委员会
云南电网公司玉溪供电局	2010 年度全国安康杯竞赛优胜企业、全国安康杯竞赛示范单位	2011－01	中华全国总工会　国家安全生产监督管理总局
	云南省第四批新农村建设工作先进派出单位	2011－02	中共云南省委　云南省人民政府
	第四次民族团结进步先进集体	2011－03	中共玉溪市委　玉溪市人民政府
	十一五期间节能工作先进单位	2011－06	玉溪市人民政府
	第十二届全国职工职业道德建设先进单位	2011－09	全国职工职业道德建设指导协调小组
	全国文明单位	2011－12	中央精神文明建设指导委员会

续表1

单位名称	获奖名称	获奖时间	授奖机关
玉溪农职院	2010年云南省就业工作目标责任考核二等奖	2011－02	云南省教育厅
	2008～2010年云南省防治艾滋病人民战争先进集体	2011－04	中共云南省委 云南省人民政府
	2011年全国职业院校技能大赛高职组植物级组织培养项目优秀奖	2011－06	全国职业院校技能大赛组委会
	第二届云南省高校统战工作理论研讨会征文活动组织奖	2011－10	云南省教育厅
	云南省高校禁毒防艾知识竞赛二等奖	2011－11	云南省教育厅
凤凰街道	人民调解先进集体	2011－02	中共玉溪市委 玉溪市人民政府
	第六次人口普查先进集体	2011－11	玉溪市人民政府
红塔区人民政府	2010年度招商引资内外资、外贸进出口目标任务奖	2011－03	玉溪市人民政府
红塔区委办	2010年度全省党委系统信息工作三等奖	2011－03	中共云南省委办公厅
红塔区人口和计划生育局	2008～2010年新一轮防治艾滋病人民战争先进集体	2011－04	玉溪市人民政府
凤凰街道葫田社区	交通安全示范社区	2011－04	云南省文明办 省公安厅
红塔区检察院控告申诉接待室	全国检察机关文明接待室	2011－05	最高人民检察院
研和司法所	全国模范司法所	2011－06	司法部
凤凰街道高龙潭社区	先进基层党组织	2011－06	中共云南省委
	省、市两级基层党建示范点	2011－07	中共云南省委组织部
春和街道	全省先进基层党组织	2011－06	中共云南省委
	市农家书屋工程建设先进单位	2011－12	玉溪市委　玉溪市人民政府
红塔区人口和计划生育局党总支	2011年先进基层党组织	2011－06	中共玉溪市委
郑井小学	云南省学校体育舞蹈大课间比赛评选活动校园维也纳华尔兹三等奖、校园牛仔舞一等奖	2011－06	云南省教育厅
玉溪市公安局红塔分局	全省公安机关“大走访”先进集体	2011－08	云南省公安厅
红塔区粮食局	2011年全省食用植物油库存检查先进单位	2011－08	云南省粮食局

续表 2

单位名称	获奖名称	获奖时间	授奖机关
红塔区司法局	玉溪市 2006～2010 年法制宣传教育工作先进单位	2011－08	中共玉溪市委　玉溪市人民政府
凤凰街道葫芦社区	党妇共建创先争优示范点	2011－09	中共云南省委组织部
冯井中心小学	云南省文明学校	2011－10	云南省教育厅
红塔区军粮供应站	全省军粮供应先进单位	2011－11	云南省粮食局 云南省财政厅 云南省军区后勤部
红塔区科学技术协会	2010 年度云南省农函大先进集体	2011－11	云南省科学技术协会
玉溪师院后勤服务中心健康中心	云南省高校禁毒防艾知识竞赛优秀奖	2011－11	云南省教育厅
红塔区总工会	云南省职工维权帮扶工作先进集体	2011－12	云南省总工会
凤凰街道灵秀社区	全国文明村	2011－12	中央精神文明建设指导委员会
中国移动通信集团云南有限公司玉溪分公司	全国文明单位	2011－12	中央精神文明建设指导委员会
红塔区总工会	全国职工书屋建设先进单位	2011	中华全国总工会
玉溪师院后勤服务中心党委	先进基层党组织	2011	云南省教育厅
玉溪师院	云南省普通高校毕业生就业工作一等奖	2011	云南省教育厅
春和街道	玉溪市“十一五”烟叶工作先进单位	2012－01	玉溪市人民政府
玉溪市红塔区森林公安局	集体三等功	2012－01	云南省森林公安局
红塔区委宣传部	第二届云南省宣传思想文化工作创新奖	2012－02	中共云南省委宣传部
红塔区盲人协会	云南省“十一五”专门协会工作优秀奖	2012－02	云南省残联

（朱耀萍整理）

附　录

编辑　肖振宇

报告摘要

玉溪市红塔区人民代表大会常务委员会工作报告（摘要）

——在红塔区第三届人民代表大会第五次会议上

区人大常委会主任　毕继芬

（2012 年 2 月 9 日）

各位代表：

我受区三届人大常委会委托，向大会作工作报告，请予审查，并请列席会议的同志提出宝贵意见。

2011 年主要工作回顾

2011 年，区人大常委会在中共红塔区委的领导和市人大常委会的指导下，以邓小平理论、“三个代表”重要思想为指导，深入贯彻落实党的十七大、十七届五中、六中全会和省、市委人大工作会议、区委三届八次全会和区第四次党代会精神，坚持以党的领导为根本，以科学发展为主题，以加快转变经济发展方式为主线，紧紧围绕区委重大决策部署和“十二五”规划的贯彻落实，依法开展监督、行使职权，支持和保障代表发挥作用，较好完成了区三届人大四次会议确定的各项目标任务，为实现“十二五”规划良好开局发挥了应有的作用，进一步开创了全区人大工作新局面。

一、坚持党的领导，把重点放在贯彻区委决策和促进科学发展上

（一）始终坚持党的领导

一年来，常委会始终把人大工作置于区委的领导之下，认真实行重大事项、重要问题和重点工作向区委请示报告制度，年内先后 3 次向区委汇报请示人大工作，积极主动地争取区委的重视和支持。配合区委办认真做好调查研究，精心筹备，于 2011 年 11 月召开高规格、大规模的区委人大工作会议，认真总结近几年来全区人大工作的成效和经验，分析查找新形势下人大工作面临的困难和存在的不足，对做好新时期人大工作作了全面安排部署；对优秀人大代表、先进人大工作者、先进代表小组、优秀代表建议等，进行表彰奖励；区委制定出台了《中共玉溪市红塔区委关于加强和改进新形势下人大工作的意见》，为新时期全区人大工作提供了组织机构和人力、财力保障。激发了全区人大工作者的积极性和主动性，为做好新形势下的人大工作奠定了良好基础。

（二）认真行使重大事项决定权

常委会本着讲政治、顾大局、议大事、重实际、求实效的原则，紧紧围绕区委三届八次全会和区三届人大四次会议的决议，组织人大代表开展视察、调查和检查 16 次，召开常委会议 7 次，听取和审议政府专项工作报告 14 项，作出决议决定 14 项，圆满完成年初确定的各项工作任务，使区委的主张和重大决策部署通过人大法定程序，转化为全区人民的共同意愿，进一步促进了政府工作的民主化、法治化和科学化，使“一府两院”工作连年荣居全市前列。

（三）依法做好人事任免工作

常委会始终坚持党管干部和人大依法任免相统一的原则，积极配合区委组织部认真坚持对国家机关工作人员进行任前考察监督工作，坚持人大任前法律知识考试、供职报告、民主票决、见面表态、任后颁发任命书、工作评议等人事任免工作制度。2011年常委会依法任免国家机关工作人员50人次，其中任命30人次，免职20人次，接受辞职5人，为加强地方国家机关政权建设提供了重要保障。

二、加强监督工作，把重点放在事关发展大局和维护群众利益的重大问题上

常委会坚持围绕中心，服务大局，把事关全区经济社会发展大局和群众切身利益、社会普遍关注及代表集中反映的问题，作为监督工作的重中之重，依法加强监督，做到到位不越位，解难不作难，监督不对立，支持不代替，不断增强监督工作的针对性，使监督工作更具实效。

（一）围绕中心抓重点，在加强经济工作监督上彰显新成效

常委会充分用好监督“助推器”，把加强对经济工作的监督作为人大推动全区经济高质快速发展的着力点，先后7次组织部分人大代表对区政府有关经济工作情况进行视察和调研，积极帮助政府找问题、想办法、出主意，提出16条意见和建议。区委区政府高度重视，先后分别召开加快一、二、三产业发展专题会议，奏响了全区经济又好又快发展的新号角，坚定不移地加大产业结构调整力度，加快转变经济发展方式，下决心淘汰落后产能，搞好节能降耗，加强招商引资，加强工业园区规划和建设，全力推进大项目，大力培植优势产业，努力打造全国最大的卷烟辅料生产基地和光电子材料加工基地、全省重要的冶金工业基地、战略性新型产业基地和农产品加工基地，全力提高发展质量和速度，综合实力大幅提升，主要经济指标快速增长，人均国民生产总值居全省第一，被评为云南省县域经济发展十强县（区）。

（二）围绕民生抓重点，在维护群众利益上实现新突破

常委会充分用好监督“服务器”，把加强对民生工作的监督作为人大服务和维护群众利益的突破点，从人民群众最关心、最现实、最直接的问题入手，组织部分人大代表对扶贫项目开发建设、民办中小学校和学前教育、城市管理及《食品安全法》《药品管理法》的实施等9项民生工程，进行了视察、调查和检查，提出相关意见、建议36条。区政府积极创造条件，认真组织落实。如针对“非法办学现象依然存在”的建议，区政府制定并实施《关于对全区民办中小学、幼儿园进行清理整顿的通知》，组织5个清理整顿工作小组，对全区范围内的9所民办中小学、89所幼儿园、147个学前班进行拉网式清理排查，对存在重大安全隐患、不符合办学、办园条件的幼儿园实施关停。同时，完善《红塔区民办中小学、幼儿园及各类教育培训机构审批程序》，严格审批制度，规范审批程序，进一步把好民办教育入口关，坚决杜绝非法办学现象。针对民办教育“发展存在困难”的现状，区政府采取以奖代补的形式投入60万元专项资金，扶持民办中小学、幼儿园发展。针对民办教育“管理水平较低，存在一定安全隐患”的建议，区政府先后组织有关人员深入民办学校、幼儿园检查指导100余次；实施公办学校（园）与民办学校（园）结对帮扶，使被帮扶的民办学校、幼儿园的办学水平有了大幅提升，促进了全区教育工作的均衡发展。

（三）围绕法治抓重点，在推进依法治区工作上取得新进展

为有效推动依法治区工作，常委会组织部分人大代表对《公路法》和《未成年人保护法》等5部法律法规的贯彻实施情况进行检查，并听取和审议区政府相关专项工作报告和“六五”普法规划情况及社会治安综合治理工作情况的报告。针对贯彻实施《国公路法》的审议意见，区政府及时召开第47次常务会议专题研究，批准实施红塔区农村公路管理养护体制改革的三个办法，即：《红塔区农村公路管理养护办法》《红塔区农村公路大中修工程管理办法》《红塔区农村公路养护资金筹集管理使用办法》，明确红塔区地方公路管理的机构、职责、资金及考核办法等，每年安排区级财政资金200余万元对农村公路进行养护。三个《办法》的制定和实施，进一步明确了各级政府和各部门在农村公路建、养、管中的职责，理顺了关系，落实了资金来源，为从根本上解决我区农村公路重建轻管问题奠定坚实基础。同时，区交通运输局加大对超限超载的治理力度，截至上年11月，累计查处各类路政案件42件，对损坏的路产索赔金额100万元；治理超限累计拦截检查各类超运机动车辆16 740辆次（其中：超限运输车辆14 205辆次），有效地维护了广大人民群众的交通安全和生命财产安全。针对《未成年人保护法》《残疾人保障法》《食品安全法》《国药品管理法》的审议意见，区公、检、法、司和工商、卫生、教育、妇联、民政、残联等部门，各司其职，各负其责，同心协力，为未成年人健康成长营造了良好的学校、家庭和社会环境；为残疾人的康复、就学、就医、就业等生存与发展条件提供了必要的保障；为全区广大人民群众的食品药品安全做了许多卓有成效的工作。

（四）围绕城建抓重点，在推进生态城市建设上有新拓展

为力促“生态立区”战略的实施，常委会充分发挥人大代表在建设现代宜居生态城市中的模范引领作用，要求人大代表积极投身“国家卫生城市”“国家环境保护模范城市”“省级文明城市”创建和绿色玉溪植树行动、户外广告综合整治、城乡环境卫生整治、中心城区拆临拆违、污染防治和节能减排等工作。组织部分人大代表深入区环卫站、清洁中心、综合行政执法大队等9个部门进行调查，提出意见建议5条。针对“加大城市基础设施建设投入”的建议，投入4 000万元资金，按照“新建一批、改造一批”的工作思路，新建和改造公厕、垃圾转运站，增加垃圾运输车辆、改进垃圾清运、完善清扫保洁长效机制，清理整治“七小”行业和集贸市场等工作，使城市基础设施跃上了新台阶。针对“提高城管综合行政执法管理水平”的建议，城管局积极筹备新型数字化城市管理工作，搭建红塔区数字城管初级指挥平台，制定数字化城市管理方案，开展整治中心城区游丧行为、违反城市规划行为、机动车乱停乱放行为、渣土运输泼洒行为等工作，取得良好效果。针对“加强城管执法队伍建设”的建议，城管系统开展以加强队伍建设为目标，以改进作风、严肃纪律、规范行为为重点，以完善体系、加强学习、健全机制为主要内容的作风纪律整顿工作，使全系统干部职工思想作风明显转变、服务意识明显增强、内外形象明显改善。针对“城管执法队伍设施配备有待加强”的建议，区政府投入资金近40万元购置执法现场取证设备，为城管执法创造了“阳光作业”的执法条件。

（五）围绕实效抓重点，在开展评议工作上实现新提升

常委会把行使监督权与行使决定权、人事任免权有机结合起来，于去年8月至12月，按照《红塔区人大常委会工作评议实施方案》，组织部分人大代表，分三个调查组对区民宗局、区财政局、区卫生局贯彻执行宪法、法律法规和依法行政的情况，贯彻执行人大及其常委会决议、决定的情况，履行职责和勤政廉政的情况，办理人大代表建议、批评和意见的情况，保障和改善民生、解决人民群众普遍关心的问题的情况和需要评议的其他情况等进行调查，并将调查情况提

交常委会审议和评议。通过常委会审议和无记名投票测评，区卫生局、区财政局、区民宗局的满意票得票率分别为100%、95%、85%，均达到80%以上，三个单位都被评定为满意等次。被评部门按照常委会的评议意见，逐项逐条量化分解目标责任，在规定时限内认真制定上报整改方案，进一步明确整改目标、整改措施、整改责任，努力加强和改进各项工作，有效地促进了政府组成部门工作作风的转变和工作绩效的提高。

三、提高审议质量，把重点放在把关和抓落实上

常委会按照选题求“准”、“三查（察）”求“深”、审议求“真”、督查求“实”、履职求“效”的工作原则，努力实现议而有决，决而有行，行而有果，着力提高常委会审议质量。

（一）把好选题关

常委会始终坚持选择议题要“准”的原则，注重在事关重大、长远、全局和人民群众普遍关心的热难点问题上下功夫，坚持把落实区委决策部署作为重要任务，把推动政府工作作为重点选择，把推进依法治区作为重要职责，认真把好选题关。2011年选定涉及全区经济社会科学发展的审议议题11个，为确保人大常委会审议工作质量的不断提高创造了条件。

（二）把好“三查（察）”关

认真搞好“三查（察）”是提高审议质量的前提。常委会始终坚持“三查（察）”求“深”的原则，把“三查（察）”工作任务分解到人大机关相关委室，把责任落实到人，分别制定“三查（察）”方案，适时组织部分代表深入一线，采取听、看、查、问、访、谈等综合方式，认真进行视察、检查和调查，综合代表的意见、建议，形成“三查（察）”报告，提交常委会审议，为提高审议质量奠定基础。

（三）把好审议关

认真搞好审议是提高审议质量的关键。常委会始终坚持审议议题求“真”的原则，充分发扬民主，尊重和保障常委会组成人员的民主权利，使他们在常委会会议上畅所欲言，各抒己见，确保审议最大限度地体现集体意志和智慧。去年，常委会对11个审议议题的相关工作提出30条审议意见，为推动“一府两院”工作发挥了常委会应有的作用。

（四）把好落实关

认真督促落实审议意见是提高审议质量的出发点和落脚点。常委会始终坚持督促审议意见的落实求“实”、求“效”的原则，及时将审议意见送达“一府两院”和有关部门，并要求将审议意见的落实情况书面报人大常委会。同时，常委会要求人大机关各相关工作委员会，于每年11月底前对“一府两院”落实审议意见的情况逐项逐条进行跟踪督查，并将督查情况向常委会领导汇报，有力地促进审议意见的实施，有效提升常委会审议质量，确保区委重大决策部署的贯彻落实和“一府两院”及人大常委会各项目标任务的圆满完成。

四、发挥代表作用，把重点放在落实工作机制和增强活动实效上

代表工作是人大工作的基础，常委会充分尊重代表的主体地位，高度重视代表工作，认真负责地为代表履职搭建平台、创造条件、做好保障服务工作。

（一）多措并举，不断提高代表履职积极性

一是认真评选36名优秀人大代表、5个先进代表小组、10名先进人大工作者和10件代表优秀建议报请区委审定并进行表彰奖励，极大地激发了人大代表履职的责任感、使命感和光荣感。二是不断丰富完善邀请代表参加常委会重要活动，年内共邀请代表158人次参加常委会会议和视察、调查、检查等活动，邀请20余名代表参加听证会，充分调动代表履职的积极性和主动性。三是采取以会代训、以活动为训等方式，不断提升代表履职意识和能力。四是继续为代表订阅、寄送学习资料，为代表知情知政、提高素质创造条件。

（二）注重实效，扎实有效地开展代表活动

一是继续坚持代表履职登记制度，对代表履职情况实行登记制度和履职备案制度。二是继续坚持代表向选民述职工作制度，接受选民的评议，增强了选民对代表的监督意识和代表履职的责任感。三是有针对性地督促指导代表小组因地制宜、灵活多样地开展活动。年内组织召开代表组长会议4次，总结交流经验，通报和安排各阶段代表小组工作。代表小组活动的有效开展，密切了代表与选民的联系。四是结合红塔区实际，认真学习新修订的《选举法》《代表法》及实施办法，并提出修改意见建议20条，受到省、市人大的充分肯定。

（三）跟踪督办，提高代表建议办理质量

常委会认真落实督办机制，通过召开交办会、组织代表视察、听取专项报告、审议办理情况等方式，对建议意见办理工作进行跟踪督查，不断提高办理质量。区三届人大四次会议期间，代表提出的177件建议意见，已解决、基本解决和计划解决的81件，当年解决率达34.5%，满意率达92.6%，基本满意率达7.4%，办复率达100%。如：包丽萍代表提出的《关于立项建设桅杆路的建议》（第35号），经多方努力于上年6月决定安排资金修复破损路面，工程预算600万元，目前部分工程已竣工通车。姜永祥代表提出的《关于在乡（街道）建办公立幼儿园的建议》（第110号），区政府根据国务院有关要求，结合我区实际，制定了《红塔区学前教育三年发展规划（2011~2013）》，到2013年除现已有公办中心幼儿园的李棋、高仓、洛河外，其余8个乡（街道）各新建一所中心幼儿园，并将于今年启动研和、春和、北城、小石桥中心幼儿园建设。谢家平代表提出的《关于提高社区干部生活补贴标准的建议》（第135号），经区委、区政府研究决定，于2011年再次提高社区干部的生活补贴标准。同时，区政府于去年4月制定下发《关于认真做好人大代表建议B类件续办续复工作的通知》，将2010年的35件B类建议继续进行办理，已解决和基本解决的5件。如：冯井社区舒玉坤代表提出的《规范生猪屠宰点让屠宰场不再扰民的建议》（2010第44号），区政府根据国务院《生猪屠宰管理条例》及其《实施办法》等规定，于2011年4月分别关停了玉溪市红塔区供销社副食果菜公司生猪屠宰厂、红塔区食品有限责任公司李棋食品站等5个屠宰厂（站），实现全区现有生猪定点屠宰场（点）按期、平稳、和谐地整合资源，优化屠宰行业布局，提升屠宰质量，保障人民生活质量。

五、加强自身建设，把重点放在提高履职能力和依法办事水平上

常委会始终坚持把自身建设作为一项基础工作来抓，注重学习教育，强化纪律要求，不断推进各项工作的规范化、制度化、科学化，进一步提高依法履职能力和水平，努力使区人大及其常委会成为党委放心、群众满意的地方国家权力机关。

（一）切实加强机关党建工作

常委会党组继续以开展创先争优、“三个一”主题实践和向杨善洲同志学习活动为契机，以争创学习型党组织、建设学习型班子、培养学习型干部、争当学习型机关、打造学习型团队，构建和谐型单位的“六型”机关建设为抓手，采取“走出去”“请进来”和集中学、自学等灵活多样的形式，切实加强机关党员干部的学习教育，认真开展党组织活动，使大家的思想认识有了提高，宗旨意识得到加强，党性观念得到巩固、理想信念更加坚定，理论水平和业务素质不断提高，做好新形势下人大工作的使命感和责任感不断增强。

（二）切实加强组织机构和干部队伍建设

积极争取上级的重视和支持，于去年批准区人大机关增设民族外事华侨工作委员会，并配齐正副主任。批准人大机关各工委设置副主任，选调5名年轻干部充实到人大机关工作。同时，增加了常委会组成人员调研经费，新增人大机关委室工作经费和乡人大主席团成员、街道人大工委委员调研经费等。顺利完成撤销6个镇人大主席团并新设6个街道人大工委的工作，制定《红塔区人大常委会街道工作委员会工作办法》和《红塔区人大常委会规范性文件备案审查暂行办法》，切实从组织机构、干部人事和工作制度及工作经费上为人大依法履职提供有力保障。

（三）切实加强作风建设

认真实施区人大常委会领导挂钩联系指导乡、街道人大工作和挂钩包村工作及联系点工作；认真做好区委交办的重大事项、重要任务、重点项目和重点工作；积极配合省、市人大常委会完成了对全区宗教工作的检查和对云南省实施选举法和代表法办法、学前教育、保障性住房建设等情况的调研；坚持乡人大主席、街道人大工委主任例会制度和对乡、街道人大工作年度综合考核制度；认真实施区人大常委会组成人员联系人大代表制度，适时深入基层、深入代表、深入群众，真诚、真情、真实地问政于民、问需于民、问计于民。去年，先后27次组织常委会部分组成人员、部分人大代表和机关党员、干部进山区、社区、机关、企业、学校、农户等进行调查研究，形成调研报告17篇，为推动全区经济发展、社会稳定、人民安居发挥作用。

各位代表，过去一年，区人大常委会在发展中完善，在探索中创新，圆满完成预期任务，各项工作取得新的成效。这主要得益于区委的正确领导和“一府两院”及政协的理解配合与支持，也蕴含着全体人大代表和人大工作者的共同努力、历届老领导的关心帮助和上级人大、省市区各部门、驻区部队及社会各界的大力支持。在此，我代表区三届人大常委会向大家表示崇高的敬意和衷心的感谢！

回顾过去一年的工作，我们可以看到，常委会履职方式有了新改进，履职水平有了新提高，履职实效有了新提升。但是，我们也要清醒地认识到，我们的工作与宪法和法律的要求、与代表和群众的期望还有差距。主要表现在：监督工作领域有待进一步拓宽；常委会审议意见的落实力度有待进一步加大；代表建议意见的解决率有待进一步提高；闭会期间代表活动实效有待进一步提升；规范性文件备案审查工作有待进一步加强等等。同时，真诚欢迎各位代表和社会各界对常委会的工作进行监督，提出意见和批评，我们一定认真对待，虚心接受，努力改进，不负众望。

2012年主要工作

各位代表，2012年是我区站在更高起点上实现科学发展、和谐发展、跨越发展的关键一年。区人大及其常委会要高举中国特色社会主义伟大旗帜，以邓小平理论和“三个代表”重要思想为指导，全面贯彻党的十七届六中全会、区委四届二次全会和人大工作会议精神，依法履行职权和职责，切实做到监督立足于落实，决定立足于助力，任免立足于区委意图的实现，为把红塔区建成滇中经济强区、宜居生态城市、幸福美丽家园发挥应有的作用。

一、坚持正确的政治方向，致力于在保障跨越发展中形成合力；

二、依法实施监督，致力于在推动跨越发展中履职尽责；

三、做好代表工作，致力于在促进跨越发展中再创佳绩；

四、做好选举工作，致力于在推进跨越发展中发挥作用；

五、加强自身建设，致力于在服务跨越发展中激发活力。

各位代表，事业凝聚人心，使命催人奋进。坚持和完善人民代表大会制度，推进社会主义民主法制建设，我们的责任重大而光荣。让我们在区委的正确领导下，在“一府两院”的理解支持下，凝心聚力，务实创新，奋发进取，为推动全区科学发展、和谐发展、跨越发展作出新的贡献，以优异成绩迎接党的十八大胜利召开！

省人大副主任到工业园区调研

政协玉溪市红塔区第三届委员会常务委员会工作报告（摘要）

——在政协玉溪市红塔区第三届委员会第五次会议上

区政协主席　杨德运

（2012 年 2 月 6 日）

各位委员，同志们：

我受中国人民政治协商会议玉溪市红塔区第三届委员会常务委员会的委托，向大会作工作报告，请予审议，并请特邀、列席会议的同志提出意见。

2011 年工作回顾

2011 年是“十二五”规划的开局之年，也是全区经济社会发展迈出新步伐的一年。一年来，全区各族人民上下一心，团结一致，奋力拼搏，使全区经济社会呈现出全面稳步发展的喜人态势。红塔区政协在中共红塔区委的坚强领导下，在市政协的关心指导下，在区人大、区政府的支持下，坚持以邓小平理论和“三个代表”重要思想为指导，以科学发展观统领政协工作全局，牢牢把握团结和民主两大主题，认真履行政治协商、民主监督、参政议政职能，参政议政水平不断提高，建言献策的积极性不断增强，为红塔区科学发展和社会主义民主政治建设作出了积极贡献。

一、围绕全区经济社会大局投身发展主战场

区政协按照区委、区政府的统一安排，全心全意投身于全区经济社会发展的主战场。一年来，广大政协委员和政协工作者兢兢业业、恪尽职守，在做好本职工作的同时，主动参与全区经济、文化、社会、生态文明建设和现代宜居生态城市建设，在抓项目、建生态、保稳定、促发展等方面做了许多有益的工作，较好地发挥了政协组织在促进全区经济社会发展中的重要作用。区政协领导班子成员率先垂范，做好联系乡、街道、非公经济企业工作，认真完成区委、区政府安排的重点工作和重点项目，在玉山城项目征地、棋阳路二期改造等重点工作中，区政协领导班子成员都奋战在一线，为这些项目的推进做了大量深入细致的工作。同时，区政协 6 名委室主任、副主任和多名机关干部积极参与到创卫、创文、创模、挂钩包村工作和新农村建设中，为全区经济社会发展作出应有贡献。

二、围绕区委区政府重大决策开展政治协商

一年来，区政协认真贯彻“长期共存、互相监督、肝胆相照、荣辱与共”的方针，紧抓全区经济社会发展中的重大问题，发挥政协智力密集、人才众多的优势，开展多形式、多层次的政治协商，为各族各界人士表达主张和意见创造条件，努力营造民主和谐、合作共事的政治氛围。在区政协三届四次会议期间，委员们就《政府工作报告》及其他报告进行议政和协商，委员们围绕全区产业结构调整升级、低碳经济、公共卫生服务体系建设、环境综合治理等关系经济社会发展稳定大局的问题和群众关心的热点、难点问题进行充分发言，提出了许多建设性的意见。在政协常委会议重点协商中，区政协邀请职能部门领导列席常委会议，年内先后召开三次常委会议对红塔区食品药品安全状况、生态建设、玉溪大河二期建设等方面的工作进行三次专题协商，为政协常委参与协商讨论红塔区大政方针搭建了重要平台。在专委会对口协商中，各委室主动加强与党政部门的联系和配合，主动邀请相关职能部门参加委员活动。年内围绕全区中心工作，选择不同的角度和切入点，组织委员开展议政、视察和调研活动 24 次，交流信息 12 篇，有效促进了委员与党政部门的相互了解和沟通。

三、围绕经济社会科学发展开展参政议政

区政协遵循“党政所思、部门所虑、群众所盼、政协所能”的原则，按照“专、深、精、实”的要求，以解决经济社会科学发展的重要问题作为调研议政的着眼点，积极向区委区政府建真言、献良策，提出了许多操作性强的意见建议，形成一批内容翔实、观点鲜明、措施具体的调研成果，产生了广泛的社会影响。一年来，区政协围绕全区的中心工作，就全区经济社会科学发展的一些重要问题，组织政协常委和各专门委员会、政协小组与区属有关部门组成调研组深入开展专题调研，先后形成《红塔区食品药品安全状况》《红塔区就业状况》《红塔区水利资源开发与保护》等报告 5 个，并通过召开常委会议和主席会议进行专题议政，形成常委会议、主席会议建议案供区委、区政府决策参考。其中，关于

《红塔区食品药品安全状况的调研报告》客观分析了红塔区食品药品安全的现状和面临的困难，提出了积极的应对措施。这些调研成果，凝结着广大政协委员的心血和智慧，集中了委员们对经济社会发展的真知灼见，为区委、区政府科学决策发挥了作用。

四、围绕提高政府行政效能开展民主监督

区政协坚持在促进政府重大决策和政策的贯彻落实、促进行政机关提高工作效能上加大民主监督力度，以专题视察、行风评议、专项检查和提案办理等多种形式，保障民主监督落实到位，促进发展环境的优化提升。一是组织好视察和调研活动。一年来，区政协依托各专门委员会，组织委员对生态城市建设、玉溪大河二期建设、社会治安等多个经济社会发展和民生建设问题进行专题视察，并协助玉溪市政协完成“水利资源的利用和开发”、“城市垃圾处理”等3个专题视察。通过现场视察和座谈交流，向区委、区政府及有关部门提出许多促进工作落实的意见和建议。二是发挥特邀监督员和行风评议员的监督作用。20多名政协委员被多个政府职能部门和检察院、法院、公安等政法机关聘为特邀监督员，这些部门和单位主动邀请监督员参加本部门的有关活动。年内，先后有60多人参加“行风评议”、执法执纪、民主测评、重大项目听证、普法检查等有关监督评议和检查活动，用实际行动充分践行政协委员民主监督权力，积极为和谐社会建设献计出力。三是发挥提案在民主监督中的重要作用。年内政协委员围绕全区的中心工作、群众关心的热点难点问题，共提出提案171件，经过审查立案171件；区政协进一步完善提案办理、督办机制，促进了提案质量和办理质量的提高；经过办理，171件提案的办复率、面商率、满意率均达到100%。年内，区政协通过新闻媒体、市区政协信息、刊发和宣传有关政协履行职能的稿件18篇，促进了政协民主监督与舆论监督的有机结合。

五、围绕共建和谐社会开展团结联谊

一是有效凝聚社会各方力量。充分发挥政协智力密集和联系广泛的独特优势，及时宣传党的方针政策和重大决策部署，了解和反映社会不同阶层的愿望和要求，积极协助区委区政府协调关系、理顺情绪、化解矛盾、增进共识，共建和谐美丽的红塔区。2011年，全区50多位企业界政协委员响应市、区政府的号召，积极参加红塔区民企感恩行动、教育扶贫资金捐助和“三小”工程建设等，共捐款捐物折合人民币800多万元，为全区困难群众解决人畜饮水、环境生态整治、村庄道路、教育扶贫和防灾减灾等困难和问题。同时，蔡先平、代宝盛等非公经济企业委员还积极参与“玉溪市民营企业生态林”建设，为玉溪生态城市建设捐树植林。二是积极拓展团结联谊平台。坚持团结和民主两大主题，通过开展座谈、走访、文化交流等形式多样的团结联谊活动，巩固发展新时期的爱国统一战线，为推进红塔区科学发展、和谐发展、协调发展凝心聚力。三是加强与少数民族地区和民族宗教界人士的联系。认真督促区民宗部门落实好党的民族宗教政策和相关国家法律法规，引导宗教与社会主义社会相适应，促进各民族共同发展、共同繁荣。四是拓展工商联、人民团体参政议政平台。充分发挥工商联、民主党派和人民团体参政议政的热情和积极性，尊重、鼓励和支持他们在政协的各种会议上，积极发表意见建议，并为他们参加政治协商、调研、视察和考察等活动创造条件。工商联、各人民团体和非公企业委员充分发挥各自优势，积极履行职能，年内向市、区政协会议提交提案46件，充分彰显了他们参政议政的时代风采。五是进一步抓好联谊交流工作。在加强联谊交流中大力宣传和推介红塔区，先后组织参加了全国15城区、全省26县区政协工作理论研讨会，接待了15个来自全国各兄弟城区政协工作考察团。在巩固深化“平安红塔”创建中，区政协领导认真参与领导大接访大下访活动，积极化解矛盾纠纷，为群众排忧解难；广大政协委员在各自的工作岗位上发挥凝聚人心、构建和谐的作用，积极建言献策，努力助推平安红塔的创建，为全区的社会政治稳定作出了积极贡献，维护了全区安定团结民主的良好政治局面。

六、围绕提高履职水平抓好机关自身建设

坚持以“创先争优”为目标要求，把抓好政协自身建设作为推进政协工作创新发展的一项基础工程，致力打造一支高素质的政协工作队伍，切实提高履职能力与水平。一是抓好以学习贯彻胡锦涛总书记重要讲话精神为重点的思想理论建设。坚持区政协中心组学习制度，认真学习胡锦涛同志在庆祝中国人民政治协商会议成立60周年大会上的重要讲话精神，并与学习中共十七届五中、六中全会、省委、市委和区委全会精神相结合，与开展创先争优活动相结合，与人民政协履行职能的实践相结合，进一步提高政协工作队伍的思想理论水平。二是抓好以提高素质为重点的委员队伍建设。区政协领导和各专委会坚持联系走访委员制度，为委员履行职能创造条件、提供方便。区政协三届四次会议以来，区政协进一步加强对委员的履职考核和登记工作，完善委员参加活动的档案，帮助委员提高履职本领，进一步激发了委员在各自平凡岗位创造不平凡业绩的积极性。2011年区政协委员共交流轮岗3名，提拔使用8名；陈宝荣委员荣获“云南省农村乡土人才”荣誉称号，李培林委员荣获“玉溪市首界杰出人才”荣誉称号，蒋兴建委员被评为2011年“云南省优秀共产党员”，在区委政协工作会议上，65名政协委员受到区委表彰。三是抓好以提高工作效能为重点的机关自身建设。以创建“学习型、服务型、创新型、和谐型”机关为目标，深入开展“创先争优”活动。在干部直接联系群众活动中，红塔区政协作为试点单位率先派出领导干部13名，深入挂钩联系点开展济困帮扶活动。组织机关干部捐助灾区群众，团结互助风气得到进一步发扬；以创建学习型党组织为契机，认真开展智慧读书活动，不断强化大局意识和服务意识，创新工作方法，进一步提高了机关工作效能。

各位委员，过去的一年，我们的各项工作成绩显著，这些成绩的取得，是区委高度重视、正确领导的结果，是政协玉溪市委员会帮助指导的结果，是区人大、区政府和社会各界人士大力支持的结果，是历届政协老领导和广大政协委员共同努力的结果，是驻红塔区部队、武警部队首长关心支持的结果。在此，我代表政协玉溪市红塔区第三届委员会常务委员会，向全体委员和所有关心支持政协工作的各级领导、各族各界朋友、驻红塔区部队、武警部队首长表示衷心的感谢和崇高的敬意！

一年来，我们的工作虽然取得一些成绩，但我们也要清醒地看到，与新形势新任务的要求和广大政协委员的期望相比，我们的工作还存在不少差距和不足，还有许多方面工作需要继续拓展和深化。一是在全委会议和常委会议闭会期间，发挥全体政协委员的作用不够；二是专题调研工作在选准调研课题，提高调研质量，更好地为区委、区政府的决策服务方面有差距；三是在政协自身建设方面有待进一步加强；四是部分政协界别组的活动还没有真正实现规范化、制度化和经常化等。对此，常委会将在今年工作中认真研究，进一步加以改进。

2012年工作意见

虎跃龙腾，九州天下风光无限；花香鸟语，三乡大地春色正浓。各位委员！新春伊始，我们就召开政协红塔区第三届委员会第五次会议，共图红塔区科学发展之新举，共商经济社会发展之大计，共谋改善民生之良策，这是学习贯彻党的十七届六中全会和区委四届二次全会精神的务实举措。区委四届二次全会提出以五年实现“四个翻番、两个倍增”为目标，坚定不移实施“生态立区、科教兴区、工业强区、农业稳区、文化和区”的发展战略和2012年的主要预期指标，即生产总值增长12%以上，财政总收入和地方财政收入增长15%以上，固定资产投资增长20%以上，城镇居民人均可支配收入增长14%以上，农民人均纯收入增长13%以上。要实现这些目标，这就要求我们必须深入学习和贯彻落实好党的十七届六中全会和区委四届二次全会精神，按照区委提出的明确“三个定位”，即明确红塔区要建设成为滇中经济强区、宜居生态城市、幸福美丽家园的定位；做到“三个领先”，即全区各项工作要努力争先进位，在全省全市做到观念领先、发展率先、工作争先，加力提速把红塔区建设得更加富裕、文明、生态、和谐、幸福。

面对红塔区经济社会发展的艰巨任务，我们必须深刻认识到，红塔区政协承载着义不容辞的责任和义务。当前，全区经济发展社会稳定的任务还十分艰巨，全区上下迎难而上、共克时艰的形势依然严峻。为此，我们要以邓小平理论和“三个代表”重要思想为指导，深入学习贯彻落实科学发展观，在玉溪市政协的指导和区委正确坚强的领导下，牢牢把握团结和民主两大主题，更加准确地把握人民政协工作的科学定位，更加自觉地服务于经济社会发展全局，更加全面地继承和发扬人民政协的优良传统，认真履行好政治协商、民主监督、参政议政职能，切实发挥好协调关系、汇聚力量、建言献策、服务大局的重要作用，为推动红塔区经济社会科学发展、和谐发展、跨越发展，全力建设幸福美好的现代宜居生态城市而努力奋斗。

2012年，我们必须做好以下五个方面的工作：

一、把思想理论建设作为打牢履职基础的关键；

二、把促进红塔区科学发展作为政协履行职能的第一要务；

（一）履行政治协商职能，促进决策的科学化、民主化；

（二）履行民主监督职能，保障党的路线、方针、政策和各项法律法规贯彻落实；

（三）履行参政议政职能，为红塔区经济社会发展献计出力。

三、把加强团结构建和谐社会作为政协工作的重要抓手；

四、开展“四群教育”活动把履职为民作为政协工作的出发点和落脚点；

五、把推进“三化”建设作为政协自身建设的重点。

（一）进一步规范政治协商的内容、程序和制度保障；

（二）积极探索民主监督的有效形式；

（三）是要进一步加强机关自身建设。

各位委员、同志们，风正时济，自当破浪扬帆；任重道远，更需策马扬鞭。使命和责任，需要我们始终坚持和落实科学发展观，始终保持奋发有为的精神状态，始终坚持不懈的探索创新。我们要牢记历史责任，不负人民重托，在中共红塔区委的正确领导下，明确“三个定位”，做到“三个先行”，同心同德，锲而不舍，抓住机遇，乘势而上，为把红塔区建设成为滇中经济强区、宜居生态城市、幸福美丽家园而努力奋斗！

剪　纸　　　　（冯光祥　作品　蒯学庆　摄）

服务发展全面履职
为红塔区科学发展、和谐发展、跨越发展提供有力保障

——在中共红塔区纪委四届二次全会上的工作报告（摘要）

区委常委、区纪委书记　崔振中

（2012 年 2 月 16 日）

各位委员、同志们：

我代表中共红塔区纪律检查委员会常务委员会向第二次全体会议报告工作，请予审议。

这次全会的主要任务是：以党的十七届六中全会精神为指导，深入学习贯彻十七届中央纪委七次全会、省纪委九届二次全会和区委四届二次全会精神，总结 2011 年党风廉政建设和反腐败工作，部署 2012 年任务。区委对这次全会十分重视，区委常委会专题研究了红塔区 2012 年党风廉政建设和反腐败工作，市委常委、区委书记夏立洪同志将作讲话，我们要认真学习领会，坚决贯彻落实。

2011 年主要工作回顾

2011 年，全区以科学发展为主题，以转变经济发展方式为主线，全力打基础、调结构、保生态、惠民生、促和谐，呈现出经济快速发展、社会和谐稳定、生态更加良好、民生更加改善的新局面，实现“十二五”良好开局。全区各级各部门和纪检监察组织在区委、区政府的坚强领导下，围绕中心，服务大局，按照“围绕中心尽职责，服务经济保发展，把握大局促和谐，统筹全盘抓特色，创新机制上水平”的工作要求和“全年工作任务化，重点工作项目化”的工作思路，全面推进惩治和预防腐败体系建设，党风廉政建设和反腐败斗争取得显著成效，为全区经济社会又好又快发展提供了有力保证。

一、突出监督检查，保证各级重大决策部署的贯彻落实

加强对保持经济平稳较快发展等各项重大决策部署贯彻执行情况的监督检查，确保中央和省市区委推动科学发展重大决策部署的贯彻落实。

（一）加强重大政策执行情况的监督检查

对扩大内需促进经济增长政策措施落实情况开展监督检查，年内共排查中央扩大内需和预算内投资项目 48 个，督促各级各部门进一步完善项目决策立项、资金拨付和管理使用等制度，确保政策落实、项目推进、资金安全和干部廉洁。

（二）加强重点工作监督检查

加强“创卫”、“创文”、“创模”、户外广告综合整治、易峨高公路（红塔区段）建设等重点工作进度和政策落实情况的监督检查，对发现的问题及时督促整改。

（三）加强重大项目专项监督检查

组织协调有关部门对房地产调控、节能减排和环境保护、固定资产投资、节约集约用地、工程建设招投标、安全生产等政策落实情况开展专项检查，共检查和清理新开工项目 343 项，取消和停建项目 7 项，查出违纪违法金额 41 万元，纠正违法违规问题 38 项，提出监察建议 30 项，调查工程招投标投诉 2 件，建议终止不符合招投标规定 2 件。

（四）加强换届纪律监督检查

配合组织部门加强换届工作纪律教育，加强对换届风气的监督检查，把严肃换届纪律要求贯穿干部提名推荐、考察、公示和换届选举等各个环节，营造风清气正的换届环境。

二、突出宣传教育，促进领导干部廉洁自律

坚持以教育为先导，切实加强反腐倡廉宣传教育，进一步增强领导干部廉洁自律意识。

（一）深入开展廉政教育

开展以“以人为本、执政为民”为主题的党风廉政宣传教育月活动，组织科级以上领导干部、乡（街道）中心站所负责人、村（社区）“三委”成员进行廉政知识闭卷考试，使各级干部知晓熟悉规定、自觉遵守规定。

（二）强化正反典型教育

运用正面典型开展示范教育，弘扬新风正气；运用典型案例开展警示教育，对重大典型案件进行通报，用身边人说身边事，以案说法，增强拒腐防变意识。

（三）深化廉政文化建设

深入开展廉政文化“六进”活动，投资 50 多万元建成“廉政文化主题园”，玉兴街道北苑社区被命名为“云南省廉政文化示范点”。开展“倡廉洁、颂清风”廉政诗歌朗诵比赛，廉荣贪耻的社会风尚进一步得到弘扬。

三、突出制度建设，积极推进重点领域预防腐败工作

把制度建设贯穿于反腐倡廉的各个环节，从重点领域和关键环节入手，通过制度建设和机制创新预防和防治各类腐败问题的发生。

（一）深化行政管理体制改革

继续清理和规范行政审批事项，清理行政审批项目 372 项，保留 163 项，取消、合并、调整 209 项。区级 25 个部门 65 项行政审批、行政许可项目和服务事项进驻区政务服务中心集中办理。电子监察系统建设深入推进。

（二）继续推进干部人事制度改革

认真学习贯彻实施“四项监督”制度，加强对干部选任工作的监督。制订《区管干部任职前区委组织部听取区纪委意见和区纪委回复区委组织部意见办法》，进一步规范领导干部选拔任用程序，为拟提拔的 68 名科级干部出具任前廉政意见。

（三）深入推进财政管理体制改革

督促完善和规范财政转移支付、会计集中核算、乡财区

管等制度。加大对部门预算执行的监督检查，不断完善预算外资金“收支两条线”管理。

（四）严格执行建设工程招标投标等“四项制度”

全区建设工程招投标逐步规范，政府采购范围进一步扩大。区本级通过公开招投标发包建设工程43个，节约资金529万元；完成政府采购2 900万元，节约资金232万元，资金节约率达8%。

四、突出监督防范，促进权力规范有序运行

建立健全决策权、执行权、监督权既相互制约又相互协调的权力结构和运行机制，把对权力的科学配置与对领导干部的有效监督结合起来，确保权力的正确行使。

（一）加强对领导干部的监督

落实“三谈两述”、党政机关厉行节约等有关规定，严格执行党员领导干部报告个人有关事项等制度，全区428名科级领导干部报告个人有关事项352件次。继续推行对科级主要领导干部的经济责任审计。

（二）加强对权力运行的监督制约

全面推行廉政风险防控管理，继续深化对关键岗位和重点环节行政行为的监督。全区各行政机关共确定关键岗位166个、重点环节217个，查找风险点456个，制定监督防范措施473条。

（三）加强对落实“三重一大”制度的监督

纪检监察派出机构强化对负责部门领导班子及其成员的监督，共参与监督“三重一大”集体决策事项538项，其中：重大决策208项、重要干部推荐、任免和奖惩73项、重大工程和重要项目安排82项、大额度资金使用175项。

五、突出纠风治乱，切实解决群众反映强烈的突出问题

坚持标本兼治、纠建并举，加大纠风专项治理力度，切实解决损害群众利益的突出问题。

（一）充分发挥行政监察职能作用

加强和改进执法监察、廉政监察和效能监察，强化行政问责和行政效能投诉办理力度，受理办结行政效能投诉4件。深入开展民主评议政风行风工作，对3个公共服务行业的19个单位进行评议；继续做好“政风行风热线”上线工作。

（二）全面深化专项治理工作

深入推进工程建设领域突出问题专项治理，对规模以上政府投资的59个工程建设项目进行排查，未发现违规违纪现象。巩固和深化“小金库”专项治理工作，全区349个单位进行“小金库”全面复查，对发现的问题进行了严肃处理。公务用车问题专项治理工作取得阶段性成效，初步摸清全区公务用车基本情况，督促纠正违规问题。严格领导干部工作调动后公务用车管理。

（三）重点治理群众反映强烈的突出问题

继续深入治理教育乱收费，规范教育收费行为。坚决纠正医药购销和医疗服务中的不正之风，全面推行药品集中招标采购工作，药品降价让利群众989.56万元。加大对强农惠农政策落实和资金使用情况的监督检查力度，监督落实减免农业税政策，减轻农民负担4 365万元。

六、突出案件查办，严厉惩治消极腐败问题

坚持从严治党、坚决惩治腐败、推动科学发展、促进社会和谐的原则，不断加大查办违纪违法案件的工作力度，始终保持惩治腐败的强劲势头。

（一）充分发挥组织协调作用

加强对查办案件工作的组织协调，完善查办案件的领导体制、工作机制和协调机制，整合办案资源，形成办案合力，查办案件的质量和水平明显提高。

（二）严肃查处违纪违法案件

2011年，全区纪检监察机关共受理群众来信来访和电话举报40件；立案17件19人（其中乡科级干部3人），结案16件18人，党政纪处分18人。通过办案挽回经济损失1 200余万元。

（三）坚持实事求是把握界限

注重严惩腐败与保护干部相结合，一手抓严格执纪，一手抓政策尺度，正确区分创新实践中的新事物与违纪违法的界限、先行先试中因缺乏经验出现失误与违纪违规的界限、依法反映问题与诬告陷害的界限。为5名受到失实举报的党员干部澄清了事实，进一步营造了干事创业的良好环境。加强信访举报、案件审理和案件监督管理等工作，严格依纪依法、安全文明办案，加强案件剖析，协助发案单位完善制度，加强管理，查办案件的治本功能有效发挥。

七、突出固本强基，维护农村社会和谐稳定

大力加强基层党风廉政建设，认真贯彻落实《农村基层干部廉洁履行职责若干规定》，围绕维护农村社会和谐稳定重点实施“两全”工程。

（一）全面推行“三资”委托代理服务工作

探索出“制度+科技”、规范透明、监管有力的农村党风廉政建设新模式，建立农村集体“三资”网络监管平台，全面推行“三资”委托代理服务，有效预防和解决了农村集体“三资”权属模糊、底数不清、处置不公、监管缺位等问题。对81个村（社区）、759个村（居）民小组实行委托代理服务，“三资”委托代理服务中心清退不合理报销票据2笔、共计2.14万元，退回补办报销手续88笔、共计38.09万元。

（二）全面建立村（居）务监督委员会制度

深入推进基层民主建设，建立完善村（居）务监督委员会制度，77个村（社区）建立了村（居）务监督委员会并开始运转。探索开展规范村（居）务管理“三权”试点工作，规范村务监督委员会的监督方式、监督内容和监督程序等，确保村务监督委员会工作有序、有效开展。

八、突出“一岗双责”，严格落实党风廉政建设责任制

以学习贯彻中央新修订的《关于实行党风廉政建设责任制的规定》为契机，健全工作机构，完善配套制度，协调各方力量，推动工作落实，形成全区上下齐抓共管反腐倡廉建设的良好局面。

（一）层层“定责”，明确任务分工

对领导班子成员党风廉政建设责任进行分解，明确领导班子成员责任范围内的党风廉政建设责任。区、乡、村层层签订责任书，形成了横向到边、纵向到底的“人人都在责任中、人人都在监督中”的责任网络和一级抓一级、层层抓落实的责任体系。

（二）科学“考责”，推动工作落实

建立健全科学的责任考核评价标准和指标体系，完善党风廉政建设责任考核办法和工作方案，注重考核成果运用。通过考核，对25个党风廉政建设先进单位进行表彰奖励。

（三）严格“问责”，增强责任意识

加大责任追究力度，年内对落实党风廉政建设责任制不力、造成不良后果的2个责任单位和1人实施责任追究，给予党纪处分1人，切实维护责任制的严肃性。

九、突出自身建设，着力提升纪检监察队伍整体素质

认真贯彻落实好中央、省、市纪委关于加强地方县级纪检监察机关建设的精神，着力加强区、乡两级纪检监察组织和干部队伍建设。

（一）加强思想政治建设

以“创先争优”活动的深入开展为契机，深化“做党的忠诚卫士、当群众的贴心人”主题实践活动，教育引导纪检监察干部切实增强政治意识、表率意识、法纪意识。

（二）加强干部队伍建设

加强对纪检监察干部的理论政策和业务技能的培训，组织14名纪检监察干部参加上级纪委的学习培训。严格把好“进人关”，不断增强干部队伍的生机与活力，全区纪检监察干部队伍的年龄结构、文化层次、专业配置更趋科学、合理。

（三）加强纪律作风建设

不断加强对纪检监察干部的教育、管理和监督，严格执行“四个对”、“五严守、五禁止”规定，坚持党性原则，遵守党纪国法，自觉接受各方面监督，牢固树立纪检监察干部可亲、可信、可敬的良好形象。

肯定成绩的同时，也要清醒地认识到反腐倡廉工作仍然还存在一些不容忽视的问题，主要表现在：对权力的制约和监督仍是薄弱环节，教育、制度、监督并重的惩治和预防腐败体系还没有完全建立起来；一些关键部位和重要环节的腐败现象仍然呈易发多发态势，领导干部违纪违法案件时有发生；部门和行业中存在的一些不正之风纠而复生，一些群众反映强烈的突出问题仍未得到有效解决；有效预防腐败的措施和办法还不够多，从源头上治理腐败力度需要进一步加大；基层纪检监察组织的职能作用发挥不够，在思想观念、工作手段、工作机制和工作能力等方面还不能完全适应新形势新任务的要求。对此，我们必须高度重视，采取有力措施，认真加以解决。

2012年的主要工作任务

2012年是实施“十二五”规划承上启下的重要一年，全区各级纪检监察组织要始终把“以人为本、执政为民、促进发展”贯彻到反腐倡廉工作全过程，从人民群众反映最强烈的问题抓起，从人民群众最不满意的地方改起，从人民群众最盼望的事情做起，以反腐倡廉建设的实际成效取信于民。今年党风廉政建设和反腐败工作总的要求是：认真学习贯彻十七届中央纪委七次全会、省纪委九届二次全会、区委四届二次全会精神，在市纪委和区委的坚强领导下，以邓小平理论和“三个代表”重要思想为指导，深入贯彻落实科学发展观，坚持标本兼治、综合治理、惩防并举、注重预防的方针，以人为本、执政为民，严明纪律，保持党的纯洁性，加强作风建设，推进惩治和预防腐败体系建设，着力解决反腐倡廉建设中人民群众反映强烈的突出问题，突出重点，改革创新，狠抓落实，不断提高反腐倡廉建设科学化水平，为实现红塔区科学发展、和谐发展、跨越发展提供坚强保证。

一、更加注重服务大局，严明党的纪律，营造政令畅通的政治环境；

（一）严格执行党的政治纪律；

（二）严格执行组织人事工作纪律；

（三）加大对转变经济发展方式监督检查的力度。

二、更加注重作风建设，践行执政为民，切实加强同人民群众的血肉联系；

（一）切实加强领导干部作风建设；

（二）坚决纠正损害群众利益的不正之风。

三、更加注重教育监督，突出预防功效，着力完善权力运行制约长效机制；

（一）加强反腐倡廉宣传教育；

（二）强化对领导干部的监督制约。

四、更加注重案件查办，发挥震慑作用，始终保持惩治腐败的高压态势；

（一）明确办案工作重点；

（二）完善办案体制机制；

（三）发挥办案综合效应。

五、更加注重专项治理，回应社会关切，着力解决群众反映强烈的突出问题；

（一）继续深化专项治理工作；

（二）深入治理党员领导干部在廉洁自律方面存在的突出问题；

（三）着力解决促进非公有制经济发展政策措施落实不力、执行不到位等问题。

六、更加注重改革创新，科学防治腐败，不断提高反腐倡廉建设的科学化水平；

（一）坚持以科技手段为支撑；

（二）坚持以制度建设为保障；

（三）坚持以市场改革为取向。

七、更加注重巩固基础，推进农廉建设，全力构建基层党风廉政建设的制度体系；

（一）切实加强对基层干部的教育、管理和监督；

（二）继续巩固农廉“3332”工作成果。

八、更加注重责任落实，深入贯彻规定，切实形成落实党风廉政建设责任制的整体合力；

（一）加强组织领导；

（二）加强组织协调；

（三）加强监督检查。

九、更加注重队伍建设，提升整体素质，着力打造公正廉洁的纪检监察干部队伍。

（一）继续加强学习型纪检监察机关建设；

（二）继续加强纪检监察机关领导班子思想政治建设；

（三）继续加强纪检监察干部纪律作风建设。

同志们，征程万里风正劲，重任千钧更奋起。我们一定要在区委的坚强领导下，统一思想、振奋精神，围绕中心、服务大局，求真务实、扎实履职，不断开创我区反腐倡廉工作新局面，为保持党的先进性和纯洁性、增强党的创造力凝聚力战斗力和推动红塔区科学发展和谐发展跨越发展作出新的贡献！

文件辑录

中共玉溪市红塔区委　玉溪市红塔区人民政府关于街道办事处设置的决定

（2011年3月7日）

根据《云南省人民政府关于同意玉溪市撤销部分乡镇设立街道办事处及有关行政区划调整的批复》（云政复〔2011〕3号）、《玉溪市人民政府关于红塔区玉兴路等三个街道办事处更名的批复》（玉政复〔2011〕4号）精神，经区委、区政府研究决定，撤销镇，设置街道，街道办事处为区政府的派出机构，原行政区域界线保持不变。

一、撤销镇人民政府设置街道办事处

1. 撤销北城镇人民政府，设立北城街道办事处；
2. 撤销春和镇人民政府，设立春和街道办事处；
3. 撤销李棋镇人民政府，设立李棋街道办事处；
4. 撤销大营街镇人民政府，设立大营街街道办事处；
5. 撤销高仓镇人民政府，设立高仓街道办事处；
6. 撤销研和镇人民政府，设立研和街道办事处。

二、三个街道更名

1. 玉兴路街道更名为玉兴街道；
2. 玉带路街道更名为玉带街道；
3. 凤凰路街道更名为凤凰街道。

中共玉溪市红塔区委关于街道党工委、纪工委、人大工委设置的决定

（2011年3月7日）

根据《云南省人民政府关于同意玉溪市撤销部分乡镇设立街道办事处及有关行政区划调整的批复》（云政复〔2011〕3号）、《玉溪市人民政府关于红塔区玉兴路等三个街道办事处更名的批复》（玉政复〔2011〕4号）精神，经区委研究，决定对街道党工委、纪工委、人大工委作如下设置：

一、撤销镇党委、镇纪委

1. 撤销中国共产党玉溪市红塔区北城镇委员会。撤销中国共产党玉溪市红塔区北城镇纪律检查委员会。

2. 撤销中国共产党玉溪市红塔区春和镇委员会。撤销中国共产党玉溪市红塔区春和镇纪律检查委员会。

3. 撤销中国共产党玉溪市红塔区李棋镇委员会。撤销中国共产党玉溪市红塔区李棋镇纪律检查委员会。

4. 撤销中国共产党玉溪市红塔区大营街镇委员会。撤销中国共产党玉溪市红塔区大营街镇纪律检查委员会。

5. 撤销中国共产党玉溪市红塔区高仓镇委员会。撤销中国共产党玉溪市红塔区高仓镇纪律检查委员会。

6. 撤销中国共产党玉溪市红塔区研和镇委员会。撤销中国共产党玉溪市红塔区研和镇纪律检查委员会。

以上撤销党委所属的党总支（支部）仍按属地原则由新组建的街道党工委管理。

二、成立党工委、纪工委

1. 成立中国共产党玉溪市红塔区北城街道工作委员会。成立中国共产党玉溪市红塔区北城街道纪律检查工作委员会。

2. 成立中国共产党玉溪市红塔区春和街道工作委员会。成立中国共产党玉溪市红塔区春和街道纪律检查工作委员会。

3. 成立中国共产党玉溪市红塔区李棋街道工作委员会。成立中国共产党玉溪市红塔区李棋街道纪律检查工作委员会。

4. 成立中国共产党玉溪市红塔区大营街街道工作委员会。成立中国共产党玉溪市红塔区大营街街道纪律检查工作委员会。

5. 成立中国共产党玉溪市红塔区高仓街道工作委员会。成立中国共产党玉溪市红塔区高仓街道纪律检查工作委员会。

6. 成立中国共产党玉溪市红塔区研和街道工作委员会。成立中国共产党玉溪市红塔区研和街道纪律检查工作委员会。

街道党工委为区委的派出机构，仍行使原党委的职权，设委员11名，其中书记1名、副书记3名。

街道纪工委为区纪委的派出机构，仍行使原纪委的职权，设委员5名，其中书记1名、副书记1名。

三、更名党工委、纪工委

1. 中国共产党玉溪市红塔区玉兴路街道工作委员会更名为中国共产党玉溪市红塔区玉兴街道工作委员会。中国共产党玉溪市红塔区玉兴路街道纪律检查工作委员会更名为中国共产党玉溪市红塔区玉兴街道纪律检查工作委员会。

2. 中国共产党玉溪市红塔区玉带路街道工作委员会更名为中国共产党玉溪市红塔区玉带街道工作委员会。中国共产党玉溪市红塔区玉带路街道纪律检查工作委员会更名为中国

共产党玉溪市红塔区玉带街道纪律检查工作委员会。

3. 中国共产党玉溪市红塔区凤凰路街道工作委员会更名为中国共产党玉溪市红塔区凤凰街道工作委员会。中国共产党玉溪市红塔区凤凰路街道纪律检查工作委员会更名为中国共产党玉溪市红塔区凤凰街道纪律检查工作委员会。

街道党工委设委员11名，其中书记1名、副书记3名。

街道纪工委设委员5名，其中书记1名、副书记1名。

四、成立人大工委

1. 成立玉溪市红塔区人民代表大会常务委员会北城街道工作委员会。

2. 成立玉溪市红塔区人民代表大会常务委员会春和街道工作委员会。

3. 成立玉溪市红塔区人民代表大会常务委员会李棋街道工作委员会。

4. 成立玉溪市红塔区人民代表大会常务委员会大营街街道工作委员会。

5. 成立玉溪市红塔区人民代表大会常务委员会高仓街道工作委员会。

6. 成立玉溪市红塔区人民代表大会常务委员会研和街道工作委员会。

街道人大工委为区人大常委会的派出机构。

五、更名人大工委

1. 玉溪市红塔区人民代表大会常务委员会玉兴路街道工作委员会更名为玉溪市红塔区人民代表大会常务委员会玉兴街道工作委员会。

2. 玉溪市红塔区人民代表大会常务委员会玉带路街道工作委员会更名为玉溪市红塔区人民代表大会常务委员会玉带街道工作委员会。

3. 玉溪市红塔区人民代表大会常务委员会凤凰路街道工作委员会更名为玉溪市红塔区人民代表大会常务委员会凤凰街道工作委员会。

玉溪市红塔区人民政府机构改革实施意见

（2011年3月15日）

根据《中共云南省委云南省人民政府关于州市县政府机构改革的实施意见》（云发〔2009〕10号）、《中共玉溪市委玉溪市人民政府关于玉溪市红塔区人民政府机构改革方案的批复》（玉发〔2010〕9号）精神，结合玉溪市红塔区实际，制定玉溪市红塔区政府机构改革实施意见。

一、机构改革的指导思想和基本原则

（一）指导思想

高举中国特色社会主义伟大旗帜，以邓小平理论和“三个代表”重要思想为指导，以科学发展观统揽全局，全面贯彻落实党的十七大、十七届二中全会精神，围绕深化行政管理体制改革总体目标，按照精简统一效能的原则和决策权、执行权、监督权既相互制约又相互协调的要求，以转变政府职能为核心，进一步理顺职责关系，明确和强化责任，优化政府组织结构，规范机构设置，完善运行体制机制，推进依法行政，提高行政效能，着力解决制约玉溪市红塔区经济社会发展的突出矛盾和问题，建设服务政府、效能政府、法治政府和廉洁政府，为促进全区经济社会发展提供体制机制保障。

（二）基本原则

1. 坚持上下衔接、基本适应的原则。与省、市政府机构设置相衔接，积极探索实行职能有机统一的大部门体制，进一步优化组织结构，规范机构设置，建立结构框架基本协调的组织体系，确保工作衔接和政令畅通。

2. 坚持职责明确、权责一致的原则。注重区政府承上启下的层级特点，按照精简统一效能的要求，进一步转变政府职能，理顺部门职责关系，明确和强化责任，实行政企分开、政资分开、政事分开、政府与市场中介组织分开。重点梳理和解决政府部门之间职责交叉、权责脱节和关系不顺等问题，构建符合玉溪市红塔区经济社会发展的管理体制。

3. 坚持严格控制、规范管理的原则。依法加强机构编制管理，科学合理配置部门职责，综合设置部门内设机构，确保政府机构设置限额和行政编制总额不突破，巩固机构改革成果。

4. 坚持积极稳妥、循序渐进的原则。以区政府机构改革为龙头，统筹安排，协调一致，有序推进改革，正确处理好改革、发展与稳定的关系，及时发现和处理改革中的新情况、新问题，确保工作连续性和社会和谐稳定。

二、主要任务

（一）转变政府职能

进一步加强政府在经济调剂和宏观管理方面的职能，着力解决好涉及国计民生，阻碍经济发展和职责交叉、权责脱节等突出问题，加强社会管理和公共服务，完善行政执法和监管体系，增强防范和处理突发公共事件及社会治安综合治理能力，认真清理各部门不适应经济社会发展需要的行政审批事项，减少和规范行政审批事项，加强对行政审批权的监督和制约，做到公开透明，规范运作。推进政务公开，提高服务质量和效率，建设廉洁务实高效和谐政府。

（二）理顺职责关系，明确和强化责任

进一步理顺管理权限，建立健全区政府各部门间的协调配合机制，明确和强化责任，通过确定主要职责、内设机构、人员编制，在赋予部门职权的同时，明确其应承担的责任，切实解决权责不清、权责脱节的问题，做到有权必有责、用权受监督、违法要追究，增强政府的执行力和公信力。

深化乡镇机构改革，以加强基层政权建设，进一步转变乡镇政府职能，理顺区乡职责，按照权责一致、精简统一效能的要求，科学综合规范设置乡镇机构。

（三）调整优化组织结构，规范机构设置

以适应红塔区经济社会发展需要为目标，进一步调整优化组织结构，积极探索实行职能有机统一的大部制体制，注重整合医疗卫生管理和药品管理，强化食品药品安全监管，落实食品安全综合监督责任。规范政府机构设置，清理和规范议事协调机构，议事协调机构一律不再单独设立常设办事机构或实体性办事机构，清理自定行政机构和承担行政职能的事业单位，杜绝政府行政职能“体外循环”。要以区政府机构改革为契机，积极推进事业单位分类改革，理顺行使行政职能的事业单位，规范管理社会公益型事业单位，加大探索从事生产经营活动的事业单位转企改制力度，对职能弱化或消失（空壳）的事业单位，及时清理撤销。积极探索推进政府购买服务的新机制。

区政府工作部门调整设置如下：

1. 新组建机构

（1）组建红塔区工业和信息化局，为区政府工作部门，加挂区中小企业局牌子。将区经济委员会除乡镇企业行业管理以外的职责、区政府办公室承担的区信息化工作领导小组办公室（区无线电管理工作领导小组办公室）的职责整合划入红塔区工业和信息化局，不再保留区经济委员会。

（2）组建红塔区住房和城乡建设局，为区政府工作部门。将区建设局除城市管理和综合执法职能、市级下放的部分房产管理等职责整合划入红塔区住房和城乡建设局，不再保留区建设局。

（3）组建红塔区城市管理局，为区政府工作部门，加挂区城市管理行政综合执法局牌子。将区建设局承担的城市管理和综合执法职能整合划入区城市管理局。

（4）组建红塔区文化旅游广电和体育局，为区政府工作部门，加挂区新闻出版（版权）局牌子。将区文化局、区旅游局、区体育局、区广播电视局的职责整合划入红塔区文化旅游广电和体育局。不再保留区文化局、区旅游局、区体育局、区广播电视局。

2. 更名机构

（1）将红塔区发展和改革委员会更名为红塔区发展和改革局；

（2）将红塔区人事劳动局更名为红塔区人力资源和社会保障局。将区人事劳动局管理的事业单位区人才交流服务中心承担的行政管理职能划入区人力资源和社会保障局，区人才交流服务中心不再作为区人力资源和社会保障局所属事业单位单独设置。

（3）将红塔区交通局更名为红塔区交通运输局。

（4）将红塔区扶贫开发领导小组办公室更名为红塔区人民政府扶贫开发办公室，为部门管理机构，由区发展和改革局管理。

3. 调整机构设置

（1）将原与红塔区人事劳动局合署办公的玉溪市红塔区机构编制委员会办公室单独设置，列党委机构序列，为区委工作部门，名称为中国共产党玉溪市红塔区委员会机构编制办公室，保留玉溪市红塔区机构编制委员会办公室牌子。

（2）将省垂直管理的玉溪市红塔区食品药品监督管理局调整为区政府工作部门，由区卫生局管理。

（3）将原在玉溪市红塔区文化局加挂牌子的玉溪市红塔区文学艺术联合会单独设置，列群众团体机构序列。

4. 调整理顺职能

（1）将红塔区经济委员会承担的乡镇企业行业管理职责、红塔区畜牧兽医局的职责划入红塔区农业局。红塔区农业局加挂红塔区乡镇企业局、红塔区畜牧兽医局牌子。红塔区畜牧兽医局不再作为红塔区农业局所属事业单位单独设置。

（2）将红塔区商务局承担的经济合作发展规划职责划入红塔区发展和改革局。红塔区商务局不再加挂红塔区人民政府经济合作办公室牌子。

（3）红塔区老龄委员会办公室职责由红塔区民政局承担，红塔区民政局不再加挂红塔区老龄委员会办公室牌子。

（4）将红塔区水利局承担的渔业管理职能和渔政监察职能划入玉溪市红塔区农业局。

5. 保留机构设置

保留区政府办公室、区教育局、区科学技术局、区民族宗教事务局、市公安局红塔分局、区监察局、区民政局、区司法局、区财政局、市国土资源局红塔分局、区环境保护局、区农业局、区林业局、区水利局、区商务局、区卫生局、区人口和计划生育局、区审计局、区统计局、区安全生产监督管理局。（区监察局与区纪委机关合署办公，列入政府工作部门序列，不计政府机构个数；公安分局为市公安局的派出机构、国土资源分局为市国土资源局的派出机构，列入政府工作部门序列，不计政府机构个数）。

保留区防震减灾局、区移民开发局、区烟草产业办公室、区供销合作社联合社。

改革后，红塔区政府设置工作部门25个，部门管理机构2个，保留机构4个（详见附表）。

（四）完善管理体制

按照财力和事权相匹配的原则，增强政府提供公共服务的能力。以加强基层政权建设，巩固党在农村的执政基础为核心，进一步理顺区、乡（镇）政府对派驻机构和事业站（所）的管理体制，为深化乡镇机构改革奠定基础。

区政府机构改革要坚持与市政府机构设置相衔接相对应，加大政府机构综合设置力度，合并职能相同或相近的部门，允许一个部门对口上级几个部门。撤并完全行使行政职能的事业单位，将其行政职能交由政府相关部门承担；进一步整合资源，转变服务方式，提高服务水平。

（五）严格控制机构编制

认真贯彻执行《云南省机构编制管理条例》、《云南省各级机关机构设置和管理暂行办法》、《云南省各级机关领导职数管理暂行办法》和《云南省机构编制委员会办公室关于核销各级机关混用编制的通知》及相关规定，进一步加强机构编制管理。机关混用事业编制一律核销，不再使用“控制数”、“自定编制”或“事业编制”。因清理撤并限额以外完全履行行政职能的事业单位，其职能划入行政机构的，核销原有事业编制。在机构改革中，严格执行云南省规定的机构限额，严格控制人员编制，规范内设机构和名称，严禁混用编制、超编进人，严禁超职数、超规格配备干部，对机构编制违纪违规行为要进行严肃查处。同时，继续加大机构编制法律法规宣传力度，加快机构编制公开化进程，加强机构编制监督检查，巩固机构改革成果。

三、组织实施

（一）加强领导，积极推进

区政府机构改革工作意义重大，职能调整和机构整合任务重，涉及面广，是一项复杂的系统工程。各部门要按照区委、区政府的部署和要求，高度重视，精心组织、周密计划，认真做好组织实施工作。

这次政府机构改革，在区委、区政府领导下进行，由区编委组织实施，具体工作由区编委办公室承担。

（二）认真做好机构改革“三定”工作

“三定”规定，是部门履行职能的具有法律效力的规范性文件。这次政府机构改革，无论是调整变动部门，还是保留部门要按照中央、省、市的改革精神，结合部门实际，重新制定“三定”规定。

一是理顺部门职能关系。要通过明确职责、内设机构、人员编制和领导职数，全面梳理部门职能职责，广泛征求意见、集中解决工作中职能配置存在的突出矛盾和问题，切实把改革的基本要求落到实处。

二是严格控制内设机构和人员编制。各部门内设机构设置限额和行政编制数不增不减，内设机构综合设置，不设2人以下的科室，杜绝上下部门内设机构对应设置；各部门机关使用的事业编制一次性核销，核销后形成在职在编人员超编的，通过自然减员逐年消化；撤并部门要按照职能调整“人随事走”的原则划转人员编制；事业单位调整设置为政府工作部门的其职能划入行政机构，核销原使用的事业编制，出现“零编制”的，以原参公管理人员划入机关的实有数为基础进行过渡；成建制合并的部门，离退休人员由新组建的机构管理。

三是加强领导职数管理。各部门领导的配备要与核定的领导职数相匹配，严禁超职数，超规格配备干部。

四是政府部门的“三定”规定按程序报区编委办审核后，报区编委审定，由区政府办公室印发。

（三）严肃机构改革工作纪律

政府机构改革期间，进一步重申市纪委、组织部、监察局、财政局、人事局、审计局、编委办七部门联发的《关于机构改革期间暂停机构编制审批的纪律规定》（玉纪发〔2009〕1号）规定，停止审批区政府各部门机构编制事宜，区编委办公室不得受理各部门上报的机构编制请示。

机构改革涉及多方面工作格局和利益关系的调整，涉及改革发展稳定的大局。各有关单位领导干部和工作人员要以“三个代表”重要思想和科学发展观为指导，讲政治、顾大局，以对党和人民事业高度负责的精神，严格执行机构改革的各项纪律规定。要扎扎实实地落实部门“三定”规定。严禁擅自增设机构、突破编制增加人员、超职数配备干部。要正确对待并积极支持部门之间职责的调整和机构编制的划转。要严格执行组织人事工作的有关规定，严禁借机构改革之机突击进人、突击提高干部职级待遇。机构改革涉及的人员要正确对待岗位的调整，服从组织安排。要严格遵守财经纪律，认真执行国有资产管理规定，切实防止国有资产流失，机构改革涉及的部门要认真做好资产清查登记、财务清算和资产处置工作，严禁在机构调整中违规调度资金、转移资产、私分钱物、大吃大喝或组织公费旅游等活动。纪检、组织、人力资源、机构编制、财政、审计和档案部门要认真履行职责，及时发现和纠正存在的问题，对违反纪律的行为，一经查出，要坚决处理，确保我区政府机构改革平稳顺利进行。

玉溪市红塔区人民政府机构设置表

人民政府办公室	发展和改革局	工业和信息化局	教育局	科学技术局	民族宗教事务局	公安分局	监察局	民政局	司法局	财政局	人力资源和社会保障局	国土资源分局	环境保护局	住房和城乡建设局	城市管理局	交通运输局	农业局	林业局	水利局	商务局	卫生局	人口和计划生育局	审计局	统计局	安全生产监督管理局	文化旅游广电和体育局	食品药品监督管理局

说明：

玉溪市红塔区人民政府设置工作部门25个。其中：监察局与纪律检查委员会机关合署办公，列入政府工作部门序列，不计政府机构个数；工业和信息化局加挂中小企业局牌子；科学技术局加挂知识产权局牌子；城市管理局加挂城市管理综合行政执法局牌子；农业局加挂乡镇企业局、畜牧兽医局牌子；文化旅游广电和体育局加挂新闻出版（版权）局牌子。食品药品监督管理局由卫生局管理。

此外，设置部门管理机构2个：人民政府扶贫开发办公室、粮食局由发展和改革局管理。

公安分局为市公安局的派出机构、国土资源分局为市国土资源局的派出机构，列入政府工作部门序列，不计政府机构个数。

保留机构4个：区防震减灾局、区移民开发局、区烟草产业办公室、区供销合作社联合社。

中共玉溪市红塔区委　玉溪市红塔区人民政府关于进一步加快推进新型工业化的实施意见

（2011年8月28日）

为认真贯彻落实《国务院关于支持云南省加快建设面向西南开放重要桥头堡的意见》（国发〔2011〕11号）、《中共云南省委、云南省人民政府关于进一步加快推进新型工业化的决定》（云发〔2008〕15号）和《中共玉溪市委、玉溪市人民政府关于进一步加快推进新型工业化的决定》（玉发〔2008〕18号）等文件精神，切实加快推进红塔区新型工业化，确保“两个率先”奋斗目标的实现，结合红塔区实际，提出如下实施意见。

一、加快推进新型工业化的总体要求

（一）重要意义

红塔区历届党委、政府始终坚持科学发展观，大力实施“工业强区”战略，狠抓工业发展方式转变，加大产业结构调整力度，强势推进园区建设，实施大项目带动大发展、推进技术创新、节能减排、淘汰落后产能等有效措施，工业经济步入了快速发展轨道。先后建成了卷烟配套、冶金钢铁、数控机床、生物制药、新材料、新能源、农产品加工七大产业基地，形成了研和工业园区、红塔工业园区、玉溪经济开发区三个省级重点工业园区，构建了以卷烟配套、冶金钢铁、战略性新兴产业为代表的新型工业化体系。工业经济是红塔区国民经济发展的脊梁和财政收入的主要来源，进一步加快推进新型工业化对全区经济、社会发展具有重要意义。

（二）总体思路

深入贯彻落实科学发展观，坚定不移地走新型工业化道路，围绕进一步把工业打造为领跑全区经济发展火车头的目标，紧紧抓住“桥头堡”建设、西部大开发、滇中经济圈、昆玉一体化建设等重大机遇，着力转变发展方式，坚持以市

场为导向、以效益为中心，调整优化工业结构，推进工业提档升级，以改革开放和科技创新为动力，发展循环经济，实施节能减排，提升“三大园区、四大产业、七大基地”建设水平，建成具有红塔区特色和竞争优势的新型工业体系。

（三）基本原则

坚持科学发展。坚持“发展一转变一发展”思路，把推进新型工业化与调整优化产业结构、促进一二三产业协调发展紧密结合起来，与统筹城乡发展、推进城镇建设和新农村建设，加快县域经济发展紧密结合起来，把重点放在提高工业经济增长的质量和效益上，实现工业经济从粗放型向集约型转变，从数量增长向质量和效益提高转变。

坚持项目带动。坚持国家、省、市的产业导向，用足、用好、用活各项政策。加大招商引资力度，以一批带动作用强、示范效益好、科技含量高、节能环保的新型工业项目为先导，促进工业又好又快发展，增强新型工业化的带动力。

坚持聚集发展。以工业园区建设为基础，大力推进产业集群发展，集中力量培育一批核心竞争力较强、规模较大、能参与国内外产业分工的产业集群，以核心龙头企业引领中小企业的发展。

坚持环境优先。把推进新型工业化与生态文明建设紧密结合，加强节约能源资源和保护环境生态，大力发展循环经济，积极推行清洁生产，强化节能减排，坚定不移地走资源节约型、环境友好型发展道路，促进工业经济可持续发展。

坚持市场主导。充分发挥市场配置资源的基础性作用，以市场为导向、企业为主体，拓展发展空间，增强企业自我发展能力。加快现代企业管理体系建设，增强企业创新精神，大力实施品牌发展战略，提高企业竞争力。

（四）发展目标

到 2015 年，全区计划实现工业总产值 1 250 亿元，“十二五”期间年均增长 13% 以上；不含红塔集团实现工业总产值 690 亿元，增长 15% 以上；不含红塔集团工业增加值 135 亿元，增长 18% 以上；利税总额 60 亿元，增长 18% 以上；利润总额 42 亿元，增长 18% 以上。

加快园区建设：打造“三大园区、四大产业、七大基地”战略高地，引导新建项目到园区落户，发挥园区工业集群作用，形成一批具有竞争优势的企业和产业集群。

推进节能减排：“十二五”期间，全区单位生产总值能耗降低 18%；二氧化硫在 2010 年的基础上削减 3.5%，化学需氧量削减 7%。

加大工业投入：继续实施“大项目带动大发展”战略，“十二五”期间，全区工业固定资产投资达到 260 亿元左右。

提高创新能力：全区骨干工业企业基本建立企业技术中心，形成以企业为主体的技术创新体系。“十二五”期间，验收市级以上技术中心 10 户，市级以上工程技术研究中心 10 户，培育高新技术企业 18 户，创新型企业 10 户，省名牌产品 10 个。

支持企业上市：“十二五”期间力争 2 户企业上市。

二、加快推进新型工业化的主要任务

（五）突出结构调整，加快优势产业发展

1. 做强钢铁及压延加工产业：努力打造全省重要的冶金钢铁产业基地。鼓励企业走出去，积极寻求资源，保障企业可持续发展；支持玉钢、汇钢、玉昆等企业整合、提升，推进技术创新，加大投入，加快延伸产业链，发展特种钢材、冷热轧薄板、高档铸造、五金加工等下游产业，不断提高产品附加值。

2. 巩固提升卷烟配套产业：努力打造全国一流的卷烟配套产业基地。紧紧围绕红塔集团“5211”品牌发展战略，加快企业技改和新产品、新技术的研发，提升与卷烟企业配套的能力。同时，鼓励企业开发非烟领域产品。

3. 加快发展战略性新兴产业：重点发展现代生物技术、微生物开发技术、现代食品、中药制品等，努力建成全省最大的特色生物制药产业基地。以云南蓝晶科技股份有限公司蓝宝石基片为基础，引进中下游加工企业，建成具有全国影响力的新材料产业基地。以汇龙科技锂离子电池为支撑，推进动力电池、电动车等延伸产业的发展；加快云锡同乐、太标集团各形成年产 100 万套太阳能设备生产规模，建成中国西部重要的新能源产业基地。以玉溪数控机床产业园为龙头，加快年产 4 万台数控机床项目建设步伐，全面提升高端装备制造水平，建成国内一流、国际知名的数控机床产业基地。

4. 做精农特产品加工产业：突出农业产业化和基地建设的龙头作用，扶持凤凰生态、新广家禽、甜馨食品、滇雪粮油等农业龙头企业做大做强，建成全省重要的农产品加工基地。

（六）突出项目建设，实施大项目带动大发展战略

实施区级领导联系招商引资、重点工业投资项目责任制，重奖推进工业投资项目成效显著的有功人员。制定招商引资优惠政策，坚持内外资并举，除国家规定的政策外，区内外企业一视同仁。重点围绕传统优势产业升级、战略性新兴产业发展、自主知识产权研发、新产品开发和产业提质增效、农业产业化等方面发展项目。今后一段时期，关键是结合“桥头堡”建设，实施烟草薄片、冷轧板、高强度钢、烟叶复烤、钒钛钢、数控机床、太阳能光热光伏产品、铸管、焊管、蓝宝石基片深加工、电动车、特色生物制药、特色农产品等项目建设，重点实施与“桥头堡”建设关联度较高的油气管道、道路桥梁工程装备、建筑建材等配套项目。依托龙头企业引进、储备一批投资规模大、市场前景好、产业关联度大、附加值高、有利于发挥地方特色和资源优势的项目。同时，积极承接国内外符合红塔区产业发展政策和方向的项目。

（七）突出集群发展，加快工业园区建设

围绕“东拓、南迁、西提、北连”的城市发展新格局及“一轴、两带、三园”产业规划，按照“南片研和工业园区作为重点建设区域，北片工业集中区着力搞好优化，西片作为工业拓展预留发展区”的要求，发展壮大研和工业园区、红塔工业园区、玉溪经济开发区三个园区。依托红塔、研和工业园区，加快光电子、生物资源、新材料新能源、冶金机电铸造等产业园区规划建设。凡新建项目、搬迁企业原则上向相应的工业园区集中。

（八）突出技术创新，增强企业核心竞争力

围绕重点产业的结构调整升级，大力推进全区重大工业项目技术改造。鼓励和引导企业建立和完善技术创新体系，加强与国内外科研院所技术合作，加快科技成果的申报和转化，着力推进冶金钢铁、卷烟配套、战略性新兴产业等企业技术中心、工程技术研究中心和高新技术孵化基地，走“企业投资，共同研发，成果共享”的产学研有机结合模式，力争形成一批具有自主知识产权的核心技术。鼓励企业延伸产业链，发展新材料、新能源、新药制剂等高附加值产品。引导企业实施品牌战略，支持企业争创名牌。

（九）突出“两化”融合，推进工业信息化发展

坚持把推进“两化”融合的切入点放在工业发展上。在工业研发设计、工业生产过程、企业和行业管理、产品销售等方面，通过信息化来推进工业发展。同时注重加快“三

网”融合进程，打造“无线城市”，完善无线电应急通信专用平台，提高无线电安全保障和应急处置能力，积极推广农村广播电视、移动通信和无线网络覆盖。

（十）突出工农结合，带动农村经济发展

以提高农产品加工增值、延长农业产业链为重点，大力发展农产品深加工产业。加快食品工业、生物制药、生物化工等农产品加工业的发展，促进农产品向工业品转化。加强农产品加工业与农业的结合，提高原料的质量和品种，促进农产品加工原料实现基地化、良种化、区域化、标准化，形成完整的相互依存、相互促进的协调关系，促进农业产业化发展，最终实现农村经济的总体发展。

（十一）突出措施保障，完成节能减排目标

继续做好淘汰落后产能工作，全力支持关停企业寻找新的发展项目，最大限度地实现关停企业的顺利转产。加快发展循环经济，加强节能减排监察，对工业建设项目实施节能评估、环保“三同时”、推进清洁生产，积极开展资源综合利用认定工作。推广“三废”综合利用、再生资源回收利用的新技术、节能新产品、新能源、绿色照明。加强冶金、化工、机电、建材、造纸等重点企业的节能减排工作。区政府每年对各乡（街道）实行节能减排、淘汰落后产能责任目标考核和节能减排行政问责制度。

（十二）突出教育培训，提升人才队伍素质

制定人才柔性流动和各种激励政策，积极引进技术创新、企业管理、企业策划、资本运作、市场营销等方面的人才，为工业发展提供保障。采取“走出去、请进来”的方式，加大培训工作力度，不断提升企业经营管理队伍的整体水平。今后，每年将适时组织区属重点工业企业的法人代表、管理人员、科技人员进行培训考察学习。

三、加快推进新型工业化的政策措施

（十三）增加工业发展专项资金

从2012年起，每年安排不低于1 500万元的工业专项扶持资金，用于重大工业项目、技术创新、工业园区建设、节能减排、人才培训、中小企业和非公经济发展等方面的贷款贴息、补助、奖励，并根据发展实际逐步增加。工业专项扶持资金由区工信局制定使用管理办法。各乡（街道）要设立工业发展专项资金并纳入财政预算安排，充分发挥财政资金的引导作用。

（十四）加大工业企业科技创新扶持力度

获市级企业技术中心或工程技术研究中心的企业一次性奖励20万元，获省级、国家级企业技术中心或工程技术研究中心的，再分别一次性奖励10万元、20万元；获云南省名牌产品称号的企业，每个产品一次性奖励10万元，获国家名牌产品称号的，再一次性奖励40万元；获省级新产品的企业，每个产品一次性奖励5万元，获国家级新产品的，再一次性奖励5万元；获高新技术企业称号的，一次性奖励10万元；获中国驰名商标、云南省著名商标、玉溪市知名商标的企业，分别一次性奖励25万元、3万元、2万元；获省级创新型企业，一次性奖励5万元，获国家级创新型企业，再一次性奖励10万元；获云南省科学技术一、二、三等奖的，分别一次性奖励5万元、3万元、2万元，获国家科学技术奖的科技成果（不论等级），一次性奖励10万元（获云南省科学技术奖后，又获得国家科学技术奖的，则按最高奖励标准补齐奖金）；获红塔区科技进步一、二、三等奖的，分别一次性奖励2万元、1.5万元、1万元；对清洁生产获省验收合格的，一次性奖励5万元，通过市审核评估的，一次性奖励3万元；完成上市的企业，一次性奖励200万元。

（十五）加快政府服务能力建设

严格执行政务公开，推行行政问责、首问责任、限时办结、服务承诺等制度，转变工作方法，主动服务企业，提高办事效率。建立和完善重点工业项目审批的绿色通道和重点项目区级领导联系制度，加快推进项目建设。加强执法监督，坚决整治乱收费、乱罚款等行业不正之风。加强煤电油运和资金的协调，加强基础设施和要素市场建设，为企业营造良好的发展环境。

（十六）优先保障工业发展用地

坚持“布局集中、产业聚集、用地集约”的原则，全区建设用地优先保障工业园区和重点工业项目，积极探索工业项目建设用地新模式，鼓励工业园区和企业建设多层标准厂房，引导中小企业合建、租赁厂房，提高土地利用集约水平。进一步盘活工业用地存量，保证工业的持续发展。

（十七）加强项目引导及平台建设

通过重点项目推介、成立民间融资担保中心、引导企业联合上大项目等措施，吸引民间资金投入全区工业经济发展。加大宣传力度，用足用活税收优惠政策。健全行业自律组织，搭建企业家交流平台，发挥企业家协会和行业协会（商会）的桥梁纽带作用，为企业家成长创造宽松环境。积极支持、服务有条件的企业走融资上市的路子进入资本市场，筹集社会资金，做大做强企业，不断提升企业发展水平和综合实力。

四、加快推进新型工业化的组织保障

（十八）加强组织领导

成立区推进新型工业化工作领导小组，制定并组织实施推进全区新型工业化的具体政策措施。各乡（街道）要成立相应领导机构，加强抓工业的领导力量。党政主要领导要抓工业，加强对工业发展的领导和协调，联系重点项目和骨干企业，及时解决工业经济发展中的困难和问题。

（十九）完善激励机制

建立新型工业化统计评价指标体系，把新型工业化的各项目标任务分解量化到责任单位和责任人。建立目标考核责任制，由各级推进新型工业化领导小组严格实施考核并兑现奖惩。把“谋工业、抓工业”的绩效纳入考核领导干部和领导班子建设的重要内容，作为干部提拔任用的重要依据。区委、区政府每3年对发展工业的先进集体和个人进行表彰奖励。

（二十）形成工作合力

各乡（街道）、部门要切实增强全局意识，统筹协调各种资源，有机整合各种力量，研究制定支持新型工业化发展的工作措施。建立部门领导协调联系机制，定期召开联席会议，解决推进新型工业化中的有关问题。加强督促检查，定期通报新型工业化的进展情况。除特殊情况外，行政职能部门对企业的各种例行检查、抽查等应尽量避免重复，对可以合并或联合进行的检查，同一部门内部实行合并检查，不同部门之间实行联合检查，不得分级、分次重复检查。

本实施意见自发文之日起执行，原《中共红塔区委、红塔区人民政府关于加快推进新型工业化进程的实施意见》（玉红发〔2008〕6号）同时废止。

中共玉溪市红塔区委 玉溪市红塔区人民政府关于大力发展第三产业的实施意见

（2011 年 11 月 10 日）

第三产业是国民经济的重要组成部分，是战略性新兴产业的重要内容。大力发展第三产业，对推动红塔区战略性产业结构调整升级，促进人民群众就业增收，实现经济社会又好又快发展具有十分重要的意义。为进一步提高红塔区第三产业的规模、质量和水平，提升综合竞争力，根据中央、省、市关于发展第三产业的有关政策措施，结合红塔区实际，提出如下实施意见。

一、指导思想

以邓小平理论和“三个代表”重要思想为指导，坚持科学发展、和谐发展、跨越发展为主题，调整优化结构，夯实发展后劲，不断增强第三产业的辐射带动作用，按照政策引导、科学规划、突出重点、提升质量、市场运作的方针，实施差异化发展战略，构建特色明显、功能完善、结构合理的现代第三产业体系，形成一、二、三产业相互协调、共同推进经济发展的新格局。

二、发展思路

红塔区面临重要战略发展机遇期，正处于工业化、城市化加速发展的重要转型时期，必须大力发展第三产业。要坚持以科学发展观为统领，不断深化区情认识，紧紧抓住西部大开发、“桥头堡”建设、滇中经济圈、昆玉一体化建设等战略实施的重大机遇，通过体制创新、机制创新和项目带动，不断扩大服务业的发展空间；坚持产业经济向城市经济的战略性转移，推动产业结构优化升级和业态创新，提高产业发展的质量和效益，增强区域经济综合竞争力，推进生态城市进程；坚持生产性服务业与生活性服务业并举，形成既能为推动新型工业化和新农村建设提供强大支撑，又能较好满足城市化进程生活需要的全方位、立体化服务体系；坚持劳动密集型服务业和资金技术密集型服务业并举，推动传统服务业和新兴服务业健康协调发展；坚持数量扩张和质量提升并举，逐步构建适应红塔区经济社会发展和人民群众生活需求的现代第三产业体系。

三、发展原则

（一）市场主体与政府主导相结合的原则。坚持第三产业市场化方向，充分发挥政府的引导调控作用，有效整合政策和公共资源，创造公开、公平、公正的发展环境，推动第三产业向社会化、专业化、规模化发展。

（二）产业联动与项目带动相结合的原则。准确定位服务半径，进一步强化第三产业与新型工业化相结合，与支柱产业相结合，与农业产业化相结合，充分发挥第三产业对第一产业和第二产业的服务作用。启动、新建一批服务范围广、专业水平高、带动能力强的重点项目，推动第三产业持续快速发展。

（三）突出重点与分类指导相结合的原则。突出中心城区与建制乡、街道的重要地位，突出形成与生态文化核心区相适应的产业格局，突出发展有利于促进就业与财政增收的重点行业，突出抓好有利于产业结构调整的重点项目，因地制宜，科学安排，推动第三产业健康协调发展。

（四）有序开发与有偿经营相结合的原则。立足城市扩容提质，充分发挥第三产业对城市化的助推作用，提高城镇的开发、经营效率，推动第三产业壮大与城市繁荣良性互动。

（五）区内外企业一视同仁与发挥优势公平竞争相结合的原则。除国家规定政策外，区内外企业与外来（商）投资企业平等对待，公平竞争，享受同等政策，营造良好发展环境。

四、发展目标

到 2015 年，全区第三产业增加值达 150 亿元（不含红塔集团），年均增长 12% 以上，占 GDP 的 50% 左右，三次产业构成比例为 3.3∶46.7∶50。其中，社会消费品零售总额达到 138 亿元，年平均增长 15.1%，比 2010 年翻 1.02 翻，旅游总收入超过 32 亿元。2015 年以后，第三产业增加值增速每年高于全区 GDP 增速 1.5 个百分点以上。到 2020 年，第三产业增加值（不含红塔集团）占全区 GDP 的 60% 左右，第三产业结构显著优化，就业容量显著增加，市场竞争力显著增强，总体上与城市规模发展要求相适应。

五、发展重点行业

结合红塔区实际，按照突出重点、兼顾一般、全面推进的工作思路，大力促进第三产业结构调整和产业优化升级，提升发展质量和水平。发展重点行业是：

（一）商贸流通业

认真贯彻《云南省人民政府关于加快推进流通产业发展的若干意见》（云政发〔2011〕138 号）精神，依托交通和区位优势，以转变流通发展方式为主线，以改善民生为根本出发点，以深化流通体制改革为动力，以开拓市场、扩大消费为导向，以企业为主体，加快现代流通市场体系建设。

1. 着力建设现代流通市场，完善流通网络。推进大型批发市场建设，提高设施档次，加快配套服务升级。建设农产品、林产品、日用工业品、汽车商贸、医药、建材、现代物流等专业批发市场群。注重培育和引进知名品牌，增强市场的辐射、带动和导向功能，发挥专业市场的龙头作用，逐步推进标准化菜市场建设；逐步探索和建立生活必需品储备制度。依托城市建设，着力发展“楼宇经济”，加大拆临拆违力度，盘活土地存量。

2. 建设、改造一批集镇农贸市场、特色农产品市场、农产品配送中心。改变“脏、乱、差”和消防安全、治安隐患突出等状况。建立市场流通企业改造提质升级和抗风险提留资金制度，提高流通企业市场竞争能力和技术改造能力。完善仓储、运输和农产品检测检验设施，加快鲜活农产品冷链物流系统建设。提高流通业科技含量和流通加工等技术水平，努力降低流通成本，提高流通效率。

3. 完善“农超对接”机制。鼓励农产品批发市场和流通企业与农产品生产基地建立长期产销联盟，积极探索农产品配送中心和“超市＋农民专业合作社（农业产业化龙头企业）+农民”的对接模式，建立农产品“从田间到消费者”的直达快速通道。

4. 继续推进“万村千乡”市场工程，大力拓展和完善农村市场。坚持“政府引导，企业主体；统一规划，分期实施；市场导向，稳步推进；完善机制，功能配套”的原则，巩固和完善“万村千乡”市场工程建设成果，把工作重心转移到商品配送中心上，建设区、街道（乡）二级农村流通配送体系，形成“小超市，大连锁”的流通格局，为工业品下乡、农产品进城提供便利。

5. 积极开展再生资源回收体系建设。按照“政府推动、部门联动、市场运作、企业主体、社会参与”的原则，畅通再生资源回收渠道，促进资源节约型、环境友好型社会建设。到“十二五”末，再生资源主要品种回收率达到85%以上。

6. 加快商贸流通业基础设施建设。强化城乡市场规划和管理，抓好专业市场、商业街（区）、精品街建设，提升商品质量和档次，形成以中心城区各类大型专业批发市场为中心，街道（乡）小型市场和商业零售网点为基础，布局合理、业态齐全的商品市场网络体系。在继续发展传统商业的同时，积极推进流通公共信息平台和电子商务等现代手段建设。注重发展连锁经营、特许经营、代理配送等现代营销方式，发展旧货业、租赁业、拍卖业，促进流通业结构调整。

7. 进一步优化进出口结构，完善外贸方式，促进服务贸易、技术贸易及商品贸易共同发展，推动贸易主体由外贸企业向工贸、农贸、科贸、商贸联合体过渡。积极开拓港澳台及东南亚、日本、欧美市场。调整贸易方式，大力发展加工贸易，开展境外来料加工出口，优化出口结构，扩大出口规模。加强出口基地建设，在继续抓好传统出口商品的基础上，发展新的名牌出口产品和优势出口企业，改善进口结构，扩大红塔区产业结构调整和国民经济发展急需的先进适用技术、设备和原材料进口。

（二）特色餐饮业

认真贯彻落实《云南省人民政府关于促进餐饮业发展的意见》（云政发〔2009〕91号）精神，加快餐饮业发展，扩大消费，增加就业，提高人民生活质量。牢固树立特色是发展之魂，品牌是发展之旗，创新是发展之源，管理是发展之基的理念，遵循“总结提高、推陈出新、博采众长，打造‘玉溪风味’，融入滇菜品牌”的发展方针，坚持政府引导、强化服务，选准方向、改造创新，市场运作、企业为主，科学制定产业发展规划，积极推进餐饮业基础设施建设，全面提升餐饮业的档次和水平；实施“玉溪菜”研发创新工程和品牌工程，加强人才队伍建设，深入推进“绿色餐饮”普及工作；以餐饮名店为龙头，支持企业通过连锁经营等现代经营模式“走出去”，开拓国内外市场，不断推进餐饮业品牌化、特色化、规范化、规模化，带动相关产业协调发展。

以“风味之都”品牌为依托，传承玉溪优秀饮食传统和文化，开发具有玉溪特色的美食系列，实施玉溪餐饮品牌战略，推动餐饮业聚集发展。重点抓好餐饮业的提质升级，特别是提升具有地方特色的风味小吃、家常土菜两大系列。从源头抓起，打造大营街“火凤凰烤鸭”、“西部小屋”烧烤、玉溪鳝鱼米线、玉溪凉米线、玉溪冰稀饭等地方品牌。制定方案，组织实施“阳光早餐工程”。支持中小餐饮企业发展。鼓励社会投资建设面向不同消费需求的特色餐饮业，大力发展大众化餐饮，促进各类早餐、快餐、特色正餐、地方小吃、社区餐饮、团体供膳、外卖送餐、食街排档、“农家乐”等经营业态发展，满足多样化的消费需求。打造规范化、规模化、特色化酒店集群，积极引进知名餐饮连锁机构和规模中西餐厅，规范夜市经营，完善酒店餐饮、特色餐饮和社会餐饮服务体系。加强监督管理力度，强化食品安全管理。充分发挥玉溪市饮食行业协会和饮食研究所的作用，强化技能培训，引领全区餐饮业做大做强。

（三）文化产业

1. 文化是城市的灵魂。结合红塔区城市化进程的推进，积极探索和挖掘优秀传统文化，在继承的基础上创新，在创新上注重“高雅文化”与“通俗文化”的有机结合，满足人民群众不同层次的文化需求。大力发展具有玉溪特色的文化产业，开拓文化消费市场。立足民族文化，特别是以“花灯文化”、“聂耳文化”为主体的“民间文化”、“烟草文化”的挖掘开发，积极探索玉溪花灯大众化、通俗化的新路子。借鉴、吸收外来文化，多出精品，推动红塔区文化产业走向全省，走向全国。

2. 进一步规范文化市场，引导发展文化相关产业。重点发展面向青少年、老年人的娱乐项目，鼓励发展文化演出中介代理服务，形成统一的文化市场。注重发展多种所有制经济文化企业，支持大众化娱乐项目及其企业发展，加快文化娱乐市场建设和管理，保护知识产权，建立公平竞争的文化市场秩序。重点推进“新兴电影院‘五星级·数字化电影’改造提质工程”、玉溪民俗文化馆等项目建设。

（四）旅游产业

认真贯彻《玉溪市人民政府关于贯彻落实省政府旅游产业发展和改革规划纲要实施意见文件的通知》（玉政发〔2010〕51号）精神，加大旅游产业发展力度。

1. 充分发挥玉溪的人文特色和产业优势，积极融入昆明旅游圈，挖掘资源，强化重点，突出特色，大力发展红色旅游、商务公务考察游、民俗文化游、休闲康体游、工业旅游和美食旅游、乡村旅游等，完善与“行、游、住、吃、购、娱”相配套的旅游服务体系，积极推进大营街综合旅游区、中心城区商贸旅游区、红塔工业旅游区、龙马山生态文化旅游区、玉山城康体休闲旅游区、龙潭清溪音乐小镇、中国玉溪高古楼文化旅游小镇、玉溪民俗文化馆等旅游功能区建设。

2. 充分发挥资源和特色优势，按照“政府引导、规划支撑、市场运作、企业主体”的思路，以中心城区防洪体系工程建设为基础，水为特色，银杏树为衬托，打造十里州大河生态文化景观带；逐步开发万亩油菜、花卉等农业生态观光项目，开拓观光和度假旅游市场。建设和完善“聂耳故居”、“聂耳公园”、“聂耳音乐文化广场”功能配套设施，逐步建成缅怀聂耳、振奋民族精神的爱国主义基地和红色旅游景区。

3. 以“生态玉溪、休闲天堂、风味之都”为主题，加大旅游宣传力度。培育商贸旅游品牌，发展节会经济，加强旅游形象标识和产品宣传。依托“中国最具发展潜力节会城区”、“中国最具地方特色美食节—中国玉溪米线文化节”等品牌，每年举办1次“中国·玉溪米线文化节”，打造具有玉溪特色的节日商贸旅游品牌。以生态城市建设为契机，整合周边城市旅游资源，力争把红塔区建设成为滇中重要的娱乐、休闲、度假旅游目的地，成为玉溪的城市名片。

3. 把会展业作为发展旅游的重要产业，依托产业优势和市场优势，坚持政府推动、市场运作，引导一、二、三产业的支柱和特色产业形成一批行业会展品牌，打造1~2个国际会展名牌。以汽车商贸市场为龙头，通过3~5年的努力，力争打造“中国·玉溪东盟国际汽车交易展”；依托项目，通过4~5年的努力，力争打造“中国·东盟茶叶花卉交易展”等，从而加快实现会展经济产业化、会展运作市场化、会展体系健全化、会展设施现代化和会展集约化，把红塔区建设成滇中地区特色鲜明、影响力强的会展区域。

（五）房地产业

规范发展房地产业，引导、带动相关产业发展。认真落实国家房地产开发的政策和措施，坚持房地产业市场化、民生化方向，推动房地产业健康发展。科学、合理控制房地产开发规模和布局。主动应对房地产市场周期性波动，重点开发保障性住房建设，积极推进旧城（村）改造，满足不同层次住房消费需求。深化城镇住房制度改革，规范房地产市场，建设有序、合法的房屋交易秩序。发展住房保险，促进住房存量流通。面向市场需求，统一规划，合理开发，配套服务，健全房地产开发经营体系和物业管理体系。发展装饰装修等住宅服务业，推进房地产开发、销售和物业管理的分业经营，规范管理质量和收费标准，完善物业管理。规范房地产咨询、评估、经纪代理等中介服务，促进房地产业健康发展。

（六）现代物流业

认真组织实施《红塔区现代物流业规划》，在加强交通设施建设的同时，进一步加快现代物流体系建设。依托产业发展与工业园区建设，规划建设物流运输、公共信息、仓储配送三大平台，按照各自的功能和特色，将研和物流枢纽以及北城、李棋、高仓、春和、大营街、中心城区等物流区分别建成集仓储、物流、商贸等一体的功能全、效率高、影响广的综合性商品集散地。实施投资多元化的综合开发，重点吸引知名企业和大型物流企业投资红塔区，启动建设服务功能强、辐射范围广、主业优势突出的现代化仓储物流中心，积极建设以钢铁、卷烟配套、高档装备、太阳能、建材、农产品、林产品、土特产品生、产资料交易为主的大型专业批发市场，扩大相关产业的辐射面和影响力。鼓励生产企业开展供应链物流管理，释放物流资源。加快传统物流企业向现代物流企业的转变，培育和发展一批大型物流企业集团和第三方物流企业。结合实施农产品、粮食流通以及“家电下乡”等工程，完善城乡物流配送体系。

注重提高物流装备技术水平，加强运输管理，增强运输服务功能。重点发展公路运输、重载货运、半挂车集装箱多式联运。按照一级标准建设城南、城北客运站，融客运、物流为一体。改进运输服务形式，发展货运代理，多方位、多层次开拓运输业务。进一步放开搞活，培育运输市场，规范市场秩序，努力建设遍布城乡、干支相连、辐射各乡（街道）和其他有关邻县的交通运输网络体系。引导物流企业朝多功能、综合性的方向发展，逐步形成仓储、加工、包装、配送一条龙服务的现代物流业，使交通运输逐步朝着现代专业化、物流化的方向发展。

按照适度超前的原则，紧紧抓住泛亚铁路、昆（明）曼（谷）公路建设的有利契机，以钢铁、焊管、薄材、数控机床、五金等项目为基础，加快物流业建设，逐步形成以研和为枢纽，铁路为主骨架，公路为主脉络的路网布局，形成结构合理、各种运输方式相辅相成、技术装备和管理水平先进的开放型、多层次立体运输网络体系。

加强交通运输维修业的规范和管理，从规划入手，强化宏观调控，注重提升质量和档次，营造有序竞争的良好市场环境。

（七）公共服务与社区服务业

1. 发展体育及非义务教育产业。加快体育产业化进程，逐步形成以体育健身娱乐、体育竞技表演、体育运动人才培养为主要内容的体育市场体系，承接各类体育赛事，积极发展赛会经济；大力发展各种形式的基础教育、职业技术教育、成人教育、现代远程教育，形成开放式教育网络，努力造就一批应用型、外向型的专业人才队伍和具有较高素质的劳动者队伍。

2. 深化医疗卫生投资体制改革。积极、稳步发展民营医疗机构，推动社会资本投资卫生服务领域。大力推进社区卫生服务，优先发展和保证基本卫生服务。以玉溪市第三人民医院为依托，以城乡社区（村）卫生服务网络为基础，以中心城区相关医院为补充，以高层次专业机构为技术指导，逐步形成布局合理、功能完善、层次清晰的基本卫生服务体系，努力构建新型农村初级卫生保健体系，健全和完善农民基本医疗保障制度。

3. 发展中介服务业。充分发挥中介服务机构在市场运行中的服务、公证、监督功能，大力发展会计、法律、咨询等各类中介服务业，为政府、企业、家庭提供全方位、多层次、高质量的服务。积极培育企业化经营、规范化管理、社会化服务的中介服务机构，为社会提供决策咨询、投资论证、资产评估、会计审计、经纪代理、企业诊断、市场调查、公证签证、法律服务、家庭理财等各类中介业务。强化行业协会建设，规范资质管理，加强行业自律和法律监督，造就一支诚实守信、精通业务的高素质专业队伍。

4. 大力发展科研与信息服务业。建立健全科研、信息为地方经济社会发展服务的运行机制，逐步形成以科技产业化为方向、政府为主导、企业为主体、院校和中介机构为依托的科技创新体系。鼓励发展民营科技企业，推进产、学、研相结合，加速科技成果转化。积极培育技术市场，保护知识产权，活跃技术交易。坚持以信息基础设施建设为重点，加速发展数据及多媒体通信、数字移动通信等骨干网络。加快现代信息技术应用步伐，大力推进信息咨询业社会化、产业化，使其成为促进国民经济发展的重要新兴行业。积极促进信息技术和信息系统在科学、教育、文化、金融、保险、财税、贸易、医疗、旅游等领域的广泛应用，推动信息市场发育。加快发展邮政新兴业务，初步形成以实物传递类、金融传递类、集邮类、电子邮政类业务为主体，各种业务互为补充，具有整体规模的邮政业务体系。

5. 鼓励金融保险业创新，积极拓宽金融服务领域，促进银行、证券、基金、信托、保险、融资租赁等现代金融业发展，不断完善信用卡、网上银行等新型金融服务的消费环境，全面提升金融服务的辐射能力。采取政策推动和市场力量相结合的举措，重点解决市场发育不全、金融品种单一、市场开放力度不够等瓶颈，做到循序渐进、重点突破。

6. 完善市政服务功能，为市民提供便捷、高效的公用服务。积极创办社区服务实体，扩大网点建设，完善社区物业管理、家政、餐饮、托幼、养老、医疗、保健、文娱、维修等服务。开拓家庭服务领域，增强服务功能，提高服务水平，实现社区服务社会化、产业化。提供便民利民服务、面向特殊群体的福利服务、面向属地单位的社会化服务。着重发展家庭服务、维修服务、接送服务、幼儿服务、养老服务、保健服务、文娱服务等兼有社会福利的社区综合服务中心。鼓励多种所有制经济兴办社区服务业，把社区服务业培育成重要的新兴产业。

六、主要措施

（一）切实加强组织领导

1. 成立红塔区发展第三产业领导小组，加强对第三产业的统筹协调工作；坚持和完善第三产业发展例会制度，专题研究和解决第三产业发展中存在的相关重要问题。

2. 加强第三产业统计工作，改进统计制度和方法，建立和完善服务业经常性统计调查制度，建立健全各行业发展的监测、预测和信息发布制度，发挥信息导向作用。

3. 规范和发展行业协会、片区联盟商会等行业组织。充分发挥红塔区工商联、红塔区个体协会在发展第三产业中的作用，加快建立健全钢材、建材、家电、肉食品、美容美发、餐饮娱乐、汽车商贸、交通运输、专业市场等协会和相关制度，发挥沟通企业、联系政府的桥梁和纽带作用。

4. 围绕加快第三产业发展，深入开展相关课题调研，认真做好第三产业发展规划、旅游业发展规划、现代物流业发展规划、专业市场规划等规划的编制工作，将相关第三产业重点建设项目纳入红塔区中长期规划总盘子。

（二）提高从业人员素质

从业人员素质的高低在很大程度上决定着第三产业的发展水平。各级各部门要根据第三产业发展的需要，充分利用各种教育资源，以玉溪二职中为基地，开展多层次、多形式的职业岗位培训和再就业培训。积极拓宽引才聚才渠道，引导各类人才向第三产业流动，通过短期服务、项目引进、技术入股、委托经营等灵活多样的方式，引进急需的各类人才。按照国家相关规定，抓紧建立第三产业职业资格标准体系，认真实施资格认证制度，促进第三产业从业人员素质的提高。要适应新兴行业对高素质熟练劳动力的需求，大力发展各类职业技术教育，合理调整专业设置，为培养第三产业人才创造条件。鼓励企业中、高级管理人员参加各类高层次培训，造就一批职业经理人队伍；加大对服务行业从业人员的培训力度，开展形式多样的员工技能竞赛，培养行业明星和技术能手，不断提高员工素质和行业服务水平。

（三）全面开放三产投资领域

对符合红塔区产业政策导向的第三产业项目，在注册资本、经营范围、经营场所、经营方式、再投资资格等方面进一步放宽限制；打破行业垄断和部门垄断，对民间投资主体实施平等的准入条件，凡法律法规没有禁止的领域，允许各种形式的资本进入。简化审批程序，规范审批行为，提高办事效率。

（四）拓宽三产投融资渠道

鼓励符合条件的企业进入资本市场融资，通过企业债券、项目融资、资产重组、股权置换等方式筹措资金。建立投资主体多元化、形式多样的中小企业信用担保体系，充分发挥中小企业担保公司的作用。鼓励和引导民间资本投向城市基础设施项目及回报率高、成长性好、带动性强的第三产业项目。

（五）强化第三产业招商引资

整合各方资源，营造良好环境，采取有力措施积极吸引外资和社会资金投向第三产业。在充分调查研究、论证的基础上，依据产业布局规划，策划、包装一批大项目，提高第三产业招商引资竞争力。畅通招商引资渠道，加强招商网络建设，运用上门招商、委托代理、网上招商等多种手段，吸引一批起点高、规模大、效益好的第三产业企业落户红塔区。凡引进对第三产业发展具有重大影响和带动作用的项目，由区委、区政府按“一事一议”的原则研究对项目的扶持政策。

（六）全力推进民营化战略

通过整体出让、兼并重组等形式，整合辖区第三产业行业资源，逐步改变辖区第三产业企业规模小、管理方式落后、市场竞争力弱的现状。进一步放宽搞活中小商贸流通企业，积极推进流通企业体制创新，鼓励民营流通企业发展“专、精、特、新”经营。围绕“内强素质、苦练内功、提高内涵”的要求，对民营企业经营者进行技能培训和理念更新，积极推动民营企业由家族企业管理模式向现代企业管理方式转变；由过度依赖优惠政策向既要争取公平政策又苦练内功转变；由自我封闭的产权结构向多元化产权转变。

（七）加强宣传引导和督查考核

研究并用好、用足、用活支持第三产业发展的各项政策，充分发挥电视台、网站、刊物等新闻媒体的宣传主渠道作用，大力宣传加快发展第三产业的重要意义和政府推动第三产业发展的政策措施，提高社会各界对发展第三产业重要性的认识，为第三产业快速健康发展营造良好舆论环境。

将第三产业发展纳入红塔区重点工作范畴，实行年度重点工作责任制和区级领导定点联系责任制，加大对第三产业重点工作和项目的督查督办力度。建立第三产业发展目标考核制度，把推进第三产业发展的相关重要指标列入经济工作考核内容，确保责任到位，任务落实，取得实效。

（八）科学管理，注重监管

完善市场流通统计监测体系，为市场调控提供依据。建立健全市场运行分析机制，建立由商务部门牵头，有关部门和企业参加的市场运行分析联席会议制度。强化商务预报，通过新闻媒体等渠道，发布商品市场信息。强化市场应急调控手段，逐步建立市场应急保障体系。加强流通市场监管，切实规范市场秩序，强化商品质量安全监管，保障经营者和消费者的合法权益。加强流通行业信用体系建设，营造诚实守信的流通产业发展环境。

（九）主要扶持政策

建立区级第三产业发展导向资金。“十二五”期间，区政府每年安排1 000万元以内资金，列入年度财政预算，择优投入。重点扶持在第三产业发展中影响大、投资少、见效快、收益好的示范企业及骨干重点企业、优势企业提档升级、扩大规模时的贷款贴息或补助；建立激励机制，考核奖励相关单位和人员。具体考核补助、奖励办法由相关职能部门另行制定。

1. 农产品市场建设补助标准

（1）对改造、新建的农产品专业市场、批发市场，按照占地规模、经济效益、安排就业等条件，新建的给予一次性30万元以内的补助；改造的给予一次性20万元以内的补助。

（2）对改造、新建的农贸市场，按照占地规模、经济效益、安排就业等条件，给予一次性10～20万元以内补助。

2.“万村千乡”市场工程补助标准

（1）新建“万村千乡”市场工程连锁店，每个店一次性补助5万元；

（2）已建“万村千乡”市场工程连锁店，列入“信息网络化建设提质量升级”的项目，每个店一次性补助1万元；

（3）“万村千乡”市场工程联合二级商品配送中心，按照占地规模、经济效益、商品配送量、配送服务区域、安排就业等条件，每个店一次性补助10～15万元。

3. 餐饮业补助标准

（1）加强餐饮业发展，加强和指导玉溪市饮食行业协会和玉溪饮食研究所的工作，每年核拨10万元工作经费。

（2）打造饮食品牌，以品牌产品带动连锁店。每年打造品牌店10个，加挂“玉溪市红塔区餐饮名店”牌匾，每个店一次性奖励1万元。

（3）实施品牌战略。餐饮（烹饪）、食品的单项品牌一次性奖励标准为：市级1万元；省级2万元；国家级3万元；

（4）为餐饮企业提供用地保障。根据《云南省人民政府关于促进餐饮业发展的意见》（云政发〔2009〕91号），餐饮业用地属经营性用地，应纳入政府储备，土地出让金可在两年内分期缴纳，作为用地前置条件之一向社会公布。合理配置土地资源，各类餐饮业项目建设在符合土地利用总体规划、城市规划和林地保护规划的前提下，可在用地指标上给予倾斜。鼓励餐饮业盘活利用已有的存量土地，集约高效利用土地资源。

4. 文化产业奖励标准

打造文化精品，对获得歌舞类的一次性奖励标准为：国家级5万元；省级2万元；对获得摄影、文学创作（歌曲、诗歌等）类的一次性奖励标准为：国家级1万元；省级0.5万元。加强外宣工作，充分利用广播、电视、报刊、互联网等主流媒体正确和正面宣传红塔区，对外宣工作有成绩者给予表彰奖励。

5. 旅游产业奖励标准

采取有效措施，组织区外客源到红塔区观光旅游的旅游企业给予奖励。国（境）外游客按每人次5元给予奖励，省外游客按每人次3元给予奖励，市外省内游客按每人次2元给予奖励。

6. 扶持奖励重点行业企业

扶持奖励30个第三产业重点行业龙头企业。根据企业纳税贡献大小、劳动就业、节能减排、安全生产等条件进行考核、排名。具体为：对重点行业企业进行考核奖励，每三年1次。前10名的每个企业奖励3万元；中间10名的每个奖励2万元；后10名的每个奖励1万元。

7. 扶持“楼宇总部”企业

大力发展楼宇总部经济，积极培育和吸引大集团、大公司在红塔区设立总部。按照企业纳税贡献大小、劳动就业、节能减排、安全生产等条件进行考核，对上缴地方税收500万元以上的，给予一定的扶持奖励。

8. 落实税收优惠政策

认真落实国家财政部、国家税务总局关于促进第三产业发展的现行税收优惠政策。

七、其他

本实施意见自发文之日起执行，原《中共玉溪市红塔区委、玉溪市红塔区人民政府关于进一步加快第三产业发展的实施意见》（玉红发〔2005〕13号）同时废止。

中共玉溪市红塔区委　玉溪市红塔区人民政府
关于进一步加快发展现代农业的实施意见

（2011年11月11日）

农业产业是国民经济的重要组成部分，是稳定农村，促进农民增收的重要基础产业。加快发展现代农业，对转变农业发展方式，推进农业增效、农民增收和增强农产品竞争力，实现经济社会又好又快发展具有十分重要的意义。为认真贯彻落实中央、省、市关于加快现代农业发展的有关政策措施及相关文件精神，切实加快推进红塔区现代农业发展，推动农业产业优化升级，结合红塔区实际，提出如下实施意见。

一、指导思想

以邓小平理论、“三个代表”重要思想和科学发展观为指导，认真贯彻落实党在农村的各项方针政策，以发展生产保供给，提高效益增收入，调优结构促转变，夯实基础强后劲，改革创新添活力为着力点，以促进粮食增产、畜牧增量、农业增效、农民增收为核心，进一步加大投入，改善农业基础设施建设，优化农业发展环境，大力推进标准化生产、产业化经营、社会化服务。积极培育各具特色的现代农业科技示范园区，巩固发展农民专业合作社，进一步拓展种养基地，加强农业生态建设，加快发展具有红塔区特色的现代农业。

二、发展思路

坚持以科学发展观为统领，按照高产、优质、高效、生态、安全的要求，以促进专业化、标准化、规模化、集约化为重点，强化政策、科技、装备、基础设施等支撑，抓基础，调结构，建基地，扶生产，活流通，增效益、保增收，进一步加快现代农业的发展步伐。

三、发展目标

到2015年，全区农业综合生产能力、抗风险能力和市场竞争力稳步提升，农业综合效益显著提高，粮食等主要农产品有效供给，农业结构明显优化，优特产业快速发展，农业产业化经营和农产品加工业加快发展，农民收入持续增加。全区农业总产值达到26亿元（现价）以上，年增长10%以上；农民人均纯收入年增长8%，达到1万元以上；实现粮经比例达35:65；农业综合商品率达90%；农业机械综合运用率达60%以上；农业科技普及率达98%；规模化畜产品生产占畜牧业的80%以上；年培训技能型新型农民5 000人。

四、工作重点

（一）围绕增收调结构，构建现代农业产业体系

牢固树立烤烟支柱产业地位不动摇，按照“稳烟调结构，提质增效益”的工作要求，强化“烟草兴、经济兴，红塔兴、玉溪兴”的全局意识，以“规模化种植、合理化轮作、标准化生产”为导向，以生产品牌优质烟叶，促进烟农增收为目标，围绕稳定和控制10万亩基本烟田，确立界定中长期规划布局。靠各级干部落实规划和轮作，靠基本烟田建设改善生产条件，靠合作社模式推行规模化、标准化生产，靠科技兴烟实现提质增效，靠推行机械化作业达到减工降本，靠烤烟特有的扶持政策提升比较效益，靠考核督查推动工作落实。着力巩固黄官、马桥、黑村、赵桅、常里等烤烟生产专业合作社及万亩优质烟叶示范基地，稳定田烟种植面积和烟叶产量；加强山区、半山区地烟的规划和建设，深入挖掘地烟潜力，不断提高地烟产质量。积极争取各级资金支持，组织实施好烟叶基础设施建设，在有条件的地方，探索发展有机烟叶种植。“十二五”期间，烤烟种植面积保持在5万亩以上，收购量不少于600万千克。在确保烤烟稳步发展的同时，积极探索优质、高效、生态、安全的现代农业发展模式，优化结构，稳步发展优特经济作物。通过招商引资，走“园区做示范，基地作支撑”的路子，重点抓好绿化苗木、

大花蕙兰等高档花卉，进一步做优做精花卉园艺苗木产业；以发展外向型、出口精品蔬菜为主，做特做优蔬菜产业，坝区以通过备案的企业和农业科技示范园为依托，发展名特优出口蔬菜，推广秸秆覆盖种植秋洋芋，山区重点发展烟后蔬菜；优化布局，稳步发展草莓、葡萄、白蘑菇等优特经济作物；按照培植创税农业的要求，进一步扩大灯盏花、除虫菊的种植面积，为生物制药企业提供优质原料；以农业部门为技术依托，依靠流通企业的市场运作，加大特色功能稻的研发、示范推广、产品加工及市场销售；继续实施油菜良种补贴，做好良种繁育基地建设，大力发展优质早熟油菜。力争到2015年种植业产值达10亿元以上。

（二）围绕龙头建基地，增强现代农业带动能力

高度重视农业龙头企业和农民专业合作社在统筹城乡发展，推进农业产业化、规模化、标准化和惠农带农中的重大作用。一要坚持科技研发和深加工在内，原料基地和产品销售在外的原则，引导和扶持企业走出去，引进来，夯实原料基础，拓展市场空间，提高发展能力。二要支持具有竞争优势的生猪、蔬菜、林果、花卉、生物资源创新、农产品加工等农业龙头企业，通过加快结构调整、技术改造、资源重组、资本聚集、品牌创建等途径做大做强。着力打造十强龙头企业，把凤凰食品、滇雪粮油、达利园食品等企业培育成年销售收入超10亿元的龙头企业，把维和制药、甜馨食品等企业培育成年销售收入超5亿元的龙头企业，把快大多科技、云溪香精、望子隆药业、明珠花卉等企业培育成年销售收入超亿元的龙头企业。三要引导支持农民专业合作社、专业大户、农民经纪人等各类市场主体，积极参与生产基地建设，在“十二五”期间，重点打造万亩现代烟草、万亩鲜食葡萄、万亩花卉园艺、万亩优特蔬菜、万亩核桃、万亩中药材、万亩功能稻、万亩优质油菜等“8个万亩”示范工程，巩固现有农业科技示范园作为基地建设的强力支撑。完善产销关系，构建龙头企业、专业合作社与农户利益有效联结机制，增强龙头企业和专业合作社带动现代化种养业和农产品品牌化发展能力，力争把红塔区建成全省重要的农产品加工出口基地。

（三）围绕规划兴水利，进一步夯实现代农业发展基础

把农田水利建设、中低产田地改造作为农村基础设施建设的重点，以增加蓄水、改善民生、促进发展、保护生态为目标，以水价、水管体制改革为动力，“十二五”期间，完成小型水库除险加固，基本建成水资源优化配置和高效利用体系，城乡供水保证率显著提高，城乡居民饮水安全得到有效保障，重点区域水土流失得到有效治理，地下水超采基本遏制。到2015年，全区水利化程度达89.4%，生活供水保证率达90%以上，水利用系数达60%以上，万元国内生产总值和万元工业增加值用水量明显降低。实施水源工程、病险水库除险加固工程、农村人畜饮水安全工程、小型农田水利工程、防洪工程、节水灌溉工程、水保工程、水资源优化配置工程等8大类工程重点项目150件。相关职能部门要认真做好项目包装申报，力争每年争取的国家、省、市水利建设项目和资金不低于全省、全市平均水平。要严格执行中央关于“力争今后10年全社会水利年平均投入比2010年高出1倍”的要求，为全区水利建设项目的落实提供资金保障。整合水资源，按优水优用，劣水劣用，中水回收利用的原则，优化水资源配置。以规划建设永久性农田和优质主料烟基地为目标，继续整合烟草、农业、财政、国土等部门的项目和资金，推进中低产田地改造，力争到2015年高标准改造中低产田地5万亩，提前完成中低产田地规划改造任务。

（四）围绕保障兴畜牧，巩固现代农业骨干产业

按照保供给促发展的要求，以市场为导向，以凤凰食品、新广家禽、滇隆牧业、新秀禽业、快大多科技等龙头企业和玉香养鸭等农民专业合作社为依托，以备案基地为载体，以品牌创建为重点，以科技进步为支撑，强化信贷和保险支持，全面推进良种繁育、标准化养殖、畜产品安全生产、动物防疫、龙头带动和专业合作经济组织联动、服务保障等“六大体系”建设，在巩固壮大红山养殖园区等原有规模养殖场（小区）的基础上，在土地利用布局中将新规划的养殖园区纳入土地利用总体规划修编调整，将养殖用地纳入农业设施用地给予扶持发展。在洛河、春和等乡、街道规划建设3～4个标准化养殖小区，解决好深加工原料不足的问题。坚持生猪、家禽两手抓，重点扶持规模养殖，实现养殖主体从农户散养向集约化、规模化转变，养殖模式从传统模式向现代化、标准化转变，畜产品质量从追求数量粗放型向质量效益型转变，畜产品销售方式从内销型向创品牌外销型转变，养殖布局从坝区养殖向山区、半山区转移。争取到2015年，畜牧产值达15.6亿元以上，出栏优质商品猪45万头，存栏能繁母猪1.5万头，出栏家禽1 000万羽，供应优质鸡苗4 000万羽，全区存栏生猪100头以上的规模养殖场出栏生猪占全区出栏数的70%以上，存栏蛋鸡1万羽以上的规模养殖场禽蛋产量占全区总产量的70%以上，出口备案养殖场达50家以上，年提供出口生猪20万头以上。

（五）围绕生态抓林产，拓展现代农业发展领域

按照“生态建设产业化、产业发展生态化”的要求，加快林业产业的发展。一是以建设现代宜居生态城市建设为目标，围绕“三山三河”、村庄道路、房前屋后绿化美化和配套生态城市建设，着力发展以培育乡土树种和引进高端绿化苗木种植为主的园林苗木产业，全面提升城乡生态文明建设水平。二是结合新建和改造果园，积极引进和培育优良林果新品种，稳步推进甜柿、核桃、板栗、八角、樱桃、大树杨梅、优质梨等特色经济林果的发展，强化特色果品产地认证和精深加工开发，打造林果品牌，增强市场竞争力。三是稳步推进集体林权制度配套改革，通过实施中低产林改造，优化林分结构，营造森林景观，提高林地生产力，促进林业全面发展。四是优化布局，坚持以短养长，综合发展，积极引进以梅花鹿、野猪和鸵鸟为主的野生动物驯养繁殖及产品加工企业，带动林下立体种养业发展。五是积极打造都市休闲观光农业、乡村森林生态旅游、生态农庄新亮点。到2015年，全区优质特色经济林果种植达10万亩，中低产林改造面积完成4.5万亩。

（六）围绕转移促增收，拓宽现代农业增收渠道

围绕省委提出的“城镇上山，农民进城”的发展战略，以培养“有文化、懂技术，会经营”的新型农民为目标，建立完善政府统筹、农业和人社局牵头、部门配合、社会参与的工作机制，创新培训机制、培训内容和培训形式，提高农民就业能力、创业能力和辐射带动能力，切实拓宽增收渠道，不断提高农民工资性收入，到2015年，农民工资性收入占农民人均纯收入的50%以上。一要突出重点，针对需求，抓好技能培训，增强转移就业能力。围绕工业化、城镇化、现代农业化的用工需求，开展技能培训，提高农民素质，加快农村富余劳动力向非农产业有序转移。二要创新思路，突出重点，加大创业培训，进一步拓宽就业渠道。以提升创业理念、增强创业意识为重点，以增强创业能力为核心，着力开展农民创业培训，引导和扶持受训农民领办合作经济组织，创办农业企业，推动农业标准化、专业化生产和产业化、规模化经营，积极发展休闲农业、乡村旅游、森林旅游和农村服务

业，挖掘内部潜力，拓展农内就业空间，实现农村劳动力就近就地转移。三要提供优质服务，培育中介机构，提高农民外出务工的组织化程度，积极培育各类劳务中介组织、劳务协会和劳务经纪人，充分发挥其在劳动力转移中的重要作用，加强农业、就业部门之间的合作，多渠道收集企业岗位信息，借助网络、劳动力市场等信息平台及时发布用工和求职信息，为求职者提供就业指导，定期召开农村劳动力现场招聘会，为用工企业和求职者牵线搭桥，有效促进农村劳动力在农内农外，区内区外实现转移就业。

（七）围绕安全强监管，提升现代农业发展水平

依靠科技支撑，制订和推广农作物种植，畜禽、水产养殖标准化生产技术规程，大力推行无公害的生态农业和循环农业模式。抓好农产品生产产地安全管理，加强备案基地、农业标准化示范园区、畜禽规模养殖园区建设，增强农产品外向度和市场竞争力。抓好农药、化肥、渔药、兽药、饲料等农业投入品的监管，杜绝违禁投入品进入市场。大力发展“无公害”、“绿色”、“有机”农产品，充分发挥农产品质量安全检验检测站的作用，健全完善质量标准和检验检测体系，进一步扩大农产品检验检测范围，大力推进农产品市场准入，建立农产品质量可追溯制度，加强对农业生产、农产品加工和流通环节的监管，实现“从田间到餐桌”的全程质量监控。“十二五”期间新增出口备案基地10个，其中：养殖业6个，优特作物4个；新增“三品认证”企业10个，产品10个。

（八）围绕管理抓创新，激发现代农业发展活力

一要进一步加强和规范农村集体“三资”管理。完善农村集体“资金代管、资产共管、资源协管”的三资管理模式，重点抓好资金、资产、资源和投资工程项目建设管理“四项”制度的落实，让农村资金、资产、资源得到有效管理和合理开发，发展壮大农村集体经济、推进农村和谐稳定发展。二要进一步规范和推进农村土地承包经营权流转管理。充分发挥红塔区农村土地承包经营权流转中心作用，坚持以家庭承包经营为基础、统分结合的双层经营体制，按照依法、自愿、有偿和有利于资源优化配置和政府引导、市场主导的原则，鼓励和引导农民通过租赁转让、大户承包、以地入股、合作经营等多种形式开展土地流转，促进规模化经营，为农村经济发展增添活力。三要加强政策扶持引导管理。通过政策倾斜，与金融部门加强协调，盘活农民土地、房产、财产等资本，通过信誉联保等措施，增加信贷支持，拓宽融资渠道，争取项目资金、鼓励民间闲散资本进入农业产业化发展领域，形成政府投入为引导、企业投入为主体、社会投入为补充的多元化投入机制，增强资金集聚，加大农业产业化资金投入。四要进一步强化为农助农的管理。涉农部门要充分发挥职能作用，创新机制，优化对发展现代农业的服务。农业科技人员要紧紧围绕全区现代农业的发展思路，切实转变观念，增强全局意识、忧患意识、责任意识和使命意识，提高服务群众、服务基层、服务发展的能力和水平，要深入基层、深入实际、深入群众，做到工作原则求严、工作运行求细、工作开展求深、工作作风求实，工作效率求快，全方位推进现代农业发展再上新水平。

五、推进措施

（九）加强组织领导

各乡、街道要把加快现代农业发展作为一件大事列入党委、政府的重要议事日程，坚持主要领导亲自抓，分管领导具体抓。各级各部门要树立大局意识，转变工作作风，强化服务意识，通过区级领导联系乡、街道，区直部门挂钩包村，投入人力、物力、财力，积极配合推进现代农业发展，各涉农部门要强化责任，做好市场调查、资源调查，制定本区域现代农业的发展规划和工作计划，为企业和农户做好产前、产中、产后的指导管理及协调服务工作。各级领导干部要以身作则，深入基层，深入群众，深入实际，及时解决现代农业发展过程中遇到的困难与问题。

（十）完善激励机制

建立现代农业发展目标考核制度，把推进现代农业发展的相关重要指标纳入对乡、街道年度综合考核和对区属相关职能部门行政效能考核，对发展现代农业工作突出、成效显著的乡、街道、部门和先进个人，给予表彰奖励。对带动能力强、社会贡献大的农业龙头企业和专业合作社，给予重点扶持。区委、区政府每三年召开一次发展现代农业表彰大会，树立典型，表彰先进，推进全区现代农业健康、稳步发展。各涉农部门也要根据工作需要，制定相应的考核办法，将工作责任落实到人，明确奖惩。

（十一）形成工作合力

各乡、街道、区属各部门要上下沟通，密切配合，统筹协调各种资源，有机整合各种力量，研究制定支持现代农业发展的工作措施。在中低产田地改造、农田水利建设、农业项目推进、新农村建设中，建立部门领导协调联系机制，定期召开联席会议，解决推进现代农业、促进农村发展中的相关问题。

（十二）强化宣传引导和督促检查

充分发挥电视、网络、报刊等新闻媒体的宣传主渠道作用，大力宣传加快发展现代农业的重要意义和政府推动现代农业发展的政策措施，提高社会各界对发展现代农业重要性的认识，为现代农业快速健康发展创造良好的舆论环境。区委、区政府督查室，要建立督促检查机制，定期对乡、街道、区属相关部门发展现代农业工作进行督促检查，对工作力度不够、成效不明显的乡、街道、部门，要及时督促落实到位。

（十三）主要扶持政策

“十二五”期间，区级财政对现代农业的投入要以地方财政增长的比例同步，加大对农田水利基础设施、农业产业化和龙头企业等方面的扶持力度。

1. 加大农田水利基础设施建设的扶持。积极争取中央、省级、市级农田水利、农业综合开发、基本烟田建设、国土整治、地方债券中低产田地改造等项目资金，加大农田水利基础设施的建设力度，区级财政按标准足额配套。

2. 加大对农业龙头企业和农民专业合作社的扶持。区级财政每年投入资金50万元，用于争取中央、省级、市级农业产业化项目的资金配套；按照《云南省现代农业“百县百园”创建实施方案》精神，对省级认定创建资格的农业科技示范园，在省、市扶持的基础上，一次性给予20万元的资金扶持；对获得省级以上新产品成果鉴定、支付研发费用30万元以上的农业龙头企业给予一次性补助6万元；对当年出口创汇达1 000万美元以上的农业龙头企业，通过核准后给予一次性奖励30万元；对新认定的国家级、省级和市级重点农业龙头企业，分别给予一次性奖励10万元、5万元、2万元；对新获中国驰名商标、云南省著名商标的企业，分别给予一次性奖励5万元、2万元；对新获中国名牌农产品、云南名牌农产品，分别给予一次性奖励3万元、2万元；对新认定的有机食品、绿色食品、无公害食品，分别给予一次性奖励20万元、10万元、5万元；对新认定的出品备案养殖场和种植基地给予一次性补助奖励1万元；每三年择优评选发展潜力大、带动能力强，品牌效应明显的农业龙头企业、农民专

业合作社和农民致富带头人，给予奖励。

3. 加大林业产业的扶持。以核桃为主的特色经济林连片种植面积50亩以上的，一次性补助奖励2万元；按照4.5万亩中低产林改造规划，积极争取中央、省、市的扶持政策，区级财政按标准足额配套；继续投入资金实施村庄道路、房前屋后绿化、美化项目建设。

4. 加大烤烟产业的扶持。为巩固田烟，提升地烟，积极支持现代烟草农业发展，每年安排资金400万元，对烤烟专业合作社和种烟大户流转土地种烟，给予补助；安排资金200万元，对列入玉溪庄园基地建设，给予配套扶持。

5. 加大对标准化养殖小区（场）的建设和新品种引进的扶持。对新建万头猪场，每个补助50万元；对新建5万只以上的标准化蛋鸡场，一次性补助20万元；对新建或改（扩）建的标准化养殖小区的基础设施（水、电、路和排污设施）建设，一次性给予补助20~50万元；每年安排资金50万元，用于养殖新品种的引进。

6. 加强信贷、保险和补贴支持。区直农业、就业、扶贫、妇联、团委、工会等部门争取上级贴息贷款扶持农业农村生产发展，区财政按相关政策给予贴息；加大对种、养业的保险扶持，每年由区级配套资金50万元（其中：油菜、水稻、玉米配套38万元，能繁母猪配套12万元）；每年安排资金18万元，用于能繁母猪补贴配套。

中共玉溪市红塔区委　玉溪市红塔区人民政府关于深化乡镇机构改革的实施意见

（2011年11月15日）

根据《中共云南省委云南省人民政府关于深化乡镇机构改革的实施意见》、《中共玉溪市委玉溪市人民政府关于深化乡镇机构改革的指导意见》和《中共玉溪市委、玉溪市人民政府关于〈玉溪市红塔区深化乡镇机构改革方案〉的批复》精神，结合实际，制定玉溪市红塔区深化乡镇机构改革实施意见。

一、指导思想和基本原则

（一）指导思想

以邓小平理论和“三个代表”重要思想为指导，深入贯彻落实科学发展观，坚持以人为本、执政为民，按照建设社会主义新农村和社会主义和谐社会的要求，以加强基层政权建设为出发点，进一步转变乡镇政府职能，理顺职责关系，创新体制机制，优化机构设置，严格控制人员编制，提高公共服务水平，增强社会管理能力，巩固农村税费改革成果，促进农村经济社会又好又快发展。

（二）基本原则

——坚持加强和改善党对农村工作的领导，加强基层政权建设，巩固党在农村的执政基础。

——坚持职权法定和权责一致的原则，依法界定乡镇政府职能，明确职责，强化责任，理顺区乡之间的权责关系。

——坚持因地制宜和精简统一效能的原则，区别不同乡镇类型，分类指导，合理确定乡镇职能配置、机构设置和人员编制，确保机构编制只减不增。

——坚持开拓创新，大胆探索，稳妥推进，确保社会稳定。

乡镇机构改革的范围：乡镇党政机关和乡镇所辖行政区域内除教育、卫生外的所有事业单位；红塔区凤凰、玉兴、玉带3个街道办事处不纳入改革范围，其他乡镇改街道办事处的，纳入乡镇机构改革和管理。

乡镇法庭、司法所、派出所、工商所、城管执法中队为上级机关派驻乡镇的行政机构，不属于调整范围；国土所为国土资源管理部门的派出机构，管理体制不作调整。

二、主要任务

（一）进一步推进乡镇政府职能转变

乡镇主要围绕“促进经济发展、增加农民收入，强化公共服务、着力改善民生，加强社会管理、维护农村稳定，推进基层民主、促进农村和谐”四个方面全面履行职能。

（二）进一步理顺责权关系

凡规定由区级以上政府承担的责任，不得转嫁给乡镇政府；应该由区级政府部门完成的行政事务，实行以区为主、乡镇协助的体制，确需乡镇协助或委托乡镇完成的工作，要赋予相应的事权和财权。加强乡镇对村（居）民委员会选举、村务公开、资产财务的指导和监管。

坚持条块结合、以块为主的原则。这次乡镇机构改革，除凤凰、玉兴、玉带3个街道外的8个乡（街道）纳入改革范围。事业单位除教育、卫生外，乡镇事业单位实行以乡镇管理为主、上级业务部门进行业务指导的管理体制。

上级部门派出（驻）乡镇的机构，接受乡镇党委、政府的统一指导和协调，要服从于乡镇工作的大局，领导干部的任免要事先征求乡镇的意见，党群关系实行属地管理。

（三）规范党政机构设置和职责

按照精简统一效能的要求，调整规范乡镇党政机构设置和职责配置，形成机构设置规范，工作运转高效的新机制。设置党政机构3个。

党政办公室。承担机关日常工作的运转协调，具体履行机关日常党务政务、纪检监察、组织人事、宣传、统战、民族宗教、机构编制、文秘、督办、电子政务、保密、财务、国有资产监管、后勤保障等职责，负责乡镇人大、政协、人民武装及工会、共青团、妇联和“为民服务中心”的日常工作。

经济社会发展办公室。承担经济发展计划、村镇规划建设、环境保护和生态建设、农村土地承包管理、林权管理、水利建设与管理、农村经济经营管理、招商引资、企业管理、统计、扶贫、安全生产、交通管理、农民负担监督、市场监管、人力资源和社会保障、民政、卫生、食品安全监督管理、人口和计划生育、教育、科技、文化、旅游、广播电视等职责。

社会治安综合治理办公室（加挂群众工作站牌子）。承担法治建设、社会治安综合治理、维护稳定、信访、群众工作、人民调解、行政调解、司法调解、矛盾纠纷排查调处、突发事件和群体性事件的预防处置等职责。

乡镇人大、纪委、人民武装部、工会、共青团、妇联按有关规定或章程设置。乡镇不设政协机构，可明确人员负责具体工作。

按照中央、省、市关于加强政务服务体系建设的部署和要求，结合各乡镇实际，全面建立和完善为民服务工作机制，构建服务平台，设置“为民服务中心”，采取“一站式”、“窗口式”等不同形式，推行办事代理制度，方便群众办事。

（四）规范事业单位设置和职责

坚持政事分开和精简统一效能的原则，打破部门界限，对现有事业机构进行整合，综合设置乡镇事业单位，集中力量、降低成本、拓宽服务面。

将乡（街道）所属的事业单位农业技术农机工作站、水利水土保持管理工作站、林业工作站、畜牧兽医站合并，成立农业综合服务中心，将职能职责整合划入农业综合服务中心，实行大集中、小负责分设。

将社会事务管理服务中心更名为人口和计划生育服务所、文化教育服务中心更名为文化事务中心、经济管理服务中心更名为农村经济管理服务中心、劳动就业社会保障服务中心更名为社会保障服务中心、城乡规划建设管理和环境保护所更名为规划建设和环境保护中心。

将红塔区财政局管理的财政所（会计工作站）调整乡（街道）管理，区财政局负责业务指导工作。

调整后，设置事业单位7个：

农业综合服务中心。承担农业、林业、水利、农业机械、畜牧兽医等基层农业技术推广、动植物疫病防控防治、农产品质量检测等服务性工作。

规划建设和环境保护中心。承担村镇规划建设、村容镇貌、环境保护和生态建设、园林绿化、城镇公用设施维护与管理等服务性工作。

文化事务中心。承担文化、旅游、广播、电视、群众性体育、党职校等相关工作的管理和服务。

社会保障服务中心。承担人力资源开发、劳动力技能培训与转移、就业、新型农村养老保险、城镇居民养老保险，优抚安置、社会救助、最低生活保障，新型农村合作医疗等服务性工作。

农村经济管理服务中心。承担农村土地承包、农村经济经营管理、农村负担监督等职责。

人口和计划生育服务所。承担人口和计划生育服务工作。

财政所。主要承担乡镇财政预决算编制、惠农政策资金兑付管理、财政资金监管、国有（集体）资产管理和组织财政收入入库等职责。

乡镇事业单位综合设置后，不得再保留原单位的名称和印章，不得再以原单位的名义对外开展工作。改革后，乡镇机构一律不得加挂其他名称的牌子；乡镇不再设立自收自支的事业单位。

（五）规范人员编制和领导职数

按照乡镇分类标准，红塔区确定大乡镇4个（北城街道办事处、春和街道办事处、研和街道办事处、大营街街道办事处），中乡镇4个（小石桥乡、洛河乡、高仓街道办事处、李棋街道办事处）。

乡镇机构人员编制维持2005年省核定的乡镇编制总量，共核定乡镇行政编制237名（含凤凰街道办事处、玉兴街道办事处、玉带街道办事处行政编制39名）、乡镇周转编制3名；原区级部门派出乡镇的财政所、劳保所编制74名，调整下划计入乡镇事业编制总量，共核定事业编制451名（含凤凰街道办事处、玉兴街道办事处、玉带街道办事处事业编制63名）。乡镇后勤服务保障人员不再核定编制，原有人员逐步消化，鼓励乡镇的后勤服务保障采取政府购买服务。

乡镇领导职数一般控制在9名以内，人口超过5万人或国土面积超过600平方千米的控制在11名以内，包括党委书记、人大主席、乡镇长、党委副书记、纪委书记、副乡镇长、武装部长。其中：乡镇人大主席由党委书记兼任的，配备1名专职副主席；明确1名乡镇领导分管综治维稳工作。乡镇工会、共青团、妇联等职务按有关规定配备；乡镇不得设乡镇长助理。改革后，核定领导职数9名的乡镇6个（小石桥乡、洛河乡、研和街道办事处、大营街街道办事处、高仓街道办事处、李棋街道办事处），11名的乡镇2个（北城街道办事处、春和街道办事处）。

此次改革后，凡原配置领导职数与改革精神不符的，以批复方案为准。

（六）强化乡镇机构编制管理

严格执行省确定的机构设置数额，不得突破。乡镇行政编制和事业编制不得突破省的总额控制数和市的分配下达数，区级不得挤占、挪用乡镇的人员编制。加快推进机构编制实名制管理，并向社会公开，接受群众监督。在同一层级内，行政编制实行动态管理，需跨层级调整的必须按程序报批。

乡镇补充工作人员必须在编制限额内进行。要严把入口关，坚持凡进必考。乡镇机关和事业单位人员编制要采取定编定岗、以岗定人、竞争上岗的方法进行管理。同时，鼓励和吸引优秀人才到乡镇工作，充实乡镇人员，优化人员结构，切实解决乡镇人员老化的问题。妥善安置超编人员，尚未安置的要通过自然减员等多种渠道逐步消化。积极探索政府购买公共服务的新机制，严格控制人员编制的增长，切实减少财政供养人员的增量。

三、组织实施

（一）加强领导，精心组织实施。红塔区乡镇机构改革工作在区委、政府的领导下组织实施。各级党委、政府及各部门要站在巩固和加强基层政权建设的高度，充分认识深化乡镇机构改革的重要意义，统一思想，周密部署，把改革工作列入重要议事日程。党政“一把手”要亲自抓、负总责，纪检监察、组织人事、机构编制、财政、审计等部门要密切配合，加强指导和监督检查。机构编制部门要认真履行职责，具体负责改革工作。

（二）严肃纪律，确保改革有序推进。机构改革中，要严明组织人事和财经纪律，严格工作程序，严禁超职数配备领导干部、突击提拔干部和超编进人，严防国有资产流失。加强思想政治工作，强化责任，严格责任追究，严肃查处违纪违规行为，确保改革顺利进行。各部门要从改革大局出发支持乡镇机构改革工作，不得以项目安排、工作考核等手段，干预乡镇机构设置和编制配备。

（三）稳步推进，维护稳定。坚持改革发展两不误，正确处理改革与发展稳定的关系，把深化乡镇机构改革与推进乡镇经济社会发展有机结合起来，保证乡镇工作正常运转，确保农村社会稳定。

红塔区深化乡镇机构改革工作于2011年11月底基本完成。

红塔区社区划分方案

（2011年4月21日中共红塔区委第65次常委会议通过）

根据《玉溪市人民政府关于红塔区、江川、通海、华宁、澄江、易门、峨山、新平、元江县人民政府上报撤销村民委员会设立社区居委会请示的批复》（玉政复〔2011〕84号），按照便于服务管理、便于开发社区资源、便于社区居民自治的原则，考虑地域性、认同感、归属感等社区构成要素，经区委、政府研究，决定在原有81个村（社区）的基础上，重新调整划分为10个村、94个社区。具体划分情况如下：

一、社区划分

（一）北城街道

成建制撤销北城、大营、夏井、东前、古城、王棋、后所、皂角、梅园、高桥、莲池、刺桐关、大石板村，设置北城、大营、夏井、东前、古城、王棋、后所、皂角、梅园、高桥、莲池、刺桐关、大石板社区，共13个社区。

（二）李棋街道

成建制撤销山头、任井、李棋、下赫、金家边、康井、薛井、大矣资村，设置山头、任井、李棋、下赫、金家边、康井、玉河、大矣资社区，保留金州社区，共9个社区。

（三）春和街道

成建制撤销春和、王大户、中所、孙井、团山、龙池、飞井、马桥、黑村、刘总旗村，设置春和、王大户、中所、孙井、团山、龙池、飞井、马桥、黑村、刘总旗社区，保留波衣、黄草坝村，共10个社区，2个村。

（四）大营街街道

成建制撤销大营街、杯湖、赵桅、常里、师旗、甸苴、郭井、赤马、龙潭、大密罗村，设置大营街、杯湖、赵桅、常里、师旗、甸苴、郭井、赤马、龙潭、大密罗社区，共10个社区。

（五）高仓街道

成建制撤销高仓、梁王坝、桃源、排山、龙树村，设置高仓、梁王坝、桃源、排山、龙树社区，共5个社区。

（六）研和街道

成建制撤销贾井、中村、研和、可官、宋官、东山、秀溪、南厂、玉屏村，设置贾井、中村、研和、可官、宋官、东山、秀溪、南厂、玉屏社区，共9个社区。

（七）玉兴街道

在新兴、荷花池、棋阳、右所、北苑社区的基础上，调整设置新兴、荷花、棋阳、右所、北苑、珊瑚、朱槿、玉州、聂耳、广文、文化、玉湖、瑞新、东风、山水社区，共15个社区。

（八）玉带街道

在中卫、郑井、冯井、黄官社区的基础上，调整设置中卫、郑井、冯井、黄官、玉村、彩虹、玉龙、诸葛、兰苑、明珠社区，共10个社区。

（九）凤凰街道

在瓦窑、泷水塘、葫田、葫芦、高龙潭社区的基础上，调整设置瓦窑、泷水塘、葫田、葫芦、高龙潭、葫泉、文秀、红塔、广场、紫艺、教育、胜利社区；成建制撤销灵秀村，设置灵秀社区，共13个社区。

（十）洛河乡

保留洛河、把者岱、双龙、跨喜、法冲5个村不变。

（十一）小石桥乡

保留小石桥、玉苗、响水3个村不变。

二、工作要求

（一）加强领导。在区撤镇设街道工作领导小组的领导下，区委组织部、区民政局负责业务指导，各街道党工委、办事处负责具体落实。

（二）精心组织。各街道要深刻认识社区划分工作的重要性和必要性，把此项工作摆上重要议事日程，建立党政“一把手”负总责的工作机制，精心组织，抓好落实。

1. 由于此次社区划分工作距离2010年换届时间较短，原则上对北城、春和、李棋、大营街、高仓、研和6个街道所属的村委会，按照《村民委员会组织法》的规定程序改建为社区居委会。“两委”班子由原村“两委”实施过渡管理，待2013年进行统一的换届选举。

2. 玉兴、玉带、凤凰3个街道新增的23个社区，由区社区干部公开招选工作领导小组统一组织招考社区“两委”需要人选，推荐到社区进行选举。

3. 各街道按照社区划分方案，组织人员落实确定办公地点；并刻制社区的新印章和牌匾。牌匾规格为25cm×196cm，字样为“中国共产党红塔区××街道××社区总支部委员会”（白底红字）、“红塔区××街道××社区居民委员会”（白底黑字）。

4. 按照市委、市政府的要求，社区组建工作要在7月1日前完成。各街道党、政一把手要切实履行第一责任人的职责，认真组织工作人员加强学习，统一思想，各司其职，各负其责，相互配合，抓好各项工作的落实。

附件：红塔区中心城区社区四至界线表

红塔区中心城区社区四至界线表

表 79

街道	社区名称	小组数	社区所辖范围
李棋	金州社区	7	东至南北大街、南至龙马路、西至玉溪大河、北至玉溪大河
玉兴	新兴社区	9	由原新兴社区一至六组组成
玉兴	荷花社区	6	由原荷花池社区一至六组组成
玉兴	棋阳社区	6	由原棋阳社区一至六组组成
玉兴	右所社区	18	由原右所社区一至十八组组成
玉兴	北苑社区	10	东至棋阳路、南至龙马路、西至南北大街、北至北苑中心花园小区巷道
玉兴	珊瑚社区	6	东至南北大街、南至人民路、西至珊瑚路、北至龙马路
玉兴	朱槿社区	7	东至南北大街接明珠路、南至朱槿路、西至珊瑚路、北至人民路
玉兴	玉州社区	8	东至东风路、南至玉兴路、西至南北大街、北至龙马路
玉兴	聂耳社区	8	东至东风路，南至聂耳路，西至南北大街，北至玉兴路
玉兴	广文社区	9	东至东风路、南至凤凰路、西至南北大街、北至聂耳路
玉兴	文化社区	9	东至东风路、南至红塔大道、西至南北大街接明珠路、北至凤凰路
玉兴	玉湖社区	10	东至棋阳路、南至北苑中心花园小区巷道、西至南北大街、北至北苑路延长线
玉兴	瑞新社区	8	东至东风北路、南至北苑南路、西至棋阳路延长线、北至玉江大道
玉兴	东风社区	5	东至北山林场、南至龙马路、西至龙马路、北至右所十四组
玉兴	山水社区	44	东至玉江大道、南至东方人家、西至东风北路、北至玉江大道
玉带	中卫社区	9	原中卫社区一组、二组、三组、四组、五组、六组、七组、八组、九组
玉带	郑井社区	12	原郑井社区一组、二组、三组、四组、五组、六组、七组、八组、九组、十组、十一组、十二组
玉带	冯井社区	11	原冯井社区一组、二组、三组、四组、五组、六组、七组、八组、九组、十组、十一组
玉带	黄官社区	8	原黄官社区一组、二组、三组、四组、五组、六组、七组、八组
玉带	玉村社区	30	东至珊瑚路、南至彩虹路、西至昆玉高速、北至龙马路
玉带	彩虹社区	18	东至珊瑚路、南至汇溪路、西至州大河、北至彩虹路
玉带	玉龙社区	10	东至昆玉高速、南至郑井小学、西至州大河、北至汇溪路
玉带	诸葛社区	18	东至明珠路、南至红塔大道、西至珊瑚路、北至朱槿路
玉带	兰苑社区	24	东至明珠路、南至秀山路、西至昆玉铁路、北至郑井小学
玉带	明珠社区	18	东至东风南路、南至新科路、西至昆玉铁路、北至秀山路
凤凰	瓦窑社区	15	瓦窑、上郑井、郭家山、泷水塘、冷水田、白家村6个自然村
凤凰	泷水塘社区	11	东至环山路、南至凤凰路、西至紫艺路、北至龙马路
凤凰	葫田社区	8	东至抚仙路、南至星云路、西至东风南路、北至秀山路
凤凰	葫芦社区	10	高龙潭、钟家梨园、大常井、葫芦园大村子
凤凰	高龙潭社区	8	东至抚仙路、南至创新路、西至东风南路、北至星云路
凤凰	灵秀社区	4	原灵秀村委会4个村民小组组成
凤凰	葫泉社区	7	东至东风路、南至星云路、西至明珠路、北至秀山路
凤凰	文秀社区	16	东至东风路、南至秀山路、西至明珠路、北至红塔大道
凤凰	红塔社区	9	东至抚仙路、南至秀山路、西至东风南路、北至红塔大道
凤凰	广场社区	8	东至抚仙路、南至红塔大道、西至文化路、北至凤凰路
凤凰	紫艺社区	11	东至紫艺路、南至凤凰路、西至东风路、北至龙马路
凤凰	教育社区	11	东至果木林场、西至环山路、南至玉溪师院、北至山水佳园
凤凰	胜利社区	8	东至玉溪卷烟厂二库公路，南至秀山路、西至抚仙路、北至红塔大道

·小资料·

1952～2005 年玉溪市红塔区生产总值

年份	合计（万元）	其中			年份	合计（万元）	其中		
		第一产业	第二产业	第三产业			第一产业	第二产业	第三产业
1952	1611	892	17	702	1982	37 504	6 794	25 632	5 078
1953	1 619	886	9	724	1983	47 415	7 718	33 988	5 709
1954	1 709	974	44	691	1984	55 563	7 097	41 473	6 993
1955	1 889	1 081	48	760	1985	67 491	8 004	49 892	9 595
1956	2 204	1 113	228	863	1986	83 166	8 983	63 288	10 895
1957	2 371	1 048	398	925	1987	116 060	12 990	90 814	12 256
1958	2 049	782	547	720	1988	173 897	15 943	139 280	18 674
1959	3 256	890	1 572	794	1989	217 562	14 829	178 943	23 790
1960	5 604	949	3 859	796	1990	252 237	12 718	212 643	26 876
1961	4 293	949	2 613	731	1991	290 937	16 947	244 133	29 857
1962	4 755	960	3 087	708	1992	332 384	18 332	273 779	40 273
1963	4 772	1 302	2 693	777	1993	595 800	20 108	513 667	62 025
1964	6 058	1 425	3 648	985	1994	1 704 390	24 075	1 393 030	287 285
1965	5 310	1 481	2 961	868	1995	1 922 426	31 272	1 505 139	386 015
1966	6 515	1 774	3 481	1 260	1996	2 357 903	34 402	1891196	432 305
1967	6 543	1 698	3 719	1 126	1997	2 450 171	28 602	1 911 535	510 034
1968	4 627	1 567	2 200	860	1998	2 567 360	29 028	1 960 382	577 950
1969	7 770	1 648	4 815	1 307	1999	2 189 698	30 067	1 710 265	449 366
1970	8 359	1 648	5 291	1 420	2000	2 110 837	30 746	1 652 404	427 687
1971	7 541	2 017	4 210	1 314	2001	1 970 166	33 300	1 551 674	385 192
1972	10 187	2 921	5 584	1 682	2002	1 826 358	34 511	1 398 826	393 021
1973	12 032	2 998	7 218	1 816	2003	1 950 012	38 137	1 481 435	430 440
1974	12 915	2 356	8 681	1 878	2004	2 139 019	47 658	1 577 787	513 574
1975	15 084	2 867	10 277	1 940	2005	2 183 919	50 887	1 609 754	523 278
1976	11 958	2 723	7 467	1 768	2006	2 423 316	50 859	1 772 375	600 082
1977	16 245	2 616	11 595	2 034	2007	2 898 516	62 756	2212328	623 432
1978	17 939	3 536	12 048	2 355	2008	3 409 939	83 329	2 607 733	718 877
1979	20 288	3 564	13 848	2 876	2009	3 818 111	100 024	2 911 826	806 261
1980	24 908	4 692	15 877	4 339	2010	4 301 001	80 132	3 319 457	901 412
1981	29 195	4 875	19 994	4 326	2011	5 118 514	98 330	4 050 988	969 196

注：本表 2009 年前数据为按《云南省按经济成分划分的 GDP 历史数据修订方案》修订后的数据。

（罗亚东）

索 引

编辑　王德莉

说明：

1. 本索引采用择选主题（中心词、关键词）方法。索引名称按汉语拼音音序排列。
2. 部类、栏目用黑体字标示，主题标引词用宋体字标示。
3. 索引名称后的数字标示页码；页码后的a、b、c分别标示左、中、右栏。

H

T

W

Z

非音序

（王德莉）

图书在版编目（CIP）数据

红塔年鉴．2012/红塔区地方志办公室　编．—潞西：德宏民族出版社，2012.08

ISBN 978-7-80750-714-7

Ⅰ．①红…　Ⅱ．①红…Ⅲ．①区（城市）-玉溪市-2012-年鉴　Ⅳ．①Z527.43

中国版本图书馆 CIP 数据核字（2012）第 183301 号

书　　名　红塔年鉴·2012

作　　者　中共玉溪市红塔区委　玉溪市红塔区人民政府　主办

玉溪市红塔区史志编纂办公室　编

出版·发行	德宏民族出版社	责任编辑	方　萍
社　　址	云南省德宏州芒市勇罕街 1 号	责任校对	刀继维　彭　敏
邮　　编	678400	装帧设计	肖振宇　邹　瑾　蒯学庆
电　　话	0692-2124877	发行部电话	0692-2112886
电子邮件	dmpress@163.com	网　　址	www.dmpress.cn
印 刷 厂	昆明鹰达印刷有限公司　昆明市子苇图文		
开　　本	大 16 开	版　　次	2012 年 8 月第 1 版
印　　张	29	印　　次	2012 年 8 月第 1 次
字　　数	1420 千字	印　　数	1～1500
书　　号	ISBN 978-7-80750-714-7/Z·194	定　　价	296 元

广告经营许可证号：530400400012